LOIS, DÉCRETS,

ORDONNANCES, RÉGLEMENS,

AVIS DU CONSEIL-D'ÉTAT.

TOME HUITIÈME.

DE L'IMPRIMERIE DE A. GUYOT,

IMPRIMEUR DU ROI, DE LA MAISON D'ORLÉANS,

ET DE L'ORDRE DES AVOCATS AUX CONSEILS ET A LA COUR DE CASSATION,

Rue Neuve-des-Petits-Champs, N° 37.

COLLECTION COMPLETE

DES

LOIS,

Décrets, Ordonnances, Réglemens,

AVIS DU CONSEIL-D'ÉTAT,

PUBLIÉE SUR LES ÉDITIONS OFFICIELLES DU LOUVRE; DE L'IMPRIMERIE NATIONALE,
PAR BAUDOUIN; ET DU BULLETIN DES LOIS;

(De 1788 à 1830 inclusivement, par ordre chronologique),

Continuée depuis 1830;

Avec un choix d'*Actes inédits*, d'*Instructions ministérielles*, et des Notes sur chaque Loi, indiquant: 1° les Lois analogues; 2° les *Décisions* et *Arrêts* des Tribunaux et du Conseil-d'État; 3° les *Discussions* rapportées au Moniteur;

SUIVIE D'UNE TABLE ANALYTIQUE ET RAISONNÉE DES MATIÈRES,

Par J. B. DUVERGIER,

Avocat à la Cour royale de Paris

TOME HUITIÈME.

Deuxième Edition.

PARIS

CHEZ A. GUYOT ET SCRIBE, LIBRAIRES-ÉDITEURS,

RUE NEUVE-DES-PETITS-CHAMPS, N° 37.

1835.

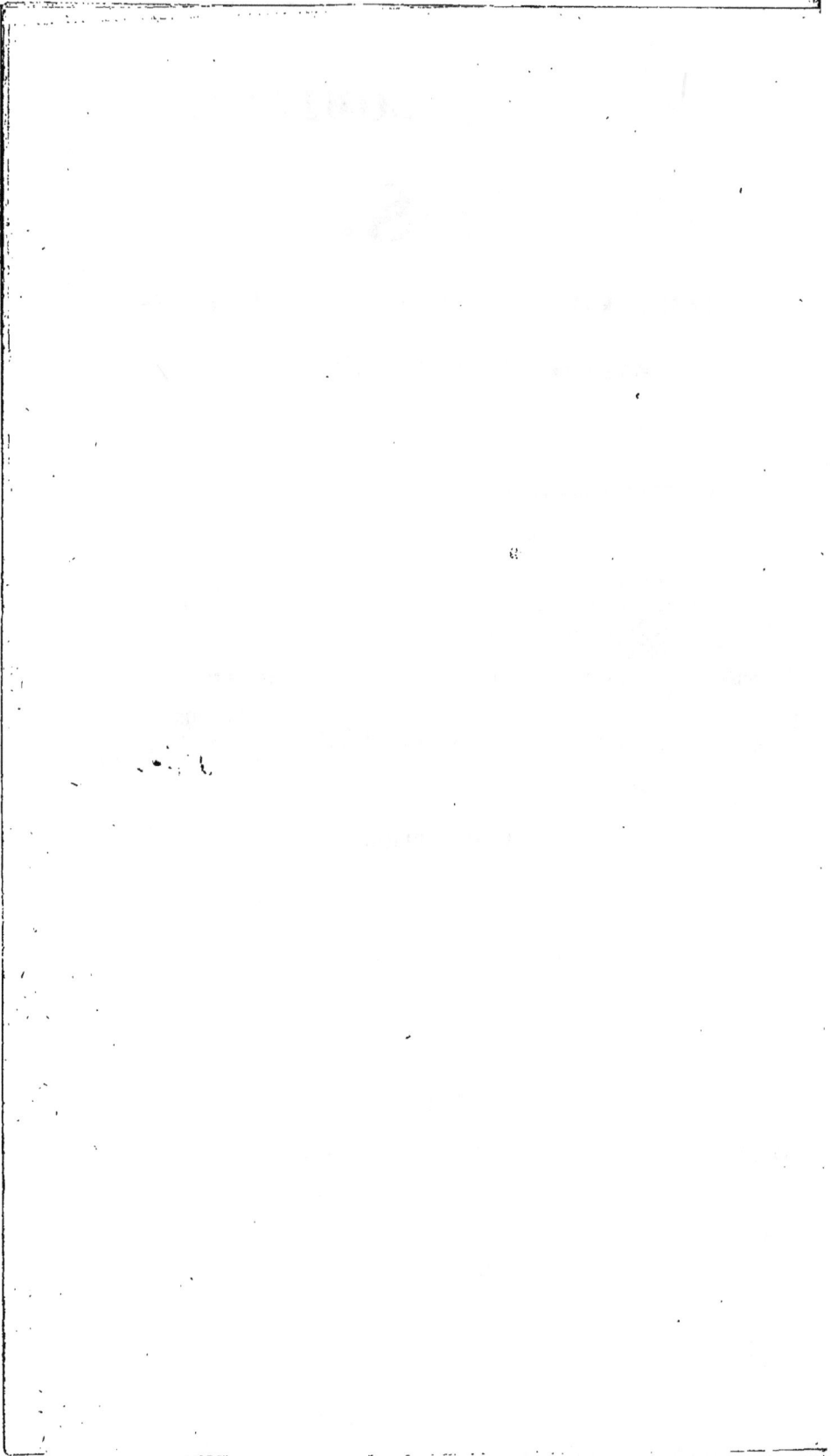

COLLECTION COMPLÈTE

DES

LOIS, DÉCRETS,

ORDONNANCES, RÉGLEMENS,

ET

AVIS DU CONSEIL-D'ÉTAT,

Depuis 1788 jusqu'à 1830.

══════════════════════════════════════

CONVENTION NATIONALE.

1ᵉʳ PLUVIOSE an 3 (20 janvier 1795). — Décret qui interprète et modifie celui du 16 nivose concernant les pensions à accorder aux officiers militaires, officiers d'administration, commis et employées de la marine , supprimés. (B. 51, 1 ; Mon. du 4 pluviose an 3 , Rap. Eulard.)

La Convention nationale, interprétant et modifiant la loi du 16 nivose, concernant les pensions à accorder aux officiers militaires, officiers d'administrations, commis et employés de la marine supprimés, décrète :

Art. 1ᵉʳ. Les dispositions de l'article 2 de la loi du 24 juillet 1793 seront spécialement exécutées en ce qui concerne les pensions à accorder aux commis supprimés dans le département du ministère de la marine, depuis le 1ᵉʳ janvier 1791 : néanmoins ceux des commis et employés supprimés qui auraient plus de dix ans et moins de vingt ans de service, recevront un secours une fois payé, dans la proportion double de celle qui est fixée par l'article 9 de la loi du 31 juillet = 6 août 1791, pour tout employé supprimé ayant moins de dix ans de service.

2. L'article 4 de la loi du 16 nivose est rapporté. Les pensions déterminées par ladite loi seront payées à ceux qui les auront obtenues, à compter du jour où ils auront cessé de toucher un traitement d'activité ou de retraite.

1ᵉʳ PLUVIOSE an 3 (20 janvier 1795). — Décret portant que tous les objets d'habillement, couvertures et lits déposés au Mont-de-Piété, sur lesquels il aurait été prêté une somme de cent livres et au-dessous, seront rendus aux propriétaires indigens. (1, Bull. 104, n° 600, B., 51, 5.

1ᵉʳ PLUVIOSE an 3 (20 janvier 1795). — Décret relatif à la réélection des officiers et sous-officiers de la garde nationale de Paris. (B. 51, 2.)

1ᵉʳ PLUVIOSE an 3 (20 janvier 1795). — Décret qui accorde des secours à divers. (B., 51, 2, 5.)

1ᵉʳ PLUVIOSE an 3 (20 janvier 1795). — Décret portant que le représentant Laurrencect se rendra sur-le-champ dans le département de Loir-et-Cher. (B. 51, 6.)

1ᵉʳ PLUVIOSE an 3 (20 janvier 1795). — Décret qui accorde un congé au citoyen Rivaud. (B. 51, 6.)

1ᵉʳ PLUVIOSE an 3 (20 janvier 1795). — Décret portant que les comités feront, sous trois jours, leur rapport sur Joseph Lebon. (B. 51, 6.)

1er PLUVIOSE an 3 (20 janvier 1795). — Décret qui accorde au capitaine grec Basili Cuini le titre de citoyen français. (B. 51, 7.)

2 PLUVIOSE an 3 (21 janvier 1795). — Décret portant que la révolution du 9 thermidor sera annuellement célébrée dans toute l'étendue de la République. (1, Bull. 114, n° 602; B. 51, 10.)

2 PLUVIOSE an 3 (21 janvier 1795). — Décret qui envoie en mission dans le département de la Côte-d'Or le représentant Mailhe. (1, Bull. 104, n° 603; B. 51, 7.)

2 PLUVIOSE an 3 (21 janvier 1795). — Décret qui fixe le secours journalier à accorder aux aveugles indigens aspirant à l'hospice des Quinze-Vingts. (B. 51, 8.)

2 PLUVIOSE an 3 (21 janvier 1795). — Décret qui accorde un congé au citoyen Besson, et une prolongation au citoyen Feroux. (B., 51, 7.)

2 PLUVIOSE an 3 (21 janvier 1795). — Décret qui accorde des secours et avances. (B. 51, 8 et 9.)

2 PLUVIOSE an 3 (21 janvier 1795). — Décret de renvoi aux comités des secours et des finances, pour aviser aux moyens de procurer des secours extraordinaires sollicités par la rigueur de la saison aux indigens. (B., 51, 9.)

2 PLUVIOSE an 3 (21 janvier 1795). — Décret sur diverses propositions tendantes à ce que la Convention nationale déclare à la face de l'univers sa profonde indignation contre le royalisme et le terrorisme. (B. 51, 9.)

2 PLUVIOSE an 3 (21 janvier 1795). — Décret qui renvoie une pétition des citoyens de Tours au comité de législation. (B. 51, 10.)

3 PLUVIOSE an 3 (22 janvier 1795). — Décret qui prononce des peines contre tout propriétaire ou cultivateur soumis à une réquisition en grains, qui n'y satisfera pas dans le délai de huit jours. (1, Bull. 114, n° 604; B., 51, 12; Mon. du 6 nivose an 3, Rap. Boissy-d'Anglas.

Voy. lois du 13 PLUVIOSE an 3 et du 26 VENTOSE an 3.

Art. 1er. Tout propriétaire ou cultivateur soumis à une réquisition en grains, et qui n'y satisfera pas dans le délai de huit jours, sera arrêté et détenu. Les mandats d'arrêt ne pourront être lancés que par les représentans du peuple. Les cultivateurs ou propriétaires détenus, qui satisferont aux réquisitions, seront de suite mis en liberté.

2. Indépendamment des peines portées en l'article précédent, ils seront soumis à une amende égale à la valeur des grains qu'ils auront négligé ou refusé de fournir.

3. Dans le cas ou des propriétaires de grains se prétendraient dans l'impossibilité de livrer, les représentans en mission pourront seuls les dégrever de leur réquisition; et, dans ce cas, ils ne pourront être inquiétés.

4. Le prix des réquisitions sera réglé sur le prix courant des marchés à l'époque où elles auront dû être exécutées, quand même il serait plus considérable au moment de la livraison.

5. Dans les endroits où il y a des marchés établis sans qu'il s'y trouve de mercuriales, à défaut d'approvisionnement desdits marchés, le prix des grains fournis sur les réquisitions sera payé d'après les mercuriales les plus voisines.

6. L'article 5 de la loi du 4 nivose est prorogé : en conséquence, dans le cas où les marchés ne seraient pas approvisionnés, les districts sont autorisés jusqu'au 1er germinal, chacun dans leur arrondissement, à requérir tous marchands, cultivateurs ou propriétaires de grains ou farines, d'en apporter aux marchés la quantité nécessaire pour leur approvisionnement.

3 PLUVIOSE an 3 (22 janvier 1795). — Décret portant que les jours appelés *les sans-culottides* ne compteront pas dans le délai fixé par l'édit de 1771 sur les hypothèques. (B. 51, 14.)

Les jours appelés *les sans-culottides* ne seront pas compris dans le délai de deux mois, pendant lesquels, aux termes de l'article 8 de l'édit de 1771, concernant les hypothèques, les extraits des contrats de vente doivent être exposés sur le tableau placé dans le lieu des séances des tribunaux, avant le sceau des lettres de ratification.

3 PLUVIOSE an 3 (22 janvier 1795). — Décret relatif aux faux bruits que des malveillans font circuler pour décréditer les assignats. (1, Bull. 114, n° 605; B. 51, 12.)

3 PLUVIOSE an 3 (22 janvier 1795). — Décret sur les individus de la famille des Bourbons. (B. 51, 12.)

3 PLUVIOSE an 3 (22 janvier 1795). — Décrets qui accordent des secours à divers. (B. 51, 10 et 11.)

3 PLUVIOSE an 3 (22 janvier 1795). — Décret portant que le comité de la guerre fera un rapport sur le mode d'avancement à donner pour toutes les troupes. (B. 51, 11.)

3 PLUVIOSE an 3 (22 janvier 1795). — Décret qui accorde un congé au représentant Lacrampe. (B. 51, 13.)

3 PLUVIOSE an 3 (22 janvier 1795). — Décret relatif à la ville de Grainville-la-Teinturière. (B. 51, 11.)

4 PLUVIOSE an 3 (23 janvier 1795). — Décret additionnel à celui du 3 pluviose an 2, sur l'établissement des tribunaux militaires. (B. 51, 30; Mon. du 6 pluviose an 3, Rap. Pottier.)

Dans le cas où l'un des trois officiers désignés par l'article 5 du titre XIII de la loi du 3 pluviose an 2, pour se réunir et délibérer en commun, ne pourrait être appelé pour cause d'absence ou maladie, il sera remplacé dans cette fonction par un officier de police militaire, autre néanmoins que celui qui aurait fait l'instruction, ou un citoyen ayant la connaissance des lois militaires, au choix des deux autres.

4 PLUVIOSE an 3 (23 janvier 1795). — Décret relatif au jugement du procès de Lacroix, auteur du *Spectateur français*. (B. 51, 31.)

4 PLUVIOSE au 3 (23 janvier 1795). — Décret sur des secours accordés à la femme du représentant Philippeaux. (B. 51, 13.)

4 PLUVIOSE an 3 (23 janvier 1795). — Décret qui accorde un congé au citoyen Scellier. (B. 51, 14.)

4 PLUVIOSE an 3 (23 janvier 1795). — Décret portant nomination à divers emplois administratifs. (B. 51, 14, 25 à 29.

4 PLUVIOSE an 3 (23 janvier 1795). — Décret de renvoi sur le traitement des greffiers des tribunaux de commerce. (B. 51, 22.)

4 PLUVIOSE au 3 (23 janvier 1795). — Décret portant nomination de divers juges-de-paix. (B. 51, 22 et suivantes.)

4 PLUVIOSE an 3 (23 janvier 1795). — Décret d'ordre du jour sur la question de savoir si la commission des Vingt-Un doit renfermer son examen dans les pièces à elle remises par les comités de salut public, de sûreté générale et de législation. (B. 51, 29.)

4 PLUVIOSE an 3 (23 janvier 1795). — Décret sur la proposition de rayer le citoyen Adam de la liste des jurés du tribunal révolutionnaire. (B. 51, 31.)

4 PLUVIOSE an 3 (23 janvier 1795). — Décret

portant que, nonidi prochain, la discussion s'ouvrira sur la proposition d'envoyer des commissaires, pris dans le sein de la Convention nationale, dans les colonies françaises au-delà du cap de Bonne-Espérance. (B. 51, 31.)

5 PLUVIOSE an 3 (24 janvier 1795). — Décret portant qu'aucun individu dénoncé ne pourra être envoyé au tribunal révolutionnaire, sans un rapport préalable du comité de sûreté générale. (1, Bull. 117, n° 612; B. 51, 37.)

5 PLUVIOSE an 3 (24 janvier 1795). — Décret relatif aux réparations urgentes des couvertures des édifices nationaux. (B. 51, 32.

5 PLUVIOSE an 3 (24 janvier 1795). — Décret relatif au visa des certificats revêtus des formalités exigées pour toucher à la Trésorerie. (B. 51, 33.)

5 PLUVIOSE an 3 (24 janvier 1795). — Décret qui affecte la salle des Jacobins au service des écoles normales des instituteurs. (B. 51, 36.)

5 PLUVIOSE an 3 (24 janvier 1795). — Décret qui ordonne la mise en liberté provisoire du général Servan. (B. 51, 37.)

5 PLUVIOSE an 3 (24 janvier 1795). — Décret d'ordre du jour sur une pétition tendant au rapport de la loi du 17 nivose sur les successions. (B. 51, 38.)

5 PLUVIOSE an 3 (24 janvier 1795). — Décret qui charge le comité de législation de présenter un projet de décret pour faire remettre aux veuves et enfans des condamnés les linges et hardes à leur usage. (B. 51, 32.)

5 PLUVIOSE an 3 (24 janvier 1795). — Décret relatif à la mise en liberté des citoyens connus sous le nom de Brigands, ou rebelles de la Vendée. (B. 51, 38.)

5 PLUVIOSE an 3 (24 janvier 1795). — Décret sur la proposition tendante à rendre utiles les colons déportés, auxquels la République accorde des secours, en les employant à des travaux analogues à leurs talens et capacités. (B. 51, 33.)

5 PLUVIOSE an 3 (24 janvier 1795). — Décret portant que le comité de secours présentera, dans le plus bref délai, un projet de décret tendant à augmenter et assurer les secours aux déportés des colonies. (B. 51, 33.)

5 PLUVIOSE an 3 (24 janvier 1795). — Décrets qui accordent des secours. (B. 51, 33, 34, 35 et 36.)

1.

5 PLUVIOSE an 3 (24 janvier 1795). — Décret qui renvoie au comité de sûreté générale l'examen de la conduite de Verteuil, et des membres composant l'ex-tribunal révolutionnaire de Brest. (B. 51, 37.)

5 PLUVIOSE an 3 (24 janvier 1795). — Décret qui renvoie au comité des secours la pétition de Joseph Moreau. (B. 51, 38.)

5 PLUVIOSE an 3 (24 janvier 1795). — Décret d'ordre du jour sur la pétition de la citoyenne Delaunay. (B. 51, 40.

6 PLUVIOSE an 3 (25 janvier 1795). — Décrets qui accordent des secours. (B. 51, 40 et 41.)

6 PLUVIOSE an 3 (25 janvier 1795). — Décret qui renvoie la pétition du citoyen Bailly aux représentans du peuple en mission dans le département de la Loire-Inférieure. (B. 51, 42.)

6 PLUVIOSE an 3 (25 janvier 1795). — Décret qui renvoie au comité des inspecteurs de la salle pour statuer sur la demande du représentant du peuple Dentzel. (B. 51, 42.)

6 PLUVIOSE an 3 (25 janvier 1795). — Décret qui renvoie au comité des finances la demande que la loi du 4 de ce mois qui accorde aux fonctionnaires publics une augmentation de traitement, soit appliquée aux élèves des écoles normales. (B. 51, 43.)

6 PLUVIOSE an 3 (25 janvier 1795). — Décret qui déclare que les armées du Nord et de Sambre-et-Meuse ne cessent de bien mériter de la patrie. (1, Bull. 115, n° 610; B. 51, 43.)

6 PLUVIOSE an 3 (25 janvier 1795). — Décret qui envoie le représentant Bion où le service des postes l'exige. (B. 51, 42.)

7 PLUVIOSE an 3 (26 janvier 1795). — Décret qui autorise les directoires de district à pourvoir provisoirement au remplacement des notaires publics. (B. 51, 48; Mon. du 9 pluviose an 3, Rap. Pottier.)

Voy. lois du 18 BRUMAIRE an 2 et du 14 VENDÉMIAIRE an 6.

Art. 1er. Les directoires de district sont autorisés, jusqu'à ce qu'il en ait été autrement ordonné, à pourvoir provisoirement au remplacement des notaires publics dont il sera, sur la demande des conseils généraux des communes, reconnu urgent et nécessaire de remplir les places vacantes.

2. Les citoyens appelés à remplir les places de notaires devront être pourvus de certificats de civisme : ils n'auront besoin, pour entrer en fonctions, que de l'arrêté du directoire du district, portant leur nomination, enregistré au tribunal de district.

3. Les citoyens déjà pourvus par les directoires de district, dans les formes prescrites dans les articles précédens, et qui sont actuellement en exercice, continueront provisoirement leurs fonctions.

7 PLUVIOSE an 3 (26 janvier 1795). — Décret qui envoie en mission dans le département des Bouches-du-Rhône le représentant Letourneur (de la Manche). (1, Bull. 117, n° 613; B. 51, 47.)

7 PLUVIOSE an 3 (26 janvier 1795). — Décret qui accorde des secours. (B. 51, 43 et 44.)

7 PLUVIOSE an 3 (26 janvier 1795). — Décret de mention honorable de l'hommage fait à la République par le citoyen Jean-Bernard Guyot. (B. 51, 44.)

7 PLUVIOSE an 3 (26 janvier 1795). — Décret pour activer l'établissement des canonniers de Meulan. (B. 51, 44.)

7 PLUVIOSE an 3 (26 janvier 1795). — Décret portant que ceux des juges et jurés nommés pour composer le tribunal révolutionnaire, et qui sont actuellement à Paris, se réuniront au tribunal révolutionnaire pour y être installés. (B. 51, 45.)

7 PLUVIOSE an 3 (26 janvier 1795). — Décret qui adjoint le représentant Jarry aux représentans délégués à l'armée de l'Ouest. (1, Bull. 117, n° 614; B. 51, 47.)

7 PLUVIOSE an 3 (26 janvier 1775). — Décret qui ordonne de recueillir les débats entre les accusateurs et les accusés dans l'affaire des colonies. (B. 51, 46.)

7 PLUVIOSE an 3 (26 janvier 1795). — Décret relatif à l'état du siège de Marseille, et qui ordonne de transférer à Aix l'administration du département des Bouches-du-Rhône. (B. 51, 46.)

7 PLUVIOSE an 3 (26 janvier 1795). — Décret qui nomme à divers emplois administratifs. (B. 51, 45 à 47.)

7 PLUVIOSE an 3 (26 janvier 1795). — Décret qui accorde un congé au citoyen Foucher. (B. 51, 45.)

7 PLUVIOSE an 3 (26 janvier 1795). — Décret portant que les représentans du peuple Pont-

tier et Mathieu, se rendront sur-le-champ à l'armée d'Italie. (B. 51, 48.

7 PLUVIOSE an 3 (26 janvier 1795). — Décret de renvoi au comité des finances et de législation relatif aux veuves ou enfans des condamnés dont les meubles ou effets seraient vendus. (B. 51, 48.)

8 PLUVIOSE an 3 (27 janvier 1795). — Décret qui détermine le mode d'impression et d'envoi des lois. (1, Bull. 117, n° 616; B. 51, 49; Mon. du 9 pluviose an 3, Rapp. Danjou.)

Voy. lois du 14 FRIMAIRE an 2 ; du 18 GERMINAL an 3 ; du 21 PRAIRIAL an 3.

Art. 1er. L'imprimerie établie pour l'expédition des lois, conformément au décret du 14 frimaire de l'an 2, continuera d'être régie et administrée au nom de la République, sous la dénomination d'*Imprimerie nationale*, par l'agence de l'envoi des lois.

2. Cette agence ne sera plus composée que de deux membres responsables, nommés par la Convention nationale sur la présentation du comité des décrets, procès-verbaux et archives, et dépendant de la commission des administrations civiles, police et tribunaux.

3. Cette imprimerie sera destinée à l'impression, 1° des lois dans la forme qui va être déterminée ; 2° des rapports, adresses et proclamations dont l'envoi aura été ordonné par la Convention nationale ; 3° des arrêtés pris par les comités pour l'exécution des lois, et de la notice distribuée aux membres de la Convention, en exécution de l'article 31 de la loi du 7 fructidor ; 4° des circulaires, états et modèles relatifs à l'exécution des lois ou des arrêtés, et faits par ordre des comités ; 5° des éditions originales des ouvrages d'instruction publique adoptés par la Convention nationale ; 6° et de tous les ouvrages de sciences et d'arts qui seront imprimés par ordre de la Convention et aux frais de la République.

4. Le comité des décrets, procès-verbaux et archives, sous la surveillance duquel cet établissement est mis, fera faire, sans délai, un inventaire exact de tous les poinçons, matrices, caractères, presses et autres objets qui en composent le fonds.

5. Les lois qui sont d'une exécution générale, seront envoyées à l'agence par le comité des décrets, procès-verbaux et archives, le lendemain du jour où leur rédaction définitive aura été approuvée, pour être imprimées sur-le-champ dans le format qui sera réglé, et par série de numéros.

6. L'agence fera tirer le nombre d'exemplaires de chaque numéros de lois, rapports, adresses et proclamations, qui sera jugé nécessaire pour la distribution aux membres de la Convention nationale, et l'envoi direct aux commissions exécutives, au tribunal de cassation, aux administrations de département et de district, et aux tribunaux criminels et civils. Elle fournira à l'administration du département de Paris le nombre d'exemplaires nécessaires pour les autorités constituées et fonctionnaires publics de son arrondissement.

7. Il en sera adressé deux exemplaires à chacune des autres administrations de département, et un seulement aux tribunaux criminels de département, aux administrations de district.

8. Aussitôt après la réception des lois et autres envois, l'administration de département sera tenue, sous la responsabilité de chacun de ses membres, de faire réimprimer, dans le même format, chaque numéro en autant d'exemplaires qu'il en sera nécessaire pour les envois à faire à toutes les autorités constituées de son arrondissement, et à tous les fonctionnaires qui y exercent individuellement des fonctions publiques : le comité des décrets, procès-verbaux et archives en arrêtera l'état par département.

9. L'administration de département enverra, sans retard, à chaque district, le nombre d'exemplaires nécessaires pour toutes les autorités constituées et les fonctionnaires publics désignés de son arrondissement. Les agens nationaux seront tenus de surveiller la célérité de l'envoi qui leur en sera fait.

10. Les administrations de district régleront, sans délai, les moyens de concilier, suivant les localités, l'économie avec la célérité et la sûreté de ces envois, et proposeront au comité des transports, postes et messageries, les mesures de réforme et de changement convenables dans l'établissement actuel des piétons ; et néanmoins elles suspendront provisoirement le service de ceux des piétons qu'elles jugeront inutiles.

11. Les lois relatives aux armées de terre et de mer, et qui ne seraient point obligatoires pour les autorités civiles, ne seront ni réimprimées par les administrations du département, ni envoyées dans les communes : l'agence de l'envoi sera tenue de les adresser directement aux commissions exécutives qu'elles intéressent, et de fournir à celles-ci, sur leur réquisition, les exemplaires nécessaires pour les envois qu'elles auront à en faire aux différentes autorités civiles ou militaires qui devront les faire exécuter.

12. Les administrations de district justifieront à celle du département, dans le délai d'une décade, à dater de la réception des lois et autres envois, de leur transmission aux autorités constituées et aux fonctionnaires publics de leur arrondissement.

13. Les administrations de département, indépendamment de l'accusé de réception qu'elles seront obligées de fournir sur-le-

champ à l'agence de l'envoi des lois, certifieront, dans le délai de deux décades, le comité des décrets, procès-verbaux et archives, de la réimpression des lois, rapports, adresses et proclamations, de leur envoi aux administrations de district, et de la transmission que celles-ci en auront faite aux autorités constituées et aux fonctionnaires publics.

14. La collection authentique des lois et autres envois formera un dépôt qui ne pourra, sous aucun prétexte, être tiré des secrétariats des autorités constituées et des greffes des tribunaux ; et lorsqu'un fonctionnaire public auquel ils auront été adressés, sera remplacé, il sera tenu d'en transmettre la collection à son successeur.

15. Le comité des décrets procès-verbaux et archives est autorisé à prendre ou à maintenir, pour l'exécution des dispositions précédentes, les arrêtés convenables.

16. Les dispositions des lois antérieures, auxquelles il n'est pas dérogé par la présente loi, sont expressément maintenues.

8 PLUVIOSE an 3 (27 janvier 1795). — Décret sur la proposition d'autoriser le comité de sûreté générale de mettre en liberté les ci-devant religieux et religieuses, et de faire procéder à la vente des édifices qu'ils occupent. (B. 51, 51.)

8 PLUVIOSE an 3 (27 janvier 1795). — Décret qui envoie en mission près les armées qui sont en Hollande les représentans du peuple Cochon et Ramel. (1, Bull. 118, n° 617 ; B., 51, 53.)

8 PLUVIOSE an 3 (27 janvier 1795). — Décret relatif à la remise des meubles et effets appartenant aux époux survivans ou aux enfans des condamnés. (B. 51, 53.)

8 PLUVIOSE an 3 (27 janvier 1795). — Décret qui remplace à l'armée d'Italie le représentant Mathieu par le représentant Beffroy. (B. 51, 54.)

8 PLUVIOSE an 3 (27 janvier 1795). — Décret qui accorde un congé au citoyen Lemoyne. (B. 51, 51.)

8 PLUVIOSE an 3) 27 janvier 1795). — Décret sur une motion d'ordre tendante à la prompte exécution du décret qui ordonne l'ouverture du canal de jonction de la Sambre à l'Oise. (B. 51, 52).

8 PLUVIOSE an 3 (27 janvier 1795). — Décret qui charge les comités de législation et des domaines nationaux d'examiner de quelle manière la générosité nationale peut s'étendre à l'égard des défenseurs de la République qui ont le malheur d'avoir des parens condamnés. (B. 51, 53.)

8 PLUVIOSE an 3 (27 janvier 1795). — Décret qui rapporte la disposition du décret du jour d'hier, qui envoie à l'armée d'Italie le citoyen Mathieu, et nomme Beffroy pour le remplacer. (B. 51, 54.)

8 PLUVIOSE an 3 (27 janvier 1795). — Décrets qui accordent des secours. (B. 51, 55.)

8 PLUVIOSE an 3 (27 janvier 1795). — Décret qui nomme les citoyens Demanthe et Mesanges en remplacement de Vannier et Adam. (B. 51, 58).

8 PLUVIOSE an 3 (27 janvier 1795). — Décret sur la proposition de réunir l'imprimerie des commissions exécutives à celle du Bulletin des Lois. (B. 51, 52.)

8 PLUVIOSE an 3 (27 janvier 1795). — Décret sur la proposition de borner l'envoi et la publication des lois dans le seul chef-lieu de district, et supprimer l'envoi et la publication dans les municipalités. (B. 51, 52.)

8 PLUVIOSE an 3 (27 janvier 1795). — Décret sur la proposition de faire supprimer du Bulletin des Lois le collationné, et de le remplacer par un certificat de l'agence. (B. 51, 53.)

9 PLUVIOSE an 3 (28 janvier 1795). — Décret qui dispense les sexagénaires et les infirmes dont le revenu n'excède pas cent cinquante livres, de se faire remplacer dans le service de la garde nationale. (1, Bull. 118, n° 618 ; B. 51, 58.)

9 PLUVIOSE an 3 (28 janvier 1795). — Décret qui suspend la vente des meubles et effets de la citoyenne Montansier. (B. 51, 54.)

9 PLUVIOSE an 3 (28 janvier 1795). — Décret sur les paiemens à compte aux créanciers de la ci-devant Nouvelle Compagnie des Indes. (B. 51, 55.)

9 PLUVIOSE an 3 (28 janvier 1795). — Décret sur la liquidation des créances relatives aux subsistances de la commune de Paris. (B. 51, 56.)

9 PLUVIOSE an 3 (28 janvier 1795). — Décret qui envoie le représentant Duhem à l'Abbaye. (B. 51, 59.)

9 PLUVIOSE an 3 (28 janvier 1795). — Décret de liquidation de créances sur les communes, districts, départemens, offices municipaux, ci-devant communautés religieuses. (B 51, 57.)

9 PLUVIÔSE an 3 (28 janvier 1795). — Décret relatif à la compétence du tribunal révolutionnaire. (B. 51, 59.)

10 PLUVIÔSE an 3 (29 janvier 1795). — Décret qui accorde des secours à divers. (B. 51, 60, 61 et 62.)

10 PLUVIÔSE an 3 (29 janvier 1795). — Décret portant que le représentant du peuple Duhem se rendra chez lui. (B. 51, 59.)

10 PLUVIÔSE an 3 (29 janvier 1795) — Décret portant que le comité de sûreté générale examinera la conduite du citoyen Adam. (B. 51, 63.)

10 PLUVIÔSE an 3 (29 janvier 1795). — Décret portant que la commission des secours rendra compte par écrit, toutes les décades, de l'exécution des lois qui accordent aux veuves et enfans des défenseurs de la patrie des secours ou pensions. (B. 51, 64.)

10 PLUVIÔSE an 3 (29 janvier 1795). — Décret sur l'envoi en mission du représentant Letourneur. (1, Bull. 118, n° 619.)

10 PLUVIÔSE an 3 (29 janvier 1795). — Décret portant qu'il ne sera plus donné d'effet à celui du 4 pluviose an 2, concernant la remise gratuite des effets déposés au Mont-de-Piété. (1, Bull. 118, n° 620; B. 51, 63.)

11 PLUVIÔSE an 3 (30 janvier 1795.) — Décret additionnel à celui du 17 germinal concernant les titulaires d'offices, gagistes et pensionnaires de la liste civile. (1, Bull. 118, n° 621; B. 51, 66; Mon. du 14 pluviose an 3, Rap. Monnot.)

Art. 1er. Les pourvus de charges et offices dans la maison du ci-devant roi qui ne seront point admis à la liquidation d'après la loi du 17 germinal dernier, pourront prétendre aux mêmes pensions et aux mêmes secours que les pensionnaires et les gagistes, et sous les mêmes conditions.

2. Ceux qui, faute d'avoir atteint l'âge de cinquante ans, ou d'avoir cinq années de service, ne peuvent pas prétendre aux pensions, recevront une année entière de leur traitement, sur un *maximum* de mille livres, sans qu'il soit fait déduction des sommes provisoires qui leur ont été payées ou qu'ils ont droit de réclamer en vertu des décrets, pour les six premiers mois de 1793.

3. Les gagistes et pensionnaires dont les traitemens ne s'élèvent pas au-dessus de quatre cents livres, obtiendront une pension d'une somme égale à celle de leur traitement.

4. Cette somme de quatre cents livres servira de *minimum* pour toutes les pensions qui ont pour base un traitement au-dessus de quatre cents livres, et dont la liquidation, d'après les dispositions de la loi du 17 germinal, ne s'élèverait pas à ladite somme.

5. Les pensionnaires et gagistes dont les traitemens d'activité ne consistaient, en plus grande partie, qu'en attributions en nature, et qui ne peuvent pas être liquidés sur les bases de la loi du 17 germinal, conserveront, à titre de pension, s'ils ont l'âge et le temps de service requis, le montant de leurs anciennes pensions ou de leurs traitemens, lorsque les unes et les autres n'excéderont pas quatre cents livres; s'ils l'excèdent, le montant des anciennes pensions servira de base pour liquider les nouvelles dans les proportions de la loi du 17 germinal.

6. Les sexagénaires pourront cumuler cinq cents livres de fortune personnelle ou de pension sur le Trésor public, avec le *maximum* de mille livres de pension décrété par la loi du 17 germinal.

7. Les pensionnaires et gagistes liquidés d'après les dispositions de la loi du 17 germinal et de la présente loi, pourront cumuler, jusqu'à concurrence de mille livres, les pensions qui leur seront accordées, avec celles dont ils jouissent pour services étrangers à la maison du ci-devant roi et de sa famille. Si ces pensions réunies excèdent ladite somme de mille livres, elles seront réduites à cette somme, et seront comprises dans un seul article pour former une seule pension : ceux qui en possèdent plusieurs hors le cas de cette exception, seront tenus d'opter dans l'espace de deux mois à compter de la publication de la présente loi.

8. Il ne sera rien innové à l'article 4 du titre II de la loi du 17 germinal, concernant les pensionnaires sur les cassettes, aumônes et domaines, qui, en cumulant plusieurs petites pensions, ne pourront excéder le *maximum* de quatre cents livres.

9. Les personnes qui, en s'acquittant de leurs services, auront été estropiées de manière à ne pouvoir plus remplir leurs fonctions, seront considérées comme ayant acquis le temps et l'âge nécessaires pour obtenir une pension : celles dont lesdits gagistes et pensionnaires jouissaient, seront liquidées sur les mêmes principes que tous ceux qui ont droit d'en prétendre, et les articles 3 et 4 ci-dessus leur seront applicables. Leur état de maladie et d'infirmité sera constaté par le certificat d'un officier de santé, dûment légalisé, et par un acte de notoriété, émané du conseil-général de la commune du lieu.

10. Les nourrices des enfans de Louis XVI, déjà portées sur les états de la liste civile, seront liquidées d'après les principes de la loi du 17 germinal, quoiqu'elles n'aient pas accompli les cinq années de service, et

qu'elles n'aient pas l'âge requis par ladite loi : celles qui n'avaient pas de traitement fixe, seront liquidées sur le montant net de leurs brevets de pension.

11. Les pensionnaires et gagistes liquidés en exécution de la loi du 17 germinal et de la présente loi, toucheront à la Trésorerie nationale, sur le certificat de liquidation du commissaire liquidateur de la liste civile, pensions et secours décrétés, à compter du 1ᵉʳ janvier 1793, sauf ce qu'ils ont reçu par imputation sur lesdites pensions et secours. Ils toucheront pareillement, sur le certificat dudit commissaire liquidateur, ce qui peut leur être dû d'arriéré de leurs anciennes pensions et traitemens d'activité, depuis le 1ᵉʳ juillet 1790 jusqu'en août 1792, ainsi que la portion d'indemnité du 11 août de la même année au 1ᵉʳ janvier suivant, décrétée par la loi du 7 mars 1793.

12. Les héritiers et ayans-cause des gagistes et pensionnaires décédés seront pareillement payés, sur le certificat du commissaire liquidateur, du décompte de ce qui pouvait être dû auxdits gagistes et pensionnaires au jour de leur décès.

13. Le liquidateur de la liste civile présentera, avant le 1ᵉʳ messidor prochain, un état de l'arriéré dû aux gagistes et pensionnaires qui, d'après les bases de la loi du 17 germinal, ne peuvent pas prétendre aux pensions et secours décrétés ; et, pour cet effet lesdits gagistes et pensionnaires seront tenus de déposer au bureau de ladite liquidation de la liste civile, avant le 1ᵉʳ prairial, le certificat de résidence prescrit par la loi du 6 germinal, à peine de déchéance.

―――――――

11 PLUVIOSE an 3 (30 janvier 1795). — Décret qui autorise le comité de législation à statuer sur les réclamations ayant pour objet la confiscation et le séquestre des biens qui auraient été la suite de jugemens restés sans exécution, etc. (1, Bull. 118, n° 622 ; B. 51, 69 ; Mon. du 14 pluviose an 3, Rap. Monnot.)

Art 1ᵉʳ. Le comité de législation, auquel les décrets du 29 nivose ont attribué, soit particulièrement, soit concurremment avec le comité de sûreté générale, l'examen des jugemens non exécutés, rendus pour délits non ordinaires, ni pour cause de royalisme, de ceux portant peine de la déportation, en conséquence de l'article 3 du titre II de la loi du 10 mars 1793, et la mise en liberté des individus condamnés, pourra statuer sur les réclamations qui auront pour objet la confiscation et le séquestre des biens qui auraient été la suite de ces jugemens.

2. Le comité ne pourra statuer que sur les amendes qui n'auront pas été payées.

3. Le séquestre et la confiscation des biens pourront être levés. Les individus mis en liberté y seront réintégrés, à la charge d'acquitter les frais de scellés, garde, séquestre, régie et administration.

4. Les baux à ferme qui pourraient avoir été faits au nom de la nation par les corps administratifs, ne pourront être résiliés que conformément aux dispositions de l'article 15 du titre II de la loi des 23 et 28 octobre=5 novembre 1790.

5. Dans le cas où les biens auraient été vendus, les acquéreurs y seront maintenus, sauf les droits des ci-devant propriétaires au recouvrement du prix, d'après les conditions des ventes : il y sera statué définitivement par le comité des finances.

6. La même disposition aura lieu relativement aux biens des personnes détenues comme suspectes, et qui depuis ont été mises en liberté.

7. Il n'est pas dérogé par la présente loi à celles relatives aux émigrés et leurs complices, ni aux ecclésiastiques qui ont encouru la peine de la déportation.

―――――――

11 PLUVIOSE an 3 (30 janvier 1795). — Décret qui applique à tous les comptables l'article 4 de celui du 26 frimaire, relatif aux ci-devant payeurs des rentes. (1, Bull. 118, n° 623 ; B. 51, 64 ; Mon. du 14 pluviose an 3, Rap. Monnot.)

La Convention nationale décrète que les dispositions de l'article 4 du décret du 26 frimaire dernier, relatives aux ci-devant payeurs de rentes, sont applicables à tous les comptables. Ils pourront, en conséquence, se libérer envers leurs créanciers ayant privilége ou hypothèque spéciale sur leurs finances, aux charges et conditions prescrites par ledit article.

―――――――

11 PLUVIOSE an 3 (30 janvier 1795). — Décret concernant la solde des militaires requis pour remplir les fonctions des commandans temporaires des places de guerre. (1, Bull. 118, n° 624 ; B. 51, 70.)

La Convention nationale décrète que tout militaire en activité de service, requis pour remplir les fonctions de commandant temporaire, et qui n'aurait reçu que l'appointement fixé à la place de guerre ou au poste militaire où il s'est vu employé, sera rappelé, pour toute la durée de ce service, du supplément de la solde attribuée par les lois au grade qu'il occupait à l'armée ou dans son corps.

―――――――

11 PLUVIOSE an 3 (30 janvier 1795). — Décret relatif au remplacement de l'excédant des dépenses de la Trésorerie sur les recettes pendant le mois de frimaire. (B. 51, 65.)

―――――――

11 PLUVIOSE an 3 (30 janvier 1795). — Décret relatif à l'entretien de l'habillement des grena-

diers-gendarmes faisant le service de la Convention. (B. 51, 70.)

11 PLUVIOSE an 3 (30 janvier 1795). — Décret portant une indemnité en faveur de Herlemann et Schaud. (B. 51, 70.)

11 PLUVIOSE an 3 (30 janvier 1795). — Décret portant que la Trésorerie nationale ouvrira un crédit de vingt millions à la commission des administrations civiles; de deux millions à celle de l'instruction publique. (B. 51, 64.)

11 PLUVIOSE an 3 (30 janvier 1795). — Décret qui renvoie au comité d'instruction publique la proposition de décréter que la qualité d'adjoint est supprimée dans la loi du 14 frimaire, portant établissement des trois écoles centrales de médecine, et qu'à la place de l'adjoint, il sera nommé autant de professeurs égaux en fonctions entre eux. (B. 51, 68.)

11 PLUVIOSE an 3 (30 janvier 1795). — Décret qui renvoie à un nouvel examen du comité des finances, la proposition d'autoriser la commune de Bolbec à acquérir la halle et bâtimens situés dans cette commune appartenant à la nation. (B. 51, 68.)

11 PLUVIOSE an 3 (30 janvier 1795). — Décret qui annulle le jugement rendu contre Jean-Louis Cailloux. (B. 51, 71.)

11 PLUVIOSE an 3 (30 janvier 1795). — Décret d'ordre du jour sur la proposition de décréter que les membres du tribunal révolutionnaire de Nîmes et leurs coaccusés, seraient jugés par un des tribunaux criminels voisins de celui du Gard. (B., 51, 71.)

11 PLUVIOSE an 3 (30 janvier 1795). — Décret qui renvoie au comité militaire la demande de généraliser la proposition faite d'accorder une indemnité aux gendarmes pour les effets perdus lorsqu'ils étaient faits prisonniers de guerre. (B. 51, 72.)

12 PLUVIOSE an 3 (31 janvier 1795). — Décret sur les marchandises qui devront jouir d'une modération de droits d'entrée, et celles dont la sortie continuera provisoirement d'être défendue. (1, Bull. 119, n° 632; B. 51, 74; Mon. du 16 pluviose an 3.)

Voy. lois du 25=29 JUILLET 1791 et du 20 THERMIDOR an 3.

Art. 1er. Les marchandises comprises dans l'état annexé au présent décret, sous le n° 1er, ne paieront provisoirement les droits d'entrée que sur le taux fixé par ledit état.

2. Le droit de marque, perçu par addition aux droits d'entrée sur les fers et aciers venant de l'étranger, est supprimé.

3. La perception du droit additionnel de vingt pour cent, fixé sur les productions du Levant par la loi du 21 = 29 juillet 1791 est suspendue.

4. Les marchandises dont l'entrée n'est pas défendue, pourront être importées par tous les bureaux maritimes, et encore par tous les bureaux de terre placés sur les grandes routes.

Aucune ne sera sujète à la représentation du certificat prescrit par la loi du 1er mars 1793.

5. La prohibition à la sortie est restreinte aux objets compris dans l'état n° 2.

Les vins exportés par les frontières de terre paieront cinq sous par pinte.

6. Toute denrées ou marchandises faisant route dans les deux lieues frontières de l'étranger, sans acquit-à-caution, seront confisquées.

7. Les acquits-à-caution, pour les marchandises enlevées dans l'étendue desdites deux lieues, devront être pris avant l'enlèvement, et au plus prochain bureau de douane, à moins qu'ils ne soit éloigné de plus de demi-lieue de la commune où se fait le chargement, auquel cas l'acquit-à-caution sera délivré par deux officiers municipaux de ladite commune, et portera l'obligation de présenter la marchandise à un bureau de douane, s'il s'en trouve sur la route du lieu de la destination.

8. Les marchandises enlevées dans l'intérieur de la République, à la destination desdites deux lieues, devront être présentées au premier bureau de douane de leur route, où il leur sera délivré un acquit-à-caution : ces acquits, qui seront sur papier timbré devront être revêtus de certificat de décharge par les préposés des douanes dans les lieux où il y aura un bureau, et, dans les autres communes, par les officiers municipaux.

9. Les peines portées par les lois contre ceux qui exportent des marchandises prohibées, continueront d'avoir leur exécution.

10. Il n'est rien changé par le présent décret à la loi du 4 nivose, relative aux grains, ni à celle du 3 avril 1793, concernant les matières propres à la fabrication du papier.

11. Il est expressément enjoint aux commandans militaires d'employer tous les moyens qui sont en leur pouvoir pour assurer l'exécution du présent décret, soit en plaçant dans les postes qui leur seront indiqués par les corps administratifs, le nombre d'hommes nécessaire à empêcher les exportations défendues, soit en faisant prêter main-forte aux préposés des douanes, lorsqu'ils en seront par eux légalement requis, et au moment même de la réquisition.

12. Les décrets et arrêtés contraires aux dispositions de la présente loi, sont rapportés.

13. Les dispositions contenues dans la présente loi n'auront leur effet que pendant le terme de six mois, à compter de sa publication.

N° 1er. *État des denrées et marchandises sur lesquelles les droits d'entrée sont réduits par la loi de ce jour, et quotité des droits qui seront dus.*

Objets qui paieront le dixième des droits actuels.

Orge perlé ou mondé; avoine en gruau; légumes secs; vermicelle et toutes autres pâtes; poisson frais, sec, salé, fumé ou mariné; coquillage; fruits, fromages, huile d'olive, cacao, miel, bière; cire jaune non ouvrée; baleines en fanons, et blanc de baleine; écaille de tortue, ivoire, soie grége, fleuret, filoselle crue et bourre de soie cardée, poil ou soies de porc et de sanglier; graines grasse; aigre de vitriol, eau forte, salpêtre, couperose, vitriol, garance sèche, indigo, soufre en canon, tartre de vin, crème de tartre, sucre, café, argent vif, huiles de graines, de noix, de poisson; gommes et résines a l'usage des teintures et fabriques; agrès et apparaux des navires, ancres, cordages; papiers blanc, papier brouillard, carton en feuilles; toile a voiles grosse.

Objets qui paieront le cinquième des droits actuels d'entrée.

Sucre, café, charbon de terre importé par mer; soies en trame, poils organsin et à coudre, et soies teintes; brai et goudron, plomb, et étain non ouvré; acier non ouvré, acier fondu; fer en barre, ferblanc, fer noir, fer en tôle; cuivre en planches et fond plat, laiton ou cuivre jaune, battu ou laminé, laiton filé ou fil de laiton noir, fil de fer; faulx, faucilles et limes; chandelles de suif; plumes à écrire.

Objets qui paieront la moitié du droit d'entrée du tarif.

Alun; draps compris dans le tarif sous la dénomination de draps communs; bonneterie et couverture de laine.

Droit fixe.

Toiles de Chanvre ou de lin, excepté celles à voiles, le quintal 2 livres 10 sous.

N° 2. *État des denrées et marchandises dont la sortie restera provisoirement prohibée.*

Grains, farines, pomme de terre, marrons, châtaignes, pois, haricots, lentilles et autres légumes verts et secs; viande, poisson, beurre, miel, fromage, cacao, vermicelle et autres comestibles, à l'exception des fruits; sucre et café; bestiaux et fourrages, chevaux, mules et mulets; armes et munitions de guerre, brai, goudron

cables, cordages, toiles à voiles et autres munitions navales; bois, charbon, cendres et autres matières servant à l'engrais des terres; matières servant à la fabrication du papier et de la colle; papier blanc et gris, cartons et groisil; métiers pour les fabriques; chanvres, lins, laines, cotons et soies, même filés; liéges non ouvrés; peaux et cuirs secs, en poils et en vert; peaux et poils en masse et non filés, de castor et de loutre; de lièvre et de lapin; poils de chèvre, de chevreau, non filés, poils de chien filé; cire, suif, chandelles, graisse, huiles de graines et de poissons, et graines grasses; alun, couperose, vitriol, indigo, soufre, sumac, gommes et résines; fer, laiton, plomb, étain, tôle de fer-blanc; acier et cuivre non compris dans la classe de la mercerie ou de la quincaillerie; bonneterie de laine, à l'exception des casquets; chapeaux d'homme, d'une valeur inférieure à 18 livres pièce; cuirs et peaux de toute sorte, à l'exception des gants fins, des pelleteries ouvrées ou apprêtées, et des peaux passées en blanc ou mégie; futailles.

---

12 PLUVIOSE an 3 (31 janvier 1795) — Décret qui envoie des représentans du peuple en mission dans les départemens de la Moselle, de la Meurthe, de l'Eure et d'Eure-et-Loir. (1 Bull. 118, n° 645 ; B. 51, 73.)

---

12 PLUVIOSE an 3 (31 janvier 1795). — Décret portant réorganisation de la commission de santé, sous le nom de Conseil de santé. (1 Bull. 118, n. 626 ; B. 51, 81.)

---

12 PLUVIOSE an 3 (31 janvier 1795). — Décret qui autorise le représentant Vidal à se rendre dans son département. (B. 51, 78.)

---

12 PLUVIOSE an 3 (31 janvier 1795). — Décret sur le rétablissement, l'organisation et l'accroissement des régimens précédemment connus sous le nom d'artillerie et d'infanterie de la marine. (B. 51, 78.)

---

12 PLUVIOSE an 3 (31 janvier 1795.). — Décret portant nomination à divers emplois administratifs. (B. 51, 79.)

---

12 PLUVIOSE an 3 (31 janvier 1795) — Décret relatif à une erreur de date qui s'est glissée dans le décret du 29 nivose, portant autorisation de statuer sur les demandes de mise en liberté des condamnés à la déportation par le tribunal révolutionnaire. (B. 51, 80.)

---

12 PLUVIOSE an 3 (31 janvier 1795). — Décret relatif à la surveillance et direction de l'éducation de bestiaux. (B. 51, 73.)

2 PLUVIOSE an 3 (31 janvier 1795.) — Décret qui ajoute au nombre des professeurs de l'école normale , un professeur d'économie politique. (B. 51, 79.)

2 PLUVIOSE an 3 (31 janvier 1795). — Décret portant que le rapport fait par le représentant du peuple Lacombe sera imprimé, et renvoi du projet de décret aux comités militaires et de salut public. (B. 51, 74.)

2 PLUVIOSE an 3 (31 janvier 1795.) — Décret qui renvoie au comité d'agriculture une pétition des citoyens Valotte et Defrance. (B. 51, 72.)

2 PLUVIOSE an 3 (31 janvier 1795). — Décret relatif à des changemens à faire dans la salle de la Convention. (B. 51, 73.)

2 PLUVIOSE an 3 (31 janvier 1795). — Décret qui renvoie au comité des finances une pétition du citoyen Jacob Legeard. (B. 51, 74.)

2 PLUVIOSE an 3 (31 janvier 1795). — Décret qui approuve la conduite du comité de salut public, relativement à des demandes de communication et copies de divers actes et arrêtés qui se trouvent déposés dans les archives. (B. 51, 80.)

12 PLUVIOSE an 3 (31 janvier 1795). — Décret qui accorde des secours à divers. (B. 51, 81.)

13 PLUVIOSE an 3 (1er février 1795). — Décret additionnel à celui du 3 pluviose , relatif aux réquisitions en grains. (B. 51, 89.)

Lorsque l'approvisionnement en grains ou en fourrages pour les armées et pour la commune de Paris, ne pourra s'effectuer de gré à gré ou par la voie de préemption, la commission des approvisionnemens y pourvoira par des réquisitions, sous la surveillance du comité de salut public.

13 PLUVIOSE an 3 (1er février 1795). — Décret de mention honorable de l'hommage fait à la Convention, par le citoyen Beaurieu , de son *Journal des Municipalités de campagne.* (B. 51, 89.)

13 PLUVIOSE an 3 (1er février 1795). — Décret qui rapporte la disposition du décret qui ordonne de poursuivre les auteurs et complices des outrages commis à Marseille en la personne de Bô. (B. 51, 94.)

13 PLUVIOSE an 3 (1er février 1795). — Décret qui accorde une prolongation de congé au citoyen Guyomar. (B. 51, 89.)

13 PLUVIOSE an 3 (1er février 1795). — Décret

qui ordonne la remise des linges, hardes et effets appartenant aux époux survivans ou aux enfans des condamnés. (1, Bull. 122 , n° 647 ; B. 51, 84.)

13 PLUVIOSE an 3 (1er février 1795). — Décret qui accorde des pensions alimentaires aux veuves de citoyens morts en défendant la patrie, ou faisant un service requis au nom de la République. (1, Bull. 123, n° 649 ; B. 51, 82.)

13 PLUVIOSE an 3 (1er février 1795). — Décret qui accorde des secours et pensions. (B. 51, 82, 90.)

13 PLUVIOSE an 3 (1er février 1795). — Décret d'ordre du jour sur la demande du citoyen Joseph Baur. (B. 51, 83.)

13 PLUVIOSE an 3 (1er février 1795). — Décret portant que les jardins des plantes qui sont dans les communes de Montpellier et de Strasbourg , sont de la dépendance, et font partie des écoles de santé établies dans ces communes par la loi du 14 frimaire. (B. 51, 84.)

13 PLUVIOSE an 3 (1er février 1795). — Décret portant nomination à divers emplois administratifs. (B. 51, 85 à 88, 91 à 93.)

13 PLUVIOSE an 3 (1er février 1795). — Décret relatif à la discussion sur les mesures proposées par le comité de salut public pour les Indes-Orientales , et autres établissemens au-delà du cap de Bonne-Espérance. (B. 51, 93.)

14 PLUVIOSE an 3 (2 février 1795). — Décret portant réglement sur toute émission de fonds en argent ou assignats, et concession en domaines nationaux. (B. 51, 94.)

Aucune émission de fonds en argent ou assignats, aucune concession en domaines ou bâtimens nationaux, ne pourront être décrétées qu'en vertu d'une loi préexistante, ou sans en avoir préalablement délibéré avec le comité des finances.

14 PLUVIOSE an 3 (2 février 1795). — Décret qui envoie des représentans du peuple en mission dans les départemens de la Haute-Marne et des Hautes et Basses-Pyrénées. (1, Bull. 118, n° 628 ; B. 51, 96.)

14 PLUVIOSE an 3 (2 février 1795). — Décret qui rapporte les dispositions pénales des lois et arrêtés relatifs à la rebellion de la commune de Lyon. (1, Bull. 118, n° 630 ; B. 51, 98.)

14 pluviose an 3 (2 février 1795). — Décret qui ordonne la cessation des fonctions du jury

des armes et inventions de guerre établi près la manufacture de fusils de Paris. (B. 51. 99.)

14 PLUVIOSE an 3 (2 février 1795). — Décret qui ordonne un rapport sur le traitement des professeurs des ci-devant colléges. (B. 51, 94.)

14 PLUVIOSE an 3 (2 février 1795). — Décret qui annulle les jugemens rendus contre Jean-Simon Loizerolles et Antoine-Gabriel Jacomin-Vigui. (B. 51, 95 et 96.)

14 PLUVIOSE an 3 (2 février 1795). — Décret qui accorde des secours. (B. 51, 97 et 98.)

14 PLUVIOSE an 3 (2 février 1795). — Décret sur la prohibition et l'exportation des graines de luzerne , trèfle , etc. (B. 51, 99.)

14 PLUVIOSE an 3 (2 février 1795). — Décret qui ordonne un projet de décret relatif à la vente des églises , presbytères , jardins et terrains en dépendans. (B. 51 , 97.)

14 PLUVIOSE an 3 (2 février 1795). — Décret portant que Noël-Pointe se rendra près de la fonderie du Creuzot. (B. 51, 100.)

15 PLUVIOSE an 3 (3 février 1795). — Décret relatif aux ecclésiastiques émigrés et aux titres cléricaux. (B. 51, 101.)

La Convention nationale décrète que l'article additionnel de la Loi du 22 ventose an 2 est applicable aux ecclésiastiques émigrés, et qu'il n'y a que les titres cléricaux patrimoniaux qui doivent tourner au bénéfice des familles.

15 PLUVIOSE an 3 (3 février 1795). — Décret relatif à la levée des scellés réapposés sur les papiers de la compagnie Masson et d'Espagnac. (B. 51, 101.)

15 PLUVIOSE an 3 (3 février 1795). — Décret qui accorde une augmentation de traitement aux aveugles de l'hospice des Quinze-Vingts. (B. 51 , 103.)

15 PLUVIOSE an 3 (3 février 1795). — Décrets qui accordent des secours à divers. (B. 51 , 100 et 101.)

15 PLUVIOSE an 3 (3 février 1795). — Décret relatif au tableau peint par Renaud , représentant la devise : *La Liberté ou la Mort*. (B. 51, 102.)

15 PLUVIOSE an 3 (3 février 1795). — Décret qui renvoie une pétition du citoyen Magalon

aux comités de salut public et des finances réu nies. (B. 51 , 102.)

15 PLUVIOSE an 3 (3 février 1795). — Décre qui accorde un congé au citoyen Ribereau. (I 51 , 102.)

15 PLUVIOSE an 3 (3 février 1795. — Décret re latif à un arrêté du comité des finances, su le mode de rentrée des contributions arriérée: (B. 51, 103.)

16 PLUVIOSE an 3 (4 février 1795.)—Décre qui approuve la conduite des représentans Marseille, et du commandant de la garnison (B. 51, 105.)

16 PLUVIOSE an 3 (4 février 1795). — Décre relatif au citoyen Guibert et compagnie et au citoyens Boniface et Ferré. (B. 51, 105.)

16 PLUVIOSE an 2 (4 février 1795). — Décre qui renvoie aux comité des finances et de lé gislation des questions sur le traitement de greffiers de tribunaux de commerce, et sur l question si les plaideurs supporteront les frai d'expédition des jugemens. (B. 51, 104.)

16 PLUVIOSE an 3 (4 février 1795) — Décre portant que le comité des secours publics pré sentera un décret sur les moyens de bien cons tater dans les actes mortuaires des défenseur de la patrie, la cause de la mort. (B. 51, 104.

16 PLUVIOSE an 3 (4 février 1795.) — Décret qui ajourne à cinq jours la discussion sur les colonies orientales. (B. 51, 104.)

16 PLUVIOSE an 3 (4 février 1795.)— Décret de renvoi de la pétition du citoyen Thomas Bizet aux comités de secours et de salut public. (B. 51, 104.)

17 PLUVIOSE an 3 (5 février 1795). — Décret relatif aux contestations des arbitres d'un tribunal de famille sur la nomination d'un tiers-arbitre. (B. 51, 106 ; Mon. du 21 pluviose an 3.)

Voy. loi du 28 THERMIDOR an 3 ; Code de procédure , art. 580 ; Avis du Conseil-d'État du 23 JANVIER=2 FÉVRIER 1808 ; du 22 DÉCEMBRE 1808 = 11 JANVIER 1809.

Art. 1er. Lorsque les arbitres composant un tribunal de famille ne s'accorderont pas sur la nomination d'un tiers-arbitre, dans le cas où il serait nécessaire, ils inviteront les parties à se concerter sur ce choix ; et si cette invitation ne produit pas son effet, ils les renverront devant le président du tribunal du district.

2. Le président du tribunal, dans le cas

les parties ne s'accorderaient pas devant i, choisira le tiers-arbitre sur les listes l'elles lui présenteront, après cependant l'elles auront chacune récusé deux des ci-yens compris dans ces listes, si elles veu-at user de ce droit.

PLUVIOSE an 3 (5 février 1795). — Décret portant que les citoyens Dumont et Chaube composeront l'agence de l'envoi des Lois. (1, Bull. 120, n° 636; B. 51, 108.)

PLUVIOSE an 3 (5 février 1795). — Décret qui envoie en mission, dans le département de la Meuse, le représentant Gantois. (1, Bull. 120, n° 637; B. 51, 109.)

PLUVIOSE an 3 (5 février 1795). — Décret qui suspend le jugement rendu par le tribunal criminel du département d'Eure-et-Loire, le 18 nivose dernier. (B. 51, 105.)

PLUVIOSE an 3 (5 février 1795). — Décret portant que le projet d'instruction présenté par le comité militaire pour faire suite à la loi du 28 nivose, concernant la nouvelle organisation et les fonctions des commissaires des guerres, sera imprimé et distribué aux membres de la Convention. (B. 51, 106.)

PLUVIOSE an 3 (5 février 1795). — Décret sur la pétition de Jean-Pierre Delaune. (B. 51, 107.)

PLUVIOSE an 3 (5 février 1795). — Décret qui approuve les mesures prises par le repré-sentant Jean Debry. (B 51, 107.)

PLUVIOSE an 3 (5 février 1795). — Décret portant que les comités de la Convention nom-meront chacun un membre pour recomposer la commission chargée de proposer un nouveau mode de gouvernement et d'organisation des commissions exécutives. (B. 51, 108.)

PLUVIOSE an 3 (5 février 1795). — Décret sur la pétition du citoyen Soudain. (B. 51, 108.

PLUVIOSE an 3 (5 février 1795). — Décret sur la motion de contraindre les arbitres à prononcer sur les affaires dont ils sont chargés dans un délai qui sera fixé. (B. 51 109.)

18 PLUVIOSE an 3 (6 février 1795).) — Décret portant que les personnes dont les pensions accordées en considération des services de leurs maris ou parens dans la maison du ci-devant roi, ont été supprimées par la loi du 17 ger-minal, recevront un secours annuel. (1 Bull. 122, n° 648; B. 51, 110.)

18 PLUVIOSE an 3 (6 févries 1795). — Décret relatif à la signature des actes de l'état civil de la commune de Nantes. (B. 51, 115.)

18 PLUVIOSE an 3 (6 février 1795). — Décret qui soumet à l'examen du comité de législation les inscriptions sur les listes des émigrés, et les radiations desdites listes faites en vertu d'ar-rêtés de représentans du peuple en mission dans les départemens. (1, Bull. 120, n° 638; B. 51, 114.) Voy. loi du 26 floréal an 3.

18 PLUVIOSE an 3 (6 février 1795). — Décret qui autorise le comité de législation à proroger le délai fixé par celui du 23 brumaire an 3, pour l'obtention des certificats de résidence exigés par la loi. (1, Bull. 120, n° 639; B. 51, 114.)

18 PLUVIOSE an 3 (6 février 1795). — Décret qui accorde des secours à divers. (B. 51, 109 à 115.)

18 PLUVIOSE an 3 (6 février 1795). — Décret de renvoi relatif aux entrepreneurs, architec-tes et ouvriers du théâtre dit de la Montansier. (B. 51, 111.)

18 PLUVIOSE an 3 (6 février 1795). — Décret qui annulle le jugement rendu par le tribu-nal criminel de Paris, contre la femme Oppin, veuve Cottereau. (B. 51, 111.)

18 PLUVIOSE an 3 (6 février 1795). — Décret qui déclare nul le jugement rendu contre Grim-mer. (B. 51, 112.)

18 PLUVIOSE an 3 (6 février 1795). — Décret qui renvoie au tribunal de Mézières vingt-sept citoyens pour y être jugés. (B. 51, 114.)

18 PLUVIOSE an 3 (6 février 1795). — Décret qui accorde un congé au citoyen Venard. (B. 51, 115.)

18 PLUVIOSE an 3 (6 février 1795). — Décret relatif au citoyen Jean-Pierre Patris. (B. 51, 116.)

18 PLUVIOSE an 3 (6 février 1795). — Décret de renvoi au comité de sûreté générale de la pétition des habitans de Gannat. (B. 51, 117.)

18 PLUVIOSE an 3 (6 février 1795). — Décret qui approuve l'arrêté pris par les comités de sûreté générale et de législation, en vertu du décret du 28 nivose dernier par lequel ils ren-voient les citoyens dénoncés par la commune d'Aurillac, par-devant le tribunal criminel du Puy-de-Dôme. (B. 51, 118.)

18 PLUVIOSE au 3 (6 février 1795). — Décret qui envoie le représentant Hourier-Eloi dans le département de l'Aisne. (B. 51, 116.)

19 PLUVIOSE an 3 (7 février 1795). — Décret relatif aux oppositions sur les appointemens des officiers, des commissaires des guerres et employés dans les armées. (B. 51, 119; Mon. du 22 pluviose an 3.)

La Trésorerie nationale est autorisée à faire payer aux officiers de troupes, aux commissaires des guerres, et tous autres employés dans les armées ou à la suite, grevés d'oppositions par leurs créanciers, les quatre cinquièmes de leurs appointemens, le cinquième restant sera réservé aux créanciers, qui pourront d'ailleurs exercer leurs droits sur les autres biens de leurs débiteurs (1).

19 PLUVIOSE an 3 (7 février 1795). — Décret qui nomme le citoyen Vandermonde professeur d'économie politique à l'école normale. (B. 51, 119.)

19 PLUVIOSE an 3 (7 février 1795). — Décret sur le renouvellement des cartes de sûreté dans Paris. (B. 51, 119.)

19 PLUVIOSE an 3 (7 février 1795). — Décret qui alloue trente mille livres pour les distributions d'ouvrages que le comité d'instruction publique jugera utile de faire délivrer aux élèves de l'école normale. (B. 51, 118.)

19 PLUVIOSE an 3 (7 février 1795). — Décret qui annulle le jugement rendu contre Antoine Bordet. (B. 51, 120.)

19 PLUVIOSE an 3 (7 février 1795). — Liste des membres nommés au comité de secours publics. (B. 51, 121.)

19 PLUVIOSE an 3 (7 février 1795). — Décret qui renvoie au comité de législation la proposition de casser et annuler les jugemens rendus contre Caron, Bouillard et autres. (B. 51, 123.)

19 PLUVIOSE au 3 (7 février 1795). — Décret de mention honorable de l'offrande faite à la Convention nationale au nom du citoyen Bruisset. (B. 51, 121.)

19 PLUVIOSE an 3 (7 février 1795). — Décret portant que le comité de secours fera un prompt rapport sur le sort de la veuve Lesue. (B. 51, 122.)

20 PLUVIOSE an 3 (8 février 1795). — Décret portant que les honneurs du Panthéon ne pourront être décernés à un citoyen que dix ans après sa mort. (B. 51, 125; Mon. du 22 pluviose an 3.)

La Convention nationale décrète que les honneurs du Panthéon ne pourront être décernés à un citoyen, ni son buste placé dans le sein de la Convention nationale et dans les lieux publics, que dix ans après sa mort.

Tout décret dont les dispositions seraient contraires est rapporté.

20 PLUVIOSE an 3 (8 février 1795). — Décret qui autorise provisoirement le président du tribunal révolutionnaire, en attendant que les jurés de ce tribunal révolutionnaire soient rendus à leur poste, à faire tirer, pour chaque procès, onze jurés sur le nombre de ceux qui sont à Paris. (B. 51, 122.)

20 PLUVIOSE an 3 (8 février 1795). — Décret qui accorde des secours à diverses personnes. (B. 51, 123 et 124.)

20 PLUVIOSE an 3 (8 février 1795). — Décret qui accorde à la citoyenne Marie Legrand six mille livres. (B. 51, 124.)

20 PLUVIOSE an 3 (8 février 1795). — Décret portant réintégration du citoyen Meyer dans les fonctions de chef d'escadron. (B. 51, 124.)

20 PLUVIOSE an 3 (8 février 1795). — Décret de renvoi d'une pétition des propriétaires des maisons environnant le Jardin-des-Plantes, au comité des domaines, pour en faire son rapport. (B. 51, 125.)

20 PLUVIOSE an 3 (8 février 1795). — Décret qui sursoit à l'exécution du jugement rendu par le tribunal du district de Roclibre, le 11 brumaire dernier, contre Jean-Baptiste Paris et autres. (B. 51, 125.)

20 PLUVIOSE an 3 (8 février 1795). — Décret

_____

(1) Lorsque sur le traitement d'un officier, il y a contestation entre son créancier qui a saisi le traitement, et le conseil d'administration, qui prétend y faire la retenue d'un cinquième, l'autorité judiciaire est seule compétente (22 février 1821, ord. du roi; J. C. 5, 551.) Les sommes dues par l'Etat aux militaires, avant la loi du 23 septembre 1814, même celles qui avaient nature d'appointemens et ne pouvaient en conséquence être saisies que pour un cinquième, ayant été comprises par cette loi au nombre des créances ordinaires de l'arriéré, ont subi par là une espèce de novation, et sont devenues saisissables pour la totalité. (Cass. 31 mars 1828; S. 28, 1, 150; D. 28, 1, 199.)

qui accorde des secours à la citoyenne Vallet. (B. 51. 126.)

20 PLUVIOSE an 3 (8 février 1795). — Décret d'ordre du jour motivé, relatif à la proposition faite de décréter une punition contre ceux qui tenteraient de porter atteinte à la déclaration des droits. (B. 51, 126.)

20 PLUVIOSE an 3 (8 février 1795). — Décret approuvant les mesures prises pour le maintien de l'ordre. (B. 51, 126.)

20 PLUVIOSE au 3 (8 février 1795). — Décret qui envoie en mission, dans les départemens des Bouches-du-Rhône et du Var, le représentant du peuple Guérin. (1, Bull. 124, n° 656; B. 51, 122.)

20 PLUVIOSE an 3 (8 février 1795). — Décret qui accorde des pensions à des militaires, pour cause d'infirmités ou blessures. (1, Bull. 125, n° 657; B. 51, 123.)

21 PLUVIOSE an 3 (9 février 1795). — Décret relatif au rapport à faire par la commission des Vingt-Un. (B. 51, 128.)

21 PLUVIOSE an 3 (9 février 1795). — Décret d'ordre du jour sur une proposition du représentant du peuple Duhem. (B. 51, 128.)

21 PLUVIOSE an 3 (9 février 1795). — Décret qui accorde un secours de dix millions pour être réparti entre tous les districts de la République. (1, Bull. 121, n° 642; B. 51, 127.)

22 PLUVIOSE an 3 (10 février 1795). — Décret accordant des secours à différentes personnes. (B. 51, 129.)

22 PLUVIOSE an 3 (10 février 1795). — Décret portant nomination de citoyens à diverses fonctions judiciaires. (B. 51, 130.)

22 PLUVIOSE au 3 (10 février 1795). — Décret qui fixe définitivement au 1er vendémiaire le délai accordé par la loi du 7 messidor pour réclamer les titres non féodaux ou procédures existant dans les dépôts judiciaires de Paris. (1, Bull. 121, n° 643; B 51, 136.)

22 PLUVIOSE an 3 (10 février 1795). — Décret qui envoie en mission, dans les départemens du Bec-d'Ambès et de la Dordogne, le représentant du peuple Boussion. (1, Bull 130, n° 644; B. 51, 132.)

22 PLUVIOSE an 3 (10 février 1795). — Décret portant qu'à l'avenir les nominations de mem-bres des autorités constituées ne seront plus imprimées. (B. 51, 133.)

22 PLUVIOSE an 3 (10 février 1795). — Décret qui ordonne l'impression du rapport du comité de salut public sur la neutralité de la Toscane et du projet de traité. (B. 51, 136.)

22 PLUVIOSE an 3 (10 février 1795). — Décret qui nomme le citoyen Bienvenut membre du directoire du département du Cher. (B. 51, 132.)

22 PLUVIOSE au 3 (10 février 1795). — Décret qui regarde comme non avenu le jugement du tribunal de Paris du 26 janvier 1793, et l'acte du 13 avril suivant, etc. (B. 51, 131.)

22 PLUVIOSE an 3 (10 février 1795). — Décret qui accorde des secours au citoyen Clée. (B. 51, 131.)

22 PLUVIOSE an 3 (10 février 1795). — Décret qui nomme le citoyen Jean-François Bois officier public de l'état civil des citoyens de Paris. (B. 51, 133.)

22 PLUVIOSE an 3 (10 février 1795). — Décret de renvoi au comité des secours, relatif à la demande des citoyens de la commune de Flixecourt. (B 51, 134.)

22 PLUVIOSE an 3 (10 février 1795). — Décrets qui accordent des secours à la citoyenne Salès et autres. (B. 51, 133 et 134.)

22 PLUVIOSE an 3 (10 février 1795). — Décret qui autorise à payer aux professeurs des colléges de Paris leurs traitemens arriérés. (B. 51, 135.)

22 PLUVIOSE an 3 (10 février 1795). — Décret qui autorise la Trésorerie nationale de payer au citoyen Noël la somme de deux mille quatre cent soixante-six livres six sous. (B. 51, 135.)

22 PLUVIOSE an 3 (10 février 1795). — Décret d'ordre du jour sur la proposition de supprimer du Bulletin des Lois le collationné qui se met à la suite de chaque décret. (B. 51, 135.)

22 PLUVIOSE an 3 (10 février 1795). — Décret sur une adresse des citoyens de la section du Théâtre-Français qui renvoie la dénonciation faite contre les assassins du citoyen Ivan, etc. (B. 51, 137.)

22 PLUVIOSE an 3 (10 février 1795). — Décret qui autorise le comité de salut public à envoyer en mission, pour une opération secrète, un représentant du peuple à son choix. (B. 51, 137.)

23 PLUVIOSE an 3 (11 février 1795). — Décret qui accorde un secours à la citoyenne Angélique Peltier. (B. 51, 137.)

23 PLUVIOSE an 3 (11 février 1795). — Décrets qui accordent une somme de douze mille livres à chacune des citoyennes Lassonne, veuve Latour, et Hocquart, veuve Pallier, à titre de reprise sur la succession de leurs maris. (B. 51, 138.)

23 PLUVIOSE an 3 (11 février 1795). — Décret sur l'expédition d'un prétendu décret du 6 septembre 1792, relatif à une pétition du citoyen Lelièvre. (B. 51, 138.)

23 PLUVIOSE an 3 (11 février 1795). — Décret accordant un congé au représentant Delamarre. (B. 51, 139.)

23 PLUVIOSE an 3 (11 février 1795). — Décret qui approuve la conduite du représentant Legot. (B. 51, 139.)

24 PLUVIOSE an 3 (12 février 1795). — Décret qui déclare que l'armée des Pyrénées-Orientales ne cesse de bien mériter de la patrie. (1, Bull. 123, n° 650; B. 51, 144.)

24 PLUVIOSE an 3 (12 février 1795). — Décret qui ordonne de réparer les pertes essuyées par l'armée navale. (B. 51, 143.)

24 PLUVIOSE an 3 (12 février 1795). — Décret qui décharge les communes de Mont-Didier, Roye, etc., de l'arriéré des contributions des années 1788 et 1789. (B. 51, 143.)

24 PLUVIOSE an 3 (12 février 1795). — Décret qui accorde la somme de douze mille livres, à titre de provision, sur les biens de son mari, à la citoyenne Desroches, veuve Deville, et vingt-cinq mille livres à la veuve Cornulier. (B. 51, 141.)

24 PLUVIOSE an 3 (12 février 1795). — Décret relatif à la contribution extraordinaire de guerre pour le département de Paris. (B. 51, 140.)

24 PLUVIOSE an 3 (12 février 1795). — Décret relatif à l'impression de la proclamation publiée par Jean Debry. (B. 51, 142.)

24 PLUVIOSE an 3 (12 février 1795.) — Décret sur la pétition des citoyens Bellencourt et Daveluy. (B. 51, 142.)

24 PLUVIOSE an 3 (12 février 1795(. — Décret portant qu'il sera procédé à l'appel nominal demain à deux heures, sur une question relative aux colonies Orientales. (B. 51, 144.

24 PLUVIOSE an 3 (12 février 1795). — Décret portant que les lettres du représentant du peuple près les armées des Pyrénées-Orientales, et du général en chef, seront insérées au Bulletin. (B. 51, 144.)

24 PLUVIOSE an 3 (12 février 1795). — Décret d'ordre du jour sur la proposition de décréter qu'il sera envoyé des secours dans les colonies. (B. 51, 144.)

24 PLUVIOSE an 3 (12 février 1795). — Décret sur le rapport fait par le représentant Faure sur sa mission à Nancy. (B. 51, 144.)

24 PLUVIOSE an 3 (12 février 1795). — Décret qui approuve les mesures prises par les représentans Treilhard, Bordas et Blutet, à Bordeaux. (B. 51, 145.)

25 PLUVIOSE an 3 (13 février 1795). — Décret qui confirme et ratifie le traité de paix passé le 21 pluviose entre le comité de salut public et le ministre plénipotentiaire du grand-duc de Toscane. (1, Bull. 123, n° 651; B. 51, 147; Mon. du 28 pluviose an 3.)

La Convention nationale, après avoir entendu le rapport de son comité de salut public, confirme et ratifie le traité de paix passé le 21 pluviose, présent mois, entre le comité de salut public et le ministre plénipotentiaire du grand-duc de Toscane.

Entre les représentans du peuple français composant le comité de salut public, chargé par le décret de la Convention nationale du 7 fructidor dernier de la direction des relations extérieures, soussignés,

Et M. François, comte Carletti, envoyé extraordinaire du grand-duc de Toscane, chargé de ses pleins-pouvoirs, donnés à Florence les 4 novembre et 13 décembre 1794, qui demeureront annexés à la minute des présentes, également soussigné,

A été convenu et arrêté ce qui suit :

Art. 1er. Le grand-duc de Toscane révoque tout acte d'adhésion, consentement ou accession à la coalition armée contre la République française.

2. En conséquence, il y aura paix, amitié et bonne intelligence entre la République française et le grand-duc de Toscane.

3. La neutralité de la Toscane est rétablie sur le pied où elle était avant le 8 octobre 1793.

4. Le présent traité n'aura son effet qu'après avoir été ratifié par la Convention nationale.

Motu proprio del grand-duca di Toscana, che destina Francesso-Saviero Carletti a portarsi in Parigi per trattare colla Repubblica francese gli affari della Toscana. (B. 51, 909.)

Sua altezza reale il serenissimo arci-duca gran-duca di Toscana, conoscendo di

quanto gran giovamento possa essere per il
felice esito della trattativa che da così lungo
tempo, ha, intrapresa colla Repubblica francese, l'inviare a Parigi una persona, la
quale goda della reciproca fiducia de' due
governi, e sia fornita del carattere, de' sen-
timenti, e de' talenti, che sono necessari
per ben riuscirvi, destina il suo ciamberlano, e cavaliere dell'insigne ordine di
Santo-Stefano, Francesco-Saviero Carletti,
a portarsi a Parigi tosto che avrà ricevuto
l'opportuno passaporto per entrare in Fran-
cia, et lo incarica di agire colà presso il
comitato di salute pubblica per confermare
in voce ed in iscritto, tutto ciò, che si con-
tiene nelle memorie firmate dal suo segretario del consiglio di stato et di finanze
Neri Corsini, specialmente a ciò autoriz-
zato, e da lui comunicate al comitato sud-
detto per mezzo di Cacault, agente della
Repubblica francese in Italia, per fare ac-
cettare alla medesima la dichiarazione della
neutralità che la Toscana è pronta a publi-
care in faccia a tutta l'Europa, per stipu-
lare la restituzione o in contante, o in na-
tura, de' grani tolti dagl'Inglesi in Livorno, et per rinnovare le più solenne as-
sicurazioni della costante amicizia che il
governo di Toscana ha sempre professato,
e che professerà per la Repubblica Francese.
Dato in Firenze, il 4 novembre 1794. Firmato: *Ferdinando; Neri Corsini*, Segré-
tario.

*Motu proprio del grand-duca di Toscana,
che dichiara Francesco-Saviero Carletti
suo inviato straordinario a Parigi, accres-
cendogli le facoltà per gli affari che deve
trattare.* (B. 51, 158.)

Sua altezza reale il serenissimo arci-duca
gran-duca di Toscana nulla avendo più a
cuore che di vedere sollecitamente ristabi-
lita nelle consuete forme diplomatiche la
sua corrispondenza colla Repubblica francese in aumento, e dichiarazione del *motu
proprio* del 4 novembre prossimo passato,
nomina il suo ciamberlano e cavaliere dell'
insigne ordine di Santo-Stefano, conte
Francesco-Saviero Carletti, in suo inviato
straordinario presso il governo della pre-
detta Repubblica, e lo autorizza, qual'ora
gli sia permesso, a risiedere in Parigi con
questo carattere, finch occorrerà per la
commissione di cui è stato incaricato col
citato motu proprio, dandogli a tal' effetto
le più ample facoltà di trattare di qualun-
que affare relativo alla Toscana, ed in spe-
cie della restituzione, e consegna nel porto
detto della Montagnade' grani tolti dagl'
Inglesi in Livorno, e della riassunzione
della neutralità da rinnovarsi e stabilirsi in
perpetuo frai due governi, nella guisa che,
senza ledete i diritti di nessuna fra le po-
tenze belligeranti, sarà riputata più sodis-

8.

facente per la Repubblica francese. Dato in
Firenze, il 13 décembre 1794. Firmato:
Ferdinando; Neri Corsini, Segretario.

---

25 PLUVIOSE an 3 (13 février 1795). — Décret
relatif au renouvellement des cartes de sûreté
dans Paris. (B. 51, 147.)

---

25 PLUVIOSE an 3 (13 février 1795). — Décrets
qui accordent des secours à différentes personnes. (B. 51, 145, 146).

---

25 PLUVIOSE an 3 (13 février 1795). — Décret
qui casse les procédures, jugemens, saisies
faites contre François Beaune. (B. 51, 146.)

---

25 PLUVIOSE an 3 (13 février 1795.) — Décret
qui renvoie aux comités des travaux publics et
des finances réunis une pétition des ingénieurs
des ponts et chaussées. (B. 51, 150.)

---

25 PLUVIOSE an 3 (13 février 1795). — Décret
sur la prompte création d'une cour martiale
maritime pour juger les marins du vaisseau *le
Révolutionnaire*. (B. 51, 150.)

---

25 PLUVIOSE an 3 (13 février 1795). — Décret
annulant un jugement rendu par le juge-de-
paix du canton de Baron. (B. 51, 150.)

---

26 PLUVIOSE an 3 (14 février 1795). — Décret
sur la solde de la gendarmerie à cheval faisant
le service de l'intérieur, et sur le mode d'avancement et la tenue des conseils d'administration. (1, Bull. 124, n° 656; B. 51, 152; Mon.
du 29 pluviose an 3, Rap. Gossuin.)

Art. 1ᵉʳ. Indépendamment du traitement
fixé par les précédentes lois, il sera provisoirement accordé chaque mois, à compter
du 1ᵉʳ ventose, aux vingt-huit premières
divisions de gendarmerie nationale faisant
le service de l'intérieur, et à la vingt-neu-
vième division employée à la force publique
de Paris, une indemnité dans la proportion
ci-après déterminée, savoir :

Au chef d'escadron, quatre-vingts livres ;
au capitaine, soixante-quinze livres ; au
lieutenant, soixante-dix livres ; au maréchal-des-logis, soixante livres ; au brigadier, cinquante-cinq livres ; au gendarme,
cinquante livres ;

A chacun des grades établis en la vingt-
neuvième division, savoir :

Au quartier-maitre, soixante-cinq livres;
à l'adjudant-sous-officier, soixante livres ;
au trompette-major, soixante livres ; au
maréchal-expert, soixante livres ; au trompette, cinquante livres.

2. Les sous-officiers et gendarmes des brigades établies dans les dix lieues des quartiers-généraux des armées, continueront de

2

recevoir les fourrages de la République, sur le pied de une livre cinq sous par jour, et il leur sera fait déduction de vingt livres par mois sur l'indemnité déterminée ci-dessus.

3. Pareille déduction de vingt-livres par mois sera faite aux sous-officiers et gendarmes faisant le service dans l'intérieur de Paris : ils continueront de recevoir des rations de fourrages, sous la retenue de deux livres deux sous par jour.

4. L'arrêté du comité de salut public du 24 messidor dernier, concernant les fourrages accordés des magasins de la République aux brigades des départemens, demeurera sans effet à compter du 1ᵉʳ ventose prochain.

5. La masse de soixante-douze livres établie par la loi du 16 janvier = 16 février 1791, pour l'habillement, remonte et équipement de chaque sous-officier et gendarme, sera provisoirement portée à cent vingt livres par année : cinquante livres seront applicables à la rénovation et à l'entretien de l'habillement et équipement de l'homme, et soixante-dix livres à la remonte, à l'entretien et à la rénovation des objets d'équipement du cheval, aux ferrages, pansemens et médicamens.

Les conseils d'administration veilleront, sous leur responsabilité personnelle, à ce que cette disposition soit ponctuellement exécutée.

6. La gratification annuelle de mille cinq cent livres, mises, sur la loi du 16 janvier = 16 février 1791, à la disposition de chaque directoire de département pour être distribuée à ceux des officiers et gendarmes qui se sont signalés, est supprimée; ils participeront aux récompenses que la Convention s'est réservé d'accorder par l'article 15 du titre VIII du décret du 21 février 1793.

7. Les conseils d'administration de gendarmerie sont tenus de rendre leurs comptes d'ici au 1ᵉʳ floréal prochain. Ils seront examinés, vérifiés et apurés au lieu des séances du directoire du département en présence de trois gendarmes les plus anciens de commission, résidant sur les lieux, par les administrateurs dudit directoire, et par le commissaire-ordonnateur de la division militaire, ou par un commissaire des guerres par lui délégué, sur leur responsabilité respective et solidaire.

8. Ces comptes ne seront plus soumis à la révision des directoires de département; ils seront adressés, par les ordonnateurs, à la commission des armées, qui les surveillera, et donnera les ordres nécéssaires pour l'entier acquittement des comptables, ou pour le versement en leur caisse des sommes dont ils seraient en avance.

9. Les chefs d'escadron et les plus anciens capitaines, ou ceux qui doivent les

remplacer en cas d'absence, présideront, chacun dans les départemens de leur résidence, les conseils d'administration de gendarmerie qui s'y trouvent établis.

10. Les conseils d'administration sont tenus de s'assembler au moins une fois par mois, sur la convocation qui en sera faite par les officiers chargés de les présider.

11 Jusqu'à ce qu'il en soit autrement ordonné, l'avancement dans la gendarmerie nationale ne roulera plus sur le corps entier, mais seulement entre les officiers, sous-officiers et gendarmes de chacune des divisions.

12. Les places vacantes de gendarmes seront données par les directoires de département aux citoyens réunissant les conditions prescrites par les lois : ils seront, à cet effet, examinés par un commissaire des guerres, en présence de deux membres du conseil d'administration; ils produiront, avant leur admission, l'attestation qu'ils ont les qualités militaires propres au service de la gendarmerie.

13. Les autres places vacantes seront données aux grades immédiatement inférieurs; savoir : un tiers à l'ancienneté de service en ce dernier grade; le second tiers par le choix des officiers ou sous-officiers du grade immédiatement supérieur, dans la forme qui sera incessamment déterminée par une instruction des comités de salut public et militaire réunis; et le troisième par le choix de la Convention nationale, à l'égard des officiers, et du comité de salut public, pour les sous-officiers.

---

26 PLUVIOSE an 3 (14 février 1795). — Décret qui casse un jugement du tribunal de l'Aisne, qui concerne Charles-Louis Foigne et Alexandre Deligny. (B. 51, 151.)

---

26 PLUVIOSE an 3 (14 février 1795). — Décret qui annulle un jugement du Bas-Rhin qui condamne François Westermann et Paul Châtillon. (B. 51, 154.)

---

26 PLUVIOSE an 3 (14 février 1795). — Décret portant que la Trésorerie paiera au citoyen Bouzan la somme de deux cents livres. (B. 51, 155.)

---

26 PLUVIOSE an 3 (14 février 1795). — Décret annulant un jugement du tribunal criminel du Pas-de-Calais, rendu contre Antoine Leroi et Pierre-François Louis. (B. 51, 155.)

---

26 PLUVIOSE an 3 (14 février 1795). — Décrets qui accordent des secours aux citoyens Romain, Maillard et Rostaing. (B. 51, 155 et 156.)

---

26 PLUVIOSE an 3 (14 février 1795). — Décret

Voy. lois du 23 AOUT 1793 ; du 17 FLORÉAL an 7 ; arrêtés du 26 VENDÉMIAIRE an 8 et du 29 FRIMAIRE an 9 ; loi du 16 SEPTEMBRE 1807.

CHAPITRE Ier. Composition et fonctions du bureau de comptabilité.

Art. 1er. A compter de la promulgation du présent décret, le bureau de comptabilité, composé de quinze commissaires, sera divisé en sept sections, avec un bureau central.

2. Il y aura deux commissaires par section , et un au bureau central.

3. Le commissaire du bureau central sera renouvelé tous les ans.

4. Il y aura un agent de comptabilité.

2.

5. Les fonctions des commissaires de la comptabilité sont :

1°. De recevoir, vérifier, arrêter et apurer les comptes qui doivent être rendus à la nation ;

2°. De vérifier et arrêter pareillement les apuremens des comptes jugés par les ci-devant chambres des comptes et autres autorités ;

3°. De faire poursuivre, par l'agent de la comptabilité, les comptables en retard de présenter et d'apurer leurs comptes ;

4°. De dénoncer les abus, proposer les mesures propres à la conservation des intérêts de la République, et de les soumettre au comité des finances pour avoir son avis.

6. Ils correspondent avec les autorités constituées et avec les agens tant de l'ancien que du nouveau gouvernement : ils sont autorisés à en requérir la remise des comptes, états et pièces à l'appui, et tous les renseignemens utiles à l'exercice de leurs fonctions.

7. Les fonctions de l'agent de la comptabilité sont de faire tous actes conservatoires, décerner les contraintes, et faire toutes poursuites contre les comptables, d'après les états arrêtés et actes déclaratoires du bureau de comptabilité.

8. Il correspondra avec les agens nationaux de district, qui seront tenus, sous leur responsabilité, de faire faire toutes poursuites et diligences nécessaires.

9. En cas d'opposition aux contraintes ou de contestations, il en rendra compte aux commissaires, pour agir d'après leur décision.

10. Il remettra, tous les mois, aux commissaires de la comptabilité, un état des poursuites exercées et des recouvremens qui auront été effectués ; il sera responsable de ses diligences.

11. Le bureau de comptabilité est sous la surveillance immédiate du comité des finances.

12. La nomination aux places vacantes de commissaire et à celle de l'agent de la comptabilité, sera faite par le Corps-Législatif, sur la proposition du comité des finances, qui est autorisé à fixer leur traitement.

13. Le comité des finances est également autorisé à régler le nombre des commis et employés du bureau de comptabilité, d'après le plan de règlement intérieur qui lui sera présenté par les commissaires. Leur traitement sera le même que celui des commis et employés des autres administrations.

CHAPITRE II. Présentation, vérification et arrêtés des comptes.

Art. 1ᵉʳ. Ceux des comptables qui, d'après les lois antérieures, devaient rendre des comptes au bureau de comptabilité, leurs héritiers, ayans-cause, ou commis aux exercices, seront tenus d'adresser, sous trois mois, au bureau de comptabilité, tous les comptes de leur gestion, et d'y joindre les pièces à l'appui.

2. Tous trésoriers ou receveurs particuliers, ou préposés comptables des ci-devant compagnies de finances, qui n'auront pas rendu leurs comptes, leurs cautions, ayans-cause, ou commis aux exercices, les adresseront, dans le même délai de trois mois, au bureau de comptabilité, avec les pièces à l'appui.

3. Les comptes rendus aux ci-devant compagnies de finances, et non arrêtés, et sur l'arrêté desquels les préposés comptables ont élevé ou élèveraient des réclamations, seront pareillement vérifiés par le bureau de comptabilité.

4. Les cautions des préposés comptables ne seront libérées que par l'apurement définitif des comptes desdits préposés.

5. La présentation des comptes des trésoriers ou receveurs-généraux, ne pourra être retardée par le défaut de quelques pièces ou comptes particuliers : ils pourront y suppléer en employant en dépense, sous leur responsabilité, les récépissés des trésoriers ou receveurs particuliers.

6. Les comptables qui se trouveraient, d'après d'anciennes lois, garans de leurs receveurs ou trésoriers, ou autres préposés, qui, depuis la révolution, ont été autorisés, à compter de clerc-à-maître, et qui, par ce moyen, se trouveraient déchargés de la garantie, ne recevront que moitié des taxations et gratification qui leur auraient appartenu sur les sommes dont ils ont compté dans leurs comptes de clerc-à-maître.

7. Les intérêts stipulés pour fonds d'avance et prompt paiement seront alloués au comptable.

8. Les comptables qui seront définitivement reconnus en avance, en seront remboursés de la même manière que les versemens auront été effectués.

9. Tout comptable qui sera réputé débiteur de parties non recouvrées, sera tenu d'en verser le montant à la Trésorerie dans deux mois, sauf le recouvrement et la répétition, conformément à l'article 11 de la loi du 4 germinal, déclaré commun à tous les comptables.

10. Le comité des finances statuera sur les réclamations de ceux des comptables qui prétendraient avoir été dans l'impossibilité de faire le recouvrement des parties arriérées.

11. Les commissaires de la comptabilité rejetteront de la dépense des comptes les articles à l'appui desquels les comptables ne fourniraient pas les pièces justificatives, décisions et réglemens, dans les deux mois de la demande que le bureau de comptabilité leur en fera par lettres chargées.

12. Les frais de comptes seront réglés conformément à l'article 4 du titre IV de la loi du 29 septembre 1791 : il ne sera cependant

rien alloué à ceux des comptables qui n'auraient pas présenté leurs comptes dans les délais fixés par la présente loi.

13. La formalité de la correction est abrogée pour les comptes qui ont été conservés en exécution des lois des 10 août et 3 octobre 1792 : les commissaires de la comptabilité pourront néanmoins faire la révision de ceux de ces comptes qu'ils estimeront présenter quelque intérêt pour les finances de la République.

14. Les comptables auront deux mois à partir du jour de l'avertissement que le bureau de comptabilité leur donnera par lettres chargées, soit pour contester l'arrêté de leur situation, soit pour apurer leurs débets ; ce délai passé, les arrêtés seront regardés comme définitifs.

15. Les arrêtés définitifs des comptes seront faits par les commissaires de la comptabilité, en comité général : ils devront être signés au moins par huit commissaires, et seront exécutés provisoirement.

16. Les comptes jugés et non apurés, laissés en dépôt dans les ci-devant chambres des comptes, autres que celles de Paris, et les pièces à l'appui, seront adressés, avec les extraits des jugemens y relatifs, par les directoires des départemens, au bureau de comptabilité dans le délai de deux mois.

17. Les comptables ne seront déchargés des souffrances de formalité existant sur des comptes jugés, ainsi que des intérêts et des amendes prononcés sur des exercices postérieurs à 1758, qu'en justifiant des lois qui auraient accordé la décharge ou modération des souffrances de formalité, intérêts et amendes.

Chapitre III. Peines et poursuites contre les comptables en retard et reliquataires (1).

Art. 1er. Faute par les comptables, leurs héritiers ou représentans, de présenter leurs comptes dans les délais fixés dans la présente loi, leurs biens seront séquestrés, et tous les fruits et revenus qui écherront pendant la durée du séquestre, et jusqu'à la présentation du dernier compte de la gestion de chaque comptable, seront acquis à la nation, et le séquestre ne sera levé que sur le certificat du bureau de comptabilité, visé par le comité des finances.

2. Si, trois mois après l'expiration du délai fixé par les articles précédens, les comptables, héritiers ou représentans, n'ont pas présenté leurs comptes, leurs biens seront vendus, et le prix en sera versé à la Trésorerie nationale, pour ne leur être remis qu'après le jugement de leurs comptes, à la déduction des débets, sans préjudice de la contrainte par corps contre les comptables, qui est maintenue conformément aux dispositions des lois précédemment rendues.

3. Les débets avoués par les comptables lors de la présentation de leurs comptes, ou constatés par le bureau de comptabilité, produiront intérêt à cinq pour cent, au profit de la République, à compter du jour où le versement aurait dû être effectué.

4. Les comptables qui se trouveront en débet, d'après l'arrêté du bureau de comptabilité, seront tenus d'en verser le montant à la trésorerie, en principal et intérêts, dans deux mois de la notification que le bureau de comptabilité leur en fera par lettres chargées, et ils seront tenus d'en justifier de suite au bureau.

5. Le délai fixé par l'article précédent, expiré, le bureau de comptabilité dressera un acte déclaratif et exécutoire des débets de chaque comptable, en capitaux et intérêts. Cet acte sera remis à l'agent de la comptabilité, pour faire faire le recouvrement du montant des débets par les voies d'exécutions prescrites par le présent décret.

6. Deux mois après la réception des comptes jugés dans les ci-devant chambres des comptes, le bureau de comptabilité dressera un état des débets en capitaux, intérêts et amendes résultant desdits comptes, pour les exercices postérieurs à l'année 1758, et les remettra à l'agent de la comptabilité pour en faire le recouvrement : toutes recherches, vérifications et révisions de poursuites, pour comptes antérieurs à 1759, sont interdites.

7. Si, trois mois après la première sommation qui sera faite aux comptables par l'agent de la comptabilité, ils n'ont pas versé leurs débets à la Trésorerie nationale, leurs biens seront vendus, et le produit en sera versé à la Trésorerie nationale, jusqu'à concurrence des débets, intérêts et frais, et le surplus leur sera rendu, ou, en cas d'opposition de la part d'autres créanciers, versé dans la caisse des dépôts du district.

8. L'aliénation des biens des comptables sera faite dans la forme prescrite pour les domaines nationaux : les acquéreurs desdits biens seront tenus d'en verser le prix en assignats à la Trésorerie nationale, savoir, un tiers dans quinzaine de l'adjudication,

---

(1) La prescription établie pour le recouvrement des droits des fermes n'est pas proposable pour le recouvrement des débets des comptables chargés de la perception des mêmes droits (3 septembre 1808 ; Décret, J. C. 1, 195).

L'expropriation d'un comptable de l'État doit être désormais poursuivie conformément au Code civil : la forme particulière introduite par les lois du 28 pluviose an 3 et du 2 messidor an 6, ayant été abolie par la loi du 11 brumaire an 7, et n'ayant été reproduite par aucune loi nouvelle (6 janvier 1807 ; Décret, J. C. 1, 14).

Foy. l'avis du Conseil-d'État du 3 mai 1806.

et avant de se mettre en possession; le second tiers, six mois après, et le tiers restant dans les six mois suivans.

Il ne sera, à l'avenir, présenté au Corps-Législatif qu'un seul rapport sur la totalité des exercices de la gestion d'un comptable antérieurs à 1791.

9. La décharge définitive d'un comptable ne pourra s'effectuer qu'en vertu d'un décret du Corps-Législatif, rendu sur l'arrêté du bureau de comptabilité, constatant l'acquittement définitif du comptable.

Ce certificat ne pourra être expédié que sur la présentation et le dépôt dans les archives du bureau de comptabilité, de la quittance générale des débets résultant de tous les exercices du comptable, en capitaux, intérêts et frais de poursuite.

Les comptables pourront se faire délivrer, par le bureau de comptabilité, copie collationnée de leur quittance générale.

10. Toutes dispositions pénales portées par des lois antérieures contre les comptables en retard de rendre leurs comptes et de verser leurs débets, sont abrogées en ce qui n'est pas conforme au présent décret.

11. Les dispositions de la loi du 4 germinal concernant le mode et la faculté de paiement des sommes dues par les ci-devant receveurs généraux des finances, seront communes à tous les comptables de la République dont la comptabilité est antérieure au 1er juillet 1791.

12. L'agence temporaire des titres fera transporter, sur la réquisition du bureau de comptabilité, tous les titres, registres et papiers étrangers à la comptabilité, existant dans les dépôts de la ci-devant chambre des comptes de Paris, en présence des commissaires du bureau de comptabilité, qui sont autorisés à retenir tous les livres, manuscrits et pièces relatives à leur administration.

13. L'insertion au Bulletin tiendra lieu de publication.

14. Le Comité des finances présentera incessamment un projet de décret sur le mode de vérification des comptes de la comptabilité nouvelle.

28 PLUVIOSE an 3 (16 février 1795). — Décret relatif à la plantation des poteaux indicatifs du territoire des deux lieues limitrophes de l'étranger. (B. 15, 183 ; Mon. du 1er ventose an 3, Rap. Giraud.)

La Convention nationale, sur la proposition de son comité de commerce, suspend l'exécution de l'article 43 du titre XIII de la loi du 6 = 22 août 1791, relatif à la plantation de poteaux indicatifs du territoire des deux lieues limitrophes de l'étranger, sauf à la partie qui prétendrait qu'une saisie a été faite hors de ce territoire, à demander, comme avant ladite loi, le toisé aux frais de qui il appartiendra.

28 PLUVIOSE an 3 (16 février 1795). — Décret qui change le titre de Bulletin des Lois. (B. 51, 182.)

La Convention nationale, sur la proposition d'un membre de changer le titre Bulletin des Lois, et de lui substituer celui de Lois de la République.

Décrète cette proposition.

28 PLUVIOSE an 3 (16 février 1795). — Décret qui envoie en mission, dans les départemens y désignés, le représentant du peuple Borel. (1, Bull. 124, n° 655 ; B. 51, 184.)

28 PLUVIOSE an 3 (16 février 1795) — Décret qui ordonne de régler les arrérages de traitement des citoyens employés dans les districts aux archives nationales de la République. (1, Bull. 125, n° 658 ; B. 51, 182.)

28 PLUVIOSE an 3 (16 février 1795). — Décret relatif aux appointemens des employés de l'agence de l'envoi des lois non compris dans sa nouvelle organisation. (B. 51, 181.)

28 PLUVIOSE an 3 (16 février 1795). — Décret portant que les membres du tribunal criminel du département du Puy-de-Dôme n'ont cessé de mériter la confiance de leurs concitoyens. (B. 51, 183.)

28 PLUVIOSE an 3 (16 février 1795. — Nouvelle rédaction d'une partie de l'article 6 de la loi du 8 pluviose, sur la nouvelle organisation de l'agence de l'envoi des lois (B. 51, 182.)

28 PLUVIOSE an 3 (16 février 1795). — Décret portant que le représentant du peuple Guérin se rendra dans les départemens des Bouches-du-Rhône et du Var. (B. 51, 182.)

28 PLUVIOSE an 3 (16 février 1795). — Décret accordant un secours à la citoyenne Ceccati, veuve Labalue. (B. 51, 184.)

28 PLUVIOSE an 3 (16 février 1795). — Décret portant que sur la présentation du bureau de la Convention nationale, il sera nommé un ex-secrétaire pour signer en place de Robespierre le jeune. (B. 51, 183.)

28 PLUVIOSE an 3 (16 février 1795). — Décret de renvoi au comité militaire des projets de décrets relatifs à l'organisation de l'armée. (B. 51, 184.)

28 PLUVIOSE an 3 (16 février 1795). — Décret relatif au remplacement du déficit des recettes de la Trésorerie, sur les dépenses pendant le mois de nivose. (B. 51, 185.)

28 PLUVIOSE an 3 (16 février 1795). — Décret de mention honorable de l'action du citoyen Auber. (B. 51, 185.)

29 PLUVIOSE an 3 (17 février 1795.) — Décret qui fixe provisoirement les appointemens et la solde des officiers militaires et civils, et autres employés de la marine. (1, Bull. 125, n° 660 ; B. 51, 190.)

29 PLUVIOSE an 3 (17 février 1795). — Décret nommant des citoyens à des fonctions judiciaires. (B. 51, 186.)

29 PLUVIOSE an 3 (17 février 1795.) — Décret qui nomme le citoyen Dunhancy trésorier des pauvres de Clamart (B. 51, 186.)

29 PLUVIOSE an 3 (17 février 1795). — Décret qui nomme le citoyen Fortel membre du directoire d'Aurillac, et les citoyens Besse et Vermal membres du conseil général du même district. (B. 51, 187.)

29 PLUVIOSE an 3 (17 février 1795). — Décret ordonnant l'impression de la liste complète des membres de la Convention, avec l'adresse de chacun. (B. 51, 187.)

29 PLUVIOSE an 3 (17 février 1795). — Décret qui accorde une prolongation de congé au représentant Daunou. (B. 51, 187.)

29 PLUVIOSE an 3 (17 février 1795). — Décret qui annule un jugement rendu par la cour de cassation, au profit des commissaires de la régie. (B. 51, 188.)

29 PLUVIOSE an 3 (17 février 1795). — Décret qui annule la disposition du jugement de la commission militaire des Sables, relative à Jérôme Micas. (B. 51, 188.)

29 PLUVIOSE an 3 (17 février 1795). — Décret qui surseoit à l'exécution d'un jugement rendu par le tribunal des Ardennes, qui condamne les citoyens Legnay et autres. (B. 51, 189.)

29 PLUVIOSE an 3 (17 février 1795). — Décret qui nomme, pour signer des procès-verbaux arriérés, le représentant du peuple Brival, ex-secrétaire de la Convention nationale. (B. 51, 192.)

29 PLUVIOSE an 3 (17 février 1795). — Décret portant que le comité de législation fera un rapport sur le mode de révision des jugemens rendus d'après les lois de circonstances. (B. 51, 192.)

29 PLUVIOSE an 3 (17 février 1795.) — Décret

qui rapporte celui du 18 de ce mois, en ce qu'il envoie des juges au tribunal d'Artigny, et des citoyens au tribunal des Ardennes. (B. 51, 192.)

29 PLUVIOSE an 3 (17 février 1795). — Décret relatif à la proposition faite d'approuver une entreprise ou une régie intéressée pour les charrois de l'armée, qui ajourne, etc. (B. 51, 193.)

29 PLUVIOSE an 3 (17 février 1795). — Décret qui accorde un secours au citoyen Jacques Johntone. (B. 51, 193.)

29 PLUVIOSE an 3 (17 février 1795). — Décret qui rapporte celui du 22 pluviose an 2, qui destitue le citoyen Giraud. (B. 51, 194.)

29 PLUVIOSE an 3 (17 février 1795). — Décret qui renvoie au comité la proposition de décréter qu'aucun suppléant de comité ne pourra être admis à remplacer les membres démissionnaires. (B. 51, 194.)

29 PLUVIOSE an 3 (17 février 1795). — Décrets d'ordre du jour motivé, relatif à l'omission du nom des citoyens Quinette et autres. (B. 51, 195.)

29 PLUVIOSE an 3 (17 février 1795). — Décret qui ordonne l'impression des pièces trouvées dans les papiers de Robespierre, concernant le comité de l'examen des marchés. (B. 51, 195.)

30 PLUVIOSE an 3 (18 février 1795). — Décret relatif à la punition des agens du commerce qui ont abusé de leurs pouvoirs. (B. 51, 198.)

Sur la pétition des fabricans de toiles de Vimoutier, expositive qu'une grande partie de leurs toiles ont été mise en réquisition, enlevées depuis peu, et payées au prix du *maximun*, ce qui les constitue en une perte de plus des deux tiers de la valeur,

Un membre observe que les plus grandes vexations ont eu lieu par les agens de la commission de commerce dans les réquisitions dont ils ont été chargés ; qu'ils les ont tournées à leur profit en vendant pour leur compte une grande partie des marchandises requises :

La Convention nationale décrète le renvoi de la pétition au comité de salut public ; décrète en outre que la commission de commerce sera tenue de justifier, dans ses comptes, de l'emploi fait pour le compte de la République de toutes les marchandises requises par ses agens ;

Autorise les négocians, fabricans et marchands à donner à leur municipalité, l'état par date, qualité, quantité, des marchandises mises chez eux en réquisition, avec le nom des agens, afin que ces états comparatifs servent à vérifier si toutes marchandises requises ont été employées pour le compte de la République, et que, dans le cas contraire, les agens qui ont abusé de leurs pouvoirs, soient connus, punis, et tiennent compte des indemnités à qui il appartiendra.

3o PLUVIOSE an 3 (18 février 1795). — Décret qui réunit au district de Sénanes plusieurs communes faisant partie du district de Schelestadt (B. 51, 196.)

3o PLUVIOSE an 3 (18 février 1795). — Décret qui accorde un secours au citoyen Bertrand. (B. 51, 195.)

3o PLUVIOSE an 3 (18 février 1795). — Décret qui accorde une prolongation de congé au représentant du peuple Besson. (B. 51, 196.)

3o PLUVIOSE an 3 (18 février 1795). — Décret qui renvoie aux trois comités réunis, toutes les soumissions pour les charrois, pour y être statué définitivement sur le rapport qui en sera fait prochainement. (B. 51, 196.)

3o PLUVIOSE an 3 (18 février 1795). — Décret portant qu'il sera procédé à l'appel nominal pour la nomination des trois représentans du peuple à envoyer aux îles de France. (B. 51, 197.)

3o PLUVIOSE an 3 (18 février 1795). — Décret portant que le comité de législation fera un rapport sur les différens séquestres mis sur les biens, soit des émigrés, soit d'autres citoyens. (B. 51, 197.)

3o PLUVIOSE an 3 (18 février 1795). — Décret de renvoi au comité des secours d'une pétition de la citoyenne Moinet. (B. 51, 197)

1er VENTOSE an 3 (19 février 1795). — Décret qui supprime la permanence des conseils généraux des districts ; réduit à cinq le nombre des administrateurs de département ; supprime les comités révolutionnaires dans les communes au-dessous de cinquante mille ames, etc. (1, Bull. 126, n° 663 ; B. 52, 3 ; Mon. du 4 ventose an 3.)

Art. 1er. La permanence des conseils généraux des districts est supprimée.

2. Le nombre des administrateurs de département est provisoirement réduit à cinq. Cette réduction s'opérera par la voix du scrutin entre eux.

3. A compter du 1er germinal prochain, les comités révolutionnaires établis dans les chefs-lieux de district et les communes dont la population est au-dessous de cinquante mille ames, sont supprimés.

4. Les comités de la Convention s'entendront avec celui des finances, pour régler provisoirement, d'une manière uniforme et convenable, les traitemens des commis ou employés dans les commissions exécutives, agences, administrations publiques et tribunaux : il détermineront le nombre desdits employés ou commis par chaque établissement public dont la surveillance respective leur est confiée ; ils appliqueront ensuite la loi du 4 pluviose à chacun d'eux, et prononceront sur toutes les réclamations relatives à cette loi.

5. Les arrêtés des comités, relatifs aux dispositions de l'article précédent, seront publiés par la voie du bulletin de correspondance, et seront mis à exécution à dater du 1er germinal prochain.

6. Le comité des finances tiendra un registre sur lequel sera inscrit le nombre des fonctionnaires publics civils, des commis ou employés dans leurs bureaux : à cet effet, les receveurs de district et les commissaires de la Trésorerie nationale, chacun pour ce qui le concerne, enverront, dans le plus bref délai, au comité des finances, les états des paiemens qui auront été faits aux fonctionnaires publics, commis ou employés dans leurs bureaux, avec désignation du nombre et des appointemens. Le comité est chargé en outre de se procurer tous les renseignemens nécessaires pour connaître le montant des frais d'administration.

1er VENTOSE an 3 (19 février 1795). — Décret de renvoi au comité des finances et de législation relatif au traitement des présidens. (B. 52, 4.)

1er VENTOSE an 3 (19 février 1795). — Décret portant que les habitans de l'île de la Réunion et les équipages des deux frégates et corvettes qui ont battu et mis en fuite deux vaisseaux anglais, ont bien mérité de la patrie. (B. 52, 3.)

1er VENTOSE an 3 (19 février 1795). — Décret qui admet comme député le citoyen P. C. H. Besnard. (B. 52, 2.)

1er VENTOSE an 3 (19 février 1795). — Décrets qui accordent des secours à différentes personnes. (B. 52, 1 et 2.)

---

2 VENTOSE an 3 (20 février 1795). — Décret qui défend de donner suite à deux arrêtés de Jean-Bon Saint-André et Niou. (B. 52, 4.)

---

2 VENTOSE an 3 (20 février 1795) — Décret qui crée un troisième vice-président au tribunal révolutionnaire, et qui nomme le citoyen Debregeas à cette place. (B. 52, 5.)

---

2 VENTOSE an 3 (20 février 1795). — Décret relatif à l'exécution du testament du Landgrave de Hesse. (B. 52, 6.)

2 VENTOSE an 3 (20 février 1795). — Décret relatif à l'admission des citoyens des colonies françaises orientales et occidentales à l'école de santé. (B. 52, 7.)

2 VENTOSE an 3 (20 février 1795). — Décret relatif aux membres de la Convention qui désireraient remplir les fonctions de commissaires dans les colonies. (B. 52, 7.)

2 VENTOSE an 3 (20 février 1795). — Décrets qui étendent les pouvoirs des représentans Noël Pointe et Paganel à la fabrication de la fonderie du Creuzot et à la manufacture d'armes de Tulle. (B. 52, 8.)

2 VENTOSE an 3 (20 février 1795.) — Décret qui charge le représentant Patrin de la conservation de la manufacture de Commune-d'Armes. (B. 52, 8.)

2 VENTOSE an 3 (20 février 1795). — Décret qui envoie les représentans Topsent et Palasne-Champeaux près les côtes de Brest et de Lorient. (B. 52, 9.)

2 VENTOSE an 3 (20 février 1795). — Décret qui approuve le choix fait du représentant Richard pour se rendre en Hollande. (B. 52, 9.)

2 VENTOSE an 3 (20 février 1795). — Décret qui envoie le représentant Legendre pour surveiller les fonderies des départemens de la Dordogne, de la Charente et de la Haute-Vienne. (B. 52, 9.)

2 VENTOSE an 3 (20 février 1795). — Décret qui nomme le citoyen Bernard Duprat pour remplir les fonctions de juré au tribunal révolutionnaire. (B., 52, 5.)

2 VENTOSE an 3 (20 février 1795). — Décret portant que sur la somme de cent quatre-vingt-un mille sept cent trois livres, liquidée par décret du 16 pluviose an 2, les citoyennes Félicité-Caroline, et Jeanne-Pierrette Galle, seront subrogées pour la somme principale de quatre-vingt-cinq mille neuf cent dix livres ainsi que pour les intérêts, au citoyen Bentabole et sa femme. (B. 52, 6.)

2 VENTOSE an 3 (20 février 1795). — Décret qui réintègre le citoyen Poujaud Mont-Jourdain dans sa place d'agent de l'enregistrement. (B 52, 6.)

2 VENTOSE an 3 (20 février 1795). — Décret qui étend sur la fabrication de la fonderie du Pont-de-Veau les pouvoirs donnés au représentant du peuple Noël Pointe. (B. 52, 8.)

2 VENTOSE an 3 (20 février 1795). — Décret portant acceptation de la démission du citoyen Dupin. (B. 52, 9.)

2 VENTOSE an 3 (20 février 1795). — Décret ordonnant la démolition des monumens en forme de montagne, élevés dans toute l'étendue de la République, (B. 52, 10.)

3 VENTOSE an 3 (21 février 1795). — Décret sur l'exercice des cultes. (1, Bull. 126, n° 665 ; B. 52, 21 ; Mon. du 6 ventose an 3.)

Voy. lois du 12 JUILLET = 24 AOUT 1790 et du 7 VENDÉMIAIRE an 4.

Art. 1er. Conformément à l'article 7 de la *Déclaration des Droits de l'Homme*, et à l'article 122 de la Constitution, l'exercice d'aucun culte ne peut être troublé.

2. La République n'en salarie aucun.

3. Elle ne fournit aucun local; ni pour l'exercice du culte, ni pour le logement des ministres.

4. Les cérémonies de tout culte sont interdites hors de l'enceinte choisie pour leur exercice.

5. La loi ne reconnaît aucun ministre du culte : nul ne peut paraître en public avec les habits, ornemens ou costumes affectés à des cérémonies religieuses.

6. Tout rassemblement de citoyens pour l'exercice d'un culte quelconque, est soumis à la surveillance des autorités constituées. Cette surveillance se renferme dans les mesures de police et de sûreté publique.

7. Aucun signe particulier à un culte ne peut être placé dans un lieu public, ni extérieurement, de quelque manière que ce soit. Aucune inscription ne peut désigner le lieu qui lui est affecté. Aucune proclamation ni convocation publique ne peut être faite pour y inviter les citoyens.

8. Les communes ou sections de commune, en nom collectif, ne pourront acquérir ni louer de local pour l'exercice des cultes.

9. Il ne peut être formé aucune dotation perpétuelle ou viagère, ni établi aucune taxe pour en acquitter les dépenses.

10. Quiconque troublerait par violence les cérémonies d'un culte quelconque, ou en outragerait les objets, sera puni suivant la loi du 19 = 22 juillet 1791 sur la police correctionnelle.

11. Il n'est point dérogé à la loi du 2 des sans-culottides an 2, sur les pensions ecclésiastiques, et les dispositions en seront exécutées suivant leur forme et teneur.

12. Tout décret dont les dispositions seraient contraires à la présente loi, est

rapporté (1) ; et tout arrêté opposé à la présente loi, pris par les représentans du peuple dans les départemens, est annulé.

3 VENTOSE an 3 (21 février 1795). — Décret qui autorise le comité d'instruction publique à retirer des archives tous les livres qui intéressent l'instruction publique, les sciences et les arts, etc. (B. 52, 13.)

3 VENTOSE an 3 (21 février 1795). — Décret qui nomme le citoyen Noel adjoint de la commission d'instruction publique. (B. 52, 14.)

3 VENTOSE an 3 (21 février 1795). — Décret sur l'établissement des fonctionnaires destinés à constater l'état civil des citoyens dans la commune de Paris. (B. 52, 14.)

3 VENTOSE an 3 (21 février 1795). — Décret qui enjoint à la commission des convois et transports militaires de cesser tous achats de chevaux et marchandises. (B. 52, 19.)

3 VENTOSE an 3 (21 février 1795). — Décret qui envoie les représentans Barras, Letourneur, de la Manche, et Harmand, de la Meuse, dans les Indes-Orientales. (B. 52, 21.)

3 VENTOSE an 3 (21 février 1795). — Décret portant nomination de citoyens pour composer la municipalité d'Orbec. (B. 52, 10.)

3 VENTOSE an 3 (21 février 1795). — Décret relatif aux quatres presses, caractères et ustensiles de l'imprimerie nationale du Louvre, enlevés par Marat. (B. 52, 22.)

3 VENTOSE an 3 (21 février 1795). — Décrets qui accordent des secours à différentes personnes. (B. 52, 12 et 13.)

3 VENTOSE an 3 (21 février 1795). — Décret qui accorde des pensions à des employés et militaires retirés de la marine (B. 52, 20.)

3 VENTOSE an 3 (21 février 1795). — Décret relatif à l'agiotage qui se fait au Palais-Egalité et autres lieux. (B. 52, 21.)

3 VENTOSE an 3 (21 février 1795). — Décret ordonnant un rapport sur l'ouverture et l'organisation de la Bourse. (B. 52, 21.)

3 VENTOSE an 3 (21 février 1795). — Décret relatif à la nomination des trois représentans du peuple à envoyer aux îles de France et autres établissemens. (B. 52, 23.)

3 VENTOSE an 3 (21 février 1795). — Décret ordonnant l'impression du rapport sur la liberté des cultes, et l'envoi à tous les départemens de la République. (B. 52, 24.)

3 VENTOSE an 3 (21 février 1795). — Décret qui rappelle de sa mission le représentant Pelletier. (B. 52, 23.)

3 VENTOSE an 3 (21 février 1795). — Décret qui envoie le représentant Laurent dans les départemens voisins de Paris. (B. 52, 23.)

4 VENTOSE an 3 (22 février 1795). — Décret relatif au jugement des auteurs et complices des crimes commis à Rosette sur la personne du citoyen Pollier. (B. 52, 28.)

4 VENTOSE an 3 (22 février 1795). — Décret qui supprime les suppléans aux comités de la Convention. (B. 52, 28.)

4 VENTOSE an 3 (22 février 1795). — Décret qui envoie les représentans Dubois, du Haut-Rhin, Lefèbre, de la Loire-Inférieure, et Talot, près les armées du Nord et de Sambre-et-Meuse, et les représentant Bourdon, de l'Oise, Vardon et Girault, de la Charente-Inférieure, dans l'île de Saint-Domingue. (B. 52, 28 et 29.)

4 VENTOSE an 3 (22 février 1795). — Décret d'ordre du jour sur les pétitions du citoyen Leclerc Saint-Aubin. (B. 52, 24.)

4 VENTOSE an 3 (22 février 1795). — Décret portant nomination de citoyens pour composer le directoire et le conseil général de Porentruy. (B. 52, 24.)

4 VENTOSE an 3 (22 février 1795). — Décret qui nomme le citoyen Renoux-Lacoudraie agent national près le district de Caen. (B. 52, 25.)

4 VENTOSE an 3 (22 février 1795). — Décret nommant le citoyen Vaissier administrateur du district de Saint-Flour. (B. 52, 25.)

4 VENTOSE an 3 (22 février 1795). — Décret relatif au rapport sur les secours à accorder aux citoyens de la commune de Flixecourt. (B. 52, 26.)

4 VENTOSE an 3 (22 février 1795). — Décret qui confirme l'acte de constitution d'une pension de trois cents livres au profit du citoyen Maupin. (B. 52, 26.)

4 VENTOSE an 3 (22 février 1795). — Dispo-

_____

(1) Ce qui suit a été ajouté par décret du 4 ventose an 3.

sition additionnelle à l'article 12 du décret du 3 ventose sur l'exercice des cultes. (B. 52, 27.)

———

4 VENTOSE an 3 (22 février 1795). — Décret relatif à l'insinuation de l'acte de donation mutuelle fait entre les époux Déra et Hammon. (B. 52, 27.)

———

4 VENTOSE an 3 (22 février 1795). — Décret portant qu'il sera nommé deux membres pour remplacer ceux qui manquent à la commission des colonies. (B. 52, 27.)

———

4 VENTOSE an 3 (22 février 1795). — Décret relatif aux mesures répressives contre ceux qui ont pris part aux horreurs commises dans les départemens de la République. (B. 52, 29.)

———

4 VENTOSE an 3 (22 février 1795). — Décret qui envoie dans l'île de Saint-Domingue les représentans du peuple Bourdon, Vardon et Giraud. (B. 52, 30.)

———

4 VENTOSE an 3 (22 février 1795). — Décret de renvoi au comité des secours, relatif à la famille du citoyen Pollier. (B. 52, 30.)

———

4 VENTOSE an 3 (22 février 1795). — Décret qui confirme l'acte de constitution d'une pension de trois cents livres au profit du citoyen Perroton. (B. 52, 26.)

———

5 VENTOSE an 3 (23 février 1795). — Décret qui ordonne à tous fonctionnaires publics, etc., destitués ou suspendus depuis le 10 thermidor, de se rendre incontinent dans leurs domiciles. (1, Bull. 126, n° 666 ; B. 52, 35.)

———

5 VENTOSE an 3 (23 février 1795). — Décrets qui accordent des secours à différentes personnes. (B 52, 30, 31, 34 à 40.)

———

5 VENTOSE an 3 (23 février 1795). — Décret sur une pétition de la société populaire de Bergues. (B. 52, 37.)

———

5 VENTOSE an 3 (23 février 1795). — Décret qui réduit à six mille livres le prix du loyer de la maison d'Harcourt. (B. 52, 31.)

———

5 VENTOSE an 3 (23 février 1795). — Décret qui autorise à passer un traité entre le Gouvernement et le citoyen Butet, manufacturier à Bourges, pour lui procurer les fileuses tirées des hospices. (B. 52, 32.)

———

5 VENTOSE an 3 (23 février 1795). — Décret portant que la maison nationale, dite *Lauraguais*, sera baillée à loyer pour dix années au citoyen Hubert. (B. 52, 38.)

———

5 VENTOSE an 3 (23 février 1795). — Décret qui investit le représentant du peuple Jean Debry des pouvoirs attribués aux représentans du peuple près les armées. (B. 52, 39.)

———

6 VENTOSE an 3 (24 février 1795). — Décret qui détermine la manière dont il sera procédé à la vente du mobilier appartenant à l'État. (1, Bull. 127, n° 668 ; B. 52, 46 ; Mon. du 10 ventose an 3.)

Voy. arrêté du 23 NIVOSE an 6.

Art. 1er. Le mobilier appartenant à la République, ou acquis par droit de confiscation, déshérence ou autrement, sera distingué en deux classes :

La première sera composée des effets précieux, destinés pour le Muséum ;

La seconde contiendra tout le surplus du mobilier, de quelque nature qu'il soit.

2. La commission des revenus nationaux fera procéder, dans le mois, à la levée des scellés apposés, soit à Paris, soit dans les départemens, et à l'inventaire, séparation et vente des effets pour la conservation desquels ils ont été posés.

3. En procédant à l'inventaire, les experts apposeront à chaque meuble ou effet une carte sur laquelle ils rapporteront un numéro d'ordre, et la valeur de l'objet d'après l'estimation.

4. Le mobilier de la première classe sera déposé au Muséum : celui de la seconde sera vendu aux enchères, dans des ventes publiques, qui seront faites, à Paris, Versailles et dans les communes au-dessus de cinquante mille ames, dans une ou plusieurs salles uniquement destinées à cet usage ; et dans les communes au-desssous de cinquante mille ames, dans l'endroit où les meubles se trouveront.

5. Les ventes qui seront faites à Paris, Versailles et dans les communes au-dessus de cinquante mille ames, seront annoncées, au moins quinze jours à l'avance, par des listes ou affiches qui indiqueront en masse les effets les plus précieux : la commission de revenus nationaux veillera à ce que ces listes ou affiches reçoivent la plus grande publicité, et soient envoyées dans les pays étrangers.

6. A mesure que les experts procéderont à l'inventaire, ils feront transporter les effets, suivant leur nature, dans les lieux mentionnés dans l'article 4. Ils joindront aux envois l'extrait de l'inventaire relatifs auxdits effets ; ils adresseront à la commission des revenus nationaux l'inventaire général, dans lequel il sera réservé une colonne en blanc pour y porter le prix auquel l'objet sera vendu.

7. Les commissaires aux ventes rapporteront sur leur procès-verbal le prix de l'estimation et celui auquel les effets seront vendus ; ils l'enverront à la commission

des revenus nationaux, qui tiendra la main à ce que les gardiens des effets cessent toutes fonctions dès qu'elles seront inutiles.

8. Il sera sursis à la vente du mobilier commun entre les veuves, enfans ou associés des condamnés, jusqu'à ce que les comités de finances et de législation aient fait le rapport sur la manière de régler leurs droits indivis : ils sont chargés de le faire incessamment.

9. La commission des revenus nationaux rendra compte, chaque décade, au comité des finances, de l'exécution du présent décret.

———

6 VENTOSE an 3 (24 février 1795). — Décret relatif à la vente et au paiement des domaines nationaux. (1, Bull. 127, n° 668 ; B. 51, 45 ; Mon. du 10 ventose an 3.)

Voy. loi du 8 VENTOSE an 3.

Art. 1er. A compter du 1er germinal prochain, tous les domaines nationaux dont la vente est décrétée seront vendus de la même manière et aux conditions décrétées pour ceux de première origine, sauf les dispositions suivantes.

2. Les ventes ne pourront être faites que les septidi, octidi et nonidi de chaque décade ; les séances commenceront à neuf heures du matin : les affiches seront apposées le décadi présent au plus tard (1).

3. Les acquéreurs solderont dans le mois, et avant d'entrer en possession, le quart du montant de leurs adjudications ; le surplus sera payé en six années par portions égales, un sixième chaque année, en y ajoutant l'intérêt à cinq pour cent sans retenue, et en suivant les formes actuellement usitées.

4. Le procès-verbal de la vente consentie par la nation ne sera assujéti qu'à un droit d'enregistrement de vingt sous.

Les déclarations d'ami ou de command qui ne seront pas faites dans les vingt-quatre heures, et les reventes seront assujéties à la perception du droit ordinaire.

5. Les actes d'emprunt consentis par les acquéreurs des domaines nationaux vendus ou à vendre, pour acquitter le prix de leurs acquisitions en tout ou en partie, ne seront soumis qu'à un simple droit d'enregistrement de vingt sous, à la charge par l'emprunteur de présenter au visa de l'enregistrement, conjointement avec l'acte, le récépissé du receveur du district, constatant que le paiement des domaines a été effectué avec les fonds empruntés.

6. Les acquéreurs des domaines nationaux qui seront vendus postérieurement au 1er germinal prochain, qui paieront avant le 1er vendémiaire prochain, en tout ou partie, les termes non échus, jouiront d'une prime qui est fixée à raison de deux pour cent sur les termes qui auront une année à courir, de quatre pour cent sur les termes qui en auront deux, de six pour cent sur cent par an, de sorte qu'elle sera de deux pour les termes qui en auront trois, de huit pour cent sur ceux qui en auront quatre, de dix pour cent sur ceux qui en auront cinq, de douze pour cent sur ceux qui en auront six ; et en proportion pour les échéances intermédiaires.

7. Les acquéreurs de domaines nationaux pourront anticiper le terme qui leur conviendra ; de sorte que s'ils veulent rester débiteurs des cinq premiers termes qu'ils seront tenus d'acquitter aux échéances portées dans les procès-verbaux de vente, la prime qui leur sera accordée sur les sommes dont le paiement ne doit être fait que dans six années, sera de douze pour cent.

———

6 VENTOSE an 3 (24 février 1795). — Décrets qui accordent des secours à différentes personnes. (B. 52, 41.)

6 VENTOSE an 3 (24 février 1795). — Décrets qui accordent des congés aux représentans du peuple Monestier et Harmand. (B. 52, 41.)

6 VENTOSE an 3 (24 février 1795). — Décret qui renvoie au comité de législation la demande de réviser le décret du 23 ventose de l'an 2. (B. 52, 42.)

6 VENTOSE an 3 (24 février 1795). — Décret qui renvoie au comité de législation la demande de réviser la loi du 3 octobre 1793. (B. 52, 42.)

6 VENTOSE an 3 (24 février 1795). — Décret relatif à ce qui est dû aux fournisseurs des hôpitaux. (B. 52, 43.)

6 VENTOSE an 3 (24 février 1795). — Décret qui étend les pouvoirs du représentant du peuple Jean Debry dans les départemens de la Lozère et de l'Aveyron. (B. 52, 43.)

6 VENTOSE an 3 (24 février 1795). — Décret relatif au rappel des agens particuliers envoyés dans les départemens ou dans les districts. (B. 52, 44.)

6 VENTOSE an 3 (24 février 1795). — Décret qui annule un jugement rendu par le tribunal du département de la Manche, contre le citoyen Fonnard. (B. 52, 44.)

6 VENTOSE an 3 (24 février 1795). — Décret

———

(1) Abrogé. *Voy.* loi du 21 ventose an 3.

qui décharge le citoyen Lenormand, tant du paiement de la somme de dix-sept cent cinquante livres, que des contraintes qui ont pu être exercées contre lui à ce sujet. (B. 52, 45.)

VENTOSE an 3 (24 février 1795). — Décret sur diverses propositions relatives aux dilapidations des fonds de la République. (B. 52, 48.)

VENTOSE an 3 (24 février 1795). — Décret qui autorise la commission des approvisionnemens à se procurer, par voie de réquisition, les grains nécessaires à l'ensemencement des terres. (B. 52, 43.)

VENTOSE an 3 (25 février 1795). — Décret portant établissement d'écoles centrales pour l'enseignement des sciences, des lettres et des arts. (1, Bull. 127, n° 670; B. 52, 57; Mon: du 10 ventose an 3.)

Voy. lois du 18 GERMINAL an 3; du 3 BRUMAIRE an 4; tit. II du 11 FLORÉAL an 10.

CHAPITRE Ier. Institution des écoles centrales.

Art. 1er. Pour l'enseignement des sciences, des lettres et des arts, il sera établi, dans toute l'étendue de la République, des écoles centrales distribuées à raison de la population; la base proportionnelle sera l'une école par trois cent mille habitans.

2. Chaque école centrale sera composée, 1° d'un professeur de mathématiques; 2° d'un professeur de physique et de chimie expérimentales; 3° d'un professeur d'histoire naturelle; 4° d'un professeur d'agriculture et de commerce; 5° d'un professeur de méthode des sciences ou logique, et d'analyse des sensations et des idées; 6° d'un professeur d'économie politique et de législation; 7° d'un professeur de l'histoire philosophe des peuples; 8° d'un professeur d'hygiène; 9° d'un professeur d'arts et métiers; 10° d'un professeur de grammaire générale; 11° d'un professeur de belles-lettres; 12° d'un professeur de langues anciennes; 13° d'un professeur des langues vivantes les plus appropriées aux localités; 14° d'un professeur des arts de dessin.

3. Dans toutes les écoles centrales, les professeurs donneront leurs leçons en français.

4. Ils auront tous les mois une conférence publique sur des matières qui intéressent le progrès des sciences, des lettres et des arts les plus utiles à la société.

5. Auprès de chaque école centrale, il y aura, 1° une bibliothèque publique; 2° un jardin et un cabinet d'histoire naturelle; 3° un cabinet de physique expérimentale; 4° une collection de machines et modèles pour les arts et métiers.

6. Le comité d'instruction publique demeure chargé de faire composer les livres élémentaires qui doivent servir à l'enseignement dans les écoles centrales.

7. Il sera statué, par un décret particulier, sur le placement de ces écoles.

CHAPITRE II. Jury central d'instruction.

Professeurs.

Art. 1er. Les professeurs des écoles centrales seront examinés, élus et surveillés par un jury central d'instruction, composé de trois membres nommés par le comité d'instruction publique.

2. Le jury central sera renouvelé par tiers tous les six mois; le commissaire sortant pourra être réélu.

3. Les nominations des professeurs seront soumises à l'approbation de l'administration du département.

4. Si l'administration refuse de confirmer la nomination faite par le jury central, il pourra faire un autre choix.

5. Lorsque le jury persistera dans sa nomination, et l'administration dans son refus, elle désignera pour la place vacante le citoyen qu'elle croira mériter la préférence; les deux choix seront envoyés au comité d'instruction publique, qui prononcera définitivement entre l'administration et le jury central.

6. Les plaintes contre les professeurs seront portées directement au jury central d'instruction publique.

7. Lorsque la plainte sera en matière grave, et après que l'accusé aura été entendu, si le jury juge qu'il y a lieu à destitution, sa décision sera portée à l'administration du département, pour être confirmée.

8. Si l'arrêté de l'administration du département n'est pas conforme à l'avis du jury central, l'affaire sera portée au comité d'instruction publique, qui prononcera définitivement.

8. Le traitement de chaque professeur des écoles centrales est fixé provisoirement à trois mille livres.

Dans les communes dont la population s'élève au-dessus de quinze mille habitans, ce traitement sera de quatre mille livres.

Dans les communes au-dessus de soixante mille habitans, il sera de cinq mille livres.

10. Il sera alloué tous les ans à chaque école centrale une somme de six mille livres pour frais d'expériences, salaire des employés à la garde de la bibliothèque, du cabinet d'histoire naturelle, et pour toutes les dépenses nécessaires à l'établissement.

11. Le comité d'instruction publique est chargé d'arrêter les réglemens sur le régime et la discipline intérieure des écoles centrales.

CHAPITRE III. Élèves de la patrie.

Prix d'encouragement.

Art. 1er Les élèves qui, dans la *Fête de la Jeunesse,* se seront le plus distingués, et auront obtenu plus particulièrement les suffrages du peuple, recevront, s'ils sont peu fortunés, une pension annuelle pour se procurer la facilité de fréquenter les écoles centrales.

2. Des prix d'encouragement seront distribués tous les ans, en présence du peuple, dans la *Fête de la Jeunesse*.

Le professeur des élèves qui auront remporté le prix, recevra une couronne civique.

3. En conséquence de la présente loi, tous les anciens établissemens consacrés à l'instruction publique, sous le nom de *collèges*, et salariés par la nation, sont et demeurent supprimés dans toute l'étendue de la République.

4. Le comité d'instruction publique fera un rapport sur les monumens et établissemens déjà consacrés à l'enseignement public des sciences et des arts, comme les jardins des plantes, des cabinets d'histoire naturelle, les terrains destinés à des essais de culture, les observations, les sociétés de savans et artistes, qu'il serait bon de conserver dans le nouveau plan d'instruction nationale.

———

7 VENTOSE an 3 (25 février 1795). — Décret portant que la destination des subsistances et autres objets d'approvisionnement appartenant à la République, ne pourra être changée que par arrêté du comité de salut public. (1, Bull. 127, n° 669 ; B. 52, 55.)

———

7 VENTOSE an 3 (25 février 1795). — Décret relatif à l'exécution de celui sur l'abolition de la franchise de Dunkerque. (B. 52, 51.)

———

7 VENTOSE an 3 (25 février 1795). — Décret sur l'admission des suppléans dans le sein de la Convention. (B. 52, 53.)

———

7 VENTOSE an 3 (25 février 1795). — Décret qui ordonne que l'administration des douanes fera exécuter sur-le-champ les dispositions du décret du 4 ventose sur l'abolition de la franchise de Dunkerque. (B. 52, 51.)

———

7 VENTOSE an 3 (25 février 1795). — Décret qui approuve les mesures prises par le représentant Girod-Pouzols dans les départemens de la Lozère et de l'Ardèche. (B. 52, 54.)

———

7 VENTOSE an 3 (25 février 1795). — Décret nommant le citoyen Villantroyes agent national près le district de Vierson. (B. 52, 50.)

———

7 VENTOSE an 3 (25 février 1795). — Décret portant nomination de citoyens pour compléter les autorités constituées de Pons, département de la Charente-Inférieure. (B. 52, 49.)

———

7 VENTOSE an 3 (25 février 1795). — Décret nommant le citoyen François père maire de la commune de Mézières, département de l'Indre, le citoyen Chatenet officier municipal, le citoyen Geoffroy secrétaire de la même commune. (B. 52, 51.)

———

7 VENTOSE an 3 (25 février 1795). — Décrets qui accordent des secours à différentes personnes. (B. 52, 51, 52 et 53.)

———

7 VENTOSE an 3 (25 février 1795). — Décret qui renvoie au tribunal criminel du département de Paris Julian dit *Carentan*. (B. 52, 53.)

———

7 VENTOSE an 3 (25 février 1795). — Décret qui autorise le comité des finances à stipuler le traité projeté avec Daubigny. (B. 52, 54.)

———

7 VENTOSE an 3 (25 février 1795). — Décret qui envoie le représentant du peuple Fleuri dans les départemens qui environnent Paris. (B. 52, 55.)

———

7 VENTOSE an 3 (25 février 1795). — Décret qui renvoie à l'examen du comité des finances la question si, lorsque les individus sont copropriétaires avec un émigré, un condamné ou un déporté dont les biens sont déclarés acquis à la République, d'un objet impartageable, ces individus sont tenus d'accorder, pour le paiement de la portion qui peut leur appartenir dans le prix de cet objet, les délais que la République donne à ceux qui acquièrent d'elle. (B. 52, 55.)

———

7 VENTOSE an 3 (25 février 1795). — Décret qui confirme l'adjudication des domaines appelés *Prieuré et les Bénédictins de la Charité-sur-Loire*. (B. 52, 56.)

———

8 VENTOSE an 3 (26 février 1795). — Décret additionnel à celui du 24 nivose qui maintient les marchés faits pour les marchandises avant l'abrogation de la loi du *maximum*. (I, Bull. 127, n° 171 ; B. 52, 60.)

Art. 1er. Les denrées ou marchandises qui, après avoir été vendues, jaugées, pesées, mesurées et payées en totalité avant la loi du *maximum*, sont restées dans les magasins ou celliers des vendeurs aux risques et périls des acquéreurs, sont censées et regardées comme *livrées*.

2. Les marchés faits à un prix différent du *maximum* sont maintenus, sans que les vendeurs puissent réclamer l'augmentation du prix, permise par l'article 2 de la loi du 24 nivose.

———

8 VENTOSE an 3 (26 février 1795.) — Décret qui admet en paiement des domaines nationaux vendus ou à vendre, les inscriptions sur le

grand-livre de la dette publique. (1, Bull. 127 ; B. 52, 69 ; Mon. du 12 ventose an 3.)

Voy. lois du 24 AOUT 1793 ; du 24 FLORÉAL an 3.

Art. 1ᵉʳ. Les inscriptions sur le grand-livre de la dette consolidée seront admises usqu'au 1ᵉʳ vendémiaire an 4, en paiement les domaines nationaux vendus ou à vendre, aux conditions portées aux articles suivans.

2. Elles seront calculées par vingt fois eur montant annuel, lorsqu'on fournira en même temps trois fois la même valeur en assignats ; et par seize fois leur montant annuel, lorsqu'on fournira en même temps pareille somme en assignats : en l'un et l'autre cas, les acquéreurs seront tenus de solder l'objet sur lequel ils entreront en paiement.

3. Ceux qui voudront remettre des inscriptions en paiement des domaines nationaux, seront tenus de prouver, par un certificat du receveur de district, quelle est la somme dont ils veulent solder le paiement.

4. Les promesses de fournir les inscriptions sur le grand-livre de la dette consolidée, seront admises à la Trésorerie, comme les inscriptions, après avoir été visées par le directeur du grand-livre, ou par un préposé qui sera commis à cet effet.

5. Les dispositions de l'article 102 de la loi du 24 août 1793 sur la consolidation de la dette publique, qui accordaient aux créanciers directs de la nation pour créances exigibles soumises à la liquidation, qui ont acquis des domaines nationaux avant le 1ᵉʳ octobre 1792, la faculté d'en acquitter le montant avec le produit de leurs inscriptions provenant desdites liquidations, en les calculant par vingt fois leur montant annuel, sont maintenues ; elles seront exécutées jusqu'à ce qu'il en soit autrement ordonné.

6. Les personnes qui ont aussi acquis des domaines nationaux avant le 1ᵉʳ octobre 1792, et qui ont été forcées par la loi de recevoir de leurs débiteurs les inscriptions provenant de la liquidation de la dette exigible, jouiront des avantages qui sont portés en l'article précédent.

7. Les dispositions des articles 5 et 6 sont applicables aux inscriptions provenant de la liquidation de la dette viagère.

8. Les acquéreurs de domaines nationaux déjà vendus, qui solderont, d'ici au 1ᵉʳ vendémiaire an 4, l'entier montant de leur acquisition, auront droit, sur les sommes non échues dans l'an 3, à une prime qui sera calculée à raison d'un pour cent sur les sommes qui auront une année d'échéance à courir à l'époque du paiement ; de deux pour cent sur celles qui en auront deux, et ainsi de suite d'un pour cent pour chaque année sur les sommes qu'on paiera par anticipation : les échéances qui auront une échéance intermédiaire seront réglées d'après un calcul proportionnel ; de sorte que si le paiement est anticipé de neuf mois, la prime sera de trois quarts pour cent ; de vingt-un mois, d'un et trois quarts pour cent, et ainsi de suite (1).

---

8 VENTSOE an 3 (26 février 1795). — Décret qui envoie le représentant Grenot près l'armée des côtes de Brest. (B. 53, 65.)

---

8 VENTOSE an 3 (26 février 1795.) Décrets qui accordent des secours à différentes personnes. (B. 52, 60, 61, 62, 65 et 66.)

---

8 VENTOSE an 3 (26 février 1795). — Décret qui déclare nul l'acte d'accusation dressé le 21 prairial an 2 , contre Daniel Masc. (B. 52, 62.)

---

8 VENTOSE an 3 (26 février 1795). — Décret qui déclare nul le jugement rendu contre Louis Lefèvre. (B. 52, 63.)

---

8 VENTOSE an 3 (26 février 1795). — Décret qui déclare nul un jugement rendu par le tribunal du département de l'Oise qui condamne Jean Franco. (B. 52, 64.)

---

8 VENTOSE an 3 (26 février 1795). — Décret portant que les secrétaires, chargés de la rédaction des procès-verbaux qui n'ont pas été remis, sont tenus de les remettre sous huit jours au comité des procès-verbaux, (B., 52, 67.)

---

8 VENTOSE an 3 (26 février 1795). — Décret portant qu'il ne sera point donné de suite aux poursuites commencées contre le citoyen Ledrel. (B. 52, 64.)

---

8 VENTOSE an 3 (26 février 1795). — Décret portant que le représentant du peuple Castillon se rendra au Havre. (B. 52, 65.)

---

8 VENTOSE an 3 (26 février 1795).—Décret qui accorde un congé au représentant du peuple Giraud. (B. 52, 66.)

---

8 VENTOSE an 3 (26 février 1795). — Décret

---

(1) La prime ne peut être allouée qu'autant que les acquéreurs ont soldé entièrement leur adjudication avant le 1ᵉʳ vendémiaire an 4.

La preuve qu'ils ne l'ont pas fait peut résulter d'une quittance par eux produite, lorsque cette quittance qui leur a été délivrée , pour leur dernier paiement, n'est donnée qu'à valoir. (14 juillet 1824 ; Mac. 6, 403.)

qui surseoit à l'exécution du jugement rendu par le tribunal de l'armée des Pyrénées contre Jacques Frisols. (B. 52, 66.)

8 VENTOSE an 3 (26 février 1795). — Décret portant nomination à diverses fonctions judiciaires. (B. 52, 67.)

8 VENTOSE an 3 (26 février 1795). — Décret qui nomme le citoyen Bontoux maire de la commune de Gap. (B. 52, 69.)

8 VENTOSE an 3 (26 février 1795.) — Décret qui déclare nul un jugement du tribunal criminel qui condamne Jean-Claude Terray. (B. 52, 70.)

8 VENTOSE an 3 (26 février 1795.) — Décret qui nomme les citoyens Fessière et Jance, pour remplir les fonctions d'administrateurs du directoire du département de l'Aveyron. (B. 52, 75.)

8 VENTOSE an 3 (26 février 1795). — Décret portant nomination de plusieurs fonctionnaires publics pour compléter différentes autorités du département de l'Aude. (B. 52, 71.)

9 VENTOSE an 3 (27 février 1795). — Décret relatif aux avances et indemnités à accorder aux maîtres de poste aux chevaux. (B. 52, 76.)

Art. 1er. Il sera accordé des avances aux maîtres de postes, soit pour achat de chevaux nécessaires au service de leurs relais, soit pour celui des fourrages et denrées servant à leur nourriture.

2. Les sommes qui leur seront accordées par les arrêtés du comité des transports, postes et messageries, ne seront touchées qu'après avoir préalablement donné pour caution envers la nation, un citoyen bon et solvable, devant le directoire du district dans l'arrondissement duquel leurs relais sont situés.

3. Les avances faites aux maîtres de poste seront remboursées, par compensation, sur les premiers services qu'ils auront faits pour le compte de la République.

4. Le comité des transports, postes et messageries, réglera les indemnités dues aux maîtres de poste, pour perte de chevaux et autres causes qu'il jugera légitimes, sur les attestations des communes et procès-verbaux visés par les directoires des districts.

5. Les procès-verbaux constateront l'âge, la taille des chevaux, leurs défauts s'ils en avaient, leur valeur, et si la cause de leur mort est la suite du service de la poste ; ils seront rédigés en présence d'un officier de la commune, par un ou plusieurs maréchaux.

6. Les dispositions des lois contraires à la présente sont abrogées.

9 VENTOSE an 3 (27 février 1795). — Décret qui admet comme représentans du peuple les citoyens Jacques Lesterpt et Jean Rousseau. (B. 52, 75 et 76)

9 VENTOSE an 3 (27 février 1795). — Décret relatif à l'augmentation provisoire de la 29e division de gendarmerie nationale. (B. 52, 81.)

9 VENTOSE an 3 (27 février 1795). — Décret sur une lettre adressée au comité de législation par le substitut de l'accusateur public, relative à l'acte d'accusation de Fouquier-Tainville. (B. 52, 81.)

9 VENTOSE an 3 (27 février 1795). — Décret qui ordonne la mise en liberté du citoyen Culte. (B. 52, 82.)

9 VENTOSE an 3 (27 février 1795). — Décret sur un jugement rendu contre le citoyen Guéret. (B. 52, 82.).

9 VENTOSE an 3 (27 février 1795). — Décret qui nomme plusieurs citoyens à diverses fonctions judiciaires. (B. 52, 83.)

9 VENTOSE an 3 (27 février 1795). — Décret qui rapporte celui du 22 pluviose dernier. (B. 52, 83.)

9 VENTOSE an 3 (27 février 1795). — Décret qui renvoie les citoyens Landeriot et autres par-devant le tribunal criminel du Gard. (B. 52, 84.)

9 VENTOSE an 3 (27 février 1795). — Décret sur l'organisation et la solde des pompiers de Paris. (B. 52, 84.)

10 VENTOSE an 3 (28 février 1795). — Décret qui rapporte l'article 8 de la section V de celui du 14 frimaire an 2, sur le mode du gouvernement provisoire et révolutionnaire. (1, Bull 128, n° 675 ; B. 52, 88.)

Art. 1er. L'article 8 de la section V de la loi du 14 frimaire an 2, sur le mode du gouvernement provisoire et révolutionnaire, est rapporté.

2. Il ne pourra à l'avenir être appliqué de peines afflictives ou infamantes que celles portées, soit par le Code pénal ordinaire, soit par le Code pénal militaire, soit par les lois révolutionnaires, contre les délits qu'ils ont prévus et spécifiés.

3. L'insertion du présent décret, au bulletin de correspondance lui tiendra lieu de promulgation.

10 VENTOSE an 3 (28 février 1795). — Décret qui admet comme député le citoyen J. G. Grimmer. (B. 52, 84.)

10 VENTOSE an 3 (28 février 1795). — Décret qui accorde des indemnités à des entrepreneurs et ouvriers qui ont éprouvé des pertes lors de l'explosion de la poudrière de Grenelle. (B. 52, 86.)

10 VENTOSE an 3 (28 février 1795). — Décrets qui accordent des secours à différentes personnes. (B. 52, 85.)

10 VENTOSE an 3 (28 février 1795). — Décret portant nomination du citoyen Charbonnel à la place de commissaire de police. (B. 52, 86.)

10 VENTOSE an 3 (28 février 1795). — Décret nommant le citoyen Mestre administrateur du district de Coiron. (L. 52, 86.)

10 VENTOSE an 3 (28 février 1795). — Décret annulant un jugement du tribunal criminel de la Marne rendu contre les citoyens Vincent et Adot. (B. 52, 88.)

10 VENTOSE an 3 (28 février 1795). — Décret qui renvoie au comité des finances une pétition des habitans de Saint-Ignat. (B. 52, 89.)

10 VENTOSE an 3 (28 février 1795). — Décret qui renvoie un exemplaire intitulé : *Secrets de Joseph Lebon*, aux trois comités et à la commission. (B. 52, 89.)

10 VENTOSE an 3 (28 février 1795). — Décret relatif à la pétition de la citoyenne Deliem. (B. 52, 89.)

10 VENTOSE an 3 (28 février 1795). — Décret relatif aux citoyens compris dans la réquisition qui sont à Paris. (B. 52, 90.)

10 VENTOSE an 3 (28 février 1795). — Décret relatif à un don patriotique d'une somme en numéraire offert par la commune de Meyssat. (B. 52, 90.)

10 VENTOSE an 3 (28 février 1795). — Décret relatif à une pétition des élèves de l'école de santé de Paris. (B. 52, 90.)

10 VENTOSE an 3 (28 février 1795). — Décret relatif à l'état actuel des subsistances de Paris. (B. 52, 90.)

10 VENTOSE an 3 (28 février 1795). — Décret relatif au citoyen Jean-Jacques Mathis. (B. 52, 91.)

8.

10 VENTOSE an 3 (28 février 1795). — Décret d'ordre du jour relatif aux prisonniers de guerre et au paiement des dettes des absens. (B. 52, 91.)

11 VENTOSE an 3 (1er mars 1795). — Décret qui accorde différentes primes pour la destruction des loups. (1, Bull. 128, n° 676 ; B. 52, 93.)

Art. 1er Tout citoyen qui tuera une louve pleine recevra une prime de trois cents livres ; une louve non pleine, deux cent cinquante livres ; un loup, deux cents livres ; un louveteau au-dessous de la taille du renard, cent livres.

2. Ces sommes seront payées par les receveurs de district, sur le mandat du directoire, qui ne pourra l'ordonnancer que d'après la présentation de la tête du loup, auquel les oreilles seront coupées pour éviter toute fraude, et sur le vu du certificat de la commune où le loup aura été tué.

11 VENTOSE an 3 (1er mars 1795). — Décret annulant un jugement du tribunal criminel du Bas-Rhin, contre Wéber et Muller. (B. 52, 95.)

11 VENTOSE an 3 (1er mars 1795). — Décret qui établit cinq écoles centrales à Paris. (B. 52, 92.)

11 VENTOSE an 3 (1er mars 1795). — Décret relatif à la tribune des pétitionnaires. (B. 52, 96.)

11 VENTOSE an 3 (1er mars 1795). — Décret relatif à la dénonciation faite contre le citoyen Roche-Jean. (B. 52, 96.)

11 VENTOSE an 3 (1er mars 1795). — Décret relatif à la pétition des citoyens Bouvrel et autres. (B. 52, 92.)

11 VENTOSE an 3 (1er mars 1795). — Décret relatif aux cours d'enseignemens existans au collége de France. (B. 52, 92.)

11 VENTOSE an 3 (1er mars 1795). — Décret qui accorde un secours au citoyen Cange. (B. 52, 93.)

11 VENTOSE an 3 (1er mars 1795). — Décret portant nomination à des fonctions judiciaires. (B. 52, 92.)

12 VENTOSE an 3 (2 mars 1795). — Décret qui rectifie une erreur de ponctuation dans l'article 6 du décret du 4 floréal an 2, relatif au divorce. (1, Bull. 128, n° 677 ; B. 52, 97.)

La Convention nationale, après avoir entendu son comité des décrets, procès-ver-

3

baux et archives, et sur l'observation d'un de ses membres, qu'il s'est glissé, dans l'article 6 du décret imprimé des 4 et 5 floréal an 2, contenant des dispositions additionnelles à la loi du 20 septembre 1792, sur le divorce, une erreur de ponctuation qui en rend le sens obscur, et qui demande que le comité soit autorisé à faire réimprimer et inserer de nouveau cet article dans le cahier des lois, décrète cette proposition :

Décret contenant des dispositions additionnelles à la loi du 20 septembre 1792, sur le divorce.

Art. 6. Le divorce ne pourra être attaqué par la voie de l'appel. S'il a été prononcé avant l'accomplissement des délais, on pourra le faire prononcer de nouveau après leur expiration.

12 VENTOSE an 3 (2 mars 1795). — Décret relatif au remplacement des avances de pluviose an 3. (B, 52, 97.)

12 VENTOSE an 3 (2 mars 1795). — Décret qui met en état d'arrestation les représentans Billaud - Varennes, Collot - d'Herbois, Barrère et Vadier. (B. 52, 99.)

12 VENTOSE an 3 (2 mars 1795). — Décret relatif à un crédit d'un milliard quatre-vingt millions, ouvert à diverses commissions. (B. 52, 96.)

12 VENTOSE an 3 (2 mars 1795.). — Décrets qui allouent diverses sommes à différentes citoyennes sur les biens de leurs maris. (B. 52, 98 et 99.)

13 VENTOSE an 3 (3 mars 1795). — Décret qui ordonne la remise des linges, bijoux et effets appartenant aux époux survivans ou aux enfans des condamnés, et la levée des séquestres ou scellés mis sur leurs biens-meubles et immeubles. (1, Bull. 128, n° 6'8 ; B. 52, 100) Mon. du 16 ventose an 3.)

Voy. lois du 26 germinal an 3.

Art. 1er. Les linges, hardes, bijoux, meubles et effets appartenant aux époux survivans ou aux enfans des condamnés, ou à leur usage journalier, leur seront remis sur un simple état, sans délai et sans frais.

2. Tous séquestres ou scellés mis sur les biens-meubles ou immeubles appartenant par la loi, la coutume ou les statuts, par contrat ou à tous autres titres, aux époux survivans ou aux enfans des condamnés, seront levés sans délai, afin que les propriétaires en jouissent librement, à moins que lesdits scellés ou séquestres aient été mis pour cause personnelle auxdits propriétaires.

3. S'il a été vendu quelques-uns desdits biens ou effets mentionnés aux articles précédens, le prix en sera remboursé aux propriétaires sur le pied et aux conditions des ventes.

4. Les effets nécessaires aux veuves et enfans des condamnés, notamment les comestibles qui se trouveront dans ce genre de successions acquises à la nation, seront délivrés aux veuves et enfans des condamnés, sur leur demande, pour le prix réglé par des états estimatifs être imputé sur les droits desdits survivans, ou sur les secours à leur accorder.

5. S'il se trouve des logemens libres dans lesdites successions, il en sera laissé ou accordé jusqu'à la liquidation, et à la convenance desdits survivans ou enfans, arbitrée par les corps administratifs.

6. Lorsqu'il se trouvera, dans les successions des condamnés, des objets à diviser, soit en propriété, soit en jouissance, auxquels aient droit les époux survivans, les enfans ou autres, il sera, concurremment avec les parties intéressées et à la diligence des agens nationaux de district, dressé des états et inventaires exacts desdits objets.

7. Si les époux survivans, les enfans ou autres intéressés aux susdits indivis, en réclament la jouissance provisoire, ils l'obtiendront en donnant caution, et à la charge d'en rendre compte lors des liquidations et partages, comme aussi d'entretenir provisoirement les baux, s'il y en a.

8. Les époux survivans ou enfans qui n'auront que des créances ou des droits à exercer sur lesdites successions en recevront, jusqu'à la liquidation, les intérêts par aperçu au denier vingt-cinq, à dater du jour où ils auront été privés de leur jouissance.

9. Les époux survivans ou enfans des laboureurs ou cultivateurs exploitant par eux-mêmes des terres à eux affermées, auront la faculté d'acheter la portion des bestiaux, effets mobiliers et instrumens servant à ladite exploitation, acquis à la République, ainsi que de se faire subroger dans les droits du condamné au bail à ferme.

10. Ces bestiaux, instrumens aratoires et autres objets leur seront cédés aux mêmes formes et conditions déterminées par la loi du 17 frimaire dernier pour les manufactures.

11. Les dispositions des deux articles précédens seront applicables aux frères et sœurs des condamnés qui étaient occupés avec eux d'exploitations de ce genre.

12. Les époux survivans ou les enfans des condamnés, dans les successions desquels se trouveraient des établissemens de commerce ou des ateliers d'arts et métiers, seront pareillement reçus à acquérir dans les mêmes formes tout ce qui sera nécessaire pour la continuation du travail desdits établissemens ou ateliers.

13. Les citoyens ayant été au service ou aux appointemens des condamnés, et dont les effets à eux appartenant seraient sous le séquestre et le scellé desdits condamnés, en obtiendront la restitution sans délai et sans frais; et le prix leur en sera remis, s'il y en a eu de vendus, conformément aux dispositions de l'article 3 de la présente loi.

14. Les citoyens ayant été au service, les époux quoique non divorcés des émigrés ou déportés (1), ainsi que les propriétaires ou jouissant par indivis avec eux, jouiront du bénéfice du présent décret.

15. Les corps administratifs, sous l'inspection de l'agence des domaines, sont chargés de l'exécution (2). La Convention autorise son comité des finances à en résoudre les difficultés.

13 VENTOSE an 3 (3 mars 1795). — Décret relatif à la rentrée de la Vendée dans le sein de la République. (1 Bull. 127, n° 673) B. 52, 106.)

13 VENTOSE an 3 (3 mars 1795). — Décret relatif à la mise en liberté des geoliers et autres préposés à la garde des détenus évadés et repris. (1, Bull. 127, n° 679; B. 52, 106.)

13 VENTOSE an 3 (3 mars 1795). — Décret de liquidation de diverses créances des communes, districts, etc. (B. 52, 104.)

13 VENTOSE an 3 (3 mars 1795). — Décret relatif au citoyen Labalue. (B. 52, 102.)

13 VENTOSE an 3 (3 mars 1795) — Décret qui accorde un secours au citoyen Raulet. (B. 52, 105.)

13 VENTOSE an 3 (3 mars 1795). — Décret accordant congé au représentant du peuple Briez. (B. 52, 103.)

13 VENTOSE an 3 (3 mars 1795). — Décret qui ordonne l'insertion au bulletin de l'hommage fait par le citoyen Joliclère, du premier volume du Cours complet de Botanique. (B. 52, 106.)

13 VENTOSE an 3 (3 mars 1795). — Décret contenant une nouvelle distribution des armées de la république. (1, Bull. 128, n° 680.)

14 VENTOSE an 3 (4 mars 1795.) — Décret relatif aux citoyens qui jouissent de pensions en vertu d'arrêtés de représentans du peuple en mission. (1, Bull. 128, n° 681; B. 52, 112.)

Art. 1er. Il ne sera pas donné de suite aux arrêtés par lesquels les représentans du peuple en mission ont accordé des secours ou pensions à des individus ou à des classes particulières de citoyens.

2. Les citoyens qui ont des droits aux secours ou pensions qu'ils avaient obtenus par lesdits arrêtés, et qui s'en trouveront privés par les dispositions de l'article précédent, pourront les réclamer suivant les formalités prescrites par les lois.

14 VENTOSE an 3 (4 mars 1795). — Décret sur les titres de créance qui ont été perdus. (1, Bull. 128, n° 684) B. 52, 122; Mon. du 17 ventose an 3.)

Art. 1er. Les créanciers de la nation qui ont perdu leur certificat de propriété, pourront retirer leurs inscriptions définitives en rapportant au directeur du grand-livre,

1° Un duplicata des récépissés perdus, qu'ils se feront remettre par les payeurs ou liquidateurs qui les leur avaient fournis;

2° La soumission de rapporter les certificats perdus, s'ils les retrouvent;

3° Un certificat d'individualité;

4° Un certificat du liquidateur de la Trésorerie, constatant qu'il ne leur a point été délivré d'inscription provisoire pour les sommes portées auxdits certificats.

2. Dans le cas où les payeurs et les liquidateurs auraient délivré des certificats de propriété à d'autres personnes qu'aux propriétaires, ils sont autorisés à en délivrer le duplicata aux porteurs de bulletin de remise des titres, en y faisant mention que le premier certificat a été égaré, ou a été remis à un autre individu.

L'extrait d'inscription sera délivré aux porteur de ce duplicata, qui seront tenus de fournir en même temps un certificat du liquidateur de la Trésorerie, constatant qu'il n'a pas été fourni d'inscription provisoire pour les sommes portées au duplicata.

3. Les propriétaires des récépissés de l'emprunt volontaire, qui les ont égarés, pourront retirer à la Trésorerie le certificat de propriété qui leur est nécessaire pour obtenir leurs inscriptions définitives, en fournissant,

1° Un triplicata du récépissé du receveur de district;

2° La soumission de rapporter le certificat perdu, s'il se retrouve;

3° Un certificat d'individualité;

4° Le récépissé de la caisse des recettes journalières, constatant qu'ils ont payé la portion des intérêts prescrite par la loi du 24 vendémiaire an 2.

4. Les personnes qui ont perdu leurs

---

(1) Ajoutez : leurs enfans. Voy. loi du 26 germinal an 3.
(2) Voy. loi du 20 ventose an 3.

3.

inscriptions provisoires pourront retirer leurs inscriptions définitives en fournissant,

1° Un certificat du liquidateur de la Trésorerie, constatant que l'inscription provisoire qu'on déclare avoir perdue a été expédiée;

2° Un certificat d'individualité;

3° Une soumission de rapporter l'inscription qui a été perdue, si elle se retrouve;

4° Une caution suffisante, reçue et admise par l'agent de la Trésorerie, laquelle durera, ainsi que l'opposition qui sera formée au nom de la nation sur la propriété de l'inscription délivrée, jusqu'à ce que toutes les inscriptions provisoires soient rentrées.

Dans le cas où l'inscription provisoire déclarée perdue aurait été vendue ou employée, le réclamant sera condamné à une amende égale à cinq fois le paiement annuel de l'inscription, et la caution garantira le capital de ladite inscription, calculé à raison de vingt fois son montant, et cinq années d'arrérages.

6. Les personnes qui ont perdu leur certificat d'arrérages, pourront recevoir leur paiement sur un duplicata qui sera délivré par le payeur ou liquidateur, d'après la demande qui sera faite par le payeur principal de la Trésorerie.

Cette demande ne pourra être faite qu'après que le réclamant aura fourni bonne et suffisante caution, acceptée et reçue par l'agent du Trésor public, laquelle s'obligera, pendant une année, à rembourser la somme réclamée, au cas qu'il y ait un double emploi.

La personne qui aura réclamé un paiement par double emploi, sera condamnée à une amende de trois fois le montant du paiement qui lui aura été fait.

7. Dans le cas où quelques certificats remis à la Trésorerie y auraient été égarés, le liquidateur de la Trésorerie est autorisé à en demander un duplicata aux payeurs ou liquidateurs qui les auraient fournis, lesquels feront mention sur ce duplicata, de la demande qui leur en sera faite.

8. Les personnes qui auront perdu leurs inscriptions de la dette consolidée ou viagère, pourront en obtenir de nouvelles, timbrées du mot *duplicata*.

Ces inscriptions par duplicata ne seront admises en paiement des créances dues à la nation, qu'à la Trésorerie nationale, dans le cas où la loi admet en paiement les inscriptions sur le grand-livre.

9. Les personnes qui ont perdu des effets au porteur, ou des reconnaissances de liquidation et des autres effets non mentionnés dans la loi du 21 frimaire ou au présent décret, seront tenues d'adresser leurs demandes aux commissaires de la Trésorerie

nationale, d'ici au 1er vendémiaire an 4, en leur fournissant toutes les preuves et indications qui peuvent établir leurs demandes.

Après ce délai, il ne sera plus reçu de réclamations; ceux qui auraient négligé de les remettre étant déchus de toute réclamation envers la République.

10. Les commissaires de la Trésorerie feront faire toutes les recherches et examens nécessaires pour vérifier la légitimité des demandes; ils en feront un rapport général au comité des finances, qui est autorisé à statuer, par un arrêté, sur toutes les réclamations, en prenant les précautions nécessaires pour garantir l'intérêt national.

---

14 VENTOSE au 3 (4 mars 1795). — Décret qui modifie et interprète diverses dispositions de la loi du 24 août 1793 sur la dette consolidée. (1, Bull. 129, n° 685; B. 52, 124; Mon. du 18 ventose an 3).

Voy. lois du 24 AOUT 1793; du 16 VENTOSE an 3, et du 8 FRUCTIDOR an 5.)

Art. 1er. Les mots, *ou pour toute autre cause*, qui se trouvent dans les dispositions de l'article 13 de la loi du 24 août 1793, sur la dette publique consolidée, sont rapportés et déclarés nuls, et comme non avenus.

2. L'inscription sur le grand-livre, provenant d'un transfert, sera faite à présentation du certificat de résidence du vendeur; l'extrait sera remis à celui qui rapportera le récépissé des pièces produites pour opérer le transfert : il est dérogé, à cet égard, aux dispositions de l'article 171 de la loi du 24 août 1793 sur la dette publique consolidée.

3. Le remboursement de la propriété des inscriptions au-dessous de cinquante livres qui appartiennent à un usufruitier ou à un délégataire, et à un tiers pour la nue-propriété, sera fait sans exiger la déclaration prescrite par les lois des 24 août 1793 et 23 messidor dernier.

4. Si la nue-propriété d'une inscription au-dessous de cinquante livres appartient à la République, le montant du capital représentatif de l'usufruit ou de la délégation, sera déterminé d'après les bases et les calculs établis pour la liquidation de la dette viagère, et le remboursement sera fait aux usufruitiers ou délégataires.

5. Les créances au-dessous de cinquante livres de paiement annuel, dont la propriété sert de garantie à un douaire, seront inscrites sur le grand-livre, avec mention de cette garantie, étant dérogé, à cet égard, aux dispositions de l'article 3 de la loi du 24 août 1793 sur la dette consolidée; le remboursement de ces inscriptions sera fait lors de l'ouverture du douaire, en les calculant par vingt fois leur montant.

6. Les créanciers de la nue-propriété des inscriptions sur le grand-livre ne pourront pas réclamer des extraits de leur inscription,

leurs droits étant suffisamment établis et garantis par la mention faite sur le grand-livre ; mais lorsqu'ils voudront disposer de cette nue-propriété, ils en feront la déclaration devant un juge-de-paix ou un notaire. Cette déclaration sera signifiée au conservateur des oppositions, visée par le liquidateur de la Trésorerie, et portée par le directeur du grand-livre sur le livre particulier qui sera destiné pour le transfert des nues-propriétés.

Cependant la Trésorie nationale délivrera aux nus-propriétaires qui le demanderont, un titre pour prouver leurs droits à la nue-propriétée, d'après le mode qui sera déterminé par le comité des finances.

7. Tous les transferts d'inscriptions sur le grand-livre de la dette consolidée, qui seront faits à l'avenir, ne donneront la jouissance aux acquéreurs qu'à partir du 1er jour du semestre lors prochain ; étant dérogé à cet égard aux dispositions des articles 173, 174, 178 de la loi du 24 août 1793 sur la dette consolidée.

8. Le comité des finances est autorisé à statuer, par arrêté, sur les réclamations qui seront faites pour obtenir un transfert du compte de la République au compte d'un particulier, de la propriété d'une inscription sur le grand-livre de la dette consolidée.

9. Ces transferts ne pourront être ordonnés que sur le rapport des commissaires de la Trésorerie nationale, et d'après un certificat du liquidateur de la Trésorerie, indiquant l'origine et le motif du transfert demandé, et constatant que le transfert qui avait été fait au profit de la République, avait eu pour objet le paiement d'une créance due à la nation, et qu'il n'a pas reçu son effet.

10. Le directeur du grand-livre, en exécutant le transfert ordonné par le comité des finances, fera mention, sur le compte de la République, de l'arrêté du comité et du certificat du liquidateur, qui lui seront remis pour lui servir de pièces de comptabilité.

---

14 VENTÔSE an 3 (4 mars 1795). — Décret sur la com osition et l'organisation du corps du génie militaire. (1 Bull. 129, n° 686 ; B. 52, 107.)

Voy. lois du 31 OCTOBRE 1790 ; arrêté du 15 NIVOSE an 8, et décret du 3 BRUMAIRE an 13.

Art. 1er. Le corps du génie militaire de la République sera composé de quatre cent trente-sept officiers, et de six compagnies de mineurs ; savoir :

Sept inspecteurs-généraux de fortifications, dont trois du grade de général de division, et quatre de celui de général de brigade ; trente directeurs chefs de brigade ; soixante sous-directeurs chefs de bataillon ; deux cent soixante ingénieurs-capitaines, dont douze attachés aux mineurs ; quatre-vingts ingénieurs-lieutenans, dont douze attachés aux mineurs.

2. Chaque compagnie de mineurs sera commandée par un capitaine en premier, un capitaine en second, un lieutenant en premier et un lieutenant en second.

3. Les inspecteurs-généraux des fortifications feront partie des officiers-généraux des autres troupes, et jouiront des traitemens et droits militaires qui leur sont attribués.

4. Il n'y aura qu'une classe de solde dans chacun des grades de directeur et de sous-directeur ; les capitaines formeront deux classes de solde ; les lieutenans formeront également deux classes.

5. On parviendra par ancienneté, dans chaque grade, d'une classe de solde à l'autre, sur la totalité de l'armée.

6. Les officiers de mineurs rouleront entre eux seuls, pour passer d'une classe de solde à l'autre.

7. La solde affectée à chaque grade sera payée, à compter du 1er germinal prochain, conformément au tableau ci-annexé.

8. Les officiers de tous grades seront indemnisés de leurs frais de bureau et de tournées auxquels ils pourront être assujétis pour leur service : le mode de paiement de ces frais sera déterminé par le réglement qui sera rendu à cet effet.

9. L'école de Metz sera conservée : le nombre des élèves sera porté à vingt ; ils auront le grade de sous-lieutenant, et ne pourront être reçus ingénieurs qu'après avoir été employés, au moins pendant un an, dans les places ou aux armées, et sur la production des certificats des commandans de l'école du génie et de leurs derniers chefs, qui constateront leurs qualités morales et physiques, leur civisme, ainsi que leur instruction et capacité.

10. L'avancement dans l'arme du génie se fera de grade à grade, de la manière suivante :

Les officiers-généraux du génie seront tous au choix de la Convention nationale, sur la présentation de son comité de salut public.

Les places de directeurs chefs de brigade seront données, deux tiers à l'ancienneté de grade, et un tiers par la Convention nationale, sur la présentation de son comité de salut public.

Les places de sous-directeurs chefs de bataillon, deux tiers à l'ancienneté, un tiers aux choix.

Les lieutenant parviendront, par ancienneté, au grade de capitaine.

Les officiers de mineurs rouleront entre eux, pour parvenir au grade de capitaine ; et sur la totalité du génie, dont ils feront partie, pour parvenir aux grades supérieurs, tant par ancienneté que par le choix.

11. Les places au choix ne pourront être données qu'à des officiers ayant servi au

moins deux ans dans le grade inférieur, si ce n'est pour actions d'éclat ou services importans rendus aux armées.

12. Les officiers qui, quoique faisant partie de l'arme du génie, servent dans les autres troupes de la République, seront tenus, aussitôt la promulgation de la présente loi, d'opter entre le grade supérieur qu'ils exercent et celui qu'ils ont conservé dans le corps du génie; au moyen de cette disposition, le décret du 1ᵉʳ fructidor, sur les officiers du génie est rapporté.

13. Les officiers du génie, aux armées et dans les places, seront considérés comme faisant partie de l'état-major des armées; ils concourront, pour le commandement, avec les autres officiers des autres armes, suivant leur grade et leur ancienneté respective.

Ils seront, d'ailleurs, subordonnés à tous les réglemens de la hiérarchie militaire; mais il n'y aura que les officiers-généraux sous les ordres desquels ils seront aux armées, cantonnemens et retranchemens, qui pourront leur ordonner des travaux relatifs à leur arme, et y apporter quelques changemens.

14. Il sera formé à Paris un comité central des fortifications, composé d'inspecteurs-généraux et des officiers que le comité de salut public jugera à propos d'y appeler: ce comité, qui sera assemblé du 1ᵉʳ frimaire au dernier germinal, s'occupera de rassembler le résultat des tournées faites par les inspecteurs, de former les plans généraux de défense et de constructions à faire pendant la campagne suivante, et les présentera au comité de salut public.

15. L'arme du génie sera, tant pour son personnel que pour les travaux des fortifications, les constructions de magasins et autres dépendant de leur service, du ressort de la commission de l'organisation des armées.

16. Les neuf régimens de sapeurs attachés au corps du génie, rouleront entre eux pour leur avancement; il n'est rien changé à leur solde.

17. Il est dérogé à toutes les dispositions réglées par les lois antécédentes sur cette arme, et qui pourraient être contraires à la présente loi.

Tarif de la solde, par jour, du corps du génie.

OFFICIERS.	MILITAIRES EN GARNISON ET AUX ARMÉES.		Rations de vivres.	SOLDE DES MILITAIRES.			Rations de fourrages attrib. à chaque grade.	OBSERVATIONS.
	Solde par jour.			isolés en route et éloignés de leur garnison.	à l'hôpital.			
Inspecteurs-généraux.	» » »		» » »	» » »	» » »		»	
Directeurs.	27 10 »		3	29 » »	23 » »		4	
Sous-directeurs. . . .	15 10 »		2	16 10 »	11 » »		3	
Ingénieurs, 260 capitaines . . \} 1ʳᵉ classe.	11 13 4		2	12 13 4	9 » »		3	
2ᵉ classe.	10 11 1 1/3		2	11 11 »	8 » »		3	
Ingénieurs, 80 lieutenans. . . \} 1ʳᵉ classe.	8 6 8		2	9 6 8	7 » »		2	
2ᵉ classe.	6 18 10		2	7 18 10	5 10 »		2	
Élèves sous-lieuten. .	5 » »		1	5 10 »	3 » »		. .	
Supplément de solde.								
Au commandant en chef des élèves. . . .	. . . .		. .	5 » »	. . . .			
Au commandant en 2ᵉ.	. . . .		. .	4 » »	. . . .			
Au commandant en 3ᵉ.	. . . .		. .	3 » »	. . . .			
Au directeur des archives et plans. .	. . . .		. .	6 » »	. . . .			
A chacun de ses adjoints	. . . .		. .	5 » »	. . . .			
Au commandant de l'école des mineurs . .	. . . .		. .	5 » »	. . . .			

14 VENTOSE an 3 (4 mars 1795) — Décret relatif à la délivrance des certificats d'indigence exigés des veuves et enfans des citoyens morts dans un service requis ou commandé. (1, Bull. 128, n° 682 ; B. 52, 113.)

14 VENTOSE an 3 (4 mars 1795). — Décret qui ordonne l'impresssion du tableau des campagnes des Français. (B. 52, 115.)

14 VENTOSE an 3 (4 mars 1795). — Décret qui envoie le représentant Cherier dans le département de la Haute-Vienne. (B. 52, 112.)

14 VENTOSE an 3 (4 mars 1795). — Décret qui autorise le comité de législation à nommer les officiers municipaux, les administrateurs, les membres des tribunaux, etc. (B. 52, 115.)

14 VENTOSE an 3 (4 mars 1795). — Décret relatif aux pouvoirs du représentant du peuple Grenot. (B. 52, 112.)

14 VENTOSE an 3 (4 mars 1795). — Décret qui surseoit à l'exécution du jugement rendu contre le citoyen Daval. (B. 52, 112.)

14 VENTOSE an 3 (4 mars 1795). — Décret qui ordonne d'apposer les scellés sur les papiers et et effets délaissés par le représentant Vadier. (B. 52, 121.)

14 VENTOSE an 3 (4 mars 1795). — Décrets qui accordent des secours à divers citoyens. (B. 52, 113 et 114.)

14 VENTOSE an 3 (4 mars 1795). — Décret qui nomme aux fonctions de commissaire des relations extérieures le citoyen Cœlchen. (1, Bull. 128, n° 683 ; B. 52, 116.)

14 VENTOSE an 3 (4 mars 1795). — Décret nommant le citoyen Vaquer commissaire de police. (B. 52, 115.)

14 VENTOSE an 3 (4 mars 1795). — Décret relatif aux titres qui s'égarent à la Trésorerie et dans différens bureaux. (B. 52, 116.)

14 VENTOSE an 3 (4 mars 1795). — Décret relatif à la proposition de rendre aux citoyens la faculté de nommer les fonctionnaires publics dans les municipalités, etc. (B. 52, 116.)

14 VENTOSE an 3 (4 mars 1795). — Décret nommant à plusieurs places administratives. (B. 52, 117.)

14 VENTOSE an 3 (4 mars 1795). — Décret

relatif à une indemnité à accorder aux garçons d'atelier de l'imprimerie nationale. (B. 52, 121.)

14 VENTOSE an 3 (4 mars 1795). — Décret relatif à tous marchands, dépositaires, ou chargés de vendre des marchandises ou denrées appartenant à l'Etat. (B. 52, 121.)

15 VENTOSE an 3 (5 mars 1795). — Décret relatif aux élèves des écoles de santé des colonies françaises. (B. 52, 128.)

15 VENTOSE au 3 (5 mars 1795). — Décrets qui accordent des pensions et secours à des veuves de militaires. (B. 52, 126 et 127.)

15 VENTOSE an 3 (5 mars 1795). — Décret d'ordre du jour relatif à la formation d'un cabinet d'anatomie. (B. 52, 127.)

15 VENTOSE an 3 (5 mars 1795). — Décret qui adopte la forme du concours pour les places qui concernent les arts, les sciences (1). (B. 52, 128.)

15 VENTOSE an 3 (5 mars 1795). — Décret relatif aux professeurs de médecine de l'école de Caen. (B. 52, 128.)

15 VENTOSE an 3 (5 mars 1795). — Décret relatif à la révocation du décret du 17 frimaire dernier. (B. 52, 129.)

15 VENTOSE an 3 (5 mars 1795). — Décret relatif à l'exposition du tableau de marine représentant le port de Brest. (B. 52, 129.)

15 VENTOSE an 3 (5 mars 1795). — Décret qui nomme les citoyens Saucourt, Feval et Rousselot, juges-commissaires de la comptabilité. (B. 52, 129.)

16 VENTOSE an 3 (6 mars 1795). — Décret qui détermine un mode pour le paiement des arrérages dus aux créanciers de la dette consolidée qui n'auront pu obtenir leurs inscriptions définitives. (B. 52, 131 ; Mon. du 19 ventose an 3.)

Art. 1ᵉʳ. A compter du 20 ventose présent mois, les créanciers de la dette consolidée qui n'auront pas pu obtenir leurs inscriptions définitives, seront payés du montant des arrérages de la seconde année républicaine, et pour le premier semestre de la troisième année, d'après le mode déterminé par les articles suivans.

2. Ils pourront se présenter dans l'ordre qui leur sera indiqué par les commissaires

(1) Abrégé par un décret du 16 ventose an 3.

de la Trésorerie, avec leur bulletin de dépôt, sur le dos duquel on déterminera le montant de l'inscription à obtenir d'après les certificats de propriété fournis.

3. Il sera tenu un registre sur lequel sera enregistré, sous un numéro d'ordre, le résultat de la transcription au dos du bulletin : ce numéro sera porté aussi sur le bulletin de dépôt.

4. Dix jours après l'enregistrement mentionné en l'article précédent, les créanciers porteurs du bulletin seront payés de la totalité des trois semestres mentionnées en l'article 1ᵉʳ.

5. Le directeur du grand-livre fera dresser les feuilles de paiement dans la forme usitée, qu'il remettra au payeur principal, afin que le paiement soit exécuté sans retard.

———

16 VENTOSE an 3 (6 mars 1795). — Décret qui augmente le traitement des ingénieurs des ponts et chaussées. (B. 52, 133.)

Art. 1ᵉʳ. L'ingénieur en chef jouira, à compter du 1ᵉʳ nivose dernier, 1° du traitement annuel de quatre mille livres; 2° de l'indemnité, suivant la loi du 4 pluviose dernier, deux mille livres; 3° pour frais de tournée et de logement, deux mille livres; en tout, huit mille livres.

2. L'ingénieur ordinaire jouira, à compter de la même époque, 1° du traitement actuel, deux mille quatre cents livres; 2° de l'indemnité, suivant la loi du 4 pluviose dernier, mille quatre cent quarante livres; 3° pour frais de tournée et de logement, mille cent soixante livres; en tout, cinq mille livres.

———

16 VENTOSE an 3 (6 mars 1795). — Décret qui annulle un arrêt de Saint-Just et Lebas, qui ordonne de faire raser la maison de quiconque sera convaincu d'agiotage. (B. 52, 130.)

———

16 VENTOSE an 3 (6 mars 1795). — Décret de mention honorable de l'hommage fait de l'ouvrage intitulé : *Barnevelt, ou le Stathoudérat aboli*. (B. 52, 138.)

———

16 VENTOSE an 3 (6 mars 1795). — Décret relatif à la contestation élevée entre le citoyen Mazerat et sa femme. (B. 52, 130.)

———

16 VENTOSE an 3 (6 mars 1795). — Décret adoptant l'instruction pour faire suite à la loi du 22 nivose sur l'organisation des commissaires des guerres. (B. 52, 130.)

———

16 VENTOSE an 3 (6 mars 1795). — Décret relatif à un jugement rendu par le tribunal établi à Strasbourg, le 7 nivose an 2. (B. 52, 131.)

———

16 VENTOSE an 6 (6 mars 1795). — Décret accordant vingt mille livres pour être distribuées, à titre de secours, aux citoyens de Flexecourt. (B. 52, 132.)

———

16 VENTOSE an 3 (6 mars 1795). — Décret rapportant celui relatif au concours pour toutes les places qui concernent les sciences et les arts. (B. 52, 134.)

———

16 VENTOSE an 3 (6 mars 1795). — Décret de renvoi au comité des secours publics relatif au citoyen Lebas. (B. 52, 134.)

———

16 VENTOSE an 3 (6 mars 1795). — Décret portant nomination de citoyens pour remplir les places de préposés au triage des titres. (B. 52, 135.)

———

16 VENTOSE an 3 (6 mars 1795). — Décret qui accorde un congé au représentant du peuple Vardon. (B. 52, 138.)

———

16 VENTOSE an 3 (6 mars 1795). — Décret qui attribue aux tribunaux d'appel et de police correctionnelle, la connaissance des contraventions à la loi du 25 ventose, sur les fonctionnaires publics destitués ou suspendus. (B. 52, 141.)

———

16 VENTOSE an 3 (6 mars 1795). — Décret étendant les pouvoirs donnés au représentant du peuple Cherrier. (B. 52, 138.)

———

17 VENTOSE an 3 (7 mars 1795). — Décret d'envoi en mission du représentant du peuple Lozeau. (B. 52, 138.)

———

17 VENTOSE an 3 (7 mars 1795). — Décret relatif à une dénonciation contre un employé de l'agence des approvisionnemens. (B. 52, 138.)

———

17 VENTOSE an 3 (7 mars 1795). — Décrets qui accordent des secours à différentes personnes (B. 52, 139.)

———

17 VENTOSE an 3 (7 mars 1795). — Décret qui déclare nul un jugement du tribunal de Maubeuge, rendu contre le citoyen Rivière et autres. (B. 52, 140.)

———

17 VENTOSE an 3 (7 mars 1795). — Décret relatif à la loi du 5 du présent mois, qui enjoint à des ci-devant fonctionnaires publics de se retirer dans leur domicile. (B. 52, 141.)

———

17 VENTOSE an 3 (7 mars 1795). — Décret qui déclare nul un jugement rendu contre le citoyen Guéret. (B. 52, 141.)

———

17 VENTOSE an 3 (7 mars 1795). — Décret relatif à la proposition de proroger les pouvoirs

des représentans du peuple dans la Vendée. (B. 52, 142.)

7 VENTOSE an 3 (7 mars 1795). — Décret qui annule l'arrêté du représentant du peuple Charles de Lacroix. (B. 52, 142.)

7 VENTOSE an 3 (7 mars 1795). — Décret qui renvoie au comité de salut public, la proposition d'envoyer deux représentans ad hoc, pour étudier les marches, contre-marches des Chouans (B. 52, 142.)

7 VENTOSE an 3 (7 mars 1795). — Décret relatif aux rebelles de la Vendée. (B. 52, 143.)

7 VENTOSE an 3 (7 mars 1795). — Décret relatif aux secours annuels à accorder aux ci-devant religieux et religieuses. (B. 52, 143.)

7 VENTOSE an 3 (7 mars 1795). — Décret relatif à la citoyenne Sombreuil. (B. 52 143.)

7 VENTOSE an 3 (7 mars 1795). — Décret relatif aux ci-devant religieuses anglaises de la rue Charenton. (B. 52, 144.)

8 VENTOSE an 3 (8 mars 1795). — Décret relatif aux secours ou pensions promis par les communes ou sections aux enfans des défenseurs de la patrie enrôlés dans leurs arrondissemens respectifs. (B. 52, 147.)

Les secours ou pensions promis par les communes ou sections aux enfans des défenseurs de la patrie enrôlés dans leurs arrondissemens respectifs, et dont le terme n'a pas été fixé par des conventions expresses, cesseront d'être exigibles à l'époque où lesdits enfans auront atteint l'âge de douze ans, à moins qu'ils ne soient infirmes. Dans ce cas, les secours ou pensions leur seront payés tant que leurs infirmités les mettront hors d'état de pourvoir à leur subsistance par leur propre travail.

18 VENTOSE an 3 (8 mars 1795). — Décret portant que les représentans du peuple compris dans l'article 1er du décret du 28 juillet 1793, et dans le décret d'accusation du 3 octobre suivant, rentreront dans le sein de la Convention nationale. (1, Bull. 129, n° 689; B. 52, 148.)

18 VENTOSE an 3 (8 mars 1795). — Décret qui proroge, jusqu'au 1er messidor, le délai fixé par la loi du 4 nivose, pour l'approvisionnement des marchés par la voie de la réquisition. (1, Bull. 129, n° 691 ; B., 52, 149.)

18 VENTOSE an 3 (8 mars 1795). — Décret qui supprime l'hospice Saint-Anastase, dit Saint-Gervais à Paris. (B. 52, 145.)

18 VENTOSE an 3 (8 mars 1795). — Décrets qui accordent des secours à différentes personnes. (B. 52, 145 à 147.)

18 VENTOSE an 3 (8 mars 1795). — Décret de mention honorable de l'hommage fait à la Convention, au nom du citoyen Sabaher, d'un ouvrage intitulé : Exercices du corps, etc. (B. 52, 146.)

18 VENTOSE an 3 (8 mars 1795). — Décret qui annule un jugement rendu par le tribunal de la Côte-d'Or, contre François Demorrey. (B. 52, 146.)

18 VENTOSE an 3 (8 mars 1795. — Décret de renvoi au comité de sûreté générale, qui le charge d'ouvrir et de prendre connaissance de deux paquets à l'adresse du représentant du peuple Vadier. (B. 52, 147.)

18 VENTOSE an 3 (8 mars 1795). — Décret relatif au citoyen Julien. (B. 52, 148.)

18 VENTOSE an 3 (8 mars 1795). — Décret de rappel des représentans Laréveillère-Lepaux et Vitt. (B. 52, 147 à 149.)

19 VENTOSE an 3 (9 mars 1795). — Décret qui conserve et organise les comités de surveillance d'administrations militaires. (B. 52, 152.)

Art. 1er. Les comités de surveillance d'administration des hôpitaux militaires fixes, et de ceux qui ne suivent point les armées, et de ceux ambulans sont conservés.

2. Ils seront composés du commandant temporaire de la place, de deux officiers municipaux et de deux membres du comité de surveillance de la commune.

3. S'il n'existe pas de commandant temporaire dans la commune, il sera remplacé par le commandant de la garde nationale : deux membres du comité civil de section remplaceront, à Paris, les officiers municipaux ; et deux citoyens nommés par l'agent national suppléeront aux membres de comités révolutionnaires dans les lieux où ils se trouvent supprimés.

19 VENTOSE an 3 (9 mars 1795). — Décret qui fixe le taux et le mode d'imposition de la contribution foncière pour la troisième année républicaine. (B. 52, 153.)

Art. 1er. La contribution foncière qui sera imposée par retenue, est fixée, pour la troisième année républicaine seulement, au dixième du produit annuel sur les inscriptions consolidées, et sur les intérêts ou rentes foncières et perpétuelles, et au vingtième du produit annuel sur les inscriptions et rentes viagères.

2. La condition de non-retenue stipulée dans les contrats ou actes passés entre par-

ticuliers continuera de recevoir son exécution.

3. Le montant de la retenue qui sera faite en exécution du présent décret, sera déduit sur les sommes qui seront réparties pour la troisième année sur les propriétés mobilières.

19 VENTOSE an 3 (9 mars 1795). — Décret relatif aux réductions et changemens partiels sur les rôles de 1794. (1, Bull. 129, n° 692 ; B. 52, 151.)

19 VENTOSE an 3 (9 mars 1795). — Décret relatif à la formation d'un cabinet d'anatomie (B. 52, 149.)

19 VENTOSE an 3 (9 mars 1795). — Décret relatif à des négocians ou cultivateurs auxquels les municipalités refusent des passeports. (B. 52, 150.)

19 VENTOSE an 3 (9 mars 1795). — Décret qui rapporte les dispositions de celui du 18 floréal au 2, en ce qui concerne la fête à célébrer annuellement le 31 mai. (1, Bull. 130, n° 695 ; B. 52, 151.)

19 VENTOSE an 3 (9 mars 1795). — Décret relatif à la garde nationale d'Orbec. (B. 52, 151.)

19 VENTOSE an 3 (9 mars 1795). — Décret relatif au rapport fait sur les écoles centrales. (B. 52, 152.)

19 VENTOSE an 3 (9 mars 1795). — Décret relatif à la commune du Puy. (B. 52, 152.)

19 VENTOSE an 3 (9 mars 1795). — Décret de renvoi relatif aux chefs et auteurs de l'insurrection du 31 mai 1793. (B. 52, 153.)

19 VENTOSE an 3 (9 mars 1795). — Décret de renvoi aux représentans du peuple en mission à Brest, d'une adresse de la société populaire de Brest. (B. 52, 153.)

20 VENTOSE an 3 (10 mars 1795). — Décret contenant rectification d'une erreur dans celui du 13 ventose, qui ordonne la remise des effets appartenant aux époux survivans ou enfans des condamnés. (B. 52, 155.)

La Convention nationale, en rectifiant l'erreur intervenue dans le décret du 13 de ce mois, article 15, décrète que c'est sous l'inspection de la commission des revenus nationaux, et non sous celle de l'agence des domaines, que les corps administratifs sont chargés de l'exécution de ladite loi.

20 VENTOSE an 3 (10 mars 1795). — Décret relatif à la remise aux défenseurs de la patrie, des effets dont ils ont été dépouillés pendant qu'ils étaient aux frontières. (B. 52, 155.)

La Convention nationale décrète en principe que les défenseurs de la patrie seront réintégrés dans la possession des effets dont ils ont été dépouillés pendant le temps de leur service, et que, dans le cas où leurs effets ne se retrouveraient pas en nature, il leur en sera expédié d'équivalens, nonobstant toutes lois contraires ; renvoie à son comité des finances pour le mode d'exécution, et prévenir les abus qui pourraient en résulter.

20 VENTOSE an 3 (10 mars 1795). — Décret qui ordonne l'envoi décadaire au comité de sûreté générale, d'états nominatifs des détenus, avec les motifs de leur arrestation. (1, Bull. 130, n° 697 ; B. 52, 157.)

20 VENTOSE an 3 (10 mars 1795.) — Décret qui modifie celui qui ordonne la vente de tout le mobilier appartenant à l'Etat. (B. 52, 155.)

20 VENTOSE an 3 (10 mars 1795). — Décret qui ordonne le paiement de toutes les pensions de cent cinquante livres affectées sur la liste civile. (B. 52, 158.)

20 VENTOSE an 3 (10 mars 1795). — Décret autorisant le citoyen Nardot à faire la vente du domaine de Gaix. (B. 52, 154.)

20 VENTOSE an 3 (10 mars 1795). — Décret qui accorde des secours à plusieurs citoyennes. (B. 52, 154.)

20 VENTOSE an 3 (10 mars 1795). — Décret qui accorde un congé au représentant Cledel. (B. 52, 156.)

20 VENTOSE an 3 (10 mars 1795). — Décret relatif au citoyen Cazier. (B. 52, 157.)

20 VENTOSE an 3 (10 mars 1795). — Décret relatif à la demande en rapport d'un décret du 3 brumaire dernier. (B. 52, 157.)

20 VENTOSE an 3 (10 mars 1795). — Décret sur la pétition des élèves de l'école de santé. (B. 52, 158.)

20 VENTOSE an 3 (10 mars 1795). — Décret portant que le tableau de l'acte constitutionnel sera placé dans la salle des séances de la Convention nationale. (B. 52, 158.)

20 VENTOSE an 3 (10 mars 1795). — Décret qui fixe les secours à accorder aux gendarmes à pied faisant le service dans le département de Paris. (B. 52, 158.)

VENTOSE an 3 (11 mars 1795). — Décret relatif au mode d'adjudication des biens nationaux. (B. 52, 162.)

Art. 1ᵉʳ. L'article 2 du décret du 6 de ce ois, qui détermine un nouveau mode d'adication des domaines nationaux à vendre, t rapporté dans toutes ses dispositions.

2. L'article 9 de la loi du 3 juin 1793, sur division et le mode des ventes des biens itionaux provenant des émigrés, est déaré commun à tous les biens nationaux; iquel effet il est dérogé à l'article 8 de la i du 9 = 25 juillet 1790 : en conséquence, s soumissions seront purement facultaves.

VENTOSE an 3 (11 mars 1795). — Décret relatif aux notaires qui ont opté pour remplir des fonctions administratives qui se trouvent sans place par l'effet de la loi du 17 frimaire dernier, et de celle du 1ᵉʳ de ce mois. (1, Bull. 130, 700; B. 52, 160.)

Voy. loi du 11 THERMIDOR an 3.

La Convention nationale, sur le rapport e son comité de législation, décrète ce qui iit :

Les ci-devant notaires qui ont opté pour emplir des fonctions administratives, et ui se trouvent aujourd'hui sans place, par effet de la loi du 17 frimaire dernier, et de elle du 1ᵉʳ de ce mois, sont autorisés à rerendre les fonctions de notaire qu'ils exeraient avant leur option, en faisant préalaaement déclaration au directoire du istrict de l'arrondissement, auquel ils jusifieront de leur certificat de civisme.

21 VENTOSE an 3 (11 mars 1795). — Décret relatif au dépôt et à la conservation des titres, papiers et registres des comités révolutionnaires supprimés. (1, Bull. 130, n° 699; B. 52, 159.)

21 VENTOSE an 3 (11 mars 1795). — Décret qui approuve l'arrêté de compte réglé entre la Trésorerie et les citoyens Caruette et Boursault. (B. 52, 162.)

21 VENTOSE an 3 (11 mars 1795). — Décret qui envoie les représentans Bô et Piquet près l'armée des Pyrénées-Orientales. (B. 52, 163.)

21 VENTOSE an 3 (11 mars 1795). — Décret relatif à l'estimation des terrains réunis au Muséum d'histoire naturelle. (B. 52, 161.)

21 VENTOSE an 3 (11 mars 1795). — Décret qui autorise la commission des travaux publics à continuer jusqu'au 1ᵉʳ floréal an 3 le service relatif au génie. (B. 52, 163.)

21 VENTOSE an 3 (11 mars 1795). — Décret relatif aux notaires entrés en exercice dans la commune de Paris, en exécution des décrets du 8 messidor et 21 thermidor. (B. 52, 159.)

21 VENTOSE an 3 (11 mars 1795). — Décret qui accorde des secours. (B. 52, 161.)

21 VENTOSE an 3 (11 mars 1795). — Décret accordant un congé au représentant du peuple Delbrel. (B. 52, 161.)

21 VENTOSE an 3 (11 mars 1795). — Décret relatif à celui du 6 ventose concernant la vente du mobilier national. (B. 52, 161.)

21 VENTOSE an 3 (11 mars 1795). — Décret ordonnant l'insertion au Bulletin d'un rapport fait au nom du comité de salut public, relativement à des inquiétudes que l'on cherche à donner au peuple, et une adresse au peuple français, pour l'éclairer sur les complots qui s'ourdissent contre la liberté. (B. 52, 163.)

21 VENTOSE an 3 (11 mars 1795). — Décret relatif à ceux qui par des provocations écrites ou verbales inviteraient le peuple au rétablissement de la royauté. (B. 52, 164.)

22 VENTOSE an 3 (12 mars 1795). — Décret accordant prolongation de congé au citoyen Foucher. (B. 52, 164.)

22 VENTOSE an 3 (12 mars 1795). — Décret qui accorde un secours à la citoyenne Lesne. (B. 52, 164.)

22 VENTOSE an 3 (12 mars 1795). Décret relatif à une erreur intervenue dans le décret du 6 ventose présent mois. (B. 52, 165.)

22 VENTOSE an 3 (12 mars 1795). — Décret relatif au citoyen Laborde. (B. 52, 165.)

23 VENTOSE an 3 (13 mars 1795). — Décret qui accorde divers secours. (B. 52, 165 et 166.)

23 VENTOSE an 3 (13 mars 1795). — Décret relatif à l'impression du rapport fait sur plusieurs placards incendiaires. (B. 52, 166.)

24 VENTOSE an 3 (14 mars 1795). — Décret qui annule un jugement contre le citoyen Brun. (B. 52, 168.)

24 VENTOSE an 3 (14 mars 1795). — Décret annulant un jugement rendu le 1ᵉʳ prairial an 2, contre les citoyens Josse et Béguin. (B. 52, 169.)

24 VENTOSE an 3 (14 mars 1795). — Décrets qui accordent des secours à diverses personnes. (B. 52, 170 et 171.)

24 VENTOSE an 3 (14 mars 1795). — Décret relatif à un bateau de bois requis et acheté à raison de 32 livres la voie. (B. 52, 170.)

24 VENTOSE au 3 (14 mars 1795). — Décret relatif à la prorogation des pouvoirs des représentans du peuple Ruelle et autres. (B. 52, 170.)

24 VENTOSE an 3 (14 mars 1795). — Décret qui attribue au comité de sûreté générale le droit de nomination des commissaires de police dans l'étendue de la République. (B. 52, 171.)

24 VENTOSE an 3 (14 mars 1795). — Décret de mention honorable en faveur du citoyen Auvray. (B. 52, 171.)

24 VENTOSE an 3 (14 mars 1795). — Décret accordant un congé au représentant Chambardel. (B. 52, 172.)

24 VENTOSE an 3 (14 mars 1795). — Décret relatif à des réclamations de citoyens dépouillés. (B. 52, 172.)

24 VENTOSE an 3 (14 mars 1795). — Décret relatif à la pétition du citoyen Lasoudraye. (B. 52, 172.)

24 VENTOSE an 3 (14 mars 1795). — Décret confirmant la donation faite à la citoyenne Chaperon par la veuve Guerhoent le 28 frimaire an 2. (B. 52, 166.)

24 VENTOSE an 3 (14 mars 1795). — Décret relatif au citoyen Grangeville-Lagrange. (B, 52, 167.)

24 VENTOSE an 3 (14 mars 1795). — Décret prorogeant les pouvoirs des représentans de la Vendée. (B. 52, 167.)

24 VENTOSE an 3 (14 mars 1795). — Décret annulant un jugement du tribunal de cassation du 23 germinal an 2. (B. 52, 167.)

24 VENTOSE an 3 (14 mars 1795). — Décret relatif à une somme de quatre mille livres déposée par erreur à la Trésorerie. (B. 52. 173.)

24 VENTOSE an 3 (14 mars 1795). — Décret de mention honorable de l'hommage fait à la Convention par le citoyen Dupenier, d'un poëme intitulé *Les Prisons* (B. 52, 173.)

24 VENTOSE an 3 (14 mars 1795). — Décret portant que les citoyens Bureau et Blin ont bien mérité de la patrie. (B. 52, 173.)

24 VENTOSE an 3 (14 mars 1795). — Décret

approuvant les arrêtés pris par les représentans près l'armée de l'Ouest, (B. 52, 173.)

24 VENTOSE an 3 (14 mars 1795). — Décret relatif à la proposition de rapporter la loi du 17 septembre 1793. (B. 52, 173.)

24 VENTOSE an 3 (14 mars 1795). — Décret prorogeant les pouvoirs du représentant Gillet. (B. 52, 174.)

24 VENTOSE an 4 (14 mars 1795). — Décret portant vente de la manufacture de papier de Buges au citoyen Delisle. (B. 52. 174.)

24 VENTOSE an 3 (14 mars 1795). — Décret accordant prolongation de congé au représentant du peuple Lacombe. (B. 52, 172.)

25 VENTOSE an 3 (15 mars 1795). — Décret relatif à la vente des coupes ordinaires et annuelles des bois dans lesquels les communes ont été envoyées en possession en vertu de sentences arbitrales. (B. 52, 176.)

Voy. loi du 10 FLORÉAL an 3.

La convention nationale décrète que les coupes ordinaires et annuelles des bois dans lesquels les communes ont été envoyées en possession en vertu de sentences arbitrales dont l'effet a été suspendu par la loi du 7 brumaire de l'an 3, seront vendues dans les formes usitées pour la vente des bois nationaux, par petits lots proportionnés à la population des communes; à la charge par les adjudicataires d'en verser le prix dans la caisse du receveur du district, où il restera déposé jusqu'à ce qu'il en ait été autrement ordonné.

25 VENTOSE an 3 (15 mars 1795). — Décret qui admet le citoyen G. Chabot comme député. (B. 52, 175.)

25 VENTOSE an 3 (15 mars 1795). — Décret qui envoie le représentant Blaux en mission dans le département de la Somme. (B. 52, 176.)

25 VENTOSE an 3 (15 mars 1795). — Décret qui accorde des pensions aux militaires suisses licenciés par la loi du mois d'août 1792. (B. 52, 177.)

25 VENTOSE an 3 (15 mars 1795). — Décret relatif à la distribution du pain dans Paris. (B. 52, 178.)

25 VENTOSE an 3 (15 mars 1795). — Décret accordant un congé au représentant Guillemardet. (B. 52, 176.)

25 VENTOSE an 3 (15 mars 1795). — Décret

annulant un jugement rendu contre le citoyen Loison. (B. 52, 177.)

5 VENTOSE an 3 (15 mars 1795). — Décret de renvoi au comité de sûreté générale d'une pétition de la section de la Fraternité. (B. 52, 179.)

5 VENTOSE an 3 (15 mars 1795). — Décret relatif à l'administration des mines. (B. 52, 179.)

5 VENTOSE an 3) 15 mars 1795). — Décret qui casse un tribunal militaire établi à Arles. (B. 52, 179.)

5 VENTOSE an 3 (15 mars 1795). — Décret relatif à la demande en radiation de la liste des émigrés du citoyen Tombeuf. (B. 52, 180.)

6 VENTOSE an 3 (16 mars 1795). — Décret qui modifie et interprète celui du 17 frimaire dernier, sur les établissemens de commerce ou manufactures dans lesquels étaient intéressés des individus dont les biens ont été confisqués. (1, Bull. 130, n° 703; B. 52, 180.)

Art. 1er. Le décret du 17 frimaire an 3 de la République, sur les établissemens de manufactures et de commerce, est maintenu, sous les conditions et modifications portées dans les articles suivans. Toute loi contraire est rapportée.

2. La Convention nationale n'a point entendu, par ce décret, priver les associés intéressés dans les marchandises et autres objets mobiliers dès sociétés de manufactures et de commerce, du droit de requérir la cession cumulative, par expertise, des ateliers, usines et immeubles servant aux établissemens, et appartenant aux sociétés (1).

3. Les veuves et les enfans des individus frappés de confiscation, qui auraient part dans ces ateliers, usines et immeubles, seront préférés aux associés seulement intéressés dans les marchandises et autres objets mobiliers.

4. Les marchandises, effets, meubles et immeubles servant à l'usage des sociétés mentionnées dans le décret du 17 frimaire ont réduits aux objets essentiellement indispensable pour le maintien des établissemens de manufactures et de commerce.

5. Aucune vente ou cession par expertise ne sera désormais consentie, d'ateliers, usines et immeubles dépendant desdits établissemens, que sur l'avis des administrations de district et les arrêtés de celles de département.

6. Les associés des émigrés et autre individus frappés de confiscation, continuent d'être assujétis à remettre, dans quinzaine au directoire du district, le bilan de la société au moment de l'émigration ou de la condamnation; et dans les vingt-quatre heures, leur livre-journal, pour être coté et paraphé.

7. Toute loi portant atteinte au pouvoir du Corps-Législatif, de disposer de portions du domaine national sur estimation par expertise pour cause d'utilité publique, est rapportée.

26 VENTOSE an 3 (16 mars 1795). — Décret pénal contre ceux qui refusent d'obéir aux réquisitions de voitures. (B. 52, 183.)

Art. 1er. La loi du 3 pluviose contre les cultivateurs qui refusent de satisfaire aux réquisitions de grains, est applicable, quant à la détention, à ceux qui refusent d'obéir aux réquisitions de voitures.

2. La confiscation des grains ne pouvant avoir lieu à leur égard, ils seront condamnés à une amende égale à la valeur des denrées dont ils auront, par leur refus, occasioné le détériorement ou la perte.

26 VENTOSE an 3 (16 mars 1795). — Décret d'ordre du jour sur le maintien de l'exercice des droits acquis aux citoyens Liégeois, résultant d'une Bulle de Charles V, etc. (B. 52, 181.)

26 VENTOSE au 3 (16 mars 1795). — Décret qui fixe l'époque annuelle pour l'avancement en grades et en paie des contre-maîtres, aides et ouvriers attachés aux arsenaux et ateliers de la marine. (B. 52, 182.)

26 VENTOSE an 3 (16 mars 1795). — Décret accordant divers secours. (B. 52, 181.)

26 VENTOSE an 3 (16 mars 1795.) — Décret concernant les militaires invalides. (B. 52, 183.)

26 VENTOSE an 3 (16 mars 1795.) — Décret relatif aux réclamations faites contre les comités révolutionnaires. (B. 52, 183.)

27 VENTOSE an 3 (17 mars 195). — Décret sur la direction des opérations diplomatiques. (B. 52, 185; Mon. du 30 ventose an 3.)

Art. 1er. Le comité de salut public, chargé par la loi du 7 fructidor de la direction des relations extérieures, négocie, au nom de la République, les traités de paix, de trève, d'alliance, de neutralité et de commerce. Il en arrête les conditions.

(1) Lisez : à la nation. Voy. décret du 4 germinal an 3.

2 Il prend toutes les mesures nécessaires pour faciliter et pour accélérer la conclusion de ces traités.

3. Il est autorisé à faire des stipulations préliminaires et particulières, telles que des armistices, des neutralisations y relatives pendant le temps de la négociation, et des conventions secrètes.

4. Les engagemens secrets contractés avec des Gouvernemens étrangers, ne peuvent avoir pour objet d'assurer la défense de la République, ou d'accroître ses moyens de prospérité.

5. Dans le cas où les traités renferment des articles secrets, les dispositions de ces articles ne peuvent être ni contraires aux articles patens, ni les atténuer.

6. Les traités sont signés, soit par les membres du comité, lorsqu'il ont traité directement avec les envoyés des puissances étrangères, soit par les ministres plénipotentiaires auxquels le comité a délégué à cet effet des pouvoirs.

7. Les traités ne sont valables qu'après avoir été examinés, ratifiés et confirmés par la Convention nationale, sur le rapport du comité de salut public.

8. Néanmoins, les conditions arrêtés dans les engagemens secrets reçoivent leur exécution, comme si elles avaient été ratifiées.

9. Aussitôt que les circonstances permettent de rendre publiques les opérations politiques qui ont donné lieu à des conventions secrètes, le comité rend compte à la Convention nationale de l'objet de la négociation et des mesures qu'il a prises.

27 VENTOSE an 3 (17 mars 1795). — Décret qui accorde divers secours. (B. 52, 184.)

27 VENTOSE an 3 (17 mars 1795). — Décret relatif à l'admission du comte Carletti, ministre du grand-duc de Toscane. (B. 52, 184.)

27 VENTOSE an 3 (17 mars 1795). — Décret relatif au représentant Loiseau. (B. 52, 185.)

27 VENTOSE an 3 (17 mars 1795). — Décret relatif à la nomination des membres de comités de bienfaisance de Paris. (B. 52, 185.)

27 VENTOSE an 3 (17 mars 1795). — Décret relatif à la répartition de la somme de dix millions qui, par décret du 21 pluviose, doivent être répandus dans les départemens. (B. 52, 185.)

27 VENTOSE an 3 (17 mars 1795.) — Décret relatif à l'exécution des lois sur la suppression de la mendicité. (B. 52, 185.)

27 VENTOSE an 3 (17 mars 1795). — Décret qui

déclare nul un jugement du tribunal de Paris rendu contre le citoyen Lamy. (B. 52, 187.)

27 VENTOSE an 3 (17 mars 1795). — Décret relatif à la tenue des assemblées générales de plusieurs sections. (B. 52, 187.)

27 VENTOSE an 3 (17 mars 1795). — Décret ordonnant l'impression de l'extrait des pétitions des soi-disant pétitionnaires des sections du Finistère et de l'Observatoire. (B. 52, 188.)

27 VENTOSE an 3 (17 mars 1795). — Décret relatif aux affaires d'Arles. (B. 52, 188.)

27 VENTOSE an 3 (17 mars 1795). — Décret relatif aux réclamations des veuves et enfans des condamnés. (B. 52, 188.)

27 VENTOSE an 3 (17 mars 1795). — Décret qui approuve la conduite des habitans de Landrecies. (1, Bull. 130, n° 706; B. 52, p. 188.)

28 VENTOSE an 3 (18 mars 1795). — Décret qui fixe à huit livres par mois le *maximum* d'entretien pour chaque homme de cavalerie. (1, Bull. 131, n° 709; B. 52, 190.)

28 VENTOSE an 3 (18 mars 1795). — Décret qui accorde un supplément de cent livres de solde par mois aux artistes vétérinaires attachés à chaque régiment. (1, Bull. 131, n° 710; B. 52, 189.)

28 VENTOSE an 3 (18 mars 1795). — Décret qui rapporte ceux rendus contre les administrateurs du Jura, et contre les citoyens composant le conseil de salut public et la force armée. (B. 52, 189.)

28 VENTOSE an 3 (18 mars 1795 — Décret qui réintègre le général Harville dans ses fonctions de général de division. (B. 52, 190.)

28 VENTOSE an 3 (18 mars 1795). — Décret ordonnant l'impression et l'affiche dans Paris d'une adresse de la section du Finistère. (B. 52, 194.)

28 VENTOSE an 3 (18 mars 1795). — Décret sur le service de la garde nationale de Paris. (B. 52, 191.)

28 VENTOSE an 3 (18 mars 1795). — Décret qui envoie des représentans en mission près l'armée des Alpes, d'Italie et des Pyrénées-Orientales, au port de Toulon et dans les ports situés sur la Manche et l'Océan, etc. (B. 52, 192, 193 et 195.)

28 VENTOSE an 3 (18 mars 1795). — Décret

relatif aux officiers des trois premières compagnies du 9ᵉ régiment de hussards. (B. 52, 191.)

---

8 VENTOSE an 3 (18 mars 1795). — Décret ordonnant l'impression d'un discours sur les subsistances. (B. 52, 192.)

---

18 VENTOSE an 3 (18 mars 1795). — Décret qui approuve la conduite du représentant Jean-Bon-Saint-André, relative aux émigrés arrêtés par la frégate la Minerve. (B. 52, 190.)

---

18 VENTOSE an 3 (18 mars 1795). — Décret qui reconnaît le comte Caretti ministre plénipotentiaire du gouvernement de Toscane près la République française. (B. 52, 195.)

---

18 VENTOSE an 3 (18 mars 1795). — Décret relatif à des individus destitués des fonctions militaires, et rétablis ensuite en vertu d'arrêté des représentans. (B. 52, 195.)

---

28 VENTOSE an 3 (18 mars 1795). — Décret ordonnant l'impression du discours du représentant André Dumont. (B. 52, 196.)

---

28 VENTOSE an 3 (18 mars 1795). — Décret qui accorde un congé au représentant du peuple Vallée. (B. 52, 196.)

---

29 VENTOSE an 3 (19 mars 1795). — Décret relatif à la liquidation de la ci-devant Compagnie des Assurances sur la Vie. (I, Bull. 130, n° 708; B. 52, 197.)

Art. 1ᵉʳ. Les comptes qui peuvent être dus à la ci-devant *Compagnie d'Assurances sur la Vie*, par les agens quelconques dont les biens sont confiqués, seront rendus par le liquidateur national déjà nommé par la commission des revenus nationaux; ils seront présentés aux vérificateurs des comptes, nommés par les actionnaires, pour être ensuite arrêtés dans une assemblée générale, tant des actionnaires que des créanciers, ceux-ci représentés par deux syndics qu'ils seront tenus de nommer, à défaut de quoi il sera passé outre, sans que le défaut de nomination puisse retarder les opérations : ledit compte sera rendu dans la même forme que tous ceux des autres comptables des compagnies financières, sans préjudice de toutes fins de non-recevoir, et autres moyens que les ci-devant administrateurs, ou la nation, seraient dans le cas d'opposer aux actionnaires et créanciers.

2. Toutes les contestations qui ont été élevées et toutes celles qui pourraient avoir lieu par la suite, tant en demandant qu'en défendant, soit à raison des créances constituées, soit à raison des recouvremens, seront jugées contradictoirement entre les li-

quidateurs et les parties intéressées, par le tribunal du premier arrondissement du département de Paris, dans le délai de deux mois, sauf l'appel, qui devra être jugé dans le mois, non compris, dans l'un et dans l'autre, les délais de citation, sauf aux créanciers à intervenir, par la voie de leur syndics, quand ils le jugeront à propos pour le maintien de leur droits.

Les créanciers, pour former leur intervention, pourront se faire communiquer les pièces des instances par l'une ou l'autre des parties.

Les liquidateurs nommés par la commission des revenus nationaux, et ceux nommés par les actionnaires, ne pourront agir, soit en demandant, soit en défendant, qu'après y avoir été autorisés par ladite commission.

3. Les quarante-quatre maisons restantes des quarante-sept qui appartiennent à ladite compagnie, et dont les ventes ont été commencées, continueront d'être vendues et adjugées, après trois affiches et publications, *à l'audience des criées du département de Paris*, et en la manière accoutumée. Lesdites ventes seront faites sur les poursuites des cinq liquidateurs, notification préalablement faite aux syndics des créanciers, des clauses et conditions des enchères et adjudications, sauf aux créanciers à les faire réformer si elles se trouvaient préjudiciables à leur intérêt, à la charge de notifier leur opposition motivée dans la huitaine qui suivra ladite notification.

4. Les liquidateurs remettront, dans huitaine, à la commission des revenus nationaux, un état certifié par eux et par les syndics des créanciers, de tous les intérêts des rentes viagères ou perpétuelles, ensemble des intérêts dus par priviléges sur les maisons, avec la date des derniers paiemens.

La commission des revenus nationaux est autorisée à faire payer provisoirement à la caution du capital, les arrérages et intérêts ci-dessus échus jusqu'à ce jour, sur les deniers déposés à la Trésorerie nationale, provenant de la location des maisons, sauf auxdits créanciers à se faire autoriser de nouveau à l'effet de toucher les arrérages qui écherront jusqu'à la liquidation définitive: ces paiemens ne pourront avoir lieu que sur le produit des loyer échus et à échoir.

5. La commission des revenus nationaux prendra toutes les mesures nécessaires pour assurer les droits des actionnaires et des créanciers, la rentrée des effets, titres et papiers qui ont pu être détournés des bureaux de ladite compagnie, ainsi que pour le maintien et la conservation de toutes les propriétés qui en dépendent.

6. Les liquidateurs certifieront les états des rentes viagères, ceux des loyers de maisons, et du prix des aliénations, les sommes touchées à raison de la vente desdites

maisons, ainsi que les capitaux provenant de la liquidation des rentes viagères : ladite vérification faite, ces sommes pourront être distribuées partiellement, d'après le consentement de la commission des revenus nationaux, des liquidateurs et des syndics des créanciers.

Les liquidateurs seront tenus d'achever toutes les opérations relatives à la liquidation, pour le 1ᵉʳ vendémiaire prochain.

Les créanciers intéressés à ladite liquidation, qui ne se sont pas encore présentés, seront tenus de le faire avant le 1ᵉʳ floréal prochain, comme encore de remettre, dans ledit delai, copie de leurs titres, passé lequel temps, ils demeureront déchus de toutes prétentions. Le décret du 25 frimaire, d'après lequel la liquidation devait être terminée au 1ᵉʳ ventose, demeure au besoin révoqué quant à ce.

7. Les créanciers chirographaires, hypothécaires et privilégiés sont autorisés à nommer concurremment deux syndics pour surveiller leurs intérêts, la manutention de leurs droits et la vente des immeubles appartenant à cette compagnie, ainsi que toutes les opérations nécessaires pour l'entière liquidation.

8. La commission des revenus nationaux est autorisée à assembler incessamment les créanciers par affiches imprimées et placardées, aux jour, lieu et heure qu'elle jugera à propos de désigner, à l'effet, par les créanciers présens, de procéder à la nomination de leurs syndics, et de prendre au surplus entre eux telles délibérations qu'ils croiront utiles à la conservation de leurs droits.

9. Les dispositions du présent décret seront exécutées. Tout ce qui pourrait se trouver de contraire dans les précédens, ainsi que dans les arrêtés pris par le comité des finances, demeure révoqué.

---

29 VENTOSE an 3 (19 mars 1795). — Décret relatif à des secours à donner aux élèves de l'école centrale. (B. 52, 196.)

29 VENTOSE an 3 (19 mars 1795). — Décret relatif à des objets enlevés et emportés du duché de Deux-Ponts. (B. 52, 196.)

29 VENTOSE an 3 (19 mars 1795). — Décret approuvant un arrêté pris par les représentans Mariette et Chambon. (B. 52, 199 à 201.)

29 VENTOSE an 3 (19 mars 1795). — Décret relatif à une proposition tendant à abolir le gouvernement révolutionnaire. (B. 52, 202.)

30 VENTOSE an 3 (20 mars 1795). — Décret relatif au traitement de la gendarmerie à cheval. (B. 52, 203.)

Art 1ᵉʳ. La gendarmerie à cheval faisant le service de l'intérieur des départemens, recevra, à compter du 1ᵉʳ germinal, les vivres et fourrages en nature, dans la proportion fixée pour la cavalerie, et sous la retenue de quinze sous par ration de vivres, et vingt-cinq sous par ration de fourrage, outre la déduction de vingt livres par mois sur l'indemnité accordée à chaque gendarme par la loi du 26 pluviose dernier.

2. La gendarmerie à cheval employée à la force publique de Paris, continuera de recevoir des magasins nationaux la ration de fourrage, sous la retenue de deux livres deux sous par jour.

3. Les brigades établies dans les dix lieues des quartiers-généraux des armées, continueront également de recevoir les rations ci-dessus déterminées des magasins de la République.

4. En deçà de dix lieues des quartiers-généraux des armées, les administrations de district où résident les brigades, passeront en présence d'un commissaire des guerres, s'il s'en trouve un sur les lieux, des marchés aux rabais pour la fourniture des rations, soit en vivres, soit en fourrages, nécessaires auxdites brigades.

5. La portion de solde applicable à ces fournitures sera employée à l'acquittement desdits marchés.

6. Dans le cas où le prix des marchés excéderait cette portion, il y sera pourvu par le Trésor public.

7. La commission de l'organisation et du mouvement des armées de terre en réglera et ordonnancera le compte tous les deux mois.

8. Tout gendarme qui donnera sa démission, hors le cas d'infirmités bien constatées, ou qui vendra son cheval, sera regardé comme mauvais citoyen, et déclaré indigne de servir sa patrie.

9. Il est provisoirement dérogé à toutes dispositions contraires à la présente loi.

---

30 VENTOSE an 3 (20 mars 1795). — Décret qui fixe provisoirement le traitement des tambours-maîtres. (B. 52, 204.)

La Convention nationale décrète que les militaires qui ont jusqu'à ce jour conservé aux armées le grade de tambour-maître, jouiront à l'avenir, jusqu'à leur remplacement, de la solde attribuée par la loi du 2 thermidor aux tambours-majors de leur arme.

---

30 VENTOSE an 3 (20 mars 1795). — Décret qui surseoit à la vente des biens confisqués par suite des jugemens des tribunaux révolution-

naires, commissions militaires ou populaires, etc. (1, Bull. 131, n° 711 ; B. 52, 205.)

La Convention nationale décrète, 1° qu'il sera sursis à la vente des biens confisqués par suite de jugemens des tribunaux révolutionnaires, commissions militaires ou populaires ; 2° que toutes les ventes de biens confisqués en exécution desdits jugemens, sont confirmées, sauf à rendre aux héritiers des condamnés la valeur des portions qui pourraient leur revenir, s'il y a lieu (1).

30 VENTOSE an 3 (20 mars 1795). — Décret qui accorde une indemnité de quarante-cinq livres par mois aux grenadiers-gendarmes faisant le service près la Convention. (B. 52, 203.)

30 VENTOSE an 3 (20 mars 1795). — Décret qui envoie le représentant Pochalle dans le département d'Indre-et-Loire, et le représentant Rivaud près l'armée de Rhin-et-Moselle. (B. 52, 204 et 205.)

30 VENTOSE an 3 (20 mars 1795). — Décret de renvoi au comité de législation des propositions relatives à la révision des jugemens des tribunaux révolutionnaires. (B. 52, 205.)

30 VENTOSE an 3 (20 mars 1795). — Décret relatif à la séance du 2 germinal prochain, consacrée à la discussion du rapport de la commission des Vingt-Un. (B. 52, 205.)

30 VENTOSE an 3 (20 mars 1795). — Décret qui rapporte celui du 24 ventose relatif au citoyen Lasoudraye. (B. 52, 206.)

30 VENTOSE an 3 (20 mars 1795). — Décret ordonnant la mention honorable d'une pétition présentée par les ouvriers de plusieurs ateliers de Paris. (B 52, 206.)

1ᵉʳ GERMINAL an 3 (21 mars 1795). — Décret contenant des mesures répressives des attentats contre les personnes, les propriétés, le gouvernement et la représentation nationale. (1, Bull. 131, n° 712 ; B. 53, 3.)

TITRE Iᵉʳ.

Art. 1ᵉʳ Les provocations,

Au pillage des propriétés particulières ou publiques, à des actes de violence contre les personnes ;

Au rétablissement de la royauté, à la révolte contre les autorités constituées, le gouvernement républicain et la représentation nationale ;

Les cris séditieux qu'on se permettrait de pousser dans les rues et autres lieux publics, contre la souveraineté du peuple, la République, la constitution de 1793, acceptée par le peuple et la représentation nationale.

Les tentatives pour s'introduire au Temple, et correspondre avec les prisonniers qui y sont détenus,

Sont des crimes.

2. Les prévenus de ces crimes seront arrêtés et jugés par le tribunal criminel ordinaire.

S'ils sont déclarés coupables par le jury, ils seront condamnés à la déportation.

Néanmoins cette peine sera réduite à deux années de fers, si le jury déclare qu'il y a dans le délit des circonstances atténuantes.

3. Tout rassemblement qui, à la voix du magistrat ou du chef de la force armée, ne se dissipe point, devient coupable par le refus d'obéir.

4. Tout rassemblement où se feraient des provocations, où se pousseraient des cris séditieux, où se prépareraient des tentatives de la nature de celles exprimées dans l'article 1ᵉʳ, prend le caractère d'un attroupement séditieux.

Les bons citoyens qui en sont les témoins arrêteront les coupables, ou, s'ils sont trop faibles, ils avertiront la force armée la plus voisine.

Le magistrat, revêtu des marques de ses fonctions, fera trois sommations préalables aux citoyens qui composent le rassemblement.

Ceux qui, après la dernière sommation, resteraient auditeurs ou spectateurs d'un attroupement où se commettraient de tels crimes, se rendent eux-mêmes coupables ; et s'ils sont pris, ils seront punis conformément à l'article 2.

5. Sur l'avis qu'un attroupement séditieux se porte pour piller des propriétés particulières, pour piller ou forcer quelqu'établissement national, ou commettre quelque acte de violence personnelle, les propriétés, établissemens ou personnes menacées seront protégés sans retard par une force armée de la section ou des sections voisines.

6. Dans le cas où l'attroupement tenterait de forcer la garde, il sera repoussé par les moyens de force. Si l'attroupement, quoiqu'il ne se porte pas à des voies de fait, refuse de se dissoudre et se dissiper après les trois sommations du magistrat, tous ceux qui le composent seront saisis, et punis aux termes de l'article 2.

(1) Lorsque les biens vendus sont rentrés dans les mains de l'État, non par voie de déchéance, mais par voie de confiscation, l'administration n'a pu les remettre aux héritiers des anciens propriétaires, au mépris de cette loi, qui prononçait le sursis à la vente des biens confisqués par suite des condamnations révolutionnaires. (17 août 1825, Rec. 7 ; p. 487.)

S'ils opposent la résistance à la garde qui se met en devoir de les arrêter, la résistance sera vaincue.

TITRE II.

7. Tout acte de violence exercé contre les représentans du peuple hors de leurs fonctions, sera dénoncé au comité de sûreté générale, qui, conformément à la loi du 7 fructidor, décidera à quel tribunal les coupables doivent être renvoyés.

8. Quiconque insulte un représentant du peuple en fonctions, sera puni conformément à l'article 2.

9. Quiconque exerce un acte de violence contre la personne d'un représentant du peuple en fonctions, encourt la peine capitale.

10. S'il se manifeste quelque part un mouvement séditieux contre la représentation nationale, la section est tenue de faire à l'instant cerner et arrêter tous ceux qui y prennent part, pour être jugés comme dans l'article 2.

11. Si un attroupement séditieux s'est formé ou se porte dans l'arrondissement du local des séances de la Convention et de ses comités, toutes les sections se tiendront prêtes à envoyer, à la réquisition du comité militaire ou de celui de sûreté générale, une force armée autour de la Convention et de ses comités, pour agir comme dans l'article précédent.

12. Si cet attroupement séditieux contre la représentation nationale est *armé*, il sera au plus tôt repoussé par tous les moyens que la force armée a à sa disposition.

12. Dans le cas où la garde qui est autour de la Convention serait attaquée ou simplement menacée par des forces qui paraîtraient supérieures, le comité militaire ou celui de sûreté générale fera sonner le *tocsin* du pavillon de l'Unité, le seul qui doit être à Paris.

A ce signal, toutes les sections enverront sur-le-champ une force armée autour de la Convention et de ses comités, et augmenteront celle qu'elles ont auprès des établissemens nationaux de leur arrondissement.

14. Toute atteinte portée à la liberté des délibérations de la représentation nationale, est un crime contre la souveraineté du peuple français.

15. Si des cris séditieux sont poussés dans le sein même des séances législatives, si des mouvemens menaçans s'y manifestent, les coupables seront arrêtés, et punis de la déportation.

16. Si ces cris et ces menaces se trouvent avoir été combinés d'avance, les coupables auront encouru la peine capitale.

17. Dans le cas où il serait exécuté contre la représentation nationale en masse, quelque acte de violence, tous ceux qui auront concouru à cette violence sont, par le seul fait, mis hors la loi.

18. Enfin, si par une dernière et horrible supposition qui répugne à l'âme du législateur, mais que l'expérience met au nombre des attentats possibles, les ennemis du peuple, royalistes et anarchistes, parvenaient à entamer, opprimer ou dissoudre momentanément la représentation nationale, le sort de la liberté et de la République française également impérissables, prescrit les mesures suivantes, comme lois fondamentales de salut public :

1° Ceux des représentans que n'aura point atteints le poignard parricide, ceux qui sont en mission dans les départemens, ceux qui sont en congé, et les suppléans, se réuniront au plus tôt à Châlons-sur-Marne ; mais les circonstances les obligeassent-elles à se rassembler ailleurs, quelque part que la majorité délibère, là est la représentation nationale avec toute l'autorité qu'elle tient du peuple français ;

2° Ceux des membres de la Convention qui seraient restés dans la commune où la représentation a été violée, seront incapables d'y exercer leur mission, ni aucune fonction publique ;

3° Le peuple français, dans cette crise passagère, sera calme et tranquille.

Les autorités constituées, dans toutes les parties de la République, veilleront en permanence à réprimer les malveillans, et à maintenir l'ordre public.

La garde nationale se tiendra partout prête à seconder les autorités républicaines, et à défendre le dépôt sacré de la liberté et de la République ;

4° La plus grande partie des représentans en mission près les armées de la République ne les quitteront point ; mais de chaque armée seront détachées des colonnes républicaines pour marcher avec l'un des représentans vers la Convention, et former auprès d'elle une armée nationale centrale, en état de venger le peuple souverain outragé dans sa représentation, et de donner au législateur les moyens de force capables de l'aider à cimenter sur des bases indestructibles la République française, une, indivisible et démocratique.

19. Du moment que l'ordre politique sera rétabli, et la loi respectée, les colonnes républicaines rejoindront leurs armées respectives.

1er GERMINAL an 3 (21 mars 1795. — Décret relatif à la liquidation des créanciers des hôpitaux et de ceux de la liste civile. (B. 53, 1.)

Art. 1er. Les créanciers des hôpitaux, non encore liquidés par décret, pour ouvrages et fournitures postérieurs au 1er vendémiaire de l'an 2, recevront le remboursement de leurs créances en assignats, jusqu'au *maximum* de 10,000 livres, nonobstant qu'ils soient déjà propriétaires d'inscriptions au grand-livre.

2. Ceux desdits créanciers dont la liquidation excéderait, pour les créanciers de cette époque, la somme de 10,000 livres, et dont l'excédant ne formerait pas le capital d'une inscription de 50 livres, recevront en outre cet excédant en assignats, s'ils ne sont déjà propriétaires, pour toute autre cause, d'une inscription au grand-livre.

3. La liquidation des objets antérieurs à cette époque continuera de s'opérer, soit en assignats, soit en inscriptions, suivant le mode précédemment décrété.

4. Les créanciers de la liste civile dénommés en l'article 2 de la loi du 24 nivose, pour objets postérieurs au 1er janvier 1792, seront traités de la même manière : toutes dispositions contraires au présent sont rapportées.

1er GERMINAL an 3 (21 mars 1795). — Décret qui renvoie au comité de sûreté générale la pétition de la section Lepelletier. (B. 53, 7.)

1er GERMINAL an 3 (21 mars 1795). — Décret portant qu'il sera nommé une commission chargée spécialement de travailler à la confection des lois organiques qui doivent mettre en activité la constitution démocratique. (B. 53, 2.)

1er GERMINAL an 3 (21 mars 1795). — Décret de mention honorable des citoyens Bordeaux et Clochard. (B. 53, 2.)

1er GERMINAL an 3 (21 mars 1795). — Décret qui met Pierre Sers en liberté. (B. 53, 2.)

1er GERMINAL an 3 (21 mars 1795). — Décret portant que le décret de grande police sera envoyé aux départemens et aux armées, proclamé et affiché dans Paris. (B. 53, 6.)

1er GERMINAL an 3 (21 mars 1795). — Décret qui accorde des secours. (B. 53, 6.)

1er GERMINAL an 3 (21 mars 1795.) — Décret qui réunit les communes de Moyin-Moutier et Roche-Libre au district de Sénones. (B. 53, 1.)

---

2 GERMINAL an 3 (22 mars 1795). — Décret portant établissement provisoire de dépôts nationaux d'étalons. (1, Bull. 132, n° 716; B. 53, 10.)

Art. 1er Les étalons qui peuvent se trouver à la disposition du gouvernement, seront, dès la monte prochaine, employés de la manière suivante à la multiplication et à la régénération de l'espèce.

2. Ceux de ces étalons qui seront jugés susceptibles de produire des chevaux pro-

près à la cavalerie et à la cavalerie légère, seront placés dans des dépôts nationaux pour la saillie gratuite des jumens de la plus belle espèce.

3. Ces dépôts seront établis, au nombre de sept, dans les départemens qui méritent la préférence par la nature des herbages et par l'espèce des chevaux qu'ils possèdent.

4. Les étalons qui ne seront jugés propres qu'à la propagation des chevaux de trait et de labour, seront répartis dans les districts où leurs productions pourront le mieux réussir.

5. Ils seront vendus à l'enchère à des propriétaires fonciers ou à des cultivateurs qui joignent aux qualités civiques les facultés nécessaires, et le plus de connaissances, d'expérience et de goût pour l'éducation des chevaux.

6. Sur le prix de l'adjudication de chaque étalon, il sera fait à l'acquéreur une remise du cinquième, à la charge par lui de garder, pendant cinq ans, l'étalon dont il aura fait l'acquisition, et de faire saillir gratuitement et exclusivement les jumens qui lui seront annexées.

7. Il sera payé à chacun de ces acquéreurs, pour les frais de garde et de nourriture de l'étalon, une indemnité annuelle, qui demeure fixée, pour la monte prochaine, à la somme de 1,200 livres ; celle des quatre années suivantes sera réglée d'après le prix moyen des fourrages, et proportionnellement à leur valeur actuelle.

8. Il leur est accordé en outre, pendant le terme ci-dessus fixé, une gratification annuelle de 20 livres pour chacune des jumens qui seront reconnues pleines dans le mois de nivose de chaque année, et qui auront été saillies par les étalons que la République leur aura vendus.

9. Il sera extrait sans délai de tous les dépôts de la République, jusqu'à concurrence de six cents jumens, prises parmi celles qui n'ont pas plus de huit ans, et qui paraîtront les plus susceptibles de donner de bonnes productions.

10. Après avoir été saillies, elles seront conduites dans les districts les plus convenables à leur espèce, pour y être vendues à l'enchère à des cultivateurs qui réuniront les qualités exigées par l'article 5. S'il s'en trouve quelques-unes d'une race distinguée, elles seront réservées pour être placées provisoirement dans les dépôts nationaux d'étalons.

11. La disposition de l'article 6 relative à la remise du cinquième du prix de l'adjudication, est applicable aux acquéreurs de ces jumens, à la charge par eux de les conserver et de les employer, pendant cinq ans, comme poulinières.

12. Il sera fait incessamment un rapport à la Convention nationale, sur les primes à distribuer aux cultivateurs qui élèvent des

chevaux, et sur les encouragemens à donner à ceux qui formeront des établissemens de haras pour l'amélioration de l'espèce.

13. Toutes jumens seront exemptes du droit de préemption et de réquisition, quatre mois avant le terme où elles doivent mettre bas, et cinq mois après si elles ont conservé leur suite.

Cette exemption est également applicable, en tout temps, aux étalons qui seront jugés susceptibles de donner de bonnes productions.

14. Il sera fait sans délai des recherches sur la manière dont furent cédés à différens particuliers les étalons nationaux qui se trouvaient dans les dépôts ou chez des cultivateurs, à l'époque où l'Assemblée constituante prononça la suppression des haras, pour faire restituer à la République ceux qui n'auraient pas été régulièrement vendus.

15. Le comité d'agriculture et des arts est autorisé à prendre les mesures et à publier les réglemens ou instructions nécessaires pour la prompte exécution du présent décret, qui sera inséré dans le Bulletin de la Convention nationale.

———

2 GERMINAL an 3 (22 mars 1795). — Décret qui accorde des secours. (B, 53, 8.)

———

2 GERMINAL an 3 (22 mars 1795). — Décret relatif à la prompte expédition des certificats et attestations nécessaires aux défenseurs de la patrie et à leurs veuves. (B. 53, 9.)

———

2 GERMINAL an 3 (22 mars 1795). — Décret qui ordonne l'impression du discours prononcé par le citoyen Siéyes. (B. 53, 8.)

———

2 GERMINAL an 3 (22 mars 1795).) — Décret de mention honorable de l'hommage fait par le citoyen Hugenin. (B. 53, 9.)

———

2 GERMINAL an 3 (22 mars 1795). — Décret pour rectifier une erreur de date dans la rédaction du décret du 28 ventose, qui rapporte les décrets rendus contre les administrateurs du département du Jura, etc. (B. 53, 9.)

———

2 GERMINAL an 3 (22 mars 1795). — Décret qui ordonne l'impression du discours du représentant Robert Lindet. (B. 53, 10.)

———

3 GERMINAL an 3 (23 mars 1795). — Décret relatif aux indemnités des maîtres de poste, et au rétablissement de la double poste de Paris, etc. (B. 53, 12.)

Art. 1er. Le comité des transports, postes et messageries, est autorisé à prendre en considération, dans les liquidations qu'il est autorisé à faire des indemnités réclamées par les maîtres de poste, les dépenses qu'ils ont été et qu'ils sont obligés de faire pour la nourriture et l'entretien des chevaux occupés à leurs relais.

2. La double poste de Paris, supprimée par le décret du Corps-Législatif du 4 septembre 1792, est rétablie sans réciprocité.

3. Le comité des transports, postes et messageries, est autorisé à régler les indemnités réclamées par Lenchère, maître de la poste aux chevaux de Paris, sur les procès-verbaux fait par le comité civil de sa section, et par tous les maîtres de poste qui se trouveront dans le même cas.

4. Les courriers et voyageurs qui retarderont plus d'une heure le départ des chevaux arrivés à celle par eux indiqués, paieront, par chaque heure de retard, une demi-poste.

5. Tous ceux qui feront venir des chevaux de poste, et les renverront sans s'en servir, paieront le taux de la course comme si elle eût été faite.

———

3 GERMINAL an 3 (23 mars 1795). — Décret qui indique les fonctionnaires publics hors d'activité auxquels les dispositions de la loi du 5 ventose ne sont point applicables. (1, Bull. 132, n° 718 ; B. 53, 14.)

———

3 GERMINAL an 3 (23 mars 1795). — Décret qui admet le citoyen Henri Cornilleau en qualité de représentant. (B. 53, 13.)

———

3 GERMINAL an 3 (23 mars 1795). — Décret qui ordonne l'impression du discours de Carnot. (B. 53, 13.)

———

3 GERMINAL an 3 (23 mars 1795). — Décret de renvoi au comité de législation relatif à l'arrêté portant suppression des conseils généraux des communes et des districts dans le département des Landes. (B. 53, 13.)

———

3 GERMINAL an 3 (23 mars 1795). — Décret qui ajourne le rapport sur la pétition de la citoyenne Montansier, et lui accorde provisoirement deux cent mille livres. (B. 53, 13.)

———

3 GERMINAL an 3 (23 mars 1795). — Décret de mention honorable de l'offre faite par le citoyen Etienne-David Pain. (B. 53, 14.)

———

4 GERMINAL an 3 (24 mars 1795). — Décret contenant rectification d'une erreur dans celui du 26 ventose relative aux sociétés de manufacture et de commerce dans lesquelles la nation est intéressée. (1, Bull. 132, n° 719; B. 53, 15.)

La Convention nationale, après avoir entendu la proposition d'un membre, au nom du comité des finances, tendant à placer les mots, *à la nation*, au lieu de ceux, *aux sociétés*, qui terminent l'article 2 du décret du 26 ventose dernier sur le mode de disposition des objets des sociétés de manufacture et de commerce dans lesquelles la nation est intéressée, décrète la rectification.

4 GERMINAL an 3 (24 mars 1795). — Décret qui étend les exceptions contenues dans le décret du 28 ventose sur le service de la garde nationale de Paris. (B. 53, 14.)

4 GERMINAL an 3 (24 mars 1795). — Décret qui ordonne l'impression du discours de Collot-d'Herbois. (B. 53, 15.)

4 GERMINAL an 3 (24 mars 1795).—Décret relatif aux débats dans l'affaire des représentans du peuple Collot-d'Herbois et autres. (B. 53, 15.)

4 GERMINAL an 3 (24 mars 1795). — Décret qui ordonne l'insertion au bulletin d'un rapport fait au nom du comité de sûreté générale, sur le bruit répandu dans Paris que la Convention a quitté cette ville. (B. 53, 15.)

4 GERMINAL an 3 (24 mars 1795). — Décret qui envoie le représentant du peuple Musset en mission dans les départemens environnans Paris. (B. 53, 16.)

5 GERMINAL an 3 (25 mars 1795). — Décret qui accorde un congé au citoyen Richaud. (B. 53, 16.)

5 GERMINAL an 3 (25 mars 1795).—Décret relatif à des pièces présentées par Lecointre et Bassal. (B. 53, 16.)

5 GERMINAL an 3 (25 mars 1795).—Décret relatif à la discussion du rapport de la commission des Vingt-Un. (B. 53, 16.)

5 GERMINAL an 3 (25 mars 1795). — Décret qui rapporte celui qui ordonne l'impression d'un discours et d'un projet de déclaration du droit des gens prononcé à la séance du 4. (B. 53, 18.)

5 GERMINAL an 3 (25 mars 1795). — Décret qui déclare nuls les jugemens rendus contre Sébastien Foy et contre Décius Daval. (B. 53, 17.)

5 GERMINAL an 3 (25 mars 1795). — Décret qui approuve la mesure prise par le comité de sûreté générale relativement à un arrêté portant nomination d'une commission pour rechercher les auteurs et provocateurs du 31 mai. (B. 53 , 18.)

6 GERMINAL an 3 (26 mars 1795). — Décret portant que toutes observations, motions, et tous les faits qui ne sont pas relatifs à la discussion sur l'affaire des représentans Collot,

Billaud et Barrère, sont absolument écartés. (B. 53, 18.)

6 GERMINAL an 3 (26 mars 1795). — Décret portant que la loi sur la police générale sera envoyée sur-le-champ dans toutes les parties de la République par des courriers extraordinaires. (B. 53, 20.)

6 GERMINAL an 3 (26 mars 1795). — Décret qui approuve les mesures prises à Toulon, le 22 ventose, par les représentans Ritter, Chambon et Mariette. (B. 53, 19.)

7 GERMINAL an 3 (27 mars 1795). — Décret qui détermine la manière de compter aux militaires ou marins les campagnes de guerre hors d'Europe. (I, Bull. 132. n° 721; B. 53, 23.)

Art. 1er. Les campagnes de guerre, service hors d'Europe et années d'embarquement, seront comptées aux militaires ou marins, d'après les proportions portées en l'article 5, titre II de la loi du 3 = 22 août 1790, dans le nombre d'années de service effectif exigé pour obtenir une pension par les articles 1 et 4, titre II de ladite loi.

2. Ceux des anciens pensionnaires militaires ou marins qui, par l'effet de l'application desdits articles de la loi du 3 = 22 août 1790, ont obtenu, en pensions ou secours des sommes inférieures au montant des pensions dont ils jouissaient en 1789, pourront réclamer contre les dispositions des décrets de liquidation dans lesquels ils sont compris; et, en ce cas, ils seront traités conformément aux dispositions de l'article 1er du présent décret.

3. Il n'est rien innové à l'égard des pensionnaires qui, par l'effet de la liquidation déjà décrétée, jouissent, en pensions ou secours, de sommes égales au montant net des pensions qu'ils avaient avant 1789.

7 GERMINAL an 3 (27 mars 1795). — Décrets qui accordent des secours à divers. (B. 53, 20 à 23.)

7 GERMINAL an 3 (27 mars 1795). — Décret portant que le comité de sûreté générale communiquera à la Convention les éclaircissemens qu'il s'est procuré relativement à un rassemblement près le Palais-National. (B. 53, 22.)

7 GERMINAL an 3 (27 mars 1795). — Décret qui renvoie au comité militaire la demande que les volontaires voyageant isolément soient à l'avenir payés à raison de cinquante sous par jour. (B. 53, 22.)

7 GERMINAL an 3 (27 mars 1795). — Décret de renvoi au comité de salut public sur des propositions relatives aux propriétaires de grains et farines, et relatif aux militaires destitués ou

suspendus qui sont venus à Paris solliciter leur remplacement. (B. 53 , 25.)

7 GERMINAL an 3 (27 mars 1795). — Décret contenant une nouvelle rédaction de l'article 2 de la loi du 21 pluviose , qui accorde un secours de dix millions. (I , Bull. 132, n° 720 ; (B. 53 , 24.)

8 GERMINAL an 3 (28 mars 1795). — Décret relatif à l'emploi du produit du mobilier et des fruits et revenus des domaines nationaux. (1 , Bull. 131 , n° 712 ; B. 53 , 25.)

Art. 1er. Les receveurs de district continueront d'annuler le produit du mobilier et celui en capitaux et intérêts, tant des domaines nationaux dont le prix est acquitté directement entre leurs mains par les acquéreurs, que de ceux dont ils reçoivent la valeur par l'intermédiaire des préposés de l'enregistrement et des domaines.

2. Les assignats provenant des fruits et revenus de tous les domaines nationaux indistinctement, seront conservés en valeur, pour être, par les receveurs de district, versés à la Trésorerie nationale, ou appliqués au paiement des dépenses que lesdits receveurs sont chargés d'acquitter.

8 GERMINAL an 3 (28 mars 1795). — Décret relatif aux comptes à rendre par les membres des administrations qui auront cessé d'exercer leurs fonctions. (1 , Bull. 132, n° 723 ; B. 53 , 26.)

Art. 1er. Les membres des administrations de département, de district et des municipalités, qui auront cessé ou cesseront à l'avenir d'exercer leurs fonctions, soit par destitution ou remplacement, soit par démission ou réduction du nombre des membres des administrations, ou par quelque autre cause que ce soit, seront tenus de rendre collectivement ou individuellement aux corps administratifs dont ils étaient membres, le compte de leur gestion, dans huit décades lorsqu'il s'agira d'un compte général, et dans quatre décades lorsqu'il ne sera question que d'un compte particulier, à compter du jour de la promulgation du présent décret ; et dans pareil délai, à partir de celui de la cessation de leurs fonctions.

2. Dans le cas où les anciens administrateurs dénommés dans l'article précédent n'auraient pas rendu leur compte dans le délai prescrit, ils seront poursuivis conformément à l'article 10 de la loi du 19 floréal an 2 ; et jusqu'à ce que le compte ait été présenté, ils seront, par le seul fait du retard, suspendus de l'exercice du droit de citoyen.

3. Les anciens administrateurs qui auraient des comptes à rendre, et qui se trouveraient en état de détention, pourront se faire remettre toutes les pièces nécessaires à la reddition de leurs comptes, et communiquer à cet effet avec tous ceux desquels ils auront à prendre des renseignemens nécessaires.

8 GERMINAL an 3 (28 mars 1795). — Décret qui étend au semestre échu le 1er germinal de l'an 3 , les dispositions de la loi du 8 vendémiaire dernier , relatives aux pensionnaires non encore liquidés. (I , Bull. 132 , n° 724 ; B. 53 , 27.)

8 GERMINAL an 3 (28 mars 1795). — Décret relatif au déficit des recettes de la Trésorerie sur les dépenses , dans le mois de ventose. (B. 53 , 27.)

8 GERMINAL an 3 (28 mars 1795). — Décret qui autorise la Trésorerie nationale à passer en dépense au citoyen Muguet la somme de vingt-cinq mille neuf cents onze livres onze deniers, dont il est redevable. (B. 53 , 26.)

8 GERMINAL an 3 (28 mars 1795). — Décret portant que les assemblées générales des sections de Paris se tiendront, à dater du 10 germinal, depuis une heure jusqu'à quatre après midi. (B. 53 , 28.)

9 GERMINAL an 3 (29 mars 1795). — Décret relatif à celui rendu hier sur les séances des assemblées générales des sections de Paris, et portant que l'heure de midi jusqu'à quatre y sera rétablie. (B. 53 , 28.)

9 GERMINAL an 3 (29 mars 1795). — Décret relatif à la discussion sur le rapport de la commission des Vingt-Un portant qu'il sera procédé sans interruption à l'audition des prévenus, depuis dix heures du matin jusqu'à cinq du soir. (B. 53 , 29.)

9 GERMINAL an 3 (29 mars 1795). — Décret sur un jugement rendu contre Wafflard et Bouillard. (B. 53 , 29.)

9 GERMINAL an 3 (29 mars 1795). — Décret portant nomination à divers emplois administratifs. (B. 53 , 30.)

9 GERMINAL an 3 (29 mars 1795). — Décret portant que Joseph-François Boissin sera sur-le-champ mis en liberté. (B. 53 , 31.)

9 GERMINAL an 3 (29 mars 1795). — Décret qui renvoie une pétition présentée par la citoyenne Calais, veuve Quinette, aux inspecteurs du Palais National. (B. 53 , 32.)

9 GERMINAL an 3 (29 mars 1795). — Décret de renvoi au comité de sûreté générale, relatif au nommé Courtois. (B. 53 , 33.)

9 GERMINAL an 3 (29 mars 1795). — Décret qui accorde des secours. (B. 53, 32 à 34.)

9 GERMINAL an 3 (29 mars 1795). — Décret qui charge le comité des finances de présenter demain un rapport sur l'augmentation de paiement demandé pour l'existence de l'école nationale et militaire établie à Liancourt. (B. 53, 33.)

9 GERMINAL an 3 (29 mars 1795). — Décret sur la proposition de rapporter la loi qui ordonne le desséchement des étangs. (B. 53, 33.)

9 GERMINAL an 3 (29 mars 1795). — Décret relatif au séquestre apposé sur les biens de la succession de la ci-devant princesse de Lamballe. B. 53, 34.)

10 GERMINAL an 3 (30 mars 1795). — Décret portant qu'il sera établi à la Bibliothèque nationale une école publique pour l'enseignement des langues orientales. (1, Bull. 132, n° 725; B. 53, 34.)

Art. 1er. Il sera établi, dans l'enceinte de la Bibliothèque nationale, une école publique, destinée à l'enseignement des langues orientales vivantes, d'une utilité reconnue pour la politique et le commerce.

2. L'école des langues orientales sera composée, 1° d'un professeur d'arabe littéraire et vulgaire; 2° d'un professeur pour le turc et le tartare de Crimée; 3° d'un professeur pour le persan et le malais.

3. Les professeurs feront connaître à leurs élèves les rapports politiques et commerciaux qu'ont avec la République les peuples qui parlent les langues qu'ils seront chargés d'enseigner.

4. Lesdits professeurs composeront en français la grammaire des langues qu'ils enseigneront : ces divers ouvrages seront remis au comité d'instruction publique.

5. Le mode de nomination et le salaire des professeurs de langues orientales seront les mêmes que ceux des professeurs des écoles centrales instituées par la loi du 7 ventose dernier.

6. Le comité d'instruction publique demeure chargé du réglement de police de l'école des langues orientales.

10 GERMINAL an 3 (30 mars 1795). — Décret qui admet le citoyen Despinasse au nombre des représentans. (B. 53, 35.)

10 GERMINAL an 3 (30 mars 1795). — Décret qui autorise à ouvrir un crédit à diverses commissions. (B. 53, 35.)

10 GERMINAL an 3 (30 mars 1795). — Décret relatif à la nomination d'une commission composée de sept membres, chargée de présenter un projet de décret sur le mode le plus prompt de préparer les lois organiques de la constitution (B. 53, 35.)

10 GERMINAL an 3 (30 mars 1795). — Décret portant que le directeur de l'école centrale des travaux publics, ses adjoints et substituts, et les instituteurs de cette école, sont compris dans la dénomination indiquée dans l'article 1er de la loi du 28 ventose sur le service de la garde nationale. (B. 53, 36.)

10 GERMINAL an 3 (30 mars 1795). — Décret portant qu'il n'y a pas lieu à délibérer sur la convocation des assemblées primaires. (B. 53, 36.)

10 GERMINAL an 3 (30 mars 1795). — Décret de renvoi d'une pétition du citoyen Duthoyer au comité de législation. (B. 53, 36.)

11 GERMINAL an 3 (31 mars 1795). — Décret portant que les listes des citoyens de Paris mis en état d'arrestation seront envoyées à leurs sections respectives, avec les causes d'arrestation. (B. 53, 37.)

11 GERMINAL an 3 (31 mars 1795). — Décret portant qu'il n'y a pas lieu à délibérer sur les réclamations faites contre la loi du 17 nivose an 2. (B. 53, 37.)

12 GERMINAL an 3 (1er avril 1795). — Décret relatif à l'envoi d'une adresse aux départemens et aux armées. (1, Bull. 133, n° 732 et 737; B. 53, 45.)

12 GERMINAL an 3 (1er avril 1795). — Décret portant que la garde nationale parisienne a bien mérité de la patrie. (1, Bull. 133, n° 736; B. 53, 45.)

12 GERMINAL an 3 (1er avril 1795). — Proclamation de la Convention aux citoyens de Paris sur l'arrivage des grains dans cette ville. (B. 53, 39.)

12 GERMINAL an 3 (1er avril 1795). — Décret contenant des mesures pour protéger l'arrivage des grains destinés à l'approvisionnement de Paris. (1, Bull. 133, n° 726; B. 53, 37.)

12 GERMINAL an 3 (1er avril 1795). — Déclaration et demande en appel nominal faites par plusieurs membres de la Convention. (B. 53, 42.)

12 GERMINAL an 3 (1er avril 1795). — Décrets de mention honorable de la conduite tenue en ce jour par plusieurs citoyens, à l'égard des représentans Anguis et Penières. (B. 53, 42 et 44.)

12 GERMINAL an 3 (1er avril 1795). — Décret qui accorde des secours. (B. 53, 37 et 38.)

12 GERMINAL an 3 (1er avril 1795). — Décret relatif à une adresse de la section de l'Homme-Armé. (B. 53, 38.)

12 GERMINAL an 3 (1er avril 1795). — Décret qui rapporte la seconde partie du décret du 18 fructidor, qui charge le tribunal criminel du département du Nord d'instruire sur la dénonciation faite contre Detrethy, etc. (B. 53, 39.)

12 GERMINAL an 3 (1er avril 1795). — Décret de renvoi au comité de salut public, relatif à l'approvisionnement de Paris et des environs. (B. 53, 40.)

12 GERMINAL an 3 (1er avril 1795). — Décret portant qu'il sera tiré dans toutes les sections de Paris, une force armée pour protéger l'arrivage des grains destinés à son approvisionnement. (B. 53, 41.)

12 GERMINAL an 3 (1er avril 1795). — Décret qui ordonne la lecture des lettres trouvées dans les papiers de Robespierre. (B. 53, 41.)

12 GERMINAL an 3 (1er avril 1795). — Décret relatif à un attentat contre la liberté des délibérations de la représentatation nationale. (1, Bull. 133, n° 727; B. 53, 46.)

12 GERMINAL an 3 (1er avril 1795). — Décret qui nomme provisoirement le général Pichegru général en chef de la garde nationale parisienne. (1, Bull. 133, n° 728; B. 53, 446.)

12 GERMINAL an 3 (1er avril 1795). — Décret qui ordonne la déportation de douze représentans du peuple. (1 Bull. 133, n° 729 et suivans; B. 53, 42.)

12 GERMINAL an 3 (1er avril 1795). — Décret qui ordonne l'impression, et l'envoi aux départemens et aux armées de la déclaration tendante à invoquer l'appel nominal sur le décret qui porte que les représentans Collot-d'Herbois et autres seront déportés. (B. 53, 42.)

12 GERMINAL an 3 (1er avril 1795.) — Décret de renvoi relatif aux finances. (B. 53, 43.)

12 GERMINAL an 3 (1er avril 1795). — Décrets qui ordonnent l'arrestation des représentans Choudieu, Chales, Huguet, Léonard-Bourdon, Buchamps, Amar, Duhem. (B. 53, 46 et 47.)

12 GERMINAL an 3 (1er avril 1795). — Décret qui ordonne un rapport sur les causes qui ont empêché l'exécution de celui qui le chargeait de présenter chaque décade à la Convention nationale un cahier décadaire. (B. 53, 43.)

12 GERMINAL an 3 (1er avril 1795). — Décret qui

approuve le projet d'adresse au peuple français présenté par le comité de sûreté générale. (B. 53, 45.)

12 GERMINAL an 3 (1er avril 1795). — Décret qui ordonne l'impression d'un discours prononcé par Jean-Bon-Saint-André. (B. 53, 45.)

12 GERMINAL an 3 (1er avril 1795). — Décret qui charge le comité de sûreté générale de présenter, séance tenante, le projet d'une adresse à envoyer aux départemens et aux armées. (B. 53, 45.)

13 GERMINAL an 3 (2 avril 1795). — Décret qui charge le général Pichegru de s'assurer de l'Arsenal, du Temple, de la Trésorerie et de tous les établissemens publics. (B. 53, 57.)

13 GERMINAL an 3 (2 avril 1795). — Décret qui admet en qualité de représentant, le citoyen P. J. Dormay. (B. 53, 47.)

13 GERMINAL an 3 (2 avril 1795). — Décret de mention honorable de la conduite de l'équipage et de l'état-majorr de la frégate l'Alceste. (B. 53, 49.)

13 GERMINAL an 3 (2 avril 1795). — Décret qui envoie en mission dans le département du Rhône et autres, le représentant Boisset. (B. 53, 50.)

13 GERMINAL an 3 (2 avril 1795). — Décrets qui nomment le citoyen Crouzet pour remplacer le représentant Léonard-Bourdon dans la direction de l'école des élèves de la patrie. (B. 53, 47 et 50.)

13 GERMINAL an 3 (2 avril 1795). — Décret relatif à plusieurs volontaires défenseurs de la patrie, détenus prisonniers à Gibraltar. (B. 53, 48.)

13 GERMINAL an 3 (2 avril 1795). — Décret relatif à un traité d'association pour l'exploitation de la manufacture de porcelaine et faïence établie à Nidervilliers. (B. 53, 48.)

13 GERMINAL an 3 (2 avril 1795). — Décret qui ordonne un rapport sur l'organisation des écoles nautiques des quatre grands ports de la République. (B. 53, 49.)

13 GERMINAL an 3 (2 avril 1795). — Décret relatif à la distribution du pain. (B. 53, 49.)

13 GERMINAL an 3 (2 avril 1795). — Décret portant que le rapport sur le moyen de remplir les cadres de l'armée sera fait demain, 14 germinal. (B. 53, 50.)

13 GERMINAL an 3 (2 avril 1795.) — Décret de renvoi au comité des finances de la proposition de rapporter la loi qui exige un certificat de civisme des créanciers de la République. (B. 53, 50).

13 GERMINAL an 3 (2 avril 1795). — Décret portant que le comité de salut public épurera les citoyens composant la commission des subsistances. (B. 53, 51.)

13 GERMINAL an 3 (2 avril 1795). — Décret qui ordonne un rapport sur les événemens du 12 germinal. (B. 53, 51.)

13 GERMINAL an 3 (2 avril 1795). — Décret qui charge le comité de salut public de prendre des renseignemens sur les événemens arrivés dans la colonie de Sierra-Léone. (B. 53, 51.)

13 GERMINAL an 3 (2 avril 1795). — Décret pour faire un rapport sur le régime à adopter pour les hospices civils et militaires. (B. 53, 51.)

13 GERMINAL an 3 (2 avril 1795). — Décret relatif à un ouvrage posthume du représentant Condorcet, intitulé : *Esquisse d'un tableau historique des progrès de l'esprit humain.* (B. 53, 52.)

13 GERMINAL an 3 (2 avril 1795). — Décret de renvoi aux comités de législation et d'agriculture, relatif aux baux à cheptel. (B. 53, 52.)

13 GERMINAL an 3 (2 avril 1795). — Décret qui charge les comités d'instruction et des finances, de présenter des moyens d'existence et emplois aux ci-devant professeurs des collèges et universités supprimés. (B. 53, 52.)

13 GERMINAL an 3 (2 avril 1795). — Décret qui ajourne à trois jours après la distribution, un projet de décret sur les formes avec lesquelles seront jugés tous les fonctionnaires publics. (B. 53, 52.)

13 GERMINAL an 3 (2 avril 1795). — Adresse au peuple français. (B. 53, 53.)

13 GERMINAL an 3 (2 avril 1795). — Décret qui ordonne l'impression et l'affiche de l'adresse ci-dessus. (B. 53, 56.)

13 GERMINAL an 3 (2 avril 1795). — Décret portant que le comité de sûreté générale rendra compte, de demi-heure en demi-heure, de l'état de Paris. (B. 53, 56.)

13 GERMINAL an 3 (2 avril 1795). — Décret qui ordonne de rendre compte des obstacles que les malveillans ont opposés à l'exécution de la loi qui ordonne la déportation de quatre représentant du peuple, et qui en a mis huit en état d'arrestation. (B. 53, 56.)

13 GERMINAL an 3 (2 avril 1795). — Décret qui charge les comités du Gouvernement de présenter un projet de décret sur les moyens de réprimer les citoyens qui, lorsque la générale bat, ou que le tocsin sonne, au lieu de se rendre dans leurs sections, forment des rassemblemens dans les lieux publics. (B. 53, 57.)

13 GERMINAL an 3 (2 avril 1795). — Décret qui déclare la Convention en permanence. (B. 53, 57.)

14 GERMINAL an 3 (3 avril 1795). — Décret qui détermine un nouveau mode d'avancement militaire. (1, Bull. 136, n° 752 ; B., 53, 59.)

Voy. lois des 23 SEPTEMBRE, 23 OCTOBRE 27 OCTOBRE 1790 ; du 21 FÉVRIER 1793 ; du 1er THERMIDOR au 2 ; constitution de l'an 8, art. 41 ; loi du 10 MARS 1818.

La Convention nationale, après avoir entendu le rapport de son comité militaire, Décrète ce qui suit :

Art. 1er. Dans toutes les troupes de la République, à la réserve des cas particuliers qui seront indiqués dans la présente loi, l'avancement aura lieu de trois manières ; savoir :

Un tiers par ancienneté de grade ;

Un tiers par élection ;

Et le dernier tiers à la nomination du Corps-Législatif, sur la présentation de son comité de salut public, ou du conseil exécutif.

2. Dans l'infanterie, le rang d'ancienneté roulera sur toute la demi-brigade.

Les places à élection ne rouleront que dans le bataillon.

Les places à la nomination du Corps-Législatif seront données dans toute la demi-brigade.

Dans les troupes à cheval, l'ancienneté, l'élection et la nomination rouleront sur tout le régiment.

3. On commencera par le tour d'ancienneté de grade. A titre égal entre deux concurrens, la place appartiendra à celui des deux qui aura servi le plus long-temps dans le grade immédiatement inférieur ; et s'il y a encore égalité entre eux, le plus âgé obtiendra la préférence.

4. Ne sera réputé service militaire pour l'avancement aux grades dans les armées, celui fait dans la garde nationale non soldée.

5. Lorsqu'un emploi de chef de brigade sera vacant dans l'infanterie, il appartiendra toujours au plus ancien de grade des trois chefs de bataillon de la demi-brigade.

Dans les troupes à cheval, il appartiendra au plus ancien chef d'escadron du régiment.

6. Les quartiers-maîtres trésoriers, tant

de la demi-brigade que des bataillons, adjudans-majors, adjudans-sous-officiers, tambours-majors et caporal-tambour, seront à la nomination du conseil d'administration de la demi-brigade, et pourront être choisis indifféremment dans les trois bataillons ; le quartier-maître de la demi-brigade, entre les quartiers-maîtres de deux autres bataillons ; les quartiers-maîtres des bataillons, parmi les sous-officiers sergens-majors ; les adjudans-majors parmi les lieutenans ; les adjudans-sous-officiers, parmi les sergens ; et le caporal-tambour, parmi les tambours des trois bataillons.

Le quartier-maître-trésorier de la demi-brigade aura le grade de lieutenant ; les quartiers-maîtres des bataillons auront le grade de sous-lieutenant.

Les quartiers-maîtres-trésoriers une fois nommés ne pourront parvenir à un grade supérieur que successivement par ancienneté ; mais ils ne compteront pas dans les compagnies ; ils feront toujours partie de l'état-major, et ne seront que titulaires du grade où leur ancienneté les aura portés, et ils en toucheront simplement la solde.

Pourront néanmoins les quartiers-maîtres, lorsque leur ancienneté les aura portés au grade de capitaine, opter entre ce nouveau grade et leur place de quartier-maître ; mais, lorsqu'ils auront préféré de continuer leur service comme quartiers-maîtres, ils seront tenus de servir toujours en cette qualité jusqu'au grade de chef de bataillon, dont ils n'auront que le titre et toucheront la solde : passé ce grade, ils ne pourront plus prétendre à aucun avancement militaire.

Lorsque la place de tambour-major viendra à vaquer, elle sera à la nomination du conseil d'administration.

7. Dans les troupes à cheval, le quartier-maître-trésorier ayant rang de lieutenant ; les adjudans-sous-officiers, trompette-major ayant rang de maréchal-des-logis, et brigadier-trompette, seront à la nomination du conseil d'administration du régiment : le quartier-maître sera pris parmi les sous-lieutenans ; les adjudans-sous-officiers, parmi les maréchaux-des-logis, et le brigadier-trompette, parmi les trompettes du régiment.

Lorsque la place de trompette-major viendra à vaquer, elle sera à la nomination du conseil d'administration.

Les quartiers-maîtres, dans les troupes à cheval, parviendront aux grades supérieurs, jusqu'à celui de chef d'escadron inclusivement, comme ceux de l'infanterie et aux mêmes conditions.

8. Les adjudans-majors, adjudans-sous-officiers, tambours et trompettes-majors, caporal-tambour et brigadier-trompette, faisant partie des états-majors, tant dans l'infanterie que dans les troupes à cheval, ne comptent pas dans les compagnies ; mais ils sont susceptibles de parvenir aux grades supérieurs de la manière suivante : ils seront électeurs et éligibles, pour y concourir dans le cas d'élection.

9. Les adjudans-majors lieutenans ne pourront parvenir au grade de capitaine que de deux manières, par ancienneté et à la nomination du Corps-Législatif, et pour remplacer le mode d'élection. Ils parviendront également au grade de capitaine, après dix-huit mois d'exercice de la place d'adjudant-major ; et, dans tous les cas, ils continueront leur service en cette qualité jusqu'à ce qu'ils soient élevés au grade de chef de bataillon.

À l'égard de ce grade, ils y parviendront des trois manières ci-dessus énoncées ; et, en cas d'élection, ils seront électeurs et éligibles pour y concourir.

10. Les adjudans-sous-officiers, tambours et trompettes-majors, caporal-tambour et brigadier-trompette, parviendront aux grades immédiatement supérieurs aux leurs, suivant les trois manières réglées ci-dessus : ils seront électeurs et éligibles, pour y concourir en cas d'élection.

11. Les adjudans-sous-officiers devront passer dans les compagnies, lorsqu'ils seront nommés à une sous-lieutenance.

12. Le caporal-tambour que son ancienneté ou le choix aurait porté au grade de sergent dans une compagnie, pourra opter entre son emploi et le nouveau grade ; mais, s'il préfère de rester caporal-tambour, il sera tenu de servir en cette qualité jusqu'à ce que l'ancienneté, l'élection ou la nomination du Corps-Législatif le porte au grade de sous-lieutenant ; il touchera néanmoins la solde de sergent, comme en avant le grade, et il sera électeur et éligible en cette qualité, pour parvenir au grade supérieur.

13. Les chefs tailleur, cordonnier et armurier, dans l'infanterie; artiste vétérinaire, bottier, sellier et tailleur, dans les troupes à cheval, seront à la nomination du conseil d'administration.

Ils conserveront le rang et la solde des grades qui leur sont accordés par les lois de la formation de chaque arme : mais ils ne seront susceptibles d'être admis à servir dans ces grades, qu'autant qu'ils auront formé respectivement des sujets en état de les remplacer, ce qui sera jugé par le conseil d'administration ; et ils ne pourront concourir ensuite au grade supérieur au leur, qu'ils n'aient exercé pendant un an les fonctions de ce grade.

14. Les caporaux et les brigadiers seront toujours nommés par élection ; mais le choix n'aura lieu que dans la compagnie où la place sera vacante, et les seuls volontaires de cette compagnie seront électeurs.

15. Lorsqu'une place de caporal viendra à vaquer, tous les volontaires de la compagnie s'assembleront au lieu des séances du

nseil d'administration, et nommeront, à majorité absolue des suffrages et par scru- 1 de liste, les six volontaires qu'ils croi- nt les plus en état de remplir les fonctions : caporal, et sachant lire et écrire.

Dans les troupes à cheval, l'assemblée des Volontaires, pour le choix d'un brigadier, tiendra au lieu des séances du conseil administration, et procédera de la même anière que dans l'infanterie.

16. Si le premier tour de scrutin ne remit pas le choix des six volontaires à la marité absolue, il en sera fait un second pour nombre de caporaux ou brigadiers qui steront à élire; et s'il en reste encore qui aient pas réuni la majorité absolue, il sera it un troisième tout de scrutin; mais alors s suffrages devront s'arrêter sur ceux qui, ans le scrutin précédent, auront réuni le lus de voix; et dans ce troisième scrutin, majorité relative sera suffisante. Ces dis- ositions de formes seront suivies dans utes les élections militaires.

17. Aussitôt que la nomination sera faite, sera dressé un état des six volontaires us; cet état, signé des quatre plus anciens âge, sera remis au chef de bataillon ou 'escadron, par le président de l'assemblée, ont il sera parlé ci-après.

18. Le chef de bataillon convoquera sur- -champ tous les caporaux du bataillon, ui réduiront la liste à trois volontaires, en rocédant également par la voie du scrutin e liste, à la majorité absolue; et par trois crutins, s'il est nécessaire, conformément ux formes indiquées par l'article 16.

Dans les troupes à cheval, le chef d'esca- ron convoquera tous les brigadiers d'esca- ron, pour réduire pareillement la liste à rois volontaires.

19. Cette opération terminée, et la liste les trois citoyens élus signée et remise, omme la précédente, au chef de bataillon u d'escadron, ceux-ci convoqueront tous es sergens ou maréchaux-des-logis, lesquels rocéderont définitivement au choix d'un ca- oral ou d'un brigadier, sur les trois volon- aires désignés dans les ci-dessus.

Le scrutin sera individuel, et toujours à a majorité absolue, sauf le cas où il fau- rait en venir à un troisième tour de scrutin, ui pour lors serait à la majorité relative.

20. Le résultat du premier scrutin, signé les quatre plus anciens d'âge, sera porté ur-le-champ au chef de bataillon ou d'es- adron, et le sujet élu sera reconnu caporal u brigadier, et reçu en cette qualité.

21. Le remplacement des sergens dans l'infanterie, et des maréchaux-des-logis dans les troupes à cheval, n'aura lieu que de deux manières, à l'élection et à l'ancienneté.

Lorsqu'une place de sergent sera vacante au choix, tous les caporaux du bataillon se réuniront au lieu des séances du conseil d'administration, et nommeront, toujours

au scrutin de liste et à la majorité absolue, les six caporaux qu'ils jugeront susceptibles de cet avancement.

Dans les troupes à cheval, lorsqu'une place de maréchal-des-logis viendra à vaquer au choix, tous les brigadiers du régiment se rassembleront au lieu des séances du con- seil d'administration où la place sera va- cante, et procéderont, dans la forme ci- dessus, à l'élection de six d'entre eux, pour concourir à cette place.

22. L'état des six caporaux élus sera porté au chef de bataillon ou au chef d'escadron, qui rassembleront, le premier, tous les ser- gens du bataillon; le second, tous les maré- chaux-des-logis du régiment, pour réduire le nombre à trois; et ensuite les sous-lieu- tenans, pour désigner dans ces trois celui qui devra monter au grade de sergent ou de maréchal-des-logis.

23. Lorsqu'une place de caporal-fourrier viendra à vaquer dans une compagnie, le sergent-major et les autres sergens présen- teront au capitaine les trois caporaux qu'ils jugeront les plus propres à remplir cette place; ils pourront les prendre dans tous les caporaux du bataillon; et le capitaine choisira sur les trois celui qu'il trouvera convenable.

Il en sera usé de même dans les troupes à cheval, lorsqu'une place de brigadier-four- rier viendra à vaquer dans une compa- gnie.

24. Lorsque ce sera une place de sergent- major qui vaquera dans une compagnie d'in- fanterie, ou une place de maréchal-des-logis en chef dans une compagnie de troupes à cheval, les capitaines de ces compagnies y nommeront celui des sergens ou maréchaux- des-logis qu'ils en jugeront le plus capable; ils le prendront parmi tous les sergens du bataillon, ou tous les maréchaux-des-logis du régiment, et feront agréer par des con- seils d'administration de leurs corps.

Si le sujet présenté n'était pas agréé par le conseil, le capitaine sera tenu d'en pré- senter un autre dans les vingt-quatre heures.

25. Lorsqu'il vaquera à l'élection une place de sous-lieutenant, tous les sous-lieutenans s'assembleront, dans l'infanterie et dans les troupes à cheval, dans les lieux des séances des conseils d'administration, et procéde- ront, suivant les formes ci-dessus, au choix, les premiers, de trois sergens sur tout le bataillon; les seconds, de trois maréchaux- des-logis sur tout le régiment : le résultat de cette élection sera présenté aux lieute- nans, qui choisiront un des trois pour mon- ter à la place vacante.

26. Lorsqu'il vaquera à l'élection une place de lieutenant, le remplacement, au choix, s'en fera de la même manière, en sorte que les lieutenans assemblés nommeront trois sous-lieutenans, et, sur ces trois, les capi- taines du bataillon ou du régiment de trou-

pes à cheval, en choisiront un pour monter à la lieutenance.

27. Lorsqu'une place de capitaine sera vacante à l'élection, les capitaines nommeront pareillement trois lieutenans par scrutin de liste, à la majorité absolue; et ensuite le chef de la demi-brigade et les trois chefs de bataillon dans l'infanterie, et le chef de brigade et tous les chefs d'escadron dans les régimens de troupes à cheval choisiront un des trois pour monter au grade de capitaine.

S'il arrivait que, dans les trois tours de scrutin, aucun des concurrens n'eût réuni la moitié des voix plus une, la place appartiendra au plus ancien du grade de lieutenant, et, en cas d'égalité, à celui qui aurait exercé plus long-temps le grade de sous-lieutenant, ou enfin, toutes choses encore égales à cet égard, au plus ancien d'âge.

28. Tout officier ou sous-officier qui, dans les élections aux grades précédens, aura été compris deux fois dans le nombre des trois citoyens présentés pour la place vacante, et qui n'aura pas été choisi, aura droit à la première place qui viendra à vaquer, s'il y était présenté une troisième fois; il y sera nommé sur-le-champ sans aucun scrutin.

29. Lorsqu'une place de chef de bataillon viendra à vaquer à l'élection, le général de brigade, le chef de la demi-brigade où la place sera vacante, et les deux autres chefs de bataillon, nommeront trois capitaines pris sur toute la demi-brigade, par scrutin de liste, et à la majorité absolue de trois voix sur quatre.

S'il arrivait qu'au troisième scrutin il y eût partage de voix, soit sur un seul, soit sur plusieurs, l'ancienneté de grade ou d'âge en déciderait, conformément aux dispositions de l'article 27, pour celui ou ceux qui resteraient à nommer.

30. Aussitôt que le résultat de cette élection sera formé, il en sera dressé procès-verbal signé des quatre votans; le général de brigade y fera joindre l'état des services des trois concurrens, et l'adressera en double au général de division, lequel y ajoutera son avis, et fera passer une expédition du tout au comité de salut public ou au conseil exécutif, et à la commission de l'organisation et du mouvement des armées de terre.

31. Lorsque le comité de salut public ou le conseil exécutif aura reçu ces pièces, il les examinera, choisira celui des trois qu'il jugera le plus digne de remplir la place vacante, et informera sur-le-champ de son choix la commission, avec ordre d'en expédier le brevet, et de l'adresser au général de division.

32. Le général de division fera part aussitôt de cette nomination au général de brigade, avec ordre de faire recevoir, sans délai, le nouveau chef de bataillon.

33. Lorsqu'un capitaine, après avoir été compris deux fois dans l'élection sans être choisi par le comité de salut public ou le conseil exécutif, sera présenté pour la troisième fois, la place lui appartiendra de droit; et le comité ou le conseil exécutif, qui en sera informé par l'envoi du procès-verbal, lui fera expédier le brevet par la commission.

34. Lorsque, dans les troupes à cheval, il viendra à vaquer une place de chef d'escadron à l'élection, le général de brigade, le chef de brigade commandant le régiment, et le chef ou les chefs d'escadron, nommeront, comme dans l'infanterie, trois capitaines pris sur tout le régiment; et le procès-verbal d'élection, rédigé dans la même forme, sera pareillement adressé au général de division, et par lui envoyé à la commission de l'organisation et au comité de salut public ou au conseil exécutif, avec ses observations. Le comité ou le conseil exécutif choisira celui des trois qu'il jugera le plus digne de remplir la place vacante.

35. Les assemblées d'élection de tous les grades, à l'exception de celles des chefs, seront présidées par le plus ancien sous-officier ou officier du grade immédiatement supérieur à celui dont sera composée l'assemblée des électeurs : il n'y aura pas voix délibérative, et ses fonctions se borneront à maintenir l'ordre et les formes dans les élections, et à remettre au commandant du bataillon ou chef d'escadron le résultat de chaque élection, revêtu des signatures prescrites par les articles précédens.

36. S'il s'élevait quelques difficultés sur les formes dans les élections, que l'avis du président et les votans eux-mêmes n'auraient pas pu terminer, elle sera déférée sur-le-champ au conseil d'administration, qui la décidera.

37. Aucun militaire ne pourra se présenter en armes, de quelque manière que ce soit, non plus qu'avec bâtons ou cannes, aux assemblées d'élection, et le président y tiendra exactement la main.

38. L'appel des votans sera fait par le président de l'assemblée, et chaque votant écrira et signera son choix, ou le fera écrire par le président, qui, pour lors, le signera sur un billet qui sera remis plié et jeté dans un vase ou un chapeau.

39. Le dépouillement du scrutin sera fait en présence du président, par les trois plus anciens d'âge sachant lire et écrire, et les noms des élus inscrits à mesure sur une liste, par celui que l'assemblée aura agréé pour cette fonction, et qui se placera, à cet effet, auprès du président, en face des secrétaires.

40. Les individus présens au drapeau, depuis le grade de volontaire jusqu'à celui de capitaine inclusivement, pourront seuls voter dans les élections; et ceux qui se trouveront de service dans la place ou dans un poste à la proximité du cantonnement, seront relevés, pour le moment de voter, par

n individu du même grade ou de grade immédiatement inférieur, si le commandant de la place ou du cantonnement juge qu'il n'y ait aucun inconvénient à le faire ; et dans le cas où ils ne pourraient être relevés qu'après la fin de leur service, la suite de l'élection serait remise au lendemain.

41. Lorsqu'il s'agira du suffrage des chefs de bataillon ou d'escadron, du chef de brigade ou du général de brigade, dans les élections des capitaines ou des chefs de bataillon, il sera écrit à ceux qui se trouveront absens, par le chef de brigade ou le plus ancien chef de bataillon ou d'escadron présent au corps ; et ils enverront leurs voix dans un billet cacheté et signé d'eux, dont l'ouverture se fera par les chefs qui seront présens.

42. Il sera dressé un procès-verbal de chaque élection définitive, et de simples états des élections préparatoires.

Ces états et les procès-verbaux définitifs seront inscrits tant sur un registre particulier, déposé entre les mains du chef de bataillon dans l'infanterie, ou du plus ancien chef d'escadron dans les troupes à cheval, que sur le registre général des élections et nominations d'officiers de la demi-brigade ou du régiment, qui sera déposé au conseil d'administration.

43. Les chefs de bataillon ou d'escadron adresseront sur-le-champ à la commission de l'organisation des armées une expédition de chaque procès-verbal d'élection, et cependant ils donneront des ordres pour que l'individu qui aura été choisi soit reçu sans délai dans le grade qui lui aura été conféré.

44. Le rang des officiers et sous-officiers commencera à compter du jour de leur réception, et la solde leur sera payée à compter du même jour.

45. Les élections auront lieu dans la huitaine au plus tard du jour de la vacance des places au choix, en vertu des ordres que les chefs de bataillon ou d'escadron donneront à cet effet.

Quant aux places vacantes à l'ancienneté, ils les feront remplir, à l'instant de leur vacance, par ceux à qui elles appartiendront de droit. Dans l'un et l'autre cas, les chefs de bataillon et d'escadron rendront compte à la commission de l'organisation et du mouvement des armées, de tous les remplacemens à mesure qu'ils auront lieu, et ils demeureront responsables des retards que ces remplacemens pourraient éprouver.

46. Si, par les suites d'une affaire, il arrivait que, dans un bataillon d'infanterie ou dans un régiment de troupes à cheval, le nombre des concurrens fût égal à celui des places vacantes au choix, il n'y aura pas de scrutin ; les places appartiendront de droit aux officiers du grade immédiatement inférieur à celui où les places se trouveront vacantes, et ils y seront nommés sur-le-champ.

47. Lorsqu'une place sera vacante à la nomination du Corps-Législatif, la commission de l'organisation et du mouvement des armées de terre, qui en sera aussitôt informée par les chefs des corps où la place sera vacante, en rendra compte au comité de salut public ou au conseil exécutif, et lui mettra en même temps sous les yeux le contrôle des officiers ou sous-officiers de la demi-brigade d'infanterie ou du régiment à cheval, du grade immédiatement inférieur à celui de la place à laquelle il faudra nommer.

Le comité, ou le conseil exécutif, fera choix du citoyen qui lui paraîtra le plus digne de la remplir, et le présentera au Corps-Législatif, qui le nommera, s'il le juge convenable.

Dans le cas où le sujet présenté par le comité de salut public ou le conseil exécutif ne serait point agréé par le Corps-Législatif, le comité ou le conseil exécutif sera tenu de lui en présenter un autre dans les vingt-quatre heures.

48. Pour que le comité de salut public ou le conseil exécutif puisse se déterminer en connaissance de cause, et présenter au Corps-Législatif un choix vraiment digne de son approbation, il se fera remettre, avec le contrôle des officiers ou sous-officiers du grade immédiatement inférieur à celui de la place vacante, la note des services et des qualités morales et civiques de chacun d'eux, d'après le rapport des chefs de brigade et les revues des officiers généraux.

Pour suppléer à ces pièces dans le cas où elles ne seraient pas encore en règle, la commission de l'organisation et du mouvement des armées de terre donnera des ordres pour qu'en annonçant la vacance d'une place à la nomination du Corps-Législatif, les chefs des corps où la place sera vacante lui adressent l'état des officiers ou sous-officiers qui seront dans le cas d'y prétendre, avec les notes qui leur seront relatives, telles qu'ils croiront devoir les donner, sous leur responsabilité.

49. La compagnie des canonniers attachée à chaque demi-brigade, et soumise au chef qui la commande, ne pourra néanmoins, à raison de son genre d'instruction et de son service particulier, participer aux élections relatives aux autres compagnies, à l'exception toutefois du grade de chef de bataillon, auquel le capitaine des canonniers arrivera à son tour d'ancienneté, au choix où à la nomination du Corps-Législatif, concurremment avec les autres capitaines.

50. Les élections dans la compagnie de canonniers auront lieu suivant les formes ci-devant prescrites pour le choix des caporaux seulement, et les assemblées se tiendront chez le capitaine.

51. Les places de sergent vacantes au choix dans les compagnies de canonniers, seront conférées ainsi qu'il suit ;

Les officiers et les sergens de la compagnie s'assembleront chez le capitaine, et procéderont à l'élection de celui des caporaux qui leur paraîtra le plus en état de remplir la place vacante, et lui feront subir un examen sur les manœuvres du canon et les manœuvres de force.

Si le citoyen élu leur paraît avoir répondu d'une manière satisfaisante, ils le feront recevoir à la place vacante : sinon, ils procéderont à un nouveau choix.

52. A l'égard des places d'officiers dans cette compagnie, elles appartiendront de droit, savoir, la place de sous-lieutenant au premier sergent, celle de lieutenant au sous-lieutenant, et celle du capitaine au lieutenant.

53. Les places d'adjudans-généraux chefs de brigade seront toutes à la nomination du comité de salut public ou du conseil exécutif, sur la présentation de trois citoyens qui seront choisis ainsi qu'il suit :

Lorsque, dans une armée, il viendra à vaquer une place d'adjudant-général chef de brigade, tous les généraux de brigade et les chefs de brigade de la division où la place sera vacante, s'assembleront chez le général de cette division, qui les convoquera pour choisir conjointement avec lui, par scrutin de liste, à la majorité absolue, trois citoyens parmi tous les chefs de bataillon ou d'escadron de l'armée, ayant au moins six mois de service dans ce grade.

Ceux des généraux et chefs de brigade que des raisons de service ou un trop grand éloignement empêcheraient de se déplacer, enverront au général de division leur choix dans un billet signé d'eux et cacheté.

54. Le dépouillement du scrutin sera fait par le général de division, en présence des généraux de brigade et des chefs de brigade que le général de division aura pu rassembler, et ils assisteront également à l'ouverture des billets cachetés.

55. Le procès-verbal de cette élection sera envoyé, sans délai, au général en chef par celui de la division, avec l'état des services des trois concurrens ; le général en chef y joindra son avis, et en fera faire deux expéditions, dont il adressera, l'une au comité de salut public ou au conseil exécutif, et l'autre à la commission de l'organisation et du mouvement des armées de terre.

Le comité ou le conseil exécutif nommera celui des trois citoyens qu'il jugera le plus en état de remplir l'emploi vacant, et fera remettre son arrêté à la commission, pour la prompte expédition du brevet.

56. Lorsqu'un chef de bataillon ou d'escadron, après avoir été présenté deux fois sans obtenir la nomination du comité ou du conseil exécutif, sera présenté une troisième fois, la place lui appartiendra de droit, et le comité ou le conseil exécutif sera tenu de la lui conférer.

Chaque général de division tiendra un registre particulier des élections de ce grade qui auront lieu dans sa division, et ce registre fera toujours partie des papiers de service qu'il devra remettre à son successeur.

57. Les chefs d'états-majors-généraux seront pris parmi tous les généraux de brigade des armées de la République, et de préférence parmi ceux qui auront été employés en qualité d'adjudans-généraux chefs de brigade. Ils seront à la nomination du Corps-Législatif, sur la présentation de son comité de salut public ou du conseil exécutif.

58. Les adjoints aux adjudans-généraux, devant leur être immédiatement subordonnés, seront choisis par les adjudans-généraux chefs de brigade, parmi les lieutenans de toutes armes ; les adjudans-généraux chefs de brigade les proposeront aux chefs des états-majors-généraux, lesquels, après s'être assurés par eux-mêmes de leurs talens pour ce genre de service, prendront les ordres des généraux en chef, pour les faire recevoir en cette qualité.

59. Les adjoints aux adjudans-généraux seront aussitôt remplacés dans les corps d'où ils auront été tirés, et recevront la solde affectée à leur grade par la loi du 2 thermidor.

60. Ils porteront l'uniforme de l'état-major, avec l'épaulette distinctive de leur grade, et ils conserveront leur droit d'ancienneté dans le corps d'où ils seront sortis, pour parvenir, à ce titre, aux grades supérieurs aux leurs ; mais ils ne pourront pas y rentrer, et ils seront tenus de servir dans l'état-major pendant toute la durée de la guerre, si ce n'est dans le cas prévu par l'article 65 ci-après.

61. Lorsque, par l'effet de la disposition de l'article précédent, les adjoints aux adjudans-généraux parviendront, par droit d'ancienneté de grade, à un grade supérieur au leur, qui viendra à vaquer dans leur corps, le tour d'ancienneté sera censé rempli dans le corps ; il sera procédé au remplacement du grade par le mode d'élection.

62. Pour assurer l'exécution des deux articles précédens, les adjoints aux adjudans-généraux adresseront, dans le mois, à compter de la publication de la présente loi, aux conseils d'administration de leurs corps respectifs, l'état et la date de leur service, ainsi que de leur grade : les conseils d'administration le feront transcrire sur le registre qu'ils tiendront des services des officiers du corps, et ils informeront, sans délai, la commission de l'organisation et du mouvement des armées de terre, des grades qui reviendront aux adjoints à titre d'ancienneté.

Aussitôt que la commission aura reçu cet avis, elle fera expédier aux adjoints le brevet du grade où leur ancienneté les aura portés, et les fera jouir de la solde qui y est attachée.

63. Quant à l'avancement par le choix, auquel ils auraient droit de prétendre, il sera suppléé de la manière suivante :

L'adjoint sous-lieutenant, après un an de service en cette qualité, sera élevé au grade de lieutenant.

L'adjoint-lieutenant, après dix-huit mois de service en cette qualité, sera élevé au grade de capitaine.

Enfin, l'adjoint - capitaine, après deux ans de service en cette qualité, sera susceptible d'être élevé au grade de chef de bataillon ou d'escadron, à la nomination du Corps-Législatif, sur la présentation de son comité de salut public ou du conseil exécutif.

Lorsque, par l'effet de cette disposition, un adjoint parviendra à un nouveau grade, il sera payé de la solde qui y sera affectée, à compter du jour de sa promotion.

64. En conséquence de la disposition qui précède, les adjoints aux adjudans-généraux ne seront point susceptibles d'être élevés aux places à la nomination du Corps-Législatif, dans le corps dont ils seront sortis, aussi long-temps qu'ils feront partie d'un état-major.

65. Il sera libre au chef de l'état-major de faire, parmi les adjoints, avec l'approbation du général en chef, les changemens qu'il jugera nécessaires au bien du service ; et, dans ce cas, ceux des adjoints qui n'auront plus ces fonctions à remplir, reprendront dans leur corps la première place vacante de leur grade ; et, en attendant, ils en rempliront les fonctions à la suite, et en toucheront la solde.

66. A la paix, les adjoints aux adjudans-généraux serviront pareillement à la suite du corps d'infanterie ou de troupe à cheval d'où ils seront sortis, jusqu'à ce qu'il vienne à y vaquer une place de leur grade ; et ils seront susceptibles des traitemens de retraite accordés par la loi.

67. Tous les officiers d'état-major des armées qui ont été tirés des différens corps, et qui ne seront pas compris dans le tableau qui sera incessamment présenté au Corps-Législatif, continueront leurs services dans leurs grades respectifs, à la suite des corps d'où ils seront sortis, et jouiront de la solde affectée aux grades correspondans aux leurs dans les bataillons ou escadrons. Les premières places qui viendront à vaquer à l'ancienneté, leur appartiendront suivant leur rang d'ancienneté de grade dans ces corps ; si elles vaquent à l'élection ou à la nomination du Corps-Législatif, elles leur seront conférées de droit à titre de remplacement.

68. Ceux desdits officiers d'état-major des armées qui, en violation de la loi du 21 février 1793, ont été employés en cette qua-lité sans appartenir à aucun corps, sont tenus de cesser leurs fonctions à dater du jour de la publication de la présente loi ; et ceux de ces officiers qui, au 15 août 1793, étaient de l'âge de la réquisition, seront tenus de servir sur-le-champ, comme volontaires, dans telle arme qu'ils voudront choisir dans l'armée à laquelle ils sont attachés.

Ceux des officiers qui, n'appartenant à aucun corps, ont été employés dans les états-majors des armées antérieurement à la loi du 21 février 1793, continueront de servir à la suite de l'état-major de l'armée à laquelle ils sont attachés, et reprendront, chacun dans leur grade, les places qui viendront à vaquer dans cet état-major : ils conserveront en attendant, leur traitement et leur grade.

69. Les aides-de-camp seront au choix des généraux près desquels ils devront servir, et seront pris immédiatement dans toutes les armes, et dans les grades indiqués ci-après.

Chaque général d'armée auquel il est accordé quatre aides-de-camp de droit, et deux de supplément, s'il le juge nécessaire, en prendra un parmi les chefs de brigade, un parmi les chefs de bataillon ou d'escadron, deux parmi les capitaines, et les deux de supplément parmi les lieutenans.

Chaque général de division auquel il est accordé deux aides-de-camp prendra le premier parmi les capitaines, et le second parmi les lieutenans ou sous-lieutenans.

Chaque général de brigade prendra son aide-de-camp parmi les lieutenans et sous-lieutenans.

70. Les officiers choisis pour être aides-de-camp, et qui auront accepté ces places, seront aussitôt remplacés dans leurs corps respectifs, suivant les dispositions de la loi.

71. Ils conserveront néanmoins leurs droits d'ancienneté dans leurs grades et dans les corps d'où ils seront sortis, pour parvenir, à ce titre, aux grades supérieurs aux leurs ; mais ils ne pourront y rentrer qu'à la paix, et l'on se conformera, pour ce qui concerne leur avancement, à ce qui est réglé pour les adjoints aux adjudans-généraux, par les articles 59, 60, 61, 62, 63, 64, 66, de la présente loi.

72. Les aides-de-camp chefs de bataillon ou d'escadron monteront de droit à la place d'aide-de-camp chef de brigade, lorsqu'il en viendra à vaquer.

Les aides-de-camp chefs de brigade parviendront au grade de général de brigade comme tous les autres chefs de brigade de l'armée.

73. Les aides-de-camp de tout grade seront payés de la solde affectée à leurs grades respectifs par la loi du 2 thermidor, à dater du jour de leur promotion à ce grade, sur les revues particulières des états-majors.

74. L'officier-général qui sera nommé pour remplacer un autre officier général de son grade, ne pourra faire un nouveau choix d'aide-de-camp ; il sera tenu de conserver ceux attachés à son prédécesseur, et les fera agréer du comité de salut public ou du conseil exécutif.

75. Les emplois de généraux de brigade seront conférés aux chefs de brigade en activité de service dans toutes les armes de la République ; ils seront à la nomination du Corps-Législatif, sur la présentation de son comité de salut public ou du conseil exécutif.

76. Le rang des généraux de brigade entre eux sera réglé, pour cette fois seulement par l'ancienneté de leur service, pourvu qu'ils aient toujours été en activité de service ou qu'il ne s'y trouve pas plus d'un mois d'interruption volontaire, dans ce dernier cas, lorsqu'il y aura plus de six mois d'interruption, l'ancienneté ne datera que du jour de la rentrée au service.

77. Les généraux de division seront nommés de la même manière que les généraux de brigade : ils prendront rang entre eux, conformément à l'article précédent.

78. Les généraux en chef n'auront qu'une commission temporaire : ils seront choisis parmi les généraux de division, par le comité de salut public ou le conseil exécutif, et présentés au Corps Législatif, qui les nommera.

79. L'artillerie et le génie conserveront le mode d'avancement qui leur est particulier, conformément aux lois qui les concernent.

80. Lorsqu'un militaire, de quelque grade que ce soit, se sera distingué à la guerre par une action d'éclat, le général en chef, sur le rapport qui lui en sera fait par le général de division, pourra, s'il juge l'action assez importante, l'élever sur-le-champ au grade immédiatement supérieur à celui dans lequel il aura combattu ; en conséquence, la première qui viendra à vaquer au choix ou à la nomination du Corps-Législatif, lui appartiendra de droit ; et, en attendant, il en portera les marques distinctives, et en recevra la solde. Lorsqu'un représentant du peuple se sera trouvé présent à l'action, ce sera lui qui, sur la demande du général en chef, conférera le grade supérieur. Le Corps-Législatif décernera de plus grandes récompenses, s'il y a lieu.

81. Les belles actions seront constatées au général de division par le témoignage des officiers, sous officiers et volontaires qui auront été présens, et le général de division en rendra compte au général en chef.

82. Toutes les places qui se trouveront vacantes au moment de la publication de la présente loi, ou sur la nomination desquelles il y aura des réclamations fondées, seront sur-le-champ remplies suivant le nouveau travail qui sera incessamment présenté par le comité de salut public et agréé par la Convention nationale.

83. La commission de l'organisation et du mouvement des armés de terrre est tenue, sous sa responsabilité, dans la quinzaine de la publication de la présente loi, d'en faire parvenir des exemplaires aux généraux en chef, aux états-majors des armées, aux conseils d'administration des bataillons et des régimens des troupes à cheval, et aux commissaires des guerres, pour que son exécution ne souffre aucun délai.

Les généraux en chef rendront compte, tous les mois, à partir de la réception de ladite loi, à la commission de l'organisation et du mouvement, de son exécution dans tous les corps qui composent les armées de la République ; et la commission rendra exactement, et aux mêmes époques, un pareil compte au comité de salut public ou au conseil exécutif, afin que le comité ou le conseil exécutif soit exactement informé de la situation des remplacemens dans tous les corps.

_____

14 GERMINAL an 3 (3 avril 1795).—Décret contenant une nouvelle rédaction du décret qui nomme le général Pichegru commandant en chef de la garde nationale parisienne. (1, Bull. 132, n° 738.)

_____

14 GERMINAL an 3 (3 avril 1795). — Décret sur une lettre écrite par l'accusateur public près le tribunal révolutionnaire, relative à l'instruction du procès de Fouquier-Tinville. (B. 53, 57.)

_____

14 GERMINAL an 3 (3 avril 1795).—Décret portant que les noms des citoyen Lemonier et Defrais, proposés pour remplir les fonctions de commissaires de la Trésorerie nationale, seront affichés dans la salle des séances de la Convention. (B. 53, 58.)

_____

14 GERMINAL an 3 (3 avril 1795). — Décret qui ordonne l'impression et l'ajournement d'un rapport sur des réclamations faites par les artistes transférés du théâtre rue de la Loi, au théâtre Egalité du Faubourg-Germain. (B. 53, 58.)

_____

14 GERMINAL an 3 (3 avril 1795).—Décret qui ordonne l'adjonction de quatre nouveaux membres au comité de salut public. (B. 53, 58.)

_____

14 GERMINAL an 3 (3 avril 1795).—Décret qui désigne les représentans Blangui, Fayolle, Pariès et Joseph Lacombe pour surveiller la réparation des routes. (B. 53, 59.)

_____

14 GERMINAL an 3 (3 avril 1795). — Décret qui suspend l'exécution de jugemens rendus contre Aubert et Cannuzeau (B. 53, 59.)

_____

14 GERMINAL an 3 (3 avril 1795). — Décret qui

ordonne la mention honorable d'une adresse des citoyens de Lyon, et l'insertion au Bulletin. (B: 53, 75.)

_____

14 GERMINAL an 3 (3 avril 1795). — Décret portant que le représentant Cambon n'est plus membre du comité des finances. (B. 53, 75.)

15 GERMINAL an 3 (4 avril 1795).—Décret relatif aux baux à cheptel. (1, Bull. 134, n° 739; B. 53, 59.)

Voy. décret du 24 FLORÉAL an 3 ; du 1er FRUCTIDOR an 3, et du 2 THERMIDOR an 6.

Art. 1er. A compter de ce jour tous ceux à qui il a été donné des bestiaux à titre de cheptel, cabal, command, et à toute autre condition équivalant à celles-ci, seront tenus de les rendre au propriétaire ou à celui qui le représente, à la fin du bail ou lors de l'exigne, compte ou partage, en même nombre, espèce et qualité qu'ils les ont reçus.

Toutes conventions, stipulations et clauses contraires à cette disposition, sont regardées comme non-avenues, et demeureront sans effet.

2. Néanmoins, si, par maladie, force majeure et autre accident, celui qui a reçu du bétail à cheptel simple, se trouvait en avoir perdu plusieurs têtes qu'il ne pût remplacer par le croît, il ne sera tenu, en ce cas, que de payer au propriétaire la part de cette perte qui tombe à sa charge, selon les conditions du bail, ou l'usage des lieux à défaut de bail, et sur le prix qui sera ci-après fixé.

3. L'exception dont il est parlé dans l'article précédent, ne s'applique point à celui qui tient des bestiaux à cheptel de fer ou cheptel mort, ou à toute autre condition équivalant à ce bail : si, au moment où ces bestiaux doivent être remis au propriétaire, de la manière qu'il est exprimé à l'article 1er, le cheptelier ne pouvait pas en représenter autant de têtes qu'il en a reçues, dans ce cas il sera tenu de payer la valeur de celles qui manqueront, sur le prix courant.

4. Si le trait à cheptel n'offre qu'une énonciation de la somme à laquelle les bestiaux ont été évalués, sans désignation de nombre, d'espèce et de qualité; s'il n'existe même aucun écrit à cet égard, en cas de contestation à ce sujet, la quantité, l'espèce et la qualité des bestiaux donnés pourront être déterminées par la voie d'enquête ou par des experts.

Ces experts seront choisis par chacun des intéressés ; et, s'il arrivait que l'un des deux négligeât d'en nommer un, il le sera par le juge-de-paix du canton où la contestation se sera élevée.

5. Les experts prendront toutes les informations et tous les éclaircissemens nécessaires pour découvrir la vérité; ils s'arrêteront au montant de l'estimation, et apprécieront combien, au temps de cette estimation, il a pu y avoir d'espèces différentes de bestiaux : ils feront aussi attention au nombre convenable pour l'exploitation de la métairie dont il sera question; en cas de partage d'avis, les deux experts pourront en nommer un troisième.

6. Les bestiaux composant le fonds du cheptel ainsi représenté, il en sera fait une estimation sur le prix de 1790, plus un tiers en sus.

Si, d'après cette estimation, le fonds du cheptel se trouve être d'une plus grande valeur que quand il a été formé, le profit sera partagé entre le propriétaire et le cheptelier.

7. La seconde disposition de l'article précédent ne s'applique qu'aux baux à cheptel simple ou ordinaire : à l'égard des baux à cheptel de fer, ou à toute autre condition équivalant à ce bail, l'excédant qui pourra résulter de la nouvelle estimation reviendra en totalité au cheptelier.

8. Dans les articles précédens n'est point compris le croît du cheptel. Le croît est le bétail provenu de la multiplication des espèces : ce croît sera partagé en nature entre le propriétaire et le cheptelier, ou évalué sur le prix des bestiaux au moment de l'estimation, s'il s'agit d'un bail à cheptel simple ou ordinaire; si c'est d'un bail à cheptel de fer, ce croît appartiendra à celui qui rend les bestiaux.

9. L'estimation sur le prix de 1790, et un tiers en sus, n'est relative qu'aux baux à cheptel faits antérieurement à cette époque. Les bestiaux donnés à cheptel en 1791 et 1792 seront estimés sur le prix qu'ils avaient dans chacune de ces deux années, plus un tiers en sus : pour ceux donnés en 1793, l'évaluation s'en fera sur le prix de cette même année, plus un quart en sus; et enfin, pour 1794, ils seront évalués sur le prix qu'ils avaient lors de l'estimation, plus un cinquième en sus.

10. Les fermiers ou métayers laisseront en nature au propriétaire tous les ustensiles et harnais de labour et d'exploitation, et les semences qui leur auront été fournies, nonobstant toutes clauses contraires.

11. Toutes les difficultés qui ont pu s'élever dans le courant de l'année dernière, sur les baux à cheptel expirés ou résiliés, et qui sont indécises; toutes celles aussi qui se sont élevées relativement à l'exécution des arrêtés du comité de salut public, des 2 thermidor et 17 fructidor, jusqu'à ce jour, et qui ne sont pas non plus entièrement terminées, seront définitivement réglées d'après les dispositions des articles précédens.

12. Les contestations qui pourront survenir sur l'exécution de la présente loi, se-

ront décidées par le juge-de-paix du canton des lieux où il pourra s'en élever (1).

15 GERMINAL an 3 (4 avril 1795).—Décret concernant les pensionnaires et les invalides de la marine. (1. Bull. 137, n° 757 ; B. 53, 78.)

Voy. loi du 30 AVRIL=13 MAI 1791 ; ordonnance du 12 DÉCEMBRE 1814.

TITRE Ier. Du temps de service et des circonstances nécessaires pour obtenir une pension sur la caisse des invalides de la marine.

Art. 1er. Pour fixer d'une manière invariable le temps de service nécessaire dans la marine pour obtenir une pension ou la demi-solde sur la caisse des invalides de cette arme, et concilier l'art. 4 du titre II de la loi du 3 = 22 août 1790 avec l'art. 3 du titre IV de celle du 30 = 13 mai 1791, toutes les pensions non liquidées et celles à accorder par la suite, le seront d'après vingt-cinq ans de service effectif, ou pour blessures reçues au service public, ou infirmités graves.

2. Les années de service pour le compte de l'État seront comptées comme il est prescrit par l'article 1er du titre II de la loi du 3 = 22 août 1790 ; celles employées sur les bâtimens du commerce seront comptées par moitié.

3. Il n'est en rien dérogé à la loi du 19 juillet 1793, qui étend aux marins les dispositions de celle du 6 juin précédent, rendue pour les troupes de terre, lesquelles continueront d'être exécutées, dans les cas qui y sont prévus, suivant leur forme et teneur.

TITRE II. Des pensions actuellement existantes, liquidées sur la caisse des invalides de la marine, et de celles qui en sont rejetées.

Art. 1er. Les dénommés aux deux états annexés à la présente loi, dont les pensions contenues au premier ont été définitivement liquidées, et celles contenues au second avaient été ajournées, faute par les pensionnaires d'avoir justifié de trente ans effectifs de service, ou qu'elles avaient été accordées pour blessures ou infirmités graves, recevront, à titre de pensions viagères, sur la caisse des invalides de la marine, la somme de trois cent quatorze mille sept cent trente-sept livres.

2. La somme ci-dessus sera répartie entre eux suivant les proportions indiqués auxdits deux états.

3. Les marins, et leurs parens dans les degrés de veuves, pères, mères, enfans, frè-

res et sœurs, qui avaient des pensions sur la caisse des invalides de la marine, et qui jouissent d'autres pensions ou traitemens sur le Trésor public, et qui, par cette raison, ont été rejetés de la liquidation sur ladite caisse, en demeurent dès à présent exclus.

4. Cependant, les désignés en l'article précédent pourront y conserver leurs droits, et se faire liquider desdites pensions, dans le cas seulement où les pensions dont ils jouissent sur le Trésor public viendraient à être totalement rejetées.

5. Les citoyens dont les pensions ont été rejetées de la liquidation sur ladite caisse des invalides de la marine sans remplacement sur le trésor public, comme les ayant obtenues sans droit ni qualité, en demeurent dès à présent déchus, sans espoir de retour sur ladite caisse.

6. A l'égard de ceux desdits pensionnaires qui sont actuellement en activité de service, et dont, par cette raison, la liquidation a été ajournée, ils seront liquidés s'ils l'exigent, comme il sera dit au titre suivant.

TITRE III. Qui relève les pensionnaires tombés en déchéance, et qui appelle à la liquidation ceux ajournés pour cause d'activité de service.

Art. 1er. La Convention nationale, voulant venir au secours des marins employés dans cette arme, et de leurs parens, toujours dans les degrés de veuves, pères, mères, enfans, frères et sœurs, qui, par ignorance, négligence ou autrement, n'ont pas satisfait à la loi du 31 mars = 4 avril 1792 et autres postérieures, en déposant leur certificat de résidence entre les mains du commissaire général liquidateur avant le 1er ventose de l'an 2, et qui sont tombés en déchéance, les en relève.

2. En conséquence, lesdits marins employés, et leurs parens dans les degrés mentionnés en l'article précédent, qui peuvent avoir droit à des pensions sur ladite caisse des invalides de la marine, sont dès à présent admis à déposer leurs titres entre les mains du commissaire général liquidateur.

3. En faisant le dépôt desdits titres, ceux qui prétendent droit auxdites pensions, seront tenus d'y joindre un certificat constatant qu'ils ont résidé en France, ou dans les colonies françaises, ou bien qu'ils ont été employés sur les vaisseaux de l'État ou du commerce, depuis le 9 mai 1792.

4. Ceux desdits pensionnaires qui se trouvent dans les cas prévus par les articles précédens, seront incessamment liquidés comme s'ils n'étaient pas tombés en déchéance.

___

(1) L'attribution que la loi du 15 germinal an 3 donnait aux juges-de-paix, en matière de cheptel, a été révoquée par la loi du 2 thermidor an 6. Dans le cheptel simple, la perte survenue sans la faute du preneur et par cas fortuit, est commune entre le bailleur et le preneur (2 frimaire an 10 ; Poitiers. S. 2, 2, 100 ; *idem*, 22 juin 1808 ; Cass. S. 8, 1, 532.)

5. Jusqu'à la liquidation définitive, lesdits pensionnaires tombés en déchéance seront provisoirement payés de la pension à laquelle ils ont droit de prétendre, ainsi que des arrérages, en rapportant, lors du premier paiement seulement, du commissaire général liquidateur, certificat qu'ils ont satisfait aux articles précédens, et qu'ils peuvent avoir droit à ladite pension.

6. Les ouvriers employés dans les ports avec les marins, jusqu'au grade de lieutenant de vaisseau exclusivement, pourront cumuler leurs traitemens d'activité avec les pensions ou demi-soldes dont ils doivent jouir sur la caisse des invalides de la marine ou sur toute autre caisse.

7. En conséquence, ceux desdits ouvriers, employés ou marins qui se trouvent dans le cas prévu par l'article précédent, et dont la liquidation, pour cette raison, a été suspendue, en conformité de la loi du 30 avril = 13 mai 1791, seront incessamment liquidés, en rapportant leurs titres et le certificat de leur activité de service au commissaire liquidateur.

8. Jusqu'à la liquidation définitive, lesdits ouvriers, employés et marins seront provisoirement payés des pensions ou demisolde auxquelles ils auront droit, jusqu'à la concurrence du *maximum* de chaque nature de pension ; celui sur la caisse des invalides de la marine demeurant fixé à six cents livres.

9. Ceux des Acadiens et Canadiens réfugiés en France, qui ont des pensions ou demi-soldes sur la caisse des invalides de la marine, pourront également les cumuler avec leur part contributive dans les secours accordés à titre de subsistance aux familles acadiennes et canadiennes indigentes, par décret du 21 = 25 février 1791, pourvu que l'une et l'autre n'excédent pas la somme de mille livre pour chaque individu.

TITRE IV. Des formalités pour parvenir aux paiement desdites pensions.

Art. 1er. Les pensions accordées par l'article 1er du titre II de la présente loi, ainsi que celles qui doivent être provisoirement payées, le seront sans délai à ceux qui y ont droit, avec les arrérages qui peuvent en être dus, sous la déduction de ce que chacun peut avoir reçu.

2. Les paiemens se feront à Paris par la Trésorerie nationale, et dans les départemens par les officiers civils qui en ont été jusqu'à présent chargés, de manière qu'ils s'effectuent de six en six mois, en suivant l'année républicaine.

3. Cependant, dans le cas ou aucuns desdits pensionnaires ou invalides à demisolde seraient dans un état de détresse et de besoins urgens, à Paris, le commissaire de la marine, et dans les départemens, les officiers des classes, pourront, sans attendre

l'échéance des semestres, faire payer lesdites pensions et demi-soldes à raison des besoins de chaque individu, mais sans que ces paiemens puissent déranger l'ordre de comptabilité des payeurs, qui le continueront à chaque semestre.

4. Les pensionnaires jouissant d'une pension au-dessus de deux cents livres sont assujétis, pour toute formalité, à justifier, par certificat, de leur résidence en France, ou de leur embarquement sur les vaisseaux de l'Etat ou du commerce français, depuis le 9 mai 1792.

5. Les quittances qu'ils seront obligés de fournir aux payeurs, seront reçues par les officiers publics, mais exemptes du droit d'enregistrement, ainsi que le certificat de résidence.

6. Toutes les pensions de deux cents livres et au-dessous, ainsi que les demi-soldes, continueront d'être payées sans autres formalité que celle d'un simple certificat de vie, non sujet à l'enregistrement, qui sera délivré *gratis* par les juges-de-paix ou municipalités.

7. Pour parvenir auxdits paiemens, il sera formé des états de revue constatant les noms, prénoms, demeures et âge desdits pensionnaires et invalides, en marge ou à la suite desquels les officiers des classes, et à Paris les payeurs de la Trésorerie certifieront, chacun pour ce qui le concerne, que les paiemens ont été faits en leur présence à chacun desdits pensionnaires et invalides.

8. Il n'est rien innové aux paiemens de la demi-solde due aux invalides de la marine, qui continueront d'être faits comme par le passé, à quelque somme qu'elle se trouve fixée.

TITRE V. De la rectification des erreurs et omissions qui peuvent s'être glissées dans les noms et prénoms des pensionnaires.

Art. 1er. Pour rectifier l'omission des prénoms et les erreurs qui peuvent s'être glissées dans les noms propres qui ont été mal orthographiés ou estropiés dans les listes annexées au présent décret, et prévenir les difficultés qui pourraient en resulter dans la comptabilité, chaque pensionnaire, pour recevoir le premier paiement, sera tenu de rapporter son acte de naissance avec un acte de notoriété qui constatera son nom, prénom, le lieu de sa résidence, et qu'il est le même individu qui réclame ladite pension.

2. L'acte de notoriété ci-dessus exigé sera donné sur papier timbré fourni par les parties, et sans frais ni enregistrement, par les municipalités ou officiers civils des sections du lieu de la résidence des pensionnaires, visé et certifié, pour les signatures seulement, par les administrations de district ou de département.

3 Dans le cas où lesdits pensionnaires ne

5.

seraient pas suffisamment connus par les officiers municipaux ou officiers des sections du lieu de leur résidence, ils pourront se faire connaître par trois témoins connus et y domiciliés, qui attesteront connaître le pensionnaire ; de laquelle déclaration il sera dressé acte par deux officiers municipaux ou de section, qui sera également visé et certifié, pour les signatures, par les administrations de district ou de département.

4. Les pièces ci-dessus requises seront remises aux officiers civils de la marine, et spécialement à ceux chargés des classes, qui seront tenus, sous leur responsabilité personnelle, de les faire passer sans délai à la commission de la marine, qui est chargée de faire faire de suite les corrections qui pourront se trouver à faire auxdites listes et à la matricule générale desdits pensionnaires.

TITRE VI. De la comptabilité générale de la caisse des invalides de la marine, et de celle des gens de mer.

Art. 1er. Le régime et l'ordre des paiemens pratiqués jusqu'à ce jour pour la caisse des invalides de la marine et celle des gens de mer, seront maintenus.

2. A cet effet, la commission de la marine et la Trésorerie nationale se concerteront pour établir un mode d'exécution tel, que les paiemens s'effectuent sans éprouver aucun retard ; que la comptabilité desdites caisses soit distincte et séparée de toutes autres, et continue à s'opérer sous les ordres, surveillance et responsabilité du commissaire de la marine.

3. Pour parvenir auxdits paiemens, la Trésorerie nationale sera tenue de délivrer, dans le plus court délai, au commissaire de la marine, l'inscription définitive sur le grand-livre, de la somme d'un million sept cent quatre-vingt-douze mille deux cent soixante-six livres quatorze sous quatre deniers de rente perpétuelle, appartenant à la caisse des invalides de la marine.

4. Ladite rente sera payée sur la simple quittance ou mandat du commissaire de la marine, avant l'échéance de chaque semestre, par la Trésorerie nationale, qui sera tenue, sur l'avis de la commission de la marine, de faire passer sur-le-champ dans les ports, aux payeurs qui lui seront indiqués, les fonds nécessaires aux paiemens desdites pensions et demi-soldes des invalides, pour que les uns et les autres n'éprouvent aucun retard.

5. A l'avenir, il ne pourra être rendu aucune loi, ni pris par les comités de gouvernement aucun arrêté, concernant les caisses des invalides et gens de mer, que sur le rapport du comité de marine ; sauf à lui, dans les cas qui le requerront, à en communiquer aux autres comités.

TITRE VII. De l'augmentation des pensions sur les caisses des invalides de la marine, et de la demi-solde.

Art. 1er. La Convention nationale s'étant fait rendre compte de la situation de la caisse des invalides de la marine ; touchée des circonstances, et voulant venir au secours des marins, dont la plupart sont dans l'indigence, après avoir sacrifié une grande partie de leur vie au service public, et versé leur sang pour la patrie, décrète que les pensions sur la caisse des invalides de la marine seront augmentées suivant les proportions indiquées en l'article suivant.

2. Les pensions sujettes à la liquidation par la loi du 13 mai 1791, sur la caisse des invalides de la marine, de cinquante livres et au-dessous, seront portées à cent livres ; celles de cinquante à cent livres seront portées à cent cinquante livres ; celles de cent à cent cinquante livres, à deux cents livres ; celles de cent cinquante à deux cents livres, à deux cent cinquante livres ; celles de deux cents à deux cent cinquante livres, à trois cents livres ; celles de deux cent cinquante à trois cents livres, à trois cent cinquante livres ; celles de trois cents à trois cent cinquante livres, à quatre cents livres ; celles de trois cent cinquante à quatre cents livres, à quatre cent cinquante livres ; celles de quatre cents à quatre cent cinquante livres, à cinq cents livres ; celles de quatre cent cinquante à cinq cents livres, à cinq cent cinquante livres ; celles de cinq cent cinquante à six cents livres, qui est le *maximum*, à six cents livres.

3. Tous les marins qui, aux termes de la loi du 13 mai 1791, ont droit à la demi-solde sur la caisse des invalides, jouiront de l'augmentation ci-après.

4. Ceux dont la demi-solde était de quinze à dix-huit livres par mois, en recevront vingt ;

Ceux dont la demi-solde était de douze livres dix sous à quinze livres, recevront dix-huit livres par mois.

Ceux dont la demi-solde était de dix à douze livres dix sous, recevront quinze livres par mois ;

Ceux dont la demi-solde était de huit à dix livres, recevront quatorze livres par mois.

5. Le supplément de quarante sous, accordé par l'article 4 du règlement annexé à la loi du 13 mai 1791 aux enfans des invalides au-dessous de dix ans, sera porté à trois livres par mois.

6. Il sera tenu compte des augmentations comprises au présent titre, aux pensionnaires et invalides de la marine, et à leurs enfans ou héritiers, à compter du 1er vendémiaire dernier.

7. Les invalides et leurs familles admis à l'avenir à la pension ou à la demi-solde, le

seront suivant et conformément aux lois des
30 avril = 13 mai 1791 et 30 mai = 8 juin
1792, avec l'augmentation indiquée au présent titre.

8. En passant la première revue, les invalides qui jouissent de la demi-solde, seront tenus de remettre leur brevet à l'officier des classes, ou à l'administration du département où il n'y a pas d'officier des classes, qui leur en donneront récépissé; lesquels en dresseront de suite la liste nominative, et enverront le tout, dans le plus bref délai, à la commission de la marine.

9. Il sera sursis au paiement de ceux desdits invalides qui ne se conformeront pas à la disposition de l'article précédent.

10. La commission de la marine fera expédier de suite par son bureau de l'administration desdits invalides, de nouveaux brevets au nom de la République, lesquels contiendront la somme dont chacun doit jouir, aux termes de la présente loi, et seront contre-signés par le commissaire de la marine.

11. La commission de la marine sera tenue de faire passer sans retard aux officiers des classes, et aux administrations de département où il n'y en a pas, les nouveaux brevets, qu'ils remettront chacun dans leur quartier respectif auxdits invalides, en retirant le récépissé qui leur aura été délivré; lesquels invalides seront tenus de les représenter à chaque revue.

12. Au surplus, les lois des 3 = 22 août 1790 et 30 avril = 13 mai 1791, seront exécutées suivant leur forme et teneur, en tout ce qui n'y est pas dérogé par la présente loi.

15 GERMINAL an 3 (4 avril 1795).—Décrets qui envoient en mission les représentans Cazenave, Mailhe, Bourret, dans divers départemens, et le représentant Chiappe près l'armée des Alpes et d'Italie. (B. 53, 85 et 86.)

15 GERMINAL an 3 (4 avril 1795). — Décret relatif à une erreur qui s'est glissée dans le décret du 8 de ce mois, à l'énoncé de la somme que la Trésorerie nationale doit passer en dépense au citoyen Muguet. (B. 53, 85.)

15 GERMINAL an 3 (4 avril 1795). — Décret relatif au citoyen Gouion. (B. 53, 86.)

15 GERMINAL an 3 (4 avril 1795). — Décret qui ordonne l'impression du discours prononcé à la barre de la Convention par le général Pichegru. (B. 53, 86.)

15 GERMINAL an 3 (4 avril 1795). — Décret qui assimile aux réfugiés des colonies les administrateurs et étudians irlandais réfugiés en France. (B. 53, 85.)

15 GERMINAL an 3 (5 avril 1795). — Décret qui détermine la manière dont pourront se pourvoir en cassation les détenus pour cause de révolution, ou qui se sont soustraits aux mandats d'arrêt. (1, Bull. 134, n° 740 ; B. 53, 88.)

Art. 1er. Tous ceux qui ont été détenus à l'occasion de la révolution, ou qui se sont soustraits par la suite à un mandat d'arrêt décerné contre eux par des circonstances qui y sont relatives, pourront, dans trois mois à compter de la publication du présent décret, se pourvoir par la voie de l'opposition, appel ou cassation, contre tous jugemens rendus depuis leur mandat d'arrêt ou leur fuite, sans qu'on puisse leur opposer aucune prescription, expiration de délai ou péremption d'instance, acquise ou survenue depuis cette époque, dont ils sont relevés par la présente loi.

2. Les personnes designées dans l'article précédent pourront se pourvoir dans le même délai, par la voie de l'opposition, devant les mêmes juges, contre les jugemens rendus en dernier ressort, comme s'ils avaient été rendus par défaut.

3. Le cours de la prescription et de tout autre délai dont l'expiration emporterait fin de non-recevoir contre les citoyens ci-dessus indiqués, demeure suspendu depuis le mandat d'arrêt décerné contre eux, jusqu'à la publication du présent décret.

4. Les condamnés qui, pendant leur détention ou depuis, auront librement et formellement acquiescé aux jugemens rendus contre eux ne seront pas admis à réclamer le bénéfice des dispositions contenues dans les deux articles ci-dessus.

Le présent décret sera inséré au Bulletin.

16 GERMINAL an 3 (5 avril 1795).—Décret relatif à la recréation des pensions affectées sur les corps et corporations supprimés. (1, Bull. 134 n° 742 ; B. 53, 94.)

Art. 1er. Les pensions accordées en vertu de délibérations légalement autorisées, affectées sur les revenus des fabriques des ci-devant églises, tribunaux consulaires, académies, et généralement de tous corps, corporations et établissemens quelconques supprimés, dont l'actif est déclaré appartenir à la République, seront recréées d'après les bases déterminées, et conformément aux règles fixées par le décret général sur les pensions, du 3 = 22 août 1790.

2. Les citoyens qui prétendent droit à la recréation desdites pensions, sont tenus, à peine de déchéance, de déposer à la direction générale de la liquidation, avant le 1er messidor prochain, les certificats de leur résidence en France sans interruption depuis le 1er mai 1792.

3. Le directeur général de la liquidation est autorisé à faire payer aux pensionnaires susdésignés les secours provisoires que la

loi du 22 = 25 février 1791 leur assure, et ce, pour ce qu'ils justifieront leur être dû jusqu'au moment de leur liquidation définitive, en se conformant par eux à toutes les formalités auxquelles sont assujétis les pensionnaires de la République.

4. L'insertion du présent décret au bulletin de correspondance tiendra lieu de promulgation.

16 GERMINAL an 3 (5 avril 1795). — Décret qui ordonne l'arrestation de neuf représentans du peuple. (1, Bull. 134, n° 741; B. 53, 87.)

16 GERMINAL an 3 (5 avril 1795). — Décret relatif aux pensions et secours à accorder aux employés de l'ancienne Compagnie des Indes réformée. (B. 53, 87.)

Voy. loi du 24 MESSIDOR an 3.

16 GERMINAL an 3 (5 avril 1795). — Décret portant que l'accusateur public du tribunal criminel de la Somme poursuivra les auteurs et complices de la révolte d'Amiens. (B. 53, 89.)

16 GERMINAL an 3 (5 avril 1795). — Décrets qui accordent des secours et pensions. (B. 53, 89, 90, 91, 92 et 93.)

16 GERMINAL an 3 (5 avril 1795). — Décret portant que la déclaration du représentant Robert que la signature Robert, mise au bas de la demande en appel nominal formée dans la nuit du 18 germinal n'est pas la sienne, sera insérée au Bulletin. (B. 53, 90.)

16 GERMINAL an 3 (5 avril 1795). — Décret qui casse un arrêté du représentant du peuple Maignet contre Crudère père. (B. 53, 91.)

16 GERMINAL an 3 (5 avril 1795). — Décret qui affecte le ci-devant séminaire à Strasbourg à l'école de santé. (B. 53, 87.)

17 GERMINAL an 3 (6 avril 1795). — Décret qui détermine les tribunaux par lesquels doivent être jugés les fonctionnaires publics. (1, Bull. 134, n° 743; B. 53, 95.)

Art. 1er. Tous les fonctionnaires publics et les divers agens ou employés qui sont énoncés dans la section V de la loi du 14 frimaire de l'an 2, et dans les articles 8, 9 et 10 de celle du 19 floréal suivant, seront jugés devant les mêmes juges et dans les mêmes formes que les autres citoyens.

2. Si quelqu'un d'entre eux était actuellement traduit dans l'un des tribunaux criminels du département, et que l'accusation eût été reçue, le procès sera continué dans les formes prescrites par la loi du 16 = 29 septembre 1791 sur la procédure criminelle.

3. Les membres des commissions exécutives ne pourront être jugés que par le tribunal criminel du département de Paris, et seulement après que leur arrestation aura été approuvée par le comité sous la surveillance duquel ils sont.

4. Ceux qui auraient été condamnés d'après les formes prescrites par la loi du 19 floréal dernier, pourront se pourvoir en cassation contre le jugement, dans le délai d'un mois après la promulgation du présent décret, qui sera publié par la voie du bulletin de correspondance.

5. Toutes lois contraires au présent décret sont rapportées.

17 GERMINAL an 3 (6 avril 1795). — Décret qui détermine un mode pour l'exploitation des salpêtres. (1, Bull. 134, n° 744; B. 53, 96.)

Voy. lois du 11 MAI 1793, et du 13 FRUCTIDOR an 5.

Art. 1er. Les salpêtriers commssionnés recevront une indemnité de quatre sous pour chaque livre de salpêtre qu'ils auront versée directement dans les magasins de l'agence des salpêtres et poudres, depuis le 1er germinal an 2 jusqu'au 30 ventôse an 3 inclusivement. Cette indemnité ne sera que de deux sous par livre sur le salpêtre que les mêmes salpêtriers auront versé dans les dépôts de la fabrication révolutionnaire.

2. Attendu le renchérissement des matières et de la main-d'œuvre, le prix du salpêtre est provisoirement fixé à six francs la livre, à compter du 1er germinal présent mois.

3. Les salpêtriers seront tenus, comme précédemment, de livrer leur salpêtre dans les magasins de l'agence : ils n'éprouveront d'autre retenue que celle qui pourra dériver de la qualité du salpêtre livré, lorsqu'il donnera au raffinage plus de trente pour cent de déchet; ce qui sera constaté par des épreuves faites en présence des salpêtriers.

4. Les salpêtriers s'approvisionneront dorénavant de potasse par la voie du commerce : l'agence ne s'en approvisionnera que pour son propre service, et pour en fournir, au taux du commerce, aux salpêtriers qui n'auraient pas les moyens ou les facilités de s'en procurer.

5. Les lois précédentes concernant la fouille et l'enlèvement des matériaux salpêtrés provenant des démolitions, continueront à être observées.

6. Les salpêtriers resteront soumis à la même surveillance et à la même police. Les corps administratifs leur accorderont appui et protection, et termineront, comme par le passé, les différens qui pourraient s'élever à raison de la fouille et de l'enlèvement des terres et matériaux salpêtrés.

7. Les communes qui voudront continuer l'exploitation du salpêtre, seront tenues

d'en faire leur déclaration au commissariat de l'agence des poudres, et de verser leur salpêtre dans les magasins de l'agence. Ce salpêtre sera payé au même prix et soumis aux mêmes épreuves que celui des salpêtriers commissionnés.

8. Les ustensiles requis pour le service des ateliers communs où l'on aura cessé les travaux, seront restitués aux propriétaires : ceux de ces ustensiles requis, encore nécessaires dans les ateliers où le travail sera continué, seront payés au prix du commerce au propriétaire par les communes auxquelles les ateliers appartiennent.

9. Les ustensiles dont le prix a été payé sur les fonds avancés par le Trésor public, et qui existeront dans les ateliers dont le travail a cessé ou cessera, seront, après avoir été estimés, vendus aux citoyens qui voudront entreprendre la fabrication du salpêtre, et qui seront tenus d'obtenir des commissions de salpêtriers.

10. Les administrations de district sont autorisées à accorder, sous bonne et valable caution, les facilités convenables pour le paiement de la valeur desdits ustensiles qui seront vendus à d'anciens ou à de nouveaux salpêtriers.

11. Les agens salpêtriers de district et les préposés instructeurs de département nommés conformément à la loi du 14 frimaire, cesseront toutes fonctions : ceux qui sont encore en activité recevront leur traitement jusqu'au 1er prairial exclusivement.

12. Le comité de salut public est autorisé à régler l'organisation de l'agence des poudres et salpêtres, de manière à diminuer les frais, et à régulariser définitivement les opérations de cette agence.

---

17 GERMINAL an 3 (6 avril 1795). — Décret qui fixe le prix des poudres et salpêtres. (1, Bull. 134, n° 745 ; B. 53, 98.)

Voy. lois du 11 MARS 1795, et du 13 FRUCTIDOR an 7.

Art. 1er. Les fournitures particulières de poudre fine ou de poudre de guerre, que le comité de salut public croira devoir autoriser, seront payés dorénavant, et jusqu'à nouvel ordre, à raison de douze francs la livre.

2. Les poudres de mines nécessaires aux travaux publics et à l'exploitation des mines et carrières, continueront à être délivrées conformément à la loi du 11 mars 1793, et seront payées à dix francs la livre.

3. Les fournitures de salpêtre autorisées par les lois précédentes, ne pourront être faites qu'aux prix suivans :

Salpêtre brut, six francs la livre.

Salpêtre raffiné, dix francs la livre.

---

17 GERMINAL an 3 (6 avril 1795). — Décret qui

ordonne la distribution d'un discours sur les crimes de Billaud, Collot, Barrère et Vadier. (B. 53, 99.)

---

17 GERMINAL an 3 (6 avril 1795). — Décret qui annule un jugement du tribunal de cassation rendu contre François Fesche et Marie-Anne Laroche. (B. 53, 95.)

---

17 GERMINAL an 3 (6 avril 1795). — Décret portant nomination à des emplois vacans dans l'armée. (B. 53, 99.)

---

17 GERMINAL an 3 (6 avril 1795). — Décret qui ordonne un rapport détaillé des événemens qui ont précédé et suivi la révolte éclatée le 12 de ce mois. (B. 53, 96.)

---

17 GERMINAL an 3 (6 avril 1795). — Décret qui accorde la somme de vingt-cinq mille livres à la citoyenne Anne-Remy Frémont Arneuil. (B. 53, 98.)

---

17 GERMINAL an 3 (6 avril 1795). — Décret de mention honorable de l'action de civisme et de vertu de Louis Oudin. (B. 53, 99.)

---

17 GERMINAL an 3 (6 avril 1795). — Décret qui mande à la Convention le représentant du peuple Duport. (B. 53, 94.)

---

18 GERMINAL an 3 (7 avril 1795). — Décret relatif aux poids et mesures. (1, Bull. 135, n° 749 ; B. 53, 114.)

Voy. lois du 1er AOUT 1793 ; du 1er VENDÉMIAIRE an 4 ; arrêté du 13 BRUMAIRE an 9.

Art. 1er. L'époque prescrite par le décret du 1er août 1793, pour l'usage des nouveaux poids et mesures, est prorogée, quant à la disposition obligatoire, jusqu'à ce que la Convention nationale y ait statué de nouveau, en raison des progrès de la fabrication ; les citoyens sont cependant invités à donner une preuve de leur attachement à l'unité et à l'indivisibilité de la République, en se servant dès à présent des nouvelles mesures dans leurs calculs et transactions commerciales.

2. Il n'y a qu'un seul étalon des poids et mesures pour toutes la République : ce sera une règle de platine sur laquelle sera tracé le *mètre*, qui a été adopté pour l'unité fondamentale de tout le système des mesures.

Cet étalon sera exécuté avec la plus grande précision, d'après les expériences et les observations des commissaires chargés de sa détermination, et il sera déposé près du Corps-Législatif, ainsi que le procès-verbal des opérations qui auront servi à le déterminer, afin qu'on puisse les vérifier dans tous les temps.

3. Il sera envoyé dans chaque chef-lieu

du district un modèle conforme à l'étalon prototype dont il vient d'être parlé, et, en outre, un modèle de poids exactement déduits du système des nouvelles mesures. Ces modèles serviront à la fabrication de toutes les sortes de mesures employées aux usages des citoyens.

4. L'extrême précision qui sera donnée à l'étalon en platine ne pouvant pas influer sur l'exactitude des mesures usuelles, ces mesures continueront d'être fabriquées d'après la longueur du mètre adoptée par les décrets antérieurs.

5. Les nouvelles mesures seront distinguées dorénavant par le surnom de *républicaines;* leur nomenclature est définitivement adoptée comme il suit :

On appellera,

Mètre, la mesure de longueur égale à la dix-millionième partie de l'arc du méridien terrestre compris entre le pôle boréal et l'équateur ;

Are, la mesure de superficie pour les terrains, égale à un carré de dix mètres de côté ;

Stère, la mesure destinée particulièrement au bois de chauffage, et qui sera égale au mètre cube ;

Litre, la mesure de capacité, tant pour les liquides que pour les matières sèches, dont la contenance sera celle du cube de la dixième partie du mètre;

Gramme, le poids absolu d'un volume d'eau pure égal au cube de la centième partie du mètre, et à la température de la glace fondante.

Enfin, l'unité des monnaies prendra le nom de *franc,* pour remplacer celui de *livre* usité jusqu'aujourd'hui.

6. La dixième partie du mètre se nommera *décimètre;* et sa centième partie, *centimètre.*

On appellera *décamètre* une mesure égale à dix mètres, ce qui fournit une mesure très-commode pour l'arpentage.

Hectomètre signifiera la longueur de cent mètres.

Enfin, *kilomètre* et *myriamètre* seront des longueurs de mille et de dix-mille mètres, et désigneront principalement les distances itinéraires.

7. Les dénominations des mesures des autres genres seront déterminées d'après les mêmes principes que celles de l'article précédent.

Ainsi, *décilitre* sera une mesure de capacité dix fois plus petite que le litre ; *centigramme* sera la centième partie du poids d'un gramme.

On dira de même *décalitre* pour désigner une mesure contenant dix litres, *hectolitre* pour une mesure égale à cent litres : un *kilogramme* sera un poids de mille grammes.

On composera d'une manière analogue les noms de toutes les autres mesures.

Cependant, lorsqu'on voudra exprimer les dixièmes ou les centièmes du franc, unité des monnaies, on se servira des mots *décime* et *centime,* déjà reçus en vertu des décrets antérieurs.

8. Dans les poids et les mesures de capacité, chacune des mesures décimales de ces deux genres aura son double et sa moitié, afin de donner à la vente des divers objets toute la commodité que l'on peut désirer : il y aura donc le *double-litre* et le *demi-litre,* le *double-hectogramme* et le *demi-hectogramme,* et ainsi des autres.

9. Pour rendre le remplacement des anciennes mesures plus facile et moins dispendieux, il sera exécuté par partie et à différentes époques. Ces époques seront décrétées par la Convention nationale, aussitôt que les mesures républicaines se trouveront fabriquées en quantités suffisantes, et que tout ce qui tient à l'exécution de ces changemens aura été disposé. Le nouveau système sera d'abord introduit dans les assignats et monnaies, ensuite dans les mesures linéaires ou de longueur, et progressivement étendu à toutes les autres.

10. Les opérations relatives à la détermination de l'unité des mesures de longueur et de poids, déduite de la grandeur de la terre, commencées par l'Académie des Sciences, et suivies par la commission temporaire des mesures, en conséquence des décrets des 8 mai — 22 août 1790 et 1ᵉʳ août 1793, seront continuées, jusqu'à leur entier achèvement, par des commissaires particuliers choisis principalement parmi les savans qui y ont concouru jusqu'à présent, et dont la liste sera arrêtée par le comité d'instruction publique. Au moyen de ces dispositions, l'administration dite *commission temporaire des poids et mesures* est supprimée.

11. Il sera formé en remplacement une agence temporaire, composée de trois membres, et qui sera chargée, sous l'autorité de la commission d'instruction publique, de tout ce qui concerne le renouvellement des poids et mesures, sauf les opérations confiées aux commissaires particuliers dont il est parlé dans l'article précédent.

Les membres de cette agence seront nommés par la Convention nationale, sur la proposition de son comité d'instruction publique. Leur traitement sera réglé par ce comité en se concertant avec celui des finances.

12. Les fonctions principales de l'agence temporaire seront :

1° De rechercher et employer les moyens les plus propres à faciliter la fabrication des nouveaux poids et mesures pour les usages de tous les citoyens;

2° De pourvoir à la confection et à l'envoi des modèles qui doivent servir à la vérification des mesures dans chaque district ;

3° De faire composer et de répandre les instructions convenables pour apprendre à connaître les nouvelles mesures et leurs rapports avec les ancienvnes;

4° De s'occuper des dispositions qui deviendraient nécessaires pour régler l'usage des mesures républicaines, et de les soumettre au comité d'instruction publique, qui en fera rapport à la Convention nationale;

5° D'arrêter les états de dépenses de toutes les opérations qu'exigeront la détermination et l'établissement des nouvelles mesures, afin que ces dépenses puissent être acquittés par la commission d'instruction publique;

6° Enfin, de correspondre avec les autorités constituées et les citoyens dans toute la République, sur tout ce qui sera utile pour hâter le renouvellement des poids et mesures.

13. La fabrication des mesures républicaines sera faite, autant qu'il sera possible, par des machines, afin de réunir à l'exactitude la facilité et la célérité dans les procédés, et par conséquent de rendre l'achat des mesures d'un prix médiocre pour les citoyens.

14. L'agence temporaire favorisera la recherche des machines les plus avantageuses; elle en commandera, s'il est besoin, aux artistes les plus habiles, ou les proposera au concours, suivant les circonstances. Elle pourra aussi accorder des encouragemens en avances, matières ou machines, aux entrepreneurs qui prendraient des engagemens convenables pour quelque partie importante de la fabrication des nouveaux poids et mesures. Mais, dans tous ces cas, l'agence sera tenue de prendre l'autorisation du comité d'instruction publique.

15. L'agence temporaire déterminera les formes des différentes sortes de mesure, ainsi que les matières dont elles devront être faites, de manière que leur usage soit le plus avantageux possible.

16. Il sera gravé sur chacune de ces mesures leur nom particulier; elles seront marquées, en outre, du poinçon de la République, qui en garantira l'exactitude.

17. Il y aura à cet effet, dans chaque district, des vérificateurs chargés de l'apposition du poinçon. La détermination de leur nombre et de leurs fonctions fera partie des réglemens que l'agence préparera pour être ensuite soumis à la Convention nationale par son comité d'instruction publique.

18. Le choix des mesures appropriées à chaque espèce de marchandise aura lieu de manière que, dans les cas ordinaires, on n'ait pas besoin de fractions plus petites que les centièmes.

L'agence recherchera les moyens de remplir cet objet, en s'écartant le moins possible des usages du commerce.

19. Au lieu des tables de rapports entre les anciennes et les nouvelles mesures, qui avaient été ordonnées par le décret du 8 mai=22 août 1790, il sera fait des échelles graphiques pour estimer ces rapports sans avoir besoin d'aucun calcul. L'agence est chargée de leur donner la forme la plus avantageuse, d'en indiquer la méthode, et de la répandre autant qu'il sera nécessaire.

20. Pour faciliter les relations commerciales entre la France et les nations étrangères, il sera composé, sous la direction de l'agence, un ouvrage qui offrira les rapports des mesures françaises avec celles des principales villes de commerce des autres peuples.

21. Pour subvenir à toutes les dépenses relatives à l'établissement des nouvelles mesures, ainsi qu'aux avances indispensables pour le succès de cette opération, il y sera affecté provisoirement un fonds de cinq cent mille livres, que la Trésorerie nationale tiendra à cet effet à la disposition de la commission d'instruction publique.

22. La disposition de la loi du 4 frimaire an 2, qui rend obligatoire l'usage de la division décimale du jour et de ses parties, est suspendue indéfiniment.

23. Les articles des lois antérieures au présent décret, et qui y sont contraires, sont abrogés.

24. Aussitôt après la publication du présent décret, toute fabrication des anciennes mesures est interdite en France, ainsi que toute importation des mêmes objets venant de l'étranger, à peine de confiscation et d'une amende du double de la valeur desdits objets.

La commission des administrations civiles, police et tribunaux, et celle des revenus nationaux, sont chargées de l'exécution du présent article.

26. Dès que l'étalon prototype des mesures de la République aura été déposé au Corps-Législatif par les commissaires chargés de sa confection, il sera élevé un monument pour le conserver et le garantir de l'injure des temps.

L'agence temporaire s'occupera d'avance du projet de ce monument, destiné à consacrer de la manière la plus indestructible la création de la République, les triomphes du peuple français, et l'état d'avancement où les lumières sont parvenues dans son sein.

26. Le comité d'instruction publique est chargé de prendre tous les moyens de détail nécessaires pour l'exécution du présent décret et l'entier renouvellement des poids et mesures dans toute la République.

Il proposera successivement à la Convention les dispositions législatives qui devront en dépendre.

27. L'agence temporaire rendra compte de ses opérations à la commission d'instruction publique, et au comité de ce nom,

avec lequel elle pourra correspondre directement pour la célérité des opérations.

28. Il est enjoint à toutes les autorités constituées, ainsi qu'aux fonctionnaires publics, de concourir de tout leur pouvoir à l'opération importante du renouvellement des poids et mesures.

18 GERMINAL an 3 (7 avril 2795). — Décret qui ordonne le dépôt de toutes les pièces relatives à la conduite des représentans Billaud, Collot, Barrère et Vadier. (B. 53, 119.)

18 GERMINAL an 3 (7 avril 1795). — Décret qui envoie près l'armée des Pyrénées-Orientales le représentant Pelet de la Lozère. (B. 53, 120.)

18 GERMINAL an 3 (7 avril 1795). — Décret portant que cinq représentans du peuple surveilleront, dans les départemens, la prompte exécution des lois relatives à l'instruction publique. (1, Bull. 136, n° 753; B. 53, 121.)

18 GERMINAL an 3 (7 avril 1795). — Décret d'ordre du jour relatif à la pétition de l'acquéreur du marais d'Auge. (B. 53, 113)

18 GERMINAL an 3 (7 avril 1795). — Décret qui renvoie au comité de législation la proposition de lever le séquestre sur les biens des citoyens qui jouissent de leurs droits. (B. 53, 114.)

18 GERMINAL an 3 (7 avril 1795). — Décret portant que l'imprimerie établie sous la direction de l'agence de l'envoi des lois, prendra la dénomination et le titre d'*Imprimerie de la République*. (B. 53, 114.)

18 GERMINAL an 3 (7 avril 1795). — Décret portant qu'à dater de demain nonidi, le rapporteur du projet du Code civil sera entendu trois fois par décade. (B. 53, 114.)

18 GERMINAL an 3 (7 avril 1795). — Décret relatif aux officiers et administrateurs de la marine destitués par actes arbitraires. (B. 53, 220.)

18 GERMINAL an 3 (7 avril 1795). — Décret qui accorde des secours. (B. 53, 120.)

18 GERMINAL an 3 (7 avril 1795). — Décret qui accorde des congés aux représentans Boissieux et Bentabole. (B. 53, 122.)

18 GERMINAL an 3 (7 avril 1795). — Décret contenant le tableau des communes où doivent être placées les écoles centrales. (B. 53, 122.)

18 GERMINAL an 3 (7 avril 1795). — Décret sur

les propositions de rapporter les lois des ... mai 1793 et 26 pluviose dernier sur l'organisation des tribunaux criminels militaires. (B. 53, 124.)

19 GERMINAL an 3 (8 avril 1795). — Décrets qui envoie en mission, dans les départemens du Nord et du Pas-de-Calais, le représentant Delamarre, et dans les départemens du Jura, du Doubs et de la Haute-Saône, le représentant Saladin, et dans le département de l'Oise le représentant André Dumont. (B. 53, 125 et 126.)

19 GERMINAL an 3 (8 avril 1795). — Décret qui charge la commission des Sept des fonctions attribuées à la commission des Seize. (B. 53, 125.)

19 GERMINAL an 3 (8 avril 1795). — Décret d'ordre du jour motivé relatif au citoyen Jacquemin. (B. 53, 125.)

19 GERMINAL an 3 (8 avril 1795). — Décret portant que les assemblées de sections de Paris commenceront tous les décadis à dix heures du matin, et se termineront à deux heures après midi. (B. 53, 126.)

19 GERMINAL an 3 (8 avril 1795). — Décret portant que les fonctionnaires démissionnaires sont exceptés de la loi du 5 ventose. (1, Bull. 136, n° 754.)

20 GERMINAL an 3 (9 avril 1795). — Décret qui autorise le receveur de la caisse extraordinaire à verser à celui de la caisse journalière de la Trésorerie nationale la somme de sept mille quatre livres onze sous deux deniers. (B. 53, 126.)

20 GERMINAL an 3 (9 avril 1795). — Décret qui accorde un secours de quarante sous par jour aux religieuses anglaises des différentes communautés établies en France. (B. 53, 129.)

20 GERMINAL en 3 (9 avril 1795). — Décret qui envoie les représentans Bousquet aux armées des Pyrénées-Orientales et Occidentales; Bonnet à Commune-d'Armes; Dulaure aux manufactures d'armes de Tulle et de Bergerac. (B. 53, 130.)

20 GERMINAL an 3 (9 avril 1795). — Décret qui ordonne le désarmement de ceux qui ont participé aux horreurs commises sous la tyrannie qui a précédé le 9 thermidor. (1, Bull. 134, n° 748; B. 53, 131 à 145.)

20 GERMINAL an 3 (9 avril 1795). — Décret qui rapporte celui du 14 juin 1793, relativement à des appels nominaux à faire à la Convention, et qui déclare démissionnaire le représentant Laroche. (B. 53, 128.)

20 GERMINAL an 3 (9 avril 1795). — Décret qui autorise le citoyen Bail Lecomte à faire la vente du domaine de Villiers-sur-Marne. (B. 53, 127.)

20 GERMINAL an 3 (9 avril 1795). — Décret de secours. (B. 53, 127.)

20 GERMINAL an 3 (9 avril 1795). — Décret portant qu'il ne sera point donné de suite à l'exécution de l'arrêté du représentant du peuple Guillemardet. (B. 53, 128.)

20 GERMINAL an 3 (9 avril 1795). — Décret portant nomination à des grades et emplois vacans dans l'arme du génie. (B. 53, 129.)

20 GERMINAL an 3 (9 avril 1795). — Décret relatif à une proposition sur les réquisitions en grains dans les départemens de l'Eure, du Calvados et de la Manche. (B. 53, 130.)

20 GERMINAL an 3 (9 avril 1795). — Décret qui accorde des pensions aux militaires suisses du régiment suisse Watteville. (B. 53, 132.)

20 GERMINAL an 3 (9 avril 1795). — Décret qui étend sur les deux districts de Franciade et de Bourg-Égalité, la mission du représentant André Dumont. (B. 53, 131.)

20 GERMINAL an 3 (9 avril 1795). — Décret qui casse un jugement de la commission révolutionnaire qui condamne Jacques Vild. (B. 53, 132.)

20 GERMINAL an 3 (9 avril 1795). — Décret de renvoi au comité de division des pétitions et mémoires sur la fixation du district à Cluses. (B. 53, 133.)

20 GERMINAL an 3 (9 avril 1795). — Décret qui suspend l'exécution du décret d'accusation rendu contre le représentant Julien de Toulouse. (B. 53, 133.)

21 GERMINAL an 3 (10 avril 1795). — Décret portant nomination des membres de l'agence temporaire des poids et mesures. (1, Bull. 135, n° 750; B. 135.)

21 GERMINAL an 3 (10 avril 1795). — Décret qui nomme les représentans Dupuis, Baraillon, Lakanal, etc., pour faire assurer l'exécution des lois relatives à l'instruction publique. (B. 53, 135.)

21 GERMINAL an 3 (10 avril 1795). — Décret qui annule le jugement rendu contre Vincent Cartier. (B. 53, 134.)

21 GERMINAL an 3 (10 avril 1795). — Décret relatif à l'arrivage des subsistances. (B. 53, 134.)

21 GERMINAL an 3 (10 avril 1795). — Décret de renvoi relatif aux citoyens qui ne se rendront pas sous les drapeaux de leurs sections lorsque la générale bat. (B. 53, 135.)

21 GERMINAL an 3 (10 avril 1795). — Décret qui accorde la pension représentative de la maison des Invalides à plusieurs militaires. (B. 53, 136.)

22 GERMINAL an 3 (11 avril 1795). — Décret qui rapporte celui du 27 mars 1793, par lequel les ennemis de la révolution sont mis hors la loi, et celui du 23 ventose an 2, qui ordonne de regarder et punir comme leurs complices ceux qui les ont recélés. (1, Bull. 135, n° 751.)

22 GERMINAL an 3 (11 avril 1795). — Décret qui rapporte ceux qui mettent des citoyens hors de la loi par suite des événemens des 31 mai, 1er et 2 juin. (1, Bull. 136, n° 755; B. 53, 138.)

22 GERMINAL an 3 (11 avril 1795). — Décret sur des réclamations du canton de Zurich relativement au ci-devant régiment de Steiner. (B. 53, 136.)

22 GERMINAL an 3 (11 avril 1795). — Décret qui envoie le représentant Guilleraut dans le département de l'Allier. (B. 53, 140.)

22 GERMINAL an 3 (11 avril 1795). — Décret de renvoi au comité de salut public de la demande que tous les artifices de guerre soient dorénavant fabriqués dans les locaux éloignés des magasins à poudre. (B. 53, 140.)

22 GERMINAL an 3 (11 avril 1795). — Décret portant que le procès-verbal du 9 thermidor sera lu dans la même séance que celui du 12 thermidor. (B. 53, 136.)

22 GERMINAL an 3 (11 avril 1795). — Décret qui accorde mille livres à chacun des citoyens Jean Boudinot et Jean-Joseph Henri. (B. 53, 140.)

22 GERMINAL an 3 (11 avril 1795). — Décret qui accorde des secours. (B. 53, 142.)

22 GERMINAL an 3 (11 avril 1795). — Décret sur des réclamations des artistes transférés du théâtre de la rue de la Loi à celui du Faubourg-Germain. (B. 53, 141.)

22 GERMINAL an 3 (11 avril 1795). — Décret sur la proposition de rapporter tous les décrets rendus depuis le 31 mai jusqu'au 10 ther-

midor, contre les représentans mis à mort ou qui se la sont donnée, et de rendre leurs biens à leurs héritiers. (B. 53, 142.)

22 GERMINAL an 3 (11 avril 1795). — Décret relatif à des erreurs qui se sont glissées dans le décret du 29 nivose dernier. (B. 53, 143.)

22 GERMINAL an 3 (11 avril 1795). — Décret qui nomme le citoyen Dubois à une place de commissaire adjoint de la commission d'agriculture et des arts. (B. 53, 143.)

23 GERMINAL an 3 (12 avril 1795). — Décret portant qu'aucune femme prévenue de crime emportant peine de mort, ne peut être mise en jugement qu'il n'ait été vérifié qu'elle n'est pas enceinte. (1 Bull. 136, n° 756; B. 53, 143.)

Voy. Code pénal, art. 27

Art. 1er. A l'avenir, aucune femme prévenue de crime emportant la peine de mort ne pourra être mise en jugement qu'il n'ait été vérifié, de la manière ordinaire, qu'elle n'est pas enceinte (1).

2. Le sursis provisoire à tout jugement de mort rendu contre les femmes dont l'exécution a été suspendue pour cause de grossesse, est déclaré définitif.

3. Les comités de législation et de sûreté générale sont autorisés à statuer définitivement sur la mise en liberté ou la détention ultérieures desdites condamnées

4. Les accusateurs publics près les tribunaux criminels ordinaires et extraordinaires, sont en conséquence tenus d'adresser au comité de législation, dans quinzaine, à compter du jour de la publication de la présente loi, tous les jugemens de la nature de ceux ci-dessus, et les procédures et pièces sur lesquels ils sont intervenus.

5. L'insertion de la présente loi au Bulletin lui tiendra lieu de promulgation.

23 GERMINAL an 3 (12 avril 1795). — Décret qui ajourne à demain la discussion d'un projet tendant à procurer des secours à divers départemens. (B. 53, 144.)

23 GERMINAL an 3 (12 avril 1795). — Décret relatif à des sommes dues par la liste civile à divers entrepreneurs et fournisseurs. (B. 53, 145.)

23 GERMINAL an 3 (12 avril 1795). — Décret qui renvoie au comité de législation et des finances un projet de décret tendant à découvrir

les dilapidations et vols exercés sur la fortune publique et sur la fortune particulière. (B. 53, 145.)

23 GERMINAL an 3 (12 avril 1795). — Décret sur des questions relatives aux certificats de résidence. (B. 53, 145.)

23 GERMINAL an 3 (12 avril 1795). — Décret qui renvoie aux comités de salut public et militaire la proposition de créer un corps de cavalerie de garde nationale parisienne. (B. 53, 148.)

23 GERMINAL an 3 (12 avril 1795). — Décret qui nomme le représentant Barras près la force armée destinée à protéger l'arrivage des grains à Paris. (B. 53, 144.)

23 GERMINAL an 3 (12 avril 1795). — Décret qui porte à cinq cent trente-quatre hommes le nombre des grenadiers-gendarmes faisant le service près la Convention. (B. 53, 146.)

23 GERMINAL an 3 (12 avril 1795). — Décret qui envoie le représentant Merlin de Thionville à l'armée de Rhin-et-Moselle. (B. 53, 146.)

23 GERMINAL an 3 (12 avril 1795). — Décret qui ordonne au représentant Delahaye de rentrer à la Convention. (B. 53, 147.)

24 GERMINAL an 3 (13 avril 1795). — Décret qui accorde un délai pour l'insinuation des actes contenant des dispositions à titre gratuit. (1, Bull. 137, n° 761; B. 53, 150.)

Les parties intéressées dans des actes d'une date certaine, contenant des dispositions à titre gratuit, tels que donations entre vifs, dons mutuels, sujets à la formalité de l'insinuation, et les ayans-cause desdites parties, qui auraient omis de remplir cette formalité, à dater du 1er avril 1793, seront admis à y satisfaire dans les trois mois de la publication du présent décret, sans être tenus de payer de plus forts droits, et sans qu'on puisse leur opposer le défaut d'insinuation pour la validité desdits actes ou dispositions. Le présent décret ne pourra néanmoins préjudicier aux droits des tierces parties.

24 GERMINAL an 3 (13 avril 1795). — Décret portant nomination du citoyen Guilgot à l'effet de rendre aux communes des départemens de la Meurthe, la Moselle, la Meuse et les Vosges, les comptes prescrits par la loi du 10 juin 1793. (B. 53, 149.)

---

(1) Cette loi avait cessé d'exister par la publication du Code pénal, qui (art. 27) prohibe *l'exécution* du jugement prononçant peine de mort; mais non la mise *en jugement* (7 novembre 1811; Cass. S. 17, 1, 320).

24 GERMINAL an 3 (13 avril 1795). — Décret qui accorde la somme de huit mille huit cent cinquante livres au citoyen Auffdiennes, pour constructions faites à ses frais. (B. 53, 149.)

24 GERMINAL an 3 (13 avril 1795). — Décret concernant Marie-Anne Tachaut. (B. 53, 150 et 151.)

24 GERMINAL an 3 (13 avril 1795). — Décrets qui accordent des secours (B. 53, 151.)

24 GERMINAL an 3 (13 avril 1795.) — Décrets qui envoient en mission les représentans Laurence, Richou, Besson et Olivier Gérante. (B. 53, 148.)

24 GERMINAL an 3 (13 avril 1795.) — Décret qui approuve les mesures prises par le représentant Mailhe, relativement aux six anciennes compagnies de canonniers attachées aux bataillons de la garde nationale de Dijon. (B. 53, 150.)

25 GERMINAL an 3 (14 avril 1795). — Décret relatif au séquestre des biens des ci-devant nobles, pères et mères d'enfans déportés. (1, Bull. 137; n° 762; B. 53, 159.)

La Convention nationale, après avoir entendu le rapport de son comité de législation sur la pétition de Marie-Adélaïde-Claire Dufayet, veuve Montclar, habitante de la commune d'Anglas, district de Mauriac, département du Cantal, tendante à la main-levée du séquestre mis sur ses biens comme étant mère d'un prêtre qu'on a réputé réfractaire, qui a été reclus et successivement mis en liberté par arrêté du comité de sûreté générale, du 29 ventose dernier.

Décrète que l'article 11 de la loi du 22 ventose sera exécuté selon sa forme et teneur, sauf en ce qui concerne la dernière partie ou restriction relative à la classe des ci-devant nobles, qui demeure rapportée;

Renvoie en conséquence la veuve Montclar à se pourvoir devant les administrations compétentes, pour réclamer la main-levée du séquestre mis sur ses biens, si ce séquestre n'a eu lieu qu'en conséquence de la disposition de la loi ci-dessus rapportée.

25 GERMINAL an 3 (14 avril 1795). — Décret qui ratifie le traité de paix passé, le 16 germinal, entre l'embassadeur de la République française et le ministre plénipotentiaire du roi de Prusse. (1, Bull. 137; n° 751; B. 53, 154.)

La Convention nationale, après avoir entendu le rapport de son comité de salut public, confirme et ratifie le traité de paix passé, le 16 germinal présent mois, entre le citoyen François Barthélemy, ambassadeur de la République française près les cantons helvétiques, fondé de pouvoirs du comité de salut public, et Charles-Auguste, baron de Hardenberg, ministre plénipotentiaire du Roi de Prusse.

Traité de paix entre la République française et le roi de Prusse.

La République française et sa majesté le roi de Prusse, également animés du désir de mettre fin à la guerre qui les divise, par une paix solide entre les deux nations, ont nommé pour leurs plénipotentiaires ; savoir :

La République française,

Le citoyen François Barthélemy, son ambassadeur en Suisse ;

Et le roi de Prusse,

Son ministre-d'état, de guerre et du cabinet, Charles-Auguste, baron de Hardenberg, chevalier des ordres de l'Aigle-Rouge, de l'Aigle-Blanc et de Saint-Stanislas ;

Lesquels, après avoir échangé leurs pleins-pouvoirs, ont arrêté les articles suivans :

Art. 1er. Il y aura paix, amitié et bonne intelligence entre la République française et le roi de Prusse, tant considéré comme tel qu'en qualité d'électeur de Brandebourg et de coétat de l'empire germanique.

2. En conséquence, toutes hostilités entre les deux puissances contractantes cesseront, à compter de la ratification du présent traité ; et aucune d'elles ne pourra, à compter de la même époque, fournir contre l'autre, en quelque qualité et à quelque titre que ce soit, aucun secours ni contingent, soit en hommes, en chevaux, vivres, argent, munitions de guerre ou autrement.

3. L'une des puissances contractantes ne pourra accorder passage sur son territoire à des troupes ennemies de l'autre.

4. Les troupes de la République française évacueront, dans les quinze jours qui suivront la ratification du présent traité, les parties des Etats prussiens qu'elles pourraient occuper sur la rive droite du Rhin.

Les contributions, livraisons, fournitures et prestations de guerre cesseront entièrement, à compter de quinze jours après la signature de ce traité.

Tous les arrérages dus à cette époque, de même que les billets et promesses donnés ou faits à cet égard, seront de nul effet. Ce qui aura été pris ou perçu après l'époque susdite, sera d'abord rendu gratuitement ou payé en argent comptant.

5. Les troupes de la République française continueront d'occuper la partie des Etats du roi de Prusse, situé sur la rive gauche du Rhin. Tout arrangement définitif à l'égard de ces provinces sera renvoyé jusqu'à la pacification générale entre la France et l'empire germanique.

6. En attendant qu'il ait été fait un traité de commerce entre les deux puissances contractantes, toutes les communications et

relations commerciales sont rétablies entre la France et les Etats prussiens, sur le pied où elles étaient avant la guerre actuelle.

7. Les dispositions de l'article 6 ne pouvant avoir leur plein effet qu'autant que la liberté du commerce sera rétablie pour tout le nord de l'Allemagne, les deux puissances contractantes prendront des mesures pour en éloigner le théâtre de la guerre.

8. Il sera accordé respectivement aux individus des deux nations la main-levée des effets, revenus ou biens, de quelque genre qu'ils soient, détenus, saisis ou confisqués à cause de la guerre qui a eu lieu entre la France et la Prusse, de même qu'une prompte justice à l'égard des créances quelconques que ces individus pourraient avoir dans les Etats des deux puissances contractantes.

9. Tous les prisonniers faits respectivement depuis le commencement de la guerre, sans égard à la différence du nombre et du grade, y compris les marins et matelots prussiens pris sur des vaisseaux, soit prussiens, soit d'autres nations, ainsi qu'en général tous ceux détenus de part et d'autre pour cause de la guerre seront rendus dans l'espace de deux mois au plus tard, après l'échange des ratifications du présent traité, sans répétition quelconque, en payant toutefois les dettes particulières qu'ils pourraient avoir contractées pendant leur captivité. On en usera de même à l'égard des malades et blessés, d'abord après leur guérison.

Il sera incessamment nommé des commissaires de part et d'autre, pour procéder à l'exécution du présent article.

10. Les prisonniers des corps saxons, mayençais, palatins et hessois, tant de Hesse-Cassel que de Darmstadt, qui ont servi avec l'armée du roi de Prusse, seront également compris dans l'échange sus-mentionné.

11. La République française accueillera les bons offices de sa majesté le roi de Prusse en faveur des princes et Etats de l'empire germanique qui désireront entrer directement en négociation avec elle, et qui, pour cet effet, ont déjà réclamé ou réclameront encore l'intervention du roi

La République française, pour donner au roi de Prusse une première preuve de son désir de concourir au rétablissement des anciens liens d'amitié qui ont subsisté entre les deux nations, consent à ne pas traiter comme pays ennemis, pendant l'espace de trois mois après la ratification du présent traité, ceux des princes et Etats dudit empire qui sont situés sur la rive droite du Rhin, en faveur desquels le roi s'intéressera.

12. Le présent traité n'aura son effet qu'après avoir été ratifié par les parties contractantes ; et les ratifications seront échangées en cette ville de Bâle, dans le terme d'un mois ou plus tôt, s'il est possible, à compter de ce jour.

En foi de quoi, nous soussignés, ministres plénipotentiaires de la République française et de sa majesté le roi de Prusse, en vertu de nos pleins-pouvoirs, avons signé le présent traité de paix et d'amitié, et y avons fait apposer nos sceaux respectifs.

Fait à Bâle, le seizième du mois de germinal de l'an troizième de la République française (5 avril 1795). Signé *François Barthélemy*, et *Charles-Auguste*, baron *de Hardenberg*.

———

25 GERMINAL an 3 (14 avril 1795). — Décrets qui envoient le représentant Niou près l'armée navale de la Méditerranée, et le représentant Giraud auprès de la fabrique de canons et la fabrique de fusils de Moulins. (B. 53, 154 à 155.)

———

25 GERMINAL an 3 (14 avril 1795). — Décret qui mande à la barre le maire, l'agent national de la commune, le président et l'agent national du district d'Evreux. (B. 53, 157.)

———

25 GERMINAL au 3 (14 avril 1795). — Décrets qui accordent des secours. (B. 53, 153 à 159.)

———

25 GERMINAL an 3 (14 avril 1795. — Décret portant que le département du Bec-d'Ambès reprendra son premier nom de département de la Gironde. (B. 53, 157.).

———

25 GERMINAL an 3 (14 avril 1795). — Décret sur des propositions relatives à l'exécution de la loi concernant la liberté des cultes, réquisitions de grains, etc. (B. 53, 158.)

———

26 GERMINAL an 3 (15 avril 1795). — Décret relatif à la remise des effets provenant des condamnés. (1, Bull. 137, n° 763 ; B. 53, 161.)

Art. 1er. La loi du 13 ventose, contenant des dispositions générales en faveur de ceux qui y sont désignés, ne sera susceptible d'aucune exception, sous prétexte de décrets antérieurs contraires.

2. En rétablissant l'omission des mots *leurs enfans* dans l'article 14 de ladite loi, cet article demeurera ainsi conçu.

« Les citoyens ayant été au service, les « époux quoique non divorcés des émi- « grés ou déportés, leurs enfans, ainsi que « les propriétaires ou jouissant par indivis « avec eux, jouiront du bénéfice de la pré- « sente loi. »

———

26 GERMINAL an 3 (15 avril 1795). — Décret qui nomme le représentant Rouyer près la force armée employée à l'arrivage des subsistances de Paris. (B. 53, 161.)

26 GERMINAL an 3 (15 avril 1795). — Décret qui met en liberté les citoyennes Desversannes, Péry, le citoyen Darnat et sa femme. (B. 53, 160.)

26 GERMINAL an 3 (15 avril 1795). — Décret qui charge les représentans Bion, Mirandes, Dautriches et Estadens, de constater l'état des relais, messageries, postes aux lettres, etc. (B. 53, 162.)

26 GERMINAL an 3 (15 avril 1795) — Décret sur la restitution à faire aux familles des condamnés par les tribunaux révolutionnaires, etc. (B. 53, 162.)

26 GERMINAL an 3 (15 avril 1795). — Décret portant que les représentans Blad et Pémartin remplaceront, au bureau des secrétaires, les citoyens Bailleul et Saladin (B. 53, 163.)

26 GERMINAL an 3 (15 avril 1795). — Décret qui confirme l'adjudication faite au profit des citoyens Guitard et compagnie. (B. 53, 160.)

27 GERMINAL an 3 (16 avril 1795). — Décrets qui envoient en mission les représentans Duval dans le département du Loiret ; Giroust, dans les pays conquis en deçà de la Meuse ; Meynard dans les pays conquis entre Meuse et Rhin ; Garnier aux salins du Bas-Rhin, de la Meurthe. (B. 53, 163.)

27 GERMINAL an 3 (16 avril 1795). — Décret qui renvoie l'examen de l'affaire de la municipalité de Vernon aux comités de salut public et de sûreté générale. (B. 53, 163.)

27 GERMINAL an 3 (16 avril 1795). — Décret de renvoi au comité de législation de la proposition que les conseils généraux des communes soient restitués à l'organisation existante avant la loi du 14 frimaire. (B. 53, 164.)

27 GERMINAL an 3 (16 avril 1795). — Décret qui renvoie aux comités des secours publics, de finances, militaire, un projet de décret relatif aux officiers de marine destitués. (B. 53, 164.)

27 GERMINAL an 3 (16 avril 1795). — Décret de renvoi au comité d'instruction publique, relatif au journal des instructions données aux élèves de l'école Normale. (B. 53, 164.)

27 GERMINAL an 3 (16 avril 1795). — Décret qui accorde un congé au citoyen Descamp. (B. 53, 164.)

27 GERMINAL an 3 (16 avril 1795). — Décret par lequel la Convention désavoue les cruautés et injustices commises par les agens de l'ancien gouvernement dans les pays conquis en Espagne. (B. 53, 166.)

27 GERMINAL an 3 (16 avril 1795). — Décret qui accorde des gratifications à des savans et artistes. (B. 53, 164.)

28 GERMINAL an 3 (17 avril 1795). — Décret relatif à la réorganisation des administrations de département et de district. (1, Bull, 137, n° 764 ; B. 53, 168.)

Voy. loi du 14 FRIMAIRE an 2 ; constitution du 5 FRUCTIDOR an 3, tit. 7 ; loi du 21 FRUCTIDOR an 3.

Art. 1er. La loi du 14 frimaire an 2 est rapportée, en ce qui concerne les administrations de département et de district.

2. Les départemens et les districts reprendront les fonctions qui leur étaient déléguées par les lois antérieures au 31 mai 1793.

3. Les directoires de département seront composés de huit administrateurs ; ils nommeront leurs présidens.

4. La place de procureur-général-syndic est rétablie.

5. Les représentans en mission compléteront ou réorganiseront les directoires, dans deux décades de la publication de la présente loi.

6. Dans le même délai, les nominations seront faites par le comité de législation, pour ceux des départemens dans l'étendue desquels il n'y a pas de représentans en mission.

7. En attendant les nominations, les directoires désigneront un de leurs membres pour remplir les fonctions de procureur-général-syndic.

8. Le comité de législation présentera, dans le plus bref délai, le tableau des lois qui doivent être rapportées ou modifiées, d'après les dispositions de la présente ; et cependant, les administrations et les procureurs-syndics des districts rempliront, sous la surveillance des départemens, les nouvelles fonctions attribuées aux districts et agens nationaux par les décrets postérieurs au 31 mai 1793.

9. Les directoires de département, par le procureur-général-syndic, rendront compte chaque décade, au comité de sûreté générale, des diligences qu'ils auront faites pour l'exécution des lois, et notamment de celles relatives aux émigrés, aux prêtres réfractaires, et au libre exercice des cultes.

28 GERMINAL an 3 (17 avril 1795). — Décret sur l'organisation de la garde nationale de Paris. (B. 53, 169.)

28 GERMINAL an 3 (17 avril 1795). — Décret qui renvoie au comité de législation l'examen de la proposition de supprimer l'action en rescision. (B. 53 173.)

28 GERMINAL an 3 (17 avril 1795). — Décret qui envoie le représentant du peuple Penières en mission dans le département de la Charente. (B. 53, 173.)

28 GERMINAL an 3 (17 avril 1795). — Décret qui ordonne la fabrication de cent cinquante millions de monnaie de cuivre (B. 53, 174.)

28 GERMINAL an 3 (17 avril 1795). — Décret sur les divisions de gendarmerie nationale organisées en guerre. (B. 53, 167.)

28 GERMINAL an 3 (17 avril 1795). — Décret qui étend aux départemens de la Lozère les pouvoirs du représentant Olivier-Gérente. (B. 53, 169.)

28 GERMINAL an 3 (17 avril 1795). — Décret qui autorise le comité de salut public à faire circuler dans un rayon de dix lieues de Paris, les troupes qu'il croira nécessaires pour assurer l'arrivage des grains et des farines. (B. 53, 169.)

28 GERMINAL an 3 (17 avril 1795). — Décret qui accorde des congés aux citoyens Piette et Desfronzières. (B. 53, 169.)

28 GERMINAL an 3 (17 avril 1795). — Décret qui renvoie au comité militaire l'article 10 de la loi sur la gendarmerie des armées. (B. 53, 174.)

28 GERMINAL an 3 (17 avril 1795). — Décret sur la pétition de la veuve Gustave Deschezeaux. (B. 53, 174 à 177.)

28 GERMINAL an 3 (17 avril 1795). — Décret qui approuve un arrêté du représentant André Dumont. (B. 53, 175.)

28 GERMINAL an 3 (17 avril 1795). — Décret par lequel la Convention nationale invite les bons citoyens à se tenir prêts à employer tous les moyens pour maintenir la tranquillité publique. (B. 53, 175.)

29 GERMINAL an 3 (18 avril 1795). — Décret portant que les maisons et bâtimens appartenant à la nation seront aliénés par voie de loterie. (1, Bull. 139, n° 773 ; B. 53, 179.)

Voy. lois du 8 PRAIRIAL an 3 ; du 27 VENDÉMIAIRE an 4 ; du 25 MESSIDOR an 4, et du 23 BRUMAIRE an 5.

Art. 1er. Les maisons et bâtimens appartenant à la nation seront aliénés successivement par voie de loterie, à raison de cinquante livres le billet.

2. On commencera par les maisons des émigrés : les tirages de cette loterie se feront de mois en mois, tant qu'il y aura des objets à vendre.

3. Le comité des finances est chargé de rectifier, s'il y a lieu, les évaluations de ces maisons, et de prendre les arrêtés et mesures nécessaires pour la prompte exécution de cette loterie.

29 GERMINAL an 3 (18 avril 1795.) — Décret portant établissement de deux écoles d'économie rurale vétérinaire. (1, Bull. 139, n° 774 ; B. 53, 179.)

Voy. arrêté du 23 GERMINAL an 3.

Art. 1er. Il y aura dans la République deux écoles d'économie rurale vétérinaires, l'une à Lyon pour le midi, l'autre à Versailles pour le nord.

2. La commission des revenus nationaux mettra sans délai, à la disposition de la commission d'agriculture et des arts, la maison des ci-devant gardes à Versailles, un jardin d'un arpent, clos de murs, et une partie de la ferme près la ménagerie pour servir aux expériences rurales.

3. Tous les districts de la République qui n'ont pas d'élèves aux écoles vétérinaires, sont autorisés à envoyer à celle des deux écoles qui sera le plus à proximité, un citoyen âgé de seize à vingt-cinq ans, dans lequel on reconnaîtra les dispositions nécessaires pour faire des progrès rapides dans cet art.

4. Les districts qui, en ce moment, y en auraient un plus grand nombre, sont autorisés à les y entretenir pendant trois années.

5. L'entretien de ces élèves, fixé provisoirement à douze cents livres par an, sera payé par la Trésorerie nationale, sur les états dressés par la commission d'agriculture et des arts.

6. La commission du mouvement des armées entretiendra dans l'une et l'autre de ces écoles vingt élèves pour le service de la cavalerie ; ces élèves seront en tout assimilés à ceux des départemens : l'administration particulière par laquelle ils ont été régis jusqu'à ce jour, est dès ce moment supprimée.

7. Tous les citoyens qui voudraient s'instruire dans l'économie rurale vétérinaire, et entrer à leurs frais à une de ces écoles, seront admis parmi les élèves des départemens, et recevront gratuitement le logement et l'instruction, s'ils remplissent d'ailleurs les conditions qui seront établies dans le règlement des écoles.

8. Il sera attaché à l'une et à l'autre école un directeur et six professeurs, entre lesquels la démonstration de l'économie rurale vétérinaire sera distribuée ainsi qu'il suit : 1° l'anatomie de tous les animaux servant à l'agriculture ; 2° l'éducation et les maladies du cheval, du mulet et de l'âne ; 3° l'éducation et les maladies des bêtes à cornes ; 4° l'éducation et les maladies des bêtes à laine ; 5° la pharmacie, la matière médicale

et la botanique ; 6° la forge, la ferrure et les opérations du pied.

9. Les professeurs enseigneront toujours la même partie de l'art vétérinaire.

10. Le plus ancien des professeurs sera nommé adjoint pour remplacer le directeur en cas d'absence.

11. Il y aura, dans l'une et l'autre école, six répétiteurs à 800 livres de traitement ; ils seront pris parmi les élèves les plus avancés. Le choix des nouveaux répétiteurs aura lieu chaque année par concours, en présence du jury des écoles.

12. Le département de Seine-et-Oise et celui de Rhône-et-Loire nommeront chacun quatre médecins vétérinaires et quatre agriculteurs instruits pour former le jury des écoles.

13. Il sera attaché à chaque école un régisseur comptable, chargé de la recette et de la dépense de l'établissement, soit pour l'entretien des élèves, soit pour l'instruction ; il tiendra des registres particuliers pour chacun de ces objets ; et sera tenu de les faire viser chaque mois par le directeur.

14. Les professeurs et les régisseurs seront nommés par le comité d'agriculture ; les autres employés le seront par la commission.

15. Il sera accordé un logement dans l'établissement à toutes les personnes qui y seront attachées.

16. La Trésorerie tiendra à la disposition de la commission d'agriculture la somme de 160,000 livres, pour être employée aux dépenses ordinaires des deux écoles.

17. Les chevaux et bestiaux malades appartenant aux cultivateurs reconnus pauvres, seront traités gratuitement à l'école ; les autres paieront la nourriture et le traitement.

18. Il sera fait incessamment, par la commission d'agriculture et des arts, pour la police intérieure de l'école, un réglement qui ne sera exécutoire qu'après avoir été approuvé par le comité d'agriculture de la Convention nationale.

19. Les écoles vétérinaires qui existent, et toutes celles qui seront établies par la suite, seront sous l'inspection immédiate de la commission d'agriculture, ou de toute administration qui la remplacerait.

20. La commission d'agriculture fera préparer la maison des ci-devant gardes pour recevoir les élèves ; elle en rendra compte au comité d'agriculture, ainsi que de l'exécution de toutes les autres dispositions contenues au présent décret.

21. Le comité d'agriculture fera incessamment un rapport relativement au local à donner à l'école de Lyon.

29 GERMINAL an 3 (18 avril 1795). — Décret qui sursoit à l'exécution d'un jugement rendu contre le nommé Boulanger. (B. 53, 176.)

29 GERMINAL an 3 (18 avril 1795.) — Décret qui ordonne l'impression et l'affiche d'une adresse des états-majors de la garde nationale de Lyon à celle de Paris. (B. 53, 176.)

29 GERMINAL an 3 (18 avril 1795). — Décrets qui accordent des congés à six représentans. (B. 53, 178.)

29 GERMINAL an 3 (18 avril 1795). — Décret portant que la Convention se livrera à la discussion des lois qu'elle doit porter pour accélérer la vente des biens des émigrés. (B. 53, 181.)

29 GERMINAL an 3 (18 avril 1795). — Décret qui renvoie au directeur du jury d'Alençon Gilles Brigvilles et autres. (B. 53, 181.)

29 GERMINAL an 3 (18 avril 1795). — Décret qui renvoie au comité de sûreté générale et de la guerre la proposition de lever une consigne et d'y en substituer une autre. (B. 53, 182.)

29 GERMINAL an 3 (18 avril 1795). — Décret relatifs aux représentans Marihon-Montaut, Cambon, Thuriot et autres. (B. 53, 182.)

29 GERMINAL an 3 (18 avril 1795). — Décret de renvoi au comité de législation, relatif aux crimes compris dans la loi du 1er germinal an 3. (B. 53, 183.)

29 GERMINAL an 3 (18 avril 1795). — Décret portant qu'il sera formé une commission chargée de préparer les lois nécessaires pour mettre la Constitution en activité. (1, Bull. 138, n° 770 ; B. 53, 176.)

30 GERMINAL an 3 (19 avril 1795). — Décret relatif aux officiers municipaux d'Evreux, aux autorités et habitans de Louviers. (B. 53, 183.)

30 GERMINAL an 3 (19 avril 1795). — Décret portant que les communes se pourvoiront elles-mêmes des sommes dont elles auront besoin pour achat de subsistances. (B. 53, 183.)

30 GERMINAL an 3 (19 avril 1795). — Décret qui renvoie au comité de législation la pétition des citoyens de Caen ; au comité de salut public une adresse de la commune d'Arles, et la proposition qu'il soit fait une proclamation pour éclairer les citoyens sur les intrigues des malveillans ; au comité des secours la pétition de Lecarpentier ; aux comités des finances et des décrets la réclamation de plusieurs ouvriers employés à l'envoi des lois pour l'augmentation de leurs salaires. (B. 53, 184, 185 et 186.)

8.

6

30 GERMINAL an 3 (19 avril 1795). — Décret de mention honorable de l'hommage fait d'un ouvrage par F. Neufchâteau. (B. 53, 184.)

30 GERMINAL an 3 (19 avril 1795). — Décret portant que l'utilité du décret qui adjuge au citoyen Fabre le domaine de Chessi, sera appliquée aux deux maisons des ci-devant Feuillantines et Ursulines. (B. 53, 185.)

30 GERMINAL an 3 (19 avril 1795). — Décret qui accorde un congé au citoyen Béraut. (B. 53, 186.)

30 GERMINAL an 3 (19 avril 1795). — Décret de mention honorable de l'hommage fait, par le citoyen Lévêque, d'un ouvrage. (B. 53, 187.)

30 GERMINAL an 3 (19 avril 1795). — Décret de renvoi au comité de salut public de la demande faite par le citoyen Doni, et au comité de législation et des finances relatif au citoyen Poullain. (B. 53, 186 et 187.)

30 GERMINAL an 3 (19 avril 1795). — Décret de nomination des membres de la commission administrative de la police de Paris. (B. 53, 186.)

1ᵉʳ FLORÉAL an 3 (20 avril 1795). — Décret relatif aux créances et droits sur les biens nationaux provenant des émigrés. (1, Bull. 141, n° 792 ; B. 54, 3.)

Voy. lois du 25 JUILLET 1793, sect. V; du 1ᵉʳ et 29 FRUCTIDOR an 3; du 26 PLUVIOSE an 6; du 9 FRIMAIRE an 7, art. 13, et du 27 AVRIL 1825.

TITRE Iᵉʳ. Des titres de créances et de leur admissibilité.

Art. 1ᵉʳ. Les créanciers des émigrés sont déclarés créanciers directs de la République, excepté ceux des émigrés en faillite ou notoirement insolvables (1).

2. Sont reconnus créanciers des émigrés ceux dont les créances sont fondées sur des titres ayant une date certaine, antérieure à la promulgation de la loi du 9 février 1792, ou à l'émigration de leurs débiteurs, si elle est postérieure à cette époque.

3. La date certaine sera établie,

1° Par l'enregistrement des actes, par leur dépôt public, ou par les jugemens dont ils auront été l'objet, pourvu que la date desdits enregistrement, dépôt public ou jugemens, soit antérieure aux époques fixées par l'article précédent ;

2° Par des actes passés par des officiers publics, enregistrés antérieurement à ces mêmes époques, dans lesquels pourraient se trouver relatés des titres sous signature privée, à la charge des émigrés, et dont l'identité sera reconnue ;

3° Par la signature des personnes décédées antérieurement au 9 — 12 février 1792, ou à l'émigration du débiteur, si elle est postérieure à cette époque ;

Dans ce cas, la signature sera vérifiée aux frais des réclamans, par deux experts, dont l'un nommé par le directoire du district, et l'autre par lesdits réclamans, en présence d'un commissaire de ce même directoire et du préposé de l'agence des domaines, d'après la comparaison de la signature avec celle du décédé apposée sur des actes authentiques. Les commissaires feront toutes les observations qu'ils jugeront convenables sur la présomption de fraude, de simulation et de lésion que pourraient présenter, soit les actes, soit les circonstances dans lesquelles ils ont été souscrits ; et lesdits actes ne seront reconnus pour valides que lorsque les procès-verbaux de reconnaissance auront été approuvés par les directoires de district et les administrations de département, et, en cas de difficulté, par le comité des finances ;

4° Par l'inscription ou mention faite antérieurement auxdites époques, des titres sous signature privée, à la charge des émigrés, sur les registres, titres et papiers des débiteurs, trouvés sous les scellés, lorsque d'ailleurs le créancier sera saisi du titre obligatoire, et que l'identité en aura été reconnue.

4. Sont déclarés authentiques les titres de créance sur les émigrés domiciliés dans les pays réunis à la République, qui auront une date certaine d'après les règles qui existaient dans ce pays avant l'établissement de l'enregistrement, et d'après celles ci-dessus prescrites, savoir : dans le département du Mont-Blanc, avant le 10 novembre 1792; dans celui des Alpes-Maritimes, pour ce qui concerne le territoire de Nice, avant le 1ᵉʳ février 1793, et celui de Monaco, avant le 15 février de la même année; et dans les autres pays réunis à la République, à l'époque de la promulgation du décret de leur réunion.

5. Sont nuls et de nul effet, à l'égard de la République, tous actes portant donation et libéralités faites par des émigrés domiciliés sur le territoire français, ou leurs fondés de pouvoirs, qui n'auraient point acquis un date certaine antérieure au 9 fé-

---

(1) Un créancier qui a deux espèces d'actions à exercer, l'une hypothécaire contre un créancier détenteur de biens, l'autre en liquidation contre le fisc, peut choisir entre ces deux actions (12 nivose an 9; Cass. S. 1, 1, 388).

vrier 1792, ou aux époques déterminées par l'article précédent, s'ils ont été consentis par des émigrés des pays réunis à la République, sans préjudice d'ailleurs de l'exécution de la loi du 17 nivose an 2.

6. Seront exécutés dans leur intégrité les dispositions rémunératoires en faveur des nourrices, instituteurs et domestiques, contenues dans des actes ayant également une date certaine antérieure à la même époque.

Le défaut d'insinuation ne pourra être opposé à ces actes ; mais avant qu'ils puissent être admis, les réclamans seront tenus de les faire revêtir de cette formalité.

7. Sont exceptés des formalités prescrites par l'article ci-dessus,

1° Les salaires des domestiques, seulement pour les trois dernières années de leurs services, et par eux rapportant un certificat de la municipalité qui atteste la réalité et la durée de ces services, d'après le témoignage de quatre citoyens domiciliés dans la commune, et, à Paris, dans la section.

2° Les fournitures faites pour les émigrés, avant la promulgation de la loi du 19=12 février 1792, ou l'émigration des débiteurs si elle est postérieure à cette époque, sauf la prescription légale ;

3° Les salaires des ouvriers pour travaux faits avant lesdites époques.

8. Les mémoires de travaux et fournitures seront vérifiés et réglés par experts.

9. Les négocians et marchands seront tenus de produire à la municipalité leur livre de négoce à l'appui du mémoire dont ils réclameront le paiement.

10. Les municipalités vérifieront si les mémoires sont conformes aux livres de compte, et certifieront au bas desdits mémoires le résultat de leur vérification.

TITRE II. Dépôt des titres de créance.

11. Tout créancier d'émigré, soit directement, soit à cause de successions qui peuvent être échues audit émigré, sera tenu de faire le dépôt de ses titres de créance, avec les pièces justificatives, au secrétariat de l'administration du district du domicile fixé à son débiteur par la liste générale des émigrés de la République sur laquelle son nom sera porté, dans le délai de quatre mois après la publication de cette liste, à peine de déchéance (1).

12. Les directoires de district indiqueront, dans la proclamation qui doit, aux termes de l'article 13 du titre III de la loi du 25 brumaire dernier, servir de publication à la liste générale des émigrés, le jour auquel doit expirer le délai accordé pour le dépôt des titres de créance sur les biens de

ceux dont les noms sont inscrits sur ladite liste. Cette proclamation sera publiée et affichée deux fois, à la distance d'une décade, dans les communes de leur arrondissement.

13. Il sera ouvert par les directoires de district un registre pour chaque liste générale d'émigrés qui sera publiée, sur lequel sera mentionnée la date du dépôt des titres, et tenu note de leur nature et de leur montant en capital et intérêts échus, avec indication exacte des noms, prénoms et domicile des débiteurs et des créanciers. Ce registre sera clos et arrêté à l'expiration des délais, et il ne pourra plus être admis de titres pour y être inscrits, postérieurement à cette époque. Il sera donné par le secrétaire aux créanciers un récépissé de chaque titre déposé.

14. Il est accordé aux créanciers qui se trouvent en déchéance, aux termes des lois antérieures, un délai de trois mois, à compter de la promulgation de la présente loi, pour déposer leurs titres, en conformité de l'article 11, passé lequel délai ils ne seront admis à aucune répétition. Les délais près d'expirer sont prorogés en conséquence.

Les créanciers dont les titres se trouvent déposés dans des districts autres que ceux du domicile de leurs débiteurs, sont tenus de se conformer aux dispositions du présent article (2).

15. Ceux qui ont déjà exercé des droits contre les émigrés, ou qui prétendraient avoir droit d'en exercer à quelque titre que ce soit, seront tenus de déposer, dans les délais prescrits par les articles 11 et 14 ci-dessus, leurs mémoires, titres, rôles de frais légitimement faits et autres pièces justificatives ; à défaut de quoi ils seront déchus de tous droits (3).

16. Les directoires de district où seront déposés les titres de créance sur les émigrés, adresseront un extrait du registre mentionné en l'article 13, tant à l'administration du département qu'à la commission des revenus nationaux, dans la décade du jour où le délai fixé pour le dépôt sera expiré.

17. Seront également tenus les directoires de district, de transmettre à ladite commission, dans les deux mois de la publication de la présente loi, tous les extraits des registres sur lesquels ont été inscrits les titres de créance déposés au secrétariat de leur administration, depuis la loi du 2 septembre 1792.

TITRE III. De la liquidation des créances.

SECTION Iʳᵉ. Des agens de la liquidation.

18. Les créances sur les émigrés seront

liquidées définitivement par les administrations de département.

19. Les directoires de district feront passer, dans les deux décades de la publication de la présente loi, tous les titres de créance déposés à leur secrétariat, en vertu des lois antérieures, après les avoir visés, aux administrations de département, qui, d'ailleurs, leur demanderont des renseignemens ou leur avis sur ces titres, lorsqu'il y aura lieu.

20. A l'avenir, les titres déposés seront transmis successivement chaque décade, dans la forme prescrite par l'article précédent.

21. Il sera établi à Paris, pour les créances sur les émigrés, un bureau particulier de liquidation, qui suppléera en cette partie l'administration du département de Paris.

22. Ce bureau aura pour chef un directeur qui sera nommé par la Convention nationale, sur la présentation du comité des finances.

23. Ce directeur exercera dans sa partie les mêmes fonctions que les administrations de département. Son traitement sera de dix mille livres, avec l'application de la loi du 4 pluviose dernier.

24. Le comité des finances désignera un local suffisant pour l'établissement du bureau de liquidation.

25. Les titres de créance déposés en conformité des lois antérieures, tant au secrétariat des districts du département de Paris et autres établissemens formés à cet effet, que dans les bureaux de l'administration de ce département, seront transportés au local du bureau de liquidation, aussitôt qu'il sera disposé pour les recevoir.

26. Le dépôt des titres sera effectué à l'avenir, pour ce qui concerne le département de Paris, immédiatement audit bureau de liquidation.

Section II. Mode de liquidation.

27. Les intérêts des créances exigibles qui n'en produisaient pas de droit, courront du jour de la demande qui en aura été judiciairement faite, ou du jour du dépôt fait au secrétariat de l'administration du district; et à défaut de date constatée, du jour où le délai fixé pour le dépôt sera expiré : quant aux créances à terme, ils courront du jour où lesdites créances deviendront exigibles. Les intérêts seront de quatre pour cent sans retenue, ou de cinq pour cent également sans retenue, si cette clause a été stipulée dans l'acte, sans préjudice de l'exécution de la loi du 19 ventose an 3.

28. Les rentes ou prestations purement foncières et non féodales, maintenues par l'article 2 de la loi du 17 juillet 1793, ainsi que les rentes constituées perpétuelles, seront liquidées au denier vingt du capital des revenus effectifs, sans aucune déduction pour les contributions publiques.

29. Les pensions et rentes viagères en quelque manière qu'elles soient constituées, seront liquidées d'après la loi du 23 floréal de l'an 2, par la Trésorie nationale, à qui, pour cet effet, les administrations de département feront passer les titres, après en avoir fait prendre l'extrait, qui demeurera déposé dans leurs bureaux. Les rentes viagères dues par les émigrés pourront être cumulées avec les rentes viagères dues par la nation, jusqu'au doublement du *maximum* déterminé par cette loi (1).

30. Les rentes ou redevances perpétuelles ou viagères qui se payaient en nature, seront estimées dans le lieu où sera situé le fonds affecté à la rente, d'après le prix moyen des denrées, calculé sur les quatorze années de produit antérieures au 1ᵉʳ janvier 1792, distraction faite des deux années les plus fortes et des deux années les plus faibles.

31. Les créanciers d'un émigré qui se trouveront à la fois débiteurs de ce même émigré, seront admis à la compensation.

32. Toute procédure contre les émigrés, pour raison de leurs dettes passives, ou de droits à exercer sur leurs biens, demeure éteinte. Les contestations pendantes à cet égard seront décidées par deux arbitres, dont l'un sera nommé par l'administration du département du domicile du débiteur, et l'autre par la partie réclamante : dans le cas de non-accord, lesdits arbitres s'adjoindront un tiers pour fixer la décision. Les frais seront à la charge de la partie contre laquelle les arbitres auront décidé (2).

33. Les droits des réclamans, reconnus par les arbitres, seront liquidés dans les mêmes formes que ceux des autres créanciers.

34. Sont maintenues les liquidations déjà faites conformément aux lois précédentes, pourvu qu'elles ne soient pas contraires aux dispositions de la présente loi.

35. Les réclamations contre les arrêtés des administrations de département, relatifs à la liquidation des créances, seront jugées définitivement par le comité des finances et celui de législation, en ce qui concerne respectivement.

36. Les administrations de département rendront, ainsi que le bureau de liquidation, tous les mois, au comité des finances, un compte sommaire de leurs opérations, et indiqueront en même temps le nombre et le montant des créances qu'ils auront liquidées et de celles restant à liquider.

(1) *Voy.* loi du 1ᵉʳ fructidor an 3.
(2) *Voy.* loi du 17 frimaire an 6.

SECTION III. Dispositions relatives à la solvabilité des débiteurs.

37. Aucune créance ne sera définitivement liquidée que lorsqu'il aura été constaté que le débiteur n'est pas dans le cas de l'exception prononcée par l'article 1ᵉʳ.

38. Il sera en conséquence dressé, et envoyé, dans le mois de la publication de la présente loi, à chaque directoire de district, par les conseils généraux des communes, un état des émigrés domiciliés dans leur arrondissement qui sont en faillite, ou réputés insolvables d'après la commune renommée.

39. L'état de faillite résultera de la saisie des biens des débiteurs à la requête de leurs créanciers, de contrats d'atermoiement ou de formation d'unions, et celui d'insolvabilité, de la déclaration que fera à cet égard, d'après la commune renommée, le conseil général de la commune du domicile du débiteur, assemblé au nombre au moins de plus de moitié de ses membres, soit d'après sa propre connaissance, soit d'après les renseignemens qu'il croira convenable de se procurer.

40. Les préposés de l'agence des domaines seront également tenus de faire parvenir, dans le même délai, aux directoires de district, de semblables renseignemens sur les émigrés domiciliés dans leurs arrondissemens respectifs.

41. Les conseils généraux des communes indiqueront avec exactitude, dans leurs états, les noms, prénoms, qualité, profession et domicile de l'émigré insolvable : dans le cas où il ne s'en trouverait pas dans la commune ou section, les conseils généraux ou comités civils seront tenus d'en instruire le directoire du district dans le même délai.

42. Il sera envoyé, à la diligence du procureur-syndic du district, un commissaire dans chaque commune qui n'aura pas satisfait, dans le délai prescrit, aux dispositions des deux articles précédens. Les frais de transport et séjour des commissaires seront à la charge du conseil général.

43. Les directoires de district, après avoir reçu les états particuliers des municipalités, et examiné, s'il y a lieu à les rectifier, en formeront un état général qu'ils feront parvenir, dans la décade, tant à l'administration du département qu'à la commission des revenus nationaux.

44. Les comités civils de Paris adresseront immédiatement au bureau de liquidation l'état des débiteurs insolvables de leur arrondissement.

45. Tout créancier néanmoins, en attendant l'exécution des dispositions prescrites par les articles précédens, pourra obtenir la liquidation de sa créance, en rapportant un certificat du conseil général ou du comité civil de la section de la commune du domicile de son débiteur, constatant que celui-ci n'est point en état de faillite ou d'insolvabilité (1).

46. A l'avenir, aussitôt la réception de la liste générale supplémentaire des émigrés, les directoires de district demanderont aux conseils généraux des communes leur déclaration sur la solvabilité de ceux des émigrés portés sur ladite liste dont le domicile sera dans leur arrondissement, afin d'en faire passer le résultat, de la manière prescrite ci-dessus, à l'administration du département.

47. Les créanciers dont les débiteurs auront été déclarés en faillite ou insolvables, seront tenus, d'après l'avis qui leur en sera donné par l'administration du département, de s'unir au chef-lieu du district du domicile desdits débiteurs. Leurs titres leur seront remis sur leur demande, ou aux commissaires des unions.

48. Il y aura près de chaque union, et à ses frais, un commissaire nommé par le directoire du district, qui sera chargé d'en suivre toutes les opérations, et de stipuler les intérêts de la République, soit comme étant aux droits du créancier, soit comme étant à ceux du débiteur.

49. Ce commissaire examinera les titres, en discutera la validité, et arrêtera le montant des créances contradictoirement avec les commissaires de l'union. Il dressera également, en concurrence avec lesdits commissaires, l'état de l'actif ou du passif du débiteur. Dans les cas de difficultés, il en référera au directoire du district, pour y être statué.

50. S'il résulte de cet état, qui sera préalablement visé par l'administration du département, que l'actif égale ou surpasse le passif, l'union cessera aussitôt, et les créanciers seront liquidés d'après les formes prescrites par la loi. L'état des frais d'union sera arrêté par l'administration du département, d'après l'avis du directoire de district.

51. Dans le cas contraire, les commissaires de l'union arrêteront, contradictoirement avec celui du district, l'ordre des créanciers admis, et le feront passer à l'administration du département. L'ordre distinguera les sommes payables en assignats, et celles qui doivent l'être en reconnaissances admissibles en paiement de domaines, d'après les proportions établies ci-

(1) Voy. loi du 23 vendémiaire an 4.

après pour les créanciers des émigrés solvables.

52. L'administration du département délivrera aux commissaires de l'union, et à mesure des recouvremens résultant des états fournis par les receveurs des revenus nationaux, déduction faite de tous frais légitimes et des sommes payées aux créanciers sur les produits versés, un mandat général pour les sommes qui devront être payées en assignats, et des reconnaissances de liquidation définitive afférentes à chaque créancier pour celles qui devront l'être en cette nature, d'après l'état qui leur sera fourni à cet effet par lesdits commissaires. Les mandats seront payés par les receveurs de district, sur les fonds quelconques provenant des versemens faits par le receveur des deniers nationaux.

53. Dans tous les cas, les biens des débiteurs insolvables seront administrés et vendus par les corps administratifs comme les biens nationaux, et payés dans les mêmes termes : néanmoins, les créanciers recevront le prix de la vente aussitôt qu'elle aura été effectuée, d'après les règles prescrites à leur égard par la présente loi.

54. Les dispositions des articles précédens seront exécutées à l'égard des unions déjà existantes.

SECTION IV. De la liquidation des droits des épouses et des enfans des émigrés.

55. Les femmes des émigrés qui ont des créances ou reprises à faire valoir sur les biens de leurs maris, se pourvoiront à cet égard comme les autres créanciers, et seront payées d'après le même mode.

56. Toute femme d'émigré ayant droit à la communauté, sera tenue de déclarer à l'administration du département du domicile de son mari, dans les trois mois de la publication de la présente loi, et à l'avenir en faisant le dépôt de ses titres, si elle accepte la communauté, ou si elle y renonce : à défaut de ladite déclaration, les femmes d'émigrés seront censées avoir accepté la communauté (1).

57. Il sera donné, à cet effet, aux femmes d'émigrés, communication de l'inventaire qui a dû être fait par suite de l'émigration de leurs maris. Si l'inventaire n'a pas encore eu lieu, il y sera procédé en leur présence ou celle d'un fondé de pouvoirs ; et, dans ce cas, le délai prescrit par l'article précédent ne courra que du jour de la clôture de l'inventaire.

58. Les tuteurs seront tenus de se conformer aux dispositions des articles précé-

dens, pour les enfans mineurs qui seraient dans le cas d'exercer les droits de leurs mères.

59. Les biens-meubles et immembles de la communauté seront partagés ou vendus comme les autres biens indivis avec les émigrés.

60. Les ventes qui ont pu être faites jusqu'à présent de ces biens, sont maintenues, sauf le droit des femmes à la portion qui les concerne, tant dans le prix desdites ventes, que dans les produits des biens perçus par les receveurs des revenus nationaux, depuis la promulgation de la loi du 9 février 1792, ou l'émigration de leurs maris, si elle est postérieure à cette époque.

61. Les femmes des émigrés ne seront mises en jouissance définitive de la portion qui leur reviendra dans les biens de la communauté, que lorsque les charges ou dettes en auront été connues.

62. L'état du passif de la communauté sera constaté par les administrations de département, d'après les titres de créance qui doivent leur être transmis, aux termes de la présente loi, par les directoires de district du domicile des émigrés.

63. Les créances de la communauté seront liquidées comme celles sur les biens indivis.

64. Les dispositions prescrites par les articles précédens à l'égard des femmes d'émigrés communes en biens, sont applicables aux enfans d'émigrés qui se trouveront aux droits de leurs mères, et réciproquement à ceux des mères émigrées, qui auraient à exercer les droits de leurs pères, ainsi qu'aux maris des femmes émigrées.

65. Les droits des époux divorcés avec des émigrés seront liquidés par les administrations de département, conformément aux dispositions de la présente loi et de celle du 20 septembre 1792.

66. Les liquidations de droits, les collocations de créances, et les actes d'exécution des séparations et des divorces, faits et prononcés depuis le 1ᵉʳ juillet 1789, entre maris et femmes d'émigrés, ou dont l'un des deux serait émigré, sont nuls et de nul effet, sauf les droits des séparés ou divorcés, qu'ils exerceront sur les biens de leurs époux émigrés, aux termes de l'article précédent.

TITRE IV. Paiement des créances.

67. Il sera délivré, au nom de la nation, par les administrations de département, et à Paris, par le bureau de liquidation, aux

---

(1) La femme d'émigré qui a renoncé à la communauté devant l'autorité administrative, peut exciper de cette renonciation contre des tiers, créanciers de la communauté.

Sa cohabitation ultérieure avec le mari rayé ou amnistié, ne peut opérer le rétablissement de la communauté (22 pluviose an 13 ; Cass. S. 5, 1, 91.)

créanciers dont les titres ont été ou seront jugés légitimes d'après la loi, des reconnaissances de liquidation définitive en paiement des sommes qui leur sont dues. La trésorerie nationale délivrera de pareilles reconnaissances pour les capitaux de rentes viagères qu'elle liquidera (1).

68. Les créances exigibles qui n'excéderont pas deux mille livres, et celles constituées dont le capital sera au-dessous de mille livres, seront payées en assignats. En conséquence, les reconnaissances de liquidation définitive délivrées pour des créances de cette nature, seront échangées contre des assignats.

69. Les reconnaissances de liquidation définitive des créances exigibles, ainsi que celle des créances constituées qui excéderont les sommes fixées par l'article précédent, seront admissibles en paiement de biens nationaux, sans distinction d'origine, ou en inscriptions sur le grand-livre de la dette publique (2).

70. Le cumul des créances sur les émigrés aura lieu pour l'exécution des deux articles précédens; mais on n'y pourra comprendre que celles qui doivent être liquidées par une même administration de département (3).

71. Ces reconnaissances pourront être divisées, selon le vœu des créanciers, en autant de parties qu'ils le désireront, pourvu qu'elles ne soient pas au-dessous de mille livres. Les coupures desdites reconnaissances seront numérotées par première et dernière.

72. Pourront également les reconnaissances de liquidation définitive se céder ou transporter; mais, dans ce cas, elles seront soumises au même droit d'enregistrement que les effets au porteur.

73. Lorsqu'il s'agira de reconnaissances de liquidation relatives aux créances personnelles solidaires sur des émigrés et non émigrés, une expédition des dites reconnaissances sera transmise aux préposés de l'agence des domaines, pour qu'ils aient à poursuivre les codébiteurs solidaires pour le paiement de la portion de ces créances à leur charge.

74. Tout créancier d'émigré, avant d'obtenir la reconnaissance de liquidation définitive de sa créance, sera tenu de représenter à l'administration du département qui doit la lui délivrer, une attestation de la municipalité de son domicile, portant qu'il a affirmé devant elle, si déjà il ne l'a fait devant le directoire du district, en conformité des lois antérieures, que sa créance est sincère, et qu'elle n'a point été acquittée. En cas de fausse affirmation, il sera puni d'une amende égale au triple de la somme qu'il aura réclamée (4).

75. Jusqu'à la liquidation définitive, les arrérages des pensions, soit perpétuelles, soit viagères, continueront d'être payés en assignats sur l'ancien pied, d'après les mandats des administrations de département, l'authenticité des titres et la solvabilité du débiteur préalablement reconnues, aux termes de la loi, sauf la retenue de ce qui pourrait avoir été payé de trop sur le premier paiement des arrérages après la liquidation.

76. Les paiemens provisoires autorisés par les articles 13 et 14 de la loi des 11 et 12 mars 1793, pourront être fait dans les formes prescrites par la loi du 3 prairial, pendant deux mois à compter de la date de la présente loi; passé lequel terme, aucun paiement ne sera autorisé que conformément aux règles qu'elle prescrit.

77. Les créanciers en sous-ordres des émigrés pourront faire opposition à la délivrance des reconnaissances de liquidation définitive au profit de leurs débiteurs, entre les mains du receveur du droit d'enregistrement du chef-lieu du département. Le certificat d'opposition que leur délivrera le receveur, sera soumis à l'enregistrement et à un droit de vingt sous (5).

78. Aucune reconnaissance ne pourra être délivrée par l'administration du département, sans que le receveur du droit d'enregistrement ait certifié au bas de l'arrêté de liquidation définitive, que la créance n'est grevée d'aucune opposition. Le certificat de non-opposition sera délivré gratuitement. Les oppositions seront faites, à Paris, au bureau établi à cet effet par la Trésorerie nationale (6).

79. Les administrations de département enverront, tous les quinze jours, à la commission des revenus nationaux, un bordereau certifié des reconnaissances de liquidation définitive qu'elles auront délivrées.

---

(1) L'émigré souscripteur d'une lettre de change ne peut opposer à son créancier la prescription de cinq ans, lorsque cette lettre de change a été liquidée par l'Etat durant l'émigration. — L'arrêté de liquidation, en ce cas, a l'effet d'un jugement contre lequel on ne peut invoquer que la prescription de trente ans (Cass. 14 avril 1829; S. 29, 2, 206; D. 29, 2, 231).

(2) Les héritiers d'un émigré normand sont assimilés aux autres créanciers, en ce qui concerne leur tiers-coutumier, et ils devaient, en conséquence, se pourvoir, conformément aux lois, pour se faire liquider et déclarer créanciers de l'Etat (5 novembre 1823, Mac. 5, 723).

(3) Voy. loi du 28 fructidor an 3 et 17 frimaire an 6.

(4) Voy. lois des 28 fructidor an 3 et 17 frimaire an 6.

(5) Voy. loi du 23 vendémiaire an 4.

(6) Voy. loi du 17 frimaire an 6.

Ce bordereau indiquera, 1° les noms, prénoms et domicile du créancier et de l'émigré débiteur; 2° le montant total de la créance en capital et arrérages ou intérêts; 3° les sommes que le créancier aura déclaré avoir reçues à-compte en assignats; 4° celles qu'il aura employées en paiement de domaines nationaux avant la liquidation définitive; 5° le montant net des reconnaissances de liquidation définitive.

80. La commission des revenus nationaux vérifiera, sur le bordereau, si les arrérages ou à-comptes payés et les emplois faits en paiement de domaines nationaux par les créanciers, ont été déduits dans la liquidation, et pourra le rectifier en conséquence. Dans ce cas, le créancier sera poursuivi en restitution par le receveur des revenus nationaux.

81. Il sera expédié, par la commission des revenus nationaux, à la Trésorerie nationale, un relevé des bordereaux de reconnaissances de liquidation définitive échangeables contre des assignats. La Trésorerie nationale fera verser sans délai le montant de ces reconnaissances dans les caisses des receveurs du district du domicile des créanciers, qui seront prévenus par lesdits receveurs de l'arrivée des fonds.

82. La commission des revenus nationaux est chargée de faire passer aux administrations de département le modèle des reconnaissances de liquidation définitive, ainsi que celui des bordereaux qu'elles doivent former en exécution de l'article 79.

83. La commission présentera tous les mois, à la Convention nationale, l'état du montant des créances des émigrés qui auront été liquidées successivement par les administrations de département et le bureau de liquidation.

84. Les administrations de département et le directeur du bureau de liquidation sont autorisés à délivrer aux créanciers des émigrés, des certificats du montant de la créance dont les titres ont été déposés, lesquels seront admissibles en paiement de biens nationaux, à la charge par eux de justifier, ainsi qu'il a été prescrit, de la solvabilité de leurs débiteurs, et de donner bonne et suffisante caution de rapporter le montant de leur créance avec les intérêts à cinq pour cent, dans le cas où tout ou partie ne serait pas admis par le résultat de la liquidation définitive.

85. Lorsque les créances seront employées en acquisition d'immeubles, le cautionnement exigé par l'article précédent, et qui pourra être fourni par les créanciers eux-mêmes en immeubles libres, ne portera que sur les dégradations et détériorations qui auraient pu être commises dans ces immeubles, et sur les fruits provenant des biens pendant la jouissance de l'acquéreur.

86. Au moment de la délivrance du certificat, à la suite duquel sera inscrit l'acte de cautionnement, le créancier ou son fondé de pouvoirs sera tenu d'émarger sur le titre le montant de la somme portée audit certificat, et de signer l'émargement.

87. La copie du certificat, au bas de laquelle il sera fait mention du prix de l'adjudication, signée par le créancier et le commissaire aux ventes, et visée par le directoire du district, sera prise pour comptant par le receveur des revenus nationaux, si ce sont des immeubles adjugés, ou par l'huissier chargé du recouvrement, s'il s'agit d'adjudication du mobilier.

88. Les commissaires aux ventes des biens nationaux attesteront en même temps, sur le certificat restant entre les mains du créancier acquéreur, le montant de l'adjudication qui lui aura été faite. Chaque attestation sera approuvée par le créancier ou son fondé de pouvoirs, et visée par le directoire du district.

89. Les créanciers à qui il aura été délivré des certificats en conformité de l'article 84, n'obtiendront la délivrance de reconnaissances définitives qu'après avoir remis ces certificats à l'administration de département qui doit prononcer sur leurs créances.

90. Les sommes portées sur les certificats, qui auraient été employées en paiement de biens nationaux, soit qu'elles l'aient été en partie ou en totalité, seront mentionnées sur les reconnaissances de liquidation définitive: elles seront, ainsi que les à-comptes payés sur les créances, imputées d'abord sur les arrérages et intérêts échus au jour de l'emploi, puis sur le capital.

91. Les intérêts desdites sommes cesseront du jour de leur emploi en acquisition de biens nationaux.

92. Les reconnaissances de liquidation définitive délivrées par les administrations de département, porteront intérêt à quatre pour cent par an, pendant deux mois seulement, à partir de leur date: cependant les intérêts cesseront au jour de l'emploi des reconnaissances en paiement de biens nationaux, s'il a lieu avant l'expiration de ce terme. Sont néanmoins exceptées les reconnaissances de liquidation qui n'étaient pas susceptibles d'intérêt.

TITRE V. Des biens et droits indivis avec les émigrés.

93. Tous biens possédés par indivis avec des émigrés seront mis provisoirement sous le séquestre, sauf les exceptions résultant de l'exécution de la loi du 13 ventose dernier.

94. Les scellés seront apposés sur le mobilier par la municipalité, à la diligence du procureur de la commune.

95. Il sera sursis à toutes ventes jusque

après le partage des biens ou la liquidation des droits indivis.

96. Tout copropriétaire avec des émigrés sera tenu de justifier de sa qualité, ou de produire ses titres de propriété ou les extraits légalisés desdits titres, si les biens sont situés en plusieurs districts, aux directoires des districts respectifs de la situation des biens, dans le délai de trois mois à compter de la publication de la présente loi, et à l'avenir, dans le même délai, après l'ouverture des droits de la nation, dans lesdits biens. Ce délai passé, sans qu'il ait été satisfait aux dispositions ci-dessus, les biens indivis seront vendus en totalité, à l'expiration du délai, sauf les droits du copropriétaire dans le prix de la vente, ainsi qu'il sera ci-après prescrit (1).

97. Aussitôt que les copropriétaires auront rempli les dispositions de l'article précédent, il sera procédé, par un commissaire nommé par le directoire du district, et en présence d'un officier municipal et des copropriétaires ou de leurs fondés de pouvoirs, à l'inventaire des titres trouvés sous les scellés, ainsi qu'à celui des meubles et effets, qui seront en même temps évalués par deux experts, dont l'un nommé par le directoire du district, et l'autre par lesdits copropriétaires.

98. Les meubles, assignats, matières d'or et d'argent, et tous autres effets mobiliers susceptibles de partage, seront divisés par les mêmes experts en lots qui seront distribués par la voie du sort entre la nation et les copropriétaires. Dans le cas de non accord pour l'estimation du partage, les experts s'adjoindront un tiers pour fixer la contestation.

99. La portion afférente à la nation dans le numéraire, les assignats, matières d'or et d'argent, effets et obligations, sera déposée entre les mains du receveur des revenus nationaux.

100. Les copropriétaires seront dûment prévenus, par lettres à eux adressées par le directoire du district au domicile qu'ils auront élu, d'assister, tant à la levée des scellés, qu'à l'estimation et au partage du mobilier indivis ; ils seront suppléés par le procureur de la commune ou son substitut, dans le cas où eux ou leurs fondés de pou-

voirs seraient absens, ou ne se rendraient pas à l'invitation du directoire du district.

101. Il sera procédé à l'estimation et au partage des immeubles indivis, d'après les formes prescrites ci-dessus pour le mobilier. Dans tous les cas, l'évaluation en sera faite d'après un état détaillé de leur nature et consistance. Les experts seront tenus de prononcer dans le mois à compter du jour où ils auront reçu leur commission.

102. Dans le cas où les lots, tant pour les meubles que pour les immeubles, seraient inégaux, les experts détermineront les sommes à rapporter par ceux à qui les lots les plus forts seront échus ; les sommes seront réparties proportionnellement sur les autres. Le tirage des lots sera fait publiquement, savoir, pour les meubles, dans la maison commune, par un officier municipal, en présence de deux officiers municipaux au moins ; et pour les immeubles, au directoire du district.

103. Les papiers, titres ou extraits des titres trouvés sous le scellé, seront remis aux copropriétaires pour la portion des biens qui les concernera respectivement.

104. L'inventaire et les procès-verbaux d'estimation ou de partage des meubles et immeubles indivis, seront déposés à l'administration du district, dans la décade du jour de l'opération terminée. Il sera transmis à l'administration du département et aux préposés de l'agence des domaines, un état sommaire des objets estimés et partagés.

105. Le mobilier et les immeubles indivis non susceptibles de partage, seront vendus d'après les formes prescrites pour les biens nationaux.

106. Le mobilier indivis sera payé comptant par les acquéreurs. Quant aux immeubles, le prix en sera acquitté, savoir, pour la portion afférente à la République, dans les termes fixés par la loi pour le paiement des domaines nationaux ; et pour le surplus, immédiatement après l'adjudication.

Les immeubles seront revendus à la folleenchère de l'acquéreur qui n'effectuera pas ses paiemens à ces époques respectives.

107. Le prix des ventes des biens immeubles possédés par indivis avec les émigrés, sera versé par les acquéreurs, savoir, pour ce qui se trouvera dû à la nation, dans la

---

(1) Le débiteur d'une créance indivise entre l'Etat représentant un émigré, et un régnicole, s'est valablement libéré, même à l'égard du régnicole, par le remboursement intégral fait dans les caisses de l'Etat, si la créance avait été placée sous le séquestre, et si, au moment du remboursement, il n'y avait pas eu liquidation des droits indivis (13 août 1823 ; ordonnance du roi, S. 23, 2, 276).

Le remboursement au domaine de la totalité d'une rente due pour 1/16 à un émigré, et pour

15/16 à des non émigrés, est nul pour les 15/16, bien qu'il y ait un arrêté ordonnant ce remboursement, si l'arrêté a été pris sans entendre ou appeler les quinze cointéressés (20 novembre 1815, ordonnance du roi ; J. C. 3, 166).

La partie des biens indivis avec un émigré, vendue par la République, sans réclamation de la part du copropriétaire, doit entrer fictivement, en cas de partage, dans le lot de cet émigré rayé (21 germinal an 13 ; Cass. S. 5, 2, 330).

Voy. loi du 30 thermidor an 4.

caisse du receveur des revenus nationaux ; et pour ce qui sera dû aux copropriétaires, entre leurs mains, d'après la reconnaissance qui leur aura été délivrée par le directoire du district, de la portion qui les concernera dans le produit de ces ventes.

108. Les biens indivis seront payés par les acquéreurs, en assignats ou autres monnaies du cours, pour le montant des portions afférentes aux copropriétaires, qui ne pourront être forcés à recevoir les autres valeurs admissibles en paiement de biens nationaux.

109. Les ventes des biens indivis, déjà effectuées, seront maintenues, ainsi que les clauses de ces mêmes ventes : néanmoins les copropriétaires seront payés de leur portion, en assignats, par le receveur des revenus nationaux, aux époques où les acquéreurs feront leur versement, sur le mandat des directoires de district.

Pourront cependant lesdits copropriétaires être payés de suite, selon leur option, en reconnaissances admissibles en paiement de biens nationaux.

110. Les frais relatifs à la régie, à l'inventaire, estimation, et au partage, ainsi qu'à la vente des biens indivis, seront supportés par la nation et les copropriétaires, dans la portion de leur droits respectifs. Ceux à la charge de la nation seront acquittés par le receveur des revenus nationaux, d'après les arrêtés des directoires de district.

111. Les créanciers des parens d'émigrés dont les successions sont ouvertes, seront tenus, à peine de déchéance pour la portion de leurs créances à la charge de la République, de déposer les extraits de leurs titres dûment légalisés au secrétariat de l'administration du département du domicile des parens décédés, dans les trois mois de la publication de la présente loi, à la charge toutefois par eux de représenter les originaux de ces titres lors de la liquidation de leurs créances.

112. Les créances sur les biens indivis seront liquidées par les corps administratifs, comme les autres créances sur les émigrés, mais pour la portion seulement qui concernera la nation, et après qu'elles auront été préalablement discutées par les parties intéressées : néanmoins les liquidations déjà faites, conformément à la loi, par les corps administratifs, sont mainte-

nues, sauf à répéter sur les copartageans les portions de ces créances qui auront été acquittées à leur décharge. Toute action de solidarité envers la nation, à raison desdites créances, demeure éteinte (1).

113. Les titres de créances sur les biens indivis avec les émigré, ne seront admis à la liquidation, pour ce qui concerne la République, qu'autant qu'ils seront revêtus du caractère d'authenticité exigé par la présente loi.

114. Les titres à la charge des parens d'émigrés dont la nation est appelée à partager la succession, ne pourront également être valables, s'ils n'ont acquis une date certaine avant le 1ᵉʳ février 1793, ou l'inscription de l'héritier émigré sur la liste du district, si son émigration est postérieure à cette époque.

115. Aucune créance sur les successions dans lesquelles la nation a des droits, ne sera définitivement liquidée pour ce qui la concerne, que lorsqu'il sera constaté que ces successions sont solvables, par la comparaison de l'actif résultant, soit des produits nets recouvrés, soit de la valeur et estimation des biens inventoriés, avec le passif consistant dans le montant des créances dont les titres auront été déposés à l'administration du département.

116. Dans le cas d'insolvabilité reconnue des parens d'émigrés, il sera procédé à l'égard des unions des créanciers ainsi qu'il est prescrit par l'article 48.

117. Les créances sur les propriétés indivises avec les émigrés, seront payées d'après le même mode que celles sur les biens des émigrés, en ce qui concerne la part afférente à la nation.

118. Toutes contestations relatives à la propriété des biens indivis avec les émigrés, seront décidées par des arbitres.

119. Le partage des biens indivis situés en plusieurs districts du même département, sera réglé par l'administration de ce département.

120. Si les biens se trouvent compris dans plusieurs départemens, le partage en sera dirigé par l'administration de celui du domicile de l'émigré, ou du parent d'émigré décédé (2).

121. Tout copropriétaire avec des émigrés sera tenu, dans le mois de la publication de la présente loi, et à l'avenir en remplissant

---

(1) *Voy.* lois du 28 fructidor an 3, et 23 vendémiaire an 4.

Le créancier de deux codébiteurs solidaires peut encore, après l'émigration de l'un, se pourvoir solidairement contre l'autre.

Le créancier qui, ayant hypothèque sur différens biens passés en mains tierces, est devenu, par l'émigration de l'un des tiers acquéreurs, créancier direct de la République, peut encore

exercer son action hypothécaire contre les autres acquéreurs (5 nivose an 13 ; Cass. S. 5, 2, 226).

Une question de solidarité résultant d'un acte notarié, est du ressort des tribunaux, encore qu'elle soit agitée contre le coobligé solidaire d'un émigré (11 février 1820 ; ordonnance du roi ; J. C. 5, 315).

(2) *Voy.* loi du 13 ventose an 5.

les dispositions de l'article 96, de déclarer s'il se trouve, relativement à des biens indivis, dans les termes des deux articles précédens, et d'indiquer en même temps au directoire du district, l'administration de département qui doit faire procéder au partage général. Ce délai expiré, ou à défaut de déclaration, le copropriétaire ne sera plus admis à réclamer ce partage.

122. Dans le cas où le partage général sera demandé par les copropriétaires, il ne sera point procédé dans les districts au partage partiel des biens, mais seulement à leur estimation.

123. Pour l'exécution de l'article 120, les directoires de district de la situation respective des biens indivis enverront, après les avoir visés, les inventaires et procès-verbaux relatifs à l'évaluation tant du mobilier que des immeubles, à l'administration de département indiquée par les copropriétaires, dans les deux décades, à compter du jour où ces inventaires et procès-verbaux leur auront été transmis.

124. L'administration du département fera, d'après lesdits inventaires et procès-verbaux, procéder au partage, en présence des copropriétaires ou de leurs fondés de pouvoirs dûment prévenus à cet effet, par deux arbitres, dont l'un sera nommé par elle, et l'autre par les copropriétaires ou leurs fondés de pouvoirs.

125. Le tirage des lots se fera en présence de l'administration du département.

126. Les successions ouvertes avant le 14 juillet 1789, dans lesquelles la nation a des droits à exercer, seront partagées conformément aux lois et coutumes alors existantes. Quant à celles ouvertes depuis cette époque, le partage sera réglé d'après les dispositions de la loi du 17 nivose an 2 et autres subséquentes.

127. Aussitôt l'opération terminée, la copie du procès-verbal de partage, dûment certifiée, sera transmise, par l'administration du département, à chacun des directoires de district de la situation des biens, ainsi qu'à l'administration de département qui les comprend dans son arrondissement. Il en sera également délivré une copie certifiée à chacun des copartageans.

128. Il sera envoyé à la commission des revenus nationaux, tant par les directoires de district, que par les administrations de département qui, d'après les dispositions de la présente loi, auront fait procéder au partage des biens indivis avec les émigrés, un extrait sommaire certifié des procès-verbaux de ce partage, dans deux décades après qu'il aura été effectué.

129. Il n'est point dérogé par la présente loi aux dispositions de celles des 17 frimaire et 26 ventose derniers, relativement aux établissemens de commerce et de manufactures dans lesquels la nation a, ou aurait par la suite, des droits à exercer, ainsi qu'à la loi du 13 ventose an 3.

130 Toutes dispositions des lois antérieures, relatives à l'objet de la présente, sont rapportées.

Du même jour.

La Convention nationale décrète que les articles concernant la liquidation des créances sur les biens nationaux provenant des émigrés, décrétés dans les séances de 24 et 28 germinal dernier et 1ᵉʳ floréal présent mois, seront réunis pour ne former qu'une seule loi, qui datera de ce jour, et sera transcrite en entier sur le procès-verbal de la séance dudit jour.

1ᵉʳ FLORÉAL an 3 (20 avril 1795). — Décret qui autorise la Trésorerie nationale à passer en dépenses aux receveurs de district les sommes qu'ils ont payées pour la fabrication du salpêtre dans les communes. (1, Bull. 139, n° 776; B. 54, 2.)

1ᵉʳ FLORÉAL an 3 (20 avril 1795). — Décret qui divise les armées des côtes de Brest et de Cherbourg, et nomme pour les commander les généraux Hoche et Aubert-Dubayet. (1, Bull. 139, n° 777; B. 54, 3.)

1ᵉʳ FLORÉAL an 3 (20 avril 1795). — Décret qui charge le représentant Cazenave, en mission au Havre, de se rendre à Amiens. (B. 54, 2.)

1ᵉʳ FLORÉAL an 3 (20 avril 1795). — Décret nommant le citoyen Bergerot commissaire-liquidateur de la dette des émigrés. (B. 54, 1.)

1ᵉʳ FLORÉAL an 3 (20 avril 1795). — Décret relatif au citoyen Kick, négociant à Marseille. (B. 54, 2.)

1ᵉʳ FLORÉAL an 3 (20 avril 1795). — Décret de mention honorable de l'hommage fait par le citoyen Pougens. (B. 54, 2.)

1ᵉʳ FLORÉAL an 3 (20 avril 1795). — Décret relatif à une pétition du citoyen Lion Jacob. (B. 54, 3.)

1ᵉʳ FLORÉAL an 3 (20 avril 1795.) — Décret accordant un congé au représentant Quiot. (B. 54, 22.)

1ᵉʳ FLORÉAL an 3 (20 avril 1795). — Décret qui envoie le représentant Meilland près l'armée des Pyrénées-Orientales. (B. 54, 3.)

2 FLORÉAL an 3 (21 avril 1795). — Décret relatif aux paiemens des ventes des bois, mou-

lins et usines. (1, Bull. 139, n° 778; B. 54,
25.)

Par la loi du 4 nivose an 2 et celle du 6
nivose an 3, la Convention n'a dérogé en
rien aux décrets des 3 = 17 novembre 1790,
25 = 29 avril 1792 et 16 janvier 1793, en ce
qui concerne les paiemens des ventes des
bois, moulins et usines.

2 FLORÉAL an 3 (21 avril 1795). — Décret
qui détermine un mode pour suppléer aux registres de l'état civil détruits ou perdus pendant la révolution. (1, Bull. 139, n° 780; B.
54, 25.)

Voy. loi du 21 FRUCTIDOR an 2.

Art. 1er. Les registres ou parties de registres de l'état civil, qui, depuis le 14 juillet 1789, auront été perdus ou détruits seront remplacés, s'il en existe des doubles
dans l'un des deux dépôts, par des copies
que fera faire, dans le délai de deux mois,
le directoire de département. Elles seront
collationnées, et les pages en seront cotées
et paraphées par deux de ses membres.

2. Dans le cas où les deux originaux auront été perdus ou détruits, il sera suppléé
à leur défaut de la manière prescrite par les
articles suivans.

3. Il sera fait trois listes, l'une des nais-
sances, l'autre des mariages et divorces, et
la troisième des décès.

4. Chacune de ces listes contiendra, dans
l'ordre chronologique, avec autant d'exactitude qu'il sera possible, les dates des nais-
sances, mariages, divorces et décès; les
noms, surnoms, professions des individus
et de *leurs* pères et mères.

5. Les commissaires préposés à la confection de ces listes n'y inscriront aucun article relatif à des personnes décédées depuis
plus de trente ans, à moins qu'ils n'en soient
expressément requis par des personnes intéressées; et alors l'inscription se fera dans
la forme prescrite par l'article 7.

6. Ces listes seront doubles; elles seront
faites par trois commissaires choisis par le
corps municipal dans ou hors son sein pour
chaque commune ou section de commune.
Elles ne seront d'abord qu'indicatives et
préparatoires, et n'obtiendront un caractère
authentique qu'après l'accomplissement des
formes ci-après.

7. Les commissaires composeront ces listes, soit d'après les renseignemens que leur
fourniront les registres, papiers de famille
ou autres documens, soit d'après les déclarations des ascendans, des époux, ou des
frères et des sœurs, soit d'après celles des
autres parens ou étrangers.

Mais lorsque les déclarations seront faites,
par autres que les ascendans, époux et frères
et sœurs, l'insertion dans la liste n'aura lieu
que lorsque la déclaration sera confirmée par
l'attestation de deux témoins dignes de foi,
ou appuyée par quelque pièce non suspecte.

8. Un double de chaque liste sera déposé
pendant deux mois au secrétariat de la commune ou de la section, et l'autre à celui de
l'administration du district.

Le dépôt en sera annoncé par une proclamation affichée dans la commune ou section
de commune, et dans le chef-lieu de district.

Pendant ce délai, tous les citoyens seront
admis à faire les réclamations et observations tendant à la rectification desdites listes;
elles seront faites par écrit et annexées à ces
mêmes listes.

9. Après ce délai, un commissaire nommé
par l'administration du district, pris dans
son sein, se transportera dans la commune
ou section.

Il convoquera une assemblée générale des
habitans, un jour de décade. Il fera faire lecture des listes, et des réclamations qui auront pu être faites sur chaque article; il pro-
voquera les nouveaux éclaircissemens qui
pourront être donnés, et en dressera procès-
verbal.

10. En marge des articles qui n'auront
souffert aucune réclamation, le commissaire
du district mettra cette formule, *Arrêté;*
il signera avec un officier municipal : l'article sera dès lors authentique.

11. En marge des articles qui auront été
contestés, le commissaire mettra cette autre formule, *Il y a réclamation n° tant*, et
signera avec l'officier municipal.

12. Un des doubles de ces listes restera
au secrétariat de la municipalité; l'autre sera
envoyé aux archives du département, pour
être joint aux registres de l'état civil.

13. Les réclamations seront recueillies et
numérotées par le secrétaire-greffier de la
commune : il en enverra, dans la décade suivante, des extraits en forme, ainsi que des
parties des listes qui en sont l'objet, au
greffe du tribunal de district.

Ce tribunal prononcera sur lesdites réclamations, à la diligence du commissaire
national, après l'avoir entendu, ainsi que
les parties intéressées, ou après qu'elles auront été dûment appelées.

14. Lorsque le commissaire national et
les parties intéressées auront acquiescé au
jugement, ou qu'à défaut d'appel dans le
délai prescrit, il aura acquis la force de chose
jugée, il en sera fait mention en marge de
la liste, et expédition en sera envoyée, tant
au secrétariat de la commune qu'aux archives du département, pour être annexée
aux listes.

15. S'il n'y a qu'une partie des registres
d'une commune, détruite ou perdue, ou si
les officiers chargés de constater l'état civil
ont suspendu l'exercice de leurs fonctions,
il sera procédé à la confection des trois listes
dans la forme indiquée par les articles précédens, pour les individus dont les actes de

naissance, mariage, divorce et décès existaient sur cette partie des registres, ou pour le temps qu'a duré l'interruption des fonctions des officiers de l'état civil.

16. Les procès-verbaux d'exécution des jugemens de condamnation à mort vaudront provisoirement, et jusqu'à la confection des listes ordonnées par la présente loi, comme actes de décès de l'état civil.

2 FLORÉAL an 3 (21 avril 1795). — Décret relatif au concours, par la voie du tirage au sort, parmi les suppléans, pour compléter la représentation nationale. (1, Bull. 139, n° 779; B. 54, 23.)

2 FLORÉAL an 3 (21 avril 1795). — Décret relatif à l'admission de l'embassadeur de Suède. (B. 54, 22.)

2 FLORÉAL an 3 (21 avril 1795). — Décret relatif à la femme du représentant Buzot. (B. 54, 23.)

2 FLORÉAL an 3 (21 avril 1795). — Décret relatif à une erreur de date qui s'est glissée dans un décret du 26 germinal dernier. (B. 54, 23.)

2 FLORÉAL an 3 (21 avril 1795). — Décret qui ajourne la discussion du projet de décret concernant le séquestre des biens des émigrés. (B. 54, 24.)

2 FLORÉAL an 3 (21 avril 1795). — Décret relatif au citoyen Flaust. (B. 54, 24.)

2 FLORÉAL an 3 (21 avril 1795). — Décret ajournant la discussion d'un projet de décret du comité des finances (B. 54, 24.)

2 FLORÉAL an 3 (21 avril 1795). — Décret relatif au citoyen Frebourg. (B. 54, 24.)

3 FLORÉAL an 3 (22 avril 1795). — Décret portant que les fermages des propriétés rurales seront acquis aux adjudicataires proportionnellement et à compter du jour de l'adjudication. (1, Bull. 139, n° 781; B. 54, 31.)

A l'avenir, les fermages des propriétés rurales seront acquis aux adjudicataires proportionnellement et à compter du jour de l'adjudication, ainsi qu'il a été pratiqué pour les loyers des maisons et rentes, sans égard à une disposition contraire de l'instruction

du 3 juillet 1791, qui défère aux adjudicataires les fermages en proportion du progrès des coupes ou perception des fruits, à quelques époques que soient fixés les termes des paiemens déterminés par les baux (1).

3 FLORÉAL an 3 (22 avril 1795). — Décret relatif aux accusés dénommés dans le jugement du tribunal révolutionnaire du 25 frimaire dernier. (B. 54, 27.)

3 FLORÉAL an 3 (22 avril 1795). — Décrets qui accordent divers secours (B. 54, 28, 29 et 30.)

3 FLORÉAL an 3 (22 avril 1795). — Décret annulant un jugement du tribunal de la Côte-d'Or, du 15 prairial an 2, rendu contre le citoyen Demorey. (B. 54, 31.)

3 FLORÉAL an 3 (22 avril 1795). — Décret relatif à la réclamation des citoyennes Billaud et Collot. (B. 54, 32.)

3 FLORÉAL an 3 (22 avril 1795). — Décret relatif à la citoyenne Poincignon, veuve Salle. 54, 32.)

3 FLORÉAL an 3 (22 avril 1795). — Décret relatif à l'inexécution de la loi sur le renouvellement des cartes de sûreté de Paris. (B. 54, 32.)

3 FLORÉAL an 3 (22 avril 1795). — Décret relatif aux secours à accorder aux petites-nièces de Fénélon. (B. 54, 33.)

3 FLORÉAL an 3 (22 avril 1795). — Décret qui affecte le ci-devant évêché de Montpellier à l'établissement de l'école de santé de cette commune. (B. 54, 28.)

4 FLORÉAL an 3 (23 avril 1795). — Décret qui fixe le mode de réception des ambassadeurs ou envoyés des puissances étrangères. (1, Bull. 139, n° 782; B 54, 35.)

Art. 1er. A la réception des envoyés des puissances étrangères dans le sein de la représentation nationale, ceux qui seront revêtus du caractère d'ambassadeurs, seront assis dans un fauteuil vis-à-vis du président.

Ils parleront assis.

2. Il sera placé pour leur cortége des banquettes à droite et à gauche.

(1) En cas de vente d'un domaine national, l'Etat doit profiter des fruits qui ont été recueillis dans l'année de la vente, à proportion du temps qui s'est écoulé entre le premier jour de l'année et celui de l'adjudication, encore même que l'immeuble n'étant point baillé, les fruits consistent, non en loyers ou fermages, mais en récoltes pendantes par racines (19 germinal an 12; Cass. S. 7, 2, 983.)

3. La disposition de l'article précédent est commune à tous les envoyés des puissances étrangères revêtus du caractère de ministres plénipotentiaires.

4. Le président, dans sa réponse à l'ambassadeur ou autre envoyé, lui donnera les mêmes titres qui lui seront attribués par ses lettres de créance.

4 FLORÉAL an 3 (23 avril 1795). — Décret par lequel le baron Eric-Magnus Staël de Holstein, est reconnu et proclamé ambassadeur extraordinaire du roi de Suède près la République française. (1, Bull. 139, n° 783 ; B. 54, 36.)

4 FLORÉAL an 3 (23 avril 1795). — Décret qui attribue à la commission administrative de police la faculté d'accorder les permissions exigées par la loi du 4 vendémiaire, pour demeurer à Paris plus de trois jours. (1, Bull. 160, n° 786 ; B. 54, 35.)

4 FLORÉAL an 3 (23 avril 1795). — Décret qui autorise le représentant Cazenave à continuer sa mission dans le département de la Seine-Inférieure, et le représentant Blaux celle dont il a été chargé dans le département de la Somme. (B. 54, 33.)

4 FLORÉAL an 3 (23 avril 1795). — Décrets qui accordent des secours. (B. 54, 33 et 34.)

4 FLORÉAL an 3 (23 avril 1795). — Décret annulant un jugement rendu par un tribunal de l'armée du Rhin, contre Pierre Devaux. (B. 54, 36.)

4 FLORÉAL an 3 (23 avril 1795). — Décret relatif au rapport de la disposition de la loi sur l'organisation des tribunaux criminels militaires. (B. 54, 36.)

4 FLORÉAL an 3 (23 avril 1795). — Décret relatif à un jugement rendu le 6 floréal an 2 par la commission militaire de Douai, contre le citoyen Cochin. (B. 54, 37.)

4 FLORÉAL an 3 (23 avril 1795). — Décret relatif à l'état des associations des sciences et des arts. (B. 54, 37.)

4 FLORÉAL an 3 (23 avril 1795). — Décret relatif à l'affaire de Joseph Lebon. (B. 54, 37.)

4 FLORÉAL an 3 (23 avril 1795). — Décret de mention honorable de l'hommage fait par le citoyen Millin. (B. 54, 38.)

4 FLORÉAL an 3 (23 avril 1795). — Décret

de mention honorable de l'hommage fait par le citoyen Leclère. (B. 54, 39.)

4 FLORÉAL an 3 (23 avril 1795). — Décret annulant un jugement de la commission de Douai, rendu le 6 floréal an 2, contre le citoyen Cochin. (B 54, 37.)

4 FLORÉAL an 3 (23 avril 1795). — Décret relatif aux réclamations de la veuve et des enfans de Dietrich, ancien maire de Strasbourg. (B. 54, 38.)

4 FLORÉAL an 3 (23 avril 1795). — Décret relatif à la demande que le drapeau suédois soit uni à ceux de Genève et des états d'Amérique. (B. 54, 38.)

4 FLORÉAL an 3 (23 avril 1795). — Décrets qui accordent des congés aux représentans Chamborre et Bonnemain. (B. 54, 39.)

5 FLORÉAL an 3 (24 avril 1795). — Décret qui suspend toute action intentée d'après l'effet rétroactif de la loi du 17 nivose sur les successions. (1, Bull. 160, n° 787 ; B. 54, 42.)

Voy. lois du 9 FRUCTIDOR an 3 et du 3 VENDÉMIAIRE an 4.

La Convention nationale décrète la suspension de toute action intentée ou procédure commencée à l'occasion de l'effet rétroactif résultant de la loi du 17 nivose sur les successions.

5 FLORÉAL an 3 (24 avril 1795). — Décret additionnel à celui qui supprime le *maximum*. (1, Bull. 140, n° 787 ; B. 54, 41.)

La Convention nationale décrète, comme article additionnel à la loi du 4 nivose dernier sur la suppression du *maximum*,

Que les citoyens qui auront été condamnés à exécuter un marché et à livrer des marchandises au *maximum* avant la loi du 4 nivose, ne pourront se prévaloir de la loi du 24 du même mois, pour exiger un prix plus considérable, si le jugement leur a été notifié avant celle du 4 nivose de l'an 3.

5 FLORÉAL an 3 (24 avril 1795). — Décret interprétatif de celui du 4 nivose, en ce qui concerne les procédures relatives à l'exécution des marchés passés avant l'abrogation du *maximum*. (1, Bull. 162, n° 797 ; B. 54, 43.)

La Convention nationale, sur le rapport de son comité de législation, relativement à la pétition du citoyen Poullet, tendant à savoir si, par l'article 24 de la loi du 4 nivose, portant abrogation de la loi sur le *maximum*, la Convention avait entendu que toutes espèces de procédures relatives à l'exécution des marchés fussent anéanties ;

Considérant que les dispositions de cet article sont claires et précises ; qu'il n'y est question que de toutes procédures commencées pour la violation faite à la loi du *maximum*, c'est-à-dire, toutes celles tendant à infliger les peines qu'elle prononce ; que la Convention a déjà suffisamment expliqué que son intention n'était pas d'anéantir les contestations relatives à l'exécution des marchés faits avant la loi du 4 nivose dernier, puisqu'elle a maintenu ces marchés par son décret du 24 du même mois, déclare qu'il n'y a pas lieu à délibérer.

5 FLORÉAL an 3 (24 avril 1795). — Décret accordant des pensions à des militaires infirmes. (B. 54, 40.)

5 FLORÉAL an 3 (24 avril 1795). — Décret accordant un secours à la citoyenne Mercier. (B. 54, 40.)

5 FLORÉAL an 3 (24 avril 1795). — Décret qui proclame membres de la Convention nationale les divers suppléans y dénommés. (1, Bull. 162, n° 796 ; B. 54, 42.)

5 FLORÉAL an 3 (24 avril 1795). — Décret qui envoie le représentant Goupilleau de Montaigu dans le département de Vaucluse. (B. 54, 42.)

5 FLORÉAL an 3 (24 avril 1795). — Décret qui ordonne l'impression d'une lettre des représentans près les armées des côtes de Brest, de Cherbourg et de l'Ouest. (B. 54, 44.)

5 FLORÉAL an 3 (24 avril 1795). — Décret qui proroge les pouvoirs des membres du tribunal révolutionnaire. (B. 54, 41.)

5 FLORÉAL an 3 (24 avril 1795). — Décret accordant un congé au représentant Lequinio. (B. 54, 41.)

5 FLORÉAL an 3 (24 avril 1795). — Décret accordant la somme de huit cent livres au citoyen Hamberges. (B. 54, 41.)

5 FLORÉAL an 3 (24 avril 1795). — Décret relatif à la veuve du représentant Buzot. (B. 54, 43.)

5 FLORÉAL an 3 (24 avril 1795). — Décret autorisant le directoire du district de Pontoise à faire payer à des négocians le prix des grains et farines saisis. (B. 54, 43.)

6 FLORÉAL an 3 (25 avril 1795). — Décret qui déclare que le numéraire en or et en argent est marchandise, et autorise l'ouverture des lieux connus sous le nom de *Bourses*. (1, Bull. 139, n° 784 ; B. 54, 46.)

Voy. lois du 2 PRAIRIAL an 3 ; du 28 VENDÉMIAIRE an 4.

Art. 1er. L'article 1er du décret du 11 avril 1793, portant que le numéraire de la République, en or et en argent, n'est pas marchandise, est rapporté.

2. Cette marchandise ne pourra être exportée qu'en donnant caution de faire rentrer, pour sa valeur, des denrées de première nécessité, conformément au décret du 13 nivose.

3. Le Gouvernement est autorisé à continuer à solder ce qui peut ou pourra être dû en or et en argent, avec des assignats, à la concurrence de la valeur de cette marchandise selon le cours.

4. Tous les lieux connus sous le nom de *Bourses*, où se tenaient les assemblées pour la banque, le commerce et le change, seront ouverts.

5. Le comité des finances est chargé de prendre toutes les mesures nécessaires pour l'exécution du présent décret.

6 FLORÉAL an 3 (25 avril 1795). — Décret qui ordonne l'impression de l'état, par départemens des radiations de la liste des émigrés prononcées par le comité de législation, et portant qu'il ne sera plus fait de radiations de liste d'émigrés que par décret de la Convention. (B. 54, 45.)

6 FLORÉAL an 3 (25 avril 1795). — Décret qui détermine les cas où le comité de législation fera des rapports sur les affaires litigieuses entre particuliers. (B. 54, 46.)

6 FLORÉAL an 3 (25 avril 1795). — Décret relatif à la question de substitution de la preuve testimoniale adoptée par le décret du 22 nivose an 2. (B. 54, 44.)

6 FLORÉAL an 3 (25 avril 1795). — Décret relatif à un projet de décret pour remédier à la fausseté des certificats de résidence. (B. 54, 44.)

6 FLORÉAL an 3 (25 avril 1795). — Décret relatif aux mesures à prendre pour détruire l'agiotage. (B. 54, 45.)

6 FLORÉAL an 3 (25 avril 1795). — Décret qui rapporte celui du 2 thermidor, et qui déclare nulle la décision du tribunal de famille du 29 janvier 1793. (B. 54. 45.)

6 FLORÉAL an 3 (25 avril 1795). — Décret qui envoie le représentant Robert (de Paris) dans la ville de Liège et pays liégeois. (B. 54, 46.)

7 FLORÉAL an 3 (26 avril 1795). — Décret qui ordonne l'impression d'un discours suivi d'un projet sur les changemens à faire au gouvernement actuel. (B. 54, 49.)

7 FLORÉAL an 3 (25 avril 1795). — Décret qui nomme les représentans Laloy, ex-président, Blad, Serres et Guillemardet, ex-secrétaires, pour signer les procès-verbaux qui n'ont pu l'être. (B. 54. 47.)

7 FLORÉAL an 3 (26 avril 1795). — Décret qui fixe l'époque de la clôture du concours de l'école normale. (B. 54, 47.)

7 FLORÉAL an 3 (26 avril 1795). — Décret qui autorise le représentant Bezard à rentrer dans le sein de la Convention. (B. 54, 48.)

7 FLORÉAL an 3 (26 avril 1795). — Décret acceptant la démission du citoyen Martin, député suppléant des Vosges. (B. 54, 47.)

7 FLORÉAL an 3 (26 avril 1795). — Décret relatif aux territoires ayant attenté à la liberté publique par leurs excès. (B. 54, 48.)

7 FLORÉAL an 3 (29 avril 1795). — Décret qui renvoie aux trois comités réunis les propositions, 1° de faire punir dans vingt-quatre heures tout émigré trouvé sur le territoire français ; 2° de prononcer la déportation, etc. (B. 54, 48.)

7 FLORÉAL an 3 (26 avril 1795). — Décret relatif à une pétition des commissaires députés du conseil général de la commune de Bordeaux. (B. 54, 49.)

7 FLORÉAL an 3 (26 avril 1795). — Décret accordant un congé au représentant Lahinhes aîné. (B. 54, 49.)

7 FLORÉAL an 3 (26 avril 1795). — Décret accordant un congé au représentant du peuple Charbonnier. (B. 54, 49.)

8 FLORÉAL an 3 (27 avril 1795). — Décret relatif aux rentes viagères. (1, Bull. 160, du 21 messidor an 3, n° 788 ; B. 54, 55.)

Voy. lois du 22 FLORÉAL an 2 ; du 21 MESSIDOR an 3 ; du 1er FRUCTIDOR an 3, et du 8 NIVOSE an 6.

Art. 1er. Tous les créanciers de la dette viagère déclarée dette nationale, qui ne sont pas encore liquidés et n'ont point reçu leurs inscriptions viagères, seront inscrits sur le grand-livre de la dette viagère établi par la loi du 23 floréal de l'an 2, soit d'après les bases et le mode de liquidation qui y sont portés ; soit pour le produit net de leurs anciennes rentes, sur les mêmes têtes et sous les mêmes conditions de jouissance et survie stipulées dans les contrats et autres titres déposés à la Trésorerie nationale, étant dérogé, à cet égard, à ladite loi du 23 floréal dernier.

2. Ceux qui voudront être liquidés suivant la loi du 23 floréal, seront tenus de fournir une déclaration de l'option qu'ils auront faite, soit par eux, soit par leurs fondés de procuration générale, d'ici au 21 messidor prochain inclusivement.

3. A l'égard des créanciers qui désireront être liquidés d'après leurs contrats, ils ne seront tenus de fournir aucune déclaration d'option, et leur silence en tiendra lieu.

4. Ceux des créanciers de la dette viagère qui ont déjà reçu leur inscription viagère et le titre pour l'inscription au grand-livre de la dette consolidée, pourront s'en tenir à la liquidation faite ; et, dans le cas contraire, ils seront tenus de déclarer, dans le délai ci-dessus fixé, qu'ils entendent être liquidés conformément à leurs titres et contrats.

5. Dans le cas de cette option, ils toucheront provisoirement sur leurs inscriptions viagères les arrérages échus au 1er germinal dernier. A l'égard du surplus desdits arrérages, s'il y en a, ils en seront payés de la manière qui sera ci-après déterminée ; et si, au contraire, lesdits arrérages excédaient ceux qui doivent résulter des contrats primitifs, il leur en sera fait déduction sur le paiement à faire en vendémiaire prochain.

6. Lorsque les créanciers mentionnés en l'article ci-dessus auront touché les arrérages échus au 1er germinal, ils seront tenus de rapporter au liquidateur de la Trésorerie, tant leur inscription viagère que le titre pour l'inscription au grand-livre de la dette consolidée, et dont il leur sera donné reconnaissance pour retirer leur inscription définitive de rente viagère.

7. Les inscriptions provisoires résultant du viager, transportées ou données en paiement de domaines nationaux, pourront être rapportées au liquidateur de la Trésorerie, et remplacées, en cas d'emploi, par des assignats, et en cas de vente, en rapportant le désistement de l'acquéreur ; lequel désistement ne donnera lieu qu'à un simple droit d'enregistrement.

8. L'option pour la liquidation, conformément à la loi du 23 floréal an 2, devra être faite concurremment par les jouissans et les expectans, et le défaut de consentement de l'un d'eux nécessitera la liquidation d'après ce qui est porté aux anciens titres.

9. Les acquéreurs de rentes viagères avec faculté de réméré, et leurs vendeurs, ne sont liquidés que conformément à ce qui est prescrit par les lois des 8 messidor et 13 brumaire derniers.

10. Les rentes viagères au-dessous de cinquante livres pourront être inscrites sur le grand-livre de la dette viagère ; et ceux qui, par l'effet de l'option, se trouveront avoir droit à une inscription au grand-livre de la dette consolidée au-dessous de cinquante livres, seront remboursés à bureau ouvert, sur le certificat de propriété qui leur sera délivré par le liquidateur de la Trésorerie, du montant de leur inscription calculée par vingt, avec les intérêts échus jusqu'au 1er germinal dernier, déduction faite des retenues dont ils sont susceptibles, et en fournissant leur déclaration qu'ils n'ont pas d'autres créances sur le grand-livre de la dette consolidée.

11. Les propriétaires de délégations et ceux d'actions au porteur qui ont déposé leurs titres à la Trésorerie nationale, en exécution de la loi du 11 fructidor an 2, seront inscrits en leurs noms personnels sur le grand-livre de la dette viagère, et ils pourront opter de conserver leurs rentes viagères, soit sur leurs têtes, soit sur celles sur lesquelles ils en jouissaient déjà.

12. La liquidation des compagnies financières connues sous le nom de *Caisse d'Escompte, Assurances contre les Incendies* et *Assurances sur la Vie*, sera faite conformément à la loi du 29 fructidor an 2 ; mais les créanciers de ces compagnies auront l'option de constituer en viager leur capital sur la tête et sur le pied fixés par le tableau annexé à la loi du 23 floréal.

13. Les créanciers desdites compagnies sont relevés de la déchéance prononcée par l'article 14 de ladite loi, et ne seront tenus de produire leurs certificats de résidence que lorsqu'ils toucheront les arrérages du montant de leur liquidation.

14. Dans le cas de la liquidation et inscription au grand-livre de la dette viagère d'après les anciens titres, il n'y aura point de déchéance faute des pièces exigées par la loi du 23 floréal, et le rapport des anciens titres sera regardé comme suffisant.

15. Le liquidateur de la Trésorerie pourra néanmoins faire usage des extraits mortuaires et autres pièces qui lui auront été fournies, pour faire les changemens nécessaires à la nouvelle inscription viagère sur ce grand-livre.

16. Les inscriptions viagères seront cessibles comme par le passé, et il pourra être formé opposition à la vente ou transport desdites inscriptions, ainsi qu'il est pratiqué pour les inscriptions de la dette publique consolidée ; mais il ne pourra jamais être fait opposition au paiement des arrérages.

17. Le droit d'enregistrement des transferts sera d'un cinquième de l'inscription, ou du cinquième d'une année d'intérêt.

18. Un même créancier de la dette viagère pourra être inscrit en autant d'articles

qu'il se trouvera avoir de survivanciers différens.

19. Pour ne point interrompre le paiement desdites rentes viagères dans l'intervalle de l'établissement du grand-Livre, le liquidateur de la Trésorerie fera payer aux créanciers, dans le plus court délai possible, d'après les titres qui lui ont été remis et les dispositions des articles précédens, sur des bulletins de paiement,

1° L'année d'arrérages échue au 1er germinal dernier ;

2° A partir du 1er vendémiaire prochain, les six mois qui se trouveront lors échus.

20. Il fera payer pareillement l'année d'arrérages échue au 1er germinal dernier, et le semestre qui écherra au 1er vendémiaire prochain, des inscriptions perpétuelles résultant de la dette viagère.

21. Les créanciers qui auront touché sur les bulletins du liquidateur, seront censés avoir opté pour le mode de liquidation d'après lequel le bulletin de paiement aura été dressé ; savoir, pour le mode prescrit par la loi du 23 floréal, si leurs titres étaient déjà liquidés ; et pour la liquidation suivant leurs anciens titres, dans le cas où ils ne seraient pas encore liquidés.

22. Il n'est point dérogé à l'article 50 de la loi du 23 floréal an 2, relativement à la retenue à faire sur les rentes viagères, qui sera réglée chaque année.

23. Les commissaires de la Trésorerie veilleront à ce que le grand-livre de la dette viagère puisse être formé à l'époque du 1er germinal de l'an 4 et les arrérages payés de suite, d'après l'inscription faite audit grand-livre.

----

8 FLORÉAL an 3 (27 avril 1795). — Décret qui ordonne l'exécution de cinq arrêtés pris par les commissaires de la Convention nationale à la pacification des Chouans. (1, Bull. 163, n° 802 ; B. 54, 52.)

1er *Arrêté.* Les représentans du peuple près les armées de l'Ouest, côtes de Brest et de Cherbourg, et dans les départemens de leurs arrondissemens, envoyés ou réunis pour l'extinction de la guerre des Chouans ;

Considérant que la clôture des temples, la destruction du culte et la persécution contre ses ministres ont été la principale cause du soulèvement des campagnes et de la guerre des Chouans, et que toute inquiétude à ce sujet doit cesser au moment où la Convention nationale, rendue à la liberté, a rétabli les principes trop long-temps violés, et que les représentans en mission, chargés de concourir de tout leur pouvoir à seconder ses vues, prennent toutes les mesures propres à assurer l'exécution de ses lois, arrêtent :

Les autorités civiles et les commandans

de la force armée sont chargés d'assurer la plus prompte et la plus entière exécution du décret de la Convention nationale du 3 ventose, sur le libre exercice des cultes, et des arrêtés des représentans du peuple, des 24 nivose et 29 pluviose, déjà confirmés par la Convention nationale, et des 6 et 23 germinal sur le même objet.

A la Mabilais, près Rennes, le 1er floréal an 3 de la République française, une et indivisible.

2e *Arrêté.* Les représentans du peuple près les armées de l'Ouest, des côtes de Brest et de Cherbourg, et dans les départemens de leurs arrondissemens, envoyés ou réunis pour l'extinction de la guerre des Chouans;

Considérant que la réunion des Chouans à la République, en restituant à l'agriculture et à l'industrie des bras qui leur sont précieux, laisse sans moyens pour subsister des hommes qui n'ont aucun état ni profession; et qu'il est de leur devoir d'assurer l'existence à tous les Français et de les rendre utiles à leurs concitoyens, arrêtent :

Art 1er. Les Chouans qui n'ont aucune profession ni état, seront reçus dans les armées de la République.

2. Ceux d'entre eux qui étaient naturels et habitans, avant le mois de mars 1793, des départemens dans lesquels s'est manifesté l'insurrection, seront organisés en chasseurs à pied, et soldés par le Trésor public.

3. Ces chasseurs n'excéderont pas le nombre de deux mille hommes; ils seront soumis aux autorités civiles et militaires.

4. Les représentans du peuple les organiseront en compagnies, qui seront réparties et distribuées dans chaque département de leur formation, sans pouvoir être placées ailleurs.

5. Les Chouans, dans le cas de réquisitions, resteront dans leurs départemens pour rétablir l'agriculture, et faire revivre le commerce et l'industrie.

A la Mabilais, près Rennes, le 1er floréal an 3 de la République française, une et indivisible.

3e *Arrêté.* Les représentans du peuple près les armées de l'Ouest, des côtes de Brest et de Cherbourg, et dans les départemens de leurs arrondissemens, envoyés ou réunis pour l'extinction de la guerre des Chouans, arrêtent :

Art. 1er. Tous les bons signés par les chefs des Chouans et autres délégués par eux dans les départemens où l'insurrection a éclaté, seront remboursés jusqu'a concurrence d'un million cinq cent mille livres.

2. Les mesures d'exécution seront prises pour s'assurer de la sincérité des bons qui seront présentés lors du remboursement.

A la Mabilais, près Rennes, le 1er floréal an 3 de la République française, une et indivisible.

4e *Arrêté.* Les représentans du peuple près les armées de l'Ouest, des côtes de Brest et de Cherbourg, et dans les départemens de leurs arrondissemens, envoyés ou réunis pour l'extinction de la guerre des Chouans, arrêtent :

Art. 1er. Les Chouans se soumettant aux lois de la République française, une et indivisible, sont à l'abri de toutes recherches pour le passé.

2. Il sera accordé des secours et indemnités aux habitans des départemens où l'insurection a éclaté, dont les propriétés auraient été pillées ou dévastées, pour les aider à exister et y rétablir l'agriculture, y faire fleurir l'industrie et le commerce.

3. Les secours seront communs aux républicains et aux Chouans réunis à la République.

4. Les baux des biens des républicains réfugiés des pays occupés par l'armée dite d'Anjou et de Haut-Poitou, qui ont pu être affermés par les Vendéens insurgés, sont annulés : les fruits en production desdits biens pour l'année courante seront partagés, moitié par moitié, par les propriétaires ou ayans-droit, et ceux qui auront ensemencé les terres; lesdits baux, quant aux maisons, auront seulement cours jusqu'au prochain terme; les prix des loyers seront payés aux propriétaires ou ayans-droit.

5. Les réfugiés, propriétaires de fermes dans les départemens où l'insurrection a éclaté, seront indemnisés, sur les fonds destinés en secours pour lesdits départemens, du défaut de paiement de fermages courus depuis le mois de mars 1793, touchés par les chefs des chouans ou sur leurs ordres, et de la perte de leurs bestiaux pris pour le service des armées dites des Chouans.

A la Mabilais, près Rennes, le 1er floréal an 3 de la République française, une et indivisible.

5e *Arrêté.* Les représentans du peuple près les armées de l'Ouest, des côtes de Brest et de Cherbourg, et dans les départemens de leurs arrondissemens, envoyés ou réunis pour l'extinction de la guerre des Chouans, arrêtent :

Art. 1er. Les habitans insurgés sous le nom de Chouans, dans les départemens où l'insurrection a éclaté, rentrent de fait dans la propriété et possession de tous leurs biens meubles et immeubles, par leur soumission aux lois de la République française, une et indivisible.

2. Il sera donné main-levée du séquestre à ceux desdits habitans insurgés rentrés dans le sein de la République, et qui sont néanmoins inscrits sur la liste des émigrés.

3. Il sera également donné aux héritiers et enfans des habitans insurgés, condamnés par des tribunaux sans déclaration de jury, main-levée du séquestre qui aurait pu être apposé sur les biens tant meubles qu'immeubles des condamnés.

A la Mabilais, près Rennes, le 1er floréal an 3 de la République française, une et indivisible.

Signé J. N. GUERMEUR, JARY, GRENOT, GUEZNO, CHAILLON, RUELLE, BOLLET, LANJUINAIS, DEFERMON, V. G. CORBEL.

—

8 FLORÉAL an 3 (27 avril 1795). — Décret relatif à la poursuite des auteurs et complices de la conspiration du 29 germinal an 3. (B. 54, 50.)

—

8 FLORÉAL an 3 (27 avril 1795). — Décret qui rapporte celui du 20 mars 1793, relatif aux troubles de la commune d'Arles. (B. 54, 51.)

—

8 FLORÉAL an 3 (27 avril 1795). — Décret qui accorde des pensions aux veuves des citoyens morts pour la patrie. (B. 54, 50.)

—

8 FLORÉAL an 3 (27 avril 1795). — Décret accordant un congé au représentant David. (B. 54, 50.)

—

8 FLORÉAL an 3 (27 avril 1795). — Décret qui charge le directeur du juré près le tribunal de Riom, d'instruire la procédure concernant les prévenus dont le jugement est attribué au tribunal du jury de Dôme. (B. 54, 51.)

—

8 FLORÉAL an 3 (27 avril 1795). — Décret qui accorde un congé au représentant Cazeneuve. (B. 54, 51.)

—

8 FLORÉAL an 3 (27 avril 1795). — Décret qui ajourne les articles 16 et 17 du projet de décret sur les rentes viagères. (B. 54, 58.)

—

9 FLORÉAL an 3 (28 avril 1795). — Décret relatif à la levée du séquestre mis sur les biens des pères et mères d'émigrés, etc. (1, Bull. 160, n° 789; B. 54, 63.)

Voy. loi du 17 FRIMAIRE an 2; du 1er et du 23 NIVOSE an 3; 11 MESSIDOR an 3; du 6 THERMIDOR an 3; du 20 FLORÉAL an 4; avis du Conseil-d'État du 5 GERMINAL an 10, et du

25 THERMIDOR an 10; et du 26 FRUCTIDOR an 13, loi du 27 AVRIL 1825.

Art. 1er. Chaque père, chaque mère d'émigré, chaque aïeul, chaque aïeule et autre ascendant ou ascendante (1) dont un émigré se trouve héritier présomptif et immédiat, comme représentant son père ou sa mère décédés, sera tenu, dans les deux mois de la publication du présent décret, de fournir au directoire de district de son domicile la déclaration de ses biens (2).

2. Cette déclaration, qui sera affirmée sincère, comprendra distinctement :

1° Tous les articles de son mobilier, à la seule exception des habits, linges de corps et hardes de la famille, et la juste valeur vénale de chacun, au temps présent ;

2° Tous les articles de ses immeubles, chacun évalué de même, et indiqué par l'assiette, la nature et la contenance des fonds ;

3° Tous les capitaux ou dettes actives, avec les sommes et les noms, professions et demeure des débiteurs ;

4° Ce qu'il a donné de ces biens depuis le 14 juillet 1789, ce qu'il a donné avant à ses enfans ou petits-enfans.

Et ce qu'il en a vendu postérieurement à l'émigration et au 1er février 1793;

Le tout avec les mêmes désignations des choses, des personnes et des valeurs actuelles ;

5° Enfin ses dettes passives.

Il y joindra les pièces justificatives, ensemble l'état nominatif de ses descendans successibles, les certificats de non-émigration de ceux qui n'ont pas quitté le territoire de la République, et l'époque de l'émigration des autres.

3. L'ascendant d'émigré soumis à la déclaration ci-dessus, qui refusera de la fournir ou ne la fournira pas dans le délai, sera puni de la déchéance de tous les avantages qui lui sont accordés par la présente loi ; et des experts nommés d'office la rapporteront à ses frais.

4. Le déclarant convaincu de soustraction ou d'estimation frauduleuse, sera puni d'une amende égale au quadruple de l'objet soustrait ou estimé frauduleusement.

5. Les directoires appliqueront ces peines sans aucune espèce de recours.

6. Il est ordonné aux procureurs-syndics, aux municipalités et aux receveurs de l'enregistrement et des domaines, de dénoncer

—

(1) *Voy.* loi du 18 prairial an 3.
(2) La déclaration faite par un ascendant de rente dont il se reconnaît débiteur envers l'état lui-même, a, quant à l'existence et à la nature non féodale de ces rentes, l'effet d'un *aveu judiciaire* ou d'une *reconnaissance* qui ne peut être rétractée

ultérieurement, et qui dispense l'état ou ses ayant-cause de représenter les titres primitifs des rentes pour prouver qu'elles étaient dues et qu'elles n'étaient pas féodales. (Cass. 29 août 1831; S. 31, 1, 334; D. 31, 296.)

les soustractions et estimations frauduleuses qui viendraient à leur connaissance.

Tous les bons citoyens y sont invités.

7. Aussitôt qu'un ascendant d'émigré aura fourni sa déclaration, ou que des experts l'auront rapportée, le directoire du district de son domicile s'assemblera en séance publique et au complet de ses membres.

8. Les membres créanciers ou débiteurs et ceux parens ou alliés de l'ascendant et de ses successeurs, jusqu'au troisième degré inclusivement, s'en abstiendront, à peine de privation de leurs droits de citoyens pendant une année, et de tous dommages-intérêts.

On les remplacera, ainsi que les absens, par d'autres membres du conseil général, appelés suivant l'ordre du tableau.

9. Le directoire procèdera, avec l'assistance du procureur-syndic, à la liquidation du patrimoine déclaré.

10. Il en distraira les seuls biens donnés aux successibles avant le 14 juillet 1789 (sauf ce qui peut être sujet à rapport), et les seules dettes passives constatées par des titres de dates certaines antérieures à l'émigration et au 1er février 1793.

11. Si le patrimoine ainsi liquidé n'excède pas vingt mille livres de capital, le directoire arrêtera que la République y renonce, et qu'elle en fait l'abandon définitif à l'ascendant.

12. Si au contraire, le patrimoine liquidé excède vingt mille livres de capital, le directoire prélèvera d'abord cette somme pour l'ascendant.

13. Il fera ensuite du surplus autant de parts égales qu'il y aura de têtes ou de souches de successeurs présens et émigrés, l'ascendant compté pour une.

14. Les successeurs remplis par des donations antérieures au 14 juillet 1789, ne seront pas comptés.

On imputera aux autres donataires de la même date ce qu'ils auront déjà reçu.

15. Après le partage, le directoire expédiera à l'ascendant, sur le pied de son estimation, et en biens-meubles, immeubles et capitaux dépendant du patrimoine; 1° le montant de ses dettes passives distraites; 2° les vingt mille livres prélevées à son profit; 3° sa portion du surplus; 4° celle de tous ses co-successeurs non émigrés.

16. Les portions des émigrés seront réunies au domaine national, en indemnité des frais de la guerre, sans espoir de retranchement pour les enfans qui pourraient naître par la suite à l'ascendant présuccédé (1).

17. Lorsqu'un émigré aura reçu à titre de donation entre vifs, antérieurement au 14 juillet 1789, des valeurs supérieures à la portion lui revenant par le partage ci-dessus, le directoire s'en tiendra à la donation; et si elle existe avec réserve d'usufruit, en réunissant les biens grevés au domaine de la République, il renverra l'usufruitier à la Trésorerie nationale, qui établira à son profit, sur le grand-livre de la dette viagère, sans aucune mention d'origine, un capital du montant de l'estimation déclarée, et en calculera la rente d'après le taux fixé pour chaque âge par la table n° 5 de la loi des 23 floréal et 3 prairial derniers.

Cette rente, représentative de l'usufruit éteint, sera payée de six mois en six mois, et d'avance, en remplissant les formalités prescrites aux autres rentiers viagers.

On ne pourra jamais en exiger le remboursement.

Pareillement, si la donation excède ce dont il était permis de disposer, le directoire, après avoir liquidé la somme sujète à rap-

---

(1) Les émigrés dont le père, avant qu'ils fussent rayés, éliminés ou amnistiés, a fait un partage de présuccession avec l'État, peuvent, en tenant compte à leurs frères et sœurs de ce qui a été adjugé à l'État, réclamer une portion virile dans les biens que le père a laissés (8 floréal an 10; Angers, S. 2, 2, 142; 4 janvier 1808; Agen, S. 7, 2, 929).

En d'autres termes : L'émigré dont le domaine a recueilli les droits dans un partage de présuccession de ses père et mère, peut se présenter comme *héritier* dans leur succession, si elle est ouverte depuis l'amnistie. La renonciation en son nom contenue dans l'acte de partage, est réputée n'avoir été faite par le domaine que dans l'hypothèse et pour le temps de sa mort civile; elle reste sans effet, après la réintégration. A cet égard, l'émigré amnistié n'est tenu qu'à rapporter à la masse les biens que le domaine a recueillis, en exerçant ses droits (18 avril 1812; Cass. S. 13, 1, 137)

Voy. un décret du 29 décembre 1810 (S. 13, 1, 137)

Cependant un émigré, fait aîné par contrat de mariage de ses père et mère, n'est pas fondé à demander son droit d'aînesse, du chef de sa mère, bien qu'il ait été amnistié avant le décès de celle-ci; si antérieurement à l'amnistie il a été fait par la mère un partage de présuccession, par lequel l'État représentant l'émigré ait renoncé expressément au droit d'aînesse de l'émigré; lorsqu'en outre, sur la foi de cette renonciation; il a été fait par la mère une donation précipuaire à un autre de ses enfans; peu importe que cette dernière donation ait été faite depuis l'amnistie de l'émigré. En un tel cas le donataire a un *droit acquis*, que l'émigré doit respecter (24 mars 1824; Cass. S. 24, 1, 199).

Lorsqu'entre des émigrés amnistiés et leurs frères et sœurs il s'élève des contestations sur le sens et l'effet d'un partage de présuccession fait pendant la mort civile des émigrés, ce n'est point aux tribunaux mais à l'autorité administrative exclusivement qu'il appartient de statuer (18 avril 1808; Cass. S. 8, 1, 267)

port, renverra le donateur à la Trésorerie
nationale, qui l'inscrira comme créancier
du montant, toujours sans mention d'origine, sur le grand-livre de la dette publique
exigible. L'intérêt accordé aux autres créanciers de l'Etat, courra à son profit du jour
de l'inscription.

18. L'abandon total et les expéditions partielles faites aux pères, mères, aïeux ou
aïeules d'émigrés, le seront au nom de la République, avec décharge de l'hypothèque de
la nation; main-levée du séquestre, toutefois sans restitution des fruits, lesquels demeureront compensés avec les secours qu'ils
ont reçus ou qu'ils doivent recevoir, en vertu de la loi du 23 nivose; élargissement définitif, si le parent est détenu, et s'il n'existe
d'autre cause de détention que la parenté;
exemption pour l'avenir de la taxe imposée
par les lois des 27 septembre 1792 et 28 mars
1793, et déclaration solennelle qu'il est quitte
envers le Trésor public, à raison de l'émigration de ses enfans ou petits-enfans et de
tous leurs droits successifs.

19. Ces arrêtés seront imprimés et affichés:
les directoires les motiveront, et y désigneront avec soin les objets expédiés et les objets réunis, ainsi que leurs valeurs déclarées.
Ils observeront, en outre, de faire rentrer à
l'ascendant ceux de ces objets qu'il aurait
aliénés, et qui n'excéderaient pas ce qui lui
revient par le partage.

20. Les citoyens qui voudront racheter de
la République, au prix de l'estimation déclarée, les portions de leurs anciens biens
réunies à ses domaines en vertu du présent
décret, sont admis à en faire leur soumission
dans les deux décades de l'arrêté.

Elle embrassera la totalité des articles, ou
ne sera pas reçue.

21. Après vingt jours d'affiche dans les
chefs-lieux du district et du canton du domicile et dans toutes les communes de la situation des biens, le directoire leur passera
vente à ce prix, payable moitié comptant,
l'autre moitié dans six mois, à moins qu'il
ne soit parvenu pendant l'affiche une offre
du quart en sus.

22. En cas d'offre du quart en sus, les enchères s'ouvriront, et la vente se fera comme
celle des autres biens appartenant à la République.

23. Les directoires adresseront au comité
des finances et à la commission des revenus
nationaux, des copies certifiées de chaque
partage, abandon et vente.

Ils en adresseront aussi à la Trésorerie nationale de ceux de ces actes portant renvoi
pour inscription.

24. Le comité des finances vérifiera leurs
opérations, et en rendra compte à la Convention nationale, qui fera insérer les rap-

ports au bulletin de correspondance et men-
tionnera honorablement le zèle et la fidélité.

25. Au moyen des dispositions ci-dessus,
toute la législation relative aux familles des
émigrés est abolie, et la nation renonce à
toutes les successions qui pourraient leur
échoir à l'avenir, tant en ligne directe que
collatérale, n'entendant recueillir que celles
ouvertes jusqu'à ce jour (1).

26. Après l'exécution du présent décret,
on ne reconnaîtra plus en France de père,
mère, aïeul, aïeule, parent ni parente d'é-
migré.

27. Il n'est en rien dérogé aux lois existantes contre les complices des émigrés. On
continuera de regarder et de punir comme
tel quiconque à l'avenir entretiendrait des
correspondances avec eux, ou leur ferait
passer des secours.

Les peines prononcées contre l'émigration
subsistent; elles seront appliquées à ceux qui
pourraient émigrer dans la suite: on appli-
quera également à leurs ascendans les dispositions de la présente loi.

---

9 FLORÉAL an 3 (28 avril 1795). — Décret qui
nomme commissaires de la Trésorerie nationale
les citoyens Desray, et Lemonnier. (1, Bull.
161, n° 793; B. 54, 62.)

---

9 FLORÉAL an 3 (28 avril 1795). — Décret portant que les représentans en mission ont le droit
de faire imprimer le rapport de leurs opérations. (B. 54, 58.)

---

6 FLORÉAL an 3 (28 avril 1795). — Décret relatif aux remplacement du déficit de la recette
à la dépense de la Trésorerie, pendant le mois
de germinal. (B. 54, 58.)

---

9 FLORÉAL an 3 (28 avril 1795). — Décret qui
accorde un crédit à divers commissions. (B.
54, 59.)

---

9 FLORÉAL an 3 (28 avril 1795). — Décret qui
rapporte l'article 5 de la loi du 14 ventose
an 2, relatif aux indemnités des habitans des
départemens de l'Ouest, victimes des incur-
sions des rebelles. (B. 34, 59.)

---

9 FLORÉAL an 3 (28 avril 1795). — Décret qui
réintègre le citoyen Després-Crassier dans son
grade de général de division. (B. 54, 90.)

---

9 FLORÉAL an 3 (28 avril 1795). — Décret qui
accorde un million deux cent cinquante-six
mille huit cent trente-deux livres aux départemens de la Creuse, du Cher, de l'Indre et
de Loir-et-Cher, pour les pertes causées par
la grêle. (B. 54, 61.)

---

(1) Voyez arrêté du 19 germinal an 6.

9 FLORÉAL an 3 (28 avril 1795). — Décret qui autorise le comité de législation à statuer définitivement sur les réclamations des détenus, et mises en liberté des accusés et acquittés par jugement, relativement au séquestre mis sur leurs biens. (B. 54, 60.)

9 FLORÉAL an 3 (28 avril 1795). — Décret accordant un congé au représentant Basoche. (B. 54, 58.)

9 FLORÉAL an 3 (28 avril 1795). — Décret qui accorde des secours à plusieurs citoyennes. (B. 54, 60 à 62.)

9 FLORÉAL an 3 (28 avril 1795). — Décret relatif à la fonte et fabrication des boulets et des canons. (B. 54 . 61.)

9 FLORÉAL an 3 (28 avril 1795). — Décret relatif à la demande des ouvriers armuriers tirés des différens bataillons. (B. 54, 61.)

9 FLORÉAL an 3 (28 avril 1795). — Décret relatif au général Grignon (B. 54, 61.)

9 FLORÉAL an 3 (28 avril 1795). — Décret relatif à la citoyenne Chalvet. (B. 54, 67.)

9 FLORÉAL an 3 (28 avril 1795). — Décret de mention honorable de l'hommage fait par le citoyen Libet. (B. 54, 67.)

10 FLORÉAL an 3 (29 avril 1795). —Décret concernant la suspension des coupes de bois entreprises par les communes. (1 , Bull. 161 , n° 794; B. 54, 70.)

Art. 1er. La loi du 7 brumaire de l'an 3, qui suspend toute exploitation de bois dans laquelle des communes seraient entrées en vertu de sentences arbitrales, et celle du 25 ventose dernier, ne sont applicables qu'aux forêts nationales et à celles dans la possession desquelles la nation a ou aura quelque intérêt.

2. Le comité des finances est autorisé à prononcer sur les réclamations qui seront faites contre les dispositions de la même loi, lorsqu'elles auront pour objet la propriété ou le droit d'usage dans les forêts mentionnées au premier article.

3. Le comité d'agriculture et des arts est autorisé à prononcer sur les réclamations qui auront pour objet l'aménagement, l'administration ou l'exploitation des mêmes forêts.

4. Le présent décret sera publié par la voie du bulletin de correspondance.

10 FLORÉAL an 3 (29 avril 1795). — Décret accordant un congé au représentant Garnier d'Ardres. (B. 54, 67.)

10 FLORÉAL an 3 (29 avril 1795). — Décret relatif au citoyen Sikès. (B. 54, 67.)

10 FLORÉAL an 3 (29 avril 1795). — Décrets qui accordent des secours à diverses personnes. (B. 54, 69 à 72.)

10 FLORÉAL an 3 (29 avril 1795). — Décret accordant un congé au représentant Lecointe Puiraveau. (B. 54, 69.)

10 FLORÉAL an 3 (29 avril 1795). — Décret sur différentes créances des communes, districts, départemens, etc. (B. 54, 70.)

10 FLORÉAL an 3 (29 avril 1795). — Décret relatif au jugement rendu contre la veuve Vaquerie. (B. 54, 72.)

10 FLORÉAL an 3 (29 avril 1795). — Décret relatif à l'exécution de la loi sur l'organisation de la garde nationale parisienne. (B. 54, 72.)

10 FLORÉAL an 3 (29 avril 1795). — Décret qui accorde un million trois cent soixante mille livres aux communes des campagnes du district de Lille. (B. 54, 68.)

10 FLORÉAL an 3 (29 avril 1795). — Décret qui annulle un arrêté pris par la section de Montreuil, etc. (B. 54, 75.)

11 FLORÉAL an 3 (30 avril 1795). — Décret qui fixe un mode pour la liquidation des rentes foncières dont les propriétaires n'ont pu produire les titres constitutifs. (1, Bull. 160, n° 790 ; B. 54, 81.)

Art. 1er. Les propriétaires de rentes foncières dues par la République, qui n'ont pu faire la production des titres constitutifs desdites rentes, seront admis à la liquidation, s'ils ont rapporté trois titres récognitifs joints à la preuve de la possession actuelle de leur rente.

2. Ceux qui n'ont pu rapporter ces trois titres seront admis à la liquidation, s'ils justifient d'une possession quarantenaire appuyée d'un titre récognitif ou de propriété.

3. Lesdits propriétaires feront au liquidateur la déclaration qu'ils ne retiennent ni directement ni indirectement aucun titre, et s'engageront à représenter ceux qu'ils retrouveront, à peine d'être déchus de toute répétition envers la République.

4. Lorsqu'il ne sera pas évident qu'une rente à liquider est d'une origine purement foncière, le liquidateur exigera le rapport du titre constitutif, conformément aux lois des 25 août 1792 et 17 juillet 1793, à défaut de quoi la rente sera rejetée de la liquidation.

11 FLORÉAL an 3 (30 avril 1795). — Décret qui ordonne la publication du traité de paix ratifié entre la République française et le roi de Prusse. (1, Bull. 112, n° 798; B. 54, 77.)

La Convention nationale, après avoir entendue la lecture de la ratification donnée par le roi de Prusse, le 15 avril 1795, au traité de paix conclu à Bâle le 16 germinal dernier.

Décrète que le traité de paix conclu à Bâle le 16 germinal dernier, entre le citoyen François Barthélemy, ambassadeur en Suisse, au nom de la République française, et Charles-Auguste, baron de Hardenberg, ministre-d'état, de guerre et du cabinet, chevalier de l'ordre de l'Aigle-Rouge et de l'Aigle-Blanc, et de Saint-Stanislas, au nom du roi de Prusse : le décret de ratification dudit traité, rendu par la Convention nationale le 25 dudit mois de germinal;

Et la ratification du roi de Prusse, donnée à Berlin le 15 avril 1795, seront déposés Archives nationales, imprimés, solennellement publiés et affichés dans toute l'étendue de la République (1).

11 FLORÉAL an 3 (30 avril 1795). — Décret de la Convention nationale, du 25 germinal an 3, portant ratification du traité de paix conclu entre la République française et le roi de Prusse. (B. 54, 80.)

La Convention nationale, après avoir entendu le rapport de son comité de salut public, confirme et ratifie le traité de paix passé le 16 germinal présent mois, entre le citoyen François Barthélemy, ambassadeur de la République française près les cantons helvétiques, fondé de pouvoirs du comité de salut public; et Charles-Auguste, baron de Hardenberg, ministre plénipotentiaire du roi de Prusse.

Acte de ratification du traité de paix conclu à Bâle entre les plénipotentiaires de Sa Majesté le roi de Prusse et de la République française, le 5 avril 1795.

Nous, Frédéric Guillaume II, par la grâce de Dieu, roi de Prusse, margrave de Brandebourg, archi-chambellan et prince électeur du Saint-Empire romain, souverain prince d'Orange, de Neuchâtel et de Valengin, ainsi que du comté de Glatz, duc de Gueldre, de Magdebourg, de Clèves, de Juliers, de Bergue, de Stettin, de Poméranie, des Cassubes et Vandales, de Mecklenbourg et de Crossen, Burgrave de Nuremberg, prince de Halberstadt, de Minde, de Camin, de Vandalie, de Suerin, de Ratzebourg, d'Ost-Frise et de Meurs, comte de Hohenzollern, de Ruppin et de la Marck, de Ravens-berg, de Hohenstein, de Mecklenbourg, de Suerin, de Lingue, de Bure et de Leerdam, seigneur de Raveinstein, de Rostock, de Stargard, de Limbourg (Lunbourg), de Butau, d'Artay et de Bréda, etc.

Savoir faisons à quiconque il appartiendra : les pourparlers survenus entre nous et le Gouvernement français, au sujet d'un échange des prisonniers de guerre respectifs, ayant eu l'heureux effet de mettre au jour les dispositions réciproques à rétablir entre les deux puissances la paix et la bonne harmonie, il en est résulté une négociation tendant à ce but salutaire, auquel nous étions également appelé par le double désir de délivrer nos bons et fidèles sujets des calamités inévitables de la guerre, et de contribuer, autant qu'il dépendait de nous, à en faire cesser le fléau en Europe. Et les plénipotentiaires nommés de part et d'autre pour traiter à ce sujet, savoir : de notre côté, le sieur Charles-Auguste, baron de Hardenberg, notre ministre d'état, de guerre et du cabinet, chevalier de l'ordre de l'Aigle-Rouge, de l'Aigle-Blanc et de Saint-Stanislas, etc.; et du côté de la République française, le sieur François Barthélemy, son ambassadeur en Suisse; etc., ayant conclu et signé à Bâle, le 5 du présent mois, un traité de paix,

Nous, après avoir lu et examiné ce traité, l'avons trouvé conforme à notre volonté, en tout et chacun des points et articles qu'il renferme, et les avons en conséquence acceptés, approuvés, ratifiés et confirmés pour nous et nos successeurs, comme nous les acceptons, approuvons, ratifions et confirmons par les présentes; promettant de les accomplir et observer sincèrement et de bonne foi, et de ne point permettre qu'il y soit contrevenu de quelque manière que ce puisse être.

En foi de quoi nous avons signé ces présentes de notre main, et y avons fait apposer notre sceau royal.

Fait à Berlin, le 15 d'avril de l'an de grâce 1795, et de notre règne le neuvième. *Signé* FRÉDÉRIC-GUILLAUME, roi de Prusse. Et au bas : *signé* FINCKENSTEIN et CRUMM.

11 FLORÉAL an 3 (30 avril 1795). — Décret relatif à la pétition du citoyen Jean-Pierre Nicol. (B. 54, 73.)

11 FLORÉAL an 3 (30 avril 1795). — Décret relatif au tribunal du quatrième arrondissement du département de Paris (B. 54, 74.)

11 FLORÉAL an 3 (30 avril 1795). — Décret relatif aux employés du bureau des traductions en langue italienne. (B. 54, 74.)

(1) *Voyez* le texte du traité, à la date du 25 germinal dernier, page 77.

11 FLORÉAL an 3 (30 avril 1795). — Décret qui charge la commission des Onze de présenter des vues sur les moyens de donner plus d'intensité à l'exercice actuel de la surveillance, et de la direction des diverses parties du Gouvernement. (B. 54, 74.)

11 FLORÉAL an 3 (30 avril 1795). — Décrets accordant des congés aux représentans Precy et Deydier. (B. 54, 75.)

11 FLORÉAL an 3 (30 avril 1795). — Décret qui renvoie à l'examen du comité des finances la proposition de décréter que, dans les inscriptions sur le grand-livre, on ajoutera à la mention des noms et prénoms, celle de la profession et de la demeure des propriétaires. (B. 54, 75.)

11 FLORÉAL an 3 (30 avril 1795). — Décret qui annule l'adjudication du domaine de Bégoux au citoyen Conduché cadet (B. 54, 75.)

11 FLORÉAL an 3 (30 avril 1795). — Décret relatif au compte à rendre par le comité de législation, sur la responsabilité civile des communes et sections de commune. (B. 54, 82.)

12 FLORÉAL an 3 (1er mai 1795). — Décret qui ordonne le prompt jugement des émigrés trouvés sur le territoire de la France; l'expulsion des individus rentrés après déportation, et contient des mesures répressives de toute provocation à l'avilissement de l'assemblée nationale, ou au retour de la royauté, etc. (1, Bull. 160, n° 791; B. 54, 84.)

Art 1er. Tout émigré trouvé sur le territoire de la République, sera sur-le-champ traduit devant les tribunaux, pour y être jugé conformément aux dispositions de la loi de 25 brumaire dernier.

2. Les individus qui, ayant été déportés, sont rentrés dans la République, seront tenus de quitter le territoire français dans l'espace d'un mois; passé ce temps, s'ils sont trouvés, après la publication de la présente loi, sur ce territoire, ils seront punis de la même peine que les émigrés.

3. Les autorités constituées chargées de faire exécuter la loi du 21 germinal dernier sur le désarmement des hommes qui ont participé à la tyrannie exercée avant le 9 thermidor, rédigeront par écrit les motifs du désarmement de chaque individu, et les transmettront à l'individu désarmé. Elles les transmettront également au comité de sûreté générale pour la commune de Paris, et aux administrations départementales pour toutes les autres communes de la République, à la charge par le comité ou les administrations de statuer définitivement sur les réclamations qui pourraient survenir.

4. Il est enjoint au comité de sûreté générale et à toutes les autorités constituées, de faire arrêter et traduire devant les tribunaux criminels les individus qui, par leurs écrits ou leurs discours séditieux, auront provoqué l'avilissement de la représentation nationale ou le retour de la royauté.

5. Les individus convaincus des délits énoncés dans l'article précédent, seront bannis à perpétuité du territoire de la République. Si toutefois les provocations ont eu lieu dans un rassemblement, les coupables seront punis conformément à la loi du 1er germinal sur les rassemblemens séditieux.

6. Le comité de législation présentera, sous une décade, un projet de loi contre les calomniateurs.

7. Le comité d'instruction publique prendra tous les moyens d'encouragement nécessaires pour diriger les écoles, les théâtres, et généralement les arts et les sciences, vers le but unique des travaux de la Convention nationale, celui d'affermir la République : le comité rendra compte, tous les mois, de l'exécution de cet article.

8. Les comités de salut public et de sûreté générale feront, le 1er de chaque mois, un rapport à la Convention nationale sur l'état de l'esprit public.

9. Les lois antérieures sont maintenues dans tout ce qui n'est pas contraire au présent décret.

12 FLORÉAL an 3 (1er mai 1795). — Décret relatif aux propositions tendantes à ce que l'on examine s'il convient de rétablir dans les maisons de réclusion les prêtres insermentés remis en liberté. (B. 44, 83.)

12 FLORÉAL an 3 (1er mai 1795). — Décret qui envoie le représentant Isnard dans le département des Bouches-du-Rhône. (B. 54, 84.)

12 FLORÉAL an 3 (1er mai 1795). — Décrets qui ordonnent l'impression d'un rapport sur le prompt jugement des émigrés trouvés sur le territoire français. (B. 54, 86.)

12 FLORÉAL an 3 (1er mai 1795). — Décret qui accorde des secours. (B. 54, 82.)

12 FLORÉAL an 3 (1er mai 1795). — Décret qui oblige de représenter à l'entrée et sortie de Paris le passe-port ou la carte de citoyen. (B. 54, 83.)

12 FLORÉAL an 3 (1er mai 1795). — Décret de renvoi au comité de législation, de la proposition de décréter que ceux qui, jusqu'à ce jour, n'ont point réclamé contre les listes d'émigrés dans lesquelles ils se trouvent compris, sont définitivement exclus de le faire. (B. 54, 83.)

12 FLORÉAL an 3 (1er mai 1795). — Décret relatif

aux radiation d'inscription sur la liste des émigrés. (B. 54, 85.)

12 FLORÉAL an 3 (1er mai 1795). — Décret ordonnant l'impression et l'affiche dans Paris, d'un discours du représentant Louvet. (B. 54, 86.)

13 FLORÉAL an 3 (2 mai 1795). — Décrets qui accordent des secours. (B. 54, 86, 87 et 88.)

13 FLORÉAL an 3 (2 mai 1795). — Décret qui renvoie au comité de sûreté générale les propositions de faire placer dans tous les corps-de-garde de Paris , un exemplaire de la carte de représentant du peuple, etc. (B. 54, 87.)

13 FLORÉAL an 3 (2 mai 1795.) — Décret annulant un jugement rendu par le tribunal criminel du département de la Moselle, le 22 messidor an 2, contre Isaac Behr. (B. 54, 88.)

13 FLORÉAL an 3 (2 mai 1795). — Décret portant que le comité des postes et messageries présentera ses vues , pour dispenser , s'il est possible , les maitres de poste de fournir caution , à raison des avances qui leur seraient faites. (B. 54, 89.)

13 FLORÉAL an 3 (2 mai 1795). — Décret relatif à la pétition du citoyen Merlet. (B 54, 90.)

13 FLORÉAL an 3 (2 mai 1795). — Décret de mention honorable de la conduite des sections de Paris. (B. 54, 90.)

13 FLORÉAL an 3 (2 mai 1795.) — Décret qui improuve , comme attentatoire à la liberté du peuple, un arrêté pris en l'assemblée générale de la section du Muséum , portant que jamais le représentant David n'a mérité ni obtenu sa confiance. (B. 54, 89.)

14 FLORÉAL an 3 (3 mai 1795.). — Décret qui ordonne la restitution des biens confisqués par suite de jugemens rendus par les tribunaux révolutionnaires depuis le 10 mars 1793. (1, Bull. 162, n° 800 ; B. 54, 94.)

Voy. lois du 21 PRAIRIAL an 3 , et du 22 FRUCTIDOR an 3.

La Convention nationale déclare que le principe de la confiscation est maintenu à l'égard des conspirateurs , des émigrés et leurs complices, des fabricateurs et distributeurs de faux assignats, de fausse monnaie , des dilapidateurs de la fortune publique, et de la famille des Bourbons ; et néanmoins, considérant l'abus que l'on a fait des lois révolutionnaires, décrète que les biens des condamnés depuis l'époque du 10 mars 1793, seront rendus à leurs familles,

sauf les exceptions, et sans qu'il soit besoin de révision des procédures ;

Renvoie à son comité de législation pour lui présenter, dans trois jours, la série de ces exceptions, ainsi que le mode de la restitution.

14 FLORÉAL an 3 (3 mai 1795). — Décret sur la question proposée par le tribunal révolutionnaire : *Est-ce l'intention contre-révolutionnaire ou l'intention criminelle, que le tribunal doit soumettre au jury dans les affaires de sa compétence ?* (B. 54, 93.)

La Convention nationale , après avoir entendu le rapport de son comité de législation, sur cette question proposée par les juges du tribunal révolutionnaire : « Est ce « l'intention contre-*révolutionnaire*, ou l'in- « tention *criminelle* que le tribunal doit « soumettre au jury dans les affaires de sa « compétence ? »

Considérant, 1° que le titre Ier de la loi du 8 nivose, qui fixe la compétence du tribunal révolutionnaire, contient l'énumération des délits dont la connaissance lui appartient ;

Considérant, 2° que dans le titre VI, article 58, la loi dispose littéralement, « que le président posera distinctement les questions que les jurés ont à décider, tant sur les faits que *sur l'intention dans laquelle ils ont été commis ;* »

Considérant, 3° que, d'après la disposition de l'article 68 du titre VII, l'accusé, après avoir été déclaré convaincu, ne peut être acquitté que dans le cas où le juré déclarerait en même temps que le fait a été commis *involontairement ou sans mauvaise intention ;* ce sont les propres termes de la loi, qui ne distingue pas ici l'intention *contre-révolutionnaire* de l'intention *criminelle ;*

Considérant enfin que ces dispositions de la loi du 8 nivose ont donné aux juges du tribunal révolutionnaire toute la latitude nécessaire pour assurer la marche de la justice,

Décrète qu'il n'y a pas lieu à délibérer sur la question proposée.

14 FLORÉAL an 3 (3 mai 1795). — Décret qui nomme des représentans pour diriger l'approvisionnement de Paris en bois et en charbon. (B. 54, 91.)

14 FLORÉAL an 3 (3 mai 1795). — Décret relatif à l'examen de la conduite des officiers et autres marins détenus par suite des combats rendus contre les Anglais par le vaisseau *le Révolutionnaire.* (B. 54, 90.)

14 FLORÉAL an 3 (3 mai 1795). — Décret qui autorise le comité de salut public à donner, dans des cas pressans, une mission particu-

16 FLORÉAL an 3 (5 mai 1795). — Décret relatif à la caution exigée des maîtres de poste auxquels il a été accordé des secours pour le service de leurs relais. (1, Bull. 162, n° 801; B. 54, 99.)

Art. 1er. L'article 2 de la loi du 9 nivose est rapporté : en conséquence, les maîtres de postes auxquels il est accordé des sommes à titre de secours pour le soutien du service de leurs relais, sont dispensés de fournir caution lorsque ces relais sont assez considérables pour répondre de la somme donnée, ou lorsque cette somme n'excède pas les indemnités apparentes auxquelles ils ont droit, et qui sont à liquider ; le tout sous la condition expresse de faire constater préalablement par les communes des lieux la quantité de chevaux existant aux relais des réclamans, et en le faisant certifier par l'agence de la poste aux chevaux.

2. Les secours accordés en conformité de l'article précédent seront imputables sur les indemnités auxquelles auront droit de prétendre ceux qui les auront obtenus, ou sur le service des malles et diligences dont ils seront chargés.

3. Au moyen des secours et des indemnités accordés aux maîtres de poste, il leur est défendu de percevoir aucune somme au-dessus du prix du tarif, sous peine de poursuites à l'extraordinaire comme concussionnaires.

16 FLORÉAL an 3 (5 mai 1795). — Décret portant que les deux prénoms Pierre-Paul, oubliés dans le décret rendu le 21 frimaire, en faveur

du citoyen Laplace, y seront insérés. (B. 54, 99.)

16 FLORÉAL an 3 (5 mai 1795). — Décret relatif à la question de savoir s'il ne serait pas possible d'approvisionner les maîtres de poste sur le pied militaire. (B. 54, 100.)

16 FLORÉAL an 3 (5 mai 1795). — Décret qui suspend provisoirement la procédure criminelle intentée contre le citoyen Simonnet. (B. 54, 100.)

17 FLORÉAL an 3 (6 mai 1795). — Décret qui déclare commun à l'armée navale l'article 22 du 25 mai 1793, relatif aux officiers et soldats français prisonniers de guerre. (B. 54, 101.)

17 FLORÉAL an 3 (6 mai 1795). — Décret relatif aux fournitures à faire par les districts de Chartres et Janville. (B. 54, 101.)

17 FLORÉAL an 3 (6 mai 1795). — Décret relatif à la citoyenne veuve Duprat. (B. 54, 102.)

17 FLORÉAL an 3 (6 mai 1795). — Décret relatif à la proposition d'établir la perception de l'impôt en nature. (B. 54, 103.)

17 FLORÉAL an 3 (6 mai 1795). — Décret qui envoie le représentant Cadroi près les armées des Alpes et d'Italie. (B. 54, 102.)

18 FLORÉAL an 3 (7 mai 1795). — Décret relatif à l'organisation de l'artillerie. (1, Bull. 149, n° 859 ; B. 54, 107.)

Voy. loi du 2 = 15 DÉCEMBRE 1790 ; décret du 9 VENDÉMIAIRE an 13.

Art 1er. L'arme de l'artillerie sera composée ainsi qu'il suit, savoir : huit régimens d'artillerie à pied, huit régimens d'artillerie à cheval, douze compagnies d'ouvriers, un corps de pontonniers.

2. Le régiment d'artillerie et les compagnies d'ouvriers des colonies, seront réunis à l'artillerie de terre, et recevront la même organisation.

3. Il sera affecté deux cent vingt-six officiers à l'inspection et direction du matériel de l'artillerie, tant aux armées que dans les places et colonies.

4. Il continuera d'être entretenu, à la suite des écoles et des places, le nombre de professeurs de mathématiques, répétiteurs, maîtres de dessin, garde-magasin, artificiers et conducteurs d'artillerie, nécessaire aux besoins du service de l'artillerie.

5. Il sera attaché à chaque arsenal de construction, un nombre déterminé d'ouvriers vétérans et d'ouvriers artistes.

6. Le service des batteries des côtes sera fait par des compagnies de canonniers vétérans et volontaires.

Organisation des régimens d'artillerie à pied.

7. Chaque régiment d'artillerie à pied sera composé de vingt compagnies, réparties en cinq sections, et d'un état-major.

Composition de chaque compagnie.

Un capitaine commandant, un second capitaine, un lieutenant en premier, deux lieutenans en second, un sergent-major, cinq sergens, un caporal-fourrier, cinq caporaux, trente-cinq premiers canonniers, quarante seconds canonniers, un tambour.

Chaque compagnie sera divisée en cinq escouades de seize hommes.

Composition de l'état-major.

Un chef de brigade, six chefs de bataillon, un quartier-maître trésorier, deux adjudans-majors, un chirurgien-major, quatre adjudans, un tambour-major, un caporal-tambour, huit musiciens, dont un chef, un chef tailleur, un chef cordonnier, un chef armurier.

8. Il sera attaché à la suite de chaque régiment douze capitaines pour le service des places, et la direction des établissemens de l'artillerie.

Organisation des régimens d'artillerie à cheval.

9. Chaque régiment d'artillerie à cheval sera composé de six compagnies et d'un état-major.

Composition de chaque compagnie.

Un capitaine, un lieutenant en premier, deux lieutenans en second, un maréchal-des-logis en chef, quatre maréchaux-des-logis, un brigadier-fourrier, quatre brigadiers, trente premiers canonniers, trente seconds canonniers, deux trompettes.

Chaque compagnie sera divisée en quatre escouades de seize hommes chacune.

Composition de l'état-major.

Un chef de brigade, un chef d'escadron, un quartier-maître-trésorier, un adjudant-major, un adjudant, un trompette-brigadier, un artiste vétérinaire, un sellier, un bottier, un tailleur.

10. Il sera attaché à la suite de chacun de ces six régimens six capitaines pour le service des places.

Organisation des compagnies d'ouvriers.

11. Le décret du 18 pluviose, qui avait dissous les compagnies d'ouvriers, est rapporté ; et les compagnies d'ouvriers seront portées au nombre de douze, composées ainsi qu'il suit :

Un capitaine, un second capitaine, un lieutenant en premier, un lieutenant en second, un sergent-major, cinq sergens, un caporal-fourrier, cinq caporaux, vingt premiers ouvriers, vingt seconds ouvriers, trente apprentis, un tambour.

Chaque compagnie sera divisée en cinq escouades de quinze hommes chacune.

Organisation du corps des pontonniers.

12. Il sera créé un corps de pontonniers destiné à la formation et à l'entretien des ponts de bateaux à construire sur le Rhin ; ce corps sera composé de huit compagnies et d'un état-major.

Composition de chaque compagnie.

Un capitaine commandant, un lieutenant, un sergent-major, deux sergens, un caporal-fourrier, quatre caporaux, cinquante-six pontonniers, sept ouvriers, dont deux mailliers, deux calfats, un ouvrier en bois, un ouvrier en fer, un chaudronnier ; un tambour.

Chaque compagnie sera divisée en quatre escouades, d'un caporal et quatorze pontonniers.

Composition de l'état-major.

Un chef de bataillon, un quartier-maître-trésorier, un adjudant, un chef tailleur, un chef cordonnier.

Organisation du service matériel de l'artillerie.

13. L'inspection et la direction des détails formant le matériel de l'artillerie dans les places et établissemens du service, seront confiées à deux cent vingt-six officiers, savoir :

Vingt officiers généraux, qui seront en outre chargés de tous les détails concernant le personnel et le service des régimens, dont huit généraux de division, douze généraux de brigade ; vingt-neuf chefs de brigade, dont vingt-sept directeurs, un commandant de l'école des élèves, un employé au comité central ; trente-trois chefs de bataillon, dont trente-un sous-directeurs, un commandant en second de l'école des élèves, un employé au comité central ; cent quarante-quatre capitaines attachés, pour ce genre de service, à la suite des régimens.

La répartition et les fonctions de ces officiers seront déterminées par les comités de salut public et militaire, réunis.

Organisation des employés de l'artillerie.

14. Il sera attaché à chaque école d'artillerie un professeur de mathématiques, un répétiteur, un maître de dessin, un artificier, un garde du parc et un conducteur d'artillerie.

15. Il y aura à chaque arsenal de construction un garde et un sous-garde, un conducteur d'artillerie, un chef et un sous-chef d'ouvriers, dix ouvriers vétérans, et deux

ou trois brigades d'ouvriers artistes ; de o soixante hommes chacune.

16. Dans chaque place de guerre, il y y aura un garde-magasin chargé spécialement,d de la garde des effets et munitions d'artillerie : lorsque le service l'exigera, il pourra a lui être donné des aides.

17. Il sera attaché à chaque manufacture e d'armes, forge et fonderie, le nombre de e contrôleurs et réviseurs nécessaire au service ; il sera déterminé par le comité de e salut public.

18. Le service du matériel aux armées e sera fait au moyen des gardes, sous-gardes, artificiers, chefs d'ouvriers et conducteur r d'artillerie, à raison d'un par cent cinquante e chevaux ; le nombre en sera augmenté par r le comité de salut public, s'il le juge nécessaire.

19. Il sera formé, pendant la guerre, un n bataillon de cinq cents canonniers volontaires de chaque école, duquel seront tirés a les canonniers, tant à pied qu'à cheval, destinés à compléter les régimens employés aux x armées. Ils y recevront l'instruction nécessaire par les officiers et sous-officiers pris, soit dans les régimens, soit dans les directions. Le comité de salut public ou le conseil exécutif en réglera le nombre et en fera le choix.

Avancement.

20. L'avancement du grade de canonnier et ouvrier de la dernière classe, jusqu'à celui de sergent-major et d'adjudant, aura lieu d'après les lois précédemment décrétées sur l'avancement de l'artillerie.

21. Les places de lieutenant en second vacantes seront données alternativement à un sergent-major ou sergent, d'après les formes usitées, et à un élève, de manière que, sur trois places vacantes, il en soit donné une au sergent, et les deux autres aux élèves.

22. Les lieutenans rouleront par ancienneté dans leur régiment, pour parvenir au grade de capitaine à la suite : dans les compagnies d'ouvriers, les lieutenans en second parviendront par ancienneté dans leur compagnie au grade de lieutenant en premier de la compagnie ; mais ils rouleront par ancienneté sur les douze compagnies, pour parvenir au grade de capitaine en second, et ensuite de capitaine commandant.

23. Les capitaines à la suite des régimens deviendront, par ancienneté dans leur régiment, capitaines en second, et successivement capitaines commandans.

24. Les capitaines rouleront sur la totalité du corps, pour parvenir au grade de chef de bataillon ou d'escadron ; les deux tiers des places vacantes seront données à l'ancienneté, et un tiers au choix.

25. Les chefs de bataillon ou d'escadron rouleront également sur la totalité du corps, pour parvenir aux places de chef de brigade,

les deux tiers à l'ancienneté et un tiers au choix.

26. Les places de directeur et sous-directeur des arsenaux de construction, seront données de préférence aux officiers sortis des compagnies d'ouvriers.

27. Les grades de général de division et de général de brigade seront tous donnés au choix.

28. Tous les choix seront faits par le Corps-Législatif, sur la présentation de son comité de salut public ou du conseil exécutif; mais nul officier n'en sera susceptible qu'après avoir servi deux ans dans le grade inférieur, si ce n'est pour des actions d'éclat ou services importans rendus aux armées.

29. Dans le corps des pontonniers, l'avancement aura lieu jusqu'au grade de lieutenant, d'après les mêmes principes que dans l'artillerie.

30. Les lieutenans seront tous tirés des sergens, et parviendront par ancienneté dans leur corps au grade de capitaine.

31. Le grade de chef de bataillon sera donné au choix parmi les capitaines du corps des pontonniers.

Le chef de bataillon roulera avec ceux de l'artillerie pour son avancement ultérieur.

32. Les officiers qui, quoique faisant partie de l'arme de l'artillerie, servent dans les autres troupes de la République, seront tenus, aussitôt après la promulgation de la présente loi, d'opter entre le grade supérieur qu'ils exercent et celui qu'ils ont conservé dans le corps de l'artillerie.

33. Les officiers du régiment d'artillerie et compagnies d'ouvriers des colonies prendront dans le corps le rang que leur donne le grade dont ils sont pourvus.

34. Le service de l'artillerie, dans l'intérieur, embrasse tous les détails relatifs à ce service, ainsi qu'il suit:

Les écoles d'artillerie, l'école des élèves, ses directions (ce service comprend la surveillance des magasins, salles d'armes, et tous les objets relatifs à la défense des places, les côtes et des colonies), les arsenaux et ateliers particuliers, les fonderies tant en bronze qu'en fer, les manufactures d'armes, les forges employées au service de l'artillerie, les moulins à poudre.

35. Les officiers d'artillerie seront exclusivement chargés de la surveillance de ces établissemens, et des épreuves nécessaires pour constater la qualité des munitions qui en sortiront; les procès-verbaux de réception seront faits par les commissaires des guerres, dans les formes décrétées.

Écoles d'artillerie.

36. Le nombre des écoles d'artillerie sera porté à huit: elles seront commandées par un général de brigade, auquel ressortiront tous les détails du service de l'artillerie de son arrondissement, tant pour le personnel que pour le matériel.

La huitième école sera établie à Toulouse; les sept autres écoles resteront dans les villes où elles se trouvent aujourd'hui placées, jusqu'à ce que le comité de salut public ou le conseil exécutif ait fait agréer par la Convention nationale les changemens qu'il croirait, à cet égard, d'un plus grand intérêt pour le service.

École des élèves.

37. L'école des élèves sera établie à Châlons-sur-Marne.

38. Le nombre des élèves sera porté à cinquante: ils ne pourront être reçus lieutenans en second dans l'artillerie qu'au concours, et d'après les certificats de leurs chefs, qui constateront leurs qualités morales et physiques, ainsi que leur civisme.

39. Les fonds annuels de l'école, pour l'instruction tant théorique que pratique, seront de douze mille livres.

Directions.

40. Il y aura vingt-sept directions d'artillerie, dont trois aux colonies: chacune sera sous les ordres d'un chef de brigade directeur, et d'un ou deux chefs de bataillon sous-directeurs; il y sera joint le nombre de capitaines nécessaires aux besoins du service.

41. Le service de la direction embrassera la défense des places, celle des côtes renfermées dans la direction, ainsi que tous les détails relatifs au matériel de l'artillerie.

42. Les régimens d'artillerie seront chargés de la défense des places: celle des côtes s'effectuera au moyen d'une levée de quatorze cents canonniers volontaires, répartis dans les forts et batteries de côtes, tant de l'Océan que de la Méditerranée: les canonniers seront formés en compagnies et en escouades, et auront pour instructeurs des canonniers des régimens; ils seront aux ordres des directeurs d'artillerie.

Arsenaux de construction et ateliers particuliers.

43. Le directeur de l'artillerie de la place le sera aussi de l'arsenal de construction; il aura à ses ordres les compagnies d'ouvriers qui y sont détachées: mais ces compagnies devant être, pendant la guerre, employées aux armées, il n'en restera que des dépôts dans les arsenaux, dont les ouvriers serviront d'instructeurs.

44. Les travaux des arsenaux de construction seront faits par trente-deux brigades d'ouvriers artistes, de soixante hommes chacune; elles seront divisées par escouades de quatorze ouvriers de différens métiers, et d'un chef d'atelier: ces brigades seront levées parmi les ouvriers actuellement employés à Paris aux constructions de l'artillerie, et

envoyées dans les différens arsenaux de construction.

Fonderies, forges et manufactures d'armes.

45. Les fonderies, tant en bronze qu'en fer, les forges et les manufactures d'armes, seront sous la surveillance du directeur de l'artillerie, qui y détachera les officiers nécessaires pour les diriger.

46. Tous les ouvrages énoncés en l'article précédent seront donnés à l'entreprise par établissement; et les fonctions des officiers d'artillerie, à cet égard, se borneront à s'assurer de la bonne qualité des matières et de la fabrication, ainsi qu'à la constater par les épreuves ordonnées par la loi.

Moulins à poudre.

47. Les fonctions du directeur de l'artillerie dans l'arrondissement duquel seront situés les moulins à poudre, se borneront à en constater la bonne qualité par les épreuves ordonnées par la loi.

Organisation du service de l'artillerie aux armées.

48. Les ordonnances nécessaires à la direction du matériel de l'artillerie aux armées seront tirées soit des régimens, soit des directions : le nombre des officiers de chaque grade par armée sera déterminé par le comité de salut public ou le conseil exécutif, en raison de la force des différentes armées.

49. Le commandement en chef de l'artillerie, dans chaque armée, sera donné à un officier général de ce corps : il aura seul le droit de tirer des munitions de guerre des magasins de la République, situés dans l'arrondissement de l'armée.

50. Le service de l'artillerie aux armées sera fait par les régimens d'artillerie tant à pied qu'à cheval, et les compagnies d'ouvriers.

51. Il n'y aura plus qu'une pièce de quatre par bataillon : en conséquence, il sera attaché à chaque compagnie de canonniers à pied trente canonniers volontaires pour suppléer aux besoins du service, les autres canonniers volontaires rentreront à leur bataillon, ou seront détachés pour la défense des places.

52. Il sera attaché au service du parc une brigade ou deux d'ouvriers artistes pour suppléer aux compagnies d'ouvriers.

53. Les compagnies de pontonniers seront attachées au parc, et subordonnées aux officiers d'ouvriers et au directeur du parc.

Traitemens.

54. Il y aura dans chaque régiment et compagnies d'ouvriers deux classes d'appointemens de lieutenant, auxquelles on parviendra par rang d'ancienneté dans le régiment ou la compagnie.

55. Dans les régimens d'artillerie à pied, il y aura trois classes de capitaines; capitaine-commandant, capitaine en second et capitaine à la suite.

56. Dans les régimens d'artillerie à cheval, il n'y aura que deux classes de capitaines; capitaine-commandant et capitaine à la suite.

57. Dans les compagnies d'ouvriers, il y aura également deux classes; capitaine-commandant et capitaine en second.

58. On parviendra par ancienneté dans le régiment, d'une classe d'appointement à l'autre : dans les ouvriers, on roulera sur les douze compagnies.

59. Il n'y aura dans les régimens qu'une classe de chefs de bataillon ou d'escadron, et une de chefs de brigade.

60. Il n'y aura également qu'une classe de chefs de bataillon, et une de chefs de brigade pour ceux attachés au service des places.

61. Les officiers généraux jouiront du traitement attribué à ceux de la ligne.

62. Les employés de l'artillerie seront payés conformément au tableau annexé au présent décret : le comité de salut public ou le conseil exécutif déterminera le nombre d'employés de chaque classe à affecter aux différens établissemens de l'artillerie.

63. Les traitemens fixés par le présent décret courront à compter du 1er prairial prochain, époque fixée pour la nouvelle organisation de l'artillerie.

64. Si, par l'effet de la présente loi, quelques officiers éprouvaient une réduction sur leur traitement actuel, ils seront payés de la différence, par forme de supplément, jusqu'à ce qu'ils soient parvenus à un grade supérieur.

Indemnité pour frais de bureau et de tournée.

65. Les officiers de tous grades seront indemnisés de leurs frais de bureau et de tournée auxquels ils pourront être assujétis pour leur service; le mode de paiement de ces frais sera déterminé par le réglement qui sera rendu incessamment à cet effet par le comité de salut public.

Réunion du matériel de l'artillerie au personnel.

66. Les détails relatifs au matériel de l'artillerie, attribués à la commission des armes, poudres et salpêtres, seront réunis, au 1er prairial prochain, à celle du mouvement des armées de terre, qui rassemblera par ce moyen le personnel et le matériel de l'artillerie. Il sera, à cet effet, nommé un commissaire de plus à cette commission, qui sera chargée de présenter au comité de salut public un plan général d'organisation du service de l'artillerie, tant pour le matériel que pour le personnel (1).

_____

(1) *Voy.* loi du 24 messidor an 3.

Comité central à Paris

67. Les officiers généraux de l'artillerie se réuniront tous les ans à Paris, au 1ᵉʳ frimaire, pour présenter à la commission du mouvement des armées de terre les résultats de leurs opérations pendant la campagne, ainsi que leurs idées sur les dispositions à faire pour la campagne suivante. Ce travail sera rédigé par un comité séant à Paris, et composé d'un général de division, d'un général de brigade, d'un chef de brigade et de deux chefs de bataillon, au choix du comité de salut public, ou du conseil exécutif.

Le comité de salut public est chargé de la formation.

68. Le comité de salut public ou le conseil exécutif sera chargé de la formation du corps de l'artillerie, d'après les bases fixées par le présent décret, il est autorisé à faire remplacer tous ceux des officiers d'artillerie de quelque grade que ce soit, qui, à l'époque du 1ᵉʳ février 1793, ne faisaient pas partie de cette arme. Il prononcera définitivement sur les discussions de rang qui pourraient s'élever, et enfin déterminera toutes les mesures d'exécution du présent décret, par une instruction particulière qui réglera tous les détails de service.

69. Ceux des officiers, autres que les officiers généraux, qui, par l'effet de la présente loi, se trouveraient sans emploi dans l'arme de l'artillerie, continueront cependant toujours de faire partie de cette arme, et de servir dans leur grade à la suite des régiments ou de quelque établissement que ce soit, en attendant leur remplacement, qui aura lieu à mesure de la vacance des emplois; ne seront point compris dans ces dispositions, ceux des officiers d'artillerie dont il est parlé dans l'article précédent.

70. La commission de l'organisation et mouvement des armées de terre est tenue, sous sa responsabilité, dans quinzaine de la publication de la présente loi, d'en faire parvenir des exemplaires aux généraux en chef, aux états-majors des armées, aux généraux commandant l'artillerie, directeurs, sous-directeurs, conseil d'administration des régiments d'artillerie, écoles d'artillerie, compagnies d'ouvriers et pontonniers, et commissaire des guerres, pour que son exécution ne souffre aucun délai.

Les officiers généraux commandant l'artillerie, en leur absence les directeurs ou sous-directeurs d'artillerie, rendront compte tous les mois, à partir de la réception de ladite loi, à la commission de l'organisation et du mouvement, de son exécution dans tous les corps qui composent l'arme de l'artillerie; et la commission rendra exactement, et aux mêmes époques, un pareil compte au comité de salut public ou au conseil exécutif, afin que le comité ou le conseil exécutif

soit exactement informé de la situation des corps de ladite arme.

---

18 FLORÉAL an 3 (7 mai 1795). — Décret qui mande à la barre le représentant Poultier, à l'effet de donner des renseignemens relatifs à sa mission. (B. 54, 105.)

---

18 FLORÉAL an 3 (7 mai 1795). — Décret qui restreint les pouvoirs des représentans du peuple en mission, relativement à la nomination aux emplois militaires, et prononce des peines contre tous fonctionnaires publics qui n'exécuteraient pas les ordres du comité de salut public ou des commissions exécutives. (1, Bull. 163, n° 803 ; B. 54, 107.)

---

18 FLORÉAL an 3 (7 mai 1795). — Décret qui autorise la commune d'Amiens à faire un emprunt. (B. 54, 105.)

---

18 FLORÉAL an 3 (7 mai 1795). — Décrets qui accordent divers secours et pensions. (B. 54, 103 et 104.)

---

18 FLORÉAL an 3 (7 mai 1795). — Décret relatif à la nomination d'une commission pour l'examen de la conduite de Joseph Lebon. (B. 54, 106.)

---

18 FLORÉAL an 3 (7 mai 1795). — Décret qui accorde un congé au représentant Martineau. (B. 54, 106.)

---

18 FLORÉAL an 3 (7 mai 1795). — Décret portant que les noms de la commission des Onze ne seront point mis dans l'urne pour la nomination des membres de la commission des Vingt-Un. (B. 54, 119.)

---

18 FLORÉAL an 3 (7 mai 1795). — Décret sur la proposition tendant à ce que les représentans du peuple envoyés en mission dans les Indes Orientales et Occidentales, n'entrent point dans le tirage des membres de la commission des Vingt-Un. (B. 54, 119.)

---

18 FLORÉAL an 3 (7 mai 1795). — Décret portant que les membres qui ont voté sur la question s'il y a lieu à examen de la conduite d'un représentant, ne peuvent être de la commission chargée d'examiner s'il y a lieu à accusation. (B. 54, 119.)

---

19 FLORÉAL an 3 (8 mai 1795). — Décret portant que les représentans du peuple en mission ne pourront tirer aucun mandat sur les caisses nationales, ni ratifier des marchés, qu'ils n'y aient été autorisés par les comités de salut public et des finances. (1, Bull. 143, n° 804 ; B. 54, 121.)

---

19 FLORÉAL an 3 (8 mai 1795). — Décret qui adjoint le représentant Ferraud aux représentans Barras et Rouyer, pour l'arrivage des subsistances à Paris. (B. 54, 120.)

19 FLORÉAL an 3 (8 mai 1795). — Décret qui charge le représentant Isnard de surveiller dans les ports du département des Bouches-du-Rhône, toutes les opérations relatives aux subsistances et au commerce. (B. 54, 121.)

19 FLORÉAL an 3 (8 mai 1795). — Décret relatif à une erreur de date dans un décret rendu le 6 floréal sur la pétition de la citoyenne Beaufils, veuve Lemercier. (B. 54, 119.)

19 FLORÉAL an 3 (8 mai 1795). — Décret relatif au remplacement du représentant Louvet, nommé à la commission des Onze, au bureau par un des anciens secrétaires. (B. 54, 120.)

19 FLORÉAL an 3 (8 mai 1795). — Décret qui autorise la commission de la marine et colonies à compter aux citoyens Jalabert et Housset, dix mille livres pour parfait paiement de celle de deux cent trente mille livres, prix de la corvette le Jean-Bart. (B. 54, 120.)

19 FLORÉAL an 3 (8 mai 1795). — Décret accordant un congé au représentant Bonnesœur. (B. 54, 121.)

19 FLORÉAL an 3 (8 mai 1795). — Décret annulant un jugement du juge-de-paix de Belabre, rendu contre le citoyen Audignier. (B. 54, 122.)

19 FLORÉAL an 3 (8 mai 1795). — Décret sur une pétition des officiers municipaux de Boulogne, relative à une confiscation faite chez le citoyen Séran. (B. 54, 122.)

20 FLORÉAL an 3 (9 mai 1795). — Décret portant que les armées des côtes de Brest et de Cherbourg ne cessent de bien mériter de la patrie. (1, Bull. 143, n° 806; B. 54, 123.)

20 FLORÉAL an 3 (9 mai 1795). — Décret qui charge le comité de législation de provoquer l'action des tribunaux criminels contre tous les individus prévenus de crimes et d'actes d'oppression. (1, Bull. 143, n° 805; B. 54, 123.)

20 FLORÉAL an 3 (9 mai 1795). — Décret qui renvoie au comité de législation et de sûreté générale la dénonciation d'un jugement de la police correctionnelle de Valenciennes. (B. 54, 123.)

20 FLORÉAL an 3 (9 mai 1795). — Décret relatif à une adresse de la société de Périgueux. (B. 54, 123.)

20 FLORÉAL an 3 (9 mai 1795). — Décret relatif à la députation de l'hospice des Quinze-Vingts. (B. 54, 124.)

21 FLORÉAL an 3 (10 mai 1795). — Décret qui maintient les attributions des différens comités, et détermine le mode et les cas de réunion de plusieurs (1, Bull. 143, n° 807; B. 54, 125.)

21 FLORÉAL an 3 (10 mai 1795). — Décret qui mande le représentant Garnier, de Saintes, pour donner des renseignemens sur des objets relatifs à sa mission. (B. 54, 126.)

21 FLORÉAL an 3 (10 mai 1795). — Décret portant que dans aucun cas les comités de salut public et de sûreté générale ne seront chargés de l'examen de la conduite des représentans du peuple. (B., 54, 125.)

21 FLORÉAL an 3 (10 mai 1795). — Décret qui renvoie au comité de législation la proposition de supprimer le tribunal révolutionnaire. (B. 54, 126.)

21 FLORÉAL an 3 (10 mai 1795). — Décret qui charge le comité de législation de préciser les faits d'après lesquels des discours et des écrits seront censés tendre à l'avilissement de la Convention. (B. 54, 126.)

22 FLORÉAL an 3 (11 mai 1795). — Décret portant que les assignats dont la déchéance est prononcée par le décret du 31 juillet 1793, seront reçus en paiement des biens nationaux provenant des émigrés. (1, Bull. 144, n° 807; B. 54, 129.)

Les assignats dont la non-valeur et la déchéance sont prononcées par le décret du 31 juillet 1793, seront seulement reçus en paiement des biens nationaux à vendre, provenant des émigrés, pourvu que le porteur les ait fait enregistrer en son nom suivant la loi, ou qu'il ait prouvé au comité des finances, par pétition faite avant la présente loi, que par quelque événement ou force majeure, il lui ait été impossible de les faire enregistrer dans le temps prescrit par la loi.

22 FLORÉAL an 3 (11 mai 1795). — Décret relatif à la liquidation et paiement des créanciers de la ci-devant compagnie Masson et d'Espagnac. (B. 54, 126.)

22 FLORÉAL an 3 (11 mai 1795). — Décret qui supprime la fondation de Cochet-Saint-Vallier. (B. 54, 127.)

22 FLORÉAL an 3 (11 mai 1795). — Décret relatif au citoyen Rochejan. (B. 54, 127.)

22 FLORÉAL an 3 (11 mai 1795). — Décret re-

latif à un jugement des juges-de-paix de Gaube
et Lanus, du 13 germinal de l'an 2. (B. 54,
128.)

22 FLORÉAL an 3 (11 mai 1795). — Décret d'ordre du jour motivé, relatif à la proposition de
décréter que dans aucun cas les assignats ne
soient réduits au-dessous de leur valeur nominale dans le paiement des biens nationaux. (B.
54, 128.)

23 FLORÉAL au 3 (12 mai 1795). — Décret relatif à la loi sur le rachat des rentes foncières et
perpétuelles. (B. 54, 129.)

23 FLORÉAL an (3 12 mai 1795). — Décret d'ordre du jour sur un projet de décret tendant à
taxer le prix du halage des bateaux de passage
de Pause. (B. 54, 130.)

23 FLORÉAL an 3 (12 mai 1795). — Décret relatif à l'exécution du décret qui prononce la
déportation de Collot-d'Herbois, Barère et autres. (B. 54, 129.)

23 FLORÉAL an 3 (12 mai 1795). — Décret qui
charge le comité de travaux publics de faire
examiner la cause des périls qui entravent la
navigation au passage de Pertuis-de-Pause. (B.
54, 130.)

23 FLORÉAL an 3 (12 mai 1795). — Décret qui
étend les pouvoirs donnés au représentant Isnard. (B. 54, 130.)

23 FLORÉAL an 3 (12 mai 1795). — Décret portant que les comités des finances prendront
toutes les mesures qu'ils jugeront propres à
comprimer l'agiotage. (B. 54, 131.)

23 FLORÉAL an 3 (12 mai 1795). — Décret pour
la vente d'une partie des propriétés communales de la commune de Bordeaux. (B. 54, 131.)

23 FLORÉAL an 3 (12 mai 1795). — Décrets qui
accordent des secours. (B. 54, 132.)

23 FLORÉAL an 3 (12 mai 1795). — Décret qui
accorde un congé au représentant Plazanet (B.
54, 132.)

23 FLORÉAL an 3 (12 mai 1795). — Décret qui
accorde une indemnité aux élèves de l'école
Normale pour frais de voyage et de retour dans
leurs départemens. (B. 54, 130.)

24 FLORÉAL an 3. (13 mai 1795). — Décret qui
prononce des peines contre les boulangers et
tous autres qui détourneraient ou dénatureraient quelques parties des denrées acquises
par l'état (1, Bull. 163, n° 808 ; B. 54, 133.)
Les peines prononcées et la forme de pro-

céder établie par les lois contre les agens
infidèles de la République, sont applicables
aux boulangers et à tous autres chargés de
distribuer ou surveiller la distribution des
denrées acquises par la République, qui en
détourneraient ou dénatureraient quelques
parties.

24 FLORÉAL an 3 (13 mai 1795.) — Décret qui
prononce la déchéance contre les adjudicataires
de biens nationaux qui n'auront pas payé les
termes échus dans les délais prescrits. (1, Bull.
144, n° 810 ; B. 54, 135.)

Art. 1er. Les acquéreurs de domaines nationaux dont les adjudications sont antérieures à la publication de la présente loi,
et qui se sont mis en possession avant d'a-
voir effectué le paiement du premier à-
compte, seront tenus de rendre compte de
clerc-à-maître, au directoire du district, de
tous les fruits et revenus depuis leur indue
possession ; ils seront, de plus, tenus d'effectuer le premier à-compte dans le délai
d'une décade, à dater de la publication de la
présente loi, faute de quoi ils sont déclarés
déchus de leur acquisition.

2 Les adjudicataires postérieurs à la publication de la présente loi, seront tenus
de faire le paiement du premier à-compte
dans le délai d'un mois à compter du jour
de l'adjudication ; ils sont déclarés déchus
par le seul défaut de paiement : ils ne pourront entrer en possession qu'après avoir
effectué ce premier paiement, conformément
aux articles 3 et 4 de la loi du 3 novembre
1790.

3. Lorsqu'un acquéreur ayant déjà effectué
un ou plusieurs paiemens, laissera passer
une échéance sans solder le terme et les intérêts échus, il lui sera fait une sommation,
à la diligence du procureur-syndic du district et sous sa responsabilité, d'acquitter
l'échéance : la signification sera faite au lieu
de la situation des biens, soit à l'acquéreur,
soit, en cas d'absence, à son principal fermier ou régisseur, et au plus tard dans la
décade, à compter de l'expiration du terme.

4. A défaut par l'acquéreur de payer les
termes échus, les intérêts et les frais dans
trois décades, à compter de la date de la
signification, il sera déchu de son acquisition.

5. Les cas de non-paiement survenus, les
procureurs-syndics de district feront de
suite procéder à la revente des biens à la
folle-enchère ; sur le vu des certificats de
non-paiement délivrés par les receveurs de
district ou autres institués pour les recouvremens ; auquel effet, les derniers fourniront dans le courant de chaque décade, aux
procureurs-syndics, les tableaux des termes
échus non acquittés, contenant les noms des
redevables, les lieux de la situation des
biens, la quotité du débet et les époques

8.

des échéances, sous peine de destitution.

6. Les receveurs de district et autres chargés de recouvrer les paiemens des domaines nationaux; seront tenus de clore, chaque jour, les registres de recouvrement : ces registres seront cotés et paraphés par le président du district Les procureurs-syndics surveilleront l'exécution de la formalité.

7. Les biens rentrés dans les mains de la nation par les déchéances des adjudicataires, seront vendus suivant les formes et aux conditions prescrites pour les biens nationaux. Les procureurs-syndics des districts, immédiatement après la consommation desdites ventes, seront tenus de constater le déficit, et de liquider les sommes dues par l'acquéreur évincé, à l'effet d'en poursuivre contre lui le recouvrement par les voies de droit, sauf le recours par les adjudicataires déchus, à raison des améliorations.

8. Il est dérogé par le présent décret à toute disposition des lois précédentes qui y seraient contraires.

9. La présente loi sera insérée dans le bulletin de correspondance et dans celui des lois. L'insertion au Bulletin tiendra lieu de promulgation.

24 FLORÉAL an 3 (13 mai 1795). — Décrets qui accordent des congés aux représentans Thierriet et Bezard. (B. 54, 133.)

24 FLORÉAL an 3 (13 mai 1795). — Décret accordant dix-sept cents livres, à titre de reconnaissance, au citoyen Moreau (B. 54, 133.)

24 FLORÉAL an 3 (13 mai 1795). — Décret relatif à une loi pénale contre les agens nationaux qui négligeraient de faire exécuter la loi sur les paiemens des domaines nationaux. (B. 54, 134.)

24 FLORÉAL an 3 (13 mai 1795). — Décret relatif aux acquéreurs des biens nationaux. (B. 54, 134.)

24 FLORÉAL an 3 (13 mai 1795). — Décret portant qu'il n'y a pas lieu à inculpation contre Julien Raimond. (B. 54, 134.)

24 FLORÉAL an 3 (13 mai 1795). — Décret relatif aux réfugiés des départemens insurgés de l'Ouest. (B. 54, 135.)

25 FLORÉAL an 3 (14 mai 1795). — Décret qui accorde des secours. (B. 54, 136 à 138.)

25 FLORÉAL an 3 (14 mai 1795). — Décret relatif à la réclamation de la citoyenne Hentz. (B. 54, 139.)

25 FLORÉAL an 3 (14 mai 1795). — Décret relatif aux élèves de l'école centrale des travaux publics. (B. 54, 138.)

25 FLORÉAL an 3 (14 mai 1795.) Décret relatif à la citoyenne veuve Grangeneuve. (B. 54, 137.)

25 FLORÉAL an 3 (14 mai 1795).—Décret relatif au citoyen Jars. (B. 54, 137.)

25 FLORÉAL an 3 (14 mai 1795). — Décrets qui accordent des congés aux représentans Blondel et Piette. (B. 54, 138.)

26 FLORÉAL an 3 (15 mai 1795). —Décret relatif aux demandes en radiation de listes d'émigrés. (1, Bull. 144, n° 811 ; B. 54, 140.)

Voy. loi du 4e jour complémentaire an 3.

Art. 1er. Le comité de législation avant de faire rapport sur des demandes en radiation de listes d'émigrés, fera imprimer et distribuer, et une décade à l'avance, à tous les membres de la Convention, une liste à colonne contenant, 1° les nom, prénoms, ci-devant qualité ou profession de chaque réclamant; 2° les départemens, districts et municipalités, tant du domicile que de la situation des biens; 3° l'énoncé du moyen proposé, tels que *certificats de résidence,* ou *exception prévue par la loi*.

2. La Convention nationale abroge, 1° l'exception exprimée dans l'article 31 du titre III de la loi du 25 brumaire de l'an 3, par ces mots, *sauf les cas d'impossibilité constatée*; 2° la loi du 18 pluviose qui autorisait le comité de législation à accorder des prorogations de délai pour produire les certificats de résidence : néanmoins, les prorogations accordées antérieurement à ce jour auront leur effet.

3. Ceux qui, jusqu'à ce jour exclusivement, n'ont point réclamé contre leur inscription sur les listes d'émigrés, sont définitivement exclus de le faire, et réputés émigrés : il est défendu, à peine de forfaiture, aux corps administratifs, d'accueillir leurs réclamations.

26 FLORÉAL an 3 (15 mai 1795). — Décret de renvoi au comité de législation, relatif au décret du 15 germinal, sur les baux à Cheptel. (B. 54, 143.)

Un membre observe que l'article 10 du décret du 15 floréal dernier, sur les baux à cheptel, n'a pas statué si les ustensiles, harnois de labour et d'exploitation, et les semences que sont tenus de laisser les fermiers, métayers et locataires aux propriétaires doivent être payés ; et sur quel pied ? Qu'il s'est élevé diverses contestations sur la question de savoir si, dans les termes d'ustensiles, de harnois de labour et d'exploitation, on a entendu comprendre les foins, pailles, fourrages et fumiers.

Il propose à la Convention de passer à l'ordre du jour, motivé sur ce que les pailles, foins, fourrages et fumiers, étant nécessaires à l'exploitation des fermes, doivent être laissés aux propriétaires, ainsi que les autres effets, et payés avec les augmentations fixées par les articles 6 et 9 aux fermiers, laboureurs et locataires, s'ils leur ont été donnés par l'estimation.

La Convention nationale renvoie ces propositions au comité de législation, pour faire un rapport demain.

26 FLORÉAL an 3 (15 mai 1795). — Décret qui accorde des secours. (B. 54, 139.)

26 FLORÉAL an 3 (15 mai 1795). — Décret pour rectifier une erreur qui s'est glissée dans la rédaction du décret du 10 de ce mois. (B. 54, 139.)

26 FLORÉAL an 3 (15 mai 1795). — Décret relatif au paiement des indemnités dues aux représentans du peuple qui ont péri par suite des événemens du 31 mai jusqu'au 9 thermidor. (1, Bull. 149, n° 860 ; B. 54, 143.)

26 FLORÉAL an 3 (15 mai 1795). — Décret relatif aux officiers de santé attachés aux bataillons ou aux différens corps militaires, connus sous la dénomination de chirurgiens-majors. (B. 54, 141.)

26 FLORÉAL an 3 (15 mai 1795). — Décret relatif aux rapports à faire, sur les informations parvenues, sur l'exécution des lois qui ordonnent la poursuite et la punition des émigrés. (B. 54, 140.)

26 FLORÉAL an 3 (15 mai 1795). — Décret qui accorde un congé au représentant Campmas. (B. 54, 141.)

26 FLORÉAL an 3 (15 mai 1795). — Décret relatif aux gendarmes à pied formant la 32e division. (B. 54, 142.)

26 FLORÉAL an 3 (15 mai 1795). — Décret portant que ceux des représentans qui auront des dénonciations à faire, concernant la rentrée des émigrés se retireront au comité de sûreté générale. (B. 54, 141.)

26 FLORÉAL an 3 (15 mai 1795). — Décret qui autorise le comité d'inspection du Palais National à ordonnancer les frais de voyage des suppléans appelés à la Convention par des décrets. (B. 54, 141.)

26 FLORÉAL an 3 (15 mai 1795). — Décret portant que les papiers de Robespierre et complices

seront transportés au comité de sûreté générale, et déposés dans ses archives. (B. 54, 142.)

27 FLORÉAL an 3 (16 mai 1795). — Décret qui ordonne que les assignats de cinq livres et au-dessus, portant des empreintes de royauté, n'auront plus cours de monnaie. (1 Bull. 149, n° 813 ; B. 54, 144.) Voy. loi du 23 FRUCTIDOR an 3.

27 FLORÉAL an 3 (16 mai 1795.) — Décret interprétatif de celui du 23 floréal qui alloue cinq livres par poste aux élèves de l'école Normale, pour frais de voyage et de retour. (1 Bull. 144, n° 812 ; B. 54, 145.)

27 FLORÉAL an 3 (16 mai 1795). — Décret qui envoie les représentans Poulain, Grandprey et Despinassy dans les départemens du Rhône, de l'Isère et de l'Ain. (B. 54, 144.)

27 FLORÉAL an 3 (16 mai 1795). — Décret qui rectifie celui du 27 floréal relatif aux prisonniers de guerre. (B. 54, 145.)

27 FLORÉAL an 3 (16 mai 1795). — Décret qui porte à la somme de deux mille quatre-vingt-une livres cinq sous la pension de mille trois cent quatre-vingt-sept livres dix sous accordée au citoyen Bellenot. (B. 54, 143.)

27 FLORÉAL an 3 (16 mai 1795). — Décret qui étend les pouvoirs du représentant Delaunay. (B. 54, 144.)

27 FLORÉAL an 3 (16 mai 1795). — Décret qui envoie le représentant Pérès dans les pays conquis entre la Meuse et le Rhin, et le représentant Meynard dans les pays conquis en deçà de la Meuse. (B. 54, 145.)

28 FLORÉAL an 3 (17 mai 1795). — Décret portant que les assignats de dix livres ne seront pas démonétisés. (1 Bull. 144, n° 814 ; B. 54, 148.)

28 FLORÉAL an 3 (17 mai 1795). — Décret relatif aux déclarations à faire par les débiteurs des corporations ecclésiastiques ou laïques supprimées, des émigrés, etc. (1 Bull. 149, n° 861 ; B. 54, 147.)

Art. 1er. A défaut de titres originaux des créances dues à la République comme représentant les corporations ecclésiastiques ou laïques supprimées, les émigrés et autres individus frappés de confiscation, les directoires de district exigeront de tous les citoyens dont les noms sont inscrits sur des registres, sommiers ou carnets indicatifs des créances, la déclaration des sommes dont ils sont débiteurs (1).

---

(1). Lorsque, lors du transfert d'une rente, il a été suppléé, à l'absence des titres originaux, par la remise des cueilloirs, registres et sommiers, à l'aide desquels ladite rente avait été précédemment exigée et servie, le cessionnaire ne peut à raison de l'insolvabilité du débiteur, survenue

2. Ceux qui feront de fausses déclarations seront condamnés à une amende égale au quadruple des sommes qu'ils auront dissimulées.

3. La déclaration sera jugée fausse, lorsqu'aux indications résultant des registres, sommiers ou carnets, on joindra, soit la preuve testimoniale, soit des indices tirés de quelques actes publics dont on pourra conclure la légitimité de la créance.

4. L'amende sera prononcée par le tribunal du district, sur les poursuites du préposé de l'agence des domaines, à ce autorisé par un arrêté du directoire du département, sur l'avis de celui du district.

____

28 FLORÉAL an 3 (17 mai 1795). — Décret qui ordonne la vérification de toutes les caisses de la République. (1 , Bull. 144, n° 815 ; B. 54, 146.)

____

28 FLORÉAL an 3 (17 mai 1795). — Décret qui ordonne l'établissement d'un marché public dans l'emplacement des Jacobins. (B. 54, 148.)

____

28 FLORÉAL an 3 (17 mai 1795). — Décrets qui autorisent les communes d'Aumale et de Pontoise à faire des emprunts. (B. 54, 149 et 150.)

____

28 FLORÉAL an 3 (17 mai 1795). — Décret qui accorde des secours à plusieurs personnes. (B. 54, 146, 147 à 149.)

____

28 FLORÉAL an 3 (17 mai 1795). — Décret qui accorde un congé au représentant Auger, (B. 54, 147)

____

28 FLORÉAL an 3 (17 mai 1795). — Décret d'ordre du jour motivé, relatif au citoyen Ebrard. (B. 54 , 148.)

____

28 FLORÉAL an 3 (17 mai 1795). — Décret relatif à l'examen de la question, s'il ne conviendrait pas de fixer pour toute l'étendue de la République, un mètre fixe et invariable pris dans la nature. (B. 54 , 148.)

____

29 FLORÉAL an 3 (18 mai 1795). — Décret concernant les bois dont les communes ont été mises en possession. (1 , Bull. 149, n° 862 ; B. 54 , 153.)

La Convention nationale décrète que la loi du 7 brumaire an 3, relative aux bois dont les communes ont été mises en possession, s'applique aux réintégrations prononcées par des jugemens des tribunaux ou par des arrêtés de département.

29 FLORÉAL an 3 (18 mai 1795). — Décret qui fixe les droits de balivage ou martelage à percevoir pour les coupes de bois. (I , Bull. 149, n° 864 ; B. 54 , 152.)

Art. 1er. La somme de 4 liv. 10 sous par arpent, attribuée aux officiers des ci-devant maîtrises des eaux et forêts, par la loi du 15 août 1792, pour balivage ou martelage des coupes ordinaires ou extraordinaires, sera perçue pour chacune des opérations qui se feront sur le taillis, lorsqu'elles auront lieu à des époques éloignées au moins d'un mois l'une de l'autre.

2. Lorsque ces deux opérations seront faites simultanément, il ne sera perçu que le droit entier pour l'une d'elles, et la moitié du droit pour l'autre.

3. Il ne sera perçu qu'un droit de récolement, soit que les deux opérations aient été faites ensemble ou séparément.

4. Il ne sera dû qu'un seul droit si l'opération se fait sur taillis seul ou sur des massifs de futaie, sauf l'application, dans tous les cas, de la loi du 4 pluviose an 3.

5. Les agens forestiers ne pourront, sous le prétexte du silence de la loi du 15 août 1792, se dispenser de faire les visites prescrites par les anciens réglemens, sans qu'à cette occasion ils puissent prétendre à d'autres rétributions que celles fixées par la même loi.

____

29 FLORÉAL an 3 (18 mai 1795). — Décret qui surseoit à l'exécution de l'article 66 de celui du 18 floréal dernier, en ce qui concerne la réunion au personnel de l'artillerie de la fabrication des armes, etc. (1 , Bull. 149, n° 863 ; B. 54 , 153.)

____

29 FLORÉAL an 3 (18 mai 1795). — Décret qui accorde au directeur de la liquidation des dettes des émigrés, la franchise de ses ports de lettres relatives à son administration. (B. 54 , 151.)

____

29 FLORÉAL an 3 (18 mai 1795). — Décret qui approuve les divisions et autres opérations relatives aux ci-devant presbytères de Bagneux et Fresnes. (B. 54 , 153.)

____

29 FLORÉAL an 3 (18 mai 1795). — Décret qui accorde un secours à la citoyenne Girey-Dupré. (B. 54 , 151.)

____

29 FLORÉAL an 3 (18 mai 1795). — Décret de l'hommage fait par le citoyen Parant, du Code des lois morales. (B. 54 , 152.)

____

30 FLORÉAL an 3 (19 mai 1795). — Décret de

____

depuis le transfert, exercer une action en garantie contre l'Etat, sous le prétexte que les titres originaux ne lui ayant pas été remis il n'avait pu

obtenir le paiement de la rente. (5 mai 1830, ord. Mac. 12, p. 231.)

renvoi au comité d'agriculture , ponts-et-chaussées , pour faire un rapport sur la confection d'un canal de Perpignan à Cant. (B. 54 , 155.)

30 FLORÉAL an 3 (19 mai 1795). — Décret relatif aux émigrés arrêtés sur le sol de la République. (B. 54 , 155.)

30 FLORÉAL an 3 (19 mai 1795). — Décrets portant que le comité de législation se réunira pour s'occuper du projet de loi relatif au mode d'exécution à suivre pour la restitution des biens des émigrés. (B. 54 , 155.)

30 FLORÉAL an 3 (19 mai 1795). — Décret qui renvoie au comité des décrets une pétition des citoyens Baroche , Faucque et autres. (B. 54 , 155.)

30 FLORÉAL an 3 (19 mai 1795). — Décret qui charge le comité d'instruction publique de faire un rapport sur les moyens de transporter au ci-devant château de Versailles les élèves de l'établissement Martin , de Liancourt et autres, (B. 54 , 156.)

1er PRAIRIAL an 3 (20 mai 1795). — Décret portant qu'il ne sera provisoirement fabriqué qu'une seule espèce de pain dans la commune de Paris , etc. (1 , Bull. 145 , n° 820 ; B. 55 , 3.)

La Convention nationale décrète qu'il ne sera provisoirement, et jusqu'à ce qu'il en ait été autrement ordonné, fabriqué dans la commune de Paris qu'une seule espèce de pain , et qu'il ne pourra être employé de farine à autre usage qu'à faire du pain , de la bouillie et autres alimens simples et sans apprêt ;

Décrète encore que les traiteurs, restaurateurs et pâtissiers verseront les farines qu'ils ont , dans les magasins de l'agence des subsistances, qui les paiera au prix coûtant.

1er PRAIRIAL an 3 (20 mai 1795). — Décret qui nomme le citoyen Fox commandant-général de la force armée de Paris. (B. 55 , 1.)

1er PRAIRIAL an 3 (20 mai 1795). — Décret qui charge les représentans Henri Larivière , Labaye , Porcher , etc., de se rendre , sur-le-champ, dans les arrondissemens des sections de Paris. (B. 55 , 1.)

1er PRAIRIAL an 3 (20 mai 1795). — Décret qui approuve un arrêté pris par les comités de salut public , de sûreté générale et militaire réunis. (B. 55 , 2.)

1er PRAIRIAL an 3 (20 mai 1795). — Décret qui rend la commune de Paris responsable envers la France entière , de toute atteinte qui pourrait être portée à la représentation nationale (B. 55 , 4.)

1er PRAIRIAL an 3 (20 mai 1795). — Décret portant que les représentans du peuple en mission pour l'approvisionnement de Paris , seront prévenus , par des courriers extraordinaires , des événemens du 1er prairial. (1 , Bull. 145 , n° 817 ; B. 55 , 7.)

1er PRAIRIAL an 3 (20 mai 1795). — Décret portant que les sections s'assembleront quintidi prochain , pour désarmer et même arrêter les assassins et les agens de la tyrannie qui précéda le 9 thermidor. (1 , Bull. 147 , n° 836 , B. 55 , 2.)

1er PRAIRIAL an 3 (20 mai 1795). — Décret portant qu'il sera fait une proclamation sur les événemens de ce jour. (1 , Bull. 145 , n° 818 ; B. 55 , 5.)

1er PRAIRIAL an 3 (20 mai 1795). — Décret portant que les représentans du peuple délibéreront en costume armé. (1 , Bull. 145 , n° 823 , B. 55 , 8.)

1er PRAIRIAL an 3 (20 mai 1795) — Décret qui ordonne l'arrestation de quatorze représentans du peuple. (1 , Bull. 145 , B. 55 , 7.)

1er PRAIRIAL an 3 (20 mai 1795). — Décret qui nomme le représentant du peuple Delmas pour diriger en chef la force armée de Paris. (1 , Bull. 145 , n° 821 ; B. 55 , 1.)

1er PRAIRIAL an 3 (20 mai 1795). — Décret qui interdit aux femmes l'entrée dans les tribunes de la salle des séances de la Convention nationale , jusqu'à ce que le calme soit rétabli dans Paris. (1 , Bull. 145 , n° 822 ; B. 55 , 8.)

1er PRAIRIAL an 3 (20 mai 1795). — Proclamation de la Convention nationale aux citoyens de Paris. (B. 55 , 5.)

1er PRAIRIAL an 3 (20 mai 1795). — Décret qui accorde des secours aux veuves des citoyens morts en défendant la patrie. (B. 55 , 3.)

1er PRAIRIAL an 3 (20 mai 1795). — Décret portant que les représentans mis ce jour en arrestation , seront transférés au comité de sûreté générale. (B. 55 , 7.)

1er PRAIRIAL an 3 (20 mai 1795). — Décret portant qu'il sera , à l'instant ; fait une proclamation pour prévenir tous les bons citoyens de Paris et des départemens que la Convention a triomphé de la malveillance. (B. 55 , 8.)

2 PRAIRIAL an 3 (31 mai 1795). — Décret qui rapporte celui qui a déclaré marchandise l'or et l'argent monnayés. (1, Bull. 146, n° 825; B. 55, 18.)

Voy. loi du 6 FLORÉAL an 3.

La Convention nationale rapporte son dernier décret qui a déclaré marchandise l'or et l'argent monnayés ; ordonne l'exécution des lois antérieures qui prohibent le commerce des monnaies métalliques.

2 PRAIRIAL an 3 (21 mai 1795). — Décret contenant des mesures pour assurer la subsistance des communes et des armées. (1, Bull. 146, n° 829; B. 55, 9.)

Art. 1er. Il sera fait sur-le-champ, dans chaque commune, un recensement général, tant des farines que des grains battus ou en gerbe qui se trouveront chez tous les détenteurs et possesseurs desdits grains et farines. Il sera prélevé sur la quantité recensée la subsistance de la commune jusqu'à la récolte; le surplus est affecté à l'approvisionnnement des armées et de la commune de Paris.

2. Les grains et farines qui auront été soustraits au recensement en tout ou en partie, seront confisqués, excepté la portion qui sera reconnue être strictement nécessaire à la consommation des possesseurs ou détenteurs jusqu'à la récolte.

3. Les détenteurs et possesseurs des grains et farines soustraits au recensement seront, en outre condamnés à une amende égale à la valeur desdits grains et farines soustraits.

4. Ceux qui découvriront et déclareront des grains et farines soustraits au recensement obtiendront en nature le quart desdits grains et farines.

5. Les administrations de district sont chargées, à peine de forfaiture, de faire faire sur-le-champ ledit recensement; elles nommeront, à cet effet, des commissaires, en observant de ne pas les prendre dans les communes où le recensement devra être fait.

6. Le présent décret sera inséré au Bulletin, et cette insertion tiendra lieu de promulgation.

2 PRAIRIAL an 3 (21 mai 1795). — Décret qui nomme le général de division Dubois commandant en chef de la cavalerie qui est actuellement ou qui pourra arriver à Paris. (1, Bull. 146, n° 824; B. 55, 12.)

2 PRAIRIAL an 3 (21 mai 1795). — Décret relatif à des mensonges et des calomnies que des terroristes conspirateurs répandent dans Paris. (B. 55, 13.)

2 PRAIRIAL an 3 (21 mai 1795). — Décret qui ordonne la mention honorable de l'adresse présentée à la Convention par les administrateurs du département de Paris ; — teneur de cette adresse. (B. 55, 16.)

2 PRAIRIAL an 3 (21 mai 1795). — Décret qui ordonne la prompte exécution de celui par lequel les individus qui ont attenté à la souveraineté du peuple, ont été mis hors de la loi. (1, Bull. 146, n° 835 ; B. 55, 18.)

2 PRAIRIAL an 3 (21 mai 1795). — Décret qui charge le président de la Convention d'écrire à la famille du représentant Ferraud (B. 55, 10.)

2 PRAIRIAL an 3 (21 mai 1795). — Décret qui ordonne que tous les grains en gerbe seront battus sur-le-champ. (1, Bull. 146, n° 828; B. 55, 18.)

2 PRAIRIAL an 3 (21 mai 1795). — Décret qui ordonne la publication et l'affiche d'un rapport et d'une lettre annonçant la conclusion d'un traité d'alliance avec les Provinces-Unies. (1, Bull, 146, n° 830; B. 55, 10.)

2 PRAIRIAL an 3 (21 mai 1795). — Décret qui ajourne l'exécution de celui portant que les représentans du peuple délibéreront en costume armé. (1, Bull. 146, n° 826; B. 55, 8.)

2 PRAIRIAL an 3 (21 mai 1795). — Décret qui ordonne de briser les cloches existant à Paris, et défend de porter d'autre signe de ralliement que la cocarde nationale. (1, Bull. 146, n° 833 B. 55, 15.)

2 PRAIRIAL au 3 (21 mai 1795). — Décret qui fixe au 25 prairial, le rappport de la commission des Onze, sur les lois organiques de la constitution de 1793. (1, Bull. 146, n° 834, B. 55, 19.)

2 PRAIRIAL an 3 (21 mai 1795). — Décret qui autorise les représentans du peuple dans les départemens à faire rebattre les pailles des grains où ils le croient nécessaire. (1, Bull. 146, n° 827, B. 55, 19.)

2 PRAIRIAL an 3 (21 mai 1795). — Proclamation de la Convention nationale aux citoyens de Paris. (B. 55, 9.)

2 PRAIRIAL an 3 (21 mai 1795). — Décret qui accorde des secours (B. 55, 12.)

2 PRAIRIAL an 3 (21 mai 1795). — Décret portant que, dans trois jours, le comité d'instruction publique fera un rapport sur l'assassinat qui a privé de la vie le représentant Ferraud. (B. 55, 13.)

2 PRAIRIAL an 3 (21 mai 1795). — Décret de mention honorable de la conduite tenue par le citoyen Vente. (B. 55, 15.)

2 PRAIRIAL an 3 (23 mai 1795). — Décret qui met hors de la loi les individus formant le ras-

semblement organisé à la maison commune ou ailleurs, en prétendue autorité. (1, Bull. 146, n° 831; B. 55, 18.)

2 PRAIRIAL an 3 (21 mai 1795). — Décret portant accusation contre les représentans du peuple décrétés d'arrestation les 12 et 16 germinal et 1er prairial. (1, Bull. 146, n° 832; B. 55, 17.)

2 PRAIRIAL an 3 (21 mai 1795). — Décret qui ordonne la mise en liberté des citoyens Montigneul et Lejeune. (B. 55, 19.)

2 PRAIRIAL an 3 (21 mai 1795). — Décret qui renvoie au comité de salut public la proposition de décréter que la commission de commerce sera tenue de remettre audit comité les états nominatifs qui ont dû être fournis par les administrateurs des vivres, constatant le montant du produit des réquisitions faites dans les départemens. (B. 55, 20.)

2 PRAIRIAL an 3 (21 mai 1795). — Décret qui ordonne l'impression et l'affiche de l'adresse de la section Le Pelletier. (B. 55, 30.)

2 PRAIRIAL an 3 (21 mai 1795) — Décret qui ordonne de traduire au tribunal criminel du département de Paris, les individus arrêtés à la tête des révoltés qui ont attenté à la souveraineté du peuple. (B. 55, 18.)

3 PRAIRIAL an 3 (22 mai 1795.). — Décret qui prononce des peines contre quiconque battra ou fera battre la caisse sans autorisation légale. (1, Bull. 147, n° 837; B. 55, 24.)

Art. 1er. Tout citoyen qui battra la caisse sans un ordre par écrit de l'état-major-général, pour les objets militaires, ou du comité civil de la section, pour les objets civils, sera mis en état d'arrestation pour six mois.

2. Tout citoyen qui battra la générale sans les formalités prescrites par l'article ci-dessus, sera puni de mort.

3. Tout officier de l'état-major-général qui donnera l'ordre de battre la caisse sans y être autorisé par la loi ou par les représentans du peuple ayant la direction de la force armée, sera destitué et puni de six mois de prison.

4. Tout officier civil qui donnera l'ordre de battre la caisse pour un autre objet que celui d'une publication autorisée par la loi, sera destitué et mis en état d'arrestation.

5. Tout officier de l'état-major-général ou tout officier civil qui donnera l'ordre de battre la générale sans y être autorisé par les représentans du peuple chargés de la direction de la force armée, sera puni de mort.

6. La Convention nationale charge la commission de l'agence des lois de faire sur-le-champ publier et afficher le présent décret dans toutes les rues de Paris.

3 PRAIRIAL an 3 (22 mai 1795). — Décret relatif aux traites tirées par les ordonnateurs des colonies de Saint Domingue, la Martinique, la Guadeloupe et Sainte-Lucie. (1, Bul 150, n° 865, B. 55, 23.)

Art. 1er. Les traites tirées par les ordonnateurs des colonies de Saint-Domingue, la Martinique, la Guadeloupe et Sainte-Lucie, acceptées jusqu'à ce jour, et dont les objets se trouvent désignés et compris dans les articles 4 du décret du 2 novembre 1792, et 2 de celui du 9 mai 1793, seront acquittées par la Trésorerie nationale, à leur échéance, et suivant leurs stipulations.

2. Conformément aux dispositions des articles 6 du décret du 9 novembre 1792, et 7 du décret du 9 mai 1793, les traites causées pour dépenses extraordinaires, indemnités des assemblées coloniales, dépenses et pensions accordées par elles, et autres titres vagues et d'une extension illimitée, ne seront point acquittés.

3. La Convention nationale renvoie à l'examen de ses comités de salut public et des finances, et de la commission de marine et des colonies, les traites ayant pour titre, *soumission pour prêt, prêt à la caisse municipale, dépenses et besoins urgens du Port-au-Prince, des caisses,* etc., *logement d'incendiés,* et autres qui ne se trouvent point désignées dans les articles 1 et 2 du présent décret; charge lesdits comités et commissions d'en faire un prompt rapport.

4. Les dépenses publiques autorisées par les décrets, et qui n'auront pas été acquittées dans les colonies, le seront par la Trésorerie nationale, sur la production des pièces justificatives, d'après l'avis des administrateurs et la vérification de la commission de marine.

5. La commission de marine et la Trésorerie nationale sont chargées, sur leur responsabilité respective, de la vérification des traites et autres titres de créance qui, aux termes du présent décret, doivent être acquittés, et pour lesquels il est mis à la disposition de ladite commission de marine la somme de douze millions.

3 PRAIRIAL an 3 (22 mai 1795.) — Décret qui ordonne l'impression d'un rapport relatif à un nouveau traité avec la Prusse; — teneur de ce rapport. (B. 55, 24.)

3 PRAIRIAL an 3 (22 mai 1795). — Décret qui accorde des pensions à des militaires infirmes ou blessés. (B. 55, 22.)

3 PRAIRIAL an 3 (22 mai 1795). — Décret qui charge les représentans du peuple Delmas, Gillet et Aubry, de la direction de la force armée de Paris et de la 17e division. (1, Bull. 147, n° 838; B. 55, 22.)

4 PRAIRIAL an 3 (23 mai 1795). — Décret qui exclut les femmes des assemblées politiques. (1, Bull. 147, n° 838 ; B. 55, 35.)

La Convention nationale décrète que les femmes ne pourront assister à aucune assemblée politique.

———

4 PRAIRIAL an 3 (23 mai 1795). — Décret contenant des mesures repressives contre les factieux du faubourg Antoine. (1, Bull. 147, n° 839, B. 55, 30.)

———

4 PRAIRIAL an 3 (23 mai 1795). — Décret qui ordonne la recherche des assassins du représentant Ferraud, et le désarmement de tous les rebelles. (1, Bull. 147, n° 847 ; B. 55, 35.)

———

4 PRAIRIAL an 3 (23 mai 1795). — Décret contenant une rectification à la loi de ce jour relative aux individus surpris faisant de fausses patrouilles. (1, Bull. 147, n° 849 ; B. 55, 29.)

———

4 PRAIRIAL an 3 (23 mai 1795). — Décret qui enjoint aux femmes de se retirer dans leur domicile, et ordonne l'arrestation de celles qui se trouveraient attroupées au-dessus du nombre de cinq. (1, Bull. 147, n° 840 ; B. 55, 28.)

———

4 PRAIRIAL an 3 (23 mai 1795), — Décret portant création d'une commission militaire pour juger les individus surpris faisant de fausses patrouilles, et employant des moyens de subornation envers les troupes, portant des signes séditieux. (1, Bull. 147, n° 841.)

———

4 PRAIRIAL an 3 (23 mai 1795). — Décret qui ordonne l'arrestation des individus qui porteraient sur leur chapeau les mots de ralliement des factieux. (1, Bull. 55, n° 847 ; B. 55, 29.)

———

4 PRAIRIAL an 3 (23 mai 1795). — Décret relatif aux représentans du peuple décrétés d'arrestation ou mis hors la loi, qui seraient trouvés parmi les révoltés. (1, Bull. 147, n° 844 ; B. 55, 34.)

———

4 PRAIRIAL an 3 (23 mai 1795). — Rapport du représentant Siéyes sur le traité de paix et d'alliance entre la République française et la république des Provinces-Unies. (1, Bull. 147, n° 846 ; B. 55, 32.)

———

4 PRAIRIAL an 3 (23 mai 1795). — Décret par lequel la Convention refuse d'entendre une députation de la section des Quinze-Vingts du faubourg Antoine. (1, Bull. 147, n° 845 ; B. 55, 34.)

———

4 PRAIRIAL an 3 (23 mai 1795). — Décret de renvoi aux comités de gouvernement pour prendre les mesures nécessaires relativement aux citoyens qui n'ont pas été appelés à prendre les armes. (B. 55, 29.)

4 PRAIRIAL an 3 (23 mai 1795). — Décret portant que la rédaction du procès-verbal de la séance de ce jour sera soumise demain à la Convention nationale. (B. 55, 30.)

———

4 PRAIRIAL an 3 (23 mai 1795). Décret qui ordonne l'impression et l'affiche dans Paris d'une adresse des administrateurs du département de Seine-et-Oise. (B. 55, 33.)

———

4 PRAIRIAL an 3 (23 mai 1795). — Décret qui investit la commission militaire du droit de juger tous les faits relatifs à la conspiration du 1er de ce mois. (B. 55, 36.)

———

4 PRAIRIAL an 3 (23 mai 1795). — Décret qui mande le général Morgan à la barre de la Convention. (B. 55, 35.)

———

5 PRAIRIAL an 3 (24 mai 1795). Décret qui ordonne l'arrestation des représentans Esnue Lavallée et Forestier. (1, Bull. 148, n°s 850 et 851 ; B. 55, 37.)

———

5 PRAIRIAL an 3 (24 mai 1795). — Décret d'accusation contre Barrère, Collot, Billot et Vadier, et contre Pache, Audoin, Bouchotte, Daubigny, etc. (1, Bull. 148, n° 852 ; B. 55, 36.)

———

5 PRAIRIAL an 3 (24 mai 1795). — Décret relatif aux assignats démonétisés qui étaient destinés par les communes à des achats de subsistances. (1, Bull. 148, n° 855 ; B. 55, 37.)

———

5 PRAIRIAL an 3 (24 mai 1795). — Décrets qui autorisent les communes d'Issoudun, de Valéry et de Romorantin à faire des emprunts. (B. 55, 38, 39 et 40.)

———

5 PRAIRIAL an 3 (24 mai 1795). — Décret qui approuve la lettre circulaire envoyée à tous les comités civils des sections de Paris, par le comité de surveillance du 3e arrondissement (B. 55, 36.)

———

5 PRAIRIAL an 3 (24 mai 1795). — Décret qui approuve un arrêté du comité des inspecteurs du Palais-National. (B. 55, 37.)

———

5 PRAIRIAL an 3 (24 mai 1795). — Décret qui autorise les sections de Paris, pour cette fois seulement, à prolonger leurs séances en assemblée générale jusqu'à sept heures du soir. (B. 55, 38.)

———

5 PRAIRIAL an 3 (24 mai 1795). — Décret portant que le comité de législation fera, primidi prochain, un rapport sur les dénonciations qui lui seront parvenues contre les représentans du peuple. (B. 55, 38.)

———

5 PRAIRIAL an 3 (24 mai 1795). — Décret qui

comprend le ci-devant général Rossignol dans les dispositions de celui rendu contre Bouchotte et autres. (1, Bull. 148, n° 853 ; B. 55, 37.)

5 PRAIRIAL an 3 (24 mai 1795). — Décret qui ordonne l'apposition des scellés sur les papiers des personnes décrétées d'accusation ou d'arrestation. (1, Bull. 148, n° 854 ; B. 55, 38.)

6 PRAIRIAL an 3 (25 mai 1795 . — Décret qui autorise la commune de Paris à continuer de s'assembler pour procéder au désarmement des mauvais citoyens. (B. 55, 41.)

6 PRAIRIAL an 3 (25 mai 1795). — Décret qui autorise la commission militaire à prononcer différentes peines suivant la nature et les circonstances des délits. (1, Bull. 148 , n° 856 ; B. 55, 42.)

6 PRAIRIAL an 3 (25 mai 1795). — Décret relatif à la célébration de la mémoire du représentant Ferraud. (B. 55, 42.)

6 PRAIRIAL an 3 (25 mai 1795). — Décret relatif au jugement des individus composant la ci-devant commission populaire établie à Orange. (B. 55, 41.)

6 PRAIRIAL an 3 (25 mai 1795). — Décret qui défend de former, dans l'enceinte du Palais-National, aucun établissement de traiteur ou limonadier, aucune échoppe, etc. (B. 55, 44.)

6 PRAIRIAL an 6 (25 mai 1795). — Décret qui ordonne l'arrestation du représentant du peuple Pautrisel. (1, Bull. 148, n° 857 ; B. 55, 41.)

6 PRAIRIAL an 3 (25 mai 1795). — Décret qui approuve les mesures prises par les représentans du peuple chargés de la direction de la force armée de Paris, pour le licenciement des gendarmes attachés au service des tribunaux , de ceux des 32ᵉ et 35ᵉ divisions, et des déserteurs de la 29ᵉ division. (1, Bull. 148. n° 858 ; B. 55, 45.)

6 PRAIRIAL an 3 (25 mai 1795). — Décret qui ordonne au tribunal criminel du département des Ardennes de juger dix-sept individus traduits au même tribunal. (B. 55, 42.)

6 PRAIRIAL an 3 (25 mai 1795). — Décret qui renvoie au comité de législation, à la commission des Vingt-Un et à la commission militaire créé le 4 de ce mois, des exemplaires d'un recueil qui renferme des pièces relatives aux actes tyranniques des citoyens Duquesnoy et Lebon. (B. 55, 43.)

6 PRAIRIAL an 3 (25 mai 1795.) — Décret portant que chaque jour on imprimera et lira à chaque séance le bulletin de la situation du citoyen Kervelegan. (B. 55, 46.)

6 PRAIRIAL an 3 (25 mai 1795.) — Décret portant que les citoyens Lambert-Hyppolite Macé, Hubert et Duscoux recevront un armement complet aux frais de la nation. (B. 55, 46.)

7 PRAIRIAL an 3 (26 mai 1795). — Décret qui ordonne l'arrestation et le jugement de tout individu qui aurait arraché ou tenté d'arracher la cocarde tricolore. (1, Bull. 150, n° 866 ; B. 55, 47.)

7 PRAIRIAL an 3 (26 mai 1795). — Décret qui déclare que les individus de l'un et de l'autre sexe sont compris dans les lois rendues contre les rebelles. (1, Bull. 150, n° 867 ; B. 55, 49.)

7 PRAIRIAL an 3 (26 mai 1795). — Décret concernant les héritiers du citoyen Mazuyer. (B. 55, 47.)

7 PRAIRIAL an 3 (26 mai 1795). — Décret de renvoi aux comités de salut public, de sûreté générale et militaire , relatif aux fonctionnaires publics qui ne se sont pas ralliés autour de la Convention et des bons citoyens, dans les jours orageux des 1, 2, 3 et 4 prairial an 3. (B. 55, 48.)

7 PRAIRIAL an 3 (26 mai 1795).—Décret de renvoi au comité militaire pour examiner s'il ne conviendrait pas que les militaires qui se trouvent actuellement à Paris en congé, fussent tenus de faire le service dans les bataillons des sections qu'ils habitent. (B. 55, 48.)

7 PRAIRIAL an 3 (26 mai 1795). — Décret qui ordonne l'impression d'un discours des grenadiers de Sambre-et-Meuse. (B. 55, 49.)

7 PRAIRIAL an 3 (26 mai 1795). — Décret de renvoi au comité de législation relatif à des cultivateurs du département de l'Aisne. (B. 55, 49.)

7 PRAIRIAL an 3 (26 mai 1795). — Décret de renvoi au comité d'instruction publique d'une chanson contre les terroristes. (B. 55, 50.)

8 PRAIRIAL an 3 (27 mai 1795). — Décret qui détermine le mode de distribution des lots de la loterie des meubles et immeubles provenant des émigrés. (1, Bull. 150, n° 872 ; B. 55, 54.)

Voy. lois du 29 GERMINAL an 3 , et du 27 VENDÉMIAIRE an 4.

Art. 1ᵉʳ. Les loteries de meubles et immeubles provenant des émigrés seront composées par moitié desdits meubles et immeubles, et par moitié des bons au porteur admissibles en paiement de domaines nationaux à vendre.

2. Le comité des finances présentera, dans la décade, à la ratification de la Convention, le prospectus de la première loterie.

8 PRAIRIAL an 3 (27 mai 1795). — Décret portant que les assignats de cinq cents livres à face royale seront admis en paiement des biens nationaux. (1, Bull. 150, n° 873; B. 55, 52.)

Art. 1er. L'admission des assignats de cinq livres et au-dessus, portant des empreintes de royauté, et faisant l'objet du décret du 27 floréal dernier, aura lieu en paiement tant des biens nationaux vendus que de ceux à vendre.

2. Les autres dispositions du décret seront entièrement exécutées.

8 PRAIRIAL an 3 (27 mai 1795). — Décret qui confirme et ratifie le traité de paix et d'alliance conclu entre la République française et celle des Provinces-Unies. (1, Bull. 150. n° 874; B. 55, 57; Mon. du 12 prairial an 3.)

La Convention nationale, après avoir entendu le rapport de son comité de salut public, confirme et ratifie le traité de paix, d'amitié et d'alliance, passé à La Haye le 27 floréal dernier (16 mai 1795), entre les représentans du peuple Rewbell et Siéyes, et les membres des Etats-Généraux Peter Paulus, Lestevenon, Mathias Pons et Huber, munis respectivement de pleins-pouvoirs à cet effet.

Teneur du traité.

La République française et la république des Provinces-Unies, également animées du désir de mettre fin à la guerre qui les à divisées, d'en réparer les maux par une juste distribution de dédommagemens et d'avantages réciproques, et de s'unir à perpétuité par une alliance fondée sur les vrais intérêts des deux peuples, ont nommé pour traiter définitivement de ces grands objets, sous la ratification de la Convention nationale et des Etats-Généraux; savoir:

La République française, les citoyens Rewbell et Siéyes, représentans du peuple; et la république des Provinces-Unies, les citoyens Paulus, Lestevenon, Mathias Pons et Huber, membres des Etats-Généraux; lesquels, après avoir échangé leurs pleins-pouvoirs, ont arrêté les articles suivans:

Art. 1er. La République française reconnaît la république des Etats-Unies comme puissance libre et indépendante, et lui garantit sa liberté, son indépendance, et l'abolition du stathoudérat décrétée par les Etats-Généraux et par chaque province en particulier.

2. Il y aura, à perpétuité, entre les deux Républiques française et des Provinces-Unies, paix, amitié et bonne intelligence.

3. Il y aura entre les deux Républiques, jusqu'à la fin de la guerre, alliance offensive et défensive contre tous leurs ennemis sans distinction.

4. Cette alliance offensive et défensive aura toujours lieu contre l'Angleterre, dans tous les cas où l'une des deux Républiques sera en guerre avec elle.

5. Aucune des deux Républiques ne pourra faire la paix avec l'Angleterre, ni traiter avec elle, sans le concours et le consentement de l'autre.

6. La République française ne pourra faire la paix avec aucune des autres puissances coalisées, sans y faire comprendre la République des Provinces-Unies.

7. La république des Provinces-Unies fournira pour son contingent, pendant cette campagne, douze vaisseaux de ligne et dix-huit frégates, pour être employés principalement dans les mers d'Allemagne, du Nord et de la Baltique.

Ces forces seront augmentées pour la campagne prochaine, s'il y a lieu.

La république des Provinces-Unies fournira en outre, si elle en est requise, la moitié au moins des troupes de terre qu'elle aura sur pied.

8. Les forces de terre et de mer des Provinces-Unies qui seront expressément destinées à agir avec celles de la République française, seront sous les ordres des généraux français.

9. Les opérations militaires combinées seront arrêtées par les deux Gouvernemens: pour cet effet, un député des Etats-Généraux aura séance et voix délibérative dans le comité français chargé de cette direction.

10. La république des Provinces-Unies rentre dès ce moment en possession de sa marine, de ses arsenaux de terre et de mer, et de la partie de son artillerie dont la République française n'a pas disposé.

11. La République française restitue pareillement, et dès à-présent, à la république des Provinces-Unies, tout le territoire, pays et villes faisant partie ou dépendant des Provinces-Unies, sauf les réserves et exceptions portées dans les articles suivans.

12. Sont réservés par la République française, comme une juste indemnité des villes et pays conquis restitués par l'article précédent,

1°. La Flandre hollandaise, y compris tout le territoire qui est sur la rive gauche du Hondt;

2°. Maestricht, Venloo et leurs dépen-

Hances, ainsi que les autres enclaves et possessions des Provinces-Unies situées au sud de Venloo, de l'un et de l'autre côté de la Meuse.

13. Il y aura dans la place et le port de Flessingue garnison française exclusivement, soit en paix, soit en guerre, jusqu'à ce qu'il en soit stipulé autrement entre les deux nations.

14. Le port de Flessingue sera commun aux deux nations en toute franchise; son usage sera soumis à un réglement convenu entre les parties contractantes, lequel sera attaché comme supplément au présent traité.

15. En cas d'hostilité de la part de quelqu'une des puissances qui peuvent attaquer soit la république des Provinces-Unies, soit la République française, du coté du Rhin ou de la Zélande, le Gouvernement français pourra mettre garnison française dans les places de Bois-le-Duc, Grave et Berg-op-Zoom.

16. A la pacification générale, la République française cédera à la république des Provinces-Unies, sur les pays conquis et restés à la France, des portions de territoire égales en surface à celles réservées par l'article 12; lesquelles portions de territoire seront choisies dans le site le plus convenable pour la meilleure démarcation des limites réciproques.

17. La République française continuera d'occuper militairement, mais par un nombre de troupes déterminé et convenu entre les deux nations, pendant la présente guerre seulement, les places et positions qu'il sera utile de garder pour la défense du pays.

18. La navigation du Rhin, de la Meuse, de l'Escaut, du Hondt, et de toutes leurs branches jusqu'à la mer, sera libre aux deux nations française et batave; les vaisseaux français et des Provinces-Unies y seront indistinctement reçus et aux mêmes conditions.

19. La République française abandonne à la république des Provinces-Unies tous les biens immeubles de la maison d'Orange, ceux même des meubles et effets mobiliers dont la République française ne jugera pas à-propos de disposer.

20. La république des Provinces-Unies paiera à la République française, à titres d'indemnité et de dédommagement des frais de la guerre, cent millions de florins, argent courant de Hollande, soit en numéraire, soit en bonnes lettres-de-change sur l'étranger, conformément au mode de paiement convenu entre les deux Républiques.

21. La République française emploiera ses bons offices auprès des puissances avec lesquelles elle sera dans le cas de traiter, pour faire payer aux habitans de la république batave les sommes qui pourront leur être dues pour négociations directes faites avec les Gouvernemens avant la présente guerre.

22. La république des Provinces-Unies s'engage à ne donner retraite à aucun émigré français; pareillement la République française ne donnera point retraite aux émigrés orangistes.

23. Le présent traité n'aura son effet qu'après avoir été ratifié par les parties contractantes; et les ratifications seront échangées à Paris dans le terme de deux décades, ou plus tôt s'il est possible, à compter de ce jour. En foi de quoi, nous soussignés, représentans du peuple français, et nous soussignés, membre des Etats-Généraux, en vertu de nos pleins-pouvoirs respectifs, avons signé le présent traité de paix, d'amitié et d'alliance, et y avons apposé nos sceaux respectifs.

Fait à La Haye, le 27 floréal an 3 de la République française (16 mai 1795). *Signé* Rewbell, Siéyes; P. Paulus, J. A. Lestevenon, B. Mathias Pons et Huber.

Réglemens pour déterminer l'usage du port de Flessingue, en conséquence de l'article 14 du traité de paix et d'alliance du 27 floréal an 3 (16 mai 1795), entre la République française et celle des Provinces-Unies.

Art. 1er Les deux nations française et batave se serviront également du port et du bassin de Flessingue, pour la construction, la réparation et l'équipement de leurs vaisseaux.

2. Chaque nation y aura, séparément et sans mélange, ses propres arsenaux, magasins, chantiers et ouvriers.

3. Pour faire entrer dès à présent la nation française en communauté d'avantages du port de Flessingue, la république des Provinces-Unies lui cédera, sur le bassin, le bâtiment qui sert de magasin à la Compagnie des Indes occidentales; en outre, il lui sera assigné le terrain nécessaire pour y établir des chantiers et des arsenaux; et, jusqu'à ce qu'elle puisse en jouir, elle aura l'usage des chantiers actuellement existans.

4. Quant aux acquisitions de nouveaux terrains et constructions de bâtimens que chaque nation voudrait faire dans les port et bassin de Flessingue pour agrandir ses propres magasins, arsenaux et chantiers, ou en créer de nouveaux, les frais de renouvellement ou de réparation desdits arsenaux, magasins, chantiers, et les frais qui regardent les constructions, réparations et équipement des vaisseaux respectifs avec tout ce qui en dépend, resteront à la charge de chaque nation respectivement.

5. Les frais des réparations nécessaires au port, au bassin et aux quais, étant pour l'avantage commun des deux nations, seront à la charge des deux Gouvernemens.

Ces réparations seront arrêtées, ordonnées et conduites par la direction des Provinces-Unies : la direction de la République française sera seulement prévenue des réparations à faire, et se bornera, quand elles seront achevées, à en constater la confection, à en faire passer le procès-verbal à son Gouvernement, y joint l'état des frais, afin qu'il soit de suite pourvu au remboursement de la moitié desdits frais.

6. Il est convenu qu'aucune des deux nations ne mettra dans le port ni vaisseau amiral, ni vaisseau de garde.

7. Dans tous les cas où il s'élèverait des contestations qui ne pourraient être terminées à l'amiable sur l'exécution du présent réglement, ces contestations seront décidées par cinq arbitres, qui seront nommés, savoir, deux par la direction française, deux par la direction batave; pour le cinquième, chaque direction nommera un *neutre*, et le sort déterminera entre les deux *neutres* nommés celui qui remplira les fonctions de cinquième arbitre.

8. Le présent réglement sera exécuté suivant sa forme et teneur, comme faisant partie de l'article 14 du traité de paix et d'alliance de ce jour entre la République française et celle des Provinces-Unies.

Fait à La Haye, ce 27 floréal an 3 de la République française (16 mai 1795).
Signé REWBELL, SIÉYES, P. PAULUS, J. A. LES-TEVENON, B. MATHIAS PONS et HUBER.

8 PRAIRIAL an 3 (27 mai 1795.) — Décret qui ratifie le traité conclu le 28 floréal an 3, entre la République française et le roi de Prusse.
(1. Bull. 151, n° 880 ; B. 55, 61 ; Mon. du 12 prairial an 3.)

La Convention nationale, après avoir entendu le rapport de son comité de salut public, confirme et ratifie le traité passé, le 28 floréal an 3 de la République française, entre le citoyen François Barthélemy, ambassadeur de la République française près les cantons Helvétiques, et Charles-Auguste, baron de Hardenberg, ministre plénipotentiaire du roi de Prusse, munis respectivement de pleins pouvoirs à cet effet.

Teneur du traité.

La République française et sa majesté le roi de Prusse, ayant stipulé, dans le traité de paix et d'amitié conclu entre elles, le 16 germinal dernier (5 avril 1795), des clauses secrètes qui se rapportent à l'article 7 dudit traité, et qui établissent une ligne de démarcation et de neutralisation, dont le but est d'éloigner le théâtre de la guerre de tout le nord de l'Allemagne, ont jugé convenable d'en expliquer et d'en arrêter définitivement les conditions par une convention particulière.

A cet effet, les plénipotentiaires respectifs des deux hautes puissances contractantes, savoir,

De la part de la République française, le citoyen François Barthélemy, son ambassadeur en Suisse ; et de la part du roi de Prusse, son ministre d'état, de guerre et du cabinet, Charles-Auguste, baron de Hardenberg, chevalier de l'ordre de l'Aigle-Rouge, de l'Aigle-Blanc et de Saint-Stanislas, etc., ont arrêté les articles suivans :

Art. 1er. Afin d'éloigner le théâtre de la guerre des frontières des Etats de sa majesté le roi de Prusse, de conserver le repos du nord de l'Allemagne, et de rétablir la liberté entière du commerce entre cette partie de l'Empire et la France comme avant la guerre, la République française consent à ne pas pousser les opérations de la guerre ni faire entrer ses troupes, soit par terre, soit par mer, dans les pays et Etats situés au-delà de la ligne de démarcation suivante :

Cette ligne comprendra l'Ostfrise et descendra le long de l'Ems et de l'Aa ou l'Alpha, jusqu'à Munster, prenant ensuite sa direction sur Coesfeld, Botken, Bockholt, jusqu'à la frontière du duché de Clèves, près d'Isselbourg : suivant cette frontière, à Magenporst, sur la nouvelle Issel, et remontant le Rhin jusqu'à Duisbourg ; de là longeant la frontière du comté de la Marck, sur Werden, Gemarke, et le long de la Wipper, à Hombourg, Altenkirchen, Limbourg sur la Lahn, le long de cette rivière et de celle qui vient d'Idstein, sur cette ville, Epstein et Hoechst sur le Mein ; de là sur Rauenhein, le long du Landgraben, sur Dornheim ; puis en suivant le ruisseau qui traverse cet endroit, jusqu'à la frontière du Palatinat ; de là celle du pays de Darmstadt et du cercle de Franconie, que la ligne enclavera en entier, à Ebersbach sur le Necker ; continuant le cours de ce fleuve jusqu'à Wimpfen, ville libre de l'Empire, et prenant de là sur Loevenstein, Murhard, Hohenstad, Noerdlingen, ville libre de l'Empire, et Holzkirch sur la Wernitz ; renfermant le comté de Pappenheim et tout le cercle de la Franconie et de la Haute-Saxe, le long de la Bavière, du Haut-Palatinat et de la Bohème, jusqu'aux frontières de la Silésie.

2. La République française regardera comme pays et Etats neutres tous ceux qui sont situés derrière cette ligne, à condition qu'ils observent, de leur côté, une stricte neutralité, dont le premier point sera de rappeler leurs contingens, et de ne contracter aucun nouvel engagement qui pût les autoriser à fournir des troupes aux puissances en guerre avec la France.

Ceux qui ne rempliront pas cette condition, seront exclus du bénéfice de la neutralité.

3. Sa majesté le roi de Prusse s'engage à faire observer cette neutralité à tous les Etats qui sont situés sur la rive droite du Mein, et compris dans la ligne de démarcation sus-mentionnée.

Le roi se charge de la garantie qu'aucunes troupes ennemies de la France ne passent cette partie de la ligne ou ne sortent des pays qui y sont compris pour combattre les armées françaises; et, à cet effet, les deux parties contractantes entretiendront sur les points essentiels, après s'être concertées entre elles, des corps d'observation suffisans pour faire respecter cette neutralité.

4. Le passage des troupes, soit de la République française, soit de l'Empire, ou autrichiennes, restera toutefois libre par les routes conduisant sur la rive droite du Mein, par Francfort;

1°. Sur Kœnigstein et Limbourg, vers Cologne;

2°. Sur Friedberg, Wetzlar et Siegen, vers Cologne;

3°. Sur Hadersheim, Wisbaden et Nassau, à Coblentz;

4°. Enfin, sur Hadersheim, à Mayence, et vice versâ;

De même que, dans tous les pays situés sur la rive gauche de cette rivière, et dans tout le cercle de Franconie, sans toutefois porter le moindre préjudice à la neutralité de tous les Etats et pays renfermés dans la ligne de démarcation.

5. Le comté de Sayn-Altenkirchen sur le Westerwald, y compris le petit district de Bendorff au-dessous de Coblentz, étant dans la possession de sa majesté le roi de Prusse, jouira des mêmes sûretés et avantages que ses autres Etats situés sur la rive droite du Rhin.

6. La présente convention devra être ratifiée par les parties contractantes, et les ratifications seront échangées en cette ville de Bâle dans le terme d'un mois, ou plus tôt, s'il est possible, à compter de ce jour.

En foi de quoi, nous soussignés, plénipotentiaires de la République française et de sa majesté le roi de Prusse, en vertu de nos pleins-pouvoirs, avons signé la présente convention particulière, et y avons fait apposer nos sceaux respectifs.

Fait à Bâle, le 28 floréal an troisième de la République française (17 mai 1795).

(L. S.) Signé FRANÇOIS BARTHÉLÉMY.

(L. S.) Signé CHARLES-AUGUSTE, baron de HARDENBERG.

8 PRAIRIAL an 3 (27 mai 1795). — Décrets qui ordonnent l'arrestation des représentans Escudier, Ricord, Charbonnier, Thirion, Panis, Laignelot et Salicetti. (1, Bull. 150, n° 809 à 871, B. 55, 55.)

8 PRAIRIAL an 3 (27 mai 1795). — Décret qui ordonne de faire sortir de Paris, et de renvoyer dans leurs communes les femmes des députés décrétés d'arrestation, d'accusation, ou mis hors de la loi. (B. 55, 53.)

8 PRAIRIAL an 3 (27 mai 1795). — Décret qui accorde des secours. (B. 55, 51.)

8 PRAIRIAL an 3 (27 mai 1795). — Décret par lequel la Convention accuse Rull et autres d'être auteurs, fauteurs, complices de la rebellion du 1er prairial. (B. 55, 53.)

8 PRAIRIAL an 3 (27 mai 1795). — Décret qui charge les comités des travaux publics et de salut public de donner des ordres à la commission de faire réparer les grandes routes avant que la saison puisse y mettre obstacle. (B. 55, 52.)

8 PRAIRIAL an 3 (27 mai 1795). — Décret qui rapporte celui rendu le 26 prairial an 2 sur les contestations particulières de Nicolas Dufresne, des héritiers d'Antoine Dufresne; et les frères Neyraud. (B. 55, 55.)

8 PRAIRIAL an 3 (27 mai 1795). — Décret portant que le comité de sûreté générale fera traduire devant la commission militaire établie à Paris, le nommé Féru, (B. 55, 54.)

8 PRAIRIAL an 3 (27 mai 1795). — Décret qui rappelle à la Convention les représentans Robert, Lequinio, Castillon, Casenave, Delamarre et Soulignac. (B. 55, 54 à 56.)

8 PRAIRIAL an 3 (27 mai 1795). — Décret qui ordonne l'exécution du canal de jonction de l'Oise à la Sambre. (B. 55, 61.)

8 PRAIRIAL an 3 (27 mai 1795). — Décret relatif aux mesures pour faire rentrer dans l'obéissance les révoltés de Toulon. (B. 55, 62.)

8 PRAIRIAL an 3 (27 mai 1795). — Décret qui ordonne l'impression et la distribution aux membres de la Convention de l'écrit du citoyen Mazuyer sur l'éducation nationale. (B. 55, 63.)

9 PRAIRIAL an 3 (28 mai 1795). — Décret qui prononce des peines contre les prisonniers de guerre qui sortiraient, sans permission du Gouvernement, des lieux fixés pour leur détention ou résidence. (1, Bull. 150, n° 876; B. 55, 65.)

Art. 1er. Tout individu fait prisonnier de guerre par les armées de la République, et retenu en France comme tel, qui, sans permission du Gouvernement, sortira du lieu fixé pour sa détention ou sa résidence, sera puni de six années de fers.

S'il est trouvé dans le département de Paris, il sera puni de mort.

2. Tout prisonnier de guerre, même échangé, qui se trouve actuellement dans le département de Paris, sans ordre exprès du

Gouvernement, est tenu d'en sortir dans les vingt-quatre heures de la publication du présent décret.

Passé ce délai, tout contrevenant au présent article sera puni de mort.

3. Les peines portées par le présent décret seront appliquées par une commission militaire de cinq membres, qui sera établie dans le chef-lieu du district de l'arrestation du contrevenant. Cette commission sera nommée par le général commandant la division dans l'arrondissement de laquelle elle devra tenir sa séance.

Le présent décret sera inséré au bulletin de correspondance, et cette insertion tiendra lieu de publication.

9 PRAIRIAL an 3 (28 mai 1795). — Décret qui ordonne l'arrestation de neuf représentans du peuple. (1, Bull, 150, n° 875 ; B. 55, 66.)

9 PRAIRIAL an 3 (28 mai 1795). — Décret qui établit un second notaire à Gravelines. (B. 55, 64.)

9 PRAIRIAL an 3 (28 mai 1795). — Décret relatif à l'envoi en mission du représentant Laurenceau. (B. 55, 64.)

9 PRAIRIAL an 3 (27 mai 1795). — Décret qui autorise la commission des Vingt-Un, quoique incomplète dans le nombre, à poursuivre l'examen de la conduite du représentant Lebon. (B. 55, 64.)

9 PRAIRIAL an 3 (28 mai 1795) — Décret portant que demain les sections de Paris termineront le travail des désarmemens et arrestations dont elles ont été chargées. (B. 55, 66.)

9 PRAIRIAL an 3 (28 mai 1795). — Décret qui accorde un secours provisoire de quinze mille livres à l'institut des élèves de la patrie, établi dans le local du ci-devant prieuré. (B. 55, 66.)

9 PRAIRIAL an 3 (28 mai 1795). — Décret de mention honorable de la conduite des autorités constituées à Paris, de celle de la garde nationale, des troupes de ligne, du général Menou, etc. (B. 55, 65.)

10 PRAIRIAL an 3 (29 mai 1795). — Décret qui dispense les artisans journaliers et manouvriers du service dans la garde nationale. (1, Bull. 150, n° 877 ; B. 55, 68.)

Voy. loi du 29 SEPTEMBRE 1791,

La Convention nationale, après avoir entendu son comité militaire,

Considérant combien sont précieux les momens de cette classe utile de citoyens qui ne vivent que du travail de leurs bras, et combien on doit en ménager l'emploi dans les circonstances pénibles où il faut tout le salaire de l'ouvrier le plus assidu pour subvenir à ses besoins et ceux des siens ;

Considérant que chaque instant qui serait plus long-temps soustrait à leurs occupations journalières, enlèverait à beaucoup de familles une partie de la seule ressource qu'elles aient pour exister ; et voulant, autant qu'il est en son pouvoir, venir au secours des citoyens peu fortunés, et les mettre à même de ne pas négliger les devoirs que la nature et la société leur imposent envers leur famille,

Décrète que les citoyens les moins aisés parmi la classe des artisans, journaliers et manouvriers, pourront, à compter de ce jour, se dispenser de faire le service de la garde nationale : à cet effet, ceux d'entre eux qui voudront profiter de cette faculté, en feront leur déclaration à l'état-major de leur section, qui veillera à ce qu'ils ne soient point compris dans le contrôle des compagnies, ni commandés pour aucun service.

10 PRAIRIAL an 3 (29 mai 1795). — Décret relatif à la désignation du lieu où se retireront les femmes des députés mis en jugement. (B. 55, 67.)

10 PRAIRIAL an 3 (29 mai 1795). — Décret qui envoie le représentant Chazal en mission dans les départemens de l'Aveyron, de la Lozère, de la Haute-Loire, etc., et le représentant Coupé dans le département de la Seine-Inférieure. (B. 55, 68.)

10 PRAIRIAL an 3 (29 mai 1795). — Décret relatif à l'adjudication des biens nationaux. (B. 55, 69.)

10 PRAIRIAL an 3 (29 mai 1795). — Décret qui accorde des indemnités et secours. (B. 55, 70, 74 et 76.)

10 PRAIRIAL an 3 (29 mai 1795). — Décret qui relève Gaulias de la peine contre lui prononcée. (B. 55, 72.)

10 PRAIRIAL an 3 (29 mai 1795). — Décret qui accorde un congé au citoyen Couturier. (B. 55, 72.)

10 PRAIRIAL an 3 (29 mai 1795). — Décret de mention honorable de l'hommage fait par les citoyens Martine d'un drame intitulé : *Maximilien Robespierre, ou la France sauvée*, (B. 55, 74.)

10 PRAIRIAL an 3 (29 mai 1795). — Décret portant que les représentans décrétés d'accusation, seront détenus dans les maisons d'arrêt. (B. 55, 71.)

10 PRAIRIAL an 3 (29 mai 1795).—Proclamation de la Convention aux soldats sur la flotte de Toulon. (B. 55, 72.)

10 PRAIRIAL an 3 (29 mai 1795). — Biens nationaux. *Voy.* 12 PRAIRIAL an 3. (B. 55, 72.)

11 PRAIRIAL an 3 (3o mai 1795).—Décret relatif à la célébration des cultes dans les édifices qui y étaient originairement destinés. (1 Bull. 150, n° 878; B. 55, 76; Mon. du 12 prairial an 3.)

Voy. lois du 20 FRUCTIDOR an 3, et du 7 VENDÉMIAIRE an 4.

Art. 1er. Les citoyens des communes et sections de commune de la République auront provisoirement le libre usage des édifices non aliénés, destinés originairement aux exercices d'un ou de plusieurs cultes, et dont elles étaient en possession au premier jour de l'an 2 de la République. Ils pourront s'en servir, sous la surveillance des autorités constituées, tant pour les assemblées ordonnées par la loi, que pour l'exercice de leurs cultes.

2. Ces édifices seront remis à l'usage desdits citoyens, dans l'état où ils se trouvent, à la charge de les entretenir et réparer ainsi qu'ils verront, sans aucune contribution forcée.

3. Il ne sera accordé qu'un seul de ces édifices pour chacun des douze arrondissemens de Paris : dans la prochaine décade, au plus tard, le directoire du département de Paris désignera ces douze édifices, en préférant parmi les anciennes églises celles qu'il jugera les plus convenables, eu égard à la centralité, à l'étendue, et au meilleur état de conservation.

4. Lorsque des citoyens de la même commune ou section de commune exerceront des cultes différens ou prétendus tels, et qu'ils réclameront concurremment l'usage du même local, il leur sera commun ; et les municipalités sous la surveillance des corps administratifs, fixeront pour chaque culte les jours et heures les plus convenables, ainsi que les moyens de maintenir la décence et d'entretenir la paix et la concorde.

5. Nul ne pourra remplir le ministère d'aucun culte dans lesdits édifices, à moins qu'il ne se soit fait décerner acte devant la municipalité du lieu où il voudra exercer, de sa soumission aux lois de la République. Les ministres des cultes qui auront contrevenu au présent article, et les citoyens qui les auront appelés ou admis, seront punis chacun de mille livres d'amende par voie de police correctionnelle.

6. Les municipalités et les corps administratifs sont chargés de l'exécution de la présente loi, et les procureurs-généraux-syndics de département en rendront compte

au comité de sûreté générale, de décade en décade.

7. L'insertion du présent décret au Bulletin tiendra lieu de publication.

11 PRAIRIAL an 3 (3o mai 1795). — Décret qui ordonne l'exécution de celui du 9 prairial, relatif à la cessation des assemblées de sections pour procéder aux arrestations et désarmemens. (1 Bull. 150, n° 879; B. 55, 77.)

11 PRAIRIAL an 3 (3o mai 1795). — Décret qui supprime la commission des transports, postes et messageries, et en attribue les fonctions divisées aux commissions du mouvement des armées et des revenus nationaux. (1 Bull. 151, n° 881 ; B. 55, 78.)

11 PRAIRIAL an 3 (3o mai 1795). — Décret qui rappelle les représentans Pouletier et Guériu, et envoie en mission les représentans Espinasse et Féroux. (B. 55, 79.)

11 PRAIRIAL an 3 (3o mai 1795). — Décret qui renvoie au comité de sûreté générale la demande tendante à ce que les prêtres qui, pour avoir enfreint la loi du 3 ventose par contrainte, auraient été mis en état d'arrestation. (B. 55, 77.)

11 PRAIRIAL an 3 (3o mai 1795). — Décret qui accorde une prorogation de congé au citoyen Boissieu. (B. 55, 77.)

11 PRAIRIAL an 3 (3o mai 1795). — Décret qui renvoie au comité de législation la proposition d'éloigner momentanément du droit de suffrage, dans les assemblées politiques, ceux qui ont été légalement désarmés. (B. 55. 79.)

11 PRAIRIAL an 3 (3o mai 1795). — Décret qui renvoie une pétition de la ville de Consel au comité des secours. (B. 55, 79.)

11 PRAIRIAL an 3 (3o mai 1795).—Décret portant qu'il sera donné un armement complet au citoyen Loison. (B. 55, 80.)

11 PRAIRIAL an 3 (3o mai 1795). — Décret portant que le comité de salut public nommera sans délai aux emplois des états-majors des armées et aux places de commissaires des guerres. (B. 55, 80.)

11 PRAIRIAL an 3 (3o mai 1795.) — Décret de renvoi au comité d'instruction publique de vues sur l'organisation des assemblées primaires et sur la manière de diviser la République en cantons. (B. 55, 80.)

12 PRAIRIAL an 3 (31 mai 1795). — Décret qui détermine un nouveau mode pour la vente des

biens nationaux. (1 Bull. 151, n° 882; B. 55, 69; Mon. du 14 prairial an 3.)

Voy. lois du 15 PRAIRIAL an 3; du 19 PRAIRIAL an 3; du 27 PRAIRIAL an 3; du 14 THERMIDOR an 3.

Art. 1er. Chaque citoyen pourra se faire adjuger, sans enchère, tel bien national à vendre qu'il désirera, par le directoire du district où il est situé, si alors la vente n'en est pas encore commencée, en se soumettant par écrit, sur un registre à ce destiné, à payer en assignats le denier soixante-quinze du revenu annuel de 1790, pris sur les baux alors existans, c'est-à-dire soixante-quinze fois ce même revenu, certifié véritable par le fermier ou locataire.

2. L'adjudication sera faite le même jour que la soumission, ou au plus tard dans les trois jours suivans, à la charge de solder le prix de la vente en quatre paiemens, dont le sixième au moment de l'adjudication, le sixième dans le mois, le tiers dans le mois suivant, et l'autre tiers dans le troisième mois, avec les intérêts à cinq pour cent, sans déduction, dès la jouissance.

3. L'acquéreur percevra les revenus en proportion du temps qui restera à s'écouler de l'année courante du bail, depuis son entrée en possession, qui n'aura lieu qu'après avoir effectué les deux premiers paiemens.

4. A défaut de paiement à chaque terme indiqué, il sera déchu de son adjudication, et remboursé de ce qu'il aura déjà donné, déduction faite des frais, en bons au porteur délivrés à la Trésorerie nationale et admissibles en paiement d'autres biens nationaux à vendre.

5. Dans le cas où le fermier était obligé au paiement de la contribution foncière, en tout ou en partie, ou assujéti à quelques autres charges, telles que *réparations non locatives, charrois, dîmes, champarts, cens, etc.* le montant ou l'évaluation de ces objets sera ajouté au loyer ou fermage, pour fixer le prix de la vente au denier soixante-quinze.

6. A l'égard des biens nationaux dont le fermage était stipulé en nature, ou partie en monnaie, partie en nature, les objets en nature seront évalués sur les mercuriales de 1790 du marché du chef-lieu de district.

7. Quant aux biens nationaux non loués en 1790, ou affermés sans prix fixe, ainsi que les bois et autres immeubles non compris alors dans le bail, et aussi ceux qui étaient loués pour plus de neuf ans, leur revenu sera présumé être de cinq fois le montant du principal de la contribution foncière de 1792; lequel revenu présumé servira de base pour leur vente au denier soixante-quinze, sans qu'il soit néanmoins dérogé à la loi qui défend de vendre les bois au-dessus de cent arpens.

8. Dans le cas où il y aurait des sous-baux antérieurs à 1791, pour plus de moitié du montant du bail, leur prix sera la base de la vente; et s'il se trouve dans le bail général des objets non sous-fermés, le prix desdits objets sera réglé sur le principal de la contribution foncière en 1792.

9. Les maisons et bâtimens servant aux exploitations rurales, ou adjacentes à quelque bien national, ne pourront être vendus qu'avec les terres en dépendant.

10. En cas de concurrence, le bien sera adjugé à celui qui l'aura demandé et soumissionné le premier, après la publication de la loi, aux conditions ci-dessus; mais si plusieurs personnes se présentent en même temps pour cet effet, le sort décidera entre elles de la priorité.

11. Sont exceptées des dispositions précédentes, les maisons ci-devant religieuses, ainsi que celles employées ou destinées à quelques établissemens et au service public, ou mises en loterie, leurs avenues, cours, parcs, jardins, vergers et bosquets y attenans.

12. Lesdites maisons ci-devant religieuses, et ceux des autres biens nationaux à vendre qui ne se trouveront pas vendus par ce nouveau mode ou par la voie des loteries, continueront d'être mis à l'enchère suivant les lois anciennes.

13. Les ventes seront publiées et affichées tous les mois dans le bulletin de correspondance.

14. Les assignats provenant des ventes dont il s'agit, seront annulés et brûlés en la forme ordinaire.

15. L'insertion et l'affiche de la présente loi au Bulletin tiendront lieu de publication.

---

12 PRAIRIAL an 3 (31 mai 1795). — Décret portant suppression du tribunal criminel extraordinaire, créé par la loi du 10 mars 1713, etc. (B. 55, 80; Mon. du 16 prairial an 3.)

Voy. loi du 8 NIVOSE an 3.

La Convention, nationale après avoir entendu son comité de législation décrète ce qui suit:

Art. 1er. Le tribunal criminel extraordinaire, créé par la loi du 10 mars 1793, est supprimé.

2. Les délits dont la connaissance était attribuée au tribunal révolutionnaire seront jugés par le tribunal criminel du département où ils ont été commis.

3. Les tribunaux se conformeront pour l'instruction de ces sortes de délits à la loi du 16 septembre 1791.

4. Néanmoins les accusés traduits par un décret du Corps-Législatif, pour fait de conspiration ou d'attentat à la sûreté publique, seront jugés par le tribunal auquel ils auront été renvoyés, dans la forme déterminée par la loi du 8 nivose; les juge-

mens seront exécutés sans recours au tribunal de cassation.

5. Dans les cas de l'article précédent il sera formé un jury spécial de jugement ; à cet effet le procureur-général-syndic du département formera une liste de trente jurés.

6. Les décrets d'attribution spéciale rendus jusqu'à ce jour sont maintenus.

―――

12 PRAIRIAL an 3 (31 mai 1795). — Décret qui envoie le représentant Porcher en mission dans le département du Calvados. (B. 55, 81.)

―――

12 PRAIRIAL an 3 (31 mai 1795). — Décrets qui autorisent les communes du Puy, de Châtillon-sur-Seine, de Gis, de Bain, de Nantes, de Montray et de Loches à faire des emprunts. (B. 55, 82 à 88.)

―――

12 PRAIRIAL an 3 (31 mai 1795). — Décret de mention honorable de l'hommage fait à la Convention par les citoyens Genty et Vallet. (B. 55, 80.)

―――

12 PRAIRIAL an 3 (31 mai 1795). — Décret interprétatif de celui du 6 prairial sur la cérémonie funèbre en l'honneur du représentant Ferraud. (B. 55, 82.)

―――

13 PRAIRIAL an 3 (1er juin 1795). — Décret relatif aux certificats à délivrer aux préposés des anciennes compagnies de finances. (1 Bull. 152, n° 891 ; B. 55, 89.)

Art. 1er. Tous les préposés particuliers qui comptaient directement et uniquement aux anciennes compagnies de finances supprimées, et dont tous les comptes ont été vérifiés par elles, arrêtés et reconnus définitivement quittes, se retireront près du bureau de comptabilité nationale, qui demeure autorisé à leur délivrer un certificat énonciatif de l'arrêté de leurs comptes.

2. Ce certificat étant ensuite visé par le comité des finances, sera remis à l'agent du Trésor public, qui, sur le vu, sera tenu de lever l'opposition formée sur la propriété des comptables, en exécution de l'article 33 de la loi du 24 août 1793.

3. Indépendamment de ce certificat, le bureau de la comptabilité nationale délivrera à ceux des comptables qui sont restés en avance sur leurs comptes arrêtés définitivement par les compagnies de finances supprimées, un second certificat du montant de leurs avances.

4. D'après ce certificat, visé comme les précédens, et revêtu de l'acquit de la partie prenante, la Trésorerie nationale sera tenue de rembourser le bureau des avances.

―――

13 PRAIRIAL an 3 (1er juin 1795).—Décrets qui ordonnent l'arrestation des représentans Mones-

tier, Allard, Javogues, Mallarmé, Sergent, Lejeune (de l'Indre) et Dartigoeyte. (1 Bull. 151, n° 884 à 890 ; B. 55, 95.)

―――

13 PRAIRIAL an 3 (1er juin 1795). — Décret qui autorise la commune de Saint-Quentin à faire un emprunt. (B. 55, 92.)

―――

13 PRAIRIAL an 3 (1er juin 1795). — Décret qui approuve la forme de comptabilité de l'agence de l'enregistrement établie par les Etats-Généraux, dont elle a fait usage pour les six derniers mois de 1791, etc. (B. 55, 94.)

―――

13 PRAIRIAL an 3 (1er juin 1795). — Décret qui accorde des secours à divers. (B. 55, 95, 97.)

―――

13 PRAIRIAL an 3 (1er juin 1795). — Décret relatif aux officiers et commissaires des guerres réintégrés. (1 Bull. 152, n° 892 ; B. 55, 90.)

―――

13 PRAIRIAL an 3 (1er juin 1795). — Décret qui autorise le citoyen Droit à exploiter les mines de plomb qu'il a découvertes dans les communes de Franchi, Chappellement, Aulnay et Chitri, département de la Nièvre. (B. 55, 94.)

―――

13 PRAIRIAL an 3 (1er juin 1795). — Décret qui ordonne que le représentant Sauvé se rendra à Rambouillet. (B. 55, 97.)

―――

13 PRAIRIAL an 3 (1er juin 1795). — Décret qui renvoie aux comités de législation et des domaines la proposition de décréter que le tribunal de cassation tiendra ses séances dans les emplacemens qui étaient à l'usage du tribunal révolutionnaire. (B. 55, 96.)

―――

13 PRAIRIAL au 3 (1er juin 1795). — Décret qui accorde des pensions à des militaires. (B. 55, 97.)

―――

13 PRAIRIAL an 3 (1er juin 1795). — Décret portant que Jourdeuil sera traduit devant le tribunal criminel d'Eure-et-Loir, pour y être mis en jugement avec Bouchotte. (B. 55, 97.)

―――

13 PRAIRIAL an 3 (1er juin 1795). — Décret de renvoi au comité de sûreté générale pour faire arrêter tous les signataires d'une circulaire adressée aux citoyens des départemens, portant provocation au massacre des prisonniers. (B. 55, 97.)

―――

14 PRAIRIAL an 3 (2 juin 1795). — Décret de renvoi au comité de salut public relatif au père de Ferraud. (B. 55, 98.)

―――

14 PRAIRIAL an 3 (2 juin 1795). — Décret qui ordonne la célébration d'une fête funèbre pour le 3 octobre 1795. (1 Bull. 152, n° 893 ; B. 55, 98.)

―――

14 PRAIRIAL an 3 (2 juin 1795). — Décret portant que les dernières paroles du représentant
du peuple Ferraud seront gravées sur sa tombe
(1 , Bull. 152, n° 894 ; B. 55 , 98.)

14 PRAIRIAL an 3. (2 juin 1795). — Décret qui
ordonne l'impression du discours du représentant du peuple Louvet sur l'assassinat du représentant Ferraud. (B. 55, 98.)

15 PRAIRIAL an 3 (3 juin 1795). — Décret interprétatif de celui du 12 prairial sur la vente des
biens nationaux. (1, Bull. 152, n° 895 ; B.
55 , 101 ; Mon. du 19 prairial an 3.)

Voy. lois du 19 PRAIRIAL an 3 ; du 27 PRAI-
RIAL an 3 ; du 14 THERMIDOR an 3.

Art. 1er. Les acquéreurs de biens nationaux
suivant le nouveau mode établi par la loi
du 12 prairial ne pourront jouir des fruits
naturels de leurs acquisitions qu'après la
récolte de la présente année, et des fruits
cueillis qu'après le premier trimestre du bail
qui écherra depuis l'adjudication.

2. Le commencement de vente dont il
est parlé dans l'article 1er de ladite loi,
n'existe que lorsqu'il y a soumission et affiches dans les formes prescrites par les lois
antérieures, ou qu'à défaut de soumission
il y a eu affiches et première enchère.

3. Les cheptels et autres objets mobiliers
servant à l'agriculture, et appartenant à la
nation, ne sont pas compris dans cette même
loi, et seront vendus à l'encan, comme
le surplus du mobilier national.

4. Les biens nationaux provenant de la
ci-devant liste civile seront vendus au denier soixante-quinze, du montant des évaluations faites en exécution de la loi du 10
juin 1793 ; mais ceux de même origine qui
n'ont pas été évalués, seront vendus conformément à l'art. 7 de la loi du 12 prairial.

5. L'insertion et l'affiche de la présente
loi au Bulletin tiendra lieu de publication.

15 PRAIRIAL an 3 (3 juin 1795). — Décret qui
met la maison des ci-devant Augustins de Landau à la disposition de la commission des armes et poudres. (B. 55 , 99.)

15 PRAIRIAL an 3 (3 juin 1795). — Décret qui
autorise les communes de Saint-Saen , de Gour-
net , de Bourges et d'Abbeville à faire des emprunts. (B. 55 , 99 , 101 , 102 et 103.)

15 PRAIRIAL an 3 (3 juin 1795). — Décret qui
ordonne le remboursement par la Trésorerie de
la somme de neuf cents livres. (B. 55 , 100.)

15 PRAIRIAL an 3 (3 juin 1795). — Décret qui
accorde des secours. (B. 55 , 100 , 104 , 106)

15 PRAIRIAL an 3 (3 juin 1795). — Décret qui accorde un congé au citoyen Merlin. (B. 55 , 105.)

15 PRAIRIAL an 3 (3 juin 1795). — Décret portant que le discours prononcé le 14 par le représentant Louvet , sera distribué au nombre
de cinquante exemplaires à chacun des ministres des puissances étrangères. (B. 55 , 105.)

15 PRAIRIAL an 3 (3 juin 1795). — Décret de
renvoi au comité des finances relatif au citoyen Louis-Robert Girardon. (B. 55 , 106.)

15 PRAIRIAL an 3 (3 juin 1795). — Décret portant que le représentant Delamarre retournera
sur-le-champ dans les départemens du Nord
et du Pas-de-Calais. (B. 55 , 107.)

15 PRAIRIAL an 3 (3 juin 1795). — Décret relatif à la vente des biens de la liste civile. (B.
55 , 105.)

15 PRAIRIAL an 3 (3 juin 1795). — Décret de
renvoi au comité de législation d'une dénonciation faite par les citoyens de la commune
de Saint-Flour. (B. 55 , 107.)

16 PRAIRIAL an 3 (4 juin 1795). — Décret contenant des mesures répressives de tout pillage
de grains , farines ou subsistances, (1 , Bull.
153 , n° 896 ; B. 55 , 109 ; Mon. du 19 prairial an 3.)

Voy. lois du 17 PRAIRIAL an 3 , et du 10
VENDÉMIAIRE an 4.

Art. 1er. Lorsqu'il sera commis des pillages de grains, farines ou subsistances sur le
territoire d'une commune, la municipalité
qui n'aura pas prévenu ou dissipé les attroupemens, et tous les habitans de la commune
qui n'auront pas désigné les auteurs, fauteurs ou complices du délit, seront solidairement responsables de la restitution des
objets pillés , ainsi que des dommages-intérêts dus aux propriétaires, et de l'amende
envers la République.

2. Les grains, farines ou subsistances qui
auront été pillés, seront restitués en nature
et en pareille quantité au propriétaire ,
dans le délai de trois jours, et à la diligence des officiers municipaux.

3. En cas de non-restitution des objets en
nature dans le délai ci-dessus, les douze
principaux contribuables, domiciliés de fait
dans la commune, seront contraints à payer
le prix desdits objets sur le pied du double
de leur valeur, au cours du jour où le pillage aura été commis, sauf le recours de
ceux qui auront été contraints, contre les
autres habitans de la commune, par forme
de répartition au marc la livre, d'après le
rôle des contributions, laquelle répartition
devra être effectuée dans le courant de la décade par la municipalité.

4. Les dommages-intérêts résultant du délit ne pourront jamais être moindres que la

valeur entière des grains, farines, ou subsistances pillés.

5. Les délinquans seront en outre condamnés envers la République à une amende égale au montant de la valeur principale des objets pillés.

6. Dans le cas où la municipalité ou les habitans de la commune désigneront les coupables, ils seront traduits directement et jugés par le tribunal criminel du département, et punis selon toute la rigueur des lois.

7. En cas d'insolvabilité de ceux qui seront convaincus de pillage de grains, farines ou subsistances, tous les autres habitans seront solidairement responsables de la restitution des objets pillés, mais seulement sur le pied de leur simple valeur, et sans dommages-intérêts ni amende.

8. Dans le cas où la municipalité n'aura pas dénoncé les auteurs, fauteurs et complices des pillages dans les vingt-quatre heures du délit commis elle sera, en son propre et privé nom, condamnée envers la nation à une amende qui ne pourra être moindre du double du prix des grains, farines ou subsistances pillés.

9. Toutes les fois que les grains, farines ou subsistances pillés seront une propriété nationale, le procureur-général-syndic du département dénoncera le délit à l'accusateur public, et les prévenus seront directement traduits au tribunal criminel; et ledit procureur-général-syndic interviendra comme partie civile, pour parvenir à la restitution des objets pillés, dommages-intérêts et amendes contre qui il appartiendra.

10. Lorsque les auteurs, fauteurs ou complices du délit n'auront pas été dénoncés par la municipalité ou les habitans de la commune, et qu'il n'y aura lieu qu'à des poursuites civiles, soit contre les principaux contribuables, soit contre la municipalité, l'action devra être intentée par-devant le tribunal du district.

Article additionnel.

Outre les condamnations et contraintes civiles, les auteurs, fauteurs et complices de pillages commis, seront punis, s'il y a eu attroupement non armé, d'une année de détention; et s'il y a eu attroupement armé, de la peine de mort.

16 PRAIRIAL an 3 (4 juin 1795). — Décret qui nomme le citoyen Guillaume à la place de commissaire. (B. 55, 108.)

16 PRAIRIAL an 3 (4 juin 1795). — Décret qui renvoie les nommés Ragmey et autres par-devant le directeur du jury du tribunal de district de Brest. (B. 55, 108.)

16 PRAIRIAL an 3 (4 juin 1795). — Décret par lequel les citoyens Van-Grasveld et de Sitter sont reconnus et proclamés ambassadeurs extraordinaires de la république des Provinces-Unies auprès de la République française. (1, Bull. 153, n° 898; B. 55, 111.)

16 PRAIRIAL an 3 (4 juin 1795). — Décret portant que l'indemnité de représentant du peuple sera payée à la veuve et aux enfans du représentant Brunel, jusqu'à la fin des séances de la Convention. (B. 55, 121.)

16 PRAIRIAL an 3 (4 juin 1795). — Décret de renvoi à la commission des Onze de la proposition faite que les membres du Corps-Législatif soient toujours en costume lorsqu'ils délibéreront. (B. 55, 111.)

16 PRAIRIAL an 3 (4 juin 1795). — Décret qui annulle le jugement rendu contre Alexandre Duquesne. (B. 55, 112.)

16 PRAIRIAL an 3 (4 juin 1795). — Décret de mention honorable fait à l'hommage de la Convention de pièces de vers. (B. 55, 112.)

16 PRAIRIAL an 3 (4 juin 1795). — Décret relatif aux représentans Castilhon, Soulignac et Cazenave. (B. 55, 112.)

16 PRAIRIAL an 3 (4 juin 1795). — Décrets qui accordent des congés à cinq représentans. (B. 55, 113.)

16 PRAIRIAL an 3 (4 juin 1795). — Décret relatif aux représentans en mission dans les départemens, auprès des armées ou absens par congé. (B. 55, 114.)

17 PRAIRIAL an 3 (5 juin 1795). — Décret additionnel à celui du 16 prairial an 3. (1, Bull. 153, n° 897.)

Outre les condamnations et contraintes civiles, les auteurs, fauteurs et complices des pillages commis, seront punis, s'il y a attroupement non armé, d'une année de détention; et s'il y a attroupement armé, de la peine de mort.

17 PRAIRIAL an 3 (5 juin 1795). — Décret qui accorde un crédit à différentes commissions, etc. (B. 55, 114.)

17 PRAIRIAL an 3 (5 juin 1795). — Décret qui accorde définitivement à l'administration du département de la Haute-Loire, les bâtimens et emplacemens du ci-devant couvent des Visitandines, sis au Puy. (B. 55, 115.)

17 PRAIRIAL an 3 (5 juin 1795). — Décret qui délègue les représentans Letourneur, de la Manche, et Thabaud près le camp sous Paris. (B. 55, 116.)

9.

17 PRAIRIAL an 3 (5 juin 1795). — Décret qui rappelle le représentant Goupilleau, de Montaigu, pour donner des renseignemens sur les objets de sa mission. (B. 55, 117.)

17 PRAIRIAL an 3 (5 juin 1795).—Décret portant que les comités de salut public et de sûreté générale se feront rendre compte des mesures prises par les représentans du peuple en mission près les armées. (B. 55, 116.)

17 PRAIRIAL an 3 (5 juin 1795).—Décret portant que le citoyen Merlin est investi des pouvoirs attribués aux représentans du peuple près les armées. (B. 55, 117.)

17 PRAIRIAL an 3 (5 juin 1795). — Décret de renvoi au comité de salut public, relatif au drapeau de la république Batave. (B. 55, 119.)

17 PRAIRIAL an 3 (5 juin 1795). — Décret qui accorde des congés à trois représentans. (B. 55, 118.)

18 PRAIRIAL an 3 (6 juin 1795). — Décret sur les baux des biens des prévenus d'émigration et réintégrés, etc. (1, Bull. 153, n° 899; B. 55, 118; Mon. du 21 prairial an 3.)

La Convention nationale, après avoir entendu son comité de législation, décrète que l'arrêté pris par le comité de législation, le 12 floréal, concernant les baux des biens des détenus et mis en liberté, des accusés et ensuite acquittés par jugemens, est applicable, dans toutes ses dispositions, aux baux des biens des prévenus d'émigration et réintégrés dans la possession de tous leurs biens, par une radiation définitive obtenue par eux dans les formes prescrites par les lois, et passés lesdits baux, dans leur absence, par les corps administratifs; de plus, que le même arrêté du 12 floréal sera encore appliqué aux baux

des biens de ceux qui, après avoir été condamnés, soit à la peine de détention ou de déportation, et autres qui les ont privés de leur liberté, ont été relevés de leur condamnation (1).

18 PRAIRIAL an 3 (6 juin 1795). — Décret relatif aux enfans nés hors mariage de père et mère émigrés. (1, Bull. 154, n° 702; B. 55, 119; Mon. du 22 prairial an 3.)

Voy. loi du 9 FLORÉAL an 3.

La Convention nationale, après avoir entendu son comité de législation, décrète que les lois concernant les pères et mères d'émigrés ne s'appliquent point aux pères et mères d'enfans nés hors mariage.

18 PRAIRIAL an 3 (6 juin 1795). — Décret qui détermine sur quels vaisseaux sera arboré le pavillon amiral. (1, Bull. 155, n° 909; B. 55, 121; Mon. du 21 prairial an 3.)

Art. 1er. Les représentans du peuple près les armées navales, et les amiraux, feront arborer le pavillon amiral sur un des vaisseaux de premier rang qu'ils monteront.

2. Ils pourront, lorsqu'ils le jugeront nécessaire, changer de bord, et faire arborer le pavillon amiral sur une frégate, à la charge d'en rendre compte à leur retour.

18 PRAIRIAL an 3 (6 juin 1795). — Décret qui accorde des secours et pensions. (B. 55, 120, 121, 122, 123 et 124.)

18 PRAIRIAL an 3 (6 juin 1795). — Décret qui envoie le représentant Auguis près de l'armée des Pyrénées-Orientales. (B. 55, 122.)

18 PRAIRIAL an 3 (6 juin 1795). — Décret sur la restitution des biens des condamnés. (B. 55, 124.) *Voy,* 21 PRAIRIAL an 3.

(1). Cet arrêté est ainsi conçu :
Art. 1er. Les baux des biens des détenus et mis en liberté, des accusés et acquittés par jugement passés dans l'absence et sans le consentement libre des propriétaires, demeurent résiliés.
2. Néanmoins, les locataires des maisons auront, pour se procurer un autre logement; un délai qui ne pourra être plus long que de six mois.
A l'égard des fermiers ou rentiers des fermes ou arrentemens des fonds de terres, il est au choix des propriétaires de les laisser dans la ferme, en les faisant participer par moitié aux productions en nature de fruits dans l'année courante, ou de les indemniser, à dire d'experts, de toutes cultures, fournitures, avances et améliorations.
3. Le fermier est tenu, en sortant de la ferme, de remettre au propriétaire les bestiaux de toute

espèce et autres effets et ustensile d'agriculture attachés à la ferme, tels qu'il les a reçus des administrateurs à l'époque de son bail.
4. S'il manque de ces bestiaux et d'autres effets ou ustensiles de la ferme, le fermier sera tenu d'en payer la valeur actuelle au propriétaire, ainsi que des autres détériorations volontaires dont il serait personnellement l'auteur.
5. Le propriétaire ne pourra rechercher les adjudicataires soit des baux à loyer des maisons, soit des baux à ferme des champs, pour les années antérieures à celle-ci; relativement aux loyers des maisons ou prix des fermes, il n'aura à prétendre que son remboursement des mains du receveur du district, si le locataire ou fermier a versé les deniers dans sa caisse, ou son paiement des mains du locataire ou fermier, s'il ne s'est point acquitté. (1 Bull. 153, n° 899.)

18 PRAIRIAL an 3 (6 juin 1795). — Décret de renvoi aux comités des finances et de législation relatif aux Bourbons et Orléans. (B. 55 , 140.)

18 PRAIRIAL an 3 (6 juin 1795). — Décret qui met en état d'accusation le représentant Escudier. (B. 55 , 140.)

18 PRAIRIAL an 3 (6 juin 1795). — Décret qui approuve les mesures prises pour la réduction des rebelles de Toulon. (1 , Bull. 155, n° 900 ; B. 55 , 123.)

18 PRAIRIAL an 3 (6 juin 1795). — Décret qui mande les représentans Chaudron-Rousseau et Paganel à la Convention. (B. 55 , 122.)

19 PRAIRIAL an 3 (7 juin 1795). — Décret qui suspend l'exécution de ceux des 10, 12 et 15 prairial, relatifs à la vente sans enchères des domaines nationaux. (1 Bull. 153, n° 901 ; B. 55 , 141 ; Mon. du 22 prairial an 3.)

Art. 1er. La Convention nationale suspend l'exécution des lois des 10, 12 et 15 prairial, relatives à la vente sans enchères des domaines nationaux.

2. Suspend pareillement les suites et les effets des adjudications faites, jusqu'à la publication de la présente loi, en vertu de celles ci-dessus.

3. Ordonne aux comités de salut public, sûreté générale, législation et finances, de se réunir pour présenter, dans trois jours pour tout délai, leurs motifs sur les avantages et les inconvéniens des lois des 10, 12 et 15 prairial, et les moyens qu'ils croient les plus propres à opérer un prompt retirement d'assignats.

L'insertion de la présente loi au Bulletin tiendra lieu de promulgation.

19 PRAIRIAL an 3 (7 juin 1795). — Décret qui autorise le cours des sous d'ancienne fabrication. (1, Bull. 153, n° 904 ; B. 55 , 141 ; Mon. du 23 prairial an 3.)

La Convention nationale décrète que les sous d'ancienne fabrication continueront à circuler comme par le passé, jusqu'à la nouvelle émission de la monnaie provenant du métal des cloches épuré.

19 PRAIRIAL an 3 (7 juin 1795). — Décret contenant une rectification de celui du 26 floréal, relatif au paiement des indemnités des représentans du peuple qui ont péri par suite des événemens du 31 mai jusqu'au 9 thermidor. (1 , Bull. 153, n° 903 ; B. 55 , 140.)

19 PRAIRIAL an 3 (7 juin 1795). — Décret portant que le tribunal criminel du département de l'Isère jugera les prévenus de crimes d'as-

sassinats et massacres commis dans le commune de Lyon. (B. 55 , 141.)

19 PRAIRIAL an 3 (7 juin 1795). — Décret qui rappelle les représentans à leur poste pour la discussion des lois constitutionnelles. (1 , Bull. 153 , n° 905 ; B. 55 , 142.)

20 PRAIRIAL an 3 (8 juin 1795). — Décret qui rapporte celui du 10 floréal dernier relatif aux radiations sur les listes des émigrés. (1 , Bull. 153 , n° 906 ; B. 55 , 143.)

Voy. loi du 28 PLUVIOSE an 4.

Art. 1er. La loi du 6 floréal dernier, relative aux radiations sur les listes des émigrés, est rapportée.

2. Aucune radiation sur les listes des émigrés ne sera définitivement arrêtée à l'avenir par le comité de législation, qu'après que la liste des prévenus d'émigration dont les réclamations seront reconnues valables aura été distribuée aux membres de la Convention nationale, et affichée pendant cinq jours dans le lieu de ses séances. Cette liste contiendra les noms, prénoms, ci-devant qualités ou professions des prévenus, avec la désignation, tant du lieu du domicile et des communes où ont été délivrés les certificats de résidence, que des districts et des départemens qui les comprennent. La distribution et l'affiche auront lieu tous les mois.

3. Les réclamations des prévenus d'émigration, soumises depuis le 6 floréal à l'examen du comité de législation, sont comprises dans les dispositions de l'article précédent. Le comité est chargé de faire distribuer la liste desdits prévenus aux membres de la Convention nationale, dans le plus court délai.

20 PRAIRIAL an 3 (8 juin 1795). — Décret qui ordonne l'exposition des antiques à la Bibliothèque nationale, et établit des cours publics sur les inscriptions et médailles. (1 , Bull. 152, n° 921 ; B. 55 , 146 ; Mon. du 23 prairial an 3.)

20 PRAIRIAL an 3 (8 juin 1795). — Décret qui supprime les écoles du ci-devant prieuré Saint Martin et de Popincourt, et les réunit à celle de Liancourt. (B. 55 , 144.)

20 PRAIRIAL an 3 (8 juin 1795). — Décret qui accorde des secours à la citoyenne Marchand. (B. 55 , 143.)

20 PRAIRIAL an 3 (8 juin 1795). — Décret qui charge le comité d'instruction publique de faire un rapport sur les moyens d'utiliser les bâtimens du ci-devant château de Versailles. (B. 55 , 143.)

20 PRAIRIAL an 3 (8 juin 1795.) — Décret concernant le projet de décret relatif au résiliment des baux à ferme. (B: 55, 144.)

___

20 PRAIRIAL an 3 (8 juin 1795.) — Décret qui rapporte ceux des 9 nivose et 13 fructidor an 2, concernant Antoine Maurel. (B. 55, 148.)

___

20 PRAIRIAL an 3 (8 juin 1795). — Décret qui rappelle le représentant Talot au sein de la Convention. (B. 55, 146.)

___

21 PRAIRIAL an 3 (9 juin 1795). — Décret qui détermine le mode de restitution des biens des condamnés. (1 Bull. 154, n° 908; B. 55, 147; Mon. du 24 prairial an 3.)

Voy. lois du 14 FLORÉAL an 3 : du 25 MESSIDOR an 3; du 22 FRUCTIDOR an 3, et du 27 AVRIL 1825.

La Convention nationale, considérant que, par son décret du 14 floréal dernier, elle a maintenu le principe de la confiscation des biens à l'égard des conspirateurs, des émigrés, des fabricateurs ou distributeurs de faux assignats ou de fausse monnaie, et des dilapidateurs de la fortune publique;

Que néanmoins, considérant l'abus que l'on a fait des lois révolutionnaires, l'impossibilité de distinguer par des révisions les innocens des coupables, et qu'il y a moins d'inconvéniens et plus de justice et de loyauté de rendre des biens aux familles de quelques conspirateurs, que de s'exposer à retenir ceux des innocens, elle a décrété que les biens des condamnés révolutionnairement depuis l'époque du 15 mars 1793 seraient rendus à leurs familles, sauf les exceptions, et sans qu'il soit besoin de révision des procédures;

Qu'en conséquence elle a ordonné qu'il lui serait présenté un projet sur la série de ces exceptions, et le mode de restitution,

Décrète ce qui suit :

SECTION 1re. De la restitution et des exceptions.

Art. 1er. Toutes confiscations de biens, autres que celles ci-après maintenues, prononcées depuis le 10 mars 1793 par les tribunaux ou commissions révolutionnaires, militaires ou populaires, et même par les tribunaux ordinaires jugeant révolutionnairement, jusqu'au jour de l'installation du tribunal révolutionnaire réorganisé en exécution de la loi du 8 nivose de l'an 3, sont considérées comme non avenues; les séquestres sont levés : les époux survivans et héritiers jouiront conformément aux lois et aux dispositions de la section II (1).

2. Sont néanmoins maintenues les confiscations des biens, droits et actions de Louis XVI, de sa veuve, de sa sœur et de Philippe d'Orléans; et il n'est point d'ailleurs dérogé aux décrets qui prononcent la confiscation ou ordonnent la main mise nationale sur les biens des autres individus de la famille des Bourbons.

3. Les confiscations de biens prononcées contre les Dubarry sont maintenues.

4. Sont pareillement maintenues les confiscations des biens de ceux qui ont été mis hors de la loi à raison des conspiration et révolte qui ont éclaté le 9 thermidor.

5. Sont également maintenues les confiscations prononcées par les jugemens rendus dans les formes prescrites par la loi du 8 nivose de l'an 3, relative à la nouvelle réorganisation du tribunal révolutionnaire, ainsi que celles qui l'ont été postérieurement, ou qui pourront l'être par les tribunaux ou commissions, même militaires, établis par la Convention.

6. Néanmoins toutes les confiscations prononcées jusqu'à ce jour, et à quelque époque que ce soit, pour prétendu fédéralisme ou pour recèlement d'individus, sont déclarées non avenues.

7. La disposition de l'article 1er, en ce qu'elle ordonne la restitution des biens confisqués par des jugemens rendus révolutionnairement, ne préjudiciera pas aux droits, créances, actions et indemnités de la République sur les biens des régisseurs, fournisseurs, comptables ou dilapidateurs qui auront été condamnés révolutionnairement; lesdits droits, créances, actions et indemnités sont réservés pour être exercés civilement : à cet effet, les hypothèques et séquestres établis avant les condamnations à mort tiennent et subsistent.

Il en sera de même pour les biens des fermiers généraux, dans tous les cas où le comité des finances n'aurait pas converti ou ne convertirait pas le séquestre en opposition, conformément à la loi du 23 frimaire dernier.

8. Les confiscations de biens prononcées contre les faux monnayeurs, fabricateurs et distributeurs de faux assignats, par des jugemens rendus par les tribunaux ordinaires, dans les formes prescrites par la loi du 16-29 septembre 1791, et autres interprétatives ou additionnelles, sont maintenues.

9. Il n'est point dérogé, par l'article 1er, aux lois précédentes qui ont décrété la confiscation des biens des émigrés : en conséquence, nonobstant la disposition dudit ar-

___

(1) La République doit conserver les biens des condamnés révolutionnairement, si elle représente ceux qui se trouvaient les héritiers de ces condamnés, lors de leur décès (23 thermidor an 10; Cass. S. 3, 1, 33.)

ticle 1", sont maintenues les confiscations de biens de ceux dont les noms étaient inscrits sur la liste des émigrés, et qui ont été condamnés ou exécutés comme tels, même par les tribunaux révolutionnaires, commissions militaires, ou par les tribunaux ordinaires ou autres jugeant révolutionnairement.

10. Les parens des condamnés ou exécutés pour fait d'émigration, et qui prétendront que leurs noms ont été inscrits mal à propos sur la liste, pourront se pourvoir en radiation dans la forme ordinaire; et si cette radiation est prononcée, la confiscation sera sans effet.

11. Les héritiers qui voudront ainsi administrer la preuve de la non-émigration, seront tenus de présenter leurs réclamations et les certificats de résidence, dans le délai de deux mois, à peine de déchéance : les réclamations déjà rejetées par le ci-devant conseil exécutif ou le comité de législation, ne pourront être reproduites.

12. Les parens de ceux qui ont été pris ou arrêtés les armes à la main, combattant contre les Français, ne pourront pas user de la faveur accordée par les articles précédens, dans le cas même ou le nom de l'individu ne serait pas inscrit sur la liste des émigrés.

13. Les comités de législation et de finances feront incessamment un rapport sur les secours que la loi du 10 mars 1793 accorde aux veuves et enfans indigens des condamnés, et dont les biens demeurent confisqués aux termes du présent décret.

SECTION II. Du mode de restitution.

14. Les inventaires, partages, cessions, estimations et autres arrangemens faits en vertu des lois précédentes entre les agens du Trésor public, les veuves des condamnés et les associés de leurs maris, seront exécutés, en satisfaisant, par les veuves et associés, aux conditions desdits arrangemens, et en payant aux héritiers la part qui serait revenue au Trésor public, si la restitution ci-dessus accordée n'avait pas eu lieu.

15. Lorsque le condamné à mort naturelle ou civile n'aura laissé ni enfans ni ascendans, le conjoint survivant jouira pendant sa vie de l'usufruit de la moitié des biens qui avaient été confisqués et qui seront restitués, si mieux il n'aime opter ses avantages légaux ou conventionnels, qui lui appartiendront outre sa part dans la communauté.

Il sera tenu de faire cette option dans le délai de deux mois, à compter de la publication de la présente loi ; passé ce délai, il sera réduit aux droits qu'il avait par la loi ou coutume, ou par convention ou disposition.

16. Si le condamné a laissé des enfans, ou un ou plusieurs ascendans, l'usufruit accordé par l'article précédent ne sera que du quart des biens restitués, sauf l'option énoncée audit article.

17. Les biens-meubles et immeubles qui avaient été frappés de la confiscation levée par la présente loi, et qui seront encore sous la main de la République, seront remis au conjoint survivant, aux enfans ou autres héritiers ; auquel effet les scellés seront reconnus et levés, sans préjudice aux droits des créanciers.

18. Les survivans ou héritiers ne pourront rien réclamer du Trésor public pour restitution de loyers, intérêts ou fruits perçus par la République jusqu'au 14 floréal dernier : ces objets resteront compensés avec les frais de gardien et de séquestre. Ils ne pourront rien réclamer non plus contre le Trésor public pour défaut de rentrée de créances ni pour retard de réparations ; ils prendront les choses dans leur état actuel, sauf les droits qu'ils pourront faire valoir, devant les tribunaux, contre les particuliers, administrateurs ou préposés qu'ils accuseront d'enlèvement, de soustraction ou d'autres abus.

19. Les bijoux, or, argent et autres effets des condamnés, qui ont été déposés dans les greffes ou autres lieux lors de leur arrestation ou condamnation, et qui existent encore en nature, seront remis à leurs héritiers.

20. Les bois de haute-futaie qui auraient été coupés ou abattus par les ordres de corps administratifs ou agens nationaux, seront estimés, eu égard à leur valeur au temps de l'enlèvement, pour le prix être restitué de la manière ci-après indiquée.

21. Les ventes de meubles et immeubles des condamnés, faites antérieurement à la promulgation du décret de surséance du 30 ventose, sont confirmées. Le prix seul qui a été ou qui sera payé au Trésor public, sera restitué au conjoint survivant ou aux héritiers du condamné (1).

22. Les receveurs, régisseurs ou séquestres, fourniront dans le mois aux héritiers un état détaillé de ce que le Trésor public a tiré par la suite des confiscations ci-dessus.

23. Cet état sera vérifié pas les administrateurs du district, ordonnancé par ceux du département, chacun en ce qui le concerne, et les sommes nettes portées auxdits états seront remboursées par les receveurs de dis-

(1) L'acquéreur d'un fonds social, appartenant à un condamné révolutionnairement, ne peut être recherché par les héritiers, d'aucune manière qui tende à réviser et annuler les opérations faites contradictoirement, entre lui acquéreur et les agens du trésor, pour déterminer la consistance et la vraie valeur des choses cédées. (11 juillet 1826. Cass. S. 27. 1, 45. D. 26. 1, 407.)

trict dans les caisses desquels avaient été faits les versemens.

24. La totalité des remboursemens à faire par la République, en exécution de la présente loi, sera faite en bons au porteur admissibles en paiement des biens d'émigrés seulement (1).

25. Toute prescription est déclarée interrompue, à compter du jour de l'arrestation du condamné jusqu'au jour de la publication de la présente loi.

———

21 PRAIRIAL an 3 (9 juin 1795). — Décret qui fixe le port des lettres pour les bureaux de petites postes. (1, Bull. 155, n° 910 ; B. 55, 148.)

La Convention nationale, après avoir entendu le rapport de son comité des transports, postes et messageries, décrète qu'à l'avenir il sera perçu par les petites postes, dans les villes où il y en a d'établies, trois sous pour chaque lettre ou paquet dans l'intérieur de ces mêmes villes, et cinq sous pour celles qui seront remises *extra muros*. Il n'est point dérogé par le présent au prix de cinq sous fixé pour la petite-poste de Paris.

———

21 PRAIRIAL an 3 (9 juin 1795). — Décret portant que l'armée de la Moselle et les troupes qui ont fait la conquête du Luxembourg n'ont cessé de bien mériter de la patrie. (1, Bul. 153, n° 907 ; B. 55, 149.)

———

21 PRAIRIAL an 3 (9 juin 1795). — Décret qui étend à toutes les places judiciaires et administratives les réquisitions énoncées dans la loi du 20 floréal dernier. (1, Bull. 155, n° 911 ; B. 55, 151.)

———

21 PRAIRIAL an 3 (9 juin 1795). — Décret qui accorde cent mille livres aux communes de Lans-le-Bourg et Lans-le-Villard. (B. 55, 149.)

———

21 PRAIRIAL an 3 (9 juin 1795). — Décret relatif à une pétition de la citoyenne Bosseville. (B. 55, 148.)

———

21 PRAIRIAL an 3 (9 juin 1795). — Décret de mention honorable et de renvoi au comité d'instruction publique, de l'hommage fait par les exécuteurs testamentaires de Mably. (B. 55, 148.)

———

21 PRAIRIAL an 3 (9 juin 1795). — Décret qui annule un jugement du 22 brumaire an 2, rendu contre quatre-vingt-huit boulangers. (B. 55, 152.)

———

21 PRAIRIAL an 3 (9 juin 1795). — Décrets qui accordent des congés aux représentans Grancét Oudot, Jouenne et Chauven. (B. 55, 151 c, 152.)

———

21 PRAIRIAL an 3 (9 juin 1795). — Décret qui accorde des secours aux citoyen Potor et Pérard. (B. 55, 153.)

———

21 PRAIRIAL an 3 (9 juin 1795). — Décret relatif à celui du 8 pluviose concernant les attributions de l'imprimerie de la République. (B. 55, 150.)

———

22 PRAIRIAL an 3 (9 juin 1795.) — Décret qui étend aux individus qui, par suite des événemens des 31 mai, 1er et 2 juin, auraient disparu pour se soustraire à l'oppression, les dispositions de celui du 22 germinal dernier. (1, Bull. 155, n° 912 ; B. 55. 154.)

———

22 PRAIRIAL an 3 (10 juin 1795). — Décret relatif aux pétitions de plusieurs fermiers du département de l'Aisne. (B. 55, 153.)

———

22 PRAIRIAL an 3 (10 juin 1795). — Décrets qui accordent divers secours. (B. 55, 153.)

———

22 PRAIRIAL an 3 (10 juin 1795). — Décret sur des sommes dues par la ci-devant liste civile à divers entrepreneurs et fournisseurs. (B. 55, 156.)

———

22 PRAIRIAL an 3 (10 juin 1795). — Décret annulant un jugement rendu le 7 nivose an 2, contre Michel Schauer, et Margueritte-Suzanne Schauer, sa fille. (B. 55, 157.)

———

22 PRAIRIAL an 3 (10 juin 1795). — Décret de renvoi au comité d'instruction publique d'une motion d'ordre relative à des livres élémentaires pour les écoles primaires. (B. 55, 158.)

———

22 PRAIRIAL an 3 (10 juin 1795). — Décret confirmant un arrêt du représentant du peuple Cherrier. (B. 55, 158.)

———

22 PRAIRIAL an 3 (10 juin 1795). — Décret de mention honorable de l'hommage fait à la Convention nationale, par le citoyen Dudevant, de sa collection des pierres gravées. (B. 55, 159.)

———

22 PRAIRIAL an 3 (10 juin 1795). — Décret relatif au paiement des sommes dues aux anciens employés de la régie générale. (B. 55, 159.)

———

23 PRAIRIAL an 3 (11 juin 1795). — Décret qui prononce la déchéance contre les créanciers de l'État qui n'ont point encore formé de ré-

———

(1) *Voyez* loi du sixième jour complémentaire an 3.

clamations. (1, Bull. 156, n° 915; B.´ 55, 170; Mon. du 26 prairial an 3.)

Voy. lois du 6 FRUCTIDOR an 3, et du 24 FRIMAIRE an 6.

Art. 1ʳ. Tout les créanciers de la République dont les créances étaient soumises à sa liquidation, qui, jusqu'à la publication de la présente loi, n'ont formé aucune réclamation, sont définitivement déchus de toute répétition envers le Trésor public.

Nul ne pourra en être excepté, s'il ne se trouve expressément compris dans les exceptions ci-après.

2. Tous les propriétaires de créances exigibles ou constituées, soumises à la liquidation, qui ont fourni jusqu'à ce jour des mémoires ou des copies collationnées, ou autres pièces, soit au directeur général de la liquidation, soit au liquidateur de la liste civile, soit aux corps administratifs, soit aux autres administrations publiques, ou qui ont réclamé par pétition au Corps-Législatif, sont admis à produire à la direction générale de liquidation, ou à la Trésorerie nationale, ou au liquidateur de la liste civile, chacun en ce qui les concerne, d'ici au 1ᵉ vendémiaire prochain inclusivement, pour dernier délai, les titres originaux constatant leurs créances.

Et, faute par eux d'obéir à la présente disposition à ladite époque, ils sont dès à-présent déclarés déchus de toute répétition envers la République.

3. Les créanciers liquidés jusqu'à ce jour, qui n'ont pas encore rapporté leurs titres originaux, ou justifié de leur propriété, soit qu'ils en aient été prévenus, ou non, par lettre chargée, seront tenus de le faire dans ledit délai, à peine de déchéance.

4. Ceux desdits créanciers (autres que les possesseurs de dîmes et autres droits précédemment supprimés sans indemnité) qui ont remis leurs titres aux corps administratifs, en exécution de l'article 4 du titre 1ᵉ de la loi du 9 brumaire an 2, sont autorisés, nonobstant la déchéance prononcée contre eux par l'article 1ᵉ de la même loi, à les retirer pour les produire à la direction générale de la liquidation, ou à la Trésorerie nationale, dans le même délai, avec certificat constatant ladite remise et son époque.

5. A l'égard de ceux dont les titres ont pu être lacérés en exécution de l'article 8 de la loi du 9 brumaire an 2, ils seront admis à la liquidation, d'après le certificat de remise exigé par l'article précédent; savoir, pour les titulaires d'offices, conformément aux dispositions de la loi du 7 pluviose an 2; et pour les propriétaires d'autres créances, en rapportant les minutes de leurs titres, qu'ils sont autorisés à se faire délivrer par tous

dépositaires d'icelles, sur les demandes qui leur en seront faites par le directeur général de la liquidation ou le liquidateur de la Trésorerie nationale.

6. Pour l'exécution de l'article précédent, les dépositaires des actes en minutes ou sur registres qui ne peuvent être déplacés ou séparés sont autorisés à délivrer aux créanciers porteurs d'une demande faite, soit par le directeur général de la liquidation, soit par le liquidateur de la Trésorerie nationale, ou par les corps administratifs, les expéditions des titres nécessaires à leur liquidation, nonobstant les dispositions de l'article 121 de la loi du 24 août 1793, sans que lesdits créanciers puissent être assujétis au paiement du droit de deux cinquièmes, prescrit par l'article 11 de la loi du 21 frimaire an 2.

7. Les ci-devant titulaires d'offices, ou leurs créanciers poursuivant leur liquidation, qui se sont pourvus jusqu'à ce jour, mais qui n'ont point en leur possession les originaux de leurs provisions et autres titres nécessaires à leur liquidation, seront liquidés sur les copies ou extraits collationnés pris sur les minutes ou registres constatant lesdites provisions et autres titres, en affirmant par eux ou leur fondé de pouvoir spécial, par devant le tribunal de district de leur domicile, qu'ils n'ont pas lesdites provisions et titres, et qu'ils ne les retiennent directement ni indirectement, et, en faisant leur soumission, de les rapporter s'ils les retrouvent, sous peine de restitution du montant de leur liquidation, tant en principal qu'intérêts, et d'une amende d'une somme égale au montant de leur liquidation (1).

8. Le directeur de la liquidation continuera d'avertir, par lettre chargée, les créanciers liquidés qui lui auront fourni leurs noms et leur adresse, à l'effet de lui justifier, dans le délai de six mois, des pièces établissant leur propriété à l'objet liquidé.

Les avertissemens pour rapport de pièces nécessaires à la liquidation et reconnaissance de la créance, ou au complément de la justification de propriété, continueront d'être donnés à trois mois de date seulement.

9. A l'avenir, le directeur général de la liquidation ne présentera au comité des finances aucun travail en pension, qu'il ne soit accompagné d'un certificat constatant la résidence du réclamant sur le territoire français depuis le 9 mai 1792. Les pensionnaires liquidés pourront retirer leur nouveau titre de pension, et remettront, si fait n'a été, au commissaire liquidateur, pareil certificat.

(1) *Voyez* loi du 17 thermidor an 3.

Par suite de la présente disposition, toutes déchéances en pension précédemment prononcées faute de la remise du certificat de résidence à la direction générale de la liquidation, sont relevées.

10. La Convention nationale voulant venir au secours des citoyens peu fortunés qui ont pu ne pas entendre l'esprit de la loi, et les distinguer de ceux que leurs moyens et leurs lumières ont mis à même de la connaître parfaitement, accorde à tous les propriétaires de créances exigibles ou constituées, qui n'ont formé aucune réclamation jusqu'à ce jour, et dont la liquidation n'excède pas en capital la somme de dix mille livres, ou cinq cents livres d'inscription, la faculté de produire, soit au directeur général de la liquidation de Paris, soit au liquidateur de la Trésorerie nationale, suivant la nature de leurs créances, les pièces, titres et renseignemens constatant leur répétition envers le Trésor public, d'ici au 1ᵉʳ vendémiaire prochain inclusivement, à peine d'être définitivement privés de toute répétition à ce sujet.

11. Ne sont pas compris dans les dispositions de la présente loi, 1° les militaires et autres personnes dénommées en celle du 13 germinal an 2; 2° les détenus.

La déchéance à l'égard des premiers ne sera par eux encourue que six mois après la publication de la paix, ou leur retraite du service pendant la guerre; et, à l'égard des seconds, six mois après leur mise en liberté.

12. Toutes dispositions contraires au présent décret sont rapportées.

---

23 PRAIRIAL an 3 (11 juin 1795). — Décret qui charge le comité de législation de nommer, pour la conservation des pièces existant au tribunal révolutionnaire, un dépositaire archiviste autorisé à en délivrer des expéditions. (1, Bull. 155, n° 913 ; B. 55, 161.)

23 PRAIRIAL an 3 (11 juin 1795). — Décret sur la liquidation des créances relatives aux ateliers de filature établis à Paris. (B. 55, 160.)

23 PRAIRIAL an 3 (11 juin 1795). — Décret portant que la rédaction des faits qui ont motivé le décret d'accusation du 8 prairial, présenté à la séance du 23, fera partie du procès-verbal de la séance du 8. (B. 55, 163.)

23 PRAIRIAL an 3 (11 juin 1795). — Décret qui renvoie au comité des finances la proposition de relever de la déchéance ceux qui, ayant droit à des pensions militaires, l'ont encourue faute d'avoir fourni leurs titres dans le temps prescrit. (B. 55, 159.)

23 PRAIRIAL an 3 (11 juin 1795). — Décret re-

---

latif à des sucres approvisionnés à Bordeaux pour les hôpitaux militaires, et qui annulle l'arrêté pris à La Rochelle le 29 floréal, par le représentant Blutel. (B. 55, 160.)

23 PRAIRIAL an 3 (11 juin 1795). — Décret qui accorde la somme de cent vingt-cinq mille cent dix livres au citoyen Servant. (B. 55, 162.)

23 PRAIRIAL an 3 (11 juin 1795). — Décret qui accorde des congés aux représentans Deronzière, Lemalliaud et Robert. (B. 55, 162 et 163.)

23 PRAIRIAL an 3 (11 juin 1795). — Décret relatif à une mission dans le département de Vaucluse du représentant du peuple Chambon. (B. 55, 163.)

23 PRAIRIAL an 3 (11 juin 1795). — Décret qui étend les pouvoirs du représentant Merlin, de Douay. (B. 55, 163.)

23 PRAIRIAL an 3 (11 juin 1795). — Décret relatif aux citoyens Lamotte et consorts. (B. 55, 169.)

23 PRAIRIAL an 3 (11 juin 1795). — Décret relatif au local convenable pour placer le Conservatoire des arts et métiers. (B. 55, 169.)

23 PRAIRIAL an 3 (11 juin 1795). — Décret de mention honorable de l'hommage fait par la citoyenne Lambert, veuve Regnard. (B. 55, 169.)

23 PRAIRIAL an 3 (21 juin 1795). — Décret relatif à l'affaire d'Antoine Girardin. (B. 55, 169.)

24 PRAIRIAL an 3 (12 juin 1795). — Décrets qui autorisent les communes de Wasquehal, Roanne, Digne, La Charité, Mouy et Trespin-du-Buquet, à faire des emprunts. (B. 55, 178 à 180.)

24 PRAIRIAL an 3 (12 juin 1795). — Décret portant qu'aucune autorité constituée ne prendra le nom de révolutionnaire. (1, Bull. 155, n° 914; B. 55, 174.)

24 PRAIRIAL an 3 (12 juin 1795). — Décret qui envoie le représentant Espinassy à Lyon, et qui rappelle les représentans Gadry et Boisset. (B. 55, 172.)

24 PRAIRIAL an 3 (12 juin 1795). — Décret qui envoie le représentant Dentzel surveiller les travaux publics, fortifications, etc., entre Rhin et Moselle. (B. 55, 174.)

24 PRAIRIAL an 3 (12 juin 1795). — Décret qui

ordonne la démolition des piédestaux et autres débris des monumens qui portaient autrefois l'emblême ou l'effigie de la royauté. (B. 55, 175.)

PRAIRIAL an 3 (12 juin 1795). — Décret qui autorise les communes d'Arcueil, Compiègne, Château-Renaud, Vannes, Reims, Valenton, Péronne, Besançon, Montreuil-sur-Mer et Melun, à faire des emprunts. (B. 55, 182 à 191.)

PRAIRIAL an 3 (12 juin 1795). — Décret qui accorde des secours à plusieurs personnes. (B. 55, 173,)

PRAIRIAL an 3 (12 juin 1795). — Décret portant suspension de celui du 20 de ce mois, rendu en faveur d'Antoine Maurel. (B. 55, 174.)

PRAIRIAL an 3 (12 juin 1795). — Décret qui renvoie aux comités de gouvernement la proposition de décréter que le bonnet de la Liberté portera les trois couleurs nationales. (B. 55, 180.)

PRAIRIAL an 3 (12 juin 1795).—Décret relatif aux formalités nécessaires à la vente des meubles et immeubles particuliers. (B. 55, 174.)

4 PRAIRIAL an 3(12 juin 1795). — Décret portant que le représentant du peuple Clauzel se rendre sur-le-champ, à l'armée des Pyrénées-Orientales (B. 56. 175.)

14 PRAIRIAL an 3 (12 juin 1795). — Décret accordant un congé au représentant Hardy. (B. 55, 275.)

14 PRAIRIAL an 3 (12 juin 1795). — Décret qui charge le comité d'instruction publique d'examiner si le poignard nu attaché au tableau des Droits de l'Homme, doit être conservé. (B. 55. 181.)

24 PRAIRIAL an 3 (12 juin 1795). — Décret qui charge le comité de sûreté générale de faire un rapport sur la loi qui enjoint à tous les citoyens de placer un tableau à la porte de leurs maisons, contenant le nom des citoyens qui les habitent. (B. 55. 181.)

24 PRAIRIAL an 3 12 juin 1795). — Décret qui renvoie aux comités de gouvernement, la proposition de substituer aux inscriptions placées sur les édifices nationaux : *Vivre libre ou mourir.* (B. 55, 181.)

24 PRAIRIAL an 3 (12 juin 1795). — Décret relatif à l'emploi d'une somme d'un emprunt volontaire et gratuit de la commune de Cernay. (B. 55, 181.)

24 PRAIRIAL an 3 (12 juin 1795).—Décret qui

autorise le receveur du district de Metz, à verser dans les mains des officiers municipaux de Metz, cinq cent trente-quatre mille et quelques cents livres déposées dans sa caisse. (B. 55, 134.)

25 PRAIRIAL an 3 (13 juin 1795). — Décret interprétatif de celui du 19 juillet 1793, qui assure aux auteurs et artistes la propriété de leurs ouvrages. (1.Bull. 155; n° 916; B. 55, 197.)

Art. 1er. Les fonctions attribuées aux officiers de paix par l'article 3 de la loi du 19 juillet 1793, seront à l'avenir exercées par les commissaires de police, et par les juges-de-paix dans les lieux où il n'y a pas de commissaires de police.

25 PRAIRIAL an 3 (13 juin 1795).—Décret qui rapporte celui du 4 germinal an 2, relatif aux femmes et filles d'émigrés. (1. Bull. 156, n° 917; B. 55, 195.)

La loi du 4 germinal an 2, qui défend aux femmes et filles d'émigrés de vendre leurs biens, ou d'épouser des étrangers, sous peine d'être traitées comme émigrées, est rapportée, sans préjudice néanmoins de l'exécution des lois générales sur l'émigration.

25 PRAIRIAL an 3 (13 juin 1795). — Décret qui ordonne d'appeler celui des suppléans du département de l'Isère, suivant immédiatement Almeras. (B. 55, 194.)

25 PRAIRIAL an 3 (13 juin 1795). — Décret relatif à la liquidation de différens offices supprimés antérieurement au 1er mai 1787. (B. 55, 196.)

25 PRAIRIAL an 3 (13 juin 1795). — Décret relatif aux membres et agens de la commission de l'évacuation du Palatinat. (B. 55, 192.)

25 PRAIRIAL an 3 (13 juin 1795). — Décret de renvoi au comité de salut public des pétitions de Jean-Michel Freytau et autres. (B. 55, 192.)

25 PRAIRIAL an 3 (13 juin 1795). — Décret relatif au citoyen Antoine-Louis, Bernard Maguier, se disant Brutus, etc. (B. 55, 193.)

25 PRAIRIAL an 3 (13 juin 1795). — Décret qui renvoi au comité de salut public une pétition du conseil général de la commune d'Angers. (B. 55, 193.)

25 PRAIRIAL an 3 (13 juin 1795). — Décret relatif au représentant du peuple Peyssard. (B. 55, 193.)

25 PRAIRIAL an 3 (13 juin 1795). — Décret qui accorde des secours et pensions à diverses personnes. (B. 55, 194, 195 et 96.)

26 PRAIRIAL au 3 (14 juin 1795). — Décret qui détermine un mode pour la perception du droit d'enregistrement sur le prix des baux stipulé payable en denrées non évaluées. (1, Bull. 156, n° 918 ; B. 55, 198.)

Lorsque le prix des baux à ferme ou à loyer aura été stipulé payable en grains et denrées, et que les baux ne contiendront pas l'évaluation de leur produit annuel, les officiers publics qui les auront reçus, ou le bailleur et le preneur, dans le cas du sous-seing-privé, *lorsqu'il sera offert à l'enregistrement*, seront tenus de remettre aux préposés de l'enregistrement une déclaration certifiée desdits bailleur et preneur, de la valeur desdits grains et denrées pendant les dix dernières années qui auront précédé celle de la passation des baux, suivant les mercuriales du marché le plus voisin de la situation des biens, à l'époque du 1er nivose de chaque année, et le droit d'enregistrement desdits baux sera perçu sur le prix commun d'une année sur les dix.

En cas de fausse déclaration de la valeur desdits grains et denrées, le bailleur et le preneur seront tenus solidairement de payer un droit d'enregistrement en sus.

26 PRAIRIAL an 3 (14 juin 1795). — Décret annulant un arrêté du représentant Crasssous. (B. 55, 198.)

26 PRAIRIAL an 3 (14 juin 1795).—Décret d'ordre du jour, relatif à une lettre adressée à la Convention nationale par la commission militaire établie à Paris. (B. 55, 198.)

26 PRAIRIAL an 3 (14 juin 1795). — Décret qui renvoie au comité de salut public, la proposition de décréter que les districts sont autorisés à requérir, comme par le passé, les cultivateurs d'approvisionner leur marché jusqu'à la récolte. (B. 55, 199.)

26 PRAIRIAL an 3 (14 juin 1795). — Décret relatif au représentant du peuple Waudlancourt. (B. 55, 199.)

27 PRAIRIAL an 3 (15 juin 1795). — Décret qui fixe définitivement un mode pour la vente des biens nationaux. (1, Bull. 156 ; n° 919 ; B. 55, 201 ; Mon. du 30 et 31 prairial au 3.)

Voy. lois des 12 et 15 PRAIRIAL an 3 ; du 25 THERMIDOR an 3 ; arrêté du 11 PLUVIOSE an 4 ; lois du 28 VENTOSE an 4 ; du 16 PLUVIOSE an 5 ; du 2 FRUCTIDOR an 5.

Art. 1er. Les directoires de district enverront aux directoires de leurs départemens respectifs, dans dix jours pour tout délai, l'état sommaire des soumissions faites par-devant eux, en conséquence des lois des 10, 12 et 15 prairial, avec le résultat de leur montant, cet état sera rédigé par colonnes, suivant le modèle annexé au présent décret.

Dans les districts où la totalité des biens nationaux n'aurait pas été soumissionnée en conséquence des lois ci-dessus, ils dresseront un état séparé des biens non soumissionnés, avec le montant de leur valeur d'après les bases desdites lois.

2. Les directoires de département veilleront à l'exécution de l'article précédent, et adresseront sans délai les états à la commission des revenus nationaux, à mesure qu'ils leur seront remis par les districts, qui seront tenus de faire mention de la date de la remise.

3. Les adjudications qui pourraient avoir été faites en exécution desdites lois des 10, 12 et 15 prairial, ne vaudront provisoirement que comme soumissions.

4. Les soumissions continueront à être reçues, même sur les biens soumissionnés ; et tout soumissionnaire pourra poursuivre l'adjudication à la chaleur des enchères, en prenant pour première enchère le montant de sa soumission faite en exécution de l'article 5 de la loi du 12 prairial, ou de la loi du 15 pour les biens provenant de la liste civile.

5. L'affiche qui indiquera le jour de la première enchère et de la publication définitive, se fera au plus tard dans cinq jours après la déclaration des soumissionnaires qu'ils entendent faire procéder à la chaleur des enchères sur leur soumission. La première enchère et seconde affiche indiquant le jour de l'adjudication définitive, se fera dix jours après ; et l'adjudication définitive se fera quinze jours après la première enchère ; au plus offrant, sans exclusion d'enchérisseurs.

Les adjudications se feront tous les jours sans interruption.

6. Lorsqu'une soumission comprendra plusieurs corps de fermes ou de biens, les objets seront divisés de manière que chaque corps de biens ou de fermes sera affiché et vendu séparément, ce qui pourra cependant se faire le même jour.

7. Les adjudications faites en conséquence des articles précédens seront soldées ainsi qu'il suit : un tiers du montant de la soumission dans le premier mois, le second tiers dans le deuxième, et le dernier tiers de la soumission dans le troisième mois. Le surplus de l'adjudication, excédant le montant de la soumission, sera acquitté en trois paiemens égaux dans les

...is autres mois suivans, le tout sans in-
...êt, jusqu'à l'époque des échéances.
8. Les adjudicataires ne pourront se
...ttre en possession qu'après le paiement
premier terme, et ne jouiront des fruits
...urels et civils que conformément à la loi
15 prairial.
9. Les acquéreurs de bâtimens et d'usines
pourront les démolir ou détériorer, et
...ux des forêts ou parcs ne pourront abattre
bois, qu'après l'entier paiement du prix
...djudication.

PRAIRIAL an 3 (15 juin 1795). — Décret re-
...atif aux veuves d'officiers morts dans les com-
...ats, ou par suite de leurs blessures. (B. 55,
...00.)

PRAIRIAL an 3 (15 juin 1795). — Décret re-
...atif aux pouvoirs du représentant du peuple
...lauzel. (B. 55, 200.)

PRAIRIAL an 3 (15 juin 1795). — Décret re-
...atif au citoyen Nicolas Verdier. (B. 55, 200.)

PRAIRIAL an 3 (16 juin 1795). — Décret sur
...a réorganisation de la garde nationale des dé-
...artemens. (1, Bull. 156, n° 920; B. 55, 204;
...lon. du 31 prairial an 3.)

Voy. loi du 29 SEPTEMBRE. = 14 OCTOBRE
791; du 15 MESSIDOR an 3.

Organisation.

Art. 1er. Toutes les gardes nationales de
...République seront sur-le-champ réorga-
...ées (1).

2. Elles seront composées de tous les ci-
...ens valides âgés de seize à soixante ans.
8. Ne seront compris dans l'organisation,
...commandés pour aucun service, les mem-
...es du Corps-Législatif, ceux du pouvoir
...écutif ou des commissions qui le repré-
...ntent, les juges des tribunaux et de paix,
...directoires de département et de district,
maires et officiers municipaux, les gref-
...rs en chef, les receveurs des districts,
...directeurs de postes aux lettres, les
...urriers de malles, les postillons de postes
...x chevaux, les militaires en activité de
...rvice, les commissaires des guerres, les
...rdes des arsenaux et magasins de la Ré-
...blique, les directeurs, officiers de santé
...infirmiers des hôpitaux militaires, les
...ployés aux transports et charrois mili-
...res, les étrangers non naturalisés, les
...nicerges des maisons d'arrêt, les guiche-
...rs et les exécuteurs des jugemens crimi-
...ls.
4. Les ouvriers ambulans et non domi-
...és, ceux travaillans dans les manufac-
...res sans domicile fixe, ne seront point

également compris dans la présente organisation; ceux d'entre eux qui seront cau-
tionnés, par écrit, par les citoyens chez lesquels ils travailleront, seront admis dans
les rangs des compagnies de leur quartier,
lorsque la générale battra.
5. Les citoyens peu fortunés, domestiques, journaliers et manouvriers des villes,
ne seront plus compris dans les contrôles
des compagnies, à moins qu'ils ne réclament contre cette disposition; dans le cas
où on battra la générale, ils prendront place
dans la compagnie de leur quartier, pour
contribuer au secours ou à la défense commune.
6. Les bataillons seront formés de dix
compagnies, y compris celles de grenadiers
et de chasseurs.
7. Les compagnies seront composées d'un
capitaine, un lieutenant, un sous-lieutenant, un sergent-major, quatre sergens,
huit caporaux, soixante fusiliers, un tambour; total, soixante-dix-sept hommes.
8. Dans les communes, sections de communes ou cantons, dont le nombre des citoyens excédant la formation d'un bataillon
ne pourrait en composer un second ou un
troisième, cet excédant de citoyens sera réparti également sur toutes les compagnies.
9. S'il arrivait que la population d'une
commune, d'une section de commune, ou
d'un canton, ne pût pas former un bataillon,
elle s'adjoindrait la section, la commune ou
le canton le plus voisin, pour en compléter
l'organisation.
10. Alors tous les citoyens concourraient
également à la nomination de l'état-major.
11. L'état-major des bataillons sera composé d'un chef de bataillon, d'un adjudant
et d'un porte-drapeau, et chaque bataillon
aura un tambour instructeur.
12. Les bataillons seront tous embrigadés.
13. Les brigades seront ordinairement
composées de trois bataillons; elles pourront être portées à quatre, et réduites à
deux; tellement qu'une commune ou un
district qui aurait huit bataillons, les ré-
partirait en trois brigades, deux de trois
et une de deux; et que la commune ou le
district qui fournirait sept bataillons n'aurait que deux brigades, une de quatre et
une de trois.
14. Chaque brigade sera commandée par
un chef de brigade et un adjudant.
15. Les brigades seront organisées par
division.
16. Les divisions seront de dix brigades
au plus, et de cinq au moins.
17. Chaque division sera commandée
par un chef de division et deux adjudans-
généraux.
18. Toutes les divisions de gardes natio-

---

(1) Paris est excepté de cette disposition, parce que cette opération est bientôt terminée.

nales d'un département seront commandées par un officier général, lorsqu'elles
seront réunies pour l'intérêt public, et ce
général sera nommé par le Gouvernement.

19. Dans les communes chefs-lieux de
district, où il y aura de l'artillerie, il sera
formé une compagnie de canonniers, composée d'un capitaine, un lieutenant, un
sous-lieutenant, deux sergens, quatre caporaux, quarante canonniers, un tambour;
total, cinquante hommes.

20. Les départemens pourront organiser
de la cavalerie nationale; une compagnie
sera composée d'un capitaine, un lieutenant, un sous-lieutenant, deux maréchaux-des-logis, quatre brigadiers, quarante cavaliers, un trompette; total, cinquante hommes.

21. Les districts auront la même faculté; et ceux qui ne pourront organiser
une compagnie, en organiseront une moitié ou un quart, c'est-à-dire, une ou deux
brigades.

22. Une brigade sera composée de dix
cavaliers et un brigadier; elle sera commandée par un sous-lieutenant; deux brigades, faisant moitié d'une compagnie, seront composées de vingt cavaliers, deux
brigadiers, un maréchal-des-logis, commandés par un lieutenant.

23. Il sera également organisé des compagnies d'élèves et de vétérans dans les
chefs-lieux de district, dans la proportion de cinquante hommes par compagnie,
élus et reçus de la manière ci-après prescrite.

Elections.

24. Pour procéder à la réorganisation
des gardes nationales, les procureurs-syndics donneront, au reçu de la présente loi,
l'ordre aux commandans de bataillon de
faire assembler, au premier jour de décadi,
les citoyens sans armes, par section de
commune dans les villes, et par commune
dans les campagnes.

25. Les citoyens ainsi réunis se diviseront en autant de pelotons qu'ils pourront
former de compagnies de soixante-dix-sept
hommes pris par arrondissement de quartier ou d'habitations en campagne, et sous
la présidence d'un officier civil de la section ou de la municipalité, lequel donnera
lecture de la loi; il sera désigné par l'assemblée trois des plus anciens citoyens
présens pour scrutateurs, et pour secrétaire
un des plus jeunes en état d'en remplir les
fonctions.

26. Le bureau ainsi organisé, le président fera prêter à l'assemblée le serment
de fidélité à la République; puis il annon-
cera qu'il va être procédé à la nomination
des officiers, par un seul scrutin, à la pluralité relative des suffrages, en désignant
par une même liste le capitaine, le lieutenant et le sous-lieutenant.

27. Nul ne pourra être élu au grade d'officier, de sergent ou de maréchal-des-logis,
qu'il ne sache lire et écrire.

28. Aussitôt que les capitaines seront
élus, ils tireront au sort le rang de leurs
compagnies.

29. Chaque citoyen fera son scrutin;
ceux qui ne sauront pas écrire le dicteront
à l'un des scrutateurs, qui mettront en tête
le nom du votant, puis celui de ceux à qui
il donne son suffrage, et le grade pour lequel il le donne.

30. Lorsque tous les scrutins seront
écrits, le président fera faire l'appel de la
compagnie; et en y répondant, chaque citoyen s'approchera du bureau, et y déposera ostensiblement son scrutin dans un
vase destiné à le recevoir.

31. L'appel fini, le scrutin sera clos, et
personne ne sera plus admis à en déposer
de nouveaux, sous aucun prétexte.

32. Le président ouvrira le vase,
comptera le nombre des scrutins pour
savoir s'il est égal à celui des votans; dans
le cas contraire, l'opération sera recommencée.

33. Cette vérification faite, les scrutateurs développeront successivement tous
les scrutins, et ils les présenteront au président, qui lira distinctement, et à voix
haute, les noms inscrits, avec celui du
grade pour lequel chacun sera désigné.

34. Le secrétaire recueillera soigneuse-
ment tous les suffrages; et le résultat
étant connu, le président proclamera chacun pour le grade auquel la pluralité l'aura
porté.

35. Le même mode d'élection sera suivi
pour les cinq sergens; et il sera fait un
troisième scrutin pour les huit caporaux.
Les officiers et sous-officiers de canonniers
et de la cavalerie seront élus de la même
manière.

36. Tous les scrutins qui auront servi
aux élections seront brûlés en présence de
l'assemblée, et auparavant de la dissoudre.

37. Le résultat de ces nominations sera
consigné dans un procès-verbal signé du
bureau et des membres élus, pour être déposé à la commune ou chef-lieu de section,
qui, après l'avoir fait transcrire sur ses registres, l'adressera au procureur-syndic du
district.

38. Aussitôt que la nomination des officiers et sous-officiers sera terminée, les capitaines, lieutenans, sous-lieutenans et sergens s'assembleront pour procéder, de la
même manière et par un seul scrutin de liste,
à la nomination d'un chef de bataillon, d'un
adjudant et d'un porte-drapeau. La majorité
absolue des suffrages est exigée pour le chef
de bataillon seulement.

39. Le procès-verbal de ces trois élections

era également transcrit sur les registres de la commune ou de la section, et envoyé, sans retard, au procureur-syndic du district, qui convoquera de suite, au chef-lieu, les chefs de bataillon et les capitaines de toutes armes, pour élire les chefs de brigade et le chef de division.

40. Si aucuns des citoyens élus viennent à passer d'un grade à l'autre, ils seront remplacés de la même manière qu'ils ont été élus.

41. Les élections seront renouvelées tous les ans, au premier décadi de germinal, excepté le cas où les bataillons seraient en activité de service contre les ennemis de la République.

42. Ceux qui, par leur civisme et leur conduite, auront mérité l'estime et la confiance de leurs concitoyens, pourront être réélus.

Des réceptions.

43. Le premier jour de décadi qui suivra l'organisation d'un bataillon, les procureurs-syndics dans les villes, et les maires de commune dans les campagnes, feront assembler les bataillons en armes, pour procéder à la réception de leurs chefs.

44. Le maire et les officiers municipaux, revêtus de leur écharpe, accompagnés du procureur-syndic dans les villes de district, se présenteront au centre du bataillon; le maire en avant, et ayant à sa gauche le chef de bataillon, l'épée à la main, il lui dira : « Jurez-vous fidélité à la nation, haine à la royauté, et obéissance aux lois de la République? » — Il répondra : « Oui, je jure fidélité à la nation, haine à la royauté, et obéissance aux lois de la République. » Alors le maire fera battre un ban, et dira :

« Citoyens, au nom du peuple français,
» « vous reconnaîtrez le citoyen N..... pour
» « votre chef de bataillon, et vous lui obéirez
» « en tout ce qu'il vous ordonnera pour la
» « sûreté des personnes, la garantie des pro-
» « priétés et le service de la République. »
Il lui donnera l'accolade fraternelle, et le récipiendaire se décorera des marques distinctives de son grade.

45. Immédiatement après, le commandant du bataillon fera battre deux bans, et recevra de même l'adjudant et le porte-drapeau; puis, se portant à la droite du bataillon, il recevra tous les officiers, en finissant par la gauche.

46. Chaque capitaine recevra, par deux bans différens, les cinq sergens et les huit caporaux.

47. Les chefs de brigades seront reçus de la même manière par les chefs de bataillon, le décadi suivant; et le chef de division le sera au chef-lieu de district, à la tête des bataillons de la commune, par le plus ancien chef de brigade.

48. Toutes ces réceptions seront faites en présence des municipalités; les procès-verbaux en seront rédigés par leurs greffiers, transcrits sur leurs registres, et remis aux procureurs-syndics des districts.

49. Lorsqu'il viendra à vaquer un grade quelconque, il y sera renommé le décadi suivant, et l'élu sera reçu dans les formes prescrites par la présente loi.

50. Il n'est rien changé à l'uniforme et aux marques distinctives des gardes nationales. Les tambours porteront deux épaulettes aux trois couleurs, avec le retroussis de l'habit, les houppettes et pompon affectés à leur compagnie.

51. Les chefs de brigade porteront pour marques distinctives deux épaulettes à nœud de cordelier.

52. Les chefs de division auront, de plus que les chefs de brigade, un galon de six lignes au collet et au parement de leur habit.

53. Le service et la discipline s'observeront conformément à la loi du 29 septembre = 14 octobre 1791.

54. La présente loi sera promulguée par la voie du bulletin de correspondance.

---

28 PRAIRIAL an 3 (16 juin 1795). — Décrets qui accordent des congés aux représentans Michet et Boisset. (B. 55, 202.)

---

28 PRAIRIAL an 3 (16 juin 1795). — Décret qui accorde divers secours. (B. 55, 203.)

---

28 PRAIRIAL an 3 (16 juin 1795). — Décret relatif à l'examen de la conduite du représentant du peuple Joseph Lebon. (B. 55, 202.)

---

28 PRAIRIAL an 3 (16 juin 1795). — Décret relatif aux pouvoirs des représentans du peuple Mathieu, Guezno et Bodin. (B. 55, 203.)

---

28 PRAIRIAL an 3 (16 juin 1795). — Décret relatif au citoyen Bizot. (B. 55, 204.)

---

28 PRAIRIAL an 3 (16 juin 1795). — Décret qui renvoie au comité d'instruction publique, une pièce de vers sur les événemens du 4 prairial. (B. 55, 210.)

---

28 PRAIRIAL an 3 (16 juin 1795). — Décret relatif à une dénonciation adressée à la Convention nationale, contre les citoyens Dufay. (B. 55, 210.)

---

29 PRAIRIAL an 3 (17 juin 1795). — Décret qui réduit provisoirement le nombre des employés dans les administrations publiques. (1 Bull. 157, n° 922; B. 55, 210.)

---

29 PRAIRIAL an 3 (17 juin 1795). — Décret portant qu'à l'avenir l'objet des missions des repré-

sentans du peuple sera limité. (1, Bull. 157, n° 923 ; B. 55, 213.)

29 PRAIRIAL an 3 (17 juin 1795). — Décret qui réduit le nombre des adjudans de division et des tambours de la garde nationale de Paris. (B. 55, 211.)

29 PRAIRIAL an 3 (17 juin 1795). — Décret qui mande à la Convention les représentans Po-cholle, Monet, Dornier, l'Official, etc. (B. 55, 202.)

29 PRAIRIAL an 3 (17 juin 1795). — Décrets qui accordent des secours au citoyen Kesau, et l'avance de six mois d'appointemens au citoyen Saint-Julien. (B. 55, 213.)

29 PRAIRIAL an 3 (17 juin 1795). — Décret sur les pétitions du citoyen Hervieux et autres. (B. 55, 212.)

29 PRAIRIAL an 3 (17 juin 1795). — Décret de renvoi au comité de sûreté générale. (B. 55, 213.)

30 PRAIRIAL an 3 (18 juin 1795). — Décret relatif à la distribution des secours promis aux habitans des départemens pacifiés, et sur les individus qui, contre leur serment de soumission aux lois de la République, auront conspiré ou se seront armés contre elle(1). (1,Bull. 157, n° 924 ; B. 55, 215.)

Voy. loi du 1er VENDÉMIAIRE an 4.

La Convention nationale, sur le rapport de son comité de salut public, décrète :

Art. 1er. La distribution des secours promis aux habitans des départemens pacifiés, sera faite dans le plus court délai, par les corps administratifs, sous la surveillance des représentans du peuple.

2. Les individus qui, contre leur serment de soumission aux lois de la République, auront conspiré ou se seront armés contre elle, seront poursuivis comme rebelles.

3. Les chefs, commandans et capitaines, les embaucheurs et les instigateurs de rassemblemens armés sans l'autorisation des autorités constituées, soit sous le nom de *Chouans*, ou sous telle autre dénomination, seront punis de la peine de mort.

4. Les hommes armés, pris dans ces rassemblemens, s'ils sont déserteurs ou étran-

gers au département où ils seront pris, seront punis de la même peine.

5. Les habitans des campagnes, entraînés et surpris dans ces rassemblemens, et qui ne seront pas convaincus d'avoir participé aux assassinats, seront punis suivant la gravité des cas, de deux, trois ou quatre mois de détention, et d'une amende égale à la moitié de leurs revenus, et leur liberté ne leur sera rendue que sous la caution de quatre citoyens connus, qui répondront de leur conduite.

6. Les prévenus arrêtés dans lesdits rassemblemens, seront traduits par les ordres des commandans de la force armée devant le tribunal militaire de la division pour y être jugés dans le plus court délai (2).

7. Les prévenus d'avoir pris part active à des révoltes depuis la pacification, arrêtés hors des rassemblemens et sans armes, seront traduits devant les tribunaux criminels de département. L'accusateur public dressera seul l'acte d'accusation, et ils seront jugés par le tribunal (3).

8. Les peines prononcées par l'article 4 seront appliquées aux chefs commandans, capitaines et instigateurs, et celles de l'article 6 aux autres prévenus (4).

9. Les corps administratifs et militaires sont chargés d'assurer l'exécution du présent, et les représentans du peuple la surveilleront.

30 PRAIRIAL an 3 (18 juin 1795) — Décret accordant un congé au représentant Capin. (B. 55, 214.)

30 PRAIRIAL an 3 (18 juin 1795). — Décret qui nomme le citoyen Crouzet directeur-comptable de l'école des orphelins de la patrie. (B. 55, 215.)

30 PRAIRIAL an 3 (18 juin 1795). — Décret qui rapporte l'article 4 de la loi du 14 frimaire an 2 ; relative à la fabrication d'un papier particulier pour l'impression du Bulletin des lois, et qui supprime les commissions établies près les manufactures de papier. (B. 55, 213.)

30 PRAIRIAL an 3 (18 juin 1795). — Décret portant que le tribunal criminel de l'Orne jugera les prévenus de crimes d'assassinat, et vol commis dans le département de la Mayenne. (B. 55, 216.)

_____

(1) Cette loi n'a pas été abrogée par l'art. 62 de l'acte constitutionnel du 22 frimaire an 8, qui attribue au jury la connaissance des délits emportant peine afflictive ou infamante (17 floréal an 10 ; Cass. S. 7, 2, 1160).
Sur la question de savoir si l'art. 62 de la Charte, portant que nul ne peut être distrait de ses juges naturels, a abrogé la loi du 30 prairial

an 3. *Voy.* Observations. (S. 22, 2, 255).
(2, 3 et 4) Les individus qui ont fait partie de rassemblemens armés, mais qui sont arrêtés hors du rassemblement, doivent être jugés par le tribunal criminel et non par les conseils militaires La loi du 1er vendémiaire an 4 n'a pas modifié en cela la loi du 30 prairial an 3 (27 prairial an 7 ; Cass. S. 1, 1. 199.)

30 PRAIRIAL an 3 (18 juin 1795). — Décret qui étend au département de la Haute-Vienne les pouvoirs du représentant Penières, en mission dans le département de la Charente. (B. 55, 217.)

30 PRAIRIAL an 3 (18 juin 1795). — Décret relatif aux pouvoirs des représentans du peuple en mission dans les départemens de l'Ain, Rhône et l'Isère. (B. 55, 217.)

30 PRAIRIAL an 3 (18 juin 1795). — Décret contenant désignation d'édifices en la ville de Paris pour l'exercice des cultes. (B. 55, 214.)

1er MESSIDOR an 3 (19 juin 1795). — Décret qui accorde une pension de deux mille livres à la veuve du citoyen Desault. (B. 56, 1.)

1er MESSIDOR an 3 (19 juin 1795). — Décret qui ajourne un projet de décret sur la pétition du citoyen Lepelletier. (B. 56, 1.)

2 MESSIDOR an 3 (20 juin 1795). — Décret portant qu'il sera fait un rapport, sous deux jours, sur les réclamations des administrateurs du Calvados. (B. 56, 3.)

2 MESSIDOR an 3 (20 juin 1795). — Décret relatif aux remises attribuées aux administrateurs et préposés de la régie. (1, Bull. 157, n° 925 ; B. 56. 2.)

Voy. lois du 5 FÉVRIER 1793; du 1er FLORÉAL an 8 ; arrêté du 11 PLUVIOSE an 9.

Art. 1er. La disposition du décret du 5 février 1793, concernant la fixation des remises qui étaient à répartir entre les employés de la régie et des domaines pour l'année 1792, ne sera point applicable à la remise particulière que chaque receveur a reçue, en conformité de la loi du 18 = 27 mai 1791, sur le produit de sa recette, mais seulement à la portion de remise générale que ces receveurs auraient pu prétendre, tant pour la dernière année que pour la précédente, en vertu de ladite loi du 18 = 27 mai 1791 et de celle additionnelle du 29 septembre = 9 octobre même année.

2. Le décret du 21 messidor de l'an 2 est rapporté, quant à l'effet rétroactif qu'il contenait : en conséquence, les traitemens et remises attribués aux administrateurs et préposés de ladite régie, compris au tableau joint à la loi du 14 août 1794, leur seront alloués dans leur intégrité sur le pied porté par cette loi, depuis le 1er janvier 1793 jusqu'au 1er messidor de l'an 2, sauf à déduire aux directeurs des départemens et aux principaux receveurs les sommes qui leur ont été allouées en exécution de ladite loi du 21 messidor, pendant le mois de prairial de l'an 2, pour loyer et frais de bureau.

3. Il sera payé par chaque trimestre, à

8.

compter du 1er messidor courant, jusqu'à ce qu'il en soit autrement ordonné, aux inspecteurs et vérificateurs de cette régie, autres que ceux résidant à Paris, pour les indemniser des frais de route, savoir, aux inspecteurs, la somme de mille cinq cents livres, et aux vérificateurs, celle de cinq cents livres.

4. Le comité des finances présentera, dans le mois, à la Convention nationale, un projet d'une nouvelle organisation de la régie de l'enregistrement et des domaines, avec la fixation des remises qu'il conviendra d'accorder aux administrateurs et préposés de ladite régie, à compter du 1er vendémiaire an 3.

Quant à leurs traitemens depuis le 1er messidor an 2 jusqu'au 1er vendémiaire suivant, ils seront réglés par le comité des finances.

2 MESSIDOR an 3 (20 juin 1795). — Décret qui renvoie au comité d'instruction publique une brochure intitulée · *Accord de la religion catholique avec le gouvernement républicain.* (B. 56, 3.)

2 MESSIDOR an 3 (20 juin 1795). — Décret qui renvoie au comité d'instruction publique une pièce de vers sur la prise de Luxembourg. (B. 56, 3.)

2 MESSIDOR an 3 (20 juin 1795). — Décrets qui accordent des secours. (B. 56, 4.)

2 MESSIDOR an 3 (20 juin 1795). — Décret relatif à un rapport à faire, sur le point de savoir s'il ne convient pas de rouvrir l'emprunt volontaire qui a été fermé depuis le 7 du mois dernier, etc. (B. 56, 4.)

3 MESSIDOR an 3 (21 juin 1795). — Décret portant établissement d'une échelle de proportion pour les paiemens et recettes, calculée sur le progrès de l'émission ou de la rentrée des assignats. (B. 56, 7.)

Voy. loi du 2 NIVOSE an 4 ; arrêtés des 15 et 21 NIVOSE an 4.

§ Ier.

Art. 1er. Il y aura, dans les cas prévus par le présent décret, une échelle de proportion pour les paiemens et recettes, calculée sur le progrès de l'émission ou de la rentrée des assignats.

2. Le premier terme de proportion sera fixé à l'époque où il y a eu deux milliards d'assignats en circulation, et les paiemens seront élevés d'un quart au-dessus de la valeur nominale des assignats, à partir de l'époque de chaque augmentation de cinq cents millions d'assignats dans la circulation.

3. Les paiemens décroîtront dans la même proportion du quart, à chaque époque ou la

10

masse des assignats en circulation aura diminué de cinq cents millions.

4. Les sommes intermédiaires ou moindres de cinq cents millions ne produiront ni augmentation ni diminution dans l'échelle de proportion.

5. Ce tableau d'échelle proportionnelle sera annexé au décret.

Il sera continué de deux mois en deux mois.

§ II. Application aux impositions indirectes et directes.

6. A partir du jour de la publication de la loi, les contributions indirectes en sommes fixes, établies avant qu'il y eût au-delà de deux milliards en circulation, seront perçues, conformément aux articles précédens, sur le pied de la proportion de deux milliards à celle de la circulation au moment du paiement; celles qui se paient en proportion des prix ou valeurs, continueront à être perçues suivant le tarif, au pair.

7. La contribution foncière sera, pour l'an 3, payée dans la même proportion que les impositions indirectes en sommes fixes, c'est-à-dire, dans la proportion des deux milliards à celle de la circulation au moment du paiement.

8. Il sera fait distraction de la cote totale de chaque contribuable, du montant de ce qui y est porté pour maison d'habitation, tant de ville que de campagne, et pour usines autres que les moulins à blé. Les contribuables ne paieront la contribution de ces objets qu'avec assignats au pair.

9. Le paiement de cette contribution, pour l'an 3, sera fait dans deux termes : le premier jusqu'à la fin du dernier des jours complémentaires de cette année, et le second à la fin de frimaire suivant.

§ III. Application à l'arriéré, et mesures pour faire rentrer les assignats.

10. Les débiteurs de la République, pour contributions dites arriérées, seront admis à se libérer avec assignats au pair dans le mois à compter de la publication de la loi : passé lequel délai, ils ne pourront plus le faire que selon l'échelle de proportion, à partir de l'époque de l'échéance.

11. L'article précédent aura lieu, quand même il y aurait demande en dégrèvement, sauf à tenir compte dans la suite si la réclamation se trouve fondée. Il aura pareillement lieu quand les rôles pour les années arriérées ne seraient pas achevés : les paiemens seront faits en ce cas sur le pied du dernier rôle existant.

12. Il en sera de même des débiteurs de la République pour rentes ou prix de baux ar-

riérés non dus en denrées, à la différence que si les débiteurs ne se libèrent dans le mois, l'échelle de proportion partira de l'époque du contrat, ou du premier terme de l'échelle, si le contrat est antérieur.

13. Les prêts ou avances faits par la République, dont les termes de remboursement sont échus, pourront encore être acquittés en assignats au pair dans le mois, à dater de la publication de la loi; passé lequel délai, le paiement devra être fait selon l'échelle de proportion, à partir du jour du prêt ou de l'avance, ou du premier terme de l'échelle, si le prêt ou l'avance est antérieur.

14. Il en sera de même des avances remboursables à termes fixes non encore échus, qui ne seraient pas acquittées dans le mois de l'échéance.

15. Si la créance de la République n'était pas liquidée, les débiteurs, pour profiter du bénéfice de la loi, pourront payer par à-compte dans le mois; si par la liquidation il résulte qu'ils ont payé les trois quarts de leur dette, ils pourront se libérer pour le restant avec assignats au pair, dans un autre délai d'un mois après la liquidation : si l'à-compte n'était pas des trois-quarts, ils ne pourront se libérer du restant qu'avec assignats, selon l'échelle de proportion, à partir de la date du prêt, ou du premier terme de l'échelle si le prêt est antérieur.

16. Les débiteurs de prix de domaines nationaux envers la République, qui sont en retard de paiement, pourront acquitter les termes échus dans quinzaine en assignats au pair; passé lequel délai, ils paieront suivant l'échelle de proportion, du jour de l'adjudication à celui du paiement.

17. Les débiteurs de prix de domaines nationaux envers la République, dont les termes de paiement ne sont pas échus, pourront se libérer en assignats au pair dans le courant de quarante jours, à dater de la publication de la loi; passé lequel délai, ils paieront suivant l'échelle de proportion du jour de l'adjudication à celui du paiement, à dater de la publication de la présente loi; celles qui accordaient une prime aux acquéreurs sont rapportées.

§ IV. Application aux rentiers, fonctionnaires publics et pensionnaires.

18. Les créanciers de la République, pour rentes constituées et viagères, seront payés, pour le dernier semestre de l'an 4, dans la proportion de deux milliards en circulation, comparés avec la quantité qui sera en circulation à l'époque de l'expiration dudit second semestre de l'an 4; le premier semestre de l'an 4 et le dernier semestre de l'an 3 seront payés en assignats au pair.

19. Lorsque le Gouvernement aura réduit le nombre des fonctionnaires publics et des

employés, le comité des finances présentera ses vues pour améliorer leur sort. Il en présentera pareillement, au plus tôt, pour améliorer celui des pensionnaires les plus infortunés.

§ V. Renvoi pour imposer les propriétés non sujetes à la contribution foncière.

20. Le comité des finances est chargé de présenter ses vues sur un mode d'imposer les propriétés que la contribution foncière ne peut atteindre.

§ VI. Application aux baux.

21. Les fermiers ou locataires de maisons d'habitation de ville et de campagne, et d'usines autres que moulins à blé appartenant aux citoyens, continueront de payer leur fermage ou loyer avec assignats au pair.

22. Les fermiers des autres fonds patrimoniaux ou ci-devant nationaux appartenant aux citoyens, dont les prix ne sont pas stipulés en denrées, y compris les moulins à blé, paieront leur fermage pour l'an 3 en assignats, dans la proportion de la circulation au moment du bail, à celle du paiement ou du premier terme de l'échelle, si le bail est antérieur.

23. La Convention nationale charge les comités de législation et d'agriculture réunis, de présenter incessamment leurs vues sur la question de savoir s'il convient d'accorder, pour les années suivantes, aux propriétaires et fermiers de biens ruraux, la faculté réciproque de résilier les baux dont le prix est payable autrement qu'en denrées, et pour quelle époque cette résiliation pourrait avoir lieu.

§ VII. (1) Des compensations.

24. Les créanciers de la République, à quelque titre que ce soit, qui se trouveraient en même temps débiteurs de l'État pour avances à eux faites, ou pour le prix de domaines nationaux dont les termes de remboursement ou de paiement ne sont pas encore échus, auront droit à la compensation jusqu'à due concurrence, à la charge par eux de la requérir avant l'expiration du délai d'un mois, prescrit par l'article 14, et de quarante jours accordés par l'article 17, dans les cas y relatifs, passé lesquels délais il n'y aura plus lieu à la compensation.

25. La demande en compensation sera faite et signée par les intéressés ou leurs fondés de pouvoirs, en double expédition, l'une déposée au secrétariat du district où les créances dues à l'État sont exigibles et doivent être payées, l'autre entre les mains du receveur du même district, accompagnée des titres des créances dues par l'État, si elles sont liquidées, sinon de la promesse de fournir les titres dans les trois mois suivans.

26. Si la créance liquidée offerte en compensation excède la dette envers l'État, il sera délivré au créancier, pour l'excédant, une inscription sur le grand-livre, qui lui sera expédiée d'après le bordereau du receveur, visé et approuvé par le directoire de district.

27. Il en sera usé de même pour les créances sur l'État non liquidées, si, par l'événement, elles se trouvent supérieures à la dette; mais l'inscription pour l'excédant ne pourra être délivrée qu'après le rapport du titre de liquidation.

28. Dans le cas où la créance sur l'État, liquidée postérieurement à la demande de compensation, se trouverait inférieure à la somme pour laquelle elle aurait été offerte en paiement, ce qui s'en défaudra ne pourra être soldé autrement que suivant l'échelle de proportion établie par le paragraphe 1er.

29. Les femmes ou veuves ou enfans d'émigrés ou de condamnés, qui se rendront adjudicataires de biens nationaux provenant d'émigrés, pourront également demander, dans la même forme, et au plus tard avant l'expiration de quarante jours de leur adjudication, la compensation des créances qui leur seraient dues par l'État, en principal et arrérages, à quelque titre que ce soit.

Dans le cas de retard de liquidation, lesdits adjudicataires ne pourront être contraints à payer les termes échus, en justifiant par eux de leur diligence auprès du commissaire-liquidateur général.

Il est dérogé, à cet effet, à tous décrets contraires à la présente disposition.

§. VIII. Du remboursement des rentes dues à l'État.

30. Les débiteurs envers l'État de rentes foncières ou constituées, perpétuelles ou viagères, soit en denrées, soit en argent, auront, nonobstant le décret du 25 messidor dernier, la faculté de les racheter au taux fixé par les précédentes lois; et à l'égard des rentes viagères, suivant les bases fixées par le décret du 24 août 1793 sur la conversion des rentes viagères en inscriptions au grand-livre.

31. Les débiteurs des rentes mentionnées en l'article précédent seront admis à en faire le rachat en assignats à leur valeur nominale, jusqu'et compris le quarantième jour qui suivra la promulgation de la présente loi, et, après ce délai, suivant

---

(1) Ce paragraphe et le suivant ont été décrétés le 31 juillet (13 thermidor).

l'échelle de proportion réglée par le paragraphe 1er.

· 32. Lorsque le rachat ne pourra avoir lieu sans une liquidation par les corps administratifs, le débiteur sera tenu d'en verser préalablement au moins les trois quarts à la caisse du receveur du district, auquel cas il ne sera point sujet, pour l'acquittement du surplus, à l'accroissement de l'échelle de proportion.

Dans le cas contraire, il ne pourra être libéré pour le tout que suivant l'échelle de proportion, au moment du paiement final.

———

3 MESSIDOR an 3 (21 juin 1795). — Décrets qui accordent diverses sommes à titre de secours. (B. 56, 5 et 6.)

———

3 MESSIDOR an 3 (21 juin 1795). — Décret relatif à l'admission à la Convention des citoyens Blauw et Meyer, pour y être reconnus ministres plénipotentiaires de la république des Provinces-Unies auprès de la République française. (B, 56, 6.)

———

4 MESSIDOR an 3 (22 juin 1795). — Décret qui proroge le délai accordé aux ci-devant payeurs de rentes pour la remise de leurs comptes. (1, Bull. 158, n° 926 ; B. 56, 16.)

Le délai accordé aux ci-devant payeurs des rentes, par l'article 1er du décret du 26 frimaire dernier, pour la présentation et remise au bureau de comptabilité, des comptes mentionnés audit article, est prorogé d'un an, à compter du 26 prairial dernier.

Toutes les autres dispositions du décret du 26 frimaire sont maintenues et confirmées.

———

4 MESSIDOR an 3 (22 juin 1795). — Décret qui attribue aux tribunaux criminels la connaissance des meurtres et assassinats commis depuis le 1er septembre 1792. (1, Bull. 158, n° 927 ; B. 56. 19 ; Mon. du 5 messidor an 3.)

Voy. loi du 5e JOUR COMPLÉMENTAIRE an 3.

Art. 1er. Les tribunaux criminels de département connaîtront *immédiatement* des crimes de meurtres et d'assassinats commis dans l'étendue de la République depuis le 1er septembre 1792, et des crimes de la même nature qui pourraient être commis dans la suite ; auquel effet, tous greffiers et autres dépositaires de pièces relatives à ces délits, sont tenus de les remettre aux greffes desdits tribunaux dans la huitaine.

2. Les auteurs, instigateurs, provocateurs et complices des crimes énoncés dans l'article précédent, seront arrêtés sur-le-champ, et traduits sans délai au tribunal du département du lieu du délit.

3. L'accusateur public dressera l'acte d'accusation, et le présentera aux juges, qui décerneront l'ordonnance de prise de corps, s'il y a lieu.

4. Le président du tribunal composera un jury de douze citoyens qui seront tirés au sort sur la liste générale des jurés de jugement.

5. Les déclarations et opinions des jurés passeront à la pluralité absolue.

6. L'instruction de la procédure sera faite d'après les règles établies dans la loi du 16 septembre 1791, en tout ce qui n'y est pas dérogé par la présente.

7. Les juges seront tenus d'appliquer la peine portée au Code pénal.

8. Les jugements rendus sur les délits ci-dessus énoncés ne seront pas sujets au recours en cassation, de quoi il sera fait mention dans l'acte d'accusation.

9. Les accusateurs publics seront tenus d'envoyer copie du jugement, soit qu'il acquitte, soit qu'il condamne, au comité de législation, trois jours après sa date.

10. Les décrets particuliers qui ont accordé des attributions seront exécutés, ainsi que les mesures et lois particulières concernant les départemens de l'Ouest.

11. Les juges, accusateurs publics et greffiers des tribunaux criminels demeureront en permanence jusqu'à ce qu'il en ait été autrement réglé ; les jurés sont aussi en permanence pour le temps qu'ils doivent servir.

———

4 MESSIDOR an 3 (22 juin 1795). — Décret qui accorde des pensions à des fonctionnaires publics retirés de différentes administrations. (B. 56, 14.)

———

4 MESSIDOR an 3 (22 juin 1795). — Décret relatif à l'habillement des troupes. (B. 56, 10.)

———

4 MESSIDOR an 3 (22 juin 1795). — Décret qui rapporte ceux des 22 juillet et 1er août 1793, rendus contre la municipalité et le conseil-général de la commune, le district et divers citoyens de Beaucaire. (B. 56, 15.)

———

4 MESSIDOR an 3 (22 juin 1795). — Décret qui reconnaît et proclame les citoyens Blauw et Meyer ministres plénipotentiaires de la république des Provinces-Unies près la République française. (B. 56, 15.)

———

4 MESSIDOR an 3 (22 juin 1795). — Décret portant que les commandans amovibles des places

recevront en nature leurs rations de viande. (B, 56, 17.)

4 MESSIDOR an 3 (22 juin 1795). — Décret portant que le rapporteur de la commission des Onze aura la parole pour le rapport sur la Constitution de la République française. (B. 56, 16.)

4 MESSIDOR an 3 (22 juin 1795). — Décret qui rappelle au sein de la Convention les représentans en mission dans les départemens. (B. 56, 18.)

5 MESSIDOR an 3 (23 juin 1795). — Décret qui établit provisoirement à Paris un commandant de place temporaire et trois adjoints, et qui nomme à ces fonctions. (B. 56, 21.)

5 MESSIDOR an 3 (23 juin 1795). — Décret relatif aux traites tirées de l'île de Tabago. (B. 56, 22.)

5 MESSIDOR an 3 (23 juin 1795). — Décret qui autorise les communes de Buchy, Montargis, Bose-Edeline, Beauvais, Châteaudun, Jargeau, Estaires, Tours, Niort, Boisgibert, Serqueux, Gros-Theil, Saumon, Valon, Agde, Neuf-Marché, Longpont et Juvisy-sur-Orge, à faire des emprunts. (B. 56, 25 à 36.)

5 MESSIDOR an 3 (23 juin 1795). — Décret qui accorde des pensions à des militaires et autres personnes. (B. 56, 21 à 23.)

5 MESSIDOR an 3 (23 juin 1795). — Décret portant nomination aux places d'adjudans-généraux, adjudans de division, et adjudans de section de la garde nationale de Paris. (B. 56, 22.)

5 MESSIDOR an 3 (23 juin 1795). — Décret ordonnant l'impression, la distribution aux membres de la Convention, l'envoi aux communes et aux armées, du projet de constitution présenté par la commission des Onze. (B. 56, 23.)

5 MESSIDOR an 3 (23 juin 1795). — Décrets qui accordent divers secours. (B. 56, 23 et 24.)

5 MESSIDOR an 3 (23 juin 1795). — Décret relatif à l'indemnité de trente-quatre mille livres accordées au citoyen Papillon. (B. 56, 24.)

6 MESSIDOR an 3 (24 juin 1795). — Décret qui prohibe les ventes de grains en vert et pendans par racines. (1, Bull. 158, n° 928 ; B. 56, 43.)

Voy. lois du 23 MESSIDOR an 3 et du 7 VENDÉMIAIRE an 4.

Art. 1er. Toutes les ventes de grains en vert et pendans par racines sont prohibées (1), sous peine de confiscation des grains et fruits vendus ; casse et annulle toutes celles qui auraient été faites jusqu'à présent ; en défend l'exécution sous la même peine de confiscation, dans le cas où elles seraient exécutées postérieurement à la promulgation de la présente loi.

2. La confiscation encourue sera supportée, moitié par le vendeur, moitié par l'acheteur. Elle sera appliquée un tiers au dénonciateur, un tiers à la commune du lieu où les fonds qui ont produit les grains se trouvent situés ; ce tiers sera distribué à la classe indigente ; le troisième tiers au Trésor public.

3. Les officiers municipaux, les administrateurs de district et de département, sont spécialement chargés de veiller à l'exécution de la présente loi.

6 MESSIDOR an 3 (24 juin 1795). — Décret relatif aux massacres commis à Lyon. (B. 56, 38.)

6 MESSIDOR an 3 (24 juin 1795). — Décret qui rétablit le tribunal de cassation au Palais-de-Justice. (B, 56, 40.)

6 MESSIDOR an 3 (24 juin 1795). — Décret concernant les bâtimens des ci-devant Jacobins de la rue Saint-Honoré, à démolir pour l'établissement d'un marché. (B. 56, 41.)

6 MESSIDOR an 3 (24 juin 1795). — Décret qui ordonne l'impression, affiche, envoi aux départemens et aux armées, du rapport fait par le représentant du peuple Chénier. (B. 56, 39.)

6 MESSIDOR an 3 (24 juin 1795). — Décret qui accorde diverses sommes à titre de secours (B. 56, 39.)

6 MESSIDOR an 3 (24 juin 1795). — Décret relatif au citoyen Creps, tambour de grenadiers de la Convention. (B. 56, 40.)

6 MESSIDOR an 3 (24 juin 1795). — Décrets qui

---

(1) Ces ventes sont aujourd'hui valables ; les lois et ordonnances antérieures qui les prohibaient ont été abrogées, soit par le Code civil, soit par le Code pénal. (2 août 1830 ; Cass., S. 32, 2, 126. D. 32, 2, 156.)

accordent des congés aux représentans Turreaux et Lesage (B. 56, 41.)

6 MESSIDOR an 3 (24 juin 1795). — Décret qui renvoie au comité de législation la proposition de condamner les fermiers de payer en nature le prix de leurs baux. (B. 56, 41.)

6 MESSIDOR an 3 (24 juin 1795). — Décret relatif au tribunal central du jury d'accusation du département de Paris. (B. 56, 42.)

7 MESSIDOR an 3 (25 juin 1795). — Décret relatif à la formation d'un bureau des longitudes. (1, Bull. 158, n° 929 ; B. 56, 50.)

Voy. décret du 6 AVRIL 1815.

Art. 1er Il sera formé un bureau des longitudes.

2. Il aura dans son attribution l'Observatoire national de Paris et celui de la ci-devant école militaire, les logemens qui y sont attachés et tous les instrumens d'astronomie qui appartiennent à la nation.

3. Il indiquera aux comités d'instruction publique et de marine, pour en faire rapport à la Convention nationale, le nombre des Observatoires à conserver ou à établir au service de la République.

4. Il correspondra avec les autres Observatoires tant de la République que des pays étrangers.

5. Le bureau des longitudes est chargé de rédiger la *Connaissance des temps*, qui sera imprimée au frais de la République, de manière que l'on puisse toujours avoir les éditions de plusieurs années à l'avance : il perfectionnera les tables astronomiques et les méthodes des longitudes, et s'occupera de la publication des observations astronomiques et météorologiques.

6. Un des membres du bureau des longitudes fera chaque année un cours d'astronomie.

7. Il rendra annuellement un compte de ses travaux dans une séance publique.

8. Le bureau des longitudes est composé de deux géomètres, quatre astronomes, deux anciens navigateurs, un géographe, et un artiste pour les instrumens astronomiques.

9. Le bureau des longitudes est composé ainsi qu'il suit : géomètres : Lagrange, Laplace; astronomes : Lalande, Cassini, Méchain, Delambre; anciens navigateurs : Borda, Bougainville; géographe : Buache; artiste ; Carochez.

10. Les membres composant le bureau des longitudes feront leur réglement, qui sera soumis à l'approbation des comités d'instruction publique et de marine.

11. Le bureau des longitudes nommera aux places vacantes dans son sein.

12. Il y aura quatre astronomes adjoints, également nommés par le bureau pour travailler, sous sa direction, aux observations et aux calculs.

13. Le traitement des membres composant le bureau des longitudes est fixé à huit mille livres, celui des adjoints à quatre mille livres.

14. Une somme de douze mille livres est affectée annuellement pour l'entretien des instrumens, les frais de bureau et autres dépenses courantes.

15. Les dépenses de cet établissement seront prises sur les fonds mis à la disposition de la commission d'instruction publique.

16. Il sera pris, dans les dépôts de livres appartenant à la nation, et dans les doubles de la bibliothèque nationale, les livres nécessaires pour compléter la bibliothèque astronomique commencée à l'Observatoire.

7 MESSIDOR an 3 (25 juin 1795). — Décret relatif aux meubles et immeubles qui seront reconnus ne devoir pas être compris dans les prospectus des loteries nationales. (B. 56, 49.)

Voy. lois du 8 PRAIRIAL an 3 ; du 23 FRUCTIDOR an 3, et du 5e jour complémentaire an 3.

La Convention nationale, sur le rapport de son comité des finances, décrète :

Art. 1er. Dans le cas où l'on aurait compris dans les prospectus des loteries nationales des meubles et immeubles, qui seraient reconnus ne devoir pas y être compris, le comité des finances est autorisé à y substituer d'autres maisons et effets de même valeur, en informant le public, par des affiches, de ce changement, avant le tirage de la loterie.

2. Si la réclamation en restitution de quelques maisons ou effets, est postérieure au tirage de la loterie, l'aliénation desdites maisons et effets tiendra, et le montant sera restitué aux propriétaires, conformément aux lois sur la vente des domaines nationaux.

7 MESSIDOR an 3 (25 juin 1795). — Décret de renvoi au comité de législation, relatif aux radiations de la liste des émigrés. (B. 56, 53.)

Un membre demande le renvoi des propositions suivantes au Comité de Législation.

Tout individu qui ne justifiera pas de sa sortie du continent de la France par un passeport visé au district comme propriétaire foncier dans les îles de Saint-Domingue et autres, appartenantes à la République, ou qui ne serait pas connu pour négociant avant la révolution, sera déclaré émigré.

Toute radiation sur la liste des émigrés contestée par les départemens, soit qu'elle ait été obtenue, soit qu'elle ait été demandée, ne sera définitive qu'après la vérification des preuves d'émigration à fournir par le département; alors le prévenu d'émigration sera tenu de donner caution de sa personne, ou se mettre sous la garde d'un gendarme, ou se mettre en état d'arrestation; par ce moyen, le vrai émigré craindra d'être rayé de la liste des vivans, et ne poursuivra point la discussion relative à la radiation sur la liste des émigrés ou à son maintien.

Toute réclamation relative à l'inscription sur la liste des émigrés sera visée, enregistrée au district, quelques municipalités de campagne n'ayant pas de registre à jour et régulier : par ce moyen on évitera l'antidate de la réclamation, la surprise ou la collusion.

Tout individu porté sur la liste des émigrés, dans les départemens, qui aura été ou voudrait être rayé de la liste, moyennant neuf témoins, pris le plus souvent à Paris ou toute autre grande commune, dans lesquelles il est tout aussi difficile de connaître que d'être connu, sera tenu de justifier de la probité des témoins, lesquels devront être bien connus; sans quoi les domestiques, les parens, les amis, ou même des inconnus soldés par l'émigré, deviendraient les témoins banaux d'une fausse résidence à Paris, ou toute autre grande commune, étrangère au prévenu d'émigration. La Convention nationale décrète le renvoi.

7 MESSIDOR an 3 (25 juin 1795). — Décret relatif à l'horlogerie de Besançon, et à l'établissement d'une horlogerie automatique à Versailles. (B. 56, 44.)

7 MESSIDOR an 3 (25 juin 1795). — Décret qui réunit la salle du théâtre des Arts au domaine national. (B. 56, 45.)

7 MESSIDOR an 3 (25 juin 1795.) — Décret relatif à la distribution du tableau de la campagne des Français, depuis le 8 septembre 1793, jusqu'au 15 pluviose dernier. (B. 56, 48.)

7 MESSIDOR an 3 (25 juin 1795). — Décret qui suspend l'exécution de celui du 23 prairial, relatif à des sucres mis en réquisition. (B, 56, 48.)

7 MESSIDOR an 3 (25 juin 1795). — Décret qui rapporte celui par lequel la Convention nationale avait accepté l'offre faite par le citoyen

Lepelletier de son cabinet de machines. (B. 56, 49.)

7 MESSIDOR an 3 (25 juin 1795). — Décret accordant prolongation de congé aux représentans Piette, Marquis et Bazoche. (B. 56, 50.)

7 MESSIDOR an 3 (25 juin 1795). — Décret annulant un jugement du tribunal du district de Nemours, du 5 prairial dernier. (B. 56, 49.)

7 MESSIDOR an 3 (25 juin 1795). — Décret d'ordre du jour motivé, relatif au citoyen Lelièvre. (B. 56, 50.)

7 MESSIDOR au 3 (25 juin 1795). — Décret de renvoi au comité de division, des pétitions de la commune de Caudebec, etc. (B. 56, 52.)

7 MESSIDOR an 3 (25 juin 1795). — Décret de renvoi au comité de sûreté générale pour faire un rapport sur une pétition des citoyens de Tours. (B. 56, 52.)

7 MESSIDOR an 3 (25 juin 1795). — Décret qui ordonne l'impression d'un rapport fait par le représentant Grégoire. (B. 56, 52.)

7 MESSIDOR an 3 (25 juin 1795). — Décret de renvoi aux comités de sûreté générale et de législation, relatif aux agens de la tyrannie qui a pesé sur la France avant le 9 thermidor. (B. 56, 52.)

8 MESSIDOR an 3 (26 juin 1795). — Décrets qui accordent diverses sommes à titre de secours et pensions. (B. 56, 54, 55, 56, 57 et 58.)

8 MESSIDOR an 3 (26 juin 1795). — Décret portant que le nommé Kerkui Langlois, se disant Doisy Dollandon, prévenu d'avoir conspiré contre l'Etat, sera jugé de même que ses complices, par le tribunal criminel du Calvados. (B. 56, 55.)

8 MESSIDOR an 3 (26 juin 1795). — Décret qui renvoie au comité de salut public, pour statuer sur une pétition de Réné Legrand. (B. 56, 57.)

9 MESSIDOR an 3 (27 juin 1795). — Décret contenant le Code hypothécaire. (1, Bull. 164, n° 963; B. 56, 71.)

Voy. lois du 2 BRUMAIRE an 4; du 21 NIVOSE an 4, du 11 BRUMAIRE an 7.

Voy. aussi loi du 9 VENDÉMIAIRE an 6, tit. 4.

TITRE Ier. Des hypothèques pour l'avenir.

Art. 1er. A compter du 1er ventose prochain, l'hypothèque aura lieu et sera réglée suivant les principes et le mode d'exécution déterminé au présent titre (1).

CHAPITRE IV. Principes sur les hypothèques.

2. L'hypothèque est un droit réel sur les biens de l'obligé ou du débiteur, accordé au créancier pour sûreté des engagemens contractés envers lui.

3. Il n'y a d'hypothèque que celle résultant d'actes authentiques inscrits dans des registres publics ouverts à tous les citoyens.

4. En quelques mains que la chose grevée d'hypothèque soit passée, le créancier hypothécaire a droit de la suivre, et, à défaut de paiement ou d'exécution des obligations stipulées ou prononcées à son profit, de la faire vendre, et d'en toucher le prix jusqu'à concurrence du montant de ses créances hypothécaires, suivant leur ordre de priorité et dans les formes ci-après.

§ Iᵉʳ. Des biens susceptibles d'hypothèques.

5. Sont seuls susceptibles d'hypothèque,

1°. La propriété des biens territoriaux étant dans le commerce ou pouvant être aliénés,

De leurs accessoires inhérens ou établis à perpétuelle demeure,

Ensemble des fruits non recueillis,

Des bois non coupés,

Et des servitudes foncières;

2°. L'usufruit des mêmes biens, résultant seulement des baux emphytéotiques, lorsqu'il reste encore vingt-cinq années de jouissance.

6. A l'égard des biens meubles, ils ne peuvent être l'objet d'aucune hypothèque, sans préjudice toutefois du droit de suite pour cause de revendication.

§ II. Des personnes sur les biens desquelles l'hypothèque peut être acquise.

7. L'hypothèque est volontaire ou forcée.

SECTION Iʳᵉ. De l'hypothèque volontaire.

8. Tout citoyen, s'il est majeur, a droit d'hypothéquer ses biens présens et à venir, soit en personne, soit par son fondé de procuration spéciale.

9. A l'égard des majeurs interdits,

Des mineurs émancipés ou en tutelle,

Leurs biens ne peuvent être hypothéqués que sur avis de parens ou conseils de famille, pour les causes et dans les formes établies par les lois.

SECTION II. De l'hypothèque forcée.

10. Il résulte, en faveur du créancier, hypothèque sur les biens présens et à venir de son débiteur contre lequel il est intervenu, soit un jugement de reconnaissance d'écrit privé ou de condamnation, soit une sentence arbitrale rendue exécutoire.

11. Néanmoins les jugemens rendus dans les dix jours antérieurs à la faillite, banqueroute ou cessation publique de paiement d'un commerçant, ne sont point susceptibles d'hypothèque.

12. Ne sont pareillement susceptibles d'aucune hypothèque les condamnations obtenue contre l'hérédité acceptée sous bénéfice d'inventaire, ou le curateur à la succession vacante.

§ III. Des créances donnant hypothèque.

13. Toutes les créances résultant de transactions et engagemens,

Et les dommages résultant de délits,

Sont susceptibles de conférer hypothèque.

14. Néanmoins les arrérages de rentes foncières et constituées, perpétuelles ou viagères,

Les intérêts des capitaux qui en produisent,

Ne sont susceptibles de conférer hypothèque que pour une année et le terme courant.

15. A l'égard des frais et dépens en matière litigieuse.

De ceux de mise à exécution et autres accessoires,

Ils ne peuvent conférer hypothèque qu'après avoir été liquidés.

16. Il n'y a plus d'hypothèque indéfinie : en conséquence, tout titre de créance ou portant obligation doit en déterminer le montant; à défaut de quoi il ne peut conférer hypothèque.

§ IV. Des actes qui confèrent hypothèque, et de leur inscription.

17. Nulle obligation ou titre de créance ne peut conférer hypothèque, s'il n'est fait

---

(1) *Voy.* lois du 30 vendémiaire an 4; du 26 frimaire an 4; du 19 ventose an 4; du 19 prairial an 4; du 24 thermidor an 4; du 28 vendémiaire an 5.

Les lois qui sont indiquées dans cette note ont suspendu successivement l'exécution de la loi du 9 messidor an 3; en conséquence on a soutenu que cette loi n'avait jamais eu d'effet obligatoire. (*Voy.* arrêt du 26 janvier 1807; Cass. S. 7, 1, 207.)

par acte public de la juridiction volontaire ou contentieuse, ou si, étant par écrit privé, il n'a été reconnu par acte ou jugement public : en conséquence, il n'y a plus d'hypothèque tacite.

18. Quant aux actes publics passés hors du territoire français, ils sont privés de la faculté de conférer hypothèque. S'ils sont reconnus en France par acte authentique, ce dernier est celui d'où résulte hypothèque en faveur du créancier.

19. Les actes de la nature mentionnée aux deux articles précédens, donnent hypothèque de plein droit, et sans avoir besoin d'être exprimée, sur les biens présens et à venir des obligés et condamnés, et ceux de leurs héritiers.

Et néanmoins l'hypothèque n'est acquise définitivement que par la formalité de l'inscription de ces actes, qui est faite dans le registre pour ce destiné, par le conservateur des hypothèques ou son agent préposé à cet effet pour chaque arrondissement, et qui est tenu d'en donner récépisse au créancier ; après quoi il répond de la conservation de l'hypothèque (1).

20. Le créancier qui veut faire inscrire son titre, est tenu d'en fournir, sur papier timbré, signé du fonctionnaire public qui l'a reçu, ou qui est dépositaire de la minute, un extrait contenant le bordereau de ses créances, et de déposer cet extrait entre les mains du conservateur dans l'arrondissement duquel sont situés les biens sur lesquels le créancier se propose de faire frapper son hypothèque.

21. Il est pareillement tenu d'y joindre, aussi en papier timbré, le double dudit bordereau, au bas duquel le conservateur des hypothèques donne son récépissé, après en avoir fait l'inscription sur ses registres.

§ V. Du rang et de l'ordre des hypothèques.

22. Tout acte de la juridiction volontaire ou contentieuse, même le jugement susceptible d'appel, donne hypothèque du jour de sa date, s'il est inscrit dans le mois, passé lequel délai l'hypothèque n'existe et n'a rang que du jour de son inscription.

23. En cas de vente judiciaire de la chose hypothéquée et d'insuffisance du prix pour acquitter toutes les créances hypothécaires dont elle est grevée, le prix est distribué d'abord au plus ancien créancier, jusqu'à concurrence du montant de sa créance hypothécaire, ensuite à celui qui a rang après

le premier, et successivement jusqu'à épuisement du prix.

Dans le concours de deux hypothèques acquises le même jour, l'heure décide de l'antériorité.

24. A l'exception de la contribution foncière pour une année échue et celle courante, et du bailleur du fonds pour le prix qui lui en est dû, il n'y a plus d'hypothèque privilégiée ni qui puisse avoir aucune préférence sur celles plus anciennes ; et néanmoins les créanciers hypothecaires n'ont droit aux prix de la vente des fruits non recueillis et des bois non coupés, que sous la déduction des frais de récolte et de coupe ou à la charge de les payer aux ouvriers qui y auront été employés.

§ VI. De l'étendue de l'hypothèque.

25. Le créancier peut faire inscrire son titre partout où il le juge convenable, même dans les arrondissemens où son débiteur n'aurait aucune propriété territoriale.

26. L'hypothèque inscrite s'étend sur tous les biens presens et à venir de l'obligé ou condamné, situé dans l'arrondissement du bureau où l'inscription a été faite.

27. A l'égard des héritiers purs et simples de l'obligé ou condamné, leurs biens particuliers n'en répondent que du jour de l'inscription faite nominativement sur eux.

28. Si l'héritier n'a accepté que sous bénéfice d'inventaire, il n'y a point d'hypothèque sur ses biens particuliers pour raison des créances hypothécaires de son auteur.

29. Lorsque les biens du débiteur ou de ses héritiers purs et simples, situés dans un ou plusieurs arrondissemens sont suffisans pour répondre de la créance, le débiteur a le droit de faire rayer et supprimer, aux frais et dépens du créancier, et contradictoirement avec lui, l'inscription de son hypothèque qui aurait été faite ailleurs.

30. Les biens du débiteur sont présumés suffisans, lorsque, sur leur capital ou prix venal, il reste un quart libre de toute hypothèque.

31. Tout citoyen sur les biens duquel il aura été fait une inscription d'hypothèque mal fondée en tout ou partie, a droit de la faire supprimer ou réduire, aux frais et dépens de celui qui l'aura requise, lequel répondra en outre de ses dommages et intérêts.

---

(1) L'art. 37 de la loi du 11 brumaire an 7 a assuré l'effet des inscriptions prises conformément à la loi du 9 messidor an 3, et sous l'empire de cette loi ; peu importe que la loi du 9 messidor n'ait jamais été exécutée, et que dans la localité où a été prise l'inscription les lois antérieures exigeassent d'autres formalités qu'une inscription. (8 floréal an 13 ; Cass. S. 5, 1, 162.)

§ VII. De la déclaration foncière des biens (1).

32. Tout créancier hypothécaire dont le titre de créance est inscrit a le droit d'exiger de son débiteur, propriétaire de biens territoriaux, la preuve qu'il a fait et déposé séparément pour chaque commune, dans les formes prescrites par la loi de ce jour, la déclaration foncière de ceux situés dans l'arrondissement du bureau de la conservation dans lequel l'inscription a eu lieu, et que les résultats sont consignés audit bureau sur le livre de raison des hypothèques.

33. Faute par le débiteur d'en justifier dans le mois de la sommation qui lui en aura été faite à personne ou domicile, à la requête du créancier, la dette en principal et accessoires est exigible de plein droit, nonobstant les termes accordés ou l'aliénation des capitaux.

34. S'il y a insuffisance de biens, et que, dans le même délai, le débiteur ne puisse en désigner d'autres, la dette est encore exigible jusqu'à concurrence du déficit d'hypothèque.

35. Le créancier cesse d'avoir droit à l'exigibilité accordée par les deux articles précédens, s'il y a renoncé.

CHAPITRE II. De l'hypothèque sur soi-même.

36. Au nombre des diverses manières de conférer volontairement hypothèque, est comprise celle qui accorde à tout propriétaire de biens et droits susceptibles d'hypothèque, la faculté de prendre hypothèque sur lui-même, pour un temps déterminé, qui ne peut excéder dix années, par la voie de cédules hypothécaires, jusqu'à concurrence néanmoins des trois quarts de la valeur capitale ou prix vénal de ses biens désignés dans la cédule, y compris le montant des hypothèques dont ils sont déjà grevés.

Dans le cas où il use de cette faculté,

1°. Le conservateur des hypothèques, chargé d'en faire la délivrance, est garant de la valeur capitale annoncée par la cédule, et du montant des créances hypothécaires antérieures ;

2°. Cette cédule hypothécaire est transmissible, non point au porteur innommé, mais par la voie de l'endossement à ordre, elle forme un titre exécutoire contre le citoyen qui l'a souscrite, au profit de celui à l'ordre duquel elle est passée ;

3°. Il n'y a aucun retour de garantie d'un endossement à l'autre, excepté seulement en cas de faux.

§ Ier Des cédules hypothécaires.

37. Les cédules hypothécaires sont délivrées au requérant dans la forme du modèle ci-annexé.

---

(1) *Voy.* loi du même jour, 9 messidor an 3.

SOUCHE	CÉDULE HYPOTHÉCAIRE	DOUBLE SOUCHE.
ORIGINALE.	de livres.	Même modèle que pour le talon original.

SOUCHE ORIGINALE.

—

Cédule de requise le
l'an   n°   f°
du registre.

Département d
district d
arrondissement d
canton d
commune d

Délivrée le
l'an   n°
f°   du registre.

—

Payable le
l'an   souscrite
par
âgé de
demeurant à
propriétaire   de
biens territoriaux
dans l   commune
d   de valeur
capitale de

(*Signature du débiteur.*)

(*Signature du conservateur.*)

CÉDULE HYPOTHÉCAIRE
de   livres.
Requise le   l'an   n°
f°   du registre.

Departement d   district
d   arrondissement
d   canton d
commune d
Délivré le   l'an   n°
f°   du registre.

———

Au   l'an   préfix, je soussigné
âgé de
demeurant à   m'oblige de payer,
à ce domicile, sur la valeur de mes biens
territoriaux, à l'ordre du citoyen dénommé
au dos, la somme de   en monnaie
correspondante au marc d'argent fin, valeur
reçue de la même manière.
A   ce   l'an   de la Répu-
blique française une et indivisible.

(Signature du débiteur.)

Je, soussigné,   conservateur des
hypothèques de l'arrondissement d
au bureau d   certifie sur ma res-
ponsabilité, 1° que l   citoyen
a souscrit en ma présence la cédule ci-dessus,
de la somme de   payable le
2° qu' l est propriétaire dans l   com-
mune
3° que ces biens sont cotisés à   de con-
tribution foncière par an; 4° qu'ils sont de
valeur capitale de   suivant sa décla-
ration foncière de   5° que les hypo-
thèques inscrites sur ces biens, ayant une
date antérieure à la réquisition de la cédule
ci-dessus, sont de la somme de   fai-
sant avec ladite cédule celle de
En sorte que lesdits biens offrent une va-
leur libre de
A   le   l'an   de la Répu-
blique française une et indivisible.
Inscrit le   audit an, n°
f°   du registre.

(Signature du conservateur.)

Enregistré à   le   l'an
n°   f°   Reçu

(Signature du préposé.)

CÉDULE HYPOTHÉCAIRE. | CÉDULE HYPOTHÉCAIRE.

DOUBLE SOUCHE.
Même modèle que pour le talon original.

(Signature du débiteur et du conservateur.)   (Signature du débiteur et du conservateur.)

CÉDULE HYPOTHÉCAIRE.

Payez à l'ordre d citoyen	*Payez à l'ordre d* citoyen
Payez à l'ordre d citoyen	*Payez à l'ordre d* citoyen
Payez à l'ordre d citoyen	*Payez à l'ordre d* citoyen
Payez a l'ordre d citoyen	*Payez à l'ordre d* citoyen
Payez a l'ordre d citoyen	*Payez à l'ordre d* citoyen
Payez à l'ordre d citoyen	*Payez à l'ordre d* citoyen
Payez à l'ordre d citoyen	*Payez à l'ordre d* citoyen
Payez à l'ordre d citoyen	*Payez à l'ordre d* citoyen
Payez à l'ordre d citoyen	*Payez à l'ordre d* citoyen
Payez à l'ordre d citoyen	*Payez à l'ordre d* citoyen
Payez à l'ordre d citoyen	*Payez à l'ordre d* citoyen
Payez à l'ordre d citoyen	*Payez à l'ordre d* citoyen

CÉDULE HYPOTHÉCAIRE.

La souche originale reste entre les mains du conservateur des hypothèques qui l'a délivrée, pour que la cédule puisse y être confrontée au besoin, et tous les dix jours il envoie au bureau de la conservation générale des hypothèques, à Paris, les doubles souches des cédules expédiées pendant le cours de la décade précédente.

38. Tout citoyen qui veut requérir cédule est tenu préalablement, s'il ne l'a déjà fait, de déposer, dans les formes prescrites par la loi de ce jour, la déclaration foncière de ses biens, et d'en justifier au conservateur, sans pouvoir se servir à cet effet de la déclaration foncière de son auteur; le tout à peine de nullité de l'acte de réquisition, et de la cédule hypothécaire, dont ledit conservateur demeure responsable.

39. Avant d'être délivrées aux requérans par le conservateur des hypothèques, ces cédules seront, à la diligence du conservateur, enregistrées sur un registre à ce destiné, au bureau de la perception des droits d'enregistrement établi au chef-lieu de district, en exécution du décret du 5 — 19 décembre 1790.

40. Le droit dû au Trésor public pour cette formalité, sera d'un demi pour cent, ou d'un pour deux cents, par an, du montant desdites cédules.

Si elles sont requises pour une échéance différente qu'une année, le droit cédulaire sera réduit ou augmenté à proportion.

Le conservateur des hypothèques en sera responsable; à l'effet de quoi il est autorisé à le faire consigner d'avance.

41. Celui qui ne sait point écrire, ou qui ne peut venir en personne, ne peut requérir cédule que par procuration spéciale et authentique, qui demeurera déposée au bureau du conservateur des hypothèques.

42. Il sera tenu registre des réquisitions de cédules.

§ II. De la communication des titres.

43. Afin de mettre le conservateur des hypothèques en état de juger de la propriété et de la valeur des biens du requérant, il est tenu de lui donner sur-le-champ communication sous récépissé,

1° Des titres de propriété, baux à loyer, à ferme, à emphytéose, derniers procès-verbaux d'estimation ou d'expertise, et autres documens qui servent de base à la déclaration foncière;

2° De l'extrait du rôle de la contribution foncière des biens du requérant, justifiant du montant de leur cotisation pour la dernière année et celle courante.

44. Ces pièces seront rendues pour procéder à l'expertise, si elle a lieu; sinon, lors de la remise des cédules.

45. Le conservateur aura en outre le droit de prendre, sans déplacer, communication, non-seulement des registres, sommiers et tables servant à la perception de tous les droits d'enregistrement actuels, mais encore de ceux de contrôle, insinuation, centième denier, et autres perceptions supprimées par le décret du 5 décembre 1790.

46. Dans les dix jours de la réquisition de cédules hypothécaires, le conservateur est tenu de déclarer au requérant, par écrit, s'il veut contester la déclaration foncière, et, dans ce cas, par quel motif.

§ III. De la propriété des biens.

47. Si le refus de livrer cédule tombe sur le défaut de justification de la propriété des biens dans la main du requérant, il sera tenu de rapporter au conservateur des hypothèques, pour mettre à couvert sa responsabilité, un certificat en papier timbré, signé du corps municipal de la situation des biens, justifiant qu'on le reconnaît publiquement pour en être le propriétaire; sinon, caution hypothécaire jusqu'à concurrence de la valeur capitale des biens dont la propriété est douteuse; faute de quoi, le requérant ne peut les faire céduler, jusqu'à ce qu'il y ait été statué par le tribunal du district, auquel il pourra recourir.

§ IV. De l'expertise.

48. Dans le cas où le conservateur des hypothèques prétendrait qu'il y a forcement de valeur dans la déclaration foncière des biens du requérant, il en sera fait estimation par experts, à sa diligence

SECTION Iʳᵉ. Principe sur l'expertise.

49. La concurrence des bailleurs et des preneurs, et celle des vendeurs et des acheteurs étant la seule et vraie cause déterminante du prix des choses, il en résulte que le but des experts consiste à trouver, dans leurs lumières, la réponse à ces deux questions :

Combien telle chose serait-elle louée ?

Combien serait-elle vendue ?

sans aucun sacrifice de convenance dans l'un ou l'autre cas.

50. En faisant cette recherche dans leur ame et conscience, les experts auront pour règle ordinaire,

1° A l'égard du revenu net annuel, que ce revenu doit être estimé comme si la chose était actuellement ou devait être donnée à ferme ou loyer ordinaire à prix d'argent pour une durée de neuf à dix-huit ans, avec la condition, de la part du fermier, de rendre les biens dans le même état qu'il les aurait reçus; et de la part du bailleur, de satisfaire à toutes les charges foncières et contributions territoriales, même à celles établies sur la personne ou l'industrie du preneur, à raison de son exploitation;

2°. A l'égard du capital ou prix vénal, que la chose doit être considérée comme franche et quitte de toutes charges, dettes et hypothèques, excepté néanmoins, 1° de la contribution foncière ou territoriale; 2° des servitudes foncières, s'il en existe; 3° et du droit d'usufruit, lorsque le propriétaire n'a que la nue propriété, ou que son droit à percevoir actuellement l'entier revenu est suspendu.

51. Il est du devoir des experts de ne pas accorder, pour se guider dans cette recherche, trop de confiance aux baux à loyer existans, ni aux actes translatifs de propriété à titre onéreux ou à prix d'argent, attendu qu'il pourrait y avoir eu dol ou fraude de la part de l'une des parties contractantes, ou réticence du vrai prix, ou enfin deniers d'entrée non exprimes au contrat.

SECTION II. Des conditions pour être expert.

52. Les experts doivent être âgés de plus de trente ans, et n'être parens ou alliés jusqu'au quatrième degré inclusivement, ni aux gages des parties intéressées; mais, à défaut de récusation avant la clôture du procès-verbal d'expertise, toute réclamation à cet égard est inadmissible,

53. Il n'y a plus de serment à prêter par eux, ni avant ni après leur rapport; la formalité en est abrogée.

SECTION III. De la nomination des experts.

54. L'un des experts est nommé par le conservateur des hypothèques en même temps et par la même déclaration mentionnée en l'article 46.

55. L'autre est choisi par le requérant, lequel est tenu d'en donner avis, par écrit, au conservateur des hypothèques, au moins dix jours avant l'expertise.

56. En cas de partage d'opinion, les experts nomment entre eux un tiers-expert, pour prononcer seulement sur les choses en difficulté.

57. Le requérant cédule est chargé de toutes les diligences qui ont pour objet d'arriver à l'expertise, et à la tierce-expertise si elle a lieu; d'en faire déterminer les jours, et d'en avertir, par écrit, le conservateur des hypothèques, et celui-ci ne peut se refuser à donner sur-le-champ reconnaissance desdits avertissemens.

SECTION IV. Du dépôt de deniers.

58. Avant de faire la nomination de son expert, le requérant cédule est tenu de déposer entre les mains du préposé à l'enregistrement, au chef-lieu de district, pour subvenir aux frais de l'expertise, les sommes présumées nécessaires, jusqu'à concurrence néanmoins d'un pour cinq cents, et d'en justifier au conservateur des hypothèques, qui, faute de ce faire, en est responsable, sauf son recours.

SECTION V. Des titres et pièces à remettre aux experts.

59. Une expédition des déclarations foncières, et tous autres titres, papiers et documens nécessaires, seront confiés par le requérant cédule aux experts, sous le récépissé de l'un d'eux.

60. Ils peuvent, au surplus, se faire donner sur les lieux tous autres renseignemens et instructions par les citoyens dont ils croiront les connaissances utiles à leurs opérations.

SECTION VI. Du rapport des experts.

61. Les parties intéressées peuvent assister au rapport des experts, si bon leur semble.

62. Si l'expert choisi par le conservateur des hypothèques ne s'est point rendu aux jour, lieu et heure indiqués, ledit conservateur ou son fondé de procuration spéciale, s'il est présent, peut requérir la remise de l'expertise jusqu'à cinq jours; en cas d'absence, il sera procédé et passé outre à l'expertise, à la charge pourtant par le requérant cédule d'y appeler soit un officier municipal ou membre du conseil général, soit l'agent national, soit le secrétaire-greffier de la commune de la situation des biens, lequel assistera à l'expertise, et en signera le procès-verbal.

63. Les experts seront tenus de voir et visiter les biens dont il s'agit, sur la désignation et démonstration des parties intéressées, et d'en faire mention dans leur rapport.

64. Il est rédigé, sans désemparer, procès-verbal de ladite expertise en triple minute, séparément pour chaque commune, et mention y sera faite du nombre des vacations employées à leur travail; après quoi il sera signé par ceux qui y auront assisté, sinon mention sera faite des causes de leur refus.

65. En cas de partage, les experts feront la nomination du tiers-expert; ils la consigneront par écrit au bas de chacune des trois minutes, et ils demeurent chargés de lui remettre leur rapport avec les pièces, le tout sous son récépissé.

VII. De la tierce-expertise.

66. Il y aura au moins cinq jours entre le rapport et la tierce-expertise.

67. La présence des parties intéressées et des experts aux opérations du tiers-expert, n'y sera admise que de son consentement; il rédige son procès-verbal en triple minute.

SECTION VIII. De l'inobservation des règles prescrites.

68. Dans le cas où les délais n'auraient point été observes, et dans celui où il aurait été substitué d'autres experts à ceux indiqués par écrit, le conservateur ne pourra s'en plaindre, s'il a assisté à l'opération des experts, et en a signé le procès-verbal sans réclamation motivée.

69. Le tiers-expert qui aurait refusé ne

burra cependant être remplacé par un autre, sans avoir été choisi par les experts, par écrit à la suite du procès-verbal, à peine de nullité.

70. Dans tous les autres cas où les formes prescrites n'auront point été observées, le conservateur des hypothèques pourra rejeter l'expertise, et en exiger une nouvelle, qui aura lieu dans les mêmes délais.

71. Les contestations qui pourraient survenir à cet égard seront vidées sommairement et sans frais, par le juge-de-paix de l'arrondissement où le bureau de la conservation des hypothèques est établi sans avoir besoin de recourir au tribunal de paix.

Section IX. Du Dépôt du rapport.

72. Si les experts ne sont point contraires entre eux, l'une des trois minutes de leur rapport sera par eux déposée sur-le-champ entre les mains du secrétaire-greffier de la commune, lequel est tenu d'en donner reconnaissance au bas des deux autres minutes.

73. L'une de celles-ci sera déposée ensuite, et au plus tard dans les trois jours, entre les mains du conservateur des hypothèques, qui sera tenu de la joindre à la déclaration foncière qu'elle concerne, après avoir fait mention de ce dépôt, tant sur le registre à ce destiné que sur la troisième minute, laquelle sera remise au requérant cédule.

74. Dans le cas où il y aurait partage d'opinions entre les experts, les formalités au dépôt prescrit aux deux articles précédens seront remplies par le tiers-expert.

Section X. Des frais d'expertise.

75. Chaque expert s'adresse à celui qui l'a nommé, pour obtenir le paiement de ses salaires, sauf le recours d'une partie contre l'autre.

Le tiers-expert est payé sur les deniers déposés par le requérant cédule.

76. Lorsque l'expertise définitive se trouve en-dessous de la valeur portée en la déclaration foncière, tous les frais auxquels elle a donné lieu sont à la charge du requérant; dans le cas contraire, un quart est supporté par le conservateur des hypothèques, et les trois autres quarts par le Trésor public.

77. La taxe en est faite par le juge-de-paix; et tous les mois le conservateur des hypothèques est tenu de dresser le bordereau de ceux qui se trouvent à la charge du Trésor public, de le faire viser et approuver par l'administration de district, et de représenter à cet effet toutes les pièces à l'appui.

V. De la délivrance des cédules hypothécaires.

78. Soit qu'il y ait eu, ou non, expertise, ces cédules hypothécaires ne pourront être délivrées par le conservateur des hypothèques, qu'après un mois du jour de la réquisition, à peine d'en répondre.

79. Ces cédules confèrent, sur les biens du requérant, hypothèque à la date de la réquisition.

80. Mais si, depuis qu'elle a été faite jusques et compris le trentième jour suivant, il est survenu des inscriptions de créances donnant une hypothèque antérieure à ladite réquisition, le conservateur est tenu d'y avoir égard, en sorte qu'en aucun cas la somme desdites cédules, ajoutée à celle des inscriptions donnant une hypothèque antérieure, ne puisse excéder les trois quarts de la valeur capitale des biens qui en sont l'objet, à peine d'en répondre.

81. Lesdites cédules seront expédiées pour les échéances et dans les coupures déterminées par le requérant,

Elles sont signées par lui ou son fondé de procuration spéciale, et par le conservateur des hypothèques, aux cinq endroits désignés sur le modèle.

82. Il est tenu, par le conservateur, registre des cédules par lui expédiées, et avant toute délivrance desdites cédules.

83. aussitôt qu'elles sont remises au requérant, il en a la libre disposition, et leur circulation, par la voie de l'endossement nominatif à ordre, ne peut être arrêté entre les mains du possesseur, par aucune opposition principale ou en sous-ordre.

Chapitre III. De la vente et cession des créances hypothécaires, et des oppositions en sous-ordre.

84. La vente ou cession de créances hypothécaires, autres néanmoins que celles résultant de cédules, ne pourra avoir lieu que par acte authentique.

85. Néanmoins le cessionnaire ou adjudicataire n'en devient propriétaire et ne peut profiter de l'hypothèque qui y est attachée, qu'après avoir notifié et fait enregistrer son titre au bureau du conservateur qui a reçu l'inscription, faute de quoi, toute libération antérieure du débiteur ou de l'acquéreur de la chose hypothéquée est valable, sauf le recours du cessionnaire contre son cédant, s'il y a lieu.

§ Ier Des oppositions en sous-ordre au premier degré.

86. Tout créancier légitime a droit de former en personne ou par son fondé de procuration spéciale, et sans le ministère d'aucun huissier, entre les mains du conservateur des hypothèques, opposition sur son débiteur propriétaire de créances hypothécaires inscrites, mais non de cédules hypothécaires.

87. L'opposant en sous-ordre est tenu d'élire domicile dans le lieu de la résidence du conservateur des hypothèques, sous peine de nullité.

88. Il est tenu registre de ces oppositions,

89. L'effet desdites oppositions en sous-ordre est d'empêcher le débiteur sur qui elles sont formées, de recevoir le prix desdites créances hypothécaires inscrites, au préjudice de l'opposant, son créancier légitime; en conséquence, tout paiement du prix de la vente, soit de la créance hypothécaire, soit de la chose hypothéquée, et qui aurait été fait postérieurement à l'opposition est nul et de nul effet, jusqu'à concurrence du montant de la créance hypothécaire qui serait venue en ordre utile.

90. Dans le concours de plusieurs opposans en sous-ordre sur un même débiteur, au cas d'insuffisance pour les solder, il n'y a lieu à aucune distinction, aucune préférence ni ordre d'hypothèque sur les deniers qui lui appartiennent, lesquels doivent être distribués entre eux au marc la livre.

§ Des oppositions en sous-ordre, aux degrés ultérieurs

91. Il ne peut être reçu ni admis au bureau de la conservation des hypothèques, à peine de nullité, aucune opposition en sous-ordre ultérieur, ou sur l'opposant en sous-ordre.

CHAPITRE IV. De la revendication des biens territoriaux.

92. Aucune revendication de la propriété des biens territoriaux ne pourra être portée devant les juges et arbitres, si la demande en éviction n'a été préalablement notifiée au conservateur des hypothèques, dans l'arrondissement duquel les biens sont situés : défenses sont faites à tous tribunaux, juges-de-paix et arbitres, d'y statuer, sans que la preuve de cette notification leur ait été apportée, à peine de nullité de leurs jugemens, et des dommages des parties intéressées, ainsi que des créanciers hypothécaires et porteurs de cédules.

93. Cette notification n'est valable qu'autant qu'elle a été consignée par le conservateur des hypothèques sur le registre à ce destiné, et qu'elle a été précédée de la déclaration foncière, faite et déposée soit par le possesseur actuel, soit, s'il n'y en a point de lui, par le demandeur en éviction, faute de quoi il est défendu audit conservateur de l'enregistrer.

94. Il n'est pas nécessaire, pour cette notification, du ministère d'aucun officier de justice.

95. Les hypothèques inscrites et les cédules requises avant ladite notification, ont leur pleine et entière exécution sur la chose hypothéquée, sauf le recours du propriétaire contre celui qui les avait consenties.

96. Celles postérieures sont nulles et de nul effet à l'égard de la chose revendiquée, si elle est adjugée au demandeur en éviction.

97. Lorsque la vente de la chose revendiquée sera poursuivie sur le détenteur, faute de paiement de ces dettes hypothécaires, et comprises dans les publications et affiches indicatives de ladite vente, le demandeur en éviction sera tenu de faire toutes diligences, et d'appeler le poursuivant au domicile élu, pour faire vider la contestation dans les vingt-cinq jours de l'apposition des affiches; faute de quoi faire dans ledit délai, l'adjudication en sera valablement faite; et s'il y a lieu à indemnité, elle ne pourra, à l'égard des créanciers, s'élever au-delà du prix de la chose, ni avoir une hypothèque antérieure au jour de la notification d'éviction, sauf son recours contre le saisi.

98. Toute demande en revendication de biens territoriaux, qui se trouvera mal fondée, donne ouverture aux dommages et intérêts du propriétaire ou de ses créanciers, et les dommages ne peuvent être fixés par les juges ou arbitres au-dessous du cinquantième de la valeur capitale de l'objet contesté, à peine de nullité et de cassation de leurs jugemens.

CHAPITRE V. De l'expropriation des biens territoriaux.

99. Nulle expropriation de biens territoriaux, volontaire ou forcée, entre vifs, et à quel titre que ce soit, ne peut avoir lieu, à peine de nullité, si elle n'a été précédée de la déclaration foncière des biens qui en sont l'objet, faite et déposée dans les formes prescrites, soit par le propriétaire, soit, à son défaut, par le créancier poursuivant.

100. La loi ne reconnaît pareillement aucune expropriation de biens territoriaux faite verbalement ou par écrit privé : elles doivent être reçues devant des officiers publics, à peine de nullité.

101. Lesdits officiers sont tenus de se faire représenter ladite déclaration foncière, de l'indiquer suffisamment, d'énoncer sa date et le jour de son dépôt dans les actes d'expropriation qu'ils sont chargés de rédiger par écrit, et d'y faire mention de la valeur, tant en revenu net annuel qu'en capital ou prix vénal, exprimée par ladite déclaration foncière, à l'égard des biens qui sont l'objet desdites expropriations; le tout à peine de nullité et des dommages des parties intéressées.

102. Défenses sont faites aux percepteurs des droits d'enregistrement, de donner à ces actes la formalité de l'enregistrement, si les conditions prescrites dans l'article précédent n'ont point été remplies; à peine de répondre pareillement des dommages des parties intéressées, et de destitution en cas de récidive.

103. Toutes créances hypothécaires deviennent exigibles, nonobstant les termes accordés ou l'aliénation des capitaux, s'il y a expropriation volontaire ou forcée des biens qui leur servent d'hypothèque.

	VALEUR	
	en revenu net.	en capital.

RÉCAPITULATION.

1° A la mesure de . . . . pieds . . . . pouces pour perche,
et . . . . perches pour arpent.

	arpens.	perches.	nombre d'articles.
Maison et bâtimens	.	.	
Jardin	.	.	
Terres labourables	.	.	
Pré et étang	.	.	
Vignes	.	.	
Moulin . . . . , .	.	.	

	arpens.	perches.	articles.
Total		.	

2° A la mesure de . . . . pieds . . . . pour perche, et . . .
perches pour arpent.

	arpens.	perches.	nombre d articles,
Terres labourables	.	.	
Bois	.	.	

	arpens.	perches.	articles.
Total		.	

Totaux semblables, en revenu net et annuel . . . .   liv.

Et en capital . . . . liv.

Fait à . . . . . . canton de . . . . . département de . . . . . le . . . . . l'an . . .
de la République française, etc.

(Signature du déclarant.)

ATTESTATION.

Par-devant . . . . . . notaire public à . . . . , . soussigné,
Est comparu le citoyen J. . . . . . laboureur, demeurant à . . . , . .
Lequel a attesté que la déclaration foncière ci-dessus et des autres parts, est son propre fait, dont acte.
Fait et passé à . . . . . . en l'étude, avant midi, le . . . . . . an . . . . . de la
République française, une et indivisible, en présence de . . . . et de . . . . . .
demeurant à . . . . . témoins soussignés.

(Signature du déclarant, des témoins et du notaire.)

Enregistré à . . . . . le . . . . . l'an . . . . . . n° . . . . . page . . . . f° . . . .
du . . . . . registre. Reçu . . . . . .

(Signature du receveur des droits d'enregistrement.)

DÉPOT.

Déposé au bureau de la conservation des hypothèques, à . . . . . . le . . . . ,
an . . . . et inscrit n° . . . . page . . . . du registre. Reçu . . . . . pour droit fixe;
plus . . . . . . pour droit proportionnel sur la valeur capitale.

(Signature du conservateur des hypothèques.)

Déposé au greffe de la commune de . . . le . . . . an . . . . . . et inscrit n° . . .
page . . . . . du . . . . registre. Reçu . . .

(Signature du secrétaire-greffier de la commune.)

8.   12

OBSERVATIONS.

1re. Lorsque la déclaration est faite par un tuteur, un curateur ou autre fondé de pouvoir, elle doit toujours commencer par les nom, prénoms, âge, lieu de naissance, profession et domicile du propriétaire, après quoi le mandat est exprimé en ces termes *représenté par......* (de telle profession) *demeurant à..... son tuteur élu par avis de parens, homologué par sentence de* (tel juge) *en date du.... étant au registre de* (tel greffier), ou *son fondé de procuration spéciale, passé devant* (tel notaire), *le...... dont il a gardé minute ; ou dont le brevet original est demeuré annexé à celle des trois expéditions de la présente déclaration qui doit être déposée au bureau de la conservation des hypothèques.*

Au moyen de cette formule, la déclaration foncière se trouve appropriée au cas du mandat volontaire ou forcé, sans avoir besoin d'apporter aucun autre changement au modèle.

Quant à l'attestation, c'est le nom du mandataire qui doit être substitué à celui du représenté ; et il n'est pas nécessaire de rappeler ni le nom de celui-ci, ni la date et l'espèce du mandat.

2°. Lorsqu'au lieu d'être propriétaire incommutable, le déclarant n'est qu'usufruitier ou possesseur à titre précaire, il doit être fait autant de déclarations foncières séparées, qu'il y a de propriétaires dont le déclarant possède les biens ; sans qu'en aucun cas il puisse les comprendre dans la déclaration de ceux dont il est propriétaire incommutable.

9 MESSIDOR an 3 (27 juin 1795). — Décret qui suspend les travaux relatifs aux dispositions à faire aux bâtimens destinés à recevoir les écoles centrales. (1, Bull. 158 , n° 930 ; B. 56, 60.)

9 MESSIDOR an 3 (27 juin 1795). — Décret qui distrait de la Trésorerie la caisse des invalides de la marine. (B. 56, 59.)

9 MESSIDOR an 3 (27 juin 1795). — Décrets qui autorisent les communes de Nevers, de Neufchâtel, de Bruyère-Libre, de Wazemmes, de Gorbic, et de Bayeux , à faire des emprunts. (B. 56, 60 à 64.)

9 MESSIDOR an 3 (27 juin 1795). — Décret sur le licenciement de la gendarmerie de Paris. (B. 56, 65.)

9 MESSIDOR an 3 (27 juin 1795). — Décret qui crée à Paris un corps de troupes , sous le nom de *Légion de Police générale.* (B. 56, 67.)

9 MESSIDOR an 3 (27 juin 1795). — Décret qui accorde la somme de trois cents livres au citoyen Servan. (B. 56, 58.)

9 MESSIDOR an 3 (27 juin 1795). — Décret accordant prolongation de congé au représentant Deydier. (B. 56, 58.)

9 MESSIDOR an 3 (27 juin 1795). — Décret relatif à une pétition du citoyen Ducaine , par lequel la Convention sursoit à l'exécution du décret du 6 prairial , jusqu'au rapport qui lui en sera fait par le comité de salut public, etc. (B. 56, 64.)

9 MESSIDOR an 3 (27 juin 1795). — Décret d'ordre du jour, sur une demande en congé proposée par le représentant Sirugue. (B. 56, 71.)

10 MESSIDOR an 3 (28 juin 1795). — Décret qui renvoie au comité des domaines , une pétition des communes de la Moileseule , Rossignies et autres. (B. 56, 122.)

10 MESSIDOR an 3 (28 juin 1795). — Décret qui accorde diverses sommes à titre de secours. (B. 56, 123 à 125.)

10 MESSIDOR an 3 (28 juin 1795). — Décret portant que les comités des secours publics et des finances , présenteront , sous une décade, leurs vues sur les moyens de venir au secours des militaires. (B. 56, 124.)

10 MESSIDOR an 3 (28 juin 1795). — Décret qui charge le comité de législation de faire , dans trois jours , le rapport dont il a été chargé sur l'action en rescision de vente d'immeubles. (B. 56, 124.)

10 MESSIDOR an 3 (28 juin 1795). — Décret qui sursoit à l'exécution du décret relatif aux officiers municipaux de la commune de Boulogne. (B. 56, 125.)

10 MESSIDOR an 3 (28 juin 1795). — Décret qui sursoit à l'exécution du jugement du tribunal criminel du département de Paris , qui condamne le nommé Chabouillé à six années de fers. (B. 56, 125.)

11 MESSIDOR an 3 (29 juin 1795). — Décret qui autorise le comité des finances à statuer sur les réclamations des comptables en main-levée de séquestres et d'oppositions. (1 , Bull. 159 , n° 931 ; B. 56, 127.)

La Convention nationale décrète que son comité des finances est autorisé à statuer sur les réclamations des comptables en main-levée de séquestres et d'oppositions, et à restreindre lesdites oppositions établies sur la totalité de leurs biens, aux objets nécessaires pour assurer les droits de la nation et les répétitions et recouvremens qu'elle est en droit d'exercer sur eux à raison de leur comptabilité, lorsque les comptables sont reconnus en avance par des certificats de *quitus* provisoires, ou qu'ils justifieront par pièces authentiques que les propriétés qui resteront grevées d'oppositions sont plus que suffisantes pour couvrir les débets dont ils pourraient se trouver reliquataires.

11 MESSIDOR an 3 (29 juin 1795). — Décret relatif à la reddition des comptes des receveurs-généraux des domaines de Louis-Stanislas-Xavier et Charles-Philippe, frères de Louis XVI, Louis-Philippe-Joseph-d'Orléans. (1, Bull. 159, n° 932 ; B. 56, 128.)

Art. 1er. Les receveurs généraux des domaines et bois, maisons, apanages et revenus patrimoniaux de Louis-Stanislas-Xavier et de Charles-Philippe Capet, et de Louis-Philippe-Joseph d'Orléans, sont compris dans les dispositions de la loi du 28 pluviose dernier, pour la présentation, la vérification et l'arrêté de leurs comptes au bureau de comptabilité.

2. Ceux desdits comptables, leurs héritiers, ayans-cause ou commis aux exercices, qui n'ont pas encore rendu les comptes de leur gestion, seront tenus de les adresser, sous deux mois, au bureau de comptabilité, et d'y joindre les pièces à l'appui.

3. Toutes vérifications, tous arrêtés de comptes, faits par des commissions particulières ou autorités constituées autres que la ci-devant chambre des comptes de Paris, sont provisoires : en conséquence, les comptables et ayans-cause sont tenus d'en remettre les comptes et pièces à l'appui au bureau de comptabilité, dans le même délai de deux mois, pour être vérifiés et définitivement arrêtés, nonobstant toutes lois contraires, qui sont révoquées à cet égard.

4. Les officiers des ci-devant chambres des comptes, gardes des archives, et tous dépositaires desdits comptes et pièces à l'appui, seront tenus de les remettre sans délai, sur la demande des comptables, ou à la réquisition du bureau de comptabilité, sous les peines portées par l'art. 6 du titre 1er de la loi du 17 = 29 septembre 1791.

11 MESSIDOR an 3 (29 juin 1795). — Décret qui détermine les formalités à observer par les comptables pour la vente de leurs immeubles soumis à l'hypothèque nationale, etc. (1, Bull. 159, n° 933 ; B. 56, 126.)

Voy. loi du 6 MESSIDOR an 7.

Art. 1er. Les comptables qui auraient obtenu ou qui obtiendraient la faculté de disposer de leurs immeubles soumis à l'hypothèque nationale, à la charge d'en faire le remplacement, seront tenus de se conformer aux dispositions suivantes.

2. Les ventes que les comptables se proposeraient d'effectuer, seront faites en présence et sous la surveillance de l'agent de la comptabilité nationale, pour celles passées à Paris ; et pour celles faites ailleurs, en présence et sous la surveillance du receveur du droit d'enregistrement du district dans lequel sont situés les biens.

3. Le vendeur sera tenu de rapporter à l'agent de la comptabilité ou au receveur du droit d'enregistrement ; le projet du contrat d'aliénation, avec un extrait en forme du rôle de la contribution foncière, constatant l'évaluation et le revenu de l'objet proposé en vente.

4. Le prix provenant de la vente restera entre les mains de l'acquéreur, jusqu'au remploi qui en sera fait, soit en acquisitions nouvelles, soit en paiement des dettes hypothécaires antérieures à l'entrée des comptables en place ; ce qu'ils seront tenus de justifier par la remise qui sera faite des contrats authentiques qui établissent les rentes ou autres charges.

5. Les nouvelles acquisitions à faire par les comptables pour opérer le remploi prescrit par les articles précédens, seront également faites en présence et sous la surveillance de l'agent de la comptabilité nationale, pour les acquisitions faites à Paris ; et pour celles faites ailleurs, du receveur du droit d'enregistrement du district de la situation des biens.

6. Sera ledit remplacement jugé valable et admis, lorsque le denier du prix principal de l'acquisition sera calculé sur l'extrait en forme du rôle de la contribution foncière, et sur le taux commun du prix auquel se vendent les immeubles dans le district dans lequel ils sont situés.

7. Les nouvelles acquisitions demeureront spécialement affectées à la sûreté des sommes dont le comptable pourrait être jugé débiteur par l'apurement définitif de ses comptes.

8. Lorsque les formalités ci-dessus prescrites auront été remplies ; que l'agent de la comptabilité ou le receveur du droit d'enregistrement auront admis le remplacement, ce qui sera constaté par leur acceptation aux contrats de nouvelles acquisitions, l'immeuble vendu par le comptable ne sera déclaré libre qu'après que l'agent de la comptabilité, soit que les ventes soient faites à Paris ou ailleurs, aura donné sur la grosse exécutoire du contrat quittancé des vendeurs, un certificat pour servir aux mêmes vendeurs de titre de décharge et d'affranchissement de l'hypothèque nationale.

9. Ceux des comptables qui se trouveront obligés de recevoir des remboursemens de rentes, ainsi que ceux qui voudraient faire la vente d'inscriptions sur le grand-livre, pour fonds d'avances ou autres créances, seront tenus de requérir l'agent de la comptabilité d'être présent à l'acte de rembour-

sement lorsqu'il se passera à Paris, et le receveur du droit d'enregistrement, lorsqu'il se fera ailleurs, pour en surveiller les dispositions.

10. Si le comptable n'offre pas de remplacement actuel, la somme provenant de l'amortissement sera versée à la caisse de la Trésorerie nationale ou dans la caisse du district, si mieux il n'aime donner caution jusqu'au remplacement.

11. Il est dérogé à toutes les dispositions contraires à la présente loi.

11 MESSIDOR an 3 (29 juin 1795). — Décret qui suspend l'exécution de celui du 9 floréal concernant les pères et mères d'émigrés. (1, Bull. 165, n° 965 ; B. 56, 129.)

Voy. loi du 6 THERMIDOR an 3 ; du 20 PRAIRIAL an 4.

La Convention nationale, sur la motion d'un membre, qui soutient que la loi du 9 floréal concernant les pères et mères d'émigrés doit être rapportée comme injuste dans son principe et dans toutes ses dispositions, décrète que son comité de législation lui fera, dans dix jours, un rapport, tant sur la justice que sur les inconvéniens de la loi du 9 floréal, et sur les dispositions par lesquelles il lui paraîtrait convenable de les remplacer, et suspend provisoirement l'exécution de cette loi.

11 MESSIDOR an 3 (29 juin 1795). — Décret qui accorde un congé au représentant Sautereau. (B. 56, 127.)

11 MESSIDOR an 3 (29 juin 1795). — Décret qui autorise le représentant du peuple Rouyer à organiser à Toulon une commission municipale. (B. 56, 128.)

12 MESSIDOR an 3 (30 juin 1795).—Décret portant que la fille de Louis XVI sera remise à l'Autriche à l'instant où les représentans du peuple et autres détenus par ordre de ce Gouvernement, seront rendus à la liberté. (1, Bull. 159, n° 934 ; B. 56, 130.)

La Convention nationale, après avoir entendu le rapport de ses comités réunis de salut public et de sûreté générale, déclare qu'au même instant où les cinq représentans du peuple, le ministre, les ambassadeurs français et les personnes de leur suite, livrés à l'Autriche, où arrêtés et détenus par ses ordres, seront rendus à la liberté et parvenus aux limites du territoire de la République, la fille du dernier Roi des Français sera remise à la personne que le gouvernement autrichien déléguera pour la recevoir; et que les autres membres de la famille de Bourbon actuellement détenus en France, pourront aussi sortir du territoire de la République. La Convention nationale charge

le comité de salut public de prendre toutes les mesures pour la notification et l'exécution du présent décret.

12 MESSIDOR an 3 (30 juin 1795). — Décret qui accorde la somme de cent mille livres à l'hospice de bienfaisance de la commune de Bordeaux. (B. 56, 129.)

12 MESSIDOR an 3 (30 juin 1795). — Décret qui renvoie le représentant Cadroy à Marseille. (B. 56, 129.)

12 MESSIDOR an 3 (30 juin 1795). — Décret relatif au paiement à effectuer par les commissaires de la Trésorerie, conformément à l'article 2 du décret du 2 messidor, relatif à la caisse des invalides de la marine. (B. 56, 131.)

12 MESSIDOR an 3 (30 juin 1795). — Décret relatif à trois pièces poétiques. (B. 56, 130.)

12 MESSIDOR an 3 (30 juin 1795). — Décret relatif à la proposition de supprimer les certificats de civisme. (B. 56, 131.)

12 MESSIDOR an 3 (30 juin 1795). — Décret qui suspend la procédure faite devant les tribunaux du département de l'Ardèche, contre Joseph Vedel et autres. (B. 56, 131.)

12 MESSIDOR an 3 (30 juin 1795). — Décret accordant prolongation de congé aux représentans du peuple Projean, Borel et Lecointe. (B. 56, 131.)

12 MESSIDOR an 3 (30 juin 1795). — Décret qui accorde des pensions à des militaires infirmes ou blessés. (B. 56, 132.)

13 MESSIDOR an 3 (1er juillet 1795).—Décret portant que l'acte sous seing privé acquiert une date assurée lorsqu'un acte authentique le réfère. (1, Bull. 159, n° 935 ; B. 56, 133.)

Voy. Code civil, art. 1328.

La Convention nationale décrète que lorsqu'un ou plusieurs actes authentiques réfèrent un acte sous seing privé, ou prouvent son exécution, cet acte sous seing privé a acquis une date assurée, comme il aurait pu l'acquérir par le décès de l'un des contractans ou signataires.

13 MESSIDOR an 3 (1er juillet 1795). — Décret qui suspend la vente des biens des ecclésiastiques reclus, déportés ou sujets à la déportation. (1, Bull. 162, n° 942 ; B. 56, 134.)

Voy. loi du 22 BRUCTIDOR an 3.

La Convention nationale, après avoir entendu trois projets de décrets présentés par son comité de législation ; le premier relatif à la restitution des biens des ecclésiastiques reclus, déportés ou sujets à la déportation ; le second relatif aux personnes de ces mêmes ecclésiastiques ; le troisième contenant des dispositions sur la police des cultes,

Décrète l'impression du discours du rapporteur et du premier projet de décret, l'ajournement à trois jours pour la discussion, avec la suspension de la vente desdits biens, et ajournement des deux autres projets jusqu'après l'acceptation de la constitution qui sera proposée.

13 MESSIDOR an 3 (1ᵉʳ juillet 1795).—Décret qui rapporte la loi du 14 frimaire an 2, relative au dessèchement des étangs. (B. 56, 134.)

La Convention nationale, après avoir entendu son comité d'agriculture et des arts, décrète ce qui suit :

Art. 1ᵉʳ. La Convention nationale rapporte la loi du 14 frimaire de l'an second, relative au dessèchement des étangs.

2. Le comité d'agriculture chargera les administrations de département, de faire reconnaître par des agens les moyens de faire prospérer l'agriculture, et de rendre l'air plus salubre, dans les contrées connues ci-devant sous les noms de *Sologne, Bresse* et *Brenne*; d'y faire cesser, ainsi que dans toutes les autres parties de la République, les abus résultant de l'élévation des eaux pour le service des moulins ; de donner aux rivières obstruées et encombrées un libre cours ; d'indiquer les mesures les plus efficaces pour ordonner et faire maintenir les lois de police, tant sur le cours des eaux d'étangs que des marais qui se forment annuellement ; d'ouvrir, notamment dans les trois contrées ci-dessus désignées, des canaux de navigation, pour le tout être présenté au plus tard dans le délai de trois mois à la Convention, et être statué par elle sur les mesures les plus efficaces pour chaque contrée.

13 MESSIDOR an 3 (1ᵉʳ juillet 1795). — Décret qui charge le comité de législation de faire, dans une décade, le rapport général des dénonciations portées jusqu'à ce jour contre divers représentans. (B. 56, 134.)

13 MESSIDOR an 3 (1ᵉʳ juillet 1795). — Décret relatif aux pouvoirs des représentans du peuple Tallien et Blad. (B. 56, 135.)

14 MESSIDOR an 3 (2 juillet 1795). — Décret qui autorise le cumul de plusieurs pensions jusqu'à la concurrence de trois mille livres. (1, Bull. 159, n° 937; B. 56, 138.)

La Convention nationale décrète que provisoirement le même individu peut posséder plusieurs pensions, lorsque étant réunies elles n'excèderont pas trois mille livres ; et que, si elles excèdent, la dernière créée sera réduite à due concurrence.

14 MESSIDOR an 3 (2 juillet 1795). — Décret qui nomme le citoyen Redon commissaire de la commission de la marine et des colonies. (1, Bull. 159, n° 936; B. 56, 138.)

14 MESSIDOR an 3 (2 juillet 1795). — Décret qui accorde un crédit à diverses commissions exécutives. (B. 56, 135.)

14 MESSIDOR an 3 (2 juillet 1795). — Décret qui admet comme représentant le citoyen François-Firmin Fricot. (B. 56, 137.)

14 MESSIDOR an 3 (2 juillet 1795). — Décret qui envoie le représentant Goupilleau dans le département de Vaucluse. (B. 56, 138.)

14 MESSIDOR an 3 (2 juillet 1795). — Décret relatif à la proposition tendant à supprimer la commission militaire établie à Paris par la loi du 4 prairial. (B. 56, 136.)

14 MESSIDOR an 3 (2 juillet 1795). — Décret qui accorde diverses sommes à titre de secours. (B. 56, 136.)

15 MESSIDOR an 3 (3 juillet 1795). — Décret additionnel à celui du 28 prairial sur la réorganisation de la garde nationale des départemens. (1, Bull. 160, n° 939; B. 56, 143.)

Art. 1ᵉʳ. Chaque bataillon, assemblé en une ou plusieurs sections, choisira, avant de se diviser en pelotons de soixante-dix-sept hommes, jusqu'à concurrence de cent grenadiers et autant de chasseurs, lesquels procéderont séparément, et suivant le mode établi par la loi, à l'élection de leurs officiers.

2. Les grenadiers devront avoir au moins la taille de cinq pieds deux pouces.

15 MESSIDOR an 3 (3 juillet 1795). — Décret qui fixe le prix des papiers timbrés et les droits de timbre extraordinaire et du *visa* pour timbre. (1, Bull. 160, n° 940; B. 56, 138.)

Voy. loi du 11 NIVOSE an 4.

Art. 1ᵉʳ. A compter du jour de la publication du présent décret, le prix des papiers timbrés et les droits de timbre extraordinaire et du *visa* pour timbre, seront payés ainsi qu'il suit :

Timbre de dimension.

La demi-feuille de petit papier de neuf pouces sur quatorze, feuille ouverte, compris les quittances des contributions indirectes, vingt-cinq centimes; la feuille du même papier, cinquante centimes; la feuille de papier moyen de onze pouces sur seize, soixante-quinze centimes; celle de grand papier, de quatorze pouces sur dix-sept, un franc; celle de grand registre, de dix-sept pouces sur vingt-un, un franc vingt-cinq centimes; de très-grand registre, de vingt-un pouces sur vingt-sept, un franc cinquante centimes; pour le timbre ou *visa* de chaque feuille excédant cette dimension, deux fr.

Timbre proportionnel.

Pour les effets négociables et quittances comptables de quatre cents livres et au-dessous, cinquante centimes; de quatre cents livres à huit cents livres inclusivement, un franc; de huit cents livres à mille deux cents livres, un franc cinquante; au-dessus de mille deux cents livres, deux francs.

2. Aussitôt la réception du présent décret les directoires de district feront constater par inventaire les quantités de papier timbré qui se trouveront dans chacun des bureaux de distribution situés dans leur arrondissement : ces inventaires établiront les quantités et qualités de papiers débités depuis la promulgation de la loi au prix y fixés; ils seront faits doubles et certifiés par les receveurs de la régie, et signés tant par eux que par les commissaires de directoire de district.

Les mêmes commissaires arrêteront aussi, à la suite du dernier enregistrement, le registre de recette du timbre extraordinaire dans les lieux où il en a été établi et celui du *visa* pour timbre qui existe dans les bureaux de distribution.

———

15 MESSIDOR an 3 (3 juillet 1795). — Décret de renvoi au comité de législation, relatif à un gardien de procès-verbal de scellés. (B. 56, 139.)

———

15 MESSIDOR an 3 (3 juillet 1795.) — Décret relatif à la citoyenne veuve Fayot. (B. 56, 140.)

———

15 MESSIDOR an 3 (3 juillet 1795). — Décret qui accorde des pensions à des militaires infirmes ou blessés. (B. 56, 149.)

———

15 MESSIDOR an 3 (3 juillet 1795). — Décret portant que la Trésorerie nationale paiera annuellement la somme de cinq cents livres à Golt, Labs, Libis. (B. 56, 141.)

———

15 MESSIDOR an 3 (3 juillet 1795). — Décret qui autorise les citoyens Saulnier et Gourjeu à établir plusieurs manufactures de quincaillerie dans l'arrondissement de la commune d'Issoire. (B. 56, 141.)

———

15 MESSIDOR an 3 (3 juillet 1795). — Décret qui accorde des pensions à des veuves de citoyens morts en défendant la patrie. (B. 56, 142.)

———

15 MESSIDOR an 3 (3 juillet 1795). — Décret de mention honorable de l'hommage fait à la Convention par les citoyens Stoupe et Servière, de plusieurs volumes des œuvres complètes de Voltaire. (B. 56, 143.)

———

15 MESSIDOR an 3 (3 juillet 1795). — Décret qui autorise le comité des secours publics à faire passer un secours provisoire aux habitans de la commune de Cahors. (B. 56, 143.)

———

15 MESSIDOR an 3 (3 juillet 1795). — Décret qui charge le comité de sûreté générale de vérifier les motifs de l'arrestation de Joseph Lebon. (B. 56, 144.)

———

16 MESSIDOR an 3 (4 juillet 1795.) — Décret qui accorde une somme au citoyen Charles Strack. (B. 56, 144.)

———

16 MESSIDOR an 3 (4 juillet 1795). — Décret qui établit un comité de liquidation. (B. 56, 144.)

———

16 MESSIDOR an 3 (4 juillet 1795). — Décret relatif à un terrain situé à Montagne-sur-Aisne, concédé à Nicolas Lesure. (B. 56, 147.)

———

16 MESSIDOR an 3 (4 juillet 1795). — Décret portant que la discussion sur la constitution sera continuée tous les jours impairs. (B. 56, 147.)

———

16 MESSIDOR an 3 (4 juillet 1795). — Décret relatif aux fermier-général et sous-fermiers des anciennes messageries. (B. 56, 144.)

———

17 MESSIDOR an 3 (5 juillet 1795). — Décret relatif au mode de paiement des voitures de marchandises en exécution de marchés faits et non exécutés avant l'abrogation de la loi du *maximum*. (1, Bull. 162, n° 943; B. 56, 147.)

Art. 1er. Le prix des voitures de toutes denrées et marchandises faites en exécution de marchés faits et non encore exécutés avant l'abrogation de la loi du *maximum*, sera payé pour ce qui restait à voiturer, comme celui desdites marchandises ou denrées, au prix que la liberté du commerce leur a donné.

2. Tous vendeurs, entrepreneurs d'ouvrages, voituriers, qui justifieront n'avoir pu s'acquitter, en tout ou en partie, des engagemens qu'ils avaient contractés, soit par l'interruption des routes, du flottage ou navigation des rivières, ou la mise en réquisition de leurs personnes, ouvriers, compagnons et voitures, ne peuvent être con-

traints d'exécuter leurs traités qu'aux prix actuel des choses.

3. Tous jugemens et procédures contraires aux deux articles précédens, sont annulés; et, pour l'exécution de la présente loi, les tribunaux civils et de commerce se conformeront à celle dudit jour 24 nivose dernier.

17 MESSIDOR an 3 (5 juillet 1795). — Décret qui envoie en commission les représentans Boursault, Durand-Maillane et Guérin, du Loiret. (B. 56, 148.)

17 MESSIDOR an 3 (5 juillet 1795). — Décret en faveur de François, hussard du 11ᵉ régiment. (B. 56, 148.)

18 MESSIDOR an 3 (6 juillet 1795). — Décret qui accorde des secours à des citoyennes dont les maris sont morts pour la défense de la patrie. (B. 56, 149.)

18 MESSIDOR an 3 (6 juillet 1795). — Décret accordant un congé aux représentans Gillet, Fournel et Decamps. (B. 56, 150.)

18 MESSIDOR an 3 (6 juillet 1795). — Décret qui fixe le terme des débats sur les colonies. (B. 56, 150.)

18 MESSIDOR an 3 (6 juillet 1795). — Décret de renvoi relatif aux titres perdus ou détruits. (B. 56, 150.)

18 MESSIDOR an 3 (6 juillet 1795). — Décret portant nomination à des places de préposés au triage des titres. (B. 56, 151.)

19 MESSIDOR an 3 (7 juillet 1795). — Décret qui rapporte celui du 18 septembre 1793, concernant Auguste Achard. (B. 56, 160.)

19 MESSIDOR an 3 (7 juillet 1795). — Décret qui envoie en commission plusieurs représentans du peuple pour l'approvisionnement de Paris, en bois et charbon. (B. 56, 161.)

19 MESSIDOR an 3 (7 juillet 1795). — Décret relatif à la liquidation de plusieurs parties de la dette publique. (B. 56, 161.)

20 MESSIDOR an 3 (8 juillet 1795). — Décret qui ordonne l'établissement de gardes-champêtres dans toutes les communes rurales. (1, Bull. 161, n° 941; L. 56, 169; Mon. du 23 messidor an 3, Rap. Eschassériaux.)

Voy. lois du 28 SEPTEMBRE = 6 OCTOBRE 1791, sect. 7; Code du 3 BRUMAIRE an 4, liv. 1ᵉʳ, tit. 3; loi 23 THERMIDOR an 4; arrêté du 25 FRUCTIDOR an 9; loi du 28 FLORÉAL an 10; décret du 11 JUIN 1806; ordonnance du 29 NOVEMBRE 1820; loi du 17 AOUT 1822, art 29.

Art. 1ᵉʳ. Il sera établi, immédiatement après la promulgation du présent décret, des gardes-champêtres dans toutes les communes rurales de la République; les gardes déjà nommés, dans celles où il y en a, pourront être réélus d'après le mode suivant.

2. Les gardes-champêtres ne pourront être choisis que parmi les citoyens dont la probité, le zèle et le patriotisme seront généralement reconnus; ils seront nommés par l'administration du district, sur la présentation des conseils généraux des communes; leur traitement sera aussi fixé par le district, d'après l'avis du conseil général, et réparti au marc la livre de l'imposition foncière (1).

3. Il y aura au moins un garde par commune, et la municipalité jugera de la nécessité d'y en établir davantage.

4. Tout propriétaire aura le droit d'avoir pour ses domaines un garde-champêtre; il sera tenu de le faire agréer par le conseil général de la commune, et confirmer par le district : ce droit ne pourra l'exempter néanmoins de contribuer au traitement du garde de la commune (2).

5. La police rurale sera exercée provisoirement par le juge-de-paix.

6. Les gardes champêtres seront tenus de citer devant lui les citoyens pris en flagrant délit : si le délinquant n'est pas domicilié, et refuse de se rendre à la citation, le garde pourra requérir de la municipalité main-forte, et les citoyens requis ne pourront se refuser d'obéir aux ordres qui leur seront donnés.

7. Sur les indications administrées par les

---

(1) Le propriétaire de bois ne peut s'empêcher de contribuer au paiement du garde-champêtre, par le motif qu'il a des gardes particuliers pour ses bois, qu'ainsi le garde-champêtre lui est inutile. — La seule exception admise est pour le propriétaire de propriétés closes aux termes du décret du 23 fructidor an 13 et de la loi du 17 août 1822, art. 26. (22 juillet 1829. ord. Mac. 11. 282.)

(2) Les gardes particuliers n'ont caractère pour dresser des procès-verbaux constatant des *délits Ruraux* qu'autant qu'ils auront été agréés par le conseil municipal de la commune où sont situées les propriétés confiées à leur garde, et confirmés par le préfet ou le sous-préfet. (Cass. 21 août 1821; S. 24, 1, 75.) (Bourges 6 juin 1825; S. 25, 2, 365.)

Jugé en sens contraire qu'il suffit qu'ils soient agréés par le sous-préfet, que l'agrément du conseil municipal de la commune n'est exigé que pour les gardes-champêtres des communes nommés par les maires. (Cass. 8 avril 1826; S. 27, 1, 28; D. 26, 1, 341, *id.* 31 juillet 1829. Bourges. D. 30, 2, 150; S. 30, 2, 70).

gardes-champêtres, le juge-de-paix pourra autoriser des recherches chez les personnes soupçonnées de vols, en présence de deux officiers municipaux.

8. Le juge-de-paix prononcera sans délai contre les prévenus, et jugera d'après les dispositions de la loi du 28 septembre — 6 octobre 1791. La peine sera pécuniaire, et ne pourra être moindre de la valeur de cinq journées de travail, outre la restitution de la valeur du dégât ou du vol qui aura été fait, sans préjudice des peines portées par le Code pénal lorsque la nature du fait y donnera lieu, et en ce cas le juge-de-paix renverra au directeur du jury (1).

9. Les jugemens prononcés seront exécutés dans la huitaine, à peine d'un mois de détention jusqu'au paiement, sans que la détention puisse excéder un mois, nonobstant l'appel.

10. A l'égard des délits commis dans les forêts nationales et particulières, le prix de la restitution et de l'amende sera provisoirement déterminé par les tribunaux, d'après la valeur actuelle des bois (2).

11. La conservation des récoltes est mise sous la surveillance et la garde de tous les bons citoyens.

12. Il sera placé à la sortie principale de chaque commune, l'inscription suivante : *Citoyen, respecte les propriétés et les productions d'autrui ; elles sont le fruit de son travail et de son industrie.*

13. La Convention nationale décrète que le titre II de la loi du 28 septembre = 6 octobre 1791, sur la police rurale, sera imprimé de nouveau et placardé dans toutes les communes à la suite du présent décret.

14. Les juges-de-paix, les municipalités, les corps administratifs, les procureurs des communes, sont responsables de l'exécution de la présente loi.

20 MESSIDOR an 3 (8 juillet 1795). — Décret qui accorde des secours provisoires à des veuves d'ouvriers péris à l'explosion de la poudrière de Grenelle. (B. 56, 163.)

20 MESSIDOR an 3 (8 juillet 1795). — Décret portant que la place de la Révolution ne servira plus de lieu d'exécution. (B. 56, 168.)

20 MESSIDOR an 3 (8 juillet 1795). — Décret

qui autorise les comités de salut public et des finances à traiter de gré à gré avec les fournisseurs et créanciers de la République. (B. 56, 169.)

20 MESSIDOR an 3 (8 juillet 1795). — Décret relatif au citoyen Majets, prévenu d'espionage. (B. 56, 170.)

21 MESSIDOR an 3 (9 juillet 1795). — Décret relatif aux déclarations des propriétaires de capitaux liquidés provenant des rentes viagères. (1, Bull. 162, n° 944 ; B. 56, 174.)

La Convention nationale décrète que le délai accordé par la loi du 8 floréal dernier aux propriétaires de capitaux liquidés provenant des rentes viagères, pour faire les déclarations mentionnées en ladite loi, est prorogé jusqu'au 1er vendémiaire prochain.

21 MESSIDOR an 3 (9 juillet 1795). — Décret qui accorde des congés aux représentans Isoard, Quiot, Lafond et Chaumont. (B. 56, 171.)

21 MESSIDOR an 3 (9 juillet 1795). — Décret qui accorde diverses sommes à des citoyennes dont les maris sont morts pour la défense de la patrie. (B. 56, 171.)

21 MESSIDOR an 3 (9 juillet 1795). — Décret qui ordonne d'adresser à la Convention un tableau des denrées coloniales mises en réquisition. (B. 56, 173.)

21 MESSIDOR an 3 (9 juillet 1795). — Décret qui autorise les comités de salut public et des finances à traiter de gré à gré avec les fournisseurs et créanciers de la République. (1, Bull. 162, n° 945.)

21 MESSIDOR an 3 (9 juillet 1795). — Décret portant que les citoyens Cambefort, Malepeyre et Laurent, sont déchargés de leurs comptes. (B. 56, 172.)

21 MESSIDOR an 3 (9 juillet 1795). — Décret relatif à l'instruction du procès contre Leclerq, Lemoyne et autres. (B. 56, 173.)

21 MESSIDOR an 3 (9 juillet 1795). — Décret portant que les comités de salut public, de

---

(1) *Voy.* loi du 18 thermidor an 3.
(2) Cet article n'autorise aucunement les tribunaux à modérer les amendes prononcées en matière de délits forestiers par l'ordonnance de 1669 (22 messidor an 11 ; Cass. S. 3, 2, 387). Mais au contraire à les augmenter et à rétablir entre les peines et la valeur actuelle des bois, une juste proportion que la progression du prix des bois avait fait disparaître (13 brumaire an 11 ; Cass. S. 3, 2, 451).

Les tribunaux de police correctionnelle sont seuls compétens pour connaître des délits forestiers, quelque modique que paraisse devoir être la peine à prononcer, soit qu'il s'agisse de délits dont les peines sont déterminées par l'ordonnance de 1669, soit qu'il s'agisse de délits susceptibles de l'application de la loi du 28 septembre 1791 (16 frimaire an 14 ; Cass. S. 7, 2, 807).

commerce et des finances , présenteront , sans délai, un projet de liquidation de toutes les opérations faites par la commission du commerce. (B. 56, 174.)

21 MESSIDOR an 3 (9 juillet 1795). — Décret relatif au citoyen Troquart, qui a nourri pendant cinq mois des représentans proscrits. (B. 56, 174.)

21 MISSIDOR an 3 (9 juillet 1795). — Décret qui ordonne de déposer aux archives les actes de ratification du traité de paix entre la République française et le roi de Prusse. (B. 56, 175.)

22 MESSIDOR an 3 (10 juillet 1795). — Décret portant qu'il y a lieu à accusation contre le représentant du peuple Joseph Lebon. (1, Bull. 162, n° 946; B. 56, 176.)

22 MESSIDOR an 3 (10 juillet 1795). — Décret portant qu'il n'y a pas lieu à délibérer sur une proposition relative à l'affaire Antoine Morel. (B. 56, 175.)

22 MESSIDOR an 3 (10 juillet 1795). — Décret par lequel la Convention se déclare en permanence pour entendre Joseph Lebon. (B. 56, 175.)

23 MESSIDOR an 3 (11 juillet 1795). — Décret qui ordonne aux étrangers nés dans les pays avec lesquels la République est en guerre de sortir de France, s'ils n'y sont pas domiciliés, avant le premier janvier 1792. (1, Bull. 162, n° 947; B. 56, 176.)

Voy. loi du 15 THERMIDOR an 4.

La Convention nationale, après avoir entendu ses comités de salut public et de sûreté générale, décrète,

Art. 1er. Tous les étrangers nés dans les pays avec lesquels la République française est en guerre, venus en France depuis le 1er janvier 1792, sont tenus d'en sortir.

2. Ils sortiront des communes où ils se trouvent, dans les trois jours à compter de la publication de la présente loi; il leur sera en outre accordé un jour à raison de sept lieues du point de leur départ jusqu'à la frontière.

3. Ils déclareront devant les municipalités, et à Paris devant les comités civils de section, quelle route ils entendent tenir, cette route sera tracée sur les passeports qui leur seront délivrés.

4. Tout étranger compris dans la présente loi, qui, passé les délais portés aux articles 2 et 3, sera trouvé sur le territoire de la République, ou s'écartera du chemin qui lui aura été tracé, sera mis en arrestation.

5. Les dispositions des articles précédens seront appliquées aux étrangers qui, se prétendant nés dans les pays alliés ou neutres,

ne seront pas reconnus et avoués par leurs ambassadeurs ou agens respectifs.

6. Pourront rester en France, 1° les étrangers nés dans les pays avec lesquels la République est en guerre, venus en France avant le 1er janvier 1792, pourvu qu'ils aient un domicile connu, ou qu'ils soient garantis par quatre des citoyens français domiciliés, et connus par leur patriotisme et leur probité.

2°. Les étrangers nés dans les pays amis et alliés de la France, qui seront avoués par les ambassadeurs ou agens des puissances avec lesquelles la République française est en paix.

7. Il sera délivré à chaque étranger une carte portant son signalement, et en tête ces mots : *hospitalité, sûreté,* on ajoutera pour les étrangers nés dans les pays avec lesquels la République est en paix, le mot *fraternité.*

8. Tout étranger trouvé dans un rassemblement séditieux sera par ce seul fait, réputé espion, et puni comme tel.

9. Tout étranger, à son arrivée dans un port de mer ou dans une commune frontière de la République, se présentera à la municipalité; il déposera son passeport, qui sera renvoyé de suite au comité de sûreté générale pour y être visé. Il demeurera, en attendant, sous la surveillance de la municipalité, qui lui donnera une carte de sûreté provisoire énonciative de la surveillance.

10. Les conseils généraux des communes pourront néanmoins donner des autorisations provisoires aux négocians des pays alliés ou neutres qui entreront en France ; ils en aviseront le comité de sûreté générale, auquel ils enverront une copie collationnée du passeport, et une indication de la route que se propose de tenir l'étranger.

11. Ne sont point compris dans les mesures prescrites par l'art. 9, les courriers extraordinaires, et les chargés de mission auprès de la Convention nationale et des comités de gouvernement.

12. Le comité de sûreté générale est chargé de prendre toutes les mesures nécessaires pour l'exécution de la présente loi; l'insertion au Bulletin tiendra lieu de publication.

23 MESSIDOR an 3 (11 juillet 1795). — Décret qui excepte de la prohibition des ventes de grains en vert et pendans par racines, celles qui ont eu lieu par suite de tutelle, curatelle, etc. (1, Bull. 162, n° 948 ; B. 56, 178.)

Voy. loi du 6 MESSIDOR an 3.

La Convention nationale décrète que, dans la prohibition portée par la loi du 6 messidor sur les ventes de grains en vert et pendans par racines, ne sont pas comprises celles qui ont lieu par suite de tutelle, curatelle, changement de fermier, saisie de fruits, baux judiciaires et autres de cette nature. Sont également exceptées les ventes qui comprendraient tous autres fruits ou productions que les grains.

23 MESSIDOR an 3 (11 juillet 1795.) — Décret qui fixe définitivement un délai pour l'emploi en paiement, ou le dépôt dans les caisses nationales, des assignats portant des empreintes extérieures de royauté. (1, Bull. 162, n° 449 ; B. 56, 178.)

Voy. lois du 25 MESSIDOR an 3, et 14 THERMIDOR an 3.

Art. 1er. Les assignats portant des empreintes extérieures de royauté pourront, pendant un mois, à dater de la publication de la présente loi, être employés dans toute espèce de paiement à faire à la nation.

2. Ceux qui, dans le mois, n'auraient pas eu occasion d'en faire l'emploi, pourront, dans le mois suivant, les porter au receveur du district de l'arrondissement, qui leur en donnera un récépissé. Chaque receveur, à la fin dudit mois, enverra à la Trésorerie nationale le montant des assignats reçus, et la Trésorerie lui fera passer les fonds nécessaires au remboursement qui sera fait, pour le plus tard, dans le courant du mois suivant.

3. Après le délai de faveur ci-dessus, lesdits assignats sont annulés, et ne seront reçus dans aucune espèce de paiement, soit public, soit particulier.

23 MESSIDOR an 3 (11 juillet 1795). — Décret qui charge le comité de sûreté générale de tenir la main à l'exécution des lois de police relatives aux gens sans aveu. (B. 56, 177.)

23 MESSIDOR an 3 (11 juillet 1795). — Décret qui envoie en mission le représentant Gillet. (B. 56, 178.)

24 MESSIDOR an 3 (12 juillet 1795). — Décret relatif aux formalités à remplir par les religieuses pour être payées de leur traitement. (1, Bull. 163, n° 950 ; B. 56, 179.)

Voy. arrêté du 3 PRAIRIAL an 10.

La Convention nationale décrète que les personnes du sexe qui ont obtenu des secours, pensions ou retraites, comme étant attachées aux ci-devant communautés, congrégations ou hôpitaux, et qui n'ont pas prêté le serment prescrit par la loi du 9 nivose an 2, seront payées desdits secours, pensions ou traitemens, pour les termes à venir seulement, à dater du trimestre qui écherra ou sera échu depuis la soumission qu'elles feront ou auront faite par-devant leur municipalité, de se conformer aux lois de la République.

Un membre demande que celles qui sont pauvres soient exemptées de leur contribu-tion. La Convention passe à l'ordre du jour, fondé sur ce que les corps administratifs sont autorisés à prononcer sur les dégrèvemens, lorsqu'il y a lieu.

24 MESSIDOR an 3 (12 juillet 1795). — Décret qui autorise à cumuler pensions et traitemens jusqu'à concurrence de trois mille livres par an. (1, Bull. 163, n° 951 ; B. 56, 180.)

Voy. lois du 16 FRUCTIDOR an 3 et du 3 BRUMAIRE an 4.

La Convention nationale décrète que les fonctionnaires publics et employés de la République pourront provisoirement cumuler pensions et traitemens jusqu'à concurrence de trois mille livres par an; et que si les pensions et traitemens d'un individu excèdent cette somme, la pension demeurera suspendue à concurrence de ce qu'elle excède.

24 MESSIDOR an 3 (12 juillet 1795). — Décret qui rapporte ceux du 22 août 1793, relatifs aux biens des religionnaires fugitifs, et au citoyen Prat-Bernon. (1 , Bull. 163, n° 952; B. 56, 181.)

La Convention nationale, après avoir entendu le rapport de son comité de législation, sur la pétition de Nicolas Costard; considérant que les deux décrets du 22 août 1793, l'un relatif aux biens des religionnaires fugitifs, l'autre rendu en faveur de Prat-Bernon et de sa femme, sont contraires aux principes de la justice, l'un en ce qu'il détruit l'autorité de la chose jugée, l'autre en ce qu'il autorise contre les lois le tribunal de cassation à prononcer sur le fonds d'une instance, rapporte ces deux décrets; déclare nuls et comme non-avenus les jugemens rendus en conséquence, et tout ce qui a pu en résulter ; renvoie Costard et Prat-Bernon devant le tribunal de cassation, pour être, par ce tribunal, statué sur la demande en cassation de l'arrêt du conseil du 12 mai 1789, formé par Prat-Bernon et sa femme, et répondue d'un soit communiqué, en date du 4 décembre 1790.

24 MESSIDOR an 3 (12 juillet 1795). — Décret qui rapporte celui portant suspension de l'article 66 de la loi du 18 floréal sur l'organisation de l'artillerie, etc. (1, Bull. 163, n° 953; B. 56, 182.)

Art. 1er. Le décret qui suspend l'article 66 de la loi du 18 floréal sur l'organisation de l'artillerie, est rapporté.

2. En exécution de ladite loi, le citoyen Benesech, l'un des deux commissaires de la commission des armes, passera à la commission du mouvement des armées de terre.

3. Ce commissaire sera chargé de tout ce qui a rapport au service de l'artillerie et du génie, tant pour le personnel que pour le matériel.

§. L'époque de l'exécution du présent dé-
t est fixée au 1" thermidor.

MESSIDOR an 3 (12 juillet 1795). — Décret
qui lève tous séquestres, saisies et oppositions
établis sur les effets de la Compagnie nouvelle
des Indes. (1, Bull. 163, n° 954 ; B. 56, 179.)

Voy. lois du 17 FRUCTIDOR an 2 ; du 29 FRI-
MAIRE an 3.

Art. 1". Tous séquestres, saisies et oppositions, établis sur les effets de la Compagnie nouvelle des Indes, demeurent levés; en
conséquence, tous dépositaires et détenteurs
desdits effets en feront la remise aux administrateurs de ladite société, sur le vu du
présent décret.

2. Les commissaires-vérificateurs nommés
pour la liquidation de l'actif et du passif de
ladite compagnie, remettront, dans le mois,
leur travail au comité des finances.

3. Conformément aux dispositions du décret du 16 germinal, les administrateurs de
ladite compagnie reprendront, dans les formes ordinaires, l'exercice de leurs droits
exceptions, nonobstant les jugemens rendus contre eux depuis le 31 juillet 1793.

4. A mesure de la liquidation des articles
de l'actif de ladite compagnie sur la nation,
montant en sera délivré aux administrateurs, sous la déduction ou retenue du montant de l'actif liquidé pour la nation ou par
elle réclamé, ainsi que des créances liqui-
ées ou des demandes des créanciers de ladite société.

5. Lors de la répartition des fonds appartenant à la société, tant de ceux provenant
de la main-levée du séquestre que de ceux
résultant de la liquidation de l'actif ou de
tous autres, les administrateurs compteront
à la commission des revenus nationaux les
portions revenant à la République dans lesdites répartitions, à cause des actions ou
portions d'intérêts à elle acquises, et pour
lesquelles elle a à exercer les mêmes droits
que les autres actionnaires ou associés.

---

24 MESSIDOR an 3 (12 juillet 1795). — Décret
portant que Cherbourg est un des grands ports
de France. (B. 56, 181.)

24 MESSIDOR an 3 (12 juillet 1795). — Décret
qui déclare que les commissaires nationaux
près les tribunaux n'ont le droit de remplacer
ni les juges, ni les suppléans. (B. 56, 182.)

24 MESSIDOR an 3 (12 juillet 1795). — Décret
qui ordonne de transférer à Rennes l'école d'artillerie établie à Besançon. (B. 56, 182.)

24 MESSIDOR an 3 (12 juillet 1795). — Décret
portant que les départemens de la Somme, de
la Seine-Inférieure et de l'Eure, font partie
de la 2e division militaire. (B. 56, 183.)

24 MESSIDOR an 3 (12 juillet 1795). — Décret
relatif à divers entrepreneurs et fournisseurs,
créanciers de la liste civile. (B. 56, 180.)

---

24 MESSIDOR an 3 (12 juillet 1795). — Décret
qui autorise le comité des finances à statuer
sur ce qui est dû aux artistes du ci-devant
Théâtre-Français. (B. 56, 181.)

---

24 MESSIDOR an 3 (12 juillet 1795). — Décret
qui accorde une indemnité aux officiers qui,
après avoir été destitués ou suspendus, se sont
rendus à Paris ou ont été mandés à la barre
par ordre des anciens comités. (B. 56, 183.)

---

24 MESSIDOR an 3 (12 juilles 1795). — Décret
concernant la discussion du projet présenté sur
la loi du 17 nivose sur les successions. (B.
56, 184.)

---

24 MESSIDOR an 3 (12 juillet 1795). — Décret
relatif au ci-devant marquis de Lacoste. (B.
56, 184.)

---

25 MESSIDOR an 3 (13 juillet 1795). — Décret
relatif à l'enregistrement des assignats à face
au-dessus de cent livres. (1, Bull. 163, n° 956;
B. 56, 186.)

La Convention nationale, après avoir
entendu son comité des finances, sur l'interprétation de la loi du 23 messidor dernier, décrète qu'elle n'a pas entendu déroger à la loi du 22 floréal dernier, concernant l'enregistrement des assignats à
face au-dessus de cent livres.

---

25 MESSIDOR an 3 (13 juillet 1795). — Décret
qui ordonne une rectification dans celui du
25 brumaire dernier concernant les émigrés.
(1, Bull. 163, n° 957; B. 56, 186.)

La Convention nationale, après avoir
entendu le rapport de son comité de législation, décrète :

Seront substitués dans le paragraphe 1"
de l'article 1", titre Ier de la loi du 23
brumaire dernier, concernant les émigrés
aux mots, *n'y était pas rentré au 9 mai 1792*
ceux-ci, *n'y était pas rentré dans le mois de
la promulgation de la loi du 30 mars = 8
avril 1792.*

---

25 MESSIDOR an 3 (12 juillet 1795). — Décret
relatif à la liquidation des créances et droits à
répéter sur les biens nationaux provenant des
confiscations maintenues par la loi du 21 prairial dernier. (1, Bull. 163, n° 958; B. 56, 186.)

Art. 1" Les créances et droits à répéter
sur les biens nationaux provenant des confiscations maintenues par la loi du 21 prairial dernier, seront reconnus, réglés, liquidé et payés conformément aux dispo-

sitions de la loi du 1er floréal an 3, sauf les modifications ci-après.

2. Tous titres à charge des individus dont les biens ont été confisqués ne seront valables et n'auront d'effet à l'égard de la République, qu'autant qu'ils seront revêtus d'une date certaine, antérieure, savoir, à la publication du décret de confiscation, d'arrestation, d'accusation ou de mise hors de la loi, pour ceux à l'égard desquels il a été prononcé en ces formes, soit nominativement, soit sous une dénomination générique; et à la notification du mandat d'arrêt ou de prise de corps, pour ceux qui auront été jugés contradictoirement ou par contumace.

3. Le dépôt des titres à charge des condamnés n'aura lieu que pour les biens dont ils étaient saisis ou auxquels ils avaient un droit ouvert au jour de leur jugement.

———

25 MESSIDOR an 3 (12 juillet 1795). — Décret qui suspend provisoirement les remboursemens de toutes les rentes créées avant le 1er janvier 1792. (1, Bull. 165, n° 966; B. 56, 185.)

Voy. lois du 18 THERMIDOR et 1er FRUCTIDOR an 3; du 12 FRIMAIRE an 4; du 15 GERMINAL an 4.

Art. 1er. Aucun créancier ne peut être contraint de recevoir le remboursement de ce qui lui est dû, avant le terme porté au titre de la créance (1).

2. Les remboursemens de toutes les rentes créées avant le 1er janvier 1792, quelles que soient leur nature et la cause dont elles procèdent, sont provisoirement suspendus.

3. Sont compris dans cette suspension provisoire les remboursemens de capitaux qui, en cas de dissolution du mariage, doivent être restitués par le mari ou ses héritiers, à la femme ou aux héritiers de la femme.

4. La suspension prononcée par l'article précédent n'aura lieu que dans le cas de dissolution du mariage par la mort d'un des époux, ou par l'effet du divorce prononcé sur la demande du mari sans cause déterminée.

5. La présente loi ne pourra être opposée à la femme ou à ses héritiers qui déclareront ne pas vouloir en profiter; et elle ne préjudiciera point aux remboursemens qui seront volontairement acceptés, pourvu qu'il soit stipulé, dans l'acte qui constatera le remboursement, que celui qui l'a accepté avait connaissance de la présente loi (2).

———

(1) Cet article n'est pas applicable aux remboursemens faits à des créanciers opposans au sceau des lettres de ratification (21 vendémiaire an 7; Cass S. 1, 1, 350.)

Il ne s'applique point au cas où les paiemens auraient été provoqués par le créancier (20 novembre 1816; Cass. S. 17, 1, 61).

Il ne s'applique qu'aux créances *non échues*; ainsi il ne peut être invoqué par le créancier d'une dette *exigible*, encore qu'il eût accordé un terme indéfini, en se réservant le droit de poursuivre quand bon lui semblerait (3 mars 1819; Cass. S. 19, 1, 378.)

Il est applicable aux créances créées depuis le 1er janvier 1792, comme aux créances nées antérieurement (21 février et 1er mars 1814; S. 14, 1, 286).

Lorsque le débiteur a la faculté de se libérer dans un intervalle donné, par exemple dans l'espace de dix années, le terme n'est réputé échu, qu'après les dix années; le remboursement fait avant cette époque serait réputé anticipé (3 ventose an 10; Cass. S. 7, 2, 1170).

L'action en nullité, autorisée par cette loi, à l'égard des remboursemens faits en papier-monnaie contre le vœu de la loi, n'est pas soumise à la prescription de 10 ans (7 décembre 1809; Cass. S. 10, 1, 180).

(2) Le créancier qui, sous l'empire de cette loi, a reçu, en assignats, le paiement d'une créance avant l'échéance du terme, est fondé à demander la nullité de ce paiement, s'il n'a expressément déclaré dans la quittance, qu'il avait connaissance de cette loi (3 décembre 1817; Cass. S. 18, 1, 175 et 262, et 23 août 1819; S. 21, 1, 45).

La déclaration qu'on avait connaissance de la loi, n'a pas été nécessaire seulement pour le temps qui s'est écoulé entre la date de la loi et le jour où elle a été publiée dans chaque localité. Elle a été nécessaire, pour la validité du remboursement même depuis la publication (3 messidor an 10; Cass. S. 3. 1, 5; 2 messidor an 11; Cass. S. 3, 1, 383).

Celui qui a reçu un remboursement en papier-monnaie après cette loi, sans déclarer avoir connaissance de cette loi, est recevable à proposer la nullité du remboursement, bien qu'il soit convaincu d'avoir fait un emploi utile et de s'être lui-même libéré d'autant avec le même papier-monnaie (21 février 1814; Cass. S. 14, 1, 286; *Idem* 1er mars 1814; Cass. S. 14, 1, 286).

Les remboursemens faits après cette loi, sans mention dans les quittances de la part du créancier que cette loi lui était connue, ne laissent pas d'être valables; si c'est le créancier qui a sollicité son remboursement (12 messidor an 10; Cass. S. 2, 1, 327).

L'acquéreur d'un immeuble qui a payé le prix total de son acquisition, sous l'empire de cette loi, est réputé avoir cru de bonne foi qu'il était libéré. Si donc, par suite des dispositions de l'art. 5, il est reconnu débiteur d'une portion du prix de son acquisition, il ne doit les intérêts de cette portion qu'à compter du jour de la demande en réduction de la quittance finale, et non du jour de la vente, surtout si par un jugement passé en force de chose jugée, le créancier a été déclaré non-recevable à poursuivre son remboursement par voie d'exécution en vertu de son contrat (12 mars 1817; (Cass. S. 17, 1, 357).

5. La présente suspension n'aura lieu à compter de ce jour (1).

MESSIDOR an 3 (13 juillet 1795). — Décret qui ordonne la célébration de l'anniversaire du 14 juillet. (1, Bull. 163, n° 955; B. 56, 189.)

MESSIDOR an 3 (13 juillet 1795). — Décret qui détermine le grade des adjoints au commandant temporaire de la place de Paris. (B. 56, 187.)

MESSIDOR an 3 (13 juillet 1795). — Décret qui conserve provisoirement le collège de France. (B. 56, 187.)

MESSIDOR an 3 (13 juillet 1795). — Décret qui adjuge au citoyen Fabre les maisons des enclos de Chessy. (B. 56, 185.)

MESSIDOR an 3 (13 juillet 1795). — Décret accordant prolongation de congé au représentant Lobinhes. (B. 56, 187.)

MESSIDOR an 3 (13 juillet 1795). — Décret qui ordonne l'insertion au Bulletin et l'affiche dans Paris, d'un rapport fait par le représentant du peuple Bailleul. (B. 56, 188.)

---

5 MESSIDOR an 3 (13 juillet 1795). — Décret qui autorise la Trésorerie nationale à faire passer une somme au citoyen Troquart. (B, 56, 190.)

---

5 MESSIDOR an 3 (13 juillet 1795). — Décret qui ordonne l'échange d'une somme pour des assignats, ayant cours, en faveur du citoyen Puzay. (B. 56, 189.)

---

5 MESSIDOR an 3 (13 juillet 1795). — Décret qui nomme les citoyens Pasté et Léger à la commission de la place administrative, (B. 56, 190.)

---

25 MESSIDOR an 3 (13 juillet 1795). — Décrets qui autorisent ou confirment des emprunts faits par plusieurs communes ou administrations. (B. 56, 190.)

---

25 MESSIDOR an 3 (13 juillet 1795). — Décret qui confirme deux arrêtés pris par le représentant Isoard, en mission. (B. 56, 194.)

---

26 MESSIDOR an 3 (14 juillet 1795). — Décret relatif à l'établissement d'une tontine nationale. (1, Bull. 163, n° 960; B. 56, 195.)

Voy. loi du 17 PLUVIOSE an 4; avis du Conseil-d'Etat du 1er avril 1809.

Art. 1er. Il sera ouvert une tontine nationale, dont les actions seront de mille livres; il pourra néanmoins être délivré des coupons de cinq cents livres et de deux cents livres.

2. Cette tontine sera divisée en seize classes de cinq ans chacune; la première classe ne comprendra que les enfans depuis la naissance jusqu'à l'âge de cinq ans; la seconde sera composée des enfans âgés de cinq à dix ans, et ainsi de suite, de cinq en cinq ans, jusqu'aux personnes âgées de soixante-quinze ans et au-dessus.

3. Chaque classe sera composée d'un nombre indéterminé de divisions, dont chacune sera de quatre mille actions, numérotées depuis un jusqu'à quatre mille.

4. L'intérêt primitif, dans les quatre premières classes, depuis la naissance jusqu'à vingt ans sera de vingt livres par action; celui des quatre suivantes, depuis vingt jusqu'à quarante ans, sera de vingt-cinq livres; celui des quatre classes depuis quarante ans jusqu'à soixante, sera de trente livres; celui des deux suivantes, depuis soixante jusqu'à soixante-dix ans, sera de trente-cinq livres; celui des dernières classes de soixante-dix et au-dessus sera de quarante livres par action.

5. Il y aura pour chaque divison, composée de quatre mille actions seulement, un tirage particulier de huit cents primes, montant à la somme de huit cent mille livres.

6. Tous les receveurs du droit d'enregistrement sont autorisés à recevoir le prix des actions de la tontine, lesquelles ne pourront être payées qu'en assignats.

7. Chaque actionnaire recevra *gratis* son contrat chez le receveur auquel il aura remis le prix de son action; ces contrats seront accompagnés d'un duplicata qui servira de titre pour recevoir la prime qui lui sera échue.

8. Les étrangers pourront placer des fonds dans cette tontine; et, dans aucun cas, leur rente ne sera sujette à confiscation ni suspension de paiement.

9. Il sera établi, partout où besoin sera, des agens pour recevoir les fonds que les étrangers voudront placer dans la tontine, et pour leur en payer annuellement les arrérages.

10. Dès qu'il y aura vingt divisions complètes, on fera un premier tirage qui leur sera commun; on en fera successivement

---

(1) Cette loi est exécutoire du jour de son émission, même pour les dettes créées depuis la papier-monnaie, et à quelque distance de Paris que se soit opéré le remboursement (3 novembre 1813; Cass. S. 14, 1, 26). Elle n'a pas effet sur les remboursemens faits ce même jour avant l'instant de l'émission de la loi (22 avril 1806; Cass. S. 6, 1, 277).

lorsqu'il y aura un certain nombre de divisions remplies.

11. Ces différens tirages seront annoncés par le Bulletin ; ils se feront en présence de deux commissaires de la Convention nationale.

12. Les primes seront payées en reconnaissances au porteur, que l'on pourra convertir en actions additionnelles à cette tontine, ou donner en paiement de domaines nationaux.

13. A la mort de chaque actionnaire, la moitié de la rente primitive de ses actions se trouvera éteinte au profit de la nation ; l'autre moitié, avec tous ses accroissemens, tournera au profit des autres actionnaires de sa division. La rente de chaque action ne pourra excéder douze mille livres.

14. Les arrérages de cette tontine seront exempts de toute retenue ; et pour les recevoir, on sera tenu seulement de fournir un certificat de vie.

15. La liste des accroissemens de chaque division sera affichée tous les ans chez les payeurs.

16. Le comité des finances est chargé de prendre toutes les mesures nécessaires pour l'exécution du présent décret.

Distribution des primes dans chaque division.

1 de 150,000 fr. ; 1 de 100,000 fr. ; 1 de 50,000 fr. ; 1 de 40,000 fr. ; 1 de 30,000 fr. ; 1 de 20,000 francs ; 1 de 15,000 fr. ; 1 de 12,000 fr. ; 1 de 10,000 fr. ; 1 de 8,000 f. ; 1 de 6,000 fr. ; 1 de 5,000 fr. ; 4 de 3,000 liv., 12,000 fr. ; 12 de 1,500 liv., 18,000 fr. ; 40 de 1,000 liv., 40,000 f. ; 80 de 600 liv., 48,000 f. ; 100 de 500 liv., 50,000 fr. ; 160 de 400 liv., 64,000 fr. ; 391 de 300 liv., 117,300 fr. ; 1 au dernier numéro, de 4,700 f. Total 800,000 f.

―――――――

26 MESSIDOR an 3 (14 juillet 1795). — Décret portant qu'il sera ouvert un emprunt d'un milliard, à trois pour cent d'intérêt annuel et perpétuel. (1, Bull. 163, n° 961 ; B. 56, 197.)

Voy. loi du 1er FRIMAIRE an 4.

Art. 1er. Il sera ouvert un emprunt d'un milliard, à trois pour cent d'intérêt annuel et perpétuel.

2. Chaque prêteur sera crédité sur le grand-livre de la dette consolidée, en un seul et même article, et sous le même numéro.

3. Les commissaires de la Trésorerie nationale sont chargés de l'exécution du présent décret, dont ils rendront compte au comité des finances.

―――――――

26 MESSIDOR an 3 (14 juillet 1795). — Décret portant que les airs et chants civiques qui ont contribué au succès de la révolution, seront exécutés par les corps de musique des gardes nationales et des troupes de ligne. (1, Bull. 163, n° 962 ; B. 56, 198.)

26 MESSIDOR an 3 (14 juillet 1795). — Décret qui autorise un remboursement au citoyen Devesnes. (B. 56, 197.)

―――――――

26 MESSIDOR an 3 (14 juillet 1795). — Décret qui accorde diverses sommes à titre de secours. (B. 56, 201.)

―――――――

26 MESSIDOR an 3 (14 juillet 1795). — Décret qui accorde une somme en indemnité à la citoyenne Cheron. (B. 56, 202.)

―――――――

26 MESSIDOR an 3 (14 juillet 1795). — Décret portant que l'armée des Pyrénées-Occidentales ne cesse de bien mériter de la patrie. (1, Bull. 163, n° 959 ; B. 56, 202.)

―――――――

26 MESSIDOR an 3 (14 juillet 1795). — Décret qui suspend l'article 1er du décret du 24 messidor, concernant le port de Cherbourg. (B. 56, 198.)

―――――――

27 MESSIDOR an 3 (15 juillet 1795). — Décret qui indemnise de la déduction du cinquième les créanciers de rentes et intérêts résultant d'obligations contractées par des corporations supprimées depuis le 14 juillet 1789. (1, Bull. 165, n° 967 ; B. 56, 209.)

Art. 1er. Les créanciers de rentes et intérêts résultant d'obligations contractées par des corporations supprimées depuis le 14 juillet 1789, et, comme tels, soumis avant leur inscription au grand-livre de la dette publique, à la vérification du directeur général de la liquidation, qui, par suite des dispositions de l'article 34 de la loi du 24 vendémiaire an 2, avaient éprouvé lors de leur inscription une déduction d'un cinquième, seront indemnisés de cette déduction jusqu'à due concurrence.

2. Il en sera de même à l'égard de celles desdites rentes qui, reconstituées par le directeur général de la liquidation avant la formation du grand-livre, y avaient été inscrites par les sept payeurs des rentes qui en faisaient le service.

3. Le directeur général de la liquidation et lesdits payeurs feront inscrire par des états supplémentaires, qu'ils fourniront à la Trésorerie nationale, les propriétaires desdites rentes et intérêts pour le montant du cinquième qui leur aura été déduit lors de leur inscription primitive, avec jouissance du 1er vendémiaire de l'an 2, pourvu que ce cinquième ne soit pas au-dessous de cinquante livres d'inscription, et ils en délivreront des certificats de propriété aux créanciers desdites rentes.

4. Lorsque ce cinquième sera au-dessous de cinquante livres d'inscription, il sera délivré aux créanciers desdites rentes, savoir, par le directeur général de la liquidation, des reconnaissances de liquidation,

par les payeurs, des certificats de pro-
ité, du capital de la restitution multi-
ée par vingt, ensemble des intérêts échus
puis le 1er vendémiaire an 2 jusqu'au 1er
rminal de l'an 3, à la déduction des re-
nues.

. Les reconnaissances de liquidation ou
rtificats de propriété mentionnés en l'ar-
le ci-dessus, seront remboursés à bureau
vert à la Trésorerie nationale.

MESSIDOR an 3 (15 juillet 1795). — Décret
rur le mode de liquidation des offices de la ci-
devant Savoie. (B. 56, 202.)

MESSIDOR an 3 (15 juillet 1795). — Décret
qui renvoie au comité de législation la demande que les citoyens qui ont souscrit des
lettres-de-change ou billets à ordre dont le
terme est échu, aient la faculté de se libérer
en consignant et déposant les sommes portées
dans lesdites lettres-de-change et billets. (B.
56, 210.)

MESSIDOR an 3 (15 juillet 1795). — Décret
qui autorise des remboursemens à d'anciens receveurs des ci-devant généralités. (B. 56, 203.)

MESSIDOR an 3 (15 juillet 1795). — Décret
qui accorde un secours aux habitans de la commune de Givet. (B. 56, 207.)

MESSIDOR an 3 (15 juillet 1795). — Décret
qui accorde des pensions et gratifications à
d'anciens employés supprimés. (B. 56, 207.)

MESSIDOR an 3 (15 juillet 1795). — Décret
qui ajourne au 28 messidor, la discussion sur
les projets de lois relatifs aux contributions et
aux lois de police sur le commerce. (B. 56,
210.)

MESSIDOR an 3 (15 juillet 1795). — Décret
qui suspend celui du 24 messidor, sur la translation de l'école de Besançon à Rennes. (B. 56,
210.)

8 MESSIDOR an 3 (16 juillet 1795). — Décret
relatif à la comptabilité du receveur-général et
des préposés particuliers des économats, et du
receveur des entrées de Paris. (1, Bull. 165,
n° 968 ; B. 56, 211.)

8 MESSIDOR an 3 (16 juillet 1795). — Décret
qui décharge de toutes leurs gestions, les citoyens Deschabottières et Sonneret. (B. 56,
211.)

88 MESSIDOR an 3 (16 juillet 1795). — Décret
de renvoi relatif aux demandes et mémoires des
ports et hâvres. (B. 56, 211.)

88 MESSIDOR an 3 (16 juillet 1795). — Décret

qui accorde des pensions à des veuves de citoyens morts en défendant la patrie. (B. 56,
212.)

28 MESSIDOR an 3 (16 juillet 1795). — Décret
qui maintient tous ceux relatifs à la fermeture
des issues et ouvertures particulières du Palais-
National. (B. 56, 212.)

29 MESSIDOR an 3 (17 juillet 1795). — Décret
portant acte d'accusation contre le représentant
Joseph Lebon. (B. 56, 214.)

29 MESSIDOR an 3 (17 juillet 1795). — Décret
qui envoie en mission le représentant Musset.
(B. 56, 217.)

29 MESSIDOR an 3 (17 juillet 1795). — Décret
de liquidation de différentes parties de la dette
publique. (B. 56, 217.)

29 MESSIDOR an 3 (17 juillet 1795). — Décret
accordant prolongation de congé au représentant Jouenne. (B 56, 213.)

29 MESSIDOR an 3 (17 juillet 1795). — Décret
qui rapporte celui du 10 de ce mois, relatif
aux officiers municipaux de la commune de
Boulogne près Paris. (B. 56, 213.)

29 MESSIDOR an 3 (17 juillet 1795). — Décret
relatif au loyer de l'emplacement du cabinet
des machines du citoyen Lepelletier. (B. 56,
214.)

29 MESSIDOR an 3 (17 juillet 1795). — Décret
relatif aux nouvelles attributions du comité de
liquidation. (B. 56, 214.)

29 MESSIDOR en 3 (17 juillet 1795). — Décret
qui ordonne l'établissement d'un télégraphe
dans l'enceinte du Palais-National (B. 56, 219.)

29 MESSIDOR an 3 (17 juillet 1795). — Décret
qui confirme la promotion faite sur le champ
de bataille du général chef de brigade Villot,
au grade de général de division. (B. 56, 218.)

30 MESSIDOR an 3 (18 juillet 1795). — Décret
qui accorde des pensions à des militaires infirmes ou blessés. (B. 56, 219.)

30 MESSIDOR an 3 (18 juillet 1795). — Décret
qui accorde un congé aux représentans O poix
et Besout. (B. 56, 220.)

30 MESSIDOR an 3 (18 juillet 1795). — Décret
qui autorise la commune de Lille à établir un
emprunt. (B. 56, 220.)

1ᵉʳ THERMIDOR an 3 (19 juillet 1795). — Décret qui nomme le citoyen Jollivet conservateur général des hypothèques. (1. Bull. 164, n° 964; B. 57, 1.)

1ᵉʳ THERMIDOR an 3 (19 juillet 1795). — Décret qui admet comme représentant le citoyen Dauphole. (B. 57, 2.)

1ᵉʳ THERMIDOR an 3 (19 juillet 1795). — Décret portant que les comités de gouvernement feront un rapport circonstancié de la situation de Paris, etc. (B. 57, 1.)

1ᵉʳ THERMIDOR an 3 (19 juillet 1795). — Décret qui renvoie au comité de législation un projet de loi présenté par les comités de salut public, concernant les détenus. (B. 57, 2.)

1ᵉʳ THERMIDOR an 3 (19 juillet 1795). — Décret relatif à une pétition de la section de Guillaume Tell. (B. 57, 2.)

1ᵉʳ THERMIDOR an 3 (19 juillet 1795). — Décret qui renvoie aux comités des transports, postes et messageries, et à celui du salut public, et ajourne au 2 thermidor un projet d'augmentation de tarif de la poste aux lettres, et de la poste aux chevaux. (B. 57, 2.)

1ᵉʳ THERMIDOR an 3 (19 juillet 1795). — Décret portant que désormais les séances de la Convention nationale s'ouvriront à 10 heures du matin. (B. 57, 3.)

1ᵉʳ THERMIDOR an 3 (19 juillet 1795). — Décret qui ordonne l'impression, la distribution, l'affiche dans Paris, l'envoi aux départemens et aux armées, d'une proclamation présentée au nom du comité de sûreté générale. (B. 57, 6.)

1ᵉʳ THERMIDOR an 3 (19 juillet 1795). — Décret qui ordonne l'impression, l'insertion au Bulletin, l'affiche dans Paris, et l'envoi aux départemens et aux armées, d'un rapport fait au nom du comité de sûreté générale, sur des troubles qui se sont élevés à Paris. (B. 57, 7.)

1ᵉʳ THERMIDOR an 3 (19 juillet 1795). — Décret relatif au citoyen Richard, sergent-major au premier bataillon du 102ᵉ régiment. (B. 57, 11.)

1ᵉʳ THERMIDOR en 3 (19 juillet 1795). — Décret qui renvoie au comité de législation une pétition des citoyens de la commune de Nantes. (B. 57, 11.)

2 THERMIDOR an 3 (20 juillet 1795). — Décret relatif au paiement de la contribution foncière du prix des baux stipulés en argent, et aux demandes en dégrèvement. (1, Bull. 167, n° 977; B. 57, 12.)

Voy. lois du 21 = 28 AOUT 1791; du 26 AOUT 1792; du 24 FRUCTIDOR an 3; du 3 BRUMAIRE, du 13 FRIMAIRE, du 15 GERMINAL, du 18 FRUCTIDOR an 4; du 9 FRUCTIDOR an 5; du 7 VENDÉMIAIRE an 7; et du 3 FRIMAIRE an 7.

Art. 1ᵉʳ. Toutes réquisitions en grains sur les propriétaires, fermiers, cultivateurs et autres, seront abolies, et cesseront d'avoir lieu, à dater du 1ᵉʳ vendémiaire prochain.

2. La contribution foncière continuera d'être imposée sur les propriétaires, et sera acquittée par eux ou par leurs fermiers : lesdits fermiers paieront la contribution pour leur propre compte, s'ils en sont chargés; et, dans le cas contraire, ils seront tenus de la payer à l'acquit des propriétaires.

3. La contribution foncière sera fixée et levée, pour l'an 3, d'après les bases adoptées pour 1793.

4. Le paiement en sera fait, moitié en assignats, valeur nominale, moitié en grains effectifs, dans les espèces ci-après, savoir, blé-froment, seigle, orge et avoine, de manière que le contribuable qui, en 1793, était imposé à cent vingt livres, paiera en grains de l'espèce ci-dessus la quotité qui représentaient soixante livres valeur métallique en 1790.

La moitié due en grains sera évaluée sur le rôle, dans la proportion ci-dessus; les fractions au-dessous de cinq sous ne produiront aucune évaluation.

5. La moitié payable en nature sera acquittée en grains de bonne qualité, au plus tard dans les mois de brumaire et frimaire; elle sera conduite et livrée, par celui qui doit en faire le paiement, au magasin le plus voisin désigné par le département, et qui ne pourra être éloigné de plus de trois lieues.

Le garde-magasin en donnera son récépissé au contribuable; et celui-ci sera tenu de rapporter ce récépissé au percepteur des contributions, qui l'inscrira à la marge du rôle.

6. Tous les propriétaires, fermiers, cultivateurs, qui ne récoltent pas des grains des espèces ci-dessus, ou qui n'en récoltent que pour la nourriture de leur famille, à raison de quatre quintaux de froment ou de cinq quintaux de toute autre espèce de grain par personne de tout âge, auront la faculté de payer en assignats la portion de l'imposition due en nature, suivant le prix du blé réglé d'après les mercuriales des deux mois antérieurs à l'échéance du paiement.

7. L'imposition des maisons et usines de toute espèce seulement (les moulins à grains exceptés) continuera à être payée, pour le tout, en assignats, valeur nominale.

8. Les locataires ou fermiers desdites maisons et usines seulement paieront de même aux propriétaires le prix de leurs baux stipulés en argent, en valeur nominale, sans

§ Ier De l'expropriation volontaire.

104 Il n'y a que le consentement formel des créanciers hypothécaires qui puisse faire passer leur hypothèque d'une propriété sur l'autre; en conséquence, les échanges, permutations, partages et autres expropriations semblables, ne pourront de leur nature produire cet effet.

105. En toute expropriation volontaire, onéreuse ou à titre gratuit, celui au profit duquel elle est consentie, ne peut devenir propriétaire incommutable des biens territoriaux qui en sont l'objet, que sous les deux conditions suivantes :

1°. De notifier et déposer expédition de son contrat dans le mois de sa date, à chaque bureau de la conservation des hypothèques dans l'arrondissement duquel les biens sont situés;

2°. De payer et acquitter, dans le cours du mois suivant, toutes les créances hypothécaires et cédules du fait de son auteur, ayant une date antérieure, ou de déposer leur montant à la caisse du receveur de district, en présence du conservateur, ou lui dûment appelé, et en outre de faire l'avance de la radiation des inscriptions et cédules, sauf son recours (1).

106. Faute de la première condition, les hypothèques du fait de son auteur, postérieures audit contrat, sont bien et valablement acquises sur les biens étant l'objet de ladite expropriation, jusqu'au jour de la notification (2).

107. Faute de la seconde, il n'est pas, à l'égard des créanciers hypothécaires, présumé propriétaire de la chose hypothéquée, et ils ont le droit, nonobstant son contrat et la notification d'icelui, d'en poursuivre la vente au plus offrant et dernier enchérisseur, dans les formes prescrites par le § II ci-après.

108. Il est tenu registre des notifications prescrites par l'article 105, pour lesquelles il n'est nécessaire d'employer le ministère d'aucun huissier, et qui peuvent être faites par le porteur dudit contrat.

109. Les bailleurs de fonds, créanciers, soit de l'usufruit, soit de la totalité ou partie du prix des biens territoriaux, dont ils seront expropriés à quelque titre que ce soit, ne pourront conserver leurs droits et hypothèques, tant sur lesdits biens que sur ceux de leurs acquéreurs, cessionnaires ou donataires, que par la voie de l'inscription, dans les formes et délais prescrits à l'égard de tous autres créanciers.

§ II. De l'expropriation forcée.

110. Tout créancier hypothécaire et tout porteur de cédules hypothécaires dont la créance est exigible ne peut recourir à la chose hypothéquée, et en poursuivre la vente qu'après vingt jours du commandement par lequel le débiteur aura été, à la requête du créancier, constitué en demeure de payer.

111. Ce commandement sera fait par le ministère d'un huissier, assisté de deux témoins, et signifié à sa personne ou au dernier domicile connu du débiteur; copie entière du titre de créance sera donnée avec celle du commandement, lequel fera mention de la somme et des causes de la créance, et qu'à défaut de paiement il sera procédé en justice à la vente et adjudication, au plus offrant et dernier enchérisseur, de la chose hypothéquée.

De suite et sans désemparer, l'huissier et ses témoins seront tenus d'en déposer une autre copie au greffe de la commune, de signer sur le registre où mention de ce dépôt sera faite, et d'en prendre reconnaissance du secrétaire-greffier, ou d'un membre de la municipalité à son défaut.

Le tout à peine de nullité, et, contre l'huissier et ses témoins solidairement, des dommages des parties intéressées.

112. La demeure de l'huissier sera le domicile élu du créancier poursuivant, sans avoir besoin d'être exprimé au commandement, à moins qu'il n'y en ait un expressément désigné.

113. Au moins dix jours avant l'apposition des affiches, notification dudit commandement sera faite et déposée dans la même forme, tant aux fermiers, locataires ou autres possesseurs de la chose grevée d'hypothèque, qu'au greffe de la commune de leur domicile.

114. Le débiteur ne pourra arrêter la vente de ses biens, même par des offres réelles faites au créancier poursuivant, si elles n'ont été acceptées par lui, et en cas de refus, notifiées au conservateur des hypothèques, visées par lui sur l'original, et le montant de la créance déposé entre les mains et à la caisse du receveur du district.

SECTION Ire Des publications et affiches de la vente.

115. Avant toute affiche de biens à vendre, le créancier poursuivant sera tenu, si fait n'a été par son débiteur depuis dix années, de faire et déposer, dans les formes prescrites par la loi de ce jour, la déclara-

(1 et 2) Une vente volontaire, faite sous l'empire de cette loi, a été parfaite, même à l'égard des tiers, par cela seul qu'elle a été faite avec tra-
dition; la transcription prescrite par l'art. 26 de la loi du 11 brumaire an 7, n'était pas nécessaire à sa perfection (28 juin 1816; Cass. S. 17, 1, 294.)

tion foncière des biens territoriaux grevés de son hypothèque.

Dans le cas où ladite déclaration foncière aurait eu lieu depuis moins de dix années, il suffira au créancier poursuivant de s'en faire délivrer une expédition, ainsi que des procès-verbaux d'expertise, s'il en existe.

116. L'adjudication de ces biens au plus offrant et dernier enchérisseur, sera publiée et annoncée par affiches en placards imprimés, contenant :

1°. Les jour, lieu et heure où elle sera faite, ainsi que les officiers publics qui devront y procéder;

2°. La nature et quantité superficielle, le nombre de pièces, et les noms des département, district, arrondissement du bureau de conservation des hypothèques, canton et commune de la situation des biens à vendre;

3°. Leur valeur, tant en revenu net annuel qu'en capital ou prix vénal, résultant de la dernière déclaration, et aussi de l'expertise, si elle a lieu, avec leur date; ladite valeur capitale servant de première enchère;

4°. La contribution foncière de la dernière année et celle courante dont lesdits biens sont chargés en chaque commune;

5°. Les nom, prénoms, âge, profession et domicile du propriétaire, et ceux des usufruitiers et fermiers, s'il en existe pour lesdits biens;

6°. Le montant de la créance hypothécaire et la date du titre;

7°. Les conditions de l'adjudication;

8°. Et l'indication, dans la commune où le tribunal civil est établi, du domicile où les enchérisseurs auront la faculté de prendre de plus amples renseignemens.

117. L'apposition de cette affiche vaudra saisie des biens qui en sont l'objet.

118. Elle sera apposée à l'extérieur tant du domicile du débiteur et des édifices qu'il possède notoirement dans le lieu, ou qui sont désignés dans la déclaration foncière, que de la maison commune de la situation des biens, ainsi que des séances et prétoires des corps administratifs, tribunaux et juges-de-paix du même lieu, et dans tous les endroits destinés ordinairement à recevoir ces affiches.

Il en sera usé de même pour la commune du tribunal de district et le bureau, tant du percepteur du droit d'enregistrement que du conservateur des hypothèques, auquel il en sera remis en même temps dix exemplaires sur sa reconnaissance.

119. A mesure de l'apposition de ladite affiche, procès-verbal en sera rédigé par un huissier, lequel, à la requête du créancier poursuivant, en fera la notification au domicile du débiteur et à celui de ses fermiers, locataires ou possesseurs de biens, en remettant à chacun d'eux cinq exemplaires de ladite affiche, et pareil nombre au secrétaire-greffier de la commune, sur sa reconnaissance; le tout en présence et assisté de l'afficheur, qui sera tenu de signer tant l'original que les copies notifiées en exécution du présent article.

120. S'il existe un journal périodique du district ou du département, l'annonce de l'affiche y sera faite par extrait, au moins dix jours avant l'adjudication, et ce, à la diligence de l'huissier chargé de la poursuite au lieu de la situation des biens, et dont il joindra un exemplaire aux pièces; faute de quoi il sera réduit à la moitié de ses salaires, ou condamné à restituer ladite moitié dans le cas où il l'aurait déjà touchée, sauf son recours contre l'auteur ou l'imprimeur du journal, s'il y a lieu.

Il est ordonné aux auteurs et imprimeurs des journaux en possession de faire ces annonces, de déférer sur-le-champ pour l'ordinaire suivant, aux réquisitions qui leur seront faites en exécution de la présente disposition, à peine d'en répondre.

121. Il ne pourra y avoir moins d'un mois entre la clôture du procès-verbal d'affiche et le jour de l'adjudication.

122. Lorsque la vente des biens d'un même débiteur, situés en plusieurs districts contigus, est poursuivie par un même créancier, il y sera procédé séparément en chaque district; néanmoins leur adjudication ne pourra avoir lieu le même jour, et le poursuivant sera tenu de commencer par celui dans lequel les biens de la plus forte valeur capitale sont situés, à peine de répondre des dommages qu'en auraient soufferts le débiteur et ses autres créanciers, par le défaut de concurrence.

Section II. De la communication de la poursuite au conservateur des hypothèques.

123. Dans les dix jours de la clôture du procès-verbal d'affiche, le poursuivant sera tenu de notifier la poursuite au conservateur des hypothèques, et, à cet effet, de lui en communiquer toutes les pièces, sous son récépissé.

124. Elles resteront en ses mains pendant cinq jours au plus, après lesquels ledit conservateur est tenu de les restituer.

125. Il fera toute diligence pour préparer l'extrait du livre de raison des hypothèques, et le remettre ensuite à l'officier public qui sera chargé de l'ordre et distribution des deniers.

Section III. Des officiers publics devant lesquels l'adjudication doit être faite.

126. Il sera procédé à ladite adjudication par un des juges du tribunal civil du district de la situation des biens, sans autres frais que les salaires du greffier.

127. Le tribunal désignera l'ordre dans lequel chacun de ses membres devra faire ce service pendant trois mois.

128. Toutes les pièces de la poursuite, ensemble l'extrait du livre de raison des hypothèques, et le bordereau des frais de poursuite, signé de l'huissier qui en aura été chargé, seront déposés par le poursuivant au greffe du tribunal, au moins cinq jours avant celui indiqué pour l'adjudication.

129. Le greffier sera tenu d'en préparer et rédiger le procès-verbal en double minute, et, après sa clôture, de faire le dépôt de l'une d'elles dans les vingt-quatre heures, entre les mains du conservateur dans l'arrondissement duquel la plus forte partie des biens est située.

130. Il sera envoyé, par le conservateur général des hypothèques, à Paris, un modèle imprimé dudit procès-verbal, pour en favoriser l'uniformité dans toute l'étendue de la République.

SECTION IV. Du jour et du lieu de l'adjudication.

131. Les quintidis et décadis seront les seuls jours où se feront les adjudications des biens territoriaux.

132. Elles seront ouvertes à midi précis.

133. Il sera procédé dans l'une des salles ou au prétoire du tribunal de district, ainsi qu'il aura été réglé par les juges dudit tribunal.

134. Tous les citoyens en auront la libre entrée, et les adjudications seront faites publiquement.

135. Les parties intéressées, ensemble les créanciers et le conservateur des hypothèques, auront le droit d'y assister, et d'en signer le procès-verbal.

SECTION V. Des enchérisseurs.

136. Tout citoyen pourra enchérir par lui-même ou par un fondé de pouvoir spécial. Si sa solvabilité est contestée par la partie saisie, le poursuivant et le conservateur des hypothèques, ou par l'un d'eux, il sera tenu de fournir sur-le-champ caution suffisante, dans la forme ordinaire.

137. Les conservateurs auront le droit d'enchérir pour autrui ; mais ils ne pourront se rendre adjudicataires en leur nom personnel, excepté le cas déterminé en l'article 145 ci-après, à peine de nullité, et, d'être procédé à une nouvelle adjudication à leur frais et dépens, et à la folle-enchère.

138. Les citoyens qui enchériront pour autrui, ne pourront être contraints à justifier de leurs pouvoirs ; mais celui auquel les biens auront été adjugés, sera tenu de faire entre les mains du greffier qui en rédigera l'acte, au bas de chacune des minutes du procès-verbal, sa déclaration en command, au plus tard avant la fin du même jour ; faute de quoi faire dans ledit délai, il sera présumé adjudicataire direct, et tenu, en cette qualité, de répondre personnellement à tous les droits et actions, soit des créanciers et autres intéressés, soit du Trésor public.

139. Les fondés de pouvoir, ensemble le conservateur et ses agens, qui se seraient rendus adjudicataires pour le compte du saisi ou de toute autre personne notoirement insolvable, qui, en définitif, ne se trouverait point en état de payer le prix de l'adjudication, en demeureront garans et responsables en leur propre et privé nom, et il sera procédé directement contre eux à la revente sur folle-enchère, indépendamment de quoi lesdits conservateurs et agens pourront être destitués.

SECTION VI. Du mode des enchères.

140. D'abord les enchères seront reçues simplement ; ensuite, et lorsque personne ne se présentera plus pour enchérir, il sera allumé successivement des bougies préparées de manière que chacune ait une durée d'environ cinq minutes.

141. Si la première s'éteint sans qu'il ait été fait d'enchère pendant sa durée, la chose sera adjugée à celui qui en était le dernier enchérisseur.

Dans le cas contraire, il en sera allumé une seconde ; et si, pendant sa durée, il n'y a aucune enchère, la chose sera adjugée à celui qui avait la dernière enchère avant l'extinction de la première bougie.

142. S'il y a enchère pendant la durée de la seconde, il en sera allumé une troisième, et ainsi de suite, jusqu'à ce que la dernière bougie se soit éteinte sans que, pendant sa durée, il soit survenu aucune enchère.

143. Ces enchères ne pourront être moindres de dix livres, lorsque la valeur capitale des biens à vendre se trouvera, suivant la déclaration foncière, au dessous de mille livres.

144. Dans le cas où personne ne voudrait couvrir la première enchère annoncée par l'affiche, le juge procédant à la vente, après avoir entendu les parties intéressées présentes et le conservateur des hypothèques, ou lui dûment appelé à cet effet, pourra ordonner ladite vente sur une enchère plus faible.

SECTION VII. De la remise de l'adjudication.

145. Si, après l'extinction de la dernière bougie sur laquelle aucune enchère n'est survenue, il paraît au conservateur des hypothèques que les biens ne sont point à leur vrai prix, et qu'il y a insuffisance pour remplir les créanciers, il aura la faculté de requérir la mise de l'adjudication à vingt jours, à la charge par lui de n'en pouvoir user que sous la double condition, 1° d'en faire la demande sur-le-champ et sans désemparer ; 2° de porter la chose à un dixième en sus du prix résultant de la dernière enchère ; auquel cas l'officier procédant à ladite vente sera tenu d'en prononcer la remise, et la der-

nière enchère ne pourra attribuer à celui qui l'aura faite la qualité d'adjudicataire définitif.

146. Il sera, en conséquence et sans délai, à la requête et diligence du poursuivant, procédé à l'apposition de nouvelles affiches, en placard, imprimées et rendues publiques par la voie des journaux, au moins cinq jours avant l'adjudication définitive, le tout dans les formes prescrites par la section Ire du présent paragraphe ; mais il ne sera pas nécessaire de les notifier à la partie saisie ni à ses fermiers, locataires, usufruitiers et possesseurs de la chose.

SECTION VIII. De l'adjudication définitive.

147. L'adjudication demeurera définitive, si le conservateur des hypothèques n'a point usé de la faculté qui lui est réservée par l'article 145.

Dans le cas contraire, il n'y aura lieu à aucune remise que celle à vingt jours requise par le conservateur ; et alors l'adjudication sera faite définitivement au plus offrant et dernier enchérisseur, à l'extinction des bougies.

148. S'il ne survient aucune enchère, l'adjudication sera faite définitivement au conservateur des hypothèques, pour le prix auquel il a porté les biens ; mais il aura trois jours pour faire sa déclaration en command.

149. L'adjudication définitive rend l'adjudicataire propriétaire incommutable des biens qui en sont l'objet, nonobstant toutes revendications ou oppositions à fin de distraire, qui n'auraient pas été vidées avant ladite adjudication, lesquelles sont converties de plein droit en indemnité sur le prix.

150. Néanmoins, à défaut par l'adjudicataire de déposer le prix de son adjudication dans les délais, et ainsi qu'il est statué, article 158, ci-après, il sera procédé contre lui à la revente à sa folle-enchère et à ses frais et dépens.

SECTION IX. De la revente à la folle-enchère.

151. En cas de non-paiement du prix de l'adjudication, et après trois jours de la contrainte du receveur de district à l'effet de déposer, il sera, à la requête du poursuivant, procédé, tant contre l'adjudicataire que contre le dernier enchérisseur son fondé de pouvoir, et au domicile de celui-ci, dans les mêmes formes et délais que pour la partie saisie, à la revente et adjudication au plus offrant et dernier enchérisseur.

152. Si le prix de cette revente est inférieur à la somme, 1° du capital de la première, 2° des intérêts jusqu'au jour de la revente, 3° et des frais d'adjudication, de contraintes et de poursuites contre le fol adjudicataire, ce qui s'en défaudra demeurera à sa charge personnelle ; et néanmoins le citoyen par lequel son enchère aura été

reçue sera condamné au paiement de ce déficit, sauf son recours contre lui ; à l'effet de quoi il lui sera notifié copie du procès-verbal de l'apposition des affiches indicatives de la revente sur folle-enchère.

153. Dans le cas où le prix de la revente serait supérieur à ladite somme, il aura droit de toucher le surplus.

SECTION X. Des conditions et des effets de l'adjudication.

154. Les conditions imposées à l'adjudicataire par les affiches et publications, ou par le procès-verbal d'adjudication, seront exécutées par lui en tout ce qui n'est pas contraire aux dispositions contenues dans les quatre articles qui suivent.

155. L'adjudicataire ne sera chargé d'aucun des frais de la poursuite, jusqu'à l'adjudication définitive exclusivement.

156. Au par-dessus du prix de son adjudication, il sera tenu de payer, 1° les salaires du greffier, tant pour la double minute de l'adjudication, que pour les expéditions et extraits qui devront en être délivrés ; 2° les droits d'enregistrement de son adjudication ; 3° et les frais de notification de son contrat au bureau de la conservation des hypothèques.

157. Dans les vingt jours au plus tard de la vente, ledit adjudicataire sera tenu de notifier et de déposer au bureau de la conservation des hypothèques, le nombre d'extraits de son adjudication correspondant à celui des arrondissemens dans lesquels les biens par lui acquis sont situés ; faute de quoi faire dans ledit délai, le conservateur des hypothèques est autorisé à s'en faire délivrer autant d'expéditions entières à ses frais et dépens.

158. Dans les quarante jours de ladite adjudication, il sera tenu d'en déposer le prix, avec les intérêts à cinq pour cent net par an, jusqu'au jour dudit dépôt, entre les mains et à la caisse du receveur de district ; sinon, il y sera contraint à la requête dudit receveur, auquel, à cet effet, le greffier sera tenu de remettre, dans les cinq jours de la vente, un extrait du procès-verbal d'adjudication, dont il se fera payer par l'adjudicataire.

159. Ce dépôt étant effectué, l'adjudicataire est entièrement libéré du prix de ladite adjudication, et il ne peut être recherché, à cet égard, ni tenu de répondre à aucune créance hypothécaire du chef du saisi, ou de ses auteurs, sur les biens compris en son adjudication, lesquels en seront libres et affranchis.

CHAPITRE VI. Des ordres et distribution de deniers.

160. Il sera procédé à l'ordre et distribution du prix de la vente par le juge-de-paix du canton ou de la section dans laquelle le bureau de la conservation des hypothèques sera établi.

161. Dans les trois jours de l'adjudication, le greffier dépositaire de la minute du procès-verbal d'adjudication sera tenu de lui en délivrer un extrait aux frais de l'adjudicataire.

162. Le créancier poursuivant, ou son huissier, sera tenu de faire, en papier timbré, le mémoire détaillé de tous les frais de la poursuite, et de le soumettre à la taxe du juge qui aura procédé à l'adjudication, après y avoir appelé le conservateur des hypothèques, pour les allouer ou les contredire, et il remettra ce mémoire entre les mains du juge-de-paix chargé de faire l'ordre de distribution.

163. De son côté, le conservateur des hypothèques dressera, 1° l'extrait certifié véritable, sous sa responsabilité, du livre de raison des hypothèques, comprenant toutes celles existant jusqu'au jour de l'adjudication définitive; 2° le bordereau des frais à lui dus suivant le tarif, tant dudit extrait que de la radiation des inscriptions, cédules et oppositions qui doivent venir en ordre utile, et il remettra le tout audit juge-de-paix.

164. L'ordre et distribution du prix sera consigné à fur et à mesure sur un cahier de papier timbré, disposé à cet effet par ledit juge-de-paix.

165. Aucune collocation de créanciers ne pourra entamer le fonds de réserve ou de prélèvement destiné à pourvoir,

1°. Aux frais de poursuites, suivant la taxe;

2°. A ceux de l'extrait du livre de raison des hypothèques, suivant le tarif;

3°. Aux frais de consignation, suivant les lois qui en ont réglé la quotité;

4°. Aux salaires attribués aux juges-de-paix pour l'ordre et distribution, lesquels demeurent fixés par le présent décret; savoir, à cinq décimes ou dix sous par cent livres du montant de toutes les créances hypothécaires venant en ordre utile, lorsque leur somme se trouvera au-dessous de cinq mille livres; à quatre décimes ou huit sous par cent livres depuis cinq mille livres jusqu'à vingt mille livres; à trois décimes ou six sous depuis vingt mille livres jusqu'à cinquante mille livres; et à deux décimes ou quatre sous par cent livres pour toutes les sommes au-dessus de cinquante mille livres; le tout indépendamment du papier timbré;

5°. Et aux frais de radiation relatifs à chaque collocation, attribués au conservateur, suivant le tarif.

166. Il ne pourra être délivré par le juge-de-paix, sur le receveur de district et dépositaire des deniers de la vente, aucun mandat de payer aux parties prenantes, avant l'expiration du mois, à partir du jour de l'adjudication.

§ Ier. Des formes de la distribution entre les créanciers.

167. Pendant le délai d'un mois, prescrit en l'article précédent, les créanciers hypothécaires et autres intéressés auront la faculté de prendre, au domicile du juge-de-paix, communication, sans déplacer, du tableau de l'ordre et distribution, et ils seront tenus de lui remettre leurs titres de créances.

Ceux qui, ayant profité de ce délai, voudraient le contester, seront tenus d'en consigner les motifs sur son procès-verbal, faute de quoi il pourra n'y avoir aucun égard.

Quant aux créanciers qui, pendant ce délai, n'auront pas voulu s'y présenter, ou auraient négligé de le faire, ils sont non recevables à élever aucune discussion sur l'ordre, le rang des hypothèques et la légitimité des créances.

168. La remise que le conservateur fera au juge-de-paix, de l'extrait du livre de raison des hypothèques; vaudra de sa part demande formelle en collocation du montant des cédules hypothécaires, suivant l'ordre des hypothèques établi par le livre de raison, et il n'aura aucun autre titre ou pièce à lui déposer.

169. Les créanciers qui, d'après le tableau du prix et de la distribution projetée, se trouveraient ne point venir en ordre utile pour le tout ou partie de leurs créances, et qui auraient remis leurs titres au juge-de-paix dans le délai prescrit en l'article 167, ne pourront conserver leurs droits, s'ils en avaient à la distribution, que sous les deux conditions suivantes,

1°. De désigner formellement au procès-verbal du juge-de-paix les créances dont ils entendent contester l'hypothèque, ou qu'ils prétendent être acquittées;

2°. De citer, dans le cours de la décade suivante, devant le juge de paix, les créanciers désignés ou le conservateur des hypothèques, s'il s'agit de cédules encore en circulation ou non rapportées;

Faute de quoi, il sera procédé et passé outre à la distribution du prix entre ceux désignés pour venir en ordre utile.

170. Les contestations qui pourraient survenir entre les créanciers, le conservateur des hypothèques et le saisi, relativement aux ordres et distributions, seront vidées sommairement par le juge-de-paix qui en sera chargé, sauf l'appel devant le tribunal de district, lequel prononcera en dernier ressort.

171. En aucun cas ni sous aucun prétexte, les frais et dépens desdites contestations, adjugés à l'une des parties contre l'autre, ne pourront être pris sur les deniers provenant de l'adjudication des biens du saisi, même de son consentement, tant qu'il res-

tera des créanciers hypothécaires à colloquer, ou qui auraient l'espérance de venir en ordre utile.

Défenses sont faites à tous tribunaux et juge-de-paix de l'ordonner, à tous dépositaires publics d'en répondre en leur propre et privé nom; sauf aux créanciers desdits frais et dépens, à se pourvoir par exécution directe contre celui qui aura été condamné.

172. Défenses sont pareillement faites à tous receveurs de district et autres dépositaires de deniers provenant du prix des adjudications forcées de biens territoriaux, de recevoir ni enregistrer aucune opposition à la délivrance desdits deniers, ni de s'en autoriser pour les retenir, et à tous huissiers de les former, à peine de nullité, et, contre l'huissier, de suspension de ses fonctions pour la première fois, et de destitution en cas de récidive.

En conséquence, lesdits dépositaires seront tenus de payer à vue, et sans difficulté, les mandats qui seront délivrés sur eux par le juge-de-paix procédant à l'ordre et distribution; faute de quoi ils seront poursuivis comme dépositaires infidèles, tenus des dommages et intérêts des parties prenantes, et destitués, s'il y a lieu.

173. En cas de contestation devant le juge-de-paix, il ne pourra délivrer à celle des parties à laquelle il aura accordé la collocation contre l'autre, aucun mandat pour toucher, si ce n'est après dix jours de sa décision dûment consignée sur le procès-verbal.

174. La partie qui aura succombé pourra appeler de la décision du juge-de-paix pendant ce délai, passé lequel elle n'y sera plus reçue; néanmoins, ledit appel ne sera valable qu'autant qu'il aura été, dans le même délai, et avant l'expiration du dixième jour, notifié au juge-de-paix, et consigné par lui sur le cahier de l'ordre, ce qu'il ne pourra refuser, et d'en donner connaissance, à peine d'en répondre.

175. S'il y a appel dans les formes prescrites en l'article précédent, toute délivrance de mandat est et demeure suspendue jusqu'à ce qu'il y ait été statué par le tribunal de district.

176. Celui au profit duquel la contestation aura été vidée sur l'appel, se pourvoira ensuite devant le juge-de-paix, pour en obtenir le mandat de paiement nécessaire sur le receveur de district.

177. En tout état de cause, et relativement aux actions en indemnité, aux sous-ordres et au résidu du prix de l'adjudication, le juge-de-paix pourra, sur la demande des autres intéressés, ou d'office, ordonner que les parties prenantes seront tenues de fournir caution de restituer, s'il y a lieu; auquel cas la caution devra être hypothécaire jusqu'à concurrence de la collocation.

§ II. Des actions en indemnité sur revendication.

178. Les parties qui n'auront pu faire juger, avant l'adjudication définitive, les demandes en revendication notifiées en exécution de l'article 92, et qui, à raison de ce, n'auraient plus droit qu'à une indemnité sur le prix, seront tenues d'en dresser le bordereau, et de le faire consigner sur le procès-verbal du juge-de-paix, pendant le cours du mois qui suivra ladite adjudication; passé lequel délai elles sont et demeurent non recevables à entrer dans l'ordre et distribution, et il y sera procédé nonobstant et sans avoir égard auxdites réclamations, sauf aux demandeurs en éviction à se pourvoir contre le saisi pour leurs dommages et intérêts.

179. Dans le cas où ils se seraient pourvus devant le juge-de-paix dans le délai et les formes déterminées en l'article précédent, le droit en indemnité qui leur compéterait à la place de la chose revendiquée, ne pourra jamais excéder, à l'égard des créanciers hypothécaires venant ou pouvant venir à l'ordre, le prix proportionnel pour lequel elle est entrée dans l'adjudication; à l'effet de quoi, il en sera fait ventilation au marc la livre par le juge-de-paix, sur le vu tant de ladite adjudication que de la déclaration foncière ou de l'expertise qui l'aurait suivie.

180. Dans les dix jours de leur réclamation consignée sur le procès-verbal du juge-de-paix, et à peine de déchéance, ils seront tenus de citer devant lui tant le poursuivant que le conservateur des hypothèques, et celui des créanciers sur lequel les fonds devraient manquer, pour être réglés sur la difficulté, sauf l'appel.

181. S'il paraît au juge-de-paix que la demande en indemnité est fondée, il en comprendra le montant au nombre des sommes réservées à titre de prélèvement d'après l'article 165; et néanmoins il ne pourra en ordonner le paiement au réclamant qu'après que la contestation aura été jugée définitivement en dernier ressort.

182. Dans le cas où il déciderait contre la prétention du réclamant, celui-ci pourra se pourvoir par appel, dans la forme déterminée en l'article 174. et dans le délai qui y est prescrit, à défaut de quoi, la décision du juge-de-paix demeurera définitive.

§ III. Des mandats de paiement.

183. Tous les mandats de paiement que délivrera le juge-de-paix aux parties prenantes, sur le dépositaire des deniers de l'adjudication, seront en double expédition et en papier timbré.

184. La collocation y sera détaillé; elle comprendra,

1°. La créance hypothécaire et ses accessoires susceptibles d'hypothèque;

2°. Les salaires du juge-de-paix, avec les frais de papier timbré, le tout relatif à chaque collocation;

3°. Les frais de radiation suivant le tarif;

4°. Et les droits de consignation sur le tout.

185. Ces mandats seront remis aux parties prenantes, avec leurs titres et papiers, après avoir par elles payé au juge-de-paix ses salaires et déboursés qui y sont exprimés.

186. Lesdites parties prenantes remettront ensuite au conservateur le double du mandat signé d'elles; ensemble leurs titres et papiers, pour par lui faire la radiation des inscriptions et les autres mentions nécessaires.

Elles lui paieront en même temps ses frais énoncés au mandat.

187. Le conservateur retiendra par devers lui, pour être remis à la partie saisie, à sa première réquisition, les titres des créances qui se trouveront entièrement soldées par lesdites collocations; et, à l'égard de celles qui ne se trouveraient payées qu'en partie, il en sera fait mention sur les titres, lesquels seront rendus sur-le-champ aux parties intéressées.

188. Quant aux cédules ainsi acquittées, elles seront biffées et annulées par ledit conservateur, après avoir été vérifiées et comparées à leur souche originale.

189. Mention du tout, par extrait, sera faite sur l'autre double du mandat de paiement par le conservateur des hypothèques; formalité sans laquelle la partie prenante ne pourra toucher, à peine de nullité du paiement qui sera fait au préjudice de cette disposition.

190. Les parties prenantes s'adresseront au dépositaire de deniers, lequel, à la présentation du mandat, et sur leur acquit étant au bas, sera tenu de les payer, sans délai, du montant de leur collocation; quoi faisant, il demeurera bien et valablement déchargé.

191. En cas de refus il y sera contraint par corps, en vertu dudit mandat, et sans avoir besoin par les parties prenantes d'observer aucun délai.

192. Le juge-de-paix délivrera aussi les mandats de paiement pour les frais de poursuite, et ceux de l'extrait du livre de raison, sans qu'il soit nécessaire d'attendre l'expiration du mois prescrit à l'égard des autres créanciers, par l'article 166.

§ IV. Du sous-ordre.

193. Il sera procédé au sous-ordre par le juge-de-paix, sommairement et sans frais.

194. Toutes les contestations auxquelles le sous-ordre donnera lieu, seront vidées par lui en dernier ressort.

195. Il rédigera procès-verbal séparé pour chaque sous-ordre.

196. Il y portera d'abord la créance pour laquelle le créancier hypothécaire aura été colloqué, avec tous les accessoires de ladite collocation, conformément à l'article 184; et il fera réserve, à titre de prélèvement, de tous les frais de radiation des oppositions en sous-ordre.

197. Les opposans en sous-ordre, en cas de négligence de leur débiteur créancier hypothécaire du saisi, pourront produire entre les mains du juge-de-paix, dans le délai d'un mois, à compter du jour de l'adjudication, l'extrait de ses titres de créances, relevé de ceux déposés au bureau de la conservation des hypothèques, et répondre pour et en son nom aux contestations qui seraient élevées contre lui par les autres créanciers.

198. Lesdits opposans en sous-ordre auront deux mois de délai, à compter du jour de l'adjudication, pour produire les titres entre les mains du juge-de-paix, ce qu'ils ne pourront faire sans les accompagner du bordereau de leurs créances, signé et certifié véritable.

199. Après le délai mentionné en l'article précédent, les opposans en sous-ordre qui n'auront pas produit, en seront déchus.

200. Il ne sera expédié pour tous qu'un seul mandat de paiement, en double expédition, lequel, avec les pièces produites, sera remis au créancier qui aura le plus d'intérêt dans cette distribution.

201. Il en touchera le montant sur sa seule quittance, à la charge de faire raison aux autres de la portion pour laquelle ils auront été colloqués.

202. Il ne pourra néanmoins être payé du dépositaire, qu'après avoir acquitté les salaires et frais, et rempli auprès du conservateur les mêmes formalités que celles prescrites à l'égard de l'ordre principal, par les articles 186, 187 et 189, sous peine de nullité.

§ V. Du paiement des cédules hypothécaires.

203. Les porteurs de cédules hypothécaires indiquées par l'extrait du livre de raison des hypothèques pour venir en ordre utile, ne seront point assujétis au délai de l'article 166; en conséquence, et aussitôt leur présentation à l'ordre, le juge-de-paix délivrera pour les acquitter tous mandats nécessaires.

204. Avant d'en toucher le montant, les porteurs seront tenus de les rapporter au conservateur, et de remplir les autres formalités prescrites par les articles 186, 187, 188 et 189, à peine de nullité du paiement fait par le dépositaire des deniers, lequel en demeurera responsable.

§ VI. Du résidu du prix de l'adjudication.

205. Le résidu du prix de l'adjudication

appartient au saisi, et il a droit de le toucher du dépositaire, sur mandat du juge-de-paix chargé de l'ordre et distribution.

206. Si ce résidu est certain dès l'origine de l'ordre, il pourra se le faire délivrer sans délai ; dans le cas contraire, il est tenu d'attendre que l'entier paiement des créanciers hypothécaires soit fait et ordonné.

207. A l'égard des collocations faites en faveur des créanciers hypothécaires qui auraient négligé de les toucher, elles resteront en dépôt jusqu'à ce que le saisi ait rapporté la preuve de sa libération et de la radiation ; auquel cas il a droit de les recevoir comme étant sa propriété.

208. Le dépositaire des deniers provenant d'adjudication forcée, ne peut prescrire contre le saisi ni ses héritiers, si ce n'est après trente années du dépôt.

CHAPITRE VII. De l'extinction des hypothèques.

209. L'hypothèque s'éteint avec la dette qui en est le principe ; la dette s'éteint, Par la renonciation du créancier ; par le paiement volontaire ou forcé ; par la novation, par la prescription.

§ Ier. Par la renonciation du créancier.

210. Toute renonciation tacite ou conjecturale à la créance ou à son droit d'hypothèque de la part du créancier, est inadmissible ; la loi ne reconnaît d'autres renonciations que celles qui sont expresses, et faites ou par actes publics, ou par déclaration sur le registre du conservateur.

§ II. Par le paiement volontaire ou forcé.

211. Le paiement total de la créance hypothécaire anéantit l'hypothèque ; mais l'hypothèque subsiste jusqu'à concurrence de ce qui reste dû, si le paiement n'est pas final.

212. La même règle a lieu en cas de compensation entière ou partielle, reconnue par acte public, ou déclarée par jugement entre le créancier et le débiteur.

§ III. Par la novation.

213. La novation substitue une dette à la place d'une autre ; elle doit être expresse et par acte public : dans tous les cas, l'hypothèque de la dette substituée ne peut remonter au-delà du mois de son inscription.

214. Le propriétaire de biens territoriaux qui veut, par la voie d'un emprunt, substituer un créancier hypothécaire à un autre, ou à plusieurs, ou à la totalité de ceux dont les titres sont inscrits sur lui, est admis à le faire par le moyen de cédules qu'il peut requérir en remplacement de créances hypothécaires.

215. Les cédules ainsi requises ne seront délivrées qu'après la radiation de l'inscription des créances hypothécaires qu'elles au-

ront pour objet d'éteindre, à peine par le conservateur d'en demeurer responsable.

216. Il en sera usé de même qu'à l'article 80, dans le cas où il serait survenu des inscriptions de créances donnant hypothèque à une date antérieure à la réquisition des cédules de remplacement, et dont l'inscription n'aurait pas été radiée.

§ IV. Par la prescription.

217. Les créances résultant de cédules hypothécaires sont prescrites par le laps de dix années, à compter du jour de leur réquisition, même à l'égard des mineurs, des interdits, des absens et de tous autres, sauf le recours, s'il y a lieu, contre leurs tuteurs, curateurs et autres administrateurs.

L'inscription desdites cédules cesse pareillement d'avoir lieu après le même délai, sans qu'elle puisse être renouvelée.

218. Quant aux autres créances, soit présentes, soit futures, elles ne seront présumées acquittées par la voie de la prescription que dans le temps et sous les conditions prescrites par les lois, coutumes et statuts observés en chaque localité, lesquels seront exécutés jusqu'à ce que, par le Code civil, il y ait été statué uniformément pour toute la République.

219. Néanmoins l'inscription des créances mentionnées en l'article précédent, n'aura pas plus de durée que celles des cédules hypothécaires, si elle n'est renouvelée avant l'expiration de dix années, faute de quoi les inscriptions seront considérées comme non-avenues.

§ V. De la radiation des inscriptions.

220. Lorsque l'hypothèque est éteinte par l'une des deux causes mentionnées aux trois premiers paragraphes du présent chapitre, celui dont les biens en étaient grevés a le droit d'en faire cesser l'inscription sur les registres du conservateur des hypothèques, en lui rapportant les actes authentiques, volontaires ou forcés, intervenus avec le créancier, et justifiant de l'extinction de la dette.

221. S'il n'y a clause contraire dans lesdits actes, les frais de radiation sont à la charge du débiteur.

222. Aucune radiation de cédule ne peut être faite avant dix années de leur date, si elles ne sont rapportées en original au conservateur, biffées et annulées en sa présence.

CHAPITRE VIII. Du nombre et de la publicité des registres.

223. Il y aura pour chaque arrondissement d'hypothèque :

Un registre du dépôt des déclarations foncières et procès-verbaux d'expertise ;

Un autre registre pour celui des actes translatifs de propriété volontaires et for-

és, et dans lequel seront portées les notifications de revendication de propriété ;
Un autre registre pour les inscriptions
murnalières des créances hypothécaires, réquisitions de cédules et délivrance desdites
cédules ;
Un autre registre pour la notification des
cessions de créances hypothécaires et oppositions en sous-ordre ;
Un autre registre pour l'enregistrement
des radiations d'inscriptions de créances et
de cédules hypothécaires.
Le livre de raison des hypothèques à double partie, contenant, sur la première, le
relevé par extrait des deux premiers registres, et sur la seconde, le relevé aussi par
extrait des trois registres suivans :
La table alphabétique du livre de raison,
Et un registre de la délivrance de tous
les extraits et expéditions, et de la recette
journalière des salaires.
224. Tous ces registres et le livre de raison seront préalablement cotés et paraphés
en toutes leurs pages, sans frais, par l'un
des juges du tribunal de district, suivant
l'ordre du tableau. Ils seront reliés et en
papier libre.
225. Lesdits registres seront écrits ; jour
par jour, de suite, et sans aucun blanc ;
nulle rature n'y sera faite sans avoir été
approuvée ; les renvois seront signés ; aucune relation d'enregistrement, de dépôt
ou d'inscription, ne pourra être faite sur les
expéditions et actes délivrés aux parties,
qu'après avoir été consignée sur lesdits registres ; le tout à peine par les conservateurs d'en répondre, de destitution si le cas
l'exige, et même d'être renvoyés devant les
tribunaux criminels en cas de faux ou de
prévarication.
226. Les six registres, le livre de raison
et la table mentionnés en l'art. 223, sont
publics et ouverts à tous les citoyens, avec
les précautions de sûreté convenables pour
en garantir l'intégralité et la conservation,
et à la charge par tous ceux qui voudront
les consulter, de payer les salaires du surveillant, suivant le tarif.
227. À l'égard des déclarations foncières,
procès-verbaux d'expertise et actes translatifs de propriété, les conservateurs ne pourront être contraints d'en donner communication ouverte ; ils seront tenus seulement d'en délivrer, sans difficulté, et à
quelque personne que ce soit, toutes les
expéditions qui leur seront demandées,
moyennant le salaire fixé par le tarif.
228. En aucun cas, ni sous aucun prétexte, les registres, livre de raison, table et
autres titres et papiers déposés au bureau
de la conservation des hypothèques, ne
pourront en être déplacés, ni recevoir aucune apposition de scellés, même en matière d'accusation en faux matériel et vérification d'écritures.

Défenses sont faites à tous tribunaux,
juges, corps administratifs et municipaux,
et autres fonctionnaires publics, d'ordonner lesdits déplacemens ou scellés ; à tous
huissiers et autres, de mettre à exécution
leurs jugemens et arrêtés ; aux conservateurs et leurs agens, d'y déférer : à peine
de nullité, de dix mille livres d'amende
contre chacun des contrevenans, des dommages des parties intéressées, et de destitution, s'il y a lieu ; sauf aux juges et parties intéressées à se transporter audit bureau, pour y constater, sans déplacement et
sans nuire au service, l'état des registres et
pièces argués de faux, et y faire toutes autres vérifications requises et nécessaires.

CHAPITRE IX. Des bureaux de la conservation
des hypothèques.

229. Il y aura en chaque district, dans la
commune où le tribunal civil est établi, un
bureau de la conservation des hypothèques ;
et à Paris un bureau de la conservation générale des hypothèques.

§ Ier. Des bureaux en chaque district.

230. Le bureau de la conservation des
hypothèques en chaque district, sera divisé
en autant d'arrondissemens qu'il existe de
bureaux de la perception des droits d'enregistrement.
Les registres seront tenus séparément
pour chacun de ces arrondissemens, sans
aucun mélange de l'un à l'autre.
231. Le bureau de la conservation des
hypothèques sera composé, 1° d'un conservateur, qui aura seul la signature des cédules hypothécaires pour tous les arrondissemens ; 2° du nombre nécessaire d'agens à
sa nomination et destitution, et à chacun
desquels il affectera un ou plusieurs arrondissemens contigus, suivant les localités et
les besoins du service.
232. Le conservateur sera responsable de
tout le travail du bureau, sauf son recours
contre ses agens.
233. Il correspondra avec le conservateur général, à Paris, et sera sous sa direction et surveillance.
234. Le traitement annuel du conservateur de district et de ses agens, sera déterminé par le conservateur-général, sous l'approbation du Gouvernement.
235. La nomination du conservateur de
district sera faite par le conservateur-général, qui aura droit de le destituer.
236. Il ne pourra être choisi, pour remplir les fonctions de conservateur de district et celles attribuées à ses agens, que des
citoyens âgés de plus de vingt-cinq ans, in-
telligens et capables, et qui puissent, soit
par eux-mêmes, soit par autres, fournir
aussitôt, et dans les formes qu'elle sera demandée, une caution en immeubles francs
et quittes de toute hypothèque ; elle sera
fixée par le Gouvernement.

237. Leurs fonctions sont incompatibles avec celles de percepteurs du droit d'enregistrement, de juges, de greffiers, de membres des directoires, agens nationaux et secrétaires des administrations de département et de district.

238. Dans les dix jours de la publication du présent décret, les citoyens qui se destineront à remplir les fonctions de conservateur des hypothèques, seront tenus de se présenter au directoire de district, et de s'inscrire sur un double cahier destiné à cet usage, dans lequel ils indiqueront leurs noms, prénoms, âge, lieu de naissance, domicile actuel, les professions qu'ils ont exercées depuis dix années, et le montant du cautionnement qu'ils sont en état de fournir.

239. Ceux des citoyens actuellement revêtus de fonctions publiques, qui voudraient aussi concourir, auront la faculté de le faire, nonobstant tous décrets contraires; à la charge néanmoins, en cas de nomination, et de l'incompatibilité prononcée par l'article 237, de cesser à l'instant tout exercice de leurs précédentes fonctions.

240. A l'expiration du délai mentionné en l'article 238, le cahier de présentation sera fermé, et l'agent national du district en adressera sur-le-champ un double au conservateur général à Paris.

241. Le conservateur ne pourra entrer en exercice de ses fonctions qu'après avoir fait enregistrer sa commission, tant au greffe du tribunal civil qu'au secrétariat de l'administration de district, et signé le procès-verbal qui en sera rédigé.

Il en sera usé de même par les agens du conservateur pour les commissions qu'ils recevront de lui.

242. Lorsque le conservateur des hypothèques voudra obtenir des cédules sur ses biens situés dans l'étendue du district où il exerce ses fonctions, lesdites cédules seront signées par l'un de ses agens; mais elles ne pourront être requises, expédiées ni délivrées, que sur approbation formelle du conservateur général à Paris, dont il sera fait mention aux registres, sous peine de destitution, tant du conservateur que de son agent, et de la responsabilité de celui-ci envers les parties intéressées.

243. Les directoires de district sont chargés de procurer au conservateur un local sûr et commode pour l'établissement de ses bureaux, et le dépôt des titres et papiers de la conservation des hypothèques.

Les loyers en seront payés sur les produits du tarif.

§ II. Du bureau de la conservation générale.

244. Le bureau de la conservation générale des hypothèques, à Paris, sera administré par un conservateur général, lequel aura la nomination et destitution de tous les agens employés qui en feront le service.

245. Les produits du tarif pourvoiront au traitement du conservateur général et de ses agens et employés, à tous les frais d'administration de ses bureaux, ainsi qu'au traitement et frais de bureau des conservateurs de district et de leurs agens.

En cas d'insuffisance, il y sera statué par le Corps-Législatif, et par augmentation du tarif, s'il y a lieu, d'après le compte que lui en rendra le Gouvernement.

246. Le conservateur général sera sous la surveillance du Gouvernement.

247. Sa nomination sera faite par le Corps-Législatif, sur la présentation du Gouvernement.

Il y sera procédé, pour la première fois, sur celle des comités de salut public, de législation et des finances réunis.

248. Les fonctions du conservateur général et de tous les agens employés dans ses bureaux, sont incompatibles avec toutes celles salariées aux frais du Trésor public, même avec celles des notaires publics et autres officiers ministériels de la juridiction volontaire ou contentieuse.

249. Il sera destiné à cet établissement un édifice national à Paris.

250. Le conservateur général des hypothèques n'aura point à payer le loyer de cet édifice; mais toutes les réparations d'entretien seront à sa charge.

251. Pour l'exécution des dispositions contenues au présent chapitre, ainsi que pour tous les cas qui n'y auraient pas été prévus, le Gouvernement est autorisé, sur la demande du conservateur général, à prendre tous arrêtés nécessaires.

CHAPITRE X. Du recours des parties intéressées contre les conservateurs des hypothèques.

252. La responsabilité encourue par les conservateurs de district envers les parties intéressées, dans les cas déterminés au présent décret, sera exercée contre eux sur tous leurs biens présens et à venir, et concurremment contre leurs cautions, jusqu'à concurrence du montant de leur cautionnement.

253. Les parties intéressées qui auraient à exercer ces recours de garantie, se pourvoiront contre lesdits conservateurs et leurs cautions, d'abord devant le tribunal de paix, et, s'il y a lieu, devant le juge-de-paix dans l'arrondissement duquel le bureau de la conservation sera établi, sauf l'appel devant le tribunal de district, qui y statuera en dernier ressort.

Néanmoins, l'action en recours ne pourra être exercée qu'après quinzaine de l'avertissement que les parties intéressées en auront donné au conservateur général à Paris

r lettre chargée à la poste, et dont elles
urront se faire délivrer récépissé (1).

254. En cas d'insuffisance des biens des-
ts conservateurs et du montant de leurs
ptionnement, il y sera pourvu par le
mservateur général, d'abord sur les pro-
iits du tarif, jusqu'à épuisement, ensuite
r ses propre biens; à l'effet de quoi, il
ra tenu de fournir, soit par lui-même,
it par autrui, une caution en immeubles
ancs et quittes de toute hypothèque, dont
montant et les autres conditions seront
terminés par le Gouvernement.

TITRE II. Des hypothèques sur le passé.

255. A compter du jour de la publication
a présent décret, les créanciers hypothé-
ires, avec ou sans privilége, auront jus-
u'au 1er nivose prochain exclusivement,
our faire inscrire leurs titres de créances
a bureau de la conservation des hypothè-
nes établi en chaque district par le cha-
tre IX du titre Ier.

256. Au moyen de cette inscription dans
dit délai, ils conserveront leur hypothè-
ue à la date à laquelle elle était obtenue,
a exécution des lois antérieures au pré-
ent décret.

257. Ceux desdits titres de créances hy-
cothécaires qui n'auraient point été ins-
rits avant ledit jour 1er nivose prochain,
'obtiendront hypothèque que du jour de
adite inscription, et il n'y aura plus au-
un privilége pour les créances qui jouis-
aient de cet avantage.

258. L'inscription de ces titres aura lieu
uivant les formes établies par les articles
00 et 21; et néanmoins l'extrait des actes
constitués ou récognitifs de l'hypothèque
imple ou privilégiée, pourra être fait d'a-
rès les grosses ou expéditions, par tous
notaires publics sur ce requis, quoique
non dépositaires des minutes ou originaux
les contrats, à la charge de l'enregistrement dudit extrait au bureau, et dans le
lélai prescrit par le décret du 5 décembre
790.

259. Le bordereau mentionné aux mêmes
articles contiendra tous les arrérages et in-
érêts dus et exigibles, ainsi que leurs termes de paiement, ensemble les frais et dé-
oens, mises d'exécution et autres accessoires
qui se trouveront légitimement dus aux
créanciers.

260. A l'égard des créances hypothécaires
indéfinies, ceux qui y ont droit seront te-

nus d'en déterminer le montant précis, et
de le consigner dans le bordereau desdites
créances; à défaut de quoi, elles ne pourront être inscrites, et défenses sont faites
aux conservateurs de les recevoir ni admettre dans leurs registres, à peine de nullité,
et des dommages et intérêts du grevé d'hypothèque.

261. Les hypothèques acquises au profit
de l'un des époux contre l'autre, en vertu,
soit des actes et contrats publics ou privés,
soit des lois générales de l'État, soit du droit
écrit dans les pays qui l'admettent, soit des
coutumes et statuts, seront inscrites à la
diligence de celui qui y aura droit, sans
qu'il soit nécessaire à la femme mariée,
même celle mineure, de recourir à l'autorisation de son mari, nonobstant toutes
lois et coutumes contraires.

262. Quant aux hypothèques acquises au
profit des pupilles et interdits, contre leurs
tuteurs et curateurs, elles pourront être
valablement inscrites, à la diligence de
leurs parens ou amis; et, dans les pays où
les parens sont garans de la solvabilité des
tuteurs et curateurs élus, cette garantie
continuera d'avoir lieu, comme par le
passé, par toutes les hypothèques antérieures audit jour 1er nivose prochain.

263. Lorsque l'hypothèque acquise ne résultera d'aucun acte public écrit, ou qu'il
ne se trouvera point en la possession de
celui qui y a droit, le créancier pourra y
suppléer par une déclaration du montant
et de la date de son hypothèque, qu'il sera
tenu de faire devant un notaire public,

Le droit d'enregistrement de chacune de
ces déclarations est fixé à deux livres, suivant la cinquième section de la troisième
classe du tarif du 5 décembre 1790.

264. Tous usufruitiers de biens immeubles, et tous appelés à recueillir un usufruit
sous une condition échue, seront pareillement tenus de faire inscrire le titre constitutif ou récognitif dudit usufruit, avant
le 1er nivose prochain; passé lequel, ledit
usufruit répondra subsidiairement des hypothèques de celui auquel appartient la nue
propriété, et qui seraient acquises au profit
de ses créanciers dans l'intervalle du 1er
nivose prochain au jour de l'inscription
dudit usufruit (2).

265. Les tuteurs, curateurs et autres administrateurs, soit publics, soit privés,
qui auraient négligé de faire inscrire dans
ledit délai les titres de créances hypothé-

---

(1) Un conservateur des hypothèques qui est
assigné à raison de ses fonctions, notamment lorsqu'il se refuse à la radiation d'une inscription,
doit se défendre comme tout autre particulier, et
ne peut requérir que l'instance soit instruite par
mémoire, et jugée en bureau ouvert. Il n'en est
pas de la conservation des hypothèques comme

des matières d'enregistrement (11 juin 1812;
Bruxelles. S. 13, 2, 218).

Voy. la décision de leurs excellences le grand-
juge et le ministre des finances, du 2 décembre
1807; S. 8, 2, 3).

(2) *Voy.* loi du 26 frimaire an 4.

caires appartenant à leurs pupilles interdits, et aux biens et droits dont ils ont la gestion et l'administration, seront garans et responsables du défaut de conservation desdites hypothèques.

266. En cas d'inscriptions exagérées ou mal fondées, les grevés d'hypothèques auront le droit de les faire réduire ou supprimer, conformément aux articles 29, 30, et 31, à la charge par eux de faire et déposer préalablement la déclaration foncière de leurs biens, dans les formes prescrites par la loi de ce jour.

267. Dans tous les autres cas, les créanciers hypothécaires antérieurs au 1er nivose prochain, ne pourront exiger de leurs débiteurs la preuve du dépôt de ladite déclaration foncière, et user de la faculté accordée par le § VII, chapitre Ier du titre 1er, si ce n'est après le 30 ventose suivant (1).

CHAPITRE Ier. Des priviléges.

268. Les créances hypothécaires inscrites avant le 1er nivose prochain conserveront le privilége qui y est attaché; à la charge néanmoins, 1° d'en indiquer l'objet dans l'extrait et le bordereau dont le dépôt est prescrit par l'article 20; 2° de distinguer ledit bordereau par le mot *privilégié* placé en marge, et de le faire signer par le conservateur des hypothèques, sur le double qui doit être remis au créancier d'après l'article 21; faute de quoi, la créance sera rangée dans la classe de celles hypothécaires pures et simples (2).

CHAPITRE II. De l'extinction des priviléges.

269. Le débiteur d'une créance hypothécaire privilégiée, pourra, même avant le 1er nivose prochain, s'en libérer par la voie de l'emprunt sur cédules, avec subrogation de l'hypothèque privilégiée à la date où elle était acquise.

270. Tout débiteur qui voudra user de cette faculté, sera tenu de faire et déposer préalablement la déclaration de tous les biens territoriaux qu'il possède dans l'étendue de la commune où la chose grevée du privilége est située.

271. Si le créancier privilégié n'a point encore requis l'inscription de son titre, il sera tenu de le faire dans les dix jours de la sommation du débiteur, contenant la notification de l'acte de dépôt de sa déclaration foncière; après lequel délai, et faute de ce faire, le titre de créancier pourra être inscrit à la réquisition du débiteur.

272. En faisant la réquisition de cédules pour cet objet, le débiteur sera tenu de justifier, 1° des lettres de ratification expédiées sur son contrat, et de la main levée des oppositions qui y sont survenues; 2° qu'il a

payé de ses propres deniers, et sans aucune subrogation de privilége, la moitié de la valeur capitale de l'objet; le tout sous peine par le conservateur d'en répondre.

273. Les justifications prescrites en l'article précédent ne pourront être exigées à l'égard des domaines nationaux.

274. Ces cédules donneront hypothèque privilégiée en faveur du porteur, à la date à laquelle elle avait été acquise, et il en sera fait mention expresse tant dans le corps de la cédule que dans la relation d'enregistrement.

275. Elles ne pourront être délivrées qu'après la radiation de l'inscription de la créance privilégiée, conformément à l'article 215.

CHAPITRE III. Cessation de l'ancien régime des hypothèques.

276. Toutes les lois, coutumes et usages observés antérieurement au présent décret, sur les hypothèques, lettres de ratification, appropriances, nantissement, œuvres de loi, criées et ventes d'immeubles par décret forcé, ne seront plus applicables qu'aux hypothèques acquises et aux expropriations de biens volontaires ou forcées qui auront lieu avant le 1er nivose prochain, sans que néanmoins les créanciers hypothécaires et privilegiés puissent se dispenser de l'inscription de leurs titres, sous les peines portées en l'article 257.

277. Les conservateurs des hypothèques, gardes des sceaux et greffiers expéditionnaires des lettres de ratification, établis par l'édit de juin 1771 et la déclaration du 24 novembre suivant, continueront, pour les expropriations antérieures audit jour 1er nivose prochain seulement, d'exercer leurs fonctions jusqu'au 1er germinal suivant, passé lequel délai elles sont et demeurent supprimées.

278. *Tarif des salaires des Conservateurs des hypothèques, calculé dans le rapport de la livre ou monnaie de compte avec le marc d'argent fin en 1790.*

1° Déclarations foncières.

Pour l'enregistrement de chacune desdites déclarations, une livre; plus, une pour deux mille cinq cents livres de la valeur capitale qui y est énoncée.

2° Expertises.

Pour l'enregistrement du dépôt de chacune desdites expertises deux livres; plus, une pour mille livres du montant desdites expertises.

3° Expropriation.

Pour l'enregistrement du dépôt de cha-

_____

(1 et 2) *Voy.* loi du 26 frimaire an 4.

ne des expropriations volontaires ou for-
es, au-dessous de mille livres, une livre;
mille livres et au-dessus, deux livres;
us, une livre pour deux mille livres de
valeur capitale.

Expédition des déclarations foncières, expertises et actes translatifs de propriété, lorsqu'elles seront demandées.

La page à quarante lignes, la ligne vingt
syllabes, une livre, outre le timbre.

∞ Notification de revendication de propriété.

Pour l'enregistremenr de chaque notifica-
m, cinq livres.

6ᵉ Inscription des créances hypothécaires.

Pour l'enregistrement du dépôt et l'inscription de chaque titre de créance hypothécaire, quatre livres; plus, une pour
nze cents livres de leur montant.

Notification des ventes et cessions de créances
hypothécaires.

Pour l'enregistrement de chaque notification de cessation de créances hypothécaires, cinq livres.

8ᵉ Oppositions en sous-ordre.

Pour l'enregistrement de chaque opposition en sous-ordre, quatre livres.

9ᵉ Cédules hypothécaires.

Pour l'enregistrement de chaque réquisition de cédule, quatre livres; pour la délivrance de l'inscription de chaque coupon
de cédules, trois livres; plus une pour deux
mille livres de leur montant.

10ᵉ Radiations.

Pour l'enregistrement de chaque radiation
d'inscriptions de créances hypothécaires,
trois livres; de cédules, par coupon, quatre
livres.

11ᵉ Livre de raison.

Pour chaque report des registres sur le
livre de raison, par article, cinq décimes
ou dix sous.

12ᵉ Extraits.

Pour chaque extrait séparé des registres,
quinze décimes ou une livre dix sous: pour
l'extrait du livre de raison, relatif à chaque
citoyen ayant compte ouvert, 1° par chaque
article de son actif, deux livres; 2° de son
passif, une livre; 3° des revendications sur
lui, cessions de créances et oppositions en
sous-ordre, cinq décimes ou dix sous, outre
le papier timbré.

13ᵉ Surveillance à la communication publique
des registres.

Communication du livre de raison, pour
chaque compte ouvert, cinq livres; pour

chaque article dans les autres registres, deux
décimes et demi ou cinq sous; pour chaque
heure, dans un ou plusieurs registres, deux
livres; le tout sans extraits ni expéditions.

279. Le tarif ci-dessus sera revu tous les
ans par le Corps-Législatif; et néanmoins
il continuera d'avoir lieu tant qu'il n'en aura
pas été autrement ordonné; en conséquence,
le Gouvernement est autorisé à prendre tous
arrêtés nécessaires pour le maintenir aux
valeurs correspondantes à l'année 1790.

9 MESSIDOR an 3 (27 juin 1795). — Décret sur
les déclarations foncières. (1, Bull. 164,
n° 963 bis; B. 56, 114.)

Voy. loi du même jour, formant le Code
hypothécaire, art. 32 et suiv.

Art. 1ᵉʳ. Les déclarations foncières de biens
territoriaux, prescrites dans les cas déterminés au Code hypothécaire, et celles qui
pourront être ordonnées par la suite, seront
faites par le propriétaire ou son fondé de
procuration spéciale.

2. En cas de minorité ou d'interdiction,
elles le seront par le tuteur ou par le curateur.

3. L'un des époux ne pourra faire la déclaration foncière des biens de l'autre, sans
sa procuration spéciale.

4. Il en sera de même des biens de la
communauté entre époux; chacun d'eux ne
pourra faire la déclaration que de la part à
laquelle il a droit.

5. Les biens vacans et en direction seront
déclarés par le curateur à la vacance, et, à
son défaut, par les syndics et directeurs des
créanciers de l'union.

6. Les domaines nationaux seront déclarés
par les préposés au droit d'enregistrement.

7. Les rues, carrefours, chemins, rivières,
ruisseaux, canaux navigables, et autres propriétés publiques, le seront par l'agent national en chaque commune, sur sa responsabilité.

8. Les biens communaux seront déclarés
par l'un des officiers municipaux ou membres du conseil général, délégué à cet effet.

9. En cas de négligence des propriétaires
des biens territoriaux, leurs créanciers hypothécaires, ensemble les fermiers, locataires, usufruitiers et autres possesseurs desdits
biens, pourront en faire la déclaration, s'ils
y ont intérêt, à la charge d'en indiquer le
propriétaire.

10. Nul ne peut déclarer comme à lui appartenant les biens d'autrui, sous peine des
dommages du propriétaire, qui ne pourront
être fixés au-dessous du cinquantième de
leur valeur capitale.

11. Les tuteurs, curateurs, syndics et
directeurs, et autres administrateurs de
biens territoriaux, à raison desquels l'absence desdites déclarations foncières aurait

apporté préjudice, en sont et demeurent responsables.

12. Les déclarations foncières seront par écrit.

13. Elles seront faites séparément pour chaque commune, et à Paris pour chaque section : en aucun cas, une même déclaration ne pourra comprendre des biens situés en plusieurs communes.

14. Nul propriétaire ne pourra se réunir à un autre pour faire une déclaration commune de leurs biens, même au cas d'indivision absolue, sous peine de nullité.

CHAPITRE Iᵉʳ. Des formes intrinsèques de la déclaration foncière.

15. Chaque déclaration foncière contiendra,

1° Les nom, prénoms, âge et lieu de naissance, profession et domicile du propriétaire ;

2° La description de chacun de ses biens territoriaux,

En situation,

Nature ou genre d'exploitation et destination,

Quantité superficielle, d'après les mesures locales comparées soit au mètre, soit à la toise ou au pied de France,

Confins ou limites par aspects solaires.

Le tout par autant d'articles séparés, sans que plusieurs pièces qui ne seraient pas parfaitement contiguës, puissent entrer dans un même article, ni dans une description commune ;

3° La valeur de chacun de ces biens, tant en revenu net annuel, qu'en capital ou prix vénal, séparément pour chaque article ; ladite valeur exprimée en livres ou monnaie de compte, dans le rapport qu'elle avait avec le marc d'argent fin en l'année 1790 ;

4° L'origine de la propriété de chacun des biens déclarés, dans la main du propriétaire actuel, avec l'indice et la date du titre matériel d'où elle résulte, en remontant jusqu'à la déclaration foncière précédente ;

5° Et le prix moyennant lequel il en est devenu propriétaire.

16. Pour la première fois, le propriétaire n'aura pas besoin de géminer sa déclaration au-delà de son titre.

17. A l'égard des domaines nationaux, les préposés à l'enregistrement ne détermineront point leur origine antérieure à la présente loi.

18. Il sera joint à la présente loi un modèle de la déclaration foncière, pour en favoriser l'uniformité dans toute l'étendue de la République.

CHAPITRE II. Des formes extrinsèques de la déclaration foncière.

19. Il ne sera nécessaire aux intéressés de recourir à aucun fonctionnaire public pour rédiger leurs déclarations.

20. Il ne pourra être employé à leur confection que du papier timbré, du format appelé papier moyen, suivant le tarif annexé au décret sur le timbre, du 7 février 1791. L'administration de l'enregistrement est chargée d'en faire préparer pour cet usage la quantité nécessaire.

21. Lesdites déclarations seront faites et préparées en triple expédition.

22. Le propriétaire ou son fondé de procuration spéciale, qui aura fait la déclaration, sera tenu de se présenter en personne devant un notaire public, et d'y attester qu'elle est son propre fait : au bas de chaque expédition, il en sera rédigé acte sommaire dans les formes prescrites aux notaires publics pour assurer la validité et l'authenticité de leurs actes : cette attestation sera enregistrée sur l'une desdites expéditions, avec mention *pro duplicata* sur les deux autres.

Il sera perçu cinq sous pour le droit d'enregistrement desdites attestations.

23. Aucunes ratures ne seront faites dans ces déclarations sans être approuvées ; toutes interlignes y sont défendues : les renvois y seront signés, ainsi que le bas des pages ; les quantités superficielles et les valeurs y seront en toutes lettres, avant d'être portées dans la colonne.

24. Les formalités prescrites par les quatre précédens articles seront observées, à peine de nullité.

25. Défenses sont faites aux notaires publics de retenir aucune minute, soit de la déclaration foncière, soit de l'attestation, à peine d'interdiction.

CHAPITRE III. Du dépôt des déclarations foncières.

26. Deux expéditions de la déclaration seront déposées, l'une au bureau de la conservation des hypothèques dans l'arrondissement duquel les biens qu'elle aura pour objet sont situés, et l'autre au greffe de la commune de la situation, et ce dans la forme suivante.

27. Les trois expéditions seront présentées au conservateur des hypothèques. Il en retiendra une pour être placée dans son dépôt, après l'avoir inscrite au registre pour ce destiné ; et sur chacune des deux autres qu'il rendra au porteur, ledit conservateur donnera sa reconnaissance de dépôt.

28. Il sera fait ensuite au greffe de la commune de la situation des biens, le dépôt de la seconde expédition, dont mention aura lieu à l'instant sur un registre à ce destiné, et pour lequel il sera payé au secrétaire cinq décimes ou dix sous par chaque déclaration ; il en donnera reconnaissance sur la troisième expédition, laquelle demeurera à la disposition du propriétaire.

29. Le conservateur des hypothèques est

ntorisé à refuser le dépôt des déclarations ans lesquelles les formes extrinsèques déterminées au chapitre précédent n'auront point été observées, sauf aux parties intéressées à se pourvoir contre lui devant le juge-de-paix.

30. Lorsque le dépôt aura été reçu par le conservateur, il ne pourra être refusé par le secrétaire de la commune, à peine d'en répondre.

CHAPITRE IV. De la publicité des dépôts.

31. La publicité du dépôt des déclarations foncières, au bureau du conservateur, n'aura lieu que de la manière prescrite au mode hypothécaire.

32. A l'égard du dépôt à la commune, il sera ouvert à tous les citoyens sans distinction, sans réserve, et avec les seules précautions convenables de sûreté, pour le garantir contre tout danger d'altération ou de suppression des déclarations foncières.

33. Néanmoins ceux qui voudront en prendre communication seront tenus de payer les salaires de surveillance à raison de deux livres par heure, ou dix sous par chaque déclaration foncière.

34. Les secrétaires-greffiers pourront en délivrer toutes expéditions au même prix fixé par le tarif des salaires attribués au conservateur.

Modèle de la déclaration foncière. (Art. 18.) (*).

COMMUNE d . . . .

ARRONDISSEMENT d . . . . . .

CANTON d . . . .

DÉPARTEMENT d . . . .

	VALEUR	
	en revenu net.	en capital.

Déclaration foncière.

J . . . . . . (*les nom et prénoms*), âgé de . . . . . . ans, né
à . . . . . . à . . . . . . canton de . . . . . . département
de . . . . laboureur, demeurant à . . . . canton
de . . . . département de . . . . . .
Déclare être propriétaire incommutable des biens ci-après désignés, situés dans l'étendue du territoire de la commune de . . . .
Art. 1ᵉʳ. Une maison, composée de divers bâtimens, avec cour et jardin, le tout contenant . . . . . . située à . . . . .
Tenant, d'orient, à . . . . .
D'occident, à . . . . . .
Du nord, à la rue de . . . . .
Du midi, à celle de . . . . .
De valeur, en revenu net annuel, de . . . . liv.
Et en capital, de . . . . liv.
Appartenant au déclarant, comme héritier en partie de défunt
. . . . son père, et à lui échue par le partage de sa succession, passé devant . . . . . . notaire à . . . . . le . . . . . .
l'an . . . . . . enregistré à . . . . le . . . .
ou en vertu de tel autre titre qui sera énoncé (**).

(*) On a employé dans cette déclaration les termes usités jusqu'à ce jour pour désigner les mesures territoriales; mais à l'instant où les lois des 1ᵉʳ août 1793 et 18 germinal an 3 sur l'*uniformité des poids et mesures*, recevront leur exécution, il faudra substituer les dénominations nouvelles à celles abrogées, en faisant la réduction des mesures anciennes aux mesures républicaines.

(**) Dans les pays où, au défaut de titres primitifs, les propriétés sont constatées par des déclarations, ces actes seront rappelés,

VALEUR	
en revenu net.	en capital.

2° Un jardin contenant . . . . . . perches, situé à . . . . .
Tenant, etc. . . . .
De valeur, en revenu net, de . . . .   liv.
Et en capital, de . . . .   liv.
Appartenant au déclarant, comme l'ayant acquis de . . . . .
par contrat passé devant . . . . notaire à . . . .
le . . . . enregistré à . . . . . . le . . . . . .

3° . . . . . . arpens et . . . . . . perches de pré avec étang,
clos de . . . . (haies, murs ou fossés) ayant cinq cotes.
Tenant, le premier, etc. . . . .
De valeur, en revenu net, de . . . .
Et en capital, de . . . .
Appartenant, etc. . . . .

4° . . . . arpens de terre labourable, situés à. . . . .
Tenant, etc. . . . . . .
De valeur, etc. . . . .
Appartenant, etc. . . . . . .

5° . . . . arpens de vigne au même lieu . . . .
Tenant, etc. . . . .
De valeur, etc. . . . .
Appartenant, etc. . . . .

6° . . . . arpens de bois (de haute ou de basse futaie),
situés à . . . . . . traversés par la route de . . . .
Tenant, etc. . . . .
De valeur, etc. . . . .
Appartenant, etc. . . . .

7° Un moulin à blé, appelé. . . . . . . avec bâtimens en
dépendans, situé à . . . .
Tenant, etc. . . . .
De valeur, etc. . . . .
Appartenant, etc. . . . .

Désignation de la mesure.

Les . . . . . . arpens de bois faisant l'article . . . . . . et
les . . . . arpens . . . . . . perches de terres énoncés en
l'article . . . . sont mesurés à . . . . . . pieds pour côté
de la perche, et . . . . . . perches carrées pour arpent.

Tous les autres biens compris en la présente déclaration sont
à la mesure de . . . . pieds . . . . pouces pour
côté de la perche, et . . . . . . perches carrées pour arpent.

lien déroger à ce qui aurait été stipulé payable en espèces ou en délivrances quelonques (1).

9. Les fermiers des biens ruraux et moulins à grains, dont le prix des baux est stipulé en argent, seront tenus d'avancer et conduire ladite moitié payable en nature, qu'ils soient ou non chargés des contributions.

Lorsqu'ils n'en seront pas chargés, ils en feront déduction aux propriétaires, sur et en ant moins de la moitié qu'ils seront tenus le leur payer en grains de la manière ciaprès : dans aucun cas, ils ne pourront répéter les frais de voiture.

10. Lesdits fermiers des biens ruraux et moulins à grains à prix d'argent, seront tenus de payer aux propriétaires ou bailleurs moitié du prix de leur ferme en grains de l'espèce ci-dessus; lequel paiement sera fait par une quantité de grains que la moitié du prix du bail représentait en 1790, déduction faite, sur cette moitié, de ce que lesdits fermiers auraient payé pour imposition; à la décharge des propriétaires, conformément à l'article précédent (2).

La disposition du présent article sera applicable aux redevances foncières qui auraient été stipulées payables en argent, ainsi qu'aux colons ou métayers pour les sommes par eux dues en numéraire ou valeur représentative (3).

11. Si lesdits fermiers ne récoltent pas les grains de l'une des espèces ci-dessus, ou s'ils n'en récoltent que pour la nourriture le leur famille, à raison de quatre quintaux de froment ou de cinq quintaux de toute autre espèce de grains par personne de tout âge, le paiement de la moitié de leur bail sera fait aux propriétaires, en assignats, suivant le prix commun des grains, réglé sur les mercuriales du principal marché du district, dans les deux mois antérieurs à l'époque où le paiement du prix du bail devait être fait.

L'autre moitié du prix du bail sera payée en assignats, valeur nominale.

12. Les fermiers seront tenus de conduire à leurs frais la moitié qu'ils doivent en nature, au dépôt ou magasin qui leur sera indiqué par le propriétaire, pourvu que la distance n'excède pas trois lieues communes du pays.

13. Les biens régis au compte de la nation continueront d'être administrés comme par le passé.

14. Les dispositions de la présente loi auront lieu à l'égard des fermiers, colons, métayers ou autres, qui ont payé par anticipation, en tout ou en partie, le prix de leur ferme pour l'an courant, soit en vertu des clauses du bail, soit volontairement, soit en suite des conventions particulières : lors du paiement de la somme payable en nature ou en équivalent, il leur sera fait état des sommes payées par anticipation.

15. Pour faire cesser toutes plaintes sur les dégrèvemens, et rendre justice à ceux qui prétendent avoir été surtaxés, la moitié de la portion d'imposition payable en assignats, formant un quart du tout, sera laissée en souffrance jusqu'après la vérification de ladite surtaxe; et si ce quart se trouvait insuffisant pour le remboursement du grevé, il y sera pourvu aux frais du Trésor public.

16. Cette vérification devra être faite dans six mois pour tout délai; passé lequel temps, les réclamans demeureront déchus de toute prétention.

17. Nulles demandes en dégrèvement ne pourront être intentées à l'avenir, ni celles qui l'ont été jusqu'à cette époque, être suivies, qu'en s'assujétissant aux formes prescrites par le Code hypothécaire pour l'estimation des domaines et propriétés foncières.

18. Les estimations faites et consommées dans la forme ci-dessus, les demandes en décharge et réduction des particuliers, seront jugées dans la quinzaine au plus tard par le département.

19. Il n'y aura lieu à aucune décharge ou réduction, s'il est vérifié, par les estimations ci-dessus ordonnées, que la cotisation n'excède pas le cinquième du revenu net des propriétés foncières.

20. Si, au contraire, il est vérifié par lesdites estimations qu'il y a eu surcharge dans la cotisation du contribuable, il sera indemnisé sur le quart laissé en souffrance, et, en cas d'insuffisance, par le Trésor public.

21. Dans le cas de la réduction obtenue par le particulier, le mandement de répartition de la commune sera diminué du montant de ladite réduction.

22. Au moyen des dispositions ci-dessus, il n'y aura lieu à statuer, quant à présent, sur les demandes en dégrèvement formées par les communes, districts ou départemens.

23. Les arrêtés du département, en matière d'impositions, seront provisoirement exécutés, sans que l'effet puisse en être

---

(1) Les loyers de maison échus pendant le cours du papier-monnaie sont payables en assignats, encore que s'agissant d'un bail fait avant l'émission des assignats, le prix soit stipulé en numéraire (11 nivose an 12; Cass. S. 4, 2, 658.)

(2 et 3) Un fermier de biens nationaux n'a pu

être admis à compenser le prix du fermage avec les indemnités qu'il réclamait, et qu'il n'avait pas fait liquider (3 floréal an 9; Cass. S. 20, 1, 466).

Voy. loi du 3 brumaire an 4.

retardé sous quel prétexte que ce puisse être.

——————

3 THERMIDOR an 3 (21 juillet 1795). — Décret qui fixe le prix du port des lettres et de la poste aux chevaux. (1, Bull. 165, n° 970 ; B. 57, 15.)

Voy. lois du 3 FRUCTIDOR an 3 , et du 6 NI-VOSE an 4.

Poste aux chevaux

Art. 1ᵉʳ. A compter du jour de la publication du présent décret, il sera provisoirement, et pour un mois, payé trente livres par chaque cheval par poste, et sept livres dix sous de guides au postillon : à ce moyen, il sera cessé de distribuer, pour l'avenir, des indemnités aux maîtres de postes, à raison de la différence entre leurs dépenses et leurs recettes.

Poste aux lettres.

2. Il n'y aura désormais, dans l'étendue de la France, que quatre sortes de prix de taxe des lettres, réglés sur les distances ; savoir :

La première distance jusqu'à cinquante lieues du point du départ ;

La seconde à cent lieues ;

La troisième à cent cinquante ;

La quatrième à toute distance au-delà de cent cinquante lieues.

3. Dans la première distance, la lettre simple paiera dix sous ;

La lettre double, ou au-dessus du poids d'un quart d'once, quinze sous ;

Le paquet de trois quarts d'once, trente sous ;

Celui d'une once, quarante sous ;

Et dix sous de plus par chaque quart d'once au-dessus du poids d'une once.

A la seconde distance, la lettre simple, quinze sous ;

Lettre double, trente sous ;

Trois quarts d'once, quarante-cinq sous ;

Une once, trois livres ;

Par chaque quart d'once au-dessus du poids d'une once, quinze sous.

A la troisième distance, la lettre simple, vingt sous ;

Lettre double, quarante sous ;

Trois quarts d'once, trois livres ;

Une once, quatre livres ;

Par chaque quart d'once au-dessus du poids d'une once, vingt sous.

A la quatrième distance, la lettre simple, vingt-cinq sous ;

Lettre double, cinquante sous ;

Trois quarts d'once, trois livres quinze sous ;

Une once, cinq livres ;

Par chaque quart d'once au-dessus du poids d'une once, vingt-cinq sous.

4. Le sou perçu pour l'enveloppe, en sus du prix de la lettre simple, est supprimé.

5. Il n'est rien changé au tarif réglé par les précédens décrets, pour la petite poste, soit à Paris, soit dans les autres communes où elle est établie.

6. Les livres brochés, envoyés par la poste, paieront cinq sous par chaque feuille d'impression ; les journaux et feuilles périodiques, quinze deniers seulement.

La Convention renvoie à son comité des transports, pour lui présenter un réglement de police relativement aux abus qui se commettent dans le service.

——————

3 THERMIDOR an 3 (21 juillet 1795). — Décret qui ordonne la remise au comité de salut public, de l'état des marchés passés depuis le 1ᵉʳ vendémiaire dernier par les représentans du peuple en mission, et les fonctionnaires ayant des pouvoirs du Gouvernement. (1, Bull. 165, n° 969 ; B. 57, 17.)

——————

3 THERMIDOR an 3 (21 juillet 1795). — Décret qui rapporte celui du 28 messidor sur un emprunt forcé de six millions dans le département des Basses-Pyrénées. (B. 57, 16.)

——————

3 THERMIDOR an 3 (21 juillet 1795). — Décret qui renvoie au comité de salut public et des finances, la demande qu'il soit établi une agence centrale des marchés. (B, 57, 16.)

——————

4 THERMIDOR an 3 (22 juillet 1795). — Décret portant établissement de patentes pour toute espèce de commerce. (1 , Bull. 167 , n° 978 ; B. 57, 21.)

Voy. lois du 2 — 17 MARS 1791 ; du 29 SEPTEMBRE — 9 OCTOBRE 1791 ; du 6 FRUCTIDOR an 4 ; et du 1ᵉʳ BRUMAIRE an 7.

Art. 1ᵉʳ Nul ne pourra exercer un commerce, négoce quelconque, et de quelque genre que ce puisse être, en gros ou en détail, sans être pourvu d'une patente qui indiquera la nature de son commerce.

2. Les patentes sont générales ou particulières : les premières sont accordées à ceux qui veulent faire toute espèce de négoce ou de commerce, et les secondes, à ceux qui veulent faire des négoces ou commerces spécialement désignés. Ceux qui voudront en faire plusieurs, seront tenus de prendre des patentes relatives à chacun de leurs différens commerces.

Le droit en sera payé, tant à raison de la nature des négoces ou commerces, que des lieux où ils seront exercés, le tout conformément au tarif annexé à la présente loi.

3. La patente sera délivrée par les receveurs des droits d'enregistrement, et les droits en seront payés entre leurs mains. Celui à qui elle aura été accordée, sera tenu de la faire viser par le corps administratif de son arrondissement, qui tiendra registre alphabétique du nom du négociant,

de la nature de son commerce, et de la somme payée.

4. Les colporteurs et marchands roulans sont tenus de se pourvoir de patentes dans le lieu de leur domicile : à défaut de domicile, ils paieront les droits sur le taux fixé dans les villes au-dessous de deux mille âmes, et ce paiement sera fait au chef-lieu d'un département.

Ils seront tenus de les représenter, à toutes réquisitions, aux procureurs des communes et commissaires de police des lieux où ils passeront.

5. Les vendeurs et vendeuses d'arbustes, fleurs, fruits, légumes, volailles, poissons, beurre et œufs, vendant dans les rues, halles et marchés publics, ne seront point tenus de se pourvoir de patentes, pourvu qu'ils n'aient ni boutique ni échoppe, et qu'ils ne fassent aucun autre commerce que ceux ci-dessus, à la charge par eux de se conformer aux réglemens de police.

6. Les arts, métiers et professions ne sont point compris dans les dispositions de la présente loi.

7. Tous ceux qui sont assujétis aux patentes ne pourront former aucune demande, fournir aucune exception ni défense en justice, passer aucun acte ou transaction authentique, dans tout ce qui peut être relatif au commerce, sans produire leur patente en original ou en expédition ; le tout à peine d'une amende du quadruple du prix de la patente.

Ladite patente sera rappelée en tète des actes ou exploits, à peine de cinq cents livres d'amende contre les huissiers ou notaires.

8. Les patentes ne pourront à l'avenir être accordées que pour une année entière, ou pour le prorata du temps qui restera à courir de l'année, à dater de l'époque où elles seront demandées, jusqu'au 1er vendémiaire de l'an suivant.

Celles de la présente année comprendront le prorata qui restera à courir jusqu'au 1er vendémiaire de l'an 4, et ladite année pour le plein (1).

9. Ceux qui voudront faire ou continuer le négoce seront tenus de se munir de patentes dans le mois à dater de la publication de la présente loi, ou de vendre dans ledit délai leur grains, denrées et marchandises destinées au commerce ; et ce, à peine de confiscation.

Les patentes contiendront le signalement de ceux auxquels elles ont été délivrées, à peine de nullité.

10. Seront réputés grains destinés au commerce, tous ceux qui excèderont la consommation de la famille pour une année, ou pour le temps qui restera à expirer jusqu'à la récolte.

Et quant aux autres denrées et marchandises, tout ce qui excèdera les besoins ordinaires de la famille, à l'exception des vins, dont la provision peut être de deux années.

11. Tous marchands ou négocians pourvus de patentes, ayant boutique sur rue, ou magasin dans l'intérieur, seront tenus, dans les dix jours qui suivront l'obtention de leurs patentes, d'afficher et inscrire au-devant de leurs maisons, et à la hauteur du rez-de-chaussée, la nature de leur commerce, sous la même peine de confiscation.

12. Les agens de change et courtiers ne pourront faire le commerce pour leur propre compte, à peine d'interdiction et d'une amende double de la valeur des objets dont ils auraient traité pour eux-mêmes. Il ne pourra leur être délivré d'autre patente que celle de leur état.

13. Le produit de la confiscation sera appliqué, un tiers à la commune, un tiers au Trésor public, l'autre tiers aux officiers de police ou négocians pourvus de patentes, qui auront dénoncé la contravention.

Les officiers de police ou négocians pourront requérir sur-le-champ la saisie des grains ou marchandises, en donnant bonne et suffisante caution.

A vue du cautionnement prêté et admis, le procureur de la commune et le juge-de-paix seront tenus de procéder, sans délai, à la saisie requise, à peine d'en répondre en leur propre et privé nom.

14. Ceux qui font un commerce en grains seront tenus de se munir de patentes, quoiqu'ils n'aient ni boutiques, ni magasins ; et ce, à peine d'une amende de mille livres et de trois ans de détention.

15. Les propriétaires, fermiers, cultivateurs ou autres qui récoltent des grains, ne pourront en conserver, vendre ou emmagasiner au-delà de ce que leur récolte d'une année peut comporter, à moins qu'ils n'aient obtenu une patente de négociant en grains, et fait inscrire leur qualité de négociant et le genre de leur commerce sur le frontispice de leur maison, le tout à peine de confiscation de tous les grains dont ils seraient détenteurs ou dépositaires.

16. Les particuliers non négocians et non pourvus de patentes, et qui sont dans le cas d'acheter des blés pour leur usage, ne pourront porter leurs achats et approvisionnemens au-delà de ce qui sera né-

---

(1) Sous l'empire de cette loi, comme sous l'empire de la loi du 1er brumaire an 7, ni la cessation de commerce, ni même le décès du négociant survenus dans l'année ne donnaient lieu à restitution de la patente payée. La loi du 13 floréal an 10 a admis la restitution pour le cas de décès (16 juillet 1817 ; ordonnance du roi ; J, C. 4, 86).

cessaire pour leur famille jusqu'à la récolte, à raison de quatre quintaux de blé-froment, ou de cinq quintaux de blé mêlé par chaque tête.

17. Les grains ne pourront être vendus ailleurs que dans les lieux publics et jours de foire ou marchés ; et ce, à peine de confiscation des marchandises vendues : ladite confiscation sera supportée, moitié par le vendeur, moitié par l'acheteur.

18. Les contraventions qui ne seront pas dans le cas d'être constatées par la saisie, pourront l'être par le procès-verbal des officiers chargés de la police, ou par la voie ordinaire de la preuve testimoniale.

Ledit procès-verbal sera remis dans les vingt-quatre heures au juge-de-paix ; et dans les trois jours de la remise, le procureur de la commune sera tenu d'intenter les poursuites.

Ceux qui sont intéressés dans la confiscation, pourront se réunir au procureur de la commune, ou faire admettre leur intervention dans l'instance.

19. Les officiers municipaux et de police, les habitans où se tiennent les foires et marchés, sont spécialement chargés d'y maintenir l'ordre et la liberté du commerce, à peine, en cas de troubles, de suppression des marchés, et de demeurer personnellement responsables des événemens, dans le cas où il serait constaté qu'ils n'ont pas fait tout ce qui était en leur pouvoir pour prévenir et arrêter le désordre.

20. Les habitans de la campagne qui ne récoltent pas suffisamment de grains pour leur nourriture, et qui habitent des lieux où il n'y a pas de marchés, pourront s'approvisionner pour trois mois chez les cultivateurs ou propriétaires de leur commune, moyennant un bon de leur municipalité, qui fixera la quantité nécessaire à leur consommation pendant ledit temps, et dont elle tiendra registre. Ce certificat restera entre les mains du vendeur pour le représenter au besoin.

21. L'exécution des dispositions portées en la présente loi est particulièrement confiée au zèle et à la surveillance des administrateurs, juges, officiers publics, et de tous ceux qui, par état, sont chargés de maintenir l'exécution des lois.

TARIF DES PATENTES.

Patentes générales dans toutes les communes, quatre mille livres.

Patentes spéciales.

Pour les villes de cinquante mille âmes et au-dessus, et villes maritimes de dix mille âmes et au-dessus :

Armateurs, négocians ou marchands en gros, banquiers, quinze cents livres ; agens-de-change, courtiers de marchandises, huit cents livres ; marchands-commissionnaires,

marchands fabricans en laine, soie, coton, fil, fer et autres matières, cinq cents livres ; marchands en détail, de toute sorte, ayant boutique et magasin, quatre cents livres ; courtiers de navires et de voitures, trois cents livres ; marchands en détail ayant seulement boutique, deux cents livres.

Pour les villes de vingt mille à cinquante mille âmes, et pour les villes maritimes de cinq mille jusqu'à dix mille âmes :

Armateurs, négocians ou marchands en gros, banquiers, sept cent cinquante livres ; agens-de-change, courtiers de marchandises, quatre cents livres ; marchands commissionnaires, marchands fabricans en laine, soie et coton, fil, fer et autres matières, deux cent cinquante livres ; marchands en détail, de toute sorte, ayant boutique et magasin, deux cents livres ; courtiers de navires et de voitures, cent cinquante livres ; marchands en détail ayant seulement boutique, cent livres.

Dans les communes de deux mille âmes et au-dessus.

Armateurs, négocians ou marchands en gros, banquiers, trois cent soixante-quinze livres ; agens-de-change, courtiers de marchandises, deux cents livres ; marchands commissionnaires, marchands fabricans en laine, soie, coton, fil, fer et autres matières, cent vingt-cinq livres ; marchands en détail, de toute sorte, ayant boutique et magasin, cent livres ; courtiers de navires et de voitures, soixante-quinze livres ; marchands en détail ayant seulement boutique, cinquante livres.

Dans les communes au-dessous de deux mille âmes :

Marchands en gros, trois cent soixante-quinze livres ; tous autres marchands, vingt-cinq livres.

---

4 THERMIDOR an 3 (22 juillet 1795). — Décret relatif au paiement à faire au citoyen Lafreté, par la Trésorerie nationale. (B. 57, 17.)

4 THERMIDOR an 3 (22 juillet 1795). — Décrets relatifs aux paiemens à faires à plusieurs anciens receveurs-généraux, par la Trésorerie-nationale. (B. 57, 18, 19 et 20.)

4 THERMIDOR an 3 (22 juillet 1795). — Décret de renvoi au comité de salut public, relatif à deux marins qui ont découvert le complot formé de livrer aux ennemis le Port Malo. (B. 57. 20.)

---

4 THERMIDOR an 3 (22 juillet 1795). — Décret qui fixe les frais de bureau, corps-de-garde, impressions et autres dépenses variables des douanes aux côtes et frontières. (B. 57, 21.)

4 THERMIDOR an 3 (22 juillet 1795). — Décret sur l'organisation de la gendarmerie faisant le service près la représentation nationale. (B. 57, 26.)

5 THERMIDOR an 3 (23 juillet 1795). — Décret relatif à la célébration de l'anniversaire du 9 thermidor. (1, Bull. 166, n° 971 ; B. 57 , 30.)

5 THERMIDOR an 3 (23 juillet 1795). — Décret qui exempte du service de la garde nationale le directeur et les chefs de bureau de la liquidation de la dette des émigrés du département de Paris. (B. 57, 30.)

5 THERMIDOR an 3 (23 juillet 1795). — Décret relatif à la surveillance et direction de la force armée de Paris. (B. 57, 33.)

5 THERMIDOR an 3 (23 juillet 1795). — Décret qui alloue douze mille livres à la commune de Granville , pour la réparation de son môle , et les dépenses faites pour son entretien. (B. 57, 35.)

5 THERMIDOR an 3 (23 juillet 1795). — Décret relatif à la colonie de Saint-Domingue. (B. 57, 28.)

5 THERMIDOR an 3 (23 juillet 1795) — Décret qui accorde un congé aux représentans Paudran et Fayolle. (B. 57, 29.)

5 THERMIDOR an 3 (23 juillet 1795). — Décret portant qu'à l'avenir il ne sera plus fait aucune élection à haute voix dans le sein de la Convention. (B. 55 , 30.)

5 THERMIDOR an 3 (23 juillet 1795). — Décret relatif au paiement à faire par la Trésorerie nationale au citoyen Godard-d'Aucourd. (B. 57, 30.)

5 THERMIDOR an 3 (23 juillet 1795). — Décret relatif aux pouvoirs du représentant du peuple actuellement en mission près la manufacture de Commune-d'Armes. (B. 57, 31,)

5 THERMIDOR an 3 (23 juillet 1795.) — Décret portant que le 8 de ce mois, à dix heures , le rapporteur du comité de sûreté générale sera entendu sur les événemens du 9 thermidor (B. 57, 32.)

5 THERMIDOR an 3 (23 juillet 1795.) — Décret relatif à la recette du citoyen Thierrion. (B. 57, 32,)

5 THERMIDOR an 3 (23 juillet 1795). — Décret qui accorde diverses sommes à des citoyennes dont les maris sont morts au service de la République. (B. 57, 33.)

5 THERMIDOR an 3 (23 juillet 1795). — Décret relatif aux pouvoirs du représentant Cazenave. (B. 57, 34.)

5 THERMIDOR an 3 (23 juillet 1795). — Décret relatif aux pouvoirs du représentant Porcher· (B. 57, 35.)

5 THERMIDOR an 3 (23 juillet 1795). — Décret qui accorde des sommes , à titre d'indemnité, au citoyen Arnault et à la citoyenne Lambert. (B. 57 , 35.)

5 THERMIDOR an 3 (23 juillet 1795). — Décret qui prescrit les formalités à remplir par les manufacturiers et marchands qui viendront à Paris. (B. 57 , 37.)

5 THERMIDOR an 3 (23 juillet 1795). — Décret qui renvoie au comité de salut public la proposition d'étendre aux officiers de marine l'art. 4 du décret sur l'augmentation de la solde des troupes. (B. 57 . 37.)

5 THERMIDOR an 3 (23 juillet 1795). — Décret qui accorde un supplément de solde de deux sous par jour en numéraire aux sous-officiers et soldats de toute arme. (B. 57, 36.)

6 THERMIDOR an 3 (24 juillet 1795). — Décret par lequel, en attendant le rapport qui sera fait sur la loi du 9 floréal dernier, il est accordé aux pères et mères des émigrés , à titre de secours provisoire , jusqu'à concurrence de cinq mille livres par tête et deux mille cinq cents livres par chaque enfant à leur charge. (B. 57, 38.)

La Convention nationale, après avoir entendu le rapport de ses comités de législation et des finances, décrète :

Art. 1er. En attendant le rapport qui sera très-incessamment fait sur la loi du 9 floréal dernier, il est accordé aux pères et mères des émigrés , à titre de secours provisoires, sur les produits nets de leurs biens séquestrés , dont le versement a été fait dans les caisses nationales, jusqu'à concurrence de cinq mille livres par tête , et deux mille cinq cents livres par chaque enfant à leur charge.

2. Le montant des sommes allouées par l'article précédent, sera payé auxdits pères et mères par les receveurs du district de la situation des biens, sur les mandats des directoires de district.

6 THERMIDOR an 3 (24 juillet 1795). — Décret qui autorise le dépôt du montant des billets à ordre ou autres effets négociables dont le porteur ne se sera pas présenté dans les trois jours qui suivront celui de l'échéance. (1, Bull. 166, n° 974; B 57, 41 ; Mon. du 12 thermidor an 3.)

Art. 1er. Tout débiteur (1) de billet à ordre, lettre-de-change, billet au porteur ou autre effet négociable (2), dont le porteur ne se sera

---

(1) Voy. loi du 28 thermidor an 3.
(2) Cette loi s'applique, 1° aux effets négo-

ciables de leur nature , quelle que fût leur cause et l'intention de négocier ; 2° aux effets échus

pas présenté dans les trois jours qui suivront celui de l'échéance, est autorisé à déposer la somme portée au billet, aux mains du receveur de l'enregistrement dans l'arrondissement duquel l'effet est payable (1).

2. L'acte de dépôt contiendra la date du billet, celle de l'échéance, et le nom de celui au bénéfice duquel il aura été originairement fait (2).

3. Le dépôt consommé, le débiteur ne sera tenu qu'à remettre l'acte de dépôt en échange du billet.

4. La somme déposée sera remise à celui qui représentera l'acte de dépôt, sans autre formalité que celle de la remise d'icelui, et de la signature du porteur sur le registre du receveur.

5. Si le porteur ne sait pas écrire, il en sera fait mention sur le registre.

6. Les droits attribués aux receveurs de l'enregistrement pour les présens dépôts, sont fixés à un pour cent. Ils sont dus par le porteur du billet.

---

6 THERMIDOR an 3 (24 juillet 1795). — Décret qui nomme le citoyen Poussielgue commissaire des revenus nationaux. (1, Bull. 171, n° 1015; B. 57, 38.)

---

6 THERMIDOR an 3 (24 juillet 1795). — Décret portant qu'il sera formé dans le sein de la Convention nationale une commission chargée d'examiner les arrestations ordonnées par mesure de sûreté générale. (B. 57, 39.)

---

6 THERMIDOR an 3 (24 juillet 1795). — Décret qui autorise les communes de Caen et de Boulogne-sur-Mer à faire un emprunt. (B. 57, 39 et 40.)

---

6 THERMIDOR an 3 (24 juillet 1795). — Décret portant que le comité de législation sera tenu de faire, primidi prochain, le rapport sur les diverses dénonciations portées contre des représentans, etc. (B. 57, 38.)

---

7 THERMIDOR an 3 (25 juillet 1795). — Décret

qui fixe les prix du transport par les messageries, des personnes, effets et marchandises. (1, Bull. 166, n° 975; B. 57, 48; Mon. du 13 thermidor an 3.)

Voy. loi du 6 NIVOSE an 4.

Transport des personnes.

Art. 1er. A compter du jour de la publication du présent décret, il sera perçu, pour le transport des personnes, les prix ci-après, suivant les différentes voitures :

Par chaque voyageur, par lieue, dans les malles-postes, vingt livres; dans l'intérieur des diligences, douze livres dix sous; dans le cabriolet, dix livres; sur l'impériale, sept livres dix sous; dans l'intérieur des carrosses, dix livres; dans les paniers de ces mêmes carrosses, cinq livres; dans les fourgons, cinq livres.

Transport des effets et marchandises.

2. Il sera perçu par quintal, pour cent lieues et en proportion, suivant le poids et les distances, par les diligences, trois cents livres.

Par les carosses et fourgons, deux cent cinquante livres.

3. Cependant les transports faits à moins de dix lieues compteront pour dix lieues; et au-dessus de dix lieues, l'augmentation proportionnelle du port aura lieu de cinq lieues en cinq lieues.

4. Les paquets au-dessous du poids de dix livres paieront pour dix livres.

Les titres et papiers d'affaires continueront à payer le double port.

Transport de numéraire, or, argent, assignats, bijoux et autres effets précieux.

5. Pour le transport du numéraire et assignats, par mille livres, pour vingt lieues, trois livres.

Numéraire métallique, matières d'or et d'argent et objets précieux, 1° le port suivant le poids, ainsi qu'il est établi aux articles précédens; 2° un quart pour cent de l'évaluation pour vingt lieues et en proportion.

---

avant la loi comme aux effets à échoir; 3° à des porteurs étrangers comme à des porteurs nationaux (5 octobre 1814; Cass. S. 15, 1, 37).

Voy. aussi 13 brumaire an 10; Cass. 2, 1, 111). Aux billets à ordre souscrits entre particuliers non négocians (12 messidor an 9;Cass.S. 2, 2, 547.)

(1) Le dépôt a pu être valablement fait au nom du débiteur par un tiers, encore même que ce tiers ne fût pas son fondé de pouvoir (13 germinal an 10; Cass. S. 7, 2, 1083).

Le débiteur d'un billet à ordre, qui avait fait les fonds, au lieu indiqué pour le paiement, a été libéré comme s'il eût fait la consignation prescrite par cette loi (4 frimaire an 8; Cass. S. 1, 1, 266).

Il n'y avait pas obligation pour le débiteur de faire la consignation immédiatement après l'expiration des trois jours (3 brumaire an 8; S. 1, 1, 252).

(2) Cet article est applicable aux lettres-de-change (18 vendémiaire an 7; Cass. S. 1, 1, 165.)

Si le billet a été fait ordre de soi-même, puis passé à un tiers, c'est l'ordre au profit de ce tiers qu'il a fallu mentionner dans le bordereau prescrit pour la régularité de la consignation (12 messidor an 9; Cass. S. 2, 2, 547.)

Il n'est pas nécessaire que la consignation soit accompagnée d'un bordereau des espèces déposées (15 ventose an 12; Cass. S. 4, 1, 288).

La nation ne sera responsable d'aucune somme supérieure à l'évaluation faite lors du chargement.

6. Les particuliers qui se trouveront avoir arrhé des places à l'avance, pour partir plus de cinq jours après celui de la publication du présent décret, seront obligés de fournir un supplément conforme au prix fixé par les articles précédens, sauf à eux à retirer leurs arrhes, s'ils ne veulent pas payer de supplément.

7 THERMIDOR an 3 (25 juillet 1795). — Décret sur les moyens de remplacer les procès-verbaux d'adjudication des domaines nationaux, etc., perdus, distraits ou détruits. (1, Bull. 166, n° 976; B. 57, 42.)

Art. 1er. Les procès-verbaux d'adjudication des domaines nationaux, des ventes des meubles et autres effets des émigrés et condamnés à mort, qui auront été perdus ou distraits, brûlés et enlevés par une suite des invasions des ennemis extérieurs, par les entreprises des ennemis intérieurs, par des abus dans l'exécution des lois ou autrement, seront remplacés par les doubles ou copies qui pourront avoir été déposés devers le bureau d'administration des domaines nationaux.

2. Les dépositaires de ces doubles seront tenus d'en fournir des extraits collationnés, sans frais.

3. Ces expéditions feront foi pour tout ce qui y sera contenu, en justifiant, par actes de notoriété ou certificats des administrateurs, du fait de l'invasion ou des entreprises des ennemis extérieurs et intérieurs.

4. A défaut des procès-verbaux d'adjudication, les réclamans produiront, 1° les extraits, dûment certifiés, des états des ventes faites par les corps administratifs, dans lesquels la nature des biens vendus, la date des adjudications et le prix de la vente seront indiqués;

2°. Les quittances des paiemens par eux faits, et copies d'icelles visées par le district;

3°. Les affiches contenant la désignation des biens vendus.

5. Dans le cas d'impossibilité absolue, par les adjudicataires ou leurs ayans-cause, de produire les actes portés par l'article précédent, le district de la situation des biens fera, sur l'objet de la réclamation des adjudicataires, une enquête, soit sur le fait de la vente, soit sur celui du paiement. Le procès-verbal sera soumis, par la commission des revenus nationaux, au comité des finances, section des domaines, qui statuera définitivement.

6. Le comité des finances est en conséquence autorisé à suppléer, par des arrêtés motivés, auxdits procès-verbaux et quittances. Ses arrêtés tiendront lieu de titres.

7 THERMIDOR an 3 (25 juillet 1795). — Décret portant établissement d'une contribution personnelle et de taxes somptuaires. (1, Bull. 167, n° 979; B. 57, 45; Mon. du 28 THERMIDOR an 3.)

Voy. lois du 8 MESSIDOR an 4; du 3 NIVOSE an 7; du 24 AVRIL 1806, art 73.

Art. 1er. Il sera payé par tous les Français jouissant de leurs droits, ou revenus, et par tous étrangers, comme il sera dit ci-après, une contribution personnelle de cinq livres par chaque année.

2. Les manœuvres qui ne subsistent que de leur travail, et dont la journée n'excède pas trente sous, sont exempts de cette contribution : ils seront néanmoins admis à la payer volontairement.

3. Dans les contribuables sont compris ceux qui jouissent d'un revenu excédant trois cent soixante-cinq journées de travail, évaluées comme en l'article précédent.

4. Les hommes et femmes âgés de plus de trente ans, et non mariés, seront tenus de payer un quart en sus de toutes leurs contributions personnelles et taxes somptuaires. Les veufs et veuves qui ont des enfans, ou qui n'atteignent le veuvage qu'après quarante-cinq ans, sont affranchis de ce paiement.

5. Indépendamment de cette contribution personnelle, il sera payé des taxes somptuaires ainsi qu'il suit : les cheminées, autres que celles de la cuisine et celles du four, seront taxées, 1° dans les villes de cinquante mille âmes et au-dessus, à cinq livres pour la première, dix livres pour la seconde, quinze livres pour chacune des autres; 2° dans les villes au-dessous de cinquante mille âmes jusqu'à quinze mille, la taxe sera de moitié de celles ci-dessus; 3° dans les communes au-dessous de quinze mille, du quart. Le calcul des cheminées pour la taxation sera fait par chaque ménage.

6. Nulle cheminée ne jouira de l'exemption, quoiqu'on n'y fasse pas habituellement du feu, à moins qu'elle ne soit fermée dans l'intérieur, et scellée en maçonnerie.

7. Les poêles paieront la moitié des taxes ci-dessus, dans les mêmes proportions, eu égard à la population.

8. Elles seront payées par les locataires et par les propriétaires occupant par eux-mêmes. Les propriétaires ou principaux locataires seront responsables de ladite contribution.

9. Il sera payé aussi une taxe à raison des domestiques mâles uniquement attachés à la personne et aux soins du ménage, autres que ceux habituellement et principalement occupés aux travaux de la culture, à la garde et au soin des bestiaux; savoir : dix livres pour le premier, trente livres pour le second, quatre-vingt-dix livres pour le troisième, ainsi de suite dans une proportion triple.

Les domestiques âgés de plus de soixante

ans, ou incapables de travailler à raison de leurs infirmités, ne donneront pas lieu à la taxation ci-dessus.

10. Il sera payé, pour les chevaux et mulets de luxe qui ne servent pas habituellement aux commerce, manufactures, usines, labours, charrois, postes, messageries, transports, roulages, sans distinction de chevaux de selle et de trait, savoir : vingt livres pour le premier, quarante livres pour le second, quatre-vingts livres pour le troisième ; ainsi de suite en suivant la proportion double.

Sont exceptés de la taxe ci-dessus, les étalons, jumens poulinières et poulains au-dessous de l'âge de trois ans, et les chevaux de marchands de chevaux patentés.

11. Il sera payé pour les voitures suspendues, carrosses, cabriolets, et par paire de roues, vingt livres pour la première voiture, quarante livres par paire de roues pour la seconde, cent-vingt livres aussi par paire de roues pour la troisième, en augmentant dans la même proportion, à raison du nombre des voitures, soit que le propriétaire ait ou non des chevaux, ou qu'il n'en ait que pour un seul attelage. Les litières portées par les chevaux ou mulets paieront comme une voiture à deux roues; les voitures à deux roues seront comptées les premières pour la taxation.

12. Les loueurs de chevaux, de carrosses, de fiacres, entrepreneurs de messageries ou voitures particulières, autres que ceux qui ont traité avec le Gouvernement, paieront seulement cinq livres pour chaque cheval, et dix livres par roue de voiture, sans progression pour le nombre.

Les selliers-carrossiers ne sont pas compris dans l'imposition relative aux voitures ou équipages.

13. Les taxations ci-dessus seront réglées d'après la déclaration du contribuable, qui sera tenu de la fournir dans huitaine; à défaut de quoi, il ne sera admis à se plaindre des erreurs qui auraient pu survenir, qu'après avoir payé, par provision, le montant de sa cotisation.

14. Dans le cas de fausse déclaration constatée, le contribuable sera condamné à une amende du quadruple de son imposition.

15. Les contributions ci-dessus seront payées en deux termes ; le premier écherra dix jours après la publication du rôle, le second un mois après.

16. Les propriétaires ou locataires de maisons seront admis à payer d'avance la taxe sur les cheminées, pour tel nombre d'années qu'ils jugeront à propos. Il leur en sera donné quittance par la Trésorerie nationale ou par le receveur du district : il ne pourra être rien exigé d'eux pendant le temps pour lequel ils auront acquitté ladite taxe, à raison des cheminées qu'ils auront libérées. La même faculté sera accordée aux citoyens qui voudront acquitter à l'avance la taxe des domestiques, chevaux et voitures.

17. Les étrangers ne seront sujets aux différentes contributions comprises dans la présente loi, qu'après une année de résidence.

Les ambassadeurs, envoyés, chargés d'affaires des nations amies ou alliées, sont exceptés de toutes les contributions ci-dessus, quel que soit le temps de leur séjour.

7 THERMIDOR an 3 (25 juillet 1795). — Décret qui passe à l'ordre du jour sur une question relative au mode de paiement de la dîme accordée aux propriétaires par la loi du 11 mars 1791. (1, Bull. 171, n° 1016; B. 57, 45.)

La Convention nationale, sur la proposition de décréter que la dîme accordée aux propriétaires par la loi du 11 mars 1791, sera payée moitié en grains, moitié en assignats,

Passe à l'ordre du jour, motivé sur ce que cette dîme faisant partie du prix de fermage, le paiement en est compris dans l'art. 10 de la loi du 2 thermidor présent mois, et doit être fait d'après le mode qu'il indique.

7 THERMIDOR an 3 (25 juillet 1795). — Décret qui accorde une indemnité à la citoyenne Laurent et à la citoyenne Touch. (B. 57, 41.)

7 THERMIDOR an 3 (25 juillet 1795). — Décret relatif au général Thurreau. (B. 57, 42.)

7 THERMIDOR an 3 (25 juillet 1795). — Décret qui accorde diverses sommes à titre de secours provisoires. (B. 57, 43.)

7 THERMIDOR an 3 (25 juillet 1795). — Décret qui charge le comité d'agriculture et des arts de faire dans le mois, son rapport sur l'organisation forestière. (B. 57, 49.)

7 THERMIDOR an 3 (25 juillet 1795). — Décret relatif au citoyen Baver, négociant ostendois. (B. 57, 44.)

7 THERMIDOR an 3 (25 juillet 1795). — Décret qui charge les comités des finances et d'instruction publique, de faire un rapport sur la suppression de la commission d'instruction publique. (B. 57, 49.)

7 THERMIDOR an 3 (25 juillet 1795). — Décret portant que la discussion sur le plan de régénération de la marine militaire, commencera duodi pour être continué tous les jours. (B. 57, 49.)

7 THERMIDOR an 3 (25 juillet 1795). — Décret qui charge le comité d'agriculture de faire un

rapport sur les encouragemens à donner pour la destruction des animaux malfaisans. (B. 57, 50.)

8 THERMIDOR an 3 (26 juillet 1795). — Décret qui rapporte les dispositions de ceux des 26 frimaire et 7 ventose an 2, concernant l'affiche des états de navigation et de ceux de comptabilité. (1, Bull. 171; n° 1017 ; B. 57, 50.)

La Convention nationale, après avoir entendu son comité de commerce, rapporte les dispositions des lois des 26 frimaire et 7 ventose suivant, an 2, concernant l'affiche des états de navigation et de ceux de comptabilité, ainsi que l'envoi de ces derniers au bureau central des douanes, à Paris.

8 THERMIDOR an 3 (26 juillet 1795). — Décret qui rapporte le décret d'accusation rendu par l'assemblée législative le 5 septembre 1792, contre le citoyen Ternaux. (B. 57, 50.)

8 THERMIDOR an 3 (26 juillet 1795). — Décret sur des réclamations contre la vente du domaine de Chessy, par lequel la Convention nationale suspend le décret du 25 messidor. (B. 57, 50.)

18 THERMIDOR an 3 (26 juillet 1795). — Décret relatif aux citoyens Bastion et Toulongeac, prévenus d'émigration. (B. 57, 51.)

19 THERMIDOR an 3 (27 juillet 1795). — Décret par lequel la Convention approuve le prospectus de la deuxième loterie de maisons, bâtimens et meubles nationaux, et en ordonne l'impression (B. 57, 51.)

9 THERMIDOR an 3 (27 juillet 1795). — Décret portant que Pache et autres seront jugés par un jury spécial. (B. 57, 52.)

9 THERMIDOR an 3 (27 juillet 1795). — Décret relatif au citoyen Rouget de Lisle. (B. 57, 52.)

9 THERMIDOR an 3 (27 juillet 1795). — Décret relatif aux mots d'ordre à donner chaque décade par le président de la Convention. (B. 57, 51.)

9 THERMIDOR an 3 (27 juillet 1795). — Décret portant que l'armée des côtes de Brest ne cesse de bien mériter de la patrie. (B. 57, 52.)

10 THERMIDOR an 3 (28 juillet 1795). — Décret relatif à l'organisation d'un établissement institué pour les aveugles travailleurs, (1. Bull. 169, n° 985 ; B. 57, 55 ; Mon. du 16 thermidor an 3.)

Art. 1er. Il y aura dans l'institut national des aveugles travailleurs, créé par décret du

21 juillet 1791, quatre-vingt-six places gratuites (une pour élève dans chaque département) pour autant d'élèves aveugles ; elles seront accordées à ceux qui, ayant plus de sept ans et moins de seize, pourront prouver, dans les formes légales, leur indigence et l'impossibilité de payer leur pension.

2. Les plus âgés, depuis l'âge de sept ans accomplis jusqu'à celui de seize, seront préférés.

3. La durée de leur instruction sera de cinq ans, pendant lequel temps chaque élève apprendra un genre de travail qu'il pourra aller exercer dans la société ; et dans le cas où il préférera l'exercer à l'institut, il n'aura plus de pension, et l'institut s'engagera à lui en payer le prix.

4. Pendant le temps de leur séjour dans l'établissement, les élèves seront nourris et entretenus aux frais de la République ; il sera payé par an, pour chacun d'eux, la somme de cinq cents livres pendant les trois premières années ; celle de deux cent cinquante livres pendant la quatrième, et rien pour la cinquième.

5. La commission des secours publics, sous l'autorisation du comité des secours publics, fournira à l'institut des aveugles travailleurs les meubles et linges qui peuvent lui manquer pour son usage, ainsi que les ustensiles relatifs aux différens métiers dont les élèves seront susceptibles.

6. Le traitement du chef de cette institution sera de cinq mille livres, celui du second instituteur de trois mille livres, et celui de chacun des deux adjoints de deux mille cinq cents livres.

7. Le nombre des répétiteurs, porté à huit par le décret de fondation, est réduit à celui de quatre, et leur traitement annuel est fixé pour chacun d'eux à mille livres.

8. En confirmant l'article 5 du décret de fondation, qui dit que les aveugles seront admis de préférence aux places que leurs talens et leur infirmité leur permettent de remplir, les quatre places de maîtres de musique vocale et de divers instrumens, qui jusqu'à-présent ont été occupées par des voyans, le seront dorénavant par les répétiteurs supprimés ; on préférera ceux qui, au talent de la musique, joindront l'avantage de pouvoir exercer et transmettre à leurs frères d'infortune un travail manuel ; ils recevront chaque année un traitement de mille livres.

9. Attendu l'augmentation du nombre d'élèves, qui nécessite celle de la quantité et la masse des travaux manuels, le nombre des chefs d'ateliers sera porté de deux à trois ; ils surveilleront les garçons aveugles, comme les maîtresses de travaux surveilleront les filles ; chacun de ces chefs d'ateliers et maîtresses de travaux aura par an la somme de six cents livres.

10. La Convention nationale, pour ré-

compenser les élèves des deux sexes qui se seront distingués pendant les cinq années de leur instruction, décrète qu'il sera donné à chacun d'eux, en sortant de l'institut, une somme de trois cents livres, pour faciliter leur établissement.

11. Nul ne sera nourri dans l'établissement, à l'exception des surveillans et des surveillantes, qui ne pourront se dispenser de manger avec les élèves, et seront nourris de la même manière.

12. Un des adjoints remplira la place d'économe, sans prétendre un traitement au-dessus de celui que lui donne sa place d'adjoint.

13. Tous citoyens aveugles et non indigens, seront admis à l'institut en payant une pension proportionnée à leurs facultés, et réglée de gré à gré avec les régisseurs de l'institut.

14. Le local occupé par les ci-devant Catherinettes, section des Lombards, où se trouvent actuellement les aveugles travailleurs, est définitivement affecté à cet institut, à la réserve des grands corps-de-logis qui règnent le long des rues des Lombards et Denis, et de ce qui, dans l'intérieur, serait inutile à leurs logemens et ateliers.

---

10 THERMIDOR an 3 (28 juillet 1795). — Décret portant amnistie en faveur des militaires qui ont quitté leur corps pour rentrer dans l'intérieur, et injonction aux défenseurs autres que ceux absens par congé de rejoindre les drapeaux de la République dans le délai de dix jours. (1, Bull. 168, ; B. 57, 57.)

---

10 THERMIDOR an 3 (28 juillet 1795). — Décret qui rappelle le représentant A. Guislain-Magnier au sein de la Convention. (B. 57, 53.)

---

10 THERMIDOR an 3 (28 juillet 1795). — Décret qui renvoie au comité de salut public la proposition d'étendre aux marins et ouvriers des ports l'amnistie accordée aux militaires. (B. 57, 53.)

---

10 THERMIDOR an 3 (28 juillet 1795). — Décret qui accorde des pensions à des militaires infirmes ou blessés. (B. 57, 53.)

---

10 THERMIDOR an 3 (28 juillet 1795). — Décret portant nomination des citoyens pour composer un tribunal militaire à l'armée de l'intérieur. (B. 57, 54.)

---

10 THERMIDOR an 3 (28 juillet 1795). — Décret de mention honorable de l'hommage fait à la Convention par le citoyen Dessous, d'un ouvrage intitulé. Pensées de Picéron. (B. 57, 55.)

---

10 THERMIDOR an 3 (28 juillet 1795). — Décret

de renvoi au comité de liquidation, d'une pétition tendante à obtenir le rapport de celui qui a fixé provisoirement le maximum des pensions à trois mille livres. (B. 57, 55.)

---

10 THERMIDOR an 3 (28 juillet 1795). — Décret qui envoie les représentans Tabaut et Pénières au camp sous Paris. (B. 57, 53.)

---

11 THERMIDOR an 3 (29 juillet 1795). — Décret relatif à la faculté qu'ont les notaires publics de reprendre les fonctions dans lesquelles ils avaient été placés pendant qu'ils en exerçaient d'administratives. (1, Bull. 170 n° 637 ; B. 57, 63.)

La Convention nationale, sur la proposition d'un membre de renvoyer au comité de législation la proposition faite par un autre membre, de décréter que les notaires publics qui, après avoir été appelés aux fonctions d'administrateur, ont été remplacés en vertu de la loi du 29 septembre— 6 octobre 1791 sur l'organisation du notariat, soient autorisés, à reprendre leurs fonctions de notaires, soit dans les départemens où ils exerçaient, soit dans ceux où ils résident,

Passe à l'ordre du jour, motivé sur la loi du 21 ventose an 3, avec la suppression de l'obligation qu'elle impose de produire un certificat de civisme.

---

11 THERMIDOR an 3 (29 juillet 1795). — Décret portant que l'armée des Pyrénées-Occidentales ne cesse de bien mériter de la patrie. (1, Bull. 169, n° 986, B. 57, 61.)

---

11 THERMIDOR an 3 (29 juillet 1795). — Décret de mention honorable de l'hommage fait à la Convention par le citoyen Treich. (B 57, 60.)

---

11 THERMIDOR an 3 (29 juillet 1795). — Décret de renvoi au comité de législation de propositions relatives à l'agiotage. (B. 57, 60.)

---

11 THERMIDOR an 3 (29 juillet 1795). — Décret qui ordonne l'insertion, l'impression, la distribution, l'ajournement du traité de paix fait avec l'Espagne, à Bâle, le 4 de ce mois. (B. 57, 61.)

---

11 THERMIDOR an 3 (29 juillet 1795). — Décret relatif au citoyen Parat de Chalandray, ancien receveur-général des finances. (B. 57, 61.)

---

11 THERMIDOR an 3 (29 juillet 1795). — Décret qui renvoie au comité des finances une pétition des citoyennes Guenan. (B. 57, 61.)

---

11 THERMIDOR an 3 (29 juillet 1795). — Décret accordant prolongation de congé au représentant Espert. (B. 57, 62.)

THERMIDOR an 3 (29 juillet 1795). — Décret relatif à un projet de décret tendant à faire rapporter la loi du 23 messidor sur l'administration des revenus des hôpitaux. (B. 57, 62.)

THERMIDOR au 3 (29 juillet 1795). — Décret relatif aux nouveaux succès de l'armée des Pyrénées-Occidentales, etc. (B. 57, 64.)

THERMIDOR an 3 (30 juillet 1795). — Décret par lequel Noble M. Quirini est reconnu et déclaré noble de la République de Venise près la République française. (B. 57, 64.)

THERMIDOR an 3 (30 juillet 1795). — Décret qui accorde cent quatre-vingt mille francs au citoyen Dumolard, pour l'indemniser de sa maison de Lyon. (B. 57, 64.)

THERMIDOR an 3 (30 juillet 1795). — Décret relatif aux secours à accorder pour faire reconduire dans le sein de leur famille, à Périgueux, les trois enfans de Peyssard. (B. 57, 65.)

THERMIDOR an 3 (30 juillet 1795). — Décret qui autorise le représentant Robert Lindet à se retirer dans son domicile. (B. 57, 65.)

THERMIDOR an 3 (30 juillet 1795). — Décret qui accorde un secours à la citoyenne Goton Marchand. (B. 57, 65.).

THERMIDOR an 3 (30 juillet 1795). — Décret qui charge les comités de salut public de présenter, dans huitaine, un projet de décret tendant à établir un prix uniforme des denrées, basé sur l'échelle de proportion. (B. 57, 65.)

2 THERMIDOR an 3 (30 juillet 1795). — Décret pour rectifier une erreur qui s'est glissée dans le bulletin de correspondance, relativement à la fixation de la lettre double dans la première distance, dont le prix est porté à quinze sous au lieu de vingt. (B. 57, 66.)

THERMIDOR an 3 (30 juillet 1795). — Décret qui accorde un congé au représentan Viquy. (B. 57, 66.)

THERMIDOR an 3 (30 juillet 1795). — Décret relatif à la concession pour cinquante années, des mines de fer des cantons d'Abbau et de Villefranche au citoyen Solages. (B. 57, 66.)

THERMIDOR an 3 (30 juillet 1795). — Décret accordant cinquante-huit mille francs à la veuve Fauché, pour indemnité de sa maison de Lyon. (B. 57. 67,)

THERMIDOR an 3 (30 juillet 1795). — Décret qui ordonne d'effacer l'inscription de la porte Saint-Denis. (B. 57, 66.)

13 THERMIDOR an 3 (31 juillet 1795). — Décret qui ordonne le versement à la Monnaie, de tous les effets en or, vermeil, argent, etc., qui restent encore déposés à la Trésorerie nationale ou dans les magasins nationaux. (1, Bull. 169, n° 987 ; B. 57, 70 ; Mon. du 18 thermidor an 3.)

Art. 1er. Tous les effets en or, vermeil, argent, galons ou tissus fins, qui jusqu'ici n'ont pas été fondus ou dénaturés, et qui restent encore déposés à la Trésorerie ou dans les magasins nationaux, seront versés à la Monnaie à l'expiration de la quinzaine, pour y être convertis en lingots.

2- Sont exceptés des dispositions de l'article ci-dessus, 1° ceux desdits effets qui pourraient encore exister en nature, d'après les attestations des dépositaires ou gardes-magasins antérieures au présent décret, à la charge de reproduire lesdites attestations dans la quinzaine, pour ceux qui sont domiciliés à Paris : ou à soixante lieues de circonférence ; et dans le mois, pour tous ceux qui sont plus éloignés ;

2° Les argenteries ou vaisselles d'argent conservées à raison du prix du travail ou de la main d'œuvre, seront vendues ou mises en loterie, suivant ce qui sera jugé le plus utile et le plus convenable ;

3°. Seront aussi exceptées les perles montées et assemblées, actuellement disponibles ;

4°. Les diamans et pierres de couleurs, les bijoux de toute nature, seront égalemnt vendus ou mis en loterie, tels qu'ils se comportent.

5°. Les bijoux et autres effets précieux qui méritent d'être déposés dans un Muséum national, et dont on a déjà fait une distraction provisoire, seront conservés après une nouvelle vérification.

Cette nouvelle vérification sera faite par deux membres des comités réunis de salut public et des finances, et par deux autres membres du comité des arts.

4. Les comités de salut public et des finances sont autorisés à traiter de gré à gré avec ceux qui justifieront, d'une part, qu'ils sont dans le cas d'obtenir une restitution, et d'autre part que les objets par eux réclamés ont été versés à la Trésorerie nationale ou dans les magasins nationaux, et avec ceux dont les lettres-de-change, billets à ordre, ou autres titres de créances, sur l'étranger, avaient été saisi ou mis en réquisition. Le mode à suivre pour le paiement sera préalablement réglé et arrêté par les deux comités réunis.

13 THERMIDOR an 3 (31 juillet 1795). — Décret relatif à la légion de police générale créée à Paris par décret du 9 messidor an 3. (57, 69.)

13 THERMIDOR an 3 (31 juillet 1795). — Décret

qui renvoie au comité de législation la proposition de supprimer l'arbitrage forcé. (B. 57, 68)

---

13 THERMIDOR an 3 (31 juillet 1795). — Décret qui lève le sursis ordonné par le décret du 12 mai 1793, à la reconstruction de la maison du citoyen Laporte. (B. 57, 68.)

---

13 THERMIDOR an 3 (31 juillet 1795). — Suite du décret du 3 messidor sur l'échelle de proportion. (B. 57, 71.) *Voy.* 3 MESSIDOR an 3.

---

14 THERMIDOR an 3 (1er août 1795). — Décret qui autorise l'émission des assignats de deux mille livres pour l'échange, a bureau ouvert, de ceux de dix mille livres. (1 , Bull. 168, n° 902; 2.B 57, 75; Mon du 19 thermidor an 3.

---

14 THERMIDOR an 3 (1er août 1795). — Décret qui passe à l'ordre du jour sur la proposition de maintenir les ventes de biens nationaux consommées en vertu des lois de prairial dernier, etc. (1 , Bull. 159, n° 989; B. 57, 73.)

La Convention nationale, sur la proposition faite par un membre de maintenir les ventes de biens nationaux faites et consommées en vertu des lois de prairial dernier, ou, en cas de nullité desdites ventes, que les sommes payées par les acquéreurs leur soient remboursées.

Passe à l'ordre du jour, motivé sur ce que le remboursement est de droit.

Le même membre demande qu'on paie aux acquéreurs l'intérêt des sommes par eux payées :

La Convention passe à l'ordre du jour; elle charge son comité des finances d'écrire aux administrateurs de district une lettre circulaire à cet égard, et ordonne l'insertion au Bulletin du présent décret.

---

14 THERMIDOR an 3 (1er août 1795). — Décret portant qu'à l'avenir la déclaration faite par les condamnés, en conformité de la loi du 16 septembre 1791, suffira pour saisir le tribunal de cassation et empêcher la déchéance. (1 , Bull. 169, ° 990; B. 57. 81.)

Art. 1er. L'article 2 de la loi du 10 — 15 avril 1792 est rapporté, en ce qu'il n'accorde aux condamnés, après les trois jours dans lesquels ils doivent déclarer qu'ils entendent se pourvoir en cassation, qu'un délai de huitaine pour présenter leur requête.

2. Aux termes de la loi du 16 — 26 septembre 1791 et de l'instruction qui y est jointe, les condamnés seront tenus, comme par le passé, de faire leur déclaration de pourvoi dans les trois jours qui suivront leur jugement. Cette déclaration suffira pour saisir le tribunal de cassation, et pour que le condamné qui l'aura faite ne soit point sujet à la déchéance.

3. Dans la décade qui suivra la déclaration de pourvoi, l'accusateur public sera tenu de faire passer à la commission des administrations civiles et de police et des tribunaux, l'expédition du jugement , les pièces du procès, la requête du condamné, s'il en a présenté une; et, dans tous les cas, la cassation sera jugée dans le délai ordinaire.

4. Les condamnés qui ont été déclarés déchus en vertu de l'article ci-dessus rapporté, mais dont les jugemens ne seront pas encore exécutés lors de la promulgation du présent décret, sont remis au même état qu'avant le jugement de déchéance, et il sera de nouveau procédé en ce qui les concerne, ainsi qu'il est dit par l'article précédent.

5. Toutes les lois contraires au présent décret sont rapportées.

---

14 THERMIDOR au 3 (1er août 1795). — Décret qui confirme et ratifie le traité de paix passé le 4 thermidor an 3 entre la République française et le roi d'Espagne. (1, Bull. 169, n° 991 ; B. 57, 78 ; Mon. du 16 thermidor an 3.)

Voy. loi du 10 FRUCTIDOR an 3.

La Convention nationale, après avoir entendu le rapport de son comité de salut public, confirme et ratifie le traité passé le 4 thermidor présent mois, entre les citoyens François Barthélemy, ambassadeur de la République française près les Cantons helvétiques, fondé de pouvoir du comité de salut public, et Dom Domingo de Yriarte, chevalier de l'ordre royal de Charles III, ministre plénipotentiaire du roi d'Espagne.

Traité de paix entre la République française et le roi d'Espagne.

Art. 1er. Il y aura paix, amitié et bonne intelligence entre la République française et le roi d'Espagne.

2. En conséquence, toutes les hostilités entre les deux puissances contractantes cesseront, à compter de l'échange des ratifications du présent traité ; et aucune d'elles ne pourra, à compter de la même époque, fournir contre l'autre, en quelque qualité et à quelque titre que ce soit, aucun secours ni contingent, soit en hommes , en chevaux, vivres, argent, munitions de guerre, vaisseaux ou autrement.

3. L'une des puissances contractantes ne pourra accorder passage sur son territoire à des troupes ennemies de l'autre.

4. La République française restitue au roi d'Espagne toutes les conquêtes qu'elle a faites sur lui dans le cours de la guerre actuelle : les places et pays conquis seront évacués par les troupes françaises dans les quinze jours qui suivront l'échange des ratifications du présent traité.

5. Les places fortes dont il est fait mention dans l'article précédent, seront restituées à l'Espagne avec les canons, munitions

guerre et effets à l'usage de ces places, il y auront existé au moment de la signature de ce traité.

6. Les contributions, livraisons, fournitures et prestations de guerre cesseront entièrement à compter de quinze jours après la signature du présent acte de pacification. Tous les arrérages dus à cette époque, de même que les billets et promesses donnés ou faits à cet égard, seront de nul effet. Ce qui aura été livré ou perçu après l'époque susdite, sera d'abord rendu gratuitement, ou payé en argent comptant.

7. Il sera incessamment nommé de part et d'autre des commissaires pour procéder à la confection d'un traité de limites entre les deux puissances.

Ils prendront, autant que possible, pour base de ce traité, à l'égard des terrains qui étaient en litige avant la guerre actuelle, la crête des montagnes qui forment les versans des eaux de France et d'Espagne.

8. Chacune des puissances contractantes ne pourra, à dater d'un mois après l'échange des ratifications du présent traité, entretenir sur ses frontières respectives que le nombre de troupes qu'on avait coutume d'y tenir avant la guerre actuelle.

9. En échange de la restitution portée par l'article 4, le roi d'Espagne, pour lui et ses successeurs, cède et abandonne en toute propriété, à la République française, toute la partie espagnole de l'île de Saint-Domingue aux Antilles.

Un mois après que la ratification du présent traité sera connue dans cette île, les troupes espagnoles devront se tenir prêtes à évacuer les places, ports et établissemens qu'elles y occupent, pour les remettre aux troupes de la République française, au moment où celles-ci se présenteront pour en prendre possession.

Les places, ports et établissemens dont il est fait mention ci-dessus, seront remis à la République française avec les canons, munitions de guerre et effets nécessaires à leur défense, qui y existeront au moment où le présent traité sera connu à Saint-Domingue.

Les habitans de la partie espagnole de Saint-Domingue qui, par des motifs d'intérêt ou autres, préféreraient de se transporter, avec leurs biens, dans les possessions de sa majesté catholique, pourront le faire dans l'espace d'une année, à compter de la date de ce traité.

Les généraux et commandans respectifs des deux nations se concerteront sur les mesures à prendre pour l'exécution du présent article.

10. Il sera accordé respectivement aux individus des deux nations la main-levée des effets, revenus, biens, de quelque genre qu'ils soient, détenus, saisis ou confisqués à cause de la guerre qui a eu lieu entre la République française et sa majesté catholique, de même qu'une prompte justice à l'égard des créances particulières quelconques que ces individus pourraient avoir dans les Etats des deux puissances contractantes.

11. En attendant qu'il soit fait un nouveau traité de commerce entre les parties contractantes, toutes les communications et relations commerciales seront rétablies entre la France et l'Espagne sur le pied où elles étaient avant la présente guerre.

Il sera libre à tous négocians français de repasser et de reprendre en Espagne leurs établissemens de commerce, et de nouveaux, selon leur convenance, en se soumettant, comme tous autres individus, aux lois et usages du pays.

Les négocians espagnols jouiront de la même faculté en France, et aux mêmes conditions.

12. Tous les prisonniers fait respectivement depuis le commencement de la guerre, sans égard à la différence du nombre et des grades, y compris les marins et matelots pris sur des vaisseaux français ou espagnols, soit d'autres nations, ainsi qu'en général tous ceux détenus de part et d'autre pour cause de la guerre, seront rendus dans l'espace de deux mois au plus tard après l'échange des ratifications du présent traité, sans répétition quelconque de part ni d'autre, en payant toutefois les dettes particulières qu'ils pourraient avoir contractées pendant leur captivité. On en usera de même à l'égard des malades et blessés aussitôt après leur guérison.

Il sera nommé incessamment des commissaires de part et d'autre, pour procéder à l'exécution du présent article.

13. Les prisonniers portugais faisant partie des troupes portugaises qui ont servi avec les armées et sur les vaisseaux de sa majesté catholique seront également compris dans l'échange susmentionné. La réciprocité aura lieu à l'égard des Français pris par les troupes portugaises dont il est question.

14. La même paix, amitié et bonne intelligence, stipulées par le présent traité entre la France et le roi d'Espagne, auront lieu entre le roi d'Espagne et la république des Provinces-Unies, alliée de la République française.

15. La République française, voulant donner un témoignage d'amitié à sa majesté catholique, accepte sa médiation en faveur du roi de Portugal, du roi de Naples, du roi de Sardaigne, de l'infant duc de Parme et autres Etats d'Italie, pour le rétablissement de la paix entre la République française et chacun de ces princes et Etats (1).

_____

(1) Voy. loi rectificative du 10 fructidor an 3.

16. La République française, connaissant l'intérêt que sa majesté catholique prend à la pacification générale de l'Europe, consent également à accueillir ses bons offices en faveur des autres puissances belligérantes qui s'adresseraient à elle pour entrer en négociation avec le Gouvernement français.

17. Le présent traité n'aura son effet qu'après avoir été ratifié par les parties contractantes, et les ratifications seront échangées dans le terme d'un mois, ou plus tôt, s'il est possible, à compter de ce jour.

En foi de quoi, nous, soussignés, plénipotentiaires de la République française et de sa majesté le roi d'Espagne, en vertu de nos pleins pouvoirs, avons signé le présent traité de paix et d'amitié, et y avons fait apposer nos sceaux respectifs.

Fait à Bâle le quatre du mois de thermidor de l'an troisième de la République française (22 juillet 1795). *Signé*, FRANÇOIS BARTHÉLEMY, DOMINGO DE YRIARTE.

14 THERMIDOR an 3 (1er août 1795). — Décret portant que Nicolas Jarry, Gazet et leurs complices seront traduits devant le tribunal militaire établi près l'armée de l'intérieur. (B. 57, 73.)

14 THERMIDOR an 3 (1er août 1795). — Décret portant que Nicolas Thiébault sera rayé de la liste des émigrés. (B. 57, 74.)

14 THERMIDOR an 3 (1er août 1795). — Décret par lequel la Convention déclare que, par celui du 23 messidor dernier, elle n'a entendu parler que des assignats de cinq livres et audessus, jusqu'à cent livres, portant des empreintes extérieures de royauté. (B. 57, 74.)

14 THERMIDOR an 3 (1er août 1795). — Décret portant que Boone, Burier et autres seront rayés de la liste des émigrés du département du Nord. (B. 57, 77.)

14 THERMIDOR an 3 (1er août 1795). — Décret portant que l'armée des Pyrénées-Orientales ne cesse de bien mériter de la patrie. (1, Bull. 169 , n° 988 ; B. 57, 77.)

14 THERMIDOR an 3 (1er août 1795). — Décret qui autorise la commune de Provins à faire un emprunt. (B. 57, 75.)

14 THERMIDOR an 3 (1er août 1795). — Décret sur la pétition de la citoyenne Dupuis Cornelle d'Angely. (B. 57, 76.)

14 THERMIDOR an 3 (1er août 1795). — Décret qui accorde diverses sommes à titre de secours. (B. 57, 75.)

15 THERMIDOR an 3 (2 août 1795). — Décret qui suspend l'exécution de ceux des 8 nivose et 4 floréal an 2 , relatifs au divorce. (1, Bull. 168, n° 984 ; B. 57, 84.)

Art. 1er. L'exécution des lois des 8 nivose et 4 floréal an 2 , relatives au divorce, demeure suspendue à compter de ce jour.

2. Le comité de législation est chargé de réviser toutes les lois concernant le divorce, et de présenter, dans le délai d'une décade, le résultat de son travail.

15 THERMIDOR an 3 (2 août 1795). — Décret portant des peines contre tout étranger qui ne se serait point conformé à celui du 23 messidor, et ceux qui en auraient recélé. (1, Bull. 169 , n° 992 ; B. 57, 88.)

La Convention nationale, sur le rapport de son comité de sûreté générale, rapportant l'article 4 de la loi du 23 messidor dernier, décrète que tout étranger qui ne se sera pas conformé aux autres articles de ladite loi, sera regardé comme espion et poursuivi comme tel ; et que tout particulier qui serait convaincu d'avoir recélé lesdits étrangers, sera puni de six mois de détention.

15 THERMIDOR an 3 (2 août 1795). — Décret qui ordonne la célébration de l'anniversaire du 10 août dans toutes les communes de la République et aux armées. (1, Bull. 168, n° 983 ; B. 57, 86.)

15 THERMIDOR an 3 (2 août 1795). — Décret qui autorise la commission des revenus nationaux à traiter avec le receveur-général des hypothèques, des registres non employés et papiers blancs appartenant à l'Etat, provenant des anciennes compagnies de finances. (B. 57, 88.)

15 THERMIDOR an 3 (2 août 1795). — Décret qui nomme le citoyen Gombaut commissaire de la Trésorerie. (B. 57, 89.)

15 THERMIDOR an 3 (2 août 1795). — Décret qui accorde la somme de quatre cents livres au citoyen Duterque. (B. 57, 82.)

15 THERMIDOR an 3 (2 août 1795). — Décret qui rappelle plusieurs représentans dans le sein de la Convention. (B. 57, 82.)

15 THERMIDOR an 3 (2 août 1795). — Décret relatif aux citoyens Oursin Montchevreuil et Julien , anciens receveurs-généraux des finances. (B. 57, 83 et 84.)

15 THERMIDOR an 3 (2 août 1795). — Décret qui renvoie au comité de législation une pétition de la commune de Caen sur la conduite du représentant Lindet. (B. 57, 85.)

15 THERMIDOR an 3 (2 août 1795). — Décret qui renvoie aux comités des secours publics et des finances une pétition d'une commune qui demande que les biens attachés aux hôpitaux leur soient conservés. (B. 57, 85.)

15 THERMIDOR an 3 (2 août 1795). — Décret portant que la mission des représentans Tallien et Blad est terminée. (B. 57, 86.)

15 THERMIDOR an 3 (2 août 1795). — Décret qui ouvre des crédits à diverses commissions. (B. 57, 86.)

15 THERMIDOR an 3 (2 août 1795). — Décret qui charge les comités de commerce et de marine de se faire rendre compte des indemnités ou retardemens dus aux capitaines des bâtimens des puissances neutres entrées dans les divers ports de la République, etc. (B. 57, 87.)

15 THERMIDOR an 3 (2 août 1795). — Décret qui renvoie à l'examen des comités de marine et autres, la loi du 4 octobre 1693, concernant la réquisition des bâtimens de mer. (B. 57, 88.)

15 THERMIDOR an 3 (2 août 1795). — Décret portant que le comité des finances fera un rapport sur la vente des biens des hôpitaux. (B. 57, 89.)

15 THERMIDOR an 3 (2 août 1795). — Décret qui surseoit à un jugement du tribunal criminel de la Seine-Inférieure rendu contre le citoyen Lambert. (B, 57, 89.)

16 THERMIDOR an 3 (3 août 1795). — Décret portant établissement d'une administration générale en remplacement des agences de la poste aux lettres, de la poste aux chevaux et des messageries. (1, Bull. 169, n° 993, B. 57, 94.)

Voy. loi du 17 FRUCTIDOR an 3.

Art. 1er. Pour remplacer les trois agences supprimées de la poste aux lettres, de la poste aux chevaux et des messageries, une administration générale, chargée de la direction du service des différentes parties, est établie; elle est composée de douze membres, qui sont : Caboche, Rouvierre, Gauthier, Déaddé, Boudin, Boulanger, Joliveau, Sompron, Tirlemont, Vernisy, Bosc et Catherine Saint-George.

2. Les administrateurs se diviseront le travail entre eux de la manière la plus avantageuse au bien du service, de concert avec le comité des transports.

16 THERMIDOR an 3 (3 août 1795). — Décret portant établissement d'un conservatoire de musique à Paris, pour l'enseignement de cet art.

(1, Bull. 170, n° 997 ; B. 57, 90 ; Mon. du 21 thermidor an 3,)

Voy. lois du 20 THERMIDOR an 3, et du 15 MESSIDOR an 4.

Art. 1er. Le Conservatoire de musique créé sous le nom d'*Institut national*, par le décret du 18 brumaire an 2 de la République, est établi dans la commune de Paris, pour exécuter et enseigner la musique.

Il est composé de cent quinze artistes.

2. Sous le rapport d'exécution, il est employé à célébrer les fêtes nationales : sous le rapport d'enseignement, il est chargé de former des élèves dans toutes les parties de l'art musical.

3. Six cents élèves des deux sexes reçoivent gratuitement l'instruction dans le Conservatoire. Ils sont choisis proportionnellement dans tous les départemens.

4. La surveillance de toutes les parties de l'enseignement dans ce Conservatoire, et de l'exécution dans les fêtes publiques, est confiée à cinq inspecteurs de l'enseignement, choisis parmi les compositeurs.

5. Les cinq inspecteurs de l'enseignement sont nommés par l'Institut national des Sciences et Arts.

6. Quatre professeurs, pris indistinctement parmi les artistes du Conservatoire, en forment l'administration, conjointement avec les cinq inspecteurs de l'enseignement.

Ces quatre professeurs sont nommés et renouvelés tous les ans par les artistes du Conservatoire.

7. L'administration est chargée de la police intérieure du Conservatoire, et de veiller à l'exécution des décrets du Corps-Législatif, ou des arrêtés des autorités constituées, relatifs à cet établissement.

8. Les artistes nécessaires pour compléter le Conservatoire, ne peuvent l'être que par la voie du concours.

9. Le concours est jugé par l'Institut national des Sciences et des Arts.

10. Une bibliothèque nationale de musique est formée dans le Conservatoire; elle est composé d'une collection complète des partitions et ouvrages traitant de cet art, des instrumens antiques ou étrangers, et de ceux à nos usages qui peuvent par leur perfection servir de modèle.

11. Cette bibliothèque est publique et ouverte à des époques fixées par l'Institut national des Sciences et Arts, qui nomme le bibliothécaire.

12. Les appointemens fixes de chaque inspecteurs de l'enseignement sont établis à cinq mille livres par an; ceux du secrétaire, à quatre mille livres ; ceux du bibliothécaire, à trois mille livres.

Trois classes d'appointemens sont établies pour les autres artistes. Vingt-huit places à deux mille cinq cents livres forment la première classe; cinquante-quatre places à deux mille livres forment la seconde classe, et vingt-huit places à seize cents livres forment la troisième classe.

13. Les dépenses d'administration et d'entretien du Conservatoire sont réglées et ordonnancées par le pouvoir exécutif, d'après les états fournis par l'administration du Conservatoire; ces dépenses sont acquittées par le Trésor public.

14. Après vingt années de service, les membres du Conservatoire central de musique ont pour retraite la moitié de leurs appointemens; après cette époque, chaque année de service augmente cette retraite d'un vingtième desdits appointemens.

15. Le Conservatoire fournit tous les jours un corps de musiciens pour le service de la garde nationale près le Corps Législatif.

FORMATION.

ENSEIGNEMENT. — *Professeurs.* — Solfége, 14; Clarinette, 19; Flûte, 6; Hautbois, 4; Basson, 12; Cor (premier), 6; Cor (second), 6; Trompette, 2; Trombonne, 1; Serpent, 4; Buccini, 1; Tubæ corvæ, 1; Timbalier, 1; Violon, 8; Basse, 4; Contre-basse, 1; Clavecin, 6; Orgue, 1; Vocalisation, 3; Chant simple, 4; Chant déclamé, 2; Accompagnement, 3; Composition, 7. Total, 115.

EXÉCUTION. — Compositeur dirigeant l'exécution, 5; Chef d'orchestre exécutant, 1; Clarinettes, 30; Flûtes, 10; Cors (premiers), 6; Cors (seconds), 6; Bassons, 18; Serpens, 8; Trombonnes, 3; Trompettes, 4; Tubæ corvæ, 2; Buccini, 2; Timbaliers, 2; Cymbaliers, 2; Tambours turcs, 2; Triangles, 2; Grosses caisses, 2; Non exécutans employés à diriger les élèves chantant ou exécutant dans les fêtes publiques, 10; total, 115.

---

16 THERMIDOR au 3 (3 août 1795). — Décret qui supprime la commission militaire établie à Paris par décret du 4 prairial an 3. (B. 57, 89.)

---

16 THERMIDOR an 3 (3 août 1795). — Décret qui supprime la musique de la garde nationale parisienne.) B. 57. 92.)

---

16 THERMIDOR au 3 (3 août 1795, — Décret relatif à la formation des listes des jurés d'accusation dans le département de la Seine. (B. 57, 95.)

---

16 THERMIDOR an 3 (3 août 1795). — décret de renvoi au comité de salut public, d'une déclaration de la commune de Versailles, relative à la nourriture des détenus de cette commune. (B, 57, 94.)

---

16 THERMIDOR an 3 (3 août 1795). — Décret qui rapporte celui du 24 mesidor an 2, qui

déclare nul un jugement rendu le 11 germinal contre Laurent Leroy. (B. 57, 93.)

---

16 THERMIDOR an 3 (3 août 1795). — Décret qui accorde des pensions à des veuves de citoyens morts en défendant la patrie. (B. 57. 93.)

---

16 THERMIDOR an 3 (3 août 1795). — Décret qui renvoie à la décision du comité de législation la question d'émigration relative à J.B.H. Richard. (B. 57, 95.)

---

16 THERMIDOR au 3 (3 août 1795). — Décret qui renvoie au comité des finances une pétition des titulaires d'offices de la maison du ci-devant roi. (B. 57, 95.)

---

16 THERMIDOR an 3 (3 août 1795). — Décret relatif à l'établissement des écoles centrales. (B. 57. 93.)

---

16 THERMIDOR an 3 (3 août 1795). — Décret qui charge la comité de législation de proposer des lois tendantes à réprimer les depositaires infidèles. (B. 57. 96.)

---

16 THERMIDOR an 3 (3 août 1795). — Décret relatif à la nomination du président et des secrétaires de la Convention nationale.(B. 57, 96.)

---

16 THERMIDOR an 3 (3 août 1795). — Décret qui nomme le réprésentant Goupillau (de Fontenoy) pour la direction de la force armée de Paris et de la 17ᵉ division. (B. 57. 96.)

---

17 THERMIDOR an 3 (- 4 août 1795.) — Décret relatif à une remise aux propriétaires pour transport de riz, pains et farines. (I, Bull. 169, n° 994; B. 57. 100.)

La Convention nationale décrète qu'à dater de ce jour, il sera fait remise aux propriétaires du tiers du prix réglé par le décret du 7 thermidor, pour transport des riz, pains et farines qui sont expédiés par les voitures publiques.

---

17 THERMIDOR an 3 (4 août 1795). — Décret qui détermine le mode de liquidation des titulaires d'offices mentionnés en l'article 7 de celui du 23 prairial. (1. Bull. 179, n° 995; B, 57, 101.)

Art. 1ᵉʳ. Les titulaires d'offices mentionnés audit article, seront liquidés, soit sur les copies ou extraits collationnés, pris sur les minutes ou registres constatant leurs provisions et autres titres, soit sur les copies authentiques précédemment expédiées ou délivrées par les secrétaires du ci-devant Roi, ou par des notaires, en faisant l'affirmation ordonnée par ledit article.

2. La commission des administrations civiles délivrera, sur la demande du directeur général provisoire de la liquidation, les copies ou extraits collationnés des provisions et autres titres, sur lesdites minutes et actes de la ci-devant chancellerie ; à l'effet de quoi l'administration est autorisée à se faire remettre lesdites minutes par les personnes qui en seraient dépositaires, et à commettre pour les expéditions nécessaires à la liquidation, telle personne qu'elle jugera à propos de nommer.

17 THERMIDOR an 3 (4 août 1795). — Décret qui autorise l'administration du Mont-de-Piété à faire prêter au terme d'un mois aux emprunteurs, et à faire vendre les nantissemens à la fin de l'année d'engagement, toutes les fois que les emprunteurs le requerront. (B, 57, 97.)

17 THERMIDOR an 3) 4 août 1795). — Décret sur la pétition des citoyens Melouin, Leroux et autres, etc. (B. 57. 97.)

17 THERMIDOR an 3 (4 août 1795). — Décret portant que le nom, l'âge, le domicile, le lieu de la naissance, les notes et états de services des citoyens désignés par le comité de sa lut public pour les places d'officiers dans la légion de police, seront imprimés. (B. 57. 97.)

17 THERMIDOR an 3 (4 août 1795.) — Décret de renvoi au comité des finances, relatif au droit d'enregistrement des contrats de mariage, testament etc, (B. 57. 98.)

17 THERMIDOR an 3 (4 août 1795). — Décret de renvoi au comité des transports, postes et messageries, des dénonciations d'abus qui règnent dans l'administration de la poste aux lettres. (B, 57, 99.)

17 THERMIDOR an 3 (4 août 1795). — Décret qui renvoie aux comités de salut public et militaire l'examen de la réclamation des citoyens Villeminot. (B. 57, 101.)

17 THERMIDOR au 3 (4 août 1795). — Décret qui rapporte la disposition du décret du 15 de ce mois, qui rappelle dans le sein de la Convention nationale les représentans Guezno et Topsent. (B. 57, 100.)

17 THERMIDOR eu 3 (4 aont 1795). — Décret qui accorde un congé au représentant François, (B. 57, 101.)

17 THERMIDOR an 3 (4 aout 1795). — Décret relatif à un rapport à faire sur les représentans dénoncés. (B. 57 102.)

17 THERMIDOR an 3 (4 aout 1795). — Décret portant que les hommes armés dans les colonies des îles du Vent, pour la défense de la République, ont bien mérité de la patrie. (B, 57. 102.)

17 THERMIDOR an 3 (4 aout 1795). — Décret de renvoi sur des difficultés entre les premiers adjudicataires et les sous-adjudicataires des biens nationaux. (B. 57, 102.)

17 THERMIDOR an 3 (4 aont 1795). — Décret qui autorise la commune de Chaumont à faire un emprunt par voie de contribution. (B. 57, 98.)

17 THERMIDOR an 3 (4 aout 1795). — Décret qui envoie le représentant Ramel en Hollande et dans la Belgique. (B. 57, 101.)

18 THERMIDOR an 3 (5 aout 1795). — Décret qui détermine le mode d'évaluation des journées de travail mentionnées dans l'article 8 de celui du 20 messidor, relatif à la conservation des propriétés rurales. (1, Bull. 170, n° 1000; B. 57, 106.)

La valeur des journées de travail mentionnées dans l'article 8 de la loi du 20 messidor, relative à la conservation des récoltes et des propriétés rurales, sera évaluée sur le prix actuel de la journée dans le lieu où le délit aura été commis.

18 THERMIDOR an 3 (5 aout 1795). — Décret qui excepte les créanciers des successions bénéficiaires, etc. de la défense d'anticiper les paiemens. (1, Bull. 170, n° 1001 ; B. 57, 107.)

Voy loi du 1er FRUCTIDOR an 3.

La Convention nationale décrète que l'article 1er de la loi du 25 messidor dernier qui défend d'anticiper les termes de paiement portés dans les titres de créances, n'est point applicable aux créanciers des successions bénéficiaires ni des faillites; ni aux créanciers opposans sur la vente des biens de leurs débiteurs.

18 THERMIDOR an 3 (5 aout 1795). — Décret qui réunit la liquidation particulières des dettes de la liste civile à la direction générale de la liquidation de la dette publique. (1, Bull. 170, n° 1002 ; B. 57, 108.)

Art. 1er. A compter de ce jour, la liquidation particulière des dettes de la liste civile que la nation a prises à sa charge, est pour ce qui reste à terminer, réunie à la direction générale de la liquidation de la dette publique.

2. Le comité de sûreté générale fera remettre, dans le plus bref délai, au liquidateur général de la dette publique, tous les titres, papiers, registres et renseignemens

nécessaires à la continuation du travail dont le commissaire particulier de cette liquidation étoit précédemment chargé, et·qui pourraient se trouver sous les scellés apposés, en vertu des arrêtés du comité de sûreté générale, chez le citoyen *Hocquet*, tant à Paris qu'à Versailles.

Il fera également remettre à la commission des revenus nationaux ceux de ces titres, pièces et renseignemens qui seraient relatifs et nécessaires au recouvrement de l'actif dépendant de la ci-devant liste civile.

Cette commission demeure chargée d'en suivre à l'avenir les recouvremens.

3. Les créances de la liste civile, pensions, gratifications, secours et indemnités restant à liquider, le seront d'après les formes particulières aux créances de la liste civile et d'après les formes générales pour la liquidation de la dette publique.

4. Le comité de sûreté générale fera verser immédiatement à la Trésorerie nationale les sommes et deniers qui se trouveront sous les scellés apposés chez Hocquet.

5. L'examen des opérations confiées et exécutées par les précédens commissaires de la liquidation particulière de la liste civile, est renvoyé aux commissaires de la comptabilité nationale.

Le comité des finances, section de l'examen des comptes, est chargé de proposer incessamment à la Convention le mode de comptabilité des opérations de cette administration supprimée.

En conséquence, les titres et pièces à l'appui des liquidations consommées par les deux précédens commissaires, seront remis aux commissaires de la comptabilité nationale, en présence du citoyen Henry et des veuves et héritiers Hocquet, ou de leurs fondés de pouvoir.

6. La maison occupée par les bureaux actuels de la liste civile sera entièrement évacuée d'ici au 1ᵉʳ vendémiaire prochain.

La commission des revenus nationaux est chargée de veiller à la location de cette maison, dont partie appartient à la nation pour cause d'émigration de l'un des propriétaires.

7. Le comité de liquidation est autorisé à statuer sur le nombre et le traitement des employés nécessaires au commissaire-liquidateur pour la suite des opérations qui lui sont confiées par le présent décret, et sur la fixation des dépenses nécessaires à l'incorporation des bureaux à conserver pour la liquidation de la ci-devant liste civile, dans ceux de la direction générale de la liquidation.

18 THERMIDOR an 3 (5 août 1795). — Décret portant en principe que le tiers-arbitre, nommé en cas de partage, ne pourra seul prononcer en faveur de l'un des deux avis, etc. et renvoi au comité de législation, pour la rédaction. (B. 57, 107.)

Voy loi du 28 THERMIDOR an 3.

La Convention nationale, après avoir entendu le rapport de son comité de législation, arrête en principe que le tiers-arbitre nommé en cas de partage, ne pourra seul prononcer en faveur de l'un des deux avis, mais qu'il se réunira aux arbitres pour délibérer et juger. Renvoi au comité pour la rédaction.

18 THERMIDOR an 3 (5 août 1795). — Décret qui abolit la formalité des certificats de civisme. (1, Bull. 170 nᵒ 999; B. 57. 106.)

18 THERMIDOR an 3 (5 août 1795). — Décret qui admet le citoyen Sartre aîné comme représentant. (B. 57, 106.)

18 THERMIDOR an 3 (5 août 1795).·— Décret relatif à la subsistance du corps des pompiers de Paris. (B. 57, 107.)

18 THERMIDOR an 3 (5 aou; 1795). — Décret qui autorise le bureau de comptabilité nationale à admettre la reprise de la somme de quarante-sept mille livres affectée au paiement des dettes anciennes, et charges locales de la principauté d'Orange, dans les comptes présentés par les citoyens Anson et Paris de la Balardière. (R. 57. 103.)

18 THERMIDOR an 3 (5 août 1795). — Décret qui accorde des pensions à des veuves de citoyens morts en défendant la patrie. (B. 57, 103.)

18 THERMIDOR au 3 (5 août 1795). ⬛ Décret qui accorde diverses sommes à titre de secours. (B, 57, 104.)

18 THERMIDOR en 3 (5 août 1795). — Décret de renvoi au comité des finances de propositions relatives aux acquéreurs de biens nationaux dans les parties non libres des départemens de l'Ouest. (B. 57. 105.)

19 THERMIDOR an 3 (6 août 1795). — Décret portant que le comité de législation et celui des finances réunis présenteront un projet de loi qui détermine les bases d'après lesquel les experts puissent se diriger dans les cas où ils sont chargés de régler les indemnités dues aux fermiers, lorsque le bail est résilié par la concession du fonds. (B. 57, 109.)

19 THERMIDOR an 3 (6 août 1795.) — Décret qui déclare nul et de nul effet, un jugement de la commission militaire établie à Bordeaux, rendu contre les cinq frères Raba. (B. 57, 109.)

19 THERMIDOR an 3 (6 août 1795). — Décret qui accorde des congés aux représentans Cambore, Gerente, Garnot. (B. 57, 111.)

19 THERMIDOR an 3 (6 août 1795). — Décret qui rapporte celui du 6 de ce mois, portant établissement d'une commission pour statuer sur les détenus. (B. 57, 111.)

19 THERMIDOR an 3 (6 août 1795). — Décret qui annulle un jugement du tribunal de Colmar, en date du 10 frimaire an 2, rendu contre Bloch. (B, 57, 111.)

19 THERMIDOR an 3 (6 août 1795). — Décret portant nomination des préposés au tirage des titres, en remplacement de démissionnaires. (B. 57, 111.)

20 THERMIDOR an 3 (7 août 1795). — Décret qui proroge les dispositions de celui du 12 pluviose dernier, concernant les importations et les exportations. (1, Bull. 171, n° 1018 ; B. 57, 119.)

Art. 1er. Les dispositions de la loi du 12 pluviose dernier, concernant les importations et les exportations, sont prorogées ; et cependant les droits d'entrée et de sortie seront payés d'après les bases du décret du 3 thermidor.

2. Les poils et peaux de loutre, ainsi que les pelleteries sauvagines non apprêtées, ne pourront être exportés, sinon en payant dix pour cent de la valeur, et en se soumettant à rapporter cette valeur en matières d'or ou d'argent, ou en objets de première nécessité.

20 THERMIDOR an 3 (7 août 1795). — Décret qui change le nom du canton de Vaours en celui du canton de Penne, et qui fixe le chef-lieu de ce canton dans la commune de Penne. (B. 57, 115.)

20 THERMIDOR an 3 (7 août 1795). — Décret relatif à l'échange d'un terrain concédé à vie par Claude-Brice Emery à Philippe-Joseph d'Orléans. (B. 57, 116.)

20 THERMIDOR an 3 (7 août 1795). — Décret qui envoie le représentant Beaupré dans les départemens de l'Orne, de la Manche, etc. (B. 57, 117.)

20 THERMIDOR an 3 (7 août 1795). — Décret sur différentes créances de communes, districts, départemens, etc. (B. 57, 112.)

20 THERMIDOR an 3 (7 août 1795). — Décret portant que chaque section de Paris fournira vingt citoyens pour extraire de la rivière les bois de chauffage qui en interceptent actuellement la navigation. (B. 57, 113.)

20 THERMIDOR an 3 (7 août 1795). — Décret qui sursoit provisoirement à la vente des biens meubles et immeubles de Jacques Dupuy-Mont-Brun. (B. 57, 114.)

20 THERMIDOR an 3 (7 août 1795). — Décret portant que, dans le délai de quatre décades, la commission connue sous le nom de commerce et des approvisionnemens, rendra compte au comité de commerce de toutes les denrées ou matières coloniales qu'elle a eues à sa disposition. (B. 57. 115.)

20 THERMIDOR an 3 (7 août 1795). — Décret relatif à une pétition des habitans de Montigny-sur-Sambre. (B. 57, 117.)

20 THERMIDOR an 3 (7 août 1795). — Décret qui nomme les citoyens Gossec, Grétry, Méhul, Lesueur, Cherubini, inspecteurs de l'enseignement du Conservatoire de musique dans la commune de Paris. (B. 57, 117.)

20 THERMIDOR an 3 (7 août 1795). — Décret de renvoi au comité de législation, relatif à la loi sur le partage des biens communaux. (B. 57, 118.)

20 THERMIDOR an 3 (7 août 1795). — Décret relatif aux enfans dont la nation salarie les mois de nourrice, etc. (B. 51, 118.)

20 THERMIDOR an 3 (7 août 1795. — Décret relatif à une pétition des inspecteurs des charrois et transports. (B. 57, 118.)

20 THERMIDOR an 3 (7 août 1795). — Décret qui renvoie au comité de législation la question s'il ne serait pas nécessaire de faire une loi qui aurait pour objet d'infliger des peines aux juges qui ne maintiendraient pas les acquéreurs des biens des émigrés qui auraient été vendus conformément aux lois. (B. 57, 118.)

20 THERMIDOR an 3 (7 août 1795). — Décret qui supprime la place d'adjoint aux commissaires des secours publics. (B. 57, 119.)

21 THERMIDOR au 3 (8 août 1795). — Decrets relatifs aux paiemens à faire par la Trésorerie nationale aux citoyens Baron et Labreteche anciens receveurs-généraux. (B. 57, 119 120.)

21 THERMIDOR an 3 (8 août 1795). — Décret qui accorde un congé au représentant Boutroue. (B. 57, 121.)

21 THERMIDOR an 3 (8 août 1795). — Décrets

14.

qui ordonnent l'arrestation des représentans Lequinios, Fiot et Lanot. (1, Bull. 170, n°° 1003 à 1005; B. 57, 121 et 122.)

21 THERMIDOR an 3 (8 août 1795). — Décrets qui renvoient au comité des finances les propositions tendantes à faire remettre au citoyen Klec Je Landau neuf marcs d'argent, et la somme de deux cent vingt-sept livres douze sous. (B. 57, 120 et 121.)

21 THERMIDOR an 3 (8 août 1795). — Décret portant que les comités de législation, de salut public et de sureté générale se réuniront pour présenter dans trois jours une loi répressive contre les journalistes calomniateurs. (B. 57, 121.)

22 THERMIDOR an 3 (9 août 1795). — Décret qui proroge le délai accordé par celui du 1er floréal aux créanciers des émigrés, pour le dépôt de leurs titres. (1, Bull 170, n° 1013; B. 57, 122.)

Voy loi du 4e JOUR COMPLÉMENTAIRE de l'an 3.

Art. 1er. Le délai accordé par les articles 14 et 15 de la loi du 1er floréal an 3, aux créanciers des émigrés, pour déposer leurs titres, en conformité de l'article 11 de la même loi, est prorogé définitivement jusqu'au 1er vendémiaire prochain exclusivement, à compter duquel jour la déchéance de tout droit de répétition aura lieu contre ceux qui n'auront pas alors effectué le dépôt de leurs titres.

2. La prorogation profitera également aux créanciers des émigrés portés sur le second supplément à la liste générale des émigrés, publié à Paris les 25, 26, 27 et 28 floréal dernier, et à l'égard desquels le délai de quatre mois, prononcé par l'article 11, doit expirer le 20 fructidor prochain.

22 THERMIDOR an 3 (9 août 1795). — Décrets qui ordonnent l'arrestation des représentans Bô, Dupin, Piory, Chaudron-Rousseau, Laplanche, Massieux, Fouché (de Nantes). (1, Bull. 170, n° 1006 à 1012; B. 57 124, 125 et 127.)

22 THERMIDOR an 3 (9 août 1795). — Décret relatif au citoyen Jean-Baptiste Flavigny. (B. 57, 123.)

22 THERMIDOR an 3 (9 août 1795). — Décret qui renvoie au comité de sureté générale une lettre du représentant Lesiot. (B. 57 125.)

22 THERMIDOR an 3 (9 août 1795). — Décret de mention honorable d'un don patriotique des îles de France et de la Réunion. (B. 57 126.)

22 THERMIDOR an 3 (9 août 1795). — Décret d'ordre du jour sur la proposition de déclarer qu'après avoir entendu le rapport sur la conduite des représentans du peuple Noël Pointe

et Francastel, la Convention ne s'occupera plus de dénonciations contre ses membres (B. 57, 126.)

22 THERMIDOR an 3 (9 août 1795). — Décret relatif à la proposition tendant à retrancher des décrets d'arrestation rendus contre les représentans du peuple qui ne sont pas prévenus de dilapidations, les mots : *les scellés seront apposés sur leurs effets.* (B. 57, 126.)

22 THERMIDOR an 3 (9 août 1795). — Décret qui renvoie au comité de législation une dénonciation contre le représentant Francastel. (B. 57, 127.)

22 THERMIDOR an 3 (9 août 1795). — Décret qui ajourne le rapport sur la conduite du représentant Noël Pointe (B 57, 127.)

23 THERMIDOR an 3 (10 août 1795.) — Décret qui permet à tous citoyens français d'armer en course pour courir sur les bâtimens ennemis, et accorde une amnistie aux marins déserteurs. (1, Bull. 170, n° 1014; B. 57, 131.)

Voy. arrêté du 18 GERMINAL an 7; loi du 2 PRAIRIAL an 11.

Art. 1er. Il est permis à tous les citoyens français d'armer en course pour courir sur les bâtimens ennemis.

2. La commission de la marine et des colonies est autorisée à délivrer aux armateurs des lettres de marque, signées par cinq des membres composant le comité de salut public, et contre-signées par le commissaire de la marine.

3. Tout armateur qui voudra armer en course, s'adressera à la commission de la marine et des colonies, et lui fera connaître la nature et les avantages de l'armement projeté. La commission en rendra compte au comité, et expédiera les lettres de marque, s'il y a lieu.

4. Les armateurs jouiront du bénéfice de la loi du 31 janvier 1793, qui permet de composer les équipages des corsaires d'un sixième de marins classés. Ne pourront cependant être employés ceux des marins mis en réquisition et reconnus indispensables au service des bâtimens de la République.

5. Ils seront tenus, à la poudre près que leur vendra le Gouvernement, de se munir de tout ce qui sera nécessaire pour compléter leurs armemens. Il pourra cependant leur être fourni, des magasins des ports, les objets qui seront constatés pouvoir leur être accordés sans nuire aux besoins du service.

6. Les armateurs seront tenus de fournir un cautionnement par écrit de la somme de cinquante mille livres.

7. Les ordonnances et lois de police et de discipline, relatives à la course et à la répartition des prises faites par les corsai-

res, et aux indemnités, continueront à être exécutées en ce qui n'y est pas dérogé par le présent décret.

3. Il est accordé une amnistie pour tous marins qui ont déserté soit leurs quartiers, soit les ports d'armements ou de relâche, sous quelque prétexte que ce soit, pourvu qu'ils ne soient pas en jugement pour des faits étrangers à leur désertion. Ils ne pourront jouir du bénéfice de cette amnistie, qu'en justifiant de leur embarquement sur les vaisseaux de la République, ou sur ceux des corsaires, dans un mois à compter de la publication du présent décret.

23 THERMIDOR an 3 (10 août 1795). — Décret portant que, dans chaque corps des différentes armes, il pourra être accordé des congés à raison de deux hommes par cent présens aux drapeaux. (1, Bull. 171, n° 1020; B. 57, 127.)

23 THERMIDOR an 3 (10 août 1795). — Décret qui étend aux militaires contre lesquels il a été prononcé des peines pour fait de désertion dans l'intérieur, l'amnistie accordée par la loi du 10 thermidor à ceux qui avaient abandonné leurs drapeaux. (1, Bull. 171, n° 1020; B) 57, 130.)

23 THERMIDOR an 3 (10 août 1795). — Décret qui ordonne l'impression, et l'envoi aux armées et aux départemens du discours prononcé par le président de la Convention. (B 57, 129.)

23 THERMIDOR an 3 (10 août 1795). — Décret portant que les hymnes qui ont été chantés dans la séance du 23 thermidor seront envoyés à toutes les communes de la République. (B. 57, 131.)

23 THERMIDOR an 3 (10 août 1795). — Décret de mention honorable de l'hommage fait à la Convention par les citoyens Calès et Péré. (B. 57, 133.)

23 THERMIDOR an 3 (10 août 1795). — Décret relatif à l'armée des Alpes et d'Italie. (B. 57, 133.)

23 THERMIDOR an 3 (10 août 1795). — Décret qui autorise le comité de salut public à augmenter le prix du salpêtre, au prorata des dépenses que nécessite sa fabrication. (B. 57, 231.)

23 THERMIDOR an 3 (10 août 1795) — Décret qui désigne plusieurs citoyens des communes de Vitry, Villejuif, Vanvres, Maisons et Mont-Rouge, comme ayant bien mérité de la patrie. (B. 57, 132.)

24 THERMIDOR an 3 (11 août 1795). — Décret qui réorganise la commission administrative de Paris, et en règle les attributions. (B. 57, 135.)

24 THERMIDOR an 3 (11 août 1795). — Décret portant que le comité de législation présentera incessamment un rapport sur le mode de révision des jugemens rendus par les tribunaux révolutionnaires et commissions populaires. (B. 57, 133.)

24 THERMIDOR an 3 (11 août 1795). — Décret portant que la démission du citoyen Chevalier est regardée comme non-avenue. (B. 57, 133.)

24 THERMIDOR an 3 (11 août 1795 . — Décret portant que la démision du citoyen Daubermenil est regardée comme non-avenue. (B. 57, 134.)

24 THERMIDOR an 3 (11 août 1795). — Décret relatif aux individus qui ont été co-accusés du citoyen Vallée. (B. 57, 134.)

24 THERMIDOR an 3 (11 août 1795). — Décret portant que le comité d'instruction publique examinera le calendrier républicain, et présentera avant le 1er fructidor les changemens qu'il croira convenable d'y faire. (B. 57, 136.)

24 THERMIDOR an 3 (11 août 3795) — Décret qui charge le comité de sûreté générale de faire un rapport sur les inconveniens des assemblées générales des sections de Paris. (B. 57, 136.)

25 THERMIDOR an 3 (12 août 1795). — Décret qui permet de souscrire et mettre en circulation de gré à gré des effets au porteur. (1, Bull. 172, n° 1028; B. 57, 140.)

Voy. loi du 8 NOVEMBRE 1792.

La Convention nationale décrète que dans la prohibition portée par l'article 22 du décret du 8 novembre 1792, de souscrire et mettre en circulation des effets et billets au porteur, n'est pas comprise la défense de les émettre lorsqu'ils n'ont point pour objet de remplacer ou de suppléer la monnaie

En conséquence, ils est permis de souscrire et mettre en circulation de gré à gré, comme par le passé, lesdits effets et billets au porteur, lesquels continueront d'être assujétis aux droits de timbre et d'enregistrement, conformément aux lois qui les ont établis, et sous les peines y portées (1).

25 THERMIDOR an 3 (12 août 1795). — Décret

_____

(1) Les billets au porteur sont valables sous la législation actuelle. (Nîmes 23 mars 1830, S. 31, 2, 344; D. 31, 2, 241.)

qui abroge celui du 5 juin 1793, en ce qui concerne la vente des créances nationales, et leur admission en paiement de domaines nationaux. (1 , Bull. 172, n° 1028 ; B. 57 , 140.)

Art. 1er. La loi du 5 juin 1793, en ce qui concerne la vente des créances nationales et leur admission en paiement de domaines nationaux, cessera d'avoir son exécution à dater du présent jour.

2. Dans le délai de deux mois, à compter de ce jour, tout acquéreur de créance nationale, qui ne l'aura point donnée en paiement, sera tenu de présenter à la commission des revenus nationaux l'expédition de l'acte de cession qui lui en aura été faite par le directoire de district ; le récépissé du receveur, ainsi qu'une déclaration passée devant le Directoire, et visée par le département, portant que l'acquéreur n'a rien reçu de l'adjudicataire du domaine national, ou qu'il en a reçu telle somme.

2. Sur le vu de ces pièces, la commission des revenus nationaux fera liquider ce qui revient audit acquéreur de créance, tant en capital qu'en intérêts, pour le montant en être acquitté par la Trésorerie nationale, sur des états de distribution délivrés en conformité des lois des 25 mars 1793 et 3 prairial an 2 : ces intérêts cesseront vingt jours après la date du *visa* du département, mentionné en l'article précédent.

25 THERMIDOR an 3 (12 août 1795). — Décret relatif à l'enregistrement des donations entre-vifs. (1 , Bull. 172 ; n° 1029 , B. 57 , 139 ; Mon. du 2 fructidor an 3.)

La Convention nationale après avoir entendu le rapport de son comité des finances, section des domaines, sur la demande de la commission des revenus nationaux, tendant à faire ordonner que l'enregistrement des donations entre-vifs sera fait par les préposés de l'enregistrement établis près les tribunaux de district, et non par les greffiers de ces tribunaux.

Déclare qu'il n'y a lieu à délibérer, motivé sur les dispositions de la loi du 27 janvier = 4 février 1791, qui porte, article 7, que les actes assujétis à l'insinuation continueront d'être insinués suivant les régles établies, et sur ce que, depuis 1713, les contrôleurs des actes et les préposés à l'enregistrement ont toujours été successivement les greffiers des insinuations de ces donations, et que le mot *greffe*, employé dans la loi du 27 janvier = 4 février 1791, ne peut s'entendre que des bureaux de l'enregistrement, dont les préposés remplissent, à l'égard de l'insinuation de ces donations, les fonctions de greffiers.

Les enregistrémens des donations entre-vifs qui auraient pu néanmoins avoir été faits jusqu'à ce jour par les greffiers des tribunaux de district, seront valables.

Les greffiers de ces tribunaux qui auront perçu à leur profit les droits d'enregistrement de ces donations, prescrits par la loi du 5 = 19 décembre 1790, et fixés par le tarif y annexé, seront tenus de les restituer entre les mains des préposés à l'enregistrement.

25 THERMIDOR an 3 (12 août 1795). — Décret portant que le service des passages en bateaux ou en bacs sur la rivière de Seine dans l'étendue de la commune de Paris, sera mise en location dans les formes prescrites relativement aux domaines nationaux. (B. 57 , 138 ; Mon. du 2 fructidor an 3.)

La Convention nationale après avoir ouï le rapport de son comité des finances, section des domaines, décrète ce qui suit :

Art. 1er. Le service des passages en bateaux ou en bacs, sur la rivière de Seine, dans l'étendue de la commune de Paris, sera mis en location dans le plus bref délai, dans les formes prescrites relativement aux domaines nationaux.

2. Parmi les charges de l'adjudication, sera insérée celle de payer comptant ou à des termes qui seront fixés par le cahier des charges, aux ci-devant officiers passeurs d'eau, le prix de leurs bateaux, agrès, bureaux en pierre ou en bois, et autres objets nécessaires à cette exploitation, dont ils seront reconnus propriétaires, d'après l'estimation qui en sera faite contradictoirement entre eux et l'agence nationale de l'enregistrement ; ils seront tenus de les transmettre en bon état à l'expiration du bail, au nouveau fermier qui leur en paiera le prix, suivant l'estimation qui en sera faite.

3. Les anciens tarifs des droits accordés à la communauté des maîtres passeurs d'eau sont et demeurent portés au triple du taux ci-devant usité ; le tarif desdits droits sera affiché dans un lieu ostensible, à côté du bureau.

4. Il est fait très-expresses défenses aux adjudicataires et aux marins par eux employés de percevoir autres et plus fortes sommes à peine de concussion.

5. Les anciens réglemens et ordonnances de police non-abrogées, relatifs à la sûreté du service, à la conduite des compagnons mariniers employés par l'adjudicataire, et sa responsabilité, seront exécutés suivant leur forme et teneur.

6. La commission des revenus nationaux et l'administration de la police de Paris, demeureront spécialement chargés de surveiller l'exécution du présent décret.

25 THERMIDOR an 3 (12 août 1795). — Décret d'ordre du jour sur la proposition qui avait été faite de fermer les sections de Paris. (B. 57 ; 136.)

25 THERMIDOR an 3 (12 août 1795). — Décret qui autorise l'agent du Trésor public à rendre au citoyen Marigner un billet de quarante-huit mille livres par lui stipulé au Trésor public le 25 septembre 1789. (B. 57, 136)

25 THERMIDOR an 3 (12 août 1795). — Décrets qui accordent des congés aux représentans Pocholle, Duval, Bidault et Louvet. (B. 57, 137.)

25 THERMIDOR an 3 (12 août 1795). — Décret qui envoie la représentant Ch. de la Croix près la manufacture de fusils de Maubeuge, et le représentant Ritter à Nice. (B. 57, 137.)

25 THERMIDOR an 3 (12 août 1795). — Décret de mention honorable de l'hommage fait à la Convention par le citoyen Anselme Jordy. (B. 57, 138.)

26 THERMIDOR an 3 (13 août 1795). — Décret qui répudie le legs fait au profit de l'Etat par F. Ducretet. (B. 57, 145.)

26 THERMIDOR an 3 (13 août 1795). — Décret sur la pétition des citoyens Melouin, Leroux et autres. (B. 57, 141.)

26 THERMIDOR an 3 (13 août 1795). — Décrets qui accordent des congés aux représentans Ezemar et Edouard. (B. 57, 142.)

26 THERMIDOR an 3 (13 août 1795). — Décret relatif aux paiemens à faire par la Trésorerie nationale aux citoyens Randon et Tiffet, anciens receveurs-généraux. (B. 57, 142 et 143.)

26 THERMIDOR an 3 (13 août 1795). — Décret relatif à une pétition de plusieurs citoyens ci-devant officiers dans les légions de la gendarmerie, appelés à entrer dans la légion de police générale, etc. (B. 57, 143.)

26 THERMIDOR an 3 (13 août 1795). — Décret qui renvoie à la commission des Onze la question s'il ne serait pas convenable de rapporter l'article du projet de constitution qui porte que les deux conseils devront toujours résider dans la même commune. (B. 57, 144.)

26 THERMIDOR an 3 (13 août 1795). — Décret portant que la commission des Onze s'occupera sans délai de l'organisation des départemens réunis à la République. (B. 57, 144.)

26 THERMIDOR an 3 (13 août 1795). — Décret portant que la maison nationale dite S. François, située dans la commune de Bourges, sera donnée à loyer au citoyen Butet pour l'espace de dix années (B. 57, 144.)

27 THERMIDOR an 3 (14 août 1795). — Décret portant que le représentant Gassanies se rendra sans délai dans le département du Mont-Blanc. (B. 57, 145.)

27 THERMIDOR an 3 (14 août 1795). — Décret qui accorde des pensions à des veuves de citoyens morts en défendant la patrie. (B. 57, 145.)

27 THERMIDOR an 3 (14 août 1795). — Décret relatif aux scellés apposés dans le domicile de la belle-mère du représentant Dupin, à Saint-Cloud. (B. 57, 146.)

27 THERMIDOR an 3 (14 août 1795). — Décret qui accorde diverses sommes à titre de secours provisoire. (B. 57, 146,)

28 THERMIDOR an 3 (15 août 1795). — Décret relatif à la fabrication des pièces d'or. (1, Bull. 171, n° 1022; B. 57, 151; Mon. du 3 fructidor an 3.)

Voy. lois des 22 et 28 VENDÉMIAIRE an 4; du 8 FRIMAIRE an 4.

Art. 1er. Il sera fabriqué des pièces dor.
2. Le titre sera de neuf parties de ce métal pur et d'une partie d'alliage.
3 La tolérance du titre sera de trois millièmes en dedans et de trois millièmes en dehors du titre fixé par l'article précédent.
4. Chaque pièce sera à la taille de dix grammes.
5. La tolérance du poids sera d'un quatre-centième en dedans et d'un quatre-centième en dehors du poids fixé par l'article précédent.
6. Ces pièces auront pour type la figure de la Paix unie à l'Abondance, avec la légende : *Paix et Abondance.*
7. Sur le revers seront gravées deux branches enlacées, l'une de chêne, l'autre d'olivier, avec la légende : *République française.*
Au centre, on lira le poids de la pièce.
L'exergue exprimera, en chiffres arabes, l'an de l'ère républicaine.
Au-dessous sera gravé le signe indicatif de l'atelier où elle aura été fabriquée.

28 THERMIDOR an 3 (15 août 1795). — Décret relatif à la fabrication de la monnaie d'argent et de la petite monnaie. (1, Bull. 171, n° 1023 B. 57, 152; Mon. du 3 fructidor an 3.)

Voy. lois des 22 et 28 VENDÉMIAIRE an 4, et 8 FRIMAIRE an 4.

TITRE Ier Dispositions générales sur les monnaies.

Art. 1er. L'unité monétaire portera désormais le nom de *franc.*
2. Le franc sera divisé en dix décimes; le décime sera divisé en dix centimes.
3. Le titre et le poids des monnaies seront indiqués par les divisions décimales.

TITRE II. De la monnaie d'argent.

Art. 1er. Le titre de la monnaie d'argent sera de neuf parties de ce métal pur et d'une partie d'alliage.

2. La tolérance du titre sera de sept millièmes en dedans et de sept millièmes en dehors du titre fixé par l'article précédent.

3. Il sera fabriqué des pièces d'un, de deux et de cinq francs.

4. La pièce d'un franc sera à la taille de cinq grammes ;

Celle de deux francs, à la taille de dix grammes ;

Celle de cinq francs, à la taille de vingt-cinq grammes.

5. La tolérance de poids sera d'un deux-centième en dedans et d'un deux-centième en dehors du poids fixé par l'article précédent.

6. Les pièces d'argent auront pour type la figure d'Hercule unissant l'Egalité et la Liberté, avec la légende : *Union et force.*

Sur le revers seront gravées deux branches enlacées, l'une de chêne, l'autre d'olivier, avec la légende : *République française.*

Au centre, on lira la valeur de la pièce.

L'exergue exprimera, en chiffres arabes, l'an de l'ère républicaine.

Au-dessous sera gravé le signe indicatif de l'atelier monétaire.

La tranche portera ces mots : *Garantie nationale.*

TITRE III. De la petite monnaie.

Art. 1er. Il sera fabriqué, en métal de bronze épuré, des pièces d'un, de deux et de cinq centimes ; d'un et de deux décimes.

2. La pièce d'un centime sera à la taille d'un gramme ;

Celle de deux centimes, à la taille de deux grammes ;

Celle de cinq centimes, à la taille de cinq grammes ;

Celle d'un décime, à la taille de dix grammes ;

Celle de deux décimes, à la taille de vingt grammes.

3. La tolérance de poids sera de quarante pièces par kilogramme pour les pièces d'un centime ;

Vingt pièces par kilogramme pour celles de deux centimes ;

Huit pièces par kilogramme pour celles de cinq centimes ;

Quatre pièces par kilogramme pour celles d'un décime ;

Deux pièces par kilogramme pour celles de deux décimes ;

4. La tolérance de poids sera évaluée moitié en dedans, moitié en dehors, du poids fixé par l'article précédent.

5. Ces pièces auront pour type la figure de la Liberté, avec la légende : *République française.*

Le revers exprimera, au centre, la valeur de la pièce ;

Au-dessous, en forme d'exergue, l'an de l'ère républicaine.

Enfin, au bas, le signe indicatif de l'atelier monétaire.

6. Le comité des finances déterminera, tant pour les pièces d'argent que pour la petite monnaie, celles des coupures qui seront les premières fabriqués pour les besoins du service public et des relations commerciales.

7. Le même comité présentera incessamment une instruction sur la comparaison de la valeur de la livre tournois avec la nouvelle unité monétaire et les nouvelles pièces de monnaie.

28 THERMIDOR an 3 (15 août 1795). — Décret relatif à l'échange de l'or et de l'argent à la Monnaie. (1, Bull. 171, n° 1024; B. 57, 154.)

La Convention nationale décrète ce qui suit :

Les personnes qui porteront de l'or ou de l'argent à échanger à la monnaie, en recevront la valeur en pièces d'argent ou d'or; conformément aux lois du seizième jour du premier mois de l'an 2, et du 26 pluviose de la même année.

28 THERMIDOR an 3 (15 août 1795). — Décret relatif à la manière dont l'avis des tiers-arbitres doit être prononcé. (1, Bull. 172, n° 1030; B. 57, 150.)

Voy. loi du 18 THERMIDOR an 3.

La Convention nationale après avoir entendu le rapport de son comité de législation, relativement aux difficultés qui se sont élevées sur le point de savoir si le tiers-arbitre peut prononcer seul sur les avis contraires, passe à l'ordre du jour, motivé sur ce qu'aucune loi n'a autorisé les tiers-arbitres à prononcer seuls et sans le concours des arbitres divisés d'opinions.

28 THERMIDOR an 3 (15 août 1795). — Décret relatif aux jugemens rendus révolutionnairement, depuis le 10 mars 1793 jusqu'au 8 nivose an 3, portant peine afflictive ou infamante, etc. contre des personnes actuellement vivantes. (1, Bull. 172, n° 1031; B. 57, 147; Mon. du 3 fructidor an 3.)

Art. 1er. Tous les jugemens rendus révolutionnairement depuis le 10 mars 1793 jusqu'au 8 nivose de l'an 3 de la République, contre des personnes actuellement vivantes, portant peine afflictive ou infamante, détention ou emprisonnement sont déclarés non avenus, sauf les révisions et modifications suivantes.

2. Sont réputés jugemens révolutionnaires, dans l'intervalle énoncé en l'article précédent, ceux qui ont été rendus,

1° Par le tribunal révolutionnaire établi à Paris ;

2° Par les tribunaux ou commissions populaires et autres institués pour juger à l'instar du tribunal révolutionnaire de Paris ;

3° Par les tribunaux criminels de département, lorsqu'ils ont instruit et jugé autrement que sur une déclaration de jury ordinaire, conformément à la loi du 16 = 29 septembre 1791, ou sur celle d'un jury spécial tiré au sort, dans le cas où la même loi et autres de l'Assemblée constituante l'ordonnaient ;

4° Par des tribunaux ou commissions militaires jugeant des individus non militaires et pour des faits à eux extraordinairement attribués.

3. Ces jugemens et les pièces du procès tiendront lieu de dénonciation et de mandat d'arrêt devant le directeur du jury du district dans le ressort duquel on présume que le délit a été commis, ou devant celui du dernier domicile de l'individu, lorque le lieu du délit ne sera pas déterminé, ou lorsqu'il sera dénoncé, comme commis dans plusieurs districts.

4. Les prévenus seront en conséquence extraits des maisons ou lieux de force ou de détention, ou des prisons dans lesquelles ils se trouvent, et conduits, sous bonne et sûre garde, dans la maison d'arrêt auprès du tribunal de district compétent, et ce, à la diligence des commissaires nationaux près les tribunaux des districts dans lesquels ils se trouvent.

5. En se conformant à la loi du 16 = 29 septembre 1791, le directeur du jury dressera, s'il y a lieu, un acte d'accusation dans la décade, au plus tard, après la remise du prévenu et des pièces.

6. Si le jury déclare qu'il y a lieu à accusation, l'accusé sera mis en jugement à la forme de la même loi et autres additionnelles ou explicatives.

7. S'il est déclaré convaincu, il sera condamné à la peine portée par la loi applicable au fait. Néanmoins, si cette peine se trouve plus grave que celle à laquelle il a été condamné par le premier jugement, le tribunal criminel ne prononcera que la confirmation de cette peine, et, dans tous les cas, imputera le temps de la détention.

28 THERMIDOR an 3 (15 août 1795) — Décret qui ratifie l'article additionnel au traité conclu entre la République française et la régence de Tunis. (1, Bull. 172 ; n° 1032 ; B. 57, 150.)

Voy. loi du 2 BRUMAIRE an 4.

La Convention nationale, après avoir entendu le rapport de son comité de salut public, ratifie l'article additionnel au traité avec la régence de Tunis, signé le 6 prairial de cette année, par le bey de Tunis, et par

le citoyen Devoise, consul général de la République auprès de cette régence, et autorisé à cet effet par le comité de salut public.

Supplément aux traités entre la France et la régence de Tunis.

Quoique, dans les anciens traités faits entre la France et Tunis, il soit dit que les corsaires de la régence doivent faire leurs courses à l'éloignement de trente milles des côtes de France, cependant, comme cette stipulation est un sujet de discussions fréquentes entre les deux puissances, elles sont convenues de l'abolir ; et, à l'avenir, les limites de l'immunité, tant pour les armemens de la République française, les armemens tunisiens, que pour leurs ennemis respectifs, sont fixées à la portée du canon des côtes de France et de Barbarie, soit que sur le rivage il y ait des canons, soit qu'il n'y en ait point, excepté dans les golfes de la Goulette et de Port-Farine, où les Français ni leurs ennemis ne pourront faire des prises, ni inquiéter en aucune manière la navigation.

L'exécution du présent supplément n'aura son effet qu'après quatre mois, à compter d'aujourd'hui, afin d'avoir le temps d'en prévenir les puissances intéressées.

Fait au palais de Bardo, le 6 prairial, l'an 3° de la République une et indivisible (le 25 mai 1795).

Le consul général de la République française auprès du bey de Tunis. *Signé* DEVOIZE.

À côté du texte français se trouve le texte arabe, avec la signature du bey.

28 THERMIDOR an 3 (15 août 1795). — Décret portant que les mots : *tout débiteur de billet à ordre*, seront rétablis à la place de ceux : *tout porteur de billet à ordre*, qui se trouvent par erreur dans la loi du 6 thermidor. (B. 57, 149.)

La Convention nationale décrète que les mots *tout débiteur de billet à ordre*, seront rétablis à la place de ceux, *tout porteur de billet a ordre*, qui se trouvent par erreur dans l'art. 1er de la loi du 6 thermidor, et que cet article demeurera ainsi rédigé :

Tout débiteur de billet à ordre, lettre-de-change, billet au porteur ou autre effet négociable, dont le porteur ne se sera pas présenté dans les trois jours qui suivent le jour de l'échéance, est autorisé à déposer la somme portée au billet, aux mains du receveur de l'enregistrement, dans l'arrondissement duquel l'effet est payable.

28 THERMIDOR an 3 (15 août 1795). — Décret qui nomme les citoyens Houdeyer, Léger et Guérin, pour composer la commission administrative de police de Paris. (B. 57. 149.)

28 THERMIDOR an 3 (15 août 1795). — Décret portant que le projet de décret concernant les dépositaires infidèles, présenté au nom du comité de législation, sera communiqué au comité des finances. (B. 57, 148.)

28 THERMIDOR an 3 (15 août 1795). — Décret qui renvoie une pétition des citoyens Moutte aux comités de salut public et des finances pour statuer. (B. 57, 149.)

28 THERMIDOR an 3 (15 août 1795). — Décret qui envoie le représentant Fricot dans les départemens du Haut et Bas-Rhin. (B. 57, 150.)

28 THERMIDOR an 3 (15 août 1795). — Décret qui annule un jugement du tribunal criminel du département de l'Oise rendu contre le citoyen Levasseur. (B. 57, 150.)

29 THERMIDOR an 3 (16 août 1795). — Décret qui accorde la somme de deux mille livres à titre de secours et indemnité au citoyen Gentes. (B. 57, 155.)

29 THERMIDOR an 3 (16 août 1795). — Décret sur un rapport à faire relativement au tarif décrété le 3 de ce mois pour la poste aux chevaux. (B. 57, 156.)

29 THERMIDOR an 3 (16 août 1795.) — Décret qui charge le comité de législation de faire dans deux jours un rapport sur les dénonciations faites contre le représentant Lacoste. (B. 57, 157.)

29 THERMIDOR an 3 (16 août 1795). — Décret qui renvoie au comité de législation, la demande que le représentant du peuple Thibault soit tenu de joindre aux pièces déposées au comité de législation, justificatives des diverses dénonciations faites contre J. B. Lacoste, celles qui sont entre ses mains, etc. (B. 57, 156.)

29 THERMIDOR an 3 (16 août 1795). — Décret de renvoi au comité de sûreté générale, relatif au représentant J. B. Lacoste. (B. 57, 157.)

29 THERMIDOR an 3 (16 août 1795). — Décret de mention honorable d'un mémoire adressé par le conseil-général de la commune de Metz. (B. 57, 157.)

29 THERMIDOR an 3 (16 août 1795). — Décrets qui accordent des congés aux représentans Vasseur et Bertucat. (B. 57, 157.)

29 THERMIDOR an 3 (16 août 1795). — Décrets qui ·étendent les pouvoirs des représentans du peuple Chazal et Clauzel. (B. 57, 157 et 158.)

29 THERMIDOR an 3 (16 août 1795). — Décret qui envoie le représentant Perrin (des Vosges) dans les départemens du Nord et du Pas-de-Calais. (B. 57, 156.)

29 THERMIDOR an 3 (16 août 1795). — Décret qui réunit à la commission de la marine les détails qui en avaient été détachés pour faire partie des attributions des commissions des armes, des travaux publics et des transports. (1, Bull. 172, n° 1033; B. 57, 154.)

30 THERMIDOR an 3 (17 août 1795). — Décret qui casse et annule les sentences arbitrales des 5 floréal et 19 messidor dernier, qui adjugent aux commune de Putot, Goustrauville, Bosneville, etc., la propriété du marais d'Auge. (B. 57, 158.)

La Convention nationale, après avoir entendu le rapport de son comité de législation, sur les pétitions des administrateurs du département de Paris, et de l'adjudicataire du marais d'Auge, tendantes à obtenir la cassation des sentences arbitrales des 5 floréal et 19 messidor derniers, qui adjugent aux communes de Putot, Goustrauville, Bosneville, Saint-Samson, le Ham et Brocotte, la propriété du marais d'Auge, au préjudice de l'adjudicataire dudit marais et de la République ;

Considérant que ces sentences contreviennent aux articles 3, 8 et 13 de la loi du 28 août 1792, aux articles 1 et 9, section 4 de la loi du 10 juin 1793, aux décrets de la Convention du 18 germinal dernier, et à l'article 3 du titre 35 de l'ordonnance de 1667 ; qu'elles ont été rendues sans que la République, qu'elles intéressent essentiellement, et qui devait y être partie, ait été ni représentée, ni entendue par aucun argent ou défenseur ;

Casse et annule lesdites sentences des 5 floréal et 19 messidor derniers, ensemble tout ce qui s'en est suivi et pourrait s'ensuivre ; maintient et garde l'adjudicataire du marais d'Auge dans la propriété et jouissance dudit marais ; fait défense aux habitans des communes de Putot, Goustrauville, Bosneville, Saint-Samson, le Ham et Brocotte, de l'y troubler ; à l'effet de quoi, ledit marais sera clos et fermé comme par le passé, sauf aux habitans desdites communes à se pourvoir sur le prix, s'il y a lieu.

30 THERMIDOR an 3 (17 août 1795). — Décret qui ordonne une rectification dans celui du 30 prairial dernier, relatif à la distribution des secours promis aux habitans des départemens pacifiés, etc. (1, Bull. 172, n° 1034; B. 57, 159.)

30 THERMIDOR an 3 (17 août 1795). — Décret portant que le receveur du district d'Arras res-

tituera au citoyen Leroux, la somme de trois mille quatre cent soixante-dix-neuf livres trois sous par lui payée sur une adjudication qui lui avait été faite. (B. 57, 159.)

THERMIDOR an 3 (17 août 1795). — Décret qui renvoie à la commission des Onze et au comité de salut public une pétition des députés du département de Jemmapes. (B. 57, 159.)

THERMIDOR an 3 (17 août 1795). — Décret portant qu'Augustus Markette, prisonnier anglais, prévenu d'espionnage, sera traduit par-devant le tribunal militaire de la 17ᵉ division. (B. 57, 160.)

THERMIDOR an 3 (17 août 1795.) — Décret qui renvoie au comité de salut public l'examen de la conduite du commissaire des guerres qui a employé Augustus Markette, prisonnier anglais. (B. 57, 160.)

THERMIDOR an 3 (17 août 1795). — Décret de renvoi au comité de législation, relatif à ceux qui, sous prétexte d'exercer un culte quelconque, formeraient des rassemblemens clandestins. (B. 57, 160.)

FRUCTIDOR an 3 (18 août 1795). — Décret relatif aux individus qui, portés sur la liste des émigrés, n'ont point encore obtenu leur radiation définitive. (1, Bull. 171, n° 1026; B. 58, 4; Mon. des 6 et 7 fructidor an 3.)

Voy. lois du 20 VENDÉMIAIRE an 4, et du 12 VENTOSE an 8.

Art. 1ᵉʳ. Tout individu porté sur une liste émigrés, qui, après s'être pourvu dans le temps utile, n'a pas encore obtenu sa radiation définitive, est tenu de se retirer, et habiter la commune où il était domicilié immédiatement avant l'insertion de son nom sur la liste des émigrés, et d'y demeurer sous la surveillance de la municipalité.

2. A l'égard de tout individu porté sur une liste d'émigrés, et qui se trouve actuellement à Paris, il lui est enjoint de sortir de cette commune, le troisième jour, au plus tard, après la publication du présent décret, de s'en éloigner de dix lieues au moins dans les deux jours suivans, de se rendre dans son domicile, et de justifier de son retour devant sa municipalité, dans le délai de deux décades, s'il est éloigné de vingt lieues et au-dessous; de quatre décades, s'il est à une plus grande distance.

3. Aucun individu porté sur une liste d'émigrés ne pourra, même quand il se serait pourvu en radiation dans le temps utile, tenir à Paris, soit pour solliciter sa radiation définitive, soit pour toute autre cause, sortir de la commune où il était domicilié immédiatement avant son insertion sur la liste des émigrés.

4. Celui qui se trouvera en contravention à une disposition quelconque des trois articles précédens, sera dénoncé, tant au directeur du jury de l'arrondissement où il est tenu de se retirer, et où il doit demeurer en surveillance, qu'au directeur du jury de l'arrondissement dans lequel il se trouvera.

5. L'obligation de le dénoncer est spécialement imposée,

1° Aux procureurs-syndics des districts, comités de surveillance et procureurs des communes où l'individu tenu, par les articles 1ᵉʳ et 3, de se rendre et de demeurer, ne sera pas arrivé, ou ne demeurera pas après s'y être rendu et y avoir été domicilié;

2° Aux procureurs-syndics des districts, comités de surveillance et procureurs des communes où il se sera arrêté sur la route, et habitera en contravention aux trois premiers articles.

6. Sur la dénonciation, le directeur du jury décernera un mandat d'amener contre le dénoncé.

7. A défaut de comparution, ou si, après avoir été entendu, le dénoncé paraît en contravention, le directeur du jury décernera un mandat d'arrêt, et traduira le dénoncé devant le tribunal de district ou d'arrondissement, qui prononcera par voie de police correctionnelle.

8. La peine pour le contrevenant sera l'emprisonnement, qui durera jusqu'à ce qu'il ait été prononcé définitivement sur sa demande en radiation par la Convention ou le comité de législation.

L'emprisonnement ne pourra durer moins de six mois, dans le cas même où le contrevenant aurait obtenu sa radiation avant ce délai.

9. Le jugement de condamnation ne pourra être attaqué par voie d'appel ni d'opposition.

10. Dans le cas où le dénoncé n'aurait pas obtenu les certificats de résidence, ou fait sa réclamation en temps utile, il sera jugé suivant la loi par les tribunaux compétens.

11. Aucun individu porté sur la liste des émigrés du département de son domicile, ne pourra jouir des droits de citoyen, jusqu'à ce que sa radiation définitive ait été prononcée.

12. Le présent décret sera, dans les vingt-quatre heures, proclamé et affiché dans toutes les sections de Paris, envoyé dans tous les départemens, et inséré au bulletin de correspondance, qui tiendra lieu de publication.

La Convention nationale se repose avec confiance du soin d'en seconder l'exécution, sur le zèle et l'énergie des citoyens qui, par leurs vertus républicaines, se montrent chaque jour dignes de plus en plus de la liberté qu'ils ont conquise.

1ᵉʳ FRUCTIDOR an 3 (18 aout 1795). — Décret relatif à la libération opérée par des offres réelles suivies de consignation. (1, Bull. 172, n° 1035 ; B. 58, 2.)

Voy. loi du 12 FRIMAIRE an 4.

Le Convention nationale, après avoir entendu le rapport de son comité de législation sur diverses pétitions tendant à provoquer une décision sur la question de savoir si les offres réelles non suivies de consignation, anterieures au 25 messidor dernier, ont opéré la libération des débiteurs,

Passe à l'ordre du jour, motivé sur ce qu'un remboursement n'est consommé que lorsque le débiteur s'est dessaisi par la consignation (1).

1ᵉʳ FRUCTIDOR an 3 (18 aout 1795). — Décret interprétatif de celui du 15 germinal dernier, concernant les baux à chaptel. (1, Bull. 172, n° 1036 ; B. 58, 9 ; Mon. du 6 fructidor an 3.)

La Convention nationale, après avoir entendu le rapport de son comité de législation sur l'interprétation de l'article 10 de la loi du 15 germinal dernier, concernant les baux à cheptel ;

Considérant que les fourrages et les fumiers ne sont pas moins nécessaires à la culture des terres que les ustensiles aratoires et les semences ; qu'il importe d'empêcher, par une disposition précise, qu'ils ne puissent être détournés des lieux pour lesquels ils sont destinés,

Décrète que les fourrages et fumiers sont compris dans les objets que les fermiers sont tenus de rendre en nature à la fin de leur bail, lorsqu'ils ont été fournis.

1ᵉʳ FRUCTIDOR an 3 (18 aout 1795). — Décret relatif aux traitemens et rations des commandans amovibles, adjudans des places de guerre, etc. (1, Bull. 172, n° 1037 ; B. 58, 7.)

Art. 1ᵉʳ. A compter de ce jour 1ᵉʳ fructidor, il sera provisoirement fourni, des magasins nationaux, dans toute l'étendue du territoire français, et de celui occupé par les armées de la République, aux commandans amovibles, et aux adjudans des places de guerre et postes militaires, ainsi qu'aux gardes et autres employés de l'artillerie, outre les traitemens qui leur sont accordés par les précédentes lois, les rations de pain et de viande attribués à leurs grades respectifs.

2. Les secrétaires de place jouiront aussi, sans retenue, d'une ration de vivres.

3. Les commandans amovibles des diffé-

rentes places de guerre et postes militaires, qui ne font point partie du tableau annexé à la loi du 15 nivose an 2, auront les rations de fourrage, chacun selon son dernier grade à l'armée.

4. Les commandans amovibles des places de Dunkerque, Lille, Douai, Valenciennes, Cambrai, Arras, Sedan, Metz, Strasbourg, Landau, Besançon, Marseille, Perpignan, Bayonne, la Rochelle, Brest et le Havre, auront droit à la ration de fourrage pour un cheval seulement présent et effectif.

5. Il est défendu à tout commandant des place, sous la peine portée par l'article 5 de la loi du 2 thermidor sur la solde des troupes, de recevoir le remboursement des rations de fourrage, de les vendre, ou d'en exiger plus qu'il n'aura de chevaux présens et effectifs pour son service.

6. Il est expressément dérogé à toutes dispositions contraires au présent décret.

1ᵉʳ FRUCTIDOR an 3 (18 aout 1795.) — Décret relatif à la fixation du jour où a commencé la suspension des remboursemens décrétée le 25 messidor. (1, Bull. 172, n° 1058 ; B. 58, 6.) (

La Convention nationale, sur la motion d'un de ses membres qui propose de déterminer d'une manière précise de quel jour a commencé la suspension des remboursemens décrétée par la loi du 25 messidor.

Passe à l'ordre du jour, motivé sur ce que l'article 6 de cette loi le détermine d'une manière assez précise.

1ᵉʳ FRUCTIDOR an 3 (18 aout 1795). — Décret qui applique aux créanciers viagers et pensionnaires d'émigrés et autres, dont les biens sont frappés de confiscation, diverses dispositions de la loi du 8 floréal dernier. (1, Bull. 174, n° 1041 ; B. 58, 8 ; Mon. du 7 fructidor an 3.) (

Voy. lois du 4ᵉ jour complémentaire an 3 ; du 17 PRAIRIAL an 4.

Art. 1ᵉʳ. Les dispositions des articles 1, 2 et 3 de la loi du 8 floréal dernier, sont applicables aux créanciers viagers et pensionnaires d'émigrés et autres dont les biens sont frappés de la confiscation nationale.

2. Les déclarations d'option dont il est parlé dans les articles 2 et 3 de la même loi, seront reçues par les administrations de district et le bureau de la liquidation des émigrés, chargés, par la loi du 1ᵉʳ floréal dernier, de recevoir le dépôt des titres : elles devront être faites dans les mêmes délais que ceux fixés par l'article 1ᵉʳ de la loi du 22 thermidor dernier pour le dépôt des titres des créanciers des émigrés.

_____

(1) On ne peut consigner pour raison d'un rapport d'héritier, avant le partage des droits successifs (18 prairial an 7; Cass. S. 1, 1, 217).

Sous l'empire de cette loi il y avait libération du moment où le débiteur s'était dessaisi par la consignation. Il n'était pas besoin de faire au créancier notification du procès-verbal de dépôt (7 aout 1809 ; Cass. S. 10, 1, 249).

3. Les créanciers qui auraient déjà effectué le dépôt de leurs titres, seront tenus,
dans le délai fixé par l'article 1er de la loi
du 22 thermidor dernier, de rapporter leur
déclaration d'option aux agens auxquels la
loi du 1er floréal dernier attribue la liquidation de la dette des émigrés.

4. Ces agens liquideront définitivement
les créances viagères sur les émigrés et autres dont les biens sont frappés de la confiscation nationale, dans le cas seulement
où, aux termes des articles 3 et 4 du décret
du 8 floréal, les créanciers auront fait ou
feront, soit formellement, soit tacitement,
l'option de prendre leurs contrats ou autres
titres pour bases de leur liquidation.

5. Les créanciers obtiendront leur inscription sur le grand livre de la dette viagère,
en rapportant à la Trésorerie nationale la
reconnaissance de leur liquidation définitive, et en justifiant de l'existence des différentes têtes sur lesquelles résideront les
rentes ou pensions à inscrire.

6. Les dispositions de l'article 29 de la
loi du 1er floréal dernier sont maintenues à
l'égard des créanciers qui auront fait ou feront, en temps utile, l'option prescrite par
l'article 2 de la loi du 8 du même mois.

1er FRUCTIDOR an 3 (18 août 1795.) — Décret
qui renvoie au comité des finances toutes questions relatives à la validité ou nullité des adjudications de domaines nationaux. (1, Bull.
178, n° 1083 ; B. 58, 3)

Voy. loi du 29 VENDÉMIAIRE an 4 ; arrêté,
du 2 NIVOSE an 6 ; loi du 28 PLUVIOSE an 8,
art 4 (1).

La Convention nationale, sur la proposition d'un membre, décrète que toutes les
pétitions et questions relatives à la validité
ou nullité des adjudications de domaines
nationaux, y réputés tels, sont exclusivement renvoyées au comité des finances, section des domaines.

1er FRUCTIDOR an 3 (18 août 1795). — Décret
qui accorde des pensions à des militaires infirmes ou blessés. (B. 58, 1.)

1er FRUCTIDOR an 3 (18 août 1795). — Décret
sur la pétition du citoyen Larrivé, par lequel
la Convention annulle un arrêté du représentant Guilleraud. (B. 58, 2.)

1er FRUCTIDOR an 3 (18 août 1795). — Décrets
qui accordent des congés aux réprésentans Fi-
guet, Robert, Moulin. (B. 58, 3 et 4.)

1er FRUCTIDOR an 3 (18 août 1795). — Décret
relatif à un rapport à faire sur les secours à
accorder à la famille du général Dugommier.
(B. 58, 3.)

1er FRUCTIDOR an 3 (18 août 1795). — Décret
qui accorde trois mille livres à titre de secours
à la citoyenne Grenier, veuve Angot. (B. 68,4.)

1er FRUCTIDOR an 3 (18 août 1795). — Décret
qui ordonne l'impression d'un rapport de la
commission des Onze, et l'envoi aux départemens et aux armées. (B. 58, 6.)

1er FRUCTIDOR an 3 (18 août 1795). — Décret
qui autorise le comité des finances à statuer
sur les réclamations des fonctionnaires publics,
relatives à leur traitement. (B. 58, 6.)

1er FRUCTIDOR an 3 (18 août 1795). — Décret
qui renvoie au comité de législation la proposition que les certificats de résidence produits à fin de radiation de la liste des émigrés
ne soient admissibles qu'autant qu'ils auront
été adressés officiellement audit comité. (B.
58, 7.)

1er FRUCTIDOR an 3 (18 août 1795). — Décret de
renvoi à la commission des Onze, d'un ouvrage
intitulé . *L'abolition de la peine de mort, ou
dangers sur les supplices dans un état sage-
ment gouverné.* (B. 58, 9)

1er FRUCTIDOR an 3 (18 août 1795). — Décrets
relatifs aux paiemens à faire par la Trésorerie
aux citoyens Mel-Saint-Ceran, Bataille-Desran-
cès d'Aville et Leclerc, anciens receveurs-généraux. (B. 58, 10, 11 et 12.)

1er FRUCTIDOR an 3 (18 août 1795). — Décret
qui sursceoit à l'exécution d'un jugement du tribunal criminel des Basses-Alpes, rendu contre
le citoyen Barlatier. (B. 58, 9.)

1er FRUCTIDOR an 3 (18 août 1795). — Décret
relatif au citoyen Fleuriot Touchelonge, receveur-général des finances. (B. 58, 10.)

2 FRUCTIDOR an 3 (19 aont 1795). — Décret
qui accorde une somme de trois cents livres à
titre de secours au citoyen Lasalle. (B. 58, 13.)

2 FRUCTIDOR an 3 (19 août 1795). — Décret
qui accorde un congé au représentant André
Dumont. (B. 58, 13.)

2 FRUCTIDOR an 3 (19 août 1795). — Décret qui
nomme le citoyen Ginguené, commissaire de
la commission d'instruction publique, et supprime les deux places d'adjoints à cette commission. (B. 58, 13.)

2 FRUCTIDOR an 3 (19 aout 1795). — Décret qui
sursceoit à l'exécution d'un jugement rendu

_____

(1) *Voy.* les Questions de droit administratif de **M. Cormenin.** V° *Domaines nationaux.*

contre la commune de Donjon, par le tribunal du district de Charolles. (B, 58, 14.)

2 FRUCTIDOR an 3 (19 aout 1795). — Décret qui renvoie au comité de législation la questions s'il ne convient pas de suspendre l'amortissement des rentes créées pour concession de fonds ou bâtimens. (B. 58, 14.)

3 FRUCTIDOR an 3 (20 aout 1795). — Décret contenant un nouveau tarif pour les postes et messageries, (1, Bull. 172, n° 1039; B. 58, 14; Mon. du 8 FRUCTIDOR an 3.)

Voy. lois du 3 THERMIDOR an 3; et du 6 NIVOSE an 4.

1. Il sera payé provisoirement, par cheval et par poste, vingt livres, et pour guides au postillon, sept livres dix sous.

Par chaque voyageur, par lieue, dans les malle-postes, il sera payé quinze livres ;

Dans l'intérieur des diligences, dix livres;

Dans les cabriolets des diligences et dans les carosses, huit livres ;

Sur l'impériale des diligences, six livres;

Dans les paniers des carosses, chariots et fourgons, quatre livres.

Il ne sera rien payé pour les enfans au-dessous d'un an ; ceux au-dessus jusqu'à cinq ans paieront demi-place, et seront tenus sur les genoux de la personne qui en prendra soin. Deux enfans en demi-place jouiront d'une place entière : au-dessus de cinq ans, il sera payé une place entière.

Les arrhes sont fixées à la moitié du prix des places, et exigibles au moment de l'enregistrement.

Les places non occupées dans l'espace de dix lieues du départ, pourront être remplacées par le conducteur.

Transports.

Il sera perçu, par quintal de paquets, ballots et marchandises, pour cent lieues, par les diligences, deux cent cinquante livres ;

Par les carrosses et fourgons, deux cents livres.

Le riz, la farine et le pain ne seront taxés par les diligences et fourgons que sur le pied de cent cinquante livres.

Numéraire.

Pour le transport des assignats, il sera payé par mille livres pour vingt lieues et au-dessous, deux livres dix sous.

Au-dessus de vingt lieues, le transport sera taxé de cinq en cinq lieues dans la proportion.

Le numéraire métallique, matières d'or et d'argent et objets précieux; 1° le port suivant le poids, ainsi qu'il est établi aux articles précédens ; 2° un quart pour cent, c'est-à-dire, deux livres dix sous de l'évaluation en assignats qui en sera faite lors du chargement, pour vingt lieues et en proportion.

L'administration ne sera responsable d'aucune somme supérieure à l'évaluation ainsi qu'il est dit ci-dessus.

Les maîtres des postes continueront à être chargés du service des malles et des diligences.

Il leur sera payé six chevaux et deux postillons pour les diligences à six places, avec deux ou trois places au cabriolet ou sur l'impériale, chargées de douze à quinze cents pesant d'effets et de marchandises.

Il sera payé huit chevaux et deux postillons pour les diligences qui n'excéderont pas dix places dans l'intérieur, avec trois places au cabriolet ou sur l'impériale, chargées de dix-huit cents à deux mille pesant d'effets et marchandises.

Défenses très-expresses sont faites à tout maître de poste de percevoir un prix excédant, à moins qu'il n'y soit autorisé par l'administration pour des localités difficiles ou autres causes reconnues légitimes.

2. Le présent décret aura son exécution à Paris, le lendemain de son insertion au bulletin de correspondance, et dans les départemens, le lendemain de l'arrivée du Bulletin dans la commune où le départ des voitures aura lieu.

3 FRUCTIDOR an 3 (20 aout 1795). — Décret qui prononce des peines contre tout dépositaire qui, ayant disposé d'un dépôt, ne le rétablirait pas eu effets de la même nature. (1, Bull. 174, n° 1043; B. 58, 16; Mon. du 8 fructidor an 4.)

Voy. lois du 23 SEPTEMBRE 1793, art. 6; du 15 GERMINAL an 4, art. 12; du 30 PLUVIOSE an 5; du 11 FRIMAIRE an 6.

La Convention nationale, considérant qu'un dépositaire n'a aucun droit de propriété ni d'usage sur la chose déposée; que toujours elle doit être remise en nature et au moment où elle est demandée; décrète:

Art. 1er. Tout dépositaire qui aura disposé d'un dépôt, sera tenu de le rétablir en effets de même espèce et de même valeur.

2. Si le dépôt consiste en matières d'or ou d'argent, il sera rétabli en matières de même nature et de même valeur.

3. A défaut par le dépositaire, de satisfaire à son obligation, il sera condamné, 1° au paiement de la somme nécessaire pour se procurer les effets de remplacement, eu égard à la valeur desdits objets à l'époque du jugement ;

2°. A une amende égale à cette valeur, dont la moitié au profit de la nation, et l'autre moitié au profit du propriétaire du dépôt.

4. Sont exceptés des dispositions de la

présente loi ceux des dépositaires publics qui justifieront, par des certificats authentiques et non équivoques, qu'en exécution de la loi du 11 avril 1793, ils ont versé à la Trésorerie nationale les dépôts qui leur avaient été confiés.

Dans ce cas, les propriétaires desdits dépôts adresseront leurs réclamations en la forme et de la manière prescrite par l'article 4 de la loi du 13 thermidor de l'an 3 de la République.

3 FRUCTIDOR an 3 (20 août 1795). — Décret qui renvoie au comité des postes et messageries, la demande qu'il soit fait une nouvelle organisation des postes. (B. 58, 17.)

3 FRUCTIDOR an 3 (20 août 1795). — Décret qui nomme le citoyen Pasté membre de la commission administrative de la police de la commune de Paris. (B. 58, 17.)

3 FRUCTIDOR an 3 (20 août 1795). — Décret qui autorise les présidens et secrétaires de la Convention en exercice, à signer les procès-verbaux des séances en retard, et ceux à l'avenir. (B. 58, 17.)

4 FRUCTIDOR an 3 (21 août 1795). — Décret portant en principe que les assemblées électorales choisiront, dans le sein de la Convention, les deux tiers des membres qui doivent composer le Corps-Législatif. (B. 58, 20.)

4 FRUCTIDOR an 3 (21 août 1795). — Décret relatif à la liquidation des pensions des employés civils et militaires de la marine. (1, Bull. 174, n° 1044; B. 58, 17.)

4 FRUCTIDOR an 3 (21 août 1795). — Décret qui nomme les citoyens Mouillescaux, Lcharbier et Poncet, administrateurs des postes et messageries. (B. 58, 19.)

4 FRUCTIDOR au 3 (21 août 195). — Décret qui annulle un jugement rendu par le tribunal de Maine-et-Loire, contre Charles Plot et autres. (B, 58, 20.)

4 FRUCTIDOR an 3 (21 août 1795). — Décret qui autorise la commune de Bourg à faire un emprunt. (B. 58; 20.)

4 FRUCTIDOR an 3 (21 août 1795). — Décret qui renvoie au comité de sûreté générale pour statuer s'il y a lieu sur toutes les demandes de translation à domicile, pour cause de maladie, faites par les représentans mis en état d'arrestation. (B. 58, 19.)

4 FRUCTIDOR an 3 (21 août 1795). — Décrets qui accordent des congés aux représentans Bal-

mian, Albitte, Revel et Chauvin. (B. 58) 19 et 20.)

CONSTITUTION DE LA RÉPUBLIQUE FRANÇAISE,

5 FRUCTIDOR an 3 (22 août 1795) — Et proclamée loi fondamentale de la République, en vertu de l'acceptation du peuple, le 1er VENDÉMIAIRE an 4 (23 septembre 1795). (B. 58, 31; Mon. du 10 fructidor an 3.)

Voy. Constitution du 24 JUIN 1793 ; Constitution du 22 FRIMAIRE an 8 ; *Voy.* aussi lois du 5 FRUCTIDOR an 3; du 13 FRUCTIDOR an 3; du 21 FRUCTIDOR an 3; du 25 FRUCTIDOR an 3; du 1er VENDÉMIAIRE an 4 ; du 5 VENDÉMIAIRE an 4 ;

Déclaration des droits et des devoirs de l'homme et du citoyen.

Le peuple français proclame, en présence de l'Être suprème, la déclaration suivante des droits et des devoirs de l'homme et du citoyen.

DROITS.

Art 1er. Les droits de l'homme en société sont la liberté, l'égalité, la sûreté, la propriété :

2. La liberté consiste à pouvoir faire ce qui ne nuit pas aux droits d'autrui.

3. L'égalité consiste en ce que la loi est la même pour tous, soit qu'elle protége, soit qu'elle punisse.

L'égalité n'admet aucune distinction de naissance, aucune hérédité de pouvoirs.

4. La sûreté résulte du concours de tous pour assurer les droits de chacun.

5. La propriété est le droit de jouir et de disposer de ses biens, de ses revenus, du fruit de son travail et de son industrie.

6. La loi est la volonté générale, exprimée par la majorité des citoyens ou de leurs représentans.

7. Ce qui n'est pas défendu par la loi ne peut être empêché.

Nul ne peut être contraint à faire ce qu'elle n'ordonne pas.

8. Nul ne peut être appelé en justice, accusé, arrêté ni détenu, que dans les cas déterminé par la loi, et selon les formes qu'elle a prescrites.

9. Ceux qui sollicitent, expédient, signent, exécutent ou font exécuter des actes arbitraires, sont coupables, et doivent être punis.

10. Toute rigueur qui ne serait pas nécessaire pour s'assurer de la personne d'un prévenu, doit être sévèrement réprimée par la loi.

11. Nul ne peut être jugé qu'après avoir été entendu ou légalement appelé.

12. La loi ne doit décerner que des peines strictement nécessaires et proportionnées au délit.

13. Tout traitement qui aggrave la peine déterminée par la loi, est un crime.

14. Aucune loi, ni criminelle, ni civile, ne peut avoir d'effet rétroactif.

15. Tout homme peut engager son temps et ses services, mais il ne peut se vendre ni être vendu ; sa personne n'est pas une propriété aliénable.

16. Toute contribution est établie pour l'utilité générale; elle doit être répartie entre les contribuables, en raison de leurs facultés.

17. La souveraineté réside essentiellement dans l'universalité des citoyens.

18. Nul individu, nulle réunion partielle de citoyens ne peut s'attribuer la souveraineté.

19. Nul ne peut, sans une délégation légale, exercer aucune autorité, ni remplir aucune fonction publique.

20. Chaque citoyen a un droit égal de concourir, immédiatement ou médiatement, à la formation de la loi, à la nomination des représentans du peuple et des fonctionnaires publics.

21. Les fonctions publiques ne peuvent devenir la propriété de ceux qui les exercent.

22. La garantie sociale ne peut exister si la division des pouvoirs n'est pas établie, si leurs limites ne sont pas fixées, et si le responsabilité des fonctionnaires publics n'est pas assurée.

DEVOIRS.

Art. 1er La déclaration des droits contient les obligations des législateurs : le maintien de la société demande que ceux qui la composent connaissent et remplissent également leurs devoirs.

2. Tous les devoirs de l'homme et du citoyen dérivent de ces deux principes, gravés par la nature dans tous les cœurs :

Ne faites pas autrui ce que vous ne voudriez pas qu'on vous fît.

Faites constamment aux autres le bien que vous voudriez en recevoir.

3. Les obligations de chacun envers la société consistent à la défendre, à la servir, à vivre soumis aux lois, et à respecter ceux qui en sont les organes.

4. Nul n'est bon citoyen s'il n'est bon fils, bon père, bon frère, bon ami, bon époux.

5. Nul n'est homme de bien, s'il n'est franchement et religieusement observateur des lois.

6. Celui qui viole ouvertement les lois, se déclare en état de guerre avec la société.

7. Celui qui, sans enfreindre les lois, les élude par ruse ou par adresse, blesse les intérêts de tous; il se rend indigne de leur bienveillance et de leur estime.

8. C'est sur le maintien des propriétés que reposent la culture des terres, toutes les productions, tout moyen de travail, et tout l'ordre social.

9 Tout citoyen doit ses services à la patrie et au maintien de la liberté, de l'égalité et de la propriété, toutes les fois que la loi l'appelle à les défendre.

CONSTITUTION.

Art. 1er. La République française est une et indivisible.

2. L'universalité des citoyens français, est le souverain.

TITRE Ier. Division du territoire.

3. La France est divisée en..... départemens.

Ces départemens sont, l'Ain, l'Aisne, l'Allier, les Basses-Alpes, les Hautes-Alpes, les Alpes-Maritimes, l'Ardèche, les Ardennes, l'Arriége, l'Aube, l'Aude, l'Aveyron, les Bouches-du-Rhône, le Calvados, le Cantal, la Charente, la Charente-Inférieure, le Cher, la Corrèze, la Côte-d'Or, les Côtes-du-Nord, la Creuze, la Dordogne, le Doubs, la Drôme, l'Eure, Eure-et-Loir, le Finistère, le Gard, la Haute-Garonne, le Gers, la Gironde, le Golo, l'Hérault, Ille-et-Vilaine, l'Indre, Indre-et-Loire, l'Isère, le Jura, les Landes, le Liamone, Loir-et-Cher, la Loire, la Haute-Loire, la Loire-Inférieure, le Loiret, le Lot, Lot-et-Garonne, la Lozère, Maine-et-Loire, la Manche, la Marne, la Haute-Marne, la Mayenne, la Meurthe, la Meuse, le Mont-Blanc, le Mont-Terrible, le Morbihan, la Moselle, la Nièvre, le Nord, l'Oise, l'Orne, le Pas-de-Calais, le Puy-de-Dôme, les Basses-Pyrénées, les Hautes-Pyrénées, les Pyrénées-Orientales, le Bas-Rhin, le Haut-Rhin, le Rhône, la Haute-Saône, Saône-et-Loire, la Sarthe, la Seine, la Seine-Inférieure, Seine-et-Marne, Seine-et-Oise, les Deux-Sèvres, la Somme, le Tarn, le Var, Vaucluse, la Vendée, la Vienne, la Haute-Vienne, les Vosges, l'Yonne....

4. Les limites des départemens peuvent être changées ou rectifiées par le Corps-Législatif; mais, en ce cas, la surface d'un département ne peut excéder cent myriamètres carrés (quatre cents lieues carrées moyennes) (1).

5. Chaque département est distribué en cantons, chaque canton en communes.

Les cantons conservent leurs circonscriptions actuelles.

Leurs limites pourront néanmoins être changées ou rectifiées par le Corps-Législatif; mais, en ce cas, il ne pourra y avoir plus d'un myriamètre (deux lieues moyennes de deux mille cinq cent soixante-six

---

(1) La lieue moyenne linéaire est de deux mille cinq cent soixante-six toises

toises chacune) de la commune la plus éloignée au chef-lieu du canton.

6. Les colonies françaises sont parties intégrantes de la République, et sont soumises à la même loi constitutionnelle.

7. Elles sont divisées en départemens, ainsi qu'il suit :

L'île de Saint-Domingue, dont le Corps-Législatif déterminera la division en quatre départemens au moins, et en six au plus ;

La Guadeloupe, Marie-Galande, la Désirade, les Saintes, et la partie française de Saint-Martin ;

La Martinique ;

La Guyane française et Caïenne ;

Sainte-Lucie et Tabago ;

L'île de France, les Seychelles, Rodrigue, les établissemens de Madagascar.

L'île de la Réunion ;

Les Indes-Orientales, Pondichéri, Chandernagor, Mahé, Karical et autres établissemens.

TITRE II. État politique des citoyens.

8. Tout homme né et résidant en France qui, âgé de vingt-un ans accomplis, s'est fait inscrire sur le registre civique de son canton, qui a demeuré depuis pendant une année sur le territoire de la République, et qui paie une contribution directe, foncière ou personnelle, est citoyen français.

9. Sont citoyens, sans aucune condition de contribution, les Français qui auront fait une ou plusieurs campagnes pour l'établissement de la République.

10. L'étranger devient citoyen français, lorsque, après avoir atteint l'âge de vingt-un ans accomplis et avoir déclaré l'intention de se fixer en France, il y a résidé pendant sept années consécutives, pourvu qu'il y paie une contribution directe, et qu'en outre il y possède une propriété foncière, ou un établissement d'agriculture ou de commerce, ou qu'il y ait épousé une Française.

11. Les citoyens français peuvent seuls voter dans les assemblées primaires, et être appelés aux fonctions établies par la constitution.

12. L'exercice des droits de citoyen se perd.

1° Par la naturalisation en pays étranger ;

2° Par l'affiliation à toute corporation étrangère qui supposerait des distinctions de naissance, ou qui exigerait des vœux de religion ;

3° Par l'acceptation de fonctions ou de pensions offertes par un gouvernement étranger.

4° Par la condamnation à des peines afflictives ou infamantes, jusqu'à réhabilitation.

13. L'exercice des droits de citoyen est suspendu,

1° Par l'interdiction judiciaire pour cause de fureur, de démence ou d'imbécillité ;

2° Par l'état de débiteur failli, ou d'héritier immédiat, détenteur, à titre gratuit, de tout ou partie de la succession d'un failli ;

3° Par l'état de domestique à gages, attaché au service de la personne ou du ménage ;

4° Par l'état d'accusation ;

5° Par un jugement de contumace, tant que le jugement n'est pas anéanti.

14. L'exercice des droits de citoyen n'est perdu ni suspendu que dans les cas exprimés dans les deux articles précédens.

15. Tout citoyen qui aura résidé sept années consécutives hors du territoire de la République, sans mission ou autorisation donnée au nom de la nation, est réputé étranger ; il ne redevient citoyen français qu'après avoir satisfait aux conditions prescrites par l'article 10.

16. Les jeunes gens ne peuvent être inscrits sur le registre civique, s'ils ne prouvent qu'ils savent lire et écrire, et exercer une profession mécanique.

Les opérations manuelles de l'agriculture appartiennent aux professions mécaniques.

Cet article n'aura d'exécution qu'à compter de l'an 12 de la République.

TITRE III. Assemblées primaires (1).

17. Les assemblées primaires se composent des citoyens domiciliés dans le même canton.

Le domicile requis pour voter dans ces assemblées, s'acquiert par la seule résidence pendant une année, et il ne se perd que par un an d'absence (2).

18. Nul ne peut se faire remplacer dans les assemblées primaires, ni voter pour le même objet dans plus d'une de ces assemblées.

19. Il y a au moins une assemblée primaire par canton.

Lorsqu'il y en a plusieurs, chacune est composée de quatre cent cinquante citoyens au moins, de neuf cents au plus.

Ces nombres s'entendent des citoyens présens ou absens, ayant droit d'y voter.

20. Les assemblées primaires se constituent provisoirement sous la présidence du plus ancien d'âge ; le plus jeune remplit provisoirement les fonctions de secrétaire.

21. Elles sont définitivement constituées

---

(1) Voy. lois du 25 fructidor an 3, et 19 vendémiaire an 4.

(2) Voy. loi du 13 vendémiaire an 4.

par la nomination au scrutin d'un président, d'un secrétaire et trois scrutateurs.

22. S'il s'élève des difficultés sur les qualités requises pour voter, l'assemblée statue provisoirement, sauf le recours au tribunal civil du département.

23. En tout autre cas, le Corps-Législatif prononce seul sur la validité des opérations des assemblées primaires.

24. Nul ne peut paraître en armes dans les assemblées primaires.

25. Leur police leur appartient.

26. Les assemblées primaires se réunissent,

1° Pour accepter ou rejeter les changemens à l'acte constitutionnel, proposés par les assemblées de révision;

2° Pour faire les élections qui leur appartiennent suivant l'acte constitutionnel.

27. Elles s'assemblent de plein droit le 1er germinal de chaque année, et procèdent, selon qu'il y a lieu, à la nomination;

1° Des membres de l'assemblée électorale;

2° Du juge-de-paix et de ses assesseurs;

3° Du président de l'administration municipale du canton, ou des officiers municipaux dans les communes au-dessus de cinq mille habitans.

28. Immédiatement après ces élections, il se tient, dans les communes au-dessous de cinq mille habitans, des assemblées communales qui élisent les agens de chaque commune et leurs adjoints.

29. Ce qui se fait dans une assemblée primaire ou communale au-delà de l'objet de sa convocation, et contre les formes déterminées par la constitution, est nul.

30. Les assemblées, soit primaires, soit communales, ne font aucune autre élection que celles qui leur sont attribuées par l'acte constitutionnel.

31. Toutes les élections se font au scrutin secret.

32. Tout citoyen qui est légalement convaincu d'avoir vendu ou acheté un suffrage, est exclu des assemblées primaires et communales, et de toute fonction publique, pendant vingt ans; en cas de récidive, il l'est pour toujours (1).

TITRE IV. Assemblées électorales (2).

33. Chaque assemblée primaire nomme un électeur à raison de deux cents citoyens, présens ou absens, ayant droit de voter dans ladite assemblée. Jusqu'au nombre de trois cents citoyens inclusivement, il n'est nommé qu'un électeur.

Il en est nommé deux depuis trois cent un jusqu'à cinq cents;

Trois depuis cinq cent un jusqu'à sept cents;

Quatre depuis sept cent un jusqu'à neuf cents.

34. Les membres des assemblées électorales sont nommés chaque année, et ne peuvent être réélus qu'après un intervalle de deux ans.

35. Nul ne pourra être nommé électeur, s'il n'a vingt-cinq ans accomplis, et s'il ne réunit aux qualités nécessaires pour exercer les droits de citoyen français, l'une des conditions suivantes; savoir:

Dans les communes au-dessus de six mille habitans, celle d'être propriétaire ou usufruitier d'un bien évalué à un revenu égal à la valeur locale de deux cents journées de travail, ou d'être locataire, soit d'une habitation évaluée à un revenu égal à la valeur de cent cinquante journées de travail, soit d'un bien rural évalué à deux cents journées de travail;

Dans les communes au-dessous de six mille habitans, celle d'être propriétaire ou usufruitier d'un bien évalué à un revenu égal à la valeur locale de cent cinquante journées de travail, ou d'être locataire, soit d'une habitation évalué à un revenu égal à la valeur de cent journées de travail, soit d'un bien rural évalué à cent journées de travail;

Et dans les campagnes, celle d'être propriétaire ou usufruitier d'un bien évalué à un revenu égal à la valeur locale de cent cinquante journées de travail, ou d'être fermier ou métayer de biens évalués à la valeur de deux cents journées de travail.

A l'égard de ceux qui seront en même temps propriétaires ou usufruitiers d'une part, et locataires, fermiers ou métayers, de l'autre, leurs facultés à ces divers titres seront cumulées jusqu'au taux nécessaire pour établir leur éligibilité.

36. L'assemblée électorale de chaque département se réunit le 20 germinal de chaque année, et termine, en une seule session de dix jours au plus, et sans pouvoir s'ajourner, toutes les élections qui se trouvent à faire; après quoi elle est dissoute de plein droit (3).

37. Les assemblées électorales ne peuvent s'occuper d'aucun objet étranger aux élections dont elles sont chargées; elle ne peuvent envoyer ni recevoir aucune adresse, aucune pétition, aucune députation.

38. Les assemblées électorales ne peuvent correspondre entre elles.

39. Aucun citoyen, ayant été membre d'une assemblée électorale, ne peut prendre le titre d'électeur, ni se réunir, en cette

---

(1) Voy. loi du 22 fructidor an 5.
(2) Voy. loi du 25 fructidor an an 3, et loi du 16 vendémiaire an 4.
(3) Voy. lois du 1er vendémiaire et 25 brumaire an 4, et du 22 venlose an 4.

qualité, avec ceux qui ont été avec lui membres de cette même assemblée.

La contravention au présent article est un attentat à la sûreté générale.

40. Les articles 18, 20, 21, 23, 24, 25, 29, 30, 31 et 32 du titre précédent, sur les assemblées primaires, sont communs aux assemblées électorales.

41. Les assemblées électorales élisent, selon qu'il y a lieu,

1° Les membres du Corps-Législatif; savoir, les membres du Conseil des Anciens, ensuite les membres du Conseil des Cinq-Cents;

2° Les membres du tribunal de cassation;

3° Les hauts jurés;

4° Les administrateurs de département;

5° Les président, accusateur public et greffier du tribunal criminel;

6° Les juges des tribunaux civils.

42. Lorsqu'un citoyen est élu par les assemblées électorales pour remplacer un fonctionnaire mort, démissionnaire ou destitué, ce citoyen n'est élu que pour le temps qui restait au fonctionnaire remplacé.

43. Le commissaire du directoire exécutif près l'administration de chaque département est tenu, sous peine de destitution, d'informer le directoire de l'ouverture et de la clôture des assemblées électorales : ce commissaire n'en peut arrêter ni suspendre les opérations, ni entrer dans le lieu des séances; mais il a droit de demander communication du procès-verbal de chaque séance dans les vingt-quatre heures qui la suivent; et il est tenu de dénoncer au directoire les infractions qui seraient faites à l'acte constitutionnel.

Dans tous les cas, le Corps-Législatif prononce seul sur la validité des opérations des assemblées électorales.

TITRE V. Pouvoir législatif (1).

Dispositions générales.

44. Le Corps-Législatif est composé d'un Conseil des Anciens et d'un Conseil des Cinq-Cents.

45. En aucun cas, le Corps-Législatif ne peut déléguer à un ou plusieurs de ses membres, ni à qui que ce soit, aucune des fonctions qui lui sont attribuées par la présente constitution.

46. Il ne peut exercer par lui-même, ni par des délégués, le pouvoir exécutif, ni le pouvoir judiciaire.

47. Il y a incompatibilité entre la qualité de membre du Corps-Législatif et l'exercice d'une autre fonction publique, excepté celle d'archiviste de la République (2).

48. La loi détermine le mode du remplacement définitif ou temporaire des fonctionnaires publics qui viennent à être élus membres du Corps-Législatif.

49. Chaque département concourt, à raison de sa population seulement, à la nomination des membres du Conseil des Anciens et des membres du Conseil des Cinq-Cents.

50. Tous les dix ans, le Corps-Législatif, d'après les états de population qui lui sont envoyés, détermine le nombre des membres de l'un et de l'autre Conseil que chaque département doit fournir.

51. Aucun changement ne peut être fait dans cette répartition, durant cet intervalle.

52. Les membres du Corps-Législatif ne sont pas représentans du département qui les a nommés, mais de la nation entière, et il ne peut lui être donné aucun mandat.

53. L'un et l'autre Conseil est renouvelé tous les ans par tiers.

54. Les membres sortant après trois années peuvent être immédiatement réélus pour les trois années suivantes, après quoi il faudra un intervalle de deux ans pour qu'ils puissent être élus de nouveau.

55. Nul, en aucun cas, ne peut être membre du Corps-Législatif durant plus de six années consécutives.

56. Si, par des circonstances extraordinaires, l'un des deux Conseils se trouve réduit à moins des deux tiers de ses membres, il en donne avis au directoire exécutif, lequel est tenu de convoquer, sans délai, les assemblées primaires des départemens qui ont des membres du Corps-Législatif à remplacer par l'effet de ces circonstances : les assemblées primaires nomment sur-le-champ les électeurs, qui procèdent aux remplacemens nécessaires.

57. Les membres nouvellement élus pour l'un et pour l'autre conseil, se réunissent, le 1er prairial de chaque année, dans la commune qui a été indiquée par le Corps-Législatif précédent, ou dans la commune même où il a tenu ses dernières séances, s'il n'en a pas désigné un autre.

58. Les deux Conseils résident toujours dans la même commune.

59. Le Corps-Législatif est permanent : il peut néanmoins s'ajourner à des termes qu'il désigne.

60. En aucun cas, les deux Conseils ne peuvent se réunir dans une même salle.

61. Les fonctions de président et de secrétaire ne peuvent excéder la durée d'un mois, ni dans le Conseil des Anciens, ni dans celui des Cinq-Cents.

62. Les deux Conseils ont respectivement le droit de police dans le lieu de leurs séances, et dans l'enceinte extérieure qu'ils ont déterminée.

(1) Voy. loi du 30 vendémiaire an 4. — (2) Voy. loi du 28 fructidor an 3.

15.

63. Ils ont respectivement le droit de police sur leurs membres, mais il ne peuvent prononcer de peine plus forte que la censure, les arrêts pour huit jours, et la prison pour trois.

64. Les séances de l'un et de l'autre Conseil sont publiques : les assistans ne peuvent excéder en nombre la moitié des membres respectifs de chaque Conseil.

Les procès-verbaux des séances sont imprimés.

65. Toute délibération se prend par assis et levé; en cas de doute, il se fait un appel nominal, mais alors les votes sont secrets.

66. Sur la demande de cent de ses membres, chaque Conseil peut se former en comité général et secret, mais seulement pour discuter, et non pour délibérer.

67. Ni l'un ni l'autre de ces Conseil ne peut créer dans son sein aucun comité permanent.

Seulement chaque Conseil a la faculté, lorsqu'une matière lui paraît susceptible d'un examen préparatoire, de nommer parmi ses membres une commission spéciale, qui se renferme uniquement dans l'objet de sa formation.

Cette commission est dissoute aussitôt que le Conseil a statué sur l'objet dont elle était chargée.

68. Les membres du Corps-Législatif reçoivent une indemnité annuelle; elle est, dans l'un et l'autre Conseil, fixée à la valeur de trois mille myriagrammes de froment (six cent treize quintaux trente-deux livres).

69. Le directoire exécutif ne peut faire passer ou séjourner aucun corps de troupes dans la distance de six myriamètres (douze lieues moyennes) de la commune où le Corps-Législatif tient ses séances, si ce n'est sur sa réquisition ou avec son autorisation.

70. Il y a près du Corps-Législatif une garde de citoyens pris dans la garde nationale sédentaire de tous les départemens, et choisis par leurs frères d'armes.

Cette garde ne peut être au-dessous de quinze cents hommes en activité de service.

71. Le Corps-Législatif détermine le mode de ce service et sa durée.

72. Le Corps-Législatif n'assiste à aucune cérémonie publique, et n'y envoie point de députations.

Conseil des Cinq-Cents (1).

73. Le Conseil des Cinq-Cents est invariablement fixé à ce nombre.

74. Pour être élu membre du Conseil des Cinq-Cents, il faut être âgé de trente ans accomplis, et avoir été domicilié sur le territoire de la République pendant les dix années qui auront immédiatement précédé l'élection.

La condition de l'âge de trente ans ne sera point exigible avant l'an septième de la République : jusqu'à cette époque, l'âge de vingt-cinq ans accomplis sera suffisant.

75. Le Conseil des Cinq-Cents ne peut délibérer, si la séance n'est composée de deux cents membres au moins.

76. La proposition des loi appartient exclusivement au Conseil des Cinq-Cents.

77. Aucune proposition ne peut être délibérée ni résolue dans le Conseil des Cinq-Cents, qu'en observant les formes suivantes.

Il se fait trois lectures de la proposition; l'intervalle entre deux de ces lectures ne peut être moindre de dix jours.

La discussion est ouverte après chaque lecture; et néanmoins, après la première ou la seconde, le Conseil des Cinq-Cents peut déclarer qu'il y a pas lieu à l'ajournement, ou qu'il n'y a pas lieu à délibérer.

Toute proposition doit être imprimée et distribuée deux jours avant la seconde lecture.

Après la troisième lecture, le Conseil des Cinq-Cents decide s'il y a lieu ou non à l'ajournement.

78. Toute proposition qui, soumise à la discussion, a été définitivement rejetée après la troisième lecture; ne peut être reproduite qu'après une année révolue.

79. Les propositions adoptées par le Conseil des Cinq-Cents s'appellent *Résolution.*

80. Le préambule de toute résolution énonce,

1° Les dates des séances auxquelles les trois lectures de la proposition auront été faites;

2° L'acte par lequel il a été déclaré, après la troisième lecture, qu'il n'y a pas lieu à l'ajournement.

81. Sont exemptes des formes prescrites par l'article 77, les propositions reconnues urgentes par une déclaration préalable du Conseil des Cinq-Cents.

Cette déclaration énonce les motifs de l'urgence, et il en est fait mention dans le préambule de la résolution.

Conseil des Anciens.

82. Le Conseil des anciens est composé de deux cent cinquante membres.

83. Nul ne peut être élu membre du Conseil des Anciens,

S'il n'est pas âgé de quarante ans accomplis;

Si, de plus, il n'est pas marié ou veuf;

Et s'il n'a pas été domicilié sur le territoire de la République pendant les quinze

---

(1) *Voy.* loi du 25 fructidor an 3, tit. 4.

années qui auront immédiatement précédé l'élection.

84. La condition de domicile exigée par le présent article, et celle prescrite par l'article 74, ne concernent point les citoyens qui sont sortis du territoire de la République avec mission du Gouvernement.

85. Le Conseil des Anciens ne peut délibérer si la séance n'est composée de cent vingt-six membres au moins.

86. Il appartient exclusivement au Conseil des Anciens d'approuver ou de rejeter les résolutions du Conseil des Cinq-Cents.

87. Aussitôt qu'une résolution du Conseil des Cinq-Cents est parvenue au Conseil des Cinq-Cents, le président donne lecture du préambule.

88. Le Conseil des Anciens refuse d'approuver les résolutions du Conseil des Cinq-Cents qui n'ont point été prises dans les formes prescrites par la Constitution.

89. Si la proposition a été déclarée urgente par le Conseil des Cinq-Cents, le Conseil des Anciens délibère pour approuver ou rejeter l'acte d'urgence.

90. Si le Conseil des Anciens rejette l'acte d'urgence, il ne délibère point sur le fond de la résolution.

91. Si la résolution n'est pas précédée d'un acte d'urgence, il en est fait trois lectures : l'intervalle entre deux de ces lectures ne peut être moindre de cinq jours.

La discussion est ouverte après chaque lecture.

Toute résolution est imprimée et distribuée deux jours au moins avant la seconde lecture.

92. Les résolutions du Conseil des Cinq-Cents, adoptées par le Conseil des Anciens, s'appellent *Lois*.

93. Le préambule des lois énonce les dates des séances du Conseil des Anciens auxquelles trois lectures ont été faites.

94. Le décret par lequel le Conseil des Anciens reconnaît l'urgence d'une loi, est motivé et mentionné dans le préambule de cette loi.

95. La proposition de la loi, faite par le Conseil des Cinq-Cents, s'entend de tous les articles d'un même projet : le Conseil doit les rejeter tous, ou les approuver dans leur ensemble.

96. L'approbation du Conseil des Anciens est exprimée sur chaque proposition de loi par cette formule, signée du président et des secrétaires : *Le Conseil des Anciens approuve…..*

97. Le refus d'adopter pour cause d'omission des formes indiquées dans l'article 77, est exprimée par cette formule, signée du président et des secrétaires : *La Constitution annulle….*

98. Le refus d'approuver le fond de la loi proposée est exprimé par cette formule, signée du président et des secrétaires : *Le Conseil des Anciens ne peut adopter….*

99. Dans le cas du présent article, le projet de loi rejeté ne peut plus être présenté par le Conseil des Cinq-Cents qu'après une année révolue.

100. Le Conseil des Cinq-Cents peut néanmoins présenter, à quelque époque que ce soit, un projet de loi qui contient des articles faisant partie d'un projet qui a été rejeté.

101. Le Conseil des Anciens envoie dans le jour les lois qu'il a adoptées, tant au Conseil des Cinq-Cents qu'au Directoire exécutif.

102. Le Conseil des Anciens peut changer la résidence du Corps-Législatif ; il indique, en ce cas un nouveau lieu et l'époque à laquelle les deux Conseils sont tenus de s'y rendre.

Le décret du Conseil des Anciens sur cet objet est irrévocable.

103. Le jour même de ce décret, ni l'un ni l'autre des Conseils ne peuvent plus délibérer dans la commune où ils ont résidé jusqu'alors.

Les membres qui y continueraient leurs fonctions se rendraient coupables d'attentat contre la sûreté de la République.

104. Les membres du Directoire exécutif, qui retarderaient ou refuseraient de sceller, promulguer et envoyer le décret de translation du Corps-Législatif, seraient coupables du même délit.

105. Si, dans les vingt jours après celui fixé par le Conseil des Anciens, la majorité de chacun des deux Conseils n'a pas fait connaître à la République son arrivée au nouveau lieu indiqué, ou sa réunion dans un autre lieu quelconque, les administrateurs de département, ou, à leur défaut, les tribunaux civils de département convoquent les assemblées primaires pour nommer des électeurs qui procèdent aussitôt à la formation d'un nouveau Corps-Législatif, par l'élection de deux cent cinquante députés pour le Conseil des Anciens, et de cinq cents pour l'autre Conseil.

106. Les administrateurs de département qui, dans le cas de l'article précédent, seraient en retard de convoquer les assemblées primaires, se rendraient coupables de haute trahison et d'attentat contre la sûreté de la République.

107. Sont déclarés coupables du même délit tous citoyens qui mettraient obstacle à la convocation des assemblées primaires et électorales, dans le cas de l'article 106.

108 Les membres du nouveau Corps-Législatif se rassemblent dans le lieu où le Conseil des Anciens avait transféré ses séances.

S'ils ne peuvent se réunir dans ce lieu, dans quelque endroit qu'ils se trouvent en majorité, là est le Corps-Législatif.

109. Excepté dans le cas de l'article 102, aucune proposition de loi ne peut prendre naissance dans le Conseil des Anciens.

De la garantie des membres du Corps-Législatif.

110. Les citoyens qui sont ou ont été membres du Corps-Législatif, ne peuvent être recherchés, accusés ni jugés en aucun temps, pour ce qu'ils ont dit ou écrit dans l'exercice de leurs fonctions.

111. Les membres du Corps-Législatif, depuis le moment de leur nomination jusqu'au trentième jour après l'expiration de leurs fonctions, ne peuvent être mis en jugement que dans les formes prescrites par les articles qui suivent.

112. Ils peuvent, pour faits criminels, être saisis en flagrant délit : mais il en est donné avis, sans délai, au Corps-Législatif, et la poursuite ne pourra être continuée qu'après que le Conseil des Cinq-Cents aura proposé la mise en jugement, et que le Conseil des Anciens l'aura décrétée.

113. Hors le cas du flagrant délit, les membres du Corps-Législatif ne peuvent être amenés devant les officiers de police, ni mis en état d'arrestation, avant que le Conseil des Cinq-Cents ait proposé la mise en jugement, et que le Conseil des Anciens l'ait décrétée.

114. Dans les cas des deux articles précédens, un membre du Corps-Législatif ne peut être traduit devant aucun autre tribunal que la haute cour de justice.

115. Ils sont traduits devant la même Cour pour les faits de trahison, de dilapidation, de manœuvres pour renverser la Constitution, et d'attentat contre la sûreté intérieure de la République.

116. Aucune dénonciation contre un membre du Corps-Législatif ne peut donner lieu à poursuite, si elle n'est rédigée par écrit, signée et adressée au Conseil des Cinq-Cents.

117. Si, après y avoir délibéré en la forme prescrite par l'art. 77, le Conseil des Cinq-Cents admet la dénonciation, il le déclare en ces termes :

La dénonciation contre... pour le fait de... datée... signée de..: est admise.

118. L'inculpé est alors appelé : il a, pour comparaître, un délai de trois jours francs, et lorsqu'il comparaît, il est entendu dans l'intérieur du lieu des séances du Conseil des Cinq-Cents.

119. Soit que l'inculpé se soit présenté ou non, le Conseil des Cinq-Cents déclare, après ce délai, s'il y a lieu ou non à l'examen de sa conduite.

120. S'il est déclaré par le Conseil des Cinq-Cents qu'il y a lieu à examen, le prévenu est appelé par le Conseil des Anciens : il a, pour comparaître, un délai de deux jours francs ; et s'il comparaît, il est entendu dans l'intérieur du lieu des séances du Conseil des Anciens.

121. Soit que le prévenu se soit présenté ou non, le Conseil des Anciens, après ce délai, et après y avoir délibéré dans les formes prescrites par l'article 91, prononce l'accusation, s'il y a lieu, et renvoie l'accusé devant la haute Cour de justice, laquelle est tenue d'instruire le procès sans aucun délai.

122. Toute discussion, dans l'un et dans l'autre Conseil, relative à la prévention ou à l'accusation d'un membre du Corps-Législatif, se fait en comité général.

Toute délibération sur les mêmes objets est prise à l'appel nominal et au scrutin secret.

123. L'accusation prononcée contre un membre du Corps-Législatif entraîne suspension.

S'il est acquitté par le jugement de la haute-Cour de justice, il reprend ses fonctions.

Relations des deux Conseils entre eux.

124. Lorsque les deux Conseils sont définitivement constitués, ils s'en avertissent mutuellement par un messager d'État.

125. Chaque Conseil nomme quatre messagers d'État pour son service.

126. Ils portent à chacun des Conseils et au Directoire exécutif les lois et les actes du Corps-Législatif ; ils ont entrée à cet effet dans le lieu des séances du Directoire exécutif.

Ils marchent précédés de deux huissiers.

127. L'un des Conseils ne peut s'ajourner au-delà de cinq jours sans le consentement de l'autre.

Promulgation des lois.

128. Le Directoire exécutif fait sceller et publier les lois et les autres actes du Corps-Législatif, dans les deux jours après leur réception.

129. Il fait sceller et promulguer, dans le jour, les lois et actes du Corps-Législatif qui sont précédés d'un décret d'urgence.

130. La publication de la loi et des actes du Corps-Législatif est ordonnée en la forme suivante :

« *Au nom de la République française,* (loi) ou (acte du Corps-Législatif)... *Le Directoire ordonne que la loi ou l'acte législatif ci-dessus, sera publié, exécuté, et qu'il sera muni du sceau de la République.* »

131. Les lois dont le préambule n'atteste pas l'observation des formes prescrites par les articles 77 et 91, ne peuvent être promulguées par le Directoire exécutif, et sa responsabilité à cet égard dure six années.

Sont exceptées les lois pour lesquelles l'acte

d'urgence a été approuvé par le Conseil des Anciens (1).

TITRE VI. Pouvoir exécutif.

132. Le pouvoir exécutif est délégué à un directoire de cinq membres, nommés par le Corps-Législatif, faisant alors les fonctions d'assemblée électorale, au nom de la nation (2).

133. Le Conseil des Cinq-Cents forme, au scrutin secret, une liste décuple du nombre des membres du Directoire qui sont à nommer, et la présente au Conseil des Anciens, qui choisit, aussi au scrutin secret, dans cette liste.

134. Les membres du Directoire doivent être âgés de quarante ans au moins.

135. Ils ne peuvent être pris que parmi les citoyens qui ont été membres du Corps-Législatif, ou ministres.

La disposition du présent article ne sera observée qu'à commencer de l'an neuvième de la République.

136. A compter du premier jour de l'an 5 de la République, les membres du Corps-Législatif ne pourront être élus membres du Directoire ni ministres, soit pendant la durée de leurs fonctions législatives, soit pendant la première année après l'expiration de ces mêmes fonctions.

137. Le Directoire est partiellement renouvelé par l'élection d'un nouveau membre, chaque année.

Le sort décidera, pendant les quatre premières années de la sortie successive de ceux qui auront été nommés la première fois (3).

138. Aucun des membres sortans ne peut être réélu qu'après un intervalle de cinq ans.

139. L'ascendant et le descendant en ligne directe, les frères, l'oncle et le neveu, les cousins au premier degré, et les alliés à ces divers degrés, ne peuvent être en même temps membres du Directoire, ni s'y succéder, qu'après un intervalle de cinq ans.

140. En cas de vacance par mort, démission ou autrement, d'un des membres du Directoire, son successeur est élu par le Corps-Législatif dans dix jours pour tout délai.

Le Conseil des Cinq-Cents est tenu de proposer les candidats dans les cinq premiers jours, et le Conseil des Anciens doit consommer l'élection dans les cinq derniers.

Le nouveau membre n'est élu que pour le temps d'exercice qui restait à celui qu'il remplace.

Si néanmoins ce temps n'excède pas six mois, celui qui est élu demeure en fonctions jusqu'à la fin de la cinquième année suivante.

141. Chaque membre du Directoire le préside à son tour durant trois mois seulement.

Le président a la signature et la garde du sceau.

Les lois et les actes du Corps-Législatif sont adressés au Directoire, en la personne de son président.

142. Le Directoire exécutif ne peut délibérer, s'il n'y a trois membres présens au moins.

143. Il se choisit, hors de son sein, un secrétaire qui contre-signe les expéditions, et rédige les délibérations sur un registre où chaque membre a le droit de faire inscrire son avis motivé.

Le Directoire peut, quand il le juge à propos, délibérer sans l'assistance de son secrétaire; en ce cas, les délibérations sont rédigées, sur un registre particulier, par un des membres du Directoire.

144. Le Directoire pourvoit, d'après les lois, à la sûreté extérieure ou intérieure de la République.

Il peut faire des proclamations conformes aux lois et pour leur exécution.

Il dispose de la force armée, sans qu'en aucun cas, le Directoire collectivement, ni aucun de ses membres, puisse la commander, ni pendant le temps de ses fonctions, ni pendant les deux années qui suivent immédiatement l'expiration de ces mêmes fonctions.

145. Si le Directoire est informé qu'il se trame quelque conspiration contre la sûreté extérieure ou intérieure de l'État, il peut décerner des mandats d'amener, et des mandats d'arrêt contre ceux qui en sont présumés les auteurs ou les complices; il peut les interroger: mais il est obligé, sous les peines portées contre le crime de détention arbitraire, de les renvoyer par-devant l'officier de police, dans le délai de deux jours, pour procéder suivant les lois.

146. Le Directoire nomme les généraux en chef; il ne peut les choisir parmi les parens ou alliés de ses membres, dans les degrés exprimés par l'art. 139 (4).

147. Il surveille et assure l'exécution des lois dans les administrations et tribunaux, par des commissaires à sa nomination.

148. Il nomme hors de son sein les ministres, et les révoque lorsqu'il le juge convenable (5).

Il ne peut les choisir au-dessous de l'âge de trente ans, ni parmi les parens ou alliés

---

(1) *Voy.* loi du 12 vendémiaire an 4.

(2) *Voy.* lois du 10 brumaire an 4 et du 13 brumaire an 4.

(3) *Voy.* lois du 4 brumaire an 4; du 25 floréal an 5, et du 15 ventôse an 6.

(4) *Voy.* loi du 3 brumaire an 4.

(5) *Voy.* loi du 10 vendémiaire an 4.

de ses membres, aux degrés énoncés dans l'article 139.

149. Les ministres correspondent immédiatement avec les autorités qui leur sont subordonnées.

150. Le Corps-Législatif détermine les attributions et le nombre des ministres.

Ce nombre est de six au moins et de huit au plus.

151. Les ministres ne forment point un conseil.

152. Les ministres sont respectivement responsables, tant de l'inexécution des lois, que de l'inexécution des arrêtés du Directoire.

153. Le Directoire nomme le receveur des impositions directes de chaque département.

154. Il nomme les préposés en chef aux régies des contributions indirectes et à l'administration des domaines nationaux.

155. Tous les fonctionnaires publics dans les colonies françaises, excepté les départemens des îles de France et de la Réunion, seront nommés par le Directoire jusqu'à la paix.

156. Le Corps-Législatif peut autoriser le Directoire à envoyer dans toutes les colonies françaises, suivant l'exigence des cas, un ou plusieurs agens particuliers nommés par lui pour un temps limité.

Les agens particuliers exerceront les mêmes fonctions que le Directoire, et lui seront subordonnés.

157. Aucun membre du Directoire ne peut sortir du territoire de la République, que deux ans après la cessation de ses fonctions.

158. Il est tenu, pendant cet intervalle, de justifier au Corps-Législatif de sa résidence.

L'article 112 et les suivans, jusqu'à l'article 123 inclusivement, relatifs à la garantie du Corps-Législatif, sont communs aux membres du Directoire.

159. Dans le cas où plus de deux membres du Directoire seraient mis en jugement, le Corps-Législatif pourvoira, dans les formes ordinaires, à leur remplacement provisoire durant le jugement.

160. Hors les cas des articles 119 et 120, le Directoire, ni aucun de ses membres, ne peut être appelé, ni par le Conseil des Cinq-Cents, ni par le Conseil des Anciens.

161. Les comptes et les éclaircissemens demandés par l'un ou l'autre Conseil au Directoire, sont fournis par écrit.

162. Le Directoire est tenu, chaque année, de présenter, par écrit, à l'un et à l'autre Conseil, l'aperçu des dépenses, la situation des finances, l'état des pensions existantes, ainsi que le projet de celles qu'il croit convenable d'établir.

Il doit indiquer les abus qui sont à sa connaissance.

163. Le Directoire peut, en tout temps, inviter par écrit le Conseil des Cinq-Cents à prendre un objet en considération; il peut lui proposer des mesures, mais non des projets rédigés en forme de lois.

164. Aucun membre du Directoire ne peut s'absenter plus de cinq jours, ni s'éloigner au-delà de quatre myriamètres (huit lieues moyennes) du lieu de la résidence du Directoire, sans l'autorisation du Corps-Législatif.

165. Les membres du Directoire ne peuvent paraître, dans l'exercice de leurs fonctions, soit au-dehors, soit dans l'intérieur de leurs maisons, que revêtus du costume qui leur est propre.

166. Le Directoire a sa garde habituelle, et soldée aux frais de la République, composée de cent vingt hommes à pied, et cent vingt hommes à cheval.

167. Le Directoire est accompagné de sa garde dans les cérémonies et marches publiques, où il a toujours le premier rang.

168. Chaque membre du Directoire se fait accompagner au-dehors de deux gardes.

169. Tout poste de force armée doit au Directoire et à chacun de ses membres les honneurs militaires supérieurs.

170. Le Directoire a quatre messagers d'État, qu'il nomme et qu'il peut destituer.

Ils portent aux deux Conseils Législatifs les lettres et mémoires du Directoire; ils ont entrée à cet effet dans le lieu des séances des Conseils Législatifs.

Ils marchent précédés de deux huissiers.

171. Le Directoire réside dans la même commune que le Corps-Législatif.

172. Les membres du Directoire sont logés aux frais de la République, et dans un même édifice.

173. Le traitement de chacun d'eux est fixé, pour chaque année, à la valeur de cinquante mille myriagrammes de froment (dix mille deux cent vingt-deux quintaux.)

TITRE VII. Corps administratifs et municipaux (1).

174. Il y a dans chaque département une administration centrale, et dans chaque canton une administration municipale au moins.

175. Tout membre d'une administration départementale ou municipale, doit être âgé de vingt-cinq ans au moins.

176. L'ascendant et le descendant en ligne directe, les frères, l'oncle et le neveu, et les alliés aux mêmes degrés, ne peuvent simultanément être membres de la même administration, ni s'y succéder qu'après un intervalle de deux ans.

177. Chaque administration de départe-

---

(1) *Voy.* lois du 21 fructidor an 3 et du 19 vendémiaire an 4.

ment est composée de cinq membres; elle est renouvelée par cinquième tous les ans.

178. Toute commune dont la population s'élève depuis cinq mille habitans jusqu'à cent mille, a pour elle seule une administration municipale.

179. Il y a dans chaque commune dont la population est inférieure à cinq mille habitans, un agent municipal et un adjoint.

180. La réunion des agens municipaux de chaque commune forme la municipalité de canton.

181. Il y a de plus un président de l'administration municipale, choisi dans tout le canton.

182. Dans les communes dont la population s'élève de cinq à dix mille habitans, il y a cinq officiers municipaux;

Sept, depuis dix mille jusqu'à cinquante mille;

Neuf, depuis cinquante mille jusqu'à cent mille.

183. Dans les communes dont la population excède cent mille habitans, il y a au moins trois administrations municipales.

Dans ces communes, la division des municipalités se fait de manière que la population de l'arrondissement de chacune n'excède pas cinquante mille individus, et ne soit pas moindre de trente mille.

La municipalité de chaque arrondissement est composée de sept membres.

184. Il y a, dans les communes divisées en plusieurs municipalités, un bureau central pour les objets jugés indivisibles par le Corps-Législatif.

Ce bureau est composé de trois membres nommés par l'administration de département, et confirmés par le pouvoir exécutif.

185. Les membres de toute administration municipale sont nommés pour deux ans, et renouvelés chaque année par moitié ou par partie la plus approximative de la moitié, et alternativement par la fraction la plus forte et par la fraction la plus faible.

186. Les administrateurs de département et les membres des administrations municipales peuvent être réélus une fois sans intervalle.

187. Tout citoyen qui a été deux fois de suite élu administrateur de département ou membre d'une administrations municipale, et qui en a rempli les fonctions en vertu de l'une et l'autre élection, ne peut être élu de nouveau qu'après un intervalle de deux années.

188. Dans le cas où une administration départementale ou municipale perdrait un ou plusieurs de ses membres par mort, démission ou autrement, les administrateurs restans peuvent s'adjoindre en remplacement des administrateurs temporaires, et

qui exercent en cette qualité jusqu'aux élections suivantes.

189. Les administrations départementales et municipales ne peuvent modifier les actes du Corps-Législatif, ni ceux du Directoire exécutif, ni en suspendre l'exécution.

Elles ne peuvent s'immiscer dans les objets dépendant de l'ordre judiciaire (1).

190. Les administrateurs sont essentiellement chargés de la répartition des contributions directes et de la surveillance des deniers provenant des revenus publics dans leur territoire.

Le Corps-Législatif détermine les règles et le mode de leurs fonctions, tant sur ces objets, que sur les autres parties de l'administration intérieure.

191. Le Directoire exécutif nomme, auprès de chaque administration départementale et municipale, un commissaire qu'il révoque lorsqu'il le juge convenable.

Ce commissaire surveille et requiert l'exécution des lois.

192. Le commissaire près de chaque administration locale doit être pris parmi les citoyens domiciliés depuis un an dans le département où cette administration est établie.

Il doit être âgé de vingt-cinq ans au moins.

193. Les administrations municipales sont subordonnées aux administrations de département, et celles-ci aux ministres.

En conséquence, les ministres peuvent annuler, chacun dans sa partie, les actes des administrations de département, et celles-ci, les actes des administrations municipales, lorsque ces actes sont contraires aux lois ou aux ordres des autorités supérieures.

194. Les ministres peuvent aussi suspendre les administrations de département qui ont contrevenu aux lois ou aux ordres des autorités supérieures; et les administrations de département ont le même droit à l'égard des membres des administrations municipales.

195. Aucune suspension ni annulation ne devient définitive sans la confirmation formelle du Directoire exécutif.

196. Le Directoire peut aussi annuler immédiatement les actes des administrations départementales ou municipales.

Il peut suspendre ou destituer immédiatement lorsqu'il le croit nécessaire, les administrateurs, soit de département, soit de canton, et les envoyer devant les tribunaux de département, lorsqu'il y a lieu.

197. Tout arrêté portant cassation d'actes, suspension ou destitution d'administrateur, doit être motivé.

198. Lorsque les cinq membres d'une ad-

---

(1) *Voy.* loi du 16 fructidor an 3.

ministration départementale sont destitués; le Directoire exécutif pourvoit à leur remplacement jusqu'à l'élection suivante; mais il ne peut choisir leurs suppléans provisoires que parmi les anciens administrateurs du même département.

199. Les administrations, soit de département, soit de canton, ne peuvent correspondre entre elles que sur les affaires qui leur sont attribuées par la loi, et non sur les intérêts généraux de la République.

200. Toute administration doit annuellement le compte de sa gestion.

Les comptes rendus par les administrations départementales sont imprimés.

201. Tous les actes des corps administifs sont rendus publics par le dépôt du registre où ils sont consignés, et qui est ouvert à tous les administrés.

Ce registre est clos tous les six mois, et n'est déposé que du jour qu'il a été clos.

Le Corps-Législatif peut proroger, selon les circonstances, le délai fixé pour ce dépôt.

Titre VIII. Pouvoir judiciaire. (1).

Dispositions générales.

202. Les fonctions judiciaires ne peuvent être exercées ni par le Corps-Législatif, ni par le pouvoir exécutif.

203 Les juges ne peuvent s'immiscer dans l'exercice du pouvoir législatif, ni faire aucun règlement.

Ils ne peuvent arrêter ou suspendre l'exécution d'aucune loi, ni citer devant eux les administrateurs pour raison de leurs fonctions.

204. Nul ne peut être distrait des juges que la loi lui assigne, par aucune commission, ni par d'autres attributions que celles qui sont déterminées par une loi antérieure.

205. La justice est rendue gratuitement.

206. Les juges ne peuvent être destitués que pour forfaiture légalement jugée, ni suspendus que par une accusation admise.

207. L'ascendant et le descendant en ligne directe, les frères, l'oncle et le neveu, les cousins au premier degré, et les alliés à ces divers degrés, ne peuvent être simultanément membres du même tribunal.

208. Les séances des tribunaux sont publiques; les juges délibèrent en secret (2); les jugemens sont prononcés à haute voix; ils sont motivés, et on y énonce les termes de la loi appliquée.

209. Nul citoyen, s'il n'a l'âge de trente ans accomplis, ne peut être élu juge d'un tribunal de département, ni juge-de-paix, ni assesseur de juge-de-paix, ni juge d'un tribunal de commerce, ni membre du tribunal de cassation, ni juré, ni commissaire du Directoire exécutif près les tribunaux.

De la justice civile.

210. Il ne **peut** être porté atteinte au droit de faire **prononcer** sur les différens par les arbitres **du** choix des parties.

211. La décision de ces arbitres est sans appel, et sans recours en cassation, si les parties ne l'ont expressément réservé (3).

212. Il y a, dans chaque arrondissement déterminé par la loi, un juge-de-paix et ses assesseurs.

Ils sont tous élus pour deux ans, et peuvent être immédiatement et indéfiniment réélus.

213. La loi détermine les objets dont les juges-de-paix et les assesseurs connaissent en dernier ressort.

Elle leur en attribue d'autres qu'ils jugent à la charge de l'appel.

214. Il y a des tribunaux particuliers pour le commerce de terre et de mer; la loi détermine les lieux où il est permis de les établir.

Leur pouvoir de juger en dernier ressort ne peut être étendu au-delà de la valeur de cinq cents myriagrammes de froment (cent deux quintaux vingt-deux livres.)

210. Les affaires dont le jugement n'appartient ni aux juges-de-paix ni aux tribunaux de commerce, soit en dernier ressort, soit à la charge d'appel, sont portées immédiatement devant le juge-de-paix et ses assesseurs, pour être conciliées.

Si le juge-de-paix ne peut les concilier, il les renvoie devant le tribunal civil.

216. Il y a un tribunal civil par département.

Chaque tribunal civil est composé de vingt juges au moins, d'un commissaire et d'un substitut nommés et destituables par le Directoire exécutif, et d'un greffier.

Tous les cinq ans on procède à l'élection de tous les membres du tribunal.

Les juges peuvent être réélus (4).

217. Lors de l'élection des juges, il est nommé cinq suppléans, dont trois sont pris parmi les citoyens résidant dans la commune où siège le tribunal.

---

(1) *Voy.* loi du 19 vendémiaire an 4.

(2) *Voy.* loi du 26 juin 1793.

(3) La réserve de l'appel n'est pas nécessaire lorsqu'il s'agit de nomination d'arbitres forcés en matière de société commerciale (21 nivose an 9 ; Cass. S. 1, 1, 394).

Sous l'empire de cette Constitution, comme sous l'empire de la loi du 24 août 1790, lorsque les parties soumettent une contestation à des arbitres, la réserve de l'appel insérée dans le compromis n'est valable qu'autant que le tribunal auquel l'appel sera déféré est désigné (22 avril 1807; Cass. S. 7, 2, 741).

(4) *Voy.* loi du 14 prairial an 5.

218. Le tribunal civil prononce en dernier ressort, dans les cas déterminés par la loi, sur les appels des jugemens, soit des juges-de-paix, soit des arbitres, soit des tribunaux de commerce.

219. L'appel des jugemens prononcés par le tribunal civil se porte au tribunal civil de l'un des trois départemens les plus voisins, ainsi qu'il est déterminé par la loi.

220. Le tribunal civil se divise en sections.

Une section ne peut juger au-dessous du nombre de cinq juges.

221. Les juges réunis dans chaque tribunal nomment entre eux, au scrutin secret, le président de chaque section.

De la justice correctionnelle et criminelle.

222. Nul ne peut être saisi que pour être conduit devant l'officier de police; et nul ne peut être mis en arrestation ou détenu qu'en vertu d'un mandat d'arrêt des officiers de police ou du Directoire exécutif, dans le cas de l'article 145, ou d'une ordonnance de prise de corps, soit d'un tribunal, soit du directeur du jury d'accusation, ou d'un décret d'accusation du Corps-Législatif, dans le cas où il lui appartient de la prononcer, ou d'un jugement de condamnation à la prison ou détention correctionnelle.

223. Pour que l'acte qui ordonne l'arrestation puisse être exécuté, il faut,

1° Qu'il exprime formellement le motif de l'arrestation, et la loi en conformité de laquelle elle est ordonnée;

2° Qu'il ait été notifié à celui qui en est l'objet, et qu'il lui en ait été laissé copie.

224. Toute personne saisie et conduite devant l'officier de police, sera examinée sur-le-champ, ou dans le jour au plus tard.

225. S'il résulte de l'examen qu'il n'y a aucun sujet d'inculpation contre elle, elle sera remise aussitôt en liberté; ou, s'il y a lieu de l'envoyer à la maison d'arrêt, elle y sera conduite dans le plus bref délai, qui, en aucun cas, ne pourra excéder trois jours.

226. Nulle personne arrêtée ne peut être retenue, si elle donne caution suffisante, dans tous les cas où la loi permet de rester libre sous cautionnement.

227. Nulle personne, dans le cas où sa détention est autorisée par la loi, ne peut être conduite ou détenue que dans les lieux légalement et publiquement désignés pour servir de maison d'arrêt, de maison de justice ou de maison de détention.

228. Nul gardien ou geolier ne peut recevoir ni retenir aucune personne qu'en vertu d'un mandat d'arrêt, selon les formes prescrites par les articles 222 et 223, d'une ordonnance de prise de corps, d'un décret d'accusation ou d'un jugement de condamnation à prison ou détention correction-

nelle, et sans que la transcription en ait été faite sur son registre.

229. Tout gardien ou geolier est tenu, sans qu'aucun ordre puisse l'en dispenser, de présenter la personne détenue à l'officier civil ayant la police de la maison de détention, toutes les fois qu'il en sera requis par cet officier

230. La représentation de la personne détenue ne pourra être refusée à ses parens et amis porteurs de l'ordre de l'officier civil, lequel sera toujours tenu de l'accorder, à moins que le gardien ou geolier ne représente une ordonnance du juge, transcrite sur son registre, pour tenir la personne arrêtée au secret.

231. Tout homme, quelle que soit sa place ou son emploi, autre que ceux à qui la loi donne le droit d'arrestation, qui donnera, signera, exécutera ou fera exécuter l'ordre d'arrêter un individu, ou quiconque, même dans le cas d'arrestation autorisée par la loi, conduira, recevra ou retiendra un individu dans un lieu de détention non publiquement et légalement désigné, et tous les gardiens ou geoliers qui contreviendront aux dispositions des trois articles précédens, seront coupables du crime de détention arbitraire.

232. Toutes rigueurs employées dans les arrestations, détentions ou exécutions, autres que celles prescrites par la loi, sont des crimes.

233. Il y a dans chaque département, pour le jugement des délits dont la peine n'est ni afflictive ni infamante, trois tribunaux correctionnels au moins, et six au plus.

Ces tribunaux ne pourront prononcer de peines plus graves que l'emprisonnement pour deux années.

La connaissance des délits dont la peine n'excède pas, soit la valeur de trois journées de travail, soit un emprisonnement de trois jours, est déléguée au juge-de-paix, qui prononce en dernier ressort.

234. Chaque tribunal correctionnel est composé d'un président, de deux juges-de-paix ou assesseurs de juges-de-paix de la commune où il est établi, d'un commissaire du pouvoir exécutif, et d'un greffier.

235. Le président de chaque tribunal correctionnel est pris tous les six mois, et par tour, parmi les membres des sections du tribunal civil du département, les présidens exceptés.

236. Il y a appel des jugemens du tribunal correctionnel par devant le tribunal criminel de département.

237. En matière de délits emportant peine afflictive ou infamante, nulle personne ne peut être jugée que sur une accusation admise par les jurés, ou décrétée par le Corps-Législatif, dans le cas où il lui appartient de décréter d'accusation.

238. Un premier jury déclare si l'accusation doit être admise ou rejetée : le fait est reconu par un second jury, et la peine déterminée par la loi est appliquée par des tribunaux criminels.

239. Les jurés ne votent que par scrutin secret.

240. Il y a dans chaque département autant de jurys d'accusation que de tribunaux correctionnels.

Les présidens des tribunaux correctionnels en sont les directeurs, chacun dans son arrondissement.

Dans les communes au-dessus de cinquante mille ames, il pourra être établi par la loi, outre le président du tribunal correctionnel, autant de directeurs de jurys d'accusation que l'expédition des affaires l'exigera.

241. Les fonctions de commissaires du pouvoir exécutif et de greffier près le directeur du jury d'accusation, sont remplies par le commissaire et par le greffier du tribunal correctionnel.

242. Chaque directeur du jury d'accusation à la surveillance immédiate de tous les officiers de police de son arrondissement.

243. Le directeur du jury poursuit immédiatement, comme officier de police, sur les dénonciations que lui fait l'accusateur public, soit d'office, soit d'après les ordres du Directoire exécutif,

1° Les attentats contre la liberté ou la sûreté individuelle des citoyens ;

2° Ceux commis contre le droit des gens ;

3° La rebellion à l'exécution, soit des jugemens, soit de tous les actes exécutoires émanés des autorités constituées ;

4° Les troubles occasionnés et les voies de fait commises pour entraver la perception des contributions, la libre circulation des subsistances et des autres objets de commerce.

244. Il y a un tribunal criminel pour chaque département.

245. Le tribunal criminel est composé d'un président, d'un accusateur public, de quatre juges pris dans le tribunal civil, du commissaire du pouvoir exécutif près le tribunal, ou de son substitut et d'un greffier.

Il y a dans le tribunal criminel du département de la Seine, un vice-président et un substitut de l'accusateur public : ce tribunal est divisé en deux sections ; huit membres du tribunal civil y exercent les fonctions de juges.

246. Les présidens des sections du tribunal civil ne peuvent remplir les fonctions de juges au tribunal criminel.

247. Les autres juges y font le service, chacun à son tour, pendant six mois, dans l'ordre de leur nomination, et ils ne peuvent, pendant ce temps exercercer aucune fonction au tribunal civil.

248. L'accusateur public est chargé,

1° De poursuivre les délits, sur les actes d'accusation admis par les premiers jurés ;

2° De transmettre aux officiers de police les dénonciations qui lui sont adressées directement ;

3° De surveiller les officiers de police du département, et d'agir contre eux suivant la loi, en cas de négligence ou de faits plus graves.

249. Le commissaire du pouvoir exécutif est chargé,

1° De requérir, dans le cours de l'instruction, pour la régularité des formes, et avant le jugement, pour l'application de la loi ;

2° De poursuivre l'exécution des jugemens rendus par le tribunal criminel.

250. Les juges ne peuvent proposer aux jurés aucune question complexe.

251. Le jury de jugement est de douze jurés au moins : l'accusé a la faculté d'en récuser, sans donner de motifs, un nombre que la loi détermine.

252. L'instruction devant le jury de jugement est publique, et l'on ne peut refuser aux accusés le secours d'un conseil, qu'ils ont la faculté de choisir, ou qui leur est nommé d'office.

253. Toute personne acquittée par un jury légal, ne peut être reprise ni accusée pour le même fait.

Tribunal de Cassation.

254. Il y a, dans toute la la République, un tribunal de cassation.

Il prononce,

1° Sur les demandes en cassation contre les jugemens en dernier ressort rendus par les tribunaux ;

2° Sur les demandes en renvoi d'un tribunal à un autre, pour cause de suspicion légitime ou de sûreté publique ;

3° Sur les réglemens de juges et les prises à partie contre un tribunal entier.

255. Le tribunal de cassation ne peut jamais connaître du fond des affaires ; mais il casse les jugemens rendus sur les procédures dans lesquelles les formes ont été violées, ou qui contiennent quelque contravention expresse à la loi, et il renvoie le fond du procès au tribunal qui doit en connaître.

256. Lorsqu'après une cassation, le second jugement sur le fond est attaqué par les mêmes moyens que le premier, la question ne peut plus être agitée au tribunal de cassation, sans avoir été soumise au Corps-Législatif ; qui porte une loi à laquelle le tribunal de cassation est tenu de se conformer.

257. Chaque année, le tribunal de cassation est tenu d'envoyer à chacune des sections du Corps-Législatif, une députation qui lui présente l'état des jugemens ren-

bdus, avec la notice en marge et le texte de
lla loi qui a déterminé le jugement.

258. Le nombre des juges du tribunal de
cassation ne peut excéder les trois quarts
du nombre des départemens.

259. Ce tribunal est renouvelé par cinquième tous les ans.

Les assemblées électorales des départemens nomment successivement et alternativement les juges qui doivent remplacer
ceux qui sortent du tribunal de cassation.

Les juges de ce tribunal peuvent toujours
être réélus.

260. Chaque juge du tribunal de cassation a un suppléant élu par la même assemblée électorale.

261. Il y a près du tribunal de cassation
un commissaire et des substituts, nommés
et destituables par le Directoire exécutif.

262. Le Directoire exécutif dénonce au
tribunal de cassation, par la voie de son
commissaire, et sans préjudice du droit
des parties intéressées, les actes par lesquels les juges ont excédé leurs pouvoirs.

263. Le tribunal annulle cès actes; et,
s'ils donnent lieu à la forfaiture, le fait est
dénoncé au Corps-Législatif, qui rend le
décret d'accusation, après avoir entendu
ou appelé les prévenus.

264. Le Corps-Législatif ne peut annuler
les jugemens du tribunal de cassation,
sauf à poursuivre personnellement les juge
qui auraient encouru la forfaiture.

Haute-Cour de justice.

265. Il y a une haute-cour de justice pour
juger les accusations admises par le Corps-
Législatif, soit contre ses propres membres, soit contre ceux du Directoire exécutif.

266. La haute-cour de justice est composée de cinq juges et de deux accusateurs
nationaux tirés du tribunal de cassation,
et de haut-jurés nommés par les assemblées
électorales des départemens.

267. La haute-cour de justice ne se forme
qu'en vertu d'une proclamation du Corps-
Législatif, rédigée et publiée par le Conseil
des Cinq-Cents.

268. Elle se forme et tient ses séances
dans le lieu désigné par la proclamatisn du
Conseil des Cinq-Cents.

Ce lieu ne peut être plus près qu'à douze
myriamètres de celui ou réside le Corps-
Cégislatif.

269. Lorsque le Corps-Législatif a proclamé la formation de la haute-cour de justice, le tribunal de cassation tire au sort
quinze de ses membres dans une séance publique, il nomme de suite, dans la même
séance, par la voie du scrutin secret, cinq
de ses quinze: les cinq juges ainsi nommés
sont les juges de la haute-cour de justice;
ils choisissent entre eux un président.

270. Le tribunal de cassation nomme,
dans la même séance, par scrutin, à la
majorité absolue, deux de ses membres,
pour remplir à la haute-cour de justice les
fonctions d'accusateurs nationaux.

271. Les actes d'accusation sont dressés
et rédigés par le Conseil des Cinq-Cents.

172. Les assemblées électorales de chaque
département nomment, tous les ans, un jury
pour la haute-cour de justice.

273. Le Directoire exécutif fait imprimer
et publier, un mois après l'époque des
élections, la liste des jurés nommés par
la haute-cour de justice

TITRE IX. De la force armée.

274. La force armée et instituée pour défendre l'Etat contre les ennemis du dehors,
et pour assurer au-dedans le maintien de
l'ordre et l'exécution des lois.

276. La force publique est essentiellement obéissante : nul corps armé ne peut
délibérer.

277. Elle se distingue en garde nationale sédentaire et garde nationale en activité.

De la garde nationale sédentaire.

277. La garde nationale sédentaire est
composée de tous les citoyens et fils de citoyens en état de porter les armes.

278. Son organisation et sa discipline
sont les mêmes pour toute la République ;
elles sont déterminées par la loi.

279. Aucun Français ne peut exercer les
droits de citoyen, s'il n'est inscrit au rôle
de la garde nationale sédentaire.

280. Les distinctions de grade et la subordination n'y subsistent que relativement
au service et pendant sa durée.

281. Les officiers de la garde nationale
sédentaire sont élus à temps par les citoyen
qui la composent, et ne peuvent être réélus
qu'après un intervalle.

282. Le commandement de la garde nationale d'un département entier ne peut
être confié habituellement à un seul citoyen.

283. S'il est jugé nécessaire de rassembler toute la garde nationale d'un département, le Directoire exécutif peut nommer
un commandant temporaire.

284. Le commandement de la garde nationale sédentaire, dans une ville de cent
mille habitans et au-dessus, ne peut être
habituellement confié à un seul homme.

De la garde nationale en activité.

285. La République entretient à sa solde,
même en temps de paix, sous le nom de
gardes nationales en activité, une armée
de terre et de mer.

286. L'armée se forme par enrôlement
volontaire, et, en cas de besoin, par le
mode que la loi détermine.

287. Aucun étranger qui n'a point acquis

les droits de citoyen français, ne peut être admis dans les armées françaises, à moins qu'il n'ait fait une ou plusieurs campagnes pour l'établissement de la République.

288. Les commandans ou chefs de terre et de mer ne sont nommés qu'en cas de guerre; ils reçoivent du Directoire exécutif des commissions révocables à volonté. La durée de ces commissions se borne à une campagne; mais elles peuvent être continuées.

289. Le commandement des armées de la République ne peut être confié à un seul homme.

290. L'armée de terre et de mer est soumise à des lois particulières, pour la discipline, la forme des jugemens et la nature des peines.

291. Aucune partie de la garde nationale sédentaire, ni de la garde nationale en activité, ne peut agir, pour le service intérieur de la République, que sur la réquisition par écrit de l'autorité civile, dans les formes prescrites par la loi.

292. La force publique ne peut être requise par les autorités civiles que dans l'étendue de leur territoire; elle ne peut se transporter d'un canton dans un autre, sans y être autorisée par l'administration du département, ni d'un département dans un autre, sans les ordres du Directoire exécutif.

293. Néanmoins le Corps-Législatif détermine les moyens d'assurer par la force publique l'exécution des jugemens et la poursuite des accusés sur tout le territoire français.

294. En cas de danger imminent, l'administration municipale d'un canton peut requérir la garde nationale des cantons voisins; en ce cas, l'administration qui a requis et les chefs des gardes nationales qui ont été requises, sont également tenus d'en rendre compte au même instant à l'administration départementale.

269. Aucune troupe étrangère ne peut être introduite sur le territoire français, sans le consentement préalable du Corps-Législatif.

TITRE X. Instruction publique.

296. Il y a dans la République des écoles primaires où les élèves apprennent à lire, à écrire, les élémens du calcul et ceux de la morale. La République pourvoit aux frais de logement des instituteurs préposés à ces écoles.

297. Il y a, dans les diverses parties de la République, des écoles supérieures aux écoles primaires, et dont le nombre sera tel, qu'il y en ait au moins une pour deux départemens.

298. Il y a pour toute la République un Institut national chargé de recueillir les découvertes, de perfectionner les arts et les sciences.

299. Les divers établissemens d'instruction publique n'ont entre eux aucun rapport de subordination ni de correspondance administrative.

300. Les citoyens ont le droit de former des établissemens particuliers d'éducation et d'instruction, ainsi que des sociétés libres, pour concourir aux progrès des sciences, des lettres et des arts.

301. Il sera établi des fêtes nationales, pour entretenir la fraternité entre les citoyens, et les attacher à la Constitution, à la patrie et aux lois.

TITRE XI. Contributions.

Contributions.

302. Les contributions publiques sont délibérées et fixées chaque année par le Corps-Législatif. A lui seul appartient d'en établir. Elles ne peuvent subsister au-delà d'un an si elles ne sont expressément renouvelées.

303. Le Corps-Législatif peut créer tel genre de contribution qu'il croira nécessaire; mais il doit établir chaque année une imposition foncière et une imposition personnelle.

304. Tout individu qui, n'étant pas dans le cas des articles 12 et 13 de la constitution, n'a pas été compris au rôle des contributions directes, a le droit de se présenter à l'administration municipale de sa commune, et de s'y inscrire pour une contribution personnelle égale à la valeur locale de de trois journées de travail agricole.

305. L'inscription mentionnée dans l'article précédent ne peut se faire que durant le mois de messidor de chaque année.

306. Les contributions de toute nature sont réparties entre tous les contribuables à raison de leurs facultés.

307. Le Directoire exécutif dirige et surveille la perception et le versement des contributions, et donne à cet effet tous les ordres nécessaires.

308. Les comptes détaillés de la dépense des ministres, signés et certifiés par eux, sont rendus publics au commencement de chaque année.

Il en sera de même des états de recette des diverses contributions et de tous les revenus publics.

309. Les états de ces dépenses et recettes sont distingués suivant leur nature; ils expriment les sommes touchées et dépensées, année par année, dans chaque partie d'administration générale.

310. Sont également publiés les comptes des dépenses particulières aux départemens, et relative aux tribunaux, aux administrations, aux progrès des sciences, à tous les travaux et établissemens publics.

311. Les administrations de département et les municipalités ne peuvent faire aucune répartition au-delà des sommes fixées par le Corps-Législatif, ni délibérer ou permettre, sans être autorisé par lui, aucun emprunt local à la charge des citoyens du département, de la commune ou du canton.

312. Au Corps-Législatif seul appartient le droit de régler la fabrication et l'émission de toute espèce de monnaies, d'en fixer la valeur et le poids, et d'en déterminer le type.

313. Le Directoire surveille la fabrication des monnaies, et nomme les officiers chargés d'exercer immédiatement cette inspection.

314. Le Corps-Législatif détermine les contributions des colonies et leurs rapports commerciaux avec la métropole.

Trésorerie nationale et comptabilité.

315. Il y a cinq commissaires de la Trésorerie nationale, élus par le Conseil des Anciens, sur une liste triple présentée par celui des Cinq-Cents.

316. La durée de leurs fonctions est de cinq années : l'un d'eux est renouvelé tous les ans, et peut être réélu sans intervalle et indéfiniment (1).

317. Les commissaires de la Trésorerie sont chargés de surveiller la recette de tous les deniers nationaux ;

D'ordonner les mouvemens de fonds et le paiement de toutes les dépenses publiques consenties par le Corps-Législatif ;

De tenir un compte ouvert de dépense et de recette avec le receveur des contributions directes de chaque département, avec les différentes régies nationales, et avec les payeurs qui seraient établis dans les départemens ;

D'entretenir avec lesdits receveurs et payeurs, avec les régies et administrations, la correspondance nécessaire pour assurer la rentrée exacte et régulière des fonds.

318. Ils ne peuvent rien faire payer, sous peine de forfaiture, qu'en vertu,

1°. D'un décret du Corps-Législatif et jusqu'à concurrence des fonds décrétés par lui sur chaque objet ;

2°. D'une décision du Directoire ;

3°. De la signature du ministre qui ordonne la dépense.

319. Ils ne peuvent aussi, sous peine de forfaiture, approuver aucun paiement, si le mandat, signé par le ministre que ce genre de dépense concerne, n'énonce pas la date, tant de la décision du Directoire exécutif, que des décrets du Corps-Législatif, qui autorisent le paiement.

320. Les receveurs des contributions directes dans chaque département, les diffé-

rentes régies nationales, et les payeurs dans les départemens, remettent à la Trésorerie nationale leurs comptes respectifs : la Trésorerie les vérifie et les arrête.

321. Il y a cinq commissaires de la comptabilité nationale, élus par le Corps-Législatif, aux mêmes époques et selon les mêmes formes et conditions que les commissaires de la Trésorerie (2).

322. Le compte général des recettes et dépenses de la République, appuyé des comptes particuliers et des pièces justificatives, est présenté par les commissaires de la Trésorerie aux commissaires de la comptabilité, qui le vérifient et l'arrêtent.

323. Les commissaires de la comptabilité donnent connaissance au Corps-Législatif, des abus, malversations, et de tous les cas de responsabilité qu'ils découvrent dans le cours de leurs opérations; ils proposent dans leur partie les mesures convenables aux intérêts de la République.

324. Le résultat des comptes arrêtés par les commissaires de la comptabilité, est imprimé et rendu public.

325. Les commissaires, tant de la Trésorerie nationale que de la comptabilité, ne peuvent être suspendus ni destitués que par le Corps-Législatif.

Mais, durant l'ajournement du Corps-Législatif, le Directoire exécutif peut suspendre et remplacer provisoirement les commissaires de la Trésorerie nationale au nombre de deux au plus, à charge d'en référer à l'un et l'autre Conseil du Corps-Législatif, aussitôt qu'ils ont repris leurs séances.

Titre XII. Relations extérieures.

326. La guerre ne peut être décidée que par un décret du Corps-Législatif, sur la proposition formelle et nécessaire du Directoire exécutif.

327. Les deux Conseils législatifs concourent, dans les formes ordinaires, au décret par lequel la guerre est décidée.

328. En cas d'hostilités imminentes ou commencées, de menaces ou de préparatifs de guerre contre la République française, le Directoire exécutif est tenu d'employer, pour la défense de l'État, les moyens mis à sa disposition, à la charge d'en prévenir sans délai le Corps-Législatif.

Il peut même indiquer, en ce cas, les augmentations de force et les nouvelles dispositions législatives que les circonstances pourraient exiger.

329. Le Directoire seul peut entretenir des relations politiques au-dehors, conduire les négociations, distribuer les forces de terre et de mer, ainsi qu'il le juge convenable, et en régler la direction en cas de guerre.

330. Il est autorisé à faire les stipulations

préliminaires, telles que des armistices, des neutralisations; il peut arrêter aussi des conventions secrètes.

331. Le Directoire exécutif arrête, signe ou fait signer avec les puissances étrangères, tous les traités de paix, d'alliance, de trève, de neutralité, de commerce, et autres conventions qu'il juge nécessaires au bien de l'Etat.

Ces traités et conventions sont négociés, au nom de la République française, par des agens diplomatiques nommés par le Directoire exécutif, et chargés de ses instructions.

332. Dans le cas où un traité renferme des articles secrets, les dispositions des ces articles ne peuvent être destructives des articles patens, ni contenir aucune aliénation du territoire de la République.

333. Les traités ne sont valables qu'après avoir été examinés et ratifiés par le Corps-Législatif, néanmoins les conditions secrètes peuvent recevoir provisoirement leur exécution, dès l'instant même où elles sont arrêtées par le Directoire.

334. L'un et l'autre Conseil législatif ne délibèrent sur la guerre ni sur la paix qu'en comité général.

335. Les étrangers, établis ou non en France, succèdent à leurs parens étrangers ou français; ils peuvent contracter, acquérir et recevoir des biens situés en France, et en disposer de même que les citoyens français, par tous les moyens autorisés par les lois.

Titre XIII. Révision de la Constitution.

335. Si l'expérience faisait sentir les inconvéniens de quelques articles de la Constitution, le Conseil des Anciens en proposerait la révision.

337. La proposition du Conseil des Anciens est, en ce cas, soumise à la ratification du Conseil des Cinq-Cents.

338. Lorsque, dans un espace de neuf années, la proposition du Conseil des Anciens, ratifiée par le Consiel des Cinq-Cents a été faite à trois époques éloignées l'une de l'autre de trois années au moins, une assemblée de révision est convoquée.

339. Cette assemblée est formée de deux membres par département, tous élus de la même manière que les membres du Corps-Législatif, et réunissant les mêmes conditions que celles exigées pour le Conseil des Anciens.

340. Le Conseil des Anciens désigne, pour la réunion de l'assemblée de révision, un lieu distant de vingt myriamètres au moins de celui où siége le Corps-Législatif.

341. L'assemblée de révision a le droit de changer le lieu de sa résidence, en observant la distance prescrite par l'article précédent.

342. L'assemblée de révision n'exerce aucune fonction législative ni de gouvernement; elle se borne à la révision des seuls articles constitutionnels qui lui ont été désignés par le Corps-Législatif.

343. Tous les articles de la Constitution, sans exception, continuent d'être en vigueur tant que les changemens proposés par l'assemblée de révision n'ont pas été acceptés par le peuple.

344. Les membres de l'assemblée de révision délibèrent en commun.

345. Les citoyens qui sont membres du Corps-Législatif au moment où une assemblée de révision est convoquée, ne peuvent être élus membres de cette assemblée.

346. L'assemblée de révision adresse immédiatement aux assemblées primaires le projet de réforme qu'elle a arrêté.

Elle est dissoute dès que ce projet leur a été adressé.

347. En aucun cas, la durée de l'assemblée de révision ne peut excéder trois mois.

348. Les membres de l'assemblée de révision ne peuvent être recherchés, accusés ni jugés, en aucun temps, pour ce qu'ils ont dit ou écrit dans l'exercice de leurs fonctions.

Pendant la durée de ces fonctions, ils ne peuvent être mis en jugement, si ce n'est par une décision des membres mêmes de l'assemblée de révision.

L'assemblée de révision n'assiste à aucune cérémonie publique, ses membres reçoivent la même indemnité que celle des membres du Corps-Législatif.

350. L'assemblée de révision a le droit d'exercer ou faire exercer la police dans la commune où elle réside.

Titre XIV. Dispositions générales.

351. Il n'existe entre les citoyens d'autre supériorité que celle des fonctionnaires publics, et relativement à l'exercice de leurs fonctions.

352. La loi ne reconnaît ni vœux religieux, ni aucun engagement contraire aux droits naturels de l'homme.

353. Nul ne peut être empêché de dire, écrire, imprimer et publier sa pensée.

Les écrits ne peuvent être soumis à aucune censure avant leur publication.

Nul ne peut être responsable de ce qu'il a écrit ou publié, que dans les cas prévus par la loi.

354. Nul ne peut être empêché d'exercer, en se conformant aux lois, le culte qu'il a choisi.

Nul ne peut être forcé de contribuer aux

dépenses d'un culte. La République n'en salarie aucun (1).

355. Il n'y a ni privilége, ni maîtrise, ni jurande, ni limitation à la liberté de la presse, du commerce, et à l'exercice de l'industrie et des arts de toute espèce.

Toute loi prohibitive en ce genre, quand les circonstances la rendent nécessaire, est essentiellement provisoire, et n'a d'effet que pendant un an au plus, à moins qu'elle ne soit formellement renouvelée.

356. La loi surveille particulièrement les professions qui intéressent les mœurs publiques, la sûreté et la santé des citoyens ; mais on ne peut faire dépendre l'admission à l'exercice de ces professions d'aucune prestation pécuniaire.

357. La loi doit pourvoir à la récompense des inventeurs ou au maintien de la propriété exclusive de leurs découvertes ou de leurs productions.

358. La Constitution garantit l'inviolabilité de toutes les propriétés, ou la juste indemnité de celles dont la nécessité publique, légalement constatée, exigerait le sacrifice.

359. La maison de chaque citoyen est un asile inviolable : pendant la nuit, nul n'a le droit d'y entrer que dans le cas d'incendie, d'inondation ou de réclamation venant de l'intérieur de la maison.

Pendant le jour, on peut y exécuter les ordres des autorités constituées.

Aucune visite domiciliaire ne peut avoir lieu qu'en vertu d'une loi, et pour la personne ou l'objet expressément désigné dans l'acte qui ordonne la visite.

360. Il ne peut être formé de corporations ni d'associations contraires à l'ordre public.

361. Aucune assemblée de citoyens ne peut se qualifier de société populaire.

362. Aucune société particulière s'occupant de questions politiques ne peut correspondre avec une autre, ni s'affilier à elle, ni tenir des séances publiques, composées de sociétaires et d'assistans distingués les uns des autres, ni imposer des conditions d'admission et d'éligibilité, ni s'arroger des droits d'exclusion, ni faire porter à ses membres aucun signe extérieur de leur association.

363. Les citoyens ne peuvent exercer leurs droits politiques que dans les assemblées primaires ou communales.

364. Tous les citoyens sont libres d'adresser aux autorités publiques les pétitions ; mais elles doivent être individuelles ; nulle association ne peut en présenter de collectives, si ce n'est les autorités constituées et seulement pour des objets propres à leur attribution.

Les pétitionnaires ne doivent jamais oublier le respect dû aux autorités constituées.

365. Tout attroupement armé est un attentat à la Constitution ; il doit être dissipé sur-le-champ par la force.

366. Tout attroupement non armé doit être également dissipé, d'abord par voie de commandement verbal, et, s'il est nécessaire par le développement de la force armée.

367. Plusieurs autorités constituées ne peuvent jamais se réunir pour délibérer ensemble ; aucun acte émané d'une telle réunion ne peut être exécuté.

368. Nul ne peut porter des marques distinctives qui rappellent des fonctions antérieurement exercées, ou des services rendus.

369. Les membres du Corps-Législatif, et tous les fonctionnaires publics, portent, dans l'exercice de leurs fonctions, le costume ou signe de l'autorité dont ils sont revêtus ; la loi en détermine la forme.

370. Nul citoyen ne peut renoncer, ni en tout ni en partie, à l'indemnité ou au traitement qui lui est attribué par la loi, à raison de fonctions publiques.

371. Il y a dans la République uniformité de poids et de mesures.}

372. L'ère française commence le 22 septembre 1792, jour de la fondation de la République.

373. La nation française déclare qu'en aucun cas elle ne souffrira le retour des Français qui, ayant abandonné leur patrie depuis le 15 juillet 1789, ne sont pas compris dans les exceptions portées aux lois rendues contre les émigrés ; et elle interdit au Corps-Législatif de créer de nouvelles exceptions sur ce point.

Les biens des émigrés sont irrévocablement acquis au profit de la République.

374. La nation française proclame pareillement, comme garantie de la foi publique, qu'après une adjudication légalement consommée de biens nationaux, quelle qu'en soit l'origine, l'acquéreur légitime ne peut en être dépossédé, sauf aux tiers réclamans à être, s'il y a lieu, indemnisés par le Trésor national.

375. Aucun des pouvoirs institués par la Constitution n'a le droit de la changer dans son ensemble ni dans aucune de ses parties, sauf les réformes qui pourront y être faites par la voie de la révision conformément aux dispositions du titre XIII.

376. Les citoyens se rappelleront sans cesse que c'est de la sagesse des choix dans les assemblées primaires et électorales, que dépendent principalement la durée, la conservation et la prospérité de la République.

---

(1) *Voy.* loi du 7 vendémiaire an 4.

8.

16

377. Le peuple français remet le dépôt de de la présente Constitution à la fidélité du Corps-Législatif, du Directoire exécutif, des administrateurs et des juges ; à la vigilance des pères de famille, aux épouses et aux mères, à l'affection des jeunes citoyens, ou courage de tous les Français.

Collationné à l'original par nous président et secrétaires de la Convention nationale.

A Paris, ce 5 fructidor an 3 de la République française.

Signé M. J. Chénier, président ; Derasey, Soulignac, Bernier, Laurenceot, Déntzel, Quirot, secrétaires.

---

5 FRUCTIDOR an 3 (22 août 1795). — Décret qui fixe le délai dans lequel les agens nationaux des districts seront tenus d'envoyer au bureau de comptabilité les comptes des receveurs des décimes. (1, Bull. 174, n° 1046; B 58, 21.)

Voy. loi du 16 FRUCTIDOR an 3.

Art. 1er. Dans un mois, à compter de la réception du présent décret, les agens nationaux des districts seront tenus, sous leur responsabilité, d'envoyer au bureau de comptabilité les comptes des receveurs des décimes des ci-devant diocèses, arrêtés provisoirement par les directoires du district, en exécution du décret du 14 = 21 septembre 1790, pour être arrêtés définitivement.

2. Ceux des receveurs des décimes qui n'auraient pas encore rendu leurs comptes, et qui ne se seraient pas conformés à la loi du 15 = 19 janvier 1791, seront tenus d'adresser au bureau de comptabilité, dans le même délai d'un mois, à compter de la notification qui leur sera faite du présent décret, leurs comptes, avec les registres et pièces justificatives à l'appui, et d'en solder le reliquat, à peine du séquestre de leurs biens à l'expiration du délai, sans préjudice des peines prononcées contre les receveurs en retard par le décret du 15 = 19 janvier 1791.

3. Les agens nationaux des districts feront, sans délai, une notification particulière du présent décret aux receveurs particuliers rappelés en l'article ci-dessus.

4. L'application des peines prononcées par l'article 2 sera poursuivie par l'agent de la comptabilité. A cet effet, les agens nationaux seront tenus de donner, sur le champ connaissance au bureau de comptabilité, des receveurs des décimes en retard de se conformer au décret des 14 = 21 septembre 1790 et 15 = 19 janvier 1791, et

des diligences qu'ils auront faites en exécution de l'article 2.

5. Les commissaires de la comptabilité sont autorisés à retirer de dessous les scellés apposés sur les meubles, effets et papiers de Quinson, receveur-général du ci-devant clergé de France, les registres, journaux et livres servant à la comptabilité des receveurs des décimes des ci-devant diocèses. A cet effet, lesdits scellés seront levés par le juge-de-paix de la section qui les a apposés, en présence d'un commissaire de la comptabilité et d'un administrateur du département de Paris, attendu l'absence de Quinson. Ils seront ensuite réapposés sur les papiers restans.

6. Le débet de Quinson, relatif aux décimes non recouvrés depuis l'année 1776, sera déchargé dans la proportion des sommes non versées dans sa caisse, et qui seront justifiées avoir été recouvrées depuis la reddition de son compte, soit par les anciens receveurs des décimes, soit par les receveurs des districts chargés depuis du recouvrement des restes desdits décimes.

---

5 FRUCTIDOR an 3 (22 août 1795). — Décret sur les moyens de terminer la révolution. (1, Bull. 181, n° 1102; B. 58, 27.)

Voy. loi du 1er VENDÉMIAIRE an 4.

TITRE 1er. De la formation du nouveau Corps-Législatif.

Art. 1er. Le Corps-Législatif sera composé de membres élus par les prochaines assemblées électorales, dans les proportions qui sont réglées par l'acte constitutionnel pour le renouvellement annuel (1).

2. Tous les membres actuellement en activité dans la Convention sont rééligibles. Les assemblées électorales ne pourront en prendre moins de deux tiers pour former le Corps-Législatif (2).

3. Ne sont point compris parmi les députés en activité ceux qui sont décrétés d'accusation ou d'arrestation.

4. Chaque député remettra par écrit, d'ici au 20 fructidor, au comité des décrets, procès-verbaux et archives, sa déclaration sur son âge, et sur les autres conditions prescrites par la Constitution pour être membre de l'un ou de l'autre Conseil législatif.

5. Les députés en mission, tant auprès des armées que dans les départemens, ainsi que les absens par congé ou maladie, feront parvenir leur déclaration d'ici au 30 fructidor au même comité, qui pourra néanmoins demander dès à-présent les éclaircissemens qui les concernent, à ceux dont ils sont plus particulièrement connus.

(1 et 2) *Voy.* loi du 13 fructidor an 3.

TITRE II. de la présentation de l'acte constitutionnel aux assemblées primaires.

Art. 1er. Aussitôt après l'envoi de l'acte constitutionnel à toutes les communes de la République, les assemblées primaires seront convoquées à la diligence du procureur-général-syndic et de l'administration de chaque département, pour être ouvertes, au plus tard, le 20 fructidor, dans le même lieu où se sont tenues les dernières assemblées, sauf les changemens survenus depuis dans quelques chefs-lieux de canton.

2. Tous les Français qui ont voté dans les dernières assemblées primaires, y seront admis.

3. Le bureau sera formé, par un seul tour de scrutin de liste simple, de cinq membres, à la pluralité relative. Parmi les cinq citoyens qui réuniront le plus de suffrages, les fonctions de président, de secrétaires et de scrutateurs, seront distribuées suivant l'ordre de pluralité; et en cas d'égalité de suffrages entre deux ou plusieurs élus, l'âge décidera du rang.

4. Dès que le bureau sera formé, il sera donné lecture de la déclaration des droits et des devoirs, et de l'acte constitutionnel.

5. Les assemblées primaires exprimeront leur vœu sur l'ensemble de l'acte constitutionnel, pour l'admettre ou le rejeter.

6. Chaque votant donnera son suffrage de la manière qui lui sera convenable.

7. Le bureau constatera par un procès-verbal le nombre des votans et le résultat des suffrages.

8. Le procès-verbal de chaque assemblée primaire, relatif à l'acte constitutionnel, sera mis, aussitôt après sa rédaction, par les membres du bureau, sous enveloppe, avec cette adresse : *Au comité des décrets, procès-verbaux et archives de la Convention nationale, à Paris*, et contre-signé, *assemblée primaire du canton de..... département de.....* Les directeurs des postes de chaque bureau de départ en chargeront leurs feuilles d'avis.

9. Le procureur-général-syndic de chaque département, concurremment avec l'administration, se fera rendre compte, tant par la municipalité de chaque chef-lieu de canton que par les directeurs des postes qui auront reçu les paquets, de l'exécution du présent article, au plus tard le 25 fructidor, et en informera aussitôt le comité des décrets, procès-verbaux et archives.

10. Immédiatement après la rédaction et l'envoi du procès-verbal dont il vient d'être parlé, les assemblées primaires nommeront le nombre d'électeurs que chacune doit fournir d'après l'acte constitutionnel; il sera fait de cette élection un procès-verbal séparé. La tenue des assemblées électorales sera indiquée ultérieurement par un nouveau décret.

11. Les députés en mission auprès de chaque armée se concerteront, dans le plus court délai, avec le général en chef et les généraux, tant de division que de brigade, pour assembler tous les défenseurs de la patrie et les employés à la suite de l'armée, et leur donner lecture de l'acte constitutionnel.

12. Les députés en mission auprès des armées navales dans les ports ou en rade, et, à leur défaut, les commandans en chef de la marine, en donneront aussi lecture à l'armée de mer et aux marins.

13. Le jour où chaque armée exprimera son vœu sera ensuite fixé par les députés en mission, qui régleront sommairement la forme de la délibération convenable aux localités et aux circonstances.

14. Les députés en mission auprès de chaque armée de terre ou de mer, ou le général en chef, feront passer au comité des décrets, procès-verbaux et archives, le vœu de chaque armée aussitôt qu'ils l'auront recueilli.

TITRE III. De la mise en activité de la Constitution.

Art. 1er. Le comité des finances, section des domaines, est chargé de faire un rapport à la Convention nationale sur le placement tant des deux Conseils législatifs que du Directoire exécutif.

2. Le comité des inspecteurs fera pareillement un rapport sur les distributions et travaux nécessaires dans l'intérieur du Palais-National, en se concertant avec le comité des finances, section des domaines.

3. Le comité d'instruction publique fera un rapport sur le costume particulier à donner à chacun des deux Conseils législatifs, et à tous les fonctionnaires publics.

4. Le comité des finances est chargé de faire un rapport sur l'attribution à donner aux administrations instituées par la Constitution, des opérations relatives à la vente des biens nationaux, et qui se faisaient par les districts supprimés.

5. Ces divers rapports seront faits d'ici au 15 fructidor au plus tard.

6. Aussitôt que le comité des décrets, procès-verbaux et archives, aura fait le dépouillement des procès-verbaux des assemblées primaires, il en fera son rapport à la Convention nationale.

7. La Convention déterminera ensuite le jour de la clôture de ses travaux comme pouvoir constituant.

8. Le lendemain au plus tard de la dernière séance de la Convention nationale, les deux Conseils législatifs ouvriront leurs séances. Le mode de répartition de tous les membres actuellement en activité dans la Convention entre les deux Conseils sera déterminé par un nouveau décret.

9. Dans trois jours, pour tout délai, le

17.

Conseil des Cinq-Cents présentera une liste de cinquante candidats pour former le Directoire exécutif. Les cinq membres qui le composeront seront nommés par le Conseil des Anciens, dans les trois jours qui suivront la présentation de la liste.

10. Les membres qui, à l'époque de la formation des deux Conseils, composeront les comités de salut public et sûreté générale, continueront provisoirement leurs fonctions jusqu'au jour de l'installation du Directoire.

11. A dater du jour de cette installation, les comités ne pourront prendre ni signer aucun arrêté : ils fourniront au Directoire les éclaircissemens dont il aura besoin.

12. Toutes les commissions exécutives continueront leurs fonctions jusqu'à ce que le Directoire ait organisé le ministère; et tous les fonctionnaires publics, jusqu'à ce qu'ils aient été renouvelés dans la forme prescrite par la Constitution.

13. Les assemblées électorales seront convoquées par la Convention immédiatement après le rapport qui lui sera fait du résultat des suffrages des assemblées primaires, et avant qu'elle cesse l'exercice du pouvoir constituant.

14. Les assemblées tant primaires qu'électorales qui vont être successivement convoquées, le sont par anticipation sur celles de l'an 4, pendant lequel il n'en sera plus tenu.

15. Quinze jours avant la tenue des assemblées primaires du mois de germinal de l'an 5, les membres de la Convention nationale qui auront pris place dans l'un et l'autre Conseil, tireront au sort la sortie de la moitié d'entre eux, laquelle formera le tiers du Corps-Législatif pour le renouvellement annuel prescrit par la Constitution.

16. Ceux qui sortiront alors par la voie du sort, seront immédiatement rééligibles.

17. Le présent décret sera joint à l'acte constitutionnel, pour être envoyé par des courriers extraordinaires aux armées et aux administrations de département. Celles-ci seront tenues de les faire passer, sans aucun délai, aux administrations de district, et les administrations de district à toutes les communes de la République.

---

5 FRUCTIDOR an 3 (22 août 1795). — Décret qui enjoint aux fermiers des affinages de présenter leurs comptes au bureau de comptabilité, dans le délai de deux mois. (1, Bull. 174, n° 1045; B. 58, 25.)

---

5 FRUCTIDOR an 3 (22 août 1795). — Décret qui envoie le représentant Savary dans la Belgique, et qui proroge les pouvoirs du représentant Lefebvre (de Nantes). (B. 58, 22.)

---

5 FRUCTIDOR an 3 (22 août 1795). — Décret

portant qu'il sera donné une armure complète à Jacques-Philippe David, en reconnaissance des services par lui rendus à la patrie. (B. 58, 22.)

---

5 FRUCTIDOR an 3 (22 août 1795). — Décrets qui accordent des secours à plusieurs personnes. (B. 58, 23, 24, 25 et 26.)

---

5 FRUCTIDOR an 3 (22 août 1795). — Décret qui surseoit pendant un mois à la saisie-exécution d'instrumens oratoires, etc. (B, 58, 24.)

---

5 FRUCTIDOR an 3 (22 août 1795). — Décret qui accorde des pensions à des fonctionnaires publics retirés de différentes administrations. (B; 58, 25.)

---

5 FRUCTIDOR an 3 (22 août 1795). — Rédaction de l'article 3 du titre 1er du décret du 5 fructidor, sur les moyens de terminer la révolution. (B. 58, 77. Voy. suprà.)

---

5 FRUCTIDOR an 3 (22 août 1795) — Décret relatif aux pouvoirs du représentant Palasne Champeaux. (B. 58, 26.)

---

5 FRUCTIDOR an 3 (22 août 1795). — Décret qui ordonne l'impression d'un projet de décret, et renvoie aux comités de législation et d'agriculture et arts, les questions qu'il contient sur les vaines pâtures, etc. (B. 58, 76.)

---

5 FRUCTIDOR an 3 (22 août 1795). — Décret relatif aux ci-devant fermiers des messageries. (B. 58, 23.)

---

5 FRUCTIDOR an 3 (22 août 1795). — Décret qui admet comme représentant le citoyen Laforest aîné. (B. 58, 27.)

---

6 FRUCTIDOR an 3 (23 août 1795). — Décret qui dissout les assemblées connues sous le nom de Club, ou de Société populaire. (B. 58, 80.)

Voy. loi du 13—19 NOVEMBRE 1790.

La Convention nationale, sur le rapport des comités de salut public, de sûreté générale et de législation, décrète :

Art. 1er. Toute assemblée connue sous le nom de club ou de société populaire, est dissoute; en conséquence, les salles où lesdites assemblées tiennent leurs séances seront fermées sur-le-champ, et les clés en seront déposées, ainsi que les registres et papiers, dans le secrétariat des maisons communes.

2. L'insertion du présent décret au bulletin de correspondance tiendra lieu de publication.

La Convention nationale décrète en outre l'impression du rapport, l'envoi aux départemens, aux armées et aux assemblées primaires.

6 FRUCTIDOR an 3 (23 août 1795). — Décret qui ordonne l'impression d'une adresse aux Français; teneur de l'adresse. (B. 58; 77.)

6 FRUCTIDOR an 3 (23 août 1795). — Décret portant que le chef-lieu du département de la Loire établi à Feurs sera transféré à Montbrison. (B. 58, 78.)

6 FRUCTIDOR an 3 (23 août 1795). — Décrets qui autorisent les communes de Laon et d'Haubourdin à faire des emprunts. (B. 58, 78 et 79.)

6 FRUCTIDOR an 3 (23 août 1795). — Décret portant que le nom de Dietrich est rayé de la liste des émigrés. (B. 58. 78.)

6 FRUCTIDOR an 3 (23 août 1795). — Décrets qui accordent des congés aux représentans Faure, Chauvin et Alasseur. (B. 58; 80.)

6 FRUCTIDOR an 3 (23 août 1795). — Décret qui ordonne l'impression d'un discours sur l'état politique de l'Europe. (B. 58, 80.)

6 FRUCTIDOR an 3 (23 août 1795). — Décrets qui accordent des secours. (B. 58, 81.)

7 FRUCTIDOR an 3 (24 août 1795). — Décrets portant qu'en matière civile, les témoins seront entendus publiquement dans les tribunaux de district. (1, Bull. 174, n° 1040 ; B. 58, 83.)

La Convention nationale, après avoir entendu son comité de législation sur la pétition de Philippe-Marin-Thomas et Marie-Marguerite Leroy, sa femme, par laquelle ils consultent la Convention sur la validité du jugement rendu contre eux et les nommés Lucas et Cocagne, au tribunal du district de Gournai, par lequel ce tribunal a ordonné que les témoins produits par les parties seraient entendus à l'audience publique et en présence desdites parties;

Considérant que ce jugement est conforme à l'esprit et à l'intention de la loi du 3 brumaire an 2,

Décrète qu'elle passe à l'ordre du jour sur la pétition desdits Thomas et sa femme; et en outre, pour ne laisser aucun doute sur le véritable sens de ladite loi, et prévenir les objections qu'on pourrait faire à ce sujet, décrète ce qui suit :

Art. 1er. A l'avenir, en toutes matières civiles dont la connaissance appartient aux tribunaux de district, et sans aucune distinction, les témoins seront entendus a l'audience publique en présence des parties intéressées, ou elles dûment appelées (1).

2. Le greffier tiendra note de leurs noms, âge, qualité et demeure, ainsi que de leurs dépositions, et des reproches qui auront été fournis contre eux ; il fera pareillement mention du serment que le tribunal leur aura fait prêter avant de recevoir leurs dépositions.

3. L'affaire sera jugée immédiatement après qu'ils auront été entendus, si faire se peut, sinon à l'audience suivante, sans qu'il soit besoin d'un autre acte ni procédure.

4. Il est dérogé par le présent décret à toutes lois contraires (2).

7 FRUCTIDOR an 3 (24 août 1795). — Décret qui ouvre un nouveau concours pour les livres élémentaires (1, Bull. 174. n° 1049, B. 58, 112.)

Art. 1er. A compter de ce jour, 7 fructidor, il ne sera plus reçu aucun ouvrage, au jury pour le concours des livres élémentaires qui devait être fermé le 1er nivose dernier.

2. Il est ouvert, sous les mêmes conditions, un nouveau concours, qui sera terminé au 1er vendémiaire de l'an 5.

7 FRUCTIDOR an 3 (24 août 1795). — Décret portant que les cinq derniers jours du calendrier républicain seront nommés jours complémentaires. (1, Bull. 174, n° 1050; B. 58, 112.)

Voy. arrêté du 14 GERMINAL an 6.

La Convention nationale, sur la proposition d'un membre, rapporte le décret qui nomme sans-culottides les derniers jours de l'année du calendrier républicain, et décrète qu'ils porteront à l'avenir le nom de jours complémentaires.

7 FRUCTIDOR an 3 (24 août 1795.) — Décret qui renvoie aux comités de gouvernement la proposition de prendre dans le plus bref délai toutes les mesures tendantes à empêcher la dilapidation des grains, etc. (B. 58, 81.)

7 FRUCTIDOR an 3 (24 août 1795). — Décret de mention honorable de l'hommage fait à la Convention par le citoyen Millen. (B. 58. 84.)

7 FRUCTIDOR an 3 (24 août 1795).—Décret por-

____

(1) Le tribunal qui ordonne une enquête peut commettre un autre tribunal pour la faire (9 nivose an 10; Paris ; S. 3, 2, 483)

(2) Le titre 22 de l'ordonnance de 1667, est

abrogé par cette loi (1er fructidor an 9; Cass. S. 2, 1, 46).

Cette loi a abrogé les dispositions de l'ordonnance de 1667, relatives aux formes des enquêtes (19 brumaire an 11 ; Cass. S. 3. 2, 243).

tant nomination à des emplois vacans dans l'armée. (B. 58, 85.)

7 FRUCTIDOR an 3 (24 août 1795). — Décret relatif à des fonctionnaires publics. (B. 58, 113.)

8 FRUCTIDOR an 3 (25 août 1795). — Décret qui accorde deux mille livres à titre de provisoire, à la citoyenne Labourdonnais, (B. 58, 113.)

8 FRUCTIDOR an 3 (25 août 1795). — Décret qui autorise la commune de Niort à ouvrir à ses frais une rue dans le jardin de la ci-devant aire de Saint-André de cette commune. (B. 58, 113.)

8 FRUCTIDOR an 3 (25 août 1795).—Décret qui renvoie au comité de législation la demande en élargissement provisoire des citoyens Jolivet, Rousseau, Guignot et Chalet. (B. 58, 114.)

8 FRUCTIDOR an 3 (25 août 1795). — Décret qui accorde au citoyen Savalette neuf mois pour présenter au bureau de comptabilité les comptes de ses exercices. (B. 58, 114.)

8 FRUCTIDOR an 3 (25 août 1795). — Décret relatif au paiement à faire par la Trésorerie nationale au citoyen Meynier. (B. 58. 215.)

8 FRUCTIDOR an 3 (25 août 1795). — Décret portant que le citoyen Delacouture est quitte de toute sa gestion. (B. 58, 115.)

8 FRUCTIDOR an 3 (25 août 1795). — Décret qui accorde quatre cents livres à titre de secours à la citoyenne Gonchon. (B. 58, 116.)

8 FRUCTIDOR an 3 (25 août 1795). — Décrets sur les réclamations de divers receveurs et percepteurs de districts. (B. 58, 116.)

8 FRUCTIDOR an 3 (25 août 1795). — Décret relatif au paiement à faire par la Trésorerie nationale au citoyen Ronsil. (B. 58, 116.)

9 FRUCTIDOR an 3 (26 août 1795). — Décret portant que les dispositions de ceux des 5 brumaire et 17 nivose sur les successions, n'auront d'effet que du jour de leur promulgation. (1. Bull. 174, n° 1061 ; B. 58, 121.)

Voy. loi du 3 vendémiaire an 4.

La Convention nationale, sur le rapport de son comité de législation, décrète que les lois des 5 brumaire et 17 nivose an 2 de la République, concernant les divers modes de transmission des biens dans les familles, n'auront d'effet qu'à compter des époques de leur promulgation.

9 FRUCTIDOR an 3 (26 août 1795). — Décret

portant que l'obligation de produire des titres, imposée par la loi du 23 prairial dernier, ne s'applique qu'aux créances qui excèdent huit cents livres. (1, Bull. 174, n° 1052 ; B. 58, 120)

Art. 1er. L'obligation imposée aux créanciers de la République par la loi du 23 prairial dernier, de produire leurs titres et pièces à la direction générale de la liquidation, ne s'applique qu'à ceux dont les créances excèdent la somme de huit cents livres.

2. A l'égard des créanciers de huit cents livres et au-dessous, ils pourront, conformément aux précédentes lois, se faire liquider par leurs départemens respectifs, en y déposant leurs titres et pièces exigées par la loi du 23 prairial, et dans le délai qu'elle prescrit, c'est-à-dire, d'ici au 1er vendémiaire prochain inclusivement, à peine de déchéance.

3. Le directeur général de la liquidation est autorisé à liquider les créances non excédant huit cents livres, dont les titres lui ont été déposés, s'il n'en a pas fait le renvoi aux corps administratifs, et même celles dont les titres pourraient lui être produits jusques et compris le 1er vendémiaire prochain.

9 FRUCTIDOR an 3 (25 août 1795). — Décret qui sursoit à la vente des biens des hospices et autres établissemens de bienfaisance. (1, Bull. 174, n° 1053; B. 58, 121.)

La Convention nationale, sur la motion d'un de ses membres, décrète qu'il est sursis à la vente des biens des hospices de vieillards, de malades, d'enfans, maisons de secours et autres établissemens de bienfaisance, jusqu'au rapport qui lui sera fait, sous une décade, par ses comités des secours publics et des finances, sur la demande en rapport de la loi du 23 messidor.

9 FRUCTIDOR an 3 (26 août 1795). — Décret qui détermine un mode pour l'apurement des comptes de receveurs généraux des finances et autres comptables. (1, Bull. 174; n° 1054; B. 58, 119.)

Art. 1er. Ceux des comptables de l'exercice de 1790 et années antérieures qui, aux termes de l'article 11 de la loi du 4 germinal an 2, ont fait au Trésor public l'avance des arriérés sur les impositions dont le recouvrement a été confié par le même article aux receveurs de district, en seront remboursés directement par la Trésorerie nationale, à la déduction toutefois de ce qui en a déjà été restitué en exécution de l'arrêté du comité des finances du 19 germinal dernier ; à la charge par eux de rapporter le bordereau de ladite avance, visé par le bureau de comptabilité, ou un certificat du même bureau, justifiant qu'ils ont réellement fait ladite avance, et qu'ils n'en ont point été remboursés par l'effet de leurs comptes.

2. Les autres comptables qui n'ont pas encore fait cette avance, en sont dispensés, et ils auront la faculté d'employer en reprise, dans leurs comptes, les sommes qu'ils n'auront pu recevoir.

3. Au moyen des dispositions contenues aux deux articles précédens, le recouvrement de l'arriéré sur les impositions sera fait directement pour le compte du Trésor public, par les receveurs de district qui en sont actuellement chargés, lesquels seront tenus de présenter, tous les mois, à l'administration, le bordereau de leur situation à cet égard.

4. Les séquestres et oppositions actuellement subsistant sur les inscriptions au grand-livre appartenant aux comptables, cesseront d'avoir lieu, et main-levée leur en sera faite, à la charge par eux de verser préalablement à la Trésorerie nationale le montant desdites inscriptions, sur le pied de vingt fois la rente; quoi faisant, ils en auront la libre disposition.

5. Les prêteurs qui auront fait en leur nom le versement de deniers prescrit par l'article précédent, demeureront subrogés au privilège de la nation sur lesdites inscriptions; à l'effet de quoi, il en sera fait mention dans le bordereau de la Trésorerie nationale, sur la demande desdits prêteurs ou de leurs fondés de pouvoir.

6. Les dispositions des articles 17 et 22 du décret du 4 germinal an 2, portant que les receveurs généraux et particuliers des finances pourront se libérer avec des inscriptions au grand-livre, sur le pied de quinze fois la rente, sont rapportées.

Sont pareillement rapportées les dispositions de l'article 11, chapitre III, du décret du 28 pluviose, qui ont étendu aux autres comptables la faculté de se libérer à ce taux.

Et tous les comptables sont remis à cet égard au même état qu'ils étaient avant ces deux lois.

7. En conséquence, les inscriptions sur le grand-livre que les uns et les autres auront données ou donneront ci-après en paiement, seront reçues sur le pied de vingt fois la rente; à la charge néanmoins par eux de justifier qu'elles leur ont été fournies directement par l'État, en paiement de leurs fonds d'avances, cautionnemens ou autres créances sur le Trésor public.

8. Le comité des finances est chargé de faire restituer par la Trésorerie nationale ce qui aurait été payé de trop en vertu desdites lois, et il statuera définitivement sur les difficultés qui pourraient s'élever pour l'exécution du présent décret.

9 FRUCTIDOR an 3 (26 août 1795). — Décret portant que le citoyen Grengier est quitte de toutes ses gestions. (B. 58, 117.)

9 FRUCTIDOR an 3 (26 août 1795). — Décret relatif au paiement à faire par la Trésorerie nationale au citoyen J. B. Colin. (B. 58, 117.)

9 FRUCTIDOR an 3 (26 août 1795). — Décret relatif à la pétition du citoyen Chassin et son épouse. (B. 58, 118.)

9 FRUCTIDOR an 3 (26 août 1795). — Décret qui surseoit à l'exécution de l'arrêté du comité d'agriculture et des arts, du 5 de ce mois. (B. 58, 119.)

9 FRUCTIDOR an 3 (26 août 1795). — Décret qui renvoie au comité d'instruction publique un projet de décret relatif aux écoles primaires. (B. 58, 122.)

9 FRUCTIDOR an 3 (26 août 1795). — Décret qui renvoie au comité de législation un projet de décret relatif aux ventes attaquées pour cause de lésion. (B. 58, 122.)

9 FRUCTIDOR an 3 (26 août 1795). — Décret qui renvoie au comité d'agriculture un projet de décret relatif à l'agriculture et à l'administration des forêts. (B. 58, 123.)

9 FRUCTIDOR an 3 (26 août 1795). — Décret qui renvoie au comité de législation un projet de décret relatif à l'arbitrage forcé. (B. 58, 123.)

9 FRUCTIDOR an 3 (26 août 1795). — Décret qui renvoie au comité de législation un projet de décret relatif au Code civil. (B. 58, 124.)

9 FRUCTIDOR an 3 (26 août 1795). — Décret qui renvoie au comité de législation, pour y statuer, une pétition de cinquante-un détenus dans les prisons du département de l'Aisne. (B. 58, 124.)

9 FRUCTIDOR an 3 (26 août 1795). — Décret qui accorde un congé au représentant Hausseman. (58, 128.)

9 FRUCTIDOR an 3 (26 août 1795). — Décret qui prolonge le congé du représentant Piot. (B. 58, 129.)

9 FRUCTIDOR an 3 (26 août 1795). — Décret qui renvoie au comité de secours publics un projet de décret tendant au soulagement de la classe indigente. (B. 58, 129.)

9 FRUCTIDOR an 3 (26 août 1795). — Décrets qui autorisent les communes de Valenciennes

Saint-Hippolyte, Châlons-sur-Saône, Cambrai, Armentières et Maixant, à faire des emprunts. (B. 58, 125 à 128.)

10 FRUCTIDOR an 3 (27 août 1795). — Décret portant que le préambule du traité de paix et d'amitié, conclu à Bâle, le 4 thermidor dernier, entre la République française et le roi d'Espagne, omis dans le décret du 14 du même mois, y sera établi, etc. (B. 58, 133.)

La Convention nationale, après avoir entendu son comité de salut public, décrète :

Art. 1er. Le préambule du traité de paix et d'amitié conclu à Bâle le 4 thermidor dernier, entre la République française et le roi d'Espagne, omis par une faute de copiste dans le décret du 14 du même mois, portant ratification de ce traité, y sera rétabli.

2. Les mots reine de Portugal seront substitués dans l'article 15 dudit traité, aux mots roi de Portugal.

10 FRUCTIDOR an 3 (27 août 1795). — Décret qui ordonne le dépôt aux archives nationales, l'impression, la publication et l'affiche du traité de paix conclu entre la République française et le roi d'Espagne, et des actes de ratification. (1, Bull. 178, n° 1082 ; B. 58, 132.)

10 FRUCTIDOR an 3 (27 août 1795). — Décret qui envoie le représentant Dentzel dans le département de la Manche. (B. 58, 129.)

10 FRUCTIDOR an 3 (27 août 1795). — Décret relatif à la légion de police créée par le décret du 9 messidor. (B. 58, 130.)

10 FRUCTIDOR an 3 (27 août 1795). — Décret relatif au traitement des gardes généraux, principaux et ordinaires, employés aux armées, et à celui des sous-gardes employés dans les places. (B. 58, 131.)

10 FRUCTIDOR an 3 (27 août 1795). — Décret relatif à la 31e division de gendarmerie à pied en activité de service à l'armée de Sambre-et-Meuse. (B. 58, 132.)

10 FRUCTIDOR an 3 (27 août 1795). — Décret qui accorde pour valeur d'une maison à Lyon, sept mille cinq cents livres aux citoyens Charbonnet. (B. 58, 129.)

10 FRUCTIDOR an 3 (27 août 1795). — Décret qui surseoit à toutes poursuites contre le citoyen Jean-André Vial. (B. 58, 131.)

10 FRUCTIDOR an 3 (27 août 1795). — Décret qui renvoie aux comités de salut public et de sûreté général, une pétition de deux citoyens du département de la Manche. (B. 58, 131.)

10 FRUCTIDOR an 3 (27 août 1795). — Décret de renvoi au comité de salut public relatif au citoyen Fontenay. (B. 58, 133.)

10 FRUCTIDOR an 3 (27 août 1795). — Décret qui renvoie au comité des finances une pétition des citoyens Adam et Hubert Vallée. (B. 58, 133.)

10 FRUCTIDOR an 3 (27 août 1795). — Décret portant que le comité des travaux publics fera, dans la décade prochaine, un rapport sur les divers plans d'ouverture de canaux présentés jusqu'à ce jour. (B. 58, 134.)

10 FRUCTIDOR an 3 (27 août 1795). — Décret portant que les comités de salut public, de sûreté générale, de législation, des finances et de commerce, se réuniront par commissaires pour faire un rapport pour diminuer la masse des assignats. (B. 58, 134.)

10 FRUCTIDOR an 3 (27 août 1795). — Décret qui renvoie au comité de législation la question s'il convient, en rapportant la loi du 18 prairial dernier, de laisser aux fermiers des biens ruraux provenant des citoyens rayés de la liste des émigrés, la jouissance de l'année courante. (B. 58, 134.)

10 FRUCTIDOR an 3 (27 août 1795). — Décret de renvoi au comité de salut public d'une pétition du citoyen Simon. (B. 58, 135.)

10 FRUCTIDOR an 3 (27 août 1795). — Décret qui charge le comité de salut public de pourvoir à l'avancement du citoyen Landolphe. (B. 58, 135.)

10 FRUCTIDOR an 3 (27 août 1795). — Décret qui charge le représentant Bonnet, conjointement avec les représentans à Lyon, d'épurer les autorités constituées dans le département de la Loire. (B. 58, 134.)

11 FRUCTIDOR an 3 (28 août 1795). — Décret portant qu'à compter du 1er nivose, les pensions accordées par l'État seront payées par les payeurs établis dans les départemens. (1, Bull. 175, n° 55 ; B. 58, 137.)

Voy. loi du 22 FLORÉAL an 7.

Art. 1er. A compter du 1er nivose prochain, toutes les pensions accordées par la République seront payées par les payeurs établis dans les départemens,

2. Les pensionnaires dont les traitemens de retraite ont été précédemment décrétés, et qui jusqu'à présent en ont fait recevoir le montant à Paris, seront tenus, s'ils veulent être payés dans les départemens où ils résident, de faire parvenir à la Trésorerie nationale, d'ici au 15 brumaire prochain, une déclaration énonciative du mon-

tant de leur pension, de la date du décret qui la leur accorde, et du departement dans lequel est située la commune de leur domicile.

3. La Trésorerie dès que cette déclaration lui sera parvenue, fera délivrer au pensionnaire un certificat du dernier paiement qui lui aura été fait ; il en sera de suite donné avis au payeur du département, et il sera versé dans la caisse les fonds nécessaires au paiement à effectuer le 1er nivose suivant.

4. Les pensionnaires, lors de la remise qui leur sera dorénavant faite du brevet ou du certificat de jouissance de pensions, seront tenus de déclarer la commune ou ils entendent fixer leur résidence : copie de leur déclaration, ainsi que copie de leur brevet, seront envoyées à la Trésorerie nationale, qui sera chargée de prendre les mesures convenables pour leur faire de suite payer les arrérages qui peuvent leur être dus, et faire continuer les paiemens subséquens à chaque trimestre.

5. Lorsqu'un pensionnaire changera de résidence, il lui sera délivré par le payeur un certificat du dernier paiement qui lui a été fait. Ce certificat contiendra les nom, prénoms du pensionnaire, le montant de sa pension et la date du décret qui la lui accorde : le payeur instruira la Trésorerie nationale de ce changement de domicile, et de la nouvelle résidence du pensionnaire ; la copie collationnée du brevet sera remise au payeur du département du nouveau domicile.

6. Toutes les pensions seront payées chaque trimestre, conformément à l'article 1er du titre VI de la loi du 21 pluviose an 2, et les paiemens s'effectueront dans les dix premiers jours du mois qui suivra l'expiration de chaque trimestre.

7. Les dispositions des lois précédemment rendues sur les pensions seront exécutées en ce qui ne sera point contraire à la présente.

11 FRUCTIDOR an 3 (28 août 1795). — Décret qui nomme le citoyen Declerk commissaire de la Trésorerie. (B. 58, 135.)

11 FRUCTIDOR an 3 (28 août 1795). — Décret qui accorde un congé au représentant Laurenceot. (B. 58, 135.)

11 FRUCTIDOR an 3 (28 août 1795). — Décret qui accorde un congé au citoyen Moreau. (B. 58, 136.)

11 FRUCTIDOR an 3 (28 août 1795). — Décret portant que les dispositions de celui du 5 de ce mois, portant surséance à la saisie-exécution d'instrumens aratoires, dirigée contre aucuns cultivateurs-fermiers du département de l'Aisne,

sont applicables aux jugemens rendus les 13 prairial et 27 thermidor derniers aux tribunaux de Vervins et Château-Thierry contre le citoyen Babœuf. (B. 58, 136.)

11 FRUCTIDOR an 3 (28 août 1795). — Décret qui improuve des adresses des sections du Mail et des Champs-Elysées. (B. 58, 136.)

11 FRUCTIDOR an 3 (28 août 1795). — Décret qui renvoie au comité de législation une pétition de Joseph Bastiou. (B. 58, 138.)

11 FRUCTIDOR an 3 (28 août 1795). — Décret qui autorise les réfugiés des départemens de l'ouest à voter sur l'acceptation de la Constitution dans les assemblées primaires des communes où ils font leur résidence actuelle. (B. 58, 140.)

12 FRUCTIDOR an 3 (29 août 1795). — Décret qui détermine la manière de procéder à l'égard des personnes détenues en vertu d'ordres émanés de toute autorité autre que celle des officiers ordinaires de police. (1, Bull. 175, n° 1057; B. 58, 138.)

Art. 1er. Toutes personnes actuellement détenues en vertu d'ordres émanés de toute autre autorité que celle des officiers ordinaires de police, seront conduites, sans aucun délai, par-devant l'officier de police de sûreté de l'arrondissement dans lequel elles sont en arrestation.

2. L'officier de police de sûreté procédera à leur égard suivant les règles prescrites par la loi du 16 = 29 septembre 1791.

3. Il sera libre à ceux des détenus contre lesquels le jury d'accusation aura déclaré qu'il y a lieu à accusation, d'opter, pour être jugés définitivement, entre le tribunal criminel du département où le jury d'accusation aura tenu séances, et les deux tribunaux criminels les plus voisins.

12 FRUCTIDOR an 3 (29 août 1795). — Décret qui renvoie au comité de sureté générale, l'examen du fait faux de canons placés à Montmartre. (B. 58, 138.)

12 FRUCTIDOR an 3 (29 août 1795). — Décret qui détermine les rapports entre le comité de sureté générale et les représentans chargés de la direction de la force armée de Paris, pour les mesures militaires que les circonstances pourraient exiger. (B. 58, 139.)

13 FRUCTIDOR an 3 (30 août 1795). — Décret qui détermine un mode pour la vente des maisons nationales situées dans l'enceinte des murs de Paris. (1, Bull. 175, n° 1058 ; B. 58, 147.)

Voy. loi du 10 FRIMAIRE an 4.

Art. 1er. Toutes les maisons nationales

situées dans l'enceinte des murs de Paris pourront être acquises par tous les citoyens, dans le courant d'une décade, en se-conformant aux dispositions suivantes.

2. Tout citoyen qui voudra acquérir se présentera au bureau d'enregistrement de l'arrondissement où la maison sera située. Le receveur ouvrira un registre à l'effet d'y recevoir les soumissions, et tout citoyen pourra y faire inscrire sa soumission d'acquérir la maison qu'il désignera par la rue et le numéro de sa situation, en s'obligeant par écrit de payer la valeur au denier cent cinquante du revenu déterminé, ainsi qu'il suit:

3. Le revenu de chaque maison sera fixé d'après le prix du bail de 1792, sans aucune diminution de charges, et à défaut de bail, d'après le taux de la contribution foncière, en évaluant le revenu à dix fois le montant de cette contribution au rôle de 1792.

4. S'il se présente plusieurs concurrens pour la même maison, il sera libre à chacun d'eux de couvrir les dernières soumissions, en faisant celle de payer un sixième en sus du montant des soumissions. Nul ne sera reçu à faire de nouvelles soumissions, où à couvrir celles qui auraient été faites, passé midi précis du quatrième jour.

5. Les soumissions qui seraient faites pour des maisons déjà comprises dans les loteries, ou affectées à des établissemens publics, resteront sans effet.

6. Les registres des soumissions seront arrêtés définitivement le quatrième jour à midi précis, et signés par le receveur de l'enregistrement et deux commissaires de la section ; et les registres seront déposés de suite au bureau général de l'administration de l'enregistrement.

7. Le dernier soumissionnaire de chaque maison restera adjudicaire, à la condition de payer, dans la décade de la mise en vente le tiers de son adjudication, et les deux autres tiers dans le cours de la décade suivante, à peine d'être déchu de la soumission, et d'être contraint à payer, à titre d'indemnité, le sixième du montant de sa première soumission,

8. Toutes les difficultés qui pourront s'élever sur l'exécution du présent décret, seront soumises aux comités de salut public et des finances réunis, pour y statuer définitivement.

---

13 FRUCTIDOR an 3 (30 août 1795). — Décret concernant le mode de réélection des deux tiers de la Convention nationale. (1, Bull. 181 , n° 1103 ; B. 58, 143.)

Voy. lois du 1er VENDÉMIAIRE an 4.

Art. 1er. Les prochaines assemblées électorales, en exécution des articles 1 et 2 du titre 1er de la loi du 5 de ce mois, nommeront d'abord les deux tiers des membres que chacune d'elles doit fournir au Corps-Législatif, et les choisiront, soit dans la députation actuelle de leur département, soit parmi tous les autres membres de la Convention, si ce n'est ceux qui sont exceptés par l'article 3 de la même loi.

2. Il sera en conséquence adressé à chaque assemblée électorale, lors de la convocation prescrite par l'article 10 du titre II, des exemplaires de la liste des membres qui sont en activité dans la Convention. Les exemplaires seront certifiés par le comité des décrets, procès-verbaux et archives.

3. Chaque assemblée électorale, indépendamment des deux tiers qu'elle doit nommer d'abord, formera une liste suplémentaire triple de la première, et composée de membres également pris sur la totalité de la Convention, en sorte, par exemple, qu'en supposant une députation de neuf membres dans sa totalité, il en sera, avant tout, choisi six pour former la *liste des deux tiers*, et dix-huit autres pour la *liste supplémentaire.*

4. Il sera procédé successivement et séparément à chacune de ces deux élections; elles seront faites l'une et l'autre au scrutin de liste simple, à la pluralité absolue, aux deux premiers tours ; et à la pluralité relative, au troisième tour, si l'on est obligé d'y recourir. Après chaque tour de scrutin, le bureau en publiera le résultat, en annonçant les élections consommées, s'il y en a, et en proclamant les noms de ceux qui, n'étant pas encore élus, auront obtenu des suffrages, ainsi que le nombre de voix donné à chacun deux.

5. L'élection du dernier tiers, qui sera pris soit dans la Convention, soit en dehors, ne pourra se faire qu'après avoir achevé celles qui sont prescrites par les articles précédens.

6. En cas d'insuffisance du résultat des scrutins de toutes les assemblées électorales pour la réélection de cinq cents membres de la Convention, ce nombre sera complété par ceux qui auront été réélus dans son sein pour composer les deux tiers du Corps-Législatif.

7. Cette opération suivra immédiatement la vérification des pouvoirs, et se fera par scrutin de liste, en observant les conditions prescrites par l'article 4.

8. Il sera envoyé à chaque assemblée électorale, un tableau du nombre de députés qu'elle doit fournir d'après les états de population.

9. La distribution des députés entre le Conseil des Cinq-Cents et le Conseil des Anciens, sera faite, pour cette fois, par la totalité de ceux qui seront élus pour former le Corps-Législatif.

10. Aucun député en mission ou en congé ne sera éligible dans le département où il se trouvera pendant la tenue de l'assemblée électorale.

13 FRUCTIDOR an 3 (30 août 1795). — Décret portant défense de vendre dans d'autres lieux qu'à la Bourse, de l'or et de l'argent, etc. (1 , Bull. 181, n° 1104; B. 58, 150.)

Voy. lois du 20 VENDÉMIAIRE an 4, et du 28 VENDÉMIAIRE an 4.

Art. 1er. Il est défendu à tout individu, à Paris et dans toutes les places de commerce où il y a bourse, de vendre de l'or et de l'argent, soit monnayés, soit en barre, en lingot ou œuvrés, ou de faire des marchés qui auraient ces matières pour objet, sur les places et dans les lieux publics autres que la Bourse. Tout contrevenant sera condamné à deux années de détention, à l'exposition en public, avec écriteau sur la poitrine, portant ce mot, *Agioteur;* et tous ces biens seront, par le même jugement, confisqués au profit de la République.

2. Il est également défendu de vendre dans les lieux publics autres que la Bourse, aucune espèce de marchandise qui ne sera point exposée en vente sur le lieu même où cette vente se fait; les contrevenans seront réputés *agioteurs,* et punis des peines prononcées ci-dessus.

3. Tout homme qui sera convaincu d'avoir vendu des marchandises et effets dont, au moment de la vente, il ne serait pas propriétaire, est aussi déclaré *agioteur*, et doit être-puni comme tel.

4. Tout individu arrêté comme prévenu des délits mentionnés dans les articles précédens, sera conduit sur-le-champ devant le directeur du jury, lequel sera tenu de dresser, dans le jour, l'acte d'accusation, et de le présenter au jury d'accusation dans le jour suivant.

5. Si le jury déclare qu'il y a lieu à accusation, l'accusé sera jugé dans les trois jours suivans par le tribunal criminel.

13 FRUCTIDOR an 3 (30 août 1795). — Décret qui suspend toutes radiations d'individus inscrits sur les listes d'émigrés (B. 58, 143.)

13 FRUCTIDOR an 3 (30 août 1795). — Décret qui ordonne l'impression de l'adresse aux Français sur la réélection des deux tiers de la Convention. (B. 58, 147.)

13 FRUCTIDOR an 3 (30 août 1795). — Décrets qui accordent diverses sommes à titre de secours provisoires. (B. 58, 140, 142 et 149.)

13 FRUCTIDOR an 3 (30 août 1795). — Décret

qui rapporte celui du 7 pluviose an 2, qui suspend toutes poursuites intentées à l'occasion du meurtre des nommés Speitzemberg et Rebeaucourt. (B. 58, 141.)

13 FRUCTIDOR an 3 (30 août 1795). — Décret qui annulle un jugement du tribunal criminel du département d'Eure-et-Loir, du 18 nivose, rendu contre les citoyens Mercier et Roussel. (B. 58, 141.)

13 FRUCTIDOR an 3 (30 août 1795). — Décret portant que le comité des secours publics fera incessamment un rapport sur les secours à accorder aux citoyens corses actuellement réfugiés dans les départemens de France. (B. 58, 142.)

13 FRUCTIDOR an 3 (30 août 1795). — Décret d'ordre du jour motivé, relatif à la pétition de la citoyenne veuve Hery. (B. 58, 142.)

13 FRUCTIDOR an 3 (30 août 1795). — Décret qui renvoie aux comités des finances et de législation l'examen de la loi du 24 germinal, relative à la prorogation d'un délai pour les insinuations. (B. 58, 143.)

13 FRUCTIDOR an 3 (30 août 1795). — Décret de renvoi aux comités de salut public, de sûreté générale et de législation, d'une lettre de A. P. Montesquiou. (B. 58, 149.)

14 FRUCTIDOR an 3 (31 août 1795). — Décret qui modifie plusieurs dispositions de celui du 4 germinal an 2, relatif aux douanes (1, Bull. 175, n° 1060; B. 58, 151.)

Voy. loi du 9 FLORÉAL an 7.

Art. 1er. Les rapports pour contraventions aux lois relatives aux importations et aux exportations tant sur mer que sur terre, seront signés au moins par deux préposés aux douanes ou autres citoyens français (1).

2. Ceux qui procéderont aux saisies, feront conduire dans un bureau de douane, et, autant que les circonstances pourront le permettre, au plus prochain du lieu de l'arrestation, les marchandises, les voitures et chevaux servant au transport; ils y rédigeront de suite leur rapport, dans lequel ils seront seulement tenus d'énoncer la date et la cause de la saisie, les noms, qualités et demeures des saisissans et du préposé des douanes, ainsi que la description des objets saisis (2).

(1 et 2) Abrogés. *Voy.* loi du 9 floréal an 7, titre 4, art. 18.
(2) Il n'est pas nécessaire, à peine de nullité, que le procès-verbal de saisie soit revêtu de la signature du préposé à la requête de qui la saisie a été faite; à cet égard, l'art. 8 du titre 10 de la

loi du 22 août 1791 est abrogé par cet article.
En cas d'absence du saisi, le procès-verbal ne doit pas nécessairement être signifié à l'agent de la commune, dans le territoire duquel la saisie est faite, et le jugement doit sortir tout son effet, s'il a été dûment signifié au prévenu, encore

3. Si la partie trouvée en contravention est au bureau lors de la clôture du rapport, il lui en sera donné copie à l'instant même, et mention en sera faite sur l'original ; sinon cette copie sera affichée, dans le jour, à la porte du bureau. Dans l'un et l'autre cas, le rapport contiendra sommation à la partie nommée ou inconnue de comparaître, le lendemain matin, devant le juge-de-paix de l'arrondissement (1).

4. Lors de la comparution devant le juge-de-paix, ou, à son défaut, devant ses assesseurs, le rapport sera présenté : le juge recevra l'affirmation des saisissans, entendra la partie si elle est présente, et sera tenu de rendre sans délai son jugement. L'amende sera toujours de cinq cents livres, lorsqu'il s'agira d'importations ou d'exportations prohibées (2).

5. Dans le cas où la saisie n'étant pas déclarée valable, l'agence des douanes interjetterait appel du jugement, les bâtimens, voitures et chevaux saisis, même les marchandises sujettes à dépérissement, seront remis sous caution solvable, après estimation de leur valeur. Si la remise, aux conditions ci-dessus, n'est pas demandée dans les huit jours de la date du jugement, l'agence des douanes pourra faire procéder à la vente dans les trois jours de l'annonce qui en aura été faite à la partie, soit à son domicile, ou par affiche à la porte de la maison commune et à celle du bureau : cette vente aura lieu, soit que la partie comparaisse ou non ; toute opposition est non-recevable.

6. L'appel devra être notifié dans la huitaine de la signification du jugement, sans citation préalable au bureau de paix et de conciliation : après ce délai, il ne sera point recevable, et le jugement sera exécuté purement et simplement. La déclaration d'appel contiendra assignation à trois jours devant le tribunal civil dans le ressort duquel se trouvera le juge-de-paix qui aura rendu le jugement, et le tribunal sera tenu de prononcer dans les délais fixés par la loi pour les appels des jugemens du juge-de-paix (3). (*Voy.* art. 11.)

7. Si la saisie est jugée bonne, et qu'il n'y ait pas d'appel dans la huitaine de la signification, le neuvième jour le préposé du bureau indiquera la vente des objets confisqués, par une affiche signée de lui, et apposée tant à la porte du bureau qu'à celle de l'auditoire du juge-de-paix, et procédera à la vente cinq jours après.

8. Les objets saisis qui auront été confisqués, seront vendus publiquement et après l'apposition d'affiches dans la forme prescrite par l'article 7.

9. Si la saisie n'est pas fondée, et qu'il y ait lieu d'en donner main-levée, le propriétaire des marchandises aura droit à un intérêt d'indemnité, à raison d'un pour cent par mois de la valeur des objets saisis, depuis l'époque de la retenue jusqu'à celle de la remise ou de l'offre qui lui en aura été faite (4).

10. Les tribunaux de paix qui connaissent en première instance des saisies, jugeront également en première instance les contestations concernant le refus de payer les droits, le non-rapport des acquits-à-caution, et les autres affaires relatives aux douanes (5).

11. Tous jugemens rendus sur une saisie

---

qu'on ne l'ait point affiché à la porte du bureau des douanes (7 brumaire an 8 ; Cass. S. 7 , 2 , 920). *Voy.* note 1.

(1) *Voy.* la note 1 de la page précédente.

(2) Le rapport fait par les préposés aux douanes, peut être affirmé devant un juge-de-paix, autre que celui dans le ressort duquel la saisie est faite (15 floréal an 12 ; Cass. S. 4, 1, 277. *Voy.* note 1,

(3) Les trois jours exigés par cet article, doivent être francs, en ce sens que le jour de la citation et celui de l'échéance n'y soient pas compris (3 messidor an 9 ; Cass. S. 1, 2, 268 ; *id.*— 3 messidor an 10 ; Caas. S. 2, 2, 444).

Il n'est pas nécessaire que l'exploit d'appel d'un jugement rendu par un juge-de-paix, en matière de douanes, énonce sommairement les moyens et conclusions de l'appelant (19 frimaire an 8 ; Cass. S. 1, 2, 219).

Voy. loi du 9 floréal an 7 , titre 4 , art 14.

(4) Une indemnité pour saisie illégale est due, non-selement au propriétaire de la marchandise, mais encore au propriétaire du navire ou de la voiture, pour raison ou de détention ou de privation de leur chose (3 messidor an 11 ; Cass S. 4, 1, 19).

Abrogé. *Voy.* loi du 9 floréal an 7, tit. 4, art. 18.

(5) Les procès, en matière de douanes, sont soumis à la règle ordinaire des deux degrés de juridiction (20 fructidor an 10 ; Cass. S. 2, 2, 367).

La demande de la part de l'administration des douanes, en main levée d'une opposition formée par un propriétaire de marchandises prohibées qui ont été vendues pour être réexportées, et tendant à empêcher la délivrance de ces marchandises à l'acquéreur, constitue une demande purement civile, qui doit être portée en 1re instance devant le tribunal civil et non devant le juge de paix comme lors qu'il s'agit d'une contestation en matière de douanes proprement dite. (24 août 1831. Bordeaux. S. 32, 2, 598. D. 32, 2, 8.)

C'est au juge de paix, qu'il appartient de décider quels droits sont dus pour la cargaison d'un navire, séquestrée et vendue par ordre du gouvernement, mais dont un acte subséquent du gouvernement a ordonné que la valeur fut restituée aux propriétaires. Vainement on dirait en ce cas que le juge de paix est incompétent, en ce qu'il s'agirait d'apprécier les effets de l'acte du gouver-

seront signifiés, soit à la partie saisie, soit au préposé indiqué par le rapport. Les significations seront faites à son domicile, si elle en a un réel ou élu dans le lieu de l'établissement du bureau, sinon à celui de l'agent national de la commune. Les significations à l'agence des douanes seront faites au préposé.

12. Au moyen des dispositions du présent décret, le titre VI de la loi du 4 germinal est rapporté en tout ce qui pourrait y être contraire.

---

14 FRUCTIDOR an 3 (31 août 1795). — Décret qui abolit l'action en rescision des contrats de vente ou équipollens à vente entre majeurs pour cause de lésion d'outre-moitié (1, Bull. 175, n° 1061; B. 58, 160.)

Voy. lois du 3 GERMINAL an 5, du 19 FLORÉAL an 6, du 2 et du 24 PRAIRIAL an 7.

Art. 1er. L'action en rescision des contrats de vente ou équipollens à vente entre majeurs pour lésion d'outre-moitié, est abolie à l'égard des ventes qui seront faites à compter de la publication de la présente loi (1).

2. Toute action et toute instance en rescision de contrats de vente ou équipollens à vente pour cause de lésion d'outre-moitié, demeurent provisoirement suspendues.

La Convention renvoie à son comité de législation pour ce qui concerne l'exercice de ladite action à l'égard des ventes actuellement existantes.

---

14 FRUCTIDOR an 3 (31 août 1795). — Décret portant qu'aucun citoyen ne peut être privé du droit d'émettre son vœu dans une assemblée primaire, à moins qu'une loi expresse ne l'en exclue formellement. (B. 58, 160.)

Un membre expose que, dans quelques sections de la République, on agite la question de savoir si les citoyens désarmés doivent être admis à voter dans les assemblées primaires. Il demande que la Convention se prononce sur un objet aussi important, et qui intéresse d'une manière si particulière le droit des citoyens.

On demande sur ce point l'ordre du jour,

motivé sur ce qu'aucun citoyen ne peut être privé du droit d'émettre son vœu dans une assemblée primaire, à moins qu'une loi formelle ne l'en exclue.

Cette proposition est décrétée.

Un autre membre demande que le même ordre du jour soit, par les mêmes motifs, étendu aux fonctionnaires publics destitués ou remplacés.

Un autre membre demande que le décret généralise le principe; en conséquence:

La Convention nationale, sur toutes ces propositions, décrète qu'aucun citoyen ne peut être privé du droit d'émettre son vœu dans une assemblée primaire, à moins qu'une loi expresse ne l'en exclue formellement.

La Convention décrète, en outre, que l'insertion de son décret au Bulletin tiendra lieu de publication.

---

14 FRUCTIDOR an 3 (31 août 1795). — Décret qui confirme les jugemens du jury des arts établi par la loi du 9 frimaire an 3, pour juger les concours d'architecture, de peinture et de sculpture. (1, Bull. 175, n° 1059; B. 58, 150.)

---

14 FRUCTIDOR an 3 (31 août 1795). — Décret qui attache à chacune des armées des Alpes et d'Italie, un général en chef, et qui confie le commandement de l'armée des Alpes au général Kellermann, et celui de l'armée d'Italie au général Schérer. (B. 58, 153.)

---

14 FRUCTIDOR an 3 (31 août 1795). — Décret relatif aux paiemens à faire par la Trésorerie nationale aux citoyens Anson, d'Orcy, Randon, Duthil, anciens receveurs-généraux. (B. 58, 153, 154 et 155.)

---

14 FRUCTIDOR an 3 (31 août 1795). — Décret qui déclare quittes de toutes leurs gestions les citoyens Pasquier et Crepinet. (B. 58, 156.)

---

14 FRUCTIDOR an 3 (31 août 1795). — Décret qui suspend l'exécution de jugemens rendus par les tribunaux de police correctionnelle de Sennecy, et civil de Châlons-sur-Saône, en fa-

---

nement qui a ordonné la main levée du séquestre (29 janvier 1828. Cass. S. 28, 1, 148. D. 28, 1, 111.)

Le fait d'avoir *maltraité un préposé* des douanes (fait de la compétence du tribunal correctionnel), n'a pas de *connexité* légale avec le fait d'avoir commis une *introduction frauduleuse* (de la compétence du juge de paix.) — Ainsi lorsque la voie de fait est dénoncée au tribunal correctionnel, sur le ministère public, l'administration des douanes n'est pas recevable à demander que le même tribunal juge l'introduction frauduleuse; — La connexité qui, dans le sens des art. 226 et 227 Code d'instruction criminelle, autorise une

seule et même instruction, présuppose que la loi n'a pas établi des juridictions d'ordre différent pour chacun des faits à poursuivre (10 octobre 1825; Cass. S. 27, 1, 53. D. 26, 1, 67.)

Voy. loi du 9 floréal an 7, art. 6 et 14.

(1) Cette loi, qui abroge l'action de rescision pour lésion, ne s'applique point aux actes de partage, et à la lésion du tiers au quart, mais aux seuls contrats de vente, dans lesquels le vendeur prétend éprouver une lésion d'outre-moitié (6 avril 1807; Paris; S. 7, 2, 1041).

Elle ne s'applique qu'aux ventes entre majeurs et non aux ventes des biens des mineurs (15 décembre 1825.) (Cass. S. 27, 1, 220. D. 26, 1, 80.)

veur des sœurs Jusseau, contre Louis Griveau et autres. (B. 58, 158.)

14 FRUCTIDOR an 3 (31 août 1795). — Décret relatif au tribunal criminel militaire établi près l'armée de l'intérieur. (B. 58, 159.)

14 FRUCTIDOR an 3 (31 août 1795). — Décret qui rapporte celui du 13 fructidor présent mois, qui annulle un jugement du tribunal du département d'Eure-et-Loir, rendu contre les citoyens Mercier et Roussel. (B. 58, 158.)

14 FRUCTIDOR an 3 (31 août 1795). — Décret qui renvoie au comité de salut public la demande des envoyés des communes du département de Jemmappe. (B. 58, 159.)

14 FRUCTIDOR an 3 (31 août 1795). — Décret qui déclare que les représentans Réal et Chiappe sont spécialement attachés à l'armée des Alpes. (B. 58, 153.)

14 FRUCTIDOR an 3 (31 août 1795). — Décret qui charge les généraux Hoche du commandement de l'armée de l'Ouest, et Moncey du commandement de celle des côtes de Brest, etc. (B. 58, 157.)

15 FRUCTIDOR an 3 (1er septembre 1795). — Décret qui détermine un mode pour l'examen et l'admission des candidats à l'école centrale des travaux publics, et change son nom en celui d'*Ecole Polytechnique*. (1, Bull. 175, n° 1062 ; B. 58, 171.)

Voy. lois du 30 VENDÉMIAIRE an 4, tit. 2, arrêté du 7 FRUCTIDOR an 6 ; loi du 25 FRIMAIRE an 8.

Art. 1er. L'école centrale des travaux publics portera à l'avenir le nom d'*Ecole Polytechnique*.

2. Les examens des candidats pour cette école s'ouvriront chaque année le 1er brumaire, et se feront de manière que les admis puissent être rendus à Paris au commencement des études de l'école, qui aura lieu le 1er nivose.

3. Les connaissances exigées dans ces examens seront l'arithmétique, l'algèbre, comprenant la résolution des équations des quatre premiers degrés, et la théorie des suites ; la géométrie, comprenant la trigonométrie, l'application de l'algèbre à la géométrie, les sections coniques.

4. Les autres conditions et le mode de ces examens seront conformes à ce qui est prescrit par les articles 2, 3, 5, 6, 7, 8 et 9 de la loi du 7 vendémiaire dernier, relative au même objet.

5. Chaque examinateur adressera au ministre sous l'autorité duquel l'école sera placée, le compte rendu des examens qu'il aura faits, et dans la forme qui aura été prescrite.

6. Ces comptes rendus seront remis par le ministre à un jury formé à Paris, et composé de cinq membres choisis parmi les savans étrangers à l'école, et les plus distingués dans les sciences mathématiques.

Ce jury, par la comparaison des comptes rendus des examinateurs particuliers, désignera, par ordre de mérite, les jeunes gens qui paraissent avoir le plus d'instruction et de capacité, et qui seront en conséquence admis à l'école, en même nombre que les places vacantes.

7. Les dispositions des articles 13, 14, 15 et 16 de la loi du 7 vendémiaire dernier, concernant le traitement et la destination ultérieure des élèves, continueront d'être exécutées.

8. A la fin de chaque année d'études, les élèves de l'école seront examinés pour constater le degré de leurs connaissances acquises, et le travail qu'ils auront fait.

Ceux qui, à l'expiration de la première année, n'auront pas fait les deux tiers du travail affecté à cette année, seront censés n'avoir pas l'intention d'approfondir l'étude des sciences et des arts ; et, en conséquence, ils se retireront de l'école.

Ils ne pourraient y être reçus de nouveau qu'après l'intervalle d'une année, et suivant le mode déterminé pour la première admission.

9. La commission des travaux publics et les comités de la Convention qui ont surveillé l'école jusqu'à-présent, continueront de le faire et d'assurer l'exécution des lois comme par le passé, en attendant l'activité des pouvoirs constitutionnels qui leur sont substitués.

15 FRUCTIDOR an 3 (1er septembre 1795). — Décret qui ordonne la nomination d'une commission extraordinaire pour l'examen des comptes, marchés, achats, etc., exécutés par la commission des approvisionnemens. (B. 58, 162.)

15 FRUCTIDOR an 3 (1er septembre 1795). — Décret qui supprime la commission des approvisionnemens. (1, Bull. 173, n° 1040 ; B. 58, 164.)

15 FRUCTIDOR an 3 (1er septembre 1795). — Décret qui ordonne l'impression d'un rapport du comité de salut public et du traité de paix conclu à Bâle, le 11 fructidor, entre la France et le landgrave de Hesse-Cassel. (B. 58, 162.)

15 FRUCTIDOR an 3 (1er septembre 1795). — Décret qui accorde des pensions à des fonctionnaires publics retirés de différentes administrations. (B. 58, 161.)

15 FRUCTIDOR an 3 (1er septembre 1795). — Décret qui annulle un arrêté du représentant Pénières relatif à ceux qui ont été remplacés, tant dans la garde nationale, que dans les autorités constituées du département de la Charente. (B. 58, 163.)

15 FRUCTIDOR an 3 (1er septembre 1795). — Décret qui renvoie au comité de législation un projet de décret relatif aux propriétaires de maisons qui donnent congé à leurs locataires, sous le prétexte de jouir par eux-mêmes. (B. 58, 163.)

15 FRUCTIDOR an 3 (1er septembre 1795). — Décret qui renvoie aux représentans du peuple en mission près l'armée d'Italie, une pétition du citoyen Balestroit, négociant de Gènes. (B. 58, 172.)

15 FRUCTIDOR an 3 (1er septembre 1795). — Décret qui autorise le bureau de comptabilité à décharger le compte des anciens administrateurs des postes de la somme de huit mille quatre cents livres d'intérêts pour retard des versemens. (B. 58, 172.)

16 FRUCTIDOR an 3 (2 septembre 1795). — Décret qui autorise le cumul des traitemens en faveur des savans et des artistes. (1, Bull. 175, n° 1063; B. 58, 173.)

La Convention nationale décrète :

Les savans, les gens de lettres et les artistes qui rempliront plusieurs fonctions relatives à l'instruction publique, pourront en cumuler les traitemens.

16 FRUCTIDOR an 3 (2 septembre 1795). — Décret qui défend aux tribunaux de connaître des actes d'administration, et annulle toutes procédures et jugemens intervenus à cet égard. (1. Bull. 175; n° 1064; B. 58, 175.)

Voy. loi du 16=24 août 1790, tit. 2. art. 13; loi du 21 FRUCTIDOR an 3; arrêté du 2 GERMINAL an 5; loi du 28 PLUVIOSE an 8, art. 4, arrêté du 5 FRUCTIDOR an 9

La Convention nationale, après avoir entendu son comité des finances, décrète qu'elle annulle toutes procédures et jugemens intervenus, dans les tribunaux judiciaires, contre les membres des corps administratifs et comités de surveillance, sur réclamation d'objets saisis, de taxes révolutionnaires, et d'autres actes d'administration émanés desdites autorités pour l'exécution des lois et arrêtés des représentans du peuple en mission, ou sur répétition des sommes et effets versés au Trésor public.

Défenses itératives sont faites aux tribunaux de connaître des actes d'administration de quelque espèce qu'ils soient, aux peines de droit, sauf aux réclamans à se pourvoir devant le comité des finances pour leur être fait droit, s'il y a lieu, en exécution des lois, et notamment de celle du 13 nivaire dernier (1).

(1) La règle qui établit l'indépendance respective des tribunaux et de l'autorité administrative, a été introduite dans la nouvelle législation par la loi du 16 = 24 août 1790, tit. 2. art 13. Elle a été reproduite d'une manière générale par plusieurs lois, dont nous avons cité les plus remarquables à la suite de l'intitulé de la loi du 16 fructidor an 3; mais outre ces dispositions générales, qui se bornent à proclamer le principe, il existe une foule de lois spéciales qui l'appliquent aux différentes matières sur lesquelles elles disposent.

Parmi ces lois qui attribuent juridiction d'une manière expresse à l'autorité administrative, on peut citer la loi du 16 = 24 août 1790, tit 11, qui détermine *les objets de police* confiés aux corps municipaux, la loi du 7 = 11 septembre 1790, relative *à la forme de procéder devant les autorités administratives et judiciaires, en matière de contributions, de travaux publics et de commerce;* la loi du 28 octobre = 5 novembre 1790, relative à *la vente et à l'administration des biens nationaux;* la loi du 23 novembre = 1er décembre 1790, tit. 4, *sur les contributions;* la loi du 24 août 1793. §. 28, *sur les dettes des communes;* la loi du 1er fructidor an 3, qui attribue à l'autorité administrative toutes les contestations sur la *validité des adjudications de domaines nationaux;* la proclamation du Directoire, du 2 nivose au 6, développant le principe consacré par la loi du 1er fructidor an 3; la loi du 28 pluviose an 8, art. 4, qui place dans les attributions des conseils de préfecture, les demandes *en décharges et réduction des*

cotes de contributions directes, *les difficultés, entre l'administration et les entrepreneurs de travaux publics, sur le sens ou l'exécution des clauses de leurs marchés, sur les réclamations des particuliers, se plaignant de torts provenant du fait personnel des entrepreneurs; les demandes et contestations concernant les indemnités dues aux particuliers, à raison des terrains pris ou fouillés pour la confection des chemins, canaux ou autres ouvrages publics; les difficultés en matière de grande voirie; les autorisations de plaider pour les communes, et le contentieux des domaines nationaux;* l'arrêté du 13 thermidor an 8, *sur les octrois;* la loi du 29 floréal an 10, *sur les contraventions en matière de grande voirie,* art. 3 et 4; la loi du 29 floréal an 10, *sur les poids des voitures employés au roulage et messageries,* art. 4; la loi du 30 floréal an 10, sur *le droit de navigation intérieure* art. 4; la loi du 11 germinal an 11, *sur les changements de noms;* la loi du 22 germinal an 11, relative aux *manufactures, fabriques et ateliers,* tit. 4; la loi du 1er floréal an 11 *sur les concessions territoriales aux vétérans,* art. 9; la loi du 9 floréal an 11 *sur le régime des bois;* la loi du 14 floréal an 10, sur *le curage des canaux et rivières non navigables,* art. 4; la loi du 9 ventose an 12 sur *le partage des biens communaux,* art. 6; le décret du 9 brumaire an 13 sur *les partages des biens communaux;* loi du 9 ventose an 13 sur *les plantations des grandes routes et des chemins vicinaux,* art. 8; l'avis du Conseil-d'État sur *les biens des fabriques et hospices* du 30 avril 1807; la loi du 16 septembre 1807, *sur la cour des comptes,* tit.

16 FRUCTIDOR an 3 (2 septembre 1795). — Décret interprétatif de celui du 5 fructidor, concernant la reddition des comptes des receveurs des décimes. (1, Bull. 176, n° 1066 ; B. 58, 175).

Art. 1er. Les décrets rendus par l'Assemblée constituante, sur la recette générale du ci-devant clergé, et les receveurs particuliers des décimes des ci-devant diocèses, les 18=23 juillet, 14=21 septembre 1790, 26 décembre 1790=15 janvier 1791 et 15=19 janvier 1791, seront exécutés.

2. Les receveurs particuliers des décime déclarés débiteurs personnels par le décre

---

2; la loi du 16 septembre 1807, *sur le dessèchement des marais; les travaux de navigation, des routes, des ponts, des rues, places et quais dans les villes, des digues, des travaux de salubrité dans les communes; les travaux de route et de navigation relatifs à l'exploitation des forêts et minières;* le décret du 11 janvier 1808 *sur les constructions autour de Paris ;* le décret du 1er mars 1808 *sur les majorats;* le décret du 17 mars 1808, *sur l'organisation de l'université;* la loi du 21 avril 1810 concernant *les mines, minières et carrières;* la loi du 16 décembre 1811 *sur les routes,* tit. 9; la loi des finances du 20 mars 1813; tit. 1er, *relatif* aux *aliénations des biens communaux,* art. 2; la loi du 5 décembre 1814, *sur la remise des biens non vendus aux émigrés,* art. 12 et 13; la loi du 5 février 1817, *sur les élections,* art. 6; la loi du 10 mars 1818, *sur le recrutement,* art. 13 et suiv., 16 et suiv. loi du 14 août 1822, *sur les canaux* (cahiers des charges); la loi du 28 juillet 1824, *sur les chemins vicinaux;* la loi du 27 avril 1825, *sur l'indemnité accordée aux émigrés;* la loi du 30 avril 1826 *sur l'indemnité de Saint-Domingue;* le *Code forestier* du 21 mai 1827; la loi du 2 mai 1827 *sur le jury;* la loi du 2 juillet 1828 *sur les listes électorales et du jury;* la loi du 15 avril 1829 *sur la pêche fluviale;* la loi du 21 mars 1831 *sur l'organisation municipale;* du 22 mars 1831 *sur la garde nationale;* du 19 avril 1831 *sur les élections;* du 21 mars 1832 *sur le recrutement;* du 22 juin 1833 *sur les conseils généraux et les conseils d'arrondissement;* du 7 juillet 1833 *sur l'expropriation pour cause d'utilité publique.*

Les lois que nous venons de citer attribuent juridiction à la justice administrative, spécialement pour certains objets déterminés, mais les lois qui règlent les attributions du Conseil-d'Etat contiennent à cet égard des dispositions générales qu'il est utile de consulter; *voyez* notamment le réglement du 9 août 1789, et celui du 5 nivose an 8, et les lois qui sont indiquées sur ces deux actes; *voyez* aussi l'arrêté du 13 prairial an 10, et l'ordonnance du 1er Juin 1828; sur les conflits.

La distinction que nous avons établie entre les lois doit être reproduite dans les monumens de la jurisprudence, ainsi, comme nous avons fait remarquer que certaines lois ont proclamé en principe l'indépendance respective des deux autorités, tandis que d'autres ont fait l'application de la règle à diverses matières; de même, nous devons présenter séparément les décisions qui ont expliqué et commenté le principe général, et celles qui ont été rendues dans des cas où une loi spéciale avait reproduit et appliqué ce principe : comme la loi du 16 fructidor an 3 énonce seulement la règle générale, nous nous bornerons à recueillir ici les notices d'arrêts qui ont expliqué ou commenté cette règle, sans en faire d'application à tel ou tel objet spécial.

L'une des règles les plus importantes consacrées par la jurisprudence, et que, par ce motif, nous croyons devoir rappeler la première, c'est que tout ce qui est *interprétation* des actes administratifs est dans les attributions exclusives de l'autorité administrative; tandis que ce qui est *application* rentre dans la compétence des tribunaux. D'innombrables décisions ont reproduit cette distinction, surtout depuis la loi du 28 pluviose an 8. (nous rapporterons les plus remarquables en annotant cette loi); mais pour que la règle offre une véritable utilité dans la pratique, il convient de préciser le sens des mots *interpréter* et *appliquer,* et pour cela nous nous bornerons à transcrire une partie des considérans d'un arrêt de la cour de cassation, où se trouvent réunies la justesse des idées et la clarté des expressions : « S'il importe à l'ordre public, y est-il « dit, de maintenir le principe fondamental du droit « actuel, sur la distinction entre les fonctions judi- « ciaires et les fonctions administratives, il n'est « pas moins essentiel, dans l'intérêt de ce même or- « dre public, que les lois qui ont établi cette dis- « tinction soient sainement entendues. . . la seule « conséquence qui résulte de ces lois, est que les « cours et tribunaux sont dans la double impuis- « sance d'exercer les fonctions administratives, « et de soumettre les actes de l'administration à « leur censure, en les infirmant, les modifiant, « arrêtant ou suspendant leur exécution; mais « que, si un acte administratif attribue à quel- « qu'un la propriété d'un objet, les cours et tri- « bunaux, juges exclusifs de toutes les questions « qui dérivent du droit de propriété, doivent né- « cessairement prendre connaissance de cet acte, « pour y appliquer les principes de la législation « commune , sous la seule condition de n'y point « porter atteinte. . . . .

« On ne peut, sans abuser des termes des lois « précitées, soutenir qu'il y ait nécessité pour les « juges de renvoyer la cause devant l'administra- « tion aussitôt que l'une des parties prétend trou- « ver des doutes et matière à *interprétation* dans « l'acte administratif invoqué par l'autre; ce se- « rait, en effet, laisser à la discrétion d'un plai- « deur téméraire le droit de suspendre le cours « de la justice, en élevant des doutes contre l'é- « vidence, en soutenant qu'il est nécessaire « d'interpréter ce qui ne présenterait ni équivo- « que, ni obscurité; au contraire et par la na- « ture des choses, et par celle de leurs devoirs « les cours et tribunaux doivent examiner si « non l'acte produit devant eux attribue les droits « réclamés ; ils doivent, *en cas de doute,* ren- « voyer à l'autorité administrative; si, au con- « traire, l'acte leur paraît n'offrir ni *équivoque,* « ni *obscurité,* ni *doute,* sur le *fait* qu'il déclare, « ou sur la *propriété* qu'il *attribue,* ils doivent,

du 15—19 janvier 1791, seront poursuivis à la diligence de l'agent national de la comptabilité, tant pour la reddition de leurs comptes, que pour le versement des sommes dont ils pourraient être reliquataires, et dont le ci-devant receveur-général demeure déchargé, conformément auxdites lois.

3. Les articles 5 et 6 du décret du 5 du courant, en ce qui concerne le citoyen Quinson, ci-devant receveur-général du ci-devant

---

« sauf le cas de conflit légalement élevé, rete-
« nir la cause, et la juger (arrêt du 13 mai 1824;
« — au rapport de M. *Pardessus; S. 25, 1, 59*).»

Ainsi, nous pouvons dire : lorsqu'une contestation s'élève devant les tribunaux, au sujet d'un acte administratif, il faut distinguer si la contestation porte sur les *faits declarés*, et sur les *droits attribués*, ou si, les *faits* et les *droits* étant reconnus: la discussion roule *sur leurs effets*, leur *étendue*, et leurs *conséquences* d'après les règles du droit commun. Dans le premier cas, il y a lieu à *interprétation* de l'acte; c'est à l'autorité administrative à en connaître; dans le second, il ne s'agit que *d'application* : les tribunaux seuls sont compétens.

Au surplus, les différentes notices qui suivent, et celles qui se trouveront sous la loi du 28 pluviose an 8, rendront plus nette la distinction que nous avons essayé d'établir.

Il faut attribuer aux tribunaux tout ce qui est *application*, d'un titre administratif dont le sens et l'effet ne sont pas contestés, et encore tout ce qui est litigieux en dehors des titres administratifs ; mais il faut réserver à l'administration toute espèce d'interprétation des dispositions du titre, et de tous les actes préparatoires qui le constituent. L'incompétence des tribunaux pour interpréter les titres administratifs, est tellement absolue qu'elle peut être proposée, même par la partie qui les a saisis de la contestation (22 mai 1824; Cass. S. 24. 1, 215).

Cependant, il a été jugé que les règles de compétence établies dans l'intérêt de l'administration ne sont pas tellement d'ordre public, que l'incompétence des tribunaux ne puisse, en certains cas, être couverte par acquiescement (23 décembre 1816; ord. J. C. 3, 413.)

L'autorité administrative est seule compétente pour statuer sur les questions dont la décision dépend de l'interprétation d'actes administratifs (7 décembre 1812; décret, J. C. 2, 146).

Lorsque la justice administrative s'occupe des actes d'adjudication ou des autres actes administratifs, elle peut combiner leur texte avec les circonstances extérieures, c'est là interpréter et non pas appliquer (1er novembre 1814; J. C. 3. 33.)

Lorsqu'il y a contestation devant les tribunaux ordinaires sur un point de droit qui a sa source dans un acte administratif tellement que, pour apprécier le droit des parties, il faut interpréter l'acte de l'administration, l'autorité judiciaire doit renvoyer à l'autorité administrative la décision de cette question préjudicielle (17 juin 1818; J. C. 4, 372).

Les tribunaux sont incompétens pour expliquer ou interpréter des actes émanés de l'autorité administrative, encore que la contestation n'ait pour objet que des intérêts privés (27 décembre 1809; Agen; S. 10, 2, 334).

8

Ainsi lorsque les parties, plaidant sur l'effet d'une autorisation administrative, placent toute la difficulté dans le point de savoir quel est le sens de l'acte administratif, les tribunaux doivent renvoyer à l'administration, encore qu'il s'agisse de servitude prétendue autorisée par l'acte administratif (31 janvier 1826; Cass. S. 26, 1, 300, D. 26, 1, 150).

L'autorité judiciaire peut, sans empiéter sur l'autorité administrative, reconnaître que la qualification de rente constituée donnée à une créance ordinaire dans un décret du gouvernement, est une qualification erronée..... lorsque d'ailleurs l'erreur de cette qualification résulte des titres mêmes énoncés dans ce décret (13 avril 1831 ; Cass. S. 31, 1, 159).

Elle peut également dans une contestation entre particuliers, déterminer le sens d'un réglement administratif sur la hauteur des eaux d'une rivière, en se fondant d'ailleurs sur la convention des parties, faite en exécution de ce réglement, et sur une expertise ordonnée en justice (22 décembre 1824; Cass. S. 25, 1, 175. D. 25, 1, 22).

C'est plus qu'appliquer, c'est interpréter que de fixer le sens d'un acte d'adjudication de biens nationaux en se livrant à des inductions et à des conjectures. — L'erreur des juges qui auraient interprété en ne voulant qu'appliquer, donne ouverture à cassation (16 janvier 1831; Cass. S. 31, 1, 87).

Lorsque, devant les tribunaux, la discussion d'une affaire présente quelques doutes, soit sur la régularité, soit sur la substance d'un acte administratif, le tribunal doit renvoyer les parties devant l'autorité dont l'acte émane, pour la faire expliquer, interpréter, modifier ou réformer ; après quoi, les juges statuent, s'il y a lieu, sur les conclusions des parties (9 juillet 1806; Cass. S. 6, 2, 682).

S'il arrive qu'un premier arrêté interprétatif s'explique insuffisamment, le tribunal saisi doit renvoyer de nouveau et en tout état de cause à l'administration pour compléter sa première interprétation (19 décembre 1826; Cass. S. 27, 1, 428. D. 27, 1, 97).

Lorsqu'un arrêté du conseil de préfecture a envoyé une commune en possession et jouissance de biens communaux usurpés, réclamés par des particuliers, le tribunal, saisi de la demande en revendication, ne peut en connaître qu'après que l'autorité compétente aura statué sur le mérite et les effets de cet arrêté (23 juin 1830; ord. Mac. 12, 341.)

La question de savoir qui eut anciennement le droit de planter des arbres sur un terrain, ou de savoir en fait si les arbres plantés par un seigneur ont été plantés à titre de seigneurie ou à titre de propriétaire est une question judiciaire qui s'élève incidemment devant l'autorité administrative, et quelle soit renvoyée devant l'autorité ju-

17

clergé de France, présent à Paris, est réputé absent par ces articles, sont et demeurent rapportés.

16 FRUCTIDOR an 3 (2 septembre 1795). — Décret qui renvoie aux comités d'instruction publique et des finances la proposition d'assimiler les instituteurs, les professeurs de colléges et les citoyens attachés à l'instruction publique, aux autres fonctionnaires publics, pour participer au salaire progressif. (B. 58, 73.)

16 FRUCTIDOR an 3 (2 septembre 1795). — Décret

diciaire, cette autorité ne peut se refuser à la juger sous prétexte qu'on ne lui demanderait qu'un simple avis, et que sa décision n'aurait pas le caractère d'un jugement (1er mai 1827 ; Cass. S. 27, 1, 269. D. 29 1, 223).

L'autorité administrative est seule compétente pour connaître des difficultés relatives à l'exécution des actes émanés d'elle (15 octobre 1807 ; Cass. S. 7, 2, 272). Cette décision ne peut être entendue dans un sens absolu :

En effet, il a été jugé que, quoique l'autorité judiciaire ne puisse interpréter les actes de l'autorité administrative, elle peut en connaître pour les faire exécuter (7 septembre 1812 ; Cass. S. 13, 1, 210).

Il a été jugé plus particulièrement, que les tribunaux peuvent connaître de l'application et de l'exécution des actes administratifs, quand il ne s'agit ni de les *interpréter*, ni d'en régler l'effet, quand il n'y a qu'à les *exécuter* dans le sens qui a été reconnu par toutes les parties ; — les tribunaux sont compétens pour décider si une telle reconnaissance est régulière et obligatoire (4 février 1812 ; Cass. S. 12, 1, 196).

Lorsqu'un testateur a légué une somme pour la fondation et l'entretien d'un hospice, avec différentes prestations en nature, et qu'un décret a autorisé l'acceptation de la somme léguée aux *clauses* et *conditions* du *testament*; sans s'expliquer sur les prestations en nature, les tribunaux peuvent décider que par ces mots *aux clauses et conditions du testament*, le décret a autorisé l'acceptation des prestations en nature. C'est là seulement faire l'application de l'acte administratif et en ordonner l'exécution (5 décembre 1831 ; Cass. S. 32, 1, 361. D. 31, 1, 342).

Lorsqu'il a été stipulé dans une adjudication d'un bien national, une servitude de passage, et que la clause ne présente ni ambiguïté ni équivoque, l'autorité judiciaire est compétente pour connaître de la contestation qui s'élève par suite du refus de l'adjudicataire, de souffrir la servitude. Elle n'interprète pas dans ce cas l'acte administratif, elle ne fait que l'appliquer et en ordonner l'exécution (25 mars 1825 ; 26, 1, 209).

La chose jugée par l'autorité judiciaire ne peut aucunement être exécutée en un sens contraire aux lois administratives (30 janvier 1809 ; J. C. 1, 242).

Un jugement qui au fond, est contraire à la loi, mais qui a été rendu par suite nécessaire d'une décision administrative préjudicielle n'est pas susceptible d'être cassé (30 décembre 1807 ; Cass. S. 9, 1, 67).

Si un jugement ou arrêt contient à la fois des décisions sur des matières de la compétence des tribunaux, et des décisions sur des matières administratives, le prince peut ordonner que ces jugemens ou arrêts restent, quant à ce, sans exécution ni effet (25 mars 1817 : décret ; J. C. 1, 67).

Lorsque, sur une matière ayant en partie, trait à l'administration, une demande principale est portée devant les tribunaux, et que le défendeur exerce un recours en garantie contre un agent de l'administration, la contestation doit être divisée, à cause de la compétence : l'action principale doit être laissée aux tribunaux, et l'action en garantie doit être portée devant l'autorité administrative (5 août 1809 ; décret, J. C. 1, 296).

La juridiction administrative ne peut, dans les affaires de sa compétence, examiner et juger les exceptions dévolues à l'autorité judiciaire (28 février 1809 ; décret, J. C. 1, 259).

En général, l'autorité administrative doit s'abstenir de statuer sur une matière qui, de sa nature, lui serait dévolue, s'il y a déjà eu décision par l'autorité judiciaire (21 décembre 1803 ; J. C. 1, 227).

Réciproquement, lorsqu'une contestation dévolue par sa nature à l'autorité judiciaire se trouve jugée par l'autorité administrative, les tribunaux sont obligés de s'abstenir jusqu'à ce que la décision administrative ait été annulée par l'autorité supérieure (11 décembre 1808 ; décret, 16 janvier 1809 ; décret, J. C. 1, 223 et 237 ; 13 messidor an 12, Cass. S. 4, 2, 154).

Si l'autorité administrative a pris un arrêté favorable aux droits d'un particulier, les tribunaux ne peuvent rendre une décision contraire, quand même l'autorité administrative n'aurait pas été réellement compétente (13 mars 1810 ; Cass. S. 10, 1, 215).

Quoique l'autorité administrative se soit déclarée incompétente, les tribunaux ne peuvent connaître d'une affaire qui est administrative par sa nature (12 ; Cass. S. 4, 1, 68. *Voy.* l'avis du Conseil-d'État du 18 = 25 ventose an 13 ; S. 5, 2, 168).

Pour que les tribunaux puissent être saisis, il faut que la décision administrative ait été annulée (22 ventose an 4 ; Cass. S. 20, 1, 464 ; 13 mars 1810 ; Cass. S. 10, 1, 215).

J'ai établi dans une consultation délibérée le 30 avril 1832, et à laquelle ont adhéré MM. *Merlin*, *Mailhe*, de *Vatimesnil* et *Ad. Chauveau* avocats à Paris, et MM. *Daviel et Taillet* avocats à Rouen, que les tribunaux sont essentiellement incompétens pour statuer sur la légalité d'actes administratifs sur laquelle a déjà prononcée le Conseil-d'État, sur le rapport du comité du contentieux ; que les tribunaux en prononçant sur de pareils actes porteraient atteinte à l'autorité de la chose jugée par la justice administrative, et empiéteraient sur les pouvoirs de l'autorité administrative. La cour de Rouen et la cour de cassation par arrêt du 18 avril 1833 (S. 33, 1, 374 ; D. 33, 1, 193), ont consacré ce système.

portant que le comité des finances fera, dans trois jours, un rapport sur la proposition tendante à faire à la loi qui défend de cumuler deux ou plusieurs traitemens ou pensions, une exception en faveur des militaires invalides. (B. 58, 173.)

---

16 FRUCTIDOR an 3 (2 septembre 1795).—Décret

Une autorisation donnée par le Gouvernement d'intervenir dans une instance pendante devant les tribunaux, doit être considérée uniquement comme permission d'agir, par voie d'intervention, et tant que cette voie est ouverte; l'autorisation ne lie pas les tribunaux, ils peuvent déclarer l'intervention non-recevable (22 mai 1822; Cass. S. 22, 1, 301).

L'acte administratif par lequel il est fait abandon à un particulier d'un immeuble (jusque alors dans les mains de l'Etat), à la vue d'un titre non contesté, n'est pas une décision, proprement dite, de la justice administrative, c'est un acte d'administration : si donc la propriété est contestée, le litige reste entier, et doit être soumis aux tribunaux (10 septembre 1817; ordonnance du roi; J. C. 4, 138).

L'acte par lequel l'administration se borne à donner main-levée du séquestre apposé sur les biens d'un condamné, sur la réclamation d'un tiers, ne doit pas être considéré comme jugeant la question de propriété des biens, au profit du tiers réclamant; ainsi, lorsque plus tard la question de propriété est soulevée, les tribunaux doivent en connaître, sans que l'acte administratif puisse leur être opposé comme décision par l'administration, sur le litige (3 juillet 1822; ordonnance; S. 22, 2, 226; Voy. aussi; S. 20, 2, 282).

L'acte par lequel l'administration ne fait que reconnaître un droit d'usage acquis à des tiers, ne préjuge point la question de savoir quelle est l'étendue de ce droit d'usage, et qui a droit de l'exercer; cette question reste entière, et doit être résolue par les tribunaux (22 janvier 1824; ordonn. S. 24, 2, 309).

L'autorité des arrêtés du Gouvernement est telle que les tribunaux ne peuvent se refuser de les appliquer; alors même que, par usurpation de pouvoirs, ces arrêtés présenteraient des dispositions législatives, ou des dispositions contraires aux lois (23 floréal an 10, Cass. S. 2, 1, 265).

Les tribunaux sont seuls compétens pour connaître des questions de propriété, encore qu'il s'agisse des biens possédés par le domaine public, pourvu que le pouvoir administratif n'ait point effectué de vente de ces biens, ou ne les ait pas déclarés nationaux (19 février 1807; Bruxelles; S. 7, 2, 256).

Les questions de propriété entre le Gouvernement et les particuliers sont, de droit commun, dévolues à l'autorité judiciaire; il n'y a d'exception que pour les ventes nationales (9 juin et 8 juillet 1807; décret, S. 16, 2, 277).

Une contestation de propriété, mue avec le domaine ne cesse pas d'être de la compétence des tribunaux, encore qu'il puisse s'en suivre une condamnation à restitution, soit des biens aliénés ou affectés par la nation, soit d'argent à payer par le Trésor public.

Il suffit que l'autorité administrative ait la fa-

culté de neutraliser ou de modifier le jugement, lors de son exécution, ainsi que l'exigeront les circonstances et les règles administratives (9 août 1819; Cass. S. 9, 1, 411).

Lorsqu'un propriétaire avait formé opposition à la vente administrative, la question de propriété entre lui et l'acquéreur est du ressort de l'autorité judiciaire (4 thermidor an 8; Cass. S. 1, 1, 320).

Il y a plusieurs décisions dans le même sens; Voy. J. C. 3, 405 et 63; et 4, 244 et 271.

Bien que ce soit aux tribunaux à juger toute question de propriété, ils ne peuvent sous prétexte d'un excès de pouvoir réformer un acte d'administration, ni en suspendre l'effet (28 février 1819; décret, S. 17, 2, 112).

Lorsqu'un acte administratif a attribué la propriété d'un objet, la question de savoir si celui qui a possédé, en vertu de ce titre, a été possesseur de bonne foi et a fait les fruits siens, est une question d'application essentiellement judiciaire (23 mars 1824; Cass. S. 25, 1, 79).

Lorsque pour déterminer l'effet ou l'étendue ou même l'existence d'une servitude établie par acte administratif, il faut sortir de l'acte administratif lui-même, et recourir à des usages ou à des titres, c'est aux tribunaux à prononcer (10 janvier 1823; Paris, S. 25, 2, 184 et 28 mars 1825; Cass. D. 25, 1, 241).

Les tribunaux sont incompétens pour connaître d'une question de propriété, lorsqu'elle ne peut être décidée que par voie d'interprétation d'acte administratifs, tels qu'une vente nationale et une ordonnance du bureau des finances d'une ancienne généralité (13 décembre 1830; Cass. S. 31, 1, 383; D. 31, 1, 39).

Mais ils sont compétens lorsque la solution de la question dépend de l'appréciation de titres anciens, antérieurs à la vente, et qu'en outre, sur l'opposition formée avant l'adjudication, l'autorité administrative a décidé qu'il serait passé outre à l'aliénation sans rien préjuger sur la difficulté élevée (29 juin 1825; S. 26, 1, 407. D. 25, 1, 352).

Pour statuer sur les contestations qui s'élèvent entre l'acquéreur apparent d'un domaine national, et un tiers qui prétend que ce domaine a été acquis pour lui et de ses deniers par l'acquéreur apparent, en vertu d'un mandat qu'il lui avait donné à cet effet (10 février 1829; S. 29, 1, 99. D. 29, 1, 142).

Une décision ministérielle qui ne constitue qu'un simple refus d'abandonner, au nom de l'Etat, les biens dont un particulier revendique la propriété, ne fait pas obstacle à ce que la contestation soit portée devant les tribunaux (22 juillet 1829; ord. Mac. 11, 263).

Lorsque les biens d'une succession réunie au domaine de l'Etat, ont ensuite été rendus aux héritiers, par un décret de gratification, et que des tiers viennent à revendiquer contre les héri-

portant que le représentant Joubert, envoyé dans le pays de Luxembourg, exercera sa mission près le quartier-général de l'armée de Sambre-et-Meuse. (D. 58, 173.)

16 FRUCTIDOR an 3 (2 septembre 1795).—Décret portant que le comité d'instruction publique présentera incessamment un rapport sur les grands hommes français qui, dans quelque

tiers certains biens dont il se sont mis en possession, cette réclamation, si elle est uniquement fondée sur ce que les biens revendiqués ne font pas partie de la succession rendue aux héritiers, constitue une véritable question de propriété, dont la connaissance appartient à l'autorité judiciaire (22 mai 1826, Cass. S. 28, 1, 70. D. 26, 1, 364).

Les tribunaux sont compétens pour statuer sur la propriété des biens vendus par l'État depuis la promulgation de la Charte, et revendiqués par les tiers (25 mars 1830; ord. Mac. 12, 154).

Idem. Lorsque des particuliers réclament la remise du prix d'un bien vendu par l'État dont ils se prétendent propriétaires, et que le ministre des finances oppose à leur demande des exceptions tirées du droit commun (26 août 1829; ord. Mac. 11, 338).

L'action possessoire peut être intentée contre les détenteurs de biens transmis par l'État, et qui possèdent, soit à titre de propriétaires, soit à titre de fermiers (9 septembre 1806, J. C. 1, 3; — 25 janvier 1807, J. C. 1, 29; — 10 septembre 1818, J. C. 1, 202; — 18 septembre 1813, J. C. 2, 432; — Voy. aussi 15 prairial an 12; Cass. S. 5, 1, 15; — décret du 24 mars 1806, S. 7, 2, 792; — 15 juin 1808, Paris, S. 10, 2, 543; — décret du 10 septembre 1808; S. 17, 2, 26; — décret du 9 septembre 1806; S. 14, 2, 409; — 28 août 1810; Cass. S. 14, 1, 60, 3 septembre 1824; Cass. S. 25, 1, 62).

C'est aux corps administratifs seuls qu'il appartient de statuer sur les difficultés qui peuvent survenir, relativement au séquestre national des biens des ascendans de prévenus d'émigration (arrêté des consuls du 27 fructidor an 9, S. 1, 2, 605).

C'est à l'autorité administrative qu'appartient la connaissance des contestations, qui s'élèvent sur l'effet des actes administratifs faits en exécution des lois sur l'émigration. Si l'autorité judiciaire en a mal à propos pris connaissance, les décisions qu'elle a rendues sont cassées par le Gouvernement (11 mai 1807; décret, S. 8, 2, 14).

Les tribunaux ne sont pas compétens pour statuer sur le sens et l'effet d'un acte de partage fait par la République, à titre de présuccession (18 avril 1808; Cass. S. 8, 1, 267).

L'adjudication des biens d'un émigré faite à la requête de son fondé de pouvoirs et de ses créanciers, devant un notaire, n'est pas un acte administratif; bien qu'elle soit la suite d'un arrêté administratif qui l'a autorisée (24 décembre 1810; décret, J. C. 1, 446).

Encore que l'autorité judiciaire ait été saisie, par renvoi de l'administration, de la question de savoir si des paiemens faits à la nation, comme représentant un émigré, sont valables, les tribunaux doivent s'abstenir de statuer, surtout si l'arrêté administratif de renvoi est frappé de recours

au Conseil-d'État (11 novembre 1811; Cass. S. 12, 1, 227).

L'autorité administrative est seule compétente pour juger les difficultés relatives à des paiemens faits à la nation, comme représentant un émigré, alors surtout qu'il peut en résulter une action en garantie ou en restitution contre l'État.

Encore bien que la quittance délivrée par le caissier de la Trésorerie nationale ne soit pas un acte administratif, la question de savoir si elle s'applique à la créance de tel ou de tel individu ne peut pas être jugée par les tribunaux (21 mars 1814; Cass. S. 14, 1, 97).

L'autorité judiciaire n'est pas juge de la validité d'un remboursement fait à la Trésorerie nationale par l'État, comme représentant un émigré; la quittance du caissier, agent de l'administration, devient le fait de l'administration, quand elle garde les fonds, et que, par suite, elle assume sur elle une responsabilité (21 mars 1814, Cass. S. 14, 1, 276).

Lorsque les biens ont été confisqués sur la tête d'un émigré, il y a pour les tribunaux, présomption légale que les biens confisqués étaient la propriété de l'émigré. Ils ne peuvent sous prétexte d'erreur, ordonner contre les détenteurs actuels des biens confisqués, leur restitution à des tiers qu'ils déclareraient véritables propriétaires (11 février 1829; Cass. S. 29, 1, 103. D. 29, 1, 146).

Mais l'autorité judiciaire est compétente pour décider qu'un individu ne doit pas être réputé émigré, par le double motif: qu'une inscription opposée ne lui est pas applicable, que cet individu produit d'ailleurs un certificat de non-inscription délivré par le préfet (15 juin 1831; Cass. S. 31, 1, 260. D. 31, 1, 215).

Les tribunaux ne peuvent, sans commettre un excès de pouvoir, statuer en matière d'actions qui tendent à faire déclarer l'État débiteur (11 messidor an 10; Cass. S. 7, 2, 843).

L'autorité administrative peut seule connaître d'une contestation sur les effets d'un paiement fait à la nation, lors même que ce paiement est devenu étranger à celle-ci (25 mai 1807; Cass. S. 7, 2, 159).

Les tribunaux ne sont pas compétens pour décider si un paiement autorisé par un acte administratif est ou n'est pas libératoire (16 mai 1809; Cass. S. 9, 1, 256).

Les tribunaux doivent renvoyer à l'administration les décisions des questions relatives à la circonscription des communes (16 brumaire an 12; Cass. S. 4, 1, 216).

L'autorité administrative est seule compétente pour statuer sur la validité et les effets des actes par lesquels l'administration a opéré la réunion au domaine de l'État, des églises et chapelles, et fait ensuite la remise desdits édifices. (2 juillet 1828; ord. Mac. 10, 529).

Ce n'est pas aux tribunaux, mais à l'autorité administrative exclusivement, qu'appartient la connaissance de la question de savoir si une re-

carrière que ce soit, ont mérité les honneurs publics. (B. 58, 174.)

16 FRUCTIDOR an 3 (2 septembre 1795).—Décret relatif aux nommés Louis Lizée, Jacques Lizée et autres. (B. 58, 174.)

16 FRUCTIDOR an 3 (2 septembre 1795).—Décret de renvoi au comité de salut public, relatif aux approvisionnemens. (B. 58, 174.)

16 FRUCTIDOR an 3 (2 septembre 1795).—Décret portant impression, insertion au Bulletin, et l'affiche dans Paris, d'un adresse de la section Lepelletier. (B. 58, 175.)

17 FRUCTIDOR an 3 (3 septembre 1795).—Décret portant qu'il sera établi un caissier général pour les recettes des différens bureaux de la poste aux lettres et des messageries. (1, Bull. 175, n° 1056; B. 58, 178.)

Art. 1er. Il sera établi un caissier général, aux mains duquel seront versées les recettes des différens bureaux de la poste aux lettres et des messageries de la Republique. Ce caissier sera nommé par la Convention nationale, sur la présentation de ses comités de salut public et des transports, postes et messageries.

2. Le caissier remettra, sur les ordonnances de l'administration des transports, visées par la commission des revenus nationaux, les sommes nécessaires pour les dépenses d'entretien ou d'amélioration du service, paiement des traitemens et appointemens des membres de l'administration, de ses employés, commis et préposés de tout grade, et pour les réparations et autres dépenses de leurs bureaux.

3. Le caissier tiendra un registre, en parties doubles, de sa recette et de sa dépense; il versera, mois par mois, à la Trésorerie nationale, l'excédant de sa recette, à la déduction de la somme que l'administration aura jugé à-propos de réserver en caisse pour les premières dépenses courantes.

4. Le caissier sera sous la surveillance de

---

devance emphytéotique aliénée par la nation est supprimée en tout ou en partie, comme féodale, au moment de la vente (12 février 1806; Cass. S. 7, 2, 791).

Les tribunaux sont incompétens pour statuer en matière de rentes cédées par l'Etat à des particuliers. A cet égard, l'incompétence des tribunaux est absolue, et peut être invoquée même par les débiteurs condamnés à servir les rentes (26 mai 1807; Cass. S. 7, 2, 748).

Lorsqu'un débiteur ou caution du Gouvernement par acte administratif, n'a été obligé que par un mandataire, s'il s'élève une discussion sur l'effet ou l'exécution du mandat, cette question doit être soumise aux tribunaux (7 mai 1808; décret, J. C. 1, 158).

C'est à l'autorité administrative et non aux tribunaux qu'il appartient de fixer la jauge publique (28 juin 1808; Cass. S. 9, 1. 289).

Lorsque dans une contestation sur l'effet d'un bail administratif, le litige tient à des faits possessoires et à des usages locaux, plus qu'au sens de l'acte administratif, c'est aux tribunaux et non à l'autorité administrative que la connaissance en est dévolue (23 novembre 1808 ; décret, J. C. 1, 214).

Un bail fait par l'autorité administrative n'est par un acte administratif de l'espèce de ceux dont l'interprétation appartient exclusivement à l'autorité administrative (30 juin 1813 ; décret, J. C. 2, 382).

Les difficultés sur l'application et exécution d'un acte administratif ordonnant une restitution de fruits, doivent être soumises à l'autorité judiciaire, s'il y a lieu, non à interpréter l'arrêté, mais à procéder simplement à l'estimation et à la liquidation ordonnée (20 septembre 1815 ; ordonnance; J. C. 3, 168).

Lorsqu'il y a contestation sur le sens et l'effet d'une clause de contrat d'adjudication, relative à une prise d'eau ; si, de part et d'autre, le fond du droit est reconnu, et s'il s'agit seulement d'en déterminer l'étendue, et si, pour cette détermination, il faut avoir recours à des titres, ou à une possession antérieure, ou aux règles du droit commun, la contestation est judiciaire et non administrative (23 décembre 1815 ; ordonn. J. C. 3 , 191).

Lorsque l'autorité administrative a condamné à payer une somme, sans dire si, à raison des valeurs dont elle se compose, elle est sujette à réduction, la question de réduction étant soulevée devant les tribunaux, ils doivent renvoyer à l'autorité administrative, pour interpréter sa décision (4 mars 1823; Cass. S. 23, 1, 205).

Lorsqu'une contrainte a été décernée contre les cautions d'un comptable, les tribunaux sont incompétens pour connaître de la validité de l'acte de cautionnement, et, par suite, de la contrainte (24 janvier 1827 ; ord. Mac. 9, 56).

C'est à l'autorité administrative seule qu'il appartient de décider des questions qui tendent à remettre en question la liquidation de la finance d'engagement, arrêtée par des arrêtés de l'ancien Conseil (28 février 1827 ; ord. Mac. 9, 125).

Les tribunaux sont seuls compétens pour connaître d'une demande en indemnité formée par les concessionnaires d'un ancien canal, autorisé par le gouvernement, contre les concessionnaires d'un nouveau canal, également autorisé, à raison du dommage résultant pour les premiers, de l'ouverture du nouveau canal (16 avril 1831 ; Paris, S. 31, 2, 309).

L'autorisation accordée par l'administration à un établissement industriel, ne fait pas obstacle à ce que le voisin qui éprouve un préjudice par suite de l'exploitation de cet établissement, ne puisse réclamer des dommages et intérêts (23 mai 1831; Cass. S. 31, 1, 295; D. 31, 1, 341).

l'administration des postes et messageries, et sous celle de la commission des revenus nationaux, jusqu'à l'établissement du Directoire exécutif.

5. Tous les agens du service, directeurs, commis ou employés de tous les grades, sous quelques dénominations qu'ils existent, seront nommés par l'administration, avec l'approbation de la commission des revenus nationaux, en attendant l'établissement du Directoire exécutif. Toutes lois contraires à la présente sont abrogées.

17 FRUCTIDOR an 3 (3 septembre 1795).—Décret portant que tout député mis en état d'arrestation ou d'accusation, continuera à toucher ses indemnités. (B. 58, 180.)

17 FRUCTIDOR an 3 (3 septembre 1795).—Décret portant que les frais du compte rendu par le représentant Gouly, ne seront point compris dans l'état des dépenses publiques. (B. 58, 180.)

17 FRUCTIDOR an 3 (3 septembre 1795).—Décrets qui accordent des secours à plusieurs personnes. (B. 58, 176.)

17 FRUCTIDOR an 3 (3 septembre 1795).—Décret portant radiation du nom de l'ex-général Montesquiou de toute liste d'émigrés. (B. 58, 176.)

17 FRUCTIDOR an 3 (3 septembre 1795).—Décret qui rapporte celui du 23 septembre 1793, relatif à Pierre-Nicolas Perrin, député du département de l'Aube à la Convention. (B. 58, 177.)

17 FRUCTIDOR an 3 (3 septembre 1795).—Décret relatif à une lettre d'un suppléant du département de l'Aube. (B. 58, 177.)

17 FRUCTIDOR an 3 (3 septembre 1795).—Décret qui renvoie au comité de sûreté générale, pour y faire droit, une pétition de la fille du représentant Levasseur. (B. 58, 179.)

17 FRUCTIDOR an 3 (3 septembre 1795).—Décret qui accorde un congé au représentant Doulcet. (B. 58, 179.)

17 FRUCTIDOR an 3 (3 septembre 1795).—Décret qui surseoit à tout enlèvement de marbres et autres objets qui se trouvent au Luxembourg, ainsi qu'à la vente des arbres. (B. 58, 179.)

17 FRUCTIDOR an 3 (3 septembre 1795).—Décret portant que le comité des domaines nationaux fera, dans la séance de demain, un rapport sur les auteurs de l'enlèvement des marbres du Luxembourg, et de la mise en vente des arbres. (B. 58, 179.)

18 FRUCTIDOR an 3 (4 septembre 1795).—Décret qui ratifie le traité de paix conclu le 11 fructidor à Bâle, entre le citoyen Barthélemy, ambassadeur de la République française, près les cantons helvétiques, fondé de pouvoir du comité de salut public, et M. Frédéric-Sigismond Wactz d'Eschen, plénipotentiaire du Landgrave de Hesse-Cassel. (B. 58, 183.)

La Convention nationale, après avoir entendu le rapport de son comité de salut public, décrète qu'elle ratifie le traité de paix conclu à Bâle, le 11 fructidor, entre le citoyen Barthélemy, ambassadeur de la République française près les cantons helvétiques, fondé des pouvoirs du comité de salut public, et M. Frédéric Sigismond Wactz d'Eschen, plénipotentiaire du landgrave de Hesse-Cassel, décrète, en outre, que ledit traité sera imprimé, lu, publié et affiché, et envoyé aux départemens et aux armées.

Traité de paix entre la République française et le landgrave de Hesse-Cassel.

La République française ayant accueilli les bons offices du roi de Prusse, en faveur de son altesse sérénissime le landgrave régnant de Hesse-Cassel, et étant animée des mêmes sentimens que le landgrave pour faire succéder une paix solide et durable à l'état de guerre qui divise les deux parties contractantes, ont, à cet effet, nommé pour leurs plénipotentiaires, savoir :

La République française, le citoyen François Barthélemy, son ambassadeur en Suisse;

Et le landgrave de Hesse-Cassel, son conseiller privé Frédéric Sigismond, baron de Wactz d'Eschen;

Lesquels, après avoir échangé leurs pleins pouvoirs, ont arrêté les articles suivans :

Art. 1er. Il y aura paix, amitié et bonne intelligence entre la République française et le landgrave de Hesse-Cassel.

2. En conséquence, toutes hostilités entre les deux parties contractantes cesseront, à compter de l'échange des ratifications du présent traité, et aucune d'elles ne pourra, à compter de la même époque, fournir contre l'autre, en quelque qualité et à quelque époque que ce soit, aucun secours ni contingent, soit en hommes, en chevaux, vivres, argent, munitions de guerre ou autrement.

3. Le landgrave de Hesse-Cassel ne pourra, tant qu'il y aura guerre entre la République française et l'Angleterre, ni proroger, ni renouveler les deux traités de subsides existant entre lui et l'Angleterre.

Cette disposition aura son effet à compter du jour de la date du présent traité.

4. Le landgrave se conformera strictement, à l'égard du passage de troupes quelconques par ses États, aux dispositions stipulées dans la convention conclue à Bâle, le 28 floréal dernier (17 mai 1795), entre

la République française et le roi de Prusse.

5. La République française continuera d'occuper la forteresse de Rheinfels, la ville de Saint-Goard, et la partie du comté de Catzenellenbogen, située sur la rive gauche du Rhin. Tout arrangement définitif à l'égard de ces pays sera renvoyé jusqu'à la pacification entre la République française et les parties de l'Allemagne encore en guerre avec elle.

6. Toutes les communications et relations commerciales seront rétablies entre la France et les Etats du landgrave de Hesse-Cassel, sur le pied où elles étaient avant la guerre actuelle.

7. Il sera accordé respectivement aux Gouvernemens et individus des deux nations, la main-levée des effets, revenus ou biens de quelque genre qu'ils soient, détenus, saisis ou confisqués, à cause de la guerre qui a lieu entre la France et la Hesse, de même qu'une prompte justice à l'égard des créances quelconques qu'ils pourraient avoir dans les Etats des parties contractantes.

8. Tous les prisonniers faits respectivement depuis le commencement de la guerre sans egard à la différence du nombre et de grades, seront rendus dans l'espace de deux mois au plus tard après l'échéance des ratifications du présent traité, sans répétition quelconque, en payant toutefois les dettes particulières qu'ils pourraient avoir contractées pendant leur captivité. On en usera de même à l'égard des malades et blessés, d'abord après leur guérison.

Il sera incessamment nommé, de part et d'autre, des commisssaires pour procéder à l'exécution du présent article, dont les dispositions ne pourront être appliquées aux troupes hessoises au service de l'Angleterre faites prisonnières de guerre.

9. Le présent traité n'aura son effet qu'après avoir été ratifié par les parties contractantes, et les ratifications seront échangées en cette ville de Bâle, dans le terme d'un mois, ou plus tôt, s'il est possible, à compter de ce jour.

En foi de quoi nous soussignés, plénipotentiaires de la République française et de son altesse sérénissime le landgrave de Hesse-Cassel, en vertu de nos pouvoirs, avons signé le présent traité de paix, et y avons fait apposer nos sceaux respectifs.

Fait à Bâle, le onzième jour de fructidor de l'an troisième de la République française (28 août 1795).

Signé, FRANÇOIS BARTHÉLEMY, FRÉDÉRIC SIGISMOND, baron DE WACTZ D'ESCHEN.

Nous, Guillaume, par la grace de Dieu; landgrave de Hesse, prince de Hersfeld, comte de Catzenellenbogen, Dietz Zié-genheyn, Nidda, Schaumbourg, Hanan, etc.

Savoir faisons, à quiconque appartient, que, désirant de procurer à nos fidèles sujets, le retour des bienfaits de la paix, et de contribuer en même temps, autant qu'il peut dépendre de nous, à faire cesser le fléau de la guerre qui pèse surtout sur l'empire germanique; ayant dans cette vue salutaire choisi pour modèle la paix récemment conclue entre sa majesté le roi de Prusse et la République française, et, pour appui, les bons offices de ce monarque, de l'interposition desquels le patriotisme et la bienveillance amicale de sa majesté nous assurent d'avance les effets les plus désirables; nous avons résolu d'envoyer à Bâle en Suisse, lieu de la résidence de M. Barthélemy, ambassadeur de France, et également celui du séjour actuel de M. le baron de Hardemberg, ministre d'Etat de sa majesté prussienne, une personne investie de notre confiance, et suffisamment instruite de nos intentions; à l'effet de s'adresser, sous les auspices dudit ministre de sa majesté prussienne, à celui du gouvernement de France, pour traiter de notre paix avec cette puissance, et la conclure. En conséquence de quoi nous avons choisi pour ladite mission, nommé et constitué, comme nous nommons et constituons, par les présentes, notre plénipotentiaire, à cet effet, notre conseiller privé, le sieur Frédéric Sigismond Wactz d'Eschen, lui donnant plein pouvoir et mandement spécial d'entrer en négociation, et de traiter avec ledit sieur Barthélemy, ou avec tels ou tels autres qui y seraient autorisés de la part du Gouvernement français, au sujet du rétablissement de la paix entre la République française et nous, ainsi que de tous les objets qui y seront relatifs, ou qui en seront la suite; et de conclure et signer tels actes, traités ou conventions qui seront jugés nécessaires ou convenables à cet égard; promettant d'avoir pour agréable d'observer et de faire observer religieusement tout ce que notredit plénipotentiaire aura ainsi promis et stipulé en notre nom.

En foi de quoi nous avons signé le présent plein pouvoir de notre main, et y avons fait apposer notre sceau.

Fait à Cassel, ce 12 mai 1795.

GUILLAUME L.

Vu, FLÉONEMBAL, dit BURGEL.

Plein pouvoir pour le conseiller privé S. Sʳ Wactz d'Eschen, pour entrer en négociation et traiter sous les auspices du ministre d'état et plénipotentiaire de sa majesté prussienne, le baron de Hardemberg, avec l'ambassadeur de la République française, le Sʳ Barthélemy, ou avec tels ou tels autres qui seront autorisés à cet effet de la part du Gouvernement français, au sujet du rétablissement de la paix entre le landgrave de Hesse-Cassel et la France, ainsi que tous les objets qui y sont relatifs, ou qui en seront la suite, et pour conclure et signer tels actes, traités ou conventions qui y seront jugés nécessaires et convenables à cet égard.

Pour copie conforme.

Signé, FRÉDÉRIC SIGISMOND, baron WACTZ D'ESCHEN.

---

18 FRUCTIDOR an 3 (4 septembre 1795).—Décret relatif au traitement de huit mille sept cent quatre-vingts livres par an accordé au citoyen Hamilton, écossais, passé au service de France. (B. 58, 182.)

---

18 FRUCTIDOR an 3 (4 septembre 1795).—Décrets qui accordent diverses sommes à titre de secours provisoire. (B. 58, 180, 182, 190 et 191.)

---

18 FRUCTIDOR an 3 (4 septembre 1795).—Décrets qui accordent des pensions à des veuves de citoyens morts en défendant la patrie, et diverses sommes à des gens de lettres et artistes. (B. 58, 181, 187.)

---

18 FRUCTIDOR on 3 (4 septembre 1795).—Décret qui accorde un congé au représentant Richon. (B. 58, 183.)

---

18 FRUCTIDOR an 3 (4 septembre 1795). — Décret qui casse et annulle un jugement rendu le 29 brumaire an 2, par la commission militaire séante à Bordeaux, contre le citoyen Dubergier. (B. 58, 186.)

---

18 FRUCTIDOR an 3 (4 septembre 1795).—Décret portant que le comité de législation fera demain un rapport sur la pétition des citoyens Royer et Orselet. (B. 58, 190.)

---

18 FRUCTIDOR an 3 (4 septembre 1795). — Décret concernant les militaires invalides. (B. 58, 191.)

---

18 FRUCTIDOR an 3 (4 septembre 1795). — Décret qui renvoie au comité de législation une pétition du citoyen Ducaire. (B. 58, 192.)

---

18 FRUCTIDOR an 3 (4 septembre 1795). — Décret pour l'admission de militaires invalides à la maison nationale des Invalides. (B. 58, 192.)

---

18 FRUCTIDOR an 3 (4 septembre 1795). —Décret qui supprime la commission des armes et poudres. (B. 58, 192.)

---

18 FRUCTIDOR an 3 (4 septembre 1795).—Décret portant que Talleyrand-Périgord peut rentrer

en France, et que son nom sera rayé de toute liste d'émigrés. (B. 58, 193.)

---

19 FRUCTIDOR an 3 (5 septembre 1795).— Décret qui proroge le délai accordé pour retirer des dépôts judiciaires de Paris, les procédures ou titres féodaux. (B. 58, 197.)

La Convention nationale, après avoir entendu le comité des décrets, procès-verbaux et archives, décrète que le délai fixé par l'article 37 de la loi du 7 messidor de l'an second, et par le décret du 22 pluviose dernier, pour réclamer et retirer les titres non féodaux ou procédures existant dans les dépôts judiciaires de Paris, est prorogé jusqu'au 1er germinal prochain; à cette époque, les productions non retirées seront irrévocablement supprimées.

---

19 FRUCTIDOR an 3 (5 septembre 1795).—Décret qui admet à voter, dans les assemblées primaires et électorales, les fonctionnaires publics rayés provisoirement de la liste des émigrés. (1, Bull. 175, n° 1069; B. 58, 197.)

---

19 FRUCTIDOR an 3 (5 septembre 1795).—Décret relatif aux individus qui ont pris les armes dans Toulon, et ont fui avec l'ennemi. (1, Bull. 176, n° 1070; B. 58, 196.)

---

19 FRUCTIDOR an 3 (5 septembre 1795).—Décret qui autorise la commune de La Rochelle à faire un emprunt. (B. 58, 194.)

---

19 FRUCTIDOR an 3 (5 septembre 1795).—Décret portant que le citoyen Choart est quitte pour raison de la comptabilité de ses exercices. (B. 58, 193.)

---

19 FRUCTIDOR an 3 (5 septembre 1795).—Décret qui surseoit à l'exécution d'un jugement du tribunal criminel du département de l'Oise, rendu entre les citoyens Priure et autres. (B. 58, 194.)

---

19 FRUCTIDOR an 3 (5 septembre 1795).—Décret portant que le comité de sûreté générale fera un rapport, demain, sur la commission militaire établie à Marseille. (B. 58, 195.)

---

19 FRUCTIDOR an 3 (5 septembre 1795).—Décret portant que le comité de sûreté générale communiquera à la Convention nationale la correspondance qu'il a reçue des départemens de la République, et notamment de ceux du Midi. (B. 58, 195.)

---

19 FRUCTIDOR an 3 (5 septembre 1795).—Décret d'ordre du jour motivé, relatif au citoyen François Cazeau. (B. 58, 195.)

---

19 FRUCTIDOR an 3 (5 septembre 1795).— Décret

relatif à l'hommage fait à la Convention nationale par le citoyen Hue. (B. 58, 196.)

---

19 FRUCTIDOR an 3 (5 septembre 1795). — Décret portant que les représentans du peuple Delamarre, Coupé et Froger, se rendront, le premier à Lille, le second à Dunkerque, le troisième à Arras, pour y surveiller et activer les transports des grains. (B. 58, 197.)

---

19 FRUCTIDOR an 3 (5 septembre 1795). — Décret de renvoi au comité de législation pour présenter ses vues sur la question, si des légataires auxquels on a donné l'usufruit d'un domaine ou rente viagère pour se tenir lieu, doivent profiter du bénéfice de la loi, qui porte que les fermages et rentes foncières seront payés moitié en grains. (B., 58, 196.)

---

20 FRUCTIDOR an 3 (6 septembre 1795). — Décret qui ordonne le bannissement à perpétuité des prêtres déportés et rentrés sur le territoire français, et prononce des peines contre tout ministre des cultes qui ne se conformerait pas aux lois. (1, Bull. 176, n° 1072, B., 58, 199.)

Voy. lois du 17 SEPTEMBRE 1793, et du 22 FRUCTIDOR an 3.

Art. 1ᵉʳ La Convention nationale charge ses comités de gouvernement de faire observer, par tous les moyens qui sont en leur pouvoir, les lois rendues précédemment contre les prêtres déportés et rentrés sur le territoire de la République ; ils seront bannis à perpétuité hors du territoire de la République, dans le délai de quinze jours, à dater de la promulgation du présent décret, et traités comme émigrés s'ils rentrent sur ce même territoire.

2. Les corps administratifs et judiciaires sont personnellement, en ce qui les concerne, responsables de l'exécution des lois rendues sur les ministres des cultes, à peine de destitution et de détention pendant trois mois.

3. Trois jours après la publication du présent décret, tous les ministres des cultes qui, ayant refusé l'acte de soumission exigé par la loi du 11 prairial, ou ayant ajouté des restrictions à cet acte, ou l'ayant rétracté, exerceront encore un culte quelconque dans les édifices publics, ou dans les maisons particulières, ou partout ailleurs, seront sur-le-champ arrêtés et traduits dans la maison de détention d'un des départemens les plus voisins de celui de leur domicile.

4. Les propriétaires ou locataires des maisons dans lesquelles le culte serait exercé en contravention à l'article précédent, seront condamnés à une amende de mille livres, et, en cas de récidive, à une détention de six mois, le tout par forme de police correctionnelle et sans appel.

5. Les juges-de-paix informeront contre ceux des ministres des cultes qui se permettraient des discours, des écrits ou des actions contraires aux lois de la République, ou provoquant au rétablissement de la royauté ; ils seront punis conformément aux lois pénales.

6. La Convention nationale décrète en principe que les biens des prêtres déportés, dont la confiscation avait été prononcée par les précédentes lois au profit de la République, seront restitués à leurs familles ; charge ses comités de législation et des finances de lui présenter, sur ce point, une loi dans le délai de trois jours.

---

20 FRUCTIDOR an 3 (6 septembre 1795). — Décret qui porte provisoirement à 25 sous le prix de chaque gros plomb apposé dans les bureaux des douanes, en exécution de la loi du 6, 22 août 1791. (1, Bull. 184, n° 1073 ; B. 58, 201.)

---

20 FRUCTIDOR an 3 (6 septembre 1795). — Décret qui renvoie au comité de législation une pétition qui a pour objet d'obtenir la radiation de Maa-Joseph de Wruitz de la liste des émigrés. (B. 58, 198.)

---

20 FRUCTIDOR an 3 (6 septembre 1795). — Décret qui renvoie au comité de législation une pétition du citoyen Leclercq-Marion. (B. 58, 199.)

---

20 FRUCTIDOR an 3 (6 septembre 1795). — Décret portant que les cartes de section, anciennes et nouvelles, suffisent aux citoyens de Paris pour être admis dans les assemblées primaires. (B. 58, 199.)

---

20 FRUCTIDOR an 3 (6 septembre 1795). — Décret qui renvoie au comité de législation les propositions relatives aux prêtres insermentés non déportés. (B. 58, 200.)

---

20 FRUCTIDOR an 3 (6 septembre 1795). — Décret sur la motion tendante à ce que les ecclésiastiques, connus sous la dénomination de prêtres assermentés, continuent à être payés de leurs indemnités. (B. 58, 200.)

---

20 FRUCTIDOR an 3 (6 septembre 1795). — Décret qui ajourne la discussion du projet de décret, relatif au placement des deux Conseils du Corps-Législatif et du directoire exécutif. (B. 58, 201.)

---

20 FRUCTIDOR an 3 (6 septembre 1795). — Décret qui accorde un secours au citoyen Merlet. (B. 58, 201.)

---

20 FRUCTIDOR an 3 (6 septembre 1795). — Décret qui autorise les représentans du peuple, en mission près l'armée d'Italie, à former une commission militaire pour juger, dans les vingt-quatre heures, les brigands qui infectent ladite armée. (B. 58, 201.)

20 FRUCTIDOR an 3 (6 septembre 1795).—Décret portant que le comité de législation fera, sous trois jours, le rapport sur les secours à accorder aux veuves et enfans des victimes de la tyrannie existante avant le 9 thermidor. (B. 58, 202.)

20 FRUCTIDOR an 3 (6 septembre 1795).—Décret qui autorise les comités de salut public des finances et de commerce à pourvoir au sort des préposés des douanes. (B. 58, 203.)

20 FRUCTIDOR an 3 (6 septembre 1795).—Décrets qui accordent des congés aux représentans Bonnet et Foucher. (B, 58, 203.)

20 FRUCTIDOR an 3 (6 septembre 1795).—Décret relatif aux émigrés de Toulon rentrés sur le territoire français. (1, Bull. 176, n° 1071 ; B. 58, 198.)

20 FRUCTIDOR an 3 (6 septembre 1795).—Décret qui rapporte l'article 1er de celui du 4 fructidor, relatif aux pensions des émigrés civils et militaires de la marine. (1, Bull. 176, n° 1074; B. 58, 203.)

21 FRUCTIDOR an 3 (7 septembre 1795).—Décret portant que les employés à des fonctions publiques seront admis à voter dans le lieu où ils excercent leurs fonctions. (1, Bull. 176, n° 1076 ; B. 58, 214.)

La Convention nationale, sur la pétition du citoyen Leconte, principal commis de l'administration de l'enregistrement et des domaines, tendant à être admis à voter dans l'assemblée primaire de sa section, sur laquelle il n'est domicilié que depuis trois mois,

Passe à l'ordre du jour, motivé sur la loi qui prononce que tous les employés à des fonctions publiques seront admis à voter dans le lieu où ils exercent actuellement leurs fonctions.

21 FRUCTIDOR an 3 (7 septembre 1795).—Décret relatif aux fonctions des corps administratifs et municipaux, en exécution du titre VII de l'acte constitutionnel. (1, Bull. 185, n° 1128 ; B. 58, 209.)

Des fonctions des agens municipaux et de leurs adjoints, dans les communes au-dessous de cinq mille habitans.

Art. 1er. Les agens municipaux des communes au-dessous de cinq mille habitans, outre les actes auxquels ils concourent dans la municipalité du canton, exerceront les fonctions de police dans leurs communes respectives.

Ils y constateront, par des procès-verbaux, les contraventions aux lois de police, et y feront exécuter les arrêtés pris par l'administration municipale.

2. En cas de maladie, d'absence ou de tout autre empêchement momentané de l'agent municipal, son adjoint le remplacera provisoirement, soit à la municipalité du canton, soit dans le lieu de sa résidence.

3. L'adjoint pourra même, sur l'invitation de l'agent municipal, concourir avec lui dans tous les actes de police qui intéresseront particulièrement leur commune.

Du président de l'administration municipale de canton.

4. Le citoyen qui sera élu président d'une administration municipale de canton, en remplira les fonctions pendant deux ans.

Il se rendra, au moins deux fois par décade, au chef-lieu du canton, s'il n'y est pas résidant, et convoquera les assemblées extraordinaires toutes les fois qu'il y aura lieu.

5 En cas d'extrême urgence, et en l'absence du président, l'agent municipal nommé par la commune chef-lieu de canton pourra faire cette convocation.

Cet agent ouvrira les paquets adressés à l'administration, en l'absence du président.

Il surveillera les bureaux.

Des administrations municipales de canton.

6. Les municipalités de canton tiendront des assemblées périodiques, qui seront fixées par l'administration de département.

Il ne pourra y en avoir moins de trois par mois.

7. La présence sera d'obligation aux jours indiqués : l'administration pourra s'assembler extraordinairement, lorsqu'elle le jugera convenable.

Des municipalités des communes au-dessus de cinq mille habitans.

8. Les municipalités autres que celles provenant de la réunion des agens de plusieurs communes, tiendront des séances au moins de cinq jours l'un dans les communes dont la population exède vingt-mille habitans, et de dix jours l'un dans les autres communes.

Ces jours seront déterminés par l'administration de département.

9. Ces municipalités choisiront annuellement leur président dans leur sein.

En cas d'absence, maladie ou autre empêchement momentané de sa part, il sera provisoirement remplacé dans la présidence par l'officier municipal que l'administration nommera.

Du bureau central des approvisionnemens dans les communes divisées en plusieurs municipalités.

10. Les membres du bureau central éta-

bli par l'article 184 de l'acte constitutionnel, arrêteront seuls les mesures de leur attribution.

Néanmoins, ils pourront appeler près d'eux un ou plusieurs membres de chaque municipalité; pour se concerter sur les besoins et sur les ressources.

11. Quand les commissaires du bureau central auront arrêté des mesures d'un intérêt jugé indivisible, quant à la partie ordonnative, et dont l'exécution pourra se diviser, ils pourront en faire la délégation totale ou partielle à chaque municipalité pour ce qui la concernera.

12. Ces commissaires seront sous la surveillance et l'autorité immédiate du département.

Des administrations de département.

13. Le président de l'administration de département sera par elle annuellement nommé parmi ses membres.

En cas de maladie ou autre empêchement momentané, le président sera suppléé, en cette qualité, par un de ses collègues au choix de l'administration.

Des commissaires du Directoire exécutif près les administrations municipales et départementales.

14. Les commissaires du Directoire exécutif près les administrations, tant municipales que départementales, résideront dans le lieu où l'administration tiendra ses séances (1).

15. Le commissaire du Directoire exécutif assistera à toutes les délibérations, et il n'en sera pris aucune qu'après qu'il aura été ouï.

En cas de maladie ou d'autre empêchement momentané, l'administration nommera un de ses membres pour le suppléer provisoirement.

Le commissaire du Directoire exécutif, ou celui qui en remplira les fonctions, n'aura, en aucun cas, voix délibérative.

Règles communes à toutes les administrations.

16. Nulle délibération ne sera prise qu'à la pluralité des suffrages des membres présens, et ne sera valable que lorsque la moitié plus un des membres de l'administration y aura concouru.

17. Le choix des employés des diverses administrations leur appartient respectivement.

Elles nomment un secrétaire en chef, qui a la garde des papiers et la signature des expéditions.

Ce secrétaire est tenu à résidence

Des attributions respectives.

18. Les administrations de département conserveront les attributions qui leur sont faites par les lois aujourd'hui en vigueur, quels que soient les objets qu'elles embrassent.

19. Les administrations municipales, soit de canton ou autres, connaîtront, dans leurs ressort, 1° des objets précédemment attribués aux municipalités; 2° de ceux qui appartiennent à l'administration générale, et que la loi déléguait aux districts.

20. Ces objets seront classés et distingués dans chaque administration municipale.

Néanmoins, à l'égard des délibérations prises sur les uns ou les autres, nulle réclamation ne pourra être portée que devant l'administration supérieure du département.

21. Les administrations municipales connaîtront aussi, comme remplaçant les districts, des objets d'administration qui avaient été délégués aux ci-devant agens nationaux des districts, pour ce qui pourrait en rester à suivre, chacune dans leur ressort, et sans que le commissaire du Directoire exécutif puisse s'y entremettre, sinon pour requérir et surveiller.

Des traitemens.

22. Les administrateurs de département recevront un traitement qui sera de quinze cents myriagrammes de froment (environ trois cents quintaux), s'ils résident dans une commune au-dessus de cinquante mille habitans;

Et de mille myriagrammes dans toutes les autres.

23. Le traitement du commissaire du Directoire exécutif près les départemens, sera d'un tiers en sus de celui des administrateurs.

24. Le traitement des commissaires au bureau central dont il est parlé aux articles 10 et suivans, sera de quinze cents myriagrammes de froment.

25. Le traitement du commissaire du Directoire exécutif près les administrations municipales, sera, savoir :

De mille myriagrammes de froment dans les communes au-dessus de cinquante mille habitans;

De sept cent cinquante dans les communes de dix à cinquante mille habitans;

---

(1) *Voy.* loi du 10 pluviose an 4.

De cinq cents dans les communes de cinq à dix mille habitans;

Et de quatre cents dans toutes les autres.

26. Jusqu'à ce que la situation du Trésor national permette de salarier les autres fonctions administratives, elle seront considérées comme une dette civique, et resteront gratuitement exercées.

Dispositions générales.

27 .En cas de conflit d'attributions entre les autorités judiciaires et administratives, il sera sursis jusqu'à décision du ministre, confirmée par le Directoires exécutif qui en référera, s'ils est besoin, au Corps-Législatif.

Le Directoire exécutif est tenu, en ce cas, de prononcer dans le mois. (1)

28. Les corps administratifs pourront s'adresser directement au Corps-Législatif pour l'obtention d'une loi.

En matière d'exécution, ils suivront l'ordre prescrit par la Constitution.

Dispositions transitoires et circonstancielles.

29. Les administrations actuelles de département présenteront, dans la quinzaine, les moyens de distribuer, suivant la Constitution, les communes qui, bien qu'inférieures à cinq mille habitans, forment néanmoins un canton isolé.

Leurs arrêtés, à cet égard, seront provisoirement exécutés.

30. Les mêmes administrations dans le ressort desquelles il se trouve des communes excédant cent mille habitans, présenteront, dans le même délai de quinzaine, le plan de division de ces communes en municipalités d'arrondissement.

31. Dans le délai de quinzaine, à dater de la publication de la présente loi, les districts feront la division des papiers de leur administration.

Ceux qui concerneront l'administration générale, seront adressés au département;

Et ceux qui se trouveront particulièrement relatifs à une commune ou à un canton, seront réservés pour être adressés ou remis à l'administration municipale qu'ils pourront concerner.

Les préposés au triage des titres, établis par la loi du 17 messidor an 2, sont chargés de concourir, pour ce qui les concerne, à l'exécution du présent article.

32. Dans le mois suivant, les administrations supprimées tiendront leurs comptes prêts à être présentés aux nouvelles administrations de département.

33. Le sort décidera de la sortie partielle des administrateurs municipaux et de département qui seront nommés lors des prochaines élections.

Dans les renouvellemens ultérieurs, la sortie s'opérera par tour d'ancienneté.

---

21 FRUCTIDOR an 3 (7 septembre 1795).—Décret qui déclare attentatoires à la souveraineté du peuple les réunions de commissaires des assemblées primaires, et leurs missions près d'autres communes ou près des corps militaires. (1, Bull. 176, n° 1075; B. 58, 217 et 218.)

---

21 FRUCTIDOR an 3 (7 septembre 1795).—Décret portant que le comité de sûreté générale fera un rapport sur la commission militaire établie dans le Midi. (B. 58, 204.)

---

21 FRUCTIDOR an 3 (7 septembre 1795).—Décret sur une pétition du représentant Bernard. (B. 58, 204.)

---

21 FRUCTIDOR an 3 (7 septembre 1795).—Décret qui accorde diverses sommes, à titre d'indemnité et de secours, à des citoyens qui ont été blessés et qui ont essuyé des pertes par l'explosion du moulin à poudre de Nanci. (B. 58, 204.)

---

21 FRUCTIDOR an 3 (7 septembre 1795).—Décret de mention honorable de l'hommage fait par le citoyen Agasse. (B. 58, 204.)

---

21 FRUCTIDOR an 3 (7 septembre 1795).—Décret relatif au remboursement à faire par la trésorerie nationale au citoyen Foucher Commerson. (B., 58, 206.)

---

21 FRUCTIDOR an 3 (7 septembre 1795).—Décret portant que le citoyen Pontier est quitte pour raison de la comptabilité de ses exercices. (B., 58, 207.)

---

21 FRUCTIDOR an 3 (7 septembre 1795).—Décrets qui accordent des secours à plusieurs personnes. (B. 58, 207 et 208.)

---

21 FRUCTIDOR an 3 (7 septembre 1795).—Décret qui renvoie au comité de sûreté générale une lettre des administrateurs du département de la Loire. (B., 58, 208.)

---

21 FRUCTIDOR an 3 (7 septembre 1795).—Décret de renvoi au comité de législation de questions relatives à l'adoption et aux mariages constans par la volonté des parties. (B., 58, 215.)

---

21 FRUCTIDOR an 3 (7 septembre 1795).—Décret relatif à la liquidation de différens offices supprimés. (B., 58, 215.)

---

(1) Arrêté du 13 brumaire an 10, ordonnance du 1er juin 1828.

21 FRUCTIDOR an 3 (7 septembre 1795).—Décrets qui accordent des congés aux représentans Auguis et Roux. (B., 58, 216.)

---

21 FRUCTIDOR an 3 (7 septembre 1795).—Décret portant que l'armée des Alpes et celle d'Italie ne cessent de bien mériter de la patrie. (1, Bull. 176, n° 1077 ; B., 58, 209.)

---

22 FRUCTIDOR an 3 (8 septembre 1795).—Décret qui détermine un mode pour la remise des biens des prêtres déportés. (1, Bull. 188, n° 1084 ; B. 58, 219.)

Voy. lois du 17 SEPTEMBRE 1793 ; du 22 VENTOSE an 2 ; du 21 PRAIRIAL an 3 ; du 3 BRUMAIRE an 4, art. 10 et 11 ; du 12 PRAIRIAL an 4 ; du 19 et 26 FRUCTIDOR an 4 ; du 7 FRUCTIDOR an 5 ; loi du 27 AVRIL 1825.

Art. 1er. Les décrets qui, relativement à la confiscation des biens, ont assimilé aux émigrés les ecclésiastiques déportés ou reclus, pour n'avoir pas prêté les sermens ordonnés, ou comme ayant été dénoncés par six individus, sont rapportés en ce qui concerne ladite confiscation.

2. Les confiscations qui ont été prononcées ou qui ont eu lieu contre lesdits ecclésiastiques, cesseront d'avoir leur effet, à moins qu'elles ne se trouvent du nombre de celles qui sont expressément maintenues par la loi du 21 prairial dernier, relative à la restitution des biens des condamnés.

3. Les biens ou leur valeur seront remis sans délai, et suivant le mode ci-après, soit à ceux desdits ecclésiastiques qui pourraient être relevés de l'état de déportation, réclusion ou mort civile, et restitués dans les droits de citoyen, soit aux héritiers présomptifs de tous ceux desdits ecclésiastiques qui resteront en état de mort civile par les jugemens ou arrêtés qui les ont condamnés à la déportation ou réclusion à vie (1).

4. Les héritiers présomptifs seront ceux qui, au moment de la déportation ou réclusion, auraient succédé auxdits ecclésiastiques, s'ils étaient morts naturellement.

5. En ce qui concerne les ventes faites des biens-meubles et immeubles desdits ecclésiastiques, le paiement du restant du prix, la restitution de ce qui reste en nature, le remboursement auxdits individus et à leurs héritiers de ce qui a été ou devra être exigé ou perçu au nom de la République, les perceptions de fruits, frais de séquestres, abus ou dilapidations, on se réglera sur les dispositions de la section II de la loi du 21 prairial dernier, relative au mode de restitution des biens des condamnés.

5. La disposition des articles précédens ne sera point applicable aux ci-devant évèques, curés, vicaires et autres ecclésiastiques, ni à leurs héritiers (bien que lesdits ecclésiastiques fussent au cas de la déportation ou réclusion, pour refus ou rétractation de prestation de serment), lorsqu'ils seront sortis du territoire de la République ou pays réunis, sans y avoir été autorisés,

---

(1) Un prêtre septuagénaire qui a refusé le serment civique, a encouru la réclusion, mais non la confiscation. — Ses héritiers présomptifs n'ont pu demander l'envoi en possession de ses biens (2 octobre 1813 ; décret, J. C. 2, 438).

Le débiteur d'un prêtre déporté, qui a versé le montant de son obligation à la caisse nationale, ignorant que son créancier était nominativement réintégré dans ses droits civils, n'est pas valablement libéré (29 thermidor an 12 ; Poitiers ; S. 4, 2, 498).

Un compromis signé entre un prêtre (rentré en France, ayant prêté serment de fidélité, et placé sous la surveillance du Gouvernement), et son neveu, au sujet des biens du prêtre restitués au neveu par application de la loi du 22 fructidor an 3, n'est pas nul ; on ne peut dire, ni que le prêtre fût incapable de contracter, en ce qu'il n'était pas amnistié, ni que le compromis fût nul, comme étant *sans cause* (7 janvier 1809 ; Cass. S. 9, 1, 215).

L'acte par lequel une administration a délivré les biens d'un prêtre déporté à ses héritiers apparens ne fait pas obstacle à ce que les questions de successibilité qui peuvent s'élever sur ledit héritage soient jugées par les tribunaux ordinaires. (10 janvier 1821 ; ord. Mac. 1, 41.)

Les prêtres déportés étaient incapables de vendre, tant qu'ils n'avaient pas été relevés de la déportation. (12 prairial an 10 ; Cass. S. 2, 1, 303.)

Les héritiers *testamentaires* des prêtres déportés ou reclus n'ont pas été appelés à recueillir les biens dont cette loi a ordonné la restitution en faveur des héritiers présomptifs de ces prêtres (24 messidor an 10 ; Cass. S. 3. 1, 7).

La rentrée d'un prêtre déporté et sa réintégration ne lui ont pas conféré le droit de réclamer la portion d'une succession échue, après les lois des 20 et 22 fructidor an 3, et durant sa mort civile (2 décembre 1807 ; Cass. S. 8, 1, 157).

Les prêtres relevés de la déportation volontaire, n'ont pas été réintégrés dans les biens abandonnés à leurs héritiers, en vertu de cette loi (décret du 19 brumaire an 13 ; S. 5, 2, 40).

Idem, surtout si ces biens ont été transmis par les héritiers à des tiers (5 messidor an 13) Cass. S. 6, 1, 33).

Contrairement à cette jurisprudence, il a été jugé par la cour de Rouen, que la remise des biens d'un prêtre déporté volontairement, faite à ses héritiers, en exécution de cet article ne leur transmettait que des droits précaires, et que le prêtre pouvait ultérieurement en rentrant en France, et en se faisant relever de l'état de déportation, reprendre ses biens abandonnés (17 février 1823 ; Rouen ; S. 23, 2, 177) — Le même système a été présenté accessoirement dans l'affaire Legendre (*Voy.* S. 24, 1, 10). Mais la cour de Cassation n'a pas statué à cet égard.

invités ou contraints par une loi promulguée en France, ou par arrêté ou délibération des représentans du peuple ou de quelques corps administratif, publié dans le ressort du district ou ils avaient leur domicile : ceux-là étant émigrés, s'ils sont trouvés en France, pays réunis ou occupés par les armées de la République, seront punis comme émigrés rentrés : dans aucun cas, leurs héritiers ne pourront rien prétendre à leurs biens.

22 FRUCTIDOR an 3 (8 septembre 1795).—Décret portant en principe que les électeurs recevront une indemnité. (B., 58, 222.)

22 FRUCTIDOR an 3 (8 septembre 1795).—Décrets qui autorisent les communes de Limoges et de Montpellier à faire des emprunts. (B. 58, 220 et 221.)

22 FRUCTIDOR an 3 (8 septembre 1795).—Décret qui admet à voter sur la Constitution les citoyens des armées de terre et de mer détachés de leurs corps, actuellement à Paris. (B., 58, 221.)

22 FRUCTIDOR an 3 (8 septembre 1795). — Décret qui autorise les comités de sûreté générale et de législation à faire imprimer le projet de loi arrêté par eux, sur la police des cultes. (B., 58, 219.)

22 FRUCTIDOR an 3 (8 septembre 1795).—Décret qui déclare nul et comme non avenu un jugement du tribunal criminel du département de l'Yonne, rendu contre les nommés Pierre Rigolet et autres. (B. 58, 222.)

23 FRUCTIDOR an 3 (9 septembre 1795).—Décret qui admet en paiement des billets de loterie, les bons au porteur, gagnés à la loterie ; et les assignats à face de 100 livres et au-dessous. (1, Bull. 187, n° 1078 ; B. 58, 224.)

Voy. lois du 29 GERMINAL an 3, et du 27 VENDÉMIAIRE an 4.

La Convention nationale, après avoir entendu son comité des finances, décrète que les bons au porteur gagnés à la loterie, et les assignats à face de cent livres et au-dessous, démonétisés par la loi du 27 floréal, seront admis en paiement des billets de loterie.

23 FRUCTIDOR an 3 (9 septembre 1795).—Décret sur les déficits reconnus dans les transports de fonds faits par l'ancienne ferme des messageries. (B. 58, 223.)

23 FRUCTIDOR an 3 (9 septembre 1795).—Décret qui adjoint au comité des finances les représentans Defermon et Charel. (B. 58, 225.)

23 FRUCTIDOR an 3 (9 septembre 1795).—Décret portant que les citoyens Deloche et Orcelet seront rayés de toute liste d'émigrés. (B. 58, 224).

23 FRUCTIDOR an 3 (9 septembre 1795).—Décret portant que l'ex-général Tureau sera traduit devant le directeur du jury du district de Tours. (B. 58, 225.)

23 FRUCTIDOR an 3 (9 septembre 1795).—Décret qui renvoie au comité de législation la demande de rayer de la liste des émigrés le nom du citoyen Saint-Fermin. (B. 58, 225).

23 FRUCTIDOR an 3 (9 septembre 1795).—Décret qui autorise les commissaires chargés de l'examan des comptes de la commission de commerce et des approvisionnemens, à régler les traitemens et frais de voyage des divers agens et préposés de ladite commission. (B. 58, 225.)

23 FRUCTIDOR an 3 (9 septembre 1795).—Décret qui charge la commission des Onze de réviser et de coordonner dans l'ordre convenable les articles qui ont été décrétés, soit avant, soit après le 9 thermidor, pour composer un Code civil. (B. 58, 226.)

23 FRUCTIDOR an 3 (9 septembre 1795).—Décret qui renvoie au comité de législation la demande du citoyen Blondel. (B. 58, 226.)

23 FRUCTIDOR an 3 (9 septembre 1795).—Décret qui renvoie au comité de salut public, de sûreté générale et de législation, une pétition des citoyennes Trudaine. (B. 58, 226.)

23 FRUCTIDOR an 3 (9 septembre 1795).—Décret qui renvoie au comité de législation une pétition du citoyen Friguet. (B. 58, 227.)

23 FRUCTIDOR an 3 (9 septembre 1795).—Décret portant que les militaires qui se trouvent à Paris, en vertu de permissions légales, pourront se rassembler le 24 fructidor, présent mois, à la maison des Invalides, pour donner leur vœu sur l'acte constitutionnel, et sur le décret du 5 du courant. (B. 58, 227.)

23 FRUCTIDOR an 3 (9 septembre 1795).—Décret qui envoie le représentant Servière dans le département du Var. (B. 58, 226.)

24 FRUCTIDOR an 3 (10 septembre 1795). — Décret qui détermine le mode de perception de la contribution en nature. (1, Bull. 187, n° 1079 ; B. 58, 228.)

Voy. loi du 18 MESSIDOR an 4.

Art. 1er. Les administrateurs de département, dans la décade de la publication du présent décret pour tout délai, indiqueront à chaque commune de leur ressort le magasin où devra être versée sa contribution en nature.

Ils lui enverront en même temps le tableau des apprécis ou mercuriales, d'après lesquels devront être fournies les quatre espèces de grains mentionnées dans l'article 4 de la loi du 2 thermidor dernier.

2. Avant la fin du mois de brumaire prochain, chaque contribuable paiera, d'après sa cotisation au rôle de 1793, tant en principal qu'en sous additionnels, les trois quarts de la portion foncière qu'il doit en grains ou en équivalent, aux termes de la loi du 2 thermidor.

3. A défaut de paiement, dans ce délai, des trois quarts de la partie payable en nature, les contribuables en retard seront contraints à payer en grains la totalité de leur contribution foncière.

4. Si, avant la fin de brumaire, quelque commune n'a point acquitté le tout ou la majeure partie des trois quarts exigibles sous cette époque, l'administration du département décernera une contrainte, contre les vingt plus forts contribuables de la commune, du montant de ce qu'elle aurait dû acquitter. A défaut par ces contribuables de satisfaire à cette contrainte dans la décade de sa notification, l'administration requerra la force publique pour en assurer l'exécution : les frais de déplacement et de séjour seront acquittés, en sus de la contribution, par lesdits contribuables, sauf, dans tous les cas, leur recours contre les autres redevables de la commune.

5. Il sera établi par les administrations de département, dans chaque magasin destiné à recueillir le produit de la contribution, un garde-magasin en état de recevoir et de donner les quittances du poids et de la nature des grains versés, et d'en tenir un registre fidèle.

6. Ceux qui, dans les pays frontières, ont été dans le cas de fournir, sur le produit de la récolte actuelle, des grains en vertu des réquisitions des représentans du peuple près les armées, sont autorisés (si le prix ne leur en a pas été payé au taux courant des grains dans les lieux où les réquisitions ont été faites) à les précompter et déduire sur le montant de la perception des trois quarts exigibles, en vertu de la présente loi, et, en cas d'excédant, sur le quart restant de la portion de la contribution payable en nature.

7. La commission des revenus nationaux et les administrations de département sont chargées de surveiller et d'activer l'exécution de la présente loi.

24 FRUCTIDOR an 3 (10 septembre 1795). — Décret qui défend à tous juges et tribunaux de connaître d'aucune plainte ou instance relative aux rapports faits par les agens de la République aux comités de la Convention nationale. (1, Bull. 188, n° 1085 ; B. 58, 231.)

La Convention nationale, après avoir entendu le rapport de son comité de salut public ; considérant que les rapports des agens de la République à ses comités, ne sont que des pièces de confiance qui ne doivent, dans aucun cas, être connues des parties intéressées, et qu'il est essentiel de maintenir lesdits agens dans la plus entière liberté sur la rédaction desdits rapports,

Fait défenses à tous juges et tribunaux, et notamment au juge-de-paix de la section de l'Ouest, département de la Seine, de connaître d'aucune plainte ou instance relative auxdits rapports ; ordonne qu'expédition dudit décret sera remise dans le jour audit citoyen juge-de-paix de la section de l'Ouest.

---

24 FRUCTIDOR an 3 (10 septembre 1795). — Décret portant que l'armée de Sambre-et-Meuse ne cesse de bien mériter de la patrie. (B. 58, 227.)

---

24 FRUCTIDOR an 3 (10 septembre 1795). — Décret qui supprime la commission militaire établie à Marseilles. (B. 58, 231.)

---

24 FRUCTIDOR an 3 (10 septembre 1795). — Décret portant que la commission des Onze présentera incessamment son travail sur la police correctionnelle et sur la police de sûreté. (B. 58, 228.)

---

24 FRUCTIDOR an 3 (10 septembre 1795). — Décret de renvoi au comité de législation relatif aux héritiers bénéficiaires. (B. 58, 228.)

---

24 FRUCTIDOR an 3 (10 septembre 1795).—Décret qui accorde un congé au représentant Lacombe. (B. 58, 228.)

---

24 FRUCTIDOR an 3 (10 septembre 1795).—Décret qui maintient les frères Baracchin en possession et jouissance des marchandises par eux saisies. (B.. 58, 230.)

---

25 FRUCTIDOR an 3 (11 septembre 1795).—Décret qui augmente provisoirement le secours accordé par celui du 27 vendémiaire dernier aux réfugiés et déportés corses. (1, Bull. 177, n° 1080 ; B., 58, 232.)

Art. 1er. Les réfugiés et déportés corses recevront provisoirement, à compter de ce jour, un secours double de celui qui leur est accordé par la loi du 27 vendémiaire dernier, en suivant les proportions du sexe, de l'enfance et de l'âge qui y sont prescrites.

2. Les autres dispositions de cette loi auront leur pleine et entière exécution.

25 FRUCTIDOR an 3 (11 septembre 1795).—Décret relatif aux élections. (1, Bull. 195. n° 1162 ; B, 58, 233.)

Voy. lois du 22 DÉCEMBRE 1790 ; du 1ᵉʳ VENDÉMIAIRE an 4 ; du 5 VENDÉMIAIRE an 4 ; du 13 VENDÉMIAIRE an 4 ; du 15 PLUVIOSE an 5 ; du 27 PLUVIOSE an 5 ; du 5 VENTOSE an 5 ; du 18 VENTOSE an 6, et 6 GERMINAL an 6.

Art. 1ᵉʳ. Dans les assemblées primaires et électorales qui auront lieu jusqu'au jour où la Convention nationale terminera sa session, on suivra les règles établies par les lois précédemment rendues.

2. A compter du jour où le Corps-Législatif sera constitué en deux conseils on se conformera, dans toute assemblée publique et pour toute élection, aux dispositions qui vont être établies par la présente loi.

TITRE Iᵉʳ. Tenue et police des assemblées.

Art. 1ᵉʳ. Il sera dressé, chaque année, avant la fin du mois de pluviose, par chaque municipalité, un tableau des citoyens ayant droit de voter dans le canton, suivant la Constitution.

2. Lorsque le nombre des citoyens ayant droit de voter dans un canton, ne s'élèvera pas à plus de neuf cents, il n'y aura qu'une assemblée primaire par canton; mais au-dessus de ce nombre, il s'en formera au moins deux.

3. Chaque assemblée primaire doit tendre à se former de six cents membres; s'il y a plusieurs assemblées dans un canton, la moins nombreuse doit être de quatre cent cinquante citoyens.

4. Lorsqu'il y aura plusieurs assemblées dans un canton, l'administration départementale fixera l'arrondissement et le lieu de ces assemblées.

5. Les peines les plus graves qu'une assemblée primaire, communale ou électorale, puisse infliger à l'un de ses membres, sont, après le rappel à l'ordre et la censure préalablement prononcés, l'exclusion de la séance, ou même de l'assemblée, durant tout le temps de sa session.

6. En cas de voies de fait, d'excès graves, ou de délits commis dans l'intérieur des séances d'une assemblée primaire, communale ou électorale, le président pourra, après y avoir été autorisé par l'assemblée, faire saisir le prévenu, et l'envoyer sur-le-champ devant l'officier de police du lieu.

7. Les présidens, secrétaires et scrutateurs sont personnellement responsables de tout ce qui se fait dans les assemblées primaires, communales ou électorales, d'étranger à leur convocation, ou de contraire à la Constitution et à la loi.

8. Lorsque le Corps-Législatif aura dé-claré illégal un acte d'une assemblée primaire, communale ou électorale, il prononcera la question de savoir si les président, secrétaire et scrutateurs de cette assemblée doivent être poursuivis criminellement.

9. Le président doit déclarer que l'assemblée est dissoute, aussitôt qu'elle a terminé les opérations pour lesquelles elle était convoquée.

10. Dans toute élection, chaque votant est appelé nominativement par le secrétaire ou par l'un des scrutateurs, et il dépose ostensiblement un bulletin fermé et non signé.

11. Les suffrages qui ne sont point donnés conformément à la loi, sont supprimés dans les recensemens.

12. Dans toute élection, lorsqu'il y a égalité de suffrages, le plus ancien d'âge est préféré; dans le cas d'égalité d'âge, le sort décidera.

TITRE II. Elections des présidens, secrétaires et scrutateurs.

Art. 1ᵉʳ. Toute assemblée publique se forme sous la présidence provisoire du plus ancien d'âge : les plus âgés après lui remplissent provisoirement les fonctions de scrutateurs, et le plus jeune, celles de secrétaire.

2. Les fonctions de président, secrétaire et scrutateurs, soit provisoires soit définitifs, ne peuvent être exercées que par les citoyens sachant lire et écrire.

3. Dès que les officiers provisoires ont pris leur place, on procède immédiatement à l'élection d'un président, d'un secrétaire, et de trois scrutateurs définitifs.

4. Cette élection se fait par un seul scrutin de liste et à la pluralité relative.

Chaque votant écrit son bulletin, ou y fait écrire par l'un des scrutateurs, autant de noms qu'il y a d'officiers à nommer.

Celui des citoyens présens qui obtient le plus de suffrages est président; le suivant est secrétaire, et les trois autres, scrutateurs.

5. Le bureau de l'assemblée, une fois formé, ne peut plus être renouvelé durant la même session d'une assemblée primaire, communale ou électorale.

6. En cas d'absence, démission ou destitution, le président est suppléé par le secrétaire, celui-ci par le premier scrutateur, et les scrutateurs par les membres de l'assemblée qui ont obtenu le plus de voix après eux.

7. Toute assemblée primaire, communale ou électorale, composée de plus de deux cents membres présens, doit, après la nomination du bureau général, se diviser en plusieurs bureaux particuliers.

8. La répartition des membres de l'assemblée en bureaux particuliers se fait par

le sort; de telle sorte qu'il y ait pour chacun de ces bureaux cent votans au moins, deux cents au plus.

9. Le bureau général fait l'office de bureau particulier pour l'une des sections de l'assemblée.

10. Les votans attachés à chacun des autres bureaux particuliers, se nomment entre eux un président, un secrétaire et trois scrutateurs, dans les mêmes formes que celles prescrites ci-dessus pour la nomination des officiers du bureau général.

11. Les suffrages pour l'élection des fonctionnaires publics seront reçus par les officiers des bureaux particuliers.

Les recensemens partiels faits en chacun de ces bureaux, sont portés au bureau général, où se fait le recensement universel.

12. Lorsqu'il y a dans un canton plusieurs assemblées primaires concourant à l'élection des mêmes fonctionnaires publics, le bureau général de chacune de ces assemblées envoie deux de ses membres pour porter le recensement qu'il a fait, à l'administration municipale, où se fait le recensement définitif, auquel ils assistent.

TITRE III. Elections des fonctionnaires publics par les assemblées primaires, communales et électorales.

Art. 1er. Durant le mois de nivose, chaque citoyen a le droit de se faire inscrire lui-même, ou de faire inscrire ceux de ses concitoyens qu'il juge à propos, sur la liste des candidats, et de s'y désigner lui-même, ou de désigner les autres, pour une ou plusieurs fonctions qui sont à remplir dans le mois de germinal suivant.

2. Ces inscriptions se font à l'administration municipale, qui n'en peut refuser aucune, et qui en donne des récépissés.

3. L'administration municipale est tenue de publier dans son ressort, dans les cinq premiers jours de pluviose, la liste des candidats inscrits pour toutes les fonctions dont la nomination appartient aux assemblées primaires et communales.

Elle doit placer sur cette liste, mais séparément, les candidats qu'elle croit manquer des caractères d'éligibilité exigés par la Constitution. L'avis de l'administration sur cette non-éligibilité doit être motivé dans des notes sommaires.

4. L'administration municipale fait parvenir à l'administration de département les listes des candidats inscrits pour les fonctions dont l'élection appartient aux assemblées électorales.

5. L'administration de département est tenue de publier, dans son ressort, du 20 au 25 pluviose, les listes des candidats inscrits pour les fonctions auxquelles les assemblées électorales doivent nommer.

Les candidats que l'administration départementale croit manquer des caractères d'éligibilité exigés par la Constitution, sont inscrits sur les listes, mais séparément et avec des notes sommaires et explicatives.

6. Les listes de candidats sont affichées et lues dans les assemblées primaires, communales ou électorales, aussitôt après la formation des bureaux.

Les suffrages peuvent être donnés à des citoyens non inscrits sur ces listes.

7. On procède à un premier scrutin, il est individuel, s'il s'agit de l'élection d'un seul fonctionnaire; il est de liste, s'il s'agit de l'élection de plusieurs fonctionnaires du même genre et du même nom.

8. Si ce premier scrutin donne la majorité absolue à un ou à plusieurs candidats, ils sont élus selon l'ordre du nombre des suffrages qu'ils ont réunis.

9. Si un nombre suffisant de candidats n'a point obtenu la majorité absolue, on forme une liste de ceux qui ont obtenu la plus forte pluralité relative : cette liste a pour limite un nombre de noms égal à dix fois le nombre des fonctionnaires à élire dans le même scrutin.

10. On procède ensuite à un second scrutin, dans lequel on ne peut donner de suffrages qu'aux candidats inscrits sur la liste mentionnée dans l'article précédent.

11. Pour le scrutin définitif, chaque votant dépose à la fois, en deux vases différens, deux billets, l'un de nomination, l'autre de réduction.

Sur le premier bulletin, il inscrit autant de noms qu'il y a de fonctionnaires à élire.

Sur le second bulletin, il inscrit les noms des citoyens qu'il entend retrancher de la liste des concurrens : ce bulletin peut ne contenir aucun nom; il peut en contenir un nombre indéterminé, mais toujours au-dessous de la moitié du nombre de ceux portés sur la liste mentionnée en l'art. 9 du présent titre.

12. On fait d'abord le recensement universel des billets de réduction; et les candidats qui ont été inscrits sur ces billets par la majorité absolue des votans, ne peuvent être élus, quel que soit le nombre des suffrages positifs déposés en leur faveur dans le vase de nomination.

13. On dépouille ensuite les bulletins de nomination, et les élus sont ceux qui, n'étant pas dans le cas de l'article précédent, réunissent la pluralité relative des suffrages positifs.

TITRE IV. Elections par le Corps-Législatif, par le Directoire exécutif, par les corps administratifs et judiciaires.

Art. 1er. Les présentations attribuées par la Constitution au Conseil des Cinq-Cents se font au scrutin de liste et à la pluralité relative.

2. Les nominations attribuées par la

Constitution au Conseil des Anciens se font dans les formes prescrites par les articles 11, 12 et 13 du titre précédent.

2. Les élections que la Constitution attribue au Directoire exécutif, aux corps administratifs et judiciaires, se font dans les formes prescrites par les articles 7, 8, 9, 10, 11, 12, et 13 du titre précédent; mais si, après le dépouillement ordonné par l'article 13, un nombre suffisant de candidats n'a pas réuni la majorité absolu des suffrages positifs, on procède, par scrutin individuel, à l'option entre les deux candidats qui ont obtenu le plus de voix.

25 FRUCTIDOR an 3 (11 septembre 1795).—Décret portant que le citoyen Lebreton de Villeneuve est définitivement quitte de toutes ses gestions. (B., 58, 231.)

25 FRUCTIDOR an 3 (11 septembre 1795).—Décret qui rapporte l'article 2 du décret de *quittus* rendu le 21 thermidor dernier, dernier exercice du citoyen Labretèche. (B. 58, 232.)

26 FRUCTIDOR an 3 (12 septembre 1795).—Décret portant qu'il sera formé dans chacun des ports de Brest, Lorient, Toulon, Rochefort, un jury pour examiner et juger les réclamations des bâtimens de la République, qui, ayant capturé des bâtimens ennemis, prétendront l'avoir fait soit étant totalement séparés de l'armée navale, soit en étant détachés. (B. 58, 242.)

Voy. loi du 3 BRUMAIRE an 4.

La Convention nationale, ouï le rapport de son comité de salut public, décrète :

Art. 1er. Il sera formé dans chacun des ports de Brest, Lorient, Toulon, et Rochefort, un jury pour examiner et juger les réclamations des bâtimens de la République, qui, ayant capturé des bâtimens ennemis, prétendent l'avoir fait, soit étant totalement séparés de l'armée navale, soit étant en détachement, soit enfin seuls et sans copartageans.

2. Le chef civil, chargé du détail des prises, après avoir reçu les réclamations des parties intéressées, et en avoir fait un rapport sommaire, s'entendra avec l'agent maritime et le commandant des armes pour la convocation du jury, auquel il soumettra son rapport avec les pièces à l'appui.

3. Le jury sera composé de l'agent maritime, du commandant des armes et du major de la marine, lesquels y appeleront un officier civil et un officier militaire qu'ils ne pourront choisir parmi les parties intéressées.

4. Les décisions données par ce jury seront inscrites en marge du rapport du chef civil chargé de la partie des prises, et devront être signées de tous les membres.

5. Ces décisions présenteront l'article de la loi du 1er octobre 1793, applicable au cas décidé.

6. La commission de la marine est chargée de l'exécution du présent décret.

26 FRUCTIDOR an 3 (12 septembre 1795).—Décret qui accorde un crédit à diverses commissions. (B. 58, 237.)

26 FRUCTIDOR an 3 (12 septembre 1795).—Décret qui rapporte les articles 3 et 4 de la loi du 8 germinal an 3, relative à la suppression des divisions de gendarmerie à cheval organisées en guerre. (B. 58, 239.)

26 FRUCTIDOR an 3 (12 septembre 1795).—Décrets qui envoient le représentant Letellier dans le département d'Eure-et-Loir, et le représentant Thibaut en Hollande. (B. 58, 241 et 243.)

26 FRUCTIDOR an 3 (12 septembre 1795).—Décret portant qu'il ne sera donné aucune suite aux démolitions et reconstructions des terrasses et escaliers des terrasses du jardin du Luxembourg. (B. 58, 241.)

26 FRUCTIDOR an 3 (12 septembre 1795).—Décret qui déclare valable le bail sous seing-privé fait le 12 janvier 1793, par Duprat Barbançon, au profit de Gabriel Bazile pour les terres et domaines de Precy. (B., 58, 238.)

26 FRUCTIDOR an 3 (12 septembre 1795).—Décret qui accorde des pensions et indemnités à la veuve et aux enfans de Jean-Baptiste Carrière. (B. 58, 243.)

26 FRUCTIDOR an 3 (12 septembre 1795). — Décrets relatifs aux paiemens à faire par la Trésorerie nationale, au citoyen Lesparda et à la citoyenne Lesparda, veuve de Louis Thiesson. (B. 58, 243 à 245.)

26 FRUCTIDOR an 3 (12 septembre 1795). — Décret portant que le citoyen Villaret est définitivement quitte et libéré de ses comptes et exercices. (B., 58, 244.)

27 FRUCTIDOR an 3 (13 septembre 1795). — Décret relatif au paiement à faire au citoyen Perchet Simery par la Trésorerie nationale. (B. 58, 246.)

27 FRUCTIDOR an 3 (13 septembre 1795). — Décret qui accorde diverses sommes à titre de secours. (B. 58, 247.)

27 FRUCTIDOR an 3 13 septembre 1795). — Décret portant nomination aux emplois d'officiers créés par la loi du 4 thermidor sur l'organisation des grenadiers de la représentation nationale. (B. 58, 247.)

28 FRUCTIDOR an 3 (14 septembre 1795).—Décret qui accorde un supplément de solde en

numéraire aux officiers de tout grade des armées de terre et de mer en activité de service. (1, Bull. 188, n° 1086 ; B. 58, 261.)

Voy. lois des 2 et 13 THERMIDOR an 3, et du 23 FLORÉAL an 3.

Art. 1er. A compter du 1er vendémiaire prochain, les officiers de tout grade des armées de terre et de mer, en activité de service, jouiront d'un supplément de solde de 8 livres en numéraire par mois.

2. Ce supplément de solde leur sera payé le 30 de chaque mois.

3. Les comités de salut public et des finances sont autorisés à prendre, en exécution des décrets du 11 ventose de l'an 2 et du 13 thermidor dernier, toutes les mesures propres à assurer le paiement ci-dessus, et celui du supplément de solde décrété au profit des soldats et sous-officiers le 5 thermidor dernier, notamment par la vente des bijoux et autres effets précieux appartenant à la République, et d'après le mode qu'ils jugeront le plus convenable aux intérêts de la nation.

---

28 FRUCTIDOR an 3 (14 septembre 1795). — Décret relatif aux réclamations à faire par les propriétaires de créances sur les émigrés d'un même département (1, Bull. 188. n° 1087 ; B., 58, 259.)

Voy. lois du 1er FLORÉAL an 3.

Art. 1er. Les administrations de département, et à Paris le bureau de la liquidation des dettes des émigrés, sont autorisés, pour l'exécution de l'article 70 de la loi du 1er floréal an 3, à exiger des créanciers des émigrés, dont les créances n'excéderont pas deux mille livres, ou dont les créances constituées présenteront un capital au-dessous de mille livres, une déclaration qu'ils ont ou n'ont pas d'autres créances à exercer sur d'autres émigrés du même département, soit de leur chef, soit par cession ou transport, ou pour toute autre cause, et une énonciation exacte du montant des créances qu'ils auraient à exercer.

2. En cas de fausses déclarations, les créanciers seront punis d'une amende égale au double de la somme qu'ils auront réclamée.

3. Il n'est point dérogé à la peine prononcée par l'art. 74 de la loi du 1er floréal, en cas de fausse affirmation de créance.

---

28 FRUCTIDOR an 3 (14 septembre 1795). — Décret qui détermine le mode de liquidation des créances sur les biens indivis avec les émigrés. (1, Bull. 189, n° 1089 ; B. 58, 259.)

Voy. lois du 1er FLORÉAL an 3, du 17 FRIMAIRE an 6.

Art. 1er. La discussion préalable des créances sur les biens indivis avec des émigrés, exigée par l'art. 112 de la loi du 1er floréal an 3, s'établira, et sera suivie et constatée, ainsi qu'il suit :

2. Avant de procéder à la liquidation des créances sur des biens indivis avec des émigrés, l'administration de département, et à Paris le bureau de la liquidation, convoquera les copropriétaires et codébiteurs à un jour et lieu indiqués, à l'effet de prendre communication des titres, pièces et demandes du créancier, et proposer leurs moyens contre ces titres, pièces et demandes. L'administration ou le bureau nommera en même temps un commissaire qui se réunira avec les copropriétaires et codébiteurs, et stipulera les droits de la nation.

3. La convocation sera faite par lettres chargées, et le délai fixé de manière que celle des parties intéressées dont le domicile se trouvera le plus éloigné du lieu indiqué pour l'assemblée, ait un jour par cinq lieues pour s'y rendre, à compter du jour de la réception de la lettre.

4. Les copropriétaires et codébiteurs se présenteront en personnes ou par fondés de pouvoirs. Il sera procédé à la discussion avec ceux qui seront présens, sans qu'elle puisse être retardée par l'absence d'aucun.

5. Ceux des copropriétaires et codébiteurs qui seront absens, soit parce qu'ils ne sont pas domiciliés en France, soit parce que leur domicile n'aura pas été suffisamment connu, soit à raison de leur présence aux armées de la République ou pour tout autre cause, seront représentés par le commissaire national près le tribunal civil ou par son substitut, si l'assemblée se tient dans la commune où réside le tribunal ; et si elle se tient dans une autre commune, par le juge-de-paix du canton. Aucune réclamation de leur part ne sera admise contre les opérations ainsi arrêtées en leur absence.

6. Il sera dressé procès-verbal des comparutions, examen des pièces et dires des parties intéressées ; et dans le cas où une créance serait contestée, il sera fait notification et donné copie par extrait au propriétaire de cette créance, de la partie du procès-verbal qui le concerne : il sera, par le même acte, averti de se trouver à une seconde assemblée qui sera de suite indiquée par le commissaire de la nation.

7. Si le créancier ou ses fondés de pouvoirs ne fournissent pas réponses qui lèvent les difficultés, la contestation sera décidée sans appel par des arbitres. L'un des arbitres sera nommé par le créancier : le commissaire de la nation, les copropriétaires et codébiteurs qui seront présens à la deuxième assemblée, et le commissaire qui représentera les absens, s'il y en a, se réuniront pour nommer le second arbitre (1).

---

(1) *Voy*. loi du 9 ventose an 4.

8. Si le commissaire de la nation, les co-propriétaires et co-débiteurs présens, et le commissaire qui représentera les absens, ne s'accordent pas sur le choix de leur arbitre, il sera nommé par le juge-de-paix du canton où se tiendra l'assemblée, ou par le premier assesseur, si le juge-de-paix représente quelques parties absentes. Il sera procédé de la même manière à la nomination d'un arbitre pour le créancier, s'il ne se présente pas, ou s'il refuse d'en nommer.

9. Dans le cas où les deux arbitres ne seraient pas d'accord, si toutes les parties ne se réunissent pas sur le choix du surarbitre, il sera nommé dans la forme prescrite par l'article précédent.

10. Sur la notification qui sera faite par le créancier à l'administration du département ou au bureau de liquidation, du jugement rendu par les arbitres ou du procès-verbal constatant que le commissaire de la nation et les copropriétaires et codébiteurs ont reconnu et alloué la créance, l'administration ou le bureau fera procéder à la liquidation pour la portion qui concernera la nation, de la manière et ainsi qu'il est réglé par la loi du 1er floréal.

11. Les frais qui auront précédé la liquidation seront réglés par l'administration du département ou le bureau de liquidation, et acquittés sur la chose, en proportion de l'émolument de chacune des parties. En cas de contestation, les frais seront supportés par la partie qui succombera.

12. Les dispositions du présent décret s'appliquent aux créances sur les biens indivis avec tous ceux dont les biens se trouvent frappés de la confiscation nationale.

28 FRUCTIDOR an 3 (14 septembre 1795).—Décret concernant l'ordre des délibérations et la police du Corps-Législatif de Paris. (B. 58, 248.)

28 FRUCTIDOR an 3 (14 septembre 1795). — Décret qui étend à la Belgique les pouvoirs du représentant Thibault, envoyé en Hollande. (B., 58, 262.)

28 FRUCTIDOR an 3 (14 septembre 1795)—Décret relatif au citoyen Dumoulins. (B. 58. 262.)

28 FRUCTIDOR an 3 (14 septembre 1795).—Décret portant que la somme de cent mille livres sera restituée au citoyen Legrix par le receveur-général du département du Bec-d'Ambès. (B., 58, 262.)

28 FRUCTIDOR an 3 (14 septembre 1795).—Décret qui accorde des pensions à des militaires infirmes ou blessés. (B., 58, 263.)

28 FRUCTIDOR an 3 (14 septembre 1795).—Décret qui autorise la commission des secours publics à faire payer au citoyen Despinoy le tiers des pertes qu'il a éprouvées par l'invasion de l'ennemi. (B. 58, 264.)

28 FRUCTIDOR an 3 (14 septembre 1795). — Décret qui autorise le district de Valenciennes à recevoir du citoyen Scilether, vingt-neuf mille livres, montant du prix de l'adjudication à lui consentie d'une maison d'émigré. (B. 58, 264.)

28 FRUCTIDOR an 3 (14 septembre 1795).—Décret qui envoie le représentant Duval dans le département de l'Eure. (B. 58, 262.)

29 FRUCTIDOR an 3 (15 septembre 1795).—Décret qui détermine le mode des ventes prescrites par l'article 7 de la loi du 13 frimaire. (1, Bull. 188, n° 1088; B., 58 265.)

Les ventes prescrites par l'article 7 de la loi du 13 frimaire dernier, seront faites par les corps administratifs dans les mêmes formes que les ventes ordonnées par les décrets précédens. Toutes dispositions contraires résultant d'arrêtés ou autres actes, demeureront sans effet, à dater de ce jour.

29 FRUCTIDOR an 3 (15 septembre 1795). — Décret qui annule tous arrêtés des représentans du peuple en mission, par lesquels les tribunaux ont été autorisés à juger des affaires en dernier ressort contre la loi de leur institution. (1, Bull. 188, n° 1089; B. 58, 268.)

Art. 1er. Sont déclarés nuls et comme non avenus tous arrêtés des représentans du peuple en mission qui ont autorisé les tribunaux à juger en dernier ressort les affaires que la loi de leur institution ne leur donne pas le droit de juger de cette manière.

2. Dans le délai d'un mois, à compter de la publication de la présente loi, les parties intéressées pourront se pourvoir contre les jugemens dont il s'agit, par les voies que la loi détermine.

29 FRUCTIDOR an 3 (15 septembre 1795). — Décret qui détermine le mode de liquidation des créances sur les parens des émigrés dont les successions sont ouvertes au profit de la nation. (1, Bull. 188, n° 1090; B. 58, 269.)

Voy. lois du 1er FLORÉAL an 3, et du 23 VENDÉMIAIRE an 4.

Art. 1er. La liquidation des créances sur les parens d'émigrés dont les successions sont ouvertes au profit de la nation, sera faite par les administrations de département du domicile de ces parens où la succession sera ouverte; et dans le département de Paris, par le bureau de liquidation établi par la loi du 1er floréal an 3.

2. Le dépôt des titres de créance sera fait au district du domicile du parent de l'émigré. Les administrateurs de district les recevront, et les feront passer sans délai aux

administrations de département, et se conformeront au surplus, à l'égard du dépôt de ces titres, aux dispositions des articles 13, 16 et 17 de la loi du 1er floréal. Dans l'étendue du département de Paris, le dépôt se fera immédiatement au bureau de liquidation.

3. Ce dépôt sera effectué avant le 1er nivose prochain.

4. Les dispositions de la loi du 1er floréal an 3, qui ne sont pas contraires au présent décret, seront appliquées à la liquidation des créances sur les parens des émigrés dont les successions sont ouvertes au profit de la nation.

---

29 FRUCTIDOR an 3 (15 septembre 1795). — Décret qui ordonne la liquidation des sommes dont l'adjudicataire des fermes n'avait pas fait le remboursement aux employés à l'époque du 5 juin 1793. (1, Bull. 189, n° 1093 ; B. 58, 271.)

Art. 1er. Les sommes qui restaient à rembourser par le ci-devant adjudicataire des fermes, à l'époque du 5 juin 1793, à des employés retraités ou décédés, à ceux qui n'avaient consigné que des à-comptes sur leurs cautionnemens, à ceux enfin qui n'avaient déposé que des cautionnemens provisoires, seront liquidées par le directeur-général de la liquidation.

2. Le total des cautionnemens à liquider demeure définitivement arrêté à la somme de deux cent quatre-vingt treize mille quatre cent soixante-deux livres ; savoir : ceux dus aux employés retraités ou décédés, à cinquante-trois mille quatre cent soixante-deux livres ; ceux sur lesquels il n'a été fourni que des à-comptes, à deux cent vingt-quatre mille livres ; et les cautionnemens provisoires, à seize mille livres ; le tout suivant l'état certifié par les ci-devant fermiers généraux, le 1er ventose an 2, et déposé par eux au bureau de la direction générale de la liquidation.

3. Le directeur général est autorisé à liquider, d'après ledit état, la somme de cinq mille soixante-deux livres, faisant partie de cinquante-trois mille quatre cent soixante-deux livres énoncée en l'article 2, et qui reste encore due à trois employés retraités ou décédés, leurs cautionnemens remboursés en partie en compensation de leurs débets ; à cet effet, les ayans-droit à ladite liquidation rapporteront un certificat délivré par les commissaires du bureau de comptabilité, et constatant la remise faite audit bureau, des récépissés desdits employés, par le ci-devant adjudicataire des fermes, à l'appui de ses comptes.

4. Les intérêts des sommes mentionnées aux articles précédens, et ceux échus antérieurement au 1er janvier 1791, seront liquidés d'après l'état qu'en ont fourni les ci-devant fermiers-généraux ; ils seront calculés sur le pied de quatre pour cent, et joints aux capitaux.

5. Les employés ou leurs ayans-cause appelés à la liquidation par les dispositions du présent décret, seront tenus, à peine de déchéance, de remettre, avant le 1er nivose prochain, leurs récépissés et mémoires, et les certificats exigés par les lois, au directeur-général de la liquidation.

6. Lesdits employés seront frappés de l'opposition nationale qui grève les comptables non libérés, sauf à eux à justifier de leur entière libération dans les formes prescrites par les lois sur la comptabilité arriérée, et notamment par celle du 28 pluviose dernier.

---

29 FRUCTIDOR an 3 (15 septembre 1795). — Décret qui ordonne aux huissiers de faire les significations de tous actes et jugemens relatifs aux délits forestiers. (1, Bull. 181, n° 1105 ; B. 58. 270.)

Voy. loi du 15 = 29 SEPTEMBRE 1791.

Art. 1er. Les huissiers sont tenus de faire les significations de tous actes et jugemens relatifs aux délits forestiers, à peine de destitution.

2. En cas d'insuffisance de salaire, ils sont autorisés à se pourvoir en indemnité, conformément à l'article 11 de la loi du 15 août 1792, relatif aux demandes de ce genre qu'auraient à former les agens forestiers.

---

29 FRUCTIDOR an 3 (15 septembre 1795). — Décret qui détermine les cas dans lesquels devront être déclarés émigrés les habitans du ci-devant Comtat d'Avignon. (1, Bull. 181, n° 1106 ; B. 58, 270.)

Voy. loi du 22 NIVOSE an 6.

Art. 1er. Sont émigrés tous citoyens domiciliés dans le ci-devant comtat d'Avignon qui, absens de ce pays depuis l'époque de sa réunion à la France, n'étaient pas rentrés sur le territoire français dans le mois de la publication de la loi du 30 mars = 8 avril 1792.

2. Les exceptions prononcées par la loi à l'égard des Français, sont applicables aux citoyens des départemens qui se composent du territoire du ci-devant comtat d'Avignon.

---

29 FRUCTIDOR an 3 (15 septembre 1795). — Décret qui fixe, pour le département de Paris, le lieu de dépôt des titres de propriété de biens indivis avec des émigrés. (1, Bull. 179, n° 1092 ; B. 58, 270.)

---

29 FRUCTIDOR an 3 (15 septembre 1795). — Décret qui autorise la commune de la Rochelle à faire un emprunt. (B. 58, 267.)

29 FRUCTIDOR an 3 (15 septembre 1795). — Décret relatif au pensionnat connu à Toulouse sous le nom de Fourquevaux. (B. 58, 265.)

---

29 FRUCTIDOR an 3 (15 septembre 1795). — Décret portant que le bail à vie , consenti par les ci-devant religieuses dites du Saint-Sacrement au citoyen Desinier Saint-Simon , sera et demeurera résilié à partir du 1ᵉʳ octobre 1795. (B. 58, 266.)

---

29 FRUCTIDOR an 3 (15 septembre 1795). — Décret qui autorise la commune de Saint-Dizier à vendre , dans les formes prescrites pour les biens nationaux, la maison ci-devant conventuelle, dite des Ursulines. (B. 58, 267.)

---

29 FRUCTIDOR an 3 (15 septembre 1795.) — Décret relatif aux comptes du citoyen Auguyez. (B. 58, 269.)

---

29 FRUCTIDOR an 3 (15 septembre 1795). — Décret qui surseoit à la vente des biens-immeubles dépendans de la succession de Pierre Demagne , inscrit sur la liste des émigrés. (B. 58, 268.)

---

30 FRUCTIDOR an 3 (16 septembre 1795). — Décret qui ordonne l'impression et l'envoi aux départemens et aux armées , des votes des assemblées primaires. (1 , Bull. 179 , n° 1094 ; B. 58, 276.)

---

30 FRUCTIDOR an 3 (16 septembre 1795). — Décret qui alloue cinquante millions pour assurer le service des postes et messageries. (B. 58, 274.)

---

30 FRUCTIDOR an 3 (16 septembre 1795). — Décret qui applique aux biens du mineur Salm-Kirbourg, situés dans la Belgique , la décision du comité de législation du 23 messidor an 3 , relativement aux biens dudit mineur situés dans le Hainault. (B. 58, 274.)

---

30 FRUCTIDOR an 3 (16 septembre 1795). — Décrets qui accordent diverses sommes à titre de secours. (B, 58, 277.)

---

30 FRUCTIDOR an 3 (16 septembre 1795 . — Décret portant que l'ex-général de division Huché sera traduit devant le directeur du jury du district de Tours. (B. 58, 273.)

---

30 FRUCTIDOR an 3 (16 septembre 1795). — Décret qui accorde un congé au représentant Fourniols. (B. 58, 274.)

---

30 FRUCTIDOR an 3 (16 septembre 1795). — Décret qui renvoie au comité de législation la demande du citoyen Claude Dupré. (B. 58 , 275.)

---

30 FRUCTIDOR an 3 (16 septembre 1795). — Décret portant que les procès-verbaux d'arrestation de Henri Frankerville, qui ont été déposés au comité de sûreté générale seront renvoyés au comité des finances. (B. 58, 276.)

1ᵉʳ JOUR COMPLÉMENTAIRE an 3 (17 septembre 1795). — Décret additionnel à celui du 9 décembre 1790 , relatif à la restitution des biens des religionnaire fugitifs. (1 , Bull. 189, n° 1095 ; B. 58, 280.)

Voy. loi du 4 NIVOSE an 5.

La Convention nationale, sur le rapport de son comité de législation, décrète pour addition à l'article 17 de la loi du 9=15 décembre 1790 , relative à la restitution des biens des religionnaires fugitifs, que les tiers-acquéreurs et successeurs à titre particulier des concessionnaires parens, ne pourront être dépossédés en aucun cas ; sauf les droits et actions des parens des religionnaires, plus proches ou en égal degré, pour obtenir la restitution du prix contre les vendeurs ou leurs héritiers.

1ᵉʳ JOUR COMPLÉMENTAIRE an 3 (17 septembre 1795). — Décret relatif à la liquidation des prises faites par les vaisseaux de l'Etat. (1, Bull. 189, n° 1096 ; B. 58, 281.)

Voy. loi du 3 BRUMAIRE an 4.

Art. 1ᵉʳ. La liquidation des prises faites par les vaisseaux de la République sera effectuée d'après les bases suivantes :

2. Les objets vendus avant l'arrêté du 30 fructidor an 2, seront liquidés sur le produit de leurs ventes.

3. Ceux requis pour le service public avant cette époque, seront liquidés sur l'estimation qui en aura été faite.

4. Les objets non estimés, ceux restés invendus au 30 fructidor, et les cargaisons des navires rentrés depuis cette époque jusqu'au 12 frimaire, seront liquidés sur leur valeur en 1790, conformément audit arrêté et à ceux des 2 nivose et 15 ventose derniers, soit que ces objets soient ou non vendus.

5. Les cargaisons des navires entrés depuis la loi du 12 frimaire, seront vendues et liquidées conformément à cette loi.

6. Les commissaires des diverses commissions exécutives, pour le service desquelles il a été livré des objets de prises, sont tenus, chacun en ce qui le concerne, d'en faire verser le prix, dans quinze jours pour tout délai, dans les caisses des invalides de la marine des ports où s'est effectuée la livraison.

7. Les contrôleurs de la marine feront passer dans le même délai aux comités l'état des sommes dues pour objets de prises livrées pour le service public; et les trésoriers des invalides de la marine, celui des som-

mes qui seront versées dans leurs caisses, en exécution du présent décret.

8. Tous citoyens qui auraient en leur possession, par toutes autres voies que par ventes ou concessions légales, des objets provenant de prises, sont tenus d'en passer leur déclaration aux contrôleurs de la marine, dans les trois jours de la publication du présent décret, à peine d'être poursuivis et traités comme dépositaires infidèles et dilapidateurs de la fortune publique.

9. Tous receveurs et autres citoyens, fonctionnaires publics ou non, qui seraient dépositaires ou débiteurs de sommes provenant de la vente d'objets de prises, les verseront, dans le même délai, dans les caisses des invalides de la marine, en indiquant les cargaisons desquelles ces sommes font partie.

10. Les agens particuliers de la commission des approvisionnemens, ou tous autres qui auraient actuellement à leur garde des objets provenant de prises, non jugés utiles au service public, en donneront avis par écrit aux contrôleurs de la marine, à l'effet qu'ils en annoncent la vente conformément à la loi. Cet avis indiquera les navires d'où les objets sont sortis, et la date de leur entrée dans les ports de la République.

11. La commission accordée par l'arrêté du comité de salut public, du 28 thermidor dernier, aux citoyens qui, sous le titre de consignation, auraient géré les prises, n'aura d'effet que sur le produit des objets vendus, et de ceux livrés à la République avant l'arrêté du même comité du 30 fructidor an 2, sans que les consignataires puissent, dans aucun cas, rien prétendre au-delà de cette époque, ni sur le produit de la vente des coques et agrès.

12. Le commissaire de la marine et des colonies présentera, sous deux décades pour tout délai, le tableau général des prises entrées dans les ports de la République, sur la validité desquelles il n'a point encore été prononcé, à l'effet qu'il y soit statué sans retard.

13. Il est dérogé à tous arrêtés contraires au présent décret.

1ᵉʳ JOUR COMPLÉMENTAIRE an 3 (17 septembre 1795.) — Décret portant que l'exemplaire du *Dictionnaire de l'Académie française*, chargé de notes marginales et interlinéaires, sera remis aux libraires Smith, Maradan et compagnie, pour être par eux rendu public après son achèvement. (B. 58, 277.)

1ᵉʳ JOUR COMPLÉMENTAIRE an 3 (17 septembre

1795). — Décret qui ordonne l'impression d'un rapport et d'un projet de loi sur l'enregistrement et sur l'organisation de la régie des domaines. (B. 58, 277.)

1ᵉʳ JOUR COMPLÉMENTAIRE an 3 (17 septembre 1795). — Décret sur différentes créances des communes, districts, etc. (B. 58, 278.)

1ᵉʳ JOUR COMPLÉMENTAIRE an 3 (17 septembre 1795). — Décret qui autorise le comité des finances, section des domaines, à prononcer sur des réclamations des acquéreurs de biens nationaux. (B. 58, 279.)

1ᵉʳ JOUR COMPLÉMENTAIRE an 3 (17 septembre 1795). — Décret qui renvoie au comité des finances, section des domaines, la question de savoir s'il n'est pas avantageux pour la République, vu la guerre de la Vendée, de suspendre, jusqu'à nouvel ordre, la vente des domaines nationaux de ce département. (B. 58, 280.)

1ᵉʳ JOUR COMPLÉMENTAIRE an 3 (17 septembre 1795). — Décret qui ordonne l'impression, et ajourne un projet de décret tendant à déterminer, d'une manière fixe, les formalités à observer, et le mode à suivre dans les déchargemens, liquidations, répartitions des prises faites sur les ennemis. (B. 58, 280.)

2ᵉ JOUR COMPLÉMENTAIRE an 3 (18 septembre 1795). — Décret qui détermine le cas dans lequel tout propriétaire faisant valoir, par suite d'une expiration de bail, pourra exiger de son fermier sortant les grains nécessaires pour ses ensemencemens. (1 , Bull. 189, n° 1098 ; B. 58, 290.)

La Convention nationale décrète ce qui suit :

Tout propriétaire faisant valoir par suite d'une expiration de bail, et qui se trouve dans le cas de réensemencer ses terres sans avoir eu part à la récolte qui vient de se faire, pourra exiger de son fermier sortant, à-compte sur ses fermages en nature, la quantité de grains qui lui sera nécessaire pour faire ses ensemencemens.

2ᵉ JOUR COMPLÉMENTAIRE an 3 (18 septembre 1795). — Décret qui établit un nouveau mode pour le jugement des délits militaires. (1, Bull. 179, n° 1099 ; B. 58, 284.)

Voy. lois du 3 PLUVIOSE an 2 ; du 22 GERMINAL an 2 ; du 4 BRUMAIRE an 4.

Art. 1ᵉʳ. Tout délit commis par un militaire, ou par tout autre individu attaché aux armées ou employé à leur suite, sera jugé à l'avenir par un conseil militaire (1).

---

(1) Les crimes et délits militaires, dont la connaissance avait été attribuée par les lois d'exception aux cours spéciales et prévôtales, sont depuis la suppression de ces cours, rentrés dans la

2. Ce conseil militaire sera composé de trois officiers, dont un supérieur ou commandant, un capitaine, un lieutenant, ou sous-lieutenant, de trois sous-officiers pris dans les deux grades de sergent et de caporal pour l'infanterie, de maréchal-des-logis et brigadier pour les troupes à cheval, et de trois soldats : il sera présidé par le plus élevé en grade.

3. Il sera nommé et convoqué, dès qu'il y aura des délits à juger, par le général le plus à portée, quel que soit son grade.

4. Le conseil de guerre prononcera sans discontinuer sur les délits qui lui seront soumis. Son jugement sera inscrit sur un registre tenu à cet effet, qui sera toujours déposé aux archives, et sous la garde du conseil d'administration des corps, pour y avoir recours et le prendre dès qu'un nouveau conseil militaire sera convoqué. Le jugement sera signé de tous les membres du conseil, qui, en conséquence, devront savoir écrire pour y être appelés. Les jugemens des individus employés ou attachés à la suite des armées, seront inscrits dans les registres du corps le plus à portée, de quelque arme qu'il soit.

5. Le conseil de guerre nommera hors de son sein un secrétaire pris dans tel grade qu'il jugera convenable ; il n'aura point voix délibérative.

6. Chaque conseil d'administration nommera à son choix, à raison d'un par bataillon pour l'infanterie, et dans la même proportion pour les autres armes, un capitaine pour remplir les fonctions de rapporteur près les conseils militaires, donner sur le compte des prévenus les renseignemens qu'il aura pu prendre, et produire contre eux ou à leur décharge toutes les pièces qui tendront à les convaincre ou à les justifier : il donnera ses conclusions, mais sa voix ne sera pas comptée.

7. Ces militaires seront en exercice pendant trois mois; après lequel espace de temps, les conseils d'administration procéderont à une nouvelle nomination.

8. Dans le cas où l'un d'eux serait obligé de voyager pour se rendre près d'un conseil militaire, si c'est un officier d'infanterie qui n'ait pas de cheval, il lui en sera fourni un ; et l'étape, tant en vivres que fourrages, lui sera délivrée en route et tant qu'il sera près du conseil militaire.

9. Lorsqu'il s'agira d'un prévenu attaché aux armées ou employé à leur suite, un des militaires nommés pour remplir les fonctions de rapporteur, du corps le plus à portée, sera chargé d'instruire sur ce prévenu, et faire le rapport de son affaire près le conseil militaire.

10. Les militaires nommés pour remplir les fonctions de rapporteur, s'occuperont, sans le moindre délai, d'instruire sur le compte des prévenus dès qu'ils seront arrêtés, chacun dans leurs corps respectifs, afin d'être en état de faire leurs rapports au conseil militaire, dès qu'il sera convoqué. Ils se partageront les rapports des prévenus qui sont attachés ou employés à la suite des armées.

11. Le prévenu sera acquitté ou condamné à la majorité des voix, excepté pour la peine de mort, à laquelle il ne pourra être condamné qu'à la majorité des deux tiers des membres, à défaut de laquelle la peine la plus douce prévaudra. Le président recueillera les voix en commençant par le grade inférieur ; il ne pourra voter que le dernier. Les jugemens seront exécutés sans appel, immédiatement après avoir été rendus.

12. Le prévenu aura le droit de se donner un défenseur officieux, pris dans les militaires, s'il est militaire, et dans les employés ou attachés à la suite des armées, s'il en fait partie.

13. Les séances de ce conseil seront publiques : il pourra seulement se retirer pour délibérer ; mais il reprendra ensuite sa séance, et le président prononcera le jugement à haute voix.

14. Celui qui sera convaincu de crimes d'assassinat, de viol, d'incendie, et de vol, fait avec effraction, attroupement ou violence, sera puni de mort.

15. Sera réputé vol fait avec attroupement, lorsqu'il sera commis par plus de deux individus réunis ; et avec violence, lorsqu'il y aura des voies de fait contre des citoyens.

16. Lorsque le conseil militaire aura à prononcer sur les délits mentionnés à l'article 14, et dont la conviction emporte la peine de mort, le général, pour ces cas seulement, nommera le double des membres qui devront le composer, et le prévenu aura le droit d'en rejeter un nombre égal, et dans les mêmes grades, à celui qui devra former ce conseil militaire.

17. Le prévenu devra procéder à la réduction des membres, aussitôt que la liste double lui en sera présentée. A son refus, les membres les plus âgés dans chaque grade formeront le conseil, et procéderont au jugement du prévenu.

18. S'il y a plusieurs prévenus, ils pourront se concerter pour réduire à moitié, et conformément à l'article 16, la liste double

---

compétence des tribunaux militaires (17 septembre 1819 ; Cass. S. 20, 1, 66.)

Le loi qui fait juger les militaires par des conseils de guerre, ne s'étend pas aux militaires qui ne sont pas en activité de service. *Voyez* la loi du 23 fructidor an 5, art 6 (8 prairial an 7; Cass. S. 1, 1, 210.)

des membres proposés pour former le conseil militaire.

19. S'ils ne se concertent pas, le sort réglera entre eux le rang dans lequel se feront les exclusions; et à leur refus, le conseil militaire se formera conformément à l'article 17.

20. Le conseil prononcera sur tous les délits non énoncés en l'article 14, les peines portées au Code pénal militaire; il pourra cependant les commuer, et même les diminuer, suivant que les cas ou les circonstances en atténueront la gravité: il ne pourra jamais les augmenter.

21. Tout conseil militaire sera dissous dès qu'il aura prononcé sur les délits pour le jugement desquels il aura été convoqué; et aucun des membres qui l'auront composé ne pourra être appelé dans celui qui le suivra immédiatement.

22. Tout officier, de quelque grade qu'il soit, ou sous-officier, et surtout celui qui commandera le corps ou le détachement dans lequel se trouveraient un ou plusieurs militaires qui seraient prévenus d'avoir commis quelque délit, et qui, après en avoir eu connaissance, ne les feraient pas arrêter et incarcérer pour être livrés au conseil militaire, subira trois mois de prison, et sera destitué, s'il est officier; et s'il est sous-officier, il sera, en outre de la peine de trois mois de prison, dégradé et mis à la queue de la compagnie: ils seront jugés par un conseil militaire.

23. Extraits des jugemens continueront d'être adressés aux généraux, à la commission du mouvement des armées de terre, qui en rendra compte au comité militaire, et après l'établissement de la Constitution, au ministre de la guerre.

24. En conséquence de l'institution des conseils militaires, les tribunaux militaires, ceux de police correctionnelle, les officiers de police, sont dès ce moment supprimés; les membres qui les composent seront payés, à dater du jour de la promulgation de la présente loi, d'un mois de traitement, et les commissaires des guerres sont tenus de leur délivrer à chacun une feuille de route pour retourner au domicile qu'ils choisiront, sauf à ceux qui en seront susceptibles, de se faire donner une retraite ou remplacer par le comité de salut public dans les troupes de la République, ou dans d'autres places à sa nomination.

25. Les conseils de discipline continueront à prononcer sur les fautes qui sont de leur compétence.

26. Il est dérogé à toute disposition contraire à celles contenues dans cette loi.

27. Les généraux et tous commandans militaires sont chargés, sous leur responsabilité personnelle, de l'exécution de la présente loi: ils sont spécialement tenus de la faire lire à la tête des corps à la parade, et de la faire afficher dans tous les corps-de-garde, casernes et postes fixes.

2ᵉ JOUR COMPLÉMENTAIRE an 3 (18 septembre 1795). — Décret relatif aux individus en état d'arrestation par mandats d'arrêt du comité de sûreté générale, ou par arrêtés du comité de salut public ou des représentans du peuple en mission. (1, Bull. 179, n° 1097; B. 58, 292.)

2ᵉ JOUR COMPLÉMENTAIRE an 3 (18 septembre 1795). — Décret sur le placement du Conseil des Anciens, de celui des Cinq-Cents et du Directoire exécutif. (B. 58, 282.)

2ᵉ JOUR COMPLÉMENTAIRE an 3 (18 septembre 1795). — Décret qui autorise la commune de Grenoble à faire un emprunt. (B. 58, 283.)

2ᵉ JOUR COMPLÉMENTAIRE an 3 (18 septembre 1795). — Décret sur la motion de mettre en liberté, pour rejoindre sur-le-champ son drapeau, tout militaire détenu pour autre cause que le vol, l'assassinat, le viol, l'incendie, la désertion à l'ennemi. (B. 58, 284.)

2ᵉ JOUR COMPLÉMENTAIRE an 3 (18 septembre 1795). — Décret relatif à Bouchotte, Babœuf et Chrétien. (B. 58, 288.)

2ᵉ JOUR COMPLÉMENTAIRE an 3 (18 septembre 1795). — Décret sur les événemens des premiers jours de prairial dernier. (B. 58, 288.)

2ᵉ JOUR COMPLÉMENTAIRE an 3 (18 septembre 1795). — Décret sur la proposition de décréter comme article additionnel à la loi du 12 fructidor, que les citoyens mis en arrestation seront renvoyés devant les officiers de police de sûreté de l'arrondissement où ils étaient domiciliés. (B. 58, 288.)

2ᵉ JOUR COMPLÉMENTAIRE an 3 (18 septembre 1795). — Décret relatif à vingt-huit individus marseillais. (B. 58, 288.)

2ᵉ JOUR COMPLÉMENTAIRE an 3 (18 septembre 1795).—Décret relatif à Pache et à Bouchotte. (B. 58, 289.)

2ᵉ JOUR COMPLÉMENTAIRE an 3 (18 septembre 1795). — Décret sur le plan de fête qui doit consacrer l'anniversaire de la proclamation de la République. (B. 58, 289.)

2ᵉ JOUR COMPLÉMENTAIRE an 3 (18 septembre 1795).—Décret sur un projet de loi tendant à assigner aux tribunaux de commerce des fonds suffisans pour subvenir aux dépenses de leurs audiences. (B. 58, 289.)

2ᵉ JOUR COMPLÉMENTAIRE an 3 (18 septembre

1795).—Décret sur la question si les fermiers nouvellement entrés en ferme seront tenus de payer en nature aux propriétaires la moitié du fermage (B, 58. 290.)

2ᵉ JOUR COMPLÉMENTAIRE an 3 (18 septembre 1795)—Décrets relatifs aux paiemens à faire aux citoyens Mont-Breton, Gandin et Saint-Quentin, anciens receveurs (B. 58. 291, 293 et 294.)

2ᵉ JOUR COMPLÉMENTAIRE an 3 (18 septembre 1795). — Décret portant que le citoyen Léger est quitte de sa gestion. (B., 58, 292.)

2ᵉ JOUR COMPLÉMENTAIRE an 3 (18 septembre 1795). — Décret qui envoie le représentant Delcher dans les départemens de la Loire et du Puy-de-Dôme. (B., 58, 290.)

3ᵉ JOUR COMPLÉMENTAIRE an 3 (19 septembre 1795). — Décret qui passe à l'ordre du jour sur la proposition de faire réviser toutes les radiations des listes d'émigrés. (1, Bull. 180, n° 1107 ; B., 58, 295.)

3ᵉ JOUR COMPLÉMENTAIPE an 3 (19 septembre 1795). — Décret qui envoie les représentans Bourdon et Fleury dans le département d'Eure-et-Loir. (B. 58, 294.)

4ᵉ JOUR COMPLÉMENTAIRE an 3 (20 septembre 1795). — Décret qui dispense divers fonctionnaires publics du service de la garde nationale. (1, Bull. 181, n° 1108 ; B., 58, 302.)

Voy. lois du 29 SEPTEMBRE 1791.

La Convention nationale décrète que les assesseurs des juges de paix, les instituteurs publics, les receveurs des domaines nationaux, les professeurs des écoles de santé de Montpellier, Paris et Strasbourg, et les officiers publics de l'état civil, sont dispensés du service de la garde nationale, pendant la durée de leurs fonctions.

4ᵉ JOUR COMPLÉMENTAIRE an 3 (20 septembre 1795).—Décret qui désigne les prévenus d'émigration, auxquels ne sera point opposée la déchéance prononcée par la loi du 26 floréal dernier. (1, Bull. 181, n° 1109 ; B. 58, 303.)

Voy. loi du 26 FLORÉAL an 2, et arrêté du 13 PRAIRIAL an 4.

Art. 1ᵉʳ. La déchéance prononcée par la loi du 26 floréal dernier contre les prévenus d'émigration qui ne s'étaient pas pourvus à cette époque, ne sera point opposée à ceux desdits prévenus qui, n'étant portés que sur des listes étrangères au département de leur domicile, ont depuis déposé et déposeront, dans les deux décades de la présente loi, les pièces justificatives de leur résidence, dans les bureaux du comité de législation, ou dans ceux des corps administratifs.

2. Sont admis à jouir du bénéfice de la loi du 22 nivose an 3, les laboureurs et ouvriers, leurs femmes et leurs enfans, ayant droit de se prévaloir de ces exceptions, qui ne sont rentrés sur le territoire français qu'après le délai qu'elle a fixé, ou qui, étant rentrés avant l'expiration de ce délai, ne se sont pas pourvus en temps utile. Il leur est accordé, pour se pourvoir dans les formes prescrites par ladite loi, deux décades à compter de la publication de la présente, passé lesquelles ils seront déchus de toute réclamation.

3. La disposition de l'article précédent n'aura d'effet à l'égard des individus qui s'y trouvent mentionnés, qu'à la charge par eux de représenter, indépendamment des preuves exigées par l'article 4 de la loi du 22 nivose, un acte ou pièce ayant une date certaine antérieure au 15 juillet 1789, dans lequel lesdits individus seront désignés comme travaillant habituellement de leurs mains aux ateliers, fabriques, aux manufactures, ou à la terre, et vivant de leur travail.

4. En attendant qu'il soit définitivement statué, conformément aux lois existantes, sur les réclamations desdits laboureurs et ouvriers, les directoires de district sont autorisés à accorder à ceux d'entre eux qu'ils auront reconnus susceptibles des dispositions favorables de la loi du 22 nivose, mainlevée du séquestre de leurs biens ; à la charge par eux de donner caution solvable du mobilier, et de ne pouvoir aliéner leurs immeubles.

4ᵉ JOUR COMPLÉMENTAIRE an 3 (20 septembre 1795). — Décret qui détermine le cas dans lequel les créanciers d'émigrés qui auront formé des actes d'union, seront admis à la liquidation. (1, Bull. 181, n° 1110 ; B. 58, 302.)

Voy. lois du 1ᵉʳ FLORÉAL an 3, et du 25 FLORÉAL an 4.

La Convention nationale décrète que les unions de créanciers formées postérieurement à l'émigration, et conformément à la loi du 25 juillet 1793, ne seront point regardées comme un caractère de faillite. Les créanciers seront admis à la liquidation de leurs créances dans les formes et sous les conditions prescrites par la loi du 1ᵉʳ floréal, pourvu toutefois qu'il ne se trouve aucune déclaration ou reconnaissance de leur part, dans les contrats d'union, dont on puisse induire l'insolvabilité de leurs débiteurs.

4ᵉ JOUR COMPLÉMENTAIRE an 3 (20 septembre 1795). — Décret qui accorde aux créanciers des émigrés et autres dont les biens sont confisqués au profit de la nation, un nouveau délai pour déposer leurs titres. (1, Bull. 181, n° 1111 ; B.. 58, 303.)

Voy. loi du 17 PRAIRIAL an 4.

Art. 1ᵉʳ. Il est accordé aux créanciers des

émigrés et autres dont les biens sont frappés de la confiscation nationale, qui se trouveraient en déchéance, aux termes des lois antérieures, un nouveau délai pour déposer leurs titres, en conformité de l'article 11 de la loi du 1ᵉʳ floréal an 3, et pour faire les déclarations et remplir toutes les formalités prescrites par cette loi et celle du 1ᵉʳ fructidor dernier.

2. Ce délai définitif et de rigueur sera d'un mois, à compter du 1ᵉʳ vendémiaire prochain, à l'égard des créanciers qui ne justifieront pas qu'aucun obstacle les ait empêchés de se mettre en règle; et de trois mois, à compter du même jour, à l'égard de ceux qui justifieront au comité de liquidation d'obstacles et de causes majeures.

4ᵉ JOUR COMPLÉMENTAIRE an 3 (20 septembre 1795). — Décret portant que le terrain et les bâtimens provenans du ci-devant collège non-enseignant de Saint-Martial de Toulouse seront aliénés en toute propriété au citoyen Lecomte. (B. 58, 295.)

4ᵉ JOUR COMPLÉMENTAIRE an 3 (20 septembre 1795). — Décret relatif au traitement de la légion de police générale (B., 58, 296.)

4ᵉ JOUR COMPLÉMENTAIRE an 3 (20 septembre 1795). — Décret relatif aux employés de la ci-devant commission des approvisionnemens. (B., 58, 296.)

4ᵉ JOUR COMPLÉMENTAIRE an 3 (20 septembre 1795). — Décret qui accorde à titre d'indemnité, à des inspecteurs des charrois enlevés à leurs fonctions, la moitié du traitement qui leur a été alloué par décret du 1ᵉʳ ventose an 2. (B. 58, 296.)

4ᵉ JOUR COMPLÉMENTAIRE an 3 (20 septembre 1795). — Décret relatif à l'épouse du représentant Tellier. (B., 58, 297.)

4ᵉ JOUR COMPLÉMENTAIRE an 3 (20 septembre 1795). — Décret qui surseoit à l'exécution de celui qui traduit le général Tureau au tribunal criminel d'Indre-et-Loire. (B, 58., 298.)

4ᵉ JOUR COMPLÉMENTAIRE an 3 (20 septembre 1795). — Décrets qui autorisent les communes d'Armentières, de Ham, de Nimes, de Montauban, de Mortagne, d'Hesdin, à faire des emprunts sur elles-mêmes. (B. 58, 298 à 301.)

4ᵉ JOUR COMRLÉMENTAIRE an 3 (20 septembre 1795). — Décret sur une pétition des citoyens Morelle et Laporte. (B., 58, 304.)

5ᵉ JOUR COMPLÉMENTAIRE an 3 (31 septembre 1795). — Décret qui rapporte des dispositions de celui du 4 messidor dernier, relatif au mode de jugement des prévenus de crimes de meurtre et d'assassinat. (1, Bull. 181, n° 1113 ; B., 58, 307.)

Art. 1ᵉʳ. La loi du 4 messidor an 3, relativement au mode de jugement des prévenus de crimes de meurtre et d'assassinat, est rapportée en tout ce qui serait contraire à celle du 16 = 29 septembre 1791 et au présent décret.

2. Il sera libre à tous prévenus contre lesquels le jury d'accusation aura déclaré qu'il y a lieu à accusation, d'opter, pour être jugés, entre le tribunal criminel du département où le jury d'accusation aura tenu ses séances, et les deux tribunaux criminels les plus voisins.

3. Ceux qui auraient été condamnés d'après les formes prescrites par la loi du 4 messidor, pourront se pourvoir en cassation contre le jugement, dans le délai d'un mois après la promulgation du présent décret.

4. Les décrets particuliers qui ont ordonné des attributions seront exécutés, ainsi que les mesures et lois particulières concernant les départemens de l'Ouest, et celles générales et particulières relatives aux émigrés.

5ᵉ JOUR COMPLÉMENTAIRE an 3 (21 septembre 1795). — Décret portant que les pères, fils, frères, oncles, neveux et époux des émigrés, les alliés au même degré; les ministres du culte insermentés, etc., ne pourront continuer d'exercer des fonctions publiques. (B. 58, 305.

Voy. loi du 6ᵉ JOUR COMPLÉMENTAIRE an 3.

Art. 1ᵉʳ. Les pères, fils, oncles, neveux et époux des émigrés, les alliés au même degré, les ministres du culte insermentés, ceux qui, ayant prêté les sermens ordonnés, les ont rétractés ou modifiés, cesseront, dès la publication du présent décret, à peine de forfaiture et de faux, toutes fonctions administratives, municipales et judiciaires; ensemble toutes fonctions, comme commissaires agens, ou sous-agens employés dans les commissions exécutives et dans les comités de la Convention, sans que les uns ni les autres puissent les continuer sous prétexte du défaut de remplacement.

2. La disposition de l'article précédent est applicable aux commandans de garde nationale sédentaire.

3. La disposition des articles précédens ne s'applique point aux parens de ceux qui, sans être définitivement rayés de la liste des émigrés, se trouvent compris dans les arrêtés des administrations de district et de département qui ont donné leur avis pour la radiation.

4. Les juges et commissaires nationaux et accusateurs publics sortant, par l'effet du présent décret, seront remplacés par les

suppléans, et, à leur défaut, par ceux que les juges restans choisiront. Les juges-de-paix seront remplacés par les secrétaires de district.

Les administrateurs, procureurs-généraux, procureurs-syndics, le seront par les représentans du peuple en mission, sinon, et en leur absence du lieu, par les membres restans.

Il en sera de même dans les municipalités; les remplacemens seront faits au plus tard dans trois jours, et chacune des autorités constituées en rendra compte pour ce qui la concerne.

5ᵉ JOUR COMPLÉMENTAIRE an 3 (21 septembre 1795). — Décret portant que les tirages de la deuxième loterie n'auront lieu que les 9 et 11 brumaire prochain. (1, Bull. 181, n° 1112; B., 58, 304.)

5ᵉ JOUR COMPLÉMENTAIRE an 3 (21 septembre 1795). — Décrets qui autorisent les communes de Nîmes et de Rochefort à faire un emprunt. (B. 58, 307 et 308.)

5ᵉ JOUR COMPLÉMENTAIRE an 3 (21 septembre 1795). — Décret qui rapporte le décret qui transférait à Rennes l'école d'artillerie de Besançon. (B., 58, 309.)

5ᵉ JOUR COMPLÉMENTAIRE an 3 (21 septembre 1795). — Décret qui autorise les commissaires de la Trésorerie à mettre en circulation les assignats de dix mille livres, fabriqués en vertu de la loi du 18 nivose an 3. (B., 58, 310.)

5ᵉ JOUR COMPLÉMENTAIRE an 3 (21 septembre 1795). — Décret sur la demande de la cassation d'un arrêté pris par l'administration du département de la Haute Loire. (B., 58, 305.)

5ᵉ JOUR COMPLÉMENTAIRE an 3 (21 septembre 1795). — Décret relatif à une pétition des volontaires du bataillon de Paris. (B. 58, 306.)

5ᵉ JOUR COMPLÉMENTAIRR an 3 (21 septembre 1795.) — Décret sur la demande en radiation du citoyen Leclercq Esyarion. (B. 58, 306.)

5ᵉ JOUR COMPLÉMENTAIRE an 3 (21 septembre 1795). — Décret sur une pétition de la citoyenne Zollen. (B. 58, 309.)

5ᵉ JOUR COMRLÉMENTAIRE an 3 (21 septembre 1795). — Décret qui autorise l'aliénation à la commune de Blois de cent trente-six toises d'emplacement, pour ouvrir une rue. (B. 58, 309.)

5ᵉ JOUR COMPLÉMENTAIRE an 3 (21 septembre 1795). — Décret qui nomme le citoyen Join-

ville caissier-général des postes et messageries. (B. 58, 310.)

5ᵉ JOUR COMPLÉMENTAIRE an 3 (21 septembre 1795). — Décret sur une pétition des citoyens Bernard et Moutardier. (B., 58, 310.)

6ᵉ JOUR COMPLÉMENTAIRE an 3 (22 septembre 1795). — Décret relatif aux bons au porteur, admissibles en paiement de biens d'émigrés. (1, Bull. 181, n° 1116; B. 58, 313.)

Art. 1ᵉʳ. Les bons au porteur admissibles en paiement de biens d'émigrés, à délivrer en exécution de la loi du 21 prairial dernier, seront expédiés par la Trésorerie nationale, dans la forme qui sera arrêtée par le comité des finances.

2. Il sera fait des coupures de 500 livres, de 1,000 livres, de 2,000 livres, de 5,000 livres, et de 10,000 livres.

3. La Trésorerie nationale enverra par avance, aux receveurs de district, une quantité déterminée de chacune desdites coupures, suivant les ordonnances de distribution que la commission des revenus nationaux expédiera successivement, d'après l'aperçu des restitutions à faire dans chaque district.

4. Dans la décade, à compter de ce jour, l'agence de l'enregistrement et des domaines remettra à la commission des revenus nationaux l'état par district des sommes reçues par ses préposés, provenant des biens meubles et immeubles des condamnés.

5. Les bons seront délivrés par les receveurs de district aux parties qui y auront droit, en recevant par elles le mandat de restitution du département, ainsi que les pièces à l'appui relatées dans ledit mandat, et en donnant quittance valable *pure et simple*.

6. Le département déterminera dans son mandat le nombre de chaque coupure de bons à donner en paiement, d'après le nombre des héritiers ou ayans-droit entre lesquels la restitution devra être partagée, et selon la quote-part à laquelle chacun d'eux aura droit.

7. Lorsque le montant total d'une restitution à faire, soit à un, soit à plusieurs ayans-droits, sera au-dessous de 500 livres, le mandat du département sera acquitté en assignats.

8. Si la restitution excède cette somme, et qu'il y ait des fractions au-dessous de 500 livres, les héritiers ou ayans-droit seront tenus de rendre l'appoint en assignats.

9. Les receveurs du district verseront pour comptant à la Trésorerie nationale, en échange des bons qu'elle leur aura envoyés, les mandats des départemens, avec les pièces à l'appui.

10. Les bons ou coupures de bons devront être endossés par ceux qui les passeront :

les receveurs des revenus nationaux auront soin de n'en admettre aucun en paiement de biens d'émigrés, sans faire remplir cette formalité ; ils indiqueront en outre, au dos desdits bons, les biens au paiement desquels ils auront été employés.

11. Les receveurs de district adresseront à la commission des revenus nationaux, dans la première décade de chaque mois, un état des coupures des bons qu'ils auront délivrées. L'agence de l'enregistrement et des domaines lui remettra de même un état de celles qui auront été employées en paiement de biens d'émigrés.

6ᵉ JOUR COMPLÉMENTAIRE an 3 (22 septembre 1795.) — Décret qui, en attendant l'organisation définitive des travaux des ports, détermine un mode provisoire de nomination aux places vacantes de maîtres entretenus et contre-maîtres. (1, Bull. 181, n° 1117 ; B, 58, p. 312.)

Voy. loi du 2 BRUMAIRE an 4.

Art. 1ᵉʳ. En attendant l'organisation définitive des travaux des ports, les places de maîtres entretenus et de contre-maîtres de toutes les professions ne seront plus données que par la voie de l'élection.

2. Lorsqu'il y aura dans un port une place de maître entretenu vacante, l'agent maritime, l'ingénieur en chef, l'officier chargé des mouvemens, l'inspecteur civil et le chef civil des travaux du port, se réuniront en comité pour choisir, en présence du contrôleur, celui des contre-maîtres de la même profession qui, par ses talens et son zèle, paraîtra mériter la préférence pour cette place.

3. Néanmoins, leur choix devra être présenté à la commission de la marine par l'agent maritime et l'ingénieur en chef, et soumis à sa ratification.

4. Les mêmes administrateurs se réuniront également pour nommer aux places de contre-maîtres qui viendraient à vaquer ; mais il n'y aura pas lieu à faire confirmer leur choix par la commission.

5. Ils auront égard à l'ancienneté de service, à la bonne conduite, aux preuves de zèle et d'activité.

6ᵉ JOUR COMPLÉMENTAIRE an 3 (22 septembre 1795). — Décret qui autorise le comité de salut public à mettre en réquisition ceux des citoyens qui sont compris dans les dispositions de l'art. 1ᵉʳ de la loi du cinquième jour complémentaire, lorsqu'il jugera utile de les conserver dans leurs emplois. (B., 58. 312.)

La Convention nationale décrète :

Art. 1ᵉʳ. Le comité de salut public est autorisé à mettre en réquisition ceux des citoyens qui sont compris dans les dispositions de l'article 1ᵉʳ de la loi du cinquième jour complémentaire, lorsqu'il jugera utile de les conserver dans leurs emplois.

2. La disposition de l'article précédent n'est point applicable aux fonctions administratives et judiciaires.

6ᵉ JOUR COMPLÉMENTAIRE an 3 (22 septembre 1795). — Décret sur les réclamations des représentans de Philippe Senocq. (B. 58, 311.)

6ᵉ JOUR COMPLÉMENTAIRE an 3 (22 septembre 1795). — Décret portant que demain, 1ᵉʳ vendémiaire, le comité des décrets fera son rapport sur l'acceptation de la Constitution et des décrets des 5 et 13 fructidor. (B. 58, 311.)

6ᵉ JOUR COMPLÉMENTAIRE an 3 (22 septembre 1795). — Décret relatif aux ventes et adjudications des biens de la veuve Charost. (B. 58, 312.)

6ᵉ JOUR COMPLÉMENTAIRE an 3 (22 septembre 1795). — Décret relatif à une pétition de la section Lepelletier, se disant permanente. (B. 58, 114.)

1ᵉʳ VENDÉMIAIRE an 4 (23 septembre 1795). — Décret concernant l'acceptation des décrets des 5 et 13 fructidor, sur la réélection des deux tiers de la Convention nationale. (1, Bull 181, n° 1101 ; B. 59, 3 ; Mon. du 4 vendémiaire an 4, Rap. Gommaire.)

La Convention nationale, après avoir entendu le rapport du comité des décrets, procès-verbaux et archives, du recensement des votes émis sur les décrets des 5 et 13 fructidor, soumis à la sanction du peuple français, déclare au nom du peuple français, que ces décrets sont lois de la République, et que les assemblées électorales seront tenues de s'y conformer.

La présente déclaration sera proclamée dans le jour à Paris, et envoyée par des courriers extraordinaires aux départemens et aux armées, et publiée dans toutes les communes.

1ᵉʳ VENDÉMIAIRE an 4 (23 septembre 1795). — Décret relatif aux poids et mesures. (1, Bull. 183, n° 1101 ; B. 59, 3 ; Mon. du 4 vendémiaire de l'an 4, Rap. Prieur.)

Voy. lois du 18 GERMINAL an 3 ; arrêtés du 11 THERMIDOR an 7 ; du 29 PRAIRIAL an 9 ; du 13 BRUMAIRE an 9, ordonnance du 18 DÉCEMBRE 1825.

Art. 1ᵉʳ. au 1ᵉʳ nivose prochain, l'usage du mètre sera substitué à celui de l'aune dans la commune de Paris, et dix jours après dans tout le département de la Seine.

2. En conséquence, tous les marchands en gros et en détail, sédentaires et ambulans, qui se servent de l'aune, seront tenus de se procurer des mètres, comme il est dit ci-après :

3. L'agence temporaire des poids et mesures adressera, sous le plus bref délai, d'a-

bord aux administrations municipales de Paris, et ensuite à celles des autres communes du département de la Seine, le nombre de mètres ou demi-mètres, convenablement divisés, que l'administration du département aura indiqué être nécessaire respectivement pour les arrondissemens desdites municipalités.

Ces administrations en donneront leur reçu à l'agence temporaire des poids et mesures, et nommeront un préposé à la garde et à la délivrance desdites mesures (1).

4. Avant la fin de frimaire prochain, les marchands se servant de l'aune remettront à l'administration municipale tout ce qu'ils ont entre leurs mains de ces anciennes mesures ; et, sur l'exhibition de leur patente, il leur sera donné en échange un mètre pour chaque aune, et un demi-mètre pour chaque demi-aune. Néanmoins, il ne sera d'abord délivré à chacun desdits marchands qu'une seule mesure de chaque espèce, et il leur sera donné une reconnaissance pour l'excédant, qui leur sera fourni ultérieurement.

5. Il sera en même temps remis à chacun desdits marchands une affiche explicative, contenant le rapport de l'ancienne aune au mètre et partie de mètre, rendu sensible par des échelles graduées, au moyen desquelles chacun pourra facilement faire les évaluations de quantités ou prix qui l'intéressent.

6. Le renouvellement des anciens poids et mesures de toute espèce sera progressivement exécuté dans toute la France, en conformité de l'article 9 de la loi du 18 germinal dernier, et des dispositions du présent décret.

A cet effet, dès que la fabrication des nouvelles mesures et les autres moyens préparatoires permettront d'opérer le remplacement dans une partie déterminée de la République, il en sera rendu compte au Directoire exécutif, qui fera une proclamation pour annoncer les moyens de ce remplacement, et rappeler ce qui est prescrit par les lois à ce sujet.

7. Deux mois après la publication et l'affiche de cette proclamation, l'usage des mesures républicaines qui en seront l'objet, deviendra obligatoire pour tous les marchands dans l'étendue du territoire désigné.

8. Les dispositions de l'article 4 de la présente loi seront appliquées aux diverses parties de la République, lorsqu'il s'agira

d'y introduire les nouvelles mesures de longueur.

9. A compter de l'époque à laquelle chaque espèce de mesure républicaine sera devenue obligatoire, il est enjoint à tous notaires et officiers publics des lieux où cette obligation sera en activité, d'exprimer en mesures républicaines toutes les quantités de mesures qui seront à énoncer dans les actes que lesdits notaires ou officiers publics passeront ou recevront.

Les actes qui seraient en contravention avec le présent article, seront sujets à un excédant de droit d'enregistrement, de la valeur de 50 francs : cette somme sera payée comme une amende par le notaire ou l'officier public qui aura passé l'acte, sans que, sous aucun prétexte, elle puisse être imputée aux parties pour qui l'acte aura été passé.

10. Semblablement, aucun papier de commerce, livre et registre de négociant, marchand ou manufacturier, aucune facture, compte, quittance, même lettre missive, faits ou écrits dans les lieux où l'usage des mesures républicaines sera en activité, ne pourront être produits et faire foi en justice, qu'autant que les quantités de mesures exprimées dans lesdits livres, papiers, lettres, etc., le seraient en mesures républicaines, ou du moins la traduction en sera faite préalablement, et constatée aux frais des parties par un officier public.

11. Les municipalités et les administrations chargées de la police feront, dans leurs arrondissemens respectifs, et plusieurs fois dans l'année, des visites dans les boutiques et magasins, dans les places publiques, foires et marchés, à l'effet de s'assurer de l'exactitude des poids et mesures.

Les contrevenans seront punis de la confiscation des mesures fausses ; et s'ils sont prévenus de mauvaise foi, ils seront traduits devant le tribunal de police correctionnelle, qui prononcera une amende dont la valeur pourra s'élever jusqu'à celle de la patente du délinquant (2).

L'agence temporaire des poids et mesures enverra à chaque administration de département des modèles de mètres, ainsi que des modèles de mesures de capacité et de poids, autant qu'il sera nécessaire pour diriger la fabrication ou la vérification des diverses sortes de mesures républicaines.

13. Il y aura, dans les principales communes de la République, des vérificateurs

---

(1) Les poids et mesures *anciens* doivent être considérés comme *fausses* mesures, dans le sens de l'art. 479, § 5 du Code pénal, lorsqu'ils se trouvent dans des magasins ou boutiques. (19 février 1825, Cas. S. 25, 1, 337. D. 25, 1, 216 ; 26 mars 1825, Cass. S. 26, 1, 69 ; 9 août 1828, Cas. S. 28,

1, 398. D. 28, 1, 376.)

(2) Il en est de même des poids et mesures revêtus du poinçon de l'État, mais non revêtus du poinçon *annuel* prescrit par l'autorité locale. (9 septembre 1826, Cass. S. 27, 1, 320.)

chargés d'apposer sur les nouvelles mesures le poinçon de la République et leur marque particulière. Le pouvoir exécutif déterminera, d'après les localités et les besoins du service, le nombre des vérificateurs, leurs fonctions et leur salaire : ces vérificateurs seront nommés par les administrations de département, trois mois après que l'usage des nouvelles mesures aura été rendu obligatoire dans leur arrondissement. Jusqu'à cette époque, la vérification sera faite gratuitement par des artistes commis à cet effet par l'agence temporaire.

14. Au moyen des dispositions des deux derniers articles qui précèdent, et attendu la suppression des districts, les articles 3 et 17 de la loi du 18 germinal dernier demeurent sans effet.

15. Pendant les six premiers mois après l'obligation proclamée des mesures républicaines dans un lieu, les marchands qui se servent de ces mesures seront tenus d'exposer à la vue des acheteurs les échelles graduées, pour la comparaison des quantités et des prix, ainsi que l'explication, qui seront publiées à cet effet, afin que chacun puisse y recourir au besoin.

16. Aussitôt que l'usage du mètre sera devenu obligatoire pour les marchands dans une commune, les ouvriers, artistes ou agens, sous quelque dénomination que ce soit, qui s'y trouvent, et qui emploient le pied, la toise, les mesures de superficie et d'arpentage, ou autres anciennes mesures analogues, ne pourront produire en justice aucun titre dans lequel seraient rapportées des quantités de ces mesures, à moins qu'elles ne soient traduites concurremment en expressions de mesures républicaines.

17. Le Gouvernement, les ministres, chacun en leur partie, les administrations de département, et généralemnt tous les fonctionnaires publics, donneront des ordres et prendront tous les moyens qui dépendent d'eux, pour que, le plus tôt possible, les employés, ouvriers ou agens qui travaillent sous leur autorité, n'emploient d'autres mesures que les mesures républicaines, tant pour les ouvrages à faire que pour les comptes à rendre.

18. A compter du 1ᵉʳ brumaire prochain, les quantités de mesures, dans les décrets et procès-verbaux du Corps-Législatif, seront exprimées concurremment en mesures anciennes et en mesures républicaines, jusqu'à ce que celles-ci puissent être exclusivement employées sans inconvénient. Le comité des décrets est chargé de faire ajouter la traduction en nouvelles mesures sur les minutes et expéditions où elles auraient été oubliées.

19. Le pouvoir exécutif donnera des ordres pour que le même usage soit suivi dans les autres actes de l'autorité publique, aussitôt que le permettra la propagation des nouvelles mesures.

20. La disposition de l'article 3 de la loi du 17 frimaire an 2, concernant l'obligation d'exprimer par émargement, dans les comptes des dépenses publiques, les sommes en francs, décimes et centimes, est prorogée pendant les six premiers mois.

La Trésorerie nationale et le bureau de comptabilité ne recevront plus à l'avenir de pièces qui seraient en contravention avec ladite loi et les subséquentes.

21. L'agence temporaire continuera ses fonctions, sous l'autorité du ministre qui aura la partie des travaux publics. Ce ministre tiendra la main à l'exécution des lois sur les nouveaux poids et mesures, et prendra tous les moyens les plus propres à accélérer leur établissement : il fera en sorte qu'il soit entièrement terminé avant le 1ᵉʳ vendémiaire de l'an 6. Il prendra sur les fonds affectés annuellement aux travaux publics, les sommes nécessaires pour acquitter les dépenses indispensables auxquelles cette opération donnera lieu.

22. En attendant l'organisation du ministère, il est affecté, par le présent décret, une somme de 500,000 fr. pour continuer les opérations relatives au renouvellement des poids et mesures. La Trésorerie nationale tiendra, à cet effet, cette somme à la disposition de la commission d'instruction publique.

23. Le Directoire exécutif présentera, chaque année, au Corps-Législatif, le compte des progrès du renouvellement des poids et mesures, et de tout ce qui aura été fait pour parvenir à l'uniformité prescrite par la Constitution.

───────

1ᵉʳ VENDÉMIAIRE an 4 (23 septembre 1795). — Décret portant que les rebelles, ceux connus sous le nom de Chouans, etc., dont le jugement était attribué aux tribunaux militaires, seront jugés par les conseils militaires établis par la loi du deuxième jour complémentaire. (B. 59, 1.)

Voy. loi du 30 PRAIRIAL an 3 (1).

La Convention nationale, après avoir entendu le rapport de ses comités de salut public et militaire, décrète ce qui suit :

Art· 1ᵉʳ. Les rebelles, ceux connus sous le nom de *Chouans*, ou sous toute autre dénomination, et tous ceux désignés par l'article. 3 de la loi du 30 prairial, et dont le jugement était attribué par cette loi aux tribunaux militaires seront jugés par les conseils militaires établis par la loi du deuxième jour complémentaire.

2. Ils seront punis, conformément à ce

───────

(1) *Voy.* les notes sur la loi du 30 prairial an 3.

que prescrit ladite loi du 3o prairial, qui, excepté l'article 1er, sera imprimée à la suite de la présente loi, pour être exécutée dans tout ce qui n'est pas contraire au présent décret.

3. Les membres qui devront former les conseils militaires pour les juger, et les militaires qui devront remplir les fonctions de rapporteur, seront pris dans les corps les plus à portée des individus à juger, de quelque arme qu'ils soient : leurs jugemens seront inscrits dans les registres de ces mêmes corps, et expédition en sera adressée à la municipalité du lieu de leur domicile, s'il est connu ; et, s'il ne l'est pas, à l'administration du département dans lequel le conseil de guerre aura été formé.

4. Les conseils militaires nommeront un défenseur officieux aux prévenus qui refuseront d'en nommer.

5. Les administrations, les généraux et tous commandans militaires, sont chargés spécialement de l'exécution du présent décret, dont l'insertion au Bulletin tiendra lieu de promulgation.

1er VENDÉMIAIRE an 4 (23 septembre 1795). — Décret portant proclamation de l'acceptation, par le peuple français, de la Constitution qui lui a été présentée par la Convention nationale. (1, Bull. 80, n° 1100 ; B. 59, 3.)

1er VENDÉMIAIRE an 4 (23 septembre 1795). — Décret portant convocation des assemblées électorales. (1, Bull. 182, n° 1118 ; B., 59, 10.)

1er VENDÉMIAIRE an 4 (23 septembre 1795). — Décret qui accorde une somme de soixante mille livres à titre d'encouragement au lycée des arts de Paris. (B. 59, 7.)

1er VENDÉMIAIRE an 4 (23 septembre 1795.) — Décret sur un référé du tribunal de cassation, concernant l'affaire des frères Lepaulmier. (B., 59, 7.)

1er VENDÉMIAIRE an 4 (23 septembre 1795). — Décret sur un référé du tribunal de cassation. (B. 59, 8.)

1er VENDÉMIAIRE an 4 (23 septembre 1795). — Décret qui accorde la somme de quatre cents livres, à titre de secours, au citoyen Diaulne. (B. 59, 8.)

1er VENDÉMIAIRE an 4 (23 septembre 1795.)— Décret relatif aux citoyens Barthès et Mavit. (B. 59, 9.)

1er VENDÉMIAIRE an 4 (23 septembre 1795). — Décret qui accorde trente-huit mille livres au citoyen Le Doux, négociant à Lyon, pour l'indemniser de sa maison. (B. 59, 14.)

1er VENDÉMIAIRE an 4 (23 septembre 1795). — Décret portant que le rapport de la commission des Onze sur la convocation des assemblées électorales, sera imprimé et envoyé aux départemens et aux armées. (B. 59, 14.)

1er VENDÉMIAIRE an 4 (23 septembre 1795). — Décret portant qu'il n'y a pas lieu à inculpation contre Joseph Servan, comme ministre de la guerre et comme général. (B. 59, 9.)

1er VENDÉMIAIRE an 4 (23 septembre 1795.) — CONSTITUTION DE L'AN 3. Voy. 5 FRUCTIDOR an 3.

2 VENDÉMIAIRE an 4 (24 septembre 1795). — Décret qui rapporte comme double emploi le décret du 5e jour complémentaire, qui autorise la commune de Nîmes à faire un emprunt. (B. 59, 15.)

2 VENDÉMIAIRE an 4 (24 septembre 1795). — Décrets qui autorisent les communes de Châtellerault, Romans et de la Salle, à faire des emprunts. (B. 59, 13 et 16.)

2 VENDÉMIAIRE an 4 (24 septembre 1795). — Décret qui renvoie au comité de sûreté générale une adresse des citoyens d'Arras. (B. 59, 17.)

2 VENDÉMIAIRE an 4 (24 septembre 1795). — Décret interprétatif de celui du 20 fructidor, concernant les émigrés de Toulon rentrés sur le territoire français. (B. 59, 17 ; Mon. du 2 vendémiaire an 4, Rap. Daunou.)

2 VENDÉMIAIRE an 4 (24 septembre 1795). — Décret pour la rectification d'une erreur qui s'est glissée dans le décret du 4e jour complémentaire, concernant l'ex-général Turreau. (B., 59, 18.)

2 VENDÉMIAIRE an 4 (24 septembre 1795). — Décrets qui accordent des congés aux représentans Chastelain et Tournier (B. 59, 18.)

2 VENDÉMIAIRE an 4 (24 septembre 1795). — Décret relatif aux citoyens domiciliés à Paris, mis en état d'arrestation dans cette commune par mesure de sûreté générale. (B. 59, 18.)

3 VENDÉMIAIRE an 4 (25 septembre 1795). — Décret relatif à la comptabilité des receveurs particuliers des finances. (1, Bull. 185, n° 1129; B. 59, 21.)

Art. 1er. Les receveurs particuliers des finances qui n'auront pas souscrit des traités pour l'exercice de 1790, n'auront pas droit à la gratification de deux deniers pour livre ; elle sera, en conséquence, rayée de la dépense de leur compte.

2. A l'égard de ceux qui ont souscrit,

lorsque, d'après la comparaison qui sera faite du montant des termes de ces traités et de leurs versemens effectifs, il en résultera que les intérêts des avances égalent ceux des retards, la gratification leur sera allouée : dans le cas contraire, elle sera rejetée de la dépense.

3. Les réserves faites par quelques-uns d'eux à la suite de leurs traités seront regardées comme non avenues.

4. Les restes à recouvrer sur l'exercice de 1790 leur seront alloués, en rapportant par eux soit les comptes de capitation et vingtièmes arrêtés par les départemens, et dans lesquels ces restes à recouvrer seront passés en reprises, soit l'état de ces restes certifié ou visé par les administrateurs des directoires de départemens ou de district, ou par les commissaires nommés pour vérifier la situation de leurs caisses.

5. Les débets résultant de la vérification des comptes pour l'exercice de 1790, desdits receveurs particuliers, porteront intérêt à compter du 1er janvier 1793.

---

3 VENDÉMIAIRE an 4 (25 septembre 1795). — Décret relatif à l'abolition de l'effet rétroactif des lois des 5 et 12 brumaire et du 17 nivose an 2, concernant les successions, donations, etc. (1, Bull. 185, n° 1130 ; B. 59, 19 ; Mon. du 7 vendémiaire an 4, Rapp. Lanjuinais.)

Voy. lois du 9 FRUCTIDOR an 3 ; du 20 PRAIRIAL, 18 PLUVIOSE an 5 ; 4 GERMINAL an 8.

Art. 1er. Les droits acquis de bonne foi, soit à des tiers possesseurs, soit à des créanciers hypothécaires ou autres, ayant une date certaine postérieure à la promulgation desdites lois du 5 brumaire et du 17 nivose an 2, mais antérieure à la promulgation de la loi du 5 floréal dernier, sur les biens compris dans les dispositions rapportées par la loi du 9 fructidor dernier, leur sont conservés, sauf le recours des héritiers rétablis vers les personnes déchues (1).

Mais toutes aliénations, hypothèques et dispositions desdits biens à titre onéreux ou gratuit, postérieures à la promulgation de ladite loi du 5 floréal dernier, sont nulles.

2. Dans les nouveaux partages, liquida-tions, rapports et restitutions qui auront lieu en exécution de la présente loi, il ne sera point fait raison des fruits ou intérêts perçus avant la publication de ladite loi du 5 floréal, sauf les exceptions ci-après.

3. Les personnes rappelées et rétablies dans leurs droits par la présente loi seront tenues de recevoir les biens en l'état où ils se trouvent, sauf l'action pour abattis de bois-futaie.

4. Ceux qui sont obligés de restituer en vertu de la présente loi, et qui auront cessé de posséder, avant le 5 floréal dernier, les biens ou effets sujets à restitution, tiendront compte du prix qu'ils en auront tiré, s'ils les ont aliénés à titre onéreux, ou de leur valeur au temps où ils les ont recueillis, s'ils sont autrement sortis de leurs mains ; sauf aux personnes rétablies à exercer toutes actions nécessaires qui appartenaient à ceux qui ont aliéné à titre onéreux ou gratuit (2).

5. Les partages faits entre la République et les personnes déchues qui étaient ci-devant religieux ou religieuses, ou qui n'avaient que des portions légitimaires ou des dots à réclamer, sont maintenus, sauf l'exécution de l'article 7 de la loi du 17 nivose.

Sont maintenus également les partages entre des héritiers des ci-devant religieux ou religieuses qui n'ont recueilli, en vertu des lois des 5 brumaire et 17 nivose, que des portions légitimaires.

6. Les copartageans déchus seront préalablement remboursés de toutes dépenses qui auront augmenté ou conservé la valeur des fonds, et de toutes charges par eux légitimement acquittées, autres que les charges affectées à la simple jouissance ; comme aussi de tous frais et déboursés relatifs aux partages et autres actes annulés par la présente loi.

7. Les copartageans déchus pourront donner en paiement des restitutions auxquelles ils sont tenus par l'effet de la présente loi, soit le prix même des objets qu'ils avaient légitimement aliénés, soit les contrats et créances qu'ils justifieront résulter du placement des deniers provenant des

---

(1) On doit considérer comme *tiers-possesseur* :
1° le cessionnaire de droits successifs ouverts par la disposition rétroactive de la loi du 17 nivose an 2 (2 prairial an 8 ; Cass. S. 1, 1, 297).

2° Les co-successibles qui ont acquis par la voie de la licitation (8 ventose an 6 ; Cass. S. 1, 1, 131) ;

3° Le donataire contractuel des biens compris dans les dispositions rétroactives des lois du 5 brumaire et du 17 nivose an 2 (21 vendémiaire an 10 ; Cass. S. 2, 2, 406).

(2) Celui qui a reçu une somme en assignats, pour des droits successifs que l'effet rétroactif de la loi du 17 nivose an 2 lui avait attribués, et qui lui sont enlevés par la loi du 3 vendémiaire an 4, est obligé de rembourser cette somme au prix et suivant la valeur que les assignats avaient lorsqu'il les reçut; il ne peut pas se borner à rembourser seulement la valeur des assignats à l'époque du 3 vendémiaire an 4 (4 floréal an 12 ; Cass. S. 4, 1, 243).

(3) Celui qui, par l'effet rétroactif de la loi du 17 nivose an 2, a recueilli la totalité d'une succession ouverte à une époque où il n'était pas héritier, ne peut s'appliquer le bénéfice de l'article 5 de la loi du 3 vendémiaire an 4.

partages annulés, sans garantie de la solvabilité des débiteurs.

8. Les personnes déchues par la présente loi auront la faculté de retenir en biens héréditaires, et proportionnellement sur chaque espèce de biens, le montant des portions légitimaires et supplémentaires, et des autres droits qui leur appartiennent. Les paiemens qui pourront leur avoir été faits *à compte*, en argent ou assignats, ou de telle autre manière que ce puisse être, soit avant ou après l'ouverture de la succession, ne pourront les priver de cette faculté, dont elles jouiront dans tous les cas, à la charge de rapporter dans la masse ce qu'elles ont reçu, dans les mêmes espèces, ou la valeur réelle et effective en assignats au cours.

La disposition du présent article s'applique pareillement aux légitimaires dont les droits ont été ouverts, soit avant le 14 juillet 1789, soit depuis le 5 floréal dernier (1).

9. Toutes dispositions des lois rendues en interprétation des dispositions rétroactives abrogées par la loi du 9 fructidor dernier sont rapportées quant à l'effet rétroactif.

La loi du 5 floréal, qui suspend toute poursuite en vertu de la loi du 17 nivose, est abrogée, sans qu'on puisse l'opposer pour moyen de nullité contre les procédures contradictoires faites depuis la publication de la loi du 9 fructidor, pour l'exécution de cette loi (2).

10. Toutes contestations qui pourront s'élever sur l'exécution de la présente loi seront jugées selon les règles générales de l'ordre judiciaire. Les articles 54, 55 et 56 de la loi du 17 nivose sont abrogés.

11. Tous procès existans, même ceux pendans au tribunal de cassation ; tous arrêts de deniers, toutes saisies ou oppositions, tous jugemens intervenus, parta-

ges ou autres actes et clauses qui ont leur fondement dans les dispositions rétroactives desdites lois du 5 brumaire et du 17 nivose an 2, ou dans les dispositions des lois subséquentes rendues en interprétation, sont abolis et annulés.

Les amendes consignées, même pour les procès jugés, seront restituées (3).

12. En conséquence de la loi du 9 fructidor dernier et des articles ci-dessus,

Ladite loi du 5 brumaire, celle du 17 nivose, en ce qu'il n'y est point dérogé, celle du 7 mars 1793 sur les dispositions en ligne directe, et toutes lois antérieures non abrogées, relatives aux divers modes de transmission des biens, auront leur exécution chacune à compter du jour de sa publication (4).

13. La loi du 12 brumaire an 2, concernant le droit de succéder des enfans nés hors mariage, n'aura d'effet qu'à compter du jour de sa publication.

Les règles d'exécution du présent article seront les mêmes que celles établies ci-dessus relativement à l'abolition de l'effet rétroactif desdites lois du 5 brumaire et du 17 nivose (5).

---

3 VENDÉMIAIRE an 4 (25 septembre 1795). — Proclamation et décret contenant des mesures pour la sûreté de la représentation nationale. (1, Bull. 185, n° 1131 ; B. 59, 23.)

---

3 VENDÉMIAIRE an 4 (25 septembre 1795). — Décret relatif aux mesures propres à assurer la tranquillité publique à Paris. (B. 59, 22.)

---

3 VENDÉMIAIRE an 4 (25 septembre 1795). — Décret qui autorise la commune de Merville à faire un emprunt. (B. 59, 25.)

---

3 VENDÉMIAIRE an 4 (25 septembre 1795). —

---

(1) Le légitimaire qui, après un partage égal voulu par la loi du 17 nivose an 2, se trouve réduit à sa légitime par cette loi, est autorisé à garder des biens héréditaires pour sa légitime, quoiqu'il y eût eu un premier partage avant la loi de nivose (19 vendémiaire an 5 ; Cass. S. 1, 1, 112).

Les héritiers rappelés par l'effet rétroactif de cette loi ne sont pas maintenus, par la loi du 3 vendémiaire an 4, dans la possession des objets qu'ils ont acquis par voie de licitation en procédant au partage (19 messidor an 6 ; Cass. S. 2, 2, 523).

(2) L'annulation des institutions subordonnées, prononcée par l'article 24 de la loi du 17 nivose an 2, a été rapportée, soit par cette loi, soit par la loi du 18 pluviose an 5. — En conséquence, l'institution d'héritier, faite par les époux au profit de l'aîné de leurs enfans, mais subordonnée à la faculté d'élire, doit avoir tout son effet, si l'instituant est décédé sans avoir fait de choix (22 décembre 1812 ; Cass. S. 13, 1, 183).

(3) Une vente de biens successifs, faite pour le cas où l'effet rétroactif de la loi du 17 nivose an 2 serait rapporté, n'est pas annulée par cet article (12 fructidor an 6 ; Cass. S. 1, 1, 153).

Un acte qualifié transaction ne doit pas être réputé tel, alors que les parties avaient moins à plaider qu'à faire un partage (1er brumaire an 12 ; Cass. S. 4, 1, 61).

Les faits convenus dans un acte de partage annulé par le rapport de l'effet rétroactif doivent néanmoins être réputés constans, lors du règlement ultérieur (29 floréal an 7 ; Cass. S. 1, 1, 208).

(4) Le don de survie, fait par contrat de mariage, est régi (quant à la quotité disponible) par les lois existantes à l'époque de la donation, et non pas à l'époque du décès (5 vendémiaire an 7 ; Cass. S. 1, 1, 161).

(5) *Voy.* loi du 26 vendémiaire an 4.

Décret portant que le rapport fait au nom des comités de salut public et de sûreté générale, sur les événemens des 1ᵉʳ et 2 vendémiaire passés à la maison Egalité, sera imprimé et affiché dans la commune de Paris. (B. 57, 22.)

3 VENDÉMIAIRE an 4 (25 septembre 1795). — Décret portant que les comités de gouvernement feront un rapport sur les arrêtés pris par quelques assemblées de section de la commune de Paris, relatif aux lois du 1ᵉʳ de ce mois. (B. 59, 22.)

3 VENDÉMIAIRE an 4 (25 septembre 1795). — Décret sur la pétition de la veuve Marcilly. (B. 59, 24.)

3 VENDÉMIAIRE an 4 (25 septembre 1795). — Décrets qui accordent diverses sommes à titre de secours. (B. 59, 24 à 26.)

3 VENDÉMIAIRE an 4 (25 septembre 1795). — Décret portant qu'il sera établi à l'école de Liancourt un sous-directeur, un professeur de grammaire française, un professeur de géographie, un officier de santé. (B. 59, 26.)

3 VENDÉMIAIRE an 4 (25 septembre 1795). — Décret qui nomme le citoyen Legrand à la place de commissaire de la comptabilité, vacante par la démission du citoyen Joinville. (B. 59, 27.)

3 VENDÉMIAIRE an 4 (25 septembre 1795). — Décrets relatifs aux paiemens à faire par la Trésorerie nationale aux citoyens Darjuzon et Lenoir, anciens receveurs-généraux. (B. 59, 27 et 28.)

3 VENDÉMIAIRE an 4 (25 septembre 1795). — Décret portant que le commissaire de police de la section de la Butte-des-Moulins aura un adjoint. (B. 59, 28.)

4 VENDÉMIAIRE an 4 (26 septembre 1795). — Décret qui défend à tout gardien de maison d'arrêt ou de justice d'y recevoir aucun individu mis illégalement en état d'arrestation. (1, Bull. 183, n° 1123; B. 59, 34; Mon. du 8 vendémiaire de l'an 4; Rapp. Merlin.)

Voy. Constitution du 22 FRIMAIRE de l'an 8, tit. 7.

Art. 1ᵉʳ. Il est défendu à tout gardien de maison d'arrêt ou de justice, sous peine d'être poursuivi et puni comme coupable de détention arbitraire, de recevoir aucun individu qui ne serait pas mis en état d'arrestation par décret de la Convention nationale, ou par mandat d'arrêt émané soit des officiers de police ordinaire, soit du comité de sûreté générale, soit du comité de salut public, dans le cas où la loi du 7 fructidor de l'an 2 l'autorise à décerner des mandats d'arrêt.

2. Sera de même poursuivi et puni tout gardien de maison d'arrêt ou de justice qui, ayant reçu par erreur un ou plusieurs citoyens, en contravention au précédent article, ne les mettrait pas en liberté à l'instant même de la publication du présent décret.

3. L'accusateur public près le tribunal criminel du département de la Seine est chargé, sous sa responsabilité, de faire arrêter et mettre en jugement tout individu qui recevrait ou détiendrait un ou plusieurs citoyens en chartre privée.

4 VENDÉMIAIRE an 4 (26 septembre 1795). — Décret portant que les représentans du peuple fourniront la déclaration écrite de l'état de leur fortune. (1 , Bull. 185, n° 1132; B. 59, 31; Mon. du 8 vendémiaire an 4.)

La Convention nationale, sur la proposition d'un membre, décrète que chaque représentant du peuple sera tenu, dans le délai d'une décade, et dans celui de deux décades pour ceux qui sont négocians ou marchands, de déposer au comité des décrets la déclaration, écrite et signée par chaque déclarant, de la fortune qu'il avait au commencement de la révolution, et de celle qu'il possède actuellement ;

Que cette déclaration sera imprimée et envoyée à toutes les communes, pour y être publiée, affichée, et soumise à la censure publique.

4 VENDÉMIAIRE an 4 (26 septembre 1795). — Décret qui ordonne de tenir rigoureusement la main à l'exécution des lois relatives aux jeunes gens de la réquisition. (1, Bull. 183, n° 1122; B. 59, 32.)

4 VENDÉMIAIRE an 4 (26 septembre 1795). — Décret portant que nul n'a droit, dans la commune de Paris, de faire marcher la force armée ou une fraction de la force armée sans les ordres des représentans chargés de sa surveillance et de sa direction. (B. 59, 29.)

4 VENDÉMIAIRE an 4 (26 septembre 1795). — Décret relatif à la mise en arrestation du nommé Rogeard et de son codéputé. (B. 59, 30.)

4 VENDÉMIAIRE an 4 (26 septembre 1795). — Décret portant que les administrateurs du département de la Seine publieront en personne, sur-le-champ, dans toute l'étendue de la commune de Paris, la proclamation décrétée dans la séance du 3 vendémiaire. (B. 59, 30.)

4 VENDÉMIAIRE an 4 (26 septembre 1795). — Décret portant que Desnery, président du tribunal du département de la Somme, continuera ses fonctions dans le procès du représentant Lebon. (B. 59, 30.)

4 VENDÉMIAIRE an 4 (26 septembre 1795). — Décret qui renvoie aux comités de salut public, de sûreté générale et de législation, la proposition de réduire à onze le nombre des membres de chacun desdits comités. (B. 59, 31.)

4 VENDÉMIAIRE an 4 (26 septembre 1795). — Décret portant que le comité de salut public revisera les motifs des exceptions qu'il a faites en faveur des jeunes gens de la première réquisition. (B. 59, 32.)

4 VENDÉMIAIRE an 4 (26 septembre 1795). — Décret qui accorde la somme de deux cents livres, à titre de secours, au citoyen Pougcy. (B. 59, 32.)

4 VENDÉMIAIRE an 4 (26 septembre 1795). — Décret portant qu'il sera fait une adresse aux départemens et aux armées, pour les prémunir contre les manœuvres que les ennemis de la chose publique pourraient employer pour égarer leur patriotisme. (B. 59, 39.)

4 VENDÉMIAIRE an 4 (26 septembre 1795). — Décret qui approuve un arrêté des représentans chargés de la force armée de Paris. (B. 59, 33.)

5 VENDÉMIAIRE an 4 (27 septembre 1795). — Décret portant des peines contre les présidens et secrétaires des assemblées primaires ou électorales qui mettraient aux voix ou signeraient des arrêtés étrangers aux élections, et ceux qui les imprimeraient, publieraient, afficheraient, exécuteraient ou crieraient. (1 , Bull. 183, n° 1124; B. 59, 40; Mon. du 9 vendémiaire de l'an 4.)

ARTICLES EXTRAITS DE L'ACTE CONSTITUTIONNEL (1).

La Convention nationale, considérant que, d'après la Constitution acceptée par le peuple français, tout individu qui se permettrait d'en violer les dispositions se rend coupable, et doit être puni suivant la gravité des circonstances, décrète :

Art. 1er. A dater du jour de la publication du présent décret, les présidens et secrétaires des assemblées primaires et électorales qui mettraient aux voix ou signeraient des arrêtés ou autres actes étrangers aux élections ou à la police intérieure de leurs séances, en seront responsables.

2. Ceux qui les imprimeraient, publieraient, afficheraient, exécuteraient ou crieraient, en seront également responsables.

3. Si lesdits arrêtés ou actes tendent à provoquer à la révolte, à la résistance aux lois, les présidens et secrétaires seront déclarés coupables d'attentat à la sûreté intérieure de la République, et punis comme

tels. Ceux qui les proclameraient, imprimeraient, distribueraient, colporteraient, afficheraient ou crieraient, seront punis de la même peine, s'ils sont fonctionnaires publics, et de deux années de fers, s'ils ne le sont pas.

4. Si lesdits arrêtés ou actes provoquent à la désobéissance aux lois, les présidens et secrétaires seront punis de deux années de fers.

Ceux qui les proclameraient, imprimeraient, distribueraient, colporteraient, afficheraient ou crieraient, seront punis de la même peine, s'ils sont fonctionnaires publics, et, s'ils ne le sont pas, de deux ans de détention.

5. Si les arrêtés ou actes ne portent pas les caractères déterminés par les articles précédens, et se trouvaient étrangers aux fonctions des assemblées primaires ou électorales, les présidens et secrétaires seront punis d'une amende de cinq cents livres chacun.

5 VENDÉMIAIRE an 4 (27 septembre 1795). — Décret qui détermine le mode d'élection des juges au tribunal de cassation. (B. 59, 42.)

La Convention nationale décrète :

Art. 1er. Le nombre des juges au tribunal de cassation sera porté à cinquante.

2. Lors des prochaines assemblées électorales, il sera nommé vingt juges pour le tribunal de cassation, et autant de suppléans, dans vingt des départemens qui n'ont point eu part aux élections faites pour ce tribunal en 1791.

3. Ces vingt départemens sont ceux qui se trouvent les premiers dans l'ordre alphabétique, ainsi qu'il suit : 1. Les Alpes-Maritimes; 2. L'Ardèche; 3. L'Ariége; 4. La Charente; 5. La Charente-Inférieure; 6. Le Cher; 7. La Corrèze; 8. Les Côtes-du-Nord; 9. La Haute-Garonne; 10. Le Gers; 11. Le Golo; 12. L'Hérault; 13. Ille-et-Vilaine; 14. L'Indre; 15. Indre-et-Loire; 16. Le Jura; 17. Les Landes; 18. Le Liamone; 19. Loir et-Cher; 20. La Loire.

4. Des quarante juges qui se trouvent composer seuls actuellement le tribunal de cassation, dix sortiront pour le prochain renouvellement.

5. Ces dix seront ceux qui n'ont point été nommés par le choix du peuple, et subsidiairement les anciens membres qui seront désignés pour cet effet, par la voie du sort, ou par démission volontaire.

6. Les dix membres qui devront sortir pour le renouvellement de l'an 5 et des années suivantes, jusqu'à l'an 8, seront désignés par la voie du sort, ou par démission

---

(1) Ici se trouvent transcrits les art. 26, 29, 30, 37, 38 et 39 de la Constitution. Voy. suprà.

volontaire, parmi les plus anciens, et remplacés par des juges nouveaux nommés dans dix départemens qui n'ont point eu part aux élections de 1791.

7. L'an 8, le sort ou les démissions volontaires désigneront les dix membres qui devront sortir du nombre des vingt qui auront été élus l'an 4.

8. Dans les années suivantes, les dix juges plus anciens sortiront, pour être remplacés par dix juges nouveaux.

9. Les départemens qui n'ont point eu part aux élections de 1791 pour le tribunal de cassation nommeront à leur tour, suivant l'ordre alphabétique.

10. Lorsque, par la suite des élections, tous les départemens auront eu part aux élections des juges au tribunal de cassation, l'ordre d'élection commencera par ceux des départemens qui ont élu en 1791, en suivant l'ordre alphabétique, et continuera par les départemens qui auront élu l'an 4, et successivement.

11. Chaque année, les départemens en tour de nommer des membres au tribunal de cassation seront désignés, conformément aux dispositions précédentes, par un décret du Corps-Législatif.

12. Le présent décret sera imprimé, pour être envoyé aux assemblées électorales.

---

5 VENDÉMIAIRE an 4 (27 septembre 1795). — Décret qui détermine un mode pour l'impression et l'envoi du recensement des votes sur l'acte constitutionnel et les décrets des 5 et 13 fructidor. (1, Bull. 183, n° 1125 ; B. 59, 36.)

---

5 VENDÉMIAIRE an 4 (27 septembre 1795). — Décrets de renvoi aux comités de gouvernement, relatif aux journalistes et colporteurs qui provoquent le massacre, la dissolution et l'avilissement de la représentation nationale. (B. 59, 36.)

---

5 VENDÉMIAIRE an 4 (27 septembre 1795). — Décret qui renvoie au comité de sûreté générale, pour statuer sur une lettre du représentant Bernard. (B. 59, 37.)

---

5 VENDÉMIAIRE an 4 (27 septembre 1795). — Décret sur différentes créances de l'arriéré des départemens de la marine, des finances, des maisons et bâtimens du ci-devant Roi, etc. (B. 59, 37.)

---

5 VENDÉMIAIRE an 4 (27 septembre 1795). — Décret d'ordre du jour motivé, relatif à la proposition de créer un conseil de guerre pour juger tous ceux qui seraient pris dans un rassemblement séditieux. (B. 59, 38.)

---

5 VENDÉMIAIRE an 4 (27 septembre 1795). — Décret sur les pensions et gratifications en fa-veur d'anciens employés supprimés. (B. 59, 38.)

---

6 VENDÉMIAIRE an 4 (28 septembre 1795). — Décret relatif au citoyen Traullé. (B. 59, 43.)

---

6 VENDÉMIAIRE an 4 (28 septembre 1795). — Décret relatif à la proposition d'interdire aux assistans, aux séances de la Convention, tout signe d'approbation ou d'improbation. (B. 59, 44.)

---

6 VENDÉMIAIRE an 4 (28 septembre 1795). — Décret d'ordre du jour sur une pétition des ouvriers horlogers établis à Besançon. (B. 59, 44.)

---

7 VENDÉMIAIRE an 4 (29 septembre 1795). — Décret sur l'exercice et la police extérieure des cultes. (1, Bull. 186, n° 1134 ; B. 59, 54 ; Mon. du 9 vendémiaire an 4 ; Rapp. Genisieux.)

Voy. lois du 12 JUILLET = 24 AOUT 1790 ; du 3 VENTOSE an 3 ; du 22 GERMINAL an 4 ; du 19 FRUCTIDOR an 5, art. 25 ; arrêté du 4 BRUMAIRE an 6 ; loi du 18 GERMINAL an 10.

La Convention nationale, après avoir entendu le rapport de son comité de législation ;

Considérant qu'aux termes de la Constitution, nul ne peut être empêché d'exercer, en se conformant aux lois, le culte qu'il a choisi ; que nul ne peut être forcé de contribuer aux dépenses d'aucun culte, et que la République n'en salarie aucun ;

Considérant que, ces bases fondamentales du libre exercice des cultes étant ainsi posées, il importe, d'une part, de réduire en lois les conséquences nécessaires qui en dérivent, et, à cet effet, de réunir en un seul corps, de modifier ou compléter celles qui ont été rendues ; et, de l'autre, d'y ajouter des dispositions pénales qui en assurent l'exécution ;

Considérant que les lois auxquelles il est nécessaire de se conformer dans l'exercice des cultes, ne statuent point sur ce qui n'est que du domaine de la pensée, sur les rapports de l'homme avec les objets de son culte, et qu'elles n'ont et ne peuvent avoir pour but qu'une surveillance renfermée dans des mesures de police et de sûreté publique ;

Qu'ainsi elles doivent garantir le libre exercice des cultes par la punition de ceux qui en troublent les cérémonies, ou en outragent les ministres en fonctions ;

Exiger des ministres de tous les cultes une garantie purement civique contre l'abus qu'ils pourraient faire de leur ministère pour exciter à la désobéissance aux lois de l'État ;

Prévoir, arrêter ou punir tout ce qui tendrait à rendre un culte exclusif ou dominant et persécuteur, tels que les actes des communes en nom collectif, les dons

tions, les taxes forcées, les voies de fait relativement aux frais des cultes, l'exposition des signes particuliers en certains lieux, l'exercice des cérémonies et l'usage des costumes hors des enceintes destinées auxdits exercices, et les entreprises des ministres relativement à l'état civil des citoyens ;

Réprimer des délits qui peuvent se commettre à l'occasion ou par abus de l'exercice des cultes ;

Et enfin régler la compétence et la forme de la procédure dans ces sortes de cas,

Décrète ce qui suit :

TITRE Ier. Surveillance de l'exercice des cultes.

Disposition préliminaire et générale.

Art. 1er. Tout rassemblement de citoyens pour l'exercice d'un culte quelconque est soumis à la surveillance des autorités constituées.

Cette surveillance se renferme dans des mesures de police et de sûreté publique (1).

TITRE II. Garantie du libre exercice de tous les cultes.

2. Ceux qui outrageront les objets d'un culte quelconque dans les lieux destinés à son exercice, ou ses ministres en fonctions, ou interrompront par un trouble public les cérémonies religieuses de quelque autre culte que ce soit, seront condamnés à une amende qui ne pourra excéder cinq cents livres, ni être moindre de cinquante livres par individu, et à un emprisonnement qui ne pourra excéder deux ans, ni être moindre d'un mois; sans préjudice des peines portées par le Code pénal, si la nature du fait peut y donner lieu.

3. Il est défendu, sous les peines portées en l'article précédent, à tous juges et administrateurs d'interposer leur autorité, et à tous individus d'employer les voies de fait, les injures ou les menaces, pour contraindre un ou plusieurs individus à célébrer certaines fêtes religieuses, à observer tel ou tel jour de repos, ou pour empêcher lesdits individus de les célébrer ou de les observer, soit en forçant à ouvrir ou fermer les ateliers, boutiques, magasins, soit en empêchant les travaux agricoles, ou de quelque autre manière que ce soit.

4. Par la disposition de l'article précédent, il n'est point dérogé aux lois qui fixent les jours de repos des fonctionnaires publics, ni à l'action de la police pour maintenir l'ordre et la décence dans les fêtes civiques.

TITRE III De la garantie civique exigée des ministres de tous les cultes.

5. Nul ne pourra remplir le ministère d'aucun culte, en quelque lieu que ce puisse être, s'il ne fait préalablement, devant l'administration municipale ou l'adjoint municipal du lieu où il voudra exercer, une déclaration dont le modèle est dans l'article suivant. Les déclarations déjà faites ne dispenseront pas de celle ordonnée par le présent article. Il en sera tenu registre. Deux copies conformes, en gros caractère très-lisible, certifiées par la signature de l'adjoint municipal ou du greffier de la municipalité, et par celle du déclarant, en seront et resteront constamment affichées dans l'intérieur de l'édifice destiné aux cérémonies, et dans les parties les plus apparentes et les plus à portée d'en faciliter la lecture.

6. La formule de la déclaration exigée ci-dessus est celle-ci :

« Le.... devant nous..... est comparu N.
« (*les nom et prénoms seulement*), habitant
« à...... lequel a fait la déclaration dont la
« teneur suit :

« *Je reconnais que l'universalité des ci-*
« *toyens français est le souverain, et je pro-*
« *mets soumission et obéissance aux lois de la*
« *République.*

« Nous lui avons donné acte de cette déclaration, et il a signé avec nous. »

La déclaration qui contiendra quelque chose de plus ou de moins sera nulle et comme non avenue : ceux qui l'auront reçue seront punis chacun de cinq cents livres d'amende, et d'un emprisonnement qui ne pourra excéder un an, ni être moindre de trois mois.

7. Tout individu qui, une décade après la publication du présent décret, exercera le ministère d'un culte sans avoir satisfait aux deux articles précédens, subira la peine portée en l'article 6 ; et, en cas de récidive, il sera condamné à dix ans de gêne.

8. Tout ministre de culte qui, après avoir fait la déclaration dont le modèle est donné article 6, l'aura rétractée ou modifiée, ou aura fait des protestations ou restrictions contraires, sera banni à perpétuité du territoire de la République.

S'il y rentre, il sera condamné à la gêne, aussi à perpétuité.

TITRE IV. De la garantie contre tout culte qu'on tenterait de rendre exclusif ou dominant.

SECTION Ire. *Concernant les frais des cultes.*

9. Les communes ou sections de commune ne pourront, en nom collectif, ac-

---

(1) *Voy.* notes sur l'art. 5 de la Charte de 1814 et sur l'art. 5 de la Charte de 1830.

quérir ni louer de local pour l'exercice des cultes.

10. Il ne peut être formé aucune dotation perpétuelle ou viagère, ni établie aucune taxe pour acquitter les dépenses d'aucun culte, ou le logement des ministres.

11. Tous actes, contrats, délibérations, arrêtés, jugemens ou rôles, faits, pris ou rendus en contravention aux deux articles précédens, seront nuls et comme non avenus. Les fonctionnaires publics qui les signeront seront condamnés chacun à cinq cents livres d'amende, et à un emprisonnement qui ne pourra être moindre d'un mois, ni en excéder six.

12. Ceux qui tenteront, par injures ou menaces, de contraindre un ou plusieurs individus à contribuer aux frais d'un culte, ou qui seront instigateurs desdites injures ou menaces, seront punis d'une amende qui ne pourra être moindre de cinquante livres, ni excéder cinq cents livres.

S'il y a voies de fait ou violences, la peine sera celle portée au Code pénal. Si la voie de fait commise n'y est pas prévue, le coupable sera puni d'un emprisonnement qui ne pourra excéder deux ans, ni être moindre de six mois, et d'une amende qui ne pourra excéder cinq cents livres, ni être moindre de cent livres.

SECTION II. Des lieux où il est défendu de placer les signes particuliers à un culte

13. Aucun signe particulier à un culte ne peut être élevé, fixé et attaché en quelque lieu que ce soit, de manière à être exposé aux yeux des citoyens, si ce n'est dans l'enceinte destinée aux exercices de ce même culte, ou dans l'intérieur des maisons des particuliers, dans les ateliers ou magasins des artistes et marchands, ou les édifices publics destinés à recueillir les monumens des arts.

14. Ces signes seront enlevés de tout autre lieu, de l'autorité municipale ou de l'adjoint municipal, et, à leur défaut, du commissaire du Directoire exécutif près du département. Ils auront attention d'en prévenir les habitans, et d'y procéder de manière à prévoir les troubles.

15. Tout individu qui, postérieurement à la publication du présent décret, aura fait placer ou rétablir de tels signes partout ailleurs que dans les lieux permis, ou en aura provoqué le placement ou rétablissement, sera condamné à une amende qui ne pourra excéder cinq cents livres, ni être moindre de cent livres, et à un emprisonnement qui ne pourra excéder six mois, ni être moindre de dix jours.

SECTION III. Des lieux où les cérémonies des cultes sont interdites.

16. Les cérémonies de tous cultes sont interdites hors l'enceinte de l'édifice choisi pour leur exercice.

Cette prohibition ne s'applique pas aux cérémonies qui ont lieu dans l'enceinte des maisons particulières, pourvu qu'outre les individus qui ont le même domicile, il n'y ait pas, à l'occasion des mêmes cérémonies, un rassemblement excédant dix personnes.

17. L'enceinte choisie pour l'exercice d'un culte sera indiquée et déclarée à l'adjoint municipal, dans les communes au-dessous de cinq mille ames, et, dans les autres, aux administrations municipales du canton ou arrondissement. Cette déclaration sera transcrite sur le registre ordinaire de la municipalité ou de la commune, et il en sera envoyé expédition au greffe de la police correctionnelle du canton. Il est défendu à tous ministres de culte et à tous individus d'user de ladite enceinte avant d'avoir rempli cette formalité.

18. La contravention à l'un des articles 16 et 17 sera punie d'une amende qui ne pourra excéder cinq cents livres, ni être moindre de cent livres, et d'un emprisonnement qui ne pourra excéder deux ans, ni être moindre d'un mois.

En cas de récidive, le ministre du culte sera condamné à dix ans de gêne.

19. Nul ne peut, sous les peines portées en l'article précédent, paraître en public avec les habits, ornemens ou costumes affectés à des cérémonies religieuses ou à un ministre d'un culte.

SECTION IV. Concernant les actes de l'état civil.

20. Il est défendu à tous juges, administrateurs et fonctionnaires publics quelconques, d'avoir aucun égard aux attestations que des ministres du culte, ou des individus se disant tels, pourraient donner relativement à l'état civil des citoyens : la contravention sera punie comme en l'art. 18. Ceux qui les produiront, soit devant les tribunaux ou devant les administrations, seront condamnés aux mêmes peines.

21. Tout fonctionnaire public chargé de rédiger les actes de l'état civil des citoyens, qui fera mention, dans lesdits actes, des cérémonies religieuses, ou qui exigera la preuve qu'elles ont été observées, sera également condamné aux peines portées en l'article 18.

TITRE V. De quelques délits qui peuvent se commettre à l'occasion ou par abus de l'exercice du culte.

22. Tout ministre d'un culte qui, hors de l'enceinte de l'édifice destiné aux cérémonies ou exercice d'un culte, lira ou fera lire dans une assemblée d'individus, ou qui affichera ou fera afficher, distribuera ou fera distribuer un écrit émané ou annoncé comme émané d'un ministre de culte qui ne sera pas résidant dans la République française, ou même d'un ministre de culte

résidant en France qui se dira délégué d'un autre qui n'y résidera pas, sera, indépendamment de la teneur dudit écrit, condamné à six mois de prison, et, en cas de récidive, à deux ans.

23. Sera condamné à la gêne à perpétuité tout ministre de culte qui commettra un des délits suivans, soit par ses discours, ses exhortations, prédications, invocations ou prières, en quelque langue que ce puisse être, soit en lisant, publiant, affichant, distribuant, ou faisant lire, publier, afficher et distribuer dans l'enceinte de l'édifice destiné aux cérémonies, ou à l'extérieur, un écrit dont il sera ou dont tout autre sera l'auteur ;

Savoir : si, par ledit écrit ou discours, il a provoqué au rétablissement de la royauté en France, ou à l'anéantissement de la République, ou à la dissolution de la représentation nationale ;

Ou s'il a provoqué au meurtre, ou a excité les défenseurs de la patrie à déserter leurs drapeaux, ou leurs pères et mères à les rappeler ;

Ou s'il a blâmé ceux qui voudraient prendre les armes pour le maintien de la Constitution républicaine et la défense de la liberté ;

Ou s'il a invité des individus à abattre les arbres consacrés à la liberté, à en déposer ou avilir les signes et couleurs ;

Ou, enfin, s'il a exhorté ou encouragé des personnes quelconques à la trahison ou à la rebellion contre le Gouvernement ;

24. Si, par des écrits, placards ou discours, un ministre du culte cherche à égarer les citoyens, en leur présentant comme injustes ou criminelles les ventes ou acquisitions de biens nationaux possédés ci-devant par le clergé ou les émigrés, il sera condamné à mille livres d'amende et à deux ans de prison ;

Il lui sera, de plus, défendu de continuer ses fonctions de ministre de culte.

S'il contrevient à cette défense, il sera puni de dix ans de gêne.

25. Il est expressément défendu aux ministres d'un culte et à leurs sectateurs de troubler les ministres d'un autre culte ou prétendu tel, ou leurs sectateurs, dans l'exercice et l'usage commun des édifices, réglés en exécution de l'article 4 de la loi du 11 prairial, à peine de cinq cents livres d'amende, et d'un emprisonnement qui ne pourra excéder six mois, ni être moindre de deux.

TITRE VI. De la compétence, de la procédure et des amendes.

26. Lorsque, selon la nature de l'accusation, il ne s'agira que de prononcer des amendes ou un emprisonnement, le tribunal de police correctionnelle en connaîtra,

à la charge de l'appel au tribunal criminel du département.

27. Les jugemens de la police correctionnelle seront exécutés par provision, nonobstant l'appel : il est défendu aux tribunaux criminels d'accorder aucune surséance, à peine de nullité et d'une amende de cinq cents livres.

28. Les officiers de police de sûreté, directeurs de jurés et tribunaux de police correctionnelle, pourront décerner des mandats d'amener ou d'arrêt.

29. Lorsque la nature du délit sera telle, qu'il pourra échoir peine afflictive ou infamante, on observera les formes et la procédure ordonnées pour la conviction de ces sortes de délits, sauf cette modification :

Que le jury de jugement sera tiré au sort sur la liste des jurés spéciaux, faite conformément à la loi.

30. La condamnation à l'amende emportera, de plein droit, contrainte par corps.

Néanmoins le condamné ne pourra être retenu, pour le seul défaut de paiement, plus de trois mois.

Lorsque l'amende concourra avec la condamnation à un emprisonnement, les trois mois ne courront qu'à compter de l'expiration du terme de la condamnation audit emprisonnement, de manière pourtant que le *maximum* n'excède pas deux ans.

31. Les précédentes lois sont abrogées en tout ce qui serait contraire à la présente.

32. Jusqu'à l'organisation des autorités constituées en vertu de la Constitution, les fonctions attribuées par la présente loi aux adjoints municipaux dans les communes au-dessous de cinq mille ames seront remplies par les municipalités ;

Celles attribuées aux commissaires du Directoire exécutif le seront par les procureurs des communes, procureurs-syndics de district ou de département ; et les affaires déférées par appel aux tribunaux criminels de département, en matière de police correctionnelle, le seront aux tribunaux de district.

7 VENDÉMIAIRE an 4 (29 septembre 1795). — Décret qui détermine les cas dans lesquels les fermiers de biens nationaux dont les baux ont été annulés jouiront de la récolte de l'an 3. (1, Bull. 186, n° 1135 ; B. 59, 60.)

La Convention nationale, après avoir entendu le rapport de ses comités de législation et des finances, section des domaines, sur une question tendant à savoir :

« Si les fermiers de biens nationaux, « dont les baux ont été annulés en vertu de « l'article 38 de la loi des 6 et 11 = 24 août « 1790, et de l'article 17 de la loi du 15 fri- « maire an 2, par suite de poursuites judi- « ciaires commencées avant que les semen- « ces fussent en terre, ont droit à la récolte « de l'an 3 : »

Considérant que, par l'article 9 de la loi du 15 frimaire an 2, il n'est accordé aux fermiers expulsés comme réfractaires à la loi des 6 et 11 = 24 août 1790, ni indemnités ni délais, et que, par l'article 17 de la même loi, le fermier est, de plein droit, déchu de son bail, s'il ne communique pas, dans les deux décades de la sommation, le bail qui fait le titre de sa jouissance ;

Considérant que les lois postérieures n'ont accordé aux fermiers expulsés la récolte de l'an 2, que parce qu'ils avaient semé de bonne foi et avant que la loi du 15 frimaire fût rendue ;

Que, d'après cela, il est évident que le fermier expulsé, aux termes des articles 37 de la loi des 6 et 11 = 24 août 1790, et 17 de celle du 15 frimaire an 2, n'a droit à la récolte qu'autant qu'il a semé avant qu'il lui ait été fait aucune sommation de communiquer son bail ou de cesser sa jouissance, par un officier public, ou avant qu'il ait été formé demande en justice contre lui.

Passe à l'ordre du jour ;

Et cependant déclare nuls et comme non avenus tous jugemens qui auraient prononcé des dispositions contraires aux lois ci-dessus interprétées.

—————

7 VENDÉMIAIRE an 4 (29 septembre 1795). — Décret sur la police des grains et l'approvisionnement des marchés et des armées. (1 , Bull. 186, n° 1136 ; B. 59, 61 ; Mon du 11 vendémiaire an 4.)

Voy. lois du 6 MESSIDOR an 3 ; du 4 THERMIDOR an 3 ; du 4 BRUMAIRE an 4 ; décret du 4 MAI 1812.

Art. 1er. Les grains et farines ne pourront, par continuation, être vendus et achetés ailleurs que dans les foires et marchés publics.

2. La contravention à cet article sera punie :

1° Par trois mois de détention du vendeur et de l'acheteur ;

2° Par la confiscation des grains et farines, et par une amende égale à leur valeur, supportable, par moitié, par le vendeur et l'acheteur ;

3. Sont exceptés de la prohibition énoncée en l'article 1er les ventes et achats de grains et farines destinés à subvenir à des services publics instans, et qui auront pour objet :

1° L'approvisionnement des armées de terre et de mer ;

2° Celui de la commune de Paris ;

3° Celui des manufactures, usines et ateliers employés pour la République.

4. Les entrepreneurs, fournisseurs, commissionnaires ou préposés quelconques, chargés de faire les divers achats mentionnés en l'article 3, pourront les effectuer hors les foires et marchés ; mais ils devront être munis, savoir :

Les préposés aux achats des grains ou farines destinés aux besoins des armées de terre et de mer, d'une commission émanée des agens généraux des subsistances militaires ;

Les préposés aux achats des denrées destinées pour Paris, d'une commission pareillement émanée des agens généraux des subsistances de cette commune ;

Les préposés aux achats des denrées destinées aux besoins des manufactures, usines et ateliers, d'un bon ou permis de la municipalité du lieu de l'établissement.

5. Les commissions, bons ou permis, porteront, dans tous les cas, les quantités de grains qui devront être achetées ; ils seront de plus soumis au visa des officiers municipaux des lieux où se feront les achats.

Ce visa, qui ne pourra être refusé sous aucun prétexte, et dont il sera tenu registre, énoncera les dates ou jour, mois et an, et la quantité de grains qui aura été achetée.

A défaut de ce visa, les grains ou farines ne pourront être enlevés, à peine, pour les contrevenans, d'un an de détention.

Les commissions, bons ou permis, cesseront d'avoir leur effet dès que les achats des quantités y énoncées auront été consommés.

Ces pouvoirs pourront être renouvelés à fur et à mesure des nouveaux achats à faire.

Les porteurs des commissions, bons ou permis, ne pourront déléguer leurs pouvoirs.

Ceux qui seraient trouvés saisis d'une fausse commission, bon ou permis, seront punis comme faussaires.

6. Les citoyens des campagnes qui ne récoltent pas aussi suffisamment de grains pour leur nourriture, et qui habitent des lieux où il n'y a pas de marché, pourront s'approvisionner pour trois mois chez les cultivateurs, fermiers ou propriétaires de leurs communes, moyennant un bon de la municipalité, constatant leurs besoins et la quantité nécessaire à leur consommation pendant ledit temps.

La municipalité tiendra registre de ces bons : ils resteront entre les mains des vendeurs, pour être par eux représentés au besoin.

7. Les marchands blatiers qui achètent des grains dans un lieu pour les conduire aux foires et marchés, sans en faire ni entrepôt ni magasin, auront également la liberté de faire leurs achats hors des marchés : mais, indépendamment de la patente dont ils doivent être pourvus, ils seront munis d'un bon ou permis de la municipalité du lieu pour lequel ils destinent les grains achetés ; ce permis contiendra la

date de la patente, la quantité de grains que les blatiers doivent conduire à chaque marché : avant l'enlèvement des grains et farines, ce permis devra être visé par la municipalité du lieu de l'achat.

Lorsque les grains ainsi achetés seront arrivés au lieu de leur destination, les blatiers se présenteront devant la municipalité, pour obtenir une décharge des grains dont l'achat leur a été commis.

Ils seront tenus de reproduire cette décharge à la municipalité du lieu où les achats auront été faits.

8. Les particuliers non marchands et non pourvus de patentes, qui sont dans le cas d'acheter des blés ou farines pour leurs besoins et ceux de leurs familles, ne pourront porter leur approvisionnement, jusqu'à la récolte prochaine, au-delà de ce qui sera nécessaire à leur consommation, c'est-à-dire, à raison de quatre quintaux de blé-froment, ou de cinq quintaux de blé mêlé, par personne ; et ce, à peine de confiscation de l'excédant, et de deux mille livres d'amende, applicable, moitié au profit du dénonciateur, moitié à celui de la commune du lieu où les grains auront été saisis, arrêtés ou vendus : l'amende et la confiscation seront supportées, moitié par le vendeur, moitié par l'acheteur.

9. Les particuliers ne pourront acheter que dans les foires et marchés ; ils ne le pourront aussi que sur des bons ou permis délivrés par la municipalité, énonciatifs de leurs besoins et des quantités nécessaires pour les remplir : ces bons ne pourront jamais être refusés par les municipalités, tant que les besoins de chaque consommateur ne seront pas remplis.

10. Les municipalités et corps administratifs sont autorisés, chacun dans son arrondissement, à requérir les fermiers, cultivateurs et propriétaires de grains et farines, de faire conduire dans les foires et marchés les quantités nécessaires pour les tenir suffisamment approvisionnés.

11. Les administrateurs détermineront les quantités à apporter aux marchés, à raison de l'étendue de l'exploitation de chaque fermier, cultivateur ou propriétaire, du nombre de ses charrues, et de ce qui lui reste à vendre, déduction faite de ses besoins.

Elles indiqueront également les marchés et foires où les grains et farines seront apportés, ainsi que les époques des apports, de manière que les marchés et foires soient convenablement pourvus pendant tout le cours de l'année.

12. En cas de refus de la part des détenteurs des grains, les administrateurs pourront mettre des batteurs et assurer des voitures aux frais desdits détenteurs.

En cas d'opposition de leur part, les administrations sont autorisées à employer la force armée pour assurer l'exécution de la loi.

13. Les opposans seront, de plus, condamnés à trois mois de détention, et aux frais de déplacement de la force armée. Les jugemens à intervenir seront affichés à leurs frais dans l'étendue du district.

14. Si les propriétaires ou détenteurs de grains qui n'exploitent pas par eux-mêmes n'ont pas de voitures, ils pourront obliger leurs fermiers ou cultivateurs, s'ils habitent la même commune, à conduire leurs grains aux marchés, moyennant le prix qui sera modérément taxé par le juge-de-paix.

15. Les municipalités sont tenues, sous la responsabilité individuelle et collective de leurs membres, d'exercer les réquisitions mentionnées en l'article 10, et d'en justifier à l'administration supérieure. En cas de négligence d'exercer lesdites réquisitions, les municipalités seront poursuivies devant les tribunaux, et les officiers municipaux condamnés à une amende égale à la moitié de la valeur des grains qu'on leur avait enjoint de requérir ; et, en cas de refus, lesdits officiers municipaux condamnés à une amende égale à la moitié de la valeur des grains qu'on leur avait ordonné de requérir.

16. Si les fermiers, cultivateurs, propriétaires ou détenteurs de grains, les ont vendus aux agens du Gouvernement, aux chefs d'ateliers et manufactures, aux habitans malaisés des communes, aux marchands blatiers, ils se feront donner une déclaration contenant la quantité des grains vendus, et en enverront un double, certifié par le juge-de-paix, aux corps administratifs ou municipalités ; il leur sera tenu compte, sur lesdites réquisitions, du montant des ventes effectuées.

17. Les dispositions des arrêtés du comité de salut public des 13 et 28 fructidor dernier sont confirmées. En conséquence, les particuliers, municipalités ou corps administratifs qui auraient exercé ou autorisé, exerceraient ou autoriseraient des arrestations de grains et farines achetés, soit pour le service militaire, soit pour l'approvisionnement de Paris, sont tenus de les rendre ou faire rendre à la circulation, sous les peines portées par l'article 15 contre les refusans.

18. Les lois qui ont prohibé toute exportation de grains et farines de toute espèce continueront d'être exécutées. En conséquence, tous transports de grains et farines surpris à la distance de deux lieues en-deçà des frontières et des côtes maritimes, sans acquit-à-caution de la municipalité du propriétaire, seront confisqués avec les voitures, bêtes de somme et bâtimens qui les transporteront au profit de ceux qui les arrêteront, et il y aura peine de deux années

de fers contre les conducteurs et propriétaires contrevenans.

19. Sont exceptés des dispositions ci-dessus les individus conduisant à une commune maritime ayant une population de dix mille ames et au-dessus, des charrettes ou chevaux et autres bêtes de somme chargés de grains et farines, lorsqu'ils suivront le chemin ordinaire qui conduit à ces communes.

20. Sont pareillement maintenues les lois antérieures sur la libre circulation des subsistances. Ceux qui seront convaincus d'y avoir porté obstacle directement ou indirectement, seront poursuivis et condamnés, outre la restitution, à une détention de trois mois, et à une amende de la moitié de la valeur des grains arrêtés ; et, dans le cas de récidive, ils seront condamnés à trois années de fers.

21. Les officiers municipaux ou autres fonctionnaires publics qui n'auraient pas fait tout ce qui est en leur pouvoir pour empêcher l'arrestation des subsistances, seront sujets aux mêmes peines.

22. L'exécution de la présente loi est spécialement confiée à la surveillance et au zèle des administrateurs et officiers municipaux, des officiers de police, des dépositaires de la force armée, et au patriotisme de tous les bons citoyens.

———

7 VENDÉMIAIRE an 4 (29 septembre 1795). — Décret qui détermine un mode pour assurer la subsistance des chevaux attachés au service des armées. (1, Bull 186, n° 1152 ; B. 59, 52 ; Mon. du 10 vendémiaire an 4 ; Rapp Berlier.)

Art. 1er. Pour assurer le service et l'activité des armées de la République, il sera rassemblé, dans les départemens énoncés en l'état annexé au présent décret, la quantité de six millions de quintaux de foin et de cinq millions de quintaux de paille.

2. Les départemens contribueront auxdits rassemblemens, chacun pour les quantités pour lesquelles ils sont désignés audit état.

3. Les administrateurs des départemens diviseront par district les quantités que chacun d'eux devra fournir pour son contingent dans lesdits rassemblemens.

4. Chaque district fera la division des fournitures à faire par communes, et chaque commune fera le rôle de ce que chaque propriétaire ou cultivateur devra livrer.

5. Les districts fourniront sur-le-champ au département l'état de cette répartition, et celui-ci en formera l'état général de son contingent, qu'il adressera à la commission de l'organisation et du mouvement des armées, qui le communiquera à l'administration des fourrages ; et néanmoins les départemens feront aussi passer respectivement

aux directeurs indiqués en l'état ci-joint cet état général de répartition.

6. Les livraisons seront faites dans les magasins militaires existant dans chaque département, ou les plus à portée qui seront désignés au département par le directeur des fourrages de la division militaire ; et ce dans le courant des mois de brumaire et frimaire, pour tout délai.

7. Les garde-magasins des fourrages fourniront récépissé et se chargeront en recette des quantités fournies par communes : celles-ci tiendront registre des livraisons partielles de chaque particulier, pour leur servir à répartir le paiement des denrées livrées.

8. Les administrateurs des départemens fixeront, chaque quinzaine, le prix courant des foins et pailles par canton ; et sur cette fixation, les quantités livrées seront acquittées aux communes par le directeur des fourrages du département, ou ses agens, avec les fonds qui seront à ce destinés.

9. Si les magasins militaires se trouvent placés à plus de trois lieues de distance du lieu du départ des fournitures, il sera alloué en sus les frais de transport, à raison du prix par quintal et par lieue, aller et retour compris, qui sera également fixé par les administrations du département.

10. Les départemens transmettront le présent décret, et feront la répartition entre leurs districts du contingent fixé, dans les vingt-quatre heures après sa réception ; et les districts feront les répartitions par communes dans le même délai, après la réception de l'état du département.

11. Les municipalités des communes sont personnellement et solidairement responsables des livraisons du contingent qui leur aura été réparti, et les districts et départemens sont pareillement responsables des mesures d'exécution.

———

7 VENDÉMIAIRE an 4 (29 septembre 1795). — Décret portant que les armées des Alpes et d'Italie ne cessent de bien mériter de la patrie. (1, Bull. 185, n° 1133 ; B. 59, 59.)

———

7 VENDÉMIAIRE an 4 (29 septembre 1795). — Décret qui ordonne de déposer aux archives les premières pièces de cinq centimes fabriquées en exécution de la loi du 28 thermidor. (B. 59, 59.)

———

7 VENDÉMIAIRE an 4 (29 septembre 1795). — Décret portant que les comités de salut public et de sûreté générale feront, chaque jour, un rapport sur l'exécution du décret relatif aux arrêtés ou autres actes des assemblées primaires, etc. (B. 59, 59.)

———

7 VENDÉMIAIRE an 4 (29 septembre 1795). — Décret qui renvoie au comité de salut public la

proposition d'autoriser les communes des départemens qui, ayant un territoire couvert de pâturages ou de bois, n'ont pu récolter que très-peu de grains, d'en acheter chez les cultivateurs, pour leur approvisionnement. (B. 59, 59.)

---

8 VENDÉMIAIRE an 4 (30 septembre 1795). — Décret relatif au paiement à faire par la Trésorerie nationale au citoyen Gojard, ancien receveur-général. (B. 59, 65.)

---

8 VENDÉMIAIRE an 4 (30 septembre 1795). — Décret relatif à une subrogation consentie par les arrêts du conseil du 1ᵉʳ mai 1787, 9 avril 1788, et 17 juin 1789, au profit du citoyen Reyneval. (B. 59, 66.)

---

8 VENDÉMIAIRE an 4 (30 septembre 1795). — Décrets qui accordent des secours à diverses personnes. (B. 59, 67 et 68.)

---

8 VENDÉMIAIRE an 4 (30 septembre 1795). — Décret de renvoi au comité des secours publics, relatif aux familles des patriotes assassinés ou pillés par les catholiques royaux dans les départemens de l'ouest. (B. 59, 70.)

---

8 VENDÉMIAIRE an 4 (30 septembre 1795). — Décret relatif au citoyen Bonière. (B. 59, 69.)

---

8 VENDÉMIAIRE an 4 (30 septembre 1795). — Décret qui autorise le comité des secours à régler les indemnités des communes dans lesquelles ont régné des maladies épidémiques ou épizootiques. (1, Bull. 190, n° 1148 ; B. 59, 68.)

---

9 VENDÉMIAIRE an 4 (1ᵉʳ octobre 1795). — Décret sur la réunion de la Belgique et du pays de Liége à la France. (1, Bull. 186, n° 1137; B. 59, 71 ; Mon. du 16 vendémiaire an 4 ; Rapp. Merlin.)

Voy. lois du 3 BRUMAIRE an 4 ; du 4 PLUVIOSE an 4 ; et arrêté du 18 PLUVIOSE an 4 ; loi du 18 GERMINAL an 4 ; arrêté du 23 GERMINAL an 4.

Art. 1ᵉʳ. Les décrets de la Convention nationale des 2 et 4 mars et 8 mai 1793, qui ont réuni les pays de Liége, de Stavelot, de Logne et de Malmédy au territoire français, seront exécutés selon leurs forme et teneur.

2. Seront pareillement exécutés les décrets de la Convention nationale des 1ᵉʳ, 2, 6, 8, 9, 11, 19 et 23 mars 1793, qui ont réuni au territoire français le Hainaut, le Tournaisis, le pays de Namur, et la majorité des communes de la Flandre et du Brabant.

3. La Convention nationale accepte le vœu émis en 1793, par les communes d'Ypres, Grammont et autres communes de la Flandre, du Brabant et de la partie ci-

devant autrichienne de la Gueldre, non comprise auxdits décrets, pour leur réunion au territoire français.

4. Sont pareillement réunis au territoire français tous les autres pays en-deçà du Rhin qui étaient, avant la guerre actuelle, sous la domination de l'Autriche, et ceux qui ont été conservés à la République française par le traité conclu à la Haye, le 27 floréal dernier, entre ses plénipotentiaires et ceux de la république des Provinces-Unies, auquel il n'est dérogé en rien par aucune des dispositions du présent décret.

5. Les habitans du pays de Liége, de Stavelot, de Logne et de Malmédy, et ceux des communes de la Belgique comprises dans les articles 2 et 3 du présent décret, jouiront dès à présent de tous les droits de citoyens français, si d'ailleurs ils ont les qualités requises par la Constitution.

6. A l'égard des communes comprises dans l'article 4 ci-dessus, les habitans jouiront, jusqu'à ce qu'il en ait été autrement disposé, de tous les droits garantis par la Constitution aux étrangers qui résident en France ou y possèdent des propriétés.

7. Les pays mentionnés dans les quatre premiers articles du présent décret seront divisés en neuf départemens, savoir : celui de la Dyle (Bruxelles, chef-lieu); celui de l'Escaut (Gand, chef-lieu); celui de la Lys (Bruges, chef-lieu); celui de Jemmapes (Mons, chef-lieu); celui des Forêts (Luxembourg, chef-lieu); celui de Sambre-et-Meuse (Namur, chef-lieu); celui de l'Ourte (Liége, chef-lieu); celui de la Meuse-Inférieure (Maestricht, chef-lieu); celui des Deux-Nèthes (Anvers, chef-lieu).

8. Les représentans du peuple envoyés dans la Belgique sont chargés de déterminer les arrondissemens respectifs de ces départemens, et de les diviser en cantons, à l'instar des autres parties du territoire français.

9. Ils nommeront provisoirement les fonctionnaires qui devront composer les administrations de département, celles de canton, et les tribunaux des pays de Limbourg, de Luxembourg, de Maestricht, de Venloo et leurs dépendances, et de la Flandre ci-devant hollandaise.

10. Le Corps-Législatif déterminera le nombre de représentans du peuple que chacun des départemens formés en exécution de l'art. 7 ci-dessus devra nommer à l'époque du renouvellement qui aura lieu l'an 5 de la République.

11. Les représentans du peuple envoyés dans la Belgique veilleront à la très-prompte rentrée des contributions extraordinaires imposées à ces pays, et formant le contingent des frais de la guerre de la liberté.

12. Les bureaux de douanes actuellement existans, soit entre la France et les pays mentionnés dans les quatre premiers ar-

ticles du présent décret, soit entre les différentes parties de ces mêmes pays, sont supprimées.

Ceux qui sont établis entre ces mêmes pays, les Provinces-Unies et les pays non réunis entre Meuse et Rhin, demeurent maintenus.

———

9 VENDÉMIAIRE an 4 (1ᵉʳ octobre 1795). — Décret qui autorise la commission des revenus nationaux à faire effectuer, sur l'emprunt forcé, les restitutions prononcées par la commission des contributions directes. (B. 59, 70.)

———

9 VENDÉMIAIRE an 4 (1ᵉʳ octobre 1795). — Décret relatif à l'hommage du citoyen Valant, d'un ouvrage sur la *Garantie sociale, etc.* (B. 59, 70.)

———

9 VENDÉMIAIRE an 4 (14 octobre 1795). — Décret qui renvoie au comité de salut public la question de savoir si le pays de Bouillon sera réuni à la République. (B. 59, 71.)

———

10 VENDÉMIAIRE an 4 (2 octobre 1795). — Décret sur la police intérieure des communes. (1, Bull. 188, n° 1142; B. 59, 73.)

Voy. lois du 2 GERMINAL an 4; du 24 FRUCTIDOR an 4; arrêtés du 8 NIVOSE an 6; du 14 MESSIDOR an 7, art. 43; du 4ᵉ JOUR COMPLÉMENTAIRE an 11; avis du Conseil-d'Etat du 13 PRAIRIAL an 8; du 20 GERMINAL = 5 FLORÉAL an 13.

TITRE Iᵉʳ.

Tous citoyens habitant la même commune sont garans civilement des attentats commis sur le territoire de la commune,

soit envers les personnes, soit contre les propriétés (1).

TITRE II. Moyens d'assurer la police intérieure de chaque commune.

Art. 1ᵉʳ. Il sera fait et dressé, dans chaque commune de la République, un tableau contenant les noms, âge, états ou professions de tous ses habitans au-dessus de l'âge de douze ans, le lieu de leur habitation, et l'époque de leur entrée sur la commune.

2. Les officiers municipaux, dans les communes dont la population s'élève au-dessus de cinq mille habitans, l'agent municipal ou son adjoint, dans les communes dont la population est inférieure à cinq mille habitans, formeront le tableau prescrit par l'article précédent.

3. A cet effet, il sera adressé dans la décade, par l'administration de département, aux officiers municipaux ou agent municipal, des modèles imprimés de ce tableau, lesquels seront tenus de les remplir dans la décade, et d'en envoyer, dans le même délai, un double à l'administration de département, et un autre à l'administration municipale du canton.

4. Les officiers ou les agens municipaux qui n'exécuteraient pas les articles précédens demeureront personnellement responsables des dommages-intérêts résultant des délits commis à force ouverte ou par violence sur le territoire de la commune (2).

TITRE III. Des passeports.

Art. 1ᵉʳ. Jusqu'à ce qu'autrement il en ait été ordonné, nul individu ne pourra quitter le territoire de son canton, et voya-

———

(1) Cette loi s'applique aux grandes et aux petites communes, considérées dans leur totalité, mais non aux arrondissemens dans lesquels elles sont divisées (avis du Conseil-d'Etat du 13 prairial an 8; S. 1, 2, 194).
La loi sur la responsabilité civile des communes, à raison des dégâts commis par les habitans de ces communes, n'a pas été abrogée par les dispositions générales du Code civil, sur la responsabilité civile, ni par aucune loi ultérieure (24 avril 1821; Cass. S. 22, 1, 27). — *Voy.* ordonnance du Roi du 1ᵉʳ décembre 1819; J. C. 5, 274.
Postérieurement à l'arrêt et à l'ordonnance ci-dessus, la question d'abrogation de la loi du 10 vendémiaire an 4 a été reproduite et discutée dans les chambres législatives. On y a prétendu d'abord qu'elle était tombée en désuétude, mais ce système n'était pas soutenable à la vue des divers actes administratifs et judiciaires qui en ont fait l'application. On a ajouté que les circonstances particulières où se trouvait placée la France, en l'an 3, avaient motivé la loi; que, ces circonstances n'étant plus les mêmes, il n'y avait plus de raison pour appliquer la loi. On a fait remarquer surtout

que la responsabilité imposée aux habitans des communes pouvait être justifiée, toute rigoureuse qu'elle est, lorsque les habitans nommaient les officiers municipaux, chargés de maintenir l'ordre et de prévenir les délits; mais que, dans le système où les magistrats chargés de l'administration des communes étaient nommés par le Gouvernement, la responsabilité n'avait plus de motifs plausibles. Ces observations sont d'une grande force; mais on ne peut se dissimuler que l'abrogation tacite d'une loi ne doit pas s'établir seulement sur des présomptions : ainsi on peut conclure que la loi du 10 vendémiaire an 4 n'est pas abrogée, et qu'elle devrait l'être.
Aujourd'hui, la nomination des magistrats étant le résultat de l'élection, ces raisons, qu'on invoquait sous la restauration, n'ont plus de force.
L'étranger non admis à établir son domicile en France ne peut réclamer le bénéfice de la présente loi, à moins que la législation de son pays ne contienne des dispositions semblables et n'autorise les Français à s'en prévaloir (1ᵉʳ août 1832, Metz; S. 32, 2, 485; D. 32, 2, 147).
(2) Arrêté du 4ᵉ jour complémentaire an 11.

ger, sans être muni et porteur d'un passeport, signé par les officiers municipaux de la commune ou administration municipale du canton.

2. Chaque municipalité ou administration municipale du canton tiendra un registre des passeports qu'elle délivrera.

3. Tout passeport contiendra le signalement de l'individu, sa signature ou sa déclaration qu'il ne sait signer, référera le numéro de son inscription au tableau de la commune, et sera renouvelé au moins une fois par an.

A cet effet, l'administration de département fera passer à chaque municipalité ou administration municipale un modèle de passeport.

4. Tout individu qui, à l'époque de la formation du tableau, n'aura pas acquis domicile depuis une année dans une commune ou canton, sera tenu de se présenter devant les officiers municipaux ou l'administration municipale du canton, de faire déclaration de ses noms, âge, état ou profession, et du lieu de son dernier domicile.

5. La municipalité ou l'administration municipale du canton adressera à l'administration du département la déclaration de l'individu non domicilié depuis un an sur la commune ou canton, avec des notes sur ses moyens d'existence.

6. Tout individu voyageant, et trouvé hors de son canton sans passeport, sera mis sur-le-champ en état d'arrestation et détenu jusqu'à ce qu'il ait justifié être inscrit sur le tableau de la commune de son domicile.

7. A défaut de justifier, dans deux décades, de son inscription sur le tableau d'une commune, il sera réputé vagabond et sans

aveu, et traduit comme tel devant les tribunaux compétens (1).

TITRE IV. Des espèces de délits dont les communes sont civilement responsables.

Art. 1er. Chaque commune est responsable des délits commis à force ouverte ou par violence sur son territoire, par des attroupemens ou rassemblemens armés ou non armés (2), soit envers les personnes, soit contre les propriétés nationales ou privées, ainsi que des dommages-intérêts auxquels ils donneront lieu (3).

2. Dans le cas où les habitans de la commune auraient pris part aux délits commis sur son territoire par des attroupemens et rassemblemens, cette commune sera tenue de payer à la République une amende égale au montant de la réparation principale.

3. Si les attroupemens ou rassemblemens ont été formés d'habitans de plusieurs communes, toutes seront responsables des délits qu'ils auront commis, et contribuables tant à la réparation et dommages-intérêts qu'au paiement de l'amende.

4. Les habitans de la commune ou des communes contribuables qui prétendraient n'avoir pris aucune part aux délits, et contre lesquels il ne s'éleverait aucune preuve de complicité ou participation aux attroupemens, pourront exercer leurs recours contre les auteurs et complices des délits.

5. Dans les cas où les rassemblemens auraient été formés d'individus étrangers à la commune sur le territoire de laquelle les délits ont été commis, et où la commune aurait pris toutes les mesures qui étaient en son pouvoir à l'effet de les prévenir et d'en faire connaître les auteurs, elle demeurera déchargée de toute responsabilité (4).

---

(1) Tout homme qui est trouvé hors de son canton, sans passeport, doit être arrêté et détenu provisoirement pendant vingt jours : ce temps écoulé, s'il ne justifie pas qu'il a un domicile et qu'il est inscrit sur le tableau de la commune où il est domicilié, il est par cela seul prévenu de vagabondage; il doit être traduit devant le tribunal compétent pour connaître de ce délit. Le tribunal doit, s'il ne justifie pas devant lui de son domicile, le condamner d'abord à une année de détention; cette année expirée, de deux choses l'une : ou le condamné fournit enfin la preuve de son domicile, ou il ne la fournit pas : au premier cas, mise en liberté; au second, transportation. Ainsi se combinent et se concilient les lois des 24 vendémiaire an 2, 10 vendémiaire an 4 et 18 pluviose an 9 (19 juin 1809; Cass. S. 7, 2, 1095).

(2) Pour qu'une commune soit civilement responsable des dommages causés aux propriétaires sur son territoire, il faut que ces dommages aient été causés par des attroupemens ou rassemblemens. Hors ce cas, elle n'est responsable que dans les cas prévus dans les articles 9 et 10 (27 avril 1813; Cass. S. 20. 1, 470 : — Id. 31 août 1828 : Mac. 10, 681).

(3) Les communes sont responsables des suites de tous rassemblemens contre les propriétés nationales et les bureaux des douanes, contre la personne et les propriétés des préposés, si toutefois la commune n'a pas pris les mesures pour les prévenir, et ne fait pas connaître les auteurs : cette action en réparation est poursuivie à la diligence du préfet, devant le tribunal civil (arrêté du 4e jour complém. an 11 ; S. 7, 2, 839).

(4) Une commune ne peut être déclarée responsable d'un pillage commis par un rassemblement d'étrangers sur son territoire, par cela seul que quelques habitans de cette commune y auraient pris part, lorsqu'ils n'ont été ni les chefs ni les instigateurs ou provocateurs du rassemblement, et qu'il est d'ailleurs constaté que la commune a fait tout ce qui était en son pouvoir pour dissiper l'attroupement et empêcher le pillage (30 décembre 1824; Cass. S. 25, 1, 347; D. 25, 1, 109).

Une commune sur le territoire de laquelle des pillages ont été commis peut être déclarée responsable envers le particulier lésé, bien que le pillage ait été commis en partie par des habitans d'autres communes, alors que la commune responsable n'a pas offert de prouver avoir fait ce

6. Lorsque, par suite de rassemblemens ou attroupemens, un individu, domicilié ou non sur une commune, y aura été pillé, maltraité ou homicidé, tous les habitans seront tenus de lui payer, ou, en cas de mort, à sa veuve et enfans, des dommages-intérêts (1).

7. Lorsque des ponts auront été rompus, des routes coupées ou interceptées par des abatis d'arbres ou autrement, dans une commune, la municipalité ou l'administration municipale du canton les fera réparer sans délai aux frais de la commune, sauf son recours contre les auteurs du délit.

8. Cette responsabilité de la commune n'aura pas lieu dans les cas où elle justifierait avoir résisté à la destruction des ponts et des routes, ou bien avoir pris toutes les mesures qui étaient en son pouvoir pour prévenir l'événement, et encore dans le cas où elle désignerait les auteurs, provocateurs et complices du délit, tous étrangers à la commune.

9. Lorsque, dans une commune, des cultivateurs tiendront leurs voitures démontées, ou n'exécuteront pas les réquisitions qui en seront faites légalement pour transports et charrois, les habitans de la commune sont responsables des dommages-intérêts en résultant.

10. Si, dans une commune, des cultivateurs, à part de fruits, refusent de livrer, aux termes du bail, la portion due aux propriétaires, tous les habitans de cette commune sont tenus des dommages-intérêts.

11. Dans les cas énoncés aux articles 9 et 10, les habitans de la commune exerceront leurs recours contre les cultivateurs qui auraient donné lieu aux dommages-intérêts.

12. Lorsqu'un adjudicataire de domaines nationaux aura été contraint à force ouverte, par suite de rassemblemens ou attroupemens, de payer tout ou partie du prix de son adjudication à autres que dans la caisse des domaines et revenus nationaux ;

Lorsqu'un fermier ou locataire aura également été contraint de payer tout ou partie du prix de son bail à autres que le propriétaire,

Dans ces cas, les habitans de la commune où les délits auront été commis seront tenus des dommages-intérêts en résultant, sauf le recours contre les auteurs et complices des délits.

TITRE V. Des dommages-intérêts et réparations civiles.

Art. 1er. Lorsque, par suite de rassemblemens ou attroupemens, un citoyen aura été contraint de payer, lorsqu'il aura été volé ou pillé sur le territoire d'une commune, tous les habitans de la commune seront tenus de la restitution, en même nature, des objets pillés et choses enlevées par force, ou d'en payer le prix sur le pied du double de leur valeur, au cours du jour où le pillage aura été commis (2).

2. Lorsqu'un délit de la nature de ceux exprimés aux articles précédens aura été commis sur une commune, les officiers municipaux ou l'administration municipale seront tenus de le faire constater sommairement dans les vingt-quatre heures, et d'en adresser procès-verbal, sous trois jours au plus tard, au commissaire du pouvoir exécutif près le tribunal civil du département (3).

Les officiers de police de sûreté n'en seront pas moins tenus de remplir, à cet égard, les obligations que la loi leur prescrit.

3. Le commissaire du pouvoir exécutif près l'administration de département dans le territoire duquel il aurait été commis des délits, à force ouverte et par violence, sur des propriétés nationales, en poursuivra la réparation et les dommages-intérêts devant le tribunal civil du département.

4. Les dommages intérêts dont les communes sont tenues, aux termes des articles précédens, seront fixés par le tribunal civil

---

qui était en son pouvoir pour empêcher le pillage (4 décembre 1827; Cass. S. 28, 1, 206. D. 28, 1, 44).

Les communes ne sont pas civilement responsables des pillages commis sur leurs territoires, lorsqu'ils ont eu lieu dans un moment de guerre civile où les liens sociaux étaient rompus, les lois sans force, et les magistrats sans autorité (27 juin 1822; Cass. S. 22, 1, 328).

(1) Les dommages-intérêts dont la loi charge les communes responsables ne sont pas dus au père et à la mère de l'homicidé (3 vendémiaire an 10; Cass. S. 2, 1, 37).

Au cas de meurtre d'un préposé des douanes, les dommages-intérêts sont dus à la veuve et aux enfans (arrêté du 4e jour complémentaire an 11; S. 7, 2, 1186).

(2) La responsabilité à l'égard des objets pillés et volés sur son territoire s'étend aux objets détruits ou incendiés (4 décembre 1827; Cass. S. 28, 1, 206; D. 28, 1, 33).

(3) Les gendarmes assaillis par un rassemblement formé dans une commune doivent faire constater les violences par les officiers municipaux dans les vingt-quatre heures du délit, pour pouvoir ensuite réclamer les dommages-intérêts prononcés par la loi (30 brumaire an 13; Cass. S. 5, 2, 31).

Il n'y a lieu à prononcer sommairement et extraordinairement que dans le cas où l'administration municipale a constaté sur-le-champ et sans délai les attroupemens dont il est résulté des excès; hors ce cas, les délits ne peuvent être constatés et jugés qu'en la forme ordinaire (2 fructidor an 8; Cass. S. 2, 2, 536).

du département, sur le vu des procès-verbaux et autres pièces constatant les voies de fait, excès et délits (1).

5. Le tribunal civil du département réglera le montant de la réparation et des dommages-intérêts, dans la décade, au plus tard, qui suivra l'envoi des procès-verbaux.

6. Les dommages-intérêts ne pourront jamais être moindres que la valeur entière des objets pillés et choses enlevées (2).

7. Le jugement du tribunal civil, portant fixation des dommages-intérêts, sera envoyé dans les vingt-quatre heures, par le commissaire du pouvoir exécutif, à l'administration départementale, qui sera tenue de l'envoyer, sous trois jours, à la municipalité ou à l'administration municipale du canton (3).

8. La municipalité ou l'administration municipale sera tenue de verser le montant des dommages-intérêts à la caisse du département, dans le délai d'une décade : à cet effet, elle fera contribuer les vingt plus forts contribuables résidant dans la commune (4).

9. La répartition et la perception pour le remboursement des sommes avancées seront faites sur tous les habitans de la commune, par la municipalité ou l'administration municipale du canton, d'après le tableau des domiciliés, et à raison des facultés de chaque habitant (5).

10. Dans le cas de réclamation de la part d'un ou plusieurs contribuables, l'administration départementale statuera sur la demande en réduction.

11. A défaut de paiement dans la décade l'administration départementale requerra une force armée suffisante, et l'établira dans

---

(1) Lorsqu'une commune est dans un des cas de la responsabilité, le procès-verbal des officiers municipaux n'est pas absolument indispensable pour l'application de cette responsabilité (avis du Conseil-d'Etat du 26 floréal, 5 germinal an 13 ; S. 5, 2, 179, et 7, 2, 836).

Les communes peuvent être condamnées par application de cette loi, sans être appelées en jugement (17 vendémiaire an 8 ; Cass. S. 1, 1, 245).

Une commune responsable de pillages commis sur son territoire ne peut se plaindre de ce que, pour l'appréciation des réparations dues, les juges se sont basés sur les procès-verbaux de l'adjoint même du maire de la commune. Vainement elle dirait que la loi prescrit aux agens municipaux, non de constater eux-mêmes, mais de faire constater les dégâts commis (4 décembre 1827 ; Cass. S. 28, 1, 206 ; D. 28, 1, 44).

Les procès-verbaux constatant les pillages exercés sur les territoires des communes, et dont ces communes sont responsables, peuvent, dans le cas où l'action en réparation a été engagée par le particulier lésé, être pris en considération, quoiqu'ils n'aient pas été rédigés dans les vingt-quatre heures des dégâts.

La commune ne pourrait se prévaloir du défaut de procès-verbaux dans les vingt-quatre heures qu'autant que la condamnation serait poursuivie à la seule requête de l'administration ou du procureur du Roi (4 décembre 1827 ; Cass. S. 28, 1, 206 ; D. 28, 1, 44).

L'autorisation exigée par l'arrêté du 17 vendémiaire an 10, pour plaider contre une commune, n'est pas nécessaire dans ce cas (28 janvier 1826 ; Cass. S. 26, 1, 292).

(2) Les réparations civiles et les dommages-intérêts dus par les communes sur le territoire desquelles des pillages ont été commis, doivent toujours être réglés conformément aux articles 1er et 6, savoir : les réparations civiles au double, et les dommages-intérêts au moins à la valeur des objets pillés. Il n'est pas vrai que cette évaluation ait été déterminée en vendémiaire an 4, par la dépréciation du papier monnaie, et quelle ne doive pas avoir effet depuis le rétablissement de la monnaie métallique (1er juillet 1822 ; Cass. S.

22, 1, 352).

(3) Dans le cas d'un délit commis à force ouverte sur le territoire d'une commune, il faut, pour déterminer si le jugement qui intervient doit être en dernier ressort, cumuler les dommages-intérêts et l'amende (2 floréal an 9 ; Cass. S. 1, 2, 499).

Les particuliers à qui il a été adjugé, sur le réquisitoire du ministère public, des dommages-intérêts à raison de délits commis dans le territoire d'une commune, peuvent faire signifier eux-mêmes le jugement qui a fixé ces dommages-intérêts ; et la signification faite à leur requête fait courir contre la commune les délais, soit de l'appel, soit de la requête civile, soit de la cassation (22 janvier 1810 ; Cass. S. 7, 2, 1185, et 20, 1, 482).

Lorsqu'un particulier demande à un conseil de préfecture l'autorisation de traduire une commune devant les tribunaux, à l'effet d'obtenir contre elle des dommages-intérêts, comme responsable des délits commis sur son territoire, le conseil de préfecture méconnaît ses attributions s'il refuse de prononcer ; et, s'il en réfère à l'autorité souveraine, il doit examiner, dans l'intérêt de la commune, s'il y a lieu de l'autoriser à défendre (14 juillet 1819 ; ord. J. C. 5, 170).

(4) Lorsqu'une commune a été déclarée responsable, les plus forts contribuables peuvent interjeter appel, en leur nom personnel, de cette décision (11 pluviôse an 10 ; S 2, 1, 220).

Les vingt plus forts contribuables qui ont été désignés pour avancer le montant des condamnations prononcées contre une commune, pour délits commis sur son territoire, peuvent exercer de leur chef l'action récursoire contre les auteurs et complices du délit (15 germinal an 13, Colmar ; S. 5, 2, 326).

Le créancier d'une commune ne peut pas réclamer contre elle l'application du mode de libération prescrit par la loi, lorsqu'elle n'a pas servi de base aux jugemens rendus contre la commune (20 juin 1821 ; ord. Mac. 1, 89).

(5) Voy. loi du 31 mai 1834, qui impose des centimes additionnels au principal des contributions directes de la ville de Metz, pour acquitter les dommages causés dans cette commune par une émeute.

les communes contribuables, avec un commissaire pour opérer le versement de la contribution.

12. Les frais du commissaire de département, et de séjour de la force armée, seront ajoutés au montant des contributions prononcées, et supportés par les communes contribuables.

13. Dans la décade du versement fait dans la caisse du département, l'administration fera remettre aux parties intéressées le montant du jugement portant fixation de dommages-intérêts.

14. Au moyen des dispositions des titres IV et V, la loi du 16 prairial, relative au pillage des grains et farines, demeure rapportée dans les dispositions qui seraient contraires à la présente loi.

15. Jusqu'à ce que les municipalités, les administrations municipales et les tribunaux civils de département soient organisés, les municipalités des communes, les officiers de police de sûreté et les tribunaux de district actuellement existans, sont chargés, sous leur responsabilité personnelle, de l'exécution de la présente loi, chacun d'eux dans les parties qui concernent les administrations municipales, les officiers de police et les tribunaux civils.

---

10 VENDÉMIAIRE an 4 (2 octobre 1795). — Décret sur l'organisation du ministère. (1, Bull. 195, n° 1153; B. 59, 80.)

Voy. lois du 27 AVRIL = 25 MAI 1791; du 12 GERMINAL an 2.

Art. 1er. Il y a six ministres, savoir : un ministre de la justice, un ministre de l'intérieur, un ministre des finances, un ministre de la guerre, un ministre de la marine, et un ministre des relations extérieures.

2. Les ministres ont, sous les ordres du Directoire exécutif, les attributions déterminées ci-après :

Attributions du Ministre de la justice.

3. L'impression et l'envoi des lois et des arrêtés, proclamations et instructions du Directoire exécutif aux autorités administratives et judiciaires.

Il correspond habituellement avec les tribunaux et avec les commissaires du Directoire près les tribunaux;

Il donne aux juges tous les avertissemens nécessaires, et veille à ce que la justice soit bien administrée, sans pouvoir connaître du fond des affaires.

Il soumet les questions qui lui sont proposées relativement à l'ordre judiciaire, et qui exigent une interprétation de la loi, au Directoire exécutif, qui les transmet au Conseil des Cinq-Cents.

Attributions du Ministre de l'intérieur.

4. La correspondance avec les autorités administratives et avec les commissaires du Directoire exécutif auprès desdites autorités;

Le maintien du régime constitutionnel et des lois touchant les assemblées communales, primaires et électorales;

L'exécution des lois relatives à la police générale, à la sûreté et à la tranquillité intérieure de la République;

La garde nationale sédentaire;

Le service de la gendarmerie;

Les prisons, maisons d'arrêt, de justice et de réclusion;

Les hôpitaux civils, les établissemens et ateliers de charité, la répression de la mendicité et du vagabondage, les secours civils, les établissemens destinés aux sourds-muets et aux aveugles;

La confection et l'entretien des routes, ponts, canaux et autres travaux publics;

Les mines, minières et carrières;

La navigation intérieure, le flottage, le halage;

L'agriculture, les desséchemens et défrichemens;

Le commerce;

L'industrie, les arts et inventions, les fabriques, les manufactures, les aciéries;

Les primes et encouragemens sur ces divers objets;

La surveillance, la conservation et la distribution du produit des contributions en nature;

L'instruction publique, les musées et autres collections nationales, les écoles, les fêtes nationales;

Les poids et mesures;

La formation des tableaux de population et d'économie politique, des produits territoriaux, des produits des pêches sur les côtes, des grandes pêches maritimes, et de la balance du commerce.

Attributions du Ministre des finances.

5. L'exécution des lois sur l'assiette, la répartition et le recouvrement des contributions directes, sur la perception des contributions indirectes, et sur la nomination des receveurs;

Sur la fabrication des monnaies, le départ du métal de cloche, sur les assignats;

L'administration des domaines nationaux et des forêts nationales;

Les postes aux lettres, les postes aux chevaux, les messageries, les douanes, les poudres et salpêtres, et tous les établissemens, baux, régies et entreprises qui rendent une somme quelconque au Trésor public.

Attributions du Ministre de la guerre.

6. La levée, la surveillance, la discipline et le mouvement des armées de terre;

L'artillerie, le génie, les fortifications, les places de guerre;

La gendarmerie nationale, pour l'avancement, la comptabilité, la tenue et la police militaire;

Le travail sur les grades, avancemens, récompenses et secours militaires;

Les fournitures, vivres et approvisionnemens pour les armées de terre;

Les hôpitaux militaires, les invalides.

Attributions du Ministre de la marine et des colonies.

7. La levée, la surveillance, la discipline et le mouvement des armées navales;

Les inscriptions maritimes, le travail sur les grades, les avancemens, les récompenses et les secours;

L'administration des ports, les arsenaux, les approvisionnemens, les magasins destinés au service de la marine;

Les travaux des ports de commerce;

La construction, la réparation, l'entretien et l'armement des vaisseaux, navires et bâtimens de mer;

Les hôpitaux de la marine;

Les grandes pêches maritimes, la police à l'égard des navires et des équipages qui y seront employés;

La correspondance avec les consuls, sur tout ce qui est relatif à l'administration de la marine;

L'exécution des lois sur le régime et l'administration de toutes les colonies dans les îles et sur le continent d'Amérique, à la côte d'Afrique, et au-delà du cap de Bonne-Espérance;

Les approvisionnemens, les contributions, la concession des terrains;

La force publique intérieure des colonies et établissemens français;

Les progrès de l'agriculture et du commerce;

La surveillance et la direction des établissemens et comptoirs français en Asie et en Afrique.

Attributions du Ministre des relations extérieures.

8. La correspondance avec les ambassadeurs, les ministres, résidens ou agens que le Directoire envoie ou entretient auprès des puissances étrangères;

Le maintien et l'exécution des traités;

Les consulats.

9. Les commissaires du pouvoir exécutif près les tribunaux et près les administrations correspondent avec les ministres.

10. Les ministres sont responsables:

1°. De tous délits par eux commis contre la sûreté générale et la constitution;

2°. De tout attentat à la liberté et à la propriété individuelle;

3°. De tout emploi de fonds publics sans un décret du Corps-Législatif et une décision du Directoire exécutif, et de toutes dissipations de deniers publics qu'ils auraient faites ou favorisées.

11. Les délits des ministres, les réparations et les peines qui pourront être prononcées contre les ministres coupables, sont déterminés dans le Code pénal.

12. Aucun ministre en fonctions ou hors de fonctions ne peut, pour fait de son administration, être traduit en justice, en matière criminelle, que sur la dénonciation du Directoire exécutif.

13. Tout ministre contre lequel il est intervenu un acte d'accusation sur une dénonciation du Directoire exécutif, peut être poursuivi en dommages et intérêts par les citoyens qui ont éprouvé une lésion résultant des faits qui ont donné lieu à l'acte d'accusation.

14. Les poursuites sont faites devant le tribunal criminel du département où siégeait le pouvoir exécutif lors du délit.

15. L'action en matière criminelle, ainsi que l'action accessoire en dommages-intérêts, pour faits d'administration d'un ministre hors de fonctions, est prescrite après trois ans à l'égard du ministre de la marine et des colonies, et après deux ans à l'égard des autres; le tout à compter du jour où l'on suppose que le délit a été commis.

16. Le traitement des ministres, par année, par chacun d'eux, est fixé à la moitié de celui des membres du Directoire exécutif;

Et celui du ministre des relations extérieures, aux trois quarts.

17. Les ministres sont logés et meublés aux frais de la République.

10 VENDÉMIAIRE an 4 (2 octobre 1795). — Décret qui fixe définitivement au 5 brumaire l'ouverture des séances du Corps-Législatif indiquée au 15 du même mois. (1 , Bull. 184 , n° 1127; B. 59, 85 ; Mon. du 15 vendémiaire an 4.)

10 VENDÉMIAIRE an 4 (2 octobre 1795). — Décret sur la formation d'une garde départementale près le Corps-Législatif. (1 , Bull. 190 , n° 1149; B. 59, 86.)

10 VENDÉMIAIRE an 4 (2 octobre 1795). — Décret qui envoie les représentans Perrin (des Vosges) dans le département du Doubs, et Girot-Pouzols dans les départemens de la Drôme et de Vaucluse, Pflieger pour l'établissement des dépôts de troupes à cheval des armées du Nord, etc. (B. 59, 79 , 80 à 85.)

10 VENDÉMIAIRE an 4 (2 octobre 1795). — Décret

relatif à la cérémonie funèbre qui sera célébrée le 3 octobre, en l'honneur des amis de la liberté immolés par la tyrannie décemvirale. (B. 59, 79.)

10 VENDÉMIAIRE an 4 (2 octobre 1795).—Décret qui accorde une pension à la citoyenne Vernot. (B. 59, 84.)

10 VENDÉMIAIRE an 4 (2 octobre 1795).—Décret de renvoi aux comités des secours publics et des domaines, relatif aux habitans des communes qui ont éprouvé des pertes par l'invasion de l'ennemi. (B. 59, 84.)

10 VENDÉMIAIRE an 4 (2 octobre 1795).—Décret portant que la maison dite du Val-de-Grâce servira d'hôpital militaire pour la légion de police. (B. 59, 85.)

10 VENDÉMIAIRE an 4 (2 octobre 1795).—Décret sur la proposition de rapporter la loi du 23 messidor an 2, concernant la vente des biens des hôpitaux, maisons de charité. (B. 59, 85.)

11 VENDÉMIAIRE an 4 (3 octobre 1795).—Décret relatif aux représentans du peuple qui ont péri victimes de la tyrannie décemvirale. (B. 59, 95.)

La Convention nationale décrète que la fête de ce jour est donnée en mémoire des quarante-sept représentans du peuple dénommés ci-dessous, et que leurs noms seront insérés au procès-verbal et au Bulletin.

Noms des membres de la Convention nationale qui ont péri dans les prisons, dans les forts, ou sur les échafauds, ou qui ont été réduits à se donner la mort pendant la tyrannie des décemvirs, et dont la Convention a honoré la mémoire le 11 vendémiaire an quatrième de la République :

1° Antoine-Joseph Gorsas, 2° Birottau, 3° Jean-Pierre Brissot, 4° Pierre-Victorin Vergniau, 5° Armand Gensonné, 6° Claude-Romain-Lause Duperret, 7° Jean-François-Martin Gardien, 8° Charles-Éléonore Dufriche-Valazé, 9° Jean-Louis Carra, 10° Jean Duprat, 11° Charles-Alexis Brulard-Sillery, 12° Claude Fauchet, 13° Jean-François Ducos, 14° Jean-Baptiste Boyer-Fonfrède, 15° Marc-David Lassource, 16° Benoît Lesterpe-Bauvais, 17° Gaspard Duchatel, 18° Pierre Mainvielle, 19° Jacques Lacase, 20° Pierre Le Hardy, député du Morbihan, 21° Jacques Boileau, 22° Charles-Louis Antiboul, 23° Louis-François-Sébastien Vigié, 24° Antoine-Pierre Coustard, 25° Pierre Manuel, 26° Gabriel Cussy, 27° N.... Lidon, 28° N.... Chambon, 29° Isarn-Jacques-Godefroy-Charles-Sébastien-Jean-Joseph Valadi, 30° Guy-Simon Kersaint, 31° Jean-Paul Rabaut-Saint-Étienne, 32° Jean-Baptiste Noël, 33° Jean-Antoine Grangeneuve, 34°.

N... Dechezeau, 35° Marc-Antoine Bernard, 36° Claude-Louis Mazuyes, 37° N.... Rébecqui, 38° N.... Condorcet, 39° N.... Guadet, 40° N.... Salles, 41° N.... Barbaroux, 42° Jérôme Pétion, 43° Léonard Buzot, 44° Nicolas Perrin, mort dans les fers; 45° N.... Doublet, mort en prison; 46° B. Camille Desmoulins, 47° Philippeaux.

11 VENDÉMIAIRE an 4 (3 octobre 1795).—Décret relatif aux assemblées primaires de Paris, et à l'assemblée électorale du département de la Seine. (B. 59, 93.)

11 VENDÉMIAIRE an 4 (3 octobre 1795).—Décret relatif à l'exécution du décret sur la clôture des assemblées primaires et à l'ouverture des assemblées électorales. (B. 59, 96.)

11 VENDÉMIAIRE an 4 (3 octobre 1795).—Décret portant que les comités de salut public et de sûreté générale rendront compte, séance tenante, de l'exécution du décret de ce jour, relatif aux assemblées primaires et électorales. (B. 59, 95.)

11 VENDÉMIAIRE an 4 (3 octobre 1795).—Décret par lequel le citoyen Tortel est nommé capitaine des grenadiers de la Représentation nationale. (B. 59, 96.)

12 VENDÉMIAIRE an 4 (4 octobre 1795).—Décret qui détermine un mode pour l'envoi de la publication des lois. (1, Bull. 192, n° 1154; B. 59, 98.)

Voy. lois du 2 à 5 NOVEMBRE 1790 ; du 14 FRIMAIRE an 2 ; du 15 NIVOSE an 4 ; arrêté du 12 PRAIRIAL an 4 ; lois du 11 MESSIDOR an 4 ; du 24 BRUMAIRE an 7.

Art. 1er. Aussitôt qu'une loi ou un acte du Corps-Législatif sera revêtu des formes de publication prescrites par la Constitution, le ministre de la justice, par ordre du Directoire exécutif, le fera imprimer et publier, sans retard, dans un bulletin officiel, à moins que l'envoi manuscrit n'en soit ordonné par le Corps-Législatif ; et, dans ce dernier cas, le bulletin contiendra l'intitulé de la loi.

Ce bulletin sera intitulé *Bulletin des lois,* et contiendra les lois et les actes du Corps-Législatif, ainsi que les proclamations et les arrêtés du Directoire exécutif, pour assurer l'exécution des lois : aucun autre écrit n'y sera inséré.

2. Toute résolution du Conseil des Cinq-Cents, et même tout projet de résolution dont ce Conseil aura ordonné l'impression et l'ajournement, seront insérés dans un feuilleton qui accompagnera le Bulletin des lois.

Le feuilleton sera intitulé *Feuilleton des résolutions et des projets de résolution.* On

20.

y lira en tête de chaque première page cet avertissement : *Les dispositions suivantes ne sont pas des lois ; elles n'obligent pas les citoyens.*

Les rapports et les opinions dont l'impression et l'envoi seraient ordonnés par une loi seront insérés au Feuilleton.

3. Chaque numéro, tant du Bulletin que du Feuilleton, sera empreint de signes extérieurs d'authenticité, fixés par délibération du Directoire exécutif.

4. Immédiatement après l'impression, le Bulletin et le Feuilleton seront adressés, par le ministre de la justice, aux présidens des administrations départementales et municipales, au président du bureau central dans les municipalités au-dessus de cent mille ames, au président du tribunal de cassation, aux présidens des tribunaux civils, correctionnels et de commerce, aux présidens et accusateurs publics des tribunaux criminels, aux juges-de-paix, aux ambassadeurs, aux envoyés et aux consuls de la République.

5. Le ministre de la justice les fera passer en même temps aux autres ministres, à ses commissaires près les tribunaux, à leurs substituts, à ses commissaires près les administrations départementales et municipales.

6. Il les fera parvenir également, sans délai, aux commissaires-ordonnateurs et ordinaires des guerres, aux chefs d'état-major et d'administration maritime : il les adressera aussi à chacun des membres du Corps-Législatif.

7. De trois mois en trois mois, un cahier des lois rendues pendant le dernier trimestre, ainsi qu'un exemplaire de chacun des recueils de lois par ordre de matières, lorsqu'il en sera formé, sera envoyé à chaque tribunal, dans la personne du greffier; à chaque corps administratif, dans celle du secrétaire; à chaque secrétariat d'ambassadeur de la République, dans la personne du secrétaire d'ambassade; à chaque consul, dans la personne du chancelier; à chaque bibliothèque nationale, dans la personne du principal bibliothécaire. Lesdits exemplaires y resteront déposés à perpétuité pour l'utilité publique.

Ces cahiers et recueils seront empreints des mêmes caractères d'authenticité que le Bulletin des lois.

8. Tout citoyen auquel le Bulletin et le Feuilleton ne devront pas être envoyés gra-

tuitement pourra s'en procurer des exemplaires par voie d'abonnement et de souscription.

9. L'abonnement sera fixé par le ministre de la justice, sous la surveillance du Directoire exécutif, à un prix modéré, de manière qu'il couvre seulement les frais de papier, d'impression, de distribution et de transport et de souscription.

10. Dans le principal bureau de la poste aux lettres de chaque commune de cinq mille habitans et au-dessus, un des commis sera chargé de recevoir les abonnemens, et de fournir, à un prix également modéré, les numéros séparés du Bulletin officiel, et les cahiers séparés de chaque trimestre. Le Directoire fera donner les ordres nécessaires, à cet effet, aux administrateurs des postes.

11. En conséquence de la présente loi, il ne sera plus fait de publication de lois par lecture publique, par réimpression ni affiche, ni à son de trompe ou de tambour, en aucun département, aux frais de la République, si ce n'est lorsque ces formalités seront expressément ordonnées par un article de la loi.

Pourront néanmoins le Directoire exécutif et chaque administration départementale ou municipale, ou de bureau central dans les municipalités au-dessus de cent mille habitans, par délibération spéciale, ordonner, soit pour des lois anciennes ou récentes, soit même pour des réglemens, telles de ces formalités particulières qu'ils jugeront convenables (1).

12. Néanmoins les lois et actes du Corps-Législatif obligeront, dans l'étendue de chaque département, du jour auquel le bulletin officiel où ils seront contenus sera distribué au chef-lieu du département.

Ce jour sera constaté par un registre où les administrateurs de chaque département certifieront l'arrivée de chaque numéro (2).

12 VENDÉMIAIRE an 4 (4 octobre 1795). — Décrets qui accordent des pensions à divers. (B. 59, 97 et 98.)

12 VENDÉMIAIRE an 4 (4 octobre 1795). — Décret ordonnant l'impression et la distribution des écrits du représentant Rabaut Saint-Etienne. (B. 59, 100.)

12 VENDÉMIAIRE an 4 (4 octobre 1795). — Décret

---

(1) Les lois abolitives des substitutions, ayant été publiées et enregistrées en l'an 2, par les tribunaux, soit civils, soit criminels, dans le département des Alpes-Maritimes, y sont obligatoires depuis la publication de la loi du 12 vendémiaire an 4; l'art. 2 de la loi du 24 brumaire an 7 couvre ce qui pourrait être défectueux dans cette pu-

blication (5 juin 1811; Cass. S. 11, 1, 273.)

(2) Sous l'empire de cette loi, les tribunaux ne pouvaient appliquer une loi transcrite sur leurs registres, mais non arrivée, distribuée et transcrite sur les registres du département (7 août 1807; Cass. S, 8, 1, 282.)

qui ordonne l'impression du rapport sur l'organisation des secours publics, et le renvoi aux comités des secours publics et des finances pour faire un nouveau rapport. (B. 59, 101.)

12 VENDÉMIAIRE an 4 (4 octobre 1795). — Décret relatif aux factieux de la section Lepelletier. (B. 59, 101.)

12 VENDÉMIAIRE an 4 (4 octobre 1795). — Décret relatif à la situation de Paris. (B. 59, 101.)

13 VENDÉMIAIRE an 4 (5 octobre 1795). — Décret relatif à la condition de domicile depuis un an, nécessaire pour être nommé électeur. (1, Bull. 187, n° 1139; B. 59, 106.)

La Convention nationale, sur ce qui a été exposé par l'un de ses membres, que des particuliers se sont rendus dans des communes où ils ont des propriétés, quelques jours avant l'ouverture des assemblées primaires; qu'ils se sont introduits dans ces assemblées sous le prétexte d'accepter la Constitution, et sont parvenus à s'y faire nommer électeurs : il a demandé que ces nominations fussent déclarées nulles;

Passe à l'ordre du jour sur cette proposition, motivé sur ce que les lois anciennes, confirmées par la Constitution, portent que les électeurs seront pris parmi les citoyens du canton où ils sont domiciliés depuis un an.

13 VENDÉMIAIRE an 4 (5 octobre 1795). — Décret qui nomme le représentant Barras général en chef de la force armée de Paris et de l'armée de l'intérieur. (B. 59, 103.)

13 VENDÉMIAIRE an 4 (5 octobre 1795). — Décret qui envoie le représentant Charles de Lacroix dans le département de Seine-et-Oise. (B. 59, 103.)

13 VENDÉMIAIRE an 4 (5 octobre 1795). — Proclamation de la Convention au peuple français sur les événemens de ce jour. (B. 59, 104.)

13 VENDÉMIAIRE an 4 (5 octobre 1795). — Décret qui charge les comités de salut public et de sûreté générale de présenter un projet d'adresse au peuple français. (B. 59, 108.)

13 VENDÉMIAIRE an 4 (5 octobre 1795). — Décret qui accorde des pensions. (B. 59, 103.)

13 VENDÉMIAIRE an 4 (5 octobre 1795). — Proclamation et décret. (B. 59, 104 à 106.)

13 VENDÉMIAIRE an 4 (5 octobre 1795). — Décret qui accorde un secours. (B. 59, 107.)

13 VENDÉMIAIRE an 4 (5 octobre 1795). — Décret relatif au citoyen Noël Huard. (B. 59, 107.)

13 VENDÉMIAIRE an 4 (5 octobre 1795). — Décret relatif au citoyen Favier. (B. 59, 108.)

13 VENDÉMIAIRE an 4 (5 octobre 1795). — Décret relatif à des procès intentés contre le citoyen Gauthereau et le citoyen Monteix. (B. 59, 108.)

14 VENDÉMIAIRE an 4 (6 octobre 1795). — Décret portant que ceux des habitans de Paris qui ont des moyens de fortune suffisans pour se procurer du pain et de la viande, etc., ne recevront plus la ration que le Gouvernement leur faisait délivrer. (B. 59, 122.)

14 VENDÉMIAIRE an 4 (6 octobre 1795). — Décret qui ordonne l'arrestation des courriers et émissaires envoyés dans les départemens par les assemblées primaires ou assemblées des sections de Paris. (1, Bull. 187, n° 1140; B. 59, 109.)

14 VENDÉMIAIRE an 4 (6 octobre 1795). — Décret portant que les républicains qui ont vaincu les rebelles royalistes n'ont cessé de bien mériter de la patrie. (1, Bull. 188, n° 1141; B. 59, 120.)

14 VENDÉMIAIRE an 4 (6 octobre 1795). — Décret qui ordonne l'arrestation provisoire des citoyens sortis de leurs communes avec des passeports ou commission des assemblées primaires. (1, Bull. 188, n° 1143; B. 59, 123.)

14 VENDÉMIAIRE an 4 (6 octobre 1795). — Décret qui autorise le comité de sûreté générale à envoyer des représentans du peuple où il jugera à propos. (B. 59, 109.)

14 VENDÉMIAIRE an 4 (6 octobre 1795). — Décret de renvoi de la commission des Onze, relatif à un arrêté du directoire du département de la Dordogne. (B. 59, 109.)

14 VENDÉMIAIRE an 4 (6 octobre 1795). — Décret fait au nom des comités de salut public et de sûreté générale, sur les événemens des 11, 12, 13 et 14 vendémiaire de l'an 4. (B. 59, 110.)

14 VENDÉMIAIRE an 4 (6 octobre 1795). — Proclamation aux citoyens de la commune de Paris. (B. 59, 121.)

14 VENDÉMIAIRE an 4 (6 octobre 1795). — Décret sur la question s'il ne conviendrait pas d'annuler les procédures criminelles qui s'instruisent dans les tribunaux de la République, pour des faits qui ne sont pas qualifiés délits par le Code pénal. (B. 59, 122.)

14 VENDÉMIAIRE an 4 (6 octobre 1795). — Décret

sur la proposition de décréter qu'à l'avenir aucune personne traduite à un tribunal, pour des
faits dont elle aura été acquittée, ne pourra plus
rester en détention pour les mêmes faits. (B.
59, 123.)

14 VENDÉMIAIRE an 4 (6 octobre 1795). — Décret
portant que les troupes et les citoyens qui ont
repoussé les rebelles dans la journée du 13 vendémiaire, ont bien mérité de la patrie. (1, Bull.
188, n° 1144; B. 59, 122.)

14 VENDÉMIAIRE an 4 (6 octobre 1795).—Décret
qui sursèoit à toute mise en liberté des individus qui ont été arrêtés dans les journées des
12, 13 et 14 de ce mois, ou qui pourront l'être
comme soupçonnés d'avoir eu part dans la conspiration qui a éclaté le 13. (B. 59, 123.)

15 VENDÉMIAIRE an 4 (7 octobre 1795).—Décret
relatif à l'avancement des officiers d'artillerie et
du génie. (1, Bull. 90, n° 1150; B. 59, 127.)

Art. 1er. Les officiers des armes du génie
et de l'artillerie qui ont précédemment obtenu ou qui obtiendront à l'avenir des grades supérieurs ou récompenses de leurs services dans les armées, pourront en jouir
dans leurs armes respectives, ainsi que du
traitement qui y est affecté.

2. Ils ne pourront néanmoins se prévaloir de ces grades pour passer aux emplois
supérieurs dans leur arme, lesquels continueront de n'être déférés que conformément au mode d'avancement prescrit par
la loi.

3. Sont exceptés des présentes dispositions ceux desdits officiers qui auraient
précédemment opté pour entrer dans la
ligne.

4. Le comité de salut public est chargé
de pourvoir, en vertu du présent décret,
à l'avancement des officiers d'artillerie et
du génie qui se seront signalés par leurs
services.

15 VENDÉMIAIRE an 4 (7 octobre 1795). — Décret
qui prononce des peines contre les auteurs ou
principaux instigateurs de la conspiration et rebellion des 12, 13 et 14 vendémiaire, et ordonne la formation de trois conseils militaires
pour les juger. (1, Bull. 188, n° 1145; B. 59,
128.)

15 VENDÉMIAIRE an 4 (7 octobre 1795).—Décret
qui rapporte ceux des 17 septembre 1793, 5
ventose et 21 germinal an 3, relatifs aux personnes suspectes et au désarmement. (1, Bull.
189, n° 1146; B. 59, 126.)

15 VENDÉMIAIRE an 4 (6 octobre 1795).—Décret
qui prononce des peines contre les électeurs
qui se conformeraient à des mandats contraires
aux lois des 5 et 13 fructidor. (1, Bull. 189,
n° 1, 147; B. 59, 124.)

15 VENDÉMIAIRE an 4 (7 octobre 1795).—Décret
qui adjoint le représentant Maret au comité de
salut public. (B. 59, 128.)

15 VENDÉMIAIRE an 4 (7 octobre 1795).—Décret
portant que les grenadiers de la Représentation
nationale, les troupes du camp sous Paris, etc.,
ont bien mérité de la patrie. (B. 59, 124.)

15 VENDÉMIAIRE an 4 (7 octobre 1795). — Décret
de renvoi aux comités de gouvernement, relatif
aux assassinats commis dans plusieurs départemens du Midi. (B. 59, 124.)

15 VENDÉMIAIRE an 4 (7 octobre 1795).—Décret
de renvoi aux comités de législation et des finances, section des domaines, pour prononcer
à l'avenir sur la validité des ventes des biens
nationaux. (B. 59, 126.)

15 VENDÉMIAIRE an 4 (7 octobre 1795).—Décret
qui accorde la somme de six cents livres au citoyen Lemoine. (B. 59, 127.)

15 VENDÉMIAIRE an 4 (7 octobre 1795).—Décret
relatif aux pouvoirs du représentant Girot-
Pouzol. (B. 59, 128.)

15 VENDÉMIAIRE an 4 (7 octobre 1795).—Décret
qui autorise le comité de sûreté générale à mettre en liberté des individus mis en état d'arrestation à raison des attentats des 12, 13 et 14
vendémiaire. (B. 59, 130.)

15 VENDÉMIAIRE an 4 (7 octobre 1795).—Décret
portant que les maires et procureurs des communes de Belleville, Saint-Germain-en-Laye,
Choisy-sur-Seine et Vincennes, se rendront
sans délai à la barre de la Convention. (B. 59,
130.)

15 VENDÉMIAIRE an 4 (7 octobre 1795).—Décret
qui défend aux électeurs de se conformer aux
mandats qui auraient pu leur être donnés par
leurs assemblées primaires, et qui se trouveraient contraires aux dispositions des lois des
5 et 13 fructidor dernier. (B. 5, 131.)

16 VENDÉMIAIRE an 4 (8 octobre 1795).—Décret
qui annule les jugemens ou arrêtés ayant pour
objet d'infirmer quelques opérations des assemblées primaires. (1, Bull. 190, n° 1151; B. 59,
135.)

La Convention nationale, après avoir ouï
le rapport de sa commission des Onze,

Déclare nuls tous jugemens rendus par
des tribunaux, et tous arrêtés pris par des
corps administratifs, ayant pour objet
d'infirmer quelques opérations des assemblées primaires, et notamment la nomination des électeurs;

Décrète, en conséquence, que nul citoyen ne pourra être, nonobstant lesdits arrêtés, privé des droits qui lui étaient acquis par l'effet de sa nomination, sauf l'exécution de la loi du 10 de ce mois.

16 VENDÉMIAIRE an 4 (8 octobre 1795).—Décret relatif aux citoyens employés dans les bureaux de la Convention nationale, et dans ceux des commissions et administrations établies à Paris, qui auront quitté leur poste dans les journées des 12, 13 et 14 de ce mois. (B. 59, 133.)

16 VENDÉMIAIRE an 4 (8 octobre 1795).—Décret de renvoi aux comités de gouvernement, relatif aux opulens partisans de la royauté et aux agioteurs. (B. 59, 134.)

16 VENDÉMIAIRE an 4 (8 octobre 1795). — Décret portant que les comités de salut public et militaire feront un prompt rapport sur la révision du travail qui avait été fait sur la nomination des officiers - généraux et commissaires des guerres. (B. 59, 135.)

16 VENDÉMIAIRE an 4 (8 octobre 1795).—Décret relatif aux représentans du peuple actuellement en état d'arrestation. (B. 59, 135.)

16 VENDÉMIAIRE an 4 (8 octobre 1795).—Décret relatif à la prolongation des pouvoirs des représentans Niou et Rouyer. (B. 59, 136.)

16 VENDÉMIAIRE an 4 (8 octobre 1795).—Décret portant que le comité de salut public fera un rapport sur la proposition de placer de préférence le lieu des séances des deux Conseils législatifs et du Conseil exécutif dans le palais des Tuileries, au Garde-Meuble. (B. 59, 136.)

16 VENDÉMIAIRE an 4 (8 octobre 1795).—Décret qui supprime l'état-major de la garde nationale parisienne. (B. 59, 132.) Voy. arrêté du 2 GERMINAL an 4.

16 VENDÉMIAIRE an 4 (8 octobre 1795).—Décret qui autorise les comités de salut public et des finances à traiter de gré à gré avec les débiteurs de l'ancien gouvernement. (B. 59, 136.)

17 VENDÉMIAIRE an 4 (9 octobre 1795).—Décret portant que tout militaire qui remplit à l'armée la place d'un officier ou sous-officier prisonnier de guerre, en recevra le traitement. (1, Bull. 92, n° 1156; B. 59, 137.)

Art. 1er. Tout militaire qui remplit à l'armée la place d'un officier ou sous-officier prisonnier de guerre, en recevra le traitement jusqu'au moment où celui-ci sera rendu à son corps, sans cependant qu'il puisse exiger la gratification de campagne.

2. Les officiers et sous-officiers prisonniers de guerre échangés reprendront leur rang dans leurs bataillons ou compagnies : ceux qui les avaient provisoirement remplacés reprendront alors leurs anciens grades ; mais ils seront nommés, de préférence à tous autres, aux premières places qui viendront à vaquer dans l'armée.

3. Le comité de salut public est chargé de pourvoir sur-le-champ au remplacement de ceux de ces militaires qui, ayant été nommés aux grades qu'occupaient les prisonniers de guerre, et n'ayant pas cessé d'en remplir les fonctions jusqu'à leur retour, se seront le plus distingués.

4. Il est dérogé à toutes dispositions contraires à la présente loi.

17 VENDÉMIAIRE an 4 (9 octobre 1795).—Décret qui fixe invariablement au 5 brumaire prochain la réunion du Corps-Législatif. (1, Bull. 192, n° 1155; B. 59, 139.)

17 VENDÉMIAIRE an 4 (9 octobre 1795).—Décret portant que les maire et procureur de la commune de Choisy seront mis provisoirement en état d'arrestation. (B. 59, 136.)

17 VENDÉMIAIRE an 4 (9 octobre 1795).—Décret sur une demande en rapport du décret d'arrestation porté contre Jean-Baptiste Lacoste. (B. 59, 137.)

17 VENDÉMIAIRE an 4 (9 octobre 1795).—Décret relatif aux membres de la Convention nationale exclus de son sein et déclarés inéligibles à la législature. (B. 59, 138.)

17 VENDÉMIAIRE an 4 (9 octobre 1795).—Décret qui autorise le comité de sûreté générale à statuer sur le sort des citoyens détenus, et contre lesquels il n'existe point de pièces ou délits caractérisés. (B. 59, 138.)

17 VENDÉMIAIRE an 4 (9 octobre 1795).—Décret portant que les assemblées des sections, précédemment autorisées pour les jours de décadi, n'auront plus lieu à l'avenir. (B. 59, 138.)

17 VENDÉMIAIRE an 4 (9 octobre 1795).—Décret de mention honorable et de renvoi au comité de salut public, relatif au citoyen Rambourg et autres. (B. 59, 140.)

17 VENDÉMIAIRE an 4 (9 octobre 1795).—Décret relatif à l'hôpital militaire établi au Gros-Caillou. (B. 59, 139.)

17 VENDÉMIAIRE an 4 (9 octobre 1795).—Décret par lequel le représentant du peuple Lahaye est censuré. (B. 59, 140.)

17 VENDÉMIAIRE an 4 (9 octobre 1795).—Décret qui casse et annule les mandats d'amener et d'arrêt lancés par le directeur du jury du tribunal du district d'Auxerre contre plusieurs citoyens domiciliés à Auxerre. (B. 59 , 140.)

17 VENDÉMIAIRE an 4 (9 octobre 1795).—Décret qui rectifie celui du 15 vendémiaire, relatif à la mise en liberté des individus mis en état d'arrestation à raison des attentats des 12 , 13 et 14 dudit mois. (B. 59, 138.)

17 VENDÉMIAIRE an 4 (9 octobre 1795).—Décret d'ordre du jour sur la mise en liberté des représentans eu arrestation. (B. 59, 139.)

18 VENDÉMIAIRE an 4 (10 octobre 1795).—Décret qui rapporte celui du 5 fructidor , relatif aux comptes des fermiers de l'affinage. (1 , Bull. 195, n° 1163 ; B. 59, 146.)

La Convention nationale, après avoir entendu le rapport de son comité des finances, section de l'examen des comptes, rapporte le décret du 5 fructidor dernier, rendu au sujet des comptes des fermiers de l'affinage, et approuve les arrêtés du comité des finances des 4 floréal et 14 prairial.

18 VENDÉMIAIRE an 4 (10 octobre 1795). — Décret d'ordre du jour relatif à la publication de la liste des émigrés pris à Quiberon. (B. 59 , 143.)

18 VENDÉMIAIRE an 4 (10 octobre 1795). — Décret qui envoie le représentant Fréron dans le département des Bouches-du-Rhône. (B. 59 , 143.)

18 VENDÉMIAIRE an 4 (10 octobre 1795).—Décrets qui autorisent les communes de Niort, de de Milhau et de Toulouse à faire des emprunts. (B. 59, 144, 145 et 146.)

18 VENDÉMIAIRE an 4 (10 octobre 1795).—Décret qui confirme la nomination du général Buonaparte au commandement en second de l'armée de l'intérieur. (B. 59, 147.)

18 VENDÉMIAIRE an 4 (10 octobre 1795).—Décret qui confirme un arrêté pris le 30 brumaire dernier par les comités de salut public et des finances , qui a prolongé en faveur du citoyen Gretré le bail des forges de Clavières. (B. 59, 141.)

18 VENDÉMIAIRE an 4 (10 octobre 1795).—Décret qui met en liberté le maire et le procureur de la commune de Choisy-sur-Seine. (B. 59, 152.)

18 VENDÉMIAIRE an 4 (10 octobre 1795).—Décret qui accorde la somme de trois cents livres à la citoyenne Levasseur. (B. 59, 143.)

18 VENDÉMIAIRE an 4 (10 octobre 1795).—Décret relatif à un incendie qui a eu lieu à Maubeuge. (B. 59, 144.)

18 VENDÉMIAIRE an 4 (10 octobre 1795).—Décret qui accorde douze cents livres à titre de secours. (B. 59, 147.)

19 VENDÉMIAIRE an 4 (11 octobre 1795).—Décret sur la division du territoire de la France, le placement et l'organisation des autorités administratives et judiciaires. (1, Bull. 194, n° 1160; B. 59, 150.)

Voy. lois du 23 = 28 AOUT 1790; du 28 PLUVIOSE an 8.

TITRE Ier. Division du territoire de la France, par rapport à l'exercice des droits politiques, à l'administration , à la police et à la justice; et placement des autorités.

Art. 1er. Les administrations départementales distribueront en assemblées primaires, conformément à l'article 19 de la Constitution, et aux articles 2, 3 et 4, titre 1er de la loi du 25 fructidor dernier, les citoyens ayant droit de voter.

Cette répartition se fera d'après les bases de la population habituelle et moyenne depuis les trois dernières années, et sera renouvelée tous les trois ans avant le 1er ventose.

Les administrations départementales achèveront la première répartition avant le 1er nivose prochain.

Elles donneront un nom à chaque assemblée primaire, qui ne pourra le changer, et lui désigneront un local pour tenir ses séances.

Une expédition de chaque procès-verbal de division sera envoyée aux archives nationales.

2. Le territoire de la ci-devant commune de Paris , circonscrit dans les limites désignées par les lois des 21 mai = 27 juin et 19 = 23 octobre 1790, formera un canton.

3. Conformément à l'article 183 de la Constitution, il y aura dans le canton de Paris douze municipalités.

Les cantons de Bordeaux, de Lyon et de Marseille, auront chacun trois municipalités.

Chacun des cantons de Bordeaux, Lyon, Marseille et Paris , aura un bureau central.

4. Les douze municipalités du canton de Paris seront distinguées par ordre numérique, et formées ainsi qu'il suit; elles comprendront les ci-devant sections ci-après désignées, savoir:

La première, celles des Tuileries, des Champs-Elysées, de la place Vendôme et du Roule;

La seconde, celles de Lepelletier, du Mont-Blanc, de la Butte-des-Moulins et du Faubourg-Montmartre;

La troisième, celles du Contrat-Social, de Brutus, du Mail et Poissonnière ;

La quatrième, celles des Gardes-Françaises, des Marchés, du Muséum et de la Halle-au-Blé ;

La cinquième, celles de Bonne-Nouvelle, de Bon-Conseil, du Faubourg-du-Nord et de Bondi ;

La sixième, celles des Lombards, des Gravilliers, du Temple et des Amis-de-la-Patrie ;

La septième, celles de la Réunion, de l'Homme-Armé, des Droits-de-l'Homme et des Arcis ;

La huitième, celles des Quinze-Vingts, de l'Indivisibilité, de Popincourt et de Montreuil ;

La neuvième, celles de la Fraternité, de la Fidélité, de l'Arsenal et de la Cité ;

La dixième, celles de l'Unité, de la Fontaine-Grenelle, de l'Ouest et des Invalides ;

La onzième, celles des Thermes, de Mutius-Scévola, du Théâtre-Français et du Pont-Neuf ;

La douzième, celles du Jardin-des-Plantes, de l'Observatoire, du Finistère et du Panthéon.

Les ci-devant sections de Bordeaux, de Lyon et de Marseille, seront distribuées par l'administration départementale, et sans aucun changement dans leur circonscription, en trois municipalités, appelées première, seconde et troisième.

5. Les administrations départementales seront placées dans les lieux indiqués par le tableau joint à la présente loi.

6. Les arrondissemens désignés jusqu'à présent par la loi, pour l'exercice de la justice de paix, sont maintenus dans toute l'étendue de la France.

7. Les tribunaux de commerce de terre et de mer, actuellement existans, sont conservés avec l'étendue territoriale de juridiction qui leur a été assignée par les lois précédentes.

Pour le département de la Drôme, il y aura un tribunal de commerce, qui est fixé à Romans.

Le tribunal civil fera les fonctions de tribunal de commerce pour tout le territoire de chaque département non assigné à un tribunal de commerce, conformément aux articles 13 et 14 du titre XII de la loi du 16 = 24 août 1790.

8. Il y aura en France le nombre de tribunaux correctionnels et de jurys d'accusation déterminé par le tableau joint à la présente loi. Leur placement et l'étendue territoriale de leur juridiction seront réglés ainsi qu'il est expliqué dans ce même tableau.

L'organisation des deuxième et troisième tribunaux correctionnels du département du Mont-Terrible est suspendue jusqu'à nouvelle circonscription de ce département.

Le tribunal civil et le tribunal criminel de chaque département seront placés dans les lieux indiqués par le tableau joint à la présente loi.

TITRE II. Organisation administrative et de police.

9. La police et les subsistances sont déclarées objets indivisibles d'administration, dans les cantons de Bordeaux, Paris, Lyon et Marseille : en conséquence, ils seront administrés par le bureau central de chacun de ces cantons, conformément à l'art. 184 de la Constitution, en la manière prescrite par les articles 10, 11 et 12 de la loi du 21 fructidor de l'an 3.

10. Il y aura des commissaires de police dans les communes au-dessus de cinq mille habitans : les communes au-dessous de dix mille habitans n'auront qu'un commissaire de police ; dans les communes au-dessus de dix mille habitans, il en sera établi un par section.

Les commissaires de police pourront exercer leurs fonctions dans toute l'étendue de la commune ou de la municipalité d'arrondissement à laquelle ils seront attachés.

Les comités civils et les officiers de paix sont supprimés.

Il n'est rien innové en ce qui concerne les gardes forestiers et gardes champêtres.

11. Dans les cantons de Bordeaux, Lyon, Marseille et Paris, les commissaires de police seront nommés et révocables par le bureau central ; il les nommera sur une liste triple des places à remplir, présentée par la municipalité d'arrondissement où ils devront exercer leurs fonctions.

Dans les autres municipalités au-dessus de cinq mille habitans, la nomination et la révocation des commissaires de police appartiendront à l'administration municipale.

12. Dans les communes au-dessous de cinq mille habitans, l'agent municipal, ou son adjoint remplira les fonctions d'officier de l'état civil. Dans les autres communes, chaque municipalité nommera l'un de ses membres pour exercer lesdites fonctions.

13. Les secrétaires en chef des administrations départementales, municipales et de bureau central, seront nommés et destituables par les membres desdites administrations.

Le nombre des employés sera fixé par lesdites administrations, de l'agrément des autorités supérieures. Le secrétaire en chef nommera et pourra révoquer les employés.

TITRE III. Organisation judiciaire (1).

14. Il n'est rien innové aux lois précédentes sur le nombre des assesseurs des juges de-paix, sur leur placement et le mode de leur nomination.

15. Les tribunaux de commerce de terre et de mer seront organisés conformément aux articles 7 et 8, titre XII de la loi du 27 août 1790.

Les juges qui doivent les composer seront nommés suivant le mode prescrit par ladite loi.

A Bordeaux, Lyon, Marseille et Paris, les juges du tribunal de commerce seront nommés selon le mode prescrit pour Paris par la loi du 4 février 1791, en tout ce qui n'est point contraire à la Constitution.

Les fonctions que la loi attribue à la municipalité et au procureur de la commune, seront remplies par le département et le commissaire du Directoire exécutif près du département.

16. A Paris, le tribunal correctionnel sera divisé en deux sections. A cet effet, il y aura un vice-président, un commissaire du pouvoir exécutif, et un substitut de ce commissaire.

Le service du tribunal correctionnel sera fait par les juges-de-paix alternativement, pendant une décade. Le président et le vice-président les appelleront tour-à-tour, sans pouvoir intervertir l'ordre du tableau, à moins que les juges-de-paix en tour ne soient légitimement empêchés.

17. Le tribunal de jury d'accusation établi à Paris sera composé du président et du vice-président du tribunal correctionnel, de six directeurs de jury pris dans le tribunal civil, et d'un commissaire du Directoire exécutif.

18. Les administrations départementales formeront, à l'avenir, les listes des jurés d'accusation et des jurés de jugement, en la manière que les formaient précédemment les ci-devant procureurs-généraux de département, suivant la loi du 29 septembre 1791.

19. Les tribunaux civils seront composés de vingt juges. Néanmoins, dans les départemens où il y aura plus de trois tribunaux correctionnels, il sera ajouté au nombre de vingt-un juges pour chacun desdits tribunaux au-dessus du nombre de trois. Le tribunal civil du département de la Seine sera composé de quarante-huit juges.

20. Chaque tribunal civil se partagera en autant de sections qu'il jugera convenable, en se conformant à l'article 220 de la Constitution.

Tous les quatre mois, et à tour de rôle, deux juges d'une section en sortiront pour passer dans une autre, et réciproquement pour toutes les sections.

21. Les juges du tribunal civil feront le service aux tribunaux criminels, au jury d'accusation, et celui de président ou de vice-président du tribunal correctionnel, par tour, suivant l'ordre du tableau.

22. En cas d'empêchement légitime des juges du tribunal criminel, ou des présidens des tribunaux correctionnels, ils seront remplacés par celui des juges du tribunal civil qui les suit immédiatement dans l'ordre du tableau.

23. En cas d'empêchement des commissaires du Directoire exécutif auprès des tribunaux, ils seront suppléés par l'un des juges, nommé par le président de la section où le commissaire devait faire le service.

24. Le greffier de chaque tribunal de paix, de commerce et correctionnel, et de chaque tribunal civil, sera nommé révocable par le tribunal pour lequel il aura été institué.

A Paris, le président et vice-président du tribunal correctionnel, les juges-de-paix et les directeurs de jury d'accusation, concourront à la nomination et à la révocation du greffier du tribunal correctionnel.

25. Les greffiers des tribunaux correctionnels tiendront respectivement les greffes des jurys d'accusation de leurs arrondissemens.

26. Tout greffier d'un autre tribunal que de celui de paix présentera aux juges, pour le faire instituer, un commis-greffier : dans les tribunaux divisés en plusieurs sections, il en présentera un pour chacune desdites sections.

27. Il y aura, auprès de chaque tribunal non divisé en sections, et de chaque section de tribunal, deux huissiers nommés et révocables par le tribunal ; ils feront concurremment tous exploits de justice dans tout le département, hormis pour les justices de paix et bureaux de conciliation : ceux des huissiers des tribunaux actuels qui ne seront pas du nombre des précédens continueront provisoirement d'instrumenter en concurrence avec eux dans les départemens, et seront révocables comme eux. Il n'y aura qu'un seul huissier pour chaque justice de paix, lequel ne pourra instrumenter que dans le ressort de sa justice (2).

_____

(1) La loi du 3 brumaire an 2 et celle du 19 vendémiaire an 4 n'ont pas abrogé l'ordonnance de 1563, relative à la péremption (23 nivose an 8 ; Cass. S. 1, 2, 221).

(2) Les huissiers des juges-de-paix qui ne sont pas huissiers ordinaires peuvent, malgré cette circonstance, donner assignation dans l'arrondissement de ces juges, soit devant les tribunaux de 1re instance, soit devant la cour d'appel (15 brumaire an 13 ; Cass. S. 7, 2, 1001.—*id.* 27 messidor an 7 ; Cass. S. 1, 1, 227).

Un préfet, quoique agissant au nom du Gouvernement, ne peut autoriser un huissier à signifier hors du ressort du tribunal auquel celui-ci est attaché, un jugement d'admission du tribunal de Cass. (12 nivose an 10 ; Cass. S. 2, 2, 422).

28. Les appels des jugemens qui seront rendus par les tribunaux civils seront portés, conformément à l'article 219 de la Constitution, aux tribunaux les plus voisins, ainsi qu'ils sont indiqués par le tableau joint à la présente loi.

Le choix du tribunal d'appel se fera comme ci-devant, et dans les formes jusqu'à présent observées.

29. Il sera établi, en chaque greffe de tribunal correctionnel, un bureau de renseignemens, où il sera tenu, soit par le greffier, soit, au besoin, par un ou plusieurs commis sous la surveillance et la direction du greffier, registre, par ordre alphabétique, de tous les individus qui seront appelés au tribunal correctionnel ou au jury d'accusation, avec une notice sommaire de leur affaire et des suites qu'elle a eues.

A Bordeaux, à Lyon, à Marseille et à Paris, le greffier enverra, chaque décade, un extrait de ce registre au bureau central, où il sera tenu un registre pareil : il l'enverra, dans les communes de cinquante mille ames et au-dessus, aux administrations municipales, où il sera tenu un pareil registre.

30. Le recensement des votes des assemblées primaires et communales de chaque canton, pour l'élection des officiers municipaux, agens et adjoints municipaux, juges-de-paix et assesseurs, se fera au chef-lieu du canton, en présence des commissaires de chaque assemblée, par les officiers municipaux, qui en dresseront procès-verbal.

A Marseille, ce recensement sera fait au bureau central; à Bordeaux, à Lyon et à Paris, au département.

TITRE IV. Dispositions circonstancielles et transitoires.

31. Les affaires actuellement pendantes dans les tribunaux de district seront portées en l'état où elles se trouvent, par simple exploit de la partie la plus diligente, au tribunal civil du département.

32. Tout jugement de première instance, rendu ou à rendre par un tribunal actuel de district, sera, quant à l'appellation qui en serait interjetée, considéré comme s'il était rendu par le nouveau tribunal civil du département, et le choix des tribunaux d'appel sera réglé en conséquence.

33. Le greffier du tribunal civil de chaque département se fera remettre, dans le mois de sa nomination, les registres et pièces des tribunaux de district qui se trouvent supprimés par la Constitution.

34. Les registres et pièces des tribunaux correctionnels et jurys d'accusation supprimés par la Constitution, seront portés, à la diligence du greffier sortant de fonctions, aux greffes des tribunaux correctionnels et des jurys d'accusation qui vont les remplacer : cette remise sera faite dans la décade de l'installation des nouveaux tribunaux.

35. Jusqu'à ce que le Directoire exécutif ait pu nommer ses commissaires auprès des nouvelles administrations départementales, municipales, et auprès des nouveaux tribunaux, les fonctions de commissaires du Directoire exécutif seront exercées par les citoyens que commettront les nouvelles administrations départementales.

36. Les administrations actuelles de département dresseront le tableau des officiers municipaux, des agens municipaux et de leurs adjoints, à nommer par chaque canton de leur territoire, suivant les articles 179 et 180 de la Constitution, et l'adresseront à la municipalité du chef-lieu, avant le jour qui va être indiqué par les articles suivans pour la convocation des assemblées primaires.

Les mêmes administrations dresseront et enverront aux assemblées électorales le tableau des juges qu'elles devront élire d'après la Constitution et la présente loi : ce tableau comprendra l'indication d'un haut-juré et des cinq juges suppléans à élire, dont trois doivent être pris dans la commune où siége le tribunal civil, suivant l'article 212 de la Constitution.

37. Les assemblées primaires seront convoquées par les administrations de département, pour le 10 brumaire prochain, à l'effet de nommer les juges-de-paix et leurs assesseurs; elles le seront au même jour pour nommer les présidens des administrations municipales, et les officiers municipaux des communes de cinq mille habitans et au-dessus, ou qui seraient uniques dans le canton, quoique au-dessous de cinq mille ames.

Dans les cantons composés de communes dont une ou plusieurs au-dessous de cinq mille habitans, les assemblées communales seront convoquées pour le 15 brumaire prochain, par la municipalité du chef-lieu de canton, pour élire les agens municipaux et leurs adjoints, conformément à l'article 28 de la Constitution.

38. Dans trois mois à compter du jour de la nomination du Directoire exécutif, seront nommés les membres du bureau central, pour les cantons de Bordeaux, de Lyon, de Marseille et de Paris.

Immédiatement après cette nomination connue dans le canton, chaque bureau central entrera en fonctions.

Aussitôt après que le bureau central sera en fonctions, le département convoquera les assemblées primaires du canton, pour l'élection de ses municipalités d'arrondissement (1).

39. Les nouvelles administrations départementales et municipales, et les tribunaux, seront installés par la lecture du procès-verbal de leur nomination, faite publiquement par les administrateurs, ou officiers municipaux, ou juges, auxquels ils succéderont. Il en sera dressé procès-verbal.

40. Les membres des nouvelles administrations départementales ou municipales, ceux des nouveaux tribunaux, se rendront à leur poste immédiatement après les élections : ils seront aussitôt installés.

41. Il sera pourvu, par une loi spéciale, à l'organisation administrative et judiciaire des départemens dernièrement réunis, et des colonies de la République.

Tableau de l'emplacement des chefs-lieux de département.

Ain, Bourg; *Aisne*, Laon; *Allier*, Moulins; *Basses-Alpes*, Digne; *Hautes-Alpes*, Gap; *Alpes-Maritimes*, Nice; *Ardèche*, Privas; *Ardennes*, Mézières; *Ariége*, Foix; *Aube*, Troyes; *Aude*, Carcassonne; *Aveyron*, Rodez; *Bouches-du-Rhône*, Aix; *Calvados*, Caen; *Cantal*, Aurillac; *Charente*, Angoulême; *Charente-Inférieure*, Saintes; *Cher*, Bourges; *Corrèze*, Tulle; *Côte-d'Or*, Dijon; *Côtes-du-Nord*, Port-Brieux; *Creuse*, Guéret; *Dordogne*, Périgueux; *Doubs*, Besançon; *Drôme*, Valence; *Eure*, Evreux; *Eure-et-Loir*, Chartres; *Finistère*, Quimper; *Gard*, Nîmes; *Haute-Garonne*, Toulouse; *Gers*, Auch; *Gironde*, Bordeaux; *Golo*, Bastia; *Hérault*, Montpellier; *Ille-et-Vilaine*, Rennes; *Indre*, Châteauroux; *Indre-et-Loire*, Tours; *Isère*, Grenoble; *Jura*, Lons-le-Saulnier; *Landes*, Mont-de-Marsan; *Liamone*, Ajaccio; *Loiret-Cher*, Blois; *Loire*, Montbrison; *Haute-Loire*, le Puy; *Loire-Inférieure*, Nantes; *Loiret*, Orléans; *Lot*, Cahors; *Lot-et-Garonne*, Agen; *Lozère*, Mende; *Maine-et-Loire*, Angers; *Manche*, Saint-Lô; *Marne*, Châlons-sur-Marne; *Haute-Marne*, Chaumont; *Mayenne*, Laval; *Meurthe*, Nancy; *Meuse*, Bar-sur-Ornain; *Mont-Blanc*, Chambéry; *Mont-Terrible*, Porentruy; *Morbihan*, Vannes; *Moselle*, Metz; *Nièvre*, Nevers, *Nord*, Douai; *Oise*, Beauvais; *Orne*, Alençon; *Pas-de-Calais*, Arras; *Puy-de-Dôme*, Clermont; *Basses-Pyrénées*, Oléron; *Hautes-Pyrénées*, Tarbes; *Pyrénées-Orientales*, Perpignan; *Bas-Rhin*, Strasbourg; *Haut-Rhin*, Colmar; *Rhône*, Lyon; *Haute-Saône*, Vesoul; *Saône-et-Loire*, Mâcon; *Sarthe*, le Mans; *Seine*, Paris; *Seine-Inférieure*, Rouen; *Seine-et-Marne*, Melun; *Seine-et-Oise*, Versailles; *Deux-Sèvres*, Niort; *Somme*, Amiens; *Tarn*, Castres; *Var*, Brignoles; *Vaucluse*,

Avignon; *Vendée*, Fontenay-le-Peuple; *Vienne*, Poitiers; *Haute-Vienne*, Limoges; *Vosges*, Épinal; *Yonne*, Auxerre.

Tableau des tribunaux civils et criminels des départemens de la République, ainsi que des lieux de leur emplacement, et des trois tribunaux d'appel affectés à chacun d'eux.

Ain, *Bourg* (Jura, Saône-et-Loire, Rhône); Aisne, *Laon* (Nord, Oise, Ardennes); Allier, *Moulins* (Nièvre, Puy-de-Dôme, Creuse); Basses-Alpes, *Digne* (Bouches-du-Rhône, Vaucluse, Hautes-Alpes); Hautes-Alpes, *Embrun* (Basses-Alpes, Drôme, Isère); Alpes-Maritimes, *Nice* (Var, Basses-Alpes, Hautes-Alpes); Ardèche, *Privas* (Haute-Loire, Drôme, Lozère); Ardennes, *Mézières*, tribunal criminel; *Charleville*, tribunal civil (Meuse, Aisne, Marne); Ariége, *Foix* (Haute-Garonne, Aude, Pyrénées-Orientales); Aube, *Troyes* (Yonne, Seine-et-Marne, Côte-d'Or); Aude, *Carcassonne* (Ariége, Haute-Garonne, Pyrénées-Orientales); Aveyron, *Rodez* (Hérault, Tarn, Cantal); Bouches-du-Rhône, *Aix*, (Gard, Vaucluse, Var); Calvados, *Caen* (la Manche, l'Orne, l'Eure); Cantal, *Saint-Flour* (Puy-de-Dôme, Corrèze, Lozère); Charente, *Angoulême* (Vienne, Haute-Vienne, Dordogne); Charente-Inférieure, *Saintes* (Charente, Deux-Sèvres, Vendée); Cher, *Bourges* (Allier, Indre, Loir-et-Cher); Corrèze, *Tulle* (Haute-Vienne, Dordogne, Lot); Côte-d'Or, Dijon (Haute-Saône, Yonne, Saône-et-Loire); Côtes-du-Nord, *Port-Brieux* (Finistère, Morbihan, Ille-et-Vilaine); Creuse, *Guéret* (Puy-de-Dôme, Haute-Vienne, Corrèze); Dordogne, *Périgueux* (Gironde, Charente, Lot-et-Garonne); Doubs, *Besançon*, (Haute-Saône, Jura, Mont-Terrible); Drôme, *Valence* (Isère, Ardèche, Vaucluse); Eure, *Evreux* (Seine-et-Oise, Orne, Seine-Inférieure); Eure-et-Loir, *Chartres* (Loiret, Seine-et-Oise, Eure); Finistère, *Quimper* (Côtes-du-Nord, Morbihan, Ille-et-Vilaine); Gard, *Nîmes* (Ardèche, Bouches-du-Rhône, Hérault); Haute-Garonne, *Toulouse* (Gers, Lot, Tarn); Gers, *Auch* (Lot-et-Garonne, Hautes-Pyrénées, Haute-Garonne); Gironde, *Bordeaux* (Charente-Inférieure, Dordogne, Charente); Golo, *Bastia* (Liamone, Var, Alpes-Maritimes); Hérault, *Montpellier* (Tarn, Aveyron, Gard); Ille-et-Vilaine, *Rennes* (Loire-Inférieure, Mayenne, Morbihan); Indre, *Châteauroux* (Cher, Creuse, Vienne); Indre-et-Loire, *Tours* (Vienne, Sarthe, Loire-et-Cher); Isère, *Grenoble* (Rhône, Mont-Blanc, Ain); Jura, *Lons-le-Saulnier* (Doubs, Côte-d'Or, Ain); Landes, *Dax* (Gironde, Gers, Basses-Pyrénées); Liamone, *Ajaccio*

(1) *Voy.* loi du 4 BRUMAIRE an 4.

Golo, Bouches-du-Rhône, Var); Loir-et-Cher, *Blois*, (Loiret, Indre-et-Loire, Indre); Loire, *Montbrison* (Haute-Loire, Puy-de-Dôme, Rhône); Haute-Loire, *le Puy* (Loire, Cantal, Lozère); Loire-Inférieure, *Nantes* (Maine-et-Loire, Vendée, Ille-et-Vilaine); Loiret, *Orléans* (Cher, Loir-et-Cher, Seine); Lot, *Cahors* (Dordogne, Aveyron, Lot-et-Garonne); Lot-et-Garonne, *Agen* (Lot, Gers, Gironde); Lozère, *Mende* (Cantal, Aveyron, Ardèche); Maine-et-Loire, *Angers* (Sarthe, Indre-et-Loire, Deux-Sèvres ; Manche, *Coutances* (Calvados, Ille-et-Vilaine, Mayenne); Marne, *Reims* (Ardennes, Aisne, Aube); Haute-Marne, *Chaumont* (Côte-d'Or, Aube, Marne); Mayenne, *Laval* (Maine-et-Loire, Manche, Sarthe); Meurthe, *Lunéville* (Moselle, Meuse, Vosges), Meuse, *Saint-Mihiel* (Meurthe, Marne, Ardennes); Mont-Blanc, *Chambéry* (Isère, Ain, Hautes-Alpes); Mont-Terrible, *Porentruy* (Haut-Rhin, Haute-Saône, Doubs); Morbihan, *Vannes* (Côtes-du-Nord, Finistère, Loire-Inférieure); Moselle, *Metz* (Bas-Rhin, Meuse, Meurthe); Nièvre, *Nevers* (Yonne, Cher, Allier); Nord, *Douai* (Somme, Aisne, Pas-de-Calais); Oise, *Beauvais* (Seine, Somme, Seine-Inférieure); Orne, *Alençon* (Calvados, Sarthe, Mayenne); Pas-de-Calais, *Saint-Omer* (Nord, Aisne, Somme); Puy-de-Dôme, *Riom* (Allier, Loire, Haute-Loire); Basses-Pyrénées, *Pau* (Landes, Gers, Hautes-Pyrénées); Hautes-Pyrénées, *Tarbes* (Basses-Pyrénées, Landes, Gers); Pyrénées-Orientales, *Perpignan* (Ariége, Aude, Hérault); Bas-Rhin, *Strasbourg* (Haut-Rhin, Vosges, Meurthe); Haut-Rhin, *Colmar* (Bas-Rhin, Vosges, Mont-Terrible); Rhône, *Lyon* (Saône-et-Loire, Loire, Isère); Haute-Saône, *Vesoul* (Vosges, Haute-Marne, Côte-d'Or); Saône-et-Loire, *Châlons-sur-Saône* (Jura, Côte-d'Or, Nièvre); Sarthe, *le Mans*, (Maine-et-Loire, Eure-et-Loir, Orne); Seine, *Paris* (Seine-et-Oise, Seine-et-Marne, Eure-et-Loir); Seine-Inférieure, *Rouen* (Calvados, Oise, Eure); Seine-et-Marne, *Melun* (Seine, Loiret, Yonne); Seine-et-Oise, *Versailles* (Seine, Seine-et-Marne, Eure-et-Loir); Deux-Sèvres, *Niort* (Vienne, Charente-Inférieure, Vendée); Somme, *Amiens* (Oise, Pas-de-Calais, Seine-Inférieure); Tarn, *Albi* (Lot, Aveyron, Aude); Var, *Brignoles* (Bouches-du-Rhône, Basses-Alpes, Alpes-Maritimes); Vaucluse, *Carpentras* (Gard, Drôme, Basses-Alpes); Vendée, *Fontenay-le-Peuple* (Deux-Sèvres, Loire-Inférieure, Maine-et-Loire); Vienne, *Poitiers* (Haute-Vienne, Charente, Indre-et-Loire); Haute-Vienne, *Limoges* (Corrèze, Creuse, Indre); Vosges, *Épinal* (Haute-Saône, Haut-Rhin, Haute-Marne); Yonne, *Auxerre* (Seine, Seine-et-Marne, Aube).

Tableau de l'emplacement des tribunaux correctionnels.

Ain (Bourg, Pont-de-Vaux, Châtillon, Nantua, Belley); *Aisne* (Laon, Vervins, Saint-Quentin, Soissons); *Allier* (Moulins, la Palisse, Gannat, Montluçon); *Basses-Alpes* (Digne, Sisteron, Barcelonnette) ; *Hautes-Alpes* (Gap, Briançon, Embrun); *Alpes-Maritimes* (Nice, Monaco, Puget-Theniers); *Ardèche* (Privas, Tournon, Argentières) ; *Ardennes* (Charleville, Roc-Libre, ci-devant Rocroy, Rethel, Sedan); *Ariége* (Tarascon, Girons, Pamiers); *Aube* (Troyes, Bar-sur-Aube, Arcis); *Aude* (Carcassonne, Limoux, Narbonne); *Aveyron* (Rodez, Saint-Affrique, Milhau, Espalion, Villefranche); *Bouches-du-Rhône* (Aix, Arles, Marseille, Tarascon); *Calvados* (Caen, Bayeux, Vire, Falaise, Lisieux); *Cantal* (Aurillac, Saint-Flour, Mauriac, Murat); *Charente* (Angoulème, Confolens, Ruffec, Barbezieux); *Charente-Inférieure* (Saintes, La Rochelle, Rochefort, Marennes, Saint-Jean-d'Angely, Jonzac); *Cher* (Bourges, Saint-Amand, Sancerre, Sancoins); *Corrèze* (Tulle, Ussel, Brives); *Côte-d'Or* (Dijon, Châtillon, Beaune, Semur); *Côtes-du-Nord* (Port-Brieux, Guingamp, Lannion, Rostrenen, Loudéac, Dinan); *Creuse* (Guéret, Bourganeuf, Aubusson, Boussac); *Dordogne* (Périgueux, Nontron, Riberac, Bergerac, Sarlat); *Doubs* (Besançon, Beaume, Pontarlier, Saint-Hippolyte); *Drôme* (Valence, Die, Montélimart, Nyons); *Eure* (Evreux, Bernay, Pont-Audemer, Louviers); *Eure-et-Loir* (Chartres, Dreux, Nogent-le-Rotrou, Châteaudun); *Finistère* (Quimper, Quimperlay, Brest, Châteaulin, Landernau, Morlaix); *Gard* (Nimes, Uzès, Alais, le Vigan); *Haute-Garonne* (Toulouse, Villefranche, Muret, Saint-Gaudens, Castel-Sarrasin); *Gers* (Aude, Plaisance, Lectoure, Condom); *Gironde* (Bordeaux, Libourne, Bazas, La Réole, Blaye); *Golo* (Bastia, Calvi, Corté); *Hérault* (Montpellier, Béziers, Lodève, Saint-Pons); *Ille-et-Vilaine* (Rennes, Bain, Vitré, Fougères, Saint-Servan, Dol); *Indre* (Châteauroux, Issoudun, Argenton); *Indre-et-Loire* (Tours, Loches, Chinon); *Isère* (Grenoble, Vienne, Bourgoin, Saint-Marcellin); *Jura* (Lons-le-Saulnier, Saint-Claude, Poligny, Dôle); *Landes* (Mont-de-Marsan, Saint-Sever, Dax); *Liamone* (Ajaccio, Vico, Sartène); *Loire* (Commune-d'Armes, ci-devant Saint-Étienne-en-Forez, Montbrison, Roanne); *Loir-et-Cher* (Blois, Romorantin, Vendôme) *Haute-Loire* (Le Puy, Brioude, Issingeaux); *Loire-Inférieure* (Nantes, Clisson, Paimbœuf, Savenay, Châteaubriant, Ancenis); *Loiret* (Orléans, Gien, Montargis, Neuville); *Lot* (Cahors, Moissac, Montauban, Figeac, Martel); *Lot-et-Ga-*

ronne (Agen, Villeneuve, Tonneins, Nérac); *Lozère* (Mende, Florac, Marvejols); *Maine-et-Loire* (Angers, Beaupréau, Saumur, Beaugé, Châteauneuf); *Manche* (Coutances, Cherbourg, Valognes, Saint-Lô); *Marne* (Châlons, Reims, Sézanne, Vitry-sur-Marne); *Haute-Marne* (Chaumont, Langres, Joinville); *Mayenne* (Laval, Château-Gontier, Mayenne, Vilaines); *Meurthe* (Nancy, Toul, Lunéville, Sarrebourg, Vic); *Meuse* (Bar-sur-Ornain, Commercy, Verdun, Montmédy); *Mont-Blanc* (Chambéry, Annecy, Bonneville, Saint-Jean-de-Maurienne, Moutiers); *Mont-Terrible* (Porentruy, Saint-Ursanne, Délémont); *Morbihan* (Vannes, Lorient, Pontivy, Ploermel); *Moselle* (Metz, Thionville, Briey, Faulquemont, Sarguemines); *Nièvre* (Nevers, la Charité, Clamecy, Château-Chinon); *Nord* (Dunkerque Hazebrouck, Lille, Cambray, Avesnes, Valenciennes); *Oise* (Beauvais, Clermont, Compiègne, Senlis); *Orne* (Alençon, Domfront, Mortagne, Argentan); *Pas-de-Calais* (Arras, Béthune, Saint-Omer, Boulogne, Montreuil, Hesdin); *Puy-de-Dôme* (Clermont, Riom, Issoire, Ambert); *Hautes-Pyrénées* (Tarbes, Bagnères, Argelès); *Basses-Pyrénées* (Pau, Orthez, Oléron, Saint-Palais, Bayonne, Mauléon); *Pyrénées-Orientales* (Perpignan, Céret, Prades); *Haut-Rhin* (Colmar, Altkirch, Béfort); *Bas-Rhin* (Strasbourg, Saverne, Weissembourg, Barr); *Rhône* (Lyon, Saint-Genis, Villefranche); *Haute-Saône* (Vesoul, Lure, Gray); *Saône-et-Loire* (Mâcon, Charolles, Autun, Châlons, Louhans); *Sarthe* (le Mans, Saint-Calais, La Flèche, Mamers); *Seine* (Paris, Franciade, Bourg-l'Égalité); *Seine-et-Marne* (Melun, Provins, Meaux, Fontainebleau); *Seine-Inférieure* (Rouen, Yvetot, le Havre, Dieppe, Neufchâtel); *Seine-et-Oise* (Versailles, Étampes, Saint-Germain, Mantes, Pontoise); *Deux-Sèvres* (Niort, Parthenay, Bressuire); *Somme* (Amiens, Abbeville, Péronne, Doulens, Montdidier); *Tarn* (Castres, Alby, Gaillac); *Var* (Toulon, Brignoles, Draguignan, Grasse); *Vaucluse* (Avignon, Apt, Carpentras); *Vendée* (Fontenay, Sables-d'Olonne, Montaigu); *Vienne* (Poitiers, Montmorillon, Châtellerault, Loudun); *Haute-Vienne* (Limoges, Bellac, Saint-Yrieix, Rochechouart); *Vosges* (Epinal, Saint-Dié, Mirecourt, Mouzon, Remiremont); *Yonne* (Auxerre, Sens, Joigny, Tonnerre, Avallon.

Ces tableaux ont été approuvés par décret du 21 vendémiaire.

19 VENDÉMIAIRE an 4 (11 octobre 1795). — Décret qui casse et annule les mandats d'amener et d'arrêt lancés par le directeur du jury du tribunal d'Auxerre, contre le citoyen Roussel. (B. 59, 148.)

19 VENDÉMIAIRE an 4 (11 octobre 1795). — Décret relatif aux mandats d'amener à décerner par le comité de sûreté générale pour faits relatifs à la conjuration des 12, 13 et 14 vendémiaire. (B. 59, 148.)

19 VENDÉMIAIRE an 4 (11 octobre 1795). — Décret portant qu'il n'y a pas lieu à inculpation contre la commune de Valenciennes, relativement à la reddition de cette place. (B. 59, 148.)

19 VENDÉMIAIRE an 4 (11 octobre 1795). — Décret de renvoi à la commission des Onze de propositions relatives aux procès pendant actuellement par-devant les tribunaux de district. (B. 59, 149.)

19 VENDÉMIAIRE an 4 (11 octobre 1795). — Décret de renvoi aux comités de salut public et de sûreté générale, relatif à un arrêté du représentant du peuple Chazal. (B. 59, 150.)

20 VENDÉMIAIRE an 4 (12 octobre 1795). — Décret qui enjoint aux individus prévenus d'émigration et non rayés définitivement, de cesser toutes fonctions publiques. (1, Bull. 192, n° 1157; B. 59, 183.)

Art. 1er. Tous les individus prévenus d'émigration qui, n'ayant pas obtenu leur radiation définitive, occuperaient des fonctions publiques, seront tenus de les cesser à l'instant; et il sera sur-le-champ pourvu à leur remplacement, soit par les représentans en mission, soit par le comité de législation.

2. Le présent décret sera envoyé sur-le-champ à toutes les autorités constituées de la République, aux assemblées électorales, et aux représentans en mission.

20 VENDÉMIAIRE an 4 (12 octobre 1795). — Décret qui défend toutes négociations en blanc de lettres-de-change ou autres effets de commerce. (1, Bull. 195, n° 1164; B. 59, 185.)

Voy. Code de commerce, art. 136, 137 et 138.

Art. 1er. Toutes négociations en blanc de lettres-de-change, billets à ordre ou autres effets de commerce, sont défendues.

2. Les effets ainsi négociés seront confisqués; la moitié de leur valeur appartiendra au dénonciateur, l'autre sera versée dans le Trésor public.

3. Tout agent de change qui se prêtera à ces négociations sera destitué et condamné à une amende égale à la valeur de l'effet négocié.

4. La commission des administrations, police et tribunaux, est chargée de l'exécution du présent décret.

20 VENDÉMIAIRE an 4 (12 octobre 1795). — Décret

portant que le cours du change, et celui de l'or et de l'argent, soit monnayés, soit en barres, seront réglés chaque jour à l'issue de la Bourse. (1, Bull. 195, n° 1165 ; B. 59, 184.)

Voy. loi du 15 FRUCTIDOR an 3.

Art. 1er. Le cours du change, et celui de l'or et de l'argent, soit monnayés, soit en barres, seront réglés chaque jour à l'issue de la Bourse.

2. Les comités des finances et de salut public réunis nommeront deux agens de change, qui seront chargés de calculer ce cours, d'en déterminer la fixation, et de l'afficher à la Bourse dans les lieux les plus apparens.

3. Tout autre agent qui se permettrait de publier un autre cours que celui légalement constaté sera sur-le-champ destitué et puni de trois mois de détention.

4. La commission des administrations, police et tribunaux, est chargée de l'exécution du présent décret.

20 VENDÉMIAIRE an 4 (12 octobre 1795). — Décret qui annule tous arrêtés des représentans du peuple en mission, contraires à la loi du 20 fructidor contre les émigrés de Toulon. (1, Bull. 193, n° 1158; B. 59, 183.)

20 VENDÉMIAIRE an 4 (12 octobre 1795). — Décret qui autorise les représentans envoyés dans les départemens ou aux armées, qui ne seront pas rappelés à l'époque du 5 brumaire, soit qu'ils aient été élus au Corps-Législatif ou non, à continuer leur mission en qualité de commissaires du Gouvernement. (B. 59, 182.)

20 VENDÉMIAIRE an 4 (12 octobre 1795). — Décret qui rapporte les articles 2 et 3 de la loi du 4 prairial, relative à Barrère, Billaux et Collot. (B. 59, 181.)

20 VENDÉMIAIRE an 4 (12 octobre 1795). — Décret qui charge le comité de sûreté générale de faire un rapport sur les mesures qu'il a prises pour faire arrêter et punir les chefs de la conspiration qui a éclaté dans Paris les 12 et 13 de ce mois. (B. 59, 181.)

20 VENDÉMIAIRE an 4 (12 octobre 1795). — Décret qui rappelle les représentans Guérin, Boursault, Espinassy et autres dans le sein de la Convention. (B. 59, 182.)

20 VENDÉMIAIRE an 4 (12 octobre 1795). — Décret qui charge le comité de salut public de régler par des arrêtés tout ce qui est relatif à la force et à l'organisation de l'armée de terre et de mer pour l'an 4. (B. 59, 183.)

20 VENDÉMIAIRE an 4 (12 octobre 1795). — Décret pour mettre en activité les officiers militaires, ainsi que les employés des diverses administrations près les armées de terre et de mer qui, après avoir dignement servi la République, ont été laissés sans emploi. (B. 59, 184.)

20 VENDÉMIAIRE an 4 (12 octobre 1795). — Décret par lequel le citoyen Rabbe est nommé lieutenant des grenadiers de la Représentation nationale. (B. 59, 186.)

20 VENDÉMIAIRE an 4 (12 octobre 1795). — Décret qui accorde des secours à la veuve Ursule Habit. (B. 59, 186.)

20 VENDÉMIAIRE an 4 (12 octobre 1795). — Décret portant qu'il sera sursis à l'exécution de la sentence du juge-de-paix de la Haye-du-Puits, du 2 fructidor, contre le citoyen Violette. (B. 59, 187.)

20 VENDÉMIAIRE an 4 (12 octobre 1795). — Décret sur une pétition du citoyen Daniel Bazille. (B. 59, 187.)

20 VENDÉMIAIRE an 4 (12 octobre 1795). — Décret portant qu'il sera sursis à l'exécution de la sentence du juge-de-paix de Rosoy, en date du 1er vendémiaire, contre les citoyens Houseau et Hamoteau (B. 59, 187.)

20 VENDÉMIAIRE an 4 (12 octobre 1795). — Décret qui autorise les îles d'Oléron et de Ré à compléter le contingent de leurs contributions en nature, en sels, vin, eau-de-vie, et qui défend de faire des achats de grains pour les exporter de ces îles. (B. 59, 185.)

21 VENDÉMIAIRE an 4 (13 octobre 1795). — Décret qui étend au semestre échu le 1er vendémiaire an 3 les dispositions de la loi du 8 germinal an 3, relatives aux pensionnaires non encore liquidés. (1, Bull. 15, n° 1166; B. 59, 188.)

21 VENDÉMIAIRE an 4 (13 octobre 1795). — Décret portant que le canton de Bordeaux aura un bureau central et trois municipalités. (B. 59, 188.)

21 VENDÉMIAIRE an 4 (13 octobre 1795). — Décret qui autorise le représentant Talot à échanger ou épurer les autorités constituées du département du Nord. (B. 59, 189.)

21 VENDÉMIAIRE an 4 (13 octobre 1795). — Décret sur les liquidations faites de plusieurs créances dues par la ci-devant compagnie Masson et d'Espagnac. (B. 59, 188.)

21 VENDÉMIAIRE an 4 (13 octobre 1795). — Décret sur un référé du tribunal criminel de la Somme, qui, sur la pétition de Joseph Lebon, demande si l'acte constitutionnel permet de s'écarter de la rigueur de la loi du 12 prairial an 3. (B. 59, 189.)

21 VENDÉMIAIRE an 4 (13 octobre 1795). — Décret portant que tous les objets dont l'insertion au Bulletin sera décrétée y seront insérés dans le Bulletin du même jour. (B.. 59, 190.)

21 VENDÉMIAIRE an 4 (13 octobre 1795). — Décret qui annule un jugement du tribunal criminel de l'Oise, rendu contre le citoyen Joseph Raison, le 28 pluviôse an 2. (B. 59, 191.)

21 VENDÉMIAIRE an 4 (13 octobre 1795). — Décret qui défend à tous juges de prononcer aucune condamnation contre les anciens membres des comités révolutionnaires, municipaux, et administrations. (B. 59, 185.)

22 VENDÉMIAIRE an 4 (14 octobre 1795). — Décret relatif au mode d'apurement des comptes des receveurs des revenus patrimoniaux des ci-devant princes apanagistes. (1, Bull. 1, 95, n° 1167; B. 59, 193.)

Art. 1er. Les comptes des receveurs de revenus patrimoniaux des ci-devant princes apanagistes, qui ne se rendaient pas à la ci-devant chambre des comptes de Paris, et qui ont été arrêtés par le surintendant ou par le conseil des maisons des ci-devant princes, conformément aux usages et réglemens établis avant le 13 juillet 1789, ne seront pas arrêtés et vérifiés de nouveau par le bureau de comptabilité, sauf l'apurement et la révision, lorsqu'il y aura lieu, conformément à la loi du 28 pluviôse dernier : à l'effet de quoi, le bureau de comptabilité est autorisé à se faire, au besoin, représenter ceux desdits comptes qui ont été arrêtés suivant l'ancienne forme.

2. Sont néanmoins compris dans les dispositions de la loi du 11 messidor an 3, pour être vérifiés et définitivement arrêtés par le bureau de comptabilité, ceux desdits comptes non encore arrêtés, ou qui l'auraient été par des commissions extraordinaires établies depuis le 13 juillet 1789.

22 VENDÉMIAIRE an 4 (14 octobre 1795). — Décret portant défense à tous juges-de-paix et officiers de police de sûreté de traduire par-devant un directeur de jury aucun citoyen, si ce n'est dans les cas y énoncés, etc. (1, Bull. 193, n° 1159; B. 59, 196.)

Art. 1re. Il est expressément défendu à tous les juges-de-paix et à tous officiers de police de sûreté, à peine d'une amende qui ne pourra être moindre de cinq cents livres, ni excéder deux mille livres, et de tous dommages-intérêts qui seront prononcés par les tribunaux civils des départemens, de traduire par-devant un directeur de jury aucun citoyen qui ne serait pas prévenu de meurtre, d'assassinat, de vol, d'attentat contre la liberté et la sûreté publique, ou autre crime prévu et spécifié par les lois pénales.

2. Il est enjoint, sous la même peine, auxdits juges-de-paix et officiers de police de sûreté, de mettre en liberté, dans les vingt-quatre heures de la publication du présent décret, tout individu contre lequel il aurait été décerné des mandats d'arrêt non motivés, comme il est dit dans l'article précédent.

3. Tous actes d'accusation qui ne porteraient pas sur des délits qualifiés et spécifiés par les lois pénales, comme l'exige l'article 1er, sont déclarés nuls.

4. Il est expressément défendu à tous directeurs de jury d'en dresser à l'avenir de semblables, à tous accusateurs publics d'en porter aux tribunaux criminels, et à tous tribunaux criminels d'en recevoir ou d'y donner suite, sous la peine portée dans ledit article 1er.

5. Lesdits directeurs de jury, accusateurs publics et juges criminels, sont tenus, chacun sous la même peine, de mettre en liberté, sur-le-champ, tout individu contre lequel il aurait été dressé des actes d'accusation déclarés nuls par l'article 3.

6. Le comité de législation est autorisé à statuer définitivement sur les actes d'accusation et jugemens annulés par les articles précédens, qui lui sont parvenus ou qui lui parviendraient, sans néanmoins que la présente disposition puisse autoriser les directeurs de jury, accusateurs publics et juges, à suspendre l'exécution du présent décret, chacun en ce qui le concerne.

7. Il n'est point dérogé par le présent décret aux lois précédentes relatives aux Chouans et autres rebelles des départemens de l'ouest et de l'intérieur, ainsi qu'aux prêtres réfractaires et conspirateurs du 13 vendémiaire.

22 VENDÉMIAIRE an 4 (14 octobre 1795). — Décret sur l'organisation des monnaies. (1, Bull. 197, n° 1175; B. 59, 197.)

Voy. lois du 21-27 MAI 1791; du 28 VENDÉMIAIRE an 4; arrêté du 10 PRAIRIAL an 11.

TITRE Ier Des hôtels des monnaies, ateliers monétaires, et des fonctionnaires des monnaies.

Art. 1re. Les hôtels des monnaies de la République, pour la fabrication des espèces d'or et d'argent, sont au nombre de huit : Paris, Perpignan, Bayonne, Bordeaux, Nantes, Lille, Strasbourg et Lyon.

Il y sera aussi fabriqué de la petite monnaie.

2. Le directoire exécutif pourra en outre établir d'autres ateliers monétaires pour la fabrication de la petite monnaie.

3. Les hôtels des monnaies et les ateliers monétaires seront surveillés par une administration des monnaies.

4. La Trésorerie nationale fera parvenir aux hôtels et ateliers monétaires les métaux destinés à la fabrication.

5. Les fonctionnaires de l'hôtel des monnaies de Paris sont :

Un commissaire national, un directeur de la fabrication, un contrôleur du monnayage, un inspecteur des essais, un vérificateur des essais, deux essayeurs, un graveur, un artiste mécanicien chargé de la surveillance des machines, un artiste chargé de la fabrication des poids et balances d'essai, et un caissier.

6. Les fonctionnaires des autres hôtels des monnaies et ateliers monétaires sont :

Un commissaire national, un directeur de la fabrication, un contrôleur du monnayage et un caissier.

7. Les fonctionnaires des monnaies pourront seuls occuper des logemens dans les hôtels des monnaies ou ateliers monétaires.

TITRE II. De l'administration des monnaies.

8. L'administration des monnaies sera composée de trois administrateurs.

9. Les administrateurs seront nommés par le Directoire exécutif.

10. L'administration sera présidée par un de ses membres, qui sera choisi tous les mois, au scrutin, par ses collègues.

11. Elle surveillera immédiatement, dans toute l'étendue de la République, l'exécution des lois monétaires, la fabrication des monnaies, les fonctionnaires des monnaies, et l'entretien des hôtels des monnaies et ateliers monétaires. Elle cotera et paraphera les registres à l'usage des commissaires nationaux.

Elle fera éprouver les carrés nécessaires au monnayage avant de les remettre ou de les envoyer au commissaire national.

Elle vérifiera le titre des monnaies, et en jugera le travail.

Elle rédigera les tableaux servant à déterminer le titre et le poids d'après lesquels les espèces et matières d'or et d'argent seront échangées.

Elle fera procéder en conséquence, toutes les fois qu'elle le jugera convenable, à la vérification du titre des espèces étrangères nouvellement fabriquées, afin d'observer la variation qu'il pourrait éprouver.

Elle rendra publics les résultats de ces vérifications, pour que le commerce en ait connaissance; mais elle ne pourra, dans aucun cas, changer les dispositions des tableaux actuels, ni en publier de nouveaux, sans l'autorisation du Directoire exécutif.

Elle fera parvenir les tableaux et les résultats des jugemens du travail des directeurs à la Trésorerie nationale.

Elle prendra connaissance des contraventions et négligences que pourraient commettre les fonctionnaires des monnaies, relativement à leurs fonctions seulement.

Elle en informera le Directoire exécutif, qui prononcera la révocation, s'il y a lieu.

Lorsque la révocation sera suivie de restitution, l'administration fera remettre au tribunal de l'arrondissement dans lequel se trouve l'hôtel ou l'atelier monétaire une expédition du procès-verbal qui constate les contraventions, à l'effet d'en poursuivre le jugement, dont elle surveillera l'exécution.

12. Elle surveillera la fabrication des poinçons, matrices et carrés nécessaires au monnayage des espèces; elle commettra un de ses membres pour être présent à la remise qui en sera faite au commissaire national par le graveur : cet administrateur visera les récépissés qui en seront délivrés par le commissaire national.

13. Pour prévenir les inconvéniens qui pourraient résulter de la différence des réactifs et substances employés aux essais, il sera établi, près de l'administration, un dépôt de ces réactifs et substances, où tous les essayeurs seront tenus de se pourvoir. La qualité de ces réactifs et substances sera vérifiée par l'inspecteur des essais, en présence d'un administrateur nommé à cet effet; il en sera dressé procès-verbal par cet administrateur et l'inspecteur des essais.

14. L'administration rendra compte, chaque année, et toutes les fois qu'elle en sera requise, au Directoire exécutif, des résultats de ses opérations; elle lui remettra, chaque trimestre, un état de la quantité des espèces qui auront été fabriquées.

15. Les fonctionnaires des monnaies ne pourront s'absenter sans un congé par écrit de l'administration; le congé sera visé par le commissaire national de l'hôtel ou de l'atelier monétaire.

16. Il ne pourra être placé dans un hôtel ou atelier monétaire aucun fonctionnaire public qui soit parent ou allié, jusqu'au quatrième degré exclusivement, d'aucun fonctionnaire du même hôtel ou atelier.

17. L'administration pourra employer à la fabrication et au monnayage telles machines, ou faire à celles qui y sont employées tels changemens qu'elle jugera plus économiques ou plus avantageux, sur l'avis de l'artiste mécanicien, après qu'il en aura constaté l'avantage par des expériences. Les frais de ces expériences seront payés par le caissier, sur les mémoires visés par l'administration, de la même manière que les frais d'entretien et de réparation des machines et des hôtels et ateliers de monnaies.

18. L'administration fixera les distributions des logemens destinés aux fonctionnaires des monnaies.

TITRE III. Du commissaire national.

19. Le commissaire national exercera la police dans l'hôtel ou l'atelier des monnaies.

20. Il veillera principalement à ce que les réglemens qui concernent la fabrication des espèces soient exactement observés par toutes les personnes chargées de quelques fonctions relatives à cette manipulation.

8.

21. Il cotera et paraphera tous les registres qui seront tenus par les autres fonctionnaires attachés au service de l'hôtel ou atelier monétaire. Il enverra, chaque décade, à l'administration et à la Trésorerie nationale, un bordereau de la situation de la caisse, tant en matières qu'en espèces.

Tous les mois, il arrêtera les registres tenus par le directeur et le caissier ; il s'en fera délivrer des extraits, qu'il enverra, certifiés par lui, tant à l'administration qu'à la Trésorerie nationale.

22. Il sera dépositaire des clefs de la salle de délivrance et de celles du monnayage.

23. Il sera pareillement dépositaire de l'étalon qui doit servir à la vérification des poids. A Paris, l'étalon sera déposé au secrétariat de l'administration.

24. Il procédera, tous les trois mois, et plus souvent, s'il le juge convenable, à la vérification des poids et balances autres que ceux d'essai.

25. Il sera chargé de recevoir de l'administration tous les carrés nécessaires à la fabrication ; il en fera la remise au contrôleur du monnayage, à mesure des besoins du service : il tiendra registre de l'emploi de ces carrés.

26. Il veillera à ce que les réparations à la charge des fonctionnaires soient exactement faites chaque année : quant à celles qui seront à la charge du Trésor public, il y pourvoira lorsqu'elles seront tellement urgentes qu'on ne pourrait les différer sans danger. Dans toute autre circonstance, il en informera l'administration, qui prendra les mesures nécessaires pour y pourvoir.

27. Il rendra compte à l'administration des détails qui pourront intéresser le bien du service, et de l'exactitude des fonctionnaires dans l'exercice de leurs fonctions.

28. S'il se commet quelque délit dans l'hôtel ou atelier monétaire, il en dressera procès-verbal, dont il remettra ou enverra, dans les vingt-quatre heures, expédition à l'accusateur public du tribunal de l'arrondissement, lequel sera tenu de lui envoyer un reçu pour sa décharge; et, si les circonstances y donnent lieu, il fera arrêter les coupables, comme en cas de flagrant délit.

29. Le commissaire national pourra se faire aider, au bureau de la délivrance, par des personnes qu'il choisira, à la charge de demeurer personnellement responsable du poids des pièces et de la beauté des empreintes : dans ce cas, il adressera à l'administration, tous les mois, un état du nombre des personnes employées et des pièces fabriquées; il lui sera accordé, s'il y a lieu, une indemnité proportionnée.

30. Dans le mois de vendémiaire de chaque année, le commissaire national de l'hôtel des monnaies de Paris fera difformer, en présence de deux administrateurs et un graveur, les poinçons et matrices hors d'usage.

Le contrôleur du monnayage sera de plus appelé et assistera à la difformation des carrés hors de service.

Dans les autres hôtels ou ateliers, le commissaire national fera difformer les carrés hors d'usage, en présence du contrôleur du monnayage.

31. Tous les ans, le commissaire national procédera, au plus offrant et dernier enchérisseur, en présence de la municipalité du lieu, et, à Paris, en présence de l'administration, à la vente des poinçons, matrices et carrés qui auront été biffés.

Le produit en sera remis au caissier, qui en fera recette dans ses comptes.

32. Le commissaire national sera nommé par le Directoire exécutif.

TITRE IV. Du directeur de la fabrication.

33. Le directeur recevra du caissier les matières destinées à être converties en espèces nationales.

Il inscrira sur un registre le titre et le poids de ces matières ; il en comptera d'après le poids et le titre auxquels il les aura reçues.

34. Il sera maître de ses fontes et alliages. Il fabriquera les flaons aux poids et titre déterminés par la loi. Aussitôt que les flaons auront été blanchis et marqués sur tranche, il les fera porter au bureau de délivrance. Il pourra employer, pour toutes les opérations relatives à la conversion des matières en flaons, tels ouvriers qu'il voudra : il sera seul responsable de la perfection de cette opération, sous tous ses rapports.

Il se pourvoira, à ses frais, d'ouvriers pour le monnayage.

Il conviendra avec eux du salaire qu'il leur paiera ; il leur fournira les balances, mannes et autres ustensiles dont ils auront besoin.

Il sera responsable du titre, du poids et de la beauté des empreintes des pièces : celles qui seront trouvées défectueuses au bureau des délivrances seront mises au rebut pour être refondues à ses frais.

Il mettra sur les espèces qu'il fabriquera le signe particulier ou différent dont il sera convenu avec l'administration. Il le fera insculper sur une planche de cuivre qui sera déposée à l'administration.

Les frais de fonte et de fabrication à la charge du directeur, et les déchets dans les fontes, seront réglés par le directoire exécutif, sur l'avis de l'administration.

35. La construction et l'entretien des fourneaux, des lingotières, et de tous les outils servant à la fonte, seront à la charge du directeur.

Il pourvoira, à ses frais, à la dépense de toutes les réparations locatives et d'entretien du logement qu'il occupera.

36. La construction et l'entretien de toutes les machines servant à la fabrication et au monnayage, telles que laminoirs, coupoirs, balanciers, etc., les grosses réparations et l'entretien des couvertures et des laboratoires, seront à la charge du Trésor public.

Le directeur sera responsable des accidens du feu.

37. Lorsqu'un directeur sera remplacé par un autre, lui ou ses représentans remettront à son successeur les ustensiles et outils servant à la fabrication; le prix en sera payé d'après l'estimation qui en sera faite par deux experts, l'un choisi par l'ancien directeur ou ses représentans, et l'autre par son successeur.

Si les deux experts ne sont pas d'accord, le prix sera réglé par un tiers-expert nommé par l'administration.

38. Le directeur sera nommé par le Directoire exécutif.

TITRE V. Du contrôleur de monnayage.

39. Le contrôleur du monnayage recevra du commissaire national les carrés nécessaires au travail, et lui en donnera un récépissé.

Il les remettra au commissaire national lorsqu'ils seront hors de service ou non employés.

Il les fera gratter et polir lorsqu'ils en auront besoin.

Les mémoires des frais qui en résulteront seront certifiés par lui, visés par le commissaire national, réglés par l'artiste mécanicien, et ordonnancés par l'administration.

40. Il recevra chaque jour, du commissaire national, les clefs de la salle du monnayage; il les remettra au commissaire à la fin du travail.

41. Les flaons à monnayer, après avoir été pesés en masse au bureau de délivrance, par le commissaire national, seront remis au contrôleur du monnayage, qui en donnera son récépissé sur un registre à ce destiné.

42. Lorsque les flaons seront monnayés, le contrôleur les remettra au bureau de délivrance; ils y seront de nouveau pesés en masse. Si le poids de ces espèces est conforme à celui des flaons, il en sera fait mention sur le registre, pour servir de décharge au contrôleur.

Dans le cas contraire, il en sera responsable envers le directeur.

43. Le contrôleur sera nommé par l'administration.

TITRE VI. De l'inspecteur des essais.

44. L'inspecteur des essais surveillera les travaux des essayeurs, pour la vérification du titre des matières et des espèces; il ju-

gera les contestations qui pourraient s'élever sur le titre des matières et des espèces.

45. Il surveillera les travaux des artistes admis à concourir pour les places de vérificateur des essais ou d'essayeur qui viendront à vaquer; il remettra à l'administration le rapport des juges du concours, et il y joindra les observations dont il le croira susceptible.

46. Il sera admis et aura voix délibérative dans les séances de l'administration, toutes les fois qu'il y sera question d'objets concernant les essais.

47. Il proposera ses vues à l'administration sur le perfectionnement des opérations relatives aux essais.

48. Le dépôt des agens et substances nécessaires aux essais sera confié à sa garde : il tiendra registre de leur entrée et de leur sortie; ce registre sera coté et paraphé par l'administration.

49. Il procédera tous les trois mois, et plus souvent s'il le juge convenable, à la vérification des poids et balances d'essai.

50. Lors de la vacance de la place d'inspecteur des essais, il sera pourvu au remplacement, d'après un concours dont les juges seront cinq chimistes choisis par le Directoire exécutif.

L'examen des candidats sera fait en présence d'un commissaire du Directoire exécutif et de deux administrateurs.

Sur le rapport des cinq juges, le Directoire exécutif nommera à la place d'inspecteur des essais.

TITRE VII. Du vérificateur des essais.

51. Le vérificateur des essais vérifiera le titre des matières et espèces qui aura été indiqué par les essayeurs, et celui de l'or et de l'argent fin provenant des affinages. Cette vérification se fera en présence de l'inspecteur des essais.

52. Il ne pourra faire d'essai pour son propre compte.

53. Le vérificateur des essais choisira un poinçon qu'il fera insculper sur une planche de cuivre déposée au secrétariat de l'administration.

54. Il inscrira sur un registre particulier à ce destiné la quantité et le titre des espèces dont il aura fait la vérification, avec la date de leur fabrication et celle du jour de la vérification.

55. Il pourra vérifier le titre des espèces étrangères et des matières appartenant à des particuliers, et qui auront été précédemment essayées; il inscrira sur son registre le poids des lingots et le nom des propriétaires; il ne pourra les rendre qu'après avoir apposé sur chaque lingot le numéro sous lequel il sera porté sur son registre, et l'empreinte de son poinçon.

56. L'indemnité qu'il percevra pour ces

objets sera la même que celle accordée aux essayeurs.

57. Lorsque la place de vérificateur des essais sera vacante, il sera pourvu au remplacement, d'après un concours dont les juges-examinateurs seront l'inspecteur des essais et deux chimistes choisis par l'administration, à laquelle ils feront leur rapport. Cet examen sera public, et fait en présence d'un commissaire du Directoire exécutif et d'un administrateur.

TITRE VIII. Des essayeurs.

58. Lorsqu'une place d'essayeur sera vacante, l'administration instruira le public, par une affiche, du jour où le concours sera ouvert aux aspirans. Les juges seront l'inspecteur et le vérificateur des essais, qui procéderont à l'examen en présence de deux administrateurs : cet examen sera public.

59. Les citoyens qui se présenteront pour exercer les fonctions d'essayeur pour le commerce subiront le même examen sans concours.

Lorsqu'ils auront été jugés posséder les qualités requises pour leurs fonctions, l'administration leur délivrera un certificat de capacité.

60. Les essayeurs des monnaies et ceux du commerce choisiront un poinçon qu'ils feront insculper sur une planche de cuivre déposée au secrétariat de l'administration : ceux du commerce en déposeront une semblable au greffe du tribunal de commerce de leur arrondissement; ils y feront enregistrer leur certificat de capacité.

61. Les essayeurs de la monnaie indiqueront le titre des espèces fabriquées; ils y procéderont conformément aux instructions arrêtées par l'administration. Ils inscriront sur un registre particulier à ce destiné la quantité et le titre des espèces dont ils auront fait les essais, avec la date de leur fabrication et celle du jour de l'essai.

62. Ils pourront essayer les espèces étrangères et les matières qui leur seront remises par le public; ils inscriront sur leur registre le poids des métaux qu'ils essaieront et le nom des propriétaires : ils ne pourront les rendre qu'après avoir apposé sur chaque lingot le numéro sous lequel il sera porté sur le registre, et l'empreinte de leurs poinçons.

63. Ils ne pourront, sous aucun prétexte, employer pour leurs opérations d'autres agens et substances que ceux dont ils seront tenus de se pourvoir au dépôt établi par l'administration. Les agens et charbons qui serviront à la détermination du titre des espèces, leur seront fournis par la nation.

64. Les essais qu'ils feront pour le compte des particuliers seront payés conformément au prix qui sera déterminé par le Directoire exécutif; en conséquence, ils seront tenus de rendre aux propriétaires des matières les cornets et boutons d'essai.

65. En cas de maladie ou d'absence d'un des essayeurs, l'administration commettra provisoirement à l'exercice de ses fonctions la personne qui lui sera proposée par ce fonctionnaire; et, dans ce cas, l'essayeur demeurera responsable de ses opérations, et chargé de son traitement. S'il ne proposait pas son suppléant, il y serait pourvu par l'administration.

TITRE IX. Du graveur.

66. Lorsqu'il y aura lieu au remplacement du graveur, il sera ouvert un concours dont les juges-examinateurs seront deux graveurs, un peintre et deux sculpteurs choisis par le Directoire exécutif, auquel ils feront leur rapport. L'examen sera fait en présence d'un commissaire du Directoire exécutif et de deux administrateurs.

67. Le graveur sera chargé de la fabrication des poinçons, matrices et carrés nécessaires au monnayage des espèces. Les prix en seront déterminés par le Directoire exécutif, sur la proposition de l'administration : il en sera payé en représentant les récépissés qui lui en auront été délivrés par l'administration, après l'épreuve des carrés.

68. Les carrés seront éprouvés en présence d'un membre de l'administration, du commissaire national et du contrôleur du monnayage. Il en sera dressé procès-verbal. Les carrés seront ensuite déposés près l'administration.

69. Le graveur mettra sur les carrés qu'il fabriquera le signe particulier ou différent dont il sera convenu avec l'administration. Il le fera insculper sur une planche de cuivre qui sera déposée au secrétariat de l'administration.

TITRE X. De l'artiste mécanicien chargé de la surveillance des machines.

70. L'artiste mécanicien sera nommé par le Directoire exécutif.

71. Il surveillera la fabrication et l'entretien des machines des hôtels et ateliers monétaires. Il proposera à l'administration ses vues sur le perfectionnement des machines : il en réglera les mémoires de construction et réparation.

TITRE XI. De l'artiste chargé de la fabrication des poids et balances d'essai.

72. Cet artiste sera nommé par l'administration, sur la présentation de l'artiste mécanicien.

73. Il fournira les poids et balances d'essai qui servent au jugement de la fabrication des monnaies, et fera les réparations dont elle sont susceptibles : il en sera payé sur ses mémoires réglés par l'artiste mécanicien, et ordonnancés par l'administration.

74. Il sera tenu de vérifier et d'étalonner

sans frais tous les poids et balances employés dans les hôtels et ateliers monétaires, en présence d'un administrateur qui en dressera procès-verbal.

TITRE XII. Du caissier.

75. Le caissier sera chargé de la recette au change.

Il inscrira sur un registre le nom du propriétaire, le poids, le titre et la valeur des matières reçues au change.

76. Les espèces étrangères et les espèces nationales hors du cours seront payées au change, conformément au tarif décrété le 26 pluviose an 2.

Aucun autre objet n'y sera reçu et payé qu'il n'ait été préalablement revêtu du poinçon d'un essayeur, et accompagné d'un bulletin de sa part, ou du poinçon d'un orfèvre, comme il va être dit dans l'article suivant.

77. A défaut d'empreinte d'un poinçon d'un essayeur, le titre pourra être certifié par un orfèvre qui y aura apposé son poinçon : mais, dans ce cas, le propriétaire ne recevra provisoirement, et par à-compte, que jusqu'à concurrence des trois quarts de l'objet, d'après le titre annoncé par l'orfèvre.

Dans ce dernier cas, il sera coupé, dans le laboratoire de la monnaie, en présence du directeur ou d'un préposé de sa part, du caissier et du propriétaire, une portion de matière qui sera pesée et mise sous enveloppe avec les cachets du directeur, du caissier et du propriétaire. Le paquet sera remis au commissaire national avec le numéro de l'objet, pour être adressé à l'administration de Paris, et en faire déterminer le titre.

78. Ces formalités n'auront cependant lieu que dans le cas où le directeur déclarerait ne vouloir pas s'en charger au titre annoncé par l'orfèvre.

79. Le directeur est autorisé à percevoir le même droit que les essayeurs, sur les matières apportées au change, et qu'il essaierait lui-même. Le directeur de la Monnaie de Paris est seul excepté de cette disposition.

80. Indépendamment des matières apportées au change, le caissier recevra celles qui lui seront adressées par la Trésorerie nationale, pour être converties en espèces.

81. Il livrera au directeur, sous récépissés, les matières nécessaires à la fabrication.

82. Il se chargera en recette des espèces fabriquées, à mesure qu'elles lui seront délivrées par le commissaire national.

83. Il fera parvenir ces espèces à la Trésorerie nationale.

84. Il enverra, toutes les décades, à la Trésorerie nationale, le bordereau de sa caisse, tant en matières qu'en espèces.

85. Il acquittera les dépenses courantes de l'hôtel ou atelier monétaire, certifiées par le commissaire national.

TITRE XIII. De la délivrance des flaons des espèces d'or et d'argent.

86. Lors de la présentation des flaons au bureau de délivrance par le directeur, le commissaire national en fera vérifier le poids en sa présence et celle du contrôleur du monnayage. Les flaons qui se trouveront hors des limites de poids déterminées par la loi seront mis au rebut, et seront refondus en présence du commissaire national. Il en sera de même pour les flaons qui auraient des défauts de fabrication.

87. Il sera dressé procès-verbal de cette opération, signé du commissaire national, du directeur et du contrôleur du monnayage.

TITRE XIV. De la délivrance des espèces.

88. Lors de la remise des espèces au bureau de délivrance par le contrôleur du monnayage, les espèces seront pesées en masse, en présence du commissaire national, du directeur, du contrôleur de monnayage et du caissier; il en sera dressé procès-verbal.

Le commissaire national vérifiera ensuite la beauté des empreintes : s'il s'en trouve de défectueuses, ces pièces seront mises au rebut, cisaillées et refondues en présence du commissaire national.

89. Le caissier prendra, au hasard, six pièces sur toutes les autres; le poids de ces six pièces sera constaté. Elles seront mises dans un paquet portant les cachets du commissaire national, du directeur et du caissier. Ce paquet sera adressé, par le prochain courrier, à l'administration, par le commissaire national.

90. La masse restante des pièces sera remise au caissier, après que son poids et le nombre des pièces auront été constatés.

91. Il sera dressé procès-verbal de ces opérations, signé du commissaire national, du directeur et du caissier; il en sera adressé une expédition à l'administration par l'inspecteur national.

TITRE XV. Du jugement du titre des pièces d'or et d'argent.

92. L'administration indiquera le jour du jugement. L'inspecteur des essais se rendra au lieu des séances de l'administration.

93. Les cachets reconnus sains, le président de l'administration ouvrira le paquet, et vérifiera le poids des pièces indiquées dans le procès-verbal de délivrance.

94. Il en sera remis trois à l'inspecteur des essais, qui les fera laminer pour les difformer, et y apposera un poinçon de marque, après les avoir pesées séparément.

Il en remettra une à chacun des deux essayeurs, et gardera la troisième pour la remettre au vérificateur, s'il y a lieu.

Les essayeurs opéreront chacun séparément, dans le laboratoire de l'inspecteur des essais. Ils donneront leurs résultats dans le jour et par écrit.

95. Le poids d'essai, pour l'or, sera de huit dixièmes de gramme.

96. Le poids d'essai, pour l'argent, sera d'un gramme et trois dixièmes de gramme.

97. Si les rapports des deux essayeurs sont d'accord, le titre sera jugé d'après ce rapport.

98. Si les rapports des deux essayeurs ne sont pas d'accord, le vérificateur procédera, en présence de l'inspecteur des essais, à la vérification du titre.

99. Si le rapport du vérificateur est d'accord avec celui d'un des essayeurs, le titre sera jugé d'après ce rapport.

100. Si le titre annoncé par le vérificateur est compris entre ceux déterminés par les essayeurs, le jugement sera fait d'après le titre moyen des trois essais.

101. Si le titre annoncé par le vérificateur n'est point compris entre ceux déterminés par les essayeurs, il sera fait un nouvel essai par le vérificateur, sous les yeux de l'inspecteur des essais, de la manière suivante.

102. Il sera pris partie égale de chacune des trois pièces, pour faire un nouvel essai. Le résultat déterminera le jugement du titre, s'il n'en est pas autrement ordonné par l'inspecteur des essais.

Les essayeurs et le vérificateur remettront à l'inspecteur des essais le restant des peuilles, ainsi que les boutons et cornets d'essai pour faire les expériences ultérieures qu'il jugera convenables.

103. Si l'inspecteur des essais reconnaissait qu'il y eût lieu à un nouvel examen, il ferait procéder, sous ses yeux, à une nouvelle vérification par le vérificateur des essais, conformément à ce qui est prescrit par l'article 105.

Ce dernier résultat déterminera le jugement du titre.

104. Il sera dressé procès-verbal de ces opérations, signé de l'inspecteur, du vérificateur des essais et des essayeurs. Il en sera remis expédition à l'administration.

105. A la fin de chaque année, l'inspecteur des essais remettra au caissier le restant des peuilles; le caissier lui en donnera décharge. Les pièces restant à l'administration seront prises en recette par le caissier, qui en comptera à la Trésorerie nationale.

106. L'administration enverra le jugement au commissaire national, qui l'inscrira sur son registre, et en donnera copie certifiée au directeur et au caissier.

107. Si le titre est jugé dans les limites prescrites par la loi, le caissier s'en chargera en recette, pour en compter à la Trésorerie nationale.

108. Si le titre est jugé hors des limites prescrites par la loi, les pièces seront remises par le caissier au directeur, en présence du commissaire national, après avoir été cisaillées : elles seront refondues en présence du commissaire national.

TITRE XVI. De la vérification et de la délivrance de la petite monnaie.

109. Lors de la présentation des flaons au bureau de la délivrance, soit par le directeur, soit par un entrepreneur particulier, le commissaire national mettra au rebut, pour être refondus en sa présence, ceux qu'il jugerait mal fabriqués ou de mauvaise qualité.

110. Les flaons restans seront pesés par vingt kilogrammes, en présence du commissaire national, du directeur, de l'entrepreneur, et du contrôleur du monnayage.

111. Sur chaque pesée de vingt kilogrammes, le commissaire national prendra au hasard trois cents pièces, qui seront séparées en trois parties égales. Chacune de ces trois parties sera pesée séparément, et l'on déterminera le rapport du poids des pièces de chaque partie avec le poids légal. De la réunion de ces trois résultats, il sera formé un résultat unique, d'après lequel on jugera si la fabrication des flaons se trouve dans les termes de tolérance fixés par la loi.

112. Lorsque le poids des flaons sera jugé hors de la loi, toute la fabrication sera remise soit au directeur, soit à l'entrepreneur, qui sera tenu de la refondre à ses frais, en présence du commissaire national.

113. Lorsque le poids des flaons sera jugé dans les termes de la loi, ils seront remis par le poids au contrôleur du monnayage, lequel les fera monnayer.

114. Après le monnayage, le contrôleur du monnayage apportera les espèces au bureau de la délivrance. Le poids en sera constaté en sa présence.

115. Le commissaire national examinera les espèces, et mettra au rebut celles qui seraient défectueuses, pour y être refondues en sa présence, aux frais du directeur. Le poids des pièces restantes sera constaté. Le commissaire national prendra au hasard quatre pièces qu'il enverra, sous son cachet, à l'administration : le reste sera délivré au caissier.

116. De toutes ces opérations il sera dressé procès-verbal, qui sera signé par toutes les personnes qui y auront assisté.

Copie du procès-verbal sera adressée à l'administration, qui en enverra un extrait à la Trésorerie nationale et au directeur ou à l'entrepreneur.

TITRE XVII. Des salaires attribués aux fonctionnaires des monnaies.

117. Le traitement annuel des fonction-

naires des monnaies demeure fixé ainsi qu'il suit :

Pour chaque administrateur et inspecteur des essais, l'équivalent de trois mille myriagrammes de grains; le commissaire national, le vérificateur des essais, le caissier et l'artiste mécanicien, à chacun deux mille cinq cents myriagrammes ; à chacun des essayeurs, quinze cents myriagrammes ; le contrôleur du monnayage, douze cents myriagrammes ; le directeur, deux mille myriagrammes.

Le graveur et l'artiste chargé de la fabrication des poids et balances seront payés sur leurs mémoires réglés par l'artiste mécanicien, visés par le commissaire national, et ordonnancés par l'administration.

118. Les salaires ci-dessus seront payés par le caissier, sur simples mémoires visés par l'administration.

119. Les mémoires de construction, entretien et réparation des hôtels ou ateliers monétaires, seront certifiés par le commissaire national, et ordonnancés par l'administration.

Les mémoires de construction, entretien et réparation des machines, seront certifiés par le commissaire national, réglés par l'artiste mécanicien, et ordonnancés par l'administration.

120. Chaque année, l'administration présentera au Directoire exécutif, qui le proposera au Corps-Législatif :

1° L'état de frais de bureau, de construction, entretien et réparation des hôtels, ateliers monétaires, et des machines ;

2° Celui des frais de fabrication des poinçons, matrices et carrés, des poids et balances ;

3° Celui des frais de fabrication des flaons, et de monnayage des espèces.

121. Toutes dispositions contraires au présent décret sont et demeurent abrogées.

---

22 VENDÉMIAIRE an 4 (14 octobre 1795).—Décret relatif aux émigrés et aux prêtres réfractaires rentrés sur le territoire de la République. (B. 59, 195.)

Un membre demande qu'il soit pris des mesures pour faire sortir du territoire de la République les émigrés, et les prêtres réfractaires qui y sont rentrés.

Un autre membre reproduit la proposition qu'il avait déjà faite d'expulser les royalistes du territoire de la République.

Ces deux propositions sont décrétées, et néanmoins la Convention renvoie à ses comités de Gouvernement, pour présenter décadi le mode d'exécution.

---

22 VENDÉMIAIRE an 4 (14 octobre 1795). — Décret qui autorise la commune de Gray à faire un emprunt. (B. 59, 195.)

---

22 VENDÉMIAIRE an 4 (14 octobre 1795). — Décret relatif au paiement à faire par la Trésorerie nationale au citoyen Fougeret, ancien receveur-général. (B. 59, 192.)

---

22 VENDÉMIAIRE an 4 (14 octobre 1795). — Décrets qui déclarent entièrement déchargés de leurs gestions les citoyens d'Haubersart, Durney et Legrand. (B. 59, 192, 193, et 194.)

---

22 VENDÉMIAIRE an 4 (14 octobre 1795). — Décret portant que le comité de sûreté générale rendra compte des raisons pour lesquelles Cormatin n'est pas encore mis en jugement. (B. 59, 194.)

---

22 VENDÉMIAIRE an 4 (14 octobre 1795).—Décret portant qu'il sera formé dans le jour un conseil militaire pour juger Cormatin et ses complices. (B. 59, 194.)

---

22 VENDÉMIAIRE an 4 (14 octobre 1795). — Décret qui relève Louis Delsaut du laps de temps pour se pourvoir en cassation. (B. 59, 195.)

---

23 VENDÉMIAIRE an 4 (15 octobre 1795). — Décret relatif aux réparations du canal des Deux-Mers, et aux droits à percevoir sur ce canal. (1, Bull. 195, n° 1169 ; B. 59, 218.)

Art. 1er. La commission des revenus nationaux est autorisée à faire fournir successivement, sur les fonds mis à sa disposition, et jusqu'à concurrence seulement de quatre millions, les sommes nécessaires pour pourvoir aux réparations urgentes du canal des Deux-Mers, par supplément aux produits dudit canal ; à l'effet de quoi, la section de la Trésorerie du comité des finances fera prendre les mesures les plus faciles d'exécution.

2. A compter du jour de la publication du présent décret, les droits à percevoir sur les voyageurs et sur les marchandises transportées sur ledit canal seront provisoirement exigés à dix fois la valeur de ceux fixés par le tarif de 1684.

3. Le comité fera très-incessamment un rapport sur la révocation de la concession dudit canal, faite à Riquet, ainsi que sur les moyens de rendre l'administration de cette importante propriété utile et avantageuse à la République.

---

23 VENDÉMIAIRE an 4 (15 octobre 1795). — Décret relatif au paiement des arrérages des pensions dues aux créanciers des parens des émigrés dont la succession est ouverte au profit de la nation. (1, Bull. 195, n° 1170 ; B. 59, 217.)

La Convention nationale décrète ce qui suit :

Les dispositions de l'article 75 de la loi du 1er floréal an 3 sont applicables aux créanciers des parens d'émigrés dont la succession est ouverte au profit de la nation : en conséquence, les arrérages des pensions, soit perpétuelles, soit viagères, dues à ces créanciers, continueront de leur être payés conformément audit article, jusqu'à la liquidation définitive ; et, dans ce cas seulement, la preuve de la solvabilité du débiteur sera faite dans la forme établie par l'article 45 de la même loi, sans préjudice néanmoins de l'exécution de l'article 112, si la succession débitrice est indivise avec des cohéritiers non émigrés.

23 VENDÉMIAIRE an 4 (15 octobre 1795). — Décret qui détermine les cas dans lesquels on pourra liquider, sur un héritier émigré, les créances d'une succession acceptée par cet héritier avant son émigration (1, Bull. 195, n° 1171 ; B. 59, 219.)

Art. 1er. Lorsqu'un héritier aura, avant son émigration, accepté purement et simplement une succession, soit par un acte exprès d'acceptation en forme authentique, soit en s'emparant de tout ou partie des biens de la succession sans inventaire, les créanciers de la succession pourront être liquidés directement sur l'héritier émigré, preuve préalablement faite de sa solvabilité personnelle.

2. Dans le cas où la succession n'aurait été acceptée que par bénéfice d'inventaire, les créances seront liquidées sur la preuve de la solvabilité de la succession, de la manière établie par la loi du 1er floréal dernier.

3. Soit que la succession ait été acceptée purement et simplement, soit qu'elle ait été acceptée par bénéfice d'inventaire, les créanciers de l'émigré pourront demander leur liquidation pour la totalité ou partie de leurs créances sur la succession qui leur était échue, en justifiant, par le certificat de l'administration du département ou du liquidateur à Paris, que tous les créanciers de la succession qui avaient déposé leurs titres ont été liquidés, et que, d'après l'actif constaté conformément aux dispositions de l'article 115, il reste de quoi les payer en totalité ou en partie.

4. Les créanciers qui prétendront droit en vertu de l'acceptation qui aurait été faite de la succession, soit purement et simplement, soit par bénéfice d'inventaire, seront tenus de prouver par pièces authentiques le droit qu'avait à la succession celui

de l'acceptation de qui ils voudront se prévaloir.

5. Il n'est pas dérogé, par les dispositions des trois articles qui précèdent, aux dispositions de l'article 112 de la loi du 1er floréal an 3, qui seront aussi préalablement observées dans le cas prévu auxdits articles.

23 VENDÉMIAIRE an 4 (15 octobre 1795). — Décret sur les récusations de juges. (1, Bull. 197, n° 1176 ; B. 59, 215.)

Voy. Code des délits et des peines, du 3 BRUMAIRE an 4, art. 594.

Art. 1er. Chaque partie civile, chaque accusé, peut, par soi ou par son fondé de pouvoirs, dans les cas et dans les formes ci-après déterminés, récuser un juge ou suppléant, sans en exprimer le motif. Cette récusation sera appelée *péremptoire*. Elle ne préjudiciera point au droit de proposer, contre les autres juges, des récusations sur des motifs légitimes.

2. Dans les affaires civiles susceptibles d'être jugées en dernier ressort, la récusation péremptoire pourra être exercée,

1° Contre les juges des tribunaux de commerce de terre et de mer, qui seront remplacés par des suppléans, et, à leur défaut, par des négocians ou armateurs appelés par les juges ou suppléans non récusés ;

2° Contre les juges des tribunaux civils de département, qui seront remplacés d'abord par d'autres juges de la même section ; à leur défaut, par ceux d'une autre section, et enfin par des suppléans.

3. Dans les affaires qui ne doivent être jugées qu'en première instance, comme dans celles qui doivent l'être en dernier ressort, tout juge, suppléant ou commissaire délégué par un tribunal de commerce de terre ou de mer, ou par un tribunal civil de département, pour faire une enquête, diriger des expertises, ou dresser des procès-verbaux instructifs et préparatoires, peut être récusé *péremptoirement* par l'une des parties. Celui qu'on lui substitue peut l'être par l'autre partie. Les nominations sont notifiées à cet effet, par l'une ou l'autre, trois jours à l'avance (1).

4. Les récusations péremptoires peuvent avoir lieu contre les juges du tribunal criminel de département, lorsqu'ils jugent les appels des tribunaux de police correctionnelle ; ils sont momentanément remplacés par des juges du tribunal civil.

Elles ont lieu aussi contre les mêmes juges du tribunal criminel, le président ex-

---

(1) La récusation péremptoire n'a pas lieu à l'égard des arbitres de commerce (13 germinal an 12 ; S. 4, 1, 256 et 7, 2, 1163).

Lorsqu'en contravention à la loi, une partie

récuse *péremptoirement* plus d'un juge, la récusation est nulle et non avenue, et tous les juges récusés peuvent prendre part au jugement (16 prairial an 12 ; S. 7, 2, 1164).

cepté, lorsqu'il s'agit d'affaires instruites d'après un jury d'accusation. Elles sont exercées à la même époque et dans les mêmes formes que les récusations des jurés.

Les officiers remplissant le ministère public ne sont récusables péremptoirement dans aucun cas (1).

5. Aucune des récusations dont il est parlé ci-dessus ne peut être faite en présence des juges assemblés; elles seront notifiées en la personne du greffier ou de son substitut, qui en donnera récépissé au moins trois jours francs avant celui indiqué pour le jugement (2).

6. Dans les tribunaux civils, divers individus réunis par le même intérêt, prenant les mêmes conclusions, ne sont considérés collectivement que comme une seule partie, et sont tenus de se concerter pour une seule récusation péremptoire.

7. Dans les tribunaux criminels, les coprévenus ou coaccusés pourront exercer chacun leur récusation péremptoire.

8. Dans les tribunaux civils et criminels, lorsque le nombre de récusations péremptoires est tel que, dans le lieu où l'affaire est pendante, il devient impossible de former le tribunal par des remplacemens, l'affaire est renvoyée au tribunal de même genre le plus voisin; mais, dans le tribunal saisi par renvoi, il ne pourra être exercé aucune récusation péremptoire.

___

23 VENDÉMIAIRE an 4 (15 octobre 1795). — Décret relatif à l'envoi aux agens de la liquidation des papiers concernant l'actif et le passif des émigrés. (1, Bull. 197, n° 1177; B. 59, 214.)

Art. 1ᵉʳ. Les scellés apposés sur les papiers des émigrés, et non encore levés, seront, à la diligence des procureurs-généraux-syndics des départemens, levés dans deux décades à compter de la publication du présent décret, et il sera procédé de suite à l'inventaire de ce qui se trouvera sous lesdits scellés.

2. Les papiers, titres, actes et pièces servant de renseignement sur l'actif et le passif des émigrés, qui se sont trouvés sous les scellés déjà levés, et ceux qui se trouveront sous les scellés dont l'article précédent ordonne la levée, seront immédiatement adressés, pour ce qui est relatif à chacun des émigrés, et à la diligence des procureurs-généraux-syndics, aux divers agens de la liquidation des créances et dettes des émigrés, chacun en ce qui le concerne.

3. Les membres des autorités constituées, les officiers publics, et tous autres individus détenteurs d'actes publics, seront tenus, à la première réquisition qui leur en sera faite, d'en donner communication, ou de fournir des expéditions, aux agens de la liquidation, des papiers, titres, actes et pièces relatifs à l'actif et passif des émigrés qui seront en leur possession.

___

23 VENDÉMIAIRE an 4 (15 octobre 1795). — Décret qui accorde des pensions à des militaires infirmes ou blessés. (B. 59, 213.)

___

23 VENDÉMIAIRE an 4 (15 octobre 1795). — Décrets qui accordent plusieurs sommes à titre de secours. (B. 59, 214, 217 et 218.)

___

23 VENDÉMIAIRE an 4 (15 octobre 1795). — Décret portant que, pendant le reste de la session, la Convention entendra chaque jour, de préférence, les rapports et motions d'ordre relatifs aux finances, ou organisation des pouvoirs, en suite de la Constitution. (B. 59, 217.)

___

23 VENDÉMIAIRE an 4 (15 octobre 1795). — Décret qui renvoie une pétition de plusieurs citoyens du département du Pas-de-Calais au comité des secours publics. (B. 59, 218.)

___

23 VENDÉMIAIRE an 4 (15 octobre 1795). — Décret relatif aux moyens d'indemniser les habitans des communes envahies par l'ennemi. (1, Bull. 195, n° 1168; B. 59, 215.)

___

24 VENDÉMIAIRE an 4 (16 octobre 1795). — Décret qui ordonne l'arrestation des représentans du peuple Rovère et Saladin (1, Bull. 195, n° 1172 et 1173; B. 59, 220.)

___

24 VENDÉMIAIRE an 4 (16 octobre 1795). — Décret portant que le nommé Lemaître et ses complices seront traduits devant l'un des conseils militaires établis par la loi du 15 de ce mois. (B. 59, 220.)

___

24 VENDÉMIAIRE an 4 (16 octobre 1795). — Décret qui ordonne l'impression, et l'envoi aux départemens et aux armées, des pièces relatives à la conspiration qui a éclaté le 13 du présent mois. (B. 59, 220.)

___

(1) La récusation péremptoire n'a plus lieu dans les matières criminelles, depuis le Code du 3 brumaire an 4; la loi du 23 vendémiaire est abrogée sur ce point (8 thermidor an 8; Cass. S. 1, 2; 426).

(2) La récusation péremptoire, autorisée par cette loi, doit être signifiée trois jours au moins avant les plaidoiries (25 prairial an 10; Paris, S. 2, 2, 296).

La récusation d'un juge doit être signifiée trois jours avant l'audience, et non trois jours avant le jugement (4 nivose an 12; Cass. S. 4, 2, 78).

24 VENDÉMIAIRE an 4 (16 octobre 1795). — Décret qui autorise le comité de législation à prononcer sur la demande du citoyen Duserre. (B. 57, 220.)

24 VENDÉMIAIRE an 4 (16 octobre 1795). — Décret qui charge le comité de sûreté générale de faire arrêter ceux qui, au mépris des lois, se sont réunis en assemblée soi-disant électorale au Théâtre-Français et à la section Lepelletier, tous les orateurs des groupes qui ont cherché ou qui chercheront à égarer l'opinion publique. (B. 59, 221.)

25 VENDÉMIAIRE an 4 (17 octobre 1795). — Décret qui détermine un mode pour la perception du droit proportionnel d'enregistrement sur les actes publics dans lesquels les prix auront été stipulés en numéraire métallique, etc. (1, Bull. 197, n° 1178; B. 59, 224.)

La Convention nationale, après avoir entendu son comité des finances, décrète que, sur tous les actes publics dans lesquels les prix ou estimations auront été stipulés en numéraire métallique, ou en valeur de 1790, ou autre valeur qui surpasse la valeur nominale de l'assignat, le droit proportionnel d'enregistrement sera perçu ou en numéraire métallique, ou en assignats au cours actuel du change. La commission des revenus nationaux est chargée de faire rentrer les droits dus à la nation, suivant la proportion mentionnée au présent décret, contre ceux qui n'auraient payé les droits sur lesdits actes qu'en valeur nominale, attendu que lesdits paiements n'ont pu être faits qu'en fraude du droit d'enregistrement. La Convention annule tous jugements ou décisions qui seraient intervenus au contraire.

25 VENDÉMIAIRE an 4 (17 octobre 1795). — Décret qui suspend toute contestation ayant pour objet la résiliation d'une vente judicielle, etc. (1, Bull. 197, n° 1179; B. 59, 226.)

Art. 1er. Tous procès sur appel de jugement portant vente ou adjudication par décret, sur lesquels il n'a pas été prononcé; toutes contestations ayant pour objet la résiliation d'une vente judicielle, contre laquelle on ne se serait pas pourvu avant le décret du 4 nivose de l'an 3, qui rapporte la loi du *maximum*, demeurent provisoirement suspendus.

2. La Convention renvoie à son comité de législation, pour lui proposer un moyen de terminer ces contestations.

25 VENDÉMIAIRE an 4 (17 octobre 1795). — Décret qui annule les arrêtés par lesquels le directoire du district de Dax a déclaré le citoyen Jean-Baptiste Jaurreguy émigré. (B. 59, 221.)

25 VENDÉMIAIRE an 4 (17 octobre 1795). — Dé-

cret sur l'organisation de la bibliothèque nationale. (B. 59, 222.)

25 VENDÉMIAIRE an 4 (17 octobre 1795). — Décret pour découvrir les fraudes et contraventions qui sont faites aux lois sur les patentes et sur les accaparements, etc. (B. 59, 223.)

25 VENDÉMIAIRE an 4 (17 octobre 1795.) — Décret qui casse et annule un jugement arbitral du 7 ventose de l'an 2, au profit de la commune des Ventes, contre les concessionnaires des terrains nommés *Vente-Saint-Georges*, le *Taillis*, la *Vente-Chevalier*. (B. 59, 229.)

25 VENDÉMIAIRE an 4 (17 octobre 1795). — Décret de renvoi au comité des finances, relatif au citoyen Moynat. (B. 59, 225.)

25 VENDÉMIAIRE an 4 (17 octobre 1795). — Décret qui autorise le conseil militaire établi au Palais-Egalité à citer devant lui le représentant Gomaire, pour témoigner dans l'affaire de Daudel. (B. 59, 225.)

25 VENDÉMIAIRE an 4 (17 octobre 1795). — Décret sur la proposition de faire imprimer la liste des agens chargés d'acheter des grains et farines pour le compte du Gouvernement. (B. 59, 326.)

25 VENDÉMIAIRE an 4 (17 octobre 1795). — Décret portant qu'il sera donné une armure complète à l'adjudant-général Ménage. (B. 59, 228.)

25 VENDÉMIAIRE an 4 (17 octobre 1795). — Décret qui accorde quatre cents livres, à titre de secours, au citoyen Sallais. (B. 59, 227.)

26 VENDÉMIAIRE an 4 (18 octobre 1795). — Décret qui suspend l'exécution de l'article 13 de celui du 3 vendémiaire, relatif aux enfans nés hors mariage. (1, Bull. 197, n° 1180; B. 59, 228.)

Voy. loi du 15 THERMIDOR an 4.

La Convention nationale décrète que l'exécution de l'article 13 de la loi du 3 de ce mois, relatif aux enfans nés hors mariage, demeure suspendue, et renvoie à son comité de législation, pour en faire un rapport sous trois jours, la proposition faite d'examiner s'il y a lieu à rapporter la loi du 12 brumaire an 2.

26 VENDÉMIAIRE an 4 (18 octobre 1795). — Décret relatif à la destitution prononcée par la loi du 16 vendémiaire contre les commissaires, agens, chefs et employés dans les divers bureaux des autorités séant à Paris, qui n'étaient point à leurs travaux ou à la défense de la Représentation nationale dans les journées des 12, 13 et 14. (B. 59, 228.)

26 VENDÉMIAIRE an 4 (18 octobre 1795). — Décret

qui admet comme représentant le citoyen Det-
cheverty. (B. 59, 229.)

26 VENDÉMIAIRE an 4 (18 octobre 1795).—Décret
relatif à une pétition de Marseillais long-temps
incarcérés. (B. 59, 227.)

26 VENDÉMIAIRE an 4 (18 octobre 1795).—Décret
qui accorde la somme de seize mille livres au
citoyen Lenoir, à titre d'indemnité. (B. 59,
227.)

26 VENDÉMIAIRE an 4 (18 octobre 1795).—Décret
qui renvoie au comité de législation la proposition que les ci-devant religieux, qui, par l'effet
de la loi du 12 brumaire, avaient recueilli des
successions, soient traités au moins aussi favo-
rablement que les enfans naturels. (B. 59, 228.)

27 VENDÉMIAIRE an 4 (19 octobre 1795).—Décret
relatif aux porteurs de billets gagnans à la première loterie nationale de maisons, meubles et
effets. (1., Bull. 197, n° 1181 ; B. 59, 233.)

Voy. loi du 25 MESSIDOR an 4.

Art. 1er. Tous porteurs de billets gagnans
à la première loterie nationale de maisons,
meubles et effets, établie par décret du 29
germinal dernier, dont le tirage a été fait
les 2 et 12 fructidor dernier, qui n'auront
pas réclamé les lots à eux échus, dans le
délai de six mois à compter du jour de la
publication du présent décret, seront déchus de toute prétention, et l'objet de leur
lot restera au profit de la République.

2. Les porteurs de billets gagnans de la
seconde loterie, et des subséquentes qui
pourraient être établies par la suite, auront un pareil délai de six mois, à compter
du jour de la clôture du tirage de chaque
loterie, pour réclamer les lots qui leur seront échus : ce délai expiré, ils seront pareillement déchus de toute prétention sur
l'objet de leur lot, qui restera également
au profit de la République.

27 VENDÉMIAIRE an 4 (19 octobre 1795). — Décret relatif aux certificats de civisme à produire par les citoyens qui réclament l'indemnité des pertes éprouvées par l'invasion de
l'ennemi. (1, Bull. 197, n° 1182; B. 59, 234.)

Voy. lois du 8 PRAIRIAL an 3, du 25 MESSI-
DOR an 4 et du 23 BRUMAIRE an 5.

La Convention nationale, après avoir entendu le rapport de son comité des secours
publics, sur la question de savoir si la loi
du 18 thermidor dernier, qui a aboli les
certificats de civisme, est applicable aux
citoyens qui réclament l'indemnité des pertes qu'ils ont éprouvées par l'invasion de
l'ennemi ;

Considérant que la loi du 18 thermidor
dernier ne concerne que les certificats de

civisme qui étaient exigés pour être admis
à des fonctions publiques ou d'arbitrage, et
qu'elle ne peut être appliquée aux certificats de civisme que les lois des 14 ventose
de l'an 2 et 9 floréal dernier exigent des
citoyens qui réclament l'indemnité des pertes occasionées par l'invasion de l'ennemi,
puisqu'il importe essentiellement de s'assurer que ces réclamans n'ont pas favorisé
les projets et les entreprises des ennemis de
la République,

Décrète qu'il n'y a pas lieu à délibérer.

27 VENDÉMIAIRE an 4 (19 octobre 1795). — Décret portant que la maison ci-devant religieuse
dite du Petit-Calvaire est destinée au logement et casernement de la garde accordée au
Directoire exécutif. (B. 59, 230.)

27 VENDÉMIAIRE an 4 (19 octobre 1795). — Décret qui renvoie des patriotes marseillais au
comité de sûreté générale, pour donner des
renseignemens. (B. 59, 231.)

27 VENDÉMIAIRE an 4 (19 octobre 1795). — Décret relatif à un vol fait au citoyen Bernat,
receveur des domaines nationaux à Toulouse.
(B. 59, 232.)

27 VENDÉMIAIRE an 4 (19 octobre 1795).—Décret
portant que demain le comité d'instruction publique fera son rapport sur le costume des
fonctionnaires publics. (B. 59, 233.)

27 VENDÉMIAIRE an 4 (19 octobre 1795).—Décret
sur l'application à la commune de Paris de la
loi qui veut que, lorsqu'il y a eu des troubles
dans une commune, que ces troubles ont été
accompagnés d'assassinats, etc., cette commune
supporte seule ces dépenses. (B. 59, 233.)

27 VENDÉMIAIRE an 4 (19 octobre 1795).—Décret
qui accorde la somme de mille livres au citoyen
Rambaud. (B. 59, 234.)

27 VENDÉMIAIRE an 4 (19 octobre 1795). — Décret portant que le comité de sûreté générale
fera, dans la séance de demain, un rapport sur
les massacres qui ont eu lieu dans le Midi.
(B. 59, 235.)

27 VENDÉMIAIRE an 4 (19 octobre 1795). — Décret portant que le comité d'instruction publique aura tous les jours la parole pour proposer la suite des divers projets qui lui ont été
renvoyés. (B. 59, 235.)

27 VENDÉMIAIRE an 4 (19 octobre 1795).— Décret qui renvoie au comité d'instruction publique la proposition d'organiser, dans l'instruction publique, des établissemens de gymnasti-
que. (B. 59, 235.)

27 VENDÉMIAIRE an 4 (19 octobre 1795). — Décret qui accorde des pensions à des veuves de citoyens morts pour la patrie. (B. 59, 235.)

27 VENDÉMIAIRE an 4 (19 octobre 1795). — Décret relatif aux citoyens blessés en combattant, le 13 vendémiaire, pour la Représentation nationale. (B. 59, 231.)

28 VENDÉMIAIRE an 4 (20 octobre 1795). — Décret sur la police de la Bourse. (1, Bull. 198, n° 1183; B. 59, 243.)

Voy. lois du 21 AVRIL = 8 MAI 1791; du 13 FRUCTIDOR an 3; arrêté du 2 VENTOSE an 4; loi du 28 VENTOSE an 9 (1).

La Convention nationale, sur le rapport de ses comités de salut public et des finances,

Considérant que l'ordre et la liberté, qui en est la suite, doivent régner dans l'enceinte de la Bourse; que la sûreté du commerce exige que les fonctions des agens de change et courtiers de marchandises soient classées et déterminées;

Que cette liberté et cette sûreté, nécessaires au commerce, ne peuvent être confondues avec la licence et le trafic de l'agiotage; que le négociant honnête a réclamé et obtenu, dans tout pays commerçant, des lois protectrices sur la légalité de ses opérations, et qui en assurent l'exécution, tandis que l'agioteur a cherché partout à les violer et à s'y soustraire;

Que celui-là est agioteur criminel qui, par choix, met son intérêt en compromis avec son devoir, en faisant des opérations d'un nature telle qu'elles ne peuvent lui rapporter quelque bénéfice qu'au détriment de la chose publique; que tel est le cas de celui qui achète à terme des matières ou espèces métalliques, dans la coupable espérance que, le jour où le marché se réalisera, les espèces auront haussé de valeur, et que la monnaie nationale aura perdu la sienne; que tel est encore le cas de celui qui, sans besoin de commerce, achète, accapare des lettres-de-change sur l'étranger, dans l'espoir de les revendre avec bénéfice lorsque l'assignat sera déprécié; que celui qui vend à terme sans avoir des intentions aussi blâmables s'expose, par son imprudence, à produire les mêmes effets, savoir, l'avilissement de l'assignat, le renchérissement de toutes les marchandises et de tous les objets de première nécessité;

Considérant que de pareilles spéculations sont immorales, destructives de tout système économique, de tout crédit national, et ne peuvent être conçues et opérées que par des égoïstes ou des ennemis de la chose publique;

Considérant enfin que l'indulgence trop prolongée envers les agioteurs a pu seule les encourager dans leurs coupables attentats contre la chose publique, décrète ce qui suit:

CHAPITRE Iᵉʳ. De la police de la Bourse.

Art. 1ᵉʳ. La Bourse, c'est-à-dire le lieu où se rassemblent les négocians et marchands munis de patentes, pour leurs opérations de banque ou de commerce, s'ouvrira à onze heures jusqu'à une heure pour les ventes et achats de matières et espèces métalliques, et depuis une heure jusqu'à trois heures pour les opérations de banque et les négociations de lettres-de-change.

2. Aucun pouvoir militaire n'exercera de fonctions dans l'intérieur de la Bourse, et sa police ne sera soumise qu'à la surveillance de la police administrative.

3. L'administration de police disposera des moyens les plus actifs pour rendre facile et accessible l'entrée de la Bourse, et dissiper tout attroupement.

4. Le local intérieur de la Bourse sera disposé de manière que chaque négociant et marchand puisse s'y choisir une place

---

(1) Du préambule de cette loi et de plusieurs de ses dispositions résulte une prohibition expresse des marchés à terme : le Code pénal de 1810 l'a renouvelée, la même prohibition était établie par l'ancienne législation ; cependant l'usage semblait avoir prévalu contre la lettre de la loi, et la question de savoir si les marchés à *termes* d'effets publics étaient valables paraissait au moins très-douteuse ; quelques arrêts paraissaient même avoir décidé l'affirmative. *Voyes* notamment arrêt du 23 floréal an 9 (S. 7, 2, 933), du 13 fructidor an 13, du 29 mars 1810 (S. 24, 2, 347 et 348).

Mais, par ses arrêts des 4 et 11 août 1824, la Cour de cassation a jugé que « les marchés à « terme d'effets publics sont prohibés et nuls, s'il « n'y a dépôt d'effets ou de titres : surtout si ces « marchés ne sont que des spéculations sur la « hausse ou la baisse, se réduisant au gain ou à « la perte d'une différence; qu'aucune ratifica-« tion ne peut couvrir le vice de ces marchés ; « qu'enfin l'agent-de-change qui les a faits est sans « action civile pour réclamer le paiement des « sommes qu'il aurait avancées pour son client. » *Voy.* S. 24, 1, 409 et 414. Nonobstant cette décision, il est de notoriété publique que l'usage des marchés à terme continue ; il peut donc être utile d'étudier encore la question : en conséquence, voici l'indication de tous les monumens de l'ancienne et de la nouvelle législation : — arrêt du conseil du 7 août 1785; — *Id.* du 28 octobre 1785; — *Id.* du 22 septembre 1786, du 14 juillet 1787; — Code civil, art. 1965 et 1967; — Code pénal, art. 421 et 422; ordonnance du roi du 12 novembre 1823. — *Voy.* ces divers textes (S. 24, 2, 325).

zixe déterminée, tant dans les salles que dans les jardins du bâtiment.

Des agens de change.

5. Les places des quatre-vingts agens de change sont dès ce moment supprimées.

6. Les comités de salut public et des finances feront, dans vingt-quatre heures, le choix de vingt-cinq agens de change : vingt d'entre eux seront destinés aux opérations de négociations en banque ou papier sur l'étranger dans Paris ; les cinq autres, à l'achat et vente des espèces monnayées et des matières d'or et d'argent ; les uns et les autres sous le titre d'*agens de change.*

7. Ils seront pourvus d'une commission qui leur sera délivrée de suite par les comités de salut public et des finances, pour exercer exclusivement les fonctions qui leur sont attribuées.

8. Les comités feront choix, dans une décade, de soixante courtiers pour les marchandises : jusqu'au moment de la nomination de ces soixante courtiers, ceux actuellement en exercice continueront leurs fonctions.

De la vente des matières d'or et d'argent.

9. La vente et l'achat des espèces et matières d'or et d'argent aura lieu à la Bourse, depuis onze heures jusqu'à une heure : ces achats et ventes se feront à haute voix.

10. Les cinq agens de change préposés pour cette vente nommeront chacun un écrivain crieur : lorsqu'un d'entre eux aura conclu un marché de matières ou espèces métalliques, il fera annoncer à haute voix et la somme vendue et le prix de la vente par l'écrivain crieur, qui tiendra registre du nom du vendeur, de celui de l'acheteur, du prix de ladite vente, et de la quotité des objets vendus ; un double de ce registre sera déposé chaque jour à l'administration de police.

11. L'agent de change sera tenu, en outre, de remettre un bulletin signé de lui au vendeur et à l'acheteur au moment même où il aura conclu une vente ; lequel bulletin contiendra les mêmes désignations ci-dessus spécifiées, et il sera admis en justice comme pièce au procès, dans les discussions qui pourraient intervenir.

12. A une heure, le prix des espèces et matières d'or ou d'argent sera déterminé par les cinq agens de change ; il sera affiché sur-le-champ à la Bourse, et imprimé, sans aucun changement, dans tous les journaux. Aucun agent de change ne pourra prêter son ministère pour quelque vente ou achat de matières et espèces métalliques, dans l'intervalle d'une bourse à l'autre, à des prix supérieurs à ceux qui auront été fixés à l'issue de la bourse précédente.

13. Aucune déclaration sur quelque vente ou achat d'espèces ou matières métalliques, ne sera reçue en justice, que celle des cinq agens de change choisis ; et aucune négociation ne sera reconnue valable que celle qui aura eu lieu par leur ministère.

14. Les agens de change ne pourront faire aucun achat ni aucune vente, pour leur compte. Toute contravention de leur part à quelqu'un des articles ci-dessus sera punie de cinq années de fers : les marchés qui auraient eu lieu par ces contraventions seront annulés ; leur produit confisqué : la moitié en appartiendra à celui ou ceux qui auraient fait connaître la violation de la loi, l'autre moitié sera versée dans le Trésor public ; la perte sera supportée, par moitié, par le vendeur et l'acheteur.

15. Il est défendu à toute personne de vendre ou d'acheter ni de prêter son ministère pour aucune vente ou achat de matières ou espèces métalliques à terme ou à prime : aucune vente de ces matières ne pourra avoir lieu qu'au comptant, de telle sorte que les objets vendus devront être livrés et payés dans les vingt-quatre heures qui suivront la vente ; n'entendant comprendre dans cette défense les ouvrages de bijouterie et les matières ouvrées, dont la vente n'est sujette à aucune restriction.

16. Toute contravention à l'article précédent sera regardée comme agiotage : les contrevenans seront punis suivant les peines infligées aux agioteurs par la loi du 13 fructidor an 3 ; les marchés qui reposeraient sur ces contraventions, annulés ; leur produit, confisqué au profit entier des citoyens zélés qui auront dénoncé et fait connaître les contraventions à la loi.

17. Seront punis de toutes les peines décernées contre les agioteurs ceux qui, sans être agens de change, auraient prêté leur ministère à une opération quelconque contraire à quelqu'un des articles du présent décret.

CHAPITRE II. De la négociation des lettres-de-change en France.

Art. 1ᵉʳ. Il est défendu aux vingt-cinq agens de change nommés pour les négociations en banque et en papier sur l'étranger, de prendre aucune lettre-de-change pour leur propre compte, à peine d'être réputés agioteurs, et punis comme tels, suivant la loi du 13 fructidor an 3.

2. Toutes négociations en blanc de lettres-de-change sur l'étranger seront réputées agiotage : celui qui aura reçu ces lettres sera considéré et puni comme agioteur ; le cédant et l'agent de change, comme complices de l'agiotage : quant aux négociations en blanc de lettres-de-change, billets à ordre ou autres effets de commerce payables dans la République, elles seront punies des peines portées par le décret du 20 vendémiaire an 4.

3. Toute négociation à terme ou à prime de lettres-de-change sur l'étranger est ré-

putée agiotage, et tous les coopérateurs ou intermédiaires de pareilles transactions seront poursuivis comme agioteurs ou complices, et punis de la peine portée par la loi du 13 fructidor an 3.

4. Attendu que les marchés à terme ou à prime ont déjà été interdits par de précédentes lois, tous ceux contractés antérieurement au présent décret sont annulés, et il est défendu d'y donner aucune suite, sous les mêmes peines portées contre les infracteurs de l'article précédent.

5. Il ne pourra être négocié aucun papier sur la place qu'entre négocians patentés, et ayant en France maison de commerce et domicile fixe : il est défendu à tout agent de change, sous peine de destitution, de faire aucune opération de banque avec toute personne qui ne réunirait pas ces conditions.

6. Tout agent de change sera tenu, au moment même où il aura arrêté la négociation de lettres-de-change, billets à ordre ou autres effets de commerce, de donner sur-le-champ au vendeur et au preneur une double note signée de lui, dans laquelle il spécifiera le nom de la personne de qui il a pris le papier, le nom de celle pour qui il l'a engagé, le prix auquel il a été vendu, et la quotité de la somme négociée; cette note sera admise en justice comme pièce au procès.

7. Tout agent de change qui aura contrevenu à l'article ci-dessus sera destitué. La commission des administrations de police et tribunaux recevra, pour Paris, les dénonciations des contraventions mentionnées en l'article ci-dessus, et pourvoira de suite au remplacement : dans les autres villes de commerce, cette fonction est attribuée aux tribunaux de commerce.

8. Aucune déclaration sur quelque négociation de lettres-de-change, billets à ordre ou autres effets de commerce, ne sera reçue en justice que celle des vingt agens de change choisis, et aucune négociation ne sera reconnue valable que celle qui aura eu lieu par leur ministère.

9. A la fin de chaque bourse, le change sur toutes les places sera déterminé, à Paris, par quatre agens de change nommés à cet effet par les comités de salut public et des finances; et, dans les autres places de commerce, par trois agens de change nommés par les tribunaux de commerce : le cours fixé par eux sera affiché sur-le-champ à la porte de la Bourse, et inséré, sans aucun changement, dans les journaux.

10. Il est défendu à tout agent de change de prêter son ministère pour aucune négociation de papier sur l'étranger, dans l'intervalle d'une bourse à l'autre, à des prix plus chers que ceux qui auront été fixés à l'issue de la bourse précédente, sous peine de destitution.

11. A dater du jour du présent décret, toute lettre-de-change sur l'étranger, soit qu'elle ait été créée dans la République, soit qu'elle ait été faite d'une place étrangère sur une autre place étrangère, ne pourra être négociée que deux fois sur la même place de commerce dans la République, sans payer les droits qui sont réglés par le présent décret, la négociation du premier tireur au cessionnaire étant comptée pour une seule.

12. Le second cessionnaire qui voudra la négocier sur la même place dans laquelle est son cédant ne pourra le faire qu'après avoir payé un droit de cinq pour cent sur la valeur de la traite, d'après le cours le plus élevé de la dernière bourse : le troisième cessionnaire paiera un nouveau droit de dix pour cent; le quatrième, un nouveau droit de quinze pour cent, et ainsi de suite dans la même progression.

13. Une lettre-de-change qui, après avoir été négociée deux fois sur la même place, aura été envoyée dans une ville étrangère à la République, et qui reviendra dans une place de France où elle aurait déjà subi deux endossemens, ne sera assujétie aux droits ci-dessus qu'à une seconde négociation sur cette même place.

14. Pour opérer le paiement de la liquidation des droits ci-dessus, les agens de change qui auront fait la négociation, ou les cédans de la lettre-de-change, devront faire la liquidation du droit, et faire apposer à la lettre-de-change un visa au bureau d'enregistrement, lequel visa, signé par l'un des chefs de ce bureau, contiendra ces mots : *Visa pour une troisième, une quatrième ou une cinquième négociation; reçu telle somme.*

15. Tous effets de commerce, lettres-de-change ou billets à ordre qui auraient quelque endossement en blanc, ou qui seraient sans le visa prescrit par le présent décret, seront saisis à la diligence du commissaire du pouvoir exécutif dans les tribunaux civils, et du premier juge dans les tribunaux de commerce, pour être remis, s'ils sont sur l'étranger, à l'accusateur public du tribunal criminel du département, et, s'ils sont payables dans la République, à l'accusateur public du tribunal correctionnel de l'arrondissement.

16. Sont exceptés de l'article ci-dessus les endossemens en blanc suivis d'endossemens remplis, d'une date antérieure au décret du 19 vendémiaire, à moins qu'il ne soit prouvé qu'ils sont antidatés.

17. Tous les propriétaires actuels de lettres-de-change sur l'étranger pourront les négocier une seule fois en exemption du droit réglé par le présent décret, si, dans les vingt-quatre heures de sa publication, ils les font viser par les receveurs de l'enregistrement, qui le feront sans aucun

frais, et en ces termes : *Visa pour une seule négociation, gratis. A.... le....*

18. Seront punis de toutes les peines infligées aux agioteurs par la loi du 13 fructidor an 3, les cédans et cessionnaires qui se seraient soustraits à l'obligation des articles 12 et 13, ainsi que les agens de change qui auraient prêté leur ministère.

19. Seront également punis des mêmes peines ceux qui, sans être agens de change, auraient prêté leur ministère à toute opération quelconque contraire à quelqu'un des articles du présent décret.

20. L'administration de police prendra tous les moyens qui sont à la disposition d'une police active et surveillante, pour rechercher et découvrir les transactions secrètes qui se feraient en contravention au présent décret. Il est également enjoint aux administrateurs de l'enregistrement, de veiller, en ce qui les concerne, à son exécution.

21. Les dispositions générales du présent décret s'étendront à toutes les places du commerce de France ; et les tribunaux de commerce de chaque place sont chargés d'en diriger et surveiller l'exécution.

22. Le présent décret sera publié à Paris dans le jour ; son insertion au bulletin de correspondance tiendra lieu de publication pour les autres communes de la République.

28 VENDÉMIAIRE an 4 (20 octobre 1795).—Décret contenant des changemens et additions aux lois des 28 thermidor et 22 vendémiaire sur les monnaies. (1, Bull. 198, n° 1184 ; B. 59, 239.)

Art. 1er. La rédaction du dernier alinéa de l'article 6 de la loi du 28 thermidor dernier sur les monnaies (conçue en ces termes : *La tranche portera ces mots*, GARANTIE NATIONALE), est rapportée.

Elle est définitivement décrétée de la manière suivante : *La tranche des pièces de cinq francs portera ces mots*: GARANTIE NATIONALE.

2. Article additionnel au titre XII de la loi du 22 vendémiaire sur les monnaies :

Le caissier sera nommé par le Directoire exécutif.

3. Les articles 95 et 96 du titre XV de la loi du 22 vendémiaire sur les monnaies, sont rapportés.

L'article suivant leur est substitué : *Le poids d'essai, tant pour l'or que pour l'argent, sera d'un gramme.*

28 VENDÉMIAIRE an 4 (20 octobre 1795).—Décret qui accorde un crédit à diverses commissions. (B. 59, 237.)

28 VENDÉMIAIRE an 4 (20 octobre 1795).—Décret portant que le projet de décret relatif à l'administration de la marine sera mis à la discussion demain à une heure après midi. (B. 59, 238.)

28 VENDÉMIAIRE an 4 (29 octobre 1795).—Décret qui autorise la commune de Villefranche à faire un emprunt. (B. 59, 239.)

28 VENDÉMIAIRE an 4 (20 octobre 1795).—Décret par lequel le citoyen Quinson est déchargé de sa gestion. (B. 59, 237.)

28 VENDÉMIAIRE an 4 (20 octobre 1795).—Décret relatif au paiement à faire au citoyen Lavé. (B. 59, 238.)

28 VENDÉMIAIRE an 4 (20 octobre 1795).—Décret qui accorde trois cents livres de secours à la citoyenne Jadot. (B. 59, 240.)

28 VENDÉMIAIRE an 4 (20 octobre 1795).—Décret relatif à l'explosion de l'arsenal de Landau. (B. 59, 240.)

28 VENDÉMIAIRE an 4 (20 octobre 1795).—Décret sur une avenue à ouvrir en face du pavillon du milieu du palais du Luxembourg jusqu'au boulevard. (B. 59, 241.)

28 VENDÉMIAIRE an 4 (20 octobre 1795).—Décret qui ordonne l'impression d'un projet de décret sur la restitution aux établissemens de bienfaisance, des revenus des biens dont ils jouissaient. (B. 59, 242.)

28 VENDÉMIAIRE an 4 (20 octobre 1795).—Décret relatif à une amende payée par le citoyen Loustau. (B. 59, 242.)

28 VENDÉMIAIRE an 4 (20 octobre 1795).—Décret relatif aux héritiers Archinard. (B. 59, 241.)

28 VENDÉMIAIRE an 4 (20 octobre 1795).—Décret par lequel les citoyens Durdan, Martin, etc., sont déclarés quittes et déchargés de leur gestion. (B. 59, 242.)

28 VENDÉMIAIRE an 4 (20 octobre 1795).—Décret qui proroge les conseils militaires établis par la loi du 15 vendémiaire. (B. 59, 242.)

29 VENDÉMIAIRE an 4 (21 octobre 1795).—Décret qui maintient provisoirement dans la jouissance de leurs acquisitions les possesseurs de domaines nationaux qui ont été troublés par la voie judiciaire ou autrement. (1, Bull. 198, n° 1185 ; B. 59, 253.)

Voy. loi du 1er FRUCTIDOR an 3.

La Convention nationale décrète que les possesseurs-acquéreurs de domaines nationaux qui ont été troublés dans la jouissance de leurs acquisitions, soit par voie judiciaire ou administrative, ou autrement, en jouiront provisoirement, jusqu'à ce qu'il ait été prononcé par les comités compétens sur la validité ou l'invalidité de la vente (1).

---

29 VENDÉMIAIRE an 4 (21 octobre 1795). —Décret relatif aux assassinats commis par les compagnies de Jésus, du Soleil et autres associations royalistes. (1, Bull. 196, n° 1174; B. 59, 250.)

---

29 VENDÉMIAIRE an 4 (21 octobre 1795). —Décret portant que le rapport fait sur les assassinats commis dans les départemens sera imprimé et envoyé dans les départemens et aux armées. (B. 59, 251.)

---

29 VENDÉMIAIRE an 4 (21 octobre 1795). —Décret qui rapporte celui du 10 vendémiaire, concernant la garde départementale. (1, Bull. 198, n° 1186; B. 59, 252)

---

29 VENDÉMIAIRE an 4 (21 octobre 1795). —Décret qui ordonne l'affiche de toutes les pièces de la correspondance trouvée chez le conspirateur Lemaître, etc. (B. 59, 250.)

---

29 VENDÉMIAIRE an 4 (21 octobre 1795). — Décret ordonnant l'impression en placard et l'envoi à toutes les communes de la République de l'arrêté du comité de sûreté générale contenant les détails de la dernière conspiration de Lemaître. (B. 59, 251.)

---

29 VENDÉMIAIRE an 4 (21 octobre 1795). — Décret qui autorise le conseil militaire établi par la loi du 15 vendémiaire, section de la Butte-des-Moulins, au Palais-Égalité, à citer devant lui les représentans Saint-Affrique, Penières et Louchet, pour être entendus comme témoins dans le procès contre le nommé Prevot. (B. 59, 251.)

---

29 VENDÉMIAIRE an 4 (21 octobre 1795). — Décret portant que le rapport sur le mode d'exécution de l'expulsion des ennemis de la République hors de son territoire sera fait primidi prochain. (B. 59, 253.)

---

29 VENDÉMIAIRE an 4 (21 octobre 1795).—Décret qui accorde la somme de douze cents livres au citoyen Mortier. (B. 59, 253.)

---

29 VENDÉMIAIRE an 4 (21 octobre 1795). — Décret qui maintient les adjudications faites, dans le département des Landes, des biens de Béthune-Charost et sa femme. (B. 59, 253.)

---

29 VENDÉMIAIRE an 4 (21 octobre 1795).—Décret

contenant les mesures à prendre au sujet des assassinats commis dans les départemens. (1 , Bull. 198, n° 1187; B. 59, 252.)

---

29 VENDÉMIAIRE an 4 (21 octobre 1795).—Décret relatif à l'arrestation des officiers municipaux et administrateurs complices des assassinats du Midi. (1, Bull. 198, n° 1188; B. 59, 252.)

---

30 VENDÉMIAIRE an 4 (22 octobre 1795).—Décret qui ordonne une rectification dans celui du 9 messidor , relatif au Code hypothécaire. (1, Bull. 198, n° 1189; B. 59, 257.)

La Convention nationale décrète qu'au mot *ventose*, qui s'est glissé par erreur dans l'article 1er de la loi du 9 messidor dernier, concernant le Code hypothécaire, il sera substitué le mot *nivose*, le seul que la loi ait eu en vue, d'après l'article 255 et les suivans.

---

30 VENDÉMIAIRE an 4 (22 octobre 1795).—Décret contenant réglement sur l'organisation du Corps-Législatif. (1, Bull. 199, n° 1192; B. 59, 254.)

Dispositions préliminaires.

Art. 1er. Jusqu'au 2 brumaire à midi, tous les membres de la Convention réélus au Corps-Législatif, soit sur les listes principales, soit sur les listes supplémentaires indistinctement, se feront inscrire au comité des décrets.

2. Le comité des décrets fera imprimer et distribuer, le 3 brumaire, à chaque membre de la Convention, la liste des membres inscrits, conformément à l'article précédent.

Cette liste sera disposée dans l'ordre alphabétique des noms des membres réélus, et sera intitulée : *Liste des électeurs.*

3. Il sera également distribué, le 3 brumaire, à chaque membre de la Convention trois exemplaires d'une liste des éligibles, laquelle contiendra les noms de tous les membres de la Convention non compris dans la liste des électeurs.

4. Chaque électeur désignera par le signe—, sur une liste des éligibles, ceux qu'il a l'intention de réélire.

Pour connaître le nombre des noms à indiquer par ce signe, on retranchera du nombre de cinq cents celui des membres portés sur la liste des électeurs, et de plus celui des députés actuels de la Corse et des colonies, qui, d'après la loi du 1er vendémiaire, demeurent membres du Corps-Législatif.

---

(1) La règle consacrée par cette loi, et portant que les adjudications de domaines nationaux ne peuvent être querellées devant les tribunaux , s'étend même à une adjudication déjà annulée ,

pour irrégularité intrinsèque, par jugement de 1re instance du 26 thermidor an 3 ; ce jugement a été annulé par la loi (11 février 1820; ord. S. 21, 2, 23).

Assemblée électorale.

5. Le 4 brumaire, la séance de la Convention commencera à huit heures du matin, et finira à une heure après midi.

A l'instant, les membres portés sur la liste des électeurs se formeront en assemblée électorale, sous la présidence du plus ancien d'âge, les deux plus jeunes faisant les fonctions de secrétaires.

6. On admettra ensuite ceux des autres membres de la Convention dont la réélection aurait été notifiée depuis le 2 brumaire à midi ; leurs noms seront ensuite intercalés dans la liste des électeurs.

7. La liste alphabétique des électeurs sera partagée en dix séries, et il sera placé sur les bureaux du président et des secrétaires dix boîtes ou vases à scrutins, correspondant à chacune des séries.

8. Il sera fait un appel nominal de chaque série successivement : les membres composant la première déposeront dans le premier vase leurs listes des éligibles, préparées comme il a été dit en l'article 4 ; les membres de la seconde série déposeront leurs listes dans le deuxième vase, et ainsi des autres.

9. A mesure que l'on aura terminé l'appel d'une série, le président et les secrétaires scelleront le vase qui aura reçu les scrutins de cette série.

10. Les trois plus anciens d'âge de chaque série feront, pour chaque vase respectivement, les fonctions de scrutateurs.

En conséquence, ils se retireront dans les salles de la Liberté et des Drapeaux, où l'on aura préparé dix bureaux pour les dépouillemens.

Les vases seront apportés sur ces bureaux par les scrutateurs respectifs.

11. Les scrutateurs de chaque bureau feront à haute voix, en présence des membres qui voudront y assister, le dépouillement des scrutins contenus dans chaque vase ; les recensemens particuliers seront portés au bureau général, qui proclamera les résultats.

12. Si un nombre suffisant de membres n'a point obtenu la majorité absolue des suffrages, on procédera, dans les mêmes formes, à un second scrutin ; et ensuite, s'il est nécessaire, à un troisième, dans lequel la pluralité relative sera suffisante.

13. Si, durant et après la séance de l'assemblée électorale, il arrivait, des départemens, des procès-verbaux portant nomination, soit sur les listes principales, soit sur les listes supplémentaires, de membres non encore réélus, on retranchera en nombre égal ceux qui auront obtenu le moins de suffrages dans l'élection faite par les membres de la Convention.

14. On conservera les noms de ceux qui auront obtenu le plus de suffrages après

8.

ceux définitivement réélus par les membres de la Convention, afin de remplir les places qui, jusqu'au 15 brumaire, viendraient à vaquer, de quelque manière que ce soit, dans le Corps-Législatif.

15. L'assemblée électorale, formée par les membres réélus de la Convention, ne tiendra qu'une séance, et terminera, sans désemparer, toutes les opérations mentionnées dans les articles précédens.

Séance générale du Corps-Législatif.

16. Le 5 brumaire, à midi, tous les membres du Corps-Législatif se réuniront en la salle actuelle de la Convention. La séance sera présidée par le plus ancien d'âge, et les six plus jeunes feront les fonctions de secrétaires.

17. L'archiviste de la République donnera lecture du sommaire des procès-verbaux et extraits de procès-verbaux qu'il aura recueillis. Cette lecture tiendra lieu de vérification des pouvoirs des députés, contre la nomination desquels il ne s'élèvera point de réclamation.

18. A mesure qu'un membre sera appelé, il déclarera s'il est marié ou veuf, et quel est son âge ; il déposera au bureau un billet conforme à sa déclaration, et qu'il aura préparé d'avance.

19. Les billets déposés par les cinq cents membres pris dans la Convention seront mis dans un vase placé, à cet effet, sur l'un des bureaux des secrétaires ; et les billets déposés par les autres membres seront recueillis dans un vase placé sur l'autre de ces bureaux.

20. Les secrétaires de l'un et de l'autre bureau feront respectivement le triage des billets qui contiendront la déclaration de l'état de mariage ou de veuvage, et ils rangeront ces billets dans l'ordre de l'âge qui y sera indiqué.

21. Parmi les cinq cents députés ex-membres de la Convention nationale, mariés ou veufs, et âgés de quarante ans, le sort indiquera les cent soixante-sept qui devront être membres du Conseil des Anciens.

Il en sera de même des quatre-vingt-trois membres du troisième tiers qui devront être membres de ce même Conseil.

22. Les absens ne pourront être placés sur la liste du Conseil des Anciens qu'autant que leur âge et leur état de mariage ou veuvage seront verbalement attestés par quatre membres présens.

23. Toutes les opérations précédentes se feront sans désemparer, et il ne pourra être fait aucune proposition ni pris aucune délibération étrangère aux opérations susdites.

24. L'application des membres de l'un et de l'autre Conseil aux divers départemens de la République, se fera, dans chaque Conseil, au 1er nivose prochain.

22

Première séance des deux Conseils.

25. Le 6 brumaire, à neuf heures du matin, chacun des Conseils tiendra sa première séance, et procédera, dans les formes prescrites par la Constitution, à la nomination de son président et des secrétaires.

26 Le Conseil des Cinq-Cents fera sa liste de présentation des membres du Directoire exécutif, à la pluralité relative, conformément à la loi du 25 fructidor dernier sur les élections.

27. Le conseil des Anciens fera, pour cette fois, la nomination des membres du Directoire en la manière suivante :

Si, au premier tour de scrutin, la pluralité absolue n'a point été obtenue par cinq citoyens, il sera procédé à un second tour de scrutin.

Si, au second tour de scrutin, l'élection n'est pas consommée à la majorité absolue, il sera procédé à un troisième scrutin, dans lequel la pluralité relative sera suffisante.

28. A chaque tour de scrutin, on procédera à la fois par billets de nomination et par billets de réduction, conformément à la loi du 25 fructidor dernier sur les élections.

Du Gouvernement.

29. L'installation du Directoire se fera le troisième jour au plus tard après l'élection de ses membres.

30. Depuis le 4 brumaire, à midi, jusqu'au jour de l'installation du Directoire exécutif inclusivement, le comité de sûreté générale exercera les fonctions administratives actuellement attribuées au comité de législation, et le comité de salut public, celles attribuées actuellement aux autres comités.

31. Les trois membres du comité des finances qui composent, avec les membres du comité de salut public, la section dite *des dépenses*, continueront cette fonction jusqu'à l'installation du Directoire.

---

30 VENDÉMIAIRE an 4 (22 octobre 1795). — Décret concernant les écoles de services publics.
(1, Bull. 200, n° 1196 ; B. 59, 262.)

TITRE Iᵉʳ. Dispositions générales.

Art. 1ᵉʳ. Indépendamment de l'organisation générale de l'instruction, la République entretient des écoles relatives aux différentes professions uniquement consacrées au service public, et qui exigent des connaissances particulières dans les sciences et les arts.

2. Ces écoles sont comprises sous les dénominations suivantes :

Ecole polytechnique, écoles d'artillerie, écoles des ingénieurs militaires, école des ponts-et-chaussées, école des mines, école des géographes, école des ingénieurs de vaisseaux, écoles de navigation, écoles de marine.

3. On ne peut être admis à aucune de ces écoles sans avoir justifié de l'instruction préliminaire exigée pour les examens de concours, suivant le mode prescrit pour chacune d'elles.

4. Les élèves des écoles de services publics sont salariés par l'Etat.

5. Les écoles actuellement existantes, relatives aux services publics dont il s'agit dans le présent décret, prendront à l'avenir les dénominations énoncées à l'art. 2, et qui conviennent respectivement à leur genre.

Ce qui concerne leur nombre et leur régime propre sera déterminé dans les titres suivants, ou par de simples reglemens du pouvoir exécutif, suivant la nature des objets.

6. Celles des écoles indiquées à l'art. 2, et qui n'existent pas encore, seront instituées le plus promptement possible.

7. Les écoles de services publics seront entretenues sur les fonds à la disposition des ministres respectifs qui en auront la surveillance. Les ministres proposeront, le plus tôt possible, au Corps-Législatif, la somme annuelle qu'il convient d'affecter à chacune d'elles.

8. Seront exclus des écoles de services publics les citoyens qui auraient manifesté des opinions ou qui auraient tenu une conduite antirépublicaine.

TITRE II. Ecole polytechnique (1).

Art. 1ᵉʳ. L'école polytechnique sera sous l'autorité du ministre de l'intérieur.

Cette école est destinée à former des élèves pour le service de l'artillerie, du génie militaire, des ponts-et-chaussées et constructions civiles, des mines, des constructions de vaisseaux et bâtimens de mer, de la topographie, et, en même temps, pour l'exercice libre des professions qui nécessitent des connaissances mathématiques et physiques.

2. Le nombre des élèves qui la composeront est réduit à trois cent soixante.

3. Les conditions et le mode d'examen pour être admis à cette école seront conformes à ce qui est prescrit par la loi du 15 fructidor an 3.

4. Le cours complet des et des de l'école polytechnique sera de trois années, conformément à son organisation actuelle.

5. A la fin de chaque année, il sera fait un examen des élèves, pour connaître leur instruction, leur capacité, et le travail qu'ils auront fait, conformément à ce qu'i

---

(1) *Voy.* loi du 15 fructidor an 3 et du 25 frimaire an 8.

est prescrit par l'art. 8 de la loi du 15 fructidor an 3.

6. Ceux qui auront satisfait aux conditions exigées passeront au travail de la deuxième et de la troisième année, et commenceront par l'une ou l'autre, suivant la profession particulière à laquelle ils se destineront, ou suivant qu'il sera réglé par l'autorité qui dirige l'école.

7. Les élèves qui se destineront à servir la patrie, soit dans l'artillerie, soit dans les ponts-et-chaussées, soit dans le génie militaire, soit dans les mines, pourront, après leur deuxième année d'étude à l'école polytechnique, se présenter aux concours qui seront ouverts à Paris pour ces divers services.

8. Ils seront examinés sur les élémens de mathématiques, y compris la mécanique, et sur les autres travaux qu'ils auront faits à l'école : les plus instruits et les plus capables seront admis pour chaque partie, à proportion des places vacantes dans l'année, d'après ce qui sera statué par les ministres de la guerre et de l'intérieur, en ce qui les concerne respectivement.

9. Les élèves ainsi reçus iront aux écoles d'application, ou exerceront immédiatement les fonctions auxquelles ils sont destinés, suivant les réglemens de chaque espèce de service, et ils jouiront des appointemens qui y sont attachés.

Les élèves non reçus pourront passer à l'école polytechnique une troisième année, et, à son expiration, se présenter de nouveau à l'examen.

10. Ceux admis pour le génie militaire et les ponts-et-chaussées achèveront à l'école polytechnique la troisième année du cours d'études, avant d'entrer à l'école d'application de leur genre : leur traitement pendant cette troisième année sera augmenté de 300 francs.

11. Après leur première année d'étude à l'école polytechnique, les élèves qui voudraient être soit ingénieurs de vaisseaux, soit ingénieurs-géographes, se présenteront à l'examen qui sera ouvert à Paris pour l'admission aux écoles d'application de ces deux genres : les plus instruits y seront reçus en même nombre que celui des places à y remplir ; les autres pourront continuer leurs études à l'école polytechnique, pour se faire examiner de nouveau à l'époque prescrite.

12. Les élèves des mines, ainsi que ceux de l'école des ingénieurs de vaisseaux, pourront, quoique attachés à leurs écoles particulières à Paris, suivre l'enseignement de la physique et de la chimie donné à l'école polytechnique, et travailler dans les laboratoires de cette école.

13. Enfin, ceux qui se proposeraient de servir la République dans d'autres genres que ceux énoncés dans les articles précédens auront la faculté d'achever le cours entier des études de l'école polytechnique, ou d'en sortir à leur gré après la première, la seconde ou la troisième année, en s'assujetissant d'ailleurs à tous les réglemens de l'école.

14. Dans aucun cas, aucun élève ne pourra rester en cette qualité plus de quatre ans à l'école polytechnique.

15. Le ministre de l'intérieur fera connaître à l'avance, chaque année, le nombre des élèves à admettre à l'école polytechnique, d'après le nombre des places qui deviendront vacantes.

Il statuera d'ailleurs sur tout ce qui concerne le régime intérieur de l'école, et tiendra la main à ce que l'enseignement et le travail y soient les plus propres à remplir le but qu'on se propose dans cette institution, en se conformant toutefois à ce qui lui sera prescrit par le Directoire exécutif.

16. A l'avenir, il ne sera plus admis aux écoles particulières du génie militaire, des ponts-et-chaussées, des mines, des géographes, ainsi que de l'artillerie et des ingénieurs de vaisseaux, que des jeunes gens ayant passé à l'école polytechnique, et ayant rempli toutes les conditions prescrites.

Néanmoins, jusqu'à ce qu'il se trouve assez d'élèves qui aient satisfait à ces conditions, le Directoir exécutif entretiendra ces différens services par des élèves ou choisis suivant l'ancien mode, ou tirés de l'école polytechnique : à cet effet, il pourra prendre dans cette école ceux dont il jugerait les services utiles à la patrie, suivant les circonstances.

TITRE III. Des écoles d'artillerie (1).

Art. 1er. L'école des élèves d'artillerie, établie à Châlons-sur-Marne, restera en activité jusqu'à la paix. Les réglemens donnés pour cette école par le comité de salut public, en date du 25 floréal, seront observés jusqu'à la cessation de cette école.

2. A la paix, et lors de la suppression de l'école de Châlons, les élèves qui se destineront à entrer dans l'artillerie suivront, deux ans au moins, les études de l'école polytechnique ; ils ne seront admis ensuite dans l'une des écoles des régimens créées par la loi du 8 floréal an 3, qu'après un examen qui constatera leur instruction et leur capacité.

3. Les huit écoles d'artillerie, placées près des régimens de cette arme, seront disposées et entretenues par le ministre de

la guerre, de manière que les élèves, qui y seront envoyés comme officiers, et après avoir subi l'examen indiqué dans l'article précédent, puissent y appliquer leurs connaissances aux arts, à la construction des ouvrages et aux manœuvres de guerre qui dépendent de l'artillerie. Les études de mathématiques élémentaires, qui en faisaient partie, seront supprimées, et renvoyées avant l'examen nécessaire pour entrer à ces écoles.

TITRE IV. École des ingénieurs militaires.

Art. 1er. L'école des ingénieurs militaires, réunie à celle des mineurs, sera établie à Metz, dans la ci-devant abbaye de Saint-Arnould, et mise en activité le plus promptement possible.

2. Le nombre des élèves ne pourra être au-dessus de vingt.

Ils auront le grade de sous-lieutenant, et le traitement en conséquence.

3. Il ne sera reçu à l'école de Metz que des jeunes gens ayant fait trois années d'études à l'école polytechnique, et ayant prouvé leur instruction dans les examens qu'ils subiront à cet effet.

4. L'examen pour l'admission à l'école de Metz aura lieu à Paris, tous les ans, dans le mois de frimaire.

Les élèves reçus auront la faculté ou d'aller sur-le-champ à Metz, ou de prendre un congé jusqu'au 1er germinal suivant.

5. Dans tous les cas, ils seront tenus de se rendre à l'école à cette époque, qui sera celle de l'ouverture des travaux.

6. Ces travaux seront l'application des connaissances théoriques que les élèves auront prises à l'école polytechnique : ils auront principalement pour objet la construction de toutes sortes d'ouvrages de fortifications, des mines et contre-mines, les simulacres de siége, d'attaque et de défense, les levées de plans et les reconnaissances militaires, enfin tous les détails du service des ingénieurs dans les places et aux armées.

7. Ces études seront au moins d'une année : après ce temps, les élèves qui auront l'instruction suffisante, pourront être détachés dans des garnisons, ou employés à divers objets de service, en attendant qu'ils puissent être compris dans le corps du génie, en raison des places vacantes.

8. Le ministre de la guerre, avec l'approbation du Directoire exécutif, déterminera le nombre des élèves à recevoir chaque année à l'école de Metz, ou à en faire sortir.

Il organisera cette école, pour remplir le but de son institution.

9. Les officiers admis, depuis 1792, pour servir en qualité d'ingénieurs militaires, seront tenus, pour continuer leur service, de faire preuve de capacité, de moralité et d'instruction, dans les examens qu'ils subiront devant un examinateur, pour la partie théorique, et deux officiers supérieurs du génie. Ces examens commenceront à avoir lieu dans le courant de brumaire prochain.

10. Le pouvoir exécutif donnera, pendant un an, à ceux qui seront jugés n'avoir pas de connaissances nécessaires, les facilités convenables pour acquérir l'instruction qui leur manque; au bout duquel temps, ceux qui n'auraient pas satisfait à l'examen ne seront plus admis à remplir les fonctions d'officier du génie.

TITRE V. École des ponts-et-chaussées (1).

Art. 1er. L'école actuelle des ponts-et-chaussées, créée en 1747, et instituée de nouveau conformément à la loi du 13 décembre 1790 = 19 janvier 1791, est conservée comme école d'application.

2. Le dépôt des plans et modèles relatifs aux travaux des routes, canaux et ports maritimes, continuera d'être joint à cette école.

3. Les élèves seront au nombre de trente-six, et serviront au remplacement tant des ingénieurs connus sous la dénomination d'ingénieurs des ponts-et-chaussées, que de ceux qui, dans les grands ports, étaient nommés ingénieurs des bâtimens civils de la marine.

4. Les élèves seront tirés de l'école polytechnique, conformément à ce qui est prescrit dans le titre relatif à cette école, et conserveront le traitement qu'ils y avaient.

5. L'instruction qui sera donnée dans l'école des ponts-et-chaussées aura principalement pour objet : 1° l'application des principes de physique et de mathématiques à l'art de projeter et construire les ouvrages relatifs aux routes, aux canaux et aux ports maritimes, et aux édifices qui en dépendent; 2° les moyens d'exécution et de pratique; 3° les formes établies pour la rédaction des devis et détails estimatifs des ouvrages à exécuter, et l'ordre à tenir dans la comptabilité.

Le local actuel de l'école des ponts-et-chaussées n'étant pas national, le ministre de l'intérieur est chargé de lui trouver un emplacement plus convenable, et de pourvoir à l'organisation de cet établissement.

TITRE VI. École des mines (2).

Art. 1er. L'agence des mines actuellement existante prendra dorénavant le nom

---

(1) Voy. loi du 31 décembre 1790 = 19 janvier 1791.
(2) Voy. loi du 18 = 25 février 1791.

le *Conseil des mines*, et sera sous l'autorité du ministre de l'intérieur.

Ce conseil donnera au ministre des avis motivés sur tout ce qui a trait aux mines de la République.

Les dispositions des arrêtés du comité de salut public des 13 et 18 messidor an 2, relatifs au conseil et aux inspecteurs, ingénieurs et élèves des mines, continueront d'être exécutées en tout ce qui ne sera pas contraire au présent décret.

2. Il sera établi une école pratique pour l'exploitation et le traitement des substances minérales.

Le ministre de l'intérieur est chargé de placer cette école près d'une mine appartenant à la République, et déjà en activité, ou dont on puisse commencer et suivre l'exploitation avec avantage.

3. Le nombre des élèves des mines sera de vingt.

Les élèves actuels seront réduits à ce nombre, par un concours qui aura lieu avant le mois de nivose : ce concours consistera dans un examen des élèves, que le conseil des mines fera faire, par des inspecteurs, sur toutes les connaissances théoriques et pratiques nécessaires à l'exploitation des mines.

4. Dix au moins des élèves seront attachés à l'école pratique, pour y suivre pendant un an et plus, s'il le faut, l'instruction qui y sera donnée : les autres élèves seront attachés respectivement à chacun des inspecteurs, pour les accompagner dans leurs tournées, et revenir avec eux à Paris, lorsque ces inspecteurs se réuniront près du conseil des mines.

Le conseil pourra garder constamment près de lui deux des élèves, pour les employer aux opérations qu'il jugera les plus utiles.

5. Chaque année, deux élèves choisis au concours parmi ceux qui auront suivi au moins pendant un an l'école pratique, et auront voyagé avec un inspecteur au moins pendant une autre année, seront reçus ingénieurs surnuméraires : leur traitement en cette qualité sera augmenté de 500 francs par an.

6 Les surnuméraires seront employés comme les ingénieurs, les suppléeront au besoin, et passeront par ancienneté aux places qui deviendront vacantes.

7. Le nombre des élèves des mines sera complété, chaque année, par des candidats tirés de l'école polytechnique, conformément à ce qui est prescrit au titre relatif à cette école.

Pendant les deux prochaines années seulement, les élèves qui seront réformés par suite du présent décret seront admis à concourir avec les élèves de l'école polytechnique, pour remplir les places vacantes parmi les élèves des mines.

8. Il sera attaché à l'école pratique des mines deux professeurs, l'un des connaissances relatives aux travaux d'exploitation, l'autre de docimasie et métallurgie, lesquels seront aidés dans leurs fonctions par deux ingénieurs des mines.

9. Indépendamment des élèves des mines, il sera admis à l'école pratique dix externes âgés de quinze à vingt ans, et qui auront fait preuve de capacité et de bonne conduite : ces externes suivront l'instruction de l'école à leurs frais, et seront renouvelés chaque année.

10. Néanmoins, pour la première année seulement, ceux des élèves réformés par l'effet du concours prescrit par l'article 3 du présent titre pourront continuer leur instruction près l'école pratique, et y conserveront leur traitement.

Ces élèves, alors, tiendront lieu des externes dont il est parlé dans l'article précédent ; et, dans le cas où le nombre en serait moindre que dix, il pourra être complété par des externes non salariés.

11. Il sera attaché à la garde des collections formées à Paris, près le conseil des mines ; 1° un conservateur des objets de minéralogie ; 2° un conservateur des produits chimiques, chargé en même temps des essais ; 3° un bibliothécaire versé dans les langues étrangères.

TITRE VII. École des géographes.

Art. 1er. Il sera établi une école composée habituellement de vingt élèves, qui seront instruits et exercés aux opérations géographiques et topographiques, aux calculs qui y sont relatifs, et au dessin de la carte.

2. Ces élèves feront leurs premières études, au moins pendant un an, à l'école polytechnique, et ils subiront un examen lorsqu'ils en sortiront, pour entrer à l'école des géographes.

3. Cet examen aura, en général, pour objet les mathématiques pures et appliquées ; mais il portera principalement sur l'astronomie géométrique, les deux trigonométries et le dessin de la carte.

4. L'instruction des élèves de l'école des géographes sera divisée en deux parties, dont l'une aura pour objet les opérations sur le terrain, et l'autre, le travail du cabinet.

5. Les opérations sur le terrain seront de trois sortes :
1° Le figuré du terrain ; 2° les mesures géométriques, soit des angles, soit des bases ; 3° les observations astronomiques.

6. Les travaux du cabinet auront deux objets, savoir :
1° Les opérations graphiques relatives à la réduction et au dessin des cartes ; 2° les calculs trigonométriques et les toisés.

7. Le traitement annuel des élèves de l'école des géographes sera le même que

celui dont ils jouissaient à l'école polytechnique.

8. Il y aura deux professeurs à l'école des géographes, dont un pour la partie géométrique, et un pour le dessin. Le directeur du cadastre sera attaché à cette école, et en formera le conseil avec les professeurs.

9. Chaque année, le directeur du cadastre, et les diverses administrations qui auront besoin de géographes, feront leurs demandes au ministre de l'intérieur. Les places à remplir seront données aux plus instruits des élèves, qui prendront alors le titre d'*ingénieurs-géographes*.

10. Pour donner de l'activité aux travaux du cadastre, et pouvoir y appliquer le plus promptement possible des hommes à talent, le nombre des élèves sera d'abord provisoirement porté à cinquante, avec un professeur de plus pour le dessin : ce supplément y sera entretenu tant que l'exigeront les besoins du cadastre.

11. Le ministre de l'intérieur est chargé de pourvoir à l'emplacement et à l'organisation de cette école.

Titre VIII. Ecole des ingénieurs de vaisseaux.

Art. 1er. L'école des ingénieurs-constructeurs, actuellement existante à Paris, est conservée sous le nom d'*Ecole des ingénieurs de vaisseaux*.

2. Après la présente année, il ne sera admis à cette école que des jeunes gens ayant fait au moins un an d'études à l'école polytechnique.

3. Le choix entre ces élèves sera fait chaque année par un examen de concours sur la géométrie descriptive, la mécanique et les autres parties du travail affecté à la première année d'études de l'école polytechnique.

4. Le traitement des élèves admis à l'école des ingénieurs de vaisseaux sera de 1,500 francs par an.

5. Quant au surplus de l'instruction donnée à l'école des ingénieurs de vaisseaux, et à son régime, ils continueront d'avoir lieu comme par le passé.

Il n'est rien innové également par rapport au nombre des élèves.

Les cinq élèves pour la construction des bâtimens de commerce, qui y étaient attachés, y seront reçus de même chaque année, et aux mêmes conditions : ils uront la faculté de suivre tant l'enseignement de la première année, donné à l'école polytechnique, que celui de l'école particulière des ingénieurs de vaisseaux.

Titre IX. Ecole de navigation.

Art. 1er Les écoles de mathématiques et d'hydrographie destinées pour la marine de l'Etat, et les écoles d'hydrographie destinées à la marine du commerce, prendront à l'avenir le nom d'*Ecoles de navigation*.

2. Les dispositions de la loi du 30 juillet = 10 août 1791, concernant ces écoles, sont maintenues.

3. Il sera formé deux nouvelles écoles de navigation pour le commerce ; l'une sera placée à Morlaix, et l'autre à Arles.

Le ministre de la marine est chargé de les établir le plus promptement possible, semblablement aux autres écoles de même genre.

Titre X. Ecole de marine (1).

Art. 1er. Les aspirans de la marine seront reçus dans un concours où ils seront interrogés sur l'arithmétique, l'algèbre, la géométrie, la statique et la navigation.

On se conformera d'ailleurs, relativement à ce concours, au titre II de la loi du 30 juillet = 10 août 1791.

2. Les aspirans reçus se rendront dans celui des ports qui leur sera indiqué par le ministre de la marine.

3. Les écoles pour les aspirans de la marine seront établies dans les ports de Brest, Toulon et Rochefort.

4. Il sera armé, chaque année, dans chacun de ces ports, une corvette dont l'unique destination sera de servir à l'instruction des aspirans de la marine, et sur laquelle ils seront embarqués aussitôt après leur arrivée dans le port.

5. Cette corvette mettra souvent à la voile, et fera des sorties le long des côtes ; elle sera désarmée et réarmée ; enfin, on y exécutera tout ce qui peut donner aux aspirans l'instruction la plus complète sur le grément, le pilotage et le canonnage. Les aspirans y subiront des examens sur ces divers objets.

6. Après six mois d'embarquement sur la corvette d'instruction, les aspirans rentreront dans le port, et seront occupés à suivre les différens ateliers de la marine, où des maîtres choisis leur expliqueront les détails des ouvrages qui s'y fabriquent.

7. Peu de mois après leur débarquement, une nouvelle corvette, ou une frégate, commandée par des officiers habiles, sera armée dans chaque port, et les aspirans y seront embarqués pour faire une campagne de long cours, qui durera environ un an.

8. Pendant ce temps, les aspirans seront exercés aux manœuvres et observations les plus utiles à leur instruction et au progrès de la navigation.

Ils rédigeront les journaux et mémoires de l'expédition ; et, dans les belles mers, les officiers leur feront commander les mouvemens du vaisseau.

_____

(1) *Voy.* décret du 27 septembre 1810.

9. Les aspirans de la marine qui n'ont point été reçus au concours, comme il est prescrit par le titre II de la loi du 30 juillet = 10 août 1791, seront tenus de satisfaire aux conditions de ce concours, avant de monter sur les corvettes d'instruction.

10. Le ministre de la marine est chargé de l'établissement le plus prochain des corvettes d'instruction, et d'y faire passer successivement les aspirans actuels, en commençant par les plus anciens.

11. Pour être reçu, à l'avenir, enseigne entretenu, il faudra avoir fait son service sur les deux corvettes d'instruction, et satisfaire en outre à toutes les autres conditions actuellement exigées pour parvenir à ce grade.

30 VENDÉMIAIRE an 4 (22 octobre 1795).—Décret qui ordonne l'arrestation des représentans Aubry, Laumont, etc. (1, Bull. 198, n° 1190; B. 59, 273.)

30 VENDÉMIAIRE an 4 (22 octobre 1795). — Décret qui distrait les habitans du hameau de Courcelles de la commune d'Autrebois, et les réunit à celle de Mézerollet, et les habitans de Ferrals de la commune de Verdun, et les réunit à celle de Papoul. (B. 59, 259 et 261.)

30 VENDÉMIAIRE an 4 (22 octobre 1795).—Décret relatif à la gestion des anciens administrateurs des postes. (B. 59, 259.)

30 VENDÉMIAIRE an 4 (22 octobre 1795).—Décret relatif à celui du 26 de ce mois, de renvoi au comité de secours, concernant plusieurs Marseillais long-temps incarcérés. (B. 59, 258.)

30 VENDÉMIAIRE an 4 (22 octobre 1795). — Décret portant qu'il sera sursis aux ouvrages entrepris pour l'agrandissement du local occupé par l'administration de la comptabilité. (B. 59, 258.)

30 VENDÉMIAIRE an 4 (22 octobre 1795). — Décret qui accorde diverses sommes à titre de secours. (B. 59, 258.)

30 VENDÉMIAIRE an 4 (22 octobre 1795).—Décret portant qu'il sera nommé une commission de cinq membres, chargée de préparer et proposer toutes les mesures de salut public. (B. 59, 261.)

30 VENDÉMIAIRE an 4 (22 octobre 1795). — Décret relatif à des erreurs ou omissions commises dans l'impression des tableaux sur l'emplacement des tribunaux civils et criminels, etc., annexés à la loi du 19 vendémiaire an 4. (B. 59, 262.)

30 VENDÉMIAIRE an 4 (22 octobre 1795) — Décret qui ordonne l'impression, et l'envoi aux départemens et aux armées, d'un rapport fait par le représentant Barras. (B. 59, 273.)

30 VENDÉMIAIRE an 4 (22 octobre 1795). — Décret qui ordonne l'impression d'une déclaration du représentant Vardon, sur des faits relatifs au représentant Laumont. (B. 59, 273.)

30 VENDÉMIAIRE an 4 (22 octobre 1795). — Décret qui renvoie au comité de sûreté générale la proposition de mettre en arrestation la citoyenne Laboucharderie. (B. 59, 274.)

30 VENDÉMIAIRE an 4 (22 octobre 1795).—Décret relatif au général Peyre, et aux autres militaires destitués, qui ont défendu la liberté dans les journées des 13 et 14 vendémiaire. (B. 59, 274.)

30 VENDÉMIAIRE an 4 (22 octobre 1795).—Décret qui ordonne de mettre en jugement l'ex-général Menou. (B. 59, 273.)

30 VENDÉMIAIRE an 4 (22 octobre 1795).—Décret qui ordonne d'examiner la conduite des représentans Chambon et Cadroi. (B. 59, 274.)

1er BRUMAIRE an 4 (23 octobre 1795). — Décret par lequel le citoyen Antoine-Philippe Delahaye est déclaré quitte de ses gestions. (B. 60, 1.)

1er BRUMAIRE an 4 (23 octobre 1795). — Décret de renvoi au comité de législation, de propositions tendantes à ce que tout fonctionnaire public arrêté pour avoir exécuté les lois révolutionnaires, soit mis en liberté. (B. 60, 4.)

1er BRUMAIRE an 4 (23 octobre 1795).—Décrets qui déclarent quittes de leurs gestions les citoyens Auguier et Bollardière. (B. 60, 2 et 3.)

1er BRUMAIRE an 4 (23 octobre 1795). — Décret relatif au paiement à faire au citoyen Jayard de Bourdeille par la Trésorerie nationale. (B. 60, 2.)

1er BRUMAIRE an 4 (23 octobre 1795). — Décret qui lève tout séquestre établi sur les biens de la citoyenne Garando, en l'île de Saint-Domingue. (B. 60, 3.)

1er BRUMAIRE an 4 (23 octobre 1795). — Décret de renvoi relatif à l'impression des procès-verbaux de la Convention nationale. (B. 60, 4.)

1er BRUMAIRE an 4 (23 octobre 1795). — Décret qui lève tout séquestre établi sur les biens et revenus appartenant au représentant Desgrouas, en l'île de Saint-Domingue. (B. 60, 4.)

2 BRUMAIRE an 4 (24 octobre 1795). — Décret qui suspend celui du 23 messidor an 2, en ce

qui concerne l'administration et la perception des revenus des établissemens de bienfaisance. (1, Bull. 198, n° 1191 ; B. 60, 7.)

Voy. lois du 14 VENTOSE an 3 ; du 15 GERMINAL an 4 ; du 16 VENDÉMIAIRE an 5.

Art. 1er. En attendant qu'il ait été statué sur l'organisation définitive des secours, l'exécution de la loi du 23 messidor an 2 est suspendue en ce qui concerne l'administration et la perception des revenus des hôpitaux, maisons de secours, hospices, bureaux des pauvres et autres établissemens de bienfaisance, sous quelque dénomination qu'ils soient connus (1).

2. Chaque administration particulière jouira provisoirement, comme par le passé, des revenus qui lui étaient affectés.

3. Les agens de la commission des revenus nationaux seront tenus de remettre, dans la décade qui suivra la publication de la présente loi, entre les mains des administrateurs des hospices et autres établissemens de bienfaisance, tous les titres, inventaires, états de recette et de dépense, baux, et généralement tous les papiers relatifs à l'administration de ces établissemens, qui ont été déposés dans leurs bureaux. Sont exceptés les titres féodaux qui n'ont pas de rapport à la propriété.

4. La commission des secours prendra toutes les mesures nécessaires pour l'exécution du présent décret.

———

2 BRUMAIRE an 4 (24 octobre 1795). — Décret portant que les dispositions de celui du 28 thermidor an 3 , relatif aux jugemens rendus révolutionnairement, sont applicables à ceux qui sont intervenus jusqu'au 13 vendémiaire dernier. (1, Bull. 201, n° 2197 ; B. 60, 12.)

Art. 1er. Toutes les dispositions de la loi du 28 thermidor de l'an 3, relative aux jugemens rendus révolutionnairement depuis le 10 mars 1793 jusqu'au 8 nivose de l'an 3 de la République, contre des personnes actuellement vivantes, portant peine afflictive ou infamante, détention ou emprisonnement, auront leur application aux mêmes jugemens rendus jusqu'au 13 vendémiaire de l'an 4.

2. Il n'est point dérogé par le présent décret aux lois relatives aux Chouans et aux autres rebelles des départemens de l'ouest et de l'intérieur, ainsi qu'aux émigrés ou prêtres réfractaires, ni porté aucune atteinte aux jugemens rendus en conséquence.

———

2 BRUMAIRE an 4 (24 octobre 1795). — Décret concernant l'organisation du tribunal de cassation. (1, Bull. 201, n° 1198 ; B. 60, 7.)

———

(1) La prohibition relative à l'aliénation des biens des établissemens de bienfaisance ne s'applique pas à un remboursement de rentes qui leur

Voy. lois du 27 NOVEMBRE 1790; du 12 PRAIRIAL an 4 ; du 24 MESSIDOR an 4 ; du 14 BRUMAIRE an 5 ; du 27 VENTOSE an 8 , art 58 et suiv.; réglement du 12 FLORÉAL = 4 PRAIRIAL an 8 ; ordonn. du 15 FÉVRIER 1815 ; ordonn. du 15 JANVIER 1826.

TITRE Ier Organisation du tribunal de cassation.

Distribution des juges en sections.

Art. 1er. Les cinquante juges composant le tribunal de cassation seront distribués en trois sections.

2. Tous les six mois, et à tour de rôle, cinq juges de chaque section en sortiront pour passer dans une autre.

Pourront néanmoins les juges sortant d'une section y faire les rapports dont ils étaient chargés avant leur sortie.

Organisation et compétence de la première section.

3. La première section, composée de seize juges, statuera sur l'admission ou le rejet des requêtes en cassation ou en prise à partie, et définitivement sur les demandes, soit en réglement de juges, soit de renvoi d'un tribunal à l'autre.

Organisation et composition des deuxième et troisième sections.

4. Les deux autres sections, composées chacune de dix-sept juges, prononceront définitivement sur les demandes en cassation ou en prise à partie, lorsque les requêtes auront été admises.

La troisième section prononcera exclusivement sur les demandes en cassation en matières criminelle, correctionnelle et de police, sans qu'il soit besoin de jugement préalable d'admission.

Présidens de chaque section et du tribunal entier.

5. Chaque section nommera un président et un vice-président, qui resteront en fonctions jusqu'au renouvellement de la section.

Les sections assemblées seront présidées par le doyen d'âge des présidens.

Substitut des commissaires du Directoire exécutif.

6. Il y aura près du tribunal de cassation, indépendamment du commissaire du Directoire exécutif, trois substituts nommés et révocables par le Directoire exécutif.

TITRE II. Officiers du tribunal, et employés attachés à son service.

Greffier.

7. Le tribunal de cassation aura un gref-

———

étaient dues (9 septembre 1818 ; Ord. S. 18 ; 2, 325.)

fier en chef, qu'il nommera et pourra révoquer.

Commis-greffier.

8. Le greffier en chef présentera, pour les faire instituer, quatre commis-greffiers, dont un sera spécialement attaché au dépôt civil; il pourra les révoquer.

Commis d'ordre et expéditionnaires.

9. Indépendamment des quatre commis-greffiers, le greffier en chef aura six employés qui feront les fonctions de commis d'ordre et d'expéditionnaires; il les nommera, et il pourra les révoquer.

Commis du parquet.

10. Il y aura un commis du parquet, nommé et révocable par le commissaire du Directoire exécutif.

Huissiers.

11. Il y aura près du tribunal de cassation huit huissiers, qu'il nommera et qu'il pourra révoquer. Les présidens des sections se concerteront pour distribuer entre les huissiers le service du tribunal. Ces huissiers instrumenteront exclusivement dans les affaires de la compétence du tribunal de cassation, dans l'étendue seulement de la commune où il siégera : ils pourront instrumenter concurremment avec les autres huissiers, dans tout le département de la résidence du tribunal de cassation (1).

Concierge et garçons de bureau.

12. Le tribunal de cassation aura un concierge et quatre garçons de bureau, dont un sera spécialement attaché au parquet. Le concierge sera nommé par le tribunal, qui pourra le révoquer. Les garçons de bureau seront sous la direction du concierge; il les nommera, et pourra les congédier.

Fournitures.

13. Les fournitures, pour le service du tribunal et du greffe, en lumière, papier, bois et autres objets, seront faites entre les mains du concierge et sous la surveillance de l'un des juges, sur l'état qui en sera arrêté par les trois présidens et par le commissaire du Directoire exécutif, et ordonnancé par le ministre de la justice.

TITRE III. Formes à observer au tribunal de cassation.

Jugemens préparatoires : quand susceptibles de cassation ?

14. Le recours en cassation contre les jugemens préparatoires et d'instruction ne sera ouvert qu'après le jugement définitif; mais l'exécution, même volontaire, de tel jugement, ne pourra, en aucun cas, être opposée comme fin de non-recevoir (2).

Suppression de tout relief de laps de temps.

15. Il ne sera point admis de relief de

---

(1) Les arrêts d'admission ne peuvent être signifiés à Paris que par les huissiers à la cour de cassation (1er février 1808; Cass. S. 8, 1, 211; 8 novembre 1831; Cass. S. 31, 1, 420. D. 31, 1, 345).

(2) L'art. 451 du Code de procédure, qui autorise l'appel contre les jugemens *purement interlocutoires*, ne doit pas être étendu au recours en cassation. L'expression *préparatoire*, employée dans la présente loi, doit être prise dans un sens étendu, embrassant tous jugemens *non définitifs*, soit *préparatoires*, soit *interlocutoires* (12 avril 1810; Cass. S. 10, 1, 274).

Un jugement dont l'effet est irréparable en définitif doit être réputé définitif, bien qu'il ne termine pas la contestation ; et, sous ce rapport, il peut être attaqué par voie de cassation. — Tel est un jugement qui, sur la demande d'un enfant naturel qui prétend avoir en sa faveur une *reconnaissance authentique*, décide que la pièce produite doit être considérée comme authentique, et qu'il n'y a qu'à vérifier l'écriture et la signature (16 mai 1809; Cass. S. 10, 1, 275).

Tel est un jugement qui, au lieu de statuer définitivement sur une opposition à mariage, ordonne, avant faire droit, que la fille sera préalablement séquestrée pendant six mois (9 mars 1809; Cass. S. 9, 1, 201).

Tel est un jugement qui statue sur la question de savoir si la preuve testimoniale est admissible, pour établir la véritable intention du testateur qui est ambiguë d'après les termes du testament (28 décembre 1818; Cass. S. 19, 1, 182).

Tel est un jugement qui admet la preuve testimoniale offerte, malgré l'opposition de l'autre partie (29 mai 1827; Cass. S. 27, 1, 313. D. 27, 1, 253.)

Tel est un jugement qui admet la preuve testimoniale pour établir qu'une obligation est viciée de fraude et d'usure (6 juillet 1819; Cass. S. 20, 1, 78).

Tel est un arrêt qui admet la preuve testimoniale pour déterminer, à l'égard des tiers, la date d'un acte sous seing privé (21 juillet 1830; Cass. S. 31, 1, 30. D. 30, 1, 375).

On ne peut se pourvoir en cassation contre un arrêt définitif lorsqu'on n'a pas attaqué un arrêt interlocutoire qui préjuge le fond (11 janvier 1808; S. 8, 1, 187).

En matière criminelle, l'arrêt qui préjuge le fond ne doit pas être réputé simple préparatoire dans le sens de l'art. 416, Code d'instr. crim. Il doit être dénoncé à la Cour de cassation avant le jugement définitif (15 octobre 1819; Cass. S. 20, 1, 91. 26 septembre 1823; Cass. S. 24, 1, 127).

Lorsqu'un arrêt dénoncé à la Cour de cassation

laps de temps pour se pourvoir en cassation (1).

Instruction par simple mémoire.

16. L'instruction au tribunal de cassation se fera par simples requêtes ou mémoires déposés au greffe; ils ne pourront y être reçus, et les juges ne pourront y avoir égard que lorsqu'on y aura joint, en les déposant, l'original de la signification à la partie ou à son domicile, excepté pour la requête ou mémoire introductif, qui ne sera signifié qu'en cas d'admission, et avec le jugement d'admission (2).

Consignation d'amende.

17. La requête ou mémoire en cassation, en matière civile, ne sera pas reçu au greffe, et les juges ne pourront y avoir égard, à moins que la quittance de consignation d'amende n'y soit jointe (3).

Seront néanmoins dispensés de la consignation d'amende :

1° Les agens de la République, lorsqu'ils

---

contient à la fois des dispositions préparatoires et des dispositions définitives, si le pourvoi en cassation n'est pas limité aux dispositions définitives, l'arrêt qui rejette le pourvoi s'applique aux dispositions préparatoires comme aux dispositions définitives (19 juin 1815 ; Cass. S. 16, 1, 445).

(1) Ainsi se trouve abrogé d'une manière absolue l'art. 12, tit. 4, 1re partie du règlement de 1738, qui autorisait le conseil à accorder des reliefs de temps (19 vendémiaire an 12 ; Cass. S. 4, 2, 46).

Voy. lois du 29 — 30 brumaire an 2; du 10 — 11 décembre 1792; du 19 août 1792; du 27 novembre — 1er décembre 1790, art. 14.

(2) L'erreur par laquelle le demandeur en cassation indique dans sa requête un jugement autre que celui contre lequel il a voulu réellement se pourvoir ne peut lui être opposée lorsqu'il résulte de la nature même du jugement désigné, et des moyens indiqués dans la requête, que c'est contre tel autre jugement, dont la copie est jointe à la requête, que le pourvoi est dirigé (2 février 1825; Cass. 25, 1, 403. D. 25, 1, 159).

La signification d'un arrêt d'admission emporte de plein droit sommation au défendeur de comparaître, dans les délais de la loi, devant la section civile de la Cour de cassation ; il n'est pas besoin d'autre assignation (1er juillet 1823 ; Cass. S. 23, 1, 323).

La signification d'un arrêt d'admission ne peut être querellée par le motif que la copie de l'arrêt a été certifiée conforme par l'avoué local du demandeur, et que cet avoué, en certifiant, n'a pas énoncé sa qualité (9 mars 1824; Cass. S. 24, 1, 203).

Le jugement d'admission d'une requête en cassation ne peut être valablement signifié au domicile élu dans l'exploit de signification du jugement dénoncé (2 floréal an 9 ; Cass 1, 2, 314 et 661).

La partie dont le pourvoi a été admis par arrêt de la section des requêtes ne peut signifier l'arrêt au domicile du défendeur mort dans l'intervalle. Sa signification doit être faite à la personne ou au domicile des héritiers, encore que ceux-ci n'aient point notifié le décès de leur auteur (2 février 1813 ; Cass. S. 13, 1, 400. — Idem, 14 nivose an 11; Cass. S. 4, 1, 9).

Il n'est pas besoin d'un nouvel arrêt qui autorise à rappeler les héritiers personnellement (12 thermidor an 12; Cass. S. 7, 2, 817).

Encore que le demandeur en cassation qui a obtenu un arrêt d'admission, et l'a signifié dans les délais à son adversaire, soit resté ultérieurement une année entière sans poursuivre, il n'est pas, sur cela seul, déchu du bénéfice de son pourvoi (8 frimaire an 11 ; Cass. S. 3, 1, 153).

Lorsqu'une partie se trouve déchue du bénéfice d'un arrêt d'admission, par l'effet de la nullité de la signification qu'elle en a fait faire, et l'impossibilité de la réitérer en temps utile, elle ne peut pas être reçue à se pourvoir de nouveau en cassation, encore même que, par défaut de signification du jugement dénoncé, elle soit dans les délais du pourvoi (28 thermidor an 12; Cass. S. 7, 2, 814).

La déchéance encourue par un demandeur en cassation, à l'égard des parties à qui il n'a pas fait signifier son jugement d'admission dans les trois mois de sa date, ne profite point aux autres parties à qui le jugement a été signifié en temps utile (29 germinal an 11 ; Cass. S. 7, 2, 816).

Mais elle profite au garant, alors même que cet arrêt lui aurait été signifié régulièrement et en temps utile (8 novembre 1831 ; Cass. S. 31, 1, 420 ; D. 31, 1, 345).

(3) Une requête en cassation qui a été reçue au greffe ne peut être dans la suite déclarée nulle par le motif qu'elle n'énonce pas, comme pièces jointes, la quittance de la consignation de l'amende et la copie signifiée ou l'expédition en forme du jugement attaqué, lorsque, dans le fait, ces pièces sont jointes (27 pluviôse an 11 ; Cass. S. 7, 2, 816).

Lorsque le demandeur en cassation a été déclaré non-recevable, faute d'avoir joint à sa requête la quittance de consignation d'amende, il ne peut se faire restituer contre l'arrêt qu'en rapportant cette quittance, et en prouvant par sa date qu'il avait consigné l'amende en temps utile (29 messidor an 8 et 9 prairial an 10; Cass. S. 7, 2, 813).

En matière criminelle, on peut produire la quittance de consignation d'amende tant que les choses sont entières, c'est-à-dire tant qu'il n'a pas été rendu d'arrêt sur la demande en cassation (6 fructidor an 8; Cass. S. 7, 2, 812)

Le défaut de consignation d'amende élève une fin de non-recevoir insurmontable contre le demandeur en cassation, encore que le jugement qu'il attaque ne lui eût pas été signifié, et qu'en conséquence les délais n'aient pas couru contre lui. — Le demandeur, en formant son recours,

a se pourvoiront pour affaires qui la concernent directement ;

2° Les citoyens indigens, aux termes de la loi du 8 juillet 1793 (1).

Nombre des mémoires.

18. Il ne pourra, en matière civile, y avoir plus de deux mémoires de la part de chaque partie, compris en ce nombre la réquête introductive.

Rapports.

19. Dans toutes les sections du tribunal de cassation, les affaires seront jugées sur rapport fait publiquement par l'un des juges, lequel n'énoncera son opinion qu'en même temps que ses collègues et dans la même forme.

20. Aucun membre du tribunal ne pourra rapporter une affaire qu'il aurait déjà rapportée lors du jugement d'admission du mémoire en cassation ou en prise à partie.

Plaidoiries.

21. En toute affaire, les parties peuvent, par elles-mêmes ou par leurs défenseurs, plaider et faire des observations pertinentes : les plaidoiries suivront le rapport; ensuite le ministère public fera ses réquisitions ; après quoi, les juges procéderont au jugement en la forme indiquée par la loi.

Titre IV. Des jugemens et de leurs effets.

Nombre des juges.

22. Chaque section pourra juger au nombre de neuf juges, et tous les jugemens seront rendus à la majorité absolue des suffrages.

Partage d'opinions.

23. En cas de partage d'opinions dans l'une des sections, le jugement de l'affaire sera porté devant les trois sections réunies.

Ce qui s'observe après la cassation, en matière civile.

24. En matière civile, lorsque la procédure seule aura été cassée, elle sera recommencée à partir du premier acte où les formes n'auront pas été observées. Si le jugement seul a été cassé, l'affaire sera portée devant l'un des tribunaux d'appel de celui qui avait rendu le jugement. Ce tribunal sera déterminé de la même manière

---

même avant le temps fatal, a dû se mettre en règle (11 frimaire an 9; Cass. S. 7, 2, 814).

Le mineur âgé de seize ans, et qui a été déclaré avoir agi sans discernement, et qui par conséquent n'est condamné qu'à une détention dans une maison de correction, n'est point obligé de consigner l'amende (12 août 1813 ; Cass. S. 17, 1, 343).

Celui qui, acquitté par la cour d'assises, n'est condamné qu'en des dommages-intérêts envers la partie civile, doit consigner l'amende ; ce n'est pas là un arrêt rendu en matière criminelle (12 octobre 1815 ; Cass. S. 16, 1, 454).

Il faut autant de consignations d'amende qu'il y a de parties ayant un intérêt distinct et séparé (11 janvier 1808 ; Cass. S. 8, 1, 128. — Idem, 24 mars 1807 ; Cass. S. 7, 2, 812)

Il ne faut qu'une seule consignation pour toutes les parties ayant un même intérêt ; peu importe que le pourvoi soit fondé sur des moyens différens (15 janvier 1821 ; Cass. S. 21, 1, 98).

On ne peut considérer comme ayant un intérêt distinct et séparé :

1° Des individus qui, ayant acquis des lots séparés, ont été, à raison de leurs acquisitions, condamnés par le même arrêt (20 novembre 1816 ; Cass. S. 17, 1, 61),

2° Plusieurs héritiers qui tous ont été parties, au même titre, dans l'arrêt attaqué (2 ventose an 12 ; Cass. S. 20, 1, 467);

3° Plusieurs créanciers réunis contre le débiteur commun, et lui opposant les mêmes moyens (11 germinal an 12 ; Cass. S. 4, 2, 167);

4° Plusieurs créanciers réunis dans une instance d'ordre, bien qu'ils aient des droits différens (27 février 1815 ; Cass. S. 15, 1, 188);

5° Plusieurs créanciers qui tous ont réclamé dans un ordre la collocation, par préférence à un autre créancier (3 février 1819 ; Cass. S. 19, 1, 245);

6° Plusieurs entrepreneurs de différens ouvrages dans une même construction, et dont les demandes en paiement ont été rejetées par le même arrêt et par les mêmes motifs (14 juin 1820; Cass. S. 20, 1, 380);

7° Deux tiers saisis qui ont demandé chacun la péremption de l'instance en validité de la saisie qui le concerne, lorsqu'il est statué par le même arrêt de la même manière et par les mêmes motifs, et que le pourvoi est fondé sur les mêmes moyens (24 février 1823 ; Cass. S 24, 1, 63).

En général on peut regarder comme ayant un intérêt commun toutes les parties condamnées par un même arrêt, fondé à l'égard de toutes sur les mêmes motifs, et lorsqu'elles proposent toutes les mêmes moyens (26 février 1823 ; Cass. S. 24, 1, 63).

Lorsque plusieurs demandeurs en cassation ont consigné chacun une amende, quoiqu'ils eussent tous le même intérêt, qu'ils aient procédé conjointement, et qu'ainsi une seule amende fût suffisante, ils peuvent, en cas de rejet, demander la restitution des amendes inutilement consignées (3 août 1825 ; Cass. S. 26, 1, 136; D. 25, 1, 402).

(1) Le certificat d'indigence exigé pour la régularité du pourvoi en cassation, déposé sans amende par un indigent, doit être, à peine de déchéance, non-seulement visé par le sous-préfet, mais encore approuvé par le préfet (11 octobre 1827 ; Cass. S. 28, 1, 66).

Voy. loi du 14 brumaire an 5 ; Code d'instruction criminelle, art. 419, 420.

que dans le cas de l'appel. Il procédera au jugement sans nouvelle instruction.

Lois qui doivent être observées au tribunal de cassation.

25. Le règlement du 28 juin 1738, et les lois antérieures relatives au tribunal de cassation, continueront d'y être observés en toutes les dispositions auxquelles il n'est pas dérogé par la présente loi.

——

2 BRUMAIRE an 4 (24 octobre 1795). — Décret portant que les juges qui formeront le cinquième sortant chaque année du tribunal de cassation se retireront à mesure que ceux qui composent le cinquième entrant seront installés, etc. (1, Bull. 202, n° 1199; B. 60, 12.)

La Convention nationale décrète que les juges qui formeront le cinquième sortant chaque année du tribunal de cassation se retireront à mesure que ceux qui composent le cinquième entrant seront installés; ils détermineront par le sort, ou par toute autre voie qu'ils estimeront la plus convenable, l'ordre dans lequel ils cesseront leurs fonctions.

——

2 BRUMAIRE an 4 (24 octobre 1795). — Décret additionnel à celui du 9 messidor sur le Code hypothécaire. (1, Bull. 201, n° 1200; B. 60, 12.)

Art. 1er. La suppression des administrations et tribunaux de district, qui aura lieu en exécution de l'acte constitutionnel proclamé le 1er vendémiaire an 4, n'apportera, quant à présent, aucune réduction ni changement dans le nombre et le placement des conservateurs particuliers des hypothèques, établis par le Code hypothécaire du 9 messidor dernier.

2. Dans les districts sans tribunaux civils, ou dont le tribunal civil est établi hors de leur territoire actuel, le bureau de la conservation des hypothèques sera placé dans la commune où est le siége actuel de l'administration de district.

3. Le Directoire exécutif, et, jusqu'à son organisation, les comités de gouvernement, sont autorisés à statuer définitivement sur les réunions, divisions et placemens des bureaux de la conservation des hypothèques, après avoir entendu le conservateur général.

4. L'enregistrement et le paiement du droit cédulaire, prescrits par les articles 39 et 40 du Code hypothécaire, seront faits au bureau de la perception des droits d'enregistrement le plus près du conservateur chargé de la délivrance des cédules hypothécaires.

5. En cas de diminution de la valeur capitale des immeubles cédulés, survenue par vétusté, accident ou force majeure, postérieurement à la réquisition des cédules, la responsabilité encourue par les conservateurs d'hypothèques en exécution de l'ar-

ticle 36, cessera d'avoir lieu jusqu'à concurrence du montant des dégradations.

6. A compter du 1er thermidor dernier (jour de sa nomination), le conservateur-général des hypothèques jouira, tant activement que passivement, de la franchise des ports de lettres et paquets de sa correspondance avec les conservateurs particuliers, dans toute l'étendue de la République.

——

2 BRUMAIRE an 4 (24 octobre 1795). — Décret concernant l'administration des ports et arsenaux de la marine. (1, Bull. 205, n° 1224; B. 60, 13.)

Voy. lois du 21 SEPTEMBRE ═ 12 OCTOBRE 1791; du 3 BRUMAIRE an 4; du 7 FLORÉAL an 8; du 7 THERMIDOR an 8; arrêté du 22 PRAIRIAL an 10.

TITRE Ier. Dispositions générales.

Art. 1er. L'administration des ports et arsenaux de marine sera dirigée sous l'autorité immédiate du ministre de la marine et des colonies.

2. Les ports militaires de la République sont divisés en grands ports et en ports secondaires.

3. Dans chacun des grands ports, un administrateur unique, sous le titre d'ordonnateur de marine, sera chargé de la direction générale des approvisionnemens, des travaux, des mouvemens, de l'artillerie, de la comptabilité, de la police des chiourmes, des hôpitaux de la marine, et de celle des gens de mer de l'arrondissement.

Dans les ports secondaires, ce service sera confié à un commissaire principal de marine.

4. Les ordonnateurs, ainsi que les commissaires principaux chargés en chef du service des ports, auront seuls la correspondance officielle avec le ministre de la marine et des colonies, pour toutes les parties de l'administration qui leur est confiée.

Les agens des différentes branches de l'administration des ports, ceux de l'administration des vivres de la marine, et les officiers de santé, leur seront subordonnés.

5. Il y a incompatibilité entre les fonctions des divers agens de l'administration des ports et toutes fonctions militaires.

TITRE II. Répartition des attributions des diverses branches de l'administration des ports.

6. L'administration des ports est répartie en quatre branches principales, savoir:

L'administration et la comptabilité;

La direction des constructions navales et des travaux y relatifs;

La direction des mouvemens;

La direction de l'artillerie;

SECTION Ire. Administration et comptabilité.

7. L'administration comprendra:

Les approvisionnemens, la recette, la garde et la dépense des matières et munitions quelconques;

La surveillance de l'emploi des matières et du temps des ouvriers affectés aux travaux des ports;

La revue et le paiement des officiers de marine et autres entretenus, des équipages des vaisseaux, et enfin de tous les individus employés au service de la marine;

La police et l'administration des hôpitaux et des bagnes;

Le service relatif aux gens de mer de l'arrondissement;

La levée des marins et des ouvriers, et leur répartition générale dans les chantiers et sur les bâtimens de la République;

Le congédiement des marins et des ouvriers;

L'inspection des vivres;

La comptabilité des matières et des fonds, dans les ports et à la mer.

8. Cette partie du service sera divisée en huit détails particuliers, dont chacun sera régi par un commissaire de marine, comme il suit :

1° Les approvisionnemens;

2° La comptabilité de l'arsenal en journées d'ouvriers et matières;

3° Le bureau des armemens et la répartition des prises;

4° Les revues des entretenus civils et militaires;

5° L'administration et la police des hôpitaux;

6° L'administration et la police des bagnes;

7° La comptabilité centrale des fonds;

8° L'inspection du détail des vivres.

9. Dans les ports où le service le permettra, plusieurs détails pourront être régis par un seul et même commissaire ou sous-commissaire.

10. Dans les ports de Brest, Toulon et Rochefort, l'ordonnateur sera secondé et remplacé, en cas d'absence, par un commissaire principal de marine.

11. Il sera affecté à chaque détail des sous-commissaires et des commis de marine.

12. Le service relatif aux gens de mer sera, suivant l'étendue des quartiers, confié à des commissaires, sous-commissaires, commis de marine, ou syndics de gens de mer, qui seront subordonnés à l'ordonnateur ou commissaire principal de l'arrondissement.

13. Il y aura, dans chaque port militaire de la République, un contrôleur de marine.

14. Le contrôleur de marine aura inspection sur toutes les recettes et dépenses de fonds et de matières, sur la conservation des effets et munitions dans les magasins, sur les revues des entretenus et des équipages des bâtimens, sur l'emploi des matières et du temps des ouvriers, et sur les

adjudications, marchés et traités pour fournitures et ouvrages.

Il vérifiera toutes les opérations de comptabilité, et visera toutes les pièces à la décharge du payeur.

Il maintiendra dans toutes les parties du service l'exécution ponctuelle des lois et réglemens, des arrêtés du Directoire exécutif et des ordres du ministre, et requerra tout ce qu'il jugera convenable pour leur entière exécution.

Il inspectera et vérifiera, au moins une fois par année, les rôles et registres relatifs à l'inscription et au service des gens de mer, ainsi que la situation des caisses des invalides et des marins de l'arrondissement, et il remettra à l'ordonnateur une copie du procès-verbal de son inspection.

Il aura le dépôt public des lois, réglemens, décisions, ordres, brevets, commissions, devis, mémoires, procès-verbaux, etc., et en délivrera au besoin des extraits ou copies collationnées.

15. Le contrôleur sera indépendant dans l'exercice des fonctions qui lui sont attribuées; mais il ne pourra, dans aucun cas, arrêter ni suspendre l'exécution des ordres de l'ordonnateur, qu'il informera des abus et des irrégularités qu'il remarquera. Il sera tenu de rendre compte tous les dix jours au ministre du résultat de ses observations, et toutes les fois qu'il le jugera nécessaire.

Il lui sera donné toutes les pièces nécessaires pour ses vérifications, et il lui sera fourni tous les renseignemens qu'il exigera.

Il sera secondé par des sous-contrôleurs et des commis de marine, qui le suppléeront au besoin.

16. Un garde-magasin sera chargé de la garde et conservation des matières, effets et munitions, sous la surveillance du commissaire préposé au détail des approvisionnemens. Le garde-magasin aura le grade de sous-commissaire; les sous-garde-magasins et autres agens affectés à ce service lui seront subordonnés.

SECTION II. Direction des constructions navales et des travaux y relatifs.

17. Les constructions navales et les travaux qui y sont relatifs seront dirigés, dans chacun des quatre grands ports, par un ingénieur-constructeur en chef, directeur.

18. La direction des constructions navales, à laquelle il sera affecté des ingénieurs-constructeurs, des sous-ingénieurs et des élèves ingénieurs-constructeurs, embrassera :

La construction et la refonte, le radoub et l'entretien de tous bâtimens flottans, et de toutes machines à leur usage et à celui de l'intérieur du port;

Le transport sur les chantiers de cette

direction, des bois, fers et autres matières à ouvrer ;

Les travaux à exécuter dans les divers chantiers et ateliers, excepté ceux de l'artillerie, des bâtimens civils et de la garniture, et les ouvrages qui se fabriquent dans l'intérieur du magasin général ;

Enfin la recherche et le martelage des bois de construction.

19. Le ministre de la marine et des colonies emploiera un nombre suffisant d'ingénieurs et de sous-ingénieurs constructeurs, pour suivre les opérations relatives à la recherche et au martelage des bois de marine.

Ces ingénieurs seront pris parmi ceux affectés au service des ports.

SECTION III. Direction des mouvemens des ports.

20. Dans chacun des grands ports, les mouvemens des bâtimens de la République seront confiés à un directeur.

21. Cette, direction à laquelle il sera affecté des chefs et des sous-chefs des mouvemens, comprendra :

Les mouvemens, amarrage, lestage et délestage des bâtimens flottans, leur garde et leur conservation dans le port ;

Le mâtement et le démâtement, l'entrée des bâtimens dans les bassins et ports, et leur sortie, le halage à terre, l'appareil de carénage sur l'eau, et toutes autres manœuvres à faire dans le port ;

Les secours de toute espèce à donner pour l'armement et le désarmement des bâtimens de la République ;

L'arrangement et l'entretien des grémens des bâtimens dans les magasins destinés à cet effet ;

Les travaux de l'atelier de la garniture ;

Le curage des ports et rades ;

La surveillance des pilotes lamaneurs et des agens préposés à la police du port du commerce ;

L'inspection des pompiers et la surveillance des dépôts des pompes à incendie.

22. Le directeur de cette partie destinera, pour les mouvemens et les travaux dont il est chargé, les chefs, sous-chefs et autres individus sous ses ordres.

SECTION IV. Direction de l'artillerie.

23. Les mouvemens et transports des munitions, matières et ustensiles relatifs à l'artillerie ;

L'inspection des bouches à feu, poudres, bombes, boulets, armes et munitions servant à l'armement des vaisseaux ;

L'entretien et l'arrangement de ces objets dans les magasins et dans le parc ;

Les travaux des différens ateliers dépendant de ce détail,

Seront confiés à un directeur, qui aura sous ses ordres les chefs et sous-chefs d'ar-

tillerie, ainsi que les autres individus affectés à cette direction.

Le sous-garde-magasin de l'artillerie sera subordonné au garde-magasin du port.

SECTION V. Détails accessoires.

Bâtimens civils.

24. Ce détail embrassera les constructions nouvelles, réparations et entretien des édifices des ports, des batteries et fortifications maritimes, quais, cales, bassins, et généralement de tous les ouvrages d'architecture des arsenaux de la marine et des ports du commerce.

Ces travaux seront dirigés par un ingénieur en chef, qui sera secondé par des ingénieurs ordinaires et par des élèves ingénieurs.

25. Les constructions nouvelles et les réparations considérables ne pourront être entreprises qu'après que les plans et les devis en auront été approuvés par le ministre de la marine et des colonies ; mais les travaux d'entretien ordinaire, et les autres menus ouvrages, seront exécutés d'après les décisions de l'ordonnateur.

Vivres.

26. Toutes fournitures, soit pour les bâtimens en armement, soit pour le service du port, seront faites d'après les ordres de l'ordonnateur.

27. Il autorisera le rebut ou la vente des objets reconnus avariés ou menacés d'un dépérissement prochain.

28. Dans chaque port, le directeur des vivres de la marine rendra journellement compte à l'ordonnateur, de la situation des approvisionnemens de cette partie du service.

29. Le directeur, le sous-directeur et les autres agens des vivres dans le port, seront tenus de donner, en outre, à l'administrateur préposé à l'inspection des vivres, toutes communications nécessaires pour éclairer son inspection.

TITRE III. Service commun à tous les agens.

SECTION Ire. *Adjudications, marchés et recette de munitions et ouvrages.*

30. Les adjudications et marchés pour les fournitures de toute espèce et pour les travaux à l'entreprise, autres que ceux pour lesquels le ministre de la marine et des colonies aura traité directement, seront faits, conformément aux lois et réglemens rendus sur cet objet, par l'ordonnateur, en présence du contrôleur de marine, du directeur et du commissaire que ces objets concerneront : ce dernier sera chargé de la rédaction des marchés.

31. Tout acte de cette nature sera, dès le moment de sa passation, obligatoire pour la République et pour les particuliers.

32. La visite, l'épreuve et la réception des armes, munitions et marchandises, ainsi que des ouvrages exécutés à l'entreprise, seront toujours faites, en présence du contrôleur de marine, par le garde-magasin, conjointement avec le directeur, et le commissaire au détail duquel lesdits objets ressortiront.

33. Les procès-verbaux de visite, d'épreuve et de réception, seront signés sur-le-champ par tous les agens qui auront concouru à l'opération, et ils en seront collectivement responsables.

Les procès-verbaux seront rédigés par le commissaire dans le détail duquel les objets seront compris.

SECTION II. Administration des vaisseaux armés.

34. Il y aura sur tout bâtiment de la République un agent de l'administration de la marine. Il aura, pendant la campagne, le titre d'aide-commissaire, et il sera traité, à bord, avec les mêmes égards que les officiers de l'état-major, dont il fait partie.

35. L'aide-commissaire sera chargé de constater les mouvemens de l'équipage, et de tenir toutes les parties de la comptabilité du bâtiment en fonds et en matières.

36. Il ne sera tenu de remplir aucun service étranger à celui dont il est chargé par la loi ; il ne rendra de compte qu'au capitaine, et ne recevra d'ordre que de lui ou de l'officier qui le remplace.

37. L'officier de santé en chef, le préposé à la distribution des vivres, ainsi que les maîtres chargés de munitions et effets, lui rendront directement compte de leurs consommations, conformément aux réglemens ou instructions qui régissent ce service, et toutes les fois qu'il l'exigera ; s'il aperçoit des excès de dépenses ou des abus, il en préviendra le capitaine.

38. Toutes dépenses, tous achats, remplacemens, remises ou versemens, seront faits par l'aide-commissaire, d'après les ordres du capitaine.

39. Dans tous les ports de la République, les demandes en remplacement de munitions ou de vivres seront faites aux ordonnateurs ou aux agens chargés en chef de l'administration de la marine : en pays étranger, les demandes de cette nature seront adressées aux consuls ou agens de la nation française; et si, dans le lieu de la relâche, il n'y a ni consul ni agent de la nation, l'aide-commissaire pourvoira aux besoins du bâtiment.

40. Dans les mêmes cas, il sera pourvu de la même manière à toutes les réparations du bâtiment, ainsi qu'aux dépenses de toute espèce que sa relâche pourra occasioner.

41. L'aide-commissaire acquittera, en lettres-de-change sur la Trésorerie nationale le montant des achats et autres dépenses qu'il aura été nécessité de faire; ces traites seront visées par le capitaine : il en sera donné avis sur-le-champ à l'ordonnateur.

42. Lorsque des bâtimens de la République navigueront en armée ou en escadre, il sera embarqué sur le vaisseau commandant un commissaire de marine et un ingénieur constructeur.

Sur chaque division, il y aura un sous-commissaire de marine et un sous-ingénieur constructeur.

43. Le commissaire de l'armée ou de l'escadre dirigera toutes les opérations administratives et toutes les dépenses, ainsi que les mouvemens de tous les individus qui lui sont subordonnés. Il surveillera la comptabilité de chaque bâtiment ; et, à cet effet, les sous-commissaires et les aides-commissaires lui rendront tous comptes nécessaires.

Dans une division naviguant seule, le sous-commissaire remplira le même service.

44. L'ingénieur ou sous-ingénieur constructeur sera chargé de tout ce qui concerne la partie d'entretien et de réparation des bâtimens.

45. En armée, escadre ou division, aucune dépense ne sera faite que sur les ordres du général, et d'après les demandes de chaque bâtiment.

46. Pendant le combat, l'aide-commissaire se tiendra sur le faux-pont, pour veiller à ce que les blessés soient promptement secourus, et à ce que l'ordre règne dans cette partie du service.

Le commissaire de l'armée, escadre ou division, se tiendra auprès du général en chef, et, si ce dernier passe sur un autre bâtiment, il l'y suivra.

L'ingénieur constructeur se portera partout où sa présence sera nécessaire.

TITRE IV. Organisation de l'administration des ports secondaires.

47. Il y aura, dans chacun des ports secondaires, des commissaires et sous-commissaires, dont le nombre sera fixé sur les besoins du service.

Les fonctions de garde-magasins et celles de secrétaires des conseils d'administration y seront remplies par des sous-commissaires ou par des commis principaux.

48. Lorsqu'il sera ordonné des travaux de construction dans lesdits ports ou dans leur arrondissement, la direction en sera confiée à des ingénieurs constructeurs.

Les mouvemens et armemens seront dirigés par des chefs ou sous-chefs des mouvemens, qui y seront établis suivant les besoins du service.

Dans le cas prévu par l'article 32 de la loi sur l'organisation des états-majors de la marine dans les ports, les fonctions attribuées aux officiers d'état-major pourront être confiées auxdits chefs et sous-chefs des mouvemens : dans ce cas, et relativement à ces fonctions, ces officiers ne sont pas surbordonnés aux commissaires principaux.

49. Le Directoire exécutif affectera, pour le service des ports non compris dans la présente loi, les agens nécessaires pour en diriger les opérations.

TITRE V. Conseil d'administration.

50. Il sera établi dans chacun des ports militaires de la République un conseil d'administration. Dans les quatre grands ports, il sera composé de l'ordonnateur, du commissaire principal et de trois directeurs.

Dans les ports secondaires, il sera composé du commissaire principal, d'un commissaire et d'un sous-commissaire de marine, ainsi que de l'ingénieur constructeur et du chef et sous-chef des mouvemens, s'il y en a.

Le contrôleur de marine est tenu d'assister au conseil, et il y aura voix représentative.

51. Le secrétaire du conseil sera chargé de la garde des registres, papiers et archives : il aura le grade de sous-commissaire de marine.

52. Le conseil s'assemblera, tous les dix jours, dans une des maisons nationales qui lui sera désignée; il sera présidé par l'ordonnateur, et, en son absence, par le plus ancien d'âge du commissaire principal et des trois directeurs.

53. Le conseil s'assemblera extraordinairement, sur l'ordre de l'ordonnateur, ou sur la réquisition du contrôleur de marine.

54. Lorsqu'il s'agira d'objets relatifs aux bâtimens civils, le chef de cette partie sera appelé au conseil, et il y aura voix délibérative pour ce qui concernera seulement : en cas de partage égal d'opinions, l'avis du président prévaudra.

55. Pourra le conseil, selon la nature des matières soumises à sa délibération, appeler, avec voix consultative, tels autres agens qu'il jugera convenable.

56. Les fonctions du conseil consistent :

1° A arrêter toutes dispositions provisoires relativement aux divers objets du service que l'ordonnateur croira devoir mettre en délibération;

2° A régler l'avancement des ouvriers des ports;

3° A arrêter l'état des approvisionnemens nécessaires pour exécuter les ordres du Gouvernement;

4° A examiner et vérifier les comptes et consommations de munitions et de fonds, relativement aux campagnes des bâtimens de la République.

57. Le conseil ne s'occupera ni de la police, ni de la justice, ni de la nomination aux emplois vacans.

58. Le registre des délibérations du conseil sera individuellement signé par tous les membres. Deux expéditions de chaque délibération, sous la signature du président et du secrétaire, seront adressées sans délai au ministre de la marine et des colonies : l'une de ces expéditions, émargée des décisions du ministre, sera renvoyée au conseil.

59. Les ordres donnés en vertu des délibérations du conseil seront provisoirement exécutés.

60. L'exécution des mesures provisoires arrêtées par le conseil d'administration sera suspendue par un ordre contraire à la délibération qui les aura ordonnées.

TITRE VI. Admission et avancement.

61. Nul ne sera admis dans l'administration des ports en qualité de commis ordinaire de marine, s'il n'est âgé de seize ans accomplis, et s'il n'a satisfait à un examen sur l'écriture, l'arithmétique et les élémens de la langue française. Les places seront données dans un concours public, présidé par l'ordonnateur : le conseil d'administration sera juge du concours.

62. Les commis principaux seront choisis, par le conseil d'administration, parmi tous les commis ordinaires de la première classe. Les commissaires ou sous-commissaires dirigeant les huit détails de l'administration, ainsi que le garde-magasin, seront appelés à la séance du conseil, avec voix délibérative.

63. Les places de sous-contrôleurs et de sous-commissaires seront données aux commis principaux âgés de vingt-cinq ans révolus, moitié au choix du Directoire exécutif, et moitié à l'ancienneté des services.

64. Les places de commissaires de marine seront données, moitié au choix du Directoire exécutif et moitié à l'ancienneté des services, aux sous-contrôleurs et sous-commissaires qui auront cinq ans de service dans leur grade et l'âge de trente ans accomplis.

65. Les contrôleurs de marine seront toujours pris, au choix du Directoire exécutif, parmi les commissaires de marine et parmi les sous-contrôleurs et sous-commissaires qui rempliront les conditions exigées par l'article précédent.

66. Les commissaires principaux seront toujours choisis, par le Directoire exécutif, parmi les contrôleurs et commissaires de marine.

67. Les ordonnateurs seront choisis par le Directoire exécutif, soit parmi les contrôleurs des grands ports et les commissaires principaux, soit parmi les directeurs des constructions navales, des mouvemens et de l'artillerie.

68. Lorsqu'il y aura des places de sous-ingénieurs vacantes, elles seront données, moitié au choix du Directoire exécutif et

moitié à l'ancienneté, aux élèves ingénieurs constructeurs admis dans les ports, et qui auront au moins trois ans de service dans ce grade.

69. Les ingénieurs constructeurs seront pris parmi les sous-ingénieurs constructeurs ayant cinq ans de service dans ce grade, moitié au choix du Directoire exécutif, et moitié à l'ancienneté des services.

70. Les ingénieurs constructeurs en chef directeurs seront pris, au choix du Directoire exécutif, parmi les ingénieurs constructeurs.

71. Les places de sous-chefs des mouvemens des ports seront données, au choix du Directoire exécutif, à des enseignes de vaisseau ou à des maîtres de manœuvre et de timonerie.

72. Les places de chef des mouvemens seront données, moitié au choix du Directoire exécutif et moitié à l'ancienneté des services, aux sous-chefs qui auront au moins trois ans de service dans ce grade.

73. Les directeurs des mouvemens seront toujours choisis, par le Directoire exécutif, soit parmi les chefs des mouvemens, soit parmi les capitaines de vaisseau.

Les sous-chefs des mouvemens des ports auront, à la date de leur brevet, rang d'enseigne de vaisseau;

Les chefs, de lieutenant de vaisseau;

Les directeurs, de capitaine de vaisseau, ou, suivant leur ancienneté, celui de chef de division.

Les uns et les autres pourront, au choix du Directoire exécutif, et en abandonnant le service des ports, passer dans le corps des officiers de marine, dans les grades correspondans aux leurs, ou dans ceux auxquels ils auraient droit à raison de l'ancienneté de leurs services.

74. Les sous-chefs des travaux de l'artillerie seront choisis, par le Directoire exécutif, soit parmi les maîtres canonniers entretenus, soit parmi les lieutenans des troupes d'artillerie de la marine.

75. Les places de chefs seront données, moitié au choix du Directoire exécutif et moitié à l'ancienneté, aux sous-chefs ayant au moins trois ans de service dans ce grade.

76. Les directeurs d'artillerie seront choisis, par le Directoire exécutif, soit parmi les chefs de cette direction, soit parmi les chefs de brigade des troupes d'artillerie de la marine.

Les sous-chefs d'artillerie dans les ports auront, à la date de leur brevet, rang de lieutenant des troupes d'artillerie;

Les chefs, de capitaine;

Les directeurs, de chef de brigade.

Ils pourront, les uns et les autres, et en abandonnant le service des ports, passer, au choix du Directoire exécutif, dans les troupes d'artillerie de la marine, dans les grades correspondans aux leurs, ou dans

ceux auxquels ils auraient droit à raison de l'ancienneté de leurs services.

77. Les élèves et ingénieurs des bâtimens civils seront pris parmi les élèves et ingénieurs des ponts-et-chaussées.

L'ingénieur en chef chargé des bâtimens civils sera choisi, par le Directoire exécutif, parmi les ingénieurs ordinaires ayant au moins trois ans de service dans les ports.

78. Le passage d'une paie à une autre, dans chaque grade, s'opérera toujours par l'ancienneté des services dans ce grade.

79. Dans toutes les circonstances où il y aura concours entre les divers individus employés à l'administration des ports, et les officiers de la marine ou de l'armée de terre,

Les ordonnateurs de marine auront, à la date de leur brevet, place avec les contre-amiraux;

Les contrôleurs des grands ports, les commissaires principaux, avec les chefs de division;

Les directeurs des constructions, des mouvemens des ports et de l'artillerie, avec les chefs de division ou les capitaines de vaisseau, suivant l'ancienneté de leurs brevets;

Les contrôleurs des ports secondaires, les commissaires de marine et les ingénieurs constructeurs, avec les capitaines de vaisseau;

Les sous-contrôleurs, sous-commissaires et les sous-ingénieurs constructeurs, avec les lieutenans de vaisseau;

Les aides-commissaires, avec les enseignes de vaisseau.

Etat des ports militaires de la République.

Grands ports. Brest, Toulon, Rochefort et Lorient.

Ports secondaires. Dunkerque, le Havre, Cherbourg, Saint-Malo, Nantes, Bordeaux, Bayonne, Marseille.

2 BRUMAIRE an 4 (24 octobre 1795). — Décret portant que la mission du représentant Rouyer est finie. (B. 60, 5.)

2 BRUMAIRE an 4 (24 octobre 1795). — Décret portant que les comités de gouvernement proposeront, dans la séance de demain, un moyen efficace de faire revenir près du Gouvernement les représentans en mission, qui seront rappelés. (B. 60, 5.)

2 BRUMAIRE an 4 (24 octobre 1795). — Décret qui renvoie au comité des transports, postes et messageries, pour statuer tant sur les indemnités à accorder aux maîtres de poste que sur le nouveau mode d'organisation des relais de la République. (B. 60, 5.)

2 BRUMAIRE an 4 (24 octobre 1795). — Décret

portant que les citoyens Dubroca, Bodard, Ferruś et autres sont quittes de toutes leurs gestions. (B. 60, 5 et 6.)

---

3 BRUMAIRE an 4 (25.octobre 1795). — Décret qui exclut de toutes fonctions publiques les provocateurs ou signataires de mesures séditieuses et contraires aux lois, etc. (1, Bull. 199, n° 1193; B. 60, 104.)

Voy. lois du 27 NIVOSE an 4; du 5 et du 17 VENTOSE an 4; du 21 FLORÉAL an 4; du 14 FRIMAIRE an 5; du 9 MESSIDOR an 5; du 19 FRUCTIDOR an 5; du 6 GERMINAL an 6, chap. 3.

Art. 1er. Les individus qui, dans les assemblées primaires ou dans les assemblées électorales, auront provoqué ou signé des mesures séditieuses et contraires aux lois, ne pourront, jusqu'à la paix générale, exercer aucunes fonctions législatives, administratives, municipales et judiciaires, ainsi que celles de haut-juré près la haute-cour nationale, et de juré près les autres tribunaux.

2. Tout individu qui a été porté sur une liste d'émigrés et n'a pas obtenu sa radiation définitive; les pères, fils et petits-fils, frères et beaux-frères, les alliés au même degré, ainsi que les oncles et neveux des individus compris dans la liste d'émigrés et non définitivement rayés, sont exclus, jusqu'à la paix générale, de toutes fonctions législatives, administratives, municipales et judiciaires, ainsi que de celles de haut-juré près la haute-cour nationale, et de juré près les autres tribunaux.

3. Quiconque, se trouvant dans les cas portés aux précédens articles, accepterait ou aurait accepté une fonction publique de la nature de celles ci-dessus désignées, et ne s'en démettrait pas dans les vingt-quatre heures de la publication de la loi, sera puni de la peine du bannissement à perpétuité, et tous les actes qu'il aurait pu faire depuis la publication de la loi sont déclarés nuls et non avenus.

4. Sont exceptés des dispositions des articles 2 et 3 les citoyens qui ont été membres de l'une des trois assemblées nationales; ceux qui, depuis l'époque de la révolution, ont rempli sans interruption des fonctions publiques au choix du peuple, et ceux qui obtiendront leur radiation définitive ou celle de leurs parens ou alliés.

5. Le Directoire exécutif pourvoira, sans aucun délai, en ce qui le concerne, au remplacement de ceux qui seront dans le cas de se retirer.

6. Pour l'exécution des précédens articles, les membres du Corps-Législatif et des autorités administratives, municipales, judiciaires et du haut-juré, avant d'entrer en fonctions, déclareront par écrit, les premiers aux archives du Corps-Législatif, et les autres sur les registres des délibérations

de l'autorité dont ils sont ou seront appelés à être membres, qu'ils n'ont provoqué ni signé aucun arrêté séditieux et contraire aux lois, et qu'ils ne sont point parens ou alliés d'émigrés au degré déterminé par l'article 2. Ceux qui feraient une fausse déclaration seront punis de la peine portée en l'article 3.

7. Tous ceux qui ne voudraient pas vivre sous les lois de la République, et s'y conformer, sont autorisés, dans les trois mois qui suivront la publication du présent décret, à quitter le territoire français, à la charge d'en faire la déclaration à la municipalité du lieu de leur domicile dans le délai d'un mois.

8. Ils pourront toucher leur revenu, même réaliser leur fortune, mais de manière cependant qu'ils n'emportent ni numéraire, ni métaux, ni marchandises dont l'exportation est prohibée par les lois, et sauf l'indemnité qui pourra être déterminée par le Corps-Législatif, au profit de la République.

9. Ceux qui se seront ainsi bannis volontairement ne pourront plus rentrer en France; s'ils y rentraient, ils seront considérés comme émigrés, et punis comme tels.

10. Les lois de 1792 et 1793 contre les prêtres sujets à la déportation ou à la réclusion seront exécutées dans les vingt-quatre heures de la promulgation du présent décret, et les fonctionnaires publics qui seront convaincus d'en avoir négligé l'exécution seront condamnés à deux années de détention.

Les arrêtés des comités de la Convention et des représentans du peuple en mission, contraires à ces lois, sont annulés.

11. Il n'est rien innové à la loi du 22 fructidor dernier, qui a levé la confiscation des biens des prêtres déportés.

12. Les femmes d'émigrés, même divorcées et non remariées à l'époque de la publication de la loi; les mères, belles-mères, filles et belles-filles d'émigrés, non remariées, et âgées de plus de vingt-un ans, seront tenues de se retirer, dans la huitaine de la publication du présent décret, et jusqu'à la paix générale, dans la commune de leur domicile habituel en 1792.

Elles y resteront sous la surveillance de leur municipalité, et ce à peine de deux années de détention.

Sont exceptées celles dont les communes sont au pouvoir des rebelles dans les départemens de l'ouest.

13. Toutes les dispositions de l'article ci-dessus seront également applicables à tout citoyen dont la femme sera émigrée, ou qui sera parent d'émigré aux degrés de père, beau-père, gendre et petit-fils : la contravention sera également punie de deux années de détention.

14. Tout officier de terre et de mer, commissaire des guerres, ou employé dans les administrations militaires, qui, étant en activité de service au 10 août 1792, a, depuis cette époque, donné sa démission, et qui a été réintégré dans un service quelconque, est destitué de ses fonctions, et ne pourra être réemployé au service de la République.

15. Tout officier ou commissaire des guerres qui n'était pas en activité de service le 15 germinal an 3, et qui a été placé depuis cette époque jusqu'au 15 thermidor, même année, est suspendu de ses fonctions, et ne pourra être réintégré que par ordre exprès du Directoire exécutif, sur preuves authentiques de bons services rendus antérieurement à la République.

16. La Convention nationale recommande paternellement à tous les républicains, à tous les amis de la liberté et des lois, la surveillance de l'exécution du présent décret.

3 BRUMAIRE an 4 (25 octobre 1795). — Décret interprétatif de celui du 2 thermidor, qui astreint les fermiers ou locataires des biens ruraux à prix d'argent, de payer aux propriétaires ou bailleurs moitié de leurs fermes en grains. (1, Bull. 199, n° 1194; B. 60, 228.)

Art. 1er. Les dispositions de l'article 10 de la loi du 2 thermidor, d'après lesquelles les fermiers ou locataires des biens ruraux à prix d'argent sont tenus de payer aux propriétaires ou bailleurs moitié de leurs fermes en grains, ne sont point applicables aux fermiers dont les baux sont postérieurs à la promulgation de la loi du 3 nivose, portant abrogation du *maximum* : ceux-ci ne seront tenus de payer cette moitié de leurs baux que par une quantité de grains que ladite moitié représentait à l'époque où lesdits baux ont été stipulés, en se réglant sur le prix du marché, soit du canton, du district ou du département, et sur les mercuriales adoptées dans les tribunaux les plus voisins.

2. Pour régler la contribution à payer à raison des bois, ainsi que la moitié du prix des baux qui doit être acquittée en nature, conformément à la loi du 2 thermidor, il sera fait une année commune du revenu desdits bois, de quelque manière et à quelque époque que se fasse l'exploitation ; et la contribution, ainsi que le prix du bail, pour ce qui est payable en nature, seront réglés d'après cette fixation d'une année commune.

3. Pour faire cesser toutes fausses interprétations, et suppléer, au besoin, au silence de la loi, la Convention nationale déclare :

1° Que la récolte et perception des fruits de l'an 3 est l'objet direct des dispositions de la loi, et assujettit celui qui a perçu lesdits fruits-fonds à son exécution ;

2° Que le privilége accordé par la loi aux fermiers ou locataires de biens ruraux, de retenir la portion de grains nécessaire à la nourriture de leur famille, n'appartient qu'aux fermiers exploitant et à ceux qui cultivent réellement ;

3° Que la contribution jetée sur l'exploitation des canaux est assimilée à celle des usines, et doit être payée, pour le tout, en assignats, valeur nominale ;

4° Que les intérêts dus pour douaires, légitimes, ventes de fonds, seront, ainsi que ceux des rentes et redevances foncières, payables moitié en nature, lorsqu'elles seront constituées en viager pour vente de fonds de terre, et que le capital ne sera pas remboursable ;

5° Tous les baux, soit à ferme, soit à portion de fruits, dont une portion est payable en numéraire, seront soumis à la disposition de la loi, quant à la portion payable en numéraire, sans préjudice de ce qui est payable en grains.

3 BRUMAIRE an 4 (25 octobre 1795). — Décret relatif aux pensions des militaires suspendus de leurs fonctions, et autorisés par le comité de salut public à prendre leurs retraites, qui ont plus de trente ans de service et moins de cinquante ans d'âge. (1, Bull. 201, n° 1201 ; B. 60, 89.)

Art. 1er. Les pensions des militaires suspendus de leurs fonctions, et autorisés par le comité de salut public à prendre leurs retraites, qui ont plus de trente ans de service, et qui n'ont pas cinquante ans d'âge, seront réglées conformément aux dispositions de la loi du 3 = 22 août 1790.

2. Ceux qui n'ont ni cinquante ans d'âge ni trente années de service, mais qui auront deux ans d'exercice dans le grade où ils ont été suspendus, auront la pension représentative attachée à leur grade.

3. Les officiers-généraux qui n'auraient pas deux années d'exercice dans leur grade auront la pension représentative du grade qu'ils auront exercé pendant deux ans.

4. Sont exceptés des dispositions de l'article précédent ceux desdits officiers-généraux qui auront obtenu le grade d'officier-général, soit par décret, soit par nomination des représentans du peuple, confirmée par le comité de salut public, pour actions d'éclat ou services importans rendus aux armées.

5. Les autres officiers, de quelque grade que ce soit, et quel que soit le temps de leurs services, auront la pension fixée par l'article 14 de la loi du 30 avril = 16 mai 1792, soit qu'ils aient ou non les deux ans d'exercice dans le grade qu'ils occupaient à l'époque de leur suspension.

3 BRUMAIRE an 4 25 octobre 1795). — Décret

23.

portant que la liquidation de la dette publique et la liquidation particulière de la dette des émigrés continueront à être organisées en administration séparée. (1, Bull. 201, n° 1202; B. 60, 90.)

Voy. lois du 15 BRUMAIRE an 4 et du 18 PLUVIOSE an 6.

Art. 1er. La liquidation de la dette publique et la liquidation particulière de la dette des émigrés continueront de demeurer organisées en administration séparée et indépendante d'aucun département du ministère, pour la confection de leurs travaux.

2. Les liquidateurs seront néanmoins dépendans du ministère des finances, pour les deux objets ci-après énoncés.

3. Les directeurs desdites liquidations mettront, tous les mois, sous les yeux du ministre des finances deux états, l'un des liquidations de nature à opérer des inscriptions au grand-livre, l'autre de celles qui ne donneront lieu qu'à des reconnaissances de liquidation. Le ministre prendra du Directoire exécutif, sur chacun de ces états, la décision qui doit en autoriser le paiement ou l'inscription, à prélever et déduire sur les fonds décrétés annuellement pour cet objet par le Corps-Législatif.

4. Les reconnaissances de liquidation ou certificats de propriété qui seront délivrés par les deux liquidations, seront assujétis au *visa* du ministre des finances, et ce *visa* aura pour objet d'attester que les reconnaissances ou certificats de propriété sont à prendre dans les formes comprises dans le décret du Corps-Législatif et la décision du pouvoir exécutif qui y seront relatés.

5. Le ministre des finances sera chargé du *visa* attribué par la loi du 1er floréal à la commission des revenus nationaux, et statuera aussi définitivement, et sans autre recours, sur les réclamations portées par les créanciers contre les décisions des deux administrations en matière de liquidation.

6. Lesdites administrations feront, sous leur seule responsabilité, et sous la surveillance immédiate du Directoire exécutif, la liquidation de toutes les créances soumises à leur vérification, en se conformant aux lois existantes.

7. Les liquidateurs présenteront le résultat de leurs opérations au Directoire exécutif, qui demeure chargé d'employer tous les moyens de les terminer promptement.

8. Le Directoire exécutif rendra compte, tous les trois mois, au Corps-Législatif, de l'état des travaux de liquidation, et demandera les fonds nécessaires pour l'acquit du montant présumé des liquidations à faire dans le cours desdits trois mois.

9. Les frais des bureaux desdites liquidations seront réglés par le Directoire exécutif: provisoirement les fonds affectés à ces

dépenses ne pourront excéder ceux précédemment décrétés.

10. Jusqu'à ce que le Directoire exécutif ait obtenu les fonds nécessaires pour continuer la liquidation, et pour éviter tout retard, la Trésorerie nationale est autorisée à faire payer ou inscrire au grand-livre de la dette publique le montant des liquidations, jusqu'à concurrence de la somme de cent cinquante millions, d'après les reconnaissances de liquidation et certificats de propriété délivrés tant par les directeurs-généraux de la liquidation, que par les administrations de département, et dans les formes ci-dessus prescrites.

11. Les dispositions du présent décret sont communes aux administrations départementales, en tant qu'elles sont chargées de la liquidation des dettes des émigrés de leur ressort.

---

3 BRUMAIRE an 4 (25 octobre 1795). — Décret qui divise en deux sections les écoles primaires des deux sexes. (1, Bull. 201, n° 1203 ; B. 60, 92.)

Art. 1er. Chaque école primaire sera divisée en deux sections, une pour les garçons, l'autre pour les filles : en conséquence, il y aura un instituteur et une institutrice.

2. Les filles apprendront à lire, écrire, compter, les élémens de la morale républicaine; elles seront formées aux travaux manuels de différentes espèces utiles et communes.

---

3 BRUMAIRE au 4 (25 octobre 1795). — Décret relatif au paiement des militaires en activité de service, employés dans des grades inférieurs à ceux qu'ils occupaient précédemment. (1, Bull. 201, n° 1204 ; B. 60, 103.)

La Convention nationale décrète que les militaires en activité de service, mais employés dans des grades inférieurs à ceux qu'ils occupaient précédemment, seront payés suivant les différens grades auxquels ils avaient d'abord été promus.

---

3 BRUMAIRE an 4 (25 octobre 1795). — Décret qui détermine les lieux dans lesquels seront placées les écoles centrales instituées par la loi du 27 vendémiaire dernier. 1, Bull. 202, n° 1209 ; B. 60, 92.)

Art. 1er. Les écoles centrales instituées par la loi du 7 ventose dernier seront placées conformément à la loi du 18 germinal dernier, sauf les exceptions comprises dans l'article suivant.

2. Dans le département de Loir-et-Cher, l'école centrale sera placée à Vendôme ; dans le département du Var, à Toulon ; dans le département de l'Hérault, à Montpellier; dans le département de l'Ariége,

à Saint-Girons ; dans le département de la Gironde, à Bordeaux ; dans le departement du Nord, à Maubeuge ; dans le département de Seine-et-Marne, à Provins ; dans le département de Saône-et-Loire, à Autun ; dans le département de l'Aisne, à Laon ; dans le département des Côtes-du-Nord, à Guingamp ; dans le département du Pas-de-Calais, à Boulogne ; dans le département de la Manche, à Avranches.

3. Dans la Belgique, et les pays réunis à la République par la loi du 9 vendémiaire dernier, les écoles centrales seront placées dans les chefs-lieux de département.

4. Il sera établi cinq écoles centrales dans la commune de Paris.

———

3 BRUMAIRE an 4 (25 octobre 1795). — Décret sur l'organisation de l'instruction publique (1, Bull. 203, n° 1216 ; B. 60, 93.)

Voy. lois des 30 VENDÉMIAIRE et 19 FRIMAIRE an 2, et du 11 FLORÉAL an 10.

TITRE Ier. Écoles primaires.

Art. 1er. Il sera établi dans chaque canton de la République une ou plusieurs écoles primaires, dont les arrondissemens seront déterminés par les administrations dè département.

2. Il sera établi dans chaque département plusieurs jurys d'instruction : le nombre de ces jurys sera de six au plus, et chacun sera composé de trois membres nommés par l'administration départementale.

3. Les instituteurs primaires seront examinés par l'un des jurys d'instruction, et sur la présentation des administrations municipales ; ils seront nommés par les administrations de département.

4. Ils ne pourront être destitués que par le concours des mêmes administrations, de l'avis d'un jury d'instruction, et après avoir été entendus.

5. Dans chaque école primaire, on enseignera à lire, à écrire, à calculer, et les élémens de la morale républicaine.

6. Il sera fourni par la République, à chaque instituteur primaire, un local tant pour lui servir de logement que pour recevoir les élèves pendant la durée des leçons.

Il sera également fourni à chaque instituteur le jardin qui se trouverait attenant à ce local.

Lorsque les administrations de département le jugeront plus convenable, il sera alloué à l'instituteur une somme annuelle, pour tenir lieu du logement et du jardin susdits.

7. Ils pourront, ainsi que les professeurs des écoles centrales et spéciales, cumuler traitement et pensions.

8. Les instituteurs primaires recevront de chacun de leurs élèves une rétribution annuelle qui sera fixée par l'administration de département.

9. L'administration municipale pourra exempter de cette rétribution un quart des élèves de chaque école primaire, pour cause d'indigence.

10. Les réglemens relatifs au régime des écoles primaires seront arrêtés par les administrations de département, et soumis à l'approbation du Directoire exécutif.

11. Les administrations municipales surveilleront immédiatement les écoles primaires, et y maintiendront l'exécution des lois et des arrêtés des administrations supérieures (1).

TITRE II. Écoles centrales.

Art. 1er. Il sera établi une école centrale dans chaque département de la République.

2. L'enseignement y sera divisé en trois sections.

Il y aura dans la première section :

1° Un professeur de dessin ; 2° un professeur d'histoire naturelle ; 3° un professeur de langues anciennes ; 4° un professeur de langues vivantes, lorsque les administrations de département le jugeront convenable, et qu'elles auront obtenu à cet égard l'autorisation du Corps-Législatif.

Il y aura dans la deuxième section :

1° Un professeur d'élémens de mathématiques ; 2° un professeur de physique et de chimie expérimentales.

Il y aura dans la troisième section :

1° Un professeur de grammaire générale ; 2° un professeur de belles-lettres ; 3° un professeur d'histoire ; 4° un professeur de législation.

3. Les élèves ne seront admis aux cours de la première section qu'après l'âge de douze ans ;

Aux cours de la seconde, qu'à l'âge de quatorze ans accomplis ;

Aux cours de la troisième, qu'à l'âge de seize ans au moins.

4. Il y aura près de chaque école centrale une bibliothèque publique, un jardin et un cabinet d'histoire naturelle, un cabinet de chimie et physique expérimentales.

5. Les professeurs des écoles centrales seront examinés et élus par un jury d'instruction.

Les élections faites par le jury seront soumises à l'approbation de ladite administration.

6. Les professeurs des écoles centrales ne pourront être destitués que par un arrêté de la même administration, de l'avis du jury d'instruction, et après avoir été entendus.

———

(1) *Voy.* loi du 28 juin 1833.

L'arrêté de destitution n'aura son effet qu'après avoir été confirmé par le Directoire exécutif.

7. Le salaire annuel et fixe de chaque professeur est le même que celui d'un administrateur de département.

Il sera de plus réparti entre les professeurs le produit d'une rétribution annuelle qui sera déterminée par l'administration de département, mais qui ne pourra excéder vingt-cinq livres pour chaque élève.

8. Pourra néanmoins l'administration de département excepter de cette rétribution un quart des élèves de chaque section, pour cause d'indigence.

9. Les autres réglemens relatifs aux écoles centrales seront arrêtés par les administrations de département, et confirmés par le Directoire exécutif.

10. Les communes qui possédaient des établissemens d'instruction connus sous le nom de *collège*, et dans lesquelles il ne sera pas placé d'école centrale, pourront conserver les locaux qui étaient affectés auxdits collèges, pour y organiser, à leurs frais, des écoles centrales supplémentaires.

11. Sur la demande des citoyens desdites communes, et sur les plans proposés par leurs administrations municipales, et approuvés par les administrateurs de département, l'organisation des écoles centrales supplémentaires, et les modes de la contribution nécessaire à leur entretien, seront décrétés par le Corps-Législatif.

12. L'organisation des écoles centrales supplémentaires sera rapprochée, autant que les localités le permettront, du plan commun des écoles centrales instituées par la présente loi.

Titre III. Des écoles spéciales.

Art. 1er. Il y aura dans la République des écoles spécialement destinées à l'étude :

1° De l'astronomie ; 2° de la géométrie, de la mécanique ; 3° de l'histoire naturelle ; 4° de la médecine ; 5° de l'art vétérinaire ; 6° de l'économie rurale ; 7° des antiquités ; 8° des sciences politiques ; 9° de la peinture, de la sculpture et de l'architecture ; 10° de la musique.

2. Il y aura de plus des écoles pour les sourds-muets et pour les aveugles-nés.

3. Le nombre et l'organisation de chacune de ces écoles seront déterminés par des lois particulières, sur le rapport du comité d'instruction publique.

4. Ne sont point comprises parmi les écoles mentionnées dans l'article 1er du présent titre les écoles relatives à l'artillerie, au génie militaire et civil, à la marine et aux autres services publics, lesquelles seront maintenues telles qu'elles existent, ou établies par des décrets particuliers.

Titre IV. Institut national des sciences et des arts (1).

Art. 1er. L'Institut national des sciences et des arts appartient à toute la République ; il est fixé à Paris : il est destiné : 1° à perfectionner les sciences et les arts par des recherches non interrompues, par la publication des découvertes, par la correspondance avec les sociétés savantes et étrangères ; 2° à suivre, conformément aux lois et arrêtés du Directoire exécutif, les travaux scientifiques et littéraires qui auront pour objet l'utilité générale et la gloire de la République.

2. Il est composé de membres résidant à Paris, et d'un égal nombre d'associés répandus dans les différentes parties de la République ; il s'associe des savans étrangers, dont le nombre est de vingt-quatre, huit pour chacune des trois classes.

3. Il est divisé en trois classes, et chaque classe en plusieurs sections, conformément au tableau suivant.

_____

(1) *Voy.* loi du 15 germinal an 4.

CLASSES.	SECTIONS.	MEMBRES à Paris.	ASSOCIÉS dans les départemens.
I⁰. *Sciences physiques et mathématiques.*	1. Mathématiques	6	6
	2. Arts mécaniques	6	6
	3. Astronomie.	6	6
	4. Physique expérimentale	6	6
	5. Chimie.	6	6
	6. Histoire naturelle et minéralogie. . .	6	6
	7. Botanique et physique végétale. . . .	6	6
	8. Anatomie et zoologie.	6	6
	9. Médecine et chirurgie.	6	6
	10. Économie rurale et vétérinaire. . . .	6	6
		60	60
II⁰. *Sciences morales et politiques.*	1. Analyse des sensations et des idées.	6	6
	2. Morale.	6	6
	3. Science sociale et législation	6	6
	4. Économie politique.	6	6
	5. Histoire.	6	6
	6. Géographie	6	6
		36	36
III⁰. *Littérature et beaux-arts.*	1. Grammaire	6	6
	2. Langues anciennes.	6	6
	3. Poésie.	6	6
	4. Antiquités et monumens.	6	6
	5. Peinture.	6	6
	6. Sculpture	6	6
	7. Architecture.	6	6
	8. Musique et déclamation	6	6
		48	48

4. Chaque classe de l'Institut a un local où elle s'assemble en particulier.

Aucun membre ne peut appartenir à deux classes différentes; mais il peut assister aux séances et concourir aux travaux d'une autre classe.

5. Chaque classe de l'Institut publiera tous les ans ses découvertes et ses travaux.

6. L'Institut national aura quatre séances publiques par an. Les trois classes seront réunies dans ces séances.

Il rendra compte, tous les ans, au Corps-Législatif, des progrès des sciences et des travaux de chacune de ces classes.

7. L'Institut publiera tous les ans, à une époque fixe, les programmes des prix que chaque classe devra distribuer.

8. Le Corps-Législatif fixera tous les ans, sur l'état fourni par le Directoire exécutif, une somme pour l'entretien et les travaux de l'Institut national des sciences et des arts.

9. Pour la formation de l'Institut national, le Directoire exécutif nommera quarante-huit membres, qui éliront les quatre-vingt-seize autres.

Les cent quarante-quatre membres réunis nommeront les associés.

10. L'Institut une fois organisé, les nominations aux places vacantes seront faites par l'Institut, sur une liste, au moins triple, présentée par la classe où une place aura vaqué.

Il en sera de même pour la nomination des associés, soit français, soit étrangers.

11. Chaque classe de l'Institut aura dans son local une collection des productions de la nature et des arts, ainsi qu'une bibliothèque relative aux sciences ou aux arts dont elle s'occupe.

12. Les réglemens relatifs à la tenue des séances et aux travaux de l'Institut seront rédigés par l'Institut lui-même, et présentés au Corps-Législatif, qui les examinera

dans la forme ordinaire de toutes les propositions qui doivent être transformées en lois.

TITRE V. Encouragemens, récompenses et honneurs publics.

Art. 1ᵉʳ. L'Institut national nommera tous les ans au concours vingt citoyens, qui seront chargés de voyager et de faire des observations relatives à l'agriculture, tant dans les départemens de la République que dans les pays étrangers.

2. Ne pourront être admis au concours mentionné dans l'article précédent que ceux qui réuniront les conditions suivantes :

1° Être âgé de vingt-cinq ans au moins ;

2° Être propriétaire ou fils de propriétaire d'un domaine rural formant un corps d'exploitation, ou fermier ou fils de fermier d'un corps de ferme d'une ou de plusieurs charrues, par bail de trente ans au moins ;

3° Savoir la théorie et la pratique des principales opérations de l'agriculture ;

4° Avoir des connaissances en arithmétique, en géométrie élémentaire, en économie politique, en histoire naturelle en général, mais particulièrement en botanique et en minéralogie.

3. Les citoyens nommés par l'Institut national voyageront pendant trois ans aux frais de la République, et moyennant un traitement que le Corps-Législatif déterminera.

Ils tiendront un journal de leurs observations, correspondront avec l'Institut, et lui enverront, tous les trois mois, les résultats de leurs travaux, qui seront rendus publics.

Les sujets nommés seront successivement pris dans chacun des départemens de la République.

4. L'Institut national nommera tous les ans six de ses membres, pour voyager, soit ensemble, soit séparément, pour faire des recherches sur les diverses branches des connaissances humaines autres que l'agriculture.

5. Le Palais-National à Rome, destiné jusqu'ici à des élèves français de peinture, sculpture et architecture, conservera cette destination.

6. Cet établissement sera dirigé par un peintre français ayant séjourné en Italie, lequel sera nommé par le Directoire exécutif pour six ans.

7. Les artistes français désignés à cet effet par l'Institut, et nommés par le Directoire exécutif, seront envoyés à Rome. Ils y résideront cinq ans dans le Palais-National, où ils seront logés et nourris aux frais de la République, comme par le passé : ils seront indemnisés de leurs frais de voyage.

8. La nation accorde à vingt élèves, dans chacune des écoles mentionnées dans les titres II et III de la présente loi, des pensions temporaires, dont le *maximum* sera déterminé chaque année par le Corps-Législatif.

Les élèves auxquels ces pensions devront être appliquées seront nommés par le Directoire exécutif, sur la présentation des professeurs et des administrations de département.

9. Les instituteurs et professeurs publics établis par la présente loi, qui auront rempli leurs fonctions durant vingt-cinq années, recevront une pension de retraite égale à leur traitement fixe.

10. L'Institut national, dans ses séances publiques, distribuera, chaque année, plusieurs prix.

11. Il sera, dans les fêtes publiques, décerné des récompenses aux élèves qui se seront distingués dans les écoles nationales.

12. Des récompenses seront également décernées, dans les mêmes fêtes, aux inventions et découvertes utiles, aux succès distingués dans les arts, aux belles actions et à la pratique constante des vertus domestiques et sociales.

13. Le Corps-Législatif décerne les honneurs du Panthéon aux grands hommes dix ans après leur mort.

TITRE VI. Fêtes nationales.

Art. 1ᵉʳ. Dans chaque canton de la République, il sera célébré, chaque année, sept fêtes nationales ; savoir :

Celle de la Fondation de la République, le 1ᵉʳ vendémiaire ; celle de la Jeunesse, le 10 germinal ; celle des Époux, le 10 floréal ; celle de la Reconnaissance, le 10 prairial ; celle de l'Agriculture, le 10 messidor ; celle de la Liberté, les 9 et 10 thermidor ; celle des Vieillards, le 10 fructidor.

2. La célébration des fêtes nationales de canton consiste en chants patriotiques, en discours sur la morale du citoyen, en banquets fraternels, en divers jeux publics propres à chaque localité, et dans la distribution des récompenses.

3. L'ordonnance des fêtes nationales en chaque canton est arrêtée et annoncée à l'avance par les administrations municipales.

4. Le Corps-Législatif décrète, chaque année, deux mois à l'avance, l'ordre et le mode suivant lesquels la fête du 1ᵉʳ vendémiaire doit être célébrée dans la commune où il réside.

---

3 BRUMAIRE an 4 (25 octobre 1795). — Décret portant que les dispositions de l'article 9 de celui du 9 vendémiaire dernier sont applicables à tous les pays réunis par cette loi au terri-

toire de la France. (1, Bull. 203, n° 1217 ; B. 60, 111.)

Art. 1er. Les dispositions de l'article 9 de la loi du 9 vendémiaire dernier sont applicables à tous les pays réunis par cette loi au territoire de la République.

2. Les arrêtés du comité de salut public, et ceux des représentans du peuple en mission auxquels il n'a pas été dérogé jusqu'à ce jour par le comité de salut public, continueront d'être exécutés dans ces pays jusqu'à l'établissement, qui s'y fera successivement, de lois françaises.

3. Les représentans du peuple en mission dans les pays réunis par la loi du 9 vendémiaire veilleront au recouvrement des impositions ordinaires, en même temps qu'à la rentrée des contributions extraordinaires dont ils sont chargés par la même loi.

3 BRUMAIRE an 4 (25 octobre 1795). — Décret portant que les emplois militaires sont à la nomination du Directoire exécutif. (1, Bull. 203, n° 1218; B. 60, 104.)

Art. 1er. Le comité de salut public est autorisé à nommer aux emplois militaires qui jusqu'à présent ont été à la nomination de la Convention nationale.

2. Le droit de nomination qui jusqu'à présent a été exercé à l'égard des emplois militaires par la Convention nationale, le sera par le Directoire exécutif, à compter du jour de son installation.

3 BRUMAIRE an 4 (25 octobre 1795). — Décret concernant l'inscription maritime. (1, Bull, 205, n° 1222; B. 60, 26.)

Voy. lois du 28 MARS 1790; du 7 JANVIER 1791 ; arrêtés du 21 VENTOSE an 4 ; du 7 FLORÉAL an 8, tit. 3 ; du 7 THERMIDOR an 8, section 7.

SECTION Ire. De l'inscription maritime.

Art. 1er. Il y aura une inscription particulière des citoyens français qui se destineront à la navigation.

2. Sont compris dans l'inscription maritime :

1° Les marins de tout grade et de toute profession, naviguant dans l'armée navale ou sur les bâtimens de commerce ;

2° Ceux qui font la navigation de la pêche de mer sur les côtes, ou dans les rivières jusqu'où remonte la marée; et pour celles où il n'y a pas de marée, jusqu'à l'endroit où les bâtimens de mer peuvent remonter ;

3° Ceux qui naviguent sur les pataches, allèges, bateaux et chaloupes, dans les rades et dans les rivières, jusqu'aux limites ci-dessus indiquées.

3. Tout citoyen qui commence à naviguer ne pourra s'embarquer ni être employé sur les rôles d'équipage d'un bâti-

ment de la République ou du commerce, que sous la dénomination de *mousse*, depuis l'âge de dix ans jusqu'à quinze ans accomplis , et sous celle de *novice* au-dessus de ce dernier âge.

Néanmoins, tout mousse ou novice qui, ayant navigué pendant six mois dans l'une de ces deux qualités, aura en outre satisfait à l'examen prescrit, sera employé sous la dénomination d'*aspirant de la dernière classe.*

4. Il sera donné connaissance des diverses dispositions de la présente loi à tout citoyen commençant à naviguer, et il sera inscrit sur un rôle particulier.

5. Sera compris dans l'inscription maritime tout citoyen âgé de dix-huit ans révolus qui, ayant rempli une des conditions suivantes, voudra continuer la navigation ou la pêche :

1° D'avoir fait deux voyages de long cours;

2° D'avoir fait la navigation pendant dix-huit mois;

3° D'avoir fait la petite pêche pendant deux ans ;

4° D'avoir servi pendant deux ans en qualité d'apprenti marin.

A cet effet, il se présentera, accompagné de son père ou de deux de ses plus proches parens ou voisins, au bureau de l'inscription de son quartier, où il lui sera donné connaissance des lois et réglemens qui déterminent les obligations et les droits des marins inscrits.

6. Celui qui, ayant atteint l'âge et rempli l'une des conditions exigées par l'article précédent, continue la navigation ou la pêche sans se faire inscrire au bureau de son quartier, ainsi qu'il est prescrit, sera compris dans l'inscription maritime, étant censé y avoir consenti par le fait seul qu'il continue à naviguer.

7. Tout citoyen français compris dans l'inscription maritime est dispensé de tout service public autre que ceux de l'armée navale, des arsenaux de la marine, et de la garde nationale dans l'arrondissement de son quartier.

SECTION II. Des arrondissemens, quartiers et syndicats maritimes, et de l'appel des marins au service public.

8. Chacun des principaux ports de la République aura un arrondissement maritime, qui sera divisé en quartiers composés de syndicats, et ceux-ci de communes, conformément à ce qui est déterminé par le règlement.

9. Dans les quartiers maritimes, l'inscription des gens de mer sera confiée à des administrateurs de la marine : ceux-ci auront sous leurs ordres des syndics choisis par le Gouvernement, et de préférence parmi les anciens marins. Les uns et les autres seront subordonnés à l'ordonnateur

ou commissaire principal de l'arrondissement.

Chaque syndic tiendra, pour son syndicat, un extrait de la matricule de l'administrateur du quartier, sur lequel il suivra les mouvemens des gens de mer.

10. Tout marin inscrit sera tenu de servir sur les bâtimens et dans les arsenaux de la République, toutes les fois qu'il en sera requis (1).

11. Les marins qui se présenteront pour servir de bonne volonté dans l'armée navale seront notés sur un registre particulier, et commandés de préférence.

12. Tout matelot, et même tout novice ayant déjà navigué, qui se présentera volontairement pour servir sur les bâtimens de la République, recevra, à titre de gratification, un mois de solde une fois payé : la même gratification sera accordée aux officiers mariniers qui se soumettront à servir à la paie de matelot de la haute classe.

13. Si le nombre des marins enregistrés volontairement dans un quartier excède le contingent à fournir par ce quartier, ceux qui se seront présentés les premiers au bureau de l'inscription maritime seront employés de préférence.

14. Si, dans un quartier, le nombre de marins enregistrés de bonne volonté est moindre que le contingent fixé pour ce quartier, il y aura lieu à une levée.

15. Dans chaque quartier maritime, les marins sont distribués en quatre classes :
La première comprend les célibataires;
La seconde, les veufs sans enfans ;
La troisième, les hommes mariés et n'ayant point d'enfans ;
Et la quatrième est composée des pères de famille.

16. La seconde classe ne sera mise en réquisition que lorsque la première, étant épuisée, n'aura pu suffire aux besoins du service : il en sera usé de même à l'égard des troisième et quatrième classes.

17. Dans chaque quartier, le marin qui aura le moins de service sur les bâtimens de guerre sera requis le premier ; et, s'il y a égalité de service, le plus anciennement débarqué, soit des bâtimens de la République, soit de ceux du commerce, sera tenu de marcher, sans qu'il puisse prétendre à la gratification accordée à celui qui

se sera volontairement présenté pour faire le service public.

18. Les officiers mariniers qui se seront présentés les premiers à l'enregistrement volontaire, seront admis à servir dans la proportion d'un dixième du nombre des matelots de leur quartier appelés au service de l'armée navale.

19. Les administrateurs des quartiers maritimes, ayant reçu l'ordre de commander des marins pour le service public, feront la répartition entre les différens syndicats, du nombre des gens de mer à fournir par leurs quartiers respectifs.

20. Ils remettront aux syndics des extraits de l'état de répartition, et ceux-ci formeront des listes nominatives pour chaque commune de leur syndicat.

21. Si le marin désigné pour marcher a des réclamations à faire, il s'adressera à l'administration municipale de son canton, qui y fera droit après avoir entendu le syndic ; et, dans le cas où le réclamant aurait des motifs légitimes pour ne pas marcher, celui qui devra le remplacer sera désigné au même instant.

22. Il ne sera reçu aucune nouvelle réclamation quatre jours francs après la publication des listes.

23. En cas de refus ou de retardement à l'exécution des ordres de l'administrateur du quartier, de la part des marins commandés pour le service, l'administration municipale du canton sera tenue, sous sa responsabilité, de prêter main-forte, à la première réquisition du syndic.

SECTION III. Des avantages attachés à l'état des marins inscrits.

24. Tout marin qui aura atteint l'âge de cinquante ans révolus sera, de droit, exempt de la réquisition pour le service des vaisseaux et arsenaux de la République, sans néanmoins perdre la faculté de continuer la pêche ou la navigation, même sur les bâtimens de l'État.

25. Tout marin, quel que soit son âge, qui voudra renoncer à la navigation et à la pêche, sera rayé de l'inscription maritime par le fait seul de sa déclaration et de sa renonciation, un an après les avoir faites, et dès lors il ne jouira plus d'aucun des avantages résultant de cette inscription :

---

(1) L'individu inscrit sur les rôles des classes de la marine n'est pas, par cela seul, considéré comme marin en activité de service. — Ainsi, et attendu que les conseils de guerre maritimes ne connaissent que des délits entre marins, le fait répréhensible d'un marin contre un individu inscrit sur les rôles des classes de la marine n'est pas un délit de la compétence des conseils de guerre maritimes ; il doit être porté devant les tribunaux ordinaires.

Singulièrement, un commissaire des classes de la marine qui, en cette qualité, mais pour un fait étranger à la police des classes, fait arrêter un individu non marin (quoique inscrit sur les rôles des classes), s'il vient à être poursuivi à raison de ce fait comme coupable d'arrestation arbitraire, est justiciable des tribunaux ordinaires, et non des conseils de guerre maritimes (14 juillet 1827; Cass. S. 27, 1, 522. D. 27, 1, 306).

ces déclarations et renonciations ne seront pas admises en temps de guerre, et demeureront même sans effet si la guerre a lieu avant l'expiration d'une année, à compter du jour où elles auront été faites.

26. Si, après s'être fait rayer de l'inscription, un marin se détermine à reprendre la navigation ou la pêche, il sera réinscrit au grade et à la paie qu'il avait lors de sa radiation.

27. Tout marin qui ne sera pas actuellement commandé pour le service sera libre de s'embarquer sur des navires marchands ou bateaux de pêche, ou d'aller dans les différens ports de la République travailler ou s'y embarquer, à la charge seulement de faire inscrire son mouvement sur le rôle des gens de mer de son quartier et de celui où il se rendra.

28. Il sera accordé aux marins inscrits des pensions suivant leurs grades, âge, blessures ou infirmités : ces pensions seront réglées sur la durée de leurs services à bord des bâtimens et dans les arsenaux de la République, et sur les navires du commerce.

29. Le service sur les bâtimens de la République comptera, en temps de paix, dix-huit mois pour un an, et dans les arsenaux année pour année.

Le service sur les bâtimens du commerce sera compté, en temps de paix, six mois pour un an, et en temps de guerre, année pour année : sur les corsaires, l'année sera comptée double comme pour les bâtimens de la République.

30. Les veuves et enfans des marins ont droit aux secours et pensions accordés aux veuves et enfans des défenseurs de la patrie.

31. Il sera accordé un secours par mois à chacun des enfans des deux sexes au-dessous de l'âge de dix ans, de tout marin en activité de service sur les bâtimens ou dans les ports de la République.

32. Les enfans des marins seront embarqués de préférence en qualité de mousses sur les bâtimens de la République et sur ceux du commerce.

33. Tout marin appelé à servir sur les bâtimens ou dans les arsenaux de la République recevra une conduite pour se rendre au port de sa destination ; et, s'il est retenu chez lui par les ordres du bureau de l'inscription maritime, sa solde lui sera payée tout le temps que son départ est retardé.

34. Tout marin au service de la République pourra déléguer, pour être payé à sa famille, pendant la durée de sa campagne, jusqu'à la concurrence du tiers de ses salaires présumés gagnés, déduction faite de ses avances.

35. En cas de naufrage d'un bâtiment de la République, et de perte constatée des effets d'un marin, il lui sera tenu compte de son salaire jusqu'au moment du naufrage : la valeur des effets lui sera remboursée d'après le réglement, et il lui sera payé une conduite.

36. Le produit net des prises faites par les bâtimens de la République appartiendra aux équipages preneurs, et sera réparti suivant le réglement.

37. Les différens grades des gens de mer sont : mousses, novices, matelots, quartiers-maîtres, contre-maîtres, seconds maîtres et maîtres de manœuvre, aides, seconds-maîtres et maîtres de canonnage, de timonerie, de charpentage, de calfatage et de voilerie, et pilotes côtiers.

38. Les avancemens des marins seront réglés suivant la durée de leurs services sur des bâtimens de l'État ; des actions d'éclat ou un mérite distingué accéléreront leur avancement.

39. Les officiers mariniers, parvenus à la première classe de leur profession, pourront être constamment entretenus : le nombre de ces entretenus sera déterminé d'après les besoins du service.

40. Le dixième des places d'enseignes de vaisseau pourra être donné aux maîtres entretenus de manœuvre, de canonage et de timonerie.

SECTION IV. Des apprentis marins.

41. La République entretiendra annuellement à son service deux mille apprentis marins.

42. Les apprentis marins seront enrôlés volontairement, et serviront pendant deux ans sur les bâtimens ou dans les ports militaires.

43. Ils seront remplacés tous les ans par moitié. Leur solde et leur vêtement seront fixés par le réglement.

SECTION V. De l'appel des ouvriers aux travaux des ports (1).

44. Les charpentiers de navires, perceurs, calfats, voiliers, poulieurs, tonneliers, cordiers et scieurs de long, exerçant leur profession dans les ports et lieux maritimes, et non inscrits comme marins, seront appelés dans les ports militaires, dans les cas de guerre, de préparatifs de guerre ou de travaux extraordinaires ou considérables. Il en sera tenu un enregistrement particulier dans les bureaux de l'inscription, et ils seront dispensés de toutes autres réquisitions que celles relatives au service de la marine.

45. Les ouvriers désignés dans l'article précédent seront appelés dans les ports, suivant les règles prescrites par les art. 14, 15 et 16 de la présente loi. Ceux de la

(1) *Voy.* arrêté du 7 ventose an 11.

troisième et de la quatrième classe auront un quart en sus du salaire journalier auquel ils auront été taxés d'après leur capacité : ce supplément de salaire sera payé à leurs femmes, dans le lieu de leur domicile.

46. Indépendamment du quart en sus, il sera payé à chacun des enfans des deux sexes de ceux de la quatrième classe, au-dessus de l'âge de dix ans, un secours par mois, dont la quotité sera déterminée par le règlement.

Pendant la durée de leurs services dans les ports de la République, ils jouiront de tous les avantages attribués aux ouvriers qui y sont constamment employés.

47. Le Directoire exécutif est chargé de présenter à l'approbation du Corps-Législatif le règlement pour tous les objets mentionnés en la présente loi.

3 BRUMAIRE an 4 (25 octobre 1795). — Décret concernant l'admission et l'avancement des officiers de la marine militaire (1), et la réception des capitaines des bâtimens du commerce, maîtres au petit cabotage, pilotes côtiers et pilotes lamaneurs. (1 , Bull. 205, n° 1223 ; B. 60, 32.)

Aspirans de la marine.

Art. 1er. Il y aura dans la marine militaire deux classes d'aspirans.

2. Seront admis dans la seconde classe d'aspirans les jeunes gens âgés de douze ans au moins, et au plus de dix-huit, qui, ayant six mois de navigation, auront satisfait à un examen sur l'arithmétique démontrée.

3. Seront admis dans la première classe d'aspirans les jeunes gens âgés de quinze à vingt ans, qui, ayant vingt-quatre mois effectifs de navigation, dont six sur les bâtimens de la République, auront répondu d'une manière satisfaisante à un examen sur la géométrie, la théorie du pilotage, les élémens de tactique et la manœuvre des grémens.

4. Les aspirans de la première classe seront entretenus à tour de rôle, et pendant deux ans, aux frais de la République : le nombre des aspirans entretenus sera constamment de deux cents.

Officiers de la marine.

5. Les grades d'officiers de la marine militaire sont : enseigne de vaisseau, lieutenant de vaisseau, capitaine de frégate, capitaine de vaisseau, chef de division, contre-amiral et vice-amiral.

6. Le grade d'enseigne de vaisseau sera conféré aux navigateurs de l'âge de dix-huit à vingt-huit ans, qui, ayant quarante-huit mois effectifs de navigation, répondront le mieux à l'examen prescrit par l'article 3, et aux questions qui leur seront faites sur toutes les manœuvres, mouvemens et évolutions des bâtimens naviguant seuls, et sur la pratique du canonage : les examinateurs seront juges du concours.

7. Le grade de lieutenant de vaisseau sera conféré aux enseignes de vaisseau les plus anciens dans ce grade, et qui, étant âgés de vingt-six ans au moins, et ayant soixante mois effectifs de navigation, auront en outre satisfait à un examen sur l'abatage des vaisseaux en quille, sur l'arrimage et les moyens de conserver ou de rétablir, dans la navigation, l'assiette et les tirans d'eau reconnus les plus avantageux, sur l'exécution des signaux ou tactique navale, sur les dispositions avant, pendant et après le combat, sur les lois de police ou discipline militaire et celles pénales pour la marine.

8. Les places de capitaine de frégate, capitaine de vaisseau et chef de division, seront données à des officiers du grade immédiatement inférieur à celui à occuper, la moitié à l'ancienneté des services, et l'autre moitié au choix du Directoire exécutif (2).

Capitaines des bâtimens du commerce pour le long cours et le grand cabotage (3).

9. Tout navigateur âgé de vingt-quatre ans accomplis, et ayant soixante mois de navigation, dont une campagne sur un bâtiment de la République, sera susceptible d'être reçu capitaine des bâtimens du commerce, pourvu qu'il ait répondu d'une manière satisfaisante à un examen sur la théorie et la pratique de la navigation, sur toutes les parties du grément et sur la manœuvre.

10. Le ministre de la marine, sur le vu des procès-verbaux d'examen et de réception, enverra aux navigateurs reçus capitaines une lettre de commandement.

11. Tout capitaine des bâtimens du commerce, appelé au service de la République, sera embarqué en qualité d'enseigne de vaisseau : s'il a commandé pendant trois campagnes de long cours, et s'il est âgé de trente ans accomplis, il sera employé en qualité de lieutenant de vaisseau.

12. Tout navigateur non reçu capitaine des bâtimens du commerce, ni aspirant, mais qui aura dix-huit mois de navigation en qualité de second sur des bâtimens du commerce de vingt hommes au moins d'équipage, appelé à servir sur les bâtimens de la République, sera employé en qualité d'aspirant de la première classe.

---

(1) Arrêté du 29 thermidor an 8 ; du 7 fructidor an 8. *Voy.* aussi loi du 26 vendémiaire an 8

(2) *Voy.* loi du même jour sur l'organisation de la marine militaire.

(3) *Voy.* arrêté du 29 thermidor an 8.

Maîtres au petit cabotage et pilotes côtiers (1).

13. Nul ne pourra être fait maître au petit cabotage s'il n'a soixante mois de navigation et vingt-quatre ans d'âge, et s'il n'a satisfait à un examen sur la manœuvre, sur les sondes, la connaissance des fonds, le gisement des terres et écueils, les courans et les marées, sur l'usage de la boussole et de la carte, et sur la connaissance des entrées des principaux ports de la République.

14. Nul ne sera embarqué comme pilote côtier sur les bâtimens de la République s'il n'a commandé pendant trois ans au moins en qualité de maître au petit cabotage.

Pilotes lamaneurs ou locmans (2).

15. Nul ne pourra être reçu pilote lamaneur ou locman s'il n'est âgé de vingt-quatre ans, et s'il n'a satisfait à un examen sur la connaissance des marées, des basses, courans, écueils et autres empêchemens qui peuvent rendre difficiles l'entrée et la sortie des rivières, ports et hâvres du lieu de son établissement.

16. Le ministre de la marine enverra une lettre d'admission à chacun des maitres au petit cabotage, pilotes côtiers et pilotes lamaneurs reçus par l'examinateur.

17. Le mode, les lieux et les époques des examens et des concours prescrits par les articles précédens, seront déterminés par un réglement.

L'organisation des écoles sera également réglée par une loi particulière.

3 BRUMAIRE an 4 (25 octobre 1795). — Décret relatif à la nomination aux fonctions, à l'uniforme et au traitement des employés des administrations des ports. (1, Bull. 205, n° 1225 ; B. 60, 35.)

Voy. arrêtés des 7 FLORÉAL et 7 THERMIDOR an 8 ; décret du 7 PRAIRIAL an 2.

Art. 1er. Tous emplois, grades et dénominations non énoncés dans la loi du 2 de ce mois, concernant l'administration des ports et arsenaux de marine, sont supprimés.

2. Le nombre des agens à affecter aux diverses branches de l'administration des ports, ainsi que leurs appointemens, sont fixés par l'état annexé à la présente loi.

3. La nomination aux divers emplois de l'administration des ports sera faite par le Directoire exécutif, et terminée avant le 1er nivose prochain.

4. Les ordonnateurs de marine, ainsi que les commissaires principaux et contrôleurs des grands ports, seront choisis parmi les ci-devant ordonnateurs civils, les contrôleurs de la marine et les chefs d'administration nommés en vertu des lois des 21—28 septembre 1791 et 14 février 1793.

Les commissaires principaux, les contrôleurs et les commissaires de marine seront choisis parmi les ci-devant ordonnateurs civils, les contrôleurs et sous-contrôleurs de la marine, et les chefs et sous-chefs d'administration nommés en vertu des lois des 21—28 septembre 1791 et 14 février 1793.

Les sous-contrôleurs et sous-commissaires de marine seront choisis parmi les sous-contrôleurs de la marine, sous-chefs et commis d'administration nommés en vertu des lois des 21—28 septembre 1791 et 14 février 1793.

Les commis principaux et commis ordinaires de marine seront choisis :

1° Parmi les commis d'administration nommés en vertu des lois des 21—28 septembre 1791 et 14 février 1793 ;

2° Parmi les commis extraordinaires qui ont été entretenus depuis cette dernière époque ;

3° Enfin, parmi les employés civils actuellement en activité de service.

Sont réputés commis d'administration ceux qui, à l'époque du 21—28 septembre 1791, étaient affectés en qualité de secrétaires aux ci-devant directions des constructions, des ports et de l'artillerie, ainsi qu'aux bureaux des classes, et dans ceux des majors généraux et des commandans de la marine dans les ports.

Les secrétaires des conseils d'administration seront choisis parmi les secrétaires des ci-devant conseils d'administration des ports, ou parmi les sous-chefs et commis d'administration nommés en vertu des lois des 21—28 septembre 1791 et 14 février 1793.

5. Les directeurs des constructions navales seront choisis parmi les ci-devant chefs des travaux, les ingénieurs constructeurs en chef actuellement en activité de service, les directeurs et sous-directeurs des ci-devant directions des constructions, et enfin parmi les ingénieurs ordinaires actuellement employés.

Les ingénieurs constructeurs ordinaires, les sous-ingénieurs et les élèves ingénieurs, seront choisis parmi ceux des mêmes grades actuellement en activité.

6. Les directeurs, chefs et sous-chefs des mouvemens, seront choisis parmi les ci-devant directeurs, sous-directeurs et officiers des ports, parmi les officiers actuellement employés aux mouvemens, les officiers de vaisseau de tout grade, et enfin

(1) Voy. arrêté du 11 thermidor an 10 et du 14 ventose an 11.

(2) Voy. décret du 12 décembre 1806.

parmi les maîtres de manœuvre et de timonnerie qui seront jugés les plus propres
à ce service.

7. Les directeurs, les chefs et sous-chefs
d'artillerie, ainsi que le sous-garde-magasin employé à ce détail, seront choisis soit
parmi les agens qui y sont actuellement
employés, soit parmi ceux qui étaient précédemment affectés à la ci-devant direction
de timonnerie.

8. Les élèves et ingénieurs des bâtimens
seront choisis parmi les ingénieurs, sous-
ingénieurs, architectes, aides, élèves et ap-
pareilleurs actuellement employés à ce service dans les ports.

9. Les nominations faites, il sera expédié
sans délai, par le Directoire exécutif, un brevet à chacun des agens employés au service
des ports et des quartiers maritimes.

10. Tous les agens employés au service
des ports et des quartiers maritimes, qui
ne seront pas nommés en vertu de la présente loi, seront traités conformément à ce
qui est réglé par la loi du 21 = 28 septembre
1791, relative à l'administration de la marine.

11. Jusqu'à ce qu'il ait été autrement
statué, il sera conservé dans les ports le
nombre de commis extraordinaires qui
sera jugé nécessaire pour remplir le service.

12. Le ministre pourra, avec l'approbation du Directoire exécutif, appeler auprès
de lui, et employer dans les bureaux du
ministère, des agens de l'administration
des ports, en les remplaçant provisoirement; et si leur absence des ports dure
au-delà de six mois, il sera pourvu à leur
remplacement définitif. Néanmoins, les
individus ainsi appelés conserveront le
grade et le rang qu'ils avaient à l'époque
où ils ont cessé de remplir leurs fonctions,
et le droit aux avancemens déterminés par
la loi.

13. L'ordonnateur de marine remplira
les fonctions qui étaient attribuées aux ci-
devant ordonnateurs civils par la loi du 21
septembre — 12 octobre 1791, sur l'organisation de la cour nationale maritime.

14. Le tribunal de police correctionnelle,
créé par l'article 6 du titre II de la même
loi, sera composé de l'ordonnateur, d'un
commissaire ou sous-commissaire de marine, d'un ingénieur ou sous-ingénieur
constructeur, et d'un chef ou sous-chef des
mouvemens et de l'artillerie.

15. Jusqu'à ce que le mode et les formes
du service aient été déterminés par un règlement rédigé dans l'esprit de la loi du 2
de ce mois, concernant l'administration
des ports et arsenaux de marine, les agens
chargés des diverses parties de cette administration se conformeront aux dispositions
des lois, ordonnances et réglemens non
abrogés.

16. Les lois des 27 septembre 1793 et 14
pluviose de l'an 2 sont et demeurent rapportées, ainsi que les dispositions des autres lois antérieures, en ce qu'elles pourraient être contraires à la présente loi et à
celle rendue concernant l'administration
des ports et arsenaux de marine.

17. Les agens de tout grade de l'administration des ports seront vêtus de l'uniforme ci-après :

Habit bleu sans revers, doublure de la
même couleur, poches en travers avec trois
boutons, collet rabattu et paremens en
botte, savoir : cramoisi pour l'ordonnateur
et les agens de la comptabilité; noir, pour
ceux des constructions et des bâtimens civils; bleu-ciel, pour ceux des mouvemens;
écarlate, pour ceux de l'artillerie;

Veste rouge et culotte bleue;

Boutons jaunes, timbrés d'une ancre,
avec la légende : *Administration de la marine.*

L'ordonnateur portera sur le collet, les
paremens et les poches une double broderie en or, de douze lignes de large.

Les commissaires principaux et contrôleurs des grands ports, ainsi que les directeurs des constructions, des mouvemens et
de l'artillerie, auront la même broderie
simple.

Les commissaires de marine, les contrôleurs des ports secondaires, les ingénieurs constructeurs et des bâtimens civils, et les chefs des mouvemens et de l'artillerie, porteront la même broderie sur le
collet et les paremens.

Les sous-contrôleurs, sous-commissaires, sous-ingénieurs et sous-chefs des mouvemens et de l'artillerie, ainsi que les aides-commissaires embarqués, auront une
broderie simple sur le collet seulement.

Les autres agens porteront l'uniforme
sans broderie.

La broderie sera conforme au modèle.

État des agens employés au service des ports militaires de la République et quartiers maritimes, et des appointemens qui seront alloués par
an à chacun d'eux.

SAVOIR :

Quatre ordonnateurs de marine, dont
trois à 18,000 livres, et un à 12,000 livres.

Administration, comptabilité et inscription
maritime.

Onze contrôleurs de marine, dont trois
à 7,200 livres, un à 6,000 livres, et sept à
4,800 livres.

Dix commissaire principaux, dont deux
à 10,000 livres, cinq à 8,000 livres, et trois
à 7,200 livres.

Cinquante commissaires ordinaires, dont
seize à 6,000 livres, seize à 5,400 livres, et
dix-huit à 4,800 livres.

Quatre garde-magasins, dont trois à 4,200 livres, et un à 3,600 livres.

Dix sous-contrôleurs, dont quatre à 3,000 livres, trois à 2,700 livres, et trois à 2,400 livres.

Cent vingt-huit sous-commissaires, dont quarante-trois à 3,000 livres, quarante-trois à 2,700 livres, et quarante-deux à 2,400 livres.

Cent vingt-deux commis principaux à 2,100 livres.

Quatre cent quarante-cinq commis ordinaires, dont cent quatre-vingts à 1,800 livres, cent quatre-vingts à 1,500 livres, et quatre-vingt-cinq à 1,200 livres.

Vingt-quatre préposés pour les quartiers maritimes, dont sept à 500 livres, douze à 400 livres, et quatre à 300 livres.

Quatre secrétaires du conseil d'administration, dont trois à 3,000 livres, et un à 2,400 livres.

Direction des constructions navales.

Quatre directeurs, dont trois à 7,200 livres, et un à 6,000 livres.

Vingt-cinq ingénieurs constructeurs ordinaires, dont huit à 6,000 livres, huit à 5,400 livres, et neuf à 4,800 livres.

Trente-deux sous-ingénieurs constructeurs, dont onze à 3,000 livres, onze à 2,700 livres, et dix à 2,400 livres.

Douze élèves ingénieurs constructeurs, dont quatre à 2,400 livres, quatre à 1,800 livres, et quatre à 1,500 livres.

Direction des mouvemens.

Quatre directeurs, dont trois à 7,200 livres, et un à 6,000 livres.

Cinq chefs des mouvemens, dont quatre à 5,400 livres, et un à 4,800 livres.

Dix-neuf sous-chefs des mouvemens, dont dix à 2,700 livres, et neuf à 2,400 livres.

Direction de l'artillerie.

Quatre directeurs, dont trois à 7,200 livres, et un à 6,000 livres.

Quatre chefs d'artillerie, dont deux à 5,400 livres, et deux à 4,800 livres.

Sept sous-chefs d'*idem*, dont quatre à 2,700 livres, et trois à 2,400 livres.

Quatre sous-garde-magasin à 2,100 livres.

Bâtimens civils.

Quatre ingénieurs en chef à 6,000 livres.

Sept ingénieurs ordinaires à 4,800 livres.

Le nombre des élèves ingénieurs, dont les appointemens sont fixés à 1,800 livres, sera fixé sur les besoins du service.

Jusqu'à ce qu'il en soit autrement ordonné, il sera accordé, en sus de ces traitemens, les supplémens, indemnités et augmentations portés par les lois précédentes et par les arrêtés des comités.

---

3 BRUMAIRE an 4 (25 octobre 1795). — Décret sur l'organisation des états-majors de la marine dans les ports. (1, Bull. 205, n° 1226; B. 60, 4°.)

Art. 1ᵉʳ. Dans chacun des ports de Brest, Toulon, Rochefort et Lorient, il y aura un état-major de la marine.

2. L'état-major de chaque port sera composé d'un commandant des armes, d'un adjudant-général, d'adjudans et de sous-adjudans.

Commandant des armes.

3. Le commandant des armes aura sous ses ordres les officiers de marine de tous grades.

4. Il aura sur les troupes d'artillerie de la marine la même autorité qu'ont les commandans des places sur celles qui en composent les garnisons.

5. Il sera chargé de la garde militaire et sûreté du port, des forts, batteries et postes dépendant de la marine.

6. Dans les cas urgens, le commandant des armes pourra ordonner la sortie de bâtimens de guerre, soit pour escorter les navires du commerce d'un port de France à l'autre, soit pour protéger la côte, et en éloigner l'ennemi. A cet effet, il requerra, s'il y a lieu, l'ordonnateur de mettre à sa disposition les bâtimens dont il aura besoin.

7. Jusqu'au départ des bâtimens de guerre, il lui sera rendu compte par le commandant de la rade des opérations journalières, des événemens et de tout ce qui intéresse l'ordre et la discipline.

8. Avant le départ de tout bâtiment de guerre, il s'assurera, par une inspection, si toutes les dispositions militaires ont été faites à bord conformément à la loi.

9. Il transmettra aux officiers commandans les instructions qui lui seront adressées par le Gouvernement.

10. Aussitôt que l'ordre d'armer un bâtiment aura été donné, il nommera des officiers pour en suivre la carène et en diriger l'armement, et proposera au ministre ceux qui devront en composer l'état-major.

11. L'officier chargé de suivre la carène, et de diriger l'armement ou le désarmement d'un bâtiment, lui rendra chaque jour un compte exact du progrès des opérations faites à bord.

Le commandant des armes destinera le nombre qu'il jugera convenable de lieutenans et enseignes de vaisseau, pour, sous les ordres du directeur des mouvemens, suivre les opérations relatives à cette partie du service.

12. Il donnera les ordres pour l'embarquement des passagers, et se concertera avec l'ordonnateur et le commandant de la flotte pour toutes les dispositions accessoires.

13. Il désignera les capitaines ainsi que les états-majors des flûtes, gabares et autres bâtimens de la République qui auront été destinés par l'administration pour transport de munitions navales ; il donnera les instructions militaires; et, dans le cas d'urgence, cette désignation tiendra lieu d'ordre du Gouvernement.

14. Il déférera aux réquisitions de l'ordonnateur relativement à la sûreté des magasins, chantiers et dépôts appartenant à la marine.

15. Lorsqu'il aura été prévenu, par l'ordonnateur, de l'époque d'une revue, il donnera les ordres nécessaires à cet effet.

16. Il se concertera avec l'ordonnateur de marine, lorsque le service qui lui est confié l'exigera.

17. Il enverra au ministre de la marine et des colonies, dans le courant du premier mois de chaque année, la liste apostillée des officiers qui sont sous ses ordres.

18. Il présidera la commission extraordinaire chargée d'examiner la conduite des capitaines qui auront commandé des bâtimens de la République, et celle qui devra former la liste apostillée des officiers de vaisseau prescrite par l'article précédent.

Adjudant-général.

19. L'adjudant-général sera chargé de transmettre et de faire exécuter les ordres du commandant des armes, de suivre les mouvemens et les destinations des officiers de marine, de donner les ordres pour l'embarquement des détachemens de troupes d'artillerie de la marine à embarquer sur les vaisseaux, de maintenir l'ordre et la discipline dans les postes affectés à la marine, et de surveiller toutes les parties du service militaire.

20. Il tiendra l'état de tous les officiers de vaisseau affectés au port, ainsi que celui des aspirans de toute classe.

21. Il exigera des officiers qui auront été embarqués la remise de leurs journaux, signés d'eux et visés du capitaine.

22. Il recueillera les lois, réglemens et décisions concernant le service militaire de la marine, et sera spécialement chargé du dépôt des cartes, plans et autres ouvrages nautiques.

23. Il sera le rapporteur de toutes les commissions extraordinaires indiquées par l'article 18.

Adjudans et sous-adjudans.

24. Ils seront subordonnés à l'adjudant-général, le seconderont dans toutes les parties du service, et le remplaceront en cas d'absence momentanée.

Dispositions générales.

25. Les fonctions de commandant des armes, d'adjudant-général, d'adjudant et sous-adjudant, sont temporaires.

26. Au Directoire exécutif appartient la nomination des officiers de l'état-major de la marine.

27. Les commandans des armes seront toujours choisis parmi les officiers-généraux de la marine : les adjudans-généraux, parmi les chefs de division ou capitaines de vaisseau; les adjudans et sous-adjudans, parmi les capitaines de frégate et lieutenans de vaisseau.

28. En cas de maladie ou d'absence momentanée du commandant des armes, le plus ancien officier-général présent dans le port le remplacera.

29. Le nombre des commandans des armes, adjudans-généraux, adjudans et sous-adjudans, ainsi que les supplémens par mois dont il jouiront pendant l'exercice de leurs fonctions, seront réglés par l'état annexé au présent décret.

30. Le nombre de commis à affecter à l'état-major de la marine et au bureau du commandant des armes de chaque port, ainsi que leurs appointemens, sont fixés par le même état.

31. Les fournitures de bureau du commandant des armes et de l'état-major de la marine seront faites en nature par le port.

32. Le Directoire exécutif pourra, suivant les besoins du service, établir temporairement des officiers d'état-major de la marine dans les ports de seconde classe ; et, dans ces cas, il les choisira dans le grade relatif à l'étendue des fonctions qu'ils auront à remplir.

33. Les supplémens alloués à ces officiers, pendant qu'ils seront employés en cette qualité, seront les mêmes que ceux qui leur eussent été attribués dans les ports de Rochefort et de Lorient, s'ils eussent été appelés, relativement à leur grade, à des fonctions d'état-major dans l'un de ces deux ports.

Tableau des états-majors de la marine des quatre grands ports, et de la dépense y relative.

SAVOIR :	BREST.		TOULON.		ROCHEFORT.		LORIENT.	
	Nombre.	chacun par mois.	Nombre.	chacun par mois.	Nombre.	chacun par mois.	Nombre.	chacun par mois.
) Commandant des armes.	1	600	1	600	1	450	1	450
ʌ Adjudans-généraux.	1	400	1	400	1	300	1	300
ʌ Adjudans.	2	200	2	200	2	200	1	200
2 Sous-adjudans	2	150	2	150	1	150	1	150
) Chefs de bureau.	2	200	2	200	2	175	2	175
) Commis expéditionnaires. . . .	2	125	1	125	1	125	1	125

8 3 BRUMAIRE an 4 (25 octobre 1795). — Décret concernant les maîtres entretenus de toute profession , et les ouvriers employés aux travaux des ports et arsenaux de la marine. (1 , Bull. 205, n° 1227 ; B. 60, 43.)

Voy. lois du 25 JANVIER 1793; arrêtés du 25 FRIMAIRE an 9 , et du 7 VENTOSE an 11.

Apprentis ouvriers.

Art. 1ᵉʳ. Le nombre des apprentis dans les chantiers et ateliers des ports ne pourra jamais excéder le cinquième des ouvriers.

2. Seront admis de préférence, en qualité d'apprentis, les enfans des maîtres, ouvriers, marins et soldats des troupes d'artillerie de la marine.

3. Le directeur des constructions et le commissaire préposé au détail des chantiers et ateliers admettront les apprentis aux travaux des ports.

Avancement des ouvriers, contre-maîtres et maîtres entretenus.

4. Dans le courant du premier mois de chaque année, le directeur des constructions et le commissaire préposé à la comptabilité de l'arsenal présenteront au conseil d'administration du port l'état des augmentations de paie à accorder aux apprentis, journaliers, ouvriers et contre-maîtres : ces augmentations, qui seront définitivement arrêtées par le conseil, ne pourront jamais excéder le dixième de la paie de chaque individu.

5. Lorsqu'il viendra à vaquer une place d'aide, les maîtres et les contre-maîtres de la profession où la place sera vacante désigneront quatre candidats pris parmi les ouvriers de première classe de la même profession, et en présenteront la liste au directeur des constructions et au commissaire de la comptabilité de l'arsenal ; ceux-

ci réduiront à deux le nombre des candidats , parmi lesquels le conseil d'administration choisira.

Les contre-maîtres seront choisis de la même manière parmi les aides, mais avec cette différence , que les maîtres seuls désigneront les quatre candidats.

6. Les places de premiers maîtres et de maîtres entretenus seront données alternativement, moitié à l'ancienneté et moitié au choix, aux contre-maîtres de la profession où la place sera vacante.

Lorsque le remplacement aura lieu au choix, le directeur des constructions et le commissaire préposé à la comptabilité de l'arsenal désigneront quatre candidats, et en présenteront la liste au conseil, qui la réduira à deux, parmi lesquels le Directoire exécutif choisira celui qui devra remplir la place vacante.

7. Dans les professions peu nombreuses, à défaut de contre-maîtres pour compléter les quatre candidats, les aides, et même, dans le cas d'insuffisance de ceux-ci , les ouvriers de première classe, pourront être désignés comme candidats, et élus maîtres entretenus.

8. Les places de peintres et sculpteurs en chef, ainsi que celles de pompiers garde-pompes à incendie, seront toutes au choix du Directoire exécutif.

9. Le quart des places de sous-ingénieurs constructeurs pourra être donné par le pouvoir exécutif aux maîtres charpentiers entretenus et aux maîtres et seconds maîtres mâteurs.

10. Dans les professions de charpentiers, calfats et voiliers , il ne pourra plus être établi de classes distinctes pour le service de terre et pour le service de mer.

11. Les jeunes gens de quinze à dix-huit ans qui, s'étant destinés à la sculpture des

vaisseaux, annonceront des dispositions particulières pour cet art, pourront être entretenus pendant deux ans, aux frais de l'Etat, dans des écoles publiques, pour se perfectionner.

Maîtres de manœuvre, de canonnage et de timonerie, et pilotes côtiers et lamaneurs ou locmans.

12. Les places de maîtres entretenus de manœuvre et de timonerie seront toutes données au choix : à cet effet, le directeur des mouvemens et le commissaire de la comptabilité de l'arsenal présenteront, pour chaque place vacante, quatre candidats pris parmi les marins de ces deux professions, et qui auront obtenu à la mer le grade de maître. Le conseil d'administration réduira à deux le nombre des candidats, parmi lesquels le Directoire exécutif en choisira un.

13. Les canonniers qui auront obtenu à la mer le grade de maître parviendront à l'entretien, sur la proposition du directeur d'artillerie et du commissaire du détail de l'arsenal, d'après les formes prescrites par l'article précédent.

14. Les pilotes côtiers et lamaneurs ou locmans, ainsi que les maîtres de timonerie, parviendront à l'entretien d'après les mêmes formes que les maîtres canonniers, et sur la proposition du Directoire des mouvemens et du commissaire préposé au détail de la comptabilité de l'arsenal.

Gardiens.

15. Les gardiens de vaisseaux, portes, batteries, signaux, chantiers, magasins et bureaux, seront choisis par le conseil d'administration, et de préférence parmi les anciens contre-maîtres, aides, ouvriers, sous-officiers et soldats des troupes d'artillerie de la marine, et marins, hors d'état de servir dans leur profession.

Dispositions générales.

16. Le nombre des ouvriers, aides, contre-maîtres, maîtres entretenus, gardiens et autres employés aux travaux et aux opérations des ports, sera déterminé sur les besoins du service.

17. Sont supprimés tous grades et dénominations non compris au tableau annexé au présent décret.

Ce qui est relatif aux sous-officiers des chiourmes sera déterminé par un réglement particulier.

18. La loi du 25 janvier 1793 est et demeure rapportée.

Etat des artistes, maîtres entretenus et autres employés au service des ports et des vaisseaux.

SAVOIR :

Artistes : Sculpteurs en chef, peintres en chef.

Maîtres entretenus : Maîtres de manœuvre ou d'équipage, *idem* canonniers, *idem* de timonerie, pilotes côtiers et lamaneurs.

Maîtres d'ouvrages, entretenus : Maîtres charpentiers, mâteurs, perceurs, calfats, cordiers, voiliers, forgerons, serruriers, armuriers, menuisiers, poulieurs, tonneliers, cloutiers, ferblantiers, chaudronniers, maçons.

Divers entretenus : Pompiers garde-pompes à incendie, gardiens.

---

3 BRUMAIRE an 4 (25 octobre 1795). — Décret sur le rétablissement des troupes d'artillerie de la marine, leur réorganisation, et les divers services auxquels elles sont affectées. (1, Bull. 205, n° 1228 ; B. 60, 47.)

Voy. lois du 31 MAI == 14 JUIN 1792 ; du 3 BRUMAIRE an 4, sur l'instruction des canonniers marins ; arrêtés du 25 FLORÉAL an 5 ; loi du 12 PRAIRIAL an 5 ; arrêtés du 6 VENDÉMIAIRE an 9 ; du 25 FRIMAIRE an 9 ; du 23 GERMINAL an 9 ; du 23 NIVOSE an 11 ; du 15 FLORÉAL an 11 ; décret du 18 BRUMAIRE an 13.

Art. 1er. Il sera entretenu, pour le service de la marine, pour celui de l'artillerie, et la garnison des vaisseaux de la République, sous la dénomination de troupes d'artillerie de la marine, un corps de quinze mille neuf cent soixante-quinze hommes au complet de paix, qui sera porté à vingt-deux mille vingt-trois hommes pour le complet de guerre, et à vingt-cinq mille quarante-sept pour le grand complet.

2. Cette force sera divisée en sept demi-brigades et trois compagnies d'ouvriers.

Les sept demi-brigades seront réparties, savoir : trois à Brest, une à Lorient, une à Rochefort et deux à Toulon.

Les trois compagnies d'ouvriers seront réparties suivant les besoins du service.

3. Chaque demi-brigade sera composée d'un état-major et de trois bataillons ; chaque bataillon de neuf compagnies, et chaque compagnie de trois officiers et de soixante-dix-neuf hommes au complet de paix, cent onze au complet de guerre, et cent vingt-sept au grand complet.

TITRE Ier. Division et composition de ces troupes.

4. Chaque compagnie, au complet de paix, sera composée d'un capitaine, un premier lieutenant, un second lieutenant, un sergent-major, quatre sergens, un caporal-fourrier, huit caporaux, seize canonniers de première classe, seize canonniers de deuxième classe, trente-deux canonniers aspirans, dont quatre artificiers, un tambour. — Total, soixante-dix-neuf.

5. Chaque compagnie est partagée en deux divisions, du commandement et des détails de chacune desquelles est spécialement chargé l'un des lieutenans, sous l'autorité du

capitaine, qui est lui-même chargé du commandement et des détails d'instruction, de discipline et de comptabilité de sa compagnie.

Chaque division est composée d'un premier ou second lieutenant, deux sergens, quatre caporaux, huit canonniers de première classe, huit canonniers de deuxième classe, seize canonniers aspirans. — Total, trente-neuf.

6. Chaque division est partagée en deux sections, composées chacune d'un sergent, deux caporaux, quatre canonniers de première classe, quatre canonniers de deuxième classe, huit canonniers aspirans. — Total, dix-neuf.

7. Chaque section est partagée en deux escouades, composées chacune d'un caporal, deux canonniers de première classe, deux canonniers de deuxième classe, quatre canonniers aspirans. — Total, neuf.

8. Pour parvenir au complet de guerre, il sera ajouté à chaque compagnie trente-deux hommes, qui seront répartis à raison de quatre par escouade. Ils seront complétés par recrutement volontaire ou par tout autre mode adopté pour l'armée de terre; ils auront le titre, la paie et le traitement des canonniers aspirans, après lesquels ils prendront rang : ils ne seront engagés que pour la durée de la guerre; mais ceux qui, à la paix, voudraient continuer leur service, y seront admis, s'il y a des places, en contractant un nouvel engagement.

9. Le grand complet aura lieu en ajoutant, par les mêmes moyens, au précédent complément, seize hommes par compagnie, répartis à raison de deux par escouade; ils seront traités comme ceux du premier complément, après lesquels ils prendront rang.

10. Chaque compagnie d'ouvriers sera composée comme il suit : un capitaine-commandant, un second capitaine, un premier lieutenant, un second lieutenant. — Total, quatre officiers.

Un sergent-major, six sergens, un caporal-fourrier, six caporaux, vingt-quatre premiers ouvriers, vingt-quatre seconds ouvriers, trente-six apprentis ouvriers, un tambour. — Total, quatre-vingt-dix-neuf hommes.

11. Chaque bataillon aura un drapeau aux couleurs nationales : il sera porté par le plus ancien sergent-major.

12. Chaque demi-brigade d'artillerie de marine aura un état-major, et sera composée ainsi qu'il suit :

État-major.

Chef de brigade, 1; chefs de bataillon, 3; adjudans-majors, 3; quartier-maître-trésorier, 1; officiers de santé, 1; total, 9.

Adjudans sous-officiers, 3; tambour-major, 1; caporal-tambour, 1; maître tail-leur, 1; maître cordonnier, 1; maître armurier, 1; musiciens, dont un chef, 8; total, 16.

Total de l'état-major, 9 officiers; 16 sous-officiers-et-soldats

3 bataillons.

Par chaque bataillon : capitaines, 9, total, 27; premiers lieutenans, 9, total, 27; second lieutenans, 9, total, 27. — Total, 81.

Par chaque bataillon : sergens-majors, 9, total, 27; sergens, 36, total, 108; caporaux-fourriers, 9, total 27; caporaux, 72, total, 216; canonniers de 1re classe, 144, total, 432; canonnier de 2e classe, 144, total, 432; canonniers aspirans, 288, total, 864; tambours, 9, total, 27. — Total, 2133.

Force de chaque bataillon, non compris les officiers 711, total, 2,133.

Complet de paix d'une demi-brigade, 2,238

Pour les sept demi-brigades 15,666 hommes, et pour les trois compagnies d'ouvriers 309; total du complet de paix 15,975.

Le complet de guerre n'apporte aucun changement dans l'état-major ni dans le nombre des officiers et sous-officiers, et il s'opère par l'addition à chaque compagnie de trente-deux canonniers aspirans; ce qui donne, pour les cent quatre-vingt-neuf compagnies formant les sept demi-brigades, 6,048; total du complet de guerre, 22,023.

Le grand complet s'opère également sans aucun changement dans l'organisation, et en ajoutant au précédent complément seize canonniers aspirans par compagnie; ce qui donne, pour les cent quatre-vingt-neuf compagnies, formant les sept demi-brigades, 3,024; total du grand complet, 25,047 hommes.

13. Les demi-brigades seront désignées par première, seconde, troisième, quatrième, cinquième, sixième et septième.

Il en sera de même de chaque bataillon d'une demi-brigade et de chaque compagnie d'un bataillon.

Ces numéros seront déterminés par la voie du sort, aussitôt après l'organisation.

14. Il sera admis dans chaque compagnie deux enfans de sous-officiers et canonniers, qui jouiront de la moitié de la solde des aspirans canonniers.

15. Il y aura un inspecteur-général des troupes d'artillerie de la marine; ses fonctions seront détaillées par un réglement particulier; il aura le grade de général de brigade, jouira des mêmes appointemens, droits et prérogatives que les autres généraux de brigade employés, et prendra rang avec eux dans la ligne pour son avancement.

Il pourra néanmoins conserver son inspection, quoiqu'il parvienne au grade de général de division.

24.

TITRE II. Du recrutement et de la durée des engagemens.

16. Les troupes d'artillerie de la marine se recruteront par des enrôlemens volontaires, en se conformant, à cet égard, aux lois et réglemens de police sur le recrutement des armées.

17. Il ne sera admis dans les troupes d'artillerie de la marine que des Français de l'âge de dix-huit à trente ans.

18. La durée des engagemens sera de huit ans, à l'expiration desquels il pourra être contracté de nouveaux engagemens pour quatre ou huit autres années, et ainsi de suite à l'expiration de chaque nouvel engagement.

19. La gratification accordée pour un premier rengagement de huit années sera de cent vingt livres, et de moitié pour un rengagement de quatre années : celle pour un deuxième rengagement de huit ans sera de cent cinquante livres, et de moitié pour quatre ans.

Ces sommes seront doublées jusqu'à l'époque où cessera d'avoir son exécution la loi du 4 pluviose dernier, concernant les indemnités accordées aux fonctionnaires publics.

20. Les sous-officiers et soldats dans le cas d'obtenir leurs congés d'ancienneté, étant à la mer, ne pourront les réclamer qu'à la fin de la campagne ; mais il sera tenu compte à ceux qui ne voudront pas contracter un nouvel engagement du temps qu'ils auront servi au-delà de leur congé, sur le pied d'un huitième du prix de l'engagement pour chaque année.

21. Aucun sous-officier ou soldat des troupes d'artillerie de la marine ne pourra être embarqué contre son gré pour les Grandes-Indes, si le terme de son engagement n'est pas éloigné de plus d'un an ; pour l'Amérique et les côtes d'Afrique, s'il n'a encore six mois à servir ; et pour le Levant, si son congé lui est dû avant trois mois.

22. L'expédition des congés au terme de leur expiration ne pourra être suspendue, même en temps de guerre, qu'en vertu d'une loi rendue à cet effet.

23. Dans le cas où le Directoire exécutif jugerait nécessaire au bien du service d'employer au recrutement un ou plusieurs officiers, sous-officiers ou soldats, il leur sera payé, indépendamment de la solde attachée à leur grade, et en remplacement de leurs rations de vivres et de fourrages, une gratification journalière, dont le *minimum* sera de quatre livres, et le *maximum* de douze livres : elle sera déterminée d'après le grade et le lieu de la résidence.

24. Les commissaires de marine rempliront, dans chacun des ports où il se trouvera des troupes d'artillerie de la marine, les mêmes fonctions que les commissaires des guerres près les troupes de terre ; ils leur seront assimilés à cet égard, et ont les mêmes pouvoirs.

TITRE III. Appointemens et solde des officiers et soldats.

25. Les appointemens et solde des officiers et canonniers composant les sept demi-brigades d'artillerie de la marine seront conformes au tableau annexé au présent décret.

26. Dans chaque demi-brigade, les appointemens des capitaines seront divisés en trois classes ; il y en aura, savoir :

Neuf de la première classe, neuf de la seconde classe, neuf de la troisième classe.

Ceux des premiers lieutenans seront également divisés en deux classes, dont douze de la première classe, quinze de la seconde classe.

Les uns et les autres seront placés dans les classes en raison de leur ancienneté.

TITRE IV. Administration, fonctions et discipline des officiers et sous-officiers.

27. Le caporal commandera une escouade, sous l'autorité du sergent de section.

28. Le caporal-fourrier aura le rang de premier caporal ; il sera commandé par tous les sergens de la compagnie, et il commandera tous les caporaux.

Le caporal-fourrier ne fera d'autre service que celui de tenir les registres, former les états, et pourvoir au logement de la compagnie.

29. Chaque sergent commandera une section, sous l'autorité du premier ou du second lieutenant.

30. Le sergent-major de chaque compagnie ne sera attaché particulièrement à aucune section ; il ne fera aucun service ; il sera chargé, supérieurement aux sergens et au caporal-fourrier, de tous les détails du service, de la discipline et de la comptabilité, sous les ordres des officiers de la compagnie.

31. Le chef musicien aura autorité sur les autres musiciens ; pour cet effet, il aura le rang de sergent.

32. Le tambour-major aura le rang de sergent-major, et commandera les musiciens et tambours ; néanmoins ces derniers resteront soumis aux ordres des officiers et sous-officiers des compagnies dont ils feront partie.

33. Les adjudans auront le rang de premier sous-officier ; ils commanderont, à ce titre, tous les sous-officiers, et ils surveilleront tous les détails de service, instruction, discipline et police de la demi-brigade, sous l'autorité des adjudans-majors et des officiers supérieurs,

34. Les fonctions de l'officier de santé sont les mêmes que celles qu'il remplit dans les autres troupes de la République.

35. Le quartier-maître-trésorier sera chargé de tous les paiements, de la tenue, des registres, et de tous les détails de la comptabilité, sous les ordres et sous l'inspection du conseil d'administration.

36. Les adjudans-majors seront chargés, sous les ordres immédiats des officiers supérieurs, de tous les détails d'instruction, manœuvre, police et discipline de la demi-brigade.

37. Les chefs de bataillon surveilleront, d'après les instructions et les ordres des chefs de brigade, tous les détails de service, police, discipline, instruction et comptabilité de leur bataillon.

38. Les chefs de brigade exerceront, dans leur demi-brigade, et sous la surveillance de l'inspecteur-général des troupes d'artillerie de la marine, les fonctions qui leur sont attribuées par les réglemens concernant la police, la discipline et l'administration des anciens régimens de ligne, jusqu'à ce que ces réglemens aient été modifiés ou changés ; et ils seront responsables, envers l'inspecteur général, de l'instruction, police et discipline des canonniers composant leur demi-brigade.

39. Chaque bataillon sera commandé par un chef de bataillon ; le commandement du premier appartiendra au chef de bataillon le moins ancien.

40. Le conseil d'administration de chaque demi-brigade d'artillerie sera composé du chef de brigade, du commissaire de marine préposé aux revues, de trois chefs de bataillon, du plus ancien capitaine, des plus anciens premiers et seconds lieutenans, du plus ancien sergent-major ou sergent, du plus ancien caporal, et du plus ancien canonnier de la demi-brigade, sachant lire et écrire.

41. Les compagnies d'ouvriers seront employées aux travaux et constructions d'artillerie.

Les officiers feront les plans et tracés des ouvrages ordonnés ; ils en surveilleront et dirigeront l'exécution dans tous les détails, sous les ordres des directeurs d'artillerie des ports.

TITRE V. Avancement et remplacement.

42. Les places de canonniers de seconde classe vacantes seront données, dans chaque compagnie, au plus ancien canonnier aspirant.

Le plus ancien canonnier de seconde classe, dans chaque compagnie, passera de droit à la place de canonnier de première classe qui viendra à vaquer.

Il sera fait choix par le chef de brigade, sur la proposition du capitaine, de quatre artificiers dans chaque compagnie, qui jouiront d'un sou de haute-paie en sus de celle de leur grade. A cet effet, le capitaine proposera au chef de brigade huit candidats pris parmi tous les canonniers de sa compagnie, sachant lire et écrire.

43. Le choix des caporaux aura lieu sur tout le bataillon, parmi les canonniers de première et deuxième classes, sachant lire et écrire.

Lorsqu'il vaquera, dans une compagnie, une place de caporal, les caporaux de chaque compagnie du bataillon s'assembleront, et désigneront pour candidats deux canonniers de leurs compagnies respectives ; les sergens-majors et les sergens présenteront, dans chacune de leurs compagnies, celui des deux candidats désignés par les caporaux qu'ils croiront le plus susceptible d'être élu, et il en sera formé une liste. Le choix se fera parmi les canonniers ainsi présentés, et par la voie du scrutin, à la pluralité absolue des suffrages des sergens-majors ; ils voteront dans un conseil composé du chef de bataillon, de l'adjudant-major, du commandant de la compagnie où la place sera vacante, et présidé par le chef de brigade.

44. Lorsqu'il vaquera une place de caporal-fourrier dans une compagnie, le capitaine commandant ladite compagnie choisira parmi les caporaux et les canonniers de première et de seconde classes, et aspirans du bataillon, le sujet qui devra la remplir.

45. Lorsqu'il vaquera une place de sergent dans un bataillon, le remplacement se fera parmi tous les caporaux dudit bataillon, sachant lire et écrire.

Pour cet effet, les sergens-majors et sergens du bataillon désigneront pour candidats, dans chacune de leurs compagnies respectives, trois caporaux, parmi lesquels les commandans desdites compagnies feront choix de celui qu'ils jugeront mériter la préférence. Il sera formé une liste de ces candidats, et la nomination se fera parmi ceux présentés sur cette liste, à la pluralité absolue des suffrages, par un conseil composé des officiers supérieurs de la demi-brigade, des adjudans-majors, du plus ancien capitaine, des plus anciens premiers et seconds lieutenans de chaque bataillon de ladite demi-brigade, et du capitaine de la compagnie où la place sera vacante.

Si le remplacement a lieu dans un bataillon séparé de la demi-brigade, le conseil sera composé du commandant du bataillon, de l'adjudant-major, du plus ancien officier de chacun des autres grades et du capitaine de la compagnie où la place sera vacante.

46. Lorsqu'il vaquera une place de ser-

gent-major dans une demi-brigade, les sergens-majors de ladite demi-brigade désigneront, pour candidat, un sergent pris dans chacune de leurs compagnies respectives; il sera formé une liste de ces candidats. Le capitaine de la compagnie dans laquelle la place de sergent-major sera vacante choisira sur les sergens présentés par les sergens-majors; il les présentera au chef de brigade, et celui-ci choisira celui des trois qu'il jugera devoir mériter la préférence.

Lorsque les bataillons seront séparés, la nomination aux places de sergens-majors se fera dans la même forme que ci-dessus, mais par bataillon.

Les sergens-majors ne seront embarqués que dans les cas urgens; mais, lorsqu'un sergent-major recevra l'ordre de s'embarquer, il déposera au bureau de l'état-major de la demi-brigade ou du bataillon deux billets cachetés, numérotés intérieurement et extérieurement de sa main, et en toutes lettres: dans le billet numéro 1er sera le nom du sergent de ladite demi-brigade ou bataillon qu'il croira le plus susceptible d'être élevé au grade de sergent-major; dans le billet numéro 2, le nom de celui qu'il regarde comme le plus digne d'obtenir la seconde place qui serait vacante pendant son absence.

Dans le cas où l'on devra procéder au choix d'un sergent-major, le premier billet sera ouvert par l'adjudant-major de service, en présence des sergens-majors de la demi-brigade; il sera rendu cacheté à celui qui l'aura déposé, s'il n'y a point eu de remplacement pendant la durée de la campagne: il en sera de même du second billet.

Dans les compagnies d'ouvriers, la nomination des sous-officiers, premiers et seconds ouvriers, se fera suivant le mode adopté dans les compagnies d'ouvriers d'artillerie de terre.

47. Lorsqu'il vaquera une place d'adjudant sous-officier, le chef de brigade et les chefs de bataillon, réunis et présens à la demi-brigade, nommeront, à la pluralité des suffrages, parmi tous les sergens-majors et sergens de ladite demi-brigade, celui qui devra remplir la place vacante.

48. Les sergens nommés aux places d'adjudans concourront, du moment de leur nomination, avec les seconds lieutenans, pour arriver au grade de premier lieutenant; mais ils resteront adjudans jusqu'à ce que leur ancienneté les porte au grade de premier lieutenant.

Lorsqu'un sergent moins ancien qu'un adjudant sera fait second lieutenant, l'adjudant jouira, à titre de supplément, de la différence des appointemens d'adjudant à ceux de second lieutenant.

49. La nomination aux emplois de seconds lieutenans aura lieu comme il suit:

Sur trois places de seconds lieutenans vacantes dans une demi-brigade ou compagnie d'ouvriers, deux seront données aux sergens-majors et sergens, alternativement à l'ancienneté et au choix. L'ancienneté se comptera sur tous les sergens-majors et sergens, de la date de leur nomination au grade de sergent. Le choix aura lieu parmi tous lesdits sergens-majors et sergens, et sera fait au scrutin, à la pluralité absolue des suffrages, par tous les officiers présens. La troisième place de second lieutenant sera donnée par le Directoire exécutif à de jeunes citoyens de l'âge de dix-huit à vingt cinq ans, qui auront satisfait à un examen sur les deux premiers volumes de Bezout, ou à des maîtres canonniers entretenus.

50. Les seconds lieutenans parviendront, dans chaque demi-brigade ou compagnie d'ouvriers, à leur tour d'ancienneté, aux emplois de premiers lieutenans.

51. Les premiers lieutenans parviendront de même, à leur tour d'ancienneté, dans chaque demi-brigade ou compagnie d'ouvriers, aux emplois de capitaines.

En temps de guerre, la quatrième place de capitaine vacante dans une demi-brigade sera à la nomination du Directoire exécutif, dont le choix ne pourra néanmoins porter que sur les premiers lieutenans de la demi-brigade.

52. Les quartiers-maîtres trésoriers seront choisis dans chaque demi-brigade, par le conseil d'administration, parmi les officiers et sous-officiers de la demi-brigade, à la pluralité absolue des suffrages.

Les quartiers-maîtres trésoriers pris parmi les sous-officiers auront le rang de second lieutenant; ils conserveront leur rang, s'ils sont pris parmi les officiers.

Les quartiers-maîtres trésoriers suivront leur avancement dans les différens grades, et jouiront, à titre de supplément, de la différence des appointemens de leur place à ceux des grades où les portera leur ancienneté.

Les officiers de santé seront nommés par le Directoire exécutif.

53. Les adjudans-majors seront pris, dans chaque demi-brigade, parmi les premiers lieutenans, et la nomination sera au choix du chef de brigade.

54. Les capitaines parviendront au grade de chef de bataillon par ancienneté et par le choix.

Sur deux places de chefs de bataillon vacantes dans une demi-brigade, la première sera donnée au plus ancien capitaine de la demi-brigade; et la seconde, par le choix du Directoire exécutif, à un capitaine de ladite demi-brigade, ou à un capitaine de compagnie d'ouvriers.

55. Les chefs de bataillon parviendront au grade de chef de brigade, alternativement par l'ancienneté des services et par le choix, comme il suit :

La première place vacante de chef de brigade appartiendra de droit au plus ancien chef de bataillon de la demi-brigade où la place sera vacante.

A la seconde vacance de la même place dans la demi-brigade, l'emploi sera donné à un chef de bataillon, au choix du Directoire exécutif.

56. Le Directoire exécutif nomme l'inspecteur général des troupes d'artillerie de la marine.

57. Tous les remplacemens dans les grades de seconds lieutenans, quartiers-maîtres trésoriers et adjudans-majors, au choix des officiers, se feront immédiatement après la vacance des places; et ceux qui y auront été nommés seront aussitôt reçus en leurs nouveaux grades.

TITRE VI. Habillement, armement et équipement des troupes d'artillerie de la marine.

58. L'habillement des troupes d'artillerie de la marine continuera d'être, habit et veste de drap bleu; revers, paremens et doublure de l'habit de même couleur, bordé d'un liséré écarlate, avec un collet rouge montant, bordé d'un liséré blanc ; une patte rouge en long sur le parement de la manche, en le dépassant de dix-huit lignes: le parement sera fendu et attaché par trois petits boutons; la culotte continuera d'être de tricot bleu ; les boutons seront jaunes, ornés de deux canons en sautoir, avec une ancre transversale, et le tout entouré de la légende : *République française.*

Les caporaux et canonniers recevront, outre l'habillement ci-dessus, un paletot de drap bleu et un pantalon de toile, dont ils se couvriront pour les travaux de force et corvées de ports, ainsi que pour toutes les manœuvres d'artillerie et d'infanterie.

59. Les officiers supérieurs, officiers de compagnie, sous-officiers et canonniers, porteront les mêmes épaulettes et distinctions que les officiers et canonniers de l'artillerie de terre à pied.

60. Ceux des sous-officiers et canonniers qui ont acquis ou acquerront à la mer le mérite de maître canonnier, porteront, pour marque distinctive, autour du collet de l'habit, un galon d'or, large de trois lignes.

Ceux qui n'ont ou n'obtiendront que le mérite de second maître canonnier porteront également, autour du collet de l'habit, un galon large de trois lignes ; mais il sera en laine aurore.

61. Les officiers seront, sous les armes, en hausse-col et en bottes ; ils auront le baudrier en écharpe et l'épée à la main.

62. L'armement des sous-officiers et canonniers sera composé d'un fusil, forme de mousqueton, avec sa baïonnette, giberne, banderole, sabre et baudrier.

Le sabre ne sera donné, quant à présent, qu'aux sous-officiers et canonniers de première classe.

63. Les parties d'habillement et équipement se renouvelleront aux époques déterminées ci-après :

Habit de drap, après avoir servi trois ans ; veste de drap, *idem* trois ans ; paletot, *idem* trois ans; pantalon de toile, *idem* un an ; culotte de tricot, *idem* six mois ; chapeaux, *idem* dix-huit mois ; bonnet de police, *idem* vingt-quatre mois.

L'habit et la veste des sergens-majors, sergens et caporaux-fourriers, seront renouvelés tous les dix-huit mois.

Ceinturon ou baudrier en cuir noir, après avoir servi dix ans ; giberne *idem* dix ans ; banderole de giberne, *idem* dix ans ; bretelle de fusil, *idem* dix ans ; caisse et collier de tambour, *idem* six ans.

L'armement sera fourni à mesure des besoins, et sur des ordres particuliers.

TITRE VII. Service des troupes d'artillerie de la marine, tant à terre qu'à la mer.

Service dans les ports et sur les côtes.

64. Les troupes d'artillerie de la marine seront employées à tous les mouvemens et travaux d'artillerie, tant dans les arsenaux que sur les batteries, dans les magasins à poudre et autres établissemens qui en dépendent ; à la confection des artifices, mitrailles, et grément du canon; à l'embarquement, débarquement et emmagasinement des armes, munitions et attirails, et, en général, à tout ce qui concerne le service de l'artillerie de la marine.

Elles seront aussi employées à la police, garde et sûreté des magasins et bâtimens civils dépendant de la marine, ainsi qu'aux grémens, armemens, désarmemens et mouvemens des vaisseaux, et autres manœuvres et travaux des ports, lorsque les besoins du service l'exigeront.

Elles seront encore employées à la défense des ports, des côtes, et au service des batteries armées pour la marine.

Service à la mer.

65. Les troupes d'artillerie de la marine, sous-officiers et soldats, seront employées à bord des bâtimens de la République au service de l'artillerie, concurremment et par moitié, autant qu'il sera possible, avec les canonniers marins.

Elles y seront embarquées comme garnison, et fourniront les capitaines d'armes.

Ceux des sergens-majors, sergens, caporaux ou canonniers des troupes d'artillerie de la marine, qui seront embarqués à bord des vaisseaux de la République, et qui y rempliront les fonctions de maitres canonniers, seconds maitres ou aides-canonniers, recevront un supplément de solde, tel qu'il forme, avec leur solde à terre, celle des canonniers marins dont ils rempliront les fonctions.

Le mérite de maitre canonnier, second maitre, ou aide-canonnier, s'acquerra à la mer; il sera conféré d'après les mêmes règles observées pour l'avancement des gens de mer; il sera aussi la récompense des actions d'éclat.

Les officiers seront embarqués sur les vaisseaux de la République, soit pour l'artillerie, soit pour la garnison, en raison de force des détachemens.

Les officiers embarqués feront partie de at-major du vaisseau; ils seront chargés, us les ordres du commandant du bâtiment, du détail et du service de l'artillerie, insi que de la police et discipline des détachemens.

Les officiers supérieurs et capitaines des troupes d'artillerie de la marine pourront être employés sur les escadres ou divisions comme commandans en chef de l'artillerie, et seront, dans ce cas, embarqués sur le vaisseau commandant.

En cas de descente, les troupes d'artillerie de la marine seront chargés, sous les ordres du commandant de l'escadre ou du bâtiment, de la construction, de l'établissement et de tout ce qui concerne la disposition des batteries.

Il sera accordé aux sous-officiers et canonniers embarqués sur les vaisseaux de la République, soit pour l'artillerie ou pour la garnison, deux chemises bleues, un paletot de coutil, une grande culotte de toile, un hamac et une couverture. Ces effets ne pourront se renouveler qu'après un an d'embarquement, et le conseil d'administration pourvoira à leur distribution, c' veillera à leur conservation.

TITRE VIII. Forges, fonderies et manufactures d'armes affectées à la marine.

66. La direction et surveillance des forges, fonderies et manufactures d'armes affectées à la marine sera confiée à des officiers des troupes d'artillerie de la marine, ainsi qu'il suit, savoir :

Un directeur-général, général de brigade ou de division; deux adjoints chefs de brigade; quatorze capitaines.

67. Le directeur-général aura l'inspection générale de toutes les forges, fonderies et manufactures d'armes : il fera une tournée au moins une fois l'an.

Les deux adjoints le seconderont, et la surveillance des forges et fonderies sera répartie entre eux.

Les quatorze capitaines y seront détachés à demeure pour suivre la fabrication des canons en détail, faire exécuter les lois et réglemens.

68. Le directeur général aura rang parmi les officiers généraux;

Les adjoints l'auront parmi les chefs de brigade des troupes d'artillerie de la marine, pour leur avancement ultérieur ;

Les capitaines l'auront parmi les capitaines desdites troupes; pour cet effet, ils seront répartis dans les sept demi-brigades, à raison de deux par chacune, et employés à l'état-major.

Tous ces officiers jouiront des appointemens attachés à leur grade, en raison de leur ancienneté.

Le directeur général et les adjoints seront remboursés de leurs frais de tournée; les capitaines recevront un supplément d'appointemens qui sera fixé selon la nature de leur service.

Ils seront tous à la nomination et au choix du Directoire exécutif.

TITRE IX. Instruction (1).

69. Les troupes d'artillerie de la marine seront instruites et exercées à toutes les manœuvres et à tous les exercices d'artillerie, tant de terre que de mer; à la construction des batteries, et au tir des canons et mortiers. A cet effet, il sera établi, tant à terre que sur les rades des ports où ces troupes seront en garnison, des batteries d'école pour servir à leur instruction.

Ces troupes seront instruites à tous les exercices et manœuvres du fusil.

70. Les enfans des sous-officiers et canonniers seront admis dans les compagnies par l'inspecteur-général, sur la proposition du conseil d'administration ; néanmoins ils ne pourront l'être qu'à l'âge de six ans révolus, et lorsqu'il y aura une place vacante.

A l'âge de seize ans, ils pourront être incorporés dans les compagnies, et dès lors ils y feront nombre, et y prendront rang pour leur avancement.

TITRE X. Dispositions générales.

71. Les troupes d'artillerie de la marine seront sous la direction du ministre de la marine et des colonies : il sera mis, pour cet effet, à sa disposition les fonds nécessaires pour le paiement desdites troupes; il prendra aussi les moyens les plus prompts pour les porter sans délai au complet.

72. Les troupes d'artillerie de la marine seront casernées dans les ports où elles seront en garnison; le ministre de la marine

_____

(1) Voy. loi du ème jour sur l'instruction des apprentis marins.

des colonies fera à cet effet les dispositions nécessaires.

73. Les garnisons des troupes de la marine ne seront plus permanentes; ces troupes alterneront entre elles pour les ports de Brest, Toulon, Rochefort et Lorient, ou autres ports de la République, si le service l'exige.

74. Les lois et réglemens sur l'administration, engagement, rengagement, avancement, récompenses militaires, police et discipline des troupes d'infanterie de la République, seront applicables aux troupes d'artillerie de la marine, suivant la nature de leur service, pour tout ce qui n'est pas prévu par le présent décret.

75. Le décret du 9 pluviose an 2, portant suppression des régimens d'artillerie et infanterie de la marine, est et demeure rapporté.

TITRE XI. Mode d'exécution.

76. Les officiers supérieurs et officiers des compagnies existant dans les six régimens ci-devant d'artillerie et infanterie de la marine seront employés dans leurs grades actuels, pour former le cadre des sept demi-brigades, bataillons et compagnies d'artillerie de la marine. Les sous-lieutenans et les lieutenans en second des ci-devant régimens d'artillerie et d'infanterie rouleront entre eux à date de brevet.

Après la formation des cadres, le Directoire exécutif nommera aux emplois qui resteront vacans; ensuite l'avancement aura lieu comme il est dit au titre V du présent décret.

Les sous-officiers et soldats desdits régimens ci-devant de la marine y seront également employés, chacun dans leurs grade et ancienneté. L'officier général qui sera chargé de la formation des demi-brigades d'artillerie de la marine fera sur-le-champ procéder au complément des grades de sous-officiers et canonniers, en se conformant également aux dispositions du titre V.

77. Seront appelés à la nomination des places d'officiers vacantes :

1° Les officiers des troupes de la République ayant servi comme officiers dans les anciennes troupes ou l'artillerie de la marine et des colonies ;

2° Les officiers retirés des troupes de la marine au-dessous du grade de chef de bataillon, soit par ancienneté de service, soit par d'autres motifs quelconques, s'ils sont encore jugés susceptibles de servir utilement, et en justifiant des motifs de leur sortie.

Les uns et les autres prendront rang dans les troupes d'artillerie de la marine, en raison de celui qu'ils y avaient à leur sortie.

Pourront être également appelés à cette formation les officiers des compagnies d'ouvriers, et les maîtres canonniers promus aux grades d'officiers de vaisseau; ils y seront au moins employés dans le grade correspondant à celui qu'ils ont actuellement.

78. Ceux des officiers et sous-officiers qui ont passé, des régimens d'artillerie ou d'infanterie de la marine, dans les écoles de canonnage ou autres institutions créées dans les ports, pourront être appelés dans la formation des troupes d'artillerie de la marine; mais ils n'y seront employés qu'en raison du grade qu'ils avaient à leur sortie desdits régimens. Ils auront néanmoins l'option de conserver leur rang parmi les officiers de vaisseau, en raison de celui qui a été attribué aux fonctions qu'ils ont remplies.

79. Pourront enfin être appelés pour compléter les troupes d'artillerie de la marine:

1° Les citoyens de la dernière réquisition qui n'ont pas encore été encadrés, et qui se présenteront de bonne volonté ;

2° Les soldats des troupes de la République qui ont précédemment servi dans les anciennes troupes de la marine, et qui demanderont à y rentrer.

Les dispositions fixées par le titre ci-dessus seront mises à exécution avant le 1er nivose prochain.

———

3 BRUMAIRE an 4 (25 octobre 1795). — Décret concernant l'instruction des apprentis-canonniers marins. (1, Bull. 205 , n° 1229 ; B. 60, 66.)

Voy. arrêtés du 25 FLORÉAL an 5 et du 6 VENDÉMIAIRE an 9.

Art. 1er. Il sera entretenu quatre cent quatre-vingts apprentis-canonniers marins, divisés en escouades ; ces escouades seront réparties comme il suit :

Deux à Brest, une à Toulon, une à Rochefort.

2. Chaque escouade sera composée de cent vingt-quatre apprentis canonniers.

3. Il sera attaché à chaque escouade un chef d'artillerie, un sous-chef d'artillerie, quatre maîtres canonniers entretenus, quatre maîtres canonniers marins non entretenus, huit seconds maîtres canonniers marins, seize aides-canonniers marins.

4. Nul ne pourra être admis dans les escouades en qualité d'apprenti s'il n'est compris dans l'inscription maritime, et s'il n'est âgé de dix-huit ans, et au plus de vingt-cinq. Ceux qui sauront lire et écrire seront admis de préférence.

5. L'appel des marins pour composer les escouades d'apprentis canonniers aura lieu d'après les règles prescrites par les articles 11, 12, 13, 14 et 15 de la loi sur l'inscription maritime, et de manière qu'au-

cune escouade ne soit renouvelée en totalité dans un même instant.

6. Les levées auront lieu chaque année aux époques fixées par le ministre de la marine.

7. Les maîtres canonniers marins non entretenus, les seconds maîtres et les aides-canonniers attachés aux escouades d'apprentis-canonniers, seront choisis, par le directeur d'artillerie, parmi tous ceux de ce grade qui s'y présenteront de bonne volonté. Ils jouiront, pendant leur service dans le port, d'un quart en sus de leur solde de mer; et il pourra leur être accordé des avancemens de paie et de grade par l'ordonnateur du port, sur la proposition du directeur d'artillerie : ces avancemens seront réglés conformément à la loi sur l'avancement des gens de mer, en comptant seulement pour moitié leur temps de service dans les escouades.

8. Chaque apprenti-canonnier suivra, pendant un an, les écoles de canonnage du port. A la fin de l'année, il sera libre de retourner dans son quartier, et le temps d'instruction lui sera compté pour douze mois de navigation sur les bâtimens de la République.

9. Les apprentis-canonniers seront instruits dans la théorie et la pratique du canonnage. Ils seront aussi employés aux travaux du parc d'artillerie et à ceux de la direction des mouvemens.

10. L'instruction, la police et la discipline des escouades d'apprentis-canonniers seront dirigées, sous l'inspection immédiate des directeurs d'artillerie des ports, par les chefs et sous-chefs affectés à ce service.

11. Aux époques fixées pour le licenciement et le remplacement d'une partie de chaque escouade, il sera fait par les chefs, sous-chefs et maîtres canonniers entretenus, un examen général des apprentis dont l'année d'instruction sera échue : cet examen aura lieu en présence du directeur d'artillerie, qui donnera des certificats de mérite à ceux qui en seront jugés susceptibles.

12. Ceux qui auront obtenu des certificats seront dès lors portés parmi les matelots, dans la classe supérieure à celle qu'ils occupaient lorsqu'ils ont été levés pour les écoles; et, s'ils remplissent en outre les conditions exigées par l'article 11 de la loi sur l'avancement des gens de mer, ils passeront au grade d'aide-canonnier de la quatrième classe.

13. Le directeur d'artillerie remettra à l'ordonnateur de marine l'état nominatif des apprentis-canonniers qui auront obtenu des certificats, afin qu'il en soit envoyé des extraits dans les quartiers maritimes auxquels ces apprentis appartiendront.

14. Le vêtement et la solde des apprentis-canonniers seront déterminés par un réglement. Ils seront nourris aux frais de la République ; et il leur sera payé une conduite pour venir dans le port, et une semblable conduite pour retourner dans leurs quartiers.

15. Toutes institutions créées par les précédentes lois et par des arrêtés des représentans du peuple pour l'instruction des apprentis ou élèves canonniers marins, sont supprimées.

———

3 BRUMAIRE an 4 (25 octobre 1795). — Décret relatif à l'avancement des gens de mer. (1, Bull. 205, n° 1230 ; B. 60, 68.)

Voy. loi du 31 DÉCEMBRE = 7 JANVIER 1791; ordonnance du 1er JUILLET 1814.

Mousses.

Art. 1er. Il y aura deux classes de mousses. Seront admis dans la classe supérieure ceux âgés de treize ans au moins, et qui auront dix-huit mois de navigation.

Novices.

2. Il y aura deux classes de novices. Passeront à la classe supérieure ceux qui auront navigué pendant un an en qualité de novices, et ceux qui, ayant six mois de navigation en la même qualité, auront en outre servi l'espace d'un an comme mousses.

Matelots.

3. Il y aura quatre classes de matelots. Tout matelot commencera à naviguer à la classe inférieure, et il ne pourra être avancé d'une classe à l'autre s'il n'a six mois au moins de navigation dans la classe immédiatement inférieure sur les bâtimens de la République. Néanmoins, après trente-six mois de service sur les bâtimens de l'État sans avoir obtenu de l'avancement, tout matelot passera, de droit, à la classe immédiatement supérieure à celle où il est employé.

4. Les matelots qui, sans avoir servi sur les vaisseaux de la République, auront, depuis l'âge de dix-huit ans, trente-six mois au moins de navigation pour le commerce au long cours ou au grand cabotage comme matelots, seront portés à la troisième classe de matelots lorsqu'ils seront appelés au service public.

5. Seront également portés à la même classe les matelots qui, ayant fait une campagne sur les bâtimens de la République dans la dernière classe, auront en outre navigué pour le commerce pendant vingt-quatre mois au moins, soit au long cours, soit au grand cabotage.

6. Les fonctions de gabiers seront remplies par des matelots choisis par le commandant du vaisseau dans toutes les classes

bndistinctement; ils jouiront d'un supplé-
onent pendant le temps seulement qu'ils
rempliront ce service.

Officiers-mariniers de manœuvres.

7. Il y aura quatre grades d'officiers-mariniers de manœuvre : quartier - maître,
contre-maître, second maître et maître.

Il y aura trois classes de quartiers-maîtres, deux de contre-maîtres et de seconds
maîtres, et trois de premiers maîtres.

8. Les quartiers-maîtres ne pourront être
pris que parmi les matelots de première
classe qui auront rempli le service de ga-
bier au moins pendant six mois, sauf l'exception portée en l'article suivant.

9. Les marins qui, ayant fait une campagne en qualité de matelots sur les bâtimens de la République, auront fait en outre deux voyages de long cours en qualité
de maîtres d'équipage sur des bâtimens du
commerce, de vingt hommes au moins d'é-
quipage, et qui, au désarmement, auront
obtenu de leur capitaine un certificat de
capacité, visé du commissaire de marine,
seront employés sur les bâtimens de la République en qualité de quartiers-maîtres de
sa dernière classe, lorsqu'ils seront appelés
au service public.

Officiers-mariniers de canonnage.

10. Il y aura trois grades d'officiers-mariniers de canonnage : aide-canonnier ou
chef de pièces, second maître et maître.

Il y aura trois classes dans chacun de ces
grades.

11. Pourront être faits aides-canonniers
ou chefs de pièces ceux qui, ayant reçu un
an d'instruction dans les écoles théoriques
de canonnage, auront en outre rempli les
fonctions de servans pendant douze mois
sur des bâtimens armés en guerre, ou navigué pendant vingt-quatre mois en qualité
de matelots.

Pourront également être faits aides-canonniers ou chefs de pièces ceux qui auront quatre années de navigation comme
matelots, dont deux en qualité de servans.

Officiers-mariniers de timonerie.

12. Il y aura trois grades d'officiers-mariniers de timonerie : aide, second maître
et maître.

Il y aura quatre classes dans le grade inférieur, et trois dans chacun des deux autres grades.

13. Pourront être faits aides de timonerie les matelots qui auront au moins vingt-
quatre mois de navigation en qualité de
matelots, dont six mois à la timonerie,
sur les bâtimens de la République.

Officiers-mariniers de charpentage, de calfatage et de voilerie.

14. Il y aura trois grades dans chaque

profession d'ouvriers navigans : aide, second maître et maître.

Il y aura quatre classes dans le grade
inférieur, et trois dans chacun des deux autres grades.

15. Pourront être faits aides les ouvriers
navigans qui auront au moins douze mois
de navigation en qualité de matelots sur
les bâtimens de la République, et trois ans
de service en qualité d'ouvriers dans les
ports et arsenaux de l'Etat : le double de ce
temps sera exigé pour le service rempli sur
les navires et dans les ports du commerce.

Règles générales pour les avancemens des officiers-mariniers.

16. Les officiers-mariniers de tous états
ou professions ne pourront parvenir, dans
leur grade, d'une classe à l'autre, s'ils
n'ont servi pendant six mois au moins dans
la classe immédiatement inférieure.

Ils ne pourront également passer d'un
grade à l'autre qu'après avoir navigué six
mois au moins dans la classe supérieure
du grade immédiatement inférieur.

17. Les officiers-mariniers et matelots
qui auront le temps de service prescrit
pour les augmentations de classe, ou pour
les avancemens en grade, ne les obtiendront néanmoins qu'aux époques déterminées pour les avancemens, et lorsqu'ils en
auront été jugés susceptibles ; la liste définitive n'en sera arrêtée qu'au désarmement, sauf à les faire jouir desdits avancemens à compter de l'époque où on les
aura accordés.

Pilotes côtiers.

18. Il y a trois classes de pilotes côtiers.
Ils ne pourront passer de l'une à l'autre
qu'après trente mois au moins de navigation dans la classe immédiatement inférieure.

Troupes d'artillerie de la marine.

19. Les individus de tout grade, provenant des troupes d'artillerie de la marine,
et embarqués pour le service du canonnage, seront avancés concurremment avec
les autres officiers-mariniers affectés au
même service.

Epoque et mode des avancemens.

20. Les avancemens en classe ou en grade
se feront au désarmement de chaque bâtiment de la République, et dans la forme
prescrite par les articles suivans.

21. Dans les campagnes qui dureront plus
d'un an, il sera accordé des avancemens
tous les douze mois ; néanmoins cette disposition ne pourra avoir son exécution à
la mer, mais seulement pendant les relâ-
ches dans les ports et rades de la République.

22. Le nombre d'hommes à avancer sera

toujours réglé sur la durée des campagnes, et dans les proportions suivantes :

1° Les avancemens en grades pourront être portés, pour douze mois de campagne, jusqu'au vingt-quatrième du nombre des officiers-mariniers et des matelots embarqués au départ du bâtiment;

2° Les avancemens de classe, non compris ceux d'ancienneté pour les matelots, pourront être portés, pour le même temps, jusqu'au huitième des officiers-mariniers et matelots.

23. Les officiers-mariniers et matelots qui auront rempli les conditions prescrites pour être avancés en classe ou en grade seront pris indistinctement, suivant leur mérite, dans tous les états et professions, et sans égard à aucune proportion entre eux.

24. Le commandant en second, ou le capitaine de pavillon, les officiers commandant les quarts, l'officier commandant le détachement d'artillerie, le premier maître de manœuvre, le maître canonnier, le maître de la timonerie, les maîtres charpentier, calfat, voilier, seront appelés par le capitaine, pour procéder à l'avancement des officiers-mariniers et matelots de l'équipage; ils formeront ensemble un conseil d'avancement qui sera présidé par le capitaine.

L'aide-commissaire aura voix représentative sur ce qui doit être observé pour le mode et la quotité des avancemens, et il en rédigera le procès-verbal.

25. Le conseil d'avancement déterminera le nombre d'hommes qui devra être avancé, tant en classe qu'en grade, d'après les règles ci-dessus prescrites, et en fera la répartition sur chaque état ou profession.

26. Chaque membre du conseil fera ensuite deux listes, dont l'une pour l'avancement en grade, et l'autre pour l'avancement en classe; chaque liste ne comprendra qu'un nombre égal à celui auquel les avancemens devront être portés.

27. Aucun des maîtres ne pourra employer sur ses listes que le nombre d'hommes à avancer dans son état de profession.

28. Les listes seront vérifiées et dépouillées par l'aide-commissaire, en présence du conseil d'avancement, et d'après les formes usitées.

29. Les avancemens, soit en grade, soit en classe, seront accordés à ceux qui auront obtenu le plus de voix; et, lorsqu'il y aura égalité de suffrages, le capitaine choisira ceux qui lui paraîtront les plus méritans.

30. Les maîtres et seconds maîtres de tout état et profession seront avancés en grade par le capitaine et les officiers de l'état-major.

31. Les novices et mousses seront avancés à la revue, en conformité des articles 1 et 2 de la présente loi.

32. Il pourra être accordé des avancemens extraordinaires pour les actions d'éclat authentiquement constatées; ces avancemens seront donnés par le conseil indiqué à l'article 24 du présent décret.

33. Ces avancemens, pour lesquels on ne sera point assujéti aux règles prescrites par le présent décret relativement au service exigé pour avancer en grade ou en classe, ne feront point partie du nombre de ceux déterminés en raison de la durée de la campagne.

34. A l'exception des promotions faites pour remplir les places vacantes, ceux qui auront été avancés en grade par récompense ne pourront, sous ce prétexte, cesser l'exercice de leurs premières fonctions.

35. Au désarmement de chaque bâtiment, l'aide-commissaire remettra au bureau des armemens les procès-verbaux d'avancemens qui auront été faits. Le temps et les services des hommes avancés seront vérifiés, et les avancemens pour lesquels on ne se sera pas conformé aux règles prescrites seront regardés comme non avenus.

36. L'avancement des préposés aux vivres sera déterminé par l'administration de cette partie, d'après les témoignages des commandans des bâtimens.

37. Sont supprimés tous grades et dénominations, supplémens, paies, indemnités et augmentations de solde, autres que ceux énoncés dans l'état annexé au présent décret; et nul ne pourra néanmoins, sous les peines portées au Code pénal, se refuser de remplir, soit à bord, dans les chaloupes et canots, le service auquel il sera destiné.

Les aides de timonerie seront tenus de gouverner à la barre.

---

3 BRUMAIRE an 4 (25 octobre 1795). — Décret concernant la composition des états-majors et équipages des vaisseaux et autres bâtimens de l'Etat. (1, Bull. 205, n° 1231; B. 60, 76.)

Art. 1er. Les états-majors et équipages des bâtimens de la République seront à l'avenir composés conformément à ce qui est réglé par l'état annexé au présent décret.

2. Le nombre des matelots qui rempliront les fonctions de gabiers à bord de chaque bâtiment de la République est fixé comme il suit :

Sur les vaisseaux de 118, 110 et 80, 32; sur les vaisseaux de 74, 26; sur les frégates portant 18, 20; sur les frégates portant 12, 16; sur les corvettes de 20 canons et au-dessus, 10; sur les corvettes au-dessous de 20 canons, bricks et flûtes, 8; sur les gabares, 6.

3. La liste des gabiers sera arrêtée par le capitaine dans le courant du premier mois où le vaisseau aura mis sous voile; elle sera remise à l'aide-commissaire, à qui il sera

o outre donné connaissance de toutes les mutations qui auront lieu dans la liste des idbiers.

M. Les matelots fraters et infirmiers seront embarqués sur chaque bâtiment dans les proportions suivantes :

Sur les vaisseaux de 110 à 118, (2), (4); sur les vaisseaux de 74 et au-dessus, (1), (3); sur les frégates de tout rang, (1), (2); sur les corvettes, avisos, flûtes, etc., (1), (1); (*).

35. A défaut de matelots fraters et infirmiers, les marins qui en rempliront les fonctions jouiront d'un supplément de 5 livres par mois.

36. Il ne pourra être embarqué sur les vaisseaux de la République que le nombre suivant de matelots ouvriers :

Sur les vaisseaux de 110 à 118, (8) (8) (6) (2); sur les vaisseaux de 74 à 80, (6) (6) (4) (1); sur les frégates de tout rang, (4) (4) (2) (1); sur les corvettes, flûtes et gabares, (3) (3) (1) (0); sur les brics et avisos, (1) (1) (») (») (**).

Ces matelots ouvriers feront partie du nombre de matelots réglé pour chaque bâtiment.

37. Nul ne pourra être employé sur les bâtimens de la République sous la dénomination de matelot boucher ou matelot boulanger.

38. Les commandans et officiers de l'état-major ne pourront faire remplir le service de domestique, cuisinier et garçon d'office, par des marins de l'équipage du bâtiment.

---

8 BRUMAIRE an 4 (25 octobre 1795). — Décret sur l'organisation de la marine militaire. (1, Bull. 205, n° 1232 ; B. 60, 78.)

Voy. lois du 23 FRIMAIRE an 4 et du 9 PLUVIOSE an 4 ; du 23 PRAIRIAL an 4 ; arrêtés du 24 FRUCTIDOR an 4 ; du 25 FLORÉAL an 5 ; du 29 THERMIDOR an 8 ; du 7 FRUCTIDOR an 8.

Art. 1er. Le corps actuel des officiers de tout grade est supprimé.

2. Il sera créé un corps d'officiers de marine, composé comme il suit, savoir :

Huit vice-amiraux, seize contre-amiraux, cinquante chefs de division, cent capitaines de vaisseau, répartis en deux classes de cinquante chacune, cent quatre-vingts capitaines de frégate, quatre cents lieutenans de vaisseau, six cents enseignes de vaisseau.

3. Le titre d'amiral sera temporaire; il sera conféré aux officiers-généraux de la marine chargés du commandement des armées navales composées de quinze vaisseaux de ligne et au-dessus, et seulement pendant la durée de la campagne.

4. Il sera nommé dès à présent, et avant le 1er nivose prochain,

Cinq vice-amiraux, douze contre-amiraux, quarante chefs de division, quatre-vingts capitaines de vaisseau, également répartis en deux classes, cent quarante capitaines de frégate.

Le nombre des lieutenans et des enseignes de vaisseau sera complété.

5. Les vice-amiraux et les contre-amiraux seront choisis parmi tous les officiers-généraux actuels de la marine et capitaines de vaisseau de la première classe ;

Les chefs de division, parmi tous les capitaines de vaisseau actuels;

Les capitaines de vaisseau, parmi les capitaines et lieutenans de vaisseau actuels, et parmi les capitaines du commerce qui, ayant commandé pendant trente-six mois, soit au long cours, soit en course, ont en outre servi en qualité d'officiers sur les vaisseaux de guerre de l'Etat, depuis la révolution.

Les capitaines de frégate seront choisis parmi tous les lieutenans et les enseignes entretenus ou non entretenus, actuellement au service, et parmi les capitaines du commerce qui ont commandé pendant vingt-quatre mois au long cours ou en course, et qui ont en outre servi sur les vaisseaux de guerre de l'Etat, depuis le commencement de la révolution.

Les lieutenans de vaisseau seront choisis parmi tous les lieutenans et les enseignes entretenus ou non entretenus, actuellement au service, et parmi les capitaines du commerce qui ont servi sur les bâtimens de l'Etat depuis la révolution.

Les enseignes de vaisseau seront choisis parmi les enseignes entretenus et non entretenus, actuellement en activité de service, et parmi les capitaines et seconds capitaines du commerce ayant navigué au long cours, et servi sur les bâtimens de guerre de l'Etat depuis le commencement de la révolution.

6. Les officiers de marine de tout grade, ainsi que les aspirans qui ne sont pas actuellement en activité de service, et qui seront réintégrés ou rappelés, pour concourir, conformément à l'article précédent, à tout avancement, d'après le grade et le rang qu'ils avaient lorsqu'ils ont cessé de servir.

7. Le nombre des officiers de l'armée navale, tel qu'il est fixé par l'article 2, sera complété au plus tard le 1er du mois de messidor de l'an 4.

8. Les vice-amiraux, pour le complément

(*) Le chiffre de la première parenthèse indique les *fraters*, celui de la seconde les *infirmiers*.

(**) Le chiffre de la première parenthèse indique le nombre des *charpentiers*, celui de la seconde le nombre des *calfats*, celui de la troisième le nombre des *voiliers*, celui de la quatrième le nombre des *armuriers*.

de l'article 1er, seront choisis parmi les contre-amiraux alors en activité de service, et parmi les officiers-généraux de la marine qui n'auront pas participé à la première formation.

Les contre-amiraux seront choisis parmi les chefs de division, et parmi les contre-amiraux qui n'auront pas été l'objet du premier choix.

Les chefs de division seront choisis parmi les capitaines de vaisseau alors en activité de service, et parmi ceux qui n'auront pas été placés lors du premier choix.

Les capitaines de vaisseau seront choisis parmi les capitaines de frégate, et parmi les capitaines et lieutenants de vaisseau qui n'auront pas participé à la première formation.

Les capitaines de frégate seront choisis parmi les lieutenans de vaisseau alors en activité de service, et parmi les lieutenans de vaisseau et les enseignes entretenus ou non entretenus qui n'auront pas été nommés lors du premier choix.

Le nombre des lieutenans sera complété, s'il y a lieu, en nommant, de la manière ci-dessus indiquée, à la moitié des places vacantes, ceux des lieutenans et enseignes de vaisseau actuellement au service, qui n'auront pas participé à la première formation, et en donnant l'autre moitié aux enseignes de vaisseau, d'après leur ancienneté de service.

9. Si l'armement des bâtimens de la République exige un plus grand nombre d'officiers que celui fixé, il y sera pourvu d'après les dispositions de l'article 5.

10. Les officiers de la marine actuellement en activité de service, qui ne seront pas compris dans la réorganisation déterminée par l'article 4, jouiront, jusqu'au 1er messidor de l'an 4, des appointemens attribués à leur grade; et si, lors du complément réglé par les articles 7 et 8 du présent décret, ils ne sont pas employés, les lois sur les pensions de retraite leur sont applicables.

11. Les appointemens des officiers de l'armée navale sont fixés ainsi qu'il suit, savoir :

Le vice-amiral, par an, quinze mille livres; le contre-amiral, dix mille livres; le chef de division, sept mille livres; le capitaine de vaisseau, première classe, six mille livres; celui de deuxième classe, cinq mille quatre cents livres; le capitaine de frégate, quatre mille deux cents livres; le lieutenant de vaisseau, trois mille trois cents livres; l'enseigne de vaisseau, deux mille quatre cents livres.

12. Les grades des officiers de l'armée navale correspondent à ceux de l'armée de terre, ainsi qu'il suit :

Amiral, *général d'armée;* vice-amiral, *général divisionnaire;* contre-amiral, *général*

de brigade; chef de division, *inférieur au précédent et supérieur au suivant;* capitaine de vaisseau, 1re et 2e classes, *chef de brigade;* capitaine de frégate, *chef de bataillon ou d'escadron;* lieutenant de vaisseau, *capitaine;* enseigne, *lieutenant.*

13. Après le complément, les remplacemens, s'il y a lieu, se feront de la manière suivante :

La moitié des places de vice-amiral, contre-amiral, chef de division, capitaine de vaisseau, capitaine de frégate et lieutenant de vaisseau, qui viendront à vaquer, sera donnée, à l'ancienneté de service, aux officiers du grade immédiatement inférieur; l'autre moitié sera au choix du Directoire exécutif : ce choix ne pourra porter que sur des officiers du grade immédiatement inférieur à celui à occuper, et qui en auront exercé les fonctions pendant neuf mois au moins.

Les neuf dixièmes des places d'enseignes de vaisseau seront données au concours, d'après les lois, et le Directoire exécutif pourra disposer du dixième restant en faveur des maîtres entretenus et autres officiers mariniers qui seront jugés susceptibles d'être promus au grade d'enseignes de vaisseau.

14. Les récompenses pour les actions d'éclat sont réservées au Directoire exécutif.

15. Le passage d'une paie à l'autre dans le même grade s'opérera toujours par l'ancienneté de service dans ce grade.

16. Le commandement d'une armée navale ou d'une escadre ne pourra être confié qu'à un officier-général de la marine.

Toute division de trois vaisseaux de ligne, ou ayant une destination particulière, sera commandée par un officier-général, ou au moins par un chef de division.

Il y aura en second, sur chaque vaisseau de ligne, un capitaine de frégate.

17. L'amiral et les officiers-généraux commandans les armées porteront le même uniforme que le général en chef des armées de terre;

Le vice-amiral, le même uniforme que le général divisionnaire;

Le contre-amiral, l'uniforme de général de brigade.

L'uniforme des officiers de marine de tout grade sera composé comme il suit :

Habit bleu national, doublure rouge, liséré blanc, collet montant et rabattu, en écarlate, revers et paremens bleus, manche ouverte, la patte des paremens écarlate, poches en travers avec trois boutons;

Veste écarlate en hiver, et blanche en été; culotte bleue; chapeau à trois cornes; un sabre doré.

Le chef de division portera sur le collet, les revers et les paremens, et sur toute la longueur des devans de l'habit, une broderie de la largeur de douze lignes; épaulettes de chef de brigade, avec une étoile sur chaque épaulette et sur la dragonne; deux glands d'or, et deux ganses de chaque côté du chapeau.

Le capitaine de vaisseau aura les mêmes décorations que le chef de division, excepté la broderie sur les devans de l'habit, et l'étoile sur les épaulettes et la dragonne.

Le capitaine de frégate aura la même broderie sur le collet et les paremens seulement. Il portera l'épaulette de chef de bataillon.

Les lieutenans et enseignes de vaisseau porteront l'habit et le chapeau unis : ces deux grades seront distingués par les épaulettes; les lieutenans auront celles de capitaine, et les enseignes celles de lieutenant d'infanterie.

Tous porteront des boutons jaunes timbrés d'une ancre, et ces mots : *Marine militaire.*

La broderie sera conforme au modèle.

18. Le Directoire exécutif est chargé de mettre à exécution les dispositions prescrites par les articles 2, 3, 4 et 5 de la présente loi, aux époques fixées par les articles 4 et 7.

---

3 BRUMAIRE an 4 (25 octobre 1795). — Décret sur l'administration des prises faites sur les ennemis de la France. (1, Bull. 205, n° 1233 ; B. 60, 82.)

Voy. lois du 19 = 21 FÉVRIER 1793, du 8 FLORÉAL an 4 ; arrêtés du 5 PRAIRIAL an 5, et du 2 PRAIRIAL an 11.

La Convention nationale, voulant remédier à l'incohérence et à la variation qui se rencontrent dans les lois relatives à l'administration des prises ; après avoir entendu le rapport de ses comités de marine et des colonies, et de commerce et approvisionnemens, décrète :

Captures.

Art. 1er. Lorsqu'une déclaration de guerre aura une nation donnera lieu à des armemens, le Directoire exécutif rédigera des instructions claires et précises, dont les termes ne laissent aucun doute aux bâtimens visiteurs sur leurs devoirs et leurs droits.

2. Aussitôt après la prise d'un navire, les capitaines capteurs se saisiront des congés, passeports, lettres de mer, chartes-parties, connaissemens et autres papiers trouvés à bord. Le tout sera déposé dans un coffre ou sac, en présence du capitaine du navire

pris, lequel sera interpellé de les sceller de son cachet. Ils feront fermer les écoutilles et autres lieux où il y aura des marchandises, et se saisiront des clefs des coffres et armoires (1).

3. Il est défendu à tous capitaines, officiers et équipages des vaisseaux preneurs, de soustraire aucun papier ou effet du navire pris, à peine de deux ans d'emprisonnement, et de peines plus graves dans les cas prévus par la loi.

4. Si le chef-conducteur d'un navire pris fait dans sa route quelques autres prises, elles appartiendront à l'équipage du bâtiment dont il fait partie, ou à la division à laquelle il est attaché.

5. Le chef-conducteur d'une prise qui, dans sa course, sera reprise par l'ennemi, sera jugé à son retour comme le sont en pareil cas les commandans des bâtimens de l'Etat.

6. A l'arrivée d'une prise dans les rades ou ports de la République, le chef-conducteur fera son rapport au juge-de-paix, et lui remettra les papiers et autres pièces trouvés à bord, ainsi que les prisonniers faisant partie du navire pris.

7. Le juge-de-paix, ou, en cas d'absence, un de ses assesseurs, se transportera aussitôt sur ledit navire, dressera procès-verbal de l'état dans lequel il le trouvera, et posera, en présence du capitaine pris, ou de deux officiers ou matelots de son équipage, les scellés sur tous les fermans. Ces scellés ne pourront être levés qu'en présence d'un préposé des douanes.

8. Il sera établi à bord un surveillant de la marine, nommé par le contrôleur, lequel sera chargé, sous sa responsabilité, de veiller à la conservation des scellés et des autres effets confiés à sa garde.

9. Dans le cas d'avaries ou de détérioration de tout ou partie de la cargaison, le juge-de-paix, en apposant les scellés, en ordonnera le déchargement et la vente dans un délai fixé. L'ordonnance du juge-de-paix sera envoyée au contrôleur de la marine, qui en surveillera l'exécution. La vente ne pourra cependant avoir lieu qu'après avoir été préalablement affichée dans le port de l'arrivée, et dans les communes et ports voisins.

Procédure des prises.

10. Le juge-de-paix procédera de suite, et au plus tard dans les vingt-quatre heures de la remise des pièces, à l'instruction de

---

(1) Si les capitaines capteurs se sont saisis des pièces de bord, et les ont déposées dans un coffre ou sac, sans interpeller le capitaine capturé de les sceller de son cachet, la prise doit être déclarée nulle, si le capitaine pris soutient qu'il était muni, au moment de la capture, de toutes les pièces justificatives de la neutralité (28 floréal an 7 ; Cass. S. 7, 2, 1131).

la procédure, our parvenir au jugement des prises.

11. Cette instruction consiste dans le dépouillement des pièces trouvées à bord, dans la réception de la déclaration du chef-conducteur, et dans l'interrogatoire de trois prisonniers au moins, dans le cas où il s'en trouverait un pareil nombre.

12. Si le bâtiment est amené sans prisonniers, chartes-parties ni connaissemens, l'équipage et la garnison du navire capteur seront interrogés séparément sur les circonstances de la prise, pour connaître, s'il se peut, sur qui elle aura été faite.

13. Le juge-de-paix fera dresser inventaire des pièces, états ou manifestes des chargemens, qui lui auront été remis ou qu'il aura trouvés à bord ; il enverra le tout, dans les deux jours, pour tout délai, de la clôture du procès-verbal d'instruction, au greffe du tribunal de commerce du lieu de l'arrivée de la prise, et, dans le cas où il n'y en aurait point d'établi, à celui du port le plus voisin.

Les fonctions des juges-de-paix, en matière de prises, sont bornées à ces opérations et à la levée des scellés.

14. Dans les ports des pays conquis où il n'y a pas de juges-de-paix, leurs fonctions seront remplies par un officier municipal ou tout autre officier civil.

15. Les tribunaux de commerce seront tenus de prononcer sur la validité de la prise, dans la décade qui suivra la réception des pièces (1).

Déchargement, manutention et vente des prises.

16. Les déchargement, emmagasinement, inventaires, ventes et livraisons des objets de prise, se feront sous la surveillance immédiate des contrôleurs de marine, savoir : dans les ports de Brest, Toulon et Rochefort, par un commissaire de marine ; et dans les autres ports, par l'officier civil préposé à la répartition des prises, en présence d'un préposé des douanes cité à bord, du surveillant de la marine et du chef-conducteur de la prise, ou d'un fondé de pouvoir, que ce chef est autorisé à nommer dans le cas où il recevrait l'ordre d'embarquer avant la vente de la cargaison.

17. Ce fondé de pouvoir pourra assister à toutes les opérations, et faire les observations qu'il croira avantageuses aux intérêts de ceux qu'il représente ; mais il ne pourra s'immiscer dans la gestion des prises, s'en prétendre le consignataire, ni réclamer en cette qualité aucun droit de commission au-delà de l'équivalent du traitement du chef de prise qui l'aura nommé.

Ce traitement cessera au moment que la vente sera terminée, et ne pourra, dans aucun cas, être prolongé au-delà de trois mois.

18. Il sera procédé au déchargement et emmagasinement de la cargaison, dans les vingt-quatre heures du jugement définitif qui aura prononcé la confiscation de la prise. Dans le cas de main-levée accordée, il en sera donné avis aux intéressés dans le même délai : les indemnités qui pourraient être dues seront arbitrées de suite.

Les contrôleurs de marine seront personnellement responsables des événemens résultant d'un retard dans l'exécution du présent article.

19. Le surveillant de la marine et le préposé des douanes tiendront, à bord, des états sur lesquels seront portés et détaillés les balles, ballots, futailles et autres objets qui seront mis à terre ou chargés dans les chalans et chaloupes ; ils en feront parvenir un double à terre, qui sera signé par le garde-magasin de la marine, pour valoir réception des objets y portés.

20. Ces doubles, ainsi signés du surveillant de la marine, du préposé des douanes et du garde-magasin, seront déposés au contrôle de la marine, pour y avoir recours au besoin : ils seront communiqués sans frais à tous les citoyens qu'ils pourront intéresser.

21. Les frais de débarquement et de transport, ainsi que tous ceux nécessaires à la conservation des objets formant la cargaison, soit à bord, sur le port, ou dans les magasins, sont à la charge de la cargaison ; ils seront avancés par la marine, et retenus lors de la liquidation.

22. Au fur et à mesure du déchargement des objets, et au moment de leur entrée au magasin, il en sera dressé inventaire en présence d'un visiteur des douanes, qui en tiendra état ; du chef-conducteur de la prise ou de son fondé de pouvoir, et du garde-magasin de la marine ; l'inventaire sera signé, à chaque séance, par ceux qui y auront assisté, jusqu'à son entière confection. Les magasins seront fermés à trois clefs, dont une sera remise au commissaire ou employé civil qui aura procédé à l'inventaire, la seconde au visiteur des douanes, et la troisième au garde-magasin.

23. Les agens maritimes désigneront sur cet inventaire les objets utiles au service de la marine, qui leur seront remis sur-le-champ : l'estimation en sera faite au cours du jour ; et les fonds versés dans la caisse des invalides de la marine, dans la quinzaine après la livraison.

24. Les monnaies étrangères ou françaises, les matières d'or ou d'argent non ouvrées, et celles ouvrées dont le prix du poids surpasse celui de la main-d'œuvre,

---

(1) Voy. lois du 8 floréal an 5 ; du 28 vendémiaire an 6 ; du 26 ventose an 8.

seront envoyées à la Trésorerie nationale, qui en fera passer la valeur dans la décade de leur réception.

25. L'inventaire de chaque cargaison comprendra non-seulement ce qui se trouvera en magasin, mais même tout ce dont il aurait été disposé pour le service public pendant le déchargement.

26. Les inventaires seront déposés au contrôle de la marine; les contrôleurs enverront aux agens du Gouvernement un extrait de chacun d'eux, dans les trois jours de sa confection : ces agens seront tenus d'indiquer, dans les quinze jours suivans, les objets qui devront être réservés pour le service public; ces objets seront aussitôt estimés au cours du jour, et transportés dans les magasins nationaux; le prix en sera payé au plus tard dans la quinzaine qui suivra la livraison.

Les agens maritimes veilleront à ce que ces paiemens s'effectuent dans les délais ci-dessus.

27. Lorsque les agens du Gouvernement auront désigné les objets propres au service de la République, et au plus tard vingt jours après la confection de l'inventaire de chaque cargaison, le contrôleur de marine en fera annoncer la vente détaillée, par affiches qui seront envoyées dans les principales villes de commerce de la République, et au ministre de la marine, chargé de leur donner la plus grande publicité.

Il y aura toujours un mois d'intervalle entre la publication et le jour de la vente.

28. Ces ventes seront faites en présence du contrôleur de marine, du receveur ou de tout autre préposé des douanes, du chef-conducteur de la prise ou de celui qui le représente, et de l'agent garde-magasin, qui signeront les procès-verbaux. Elles auront lieu au comptant, et se continueront tous les jours, sans interruption, de matin et de relevée. Les sommes en provenant seront versées dans la caisse des trésoriers des invalides de la marine.

29. Aucun citoyen ne pourra disposer d'effets provenant de prises, sous quelque prétexte que ce soit, même avec l'autorisation du chef-conducteur ou de l'équipage, à peine d'être condamné à payer dix fois la valeur de l'objet dont il aurait disposé.

30. Si ces objets avaient été détournés par un des agens auxquels ils sont confiés, ou par des citoyens employés à leur déchargement, transport, manipulation ou garde, les délinquans seront réputés dilapidateurs, et, comme tels, traduits devant les tribunaux pour y être jugés conformément à la loi.

31. Les lois relatives aux fonctions des préposés des douanes, pour ce qui concerne les déchargemens des navires de prises et le paiement des droits d'entrée dus pour les objets qui composent leurs cargaisons, notamment la loi du 19 février 1793, auront leur pleine et entière exécution.

Les directeurs, inspecteurs et receveurs des douanes prendront les mesures nécessaires pour prévenir toutes fraudes ou soustractions, à peine d'en demeurer responsables.

32. Les droits dus sur les objets des prises sont à la charge des acquéreurs, et seront toujours acquittés avant la livraison; ils seront à cet effet fixés, annoncés et perçus par un préposé des douanes, sur le lieu même de la vente.

33. Les livraisons des marchandises vendues se feront immédiatement après l'achèvement de la vente de ce qui appartient à chaque cargaison, et se continueront, sans interruption, en suivant l'ordre de la vente. Le commissaire de marine, ou l'officier civil qui aura procédé, se concertera avec le receveur de la douane pour indiquer l'heure de la livraison.

34. Dans le cas où quelque acquéreur ne se présenterait pas à l'heure indiquée, ou au plus tard dans les trois jours après la livraison faite des derniers articles vendus, il sera procédé à la revente, à la folle-enchère, des objets qui lui avaient été adjugés.

35. Les garde-magasin ne délivreront aucun des objets vendus que sur la représentation de la quittance du paiement qui en aura été fait entre les mains des trésoriers des invalides de la marine.

36. Ces trésoriers ouvriront un compte pour chaque cargaison, lequel indiquera le nom du bâtiment pris, celui de sa nation et celui du vaisseau capteur.

37. Ils auront une remise d'un demi pour cent sur leurs recettes, qui sera répartie ainsi qu'il suit :

Un tiers de cette remise est attaché à la recette, et appartiendra aux trésoriers des ports où les ventes seront effectuées; les deux autres tiers portent sur les paiemens directs faits par chaque caissier, et ne sont alloués qu'à ceux qui font les paiemens aux marins dénommés aux rôles de répartition dans les différens quartiers de leur domicile, encore bien que ces quartiers ne fussent pas dépendans des ports où les ventes auraient eu lieu.

38. Aussitôt après le déchargement du navire, et, au plus tard, dans la décade suivante, il sera dressé, par l'administration de la marine, un inventaire estimatif tant de sa coque que des agrès, apparaux, rechanges, armes et ustensiles. Cet inventaire indiquera si ce navire est propre au service de la République; ou, dans le cas contraire, il présentera, par articles séparés, les objets susceptibles d'y être utilement employés : ces objets seront emmagasinés sans délai, et le prix en sera versé conformément aux articles précédens.

39. Jusqu'à ce moment, le navire sera déposé dans un lieu sûr et commode, où il ne puisse gêner le service du port · les gardiens établis à bord seront responsables des effets qui y demeureront, sur l'état détaillé qui leur en sera remis.

40. La vente de ceux de ces navires qui n'auront point été jugés propres au service de la marine sera faite immédiatement après celle de la cargaison.

Liquidation.

41. Aussitôt après la vente de chaque prise, et au plus tard dans la quinzaine qui la suivra, les administrateurs des ports établiront le montant net de son produit, sur le vu des procès-verbaux de vente et de livraison.

42. Les frais de procédure seront liquidés par le juge-de-paix ; les autres seront arrêtés par le contrôleur de marine, et visés par l'ordonnateur.

43. Il sera retenu un sou pour livre sur le produit net de chaque prise, pour former une masse destinée à acquitter les frets et surestaries des navires dont les coques et cargaisons auront été reconnues neutres, et pour fournir aux répartitions supplétives des bâtimens qui, par erreur, n'auraient pas été compris dans celles auxquelles ils avaient droit, ou des individus qui auraient été omis sur les rôles.

44. Aussitôt après la liquidation du produit de la vente de chaque cargaison, il sera procédé au rôle de répartition générale, conformément à la loi du 1er octobre 1793 : dès que ce rôle aura été arrêté, les parts des marins présens seront payées, et celles des absens envoyées sans délai dans leurs quartiers respectifs pour leur être distribuées, ou à leurs familles, si leur décès est légalement constaté.

45. S'il s'élève quelques réclamations de la part des bâtimens capteurs, pour raison de la légitimité et de l'étendue de leurs droits sur les prises faites, elles seront jugées par un jury, conformément à la loi du 26 fructidor dernier.

46. Il ne pourra s'écouler plus de trois mois entre l'arrivée d'une prise et sa répartition : dans le cas où des empêchemens légitimes éloigneraient cette répartition, il sera, autant que possible, délivré des à-comptes provisoires à tous les marins qui prouveront qu'ils faisaient partie de la division ou de l'équipage capteur.

47. Le paiement des sommes réparties sera fait aux intéressés, par les trésoriers des invalides, sur les mandats du commissaire de marine chargé de cette partie du service.

48. Il est dérogé à toutes lois ou arrêtés contraires au présent décret.

3 BRUMAIRE an 4 (25 octobre 1795). — Code des délits et des peines. (1, Bull. 145, n° 1221 ; B. 60, 111.)

Voy. lois du 16 = 29 SEPTEMBRE 1791 ; du 25 SEPTEMBRE = 6 OCTOBRE 1791 ; du 15 VENTOSE an 4 ; du 20 VENTOSE an 4 : du 21 VENTOSE an 4 ; du 18 GERMINAL an 4 ; du 22 PRAIRIAL an 4 ; 29 THERMIDOR an 4 ; du 24 VENTOSE an 5 ; du 26 FLORÉAL an 5 ; du 29 NIVOSE an 6 ; du 25 BRUMAIRE an 8 ; du 25 FRIMAIRE an 8 ; du 27 VENTOSE an 8 ; du 6 GERMINAL an 8 ; du 7 PLUVIOSE an 9 ; du 23 FLORÉAL an 10.

Dispositions préliminaires.

Art. 1er. Faire ce que défendent, ne pas faire ce qu'ordonnent les lois qui ont pour objet le maintien de l'ordre social et la tranquillité publique, est un délit.

2. Aucun acte, aucune omission, ne peut être réputé délit, s'il n'y a contravention à une loi promulguée antérieurement (1).

3. Nul délit ne peut être puni de peines qui n'étaient pas prononcées par la loi avant qu'il fût commis (2).

---

(1) Lorsqu'une personne qui se prétend propriétaire en vertu d'un titre apparent commet des dégradations sur l'objet litigieux, ces dégradations donnent bien lieu à une action civile à fin de restitution de fruits et dommages-intérêts dans le cas où il serait évincé, mais ne peuvent constituer une entreprise qui soit susceptible de poursuites criminelles (9 octobre 1806 ; Cass. 7, 2, 881).

Il n'y a pas lieu à poursuite correctionnelle contre celui qui, ayant soumis à l'autorité la prétention qu'il élève sur un terrain, abat les constructions que le maire de la commune a, malgré le litige, fait faire sur ce terrain.

Surtout si le maire ne se plaint que d'une *voie de fait* portant atteinte à la *simple possession naturelle* de la commune, et n'excipe pas de possession annale (17 juin 1826 ; Cass. S. 27, 1, 75 ; D. 26, 1, 394).

La femme qui n'a point provoqué l'interdiction de son mari, qui paraît être en état de démence ou de fureur, n'est pas responsable du dommage qu'il a pu causer, et passible d'une peine de simple police (26 juin 1806 ; Cass. S. 6, 1, 356).

Le dol ne peut être poursuivi, soit par la voie correctionnelle, soit par la voie criminelle, que dans le cas où il est le résultat de faits qui constituent un délit caractérisé par la loi, et qui ont été la cause productive de l'acte qu'on présente comme l'ouvrage du dol (5 messidor an 11 ; Cass. S. 3, 2, 425).

(2) Il ne suffit pas qu'un fait soit prohibé par la loi pour que les tribunaux puissent infliger une peine à l'auteur de ce fait (8 septembre 1809 ; S. 10, 1, 1).

La peine établie contre le faux témoignage en matière civile s'étend au faux témoignage porté devant la justice correctionnelle, dans une action

4. Tout délit donne essentiellement lieu à une action publique.

Il peut aussi en résulter une action privée ou civile (1).

5. L'action publique a pour objet de punir les atteintes portées à l'ordre social.

Elle appartient essentiellement au peuple.

Elle est exercée en son nom par des fonctionnaires spécialement établis à cet effet.

6. L'action civile a pour objet la réparation du dommage que le délit a causé.

Elle appartient à ceux qui ont souffert ce dommage (2).

7. L'action publique s'éteint par la mort du coupable (3).

L'action civile peut être exercée contre ses héritiers (4).

8. L'action civile peut être poursuivie en même temps et devant les mêmes juges que l'action publique.

Elle peut aussi l'être séparément; mais, dans ce cas, l'exercice en est suspendu tant qu'il n'a pas été prononcé définitivement sur l'action publique intentée avant ou pendant la poursuite de l'action civile (5).

9. Il ne peut être intenté aucune action publique ni civile, pour raison d'un délit,

---

poursuivie par la partie civile (14 nivose an 13; Cass. S. 5, 2, 52).

(1) Les dommages commis dans les bois communaux donnent lieu à une action publique indépendante de l'action privée (4 avril 1806; Cass. S. 6, 1, 279).

Le prévenu de violation de dépôt, non prouvé par écrit, ne peut, s'il dénie ce dépôt, être poursuivi et jugé correctionnellement par le ministère public. Voy. l'art. 1923 du Code civil (5 décembre 1806; Cass. S. 6, 1, 489).

L'appel interjeté par la partie civile d'un jugement correctionnel, ne remet en question ce qui a été jugé avec la partie publique non appelante (18 germinal an 9; Cass. S. 1, 1, 423).

Les juges saisis par l'appel de la partie civile seulement ne peuvent statuer que sur les intérêts civils; ils commettent un excès de pouvoir en prononçant une amende au profit de la partie publique qui n'aurait point interjeté appel (16 frimaire an 12; Cass. S. 4, 2, 676; id. 10 janvier 1806; Cass. S. 6, 2, 541).

Sur l'appel, émis par la partie civile, d'un jugement de police correctionnelle, les juges supérieurs ne peuvent remettre en question ce qui a été décidé avec la partie publique non appelante (27 nivose an 10; Cass. S. 2, 2, 375).

Les tribunaux criminels ne peuvent prononcer de condamnation pénale contre une personne, lorsqu'il n'y a ni plainte, ni conclusions du ministère public qui la concerne (4 brumaire an 14; Cass. S. 7, 2, 1099).

(2) Le particulier qui se prétend lésé par des intérêts usuraires n'a pas la voie de police correctionnelle contre le créancier, même lorsqu'il l'accuse de se livrer habituellement à l'usure (3 février 1809; S. 9, 1, 207).

Le tribunal criminel qui acquitte l'accusé d'un délit ne peut le condamner à des dommages-intérêts pour torts civils (29 thermidor an 7; Cass. S. 1, 1, 239).

(3) L'action publique est éteinte, en ce sens seulement que la mort naturelle, avant l'exécution de l'arrêt, annule toute condamnation afflictive, et empêche les effets de la mort civile, mais le décès laisse subsister les condamnations pécuniaires prononcées sur l'action publique, en faveur du fisc (16 janvier 1811; S. 11, 1, 139).

(4) Lorsque la loi prononce une confiscation comme peine d'une contravention commise, par ou sur la chose même qui est assujétie à cette

peine, elle peut être poursuivie contre l'héritier du contrevenant; encore que celui-ci soit décédé avant le jugement définitif (11 floréal an 10; Cass. S. 7, 2, 854).

Une action tendant à faire prononcer une amende ne peut être suivie devant la justice répressive contre les héritiers du délinquant (28 messidor an 8; Cass. S. 1, 1, 309).

(5) La déclaration du jury, qu'il n'y a lieu à accusation, n'anéantit pas l'action civile, encore que les poursuites n'aient été faites que sur la plainte de la partie civile (15 février 1806; Colmar; S. 6, 2, 976).

La partie civile qui n'a pas saisi directement la cour de justice criminelle par sa plainte ne peut y intervenir, même avant l'ouverture des débats (1er pluviose an 7; Cass. S. 7, 2, 1091).

On peut poursuivre en France, comme coupable d'escroquerie, un Français qui, par des voies illicites, s'est approprié des biens que possédait en France un souverain étranger. On le peut, encore que les actes qui sont le fruit de ces manœuvres aient été passés dans les états du prince à qui on les a extorqués. Les héritiers de prince peuvent intervenir dans l'instance criminelle intentée à ce sujet devant les tribunaux français, et demander la nullité des actes (18 avril 1806; Cass. S. 6, 2, 581).

L'admission irrégulière d'une partie civile dans un procès criminel n'annule point la procédure, en ce qui touche l'action publique (8 prairial an 11; Cass. S. 7, 2, 1094).

Une plainte portée par la partie civile ne constitue pas une action publique.

En conséquence, l'exercice de l'action civile n'est pas suspendu par l'effet d'une plainte au criminel restée sans poursuite, de la part du ministère public (30 avril 1810; S. 10, 1, 233).

L'action en dommages-intérêts est en soi de la compétence des tribunaux civils; les juges civils sont, en ce cas, compétens pour constater l'existence d'un délit, quant à l'intérêt civil litigieux (26 juillet 1813; S. 15, 1, 117).

Celui qui a intenté des poursuites criminelles pour un vol ne peut en même temps introduire une action civile en dommages-intérêts (22 messidor an 7; Cass. S. 1, 1, 226).

La partie lésée ne peut intenter une action correctionnelle contre celui à l'égard de qui une action criminelle a été rejetée par le jury d'accusation (21 thermidor an 7; Cass. S. 1, 1, 236).

25.

après trois années révolues, à compter du jour où l'existence en a été connue et légalement constatée, lorsque dans cet intervalle il n'a été fait aucune poursuite (1).

10. Si, dans les trois ans, il a été commencé des poursuites, soit criminelles, soit civiles, à raison d'un délit, l'une et l'autre action durent six ans, même contre ceux qui ne seraient pas impliqués dans ces poursuites.

Les six ans se comptent pareillement du jour où l'existence du délit a été connue et légalement constatée.

Après ce terme, nul ne peut être recherché, soit au criminel, soit au civil, si, dans l'intervalle, il n'a pas été condamné par défaut ou contumace (2).

11. Tout Français qui s'est rendu coupable, hors du territoire de la République, d'un délit auquel les lois françaises infligent une peine afflictive ou infamante, est jugé et puni en France, lorsqu'il y est arrêté.

12. Sont, dans les mêmes cas, jugés et punis en France, les étrangers qui ont contrefait, altéré ou falsifié, hors du territoire de la République, soit la monnaie nationale, soit des papiers nationaux ayant cours de monnaie, ou qui ont exposé sciemment, hors du territoire de la République, soit des monnaies nationales contrefaites ou altérées, soit des papiers nationaux ayant cours de monnaie, contrefaits ou falsifiés.

13. A l'égard des délits de toute autre nature, les étrangers qui sont prévenus de les avoir commis hors du territoire de la République ne peuvent être jugés ni punis en France.

Mais, sur la preuve des poursuites faites contre eux dans les pays où ils les ont commis, si ces délits sont du nombre de ceux qui attentent aux personnes ou aux propriétés, et qui, d'après les lois françaises, emportent peine afflictive ou infamante, ils sont condamnés par les tribunaux correctionnels à sortir du territoire français, avec défense d'y rentrer, jusqu'à ce qu'ils se soient justifiés devant les tribunaux compétens.

14. *Les délits qui se commettent dans l'armée de terre et de mer sont soumis à des lois particulières pour la forme des procédures et des jugemens, et pour la nature des peines* (Article 290 de l'acte constitutionnel.)

15. La répression des délits exige l'action de deux autorités distinctes et incompatibles, celle de la *police* et celle de la *justice*.

L'action civile pour injures verbales est de la compétence des juges-de-paix, comme juges civils, tout aussi bien que comme juges de police (6 décembre 1808; S. 20, 1, 416).

Une plainte portée par la partie civile ne constitue pas une action publique : en conséquence, l'exercice de l'action civile n'est pas suspendu par l'effet d'une plainte au criminel restée sans poursuite de la part du ministère public (S. 90, 4, 253).

La poursuite de faux au criminel ne doit pas être suspendue lorsqu'il y a, au tribunal civil, jugement qui, sur le même fait, rejette l'inscription de faux incident (28 avril 1809; Cass. S. 9, 1, 427).

Pour que la partie civile puisse intervenir en matière de simple police, sur la citation donnée à la requête du ministère public, il faut que les choses soient encore entières : elle ne peut plus user de ce droit, si, avant la citation donnée au prévenu à la requête du ministère public, elle s'était déjà pourvue par action privée (18 messidor an 12; Cass. S. 7, 2, 1092).

Lorsqu'un testament est argué de faux, les personnes qui y sont gratifiées sont non-recevables à intervenir dans la partie de l'instruction qui a pour objet la question de savoir si c'est par la voie criminelle ou par la voie civile qu'il doit être statué sur le faux prétendu (8 octobre 1807; Cass. S. 7, 2, 958).

Celui qui, par action civile, a demandé la réparation d'un dommage ne peut, abandonnant son action, en reprendre l'exercice, en intervenant dans une poursuite criminelle dirigée pour le même fait par le ministère public (18 messidor an 12; Cass. S. 4, 2, 776).

(1) Si la pièce arguée de faux est déposée au greffe en vertu d'un jugement, et paraphée par le président, le crime de faux se trouve constaté, en ce sens qu'à dater de ce jour peut courir la prescription du crime (12 février 1810; S. 10, 1, 212).

Pour faire courir le délai utile à la prescription d'un délit, il faut qu'il ait été connu et légalement constaté (20 avril 1809; Cass. S. 9, 1, 464).

Il ne suffirait pas à cet égard de la seule connaissance du délit s'il n'était pas constaté (9 mai 1807; S. 7, 2, 710).

(2) La condamnation par contumace, intervenue même par suite de procédures irrégulières, suspend la prescription du délit (8 juin 1809; S. 9, 1, 433).

Les art. 9 et 10 n'abrogent point l'article 8, du titre 9 de la loi du 15 septembre 1791.

En d'autres termes, sous l'empire de ce Code et en matière de délits forestiers, lorsque les délinquans sont désignés par les procès-verbaux, les poursuites doivent être faites dans les trois mois où le délit a été reconnu (2 janvier 1807; Cass. S. 6, 2, 518).

La prescription d'un crime se règle ou par la loi de l'époque de la perpétration, ou par la loi de l'époque du jugement, suivant ce qui est le plus favorable au prévenu (21 août 1817; S. 18, 1, 81).

Lorsque, sur un délit, il y a eu jugement à l'égard d'un des auteurs, et de simples poursuites à l'égard de l'autre, l'action contre ce dernier ne laisse pas d'être soumise à la prescription de six ans, établie par cet article (14 thermidor an 12; Cass. S. 4, 2, 702).

L'action de la police précède essentiellement celle de la justice.

LIVRE PREMIER.

DE LA POLICE.

16. La police est instituée pour maintenir
o"ordre public, la liberté, la propriété, la
sûreté individuelle.

17. Son caractère principal est la vigilance.

La société, considérée en masse, est
o"objet de sa sollicitude.

18. Elle se divise en *police administrative*
et en *police judiciaire*.

19. La *police administrative* a pour objet
se maintien habituel de l'ordre public dans
chaque lieu et dans chaque partie de l'administration générale.

Elle tend principalement à prévenir les
délits.

Les lois qui la concernent font partie du
code des administrations civiles.

20. La *police judiciaire* recherche les
délits que la police administrative n'a pas
pu empêcher de commettre, en rassemble
les preuves, et en livre les auteurs aux tribunaux chargés par la loi de les punir.

TITRE Ier. De la police judiciaire.

21. La police judiciaire est exercée, sui-
vant les distinctions qui vont être établies,
Par les commissaires de police,
Par les gardes-champêtres et forestiers (1).
Par les juges-de-paix,
Par les directeurs des jurys d'accusation,
Par les capitaines et lieutenans de la gen-
darmerie nationale.

22. Tous les officiers de police judiciaire
sont sous la surveillance générale de l'accusateur public.

23. Les commissaires de police, les gardes-champêtres, les gardes-forestiers, les
juges-de-paix et les officiers de la gendarmerie nationale du grade désigné en l'article 21, sont en outre et immédiatement
sous la surveillance du directeur du jury.

L'accusateur public, soit d'office, soit sur
la dénonciation du directeur du jury, poursuit les négligences, abus d'autorité et infractions à la loi, dont les commissaires de
police, les juges-de-paix et les capitaines ou
lieutenans de la gendarmerie nationale
peuvent se rendre coupables dans l'exercice
des fonctions de la police judiciaire.

24. Quant aux gardes-champêtres et aux
gardes-forestiers, les délits qu'ils commettent dans l'exercice de leurs fonctions sont

poursuivis immédiatement par le directeur
du jury.

TITRE II. Des commissaires de police.

25. Dans toutes les communes dont la population ne s'élève pas à cinq mille habitans, les fonctions de commissaire de police
sont exercées par l'agent municipal ou son
adjoint.

Dans les communes dont la population
est de cinq mille à dix mille habitans, il y a
un commissaire de police choisi par l'administration municipale.

Dans les communes plus peuplées, l'administration municipale en choisit un par
section.

26. Les commissaires de police sont destituables au gré de l'administration municipale.

27. Dans les cantons de Paris, Lyon, Bordeaux et Marseille, la nomination et la destitution des commissaires de police appartiennent au bureau central;

Il les nomme au nombre déterminé par
l'article 25, sur une liste triple des places à
remplir, présentée par la municipalité d'arrondissement où ils doivent exercer leurs
fonctions.

28. Les commissaires de police, outre
les fonctions qui leur sont attribuées dans
la police administrative, exercent la police
judiciaire relativement à tous les délits
commis dans leurs arrondissemens respectifs, dont la peine n'excède pas une amende
égale à la valeur de trois journées de travail,
ou trois jours d'emprisonnement.

29. En conséquence, ils sont spécialement
chargés,

De rechercher tous les délits dont il vient
d'être parlé, même ceux qui sont relatifs
aux bois et aux productions de la terre,
sauf, à l'égard de ces derniers, la concurrence des gardes-forestiers et des gardes-
champêtres;

De recevoir les rapports, dénonciations
et plaintes qui y sont relatifs;

De dresser des procès-verbaux indicatifs
de leur nature et de leurs circonstances,
du temps et du lieu où ils ont été commis,
des personnes qui en sont présumées coupables;

De recueillir les preuves et les indices qui
existent sur les prévenus;

De les dénoncer au commissaire du pouvoir exécutif près l'administration municipale, lequel fait citer les prévenus au
tribunal de police désigné ci-après, livre II,
titre Ier.

30. Ils exercent ces fonctions dans toute

---

(1) Les articles 4 et 15 du titre 10 de l'ordonnance de 1669, qui donnent aux gardes-forestiers le droit de faire tous les actes et exploits
relatifs à la poursuite des délits forestiers, ne

sont point abrogés par les lois survenues depuis
la révolution, notamment par le code de brumaire
an 4 (6 nivose an 13; S. 6, 2, 333). *Voy.* Code
forestier de 1827.

l'étendue de leurs communes respectives.

31. Néanmoins, dans les communes où il existe plusieurs commissaires de police, l'administration municipale assigne à chacun d'eux un arrondissement particulier.

32. Ces arrondissemens ne limitent ni ne circonscrivent leurs pouvoirs respectifs, mais indiquent seulement les termes dans lesquels chacun d'eux est plus spécialement astreint à un exercice constant et régulier de ses fonctions.

33. Lorsqu'un des commissaires de police d'une même commune se trouve légitimement empêché, celui de l'arrondissement le plus voisin est personnellement tenu de le suppléer.

Le commissaire du pouvoir exécutif près l'administration municipale lui fait, au besoin, toutes réquisitions nécessaires à cet effet, et il est tenu d'y déférer.

34. En cas de difficulté sur la nature de l'empêchement, ou sur la désignation du suppléant, l'administration municipale en décide; mais la réquisition du commissaire du pouvoir exécutif s'exécute provisoirement.

35. Si le commissaire de police d'une commune où il n'en existe qu'un se trouve légitimement empêché, l'agent municipal ou son adjoint le remplace tant que dure l'empêchement.

36. Les commissaires de police sont tenus, lorsque le juge-de-paix n'est pas dans le lieu où se commettent des délits qui sont de son ressort, de les constater par des procès-verbaux, de les lui dénoncer, de faire saisir les prévenus pris en flagrant délit, ou poursuivis par la clameur publique, et de les faire conduire devant lui.

37. Dans le cas où le commissaire de police remettrait au commissaire du pouvoir exécutif près l'administration municipale de son arrondissement des dénonciations, procès-verbaux ou autres pièces relatives à un délit dont la peine excède la valeur de trois journées de travail, ou trois jours d'emprisonnement, le commissaire du pouvoir exécutif est tenu de les renvoyer au juge-de-paix, lequel agit ainsi qu'il est réglé ci-après, titre V.

TITRE III. Des gardes-champêtres et des gardes-forestiers.

38. Il y a dans chaque commune rurale au moins un garde-champêtre.

L'objet de son institution est la conservation des récoltes, fruits de la terre et propriétés rurales de toute espèce.

Le mode de sa nomination, et ses fonctions considérées comme dépendance de la police administrative, sont réglés par les lois relatives aux administrations civiles.

39. Il y a, pour la conservation des bois et forêts, des gardes-forestiers dans les lieux déterminés par l'administration générale.

Le mode de leur nomination, et leurs fonctions, en tant qu'elles sont étrangères à la police judiciaire, sont réglés par la loi relative à l'administration forestière.

40. Tout propriétaire a le droit d'avoir, pour la conservation de ses propriétés, un garde-champêtre ou forestier.

Il est tenu de le faire agréer par l'administration municipale (1).

41. Les gardes-champêtres et les gardes-forestiers, considérés comme officiers de police judiciaire, sont chargés,

De rechercher respectivement tous les délits qui portent atteinte aux propriétés rurales et forestières;

De dresser des procès-verbaux indicatifs de leur nature et de leurs circonstances, du temps et du lieu où ils ont été commis, des preuves et indices qui existent sur les prévenus;

De suivre les objets volés dans les lieux où ils ont été transportés, et de les mettre en séquestre, sans pouvoir néanmoins s'introduire dans les maisons, ateliers, bâtimens et cours adjacentes, si ce n'est en présence soit d'un officier ou agent municipal ou de son adjoint, soit d'un commissaire de police;

D'arrêter et de conduire devant le juge-de-paix, en se faisant, pour cet effet, donner main-forte par la commune du lieu, qui ne peut la refuser, tout individu qu'il surprendra en flagrant délit (2).

42. Les gardes-forestiers remettent leurs procès-verbaux à l'agent de l'administration forestière désigné par la loi.

La loi règle la manière dont cet agent doit agir en conséquence, suivant la nature des délits.

43. Les gardes-champêtres remettent leurs procès-verbaux au commissaire du pouvoir exécutif près l'administration municipale.

44. La remise de chaque procès-verbal se fait, au plus tard, le troisième jour après la reconnaissance du délit qui en est l'objet.

45. Si le délit est de nature à mériter une peine au-dessus de la valeur de trois journées de travail ou de trois jours d'emprisonnement, le commissaire du pouvoir exécutif envoie le procès-verbal au juge-de-paix, qui agit en conséquence comme officier de police judiciaire, ainsi qu'il est réglé par les titres suivans.

46. Si le procès-verbal a pour objet un délit dont la peine n'excède pas la valeur de trois journées de travail ou trois jours d'emprisonnement, le commissaire du pouvoir exécutif fait citer le prévenu devant le

---

(1) Les fermiers ont, comme les propriétaires, le droit de nommer pour leurs récoltes un garde particulier (21 frimaire an 11; Cass. S. 3, 2, 395).

(2) Voy. arrêté du 4 nivose an 5.

au tribunal de police désigné ci-après, livre II,
titre 1er.

47. Le commissaire du pouvoir exécutif
est tenu de dénoncer au directeur du jury
les négligences, abus et malversations des
gardes-champêtres et des gardes-forestiers.

Le même devoir est imposé au commissaire de police, au juge-de-paix, et à tout
fonctionnaire public et agent du Gouvernement.

TITRE IV. Des juges-de-paix.

48. Les juges-de-paix, considérés comme
officiers de police judiciaire, sont chargés,

1° De recevoir les dénonciations et plaintes relatives à tous les délits qui sont de nature à être punis, soit d'une amende au-dessus de la valeur de trois journées de travail,
soit d'un emprisonnement de plus de trois
jours, soit d'une peine infamante ou afflictive;

2° De constater par des procès-verbaux les
traces des délits qui en laissent quelques-
unes après eux;

3° De distinguer les hommes justement
prévenus, de ceux qui sont faussement in-
culpés;

4° De recueillir les indices et les preuves
qui existent sur les prévenus;

5° De les faire traduire devant le directeur
du jury.

49. Ils ont le droit de faire agir la force
publique pour l'exécution de leurs mandats.

50. Ils ne peuvent exercer leurs fonctions
que dans leurs cantons respectifs, et pour
raison des délits qui y sont commis, ou dont
les auteurs y ont leur résidence habituelle
ou momentanée.

51. Néanmoins, en cas d'empêchement
du juge-de-paix d'un canton, celui du canton le plus voisin doit le suppléer, sur la
réquisition du directeur du jury.

52. Dans les cantons où il existe plusieurs
juges-de-paix, l'administration du département assigne à chacun d'eux un arrondissement particulier.

53. Ces arrondissemens, en ce qui concerne
la police judiciaire, ne limitent ni ne circonscrivent leurs pouvoirs respectifs, mais
indiquent seulement les termes dans lesquels chacun d'eux est plus spécialement
astreint à un exercice constant et régulier
de ses fonctions.

54. Lorsque entre plusieurs juges-de-paix
d'un même canton il s'en trouve un légitimement empêché, celui de l'arrondissement
le plus voisin est personnellement tenu de
le suppléer.

Le directeur du jury lui adresse, au besoin, tous les ordres nécessaires à cet effet,
et il est tenu d'y déférer.

55. En cas de difficulté sur la nature de
l'empêchement ou sur la désignation du
suppléant, le tribunal criminel du département en décide; mais l'ordre du directeur
du jury s'exécute provisoirement.

TITRE V. Mode de procéder par les juges-de-paix dans l'exercice des fonctions de la police judiciaire.

§ Ier. Des mandats d'amener, de comparution et d'arrêt.

56. Le juge-de-paix fait comparaître
devant lui tout individu contre lequel il
existe des preuves ou des présomptions de
délit.

57. L'ordre qu'il donne à cet effet s'appelle
mandat d'amener.

58. Le mandat d'amener doit être signé
du juge-de-paix, et scellé de son sceau; il
doit nommer ou désigner le prévenu le plus
clairement qu'il est possible.

59. Le mandat d'amener est porté par
un huissier ou agent de la force publique,
lequel en délivre copie à celui qui y est désigné.

60. Le prévenu qui refuse d'obéir au mandat d'amener, ou qui, après avoir déclaré
qu'il est prêt à obéir, tente de s'évader,
doit y être contraint.

Le porteur du mandat d'amener emploie
au besoin, pour cet effet, la force publique
du lieu le plus voisin.

Elle est fournie sur la réquisition du
juge-de-paix contenue dans le mandat d'a-
mener.

61. Un prévenu peut être traduit sans
mandat d'amener devant le juge-de-paix
lorsqu'il a été surpris en flagrant délit.

62. En cas de flagrant délit, tout dépositaire de la force publique, et même tout citoyen, est tenu de saisir le prévenu, et de
l'amener devant le juge-de-paix.

63. A cet égard, la loi assimile au cas
de flagrant délit celui où le délinquant, surpris au milieu de son crime, est poursuivi
par la clameur publique, et celui où un
homme est trouvé saisi d'effets, armes, instrumens ou papiers servant à faire présumer
qu'il est l'auteur d'un délit.

64. Le prévenu amené devant le juge-de-
paix, soit en vertu d'un mandat d'amener,
soit en vertu de l'ordre d'un commissaire de
police, dans les cas prévus par l'article 36,
soit de la manière indiquée par les trois articles précédens, doit être examiné sur-le-
champ, ou dans le jour au plus tard.

65. Le juge-de-paix tient ou fait tenir par
son greffier, et sur un cahier séparé, une
note sommaire des réponses du prévenu.

66. Si le prévenu détruit entièrement les
inculpations qui ont déterminé à le faire
comparaître, le juge-de-paix le met en liberté, et il en donne avis au directeur du
jury d'accusation, en lui transmettant toutes
les pièces.

67. L'acte par lequel le juge-de-paix met
en liberté un prévenu, n'étant qu'une décision provisoire de police, n'empêche pas
que celui-ci ne soit recherché et poursuivi de
nouveau pour le même fait.

68. Si le prévenu s'évade,

S'il ne peut être trouvé,

S'il use de la faculté énoncée dans l'article 74 ci-après,

Et que, dans l'un ou l'autre de ces trois cas, quatre jours se soient écoulés depuis la notification du mandat d'amener à sa dernière résidence,

Ou si, en comparaissant, il ne détruit pas entièrement les inculpations élevées contre lui,

Le juge-de-paix procède ainsi qu'il suit.

69. Lorsque le délit est de nature à n'être puni que d'une amende au-dessus de la valeur de trois journées de travail, il ordonne au prévenu de comparaître à jour fixe devant le directeur du jury d'accusation de 'arrondissement dans lequel le délit a été commis.

Cet ordre se nomme *mandat de comparution.*

70. Lorsque le délit est de nature à être puni, soit d'un emprisonnement de plus de trois jours, soit d'une peine infamante ou afflictive, le juge-de-paix délivre un ordre pour faire conduire le prévenu en la maison d'arrêt du lieu où siège le directeur du jury d'accusation dans l'arrondissement duquel le délit a été commis.

Cet ordre se nomme *mandat d'arrêt.*

71. Le mandat d'arrêt est signé et scellé par le juge-de-paix.

Il énonce le nom du prévenu, sa profession et son domicile, s'ils sont connus, le sujet de son arrestation, et la loi qui autorise le juge-de-paix à l'ordonner.

A défaut de quelqu'une de ces formalités, il est nul, et aucun gardien de maison d'arrêt ne peut recevoir le prévenu, sous peine d'être poursuivi comme fauteur et complice de détention arbitraire.

72. Le juge-de-paix devant lequel est amenée une personne pour délit de nature à n'être puni que d'une amende de trois journées de travail ou d'un emprisonnement de trois jours, est tenu de la mettre en liberté, et de la renvoyer devant le tribunal de police pour y être entendue et jugée à jour et heure fixes, en communiquant préalablement la dénonciation et les pièces au commissaire du pouvoir exécutif près l'administration municipale dans l'étendue de laquelle le délit a été commis.

73. Les mandats d'amener et d'arrêt, décernés par un juge-de-paix, sont exécutoires dans tout le territoire de la République.

Si l'inculpé est trouvé hors de l'arrondissement du juge-de-paix qui a décerné le mandat d'amener ou d'arrêt, il est conduit devant le juge-de-paix du lieu, lequel vise le mandat, mais sans pouvoir en empêcher l'exécution.

74. Néanmoins le mandat d'amener ne reçoit sa pleine exécution, lorsque le prévenu est trouvé hors de l'arrondissement du juge-de-paix qui l'a délivré, que dans l'un ou l'autre des trois cas suivans :

1° Lorsque le prévenu est trouvé dans les deux jours de la date du mandat à quelque distance que ce soit;

2° Lorsque, passé deux jours, il est trouvé dans la distance de dix lieues du domicile du juge-de-paix qui a signé le mandat;

3° Lorsqu'il est trouvé muni d'effets, de papiers ou d'instrumens qui font présumer qu'il est auteur du délit pour raison duquel il est recherché, quels que soient la distance et le délai dans lesquels il est saisi.

Ces trois cas exceptés, le prévenu trouvé hors de l'arrondissement du juge-de-paix qui a délivré le mandat d'amener, ne peut être contraint de se rendre devant lui; mais il peut se faire garder à vue à ses frais, ou mettre en arrestation provisoire dans le lieu où il a été trouvé, jusqu'à ce que le jury d'accusation ait prononcé s'il y a lieu à accusation à son égard, ou, lorsqu'il est question d'un délit qui n'emporte pas peine afflictive ou infamante, jusqu'à ce que le tribunal correctionnel soit saisi de la procédure.

Le juge-de-paix du lieu où il a été trouvé rend à cet effet les ordonnances nécessaires, et il en donne avis sur-le-champ au juge-de-paix qui a signé le mandat d'amener.

75. Dans le cas où le mandat d'amener a été rendu contre un quidam, s'il est arrêté dans les deux jours et dans les dix lieues, il est conduit aussitôt devant le juge-de-paix qui a signé le mandat; et si, après les deux jours, il est arrêté au-delà de dix lieues, il en est donné avis au même juge-de-paix, ainsi que de son nom, de son domicile et de sa profession, s'il les a déclarés ou s'ils sont autrement connus.

Dans ce dernier cas, les quatre jours pour envoyer la procédure au greffe du directeur du jury ne commencent que de cette époque (1).

76. Le juge-de-paix du lieu du délit, et celui de la résidence habituelle ou momentanée du prévenu, sont également compétens pour délivrer contre celui-ci soit le mandat d'amener, soit le mandat d'arrêt, soit le mandat de comparution.

77. En cas de concurrence, l'instruction

---

(1) Lorsque l'auteur d'un délit est inconnu, et qu'en conséquence la plainte a été dirigée contre un quidam, si les informations prises par le juge ne font pas découvrir quel est celui auquel s'adapte la dénomination vague de quidam, on ne peut mettre le quidam en état d'accusation et poursuivre contre lui un jugement par contumace (9 pluviose an 10 : Cass. S. 2, 2, 3-8).

effémeure à celui qui a le premier délivré le mandat d'amener.

78. Si le juge-de-paix du lieu du délit, et celui de la résidence, ont délivré le mandat d'amener le même jour, le juge-de-paix du lieu du délit est préféré.

79. Si le juge-de-paix du lieu de la résidence habituelle, et celui de la résidence momentanée, l'ont délivré le même jour, l'instruction demeure au juge-de-paix du lieu de la résidence habituelle.

80. Pour délits commis hors du territoire français, les mandats d'amener et d'arrêt, dans les cas déterminés par les articles 11, 12 et 13, sont décernés par le juge-de-paix du lieu où réside habituellement le prévenu, ou par celui où il se trouve momentanément.

En cas de concurrence, les articles 77 et 79 règlent auquel des deux l'instruction doit demeurer.

§ II. Des procédures et actes qui doivent précéder ou suivre les mandats d'amener, de comparution et d'arrêt.

81. Les poursuites qui donnent lieu aux mandats d'amener, de comparution et d'arrêt, se font,

Ou sur une dénonciation officielle,
Ou sur une dénonciation civique,
Ou d'après une plainte,
Ou d'office.

82. Dans chacun de ces cas, le juge-de-paix dresse des procès-verbaux, entend des témoins, recueille les preuves par écrit, et rassemble les pièces de conviction.

De la dénonciation officielle.

83. Toute autorité constituée, tout fonctionnaire ou officier public, qui, dans l'exercice de ses fonctions, acquiert la connaissance ou reçoit la dénonciation d'un délit de nature à être puni, soit d'une amende au-dessus de la valeur de trois journées de travail, soit d'un emprisonnement de plus de trois jours, soit d'une peine afflictive ou infamante, est tenu d'en donner avis sur-le-champ au juge-de-paix de l'arrondissement dans lequel il a été commis, ou dans lequel réside le prévenu, et de lui transmettre tous les renseignemens, procès-verbaux et actes qui y sont relatifs (1).

84. Le juge-de-paix en accuse la réception dans le jour suivant.

85. S'il trouve dans ces pièces des preuves ou des présomptions contre les personnes indiquées comme auteurs ou complices du délit, il décerne aussitôt un mandat d'amener.

86. Si ces pièces ne lui fournissent pas des renseignemens suffisans pour faire de suite comparaître devant lui les prévenus, il procède ainsi qu'il est réglé ci-après pour les *poursuites d'office*.

De la dénonciation civique.

87. Tout citoyen qui a été témoin d'un attentat, soit contre la liberté, la vie ou la propriété d'un autre, soit contre la sûreté publique ou individuelle, est tenu d'en donner aussitôt avis au juge-de-paix du lieu du délit, ou à celui de la résidence du prévenu.

88. La dénonciation est rédigée par le dénonciateur, ou par le juge-de-paix, s'il en est requis.

89. Le juge-de-paix demande au dénonciateur s'il est prêt à signer et à affirmer sa dénonciation.

90. Si le dénonciateur signe sa dénonciation, ou déclare qu'il ne sait ou ne peut écrire, mais qu'il la signerait s'il le pouvait, et s'il affirme qu'elle n'est dictée par aucun intérêt personnel, le juge-de-paix est tenu de décerner sur-le-champ un mandat d'amener contre le prévenu.

91. La dénonciation est signée à chaque feuillet par le juge-de-paix et par le dénonciateur : si celui-ci ne sait pas signer, il en est fait mention.

92. Le dénonciateur qui a signé sa dénonciation a vingt-quatre heures pour s'en désister.

Ce désistement se fait par acte notifié au greffier du juge-de-paix : l'acte est signé par le dénonciateur ou par son fondé de pouvoir ; dans ce dernier cas, la procuration est annexée à l'acte de désistement.

93. Lorsque le dénonciateur s'est désisté de sa dénonciation, ou qu'il a refusé de la signer, la dénonciation est comme non avenue.

Mais le juge-de-paix demeure obligé de prendre d'office connaissance des faits, et de faire, s'il y a lieu, contre le prévenu, toutes les poursuites ordonnées par la loi (2).

---

(1) Les membres du jury médicinal ne sont pas des fonctionnaires ayant la surveillance des officiers de santé; dès lors la dénonciation par eux faite ne peut pas être rangée dans la classe des dénonciations officielles.

De ce que la loi n'accorde en termes exprès de dommages-intérêts qu'au prévenu acquitté par le jury de jugement, il ne faut pas en conclure que celui-là ne puisse aucunement réclamer contre le dénonciateur qui a été mis en liberté par une simple ordonnance du directeur du jury portant qu'il n'y a pas lieu à accusation (17 janvier 1807; S. 7, 2, 639).

(2) Une plainte peut être retirée par son auteur dans les vingt-quatre heures de sa remise au magistrat de sûreté. Si la plainte est retirée dans ce délai, le dénonciateur n'est passible d'aucuns dommages-intérêts (6 vendémiaire an 10; Cass. S. 2, 1, 91).

De la plainte.

94. Tout citoyen qui se prétend lésé par un délit emportant par sa nature une peine afflictive ou infamante, peut en rendre plainte devant le juge-de-paix du lieu du délit, ou devant celui de la résidence du prévenu.

95. La même faculté a lieu relativement aux délits dont la peine n'est ni afflictive ni infamante, pourvu qu'elle excède la valeur de trois journées de travail, ou trois jours d'emprisonnement.

Mais, à l'égard de ces délits, la partie lésée peut s'adresser directement au tribunal correctionnel, ainsi qu'il est réglé ci-après, livre II, titre II.

96. Les dispositions des articles 88, 91, 92 et 93, relatives aux dénonciations civiques, sont communes aux plaintes.

97. La plainte, quoique signée et affirmée par le plaignant, ne peut seule, et sans autre preuve ou indice, autoriser le juge-de-paix à décerner un mandat d'amener contre le prévenu ;

Mais il est tenu d'entendre les témoins indiqués par le plaignant, et de faire, tant pour constater le délit que pour en découvrir l'auteur, toutes les perquisitions, visites et procès-verbaux nécessaires.

98. Lorsqu'un juge-de-paix refuse de délivrer contre un prévenu soit un mandat d'amener, soit un mandat d'arrêt, soit un mandat de comparution, le dénonciateur ou le plaignant peut exiger de lui un acte constatant son refus, et se pourvoir devant le directeur du jury de l'arrondissement dans lequel le délit a été commis.

Il peut même, si le délit est de nature à ne donner lieu qu'à un mandat de comparution, s'adresser directement au tribunal correctionnel, ainsi qu'il est dit ci-dessus, article 95.

99. Dans le cas où le juge-de-paix qui a reçu la plainte ou dénonciation n'est ni celui du lieu du délit ni celui de la résidence du prévenu, il renvoie l'affaire avec toutes les pièces devant le juge-de-paix du lieu du délit, pour qu'il soit déterminé par celui-ci s'il y a lieu ou non à délivrer le mandat d'amener.

Des poursuites d'office.

100. Toutes les fois qu'un juge-de-paix apprend, soit par une dénonciation ou plainte, même non signée ou abandonnée, soit autrement, qu'il a été commis dans son arrondissement un délit de nature à être puni, soit d'une amende au-dessus de la valeur de trois journées de travail, soit d'un emprisonnement de plus de trois jours, soit d'une peine infamante ou afflictive, ou qu'il réside dans ce même arrondissement un prévenu de tel délit, il est tenu, sans attendre aucune réquisition, de faire ses diligences pour s'assurer du fait, découvrir le coupable, et le faire comparaître devant lui.

101. En cas de flagrant délit, ou sur la clameur publique, le juge-de-paix fait saisir et amener devant lui les prévenus, sans attendre d'autres renseignemens, et sans qu'il soit besoin d'aucun mandat.

Si les prévenus ne peuvent être saisis, il délivre un mandat d'amener pour qu'il en soit fait perquisition.

Des procès-verbaux.

102. Lorsqu'il a été commis un délit dont l'existence peut être constatée par un procès-verbal, le juge-de-paix est tenu, aussitôt qu'il en est informé, de se transporter sur les lieux, pour y décrire en détail le corps du délit avec toutes les circonstances, et tout ce qui peut servir à conviction ou à décharge (1).

103. Il se fait, au besoin, accompagner d'une ou deux personnes présumées, par leur art ou profession, capables d'apprécier la nature et les circonstances du délit.

104. S'il s'agit d'un meurtre ou d'une mort dont la cause est inconnue ou suspecte, le juge-de-paix doit se faire assister d'un ou de deux officiers de santé.

Dans ce cas, le cadavre ne peut être inhumé qu'après la clôture du procès-verbal.

105. Le juge-de-paix fait comparaître au procès-verbal toutes les personnes qui peuvent donner des renseignemens sur le délit.

Dans le cas de l'article précédent, il y appelle spécialement les parens et voisins du décédé, ceux qui étaient employés à son service, et ceux qui se sont trouvés en sa compagnie avant son décès.

106. Les déclarations des personnes qui comparaissent au procès-verbal sont rédigées sommairement en un cahier séparé ; elles les signent, ou, si elles déclarent ne pouvoir signer, il en est fait mention.

107. Le juge-de-paix peut défendre que qui que ce soit, jusqu'à la clôture du procès-verbal, sorte de la maison, ou s'éloigne du lieu dans lequel il opère.

Tout contrevenant à cette défense est saisi sur-le-champ, et puni de la manière déterminée au livre *des peines*.

108. S'il paraît utile à la recherche de la vérité de procéder à une ou plusieurs visites domiciliaires, le juge-de-paix rend à cet

---

(1) La circonstance que le procès-verbal n'a pas été dressé immédiatement après le délit n'est pas un motif suffisant pour faire renvoyer le prévenu contre lequel il existe d'autres preuves de culpabilité (2 juillet 1807 ; Cass. S. 7, 2, 1142).

l'effet une ordonnance, dans laquelle il énonce expressément les personnes et les objets qui donnent lieu à ces visites. (*Article 359 de l'acte constitutionnel.*)

109. Si des déclarations faites au procès-verbal ou d'autres renseignemens pris sur les lieux, il résulte une preuve quelconque ou des présomptions contre des individus présens, le juge-de-paix les fait saisir à l'instant, sans qu'il soit besoin de mandat d'amener; il les interroge, reçoit leurs déclarations, et agit au surplus ainsi qu'il est réglé par les articles 66 et *suivans.*

110. Dans le cas où le juge-de-paix qui instruit contre un prévenu résidant dans son arrondissement, n'est pas celui du lieu du délit, les procédures mentionnées aux sept articles précédens se font, sur sa réquisition, par le juge-de-paix du lieu où le délit a été commis, lequel est tenu de lui envoyer ses procès-verbaux et actes dûment clos et cachetés.

De l'audition des témoins.

111. Le juge-de-paix fait citer devant lui toutes les personnes qui lui sont indiquées, soit par la dénonciation officielle ou civique, soit par la plainte, soit par toute autre voie, comme ayant connaissance du délit qui est l'objet de ses poursuites, ou des circonstances de ce délit.

112. La citation se fait par une cédule signée du juge-de-paix.

Elle est notifiée aux témoins par un huissier ou agent de la force publique.

113. Il n'est pas besoin de citation à l'égard des témoins amenés devant l'officier de police par le dénonciateur ou plaignant, au moment de sa dénonciation ou plainte, ni à l'égard de ceux que le juge-de-paix trouve sur les lieux où il s'est transporté pour dresser procès-verbal du corps du délit.

114. Le juge-de-paix rédige ou fait rédiger par son greffier, sommairement et sur un cahier séparé, les déclarations faites devant lui par les témoins, et il tient ou fait tenir note de leurs noms, surnoms, âge, demeure, état ou profession.

115. Si le prévenu est arrêté lors de la comparution des témoins, ils font leurs déclarations, chacun séparément, en sa présence.

116. S'il n'est arrêté qu'après leur audition, le juge-de-paix lui donne lecture de leurs déclarations, mais sans lui en délivrer copie.

117. Chaque témoin qui demande une indemnité pour son déplacement, à l'effet de déposer, est taxé par le juge-de-paix qui l'a fait assigner.

Les directeurs du jury et les présidens des tribunaux criminels taxent de même les indemnités dues aux témoins qui ont été assignés devant eux à la requête du commissaire du pouvoir exécutif.

118. Lorsqu'il est constaté, par le certificat d'un officier de santé, que des témoins se trouvent dans l'impossibilité physique de comparaître sur la citation qui leur est donnée, le juge-de-paix se transporte en leur demeure pour recevoir leur déclaration.

119. Si ces témoins résident hors de l'arrondissement du juge-de-paix qui les a cités, celui-ci requiert le juge-de-paix du lieu de leur résidence de se rendre auprès d'eux pour recevoir leur déclaration.

Il lui adresse à cet effet les notes et renseignemens nécessaires pour les interroger sur le délit et ses circonstances.

120. Immédiatement après les avoir entendus, le juge-de-paix du lieu de leur résidence envoie leur déclaration au juge-de-paix qui l'a requis de la recevoir.

121. Si le juge-de-paix qui, dans les cas prévus par les trois articles précédens, s'est transporté auprès d'un témoin, trouve qu'il n'était point dans l'impossibilité de comparaître sur la citation, il décerne contre lui et contre l'officier de santé qui a délivré le certificat ci-dessus mentionné, un mandat d'arrêt en vertu duquel ils sont traduits devant le directeur du jury de l'arrondissement dans l'étendue duquel réside le juge-de-paix qui a donné la citation.

122. Les témoins qui, hors du cas mentionné en l'article 118, ne comparaissent pas sur la citation qui leur est donnée, et à l'heure qu'elle indique, y sont contraints par un mandat d'arrêt que le juge-de-paix décerne contre eux.

123. Ils sont, en outre, après avoir fait leurs déclarations, conduits, en vertu d'un nouveau mandat, dans la maison d'arrêt établie près le directeur du jury.

124. Sont exceptés ceux qui justifient devant le juge-de-paix avoir été légitimement empêchés de comparaître aux jour, heure et lieu fixés par la citation.

Dans ce cas, le juge-de-paix les met en liberté, après avoir reçu leurs déclarations, et il en rend compte au directeur du jury.

Des preuves par écrit et des pièces de conviction.

125. Si la nature du délit est telle que la preuve puisse vraisemblablement en être acquise par les papiers du prévenu, le juge-de-paix ordonne, ainsi qu'il est réglé par l'article 108, qu'il sera fait chez lui une visite domiciliaire: et, en exécution de cette ordonnance, il appose les scellés sur ses papiers.

126. Il lève les scellés, examine les papiers, et, s'il y a lieu, en fait la description, le tout en présence du prévenu.

127. Si, parmi les papiers trouvés sous les scellés, il en est qui puissent servir à conviction ou à décharge, le juge-de-paix les joint à son procès-verbal, après les

avoir paraphés et fait parapher par le prévenu à chaque feuillet.

Si le prévenu ne veut ou ne peut pas les parapher, le juge-de-paix en fait mention dans son procès-verbal.

128. Si les papiers sur lesquels il y a lieu d'apposer les scellés sont hors de l'arrondissement du juge-de-paix chargé de l'instruction, il requiert le juge-de-paix du lieu où ils se trouvent de procéder aux opérations indiquées par les deux articles précédens, et de lui en adresser le résultat dans le plus court délai.

129. Dans ce cas, le prévenu ne peut assister à la levée des scellés, à l'examen et à la description des papiers, que par le ministère d'un fondé de pouvoirs.

Mais les papiers qui font charge contre lui ne peuvent être employés au procès qu'après lui avoir été représentés personnellement pour les parapher, ainsi qu'il est dit ci-dessus.

130. Toutes les preuves par écrit qui sont produites, soit pour, soit contre le prévenu, sont recueillies par le juge-de-paix, et il en dresse inventaire.

131. S'il existe des pièces de conviction, il les paraphe, les représente au prévenu, l'interpelle de les reconnaître, les lui fait parapher, ou fait mention de son refus, et en dresse procès-verbal.

132. Si les pièces de conviction ne sont pas susceptibles de recevoir des caractères d'écriture, le juge-de-paix y attache une bande de papier qu'il scelle de son sceau, et qu'il paraphe et fait parapher ainsi qu'il vient d'être dit.

Titre VI. De l'exécution du mandat d'arrêt.

133. Le mandat d'arrêt est remis à un huissier ou agent de la force publique, qui l'exhibe au prévenu, et lui en délivre copie, en s'assurant de sa personne.

134. L'officier chargé de l'exécution d'un mandat d'arrêt se fait accompagner d'une force suffisante, pour que le prévenu ne puisse se soustraire à la loi.

Cette force est prise dans le lieu le plus à portée de celui où le mandat d'arrêt doit s'exécuter, et elle est fournie sur la réquisition contenue dans le mandat.

135. Si le prévenu ne peut être saisi, le mandat d'arrêt est notifié à sa dernière habitation, et l'officier chargé de l'exécution du mandat d'arrêt dresse procès-verbal de ses perquisitions et diligences.

Ce procès-verbal est dressé en présence de deux des plus proches voisins du prévenu que le porteur du mandat d'arrêt peut trouver. Ils le signent, ou, s'ils ne savent ou ne veulent pas signer, il en est fait mention, ainsi que de l'interpellation qui leur a été faite à ce sujet.

Le porteur du mandat d'arrêt fait, en outre, viser ce même procès-verbal par l'a-gent municipal du lieu, ou son adjoint, et dans les communes qui ont des municipalités particulières, par un des officiers municipaux.

136. Le procès-verbal mentionné dans l'article précédent est remis au juge-de-paix, qui l'envoie dans les vingt-quatre heures au directeur du jury, avec toutes les pièces y relatives.

137. Le prévenu saisi en vertu du mandat est conduit immédiatement dans la maison d'arrêt établie près le directeur du jury.

138. L'officier chargé de l'exécution du mandat d'arrêt remet le prévenu au gardien de la maison d'arrêt, qui lui en donne une reconnaissance.

Il porte ensuite au greffe du directeur du jury les pièces relatives au délit et à l'arrestation, et en prend également une reconnaissance.

Il fait voir les deux reconnaissances, dans le jour même, au directeur du jury, lequel met, sur l'une et sur l'autre, son vu, qu'il date et signe.

Il remet, dans les trois jours suivans, ces mêmes reconnaissances au juge-de-paix qui a décerné le mandat d'arrêt.

139. L'officier chargé de l'exécution d'un mandat d'arrêt, et le gardien de la maison d'arrêt à qui il remet le prévenu, sont, en outre, tenus de se conformer aux dispositions des titres XVIII et XIX du livre II ci-après, chacun en ce qui le concerne.

Titre VII. Des directeurs du jury d'accusation, capitaines et lieutenans de la gendarmerie nationale, considérés comme officiers de police judiciaire.

140. Conformément à l'article 243 de l'acte constitutionnel, le directeur du jury d'accusation poursuit immédiatement, comme officier de police judiciaire, les dénonciations que lui fait l'accusateur public, soit d'office, soit d'après les ordres du Directoire exécutif,

1° Des attentats contre la liberté ou sûreté individuelle des citoyens.

2° De ceux commis contre le droit des gens;

3° De la rebellion à l'exécution soit des jugemens, soit de tous les actes exécutoires émanés des autorités constituées;

4° Des troubles occasionés et des voies de fait commises pour entraver la perception des contributions, la libre circulation des subsistances et des autres objets de commerce.

141. Il poursuit également les délits mentionnés dans l'article précédent sur les plaintes des parties intéressées, sur toute espèce de dénonciations civiques ou autres qui lui sont adressées, et d'office.

Il en est de même des négligences, abus

toet malversations des gardes-champêtres et ιbdes gardes-forestiers.

142. Dans les communes dont la populaittion n'excède pas quarante mille habitans, əfle directeur du jury d'accusation a pareiləflement, comme officier de police judiciaire, εfla poursuite immédiate des délits de faux, ιbde banqueroute frauduleuse, concussion, ιqpéculat, vol de commis ou d'associés en πmatière de finance, commerce ou banque.

Les plaintes et dénonciations relatives à ιɔ ces délits sont portées devant le directeur ιh du jury du lieu où ces délits ont été comπmis, ou devant celui de la résidence de ιf l'accusé.

143. Dans les communes dont la populaιj tion est au-dessus de quarante mille habiιj tans, les juges-de-paix exercent, sur les déιf lits mentionnés en l'article précédent, les π mêmes fonctions de police judiciaire que sur ιj tous autres.

144. Les juges-de-paix qui reçoivent la b dénonciation des délits mentionnés aux arɟ ticles 140 et 141, et, dans les communes de ꝓ quarante mille habitans ou au-dessous, de ɔ ceux mentionnés en l'article 142, la transι mettent avec les pièces à l'appui, s'il y en ɑ a, au directeur du jury; ils font saisir les ɟ prévenus pris en flagrant délit ou poursuiɟ vis par la clameur publique, et les font conɔ duire devant lui.

145. Le directeur du jury peut, pour la ι recherche et la poursuite d'un délit quelɔ conque commis dans une commune où il ι n'y a pas plus d'un juge-de-paix établi, charɟ ger un capitaine ou lieutenant de la gendarꞓ merie nationale de l'exercice des fonctions ɔ de la police judiciaire, jusqu'au mandat ɔ d'arrêt exclusivement.

146. Le mandat d'amener que l'officier de ɟ gendarmerie délivre dans le cas de l'article ꞓ précédent porte l'ordre de conduire le prér venu devant le juge-de-paix, ou, s'il s'agit ɔ de délits mentionnés dans les articles 140, 141 et 142, devant le directeur du jury luiι même.

147. Toute personne qui a porté sa plainte ι ou dénonciation à un juge-de-paix peut, ι sur son refus constaté de délivrer un manι dat, soit d'amener, soit d'arrêt, soit de ι comparution, se présenter au directeur du ι jury.

Dans ce cas, et dans tous ceux où le diι recteur du jury trouve que le juge-de-paix a mal à propos refusé de délivrer l'un ou l'autre mandat, il est tenu de le délivrer lui-même.

148. Les règles prescrites au juge-de-paix par le titre V ci-dessus sont communes au directeur du jury et aux capitaines ou lieutenans de gendarmerie, dans le cas où ils exercent, d'après les articles précédens, les fonctions de la police judiciaire.

149. Le directeur du jury avertit, et au besoin réprimande les commissaires de police, les officiers de gendarmerie et les juges-de-paix dans les opérations desquels il remarque de la négligence.

En cas de fautes plus graves, il les dénonce à l'accusateur public.

LIVRE II.

DE LA JUSTICE.

150. La justice, pour la répression des délits, est administrée,

1° Par les tribunaux de police, relativement aux délits dont la peine n'est portée par la loi ni au-dessus de la valeur de trois journées de travail, ni au-delà de trois jours d'emprisonnement;

2° Par les tribunaux correctionnels, relativement aux délits dont la peine excède ou trois journées de travail, ou trois jours d'emprisonnement, et n'est néanmoins ni afflictive ni infamante;

3° Par les directeurs du jury d'accusation et les tribunaux criminels, relativement aux délits qui emportent peine afflictive ou infamante.

TITRE Iᵉʳ. Des tribunaux de police.

151. Il y a un tribunal de police dans l'arrondissement de chaque administration municipale.

Ce tribunal est composé du juge-de-paix et de deux de ses assesseurs.

152. S'il y a plusieurs juges-de-paix dans l'administration municipale, chacun d'eux y fait le service par tour pendant un mois, à commencer par le plus âgé.

153. Toute personne prévenue d'un délit dont la peine n'excède ni la valeur de trois journées de travail, ni trois jours d'emprisonnement, est citée devant le tribunal de police de l'arrondissement dans lequel le délit a été commis, pour y être entendue et jugée en dernier ressort, conformément à la troisième partie de l'article 233 de l'acte constitutionnel, sauf le recours au tribunal de cassation.

La citation est donnée à la requête du commissaire du pouvoir exécutif près l'administration municipale.

Elle peut aussi l'être à la requête des particuliers qui se prétendent lésés par le délit (1).

154. Dans ce dernier cas, et dans celui où

---

(1) Un tribunal de police n'est pas compétent pour connaître d'un délit dont le minimum de la peine est dans le cercle de ses attributions, et le maximum hors de sa compétence.

La compétence des tribunaux de justice répressive se détermine non par la peine appliquée, mais par l'étendue de la peine que le délit comporte (16 janvier 1807; S. 7, 2, 217).

les personnes lésées par le délit interviennent comme parties civiles sur la citation donnée à la requête du commissaire du pouvoir exécutif, le tribunal de police prononce en dernier ressort, par le même jugement, sur les dommages-intérêts prétendus pour raison du délit, et sur la peine infligée par la loi (1).

155. La citation est notifiée par un huissier, qui en laisse une copie au prévenu (2).

156. Néanmoins, les parties peuvent comparaître volontairement, ou sur un simple avertissement, sans qu'il soit besoin de citation.

157. La citation est donnée à jour et heure fixes.

Il ne peut y avoir entre la citation et la comparution un intervalle moindre de vingt-quatre heures.

158. Si la personne citée ne comparaît pas au jour et à l'heure fixés par la citation, elle est jugée par défaut.

159. La condamnation par défaut est comme non avenue, si, dans les dix jours de la signification qui en a été faite à la personne citée, celle-ci se présente et demande à être entendue.

Néanmoins, les frais et la signification du jugement par défaut demeurent à sa charge.

160. Si la personne citée ne comparaît pas dans les dix jours de la signification du jugement par défaut, ce jugement est définitif.

161. La personne citée comparaît par elle-même ou par un fondé de procuration spéciale, sans pouvoir être assistée d'un défenseur officieux ou conseil (3).

162. L'instruction de chaque affaire est publique, et se fait dans l'ordre suivant :

Lorsqu'un délit est punissable d'une amende qui excède le prix de trois journées de travail, il n'est pas permis à un tribunal de police d'en prendre connaissance (26 août 1808; S. 9, 1, 291).

Les juges-de-paix sont incompétens pour connaître des délits de police, créés par d'anciens réglemens de police ; lorsque la peine excède la valeur de trois journées de travail, ou de trois jours d'emprisonnement (29 juin 1809 ; S. 10, 1, 7).

Les tribunaux de police ne peuvent ordonner la lecture et la publication de leurs jugemens hors l'enceinte de leur auditoire (7 juillet 1809 ; S. 10, 1, 85).

Les tribunaux de police ne peuvent connaître des difficultés qui s'élèvent sur l'exécution d'une condamnation de dommages-intérêts par eux prononcée ; dans ce cas, c'est au tribunal civil qu'il appartient de prononcer (28 mars 1807 ; S. 7, 2, 703).

Un tribunal de police, saisi comme tel, ne peut se convertir en tribunal de paix, encore que la partie et le ministère public ne provoquent l'application d'aucune peine (17 août 1809 ; S. 10, 1, 294).

Encore que la partie injuriée ne poursuive la réputation de l'injure qui lui a été faite ni devant le juge-de-paix, ni devant le tribunal de police, le ministère public est toujours obligé d'agir d'office devant ce dernier tribunal, pour faire condamner l'auteur de l'injure à l'amende et à l'emprisonnement (23 fructidor an 10 ; Cass. S. 7, 2, 1014).

Les tribunaux de première instance ne peuvent recevoir l'appel des jugemens rendus par le tribunal de simple police sous prétexte que ces jugemens contiennent des excès de pouvoir.

Le recours en cassation est la seule voie ouverte pour attaquer des jugemens de simple police (19 messidor an 13 ; Cass. S. 5, 2, 246).

Les tribunaux civils ne peuvent recevoir l'appel des jugemens des tribunaux de police, sous le prétexte que les juges de police ont connu des matières placées par les lois hors de leurs compétence (11 germinal au 10 ; Cass. S. 7, 2, 842).

Les jugemens rendus par un juge-de-paix en tribunal de police, et par conséquent en dernier ressort, sur une question de propriété évidemment de la compétence des tribunaux civils, doivent être attaqués non par la voie de l'appel, mais par celle de cassation (11 germinal an 10 ; S. 3, 2, 14).

(1) Les tribunaux de police ne sont pas bornés quant à la quotité des dommages-intérêts à prononcer, mais ils ne peuvent en prononcer qu'accessoirement à la peine principale, prononcée par la loi ; si donc ils ne prononcent pas de peine, ils ne peuvent condamner à des dommages-intérêts (31 août 1810; S. 11, 1, 136).

Un tribunal de police ne peut condamner à des dommages-intérêts applicables aux pauvres (17 floreal an 9 ; Cass. 1, 1, 434).

Les dommages-intérêts réclamés par la partie plaignante pouvaient, sur sa demande, être appliqués au profit des pauvres ; l'affiche du jugement pouvait être ordonnée bien qu'elle ne fût pas prononcée par la loi (26 pluviose an 12 ; Cass. S. 20, 1, 487).

Les tribunaux ne peuvent adjuger des dommages-intérêts qu'aux parties lésées, et sur leur provocation (21 novembre 1807 ; Cass. S. 16, 1, 255).

Les tribunaux de police ne peuvent pas, en matière d'injures verbales, condamner à des dommages-intérêts envers la partie plaignante, celui auquel ils font remise de l'amende ou de l'emprisonnement (20 nivose an 13 ; S. 7, 2, 910).

(2) L'huissier du juge-de-paix a le droit exclusif de notifier les citations devant le tribunal de police (2 frimaire an 13 ; Cass. S. 5, 2, 48).

(3) Encore que cet article défende à la personne citée devant les tribunaux de police de s'y faire assister d'un conseil ou d'un défenseur officieux, rien n'empêche, si elle ne comparaît pas en personne, qu'elle ne se fasse représenter par un avocat, comme fondé de pouvoir spécial (31 octobre 1806 ; Cass. S. 7, 2, 800).

Les procès-verbaux, s'il y en a, sont lus par le greffier;

Les témoins, s'il en a été appelé par le commissaire du pouvoir exécutif, sont entendus (1);

La personne citée propose sa défense, et fait entendre ses témoins, si elle en a amené ou fait citer;

Le commissaire du pouvoir exécutif résume l'affaire, et donne ses conclusions (2);

Le tribunal prononce ensuite dans la même audience, ou au plus tard dans la suivante;

Il motive son jugement, et y insère les termes de la loi qu'il applique (3);

Le tout à peine de nullité.

163. Les dispositions des articles 440, 441, 442, 443, 447, 448, 449, 450, 451, 452, 455, 456 et 457, relatives au recours en cassation contre les jugemens des tribunaux criminels, sont communes au recours en cassation contre les jugemens des tribunaux de police.

164. Le juge-de-paix règle le nombre et les jours des audiences du tribunal de police d'après celui des affaires; en observant que toute affaire de nature à être jugée d'après les dispositions du présent titre, doit l'être

au plus tard dans les quinze jours qui suivent la remise que le commissaire de police a faite des pièces au commissaire du pouvoir exécutif, en exécution de l'article 29.

165. Le 1er et le 16 de chaque mois, le juge-de-paix envoie au directeur du jury l'extrait des jugemens que le tribunal de police a rendus dans les quinze jours précédens.

Le directeur du jury le dépose au greffe du tribunal correctionnel, pour servir de renseignement sur les délinquans, en cas de récidive.

Il en rend un compte sommaire à l'accusateur public.

166. Le greffier et les huissiers du juge-de-paix servent auprès du tribunal de police.

TITRE II. Des tribunaux correctionnels.

167. *Il y a par département trois tribunaux correctionnels au moins, et six au plus.* (Article 233 de l'acte constitutionnel.)

168. Les tribunaux correctionnels, outre l'attribution contenue dans l'article 13, connaissent de tous les délits dont la peine n'est ni infamante ni afflictive, et néanmoins excède la valeur de trois journées de travail ou trois jours d'emprisonnement (4).

---

(1) Un tribunal de police ne peut prononcer une condamnation sur la simple lecture d'un procès-verbal de dépositions de témoins, dressé par le magistrat de sûreté. Les témoins doivent être entendus à l'audience (24 mai 1811; Cass. S. 12, 1, 63).

Les juges-de-paix ne peuvent pas se dispenser d'entendre les témoins amenés volontairement par les parties devant les tribunaux de police, sur le fondement que lesdits témoins n'auraient pas été cités (5 février 1811; Cass. S. 16, 1, 197).

Les tribunaux de police ne peuvent prononcer l'acquittement des contrevenans sans entendre les témoins produits par les parties civiles; leur refus constitue, dans ce cas, un excès de pouvoir et un déni de justice (24 novembre 1808; Cass. S. 9, 1, 399).

Les contraventions aux réglemens de police peuvent être prouvées autrement que par des procès-verbaux; elles peuvent l'être par témoins (7 avril 1809; Cass. S. 10, 1, 21).

Le greffier d'un tribunal de police peut être entendu comme témoin dans une affaire portée devant ce tribunal. Dans ce cas, il n'y a pas nullité, quoiqu'un autre greffier n'ait pas été commis pour le remplacer pendant qu'il dépose (2 février 1809; Cass. S. 7, 2, 1221).

(2) Lorsque l'officier du ministère public est absent de l'audience, le tribunal de police doit le faire inviter à s'y rendre: s'il s'y refuse, il doit le faire remplacer; dans aucun cas, le refus ne peut autoriser le tribunal à statuer sans réquisition préalable (16 janvier 1816; S. 16, 1, 264).

Lorsqu'une demande en réparation d'injures a été formée au tribunal de police, et que l'officier du ministère public refuse de donner des conclu-

sions sur l'affaire, le tribunal doit, même en ce cas, statuer d'après le résultat de l'instruction sur l'action publique, s'il veut prononcer sur l'action privée. Il ne peut se borner à prononcer sur cette dernière comme justice de paix (17 août 1809; Cass. S. 7, 2, 850).

Les tribunaux de police ne peuvent juger une exception d'incompétence, sans avoir, au préalable, entendu le ministère public en ses conclusions (16 mars 1809; S. 10, 1, 354).

(3) L'obligation imposée aux tribunaux de police, de rapporter, dans leurs jugemens, le texte de la loi, ne s'applique point au cas où ils se bornent à condamner aux frais la partie plaignante, et ne prononcent aucune peine contre les accusés qu'ils renvoient absous *faute de preuves* (18 mars 1808; Cass. S. 7, 2, 1053).

(4) Les tribunaux de police correctionnelle sont seuls compétens pour connaître des délits forestiers, quelque modique que paraisse devoir être la peine à prononcer, soit qu'il s'agisse de délits dont les peines sont déterminées par l'ordonnance de 1669, soit qu'il s'agisse de délits susceptibles de l'application de la loi du 28 septembre 1791.

Voy. l'ordonnance de 1669, tit. 32, art. 8.

Voy. la loi du 28 septembre 1791, tit. 2, art. 6; la loi du 10 messidor an 3, art. 10 (16 frimaire an 14; Cass. S. 7, 2, 807).

Les tribunaux de police correctionnelle sont incompétens pour statuer en matière de contravention au réglement du 21 nivose an 6, relatif aux prêteurs sur gages (3 nivose an 6, Cass. S. 3, 2, 395).

En matière d'injures proférées contre les préposés au droit de passe ou à la taxe d'entretien

169. *Chaque tribunal correctionnel est composé d'un président, de deux juges-de-paix ou assesseurs de juges-de-paix de la commune où le tribunal est établi, d'un commissaire nommé et destituable par le Directoire exécutif, et d'un greffier.* (Art. 234 de l'acte constitutionnel.)

170. Le greffier est nommé par le président et les deux juges-de-paix ou assesseurs de juges-de-paix en activité de service au tribunal, qui le destituent à volonté.

171. *Le président du tribunal correctionnel est pris tous les six mois, et par tour, parmi les membres des sections du tribunal civil du département, les présidens exceptés.* (Art. 235 de l'acte constitutionnel.)

172. En cas de mort ou d'empêchement légitime, il est suppléé par celui des juges du tribunal civil qui le suit immédiatement dans l'ordre du tableau.

173. Si la commune où siége le tribunal correctionnel n'a qu'un juge-de-paix, ses assesseurs sont appelés à tour de rôle pour tenir lieu du second.

Leur service est réglé de manière qu'il en sorte un chaque mois.

174. S'il y a plus de deux juges-de-paix dans cette commune, ils font à tour de rôle, et chacun pendant un mois, le service du tribunal correctionnel.

175. Dans aucun cas, un juge-de-paix ne peut siéger au tribunal correctionnel pour le jugement d'une affaire dans laquelle il a fait les fonctions d'officier de police judiciaire; et, s'il est en tour d'y siéger, il est remplacé momentanément par le juge-de-paix qui le suit dans l'ordre du tableau, ou, à défaut de juge-de-paix, par l'assesseur qui est pareillement indiqué par l'ordre du tableau (1).

176. À Paris, le tribunal correctionnel est divisé en deux sections.

Pour cet effet, un vice-président est pris tous les six mois dans le tribunal civil, suivant le mode déterminé par l'article 171, et le Directoire exécutif nomme un substitut à son commissaire près le tribunal correctionnel.

Le service des deux sections se fait par quatre juges-de-paix appelés par le président et le vice-président, dans l'ordre réglé par l'article 174.

177. Il y a dans chaque tribunal correctionnel, et, à Paris, dans chaque section de ce tribunal, un commis-greffier et deux huissiers.

178. Le commis-greffier est nommé par les président, vice-président et juge-de-paix de service, sur la présentation du greffier.

179. Les président, vice-président et juge-de-paix de service nomment directement les huissiers, et les destituent à volonté.

180. Le tribunal correctionnel est saisi de la connaissance des délits qui sont de sa compétence, soit par le renvoi que lui en fait le directeur du jury, d'après les règles établies dans le titre suivant, soit par la citation donnée directement au prévenu par la partie plaignante.

181. Dans ce dernier cas, la citation doit contenir la plainte même, qui, dans cette circonstance, n'est sujette à aucune formalité.

182. La citation ne peut être signifiée et ne saisit le tribunal correctionnel qu'après avoir été visée par le directeur du jury.

Le directeur du jury ne la vise qu'après s'être assuré que le délit qui en est l'objet est de la compétence du tribunal correctionnel (2).

183. L'audience a lieu, sur chaque affaire, dix jours au plus tard soit après que le directeur du jury en a fait le renvoi au tribunal correctionnel, soit après la signification faite par un huissier de la citation donnée directement au prévenu par la partie plaignante, à moins que les séances du jury d'accusation n'y mettent obstacle.

184. L'instruction se fait à l'audience; le prévenu y est interrogé; les témoins pour et contre entendus en sa présence; les reproches et les défenses proposés; les pièces lues, s'il y en a, et le jugement prononcé de suite, ou, au plus tard, à l'audience suivante (3).

---

des routes, dans l'exercice de leurs fonctions, c'est aux tribunaux de police correctionnelle exclusivement qu'il appartient de statuer (7 nivose an 13 ; Cass. S. 7, 2, 1015).

Toutes les fois que l'amende pour délit de chasse excède la valeur de trois jours de travail, c'est nécessairement à l'audience correctionnelle des tribunaux de première instance que doivent se porter les affaires quelconques relatives à un délit de cette nature (10 octobre 1806 ; Cass. S. 7, 2, 824).

(1) Le juge peut connaître à l'audience, et comme juge, d'une affaire dont il a connu comme directeur du jury : ces deux fonctions ne sont pas incompatibles (3 prairial an 11 ; Cass. S. 3, 2, 483).

(2) Le tribunal correctionnel, dans les affaires qui lui sont renvoyées par le directeur du jury, est son supérieur ; en conséquence, point de conflit au cas de diversité d'ordonnance et de jugement. D'ailleurs, les juges peuvent très-bien se déclarer incompétens, malgré le renvoi devant eux (17 ventose an 12 ; S. 4, 2, 314).

(3) Lorsque des tribunaux correctionnels ont mal à propos refusés, ou se sont mal à propos dispensés d'entendre des témoins produits devant eux, sous le prétexte qu'ils étaient reprochables, cette infraction peut autoriser un pourvoi du mi-

185. Les témoins promettent, à l'audience, de parler sans haine et sans crainte, de dire la vérité, toute la vérité, rien que la vérité.

Leurs noms, âge et profession sont insérés dans le jugement.

Le greffier tient note sommaire de leurs principales déclarations, ainsi que des principaux moyens de défense des prévenus (1).

186. Les conclusions du commissaire du pouvoir exécutif, celles de la partie plaignante, s'il y en a une, et celles du prévenu, sont fixées par écrit.

187. Il ne se fait aucune autre procédure, sans préjudice du droit qui appartient à chacun d'employer le ministère d'un défenseur officieux.

188. Le dispositif d'un jugement est divisé en deux parties :

La première déclare les faits dont le prévenu est jugé coupable;

La seconde applique à ces faits la peine portée par la loi.

Le texte de la loi pénale est lu à l'audience par le président, et inséré dans la seconde partie du jugement (2).

189. Toute contravention aux cinq articles précédens emporte nullité.

190. Le jugement est exécuté à la diligence du commissaire du pouvoir exécutif.

Néanmoins, les poursuites pour le paiement des amendes et confiscations qu'il pourrait prononcer sont faites, au nom du commissaire du pouvoir exécutif, par le directeur de la régie des droits d'enregistrement et domaines.

191. Le commissaire du pouvoir exécutif est tenu, dans les trois jours qui en suivent la prononciation, d'en envoyer un extrait à l'accusateur public près le tribunal criminel du département.

192. Les jugemens du tribunal correctionnel peuvent être attaqués par la voie d'appel (3).

193. La faculté d'appeler appartient :

1° Au condamné ;

2° A la partie plaignante ;

3° Au commissaire du pouvoir exécutif ;

4° A l'accusateur public près le tribunal criminel du département (4).

194. Le condamné, la partie plaignante ou le commissaire du pouvoir exécutif, qui veulent appeler, sont tenus d'en passer leur déclaration au greffe du tribunal correctionnel, le dixième jour au plus tard après celui qui suit la prononciation du jugement.

Pendant ces dix jours, il est sursis à l'exécution du jugement (5).

195. La requête contenant les moyens

---

ministère public, encore bien qu'elle n'ait pas été relevée par lui en cause d'appel (14 août 1807 ; Cass. S. 7, 2, 1225).

Lorsqu'un procès-verbal est nul dans la forme, le délit qu'il énonce peut être prouvé par témoins; et si le prévenu en fait l'aveu, on doit le punir comme si le procès-verbal était régulier (28 novembre 1806; Cass. S. 7, 2, 1147).

(1) En matière correctionnelle, les témoins doivent être entendus oralement à l'audience; tout jugement rendu sur la déposition écrite d'un témoin est nul (1er messidor an 13; Cass. S. 5, 2, 128).

(2) En matière correctionnelle, on ne peut mettre un accusé hors de cour. S'il n'est pas condamné, il doit nécessairement être absous sans autre addition propre à ternir son honneur, et sans qu'on puisse le condamner en tout ou partie des dépens (18 germinal an 10; Cass. S. 7, 2, 999).

(3) En matière correctionnelle, les jugemens qui, avant de statuer sur le fond, rejettent une exception déclinatoire, sont susceptibles d'appel 8 8 thermidor an 13; Cass. S. 7, 2, 1030).

La qualification de dernier ressort, en matière correctionnelle, n'est pas exclusive de la voie de l'appel (23 messidor an 12 ; Cass. S. 4, 2, 151).

(4) Les commissaires du Gouvernement près les tribunaux criminels n'ont pas qualité pour appeler des jugemens correctionnels rendus par les tribunaux civils de première instance. Le droit d'interjeter appel appartient exclusivement au commissaire près le tribunal de première instance (27 nivose an 10 ; Cass. S. 2, 2, 376).

En matière correctionnelle, l'appel au nom du condamné, par un tiers, est valable, encore que

ce tiers n'ait pas pouvoir du condamné pour interjeter appel (29 ventose an 10; Cass. S. 2, 2, 381).

Le commissaire près un tribunal criminel peut interjeter appel d'un jugement rendu en matière correctionnelle, conformément aux conclusions du commissaire près ce tribunal.

En d'autres termes, le ministère public est divisible (18 ventose an 12; Cass. S. 4, 2, 771).

Les procureurs-généraux près les cours de justice criminelle peuvent appeler des jugemens correctionnels, encore qu'ils aient été rendus conformément aux conclusions des procureurs impériaux.

En matière correctionnelle, c'est au ministère public à parler le dernier. Les prévenus n'ont point la réplique sur les procureurs-généraux (18 août 1806; Cass. S. 7, 2, 1059).

Une procédure faite incompétemment devant un tribunal correctionnel peut, en cas d'appel, être déclarée nulle sur le réquisitoire du procureur-général de la cour de justice criminelle, quoique ce magistrat n'ait pas attaqué, avant le jugement du fond en première instance, l'ordonnance du jury qui avait réglé la compétence (15 janvier 1807 ; S. 7, 2, 234).

L'acquiescement que la partie publique donne à un jugement ne la rend pas non-recevable dans son appel (18 janvier 1807; S. 10, 1, 20).

La disposition de la loi du 29 septembre 1791, qui défend aux préposés de l'administration forestière d'appeler sans l'autorisation de cette administration, est abrogée par le Code du 3 brumaire (18 janvier 1807 ; S. 7, 2, 148).

(5) Le jour du jugement n'est pas compris dans le délai de dix jours, fixé par cet article pour

---

8.

d'appel est remise au greffe du tribunal correctionnel, dans les dix jours accordés par la loi pour appeler.

Elle est signée de l'appelant ou de son fondé de pouvoir.

Dans ce dernier cas, le pouvoir est joint à la requête d'appel.

Le tout à peine de déchéance de l'appel (1).

196. La requête d'appel est envoyée par le commissaire du pouvoir exécutif au greffe du tribunal criminel du département, le lendemain de la remise qui en a été faite au greffe du tribunal correctionnel.

197. L'appel émis par l'accusateur public n'est pas sujet aux dispositions des trois articles précédens.

L'accusateur public a, pour le notifier au prévenu, soit que celui-ci ait été condamné, soit qu'il ait été acquitté, un délai d'un mois, à compter du jour de la prononciation du jugement (2).

198. L'appel est porté devant le tribunal criminel du département (3).

199. Il est jugé à l'audience, sur un rapport fait par l'un des juges, à peine de nullité.

Ce rapport se fait dans le mois de la notification de l'appel (4).

200. Le prévenu, soit qu'il ait été condamné ou acquitté, la partie plaignante, l'accusateur public et le commissaire du pouvoir exécutif près le tribunal criminel, sont entendus à la suite du rapport, et avant que le rapporteur et les autres juges émettent leur opinion ; le tout à peine de nullité.

Les témoins peuvent être entendus de nouveau, si le prévenu ou l'accusateur public le requièrent (5).

201. Le tribunal criminel rejette la requête d'appel, ou annule le jugement.

---

l'appel des jugemens correctionnels (9 frimaire an 14 ; Cass. S. 6, 2, 519).

Le jour qui suit la prononciation du jugement n'est pas compris dans le délai de dix jours (17 ventose an 12 ; S. 4, 2, 770).

Idem, 19 pluviose an 12 ; S. 4, 2, 94.

Les délais pour appeler d'un jugement par défaut ne courent qu'à partir de la signification qui est faite du jugement Le jugement par défaut est susceptible d'appel, encore même qu'il puisse être frappé d'opposition (9 mai 1806 ; Cass. S. 6, 2, 896).

Lorsqu'il est constant que l'acte d'appel a été connu de l'intimé, cet acte d'appel ne peut être déclaré nul pour défaut de signification ; en général, les lois sur la procédure ne sont pas rigoureusement applicables aux matières criminelles, correctionnelles ou de police (29 mars 1809; Cass. S. 10, 1, 351).

Ces dispositions ne sont point applicables à l'appel des jugemens rendus en matière de droits réunis. Le décret du 1er germinal an 13 établit, pour l'appel de ces jugemens, un délai de huitaine à partir de leur signification (25 janvier 1806 ; Cass. S. 6, 2, 542).

(1) Lorsque la requête d'appel a été remise au greffe dans le temps et avec les formalités voulues par la loi, cette requête tient lieu de déclaration d'appel (19 juin 1806 ; Cass. S. 7, 2, 786).

La déclaration d'appel d'un jugement de police correctionnelle doit contenir les moyens de l'appelant (22 germinal an 12 ; Cass. S. 4, 2, 166).

En matière de police correctionnelle, la requête d'appel doit, à peine de nullité, contenir les griefs de l'appelant (3 janvier 1806 ; Cass. S. 6, 2, 920).

La déchéance de l'appel n'est pas encourue en matière de police correctionnelle, lorsque la requête contenant les moyens d'appel a été remise au greffe dans les dix jours du jugement, mais n'a été enregistrée que plusieurs jours après ce délai.

Le rapport de l'affaire ne doit pas, à peine de nullité, être fait dans le mois de la notification de l'appel (8 thermidor an 8; Cass. S. 1, 2, 266).

En matière correctionnelle et de police, lorsque la requête d'appel prescrite par cet article a été remise au greffe, l'instance est dès lors contradictoire. Dans ce cas, encore que l'appelant ne comparaisse point, le jugement rendu contre lui n'est pas un jugement par défaut susceptible d'opposition (15 frimaire an 13 ; Cass. S. 7, 2, 1053).

Idem, 13 fructidor an 13 ; Cass. S. 7, 2, 1053.

(2) Le délai d'un mois fixé pour notifier l'appel est établi pour les jugemens par défaut comme pour les jugemens contradictoires (17 mars 1809; Cass. S. 7, 2, 786).

La notification faite le trente-unième jour est valable (28 fructidor an 12 ; S. 20, 1, 461).

(3) On ne doit point considérer comme jugemens rendus en matière correctionnelle ceux des tribunaux d'arrondissement qui infligent aux personnes par lesquelles ils ont été injuriés dans leurs fonctions, les peines portées par l'article 91 du Code de procédure civile. En conséquence, l'appel de ces jugemens ne peut être porté aux cours de justice criminelle (23 octobre 1806 ; Cass. S. 6, 2, 687).

(4) Lorsqu'un rapport en matière correctionnelle a été fait avant un jugement rendu par défaut, il doit, à peine de nullité, être renouvelé lors du jugement sur l'opposition, si l'un des juges qui concourent à ce jugement n'était pas présent lors de l'arrêt par défaut (22 octobre 1807 ; Cass. S. 7, 2, 1158).

Un jugement est nul lorsque tous les juges qui y ont coopéré n'ont pas assisté au rapport (22 octobre 1807 ; S. 7, 2, 283).

(5) Le prévenu qui n'a pas fait entendre de témoins au tribunal correctionnel peut en faire entendre en la cour de justice criminelle (9 nivose an 14 ; Cass. S. 6, 1, 223).

On peut entendre sur l'appel des témoins qui n'ont pas déposé en première instance, mais dont les déclarations, devant un juge-de-paix commis par le directeur du jury pour les recevoir, ont été lues à l'audience (26 pluviose an 13 ; Cass. S. 7, 2, 1221).

Dans l'un et l'autre cas, il motive sa décision (1).

202. Si le jugement est annulé pour violation ou omission de formes prescrites par la loi à peine de nullité, pour incompétence à raison du lieu du délit ou de la résidence du prévenu, le tribunal criminel renvoie le procès à un autre tribunal correctionnel du même département, pour y être recommencé à partir du plus ancien des actes dans lesquels il s'est trouvé une nullité (2).

203. Si le jugement est annulé parce que le délit qui s'en trouve l'objet est de nature à mériter peine afflictive ou infamante, le tribunal criminel renvoie le prévenu devant un des directeurs du jury d'accusation du département, autre que celui qui a rendu le jugement et fait l'instruction préalable.

204. Si le jugement est annulé pour mal jugé au fond, le tribunal criminel statue lui-même définitivement (3).

205. Les dispositions des articles 440, 441, 442, 443, 447, 448, 449, 450, 451, 452, 455, 456 et 457, relatives au recours en cassation contre les jugemens des tribunaux criminels rendus sur déclarations de jurés, sont communes au recours en cassation contre les jugemens des mêmes tribunaux rendus sur appel des tribunaux correctionnels (4).

TITRE III. Des jury d'accusation et de leurs directeurs.

206. Les jurés sont des citoyens appelés à l'occasion d'un délit, pour examiner le fait allégué contre le prévenu ou l'accusé, décider, d'après les preuves qui leur sont fournies et leur conviction personnelle, si le délit existe, et quel est le coupable.

207. Ils ne sont point fonctionnaires publics; aucun caractère distinctif, aucune marque extérieure, ne les désignent à leurs concitoyens comme devant être leurs juges dans telles ou telles circonstances.

208. Les jurés sont appelés soit pour décider si une accusation doit être admise, soit pour juger si l'accusation est fondée. La loi les désigne, au premier cas, sous le nom de *jurés d'accusation;* au second, sous celui de *jurés de jugement.*

209. Le concours de huit jurés est nécessaire, à peine de nullité, pour former un *jury d'accusation.*

210. Le jury d'accusation se compose ainsi qu'il est réglé par les titres X, XI et XIII ci-après.

211. *Il y a, dans chaque département, autant de directeurs de jurys d'accusation que de tribunaux correctionnels.*

Les présidens des tribunaux correctionnels en sont les directeurs, chacun dans son arrondissement (Article 240 de l'acte constitutionnel).

212. À Paris, le jury d'accusation a huit directeurs, qui sont pris dans le tribunal civil, suivant le mode réglé par l'article 171, y compris le président et le vice-président du tribunal correctionnel.

213. *Les fonctions de commissaire du pouvoir exécutif et de greffier près le directeur du jury d'accusation sont remplies par le commissaire du pouvoir exécutif et par le greffier du tribunal correctionnel* (Article 241 de l'acte constitutionnel).

214. À Paris, le commissaire du pouvoir exécutif près le tribunal correctionnel a un substitut spécialement attaché aux directeurs du jury.

Dans la même commune, les directeurs du jury qui ne sont pas attachés au tribunal correctionnel concourent avec les membres de ce tribunal à la nomination et à la destitution du greffier.

215. Tout directeur du jury tient un registre dans lequel il annote, par ordre de dates, les *visa* qu'il délivre en exécution de l'article 138.

216. Dans les vingt-quatre heures de la remise qui est faite d'un prévenu dans la maison d'arrêt, le directeur du jury l'interroge, et fait tenir note de ses réponses. Cette note est tenue par le greffier, qui la signe, ainsi que le directeur du jury.

217. Après avoir entendu le prévenu, s'il est présent, et pris lecture des pièces, le directeur du jury examine d'abord si les formes prescrites par la loi pour la

---

(1) Les arrêts rendus en matière de police correctionnelle ne sont pas nuls à défaut de motifs (28 avril 1807; Cass. S. 7, 2, 1029).

(2) Lorsqu'un tribunal correctionnel s'est déclaré incompétent par le motif que la qualité du prévenu le rend justiciable de l'autorité administrative, ou du moins nécessite une autorisation préalable, la cour doit, au cas d'annulation du jugement, retenir et juger le fond; il n'y a lieu à ordonner le renvoi que lorsqu'un jugement correctionnel est annulé pour cause d'incompétence, à raison du domicile du prévenu ou à raison du lieu ou de la nature du délit (21 septembre 1821; Cass. S. 22, 1, 3).

(3) La cour criminelle qui déclare non-recevable l'appel d'un jugement de police correctionnelle ne peut prendre connaissance du fond (12 pluviose an 13; Cass. S. 5, 2, 174).

(4) Le recours en cassation contre un arrêt qui, en matière correctionnelle, acquitte le prévenu, et lui adjuge des restitutions de dommages-intérêts, est suspensif, même en ce qui touche les restitutions en dommages-intérêts. Dans ce cas, si l'on a mal à propos exécuté provisoirement l'arrêt attaqué, c'est à la cour de cassation qu'il appartient d'annuler l'exécution (30 brumaire an 14; Cass. S. 7, 2, 815).

validité du mandat d'arrêt, ont été remplies.

En cas qu'elles ne l'aient pas été, ou s'il trouve que l'officier de police n'était pas compétent, d'après les règles prescrites par les articles 76, 77, 78, 79 et 80, il annule le mandat d'arrêt, et en décerne sur-le-champ un nouveau, s'il y a lieu; sinon, il met le prévenu en liberté.

218. Le directeur du jury s'assure ensuite de sa compétence; et, s'il trouve que ce n'est pas à lui, mais à un autre directeur du jury, que l'affaire devait être adressée, d'après les règles prescrites par les articles 70 et 142, il rend une ordonnance pour la renvoyer au directeur du jury compétent, et faire conduire devant lui le prévenu, s'il est présent.

219. Ces préliminaires remplis, si l'affaire a pour objet un délit qui n'emporte pas peine afflictive ou infamante, le directeur du jury rend une ordonnance par laquelle il la renvoie devant le tribunal correctionnel, à moins que le fait ne soit de la compétence du tribunal de police; auquel cas, il le renvoie à celui-ci, en cassant le mandat d'arrêt.

220. S'il s'agit, au contraire, d'un délit emportant peine afflictive ou infamante, il rend une ordonnance par laquelle il traduit le prévenu devant le jury d'accusation (1).

221. Les ordonnances mentionnées dans les articles 217, 218, 219 et 220, sont, à peine de nullité, précédées des conclusions du commissaire du pouvoir exécutif.

Le directeur du jury les motive, et il en renvoie, dans les trois jours suivants, un extrait à l'accusateur public.

222. Lorsque le délit qui a donné lieu au mandat d'arrêt n'emporte pas une peine afflictive, mais seulement une peine infamante ou moindre, le directeur du jury met provisoirement le prévenu en liberté, si celui-ci le demande, et si, en outre, il donne caution solvable de se représenter à la justice toutes les fois qu'il en sera requis.

Pour cet effet, la caution offerte par le prévenu fait sa soumission, soit au greffe du directeur du jury, soit par-devant notaire, de payer à la République, entre les mains du receveur du droit d'enregistrement, une somme de 3,000 liv., en cas que le prévenu soit constitué en défaut de se représenter à la justice.

Ce paiement est effectué, le cas arrivant, sur une ordonnance du directeur du jury, rendue d'après la réquisition du commissaire du pouvoir exécutif, au nom duquel le directeur des droits d'enregistrement et domaines en poursuit l'exécution (2).

223. Immédiatement après avoir rendu son ordonnance pour traduire le prévenu devant le jury d'accusation, s'il n'y a point de partie plaignante ou dénonciatrice, le directeur du jury dresse l'acte d'accusation.

224. Dans le cas où il y a une partie plaignante ou dénonciatrice, le directeur du jury ne peut dresser l'acte d'accusation qu'après deux jours révolus depuis l'arrivée du prévenu en la maison d'arrêt, ou depuis la remise des pièces entre les mains de son greffier; mais, ce délai passé sans que la partie ait comparu, il est tenu d'agir ainsi qu'il est prescrit par l'article précédent.

225. Si cependant il y a de nouveaux témoins qui n'aient pas été entendus devant l'officier de police judiciaire, le directeur du jury les fait citer devant lui, reçoit leurs déclarations secrètement, et les fait écrire par son greffier (3).

226. Lorsqu'il y a une partie plaignante ou dénonciatrice, et qu'elle se présente au directeur du jury par elle-même ou par un fondé de procuration spéciale, dans le délai fixé par l'article 224, l'acte d'accusation est dressé de concert avec elle.

227. Si le directeur du jury et la partie plaignante ou dénonciatrice ne peuvent s'accorder, soit sur les faits, soit sur la nature de l'acte d'accusation, chacun d'eux rédige séparément son acte d'accusation.

228. Il ne peut être dressé d'acte d'accusation que pour délit emportant peine afflictive ou infamante (4).

---

(1) Lorsque deux prévenus du même délit peuvent être punis de peines différentes, et se trouvent soumis à la compétence de divers tribunaux, il faut diviser l'instruction criminelle (1er brumaire an 13; Cass. S. 5, 1, 128).

(2) Lorsqu'un prévenu, mis en liberté provisoire sous caution, vient à être condamné, la caution n'est déchargée qu'autant que le prévenu ne se soustrait pas par la fuite à l'exécution du jugement (17 germinal an 10; Cass. S. 2, 2, 383).
Voy. loi du 29 thermidor an 4.

(3) Tant que le prévenu n'est pas en état d'accusation, ou, en d'autres termes, tant qu'il reste devant le directeur du jury, il est non-recevable à faire preuve soit des faits justificatifs, soit même des faits péremptoires qui pourraient amener la conviction de son innocence (13 messidor

an 4, lettre du ministre de la justice; S. 7, 2, 975).

(4) Lorsque, au mépris de l'art. 228, un acte d'accusation a été dressé et admis pour deux délits distincts, dont l'un pouvait emporter une peine afflictive, tandis que l'autre ne comportait qu'un simple emprisonnement, la cour de justice criminelle devant qui l'affaire est portée ne peut réparer l'irrégularité de ce cumul en ordonnant que le chef d'accusation relatif au délit correctionnel soit distrait du procès pour n'être point soumis au jury de jugement. Dans ce cas, l'acte d'accusation doit être annulé pour le tout (5 septembre 1806; Cass. S. 7, 2, 761).

Le procès-verbal constatant le délit doit être joint à l'acte d'accusation, encore que le fonctionnaire rédacteur ait été entendu comme témoin (1er thermidor an 13; Cass. S. 5, 2, 79).

229. L'acte d'accusation expose le fait et toutes ses circonstances.

Celui ou ceux qui en sont l'objet y sont clairement désignés et dénommés.

La nature du délit y est déterminée avec le plus de précision qu'il est possible.

230. L'acte d'accusation n'est présenté au jury qu'après avoir été communiqué au commissaire du pouvoir exécutif, qui y met son vu.

231. S'il a été dressé un procès-verbal qui constate le corps du délit, il est annexé à l'acte d'accusation, qui en fait mention expresse, pour être présenté conjointement au jury (1).

232. Tout acte d'accusation dans lequel n'ont pas été observées les dispositions des articles 224, 226, 227, 228, 229, 230 et 231 ci-dessus est nul, ainsi que tout ce qui peut s'ensuivre.

233. Lorsque plusieurs prévenus sont impliqués dans la même procédure, ou lorsque plusieurs délits sont imputés au même prévenu, le directeur du jury peut dresser un ou plusieurs actes d'accusation, suivant ce qui résulte des pièces relatives aux différens prévenus ou aux différentes espèces de délits.

234. Néanmoins le directeur du jury ne peut, à peine de nullité, diviser en plusieurs actes d'accusation, à l'égard d'un seul et même individu, soit les différentes branches et circonstances d'un même délit, soit les délits connexes, dont les pièces se trouvent en même temps produites devant lui.

235. Quand l'acte d'accusation est dressé et visé par le commissaire du pouvoir exécutif, des jurés sont appelés pour l'admettre ou le rejeter.

Le mode de leur convocation est déterminé par le titre XI ci-après.

236. Les jurés étant assemblés au jour indiqué, le directeur du jury leur adresse, en présence du commissaire du pouvoir exécutif, les paroles suivantes :

« Citoyens, vous promettez d'examiner « avec attention les témoins et les pièces « qui vous seront présentés; d'en garder le « secret, de vous expliquer avec loyauté sur « l'acte d'accusation qui va vous être remis, « et de ne suivre ni les mouvemens de la « haine ou de la méchanceté, ni ceux de la « crainte ou de l'affection. »

Chacun des jurés répond individuellement : « Je le promets. »

237. Le directeur du jury expose ensuite aux jurés l'objet de l'accusation; il leur explique avec clarté et simplicité les fonctions

qu'ils ont à remplir; et, afin qu'ils ne perdent jamais de vue l'objet de leur mission, il leur fait lecture de l'instruction suivante, qui demeure inscrite en gros caractère dans la salle destinée à leurs délibérations :

« Les jurés d'accusation n'ont pas à juger « si le prévenu est coupable ou non, mais « seulement s'il y a déjà des preuves suffi- « santes à l'appui de l'accusation.

« Ils apercevront aisément le but de leurs « fonctions en se rappelant les motifs qui « ont déterminé la loi à établir un jury « d'accusation.

« Ces motifs ont leur base dans le respect « pour la liberté individuelle. La loi, en « donnant au ministère actif de la police « le droit d'arrêter un homme prévenu « d'un délit, a borné ce pouvoir au seul « fait de l'arrestation.

« Mais une simple prévention, qui sou- « vent a pu suffire pour qu'on s'assurât d'un « homme, ne suffit pas pour le priver de « sa liberté pour l'instruction d'un procès, « et l'exposer à subir l'appareil d'une pro- « cédure criminelle.

« La loi a prévenu ce dangereux incon- « vénient; et à l'instant même où un homme « est arrêté par la police, il trouve des « moyens faciles et prompts de recouvrer « sa liberté, s'il ne l'a perdue que par l'ef- « fet d'une erreur ou de soupçons mal fon- « dés, ou si son arrestation n'est que le fruit « de l'intrigue, de la violence ou d'un abus « d'autorité. Il faut alors qu'on articule « contre lui un fait grave : ce ne sont plus « de simples soupçons, une simple préven- « tion, mais de fortes présomptions, un « commencement de preuves déterminantes, « qui doivent provoquer la décision des « jurés pour l'admission de l'acte d'accusa- « tion. »

238. Après la lecture de cette instruction, le directeur du jury, le commissaire du pouvoir exécutif, toujours présent, fait celle de l'acte d'accusation et des pièces y relatives, autres que les déclarations des témoins et les interrogatoires des prévenus.

Les témoins sont ensuite entendus de vive voix, ainsi que la partie plaignante ou dénonciatrice, si elle est présente.

Cela fait, le directeur du jury et le commissaire du pouvoir exécutif se retirent, après avoir remis aux jurés toutes les pièces, à l'exception des déclarations écrites des témoins et des interrogatoires des prévenus.

Les jurés restent et délibèrent entre eux sans désemparer.

Les procès-verbaux constatant le corps du délit doivent être annexés à l'acte d'accusation, encore que ces procès-verbaux contiennent des dépositions de témoins (5 thermidor an 10; Cass. S. 2, 2, 399).

(1) Un procès-verbal fait par un médecin et un chirurgien a dû être annexé à l'acte d'accusation; il ne suffit pas du rapport de l'officier de gendarmerie (30 juillet 1817; Cass. S. 8, 1, 447).

239. Toute contravention aux articles précédens emporte nullité.

240. Les jurés d'accusation ont pour chef le plus âgé d'entre eux ; il les préside et recueille les voix.

241. Ils n'ont pas le droit d'examiner si le délit porté dans l'acte d'accusation mérite peine afflictive ou infamante.

242. Réciproquement, le directeur du jury n'a pas le droit d'examiner si, dans une procédure faite par un officier de police judiciaire, relativement à un délit emportant par sa nature peine afflictive ou infamante, les circonstances et les preuves sont ou non assez graves pour déterminer une accusation, et il ne peut, sous ce prétexte, refuser de dresser un acte d'accusation.

243. Si la majorité des jurés trouve que l'accusation doit être admise, leur chef met au bas de l'acte cette formule affirmative : *La déclaration du jury est* : OUI, IL Y A LIEU.

Si la majorité du jury ou seulement quatre d'entre eux trouvent que l'accusation ne doit pas être admise, leur chef met au bas de l'acte cette formule négative : *La déclaration du jury est* : NON, IL N'Y A PAS LIEU.

244. Dans le cas mentionné en l'art. 227, où le directeur du jury et la partie plaignante ou dénonciatrice ont présenté chacun un acte d'accusation séparé, les jurés déterminent celle des deux accusations qui doit avoir lieu, en mettant au bas de l'un des actes, par le ministère de leur chef, la formule affirmative : *oui, il y a lieu ;* et au bas de l'autre acte, la formule négative : *non, il n'y a pas lieu.*

Si aucune des deux accusations ne leur paraît devoir être admise, leur chef met la formule négative au bas des deux actes.

245. Si les jurés estiment qu'il y a lieu à une accusation, mais différente de celle qui est portée dans l'acte ou dans les actes d'accusation sur lesquels ils délibèrent, leur chef met au bas : *La déclaration du jury est :* IL N'Y A PAS LIEU A LA PRÉSENTE ACCUSATION.

246. Dans ce cas, le directeur du jury peut, sur les déclarations écrites des témoins et sur les autres renseignemens, dresser un nouvel acte d'accusation.

La partie plaignante ou dénonciatrice qui a présenté un acte d'accusation sur lequel le jury a prononcé de la manière énoncée dans l'article précédent, a la même faculté.

247. Dans tous les cas, la déclaration des jurés est datée et signée par leur chef, à peine de nullité.

Il la remet, en leur présence, au directeur du jury, qui en dresse procès-verbal.

248. Les jurés sont tenus de mettre au bas de l'acte ou des actes d'accusation l'une des trois formules indiquées par les articles 243, 244 et 245 ci-dessus.

249. En cas de contravention, le directeur du jury ne peut recevoir leur déclaration.

Il entend le commissaire du pouvoir exécutif, et, sur sa réquisition, il prononce la nullité des déclarations, procès-verbaux et autres actes que les jurés ont pu dresser.

250. Il ordonne en outre que les jurés se rassembleront de nouveau, et procéderont sans désemparer, conformément à la loi.

251. En cas de refus ou de résistance de la part des jurés, le directeur du jury, après avoir de nouveau entendu le commissaire du pouvoir exécutif, les condamne, en dernier ressort, à une amende qui ne peut être moindre de 100 livres, ni plus forte que 500 livres pour chacun d'eux, sans préjudice des poursuites criminelles dans les cas prévus par la loi.

252. Lorsque plusieurs prévenus sont compris dans le même acte d'accusation, les jurés peuvent diviser leur déclaration, admettre l'accusation contre les uns, et la rejeter à l'égard des autres.

Dans ce cas, leur chef écrit au bas de l'acte cette formule : *Il y a lieu contre tel ou tel ; il n'y a pas lieu à l'égard de tel et tel.*

253. Si les jurés prononcent qu'il n'y a pas lieu à accusation, le directeur du jury met sur-le-champ le prévenu en liberté, et il en donne avis à l'accusateur public.

254. Il en donne pareillement avis, dans le cas de l'article 74, à l'officier de police judiciaire qui a délivré le mandat d'amener, et il lui enjoint de faire cesser toute poursuite ou détention du prévenu.

255. Le prévenu à l'égard duquel le jury d'accusation a déclaré qu'il n'y a pas lieu à accusation ne peut plus être poursuivi à raison de même fait, à moins que, sur de nouvelles charges, il ne soit présenté un nouvel acte d'accusation (1).

256. Si le jury d'accusation déclare qu'il y a lieu à accusation, le directeur du jury procède ainsi qu'il suit :

257. Si le prévenu a été précédemment reçu à caution, conformément à ce qui est réglé par l'article 222, le directeur du jury rend sur-le-champ une ordonnance qui enjoint à l'accusé de se représenter devant le tribunal criminel à tous les actes de la procédure, et d'élire domicile dans le lieu où

---

(1) Le même fait qui a été la matière d'un acte d'accusation peut-il devenir la matière d'une procédure correctionnelle ? (5 février 1808 ; Cass. S. 8, 1, 352).

Un tribunal criminel est compétent pour décider s'il y a de nouvelles charges dans un acte d'accusation (17 ventose an 12 ; Cass. S. 4, 2, 770).

ce tribunal tient ses séances, le tout à peine d'y être contraint par corps.

258. Si le prévenu n'a pas été reçu à caution, le directeur du jury rend sur-le-champ une ordonnance de prise de corps contre l'accusé.

259. Les ordonnances mentionnées dans les deux articles précédens sont signifiées à l'accusé, et il lui en est laissé copie.

Elles sont nulles si elles ne contiennent le nom de l'accusé, son signalement, sa profession et son domicile, s'ils sont connus, ainsi que la copie de l'acte d'accusation, et si elles ne rappellent la loi en conformité de laquelle elles sont portées.

260. L'ordonnance de prise de corps doit contenir en outre l'ordre de conduire l'accusé à la maison de justice établie près le tribunal criminel.

261. Le directeur du jury est tenu, sous peine de suspension de ses fonctions, d'en donner avis tant à la municipalité du lieu où le jury d'accusation s'est assemblé, qu'à celle du domicile de l'accusé, s'il est connu.

262. En vertu de l'ordonnance de prise de corps, et dans les vingt-quatre heures qui en suivent la signification, l'accusé est transféré de la maison d'arrêt à la maison de justice.

S'il n'est pas arrêté, il doit être saisi en quelque lieu qu'il se trouve.

263. Si, sur l'ordonnance de prise de corps, l'accusé ne peut être saisi, on procède contre lui par contumace, ainsi qu'il est réglé ci-après, titre IX.

264. Les perquisitions, poursuites, significations et actes quelconques qui ont lieu en vertu des ordonnances du directeur du jury, mentionnées dans les articles 257 et 258 ci-dessus, se font à la requête et diligence du commissaire du pouvoir exécutif, établi près de lui.

Titre IV. Des tribunaux criminels.

265. *Il y a un tribunal criminel pour chaque département* (Art. 244 de l'acte constitutionnel).

266. Le tribunal criminel est composé d'un président, d'un accusateur public, de quatre juges pris dans le tribunal civil, du commissaire du pouvoir exécutif près le même tribunal, d'un substitut qui lui est donné spécialement par le Directoire exécutif pour le service du tribunal criminel, et d'un greffier.

267. *Les présidens du tribunal civil ne peuvent remplir les fonctions de juges au tribunal criminel* (Article 246 de l'acte constitutionnel).

268. *Les autres juges y font le service, chacun à son tour, pendant six mois, dans l'ordre de leur nomination, et ils ne peuvent pendant ce temps exercer aucune fonction au* tribunal civil (Article 247 de l'acte constitutionnel).

269. En cas de mort ou d'empêchement légitime du président, les quatre juges réunis à un cinquième, qui est pris pour cet effet dans le tribunal civil suivant l'ordre du tableau, choisissent entre eux, au scrutin, celui qui doit le remplacer provisoirement.

270. En cas de mort ou d'empêchement légitime de l'accusateur public, les cinq juges du tribunal criminel, réunis à un sixième pris pour cet effet dans le tribunal civil suivant l'ordre du tableau, choisissent entre eux, au scrutin, celui qui doit le remplacer provisoirement.

Ce choix ne peut, en aucun cas, tomber sur le président.

271. En cas de mort ou d'empêchement légitime du commissaire du pouvoir exécutif ou de son substitut près le tribunal criminel, l'un ou l'autre est remplacé provisoirement par le substitut près le tribunal civil, lequel pourvoit, pour ce qui le concerne, au remplacement provisoire de celui-ci.

272. Le tribunal criminel ne peut rendre aucun jugement, même de simple instruction, qu'au nombre de cinq juges.

Il juge toujours en dernier ressort.

Fonctions du président.

273. Le président, outre les fonctions de juge, est chargé.

1° D'entendre l'accusé au moment de son arrivée dans la maison de justice, ou vingt-quatre heures après au plus tard;

2° De faire tirer au sort les jurés, et de les convoquer.

Il peut néanmoins déléguer ses fonctions à l'un des juges.

274. Il est en outre chargé personnellement:

1° De diriger les jurés de jugement dans l'exercice des fonctions qui leur sont assignées par la loi, de leur exposer l'affaire sur laquelle ils ont à délibérer, même de leur rappeler leur devoir;

2° De présider à toute l'instruction, et de déterminer l'ordre entre ceux qui demandent à parler.

275. Il a la police de l'auditoire.

276. En vertu du *pouvoir discrétionnaire* dont il est investi, il peut prendre sur lui tout ce qu'il croit utile pour découvrir la vérité, et la loi charge son honneur et sa conscience d'employer tous ses efforts pour en favoriser la manifestation.

277. Ainsi, il doit mettre en usage tous les moyens d'éclaircissement proposés par les parties ou demandés par les jurés, qui peuvent jeter un jour utile sur le fait contesté;

Mais il doit rejeter ceux qui tendraient à prolonger inutilement le débat, sans donner lieu d'espérer plus de certitude dans les résultats.

Fonctions de l'accusateur public.

278. L'accusateur public poursuit les délits devant le tribunal criminel, sur les actes d'accusation admis par les premiers jurés.

279. Il ne peut porter au tribunal criminel aucune autre accusation, à peine de forfaiture.

280. Mais il peut et il doit, comme tous les fonctionnaires publics, dénoncer aux officiers de police judiciaire les délits dont il a connaissance, et qu'il sait n'être pas poursuivis.

281. Il reçoit les dénonciations et plaintes qui lui sont adressées directement, soit par le Directoire exécutif ou son commissaire, soit par les ministres, soit par le tribunal criminel, soit par un fonctionnaire public quelconque, ou par un simple citoyen.

Il les transmet aux officiers de police judiciaire, et veille à ce qu'elles soient poursuivies, ainsi que celles mentionnées en l'article précédent, par les voies et suivant les formes établies par la loi.

282. Le Directoire exécutif et les ministres ne peuvent adresser aucune dénonciation à l'accusateur public, que par l'intermédiaire du commissaire du pouvoir exécutif près le tribunal criminel.

283. L'accusateur public a la surveillance sur tous les officiers de police judiciaire et directeur du jury du département.

284. En cas de négligence des officiers de police judiciaire dans l'exercice de leurs fonctions, il les avertit ou les réprimande fraternellement, suivant les circonstances.

En cas de récidive, il les fait citer devant le tribunal criminel, qui, après les avoir entendus, leur enjoint publiquement d'être plus exacts à l'avenir, et les condamne aux frais de la citation, ainsi que de la signification du jugement.

285. Si un officier de police judiciaire s'est rendu coupable, dans l'exercice de ses fonctions, d'un délit dont la peine n'est ni afflictive ni infamante, l'accusateur public le cite, par un mandat de comparution, devant le tribunal criminel, qui, dans ce cas, prononce comme tribunal correctionnel, sans néanmoins qu'il puisse y avoir appel de ses jugemens.

286. Si un officier de police judiciaire s'est rendu coupable, dans l'exercice de ses fonctions, d'un délit emportant peine afflictive ou infamante, l'accusateur public remplit à son égard les fonctions d'officier de police judiciaire; et, après avoir décerné contre lui les mandats d'amener et d'arrêt, il l'envoie devant le directeur du jury de l'arrondissement dans lequel le délit a été commis.

287. A l'égard des directeurs du jury, si l'accusateur public remarque de la négligence dans l'exercice de leurs fonctions, il est tenu de les en avertir.

S'il y a lieu à une réprimande fraternelle, il s'adresse au tribunal assemblé en chambre de conseil, qui en délibère, et écrit en conséquence au directeur du jury.

288. En cas de récidive de la part du directeur du jury, l'accusateur public en réfère au tribunal criminel; lequel, s'il y a lieu, fait citer à son audience le directeur du jury, et, après l'avoir entendu, lui enjoint d'être plus exact à l'avenir, en le condamnant aux frais de la citation, ainsi que de la signification du jugement.

289. Si un directeur du jury s'est rendu coupable, même hors de l'exercice de ses fonctions, d'un délit dont la peine n'est ni afflictive ni infamante, l'accusateur public le fait citer au tribunal criminel, qui prononce comme dans le cas de l'article 295.

290. Si un directeur du jury s'est rendu coupable, même hors de l'exercice de ses fonctions, d'un délit emportant peine afflictive ou infamante, l'accusateur public remplit à son égard les fonctions d'officier de police judiciaire et de directeur du jury d'accusation.

Si l'accusation est admise, il rend contre lui une ordonnance de prise de corps, et le fait transférer dans la maison de justice du tribunal criminel.

291. Dans le cas de l'article précédent, et dans celui de l'article 296, l'accusateur public peut déléguer à un officier de police ou directeur du jury les fonctions de police judiciaire autres que les mandats d'amener, de comparution et d'arrêt.

Fonctions du commissaire du pouvoir exécutif.

292. Dans tous les procès portés au tribunal criminel, soit pour délit de nature à être jugé correctionnellement, soit en vertu d'une ordonnance de prise de corps décernée à la suite d'une déclaration du jury d'accusation, le commissaire du pouvoir exécutif près le tribunal civil est tenu de prendre, par lui-même ou par son substitut près le tribunal criminel, communication de toutes les pièces et actes, et d'assister à l'instruction publique, ainsi qu'à la prononciation du jugement.

293. Il fait, au nom de la loi, toutes les réquisitions qu'il juge convenables, et le tribunal est tenu de lui en délivrer acte et d'en délibérer.

294. Lorsque le tribunal ne juge pas à propos de déférer à la réquisition du commissaire du pouvoir exécutif, l'instruction ni le jugement n'en peuvent être arrêtés ni suspendus; mais le commissaire du pouvoir exécutif peut, après le jugement, et dans les cas déterminés par la loi, se

pourvoir en cassation, ainsi qu'il est dit ci-après.

295. Si néanmoins quelque affaire de la nature de celles qui sont réservées à la haute-cour de justice est présentée au tribunal criminel, le commissaire du pouvoir exécutif est tenu d'en requérir la suspension et le renvoi au Corps-Législatif, et le président de l'ordonner, même d'office, à peine de forfaiture.

296. Les dispositions des quatre articles précédens, relatives au commissaire du pouvoir exécutif, sont communes à son substitut près le tribunal criminel.

Le commissaire du pouvoir exécutif près le tribunal civil fait, entre lui et son substitut près le tribunal criminel, la distribution des affaires dans lesquelles il y a lieu, près ce dernier tribunal, à l'exercice de leur ministère.

Dispositions communes aux présidens et accusateurs publics.

297. Si le président du tribunal criminel ou l'accusateur public se rendent, même hors de l'exercice de leurs fonctions, coupables d'un délit emportant une peine au-dessus de la valeur de trois journées de travail ou de trois jours d'emprisonnement, le plus âgé des présidens du tribunal civil est tenu de remplir à leur égard les fonctions d'officier de police judiciaire, et, s'il y a lieu, de directeur du jury.

298. S'il y a lieu de les mettre en jugement, il les renvoie devant le tribunal criminel de l'un des trois départemens les plus voisins, qu'ils choisissent, ou qui, sur leur refus de choisir, est désigné par le sort.

Ce tribunal, si l'affaire est de nature à être jugée correctionnellement, remplit les fonctions de tribunal correctionnel, et prononce comme dans le cas des articles 285 et 289 (1).

299. Dans les cas où les fonctionnaires dénommés aux deux articles précédens ont encouru la forfaiture ou la prise à partie, on procède ainsi qu'il est réglé par le titre XVII ci-après.

Dispositions particulières au tribunal criminel du département de la Seine.

300. *Il y a dans le tribunal criminel du département de la Seine, un vice-président et un substitut de l'accusateur public.*

Ce tribunal est divisé en deux sections.

Huit membres du tribunal civil y exercent *les fonctions de juges* (Article 245 de l'acte constitutionnel).

TITRE V. *Procédure devant le tribunal criminel.*

301. Nul ne peut, pour délit emportant peine afflictive ou infamante, être poursuivi devant le tribunal criminel, et jugé, que sur une accusation reçue légalement par un jury composé de huit citoyens (2).

302. Quand le jury a déclaré qu'il y a lieu à accusation, le procès et l'accusé, s'il est détenu, sont, par les ordres du commissaire du pouvoir exécutif près le directeur du jury, envoyés, dans les vingt-quatre heures, au tribunal criminel du département.

Les vingt-quatre heures courent du moment de la signification de l'ordonnance de prise de corps ou de se représenter.

303. Si le tribunal criminel du département est établi dans une commune au-dessous de quarante mille habitans, l'accusé peut, dans l'un ou l'autre des deux cas ci-après, le récuser, et demander à être jugé par l'un des tribunaux criminels des deux départemens les plus voisins.

Ces deux cas sont :

1° Celui où la déclaration du jury d'accusation a été rendue dans la commune où est établi le tribunal criminel ;

2° Celui où la commune dans laquelle est établi le tribunal criminel se trouve être celle de la résidence habituelle de l'accusé (3).

304. L'accusé, dans les deux cas exprimés par l'article précédent, notifie son option au greffe du directeur du jury, dans les vingt-quatre heures de la signification qui lui a été faite (à personne, s'il est détenu, ou au lieu de sa résidence, s'il a été reçu à caution), de l'ordonnance de prise de corps ou de se représenter.

305. Dans ces deux mêmes cas, l'ordonnance de prise de corps ou de se représenter fait mention expresse du droit d'opter accordé par la loi à l'accusé, et des tribunaux criminels entre lesquels il peut l'exercer.

A défaut de cette mention, le délai de vingt-quatre heures fixé par l'article précédent ne court pas, et l'accusé peut exercer son droit d'option tant qu'il n'a pas comparu devant le jury de jugement.

306. Lorsque la même accusation comprend plusieurs personnes actuellement détenues, si l'une d'elles seulement fait son

---

(1) *Voy.* arrêté du 18 floréal an 5.

(2) Encore que la peine de transportation, à laquelle la loi du 24 vendémiaire an 2 condamne tout mendiant repris en récidive, ne soit pas abrogée par la loi du 3 brumaire an 4, néanmoins, sous cette loi, elle ne peut être appliquée par le tribunal criminel, sans acte d'accusation préala-

ble, et sans déclaration du jury (29 prairial an 7 ; Cass. S. 7, 2, 1235).

(3) Le contumace ne peut user de la faculté accordée par cet article, c'est-à-dire opter pour l'un des tribunaux criminels des deux départemens les plus voisins (5 fructidor an 12 ; Cass. S. 4, 2, 183. *Voy.* arrêté du 18 floréal an 5).

choix, le tribunal qu'elle choisit est préféré.

Si elles ne peuvent s'accorder sur le tribunal, le directeur du jury les fait tirer au sort avant de rédiger son ordonnance de prise de corps ou de se représenter, et désigne dans cette ordonnance le tribunal que le sort a désigné.

307. Après les vingt-quatre heures accordées à l'accusé pour faire son option, il est envoyé, ainsi qu'il est réglé par l'article 302, à la maison de justice du tribunal qu'il a choisi, ou, à défaut de choix, à celle du tribunal direct.

308. Si l'accusé contre lequel il a été rendu une ordonnance de prise de corps, et qui se trouve dans le cas de l'option, n'est pas actuellement détenu, les pièces du procès, après les vingt-quatre heures dont il vient d'être parlé, sont envoyées au greffe du tribunal direct.

309. Lorsque, dans le cas où il y a lieu à l'option, l'accusé qui n'a pu être saisi sur le mandat d'amener ou d'arrêt de l'officier de police judiciaire vient à l'être en vertu de l'ordonnance de prise de corps, celui qui est porteur de cette ordonnance le conduit devant le juge-de-paix du lieu où il l'a trouvé, pour y passer la déclaration de l'option dont il vient d'être parlé, ou de son refus de la faire.

310. Lorsque plusieurs accusés ont été arrêtés en même temps de la manière prévue par le précédent article, si l'un d'eux seulement déclare son choix, le tribunal qu'il choisit est préféré.

S'ils ne peuvent s'accorder sur le choix du tribunal, le juge-de-paix devant lequel ils sont conduits les fait tirer au sort.

311. Le juge-de-paix garde minute du procès-verbal qu'il tient dans le cas des deux articles précédens, et en délivre expédition au porteur de l'ordonnance de prise de corps, en lui enjoignant de conduire l'accusé ou les accusés devant le tribunal choisi, ou, à défaut de choix, devant le tribunal direct.

312. Le porteur de l'ordonnance, immédiatement après avoir conduit l'accusé dans la maison de justice du tribunal qu'il a choisi, ou, à défaut de choix, dans celle du tribunal direct, remet au greffe de l'un ou de l'autre l'expédition du procès-verbal mentionné en l'article précédent et l'ordonnance de prise de corps.

313. Le greffier donne connaissance de ces deux actes à l'accusateur public; et si le tribunal que l'accusé a préféré n'est pas le tribunal direct, l'accusateur public fait notifier ces actes par un huissier au greffe du tribunal direct.

Sur cette notification, et sur la réquisition que l'accusateur public en fait par l'acte même de notification, le tribunal direct lui envoie aussitôt les pièces du procès.

314. En aucun cas, la faculté d'opter ne peut être exercée par ceux d'entre plusieurs accusés compris dans le même acte d'accusation, qui sont arrêtés postérieurement à l'option faite par un de leurs coaccusés, ou, à défaut de choix de sa part, postérieurement à sa translation dans la maison de justice du tribunal direct.

315. Dans tous les cas, vingt-quatre heures au plus tard après son arrivée en la maison de justice et la remise des pièces au greffe, l'accusé est entendu par le président, ou par l'un des juges que celui-ci commet à cet effet.

Le greffier tient note de ses réponses, et le président la joint aux pièces.

316. Les notes des interrogatoires subis par le prévenu devant le juge-de-paix et devant le directeur du jury, et par l'accusé devant le président du tribunal criminel, sont, ainsi que les autres pièces, communiquées à l'accusateur public avant l'assemblée du jury de jugement.

317. Si l'accusateur public et la partie plaignante, ou l'accusé, ont à produire des témoins qui n'aient pas encore été entendus devant l'officier de police ou le directeur du jury, leurs déclarations sont reçues, avant l'assemblée du jury de jugement, par le président, ou par un juge du tribunal criminel qu'il commet à cet effet.

318. Si les témoins à entendre résident hors du canton dans l'arrondissement duquel siége le tribunal criminel, le président peut, pour recevoir ces déclarations, commettre un directeur du jury ou un officier de police judiciaire, qui, après les avoir reçues, les envoie dûment scellées et cachetées au greffe du tribunal criminel.

319. Dans l'un et l'autre cas, elles sont communiquées à l'accusateur public et à l'accusé, à peine de nullité de toutes procédures ultérieures.

320. L'accusé reçoit pareillement, et sous la même peine, après son interrogatoire, copie des autres pièces de la procédure.

Cette copie lui est délivrée gratis par le greffier (1).

321. L'accusé peut choisir un ou plusieurs conseils pour l'aider dans sa défense.

À défaut de choix de sa part, lors de son interrogatoire, le président, ou le juge qui l'interroge, lui désigne un conseil sur-le-champ, à peine de nullité.

Cette désignation devient nulle si, avant l'ouverture des débats, l'accusé choisit lui-même un autre conseil.

322. Les conseils de l'accusé ne peuvent

---

(1) *Voy.* loi du 29 frimaire an 8.

communiquer avec lui qu'après son interrogatoire.

323. Le président peut, lorsqu'il le juge utile pour découvrir la vérité, différer ou suspendre cette communication, et tenir l'accusé au secret pendant un temps déterminé, pourvu qu'il lui en laisse un espace suffisant pour préparer ses moyens de défense avant l'assemblée du jury de jugement.

En cas de difficulté, le tribunal criminel en décide.

324. Aussitôt après l'interrogatoire de l'accusé, les pièces sont communiquées au commissaire du pouvoir exécutif, qui examine si les formes prescrites par la loi ont été observées, tant dans la délivrance du mandat d'arrêt par l'officier de police judiciaire, que dans l'instruction.

325. S'il trouve que les formes ont été observées, il écrit au bas de l'ordonnance de prise de corps ou de se représenter, ces mots : *la loi autorise ;* et il remet les pièces à l'accusateur public, pour agir ainsi qu'il est dit ci-après.

326. S'il trouve que les formes n'ont pas été observées, il écrit au bas de l'ordonnance de prise de corps ou de se représenter, ces mots : *la loi défend ;* et il remet les pièces au président, qui est tenu de convoquer le tribunal dans les vingt-quatre heures suivantes, pour prononcer à l'audience sur la légalité ou l'illégalité soit du mandat d'arrêt, soit de l'instruction, après avoir entendu le commissaire du pouvoir exécutif (1).

327. Si le tribunal juge que le mandat d'arrêt est nul, il le casse, ainsi que toute la procédure faite en conséquence, même la déclaration du jury d'accusation et l'ordonnance de prise de corps ou de se représenter ; et il renvoie, s'il y a lieu, le prévenu en état d'arrestation provisoire devant un autre officier de police judiciaire, qui, après l'avoir entendu, le met en liberté, ou décerne contre lui un nouveau mandat d'arrêt, suivant les circonstances.

328. Si, le mandat d'arrêt étant jugé valable, le tribunal décide que les formes légales n'ont pas été observées dans l'instruction faite devant le directeur du jury, il annule l'acte qu'il juge défectueux, ainsi que tout ce qui a été fait depuis, et il renvoie le prévenu en état d'arrestation devant un autre directeur du jury, qui recommence l'instruction, à partir du plus ancien des actes annulés.

329. Si, le mandat d'arrêt et l'instruction faite devant le directeur du jury jusqu'à la déclaration des jurés inclusivement étant jugés valables, le tribunal décide que les formes légales n'ont pas été observées dans l'ordonnance de prise de corps, il la déclare nulle, et en décerne une nouvelle contre l'accusé.

330. Dans le cas de l'article précédent, et dans celui où le tribunal a déclaré valables tant le mandat d'arrêt que l'instruction faite depuis jusqu'à l'ordonnance de prise de corps inclusivement, les pièces de la procédure sont, dans les vingt-quatre heures du jugement, remises à l'accusateur public.

331. L'accusateur public, dès que les pièces lui ont été remises, soit en exécution de l'article précédent, soit en exécution de l'article 325, est tenu de faire ses diligences pour que l'accusé puisse être jugé à la première assemblée du jury de jugement qui sera convoquée après son arrivée.

332. Le jury de jugement s'assemble le 15 de chaque mois, sur la convocation qui en est faite le 5 par le président, ainsi qu'il est réglé ci-après.

333. Si l'accusateur public ou l'accusé ont des motifs pour demander que l'affaire ne soit pas portée à la première assemblée du jury, ils présentent au tribunal criminel une requête en prorogation de délai.

334. Le tribunal décide si cette prorogation doit ou non être accordée.

S'il l'accorde, il ne peut proroger le délai au-delà de l'assemblée du jury qui aura lieu le 15 du mois suivant.

335. La requête en prorogation de délai ne peut être admise, si elle n'est présentée avant le 5 du mois au-delà duquel la prorogation est demandée.

336. Les accusés qui n'arrivent à la maison de justice qu'après la convocation du jury de jugement peuvent être jugés par ce jury, si l'accusateur public le requiert, et s'ils y consentent.

337. Le nombre de douze jurés et de trois adjoints est nécessaire, à peine de nullité, pour former un jury de jugement.

---

(1) Les cours de justice criminelle ne peuvent annuler les ordonnances que rendent les directeurs du jury, lorsqu'ils procèdent, non comme officiers de police judiciaire, mais comme juges d'instruction, que dans les cas prévus par cet article et les suivans (4 fructidor an 7 ; Cass. S. 7, 2, 1077).

Les ordonnances que rendent et les actes que font les officiers de police judiciaire ne peuvent être annulés par les cours de justice criminelle que lorsque, avant de passer au jugement des procès dans lesquels ces ordonnances ont été rendues ou ces actes faits, les cours criminelles examinent, ainsi que leur enjoignent ces articles, si les formes prescrites par la loi ont été observées.

Hors ce cas, il n'appartient qu'à la Cour de cassation d'annuler les actes et ordonnances dont il s'agit, et on ne peut les attaquer que devant elle (18 ventôse an 7 ; Cass. S. 7, 2, 1076).

338. Au jour fixé pour l'assemblée du jury, le tribunal criminel ayant pris séance, les douze jurés et les trois adjoints se rendent dans l'intérieur de l'auditoire.

339. Les douze jurés prennent place tous ensemble, suivant l'ordre de leur nomination, sur des siéges séparés du public et des parties, en face de ceux qui sont destinés à l'accusé et aux témoins.

340. Les trois jurés adjoints se placent aussi dans l'intérieur de l'auditoire, mais séparément des autres.

TITRE VI. De l'examen.

341. Le tribunal et les jurés étant assemblés, le président fait entrer dans l'intérieur de l'auditoire l'accusé, ses conseils, les témoins et la partie plaignante, s'il y en a une.

L'accusé comparaît à la barre, libre, sans fers, et seulement accompagné de gardes pour l'empêcher de s'évader.

Le président lui dit qu'il peut s'asseoir, lui demande son nom, son âge, sa profession, sa demeure, et en fait tenir note par le greffier.

342. Les conseils de l'accusé promettent ensuite de n'employer que la vérité dans sa défense.

343. Après avoir reçu cette promesse, le président du tribunal adresse aux jurés et à leurs adjoints le discours suivant :

« Citoyens, vous promettez d'examiner, « avec l'attention la plus scrupuleuse, les « charges portées contre un tel…; de n'en « communiquer avec personne jusqu'après « votre déclaration ; de n'écouter ni la haine « ou la méchanceté, ni la crainte ou l'affec- « tion ; de vous décider d'après les charges « et moyens de défense, suivant votre con- « science et votre intime et profonde con- « viction, avec l'impartialité et la fermeté « qui conviennent à un homme libre. »

Chacun des jurés et de leurs adjoints, appelé nominativement par le président, répond : Je le promets (1).

344. Immédiatement après, le président avertit l'accusé d'être attentif à ce qu'il va entendre.

Il ordonne au greffier de lire l'acte d'accusation.

Le greffier fait cette lecture à haute et intelligible voix.

345. Après cette lecture, le président rappelle à l'accusé, le plus clairement possible, ce qui est contenu en l'acte d'accusation, et lui dit : « Voilà de quoi vous êtes accusé ; « vous allez entendre les charges qui seront « produites contre vous. »

346. L'accusateur public expose le sujet de l'accusation, et présente la liste des témoins qui doivent être entendus, soit à sa requête, soit à celle de la partie plaignante.

Cette liste ne peut contenir que des témoins dont les noms, âge, profession et domicile aient été notifiés à l'accusé vingt-quatre heures au moins avant l'examen ; et ni l'accusateur public, ni la partie plaignante, ne peuvent, à peine de nullité, en faire entendre d'autres (2).

347. La liste mentionnée en l'article précédent est lue à haute voix par le greffier.

348. Le président ordonne ensuite aux témoins de se retirer dans une chambre destinée à cet effet, et d'où ils ne peuvent sortir que pour déposer.

349. Les témoins déposent séparément, et l'un après l'autre, suivant l'ordre de la liste.

350. Le président, avant de recevoir la déposition de chaque témoin, lui fait promettre « de parler sans haine et sans crainte, « de dire la vérité, toute la vérité, rien que « la vérité. »

351. Il lui demande ensuite s'il connaissait l'accusé avant le fait mentionné dans l'acte d'accusation, s'il est parent ou allié, soit de l'accusé, soit de la partie plaignante, et à quel degré.

Il lui demande en même temps s'il n'est pas attaché au service de l'un ou de l'autre.

352. Cela fait, le témoin dépose oralement, et sans que sa déposition puisse être écrite.

353. Après chaque déposition, le président demande au témoin si c'est de l'accusé présent qu'il a entendu parler.

Il demande ensuite à l'accusé s'il veut répondre à ce qui vient d'être dit contre lui.

L'accusé peut, par lui-même ou par ses conseils, questionner le témoin, et dire,

---

(1) Le serment exigé des fonctionnaires publics, par l'article 56 du sénatus-consulte organique, du 28 floréal an 12, ne concerne pas les jurés ; ainsi, ils ne doivent que faire la promesse voulue par ce Code (5 brumaire an 12 ; Cass. S, 7, 2, 1636).

(2) En matière criminelle, la liste signifiée à l'accusé doit contenir les noms de tous les témoins entendus (21 floréal an 12 ; Cass. S. 4, 2, 774).

L'âge et la profession de chacun des témoins doivent être notifiés à l'accusé, sous peine de nul-

lité de la liste des témoins et de tout ce qui s'ensuit (9 janvier 1806 ; Cass. S. 6, 2, 525).

S'il n'y a pas vingt-quatre heures entre la notification de la liste des témoins et l'heure indiquée pour la comparution, la notification est nulle ; cette nullité vicie la condamnation, non les débats (13 janvier 1809 ; Cass. S. 10, 1, 337).

En matière criminelle, la partie lésée ne peut intervenir pour ses dommages-intérêts, après l'ouverture des débats (7 fructidor an 8 ; Cass. S. 7, 2, 193).

allant contre lui personnellement que contre son témoignage, tout ce qu'il juge utile à sa défense (1).

354. Le président peut également demander au témoin et à l'accusé tous les éclaircissemens qu'il croit nécessaires à la manifestation de la vérité.

Les juges, l'accusateur public et les jurés ont la même faculté, en demandant la parole au président.

355. Chaque témoin, après sa déposition, reste dans l'auditoire jusqu'à ce que les jurés s'en soient retirés pour donner leurs déclarations.

356. Après l'audition des témoins produits par l'accusateur public et par la partie plaignante, l'accusé fait entendre les siens, s'il y en a.

357. L'accusé peut faire entendre des témoins pour attester qu'il est homme d'honneur, de probité, et d'une conduite irréprochable.

Les jurés ont tel égard que de raison à ce témoignage.

358. Ne peuvent être entendus en témoignage, soit à la requête de l'accusé, soit à celle de l'accusateur public, soit à celle de la partie plaignante :

1° Le père, la mère, l'aïeul, l'aïeule ou autre ascendant de l'accusé ;

2° Son fils, sa fille, son petit-fils, sa petite-fille, ou autre descendant ;

3° Son frère ou sa sœur ;

4° Ses alliés aux degrés ci-dessus ;

5° Sa femme ou son mari, même après le divorce légalement prononcé.

L'accusateur public et la partie plaignante ne peuvent pareillement produire pour témoins les dénonciateurs, quand il s'agit de délits dont la dénonciation est récompensée pécuniairement par la loi, ou lorsque le dénonciateur peut, de toute autre manière, profiter de l'effet de sa dénonciation (2).

359. Les témoins qui n'ont pas déposé préalablement par écrit peuvent être entendus dans le débat, savoir :

A la requête de l'accusateur public ou de la partie plaignante, pourvu qu'ils aient été assignés, ou qu'ils soient portés sur la liste mentionnée dans l'article 346 ;

Et à la requête de l'accusé, quand même ils n'auraient reçu de sa part aucune assignation (3).

360. Les témoins, par quelque partie qu'ils soient produits, ne peuvent jamais s'interpeller entre eux.

361. L'accusé peut, par lui-même ou par ses conseils, demander que les témoins, au lieu de déposer séparément, ainsi qu'il est dit article 349, soient entendus en présence les uns des autres.

Il peut demander encore, après qu'ils ont déposé, que ceux qu'il désigne se retirent de l'auditoire, et qu'un ou plusieurs d'entre eux soient introduits et entendus de nouveau, soit séparément, soit en présence les uns des autres.

362. L'accusateur public a la même faculté à l'égard des témoins produits par l'accusé.

363. Pendant l'examen, les jurés, l'accusateur public et les juges peuvent prendre note de ce qui leur paraît important, soit dans les dépositions des témoins, soit dans la défense de l'accusé, pourvu que la dis-

---

(1) Un défenseur ne peut être poursuivi pour injures à raison de la défense employée pour son client (18 floréal an 7 ; Cass. S. 1, 1, 200).

Pendant les débats relatifs à un accusé, il n'est pas permis d'entendre des témoins contre son défenseur, et de le réprimander à raison de ces témoignages (25 janvier 1806 ; Cass. S. 6, 2, 86).

(2) *Voy.* loi interprétative du 15 ventose an 4.

Cet article ne s'applique ni en matière correctionnelle (10 septembre 1807 ; S. 7, 2, 725 ; *id.* 14 novembre 1806 ; Cass. S. 6, 2, 574), ni en matière de simple police (25 floréal an 10 ; Cass. S. 2, 2, 385).

Les créanciers d'un failli ne peuvent être témoins dans un procès dirigé contre lui pour banqueroute frauduleuse (29 messidor an 8 ; Cass. S. 1, 1, 310).

Un frère peut être témoin dans une affaire criminelle où son frère est impliqué, si le frère accusé est contumace (9 brumaire an 10 ; Cass. S. 2, 1, 150).

Une belle-sœur a pu être témoin aux débats, si sa qualité n'était pas constante (26 brumaire an 10 ; Cass. S. 2, 1, 154).

La défense d'entendre pour ou contre un accusé ses parens ou alliés s'étend aux parens ou alliés d'un coaccusé, lors même que ces témoins auraient été appelés à décharge (28 avril 1808 ; Cass. S. 8, 1, 501).

L'enfant adultérin ou incestueux de la femme est allié du mari de cette femme ; l'article 358 lui est applicable (6 avril 1809 ; Cass. S. 9, 1, 137).

Le dénonciateur peut être témoin dans l'affaire, si d'ailleurs il n'y est point intéressé pécuniairement. Le tribunal peut se dispenser d'appeler le témoin à décharge qui n'est indiqué que pendant les débats (17 fructidor an 9 ; Cass. S. 2, 1, 61).

La partie civile qui ne s'est pas désistée de sa plainte dans les vingt-quatre heures ne peut être entendue comme témoin dans le cours de l'instruction (4 pluviose an 12 ; Cass. S. 4, 2, 693).

En matière criminelle, la partie plaignante ne peut être entendue comme témoin, encore même que l'accusé y consente, sous peine de cassation de l'arrêt à intervenir (21 messidor an 13 ; Cass. S. 7, 2, 1225).

(3) *Voy.* arrêté du 4 nivose an 5.

cussion n'en soit pas arrêtée ni interrompue.

364. Dans le cours ou la suite des dépositions, le président fait représenter à l'accusé tous les effets trouvés lors du délit ou depuis, pouvant servir à conviction, et il l'interpelle de répondre personnellement s'il les reconnaît.

365. Il ne peut être lu aux jurés aucune déclaration écrite de témoins non présens à l'auditoire (1).

366. Quant aux déclarations écrites que les témoins présens ont faites, et aux notes écrites des interrogatoires que l'accusé a subis devant l'officier de police, le directeur du jury et le président du tribunal criminel, il n'en peut être lu, dans le cours des débats, que ce qui est nécessaire pour faire observer, soit aux témoins, soit à l'accusé, les variations, les contrariétés et les différences qui peuvent se trouver entre ce qu'ils disent devant les jurés et ce qu'ils ont dit précédemment (2).

367. Si, d'après les débats, la déposition d'un témoin paraît évidemment fausse, le président en dresse procès-verbal, et, d'office, ou sur la réquisition soit de l'accusateur public, soit de la partie plaignante, soit de l'accusé et de ses conseils, il fait sur-le-champ mettre ce témoin en état d'arrestation, et délivre, à cet effet, contre lui, un mandat d'arrêt, en vertu duquel il le fait conduire devant le directeur du jury d'accusation de l'arrondissement dans lequel siége le tribunal criminel.

L'acte d'accusation, dans ce cas, est rédigé par le président (3).

368. Dans le cas où l'accusé, les témoins ou l'un d'eux ne parlerait pas la même langue ou le même idiôme, le président du tribunal criminel nomme d'office un interprète âgé de vingt-cinq ans au moins, et lui fait promettre de traduire fidèlement et suivant sa conscience, les discours à transmettre entre ceux qui parlent des langages différens.

L'accusé et l'accusateur public peuvent récuser l'interprète en motivant leur récusation.

Le tribunal juge les motifs.

369. L'interprète peut, du consentement de l'accusé et de l'accusateur public, être pris parmi les témoins ou les jurés.

370. A la suite des dépositions orales des témoins, et des dires respectifs auxquels elles donnent lieu, l'accusateur public, et la partie plaignante, s'il y en a une, sont entendus, et développent les moyens qui appuient l'accusation.

L'accusé et ses conseils peuvent leur répondre.

La réplique est permise à l'accusateur public et à la partie plaignante ; mais l'accusé a toujours la parole le dernier.

371. L'accusé n'ayant plus rien à dire pour sa défense, le président déclare que les débats sont terminés.

372. Le président résume l'affaire, et la réduit à ses points les plus simples.

Il fait remarquer aux jurés les principales preuves pour et contre l'accusé.

Il leur rappelle les fonctions qu'ils ont à remplir ; et, pour cet effet, il leur donne lecture de l'instruction suivante, qui est, en outre, affichée en gros caractères dans la chambre destinée à leurs délibérations :

« Les jurés doivent examiner l'acte d'ac-
« cusation, les procès-verbaux et toutes les
« autres pièces du procès, à l'exception des
« déclarations écrites des témoins, des notes
« écrites des interrogatoires subis par l'ac-
« cusé devant l'officier de police, le direc-
« teur du jury et le président du tribunal
« criminel.

« C'est sur ces bases, et particulièrement
« sur les dépositions et les débats qui ont
« eu lieu en leur présence, qu'ils doivent
« asseoir leur conviction personnelle : car

---

(1) Les dépositions écrites des témoins absens ne peuvent être admises pour établir la conviction des jurés sur le fait de la culpabilité de l'accusé.

Les dépositions orales faites devant le magistrat de sûreté, dans l'instruction préparatoire, ne peuvent servir de base à cette conviction (11 messidor an 12 ; Cass. S. 4, 2, 696).

La disposition de cet article s'applique aux dépositions à décharge comme à celles à charge (11 vendémiaire an 14 ; Cass. S. 6, 2, 503).

Le procès-verbal du délit est une dénonciation plutôt qu'une déposition ; il peut être remis aux jurés (29 vendémiaire an 10 ; Cass. S. 2, 1, 92).

(2) Cet article ne s'applique pas aux rapports des gens de l'art (désignés dans les articles 103 et 104) qui assistent le juge-de-paix. Ces rapports peuvent être lus au jury, encore que les auteurs des rapports soient entendus comme témoins dans le cours des débats (12 frimaire an 11 ; Cass. S. 3, 2, 394).

On peut remettre au jury des attestations sur la moralité de l'accusé (27 fructidor an 9 ; S. 2, 1, 63).

(3) L'omission du procès-verbal que le président de la cour criminelle est chargé de dresser contre le faux témoin, n'entraîne pas la nullité des poursuites ultérieures et du jugement qui intervient.

Dans ce cas, le directeur du jury peut suppléer au procès-verbal que le président a omis de dresser, par une instruction.

Il n'y a pas connexité nécessaire entre la procédure criminelle, instruite sur une prévention de faux témoignage, et celle instruite contre celui en faveur duquel ou contre lequel a été porté le faux témoignage (10 décembre 1810 ; Cass. S. 7, 2, 310).

« c'est de leur conviction personnelle qu'il
« s'agit ici ; c'est cette conviction que la loi
« les charge d'énoncer ; c'est à cette convic-
« tion que la société, que l'accusé, s'en
« rapportent.

« La loi ne leur demande pas compte
« des moyens par lesquels ils se sont con-
« vaincus ; elle ne leur prescrit point de
« règles desquelles ils doivent faire particu-
« lièrement dépendre la plénitude et la suf-
« fisance d'une preuve : elle leur prescrit
« de s'interroger eux-mêmes dans le silence
« et le recueillement, et de chercher, dans
« la sincérité de leur conscience, quelle im-
« pression ont faite sur leur raison les
« preuves rapportées contre l'accusé, et les
« moyens de sa défense. La loi ne leur dit
« point : *Vous tiendrez pour vrai tout fait
« attesté par tel ou tel nombre de témoins*;
« elle ne leur dit pas non plus : *Vous ne
« regarderez pas comme suffisamment établie
« toute preuve qui ne sera pas formée de tel
« procès-verbal, de telles pièces, de tant de
« témoins ou de tant d'indices* : elle ne leur
« fait que cette seule question, qui ren-
« ferme toute la mesure de leurs devoirs :
« *Avez-vous une intime conviction ?*

« Ce qu'il est bien essentiel de ne pas
« perdre de vue, c'est que toute la délibé-
« ration du jury de jugement porte sur l'acte
« d'accusation : c'est cet acte qu'ils doi-

« vent uniquement s'attacher ; et ils man-
« quent à leur premier devoir, lorsque,
« pensant aux dispositions des lois pénales,
« ils considèrent les suites que pourra avoir,
« par rapport à l'accusé, la déclaration
« qu'ils ont à faire. Leur mission n'a pas
« pour objet la poursuite ni la punition des
« délits ; ils ne sont appelés que pour dé-
« cider si le fait est constant, et si l'accusé
« est ou non coupable du crime qu'on lui
« impute. »

373. Ensuite le président, au nom et de
l'avis du tribunal, pose toutes les questions
qui résultent tant de l'acte d'accusation que
des débats, et que les jurés doivent décider.

374. La première question tend essentiellement à savoir si le fait qui forme l'objet de l'accusation est constant ou non ;

La seconde, si l'accusé est ou non convaincu de l'avoir commis, ou d'y avoir coopéré.

Viennent ensuite les questions qui, sur
la moralité du fait et le plus ou le moins
de gravité du délit, résultent de l'acte d'accusation, de la défense de l'accusé, ou du
débat.

Le président les pose dans l'ordre dans
lequel les jurés doivent en délibérer, en
commençant par les plus favorables à l'accusé (1).

375. Dans les délits qui renferment des

---

(1) Les tribunaux criminels doivent poser les
questions de provocation et celles résultantes de
la défense de l'accusé (24 ventose an 12 ; Cass.
S. 4, 2, 96).

Dans les procédures par jurés, ce n'est point
aux juges qu'il appartient de déclarer l'excusabi-
lité, c'est au jury seul que ce pouvoir est réservé
(27 floréal an 8 ; Cass. S. 7, 2, 946).

Lorsque plusieurs accusés sont mis en jugement
pour cause d'assassinat, il est nécessaire que la
question de préméditation soit posée de manière
à se référer personnellement et distinctement à
chacun d'eux. Il ne suffit donc pas de la poser
d'une manière vague et sur le seul fait matériel
du délit (20 novembre 1806 ; Cass. S. 7, 2, 1108).

Lorsqu'une personne accusée d'empoisonnement, au moyen de certaines drogues, allègue
pour sa défense que ces drogues n'étaient pas un
poison, elle ne peut être condamnée sans qu'au
préalable il soit posé une question tendante à faire
statuer par le jury sur le fait présenté pour excuse (17 juin 1810 ; Cass. S. 11, 1, 123).

Lorsque le conseil d'un accusé allègue pour sa
justification qu'il était en démence lorsqu'il a
commis le fait qu'on lui impute à délit, le juge
doit statuer nommément sur cette exception ; ce
ne serait pas la rejeter d'une manière suffisante
que de se borner à déclarer que l'accusé a commis le fait volontairement (21 frimaire an 11 ;
Cass. S. 7, 2, 1153).

Le même fait matériel, différemment qualifié,
ne peut successivement être la base de deux actes
d'accusation, l'un pour empoisonnement, l'autre

pour avortement (14 pluviose an 12 ; Cass. S. 4,
2, 766).

La question de savoir si les faits allégués par
un prévenu de bigamie, comme propres à justifier sa bonne foi, ont réellement ce caractère,
est plus une question de droit que de fait ; en
conséquence, cette question ne fait point partie
de celles qui doivent être soumises au jury, c'est
à la cour criminelle elle-même qu'il appartient de
statuer à cet égard (22 août 1806 ; Cass. S. 6, 2,
925).

L'homicide volontaire est excusable s'il est la
suite de provocations violentes.

De là, nécessité de poser la question de provocation, en matière d'homicide, pour savoir si le
crime est excusable (18 brumaire an 10 ; Cass.
S. 2, 1, 126).

L'auteur d'un homicide ne serait pas excusable
s'il s'était cru ensorcelé par l'homicidé ; en conséquence, on ne peut poser comme excuse la
question de savoir si l'accusé s'est cru ensorcelé
(16 frimaire an 9 ; Cass. S. 1, 1, 376).

La contumace d'une partie des accusés ne peut
suspendre le jugement à l'égard des accusés présens (26 fructidor an 12 ; Cass. S. 4, 2, 720).

Lorsque les tribunaux criminels ordinaires sont
autorisés par la loi à juger sans le concours des jurés, ils doivent, comme y sont tenus les jurés eux-
mêmes, reconnaître et juger coupable l'intention
de celui qu'ils condamnent ; sinon leurs arrêts
sont susceptibles d'être cassés de ce chef (11 septembre 1806 ; Cass. S. 7, 2, 1023).

circonstances indépendantes les unes des autres, comme dans une accusation de vol, pour savoir s'il a été commis de nuit, avec effraction, par une personne domestique, avec récidive, etc., les questions relatives à ces circonstances sont présentées chacune séparément, sans qu'il soit nécessaire de commencer par les moins aggravantes.

376. L'accusé, ses conseils, l'accusateur public et les jurés peuvent faire des observations sur la manière dont les questions sont posées, et le tribunal en décide sur-le-champ (1).

377. *Il ne peut être posé aucune question complexe* (Article 250 de l'acte constitutionnel).

378. Il n'en peut être posé aucune sur des faits qui ne seraient pas portés dans l'acte d'accusation, quelles que soient les dépositions des témoins.

379. Mais les jurés peuvent être interrogés sur une ou plusieurs circonstances non mentionnées dans l'acte d'accusation, quand même elles changeraient le caractère du délit résultant du fait qui y est porté.

Ainsi, sur l'accusation d'un acte de violence exercé envers une personne, le président peut, d'après les débats, poser la question de savoir si cet acte de violence a été commis à dessein de tuer.

380. Toute contravention aux règles prescrites par les articles 352, 358, 365, 368, 373, 374, 377 et 378, emporte nullité.

381. Le président, après avoir énoncé les questions, les remet par écrit aux jurés, dans la personne de leur chef.

382. Il leur remet aussi toutes les pièces du procès, à l'exception des déclarations écrites des témoins et des interrogatoires écrits de l'accusé.

383. Il leur annonce que la loi les oblige de se retirer dans leur chambre pour en délibérer, et il leur rappelle qu'elle leur défend de communiquer avec personne jusqu'après leur déclaration.

384. Il fait en même temps reconduire l'accusé dans la maison de justice.

385. Les jurés, retirés dans leurs chambres, y discutent les questions qui ont été posées par le président.

Celui d'entre eux qui se trouve le premier inscrit sur le tableau est leur chef.

386. Lorsqu'ils sont en état de donner leur déclaration, ils font avertir le président.

Le président commet l'un des juges pour recevoir dans la chambre du conseil, avec le commissaire du pouvoir exécutif, les déclarations individuelles que les jurés doivent faire successivement, et en l'absence les uns des autres.

387. Le chef des jurés fait sa déclaration le premier.

Quand il l'a achevée, il reste dans la chambre du conseil avec le juge et le commissaire du pouvoir exécutif.

Les autres jurés se retirent à mesure qu'ils ont fini leurs déclarations.

388. Ces déclarations se font de la manière qui va être expliquée.

389. Chaque juré déclare d'abord si le fait porté dans l'acte d'accusation est constant ou non.

390. Si cette première déclaration est affirmative, il en fait une seconde sur l'accusé, pour décider s'il est ou non convaincu.

391. Le juré qui a déclaré que le fait n'est pas constant n'a pas d'autre déclaration à faire, et sa voix est comptée en faveur de l'accusé dans les questions suivantes.

392. Le juré qui, ayant trouvé le fait constant, a déclaré que l'accusé n'en est pas convaincu, ne fait aucune autre déclaration, et sa voix est également comptée en faveur de l'accusé dans les questions qui pourront suivre.

393. Le juré qui a déclaré le fait constant et l'accusé convaincu donne ensuite sa déclaration sur la moralité du fait, d'après les questions intentionnelles posées par le président.

394. Lorsque, sur plusieurs questions intentionnelles, présentées dans leur ordre graduel, un juré en a décidé une en faveur de l'accusé, il n'a plus de déclaration à faire sur celles qui suivent.

Mais, tant qu'il en juge une contre l'accusé, il faut qu'il prononce sur les questions ultérieures, jusqu'à ce qu'il ait donné son opinion sur toutes celles que le tribunal a posées.

395. Dans les questions relatives aux circonstances indépendantes l'une de l'autre qui se trouvent dans le même délit, le juré qui a voté sur une en faveur de l'accusé ne continue pas moins de donner son opinion sur les autres.

396. Les jurés ne peuvent prononcer sur d'autres délits que ceux qui sont portés dans l'acte d'accusation, ni se dispenser de prononcer sur aucun de ceux qui y sont portés.

397. Chaque juré prononce les diverses déclarations ci-dessus dans la forme suivante :

Il met la main sur son cœur et dit : *Sur mon honneur et ma conscience, le fait est constant,* ou *le fait ne me paraît pas constant ; l'accusé est convaincu,* ou *l'accusé ne me paraît pas convaincu ; il a commis tel fait méchamment et à dessein,* ou *il ne me paraît pas avoir commis,* etc.

---

(1) L'accusateur public ne peut faire d'observation sur la position des questions après l'ordonnance d'acquittement (16 brumaire an 10; Cass. S. 2, 1, 93).

398. Pour constater ces diverses déclarations, des boîtes blanches et des boîtes noires sont posées sur le bureau de la chambre du conseil.

Les boîtes blanches servent à constater les opinions favorables à l'accusé; les boîtes noires constatent les opinions qui lui sont contraires.

Il y a, pour le jugement de chaque affaire, autant de paires de boîtes que de questions à décider par les jurés, et sur chacune on inscrit l'affirmative et la négative, suivant sa destination.

399. Après chacune de ses déclarations prononcées à haute voix, chaque juré choisit dans les mains du juge qui lui présente deux boules, l'une noire, l'autre blanche, celle propre à exprimer son opinion, et il la dépose ostensiblement dans la boîte de couleur correspondante.

400. Pour éviter toutes méprises, les boîtes sont construites de manière que la boule noire ne puisse pas entrer dans l'ouverture de la boule blanche.

401. Les douze jurés ayant achevé de donner leurs déclarations individuelles, ils rentrent tous dans la chambre du conseil.

402. Les boîtes sont ouvertes devant eux par le juge, le commissaire du pouvoir exécutif présent, et les déclarations partielles sont rassemblées pour former la déclaration générale du jury.

403. La décision du jury se forme sur chaque question, en faveur de l'accusé, par le concours de trois boules, et contre lui par le concours de dix.

404. Pour cet effet, les boîtes étant ouvertes, les boules qu'elles renferment respectivement sont comptées dans le même ordre qu'ont été posées les questions auxquelles elles correspondent.

405. En conséquence, on ouvre d'abord les boîtes qui ont servi à décider si le fait est constant ou non.

S'il s'y trouve trois boules blanches, il est décidé que le fait n'est pas constant, et la délibération est terminée.

Dans le cas contraire, on passe à l'ouverture des boîtes sur la question de savoir si l'accusé est auteur du fait déclaré constant.

406. Les boules blanches qui, sur cette seconde question, se trouvent dans l'une des boîtes, s'additionnent avec les boules blanches qui peuvent avoir été données au-dessous du nombre de trois, sur la première question.

407. Si cette addition donne trois boules blanches, ou si trois boules blanches se trouvent réunies dans la boîte destinée à la seconde question, la délibération se termine là, et il est décidé que l'accusé n'est

pas convaincu du fait porté dans l'acte d'accusation.

408. Si, au contraire, il ne se rencontre pas, soit de l'une, soit de l'autre manière, trois boules blanches sur la seconde question, le juge passe à l'ouverture des boîtes relatives à la moralité du fait.

409. Dans ce troisième recensement, les boules blanches fournies sur les deux premières questions s'additionnent encore avec celles qui se trouvent dans la boîte blanche.

410. Lorsqu'il a été posé plusieurs questions intentionnelles, si les trois premiers recensemens réunis n'ont pas encore fourni trois boules blanches, on ouvre les boîtes sur la seconde question intentionnelle, et ainsi de suite jusqu'à ce que le recensement des suffrages soit terminé, soit par l'ouverture de toutes les boîtes, soit par une somme de trois boules blanches, qui arrête et fixe la décision des jurés sur l'une des questions qui leur sont présentées successivement.

411. Les boules blanches fournies sur chacune des circonstances indépendantes d'un même délit ne s'additionnent pas entre elles, mais seulement avec les boules blanches fournies sur les questions relatives à l'existence du corps du délit, et à la conviction de l'auteur de ce délit.

412. La délibération étant terminée, le résultat en est rédigé par écrit, en autant d'articles séparés qu'il y a eu de questions décidées.

413. Tous les jurés alors rentrent dans l'auditoire, et y reprennent leurs places.

Le président leur demande quel est le résultat de leur délibération sur chacune des questions qu'il leur a présentées.

Le chef des jurés se lève, et dit : *Sur mon honneur et ma conscience, la déclaration du jury est que....*

Il donne lecture de cette déclaration, telle qu'elle a été arrêtée dans la chambre des jurés.

Il la signe, et la remet au président, qui la signe également et la fait signer par le greffier (1).

414. En cas de contravention de la part des jurés à l'une des règles qui leur sont prescrites par les articles 385 et suivans, leur déclaration est nulle, et le tribunal criminel est tenu, à peine de nullité du jugement qui pourrait intervenir sur le fond, de la rejeter du procès, en leur ordonnant de se retirer sur-le-champ dans leur chambre, pour en former une nouvelle.

415. La décision du jury ne peut jamais être soumise à l'appel (2).

Si néanmoins le tribunal est unanime-

---

(1) *Voy.* loi du 8 frimaire an 6.
(2) Lorsque les réponses aux questions soumises

aux jurés s'entre-détruisent par la contradiction qui existe entre elles, elles sont réputées non

ment d'avis que les jurés, tout en observant les formes, se sont trompés au fond, il ordonne que les trois jurés adjoints se réuniront aux douze premiers pour donner une nouvelle déclaration aux quatre cinquièmes de voix.

416. Nul n'a le droit de provoquer cette nouvelle déclaration ; le tribunal ne peut l'ordonner que d'office, et immédiatement après que la déclaration du jury a été prononcée à l'auditoire.

417. Il ne peut, à peine de nullité, y avoir lieu à une nouvelle délibération, dans le cas de l'article 415, que lorsque l'accusé a été convaincu, jamais lorsqu'il a été acquitté.

418. L'examen d'un procès, une fois entamé, ne peut être interrompu ni suspendu, et il doit être continué jusqu'à la déclaration du jury inclusivement, sauf les intervalles nécessaires pour le repos des juges, des jurés et des témoins.

419. Néanmoins, lorsqu'un témoin qui a été cité ne comparaît pas, le tribunal peut, sur la réquisition de l'accusateur public, et avant que les débats soient ouverts par la déposition du premier témoin inscrit sur la liste mentionnée en l'article 346, renvoyer l'affaire à la prochaine assemblée du jury de jugement.

420. Dans ce cas, tous les frais des citations, actes, voyages de témoins et autres, ayant pour objet de faire juger l'affaire dans cette session, sont à la charge du témoin qui n'a pas comparu ; et il y est condamné sur la réquisition du commissaire du pouvoir exécutif, par le jugement qui renvoie les débats à la session suivante.

Le même jugement ordonne, en outre, qu'il sera amené par la force publique à la prochaine session, pour y déposer.

421. Dans tout autre cas, le témoin qui n'a pas comparu est condamné à une amende triple de sa contribution personnelle.

Cette condamnation se prononce à la suite des débats, et sans désemparer, sur la réquisition du commissaire du pouvoir exécutif.

422. La voie de l'opposition est ouverte contre cette condamnation, ainsi que contre celle mentionnée en l'article précédent, dans les dix jours de la signification qui en a été faite à personne ou domicile, et l'opposition est reçue, si le témoin condamné prouve qu'il a été retenu par une maladie grave ou force majeure.

423. Tous les accusés présens qui sont compris dans le même acte d'accusation sont examinés par le même jury, et jugés sur la même déclaration.

Pour cet effet, le tribunal détermine celui qui doit être présenté le premier au débat, en commençant par le principal accusé, s'il y en a un.

Les autres coaccusés y sont présens, et peuvent faire leurs observations.

Il se fait ensuite un débat particulier pour chacun d'eux, sur les circonstances qui lui sont particulières.

TITRE VII. Du jugement et de l'exécution.

424. Lorsque l'accusé a été déclaré non convaincu, le président, sans consulter les juges ni entendre le commissaire du pouvoir exécutif, prononce qu'il est acquitté de l'accusation, et ordonne qu'il soit mis sur-le-champ en liberté (1).

425. Il en est de même si les jurés ont déclaré que le fait a été commis *involontairement, sans aucune intention de nuire*, ou *pour la légitime défense de soi ou d'autrui*.

426. Tout individu ainsi acquitté peut poursuivre ses dénonciateurs pour ses dommages-intérêts.

Il ne peut plus être repris ni accusé à raison du même fait (2).

427. Si l'accusé acquitté, ainsi qu'il vient d'être dit, du fait porté dans l'acte d'accu-

---

avenues ; dès-lors, il ne peut y avoir ni acquittement ni condamnation (18 messidor an 13 ; Cass. S. 4, 2, 699).

Le crime d'empoisonnement emporte toujours préméditation. Ainsi la déclaration du jury portant, d'une part, qu'il y a eu crime commis dans le dessein d'empoisonner, et de l'autre, qu'il n'y a pas eu préméditation ou intention criminelle, est nulle, comme contradictoire, et ne peut être la base d'un jugement (24 vendémiaire an 12 ; Cass. S. 6, 2, 513).

(1) Pour qu'un accusé puisse être acquitté par le président de la cour criminelle, sur la déclaration du jury de jugement, il n'est pas nécessaire qu'il prenne l'avis de la cour, et entende le ministère public en ses conclusions (12 vendémiaire an 13 ; Cass. S. 7, 2, 764).

Au cas d'une accusation de viol, si le jury de jugement déclare l'accusé convaincu, non de viol précisément, mais d'une tentative de viol, cette déclaration du jury suffit pour que la cour de jus-

tice criminelle doive prononcer, à raison de la tentative de viol, les peines correctionnelles portées par l'art. 8 du titre 2 de la loi du 19 juillet 1791. En ce cas, le président de la cour criminelle commet un excès de pouvoir s'il rend une ordonnance d'acquit (25 avril 1806 ; Cass. S. 6, 2, 564).

(2) Le même fait peut, après une action criminelle vainement tentée, devenir la matière d'une action civile (17 nivose an 13 ; Cass. S. 5, 1, 103).

Lorsque l'accusé a obtenu la cassation d'un arrêt qui le déclarait convaincu sur un chef d'accusation et l'acquittait sur d'autres, la cour devant laquelle l'affaire a été renvoyée ne peut plus remettre en jugement les chefs d'accusation sur lesquels l'accusé a été acquitté (7 fructidor an 12 ; Cass. S. 4, 2, 712).

L'arrêt qui décharge du décret et de l'accusation l'auteur prétendu d'une banqueroute frauduleuse, n'a pas force de chose jugée à l'égard de

sation, a été inculpé sur un autre fait, soit par des pièces, soit par les dépositions des témoins, le président, d'office, ou sur la demande de l'accusateur public, ordonne qu'il soit arrêté de nouveau.

Il reçoit les éclaircissemens que le prévenu donne sur le nouveau fait ; il délivre, s'il y a lieu, un mandat d'arrêt contre lui, et le renvoie devant le directeur du jury du lieu où siége le tribunal criminel, pour être procédé à une nouvelle instruction.

428. Lorsque l'accusé a été déclaré convaincu, le président, en présence du public, le fait comparaître, et lui donne lecture de la déclaration du jury (1).

429. Sur cela, le commissaire du pouvoir exécutif fait sa réquisition au tribunal pour l'application de la loi.

430. La partie plaignante fait également la sienne pour ses dommages-intérêts.

431. Le président demande à l'accusé s'il n'a rien à dire pour sa défense.

L'accusé ni ses conseils ne peuvent plus plaider que le fait est faux, mais seulement qu'il n'est pas défendu ou qualifié crime par la loi, ou qu'il ne mérite pas la peine dont le commissaire du pouvoir exécutif a requis l'application, ou qu'il n'emporte pas de dommages-intérêts au profit de la partie plaignante, ou enfin que celle-ci élève trop haut les dommages-intérêts qui lui sont dus.

432. Les juges prononcent ensuite, et sans désemparer, la peine établie par la loi, ou acquittent l'accusé, si le fait dont il est convaincu n'est pas défendu par elle.

Dans l'un et l'autre cas, ils statuent sur les dommages-intérêts prétendus par la partie plaignante ou par l'accusé (2).

Ils ne peuvent, à peine de nullité, y statuer que par le même jugement (3).

433. Lorsque les jurés ont déclaré que le fait de l'excuse proposée par le président dans la série des questions qui leur ont été remise est prouvée, les juges prononcent, ainsi qu'il est dit dans le livre *des Peines*.

434. Si le fait dont l'accusé est déclaré convaincu se trouve être du ressort soit des tribunaux de police, soit des tribunaux correctionnels, le tribunal criminel n'en prononce pas moins définitivement, et en dernier ressort, les peines qui auraient dû être prononcées par ces tribunaux.

435. Les juges délibèrent et opinent à voix basse ; ils peuvent, pour cet effet, se retirer dans la chambre du conseil : mais le jugement est prononcé à haute voix, en présence du public et de l'accusé, le tout à peine de nullité.

436. Avant de le prononcer, le président est tenu de lire le texte de la loi sur laquelle il est fondé.

437. Le greffier écrit le jugement ; il y insère le texte de la loi lue par le président (4).

438. La minute du jugement est signée par les cinq juges qui l'ont rendu, à peine de nullité.

439. Après avoir prononcé le jugement, le président retrace à l'accusé la manière généreuse et impartiale avec laquelle il a été jugé ; il l'exhorte à la fermeté et à la résignation ; il lui rappelle la faculté qu'il a de se pourvoir en cassation, et le terme dans lequel l'exercice de cette faculté est circonscrit.

440. Le condamné a trois jours francs, après celui où son jugement lui a été prononcé, pour déclarer au greffe qu'il se pourvoit en cassation.

Pendant ces trois jours il est sursis à l'exécution du jugement (5).

tel qui est ultérieurement dénoncé comme complice (14 prairial an 12 ; Cass. S. 4, 1, 308).

(1) Il n'est pas permis aux cours de justice criminelle d'établir comme constans, sous prétexte qu'ils résultent des débats, des faits sur lesquels il n'y a pas déclaration du jury (26 juin 1806 ; Cass. S. 6, 2, 579.)

(2) Lorsque le dénonciateur n'est pas partie au procès criminel qui s'est ensuivi de sa dénonciation, ce n'est pas à la cour criminelle de prononcer contre lui, en acquittant l'accusé : une condamnation de dommages-intérêts, c'est au tribunal civil du lieu de son domicile (25 fructidor an 4 et 29 vendémiaire an 5; Cass. S. 7, 2, 1090).

Celui qui n'a pas porté plainte ne peut intervenir dans un procès criminel pour y conclure à des dommages-intérêts (9 thermidor an 8 ; Cass. S. 1, 1, 328).

Les dommages-intérêts ne peuvent être accordés par un tribunal criminel à l'accusé, que dans le cas où il y a acquittement par le tribunal ; dans les autres cas, et lorsque le jury a déclaré le fait non constant ou l'intention non criminelle, les dommages-intérêts ne peuvent être poursuivis que par la voie civile (13 ventose an 7; Cass. S. 1, 1, 197).

Une commission militaire ne peut, après le jugement de l'accusé, condamner le dénonciateur à des dommages-intérêts (8 frimaire an 13 ; Cass. S. 5, 2, 17).

(3) Un tribunal de police ne peut statuer sur les dommages-intérêts prétendus à raison d'un délit dont la connaissance lui appartient, que par le même jugement qui applique à ce délit la peine infligée par la loi (17 mars 1807 ; S. 7, 2, 93).

(4) La prononciation de tout jugement qui inflige une condamnation doit être précédée de la lecture publique du texte de la loi sur laquelle cette condamnation est fondée.

Le texte doit être inséré dans la rédaction du jugement, le tout à peine de nullité (21 fructidor an 12 ; Cass. S. 4, 2, 512).

(5) Il n'y a pas nécessité de se pourvoir en cassation dans les trois jours, à peine de déchéance,

27.

441. Le commissaire du pouvoir exécutif peut également, dans les trois jours, déclarer au greffe qu'il demande, au nom de la loi, la cassation du jugement.

442. Néanmoins, dans le cas d'absolution par un jugement, le commissaire du pouvoir exécutif n'a que vingt-quatre heures pour se pourvoir ; et, pendant ce temps seulement, il est sursis à l'élargissement du prisonnier.

443. La condamnation est exécutée, ou dans les vingt-quatre heures qui suivent les trois jours dont il vient d'être parlé, s'il n'y a point eu de recours en cassation, ou dans les vingt-quatre heures de la réception du jugement du tribunal de cassation qui a rejeté la demande (1).

444. Cette exécution se fait par les ordres du commissaire du pouvoir exécutif, qui a le droit de requérir pour cet effet l'assistance de la force publique.

445. Elle se fait sur une des places publiques de la commune où le tribunal criminel tient ses séances.

446. Lorsque, pendant les débats qui ont précédé le jugement de condamnation, l'accusé a été inculpé, soit par des pièces, soit par des dépositions de témoins, sur d'autres faits que ceux portés dans l'acte d'accusation, le tribunal criminel ordonne qu'il sera poursuivi, à raison de ces nouveaux faits, devant le directeur du jury du lieu où il tient ses séances, mais seulement dans le cas où ces nouveaux faits méritent une peine plus forte que les premiers.

Dans ce cas, le tribunal sursoit à l'exécution de la première peine, jusqu'après le jugement sur les nouveaux faits.

TITRE VIII. De la cassation des jugemens.

447. La déclaration du recours en cassation, faite au greffe en conformité des articles 440 et 441, soit par le condamné, soit par le commissaire du pouvoir exécutif, est inscrite par le greffier sur un registre particulier à ce destiné (2).

448. Elle est signée du déclarant, ou, s'il ne sait pas signer, le greffier en fait mention.

449. Le condamné, soit en faisant la déclaration dont il vient d'être parlé, soit dans les dix jours suivans, remet au greffe une requête contenant ses moyens de cassation.

Le greffier lui en donne reconnaissance, et transmet sur-le-champ cette requête au commissaire du pouvoir exécutif.

450. Dans les dix jours qui suivent la déclaration du recours en cassation, le commissaire du pouvoir exécutif fait passer au ministre de la justice l'expédition du jugement, les pièces du procès, et la requête du condamné, s'il en a remis une.

451. Dans les vingt-quatre heures de la réception de ces pièces, le ministre de la justice les adresse au tribunal de cassation, et il en donne avis, dans les deux jours suivans, au commissaire du pouvoir exécutif près le tribunal criminel, lequel en avertit par écrit le président, le condamné et son conseil (3).

452. Le tribunal de cassation est tenu de prononcer sur le recours en cassation, dans le mois de l'envoi qui lui a été fait des pièces par le ministre de la justice.

453. Il rejette la requête ou annule le jugement.

Dans l'un ou l'autre cas, il motive sa décision.

S'il annule le jugement, il renvoie le fond du procès, savoir :

Devant un autre officier de police judiciaire que celui qui a fait la première instruction, si le jugement est annulé pour fait de ce dernier, non réformé par le directeur du jury ni par le tribunal criminel ;

Devant un autre directeur du jury que celui qui a dressé l'acte d'accusation, si le jugement est annulé pour fait de ce dernier ou du jury d'accusation, non réformé par le tribunal criminel ;

Devant un des deux tribunaux criminels les plus voisins, si le jugement est annulé pour fait du tribunal criminel ou du jury de jugement.

454. L'officier de police judiciaire et le directeur du jury auxquels se fait le renvoi du procès dans les cas prévus par l'article précédent, ne peuvent être pris que parmi ceux du ressort de l'un des deux tribunaux criminels les plus voisins de celui dont le jugement est annulé.

455. Le jugement du tribunal de cassation qui rejette la requête, est délivré, dans les trois jours, au commissaire du pouvoir exécutif près ce tribunal, par simple extrait signé du greffier.

---

contre le jugement d'une commission militaire vicié d'un excès de pouvoir (8 frimaire an 13 ; Cass. S. 4, 2, 18).

(1) Un juge-de-paix ne peut, en matière de police, déclarer son jugement exécutoire par provision (21 thermidor an 12 ; Cass. S. 4, 2, 175).

(2) Celui qui prouve que le greffier du lieu ne tenait pas de registre pour les déclarations de pourvoi est dispensé de justifier qu'il a déclaré

son pourvoi dans le délai (17 messidor an 7; Cass. S. 1, 1, 224).

(3) Pour que la Cour de cassation puisse statuer sur les pourvois faits en matières criminelle, correctionnelle ou de police, il faut que la déclaration de pourvoi, de la part du condamné, et toute la procédure, soient transmises à la cour, par le ministère de la justice, aux termes de cet article (17 juin 1806; Cass. S. 6, 2, 595).

Cet extrait est adressé au ministre de la justice, qui l'envoie aussitôt au commissaire du pouvoir exécutif près le tribunal criminel, lequel en donne connaissance, par écrit, au président, à l'accusé, à son conseil, et agit ensuite ainsi qu'il est réglé par l'article 443.

456. Le tribunal de cassation ne peut annuler les jugemens des tribunaux criminels que dans les cas suivans :

1° Lorsqu'il y a eu fausse application des lois pénales ;

2° Lorsque des formes ou procédures prescrites par la loi, sous peine de nullité, ont été violées ou omises ;

3° Lorsque, l'accusé ou le commissaire du pouvoir exécutif ayant requis l'exécution d'une formalité quelconque, à laquelle la loi n'attache pas la peine de nullité, cette formalité n'a pas été remplie ;

4° Lorsque le tribunal criminel a omis de prononcer sur une réquisition quelconque de l'accusé ou du commissaire du pouvoir exécutif ;

5° Lorsque, dans les cas où il en avait le droit, le tribunal criminel n'a pas prononcé les nullités établies par la loi ;

6° Lorsqu'il y a eu contravention aux règles de compétence établies par la loi pour la connaissance du délit ou pour l'exercice des différentes fonctions relatives à la procédure criminelle, ou qu'il y a eu, de quelque manière que ce soit, usurpation de pouvoir (1).

457. Le jugement du tribunal de cassation qui annule un jugement émané d'un tribunal criminel, est, par le ministre de la justice, adressé en expédition authentique au commissaire du pouvoir exécutif près ce tribunal, qui la communique au président, à l'accusé et à son conseil, et la dépose ensuite au greffe.

458. L'accusé dont la condamnation a été annulée par le tribunal de cassation est traduit en personne devant l'officier de police judiciaire, directeur du jury au tribunal criminel, à qui son procès est renvoyé, d'après les distinctions portées par l'article 453.

459. Si le jugement a été annulé pour fausse application de la loi, le tribunal criminel à qui le procès est renvoyé rend son jugement sur la déclaration déjà faite par le jury, après avoir entendu l'accusé ou son conseil, et le commissaire du pouvoir exécutif.

460. Si le jugement a été annulé pour une des autres causes mentionnées en l'article 456, l'officier de police judiciaire, directeur du jury au tribunal criminel recommence l'instruction, à partir du plus ancien des actes qui se trouvent frappés de nullité.

461. Aucun de ceux qui ont rempli les fonctions de jurés, soit d'accusation, soit de jugement, dans la procédure annulée, ne peut les remplir dans la nouvelle.

TITRE IX. Des contumaces.

462. Lorsque, sur une ordonnance de prise de corps ou de se représenter en justice, l'accusé n'a pu être saisi, et ne se présente pas dans les dix jours de la notification qui en a été faite à son domicile ;

Lorsque, après s'être présenté ou avoir été saisi, il vient à s'évader ;

Ou enfin lorsque, après avoir été admis à caution, il ne se présente pas au jour fixé pour l'examen du procès,

Le président du tribunal criminel rend une ordonnance portant qu'il sera fait perquisition de sa personne, et tout citoyen est tenu d'indiquer le lieu où il se trouve (2).

463. Cette ordonnance et celle de prise de corps ou de se représenter en justice sont publiées, le décadi suivant, à son de trompe ou de caisse, et affichées à la porte du domicile de l'accusé, ainsi qu'à celle de son domicile élu, ou, s'il n'est pas domicilié, à celle de l'auditoire du tribunal criminel.

Elles sont également notifiées à ses cautions, s'il en a fourni :

Le tout à la diligence du commissaire du pouvoir exécutif.

464. Le dixième jour après cette publication, le président du tribunal rend une seconde ordonnance portant qu'un tel est rebelle à la loi ; qu'en conséquence, il est déchu du titre et des droits de citoyen français ; que ses biens vont être et demeurent séquestrés au profit de la République, pendant tout le temps de sa contumace ; que toute action en justice lui est interdite

---

(1) *Voy.* mon Code d'instruction criminelle annoté, article 408. On aurait pu rapporter ici de nombreux arrêts qui ont fait différentes applications du principe consacré par l'article 456 ; mais la plupart sont reproduits dans le Code d'instruction criminelle annoté, où elles se trouvent réunies aux décisions rendues depuis la promulgation de ce nouveau Code, et présentent ainsi le tableau complet de la jurisprudence sur cette matière ; nos annotations, ne portant que sur le Code du 3 brumaire an 4, seraient nécessairement moins complètes, et auraient même l'inconvénient de rappeler des décisions devenues inutiles ou inapplicables, à raison du changement dans la législation.

(2) Les tribunaux de justice répressive ne peuvent, sans suspendre la poursuite des délits, et par conséquent sans commettre un excès de pouvoir, accorder à l'accusé contumax un délai pour se présenter (13 mars 1809 ; S. 10, 1, 349).

pendant le même temps, et qu'il va être procédé contre lui malgré son absence (1).

465. Dans le jour suivant, cette ordonnance est adressée, par le commissaire du pouvoir exécutif, au directeur des domaines et droits d'enregistrement du domicile du contumax.

Elle est en outre publiée, affichée et notifiée, sans aucun délai, aux lieux indiqués par l'article 463.

466. Après un nouveau délai de dix jours, le procès est continué dans la forme prescrite pour les accusés présens, sauf les exceptions ci-après.

467. Aucun conseil ou fondé de pouvoir ne peut se présenter pour défendre l'accusé contumax, soit sur les faits, soit sur l'application de la loi, soit sur la forme de la procédure.

Seulement, s'il est dans l'impossibilité absolue de se rendre, il peut envoyer son excuse, et en faire plaider la légitimité par un fondé de pouvoir.

Ses parens et ses amis ont la même faculté, en justifiant de son absence hors du territoire continental de la République, en vertu de passeport régulier, avant les premières poursuites faites contre lui.

468. Si le tribunal trouve l'excuse légitime, il ordonne qu'il sera sursis au jugement de l'accusé et au séquestre de ses biens, pendant un temps qu'il fixe, eu égard à la nature de l'excuse et à la distance des lieux.

469. Après la lecture de l'acte d'accusation, des ordonnances mentionnées dans les articles 462 et 464, et des procès-verbaux dressés pour en constater la proclamation et l'affiche, le président, après avoir entendu le commissaire du pouvoir exécutif, prend l'avis des juges sur la régularité ou l'irré-

gularité de l'instruction faite contre l'accusé.

470. Si l'instruction n'est pas conforme à la loi, le tribunal la déclare nulle, et ordonne qu'elle sera recommencée, à partir du plus ancien acte qui est jugé illégal.

471. Si l'instruction est régulière, le tribunal ordonne que les pièces et les déclarations écrites des témoins entendus devant l'officier de police judiciaire, devant le directeur du jury et devant le président du tribunal criminel, seront lues publiquement aux jurés.

Les témoins, dans ce cas, ne déposent point oralement.

472. La condamnation qui intervient contre un contumax est, dans les vingt-quatre heures de sa prononciation, et à la diligence du commissaire du pouvoir exécutif, affichée par l'exécuteur des jugemens criminels, à un poteau qui est planté au milieu de la place publique du lieu où le tribunal criminel tient ses séances.

473. Le recours en cassation n'est ouvert contre les jugemens par contumace qu'au commissaire du pouvoir exécutif (2).

474. En aucun cas, la contumace d'un accusé ne peut suspendre ni retarder l'instruction à l'égard de ses coaccusés présens.

Elle ne peut pas non plus, après le jugement de ceux-ci, empêcher la remise des effets déposés au greffe comme pièces de conviction, lorsqu'ils sont réclamés par les propriétaires intéressés à cette remise.

Cette remise est précédée d'un procès-verbal de description, dressé par le président ou par un juge qu'il a commis à cette fin.

475. Tous les fruits, revenus et produits qui sont, en exécution de l'ordonnance mentionnée dans l'article 464, perçus par

---

La condamnation à mort, même lorsqu'elle était rendue par contumace, emportait mort civile sous l'empire de la présente loi, comme sous la législation antérieure (22 janvier 1824; Agen; S. 25, 2, 8).

(1) Les biens des accusés ou condamnés continuent d'être régis par les préposés de l'administration, jusqu'à ce qu'il ait été statué sur le véritable sens des articles 27 et 28 du Code civil (5 septembre 1807; S. 7, 2, 333). Le sens des articles du Code a été fixé par l'avis du Conseil-d'Etat du 20 septembre 1809.

Le condamné, par contumace, à une peine afflictive temporaire, a pu, sous le Code pénal de 1791 et la loi du 3 brumaire an 4, aliéner ses biens au détriment des reprises du fisc, s'il n'y avait pas eu de séquestre apposé, si d'ailleurs l'acte d'aliénation n'a pas été fait exprès pour frauder les droits du fisc. Ainsi, l'accusation, et moins encore la prévention, ne suffit pas pour que le fisc ait un droit éventuel sur les propriétés de l'accusé ou prévenu. *Voy.* Code pénal du 25 septembre = 6 octobre 1791, article 2, titre 4,

1re partie (25 mai 1820; Cass. S. 20, 1, 331).

L'article 25 du Code civil, qui prive le condamné du droit de procéder en justice, en défendant on en demandant, n'est pas applicable à l'accusé contumace, en ce sens qu'il peut se défendre s'il est attaqué (10 nivose an 13 ; Cass. S. 6, 2, 78).

La vente faite par un contumace, sous l'empire du Code du 3 brumaire an 4, peut être déclarée nulle à l'égard du domaine et être maintenue, à l'égard des héritiers du contumace; des motifs suffisans pour faire annuler un contrat à l'égard de tiers dont il blesse les intérêts peuvent ne pas être également suffisans lorsqu'il s'agit de faire prononcer la nullité entre les contractans ou leurs représentans (27 mai 1828; Cass. S. 28, 1, 214; D. 28, 1, 256).

(2) La règle générale qui interdit le pourvoi en cassation aux contumaces n'est pas applicable à l'accusé condamné incompétemment, durant son absence, par une cour maritime (20 fructidor an 13; Cass. S. 6, 1, 95).

les receveurs des droits d'enregistrement, et par eux versés dans les caisses nationales, appartiennent irrévocablement à la République, sauf les secours à accorder à la femme, aux enfans, au père ou à la mère de l'accusé, s'ils sont dans le besoin.

Ces secours sont réglés par le Corps-Législatif.

476. Si l'accusé se constitue prisonnier, ou s'il est pris et arrêté, le jugement rendu et les procédures faites contre lui depuis l'ordonnance de prise de corps sont anéantis de plein droit, et il est procédé à son égard dans la forme ordinaire (1).

477. Néanmoins les dépositions écrites des témoins décédés pendant son absence sont lues aux jurés, qui y ont tel égard que de raison, en observant toujours que les preuves écrites ne sont point la règle unique de leurs décisions, et qu'elles ne leur servent que de renseignemens.

478. L'accusé contumax, à compter soit du jour où il a été arrêté, soit de celui où il s'est lui-même constitué prisonnier, rentre dans l'exercice de tous ses droits, et ses biens, à l'exception des fruits perçus ou échus antérieurement, lui sont rendus.

479. Dans le cas d'absolution, l'accusé qui a été contumax est condamné, par forme de correction, à garder prison pendant une décade : le juge lui fait en public une réprimande pour avoir douté de la justice et de la loyauté de ses concitoyens, et il ne lui est accordé aucun recours contre son dénonciateur (2).

480. La peine portée dans le jugement de condamnation par contumace est prescrite par vingt ans, à compter de la date du jugement.

481. Mais, ce temps passé, l'accusé n'est plus reçu à se présenter pour purger sa contumace.

482. Après la mort du contumax, prouvée légalement, ou après cinquante ans de la date de sa condamnation, ses biens, à l'exception des fruits perçus ou échus antérieurement, sont restitués à ses héritiers légitimes.

Néanmoins, après vingt ans, les héritiers peuvent, en donnant caution, être envoyés provisoirement en possession des biens.

TITRE X. Des listes des jurés d'accusation et de jugement.

483. La loi appelle aux fonctions de jurés tous les citoyens âgés de trente ans accomplis, qui réunissent les conditions requises pour être électeurs (3).

484. Néanmoins, ces fonctions sont incompatibles avec celles de représentans du peuple, de membres du Directoire exécutif, de ministres, de juges, d'accusateurs publics, d'officiers de police judiciaire, et de commissaires du pouvoir exécutif, soit près les administrations départementales et municipales, soit près les tribunaux (4).

Les septuagénaires peuvent s'en dispenser.

485. Tous les trois mois, chaque administration départementale forme, d'après ses connaissances personnelles, et les renseignemens qu'elle se fait donner par les administrations municipales, une liste de citoyens domiciliés dans l'étendue du département, qu'elle juge propres à remplir les fonctions de jurés, tant d'accusation que de jugement.

486. Elle divise cette liste en autant de parties qu'il y a de directeurs du jury dans le département.

487. Elle y porte autant de citoyens de chaque arrondissement de jury d'accusation qu'il y existe de milliers d'habitans ; en sorte que, jusqu'à quinze cents habitans, elle

---

(1) Tout condamné par contumace qui comparaît en justice est jugé de nouveau, encore que, pour éviter un second jugement, le condamné veuille se soumettre à exécuter celui qui a été rendu pendant *son absence* (29 ventose an 10; Cass. S. 2, 2, 382).

L'absolution prononcée en faveur d'un contumax est définitive. Son arrestation n'a d'effet d'anéantir le jugement que quand il a prononcé des condamnations contre lui (18 ventose an 13; Cass. S. 4, 2, 688).

Lorsqu'un jugement a été rendu par contumace contre plusieurs accusés, la comparution volontaire ou l'arrestation de quelques-uns des accusés n'a pas l'effet d'anéantir le jugement à l'égard des accusés persévérant dans la contumace (9 vendémiaire an 10; Cass. S. 2, 2, 371).

(2) Le condamné par contumace, qui se présente, et obtient un jugement d'absolution, supporte les frais de la procédure sur laquelle est intervenue la première condamnation; mais il n'est

pas tenu des frais de la procédure, faits depuis sa représentation en justice.

En cas de décès du condamné dans les cinq ans du jugement contradictoire, ou par contumace, la condamnation aux frais est exécutoire contre ses héritiers ou ayant-cause (22 octobre 1807; S. 7, 2, 300).

(3) Doit être cassé l'arrêt auquel a concouru un juré qui, au jour de l'ouverture des débats, avait trente ans *moins un jour* (19 prairial; Cass. S. 4, 2, 140).

(4) L'accusé ne peut être privé des jurés qu'il a acceptés, sous le prétexte qu'ils sont parens entre eux au degré prohibé : à cet égard, les lois ne contiennent ni exclusion ni défense (10 février 1809; Cass. S. 7, 2, 1036).

Un maire, étant officier de police judiciaire, ne pouvait, à peine de nullité, être juré sous l'empire du Code du 3 brumaire (13 juin 1811; S. 12, 1, 71).

nomme un juré; qu'elle en nomme deux depuis quinze cent un jusqu'à deux mille cinq cents, et ainsi de suite.

488. Cette liste ne peut être arrêtée qu'a-près avoir été communiquée au commissaire du pouvoir exécutif près l'administration départementale, pour y faire ses observations.

489. Le commissaire du pouvoir exécutif la fait imprimer, et l'envoie tant à ceux dont les noms y sont inscrits qu'aux directeurs du jury d'accusation, et au président du tribunal criminel du département, le tout au moins une décade avant le commencement du trimestre pour lequel elle doit servir.

490. Le même citoyen peut être successivement placé sur les quatre listes qui se font pendant une année; mais, une fois qu'il a assisté à un jury de jugement, il peut s'excuser d'y assister une seconde fois dans le cours de la même année, à moins qu'il n'habite la commune où siége le tribunal criminel.

TITRE XI. De la manière de former et de convoquer le jury d'accusation.

491. Le jury d'accusation s'assemble, chaque décadi, sur la convocation du directeur du jury.

492. Chaque décadi, le directeur du jury d'accusation, sur la partie de la liste mentionnée en l'article 486, qui comprend les citoyens domiciliés dans son arrondissement, fait tirer publiquement au sort, en présence du commissaire du pouvoir exécutif, établi près de lui, les huit citoyens qui devront, le décadi suivant, former le jury d'accusation.

493. Dans les cas prévus par les articles 290 et 297, l'accusateur public et le président du tribunal civil forment respectivement le tableau du jury d'accusation, sur la liste partielle de l'arrondissement du jury d'accusation dans lequel ils exercent leurs fonctions.

494. Lorsqu'il y a lieu d'assembler le jury d'accusation, ceux qui doivent le composer sont avertis, quatre jours d'avance, de se rendre au jour fixé, sous peine de trente livres d'amende, et d'être privés du droit d'éligibilité et de suffrage pendant deux ans, avec impression et affiche du jugement dans toutes les communes de l'arrondissement du directeur du jury, à leurs frais (1).

495. Lorsque les citoyens inscrits sur la liste prévoient, pour l'un des jours d'assemblée du jury d'accusation, quelque obstacle qui pourrait les empêcher de s'y rendre, s'il arrivait qu'ils y fussent appelés par le sort, ils en donnent connaissance au directeur

du jury, deux jours au moins avant celui de la formation du tableau des huit pour lequel ils désirent d'être excusés.

496. La valeur de cette excuse est jugée, dans les vingt-quatre heures, par le directeur du jury, le commissaire du pouvoir exécutif préalablement entendu.

497. Si l'excuse est jugée suffisante, le nom de celui qui l'a présentée est retiré pour cette fois de la liste.

Si elle est jugée non valable, son nom est soumis au sort comme les autres.

498. Si celui qui a présenté l'excuse est désigné par le sort pour être un des huit qui forment le tableau du jury d'accusation, il lui est signifié que son excuse a été jugée non valable, qu'il est sur le tableau des jurés, et qu'il ait à se rendre au jour fixé pour l'assemblée.

Copie de cette signification est laissée à sa personne; à défaut de signification à sa personne, elle est laissée à un officier ou agent municipal du lieu, ou son adjoint, qui est tenu de lui en donner connaissance.

499. Tout juré qui ne s'est pas rendu sur la sommation qui lui en a été faite est condamné aux peines mentionnées dans l'article 594.

Sont exceptés de la présente disposition ceux qui prouveraient qu'ils sont retenus pour cause de maladie grave ou force majeure.

500. Dans tous les cas, s'il manque un ou plusieurs jurés au jour indiqué, le directeur du jury le fait remplacer par un citoyen de la commune du lieu où le jury se trouve assemblé.

Ce citoyen est tiré au sort, en présence du commissaire du pouvoir exécutif et du public, sur la liste partielle formée en exécution de l'article 486 ci-dessus, et subsidiairement parmi les citoyens du lieu âgés de trente ans accomplis.

501. Le directeur du jury est tenu de joindre à chaque déclaration du jury d'accusation qu'il envoie au tribunal criminel une copie du tableau des citoyens qui l'ont rendue, à peine de suspension de ses fonctions et de privation de son traitement pendant six mois.

Cette peine est prononcée par le tribunal criminel, sur les conclusions du commissaire du pouvoir exécutif.

TITRE XII. De la manière de former le jury de jugement.

502. Nul ne peut être juré de jugement dans la même affaire où il a été juré d'accusation.

503. Le 1er de chaque mois, le président du tribunal criminel, en présence de deux

<hr>

(1) Voy. loi du 24 ventose an 5.

officiers municipaux, qui promettent de garder le secret, présente à l'accusateur public la liste qui lui a été adressée par le commissaire du pouvoir exécutif près l'administration de département.

L'accusateur public a la faculté d'en exclure un sur dix, sans donner de motifs (1).

Le reste des noms est mis dans un vase pour être tiré au sort, et former le tableau tant des douze jurés que des trois adjoints.

504. Le tableau des jurés de jugement, ainsi formé, est présenté à l'accusé, qui peut, dans les vingt-quatre heures, et sans donner de motifs, récuser ceux qui le composent : les jurés récusés sont remplacés par le sort.

505. Quand l'accusé a exercé vingt récusations, celles qu'il présente ensuite doivent être fondées sur des causes dont le tribunal juge la validité.

506. S'il y a plusieurs coaccusés, ils peuvent se concerter pour exercer les vingt récusations que la loi leur accorde, sans en déclarer les motifs.

Ils peuvent aussi les exercer séparément.

507. Mais, dans l'un et l'autre cas, la faculté de récuser sans en déclarer les motifs ne peut s'étendre au-delà du nombre de vingt jurés, quel que soit celui des accusés.

508. Si les accusés ne se concertent pas pour récuser, le sort règle entre eux le rang dans lequel se feront les récusations; et, dans ce cas, chacun d'eux récuse successivement un des jurés, jusqu'à ce que la faculté de récusation soit épuisée.

509. Les accusés peuvent se concerter pour récuser une partie des vingt jurés, sauf à exercer ensuite séparément le reste des récusations, suivant le rang fixé entre eux par le sort.

510. Lorsque les citoyens inscrits sur une des listes servant à former le tableau des jurés de jugement prévoient, pour le 15 du mois suivant, quelque obstacle qui pourrait les empêcher de se rendre à l'assemblée du jury, s'il arrivait qu'ils y fussent appelés par le sort, ils en donnent connaissance au président du tribunal criminel, deux jours au moins avant le 1er du mois pendant lequel ils désirent d'être excusés.

511. La valeur de cette excuse est jugée dans les vingt-quatre heures par le tribunal criminel.

512. Si l'excuse est jugée suffisante, le nom de celui qui l'a présentée est retiré pour cette fois de la liste.

Si elle est jugée non valable, son nom est soumis au sort comme les autres.

513. Si celui qui a présenté l'excuse est désigné par le sort pour être soit l'un des douze qui forment le tableau du jury de jugement, soit l'un des trois jurés adjoints, il lui est signifié que son excuse a été jugée non valable, qu'il est sur le tableau du jury, et qu'il ait à se rendre au jour fixé pour l'assemblée des jurés.

Copie de cette signification est laissée à sa personne ; et, à défaut de signification à sa personne, elle est laissée à un officier ou agent municipal du lieu, ou son adjoint, qui est tenu de lui en donner connaissance.

514. Tout juré qui ne s'est pas rendu sur la sommation qui lui en a été faite est condamné à cinquante livres d'amende, à la privation de son droit d'éligibilité et de suffrage pendant deux ans, et aux frais de l'impression et affiche du jugement dans toute l'étendue du département.

Sont exceptés de la présente disposition ceux qui prouveraient qu'ils ont été retenus par une maladie grave ou force majeure.

515. Dans tous les cas, s'il manque un ou plusieurs jurés au jour indiqué, le président les fait remplacer par des citoyens de la commune où siège le tribunal, lesquels sont tirés au sort sur la liste partielle de l'arrondissement du jury d'accusation dont cette commune fait partie, et subsidiairement parmi les citoyens du lieu ayant trente ans accomplis.

TITRE XIII. Des jurés spéciaux.

516. Toute affaire dans laquelle, d'après la Constitution et les articles 140, 141 et 142 ci-dessus, le directeur du jury exerce immédiatement les fonctions d'officier de police judiciaire, doit être soumise à des jurés spéciaux d'accusation et de jugement (2).

517. Il en est de même de toute affaire qui a pour objet un faux en écriture ou fabrication, une banqueroute frauduleuse, une con-

---

(1) En matière criminelle, le ministère public ne peut récuser qu'un juré sur dix ; toute récusation ultérieure, qui ne serait pas motivée, est une cause de nullité de la liste des jurés et de tout ce qui a suivi la formation de cette liste (6 floréal an 13 ; Cass. S. 5, 2, 63).

(2) Aucune loi ne définissant les attentats contre la sûreté individuelle, qui, d'après les articles 140 et 516 doivent être soumis à des jurés spéciaux, il n'y a pas ouverture à cassation contre un arrêt qui aurait refusé d'y comprendre l'assassinat et le viol (18 pluviôse an 13 ; S. 7, 2, 789).

La règle qui fait juger par un tribunal spécial le complice d'un vagabond ne s'applique pas au cas où le complice est mis en jugement après le procès fait à l'auteur principal, personnellement justiciable du tribunal spécial (22 avril 1809 ; S. 9, 1, 383).

Les tribunaux civils sont seuls compétents pour connaître des contestations purement civiles

cussion, un péculat, un vol de commis ou d'associés en matière de finance, commerce ou banque, une forfaiture, ou un écrit imprimé (1).

---

s'élèvent en suite d'un arrêt de cour spéciale, soit que ces contestations concernent l'exécution même de l'arrêt, soit qu'elles se rapportent aux indemnités que réclament les parties (5 décembre 1806; Cass. S. 6, 2, 596).

Lorsque le prévenu d'un cas spécial oppose qu'il a déjà été acquitté du crime qu'on lui impute, la cour criminelle doit prononcer sur cette exception, en statuant sur sa compétence. Elle ne peut joindre l'exception au fond du procès (10 août 1809; Cass. S. 7, 2, 1064).

Lorsque, devant une cour spéciale, le prévenu oppose l'exception de la chose jugée, la cour doit examiner le mérite de l'exception avant de déclarer sa compétence sur le fond (11 août 1809; S. 10, 1, 280).

Il est nécessaire, à peine de nullité, que l'arrêt de compétence que rendent les cours de justice criminelle spéciales soit déterminé par la conviction personnelle des juges. Ainsi, il y a lieu de casser un arrêt de la justice spéciale, lorsque la cour s'est déclarée compétente pour connaître d'un prétendu faux, sur le seul exposé du ministère public (18 prairial an 13; Cass. S. 7, 2, 843).

Lorsqu'un décret impérial attribue la connaissance d'un délit à une commission militaire spéciale, si, par le résultat de l'instruction, ce délit n'offre plus les mêmes caractères de gravité, et rentre dans la classe des délits ordinaires, la commission militaire cesse d'être compétente : il y a excès de pouvoir si elle statue, et, dans ce cas, la voie de cassation est ouverte au profit des condamnés (8 mai 1806; Cass. S. 7, 2, 844).

Un tribunal spécial déclaré compétent cesse de l'être alors que change la nature des délits à lui soumis (20 pluviose an 12; Cass. S. 4, 2, 105).

Lorsqu'un magistrat civil accompagne une force armée qu'il a requise pour dissiper un attroupement séditieux ou une rixe, et que des violences sont opposées avec armes, tant aux magistrats civils qu'aux militaires qu'il a requis, la cour spéciale devant laquelle les prévenus de ces violences sont traduits ne peut renvoyer aux tribunaux ordinaires le jugement de celles exercées contre le magistrat civil, et ne peut retenir que le jugement des violences exercées contre les militaires. En ce cas, elle doit statuer sur le tout (21 janvier 1808; Cass. S. 7, 2, 857 à 859).

La résistance à main armée, faite à des garnisaires, ne constitue pas un crime de rébellion à la force publique. Une telle résistance ne peut pas être jugée par les cours spéciales (17 avril 1809; Cass. S. 10, 1, 352).

L'outrage envers un fonctionnaire public dans l'exercice de ses fonctions est un délit dont la cour spéciale doit connaître, s'il a été commis en même temps qu'un délit de rébellion envers la garde nationale (21 janvier 1808; S. 9, 1, 162).

(1) La cour spéciale dans le ressort de laquelle a été fait usage d'une pièce fausse est compétente pour juger non-seulement l'individu prévenu d'avoir fait cet usage, mais encore celui qui a fabriqué la pièce dans le ressort d'une au-

tre cour spéciale (14 germinal an 13; S. 20, 1, 477).

Devant une cour de justice criminelle spéciale, et en matière de faux, l'exception de chose jugée est préjudicielle à la question de compétence (10 août 1809; S. 10, 1, 61).

Les faux commis volontairement par un fonctionnaire public dans les actes de son ministère sont essentiellement présumés criminels. Il en résulte une prévention de crime sans qu'il soit besoin d'examiner l'intention (22 janvier 1807; S. 7, 2, 691.)

La connaissance d'un faux commis par un huissier dans des exploits, procès-verbaux, etc., au moyen d'énonciations mensongères, appartient aux cours de justice criminelle spéciale. —Il peut y avoir faux, encore que lesdits exploits et procès-verbaux soient revêtus des formalités voulues par la loi (2 janvier 1807; S. 7, 2 689).

L'énonciation mensongère d'un notaire ayant pour objet de dissimuler qu'un acte a été passé hors de son arrondissement est une fraude à la loi, et un faux caractérisé (11 avril 1809; S. 10, 1, 292).

Lorsqu'un huissier porte en compte, au préjudice du Trésor public, des articles faux ou altérés, ce n'est pas essentiellement un faux caractérisé; s'il n'a produit à l'appui aucune pièce fausse, ce n'est qu'une escroquerie (7 septembre 1810; S. 11, 1, 126).

La circonstance qu'il n'y a pas eu intention de nuire n'autorise pas une cour spéciale à se déclarer incompétente à raison d'un faux commis par un huissier.

De fausses énonciations dans les actes d'huissier sont un faux caractérisé (22 janvier 1807; S. 7, 1, 556).

Celui qui fabrique un certificat de maladie sous le nom d'un officier de santé, pour faire transférer un prisonnier de la maison d'arrêt, où il est détenu, dans un hospice, commet un crime de faux (22 mai 1807; S. 20, 1, 493).

Il n'y a pas crime de faux de la part de celui qui se présente, sous un nom qui n'est pas le sien, en remplacement d'un conscrit appelé au service militaire, s'il n'a pris dans aucun acte le nom sous lequel il a été présenté et admis. Peu importe d'ailleurs que ce nom ait été porté comme étant le sien dans les états et contrôles militaires (29 messidor an 13; Cass. S. 7, 2, 964).

Celui qui fabrique un passeport pour se soustraire à la surveillance de la police commet en cela un crime de faux caractérisé (15 décembre 1807; S. 2, 701 et 720).

Les fermiers de bacs qui affichent des pancartes sur lesquelles ils indiquent des droits plus forts que ceux autorisés par l'administration commettent un faux de la compétence d'un tribunal spécial.

Voy. les lois du 23 floréal an 10, 15 nivose an 12; Cass. S. 4, 2, 102.

Lorsqu'on fabrique un acte privé qui ne contient ni obligation ni quittance, mais une simple invitation à donner pour être employé à des œu-

518. Pour former le jury spécial d'accusation, le commissaire du pouvoir exécutif près le directeur du jury choisit seize citoyens ayant les qualités et connaissances nécessaires pour prononcer sainement et avec impartialité sur le genre du délit.

Sur ces seize citoyens, il en est tiré au sort huit, de la manière réglée par l'article 492, lesquels composent le tableau du jury d'accusation.

519. La liste destinée à former le jury spécial de jugement est dressée par le président de l'administration départementale ; il choisit, à cet effet, trente citoyens ayant les qualités et connaissances ci-dessus désignées (1).

520. Sur ces trente citoyens, le président du tribunal criminel en fait tirer au sort quinze pour former un tableau de jurés et d'adjoints, lequel est présenté à l'accusé ou aux accusés, qui ont droit de récuser ceux qui le composent, au nombre et selon le mode réglés par les articles 504 et suivans.

521. Une première récusation peut être faite sur la liste entière, comme ayant été formée en haine de l'accusé ; et si le tribunal le juge ainsi, le vice-président de l'administration départementale forme une nouvelle liste, dans laquelle ne peuvent être portés ceux qui l'ont été sur la première.

522. Tous les membres du jury spécial qui ont été récusés sont remplacés par des citoyens tirés au sort, d'abord parmi les quinze autres choisis par le président du département, et subsidiairement parmi des citoyens tirés au sort dans la liste ordinaire des jurés.

523. L'accusateur public n'a aucune récusation à exercer sur les jurés spéciaux.

524. Les tableaux des jurys d'accusation et de jugement peuvent être formés, et ces jurys peuvent s'assembler, les jours que le directeur du jury et le président du tribunal criminel trouvent respectivement convenable de fixer pour chaque affaire.

525. Toute contravention aux dispositions du présent titre et des trois précédens emporte nullité.

TITRE XIV. Procédure particulière sur le faux.

526. Dans toutes les plaintes ou dénonciations en faux, les pièces arguées de faux sont déposées au greffe, et signées par le greffier, qui en dresse un procès-verbal détaillé ;

Elles sont ensuite signées et paraphées par le directeur du jury, ou, dans le cas de l'article 143, par le juge-de-paix, ainsi que par la partie plaignante ou dénonciatrice.

Elles le sont également par le prévenu au moment de sa comparution ;

Le tout à peine de nullité (2).

527. Les plaintes et dénonciations en faux peuvent toujours être reçues, quoique les pièces qui en sont l'objet aient pu servir de fondement à des actes judiciaires ou civils.

vres pieuses de l'argent qu'on s'approprie, il n'y a là qu'une escroquerie, et non un crime de faux (14 germinal an 13 ; Cass. S. 7, 2, 965).

La substitution d'un ordre à un acquit n'est pas un faux criminel de la compétence des cours spéciales, si cette substitution ne nuit à personne (11 février 1808 ; Cass. S. 7, 2, 934).

Celui qui prend par écrit une qualité qu'il n'a pas, pour jouir des avantages attachés à cette qualité, commet le crime de faux ; notamment un militaire qui prend faussement par écrit la qualité de capitaine, reçoit les appointemens de ce grade, donne quittance, et signe des feuilles de route (21 avril 1808 ; Cass. S. 7, 2, 966).

Celui qui se présente chez un notaire pour faire souscrire à son profit une donation, par une personne qui s'oblige faussement sous le nom d'un tiers, commet un faux ou une tentative de faux, suivant que l'acte reçoit ou ne reçoit pas la perfection par la signature du notaire (9 juillet 1807 ; Cass. S. 7, 2, 966).

Il y a faux de la part de celui qui signe ou fait signer une lettre-de-change de noms de prétendus tireurs ou endosseurs qui n'existent pas, et la met en circulation après l'avoir revêtue de sa propre signature.

Il y a tentative de faux de la part de celui qui, pour faire circuler de pareilles lettres-de-change, fait graver les modèles sur les traites originales des banquiers dont il se propose d'emprunter les noms, et de contrefaire les signatures (4 septembre 1807 ; Cass. S. 7, 2, 966).

Il y a faux de la part de celui qui, dans l'acte de naissance de son fils naturel, signe méchamment, et à dessein de nuire, le prénom de son frère. Il n'y a pas faux de la part du père qui déclare faussement dans l'acte de naissance que la mère de l'enfant est sa femme, lorsque sa véritable épouse est existante (5 février 1808 ; Cass. S. 7, 2, 966).

Lorsqu'un voiturier se charge, sous un faux nom qu'il prend verbalement, de marchandises à transporter dans un lieu, et qu'il vend ensuite à son profit individuel, c'est là une escroquerie ou un simple vol : ce n'est point un faux caractérisé (14 germinal an 13 ; Cass. S. 7, 2, 965).

La subornation des témoins, lorsqu'il n'y a pas eu faux témoignage porté ou tenté, ne peut pas être considérée comme complicité de faux témoignage (9 mars 1809 ; S. 9, 1, 252).

La contrefaçon des cachets des autorités constituées est un crime de faux en écritures publiques, dont la connaissance appartient aux tribunaux spéciaux (11 ventose an 12, Cass. S. 4, 2, 686).

Voy. lois du 18 pluviose an 9 et du 23 floréal an 10.

(1) La formation des listes de jurés spéciaux appartient à l'autorité administrative ; le ministère public n'a pas le droit d'y concourir.

Voy. la loi du 6 germinal an 8, art. 4 et 5 ; 23 ventose an 13 ; Cass. S. 7, 2, 1035.

(2) Le fonctionnaire public qui a dénoncé à la justice un faux qu'il a découvert dans l'exercice

528. Tout dépositaire public ou particulier de pièces arguées de faux est tenu, sous peine d'y être contraint par corps, de les remettre, sur l'ordre qui en est donné par écrit par le directeur du jury, ou, dans le cas de l'article 143, par le juge-de-paix.

Cet ordre lui sert de décharge envers tous ceux qui ont intérêt à la pièce.

529. Les pièces qui peuvent être fournies pour servir de comparaison sont signées et paraphées à toutes les pages par le greffier, par le directeur du jury, ou, dans le cas de l'article 143, par le juge-de-paix et par le plaignant ou dénonciateur, ou son fondé de procuration spéciale, ainsi que par le prévenu au moment de sa comparution; le tout à peine de nullité.

530. Les dépositaires publics seuls peuvent être contraints à fournir les pièces de comparaison qui sont en leur possession, sur l'ordre par écrit du directeur du jury, ou, dans le cas de l'article 143, du juge-de-paix, lequel leur sert de décharge envers ceux qui pourraient avoir intérêt à la pièce.

531. S'il est nécessaire de déplacer une pièce authentique, il en est laissé dans le dépôt une copie collationnée, laquelle est signée par le juge-de-paix du lieu.

532. Lorsque les témoins s'expliquent sur une pièce du procès, ils sont tenus de la parapher.

533. Si, dans le cours d'une instruction ou d'une procédure, une pièce produite est arguée de faux par une des parties, elle somme l'autre partie de déclarer si elle entend se servir de la pièce.

534. Si la partie déclare qu'elle ne veut pas se servir de la pièce, elle est rejetée du procès, et il est passé outre à l'instruction et au jugement.

535. Si la partie déclare qu'elle entend se servir de la pièce, l'instruction sur le faux est suivie civilement devant le tribunal saisi de l'affaire principale (1).

536. Mais, si la partie qui a argué de faux la pièce soutient que celui qui l'a produite est l'auteur du faux, l'accusation est suivie criminellement dans les formes ci-dessus prescrites; et, conformément à l'article 8, il est sursis au jugement du procès civil jusqu'après le jugement de l'accusation en faux (2).

537. Les juges, les commissaires du pouvoir exécutif près les tribunaux, et les officiers de police, sont tenus de poursuivre et de dénoncer, dans la forme ci-dessus réglée, tous les auteurs et complices de faux qui peuvent venir à leur connaissance.

538. L'officier public poursuivant, ainsi que le plaignant ou dénonciateur, peuvent présenter au jury d'accusation et à celui de jugement toutes les pièces et preuves du faux; mais l'accusé ne peut être contraint à en produire ou en former aucune.

539. Si un tribunal trouve dans la visite d'un procès, même civil, des indices qui conduisent à connaître l'auteur d'un faux, le président délivre le mandat d'amener, et remplit d'office, à cet égard, les fonctions d'officier de police judiciaire.

540. Lorsque des actes authentiques ont été déclarés faux en tout ou en partie, leur rétablissement, radiation ou réformation est ordonné par le tribunal qui a connu de l'affaire; les pièces de comparaison sont renvoyées sur-le-champ dans les dépôts dont elles ont été tirées.

541. Dans tout le reste de l'instruction, l'on procède sur le faux comme sur les autres délits, sauf les exceptions suivantes, qui sont particulières au crime de fausse monnaie (3).

542. Les directeurs du jury, les juges-de-

---

de ses fonctions n'est pas tenu de remplir les formalités que la loi impose en matière de faux à la partie plaignante ou dénonciatrice (8 messidor an 13; S. 7, 2, 892).

Dans une procédure en faux, les jugements peuvent, indépendamment du procès-verbal ordonné par cet article, nommer des experts écrivains pour reconnaître et apprécier le faux. Ces experts, après avoir fait leur rapport, peuvent être entendus dans les débats comme témoins (22 prairial an 10; Cass. S. 7, 2, 979).

Lorsque la pièce arguée de faux n'existe pas, on peut encore en poursuivre les auteurs (7 thermidor an 8; Cass. S. 1, 2, 266).

(1) Les dispositions de l'ordonnance de 1737, titre 2, articles 28 et 29, sont rapportées. Ainsi, les moyens de faux doivent être communiqués au défendeur (8 brumaire an 7; Cass. S. 1, 1,174).

Le jugement qui admet ou rejette des moyens de faux incident doit être rendu à l'audience, et non à la chambre du conseil (1er germinal an 11; Cass. S. 3, 2, 257).

Lorsqu'en matière de faux incident civil une partie a été admise à faire la preuve de ses moyens c'est par enquête, et non par information, qu'il doit être procédé. A cet égard, cet article déroge à l'article 31 du titre 2 de l'ordonnance de 1667 (16 brumaire an 13; Cass. S. 7, 2, 980).

(2) Le faux incident doit être jugé par les tribunaux criminels, si le faux est dénoncé comme l'ouvrage de personnes indiquées par le rendant plainte (29 thermidor an 10; Cass. S. 2, 1, 361).

En matière de faux incident, la voie criminelle ne peut être prise que lorsque le demandeur soutient que son adversaire est l'auteur du faux.

L'ordonnance de 1737, sur le faux, n'a point été abrogée par le Code des délits et des peines (6 pluviose an 11; Cass. S. 3, 1, 225).

(3) Lorsqu'on prend le parti de l'inscription de faux pour prouver que les témoins n'ont pas assisté à toute la confection du testament, ces témoins eux-mêmes peuvent être entendus, et leurs dépositions suffisent pour motiver des poursuites

paix, les commissaires de police, les agens municipaux et leurs adjoints, sont autorisés à faire, en présence de deux citoyens domiciliés dans le canton, ou après les avoir requis de les assister, les ouvertures de portes, et perquisitions nécessaires chez les personnes suspectes de fabrication ou distribution de fausse monnaie métallique ou autre, sur les dénonciations revêtues des caractères exigés par la loi, ou d'après les renseignemens que ces officiers ont pris d'office.

Ils sont également autorisés à saisir toutes pièces de conviction, et à faire mettre les prévenus en état d'arrestation.

L'agent du Trésor public à Paris, et, dans les départemens, les commissaires du pouvoir exécutif, tant près les administrations départementales et municipales que près les tribunaux, sont spécialement chargés de requérir ces recherches et perquisitions.

543. Les visites domiciliaires qu'il y a lieu de faire, d'après l'article 542, sont précédées d'une ordonnance qui, conformément à l'article 359 de la Constitution, désigne la présente loi comme autorisant ces visites, les personnes chez lesquelles elles doivent se faire, et leur objet.

544. Les directeurs du jury et les autres officiers désignés en l'article 542, qui ont commencé la recherche d'un délit de fabrication ou distribution de fausse monnaie métallique ou autre, la continuent, et font, en se conformant à la loi, les visites nécessaires hors de leur ressort.

545. Si un particulier, complice d'une fabrication de fausse monnaie métallique ou autre, vient le premier la dénoncer, il est exempt de la peine qu'il a encourue.

- Il reçoit en outre une récompense pécuniaire, s'il procure l'arrestation des faussaires, ainsi que la saisie des matières et instrumens de faux.

546. La loi excepte pareillement de toute peine celui qui, étant complice d'une fabrication de fausse monnaie métallique ou autre, procure de son propre mouvement, après qu'elle est dénoncée, l'arrestation des faussaires et la saisie des matières et instrumens de faux.

547. Les dispositions des deux articles précédens s'appliquent aux complices de fabrication de fausse monnaie métallique ou autre, entreprise hors de France, qui la dénonceraient, soit aux autorités constituées en France même, soit aux agens de la République près les Gouvernemens étrangers, ou qui procureraient l'arrestation des faussaires et la saisie des matières et instrumens de faux.

TITRE XV. Manière de procéder en cas de destruction ou enlèvement des pièces ou du jugement d'une affaire criminelle.

548. Lorsque, par l'effet d'un incendie, de l'invasion des ennemis de la République, ou de toute autre cause, des minutes de jugemens rendus pour ou contre des accusés, et non encore exécutés, ou des procédures criminelles encore indécises, ont été détruites, enlevées ou autrement égarées, et qu'il n'est pas possible de les rétablir dans leurs dépôts, il est procédé ainsi qu'il suit :

549. S'il existe une expédition ou copie authentique du jugement, elle est considérée comme minute, et, en conséquence, remise dans le dépôt destiné à la conservation des jugemens.

550. A cet effet, tout officier public et tout individu dépositaire d'une expédition ou copie authentique d'un jugement, est tenu, sous peine d'y être contraint par corps, de la remettre au greffe du tribunal de qui le jugement est émané, sur l'ordre qui en est donné par le président.

Cet ordre lui sert de décharge envers ceux qui ont intérêt à la pièce.

551. Lorsqu'il n'existe plus d'expédition ni de copie authentique du jugement, si la déclaration du jury qui l'a précédée existe encore en minute ou en copie authentique, on procède, d'après cette déclaration, à un nouveau jugement.

552. Si, dans le même cas, la déclaration du jury ne peut plus être représentée, l'instruction du procès est recommencée, à partir du plus ancien acte qui s'est trouvé égaré, et qu'on ne peut représenter ni en minute, ni en expédition ou copie authentique.

553. Dans le nouveau débat qui a eu lieu en conséquence du précédent article, il peut être produit des témoins, tant par l'accusateur public que par l'accusé, pour rendre compte des circonstances et du résultat de la déclaration du jury et du jugement égarés, sauf aux jurés à y avoir tel égard que de raison.

554. Dans tous les cas, et pour tous effets, le jugement de condamnation non exécuté, qui n'est représenté ni en minute ni en expédition ou copie authentique, comme n'ayant jamais existé, ne peut servir de base pour

---

ultérieures à l'effet de constater le faux du testament (13 mai 1808 ; Cass. S. 7, 2, 1226).

En matière de faux en écriture, comme en matière de tous autres crimes, la preuve testimoniale est admissible, encore qu'il n'y ait aucun commencement de preuve par écrit (1er avril 1808 ; Cass. S. 7, 2, 987).

prononcer la peine de récidive, déterminée par le livre *des Peines* (1).

TITRE XVI. Dispositions particulières sur les délits contraires au respect dû aux autorités constituées.

555. Les citoyens qui assistent aux audiences des juges-de-paix, ou à celles des tribunaux de police, des tribunaux correctionnels, des tribunaux civils, des tribunaux criminels, de la haute-cour de justice, ou du tribunal de cassation, se tiennent découverts, dans le respect et le silence.

Tout ce que le président ordonne pour le maintien de l'ordre est exécuté à l'instant même.

556. Si un ou plusieurs assistans interrompent le silence, donnent des signes publics d'approbation ou d'improbation, soit à la défense des parties, soit au jugement, causent ou excitent du tumulte de quelque manière que ce soit, et si, après l'avertissement des huissiers, ils ne rentrent pas dans l'ordre sur-le-champ, le président leur enjoint de se retirer.

En cas de refus d'obéir à cette injonction, les réfractaires sont saisis aussitôt, et déposés, sur le seul ordre du président, conçu de la manière prescrite par l'article 71, dans la maison d'arrêt, où ils demeurent vingt-quatre heures.

557. Si quelques mauvais citoyens osaient outrager les juges, accusateurs publics, accusateurs nationaux, commissaires du pouvoir exécutif, greffiers ou huissiers, dans l'exercice de leurs fonctions, le président fait à l'instant saisir les coupables, et les fait déposer dans la maison d'arrêt. L'ordre qu'il donne à cet effet est conçu comme dans le cas de l'article précédent (2).

Dans les vingt-quatre heures suivantes, le tribunal les condamne, par forme de punition correctionnelle, à un emprisonnement qui ne peut excéder huit jours.

558. Si les outrages, par leur nature ou les circonstances, méritent une peine plus forte, les prévenus sont renvoyés à subir, devant les officiers compétens, les épreuves de l'instruction correctionnelle ou criminelle, telles qu'elles sont réglées par les titres précédens.

559. Les administrations départementales et municipales, lorsqu'il se trouve dans le lieu de leurs séances des assistans qui n'en sont pas membres, y exercent les mêmes fonctions de police que celles attribuées aux juges.

Après avoir fait saisir les perturbateurs, aux termes des articles 556 et 557 ci-dessus, les membres de ces administrations dressent procès-verbal du délit, et l'envoient à l'officier de police judiciaire.

TITRE XVII. Dispositions particulières sur la forfaiture et la prise à partie des juges.

360. Il n'y a lieu à la forfaiture que dans les cas déterminés par la loi.

Ces cas sont détaillés dans le livre *des Peines.*

561. Les actes qui donnent lieu à la forfaiture de la part des juges des tribunaux, tant civils que criminels, correctionnels et de police, sont dénoncés au tribunal de cassation, soit par le Directoire exécutif, soit par les parties intéressées.

562. Le tribunal de cassation annulle ces actes, s'il y a lieu ; et, dans ce cas, il les dénonce au Corps-Législatif, qui rend le décret d'accusation, après avoir entendu ou appelé les prévenus (*Articles* 262 *et* 263 *de la Constitution*).

563. Le décret d'accusation qui, pour cause de forfaiture, intervient contre un juge, le renvoie pour être jugé devant le tribunal criminel de l'un des deux départemens les plus voisins de celui où ce juge est en fonctions, et il lui en laisse le choix.

564. Les juges des tribunaux, tant civils que criminels, correctionnels et de police, ne peuvent être poursuivis, pour cas emportant forfaiture, que dans les formes prescrites par les trois articles précédens, à peine de nullité.

565. Il y a lieu à la prise à partie contre un juge dans les cas suivans seulement :

1° Lorsqu'elle est ouverte à son égard par la disposition expresse et textuelle d'une loi ;

2° Lorsqu'il est exprimé dans une loi que les juges sont responsables, à peine de dommages-intérêts ;

3° Lorsqu'il y a eu, de la part d'un juge, dol, fraude ou prévarication commise par inimitié personnelle ;

4° Lorsqu'il est dans le cas de la forfaiture (3).

---

(1) On peut, après soixante ans, maintenir la mort civile d'un individu, sans représenter ni la sentence de condamnation, ni le procès-verbal d'exécution (26 thermidor an 12 ; Cass. S. 5, 1, 70.)

(2) Cet article n'a point abrogé l'article 19 du titre 2 de la loi du 19 juillet 1791, sur les peines à infliger aux individus qui se sont rendus coupables d'outrages envers les fonctionnaires publics dans l'exercice de leurs fonctions.

L'insulte faite à un commissaire de police non revêtu de son costume n'est pas une insulte faite à un fonctionnaire public dans l'exercice de ses fonctions (23 frimaire an 14 ; Cass. S. 6, 2, 720).

(3) Il y a lieu à prise à partie pour mandat d'arrêt, lorsque le magistrat n'a pu croire à l'existence d'un délit sans commettre une erreur ou faute grave (23 juillet 1806 ; Cass. S. 6, 1, 489).

566. Dans l'un et l'autre cas, la prise à partie ne peut être exercée qu'avec l'autorisation,

Du Corps-Législatif, s'il s'agit d'un membre du tribunal de cassation ou de la haute-cour de justice;

Du tribunal de cassation, s'il s'agit soit d'un membre du tribunal civil ou criminel de département, soit de tous les membres collectivement d'un tribunal correctionnel ou de police;

D'un tribunal criminel de département, s'il s'agit d'un juge-de-paix ou assesseur de juge-de-paix.

567. Cette autorisation ne peut être donnée que sur une requête présentée par la partie plaignante, et notifiée, un mois avant la présentation, au juge qui en est l'objet.

La requête est rejetée sans examen, si la preuve de cette notification n'y est pas annexée et mentionnée expressément (1).

468. Toute prise à partie exercée et toute autorisation de prise à partie donnée en contravention aux trois articles précédens sont nulles.

569. Le décret ou jugement qui permet la prise à partie renvoie pour la juger devant un tribunal civil, si, par la nature de l'affaire, il ne peut y avoir lieu qu'à une condamnation de dommages-intérêts; et devant un tribunal criminel, si, par la nature de l'affaire, il peut y avoir lieu à des peines, soit correctionnelles, soit infamantes, soit afflictives.

Dans ce dernier cas, on procède, à l'égard du prévenu, ainsi qu'il est réglé par les articles 285, 286, 289, 290, 294, 297 et 298 (2).

TITRE XVIII. Des prisons et maisons d'arrêt.

570. Indépendamment des prisons qui sont établies comme peines, il y a, près de chaque directeur du jury d'accusation, une maison d'arrêt pour y retenir ceux qui sont envoyés par mandat d'officier de police, et près de chaque tribunal criminel, une maison de justice pour détenir ceux contre lesquels il est intervenu une ordonnance de prise de corps.

571. Les commissaires du pouvoir exécutif près les administrations de département veillent, sous l'autorité de ces administrations, à ce que ces différentes maisons soient non-seulement sûres, mais propres et saines, de manière que la santé des personnes détenues ne puisse être aucunement altérée.

572. La garde de ces maisons est confiée par l'administration du département, sur la présentation de l'administration municipale du canton, à des citoyens d'un caractère et de mœurs irréprochables, lesquels promettent de veiller à la garde de ceux qui leur seront remis, et de les traiter avec douceur et humanité.

573. Chaque gardien des maisons d'arrêt; maisons de justice, ou geolier des prisons, est tenu d'avoir un registre.

Ce registre est signé et paraphé à toutes les pages par le directeur du jury, pour les maisons d'arrêt et les prisons, et par le président du tribunal criminel, pour les maisons de justice.

574. Tout exécuteur de mandat d'arrêt, d'ordonnance de prise de corps, ou de jugement de condamnation à la prison, est tenu, avant de remettre la personne qu'il conduit, de faire inscrire sur le registre l'acte dont il est porteur; l'acte de remise est écrit devant lui.

Le tout est signé tant par lui que par le gardien ou geolier.

Le gardien ou geolier lui en donne copie signée de lui, pour sa décharge.

575. Nul gardien ou geolier ne peut, à à peine d'être poursuivi et puni comme coupable de détention arbitraire, recevoir ni retenir aucune personne qu'en vertu soit d'un mandat d'arrêt décerné selon les formes prescrites par les articles 222 et 223 de la Constitution, soit d'une ordonnance de prise de corps, d'un décret d'accusation ou d'un jugement de condamnation à prison, ou à détention correctionnelle, et sans que la transcription en ait été faite sur son registre.

576. Le registre ci-dessus mentionné contient également en marge de l'acte de remise la date de la sortie du détenu, ainsi que l'ordonnance ou le jugement en vertu desquels elle a eu lieu.

577. Dans toutes les communes où il y a soit une maison d'arrêt, soit une maison de justice, soit une prison, un des officiers municipaux du lieu est tenu de faire, au moins deux fois par décade, la visite de ces maisons.

578. L'officier municipal veille à ce que la nourriture des détenus soit suffisante et saine; et, s'il s'aperçoit de quelque tort à cet égard contre la justice et l'humanité, il est tenu d'y pourvoir par lui-même ou d'y faire pourvoir par l'administration municipale, laquelle a le droit de condamner le geolier à l'amende, même de demander sa destitution au département, sans préjudice de la poursuite criminelle contre lui, s'il y a lieu.

579. La police des maisons d'arrêt et de justice, et des prisons, appartient à l'administration municipale du lieu.

---

(1) La requête à présenter au tribunal de cassation, section des requêtes, tendante à être autorisé dans une action de prise à partie, doit préalablement être notifiée à la partie intéressée (18 thermidor an 11; Cass. S. 3, 1, 364).

(2) *Voy.* arrêté du 18 floréal an 5.

Le président du tribunal peut néanmoins donner tous les ordres qu'il juge nécessaires pour l'instruction et le jugement.

Si quelque détenu use de menaces, injures ou violences, soit à l'égard du gardien ou geolier, soit à l'égard des autres détenus, l'officier municipal ordonne qu'il sera resserré plus étroitement, enfermé seul, même mis aux fers en cas de fureur ou de violence grave, sans préjudice de la poursuite criminelle, s'il y a lieu.

580. Les maisons d'arrêt ou de justice sont entièrement distinctes des prisons qui sont établies pour peines.

Jamais un homme condamné ne peut être mis dans la maison d'arrêt, et réciproquement.

TITRE XIX. Des moyens d'assurer la liberté des citoyens contre les détentions illégales ou autres actes arbitraires.

581. Tout homme, quelle que soit sa place ou son emploi, autre que ceux à qui la loi donne le droit d'arrestation, qui donne, signe, exécute ou fait exécuter l'ordre d'arrêter un individu, ou qui l'arrête effectivement, si ce n'est pour le remettre sur-le-champ à la police dans les cas déterminés par la loi, est poursuivi criminellement, et puni comme coupable de détention arbitraire.

582. La même peine a lieu contre quiconque, même dans les cas d'arrestation autorisés par la loi, conduit, reçoit ou retient un individu dans un lieu de détention non légalement et publiquement désigné par l'administration du département, pour servir de maison d'arrêt, de maison de justice, ou de prison.

583. Quiconque a connaissance qu'un individu est illégalement détenu dans un lieu est obligé d'en donner avis à l'un des agens municipaux, ou au juge-de-paix du canton; il peut aussi en faire sa déclaration, signée de lui, au greffe de l'administration municipale ou du juge-de-paix.

584. Ces officiers, d'après la connaissance qu'ils en ont, sont tenus de se transporter aussitôt, et de faire remettre en liberté la personne détenue, à peine de répondre de leur négligence, et même d'être poursuivis comme complices du crime d'attentat à la liberté individuelle.

585. Personne ne peut, de jour, et sur un ordre légal, refuser l'ouverture de sa maison, lorsqu'une visite y est ordonnée spécialement pour cette recherche.

En cas de résistance contre cet ordre légal représenté et produit, l'officier municipal ou le juge-de-paix peut se faire assister de la force nécessaire, et tous les citoyens sont tenus de prêter main-forte.

586. Dans le cas de détention légale, l'officier municipal, lors de sa visite dans les maisons d'arrêt, de justice, ou prisons, examine ceux qui y sont détenus et les causes de leur détention; et tout gardien ou geolier est tenu, à sa réquisition, de lui présenter la personne de l'arrêté, sans qu'aucun ordre puisse l'en dispenser, et ce, sous peine d'être poursuivi criminellement comme coupable d'attentat à la liberté individuelle.

587. Si l'officier municipal, lors de sa visite, découvre qu'un homme est détenu sans que sa détention soit justifiée par aucun des actes exigés par la loi, il en dresse sur-le-champ procès-verbal, et fait conduire le détenu à la municipalité, laquelle, après avoir de nouveau constaté le fait, le met définitivement en liberté, et, dans ce cas, poursuit la punition du gardien et du geolier.

588. Les parens ou amis du détenu, porteurs de l'ordre de l'officier municipal, qui ne peut le refuser, ont aussi le droit de se faire représenter sa personne; et le gardien ne peut s'en dispenser qu'en justifiant de l'ordre exprès du président ou directeur du jury, inscrit sur son registre, portant injonction de le tenir au secret.

589. Tout gardien qui refuse de montrer au porteur de l'ordre de l'officier municipal la personne du prévenu, sur la réquisition qui lui en est faite, ou de montrer l'ordre du président ou directeur du jury qui le lui défend, est poursuivi ainsi qu'il est dit article 575 et autres.

590. Pour mettre les officiers publics ci-dessus désignés à portée de prendre les soins qui viennent d'être imposés à leur vigilance et à leur humanité, lorsque le prévenu a été envoyé à la maison d'arrêt établie près le directeur du jury, copie du mandat est remise à la municipalité du lieu, et une autre envoyée à celle du domicile du prévenu, s'il est connu; celle-ci en donne avis aux parens ou amis du prévenu.

591. Le directeur du jury donne également avis à ces municipalités de l'ordonnance de prise de corps rendue contre le prévenu, sous peine d'être suspendu de ses fonctions.

592. Le président du tribunal criminel est tenu, sous la même peine, d'envoyer aux mêmes municipalités copie du jugement d'absolution ou de condamnation du prévenu.

593. Il y a, à cet effet, dans chaque municipalité, un registre particulier pour y tenir note des avis qui lui ont été donnés.

APPENDICE.

594. Les dispositions des deux premiers livres du présent Code devant seules, à l'avenir, régler l'instruction et la forme tant de procéder que de juger, relativement aux délits de toute nature, les lois des 16 et 29 septembre 1791, concernant la police de sû-

reté, la justice criminelle et l'établissement des jurés, sont rapportées, ainsi que toutes celles qui ont été rendues depuis pour les interpréter ou modifier.

Demeureront néanmoins annexées au présent Code les formules qui l'étaient à la loi du 29 septembre 1791, sauf les changemens qui y ont été faits (1).

595. Sont pareillement rapportées les dispositions de la loi du 19 juillet 1791, relatives à la forme de procéder, et aux règles d'instruction à observer par les tribunaux de police municipale et correctionnelle (2).

596. En conséquence, tout exercice du pouvoir judiciaire, ci-devant attribué aux municipalités, pour la punition des délits de police municipale et de police rurale, leur est interdite pour l'avenir.

597. Les lois sur la manière de juger les militaires prévenus de délits, sont maintenues, conformément à l'article 290 de l'acte constitutionnel.

598. Sont également maintenues les lois sur la manière de juger les émigrés et les rebelles armés contre la République, sous les noms de *barbets, chouans,* ou autres (3).

LIVRE III.

DES PEINES.

Dispositions générales.

599. Les peines sont,
Ou de simple police,
Ou correctionnelles,
Ou infamantes,
Ou afflictives.

600. Les peines de simple police sont celles qui consistent dans une amende de la valeur de trois journées de travail ou au-dessous, ou dans un emprisonnement qui n'excède pas trois jours.

Elles se prononcent par les tribunaux de police (4).

601. Les peines correctionnelles sont celles qui consistent ou dans une amende au-dessus de la valeur de trois journées de travail, ou dans un emprisonnement de plus de trois jours.

Elles se prononcent par les tribunaux correctionnels.

602. Les peines infamantes sont la dégradation civique et le carcan.

603. Les peines afflictives sont la mort, la déportation, les fers, la réclusion dans les maisons de force, la gène, la détention.

Elles ne peuvent être prononcées que par les tribunaux criminels.

604. Toute peine afflictive est en même temps infamante.

TITRE Iᵉʳ. Des peines de simple police (5).

605. Sont punis des peines de simple police :

1° Ceux qui négligent d'éclairer ou nettoyer les rues devant leurs maisons, dans les lieux où ce soin est à la charge des habitans ;

2° Ceux qui embarrassent ou dégradent les voies publiques (6) ;

3° Ceux qui contreviennent à la défense de rien exposer sur les fenêtres ou audevant de leurs maisons sur la voie publique, de rien jeter qui puisse nuire ou endom-

---

(1) L'obligation imposée aux commissaires de police, par la loi du 19=22 juillet 1791, de faire signer leurs procès-verbaux par deux témoins pris dans le plus prochain voisinage des délinquans, ne subsiste plus depuis que, par cet article (594), toutes les lois antérieures sur la forme de procéder et de juger, en matières criminelle, correctionnelle et de police, sont abrogées (28 août 1807 ; Cass. S. 7, 2, 1141).

La récusation péremptoire n'a pas lieu en matière de justice répressive. En d'autres termes, la loi du 23 vendémiaire an 4 est rapportée (8 thermidor an 8 ; Cass. S. 1, 1, 324).

(2) L'article 31, 2ᵉ partie de la loi du 19 juillet 1791, n'a pas été abrogé par l'article 595 du Code des délits et des peines (20 pluviose an 12; Cass. S. 4, 2, 124).

(3) *Voy.* lois du 52 messidor et 24 fructidor an 4, et 8 nivose an 4.

(4) L'impression et l'affiche du jugement à un nombre d'exemplaires plus considérable que celui demandé par les parties, est une augmentation de peine qui ne peut être prononcée par les tribunaux de simple police (17 thermidor an 11; Cass. S. 3, 2, 429).

(5) *Voy.* lois du 14 décembre 1789, article 50;

du 16=24 août 1790, titre 11 ; du 19=22 juillet 1791, titre 1ᵉʳ, article 46; Code d'instruction criminelle, article 137 et suiv. ; Code pénal, article 464 et suiv.

On peut se pourvoir, par voie civile, pour réparation d'un tort causé par un délit de simple police (12 décembre 1809 ; S. 10, 1, 122).

Un mari n'est pas solidairement passible de l'amende encourue par sa femme (28 brumaire an 9 ; Cass. S. 1, 1, 364).

Le directeur de spectacle qui refuse d'ouvrir son théâtre aux heures indiquées par le maire encourt, par le fait de cette désobéissance, les peines de simple police prononcées par cet article.

Les tribunaux de police peuvent ordonner, par forme de peine, l'impression et l'affiche de leurs jugemens, lorsqu'il s'agit d'un délit public (10 avril 1806; Cass. S. 6, 2, 895).

(6) Les mots voie *publique* s'entendent plus particulièrement des *rues, places* et *carrefours* des villes et villages; les mots *chemins publics* s'entendent, au contraire, des *chemins* allant de ville à ville, ou de village à village.

Les tribunaux de police sont compétens pour connaître des dégradations commises sur les *voies publiques,* telles que rues, places publiques, et

mager par sa chute, ou causer des exhalaisons nuisibles (1) ;

4° Ceux qui laissent divaguer des insensés ou furieux, ou des animaux malfaisans ou féroces (2) ;

5° Ceux qui exposent en vente des comestibles gâtés, corrompus ou nuisibles (3) ;

6° Les boulangers et bouchers qui vendent le pain ou la viande au-delà du prix fixé par la taxe légalement faite et publiée (4) ;

7° Les auteurs d'injures verbales, dont il n'y a pas de poursuite par la voie criminelle (5) ;

8° Les auteurs de rixes, attroupemens

---

non de celles commises sur des *chemins* allant de ville à ville et de village à village (2 mai 1811 ; Cass. S. 11, 1, 379. *Id.* 20 juillet 1819 ; S. 9, 1, 424).

L'usurpation d'un chemin public est un délit correctionnel qui ne peut être confondu avec la dégradation de la voie publique, délit de simple police (28 décembre 1809 ; Cass. S. 10, 1, 263).

Le fait d'avoir usurpé sur la voie publique en y faisant une construction ne doit pas être confondu avec le fait d'avoir embarrassé la voie publique en y déposant des matériaux ; le premier délit est de la compétence des tribunaux correctionnels (29 juin 1820 ; Cass. S. 20, 1, 336. *Id.* 22 mars 1822 ; S. 22, 1, 277. *Voy.* les notes sur l'article 40 ; loi du 28 septembre = 6 octobre 1791.

Cet article ne s'applique point en matière de chemins qui ne servent qu'à l'exploitation des terres ; en ce cas, il n'y a lieu qu'à une action purement civile (19 nivose an 10 ; Cass. S. 7, 2, 825).

C'est dégrader la voie publique que de pratiquer, sans autorisation, des *cassis* destinés à donner aux eaux d'un chemin vicinal une direction vers les terres riveraines (25 octobre 1827 ; Cass. S. 28, 1, 64).

La dégradation d'un terrain communal n'équipolle pas à la dégradation de la voie publique (9 thermidor an 9 ; S. 9, 2, 882).

On ne peut assimiler, pour l'application de cet article, une entreprise sur un cours d'eau à une entreprise sur la voie publique (7 janvier 1809 ; Cass. S. 7, 2, 925).

Les maréchaux-ferrans ne peuvent, sans y être autorisés par l'administration municipale, ferrer, saigner ou médicamenter des chevaux dans les rues, quelle que soit, à cet égard, leur longue possession (30 frimaire an 13 ; Cass. S. 7, 2, 1048).

(1) Il n'y a pas délit de simple police de la part de celui qui dépose dans sa cour, et sous la fenêtre que son voisin y a ouverte, le fumier qui provient de son étable. Ici ne s'applique point cet article relatif à la défense de rien jeter qui puisse causer des exhalaisons nuisibles (18 germinal an 10 ; Cass. S. 7, 2, 984).

(2) Le propriétaire d'un chien malfaisant, qui laisse échapper ou divaguer ce chien, est justiciable des tribunaux de police, et soumis aux peines portées par l'art. 605 (9 septembre 1807 ; S. 7, 2, 729).

(3) La vente des comestibles gâtés est encore punissable des peines de police portées par les art. 605 et 606, non abrogés en ce point par le nouveau Code pénal. — Lors donc qu'un réglement de police locale sur la vente de comestibles gâtés s'est borné à en prononcer la saisie, les juges

n'en doivent pas moins, que la saisie ait eu lieu ou non, appliquer au contrevenant les peines de police (20 février 1829 ; Cass. S. 30, 1, 159).

(4) Ce n'est pas vendre à faux poids que de vendre des denrées qui n'ont pas le poids déterminé par les réglemens. Ici ne s'appliquent ni l'art. 22 du titre 1er de la loi du 22 juillet 1791, ni l'art. 11 de la loi du 1er vendémiaire an 4, mais, au contraire, cet article 605 (2 ventose an 13 ; Cass. S. 7, 2, 1106).

La disposition qui punit des peines de simple police les boulangers qui vendent le pain au-delà du prix fixé par la taxe s'applique au cas où ils vendent du pain d'une qualité différente de celle prescrite par les arrêtés (11 ventose an 12 ; Cass. S. 4, 2, 687).

(5) Les injures qui ont été proférées dans une plaidoirie à l'audience d'un tribunal civil, criminel, correctionnel ou de commerce, soit contre l'une des parties, soit contre son défenseur, et qui n'ont pas été relevées par la personne injuriée et présente, ni réprimées par le tribunal à cette audience même, ne peuvent plus être poursuivies devant le tribunal de police (5 messidor an 10 ; Cass. S. 7, 2, 1016).

Le tribunal devant lequel des injures ont été proférées dans une plaidoirie est seul compétent pour en connaître.

L'action qui serait ultérieurement intentée devant un tribunal de police ne peut être admise.

Celui qui a mal à propos formé une demande en réparation d'injures devant le tribunal de police ne peut être condamné à une amende (14 messidor an 12 ; Cass. S. 4, 2, 337).

Le tribunal de police ne peut, pour injures verbales, condamner les contrevenans à une réparation publique (16 janvier 1807 ; S. 7, 2, 234).

Les injures proférées dans une plaidoirie et pour la défense d'une partie ne peuvent être poursuivies devant le tribunal de police : elles ne peuvent l'être que devant le tribunal à l'audience duquel elles ont été proférées (18 prairial an 12 ; Cass. S. 4, 2, 168).

Les propos qui tendent à faire attribuer à un individu un vol, à l'occasion duquel il y a plainte et instruction, ne peuvent être considérés comme injures verbales, tant qu'il n'a pas été jugé que cet individu n'est point l'auteur du vol (24 frimaire an 13 ; Cass. S. 5, 2, 37).

Lorsqu'une injure a été faite ailleurs qu'en justice, et dans le dessein d'offenser, elle est punissable, quelque vraie qu'elle soit d'ailleurs, et encore qu'elle fît connaître un délit dont il conviendrait de tirer vengeance pour l'intérêt public (22 février 1806 ; Cass. S. 7, 2, 1020).

Les tribunaux de police correctionnelle sont incompétens pour statuer en matière d'injures verbales de particulier à particulier, quelque

injurieux ou nocturnes, voies de fait et violences légères, pourvu qu'ils n'aient blessé ni frappé personne, et qu'ils ne soient pas notés, d'après les dispositions de la loi du 19 juillet 1791, comme *gens sans aveu, suspects ou mal intentionnés*, auxquels cas ils ne peuvent être jugés que par le tribunal correctionnel (1) ;

9° Les personnes coupables des délits mentionnés dans le titre II de la loi du 28 septembre 1791, sur la police rurale, lesquelles, d'après ses dispositions, étaient dans le cas d'être jugées par voie de police municipale (2).

606. Le tribunal de police gradue, selon les circonstances et le plus ou moins de gravité du délit, les peines qu'il est chargé de prononcer, sans néanmoins qu'elles puissent, en aucun cas, ni être au-dessous d'une amende de la valeur d'une journée de travail ou d'un jour d'emprisonnement, ni s'élever au-dessus de la valeur de trois journées de travail ou de trois jours d'emprisonnement (3).

607. En cas de récidive, les peines suivent la proportion réglée par les lois des 19 juillet et 28 septembre 1791, et ne peuvent, en conséquence, être prononcées que par le tribunal correctionnel (4).

608. Pour qu'il y ait lieu à une augmen-

---

graves d'ailleurs que soient les injures (21 pluviôse an 11 ; Cass. S. 3, 2, 408).

On ne peut poursuivre immédiatement, comme coupable d'injures, celui qui, se prétendant victime d'un acte de violence, à l'aide duquel on lui aurait extorqué une quittance ou une obligation, aurait commencé par faire signifier à l'auteur prétendu de cet acte de violence une protestation qui en contient tous les détails, et qui aussitôt après aurait rendu une plainte en forme devant les juges compétens. — Dans ce cas, la protestation ne peut être jugée injurieuse avant qu'il ait été statué sur la plainte (11 vendémiaire an 14 ; Cass. S. 7, 2, 1018).

Le tribunal de police n'est pas compétent pour connaître des injures écrites (11 brumaire an 8 ; Cass. S. 1, 1, 254).

Un jugement de police qui prononce à la fois et indivisiblement sur des injures verbales et sur des injures écrites est nul pour le tout (18 novembre 1808 ; S. 9, 1, 397).

Les tribunaux de simple police sont incompétens pour statuer en matière d'injures insérées dans une gazette publique : la compétence des juges de police, en matière d'injures, est bornée aux injures verbales (S. 10, 1, 360). *Voy.* la loi sur la liberté de la presse, du 26 mai 1819.

En matière d'injures verbales, comme à l'égard de tout autre délit, ce n'est pas le domicile du prévenu, mais le lieu où les injures ont été proférées, qui détermine la compétence du tribunal de police (4 frimaire an 11 ; Cass. S. 7, 2, 1014).

(1) Les simples violences et voies de fait sans coups ni blessures, délit non prévu par le Code pénal de 1810, ne sont passibles que des peines de police portées par les art. 600, 605, n° 8, et 606 du Code de l'an 4 (30 mars 1832 ; Cass. S. 32, 1, 656 ; D. 32, 1, 261).

La contravention à un réglement de police peut être considérée comme une voie de fait passible d'une peine, lorsque ce réglement n'en prononce pas (20 vendémiaire an 12 ; Cass. S. 4, 2, 36).

Ce n'est pas comme vol proprement dit, mais comme simple voie de fait, que doit être punie l'action de celui qui, se prétendant propriétaire d'une chose, l'enlève à un tiers qui lui conteste son droit, avant que la justice ait vidé leur différend (17 octobre 1806 ; Cass. S. 7, 2, 1187).

Les anticipations qu'un propriétaire se permet sur l'héritage de son voisin ne sont pas des violences ou voies de fait ; en ce cas, il n'y a lieu qu'à l'action civile (4 octobre 1810 ; S. 11, 1, 124).

C'est devant le tribunal de police correctionnelle, et non devant celui de simple police, que doit être poursuivi l'auteur d'une effraction (sans intention de voler) faite à une fenêtre donnant sur la rue (22 octobre 1807 ; S. 7, 2, 279).

(2) Le propriétaire des volailles qui ont été trouvées à l'abandon sur le terrain d'autrui est personnellement passible des peines de simple police, aux termes de cet article (11 août 1808 ; Cass. S. 7, 2, 1186. — *Id.* 22 août 1816 ; Cass. S. 25, 1, 130. — *Id.* 18 novembre 1824 ; Cass. S. 25, 1, 131).

(3 et 4) La contravention en récidive à un arrêté municipal déterminant l'heure de la clôture des cabarets, ne comportant au plus qu'une amende de six journées de travail, aux termes de l'art. 606 du présent Code et de la loi du 19 = 22 juillet 1791, art. 27, et une telle peine étant d'une valeur inférieure à 15 fr., c'est au tribunal de police simple, et non au tribunal de police correctionnelle, qu'il appartient d'en connaître. La disposition de l'art. 607, qui attribuait aux tribunaux correctionnels la connaissance de telles contraventions, a été virtuellement abrogée par l'art. 466 du Code pénal, en ce qui touche celles de ces contraventions qui n'entraînent qu'une amende non excédant 15 fr. (19 mars 25 mai 1827 ; Cass. S. 26, 1, 57, *id.* 28, 1, 64 ; D. 27, 1, 415 ; 6 août 1830 ; S. 31, 1, 398 ; D. 30, 1, 363).

Les lois qui ont changé l'organisation forestière, quant à la partie administrative, laissent subsister les peines précédemment établies ; ainsi, lorsqu'un adjudicataire exploite à son profit, et enlève des arbres marqués pour la marine, tandis qu'aux termes de son cahier des charges, il était tenu de les exploiter et équarrir pour la marine elle-même, et de les faire voiturer au plus prochain port d'une rivière navigable, il y a délit punissable des peines portées par l'ordonnance de 1669 et l'arrêt du conseil du 23 juillet 1748 (6 germinal an 10 ; Cass. S. 7, 2, 806).

Pour prononcer une peine contre ceux qui contrevenaient aux réglemens de police, on se trouvait obligé de recourir aux articles 600, 605 et 606, qui se trouvaient ainsi avoir survécu à l'abrogation du reste de la loi. Voici le raisonnement qu'on faisait : La loi du 16 = 24 août 1790

lation de peines pour cause de récidive, il faut qu'il y ait eu un premier jugement rendu contre le prévenu, pour pareil délit, dans les douze mois précédens, et dans le ressort du même tribunal de police.

TITRE II. Des peines correctionnelles.

609. En attendant que les dispositions de l'ordonnance des eaux et forêts, de 1669, les lois des 19 juillet et 28 septembre 1791, celle du 20 messidor de l'an 3, et les autres relatives à la police municipale, correctionnelle, rurale et forestière, aient pu être revisées, les tribunaux correctionnels appliqueront aux délits qui sont de leur compétence les peines qu'elles prononcent (1).

TITRE III. Des peines infamantes et afflictives.

610. Les tribunaux criminels se conformeront, jusqu'à ce qu'il en ait été autrement ordonné, à toutes les dispositions tant du Code pénal décrété par l'Assemblée constituante le 25 septembre 1791, que des autres lois pénales émanées soit de l'Assemblée législative, soit de la Convention nationale, auxquelles il n'a pas été dérogé jusqu'à ce jour.

611. Sont exceptées de l'article précédent les dispositions contenues dans les IIe et IIIe sections du titre Ier de la IIe partie du Code pénal, lesquelles sont rapportées, et seront remplacées par les suivantes.

Des crimes contre la sûreté intérieure de la République.

612. Toutes conspirations et complots tendant à troubler la République par une guerre civile, en armant les citoyens les uns contre les autres, ou contre l'exercice de l'autorité légitime, seront punis de mort, tant que cette peine subsistera, et de vingt-

quatre années de fers, quand elle sera abolie.

613. Seront punis de même, tout enrôlement de soldat, levée de troupes, amas d'armes et de munitions pour exécuter les complots et machinations mentionnés en l'article précédent;

Toute attaque ou résistance envers la force publique agissant contre l'exécution desdits complots;

Tout envahissement de ville, forteresse, magasin, arsenal, port ou vaisseau.

La loi du 30 prairial de l'an 3 de la République détermine les peines à infliger aux autres coupables des mêmes révoltes.

614. Toutes pratiques et intelligences avec les révoltés, de la nature de celles mentionnées dans les deux articles précédens, sont punies conformément à l'article 612.

615. Tout commandant d'un corps de troupes, d'une flotte ou d'une escadre, d'une place forte ou d'un poste, qui en retiendrait le commandement contre l'ordre du Directoire exécutif;

Tout commandant qui tiendrait son armée rassemblée après que la séparation en aurait été ordonnée;

Tout chef militaire qui retiendrait sa troupe sous les drapeaux, lorsque le licenciement en aurait été ordonné;

Est coupable du crime de révolte, et puni conformément à l'article 612.

Des crimes et attentats contre la Constitution.

616. Tous complots ou attentats pour empêcher la réunion ou pour opérer la dissolution d'une assemblée primaire ou d'une assemblée électorale, seront punis de la peine de la gêne pendant quinze ans.

617. Quiconque sera convaincu d'avoir, par force ou violence, écarté ou chassé

---

porte, tit. XI, art. 5, que les contraventions aux réglemens de police municipale seront punis des peines de police qu'elle désigne d'une manière un peu vague par ces mots : *Amende pécuniaire, emprisonnement de trois à huit jours.* Le présent Code a déterminé ces peines avec précision ; mais, lorsqu'il a été abrogé par la survenance du Code pénal de 1810, il est toujours resté constant que la sanction des réglemens municipaux consistait dans l'application des peines de police, c'est-à-dire des peines prononcées par les art. 600 et 606 du Code du 3 brumaire an 4. (*Voy.* arrêt de la cour de cassation du 26 mars 1825; Sirey, 26, 1, 237; M. Henrion de Pansey, du *Pouvoir municipal*, p. 206). On conçoit que cette pénible argumentation, pour arriver à l'application d'une peine, était en opposition avec les principes de la législation criminelle, d'après lesquels la clarté des textes prononçant les peines est une condition rigoureusement exigée. Dans les modifications qu'a subies le Code pénal en 1832, on a senti le besoin d'une réforme, et le n° 15 de l'art.

471 dispose que la peine de 1 fr. à 5 fr. d'amende sera appliquée à ceux qui auront contrevenu aux réglemens de l'autorité administrative et aux arrêtés publiés par l'autorité municipale, en vertu des articles 3 et 4, tit. XI de la loi du 16=24 août 1790, et de l'art. 46, tit. Ier de la loi du 19=22 juillet 1791. — *Voy.* mon *Code pénal annoté.*

(1) La prohibition de pêcher pendant le nuit, établie par l'art. 5, tit. XXXI de l'ordonnance de 1669, a été faite dans l'intérêt de l'ordre public, du respect des propriétés et pour la sûreté des citoyens.—C'est pourquoi, avant le nouveau Code de la pêche fluviale, comme depuis, la contravention à la défense de pêcher pendant la *nuit*, dans les rivières navigables ou flottables, même de la part de ceux qui avaient droit de pêcher, a dû être punie d'une amende, bien que la disposition prohibitive de l'ordonnance de 1669 ne prononçât pas cette peine (29 août 1829 ; Cass. S. 29, 1, 419; D. 29, 1, 352).

Voy. Code de la pêche fluviale du 15 avril 1829.

d'une assemblée primaire un citoyen ayant droit d'y voter, sera puni de la peine de la dégradation civique.

618. Si des troupes investissent le lieu des séances d'une assemblée primaire ou électorale, ou pénètrent dans son enceinte sans l'autorisation ou la réquisition de son président, les membres du Directoire exécutif ou le ministre, ou le commandant qui en auront donné l'ordre, et les officiers qui l'auront fait exécuter, seront punis de la peine de la gêne pendant quinze années.

619. Sont exceptés les cas où le Corps-Législatif aurait décrété des mesures répressives contre une assemblée primaire ou électorale qui se serait mise en révolte contre l'autorité légitime.

620. Toutes conspirations ou attentats pour empêcher la réunion ou pour opérer la dissolution du Corps-Législatif, ou pour empêcher, par force et violence, la liberté de ses délibérations;

Tous attentats contre la liberté individuelle d'un de ses membres,

Seront punis conformément à l'article 612.

Tous ceux qui auront participé à ces conspirations ou attentats, par les ordres qu'ils auront donnés ou exécutés, subiront la même peine.

621. Si des troupes de ligne approchent ou séjournent plus près de six myriamètres (douze lieues moyennes) de l'endroit où le Corps-Législatif tiendra ses séances, sans que le Corps-Législatif en ait autorisé ou requis l'approche ou le séjour, les membres du Directoire exécutif ou le ministre qui en auront donné l'ordre, ou le commandant en chef qui, sans ordre donné par le ministre de la guerre, aura fait approcher ou séjourner lesdites troupes, seront punis de la peine de dix années de gêne.

622. Quiconque aura commis l'attentat d'investir d'hommes armés le lieu des séances du Corps-Législatif, ou de les y introduire sans son autorisation ou sa réquisition, sera puni conformément à l'art. 612.

Tous ceux qui auront participé à cet attentat par les ordres qu'ils auront donnés ou exécutés subiront la même peine.

623. Si quelque acte était publié comme loi, sans avoir été décrété par le Corps-Législatif, et que cet acte fût extérieurement revêtu d'une forme législative différente de celle prescrite par la Constitution, tout membre du Directoire exécutif qui l'aura signé sera puni conformément à l'article 612.

Tout ministre ou agent du pouvoir exécutif qui l'aura fait publier ou exécuter sera puni de la peine de la dégradation civique.

624. Si quelque acte extérieurement revêtu de la forme législative prescrite par la Constitution était publié comme loi, sans toutefois que l'acte eût été décrété par le Corps-Législatif, les membres du Directoire exé-

cutif qui l'auront signé seront punis conformément à l'article 612.

625. En cas de publication d'une loi extérieurement revêtue de la forme législative prescrite par la Constitution, mais dont le texte aurait été altéré ou falsifié, les membres du Directoire exécutif qui l'auront signée seront punis conformément à l'article 612.

626. Si quelque acte portant établissement d'un impôt ou emprunt national était publié sans que cet emprunt ou impôt eût été décrété par le Corps-Législatif, et que ledit acte fût extérieurement revêtu d'une forme législative différente de celle prescrite par la Constitution, les membres du Directoire exécutif qui auront signé ledit acte, donné ou signé des ordres pour percevoir ledit impôt ou recevoir les fonds dudit emprunt, seront punis conformément à l'article 612.

Tout ministre qui aura fait publier ou exécuter lesdits ordres, tout agent du pouvoir exécutif qui les aura exécutés, soit en percevant ledit impôt, soit en recevant les fonds dudit emprunt, sera puni de la peine de la dégradation civique.

627. Si ledit acte, extérieurement revêtu de la forme législative prescrite par la Constitution, était publié sans toutefois que ledit emprunt ou impôt eût été décrété par le Corps-Législatif, les membres du Directoire exécutif qui auront signé ledit acte, donné ou signé des ordres pour percevoir ledit impôt ou recevoir les fonds dudit emprunt, seront punis conformément à l'article 612.

628. Si quelque acte ou ordre émané du pouvoir exécutif rétablissait des ordres, corps politiques, administratifs ou judiciaires que la Constitution a détruits, détruisait les corps établis par la Constitution, ou créait des corps autres que ceux que la Constitution a établis, tout membre du Directoire exécutif qui aura signé acte ou ledit ordre sera puni de la peine de vingt années de gêne.

Tous ceux qui auront participé à ce crime, soit en acceptant les pouvoirs, soit en exerçant les fonctions conférées par ledit ordre ou ledit acte, seront punis de la peine de la dégradation civique.

629. S'il émanait du pouvoir exécutif un acte portant nomination, en son nom, d'un emploi qui, suivant la Constitution, ne peut être conféré que par l'élection libre des citoyens, ceux qui auront signé ledit acte seront punis de la peine de la dégradation civique.

Ceux qui auront participé à ce crime en acceptant ledit emploi ou en exerçant lesdites fonctions seront punis de la même peine.

630. Toutes machinations ou violences ayant pour objet d'empêcher la réunion ou d'opérer la dissolution de toute assemblée administrative, d'un tribunal ou de toute

assemblée constitutionnelle et légale, soit de commune, soit municipale, seront punies de la peine de six années de gène, si lesdites violences ont été exercées avec armes, et de trois années de détention si elles l'ont été sans armes.

631. Tout membre du Directoire exécutif, tout ministre qui sera coupable du crime mentionné en l'article précédent, par les ordres qu'il aura donnés, sera puni de la peine de douze années de gène.

Les chefs, commandans et officiers qui auront contribué à exécuter lesdits ordres seront punis de la même peine.

Si, par l'effet desdites violences, quelque citoyen perd la vie, la peine portée par l'article 612 sera prononcée contre les auteurs desdites violences, et contre ceux qui, par le présent article, en sont rendus responsables.

Le présent article et le précédent ne portent point atteinte au droit délégué par la Constitution aux autorités légitimes, de suspendre ou destituer de leurs fonctions les administrations départementales et municipales.

632. Tout membre du Directoire exécutif, tout ministre qui, en temps de paix, aura donné des ordres pour lever et entretenir un nombre de troupes de terre supérieur à celui qui aura été déterminé par les décrets du Corps-Législatif, ou pour introduire des troupes étrangères dans le territoire de la République, sans le consentement du Corps-Législatif, sera puni de la peine de vingt années de gène.

633. Toute violence exercée par l'action de la force armée contre les citoyens, sans réquisition légitime, et hors des cas expressément prévus par la loi, sera punie de la peine de vingt années de gène.

Les membres du Directoire exécutif ou ministres qui en auront donné ou signé l'ordre, les commandans et officiers qui auront exécuté ledit ordre, ou qui, sans ordre, auront fait commettre lesdites violences, seront punis de la même peine.

Si, par l'effet desdites violences, quelque citoyen perd la vie, la peine portée par l'art. 612 sera prononcée contre les auteurs desdites violences, et contre ceux qui, par le présent article, s'en sont rendus coupables.

634. Tout attentat contre la liberté individuelle, base essentielle de la Constitution française, sera puni ainsi qu'il suit :

Tout homme, quelle que soit sa place ou son emploi, autre que ceux qui ont reçu de la loi le droit d'arrestation, qui donnera, signera, exécutera l'ordre d'arrêter une personne vivant sous l'empire et la protection des lois françaises, ou l'arrêtera effectivement, si ce n'est pour la remettre sur-le-champ à la police, dans les cas déterminés par la loi, sera puni de la peine de six années de gène.

635. Si ce crime était commis en vertu d'un ordre émané du pouvoir exécutif, les membres du Directoire exécutif ou les ministres qui l'auront signé seront punis de la peine de douze années de gène.

636. Tout geolier et gardien de maisons d'arrêt, de justice, de correction, ou de prison pénale, qui recevra ou retiendra ladite personne, sinon en vertu du mandat, ordonnance, jugement ou autre acte légal, sera puni de la peine de six années de gène.

637. Quoique ladite personne ait été arrêtée en vertu d'un acte légal, si elle est détenue dans une maison autre que les lieux légalement et publiquement désignés pour recevoir ceux dont la détention est autorisée par la loi, tous ceux qui auront donné l'ordre de la détenir, ou qui l'auront détenue, ou qui auront prêté leur maison pour la détenir, seront punis de la peine de six années de gène.

Si ce crime était commis en vertu d'un ordre émané du pouvoir exécutif, les membres du Directoire exécutif ou les ministres qui l'auront signé seront punis de la peine de douze années de gène.

638. Quiconque sera convaincu d'avoir volontairement et sciemment supprimé une lettre confiée à la poste, ou d'en avoir brisé le cachet et violé le secret, sera puni de la peine de la dégradation civique.

Si le crime est commis soit en vertu d'un ordre émané du pouvoir exécutif, soit par un agent du service des postes, les membres du Directoire exécutif ou les ministres qui en auront donné l'ordre, quiconque l'aura exécuté, ou l'agent du service des postes qui, sans ordre, aura commis ledit crime, seront punis de la peine de deux ans de gène.

Il n'est porté par le présent article aucune atteinte à la surveillance que le Gouvernement peut exercer sur les lettres venant des pays étrangers, ou destinées pour ces mêmes pays (1).

639. S'il émanait du pouvoir exécutif quelque acte ou quelque ordre pour soustraire un de ses agens soit à la poursuite légalement commencée de l'action en responsabilité, soit à la peine prononcée légalement en vertu de ladite responsabilité, les membres du Directoire exécutif ou les ministres qui auront signé ledit ordre ou acte, et quiconque l'aura exécuté, seront punis de la peine de dix ans de gène.

---

(1) La soustraction d'une lettre confiée à la poste ne peut être punie de la dégradation civique que lorsqu'elle a été faite volontairement et sciemment (S. 7, 2, 122. *Voy.* lois du 10, — 14 août 1790; du 26 — 29 août 1790, art. 2; et du 10 — 20 juillet 1791.

640. Dans tous les cas mentionnés au présent titre, ainsi que dans la Ire section du titre Ier de la IIe partie du Code pénal, où les membres du Directoire exécutif et les ministres sont rendus responsables des ordres qu'ils auront donnés ou signés, ils pourront être admis à prouver que leur signature a été surprise; et, en conséquence, les auteurs de la surprise seront poursuivis; et, s'ils sont convaincus, ils seront condamnés aux peines que les membres du Directoire exécutif ou le ministre auraient encourues.

Appendice à la section V du titre Ier de la seconde partie du Code pénal, intitulée : *Crimes des fonctionnaires publics dans l'exercice des pouvoirs qui leur sont confiés.*

641. Il y a forfaiture de la part des juges, lorsque, dans les cas déterminés et précisés par la loi seulement, ils commettent quelque délit ou crime dans l'exercice de leurs fonctions.

642. La peine de la forfaiture consiste dans la déclaration du tribunal que celui qui en est convaincu est incapable de remplir aucune fonction ou emploi public, et d'exercer aucun droit de citoyen pendant vingt ans.

643. Cette peine est indépendante de celles qui sont établies par les lois pénales : elle se prononce cumulativement avec celles portées contre les différens délits ou crimes; elle se prononce seule lorsqu'il n'y en a pas d'autre décernée par la loi.

644. Sont coupables de forfaiture :
1° Les juges des tribunaux civils de département qui ne convoqueraient pas les assemblées primaires dans le cas prévu par l'article 105 de la Constitution;
2° Les juges qui prononceraient ou signeraient un jugement sur la recherche et l'accusation d'un citoyen qui est ou qui aurait été membre du Corps-Législatif, à raison de ce qu'il a dit ou écrit dans l'exercice de ses fonctions;
3° Les juges-de-paix ou autres qui, hors les cas prévus par les articles 112 et 113 de la Constitution, auraient donné l'ordre de saisir ou d'arrêter un membre du Corps-Législatif;
4° Tout juge qui s'immiscerait dans l'exercice du pouvoir législatif, en faisant des réglemens, ou qui se permettrait d'arrêter ou de suspendre l'exécution de la loi dans l'étendue de sa juridiction;
5° Tout officier de police qui n'a point exprimé formellement les motifs de l'arrestation dans un mandat d'arrêt, et cité la loi qui l'autorise à le décerner;
6° Tout officier de police sur l'ordre duquel un citoyen aurait été retenu en charte privée, sans avoir été conduit dans la maison d'arrêt, de justice ou de détention;

7° Tout juge civil ou criminel, tout juge-de-paix, tout assesseur de juge-de-paix, qui, moyennant argent, présent ou promesse, a trafiqué de son opinion ou de l'exercice du pouvoir qui lui est confié;
8° Les accusateurs publics, dans le cas prévu par l'article 279;
9° Les présidens des tribunaux criminels, dans le cas de l'art. 295.

645. Les autres délits dont les juges peuvent se rendre coupables dans l'exercice de leurs fonctions ne donnent lieu à leur destitution qu'autant qu'elle est une suite nécessaire de la peine prononcée par la loi.

De la manière dont les tribunaux criminels doivent prononcer, lorsque les accusés sont déclarés excusables par les jurés.

646. Lorsque le jury a déclaré que le fait de l'excuse proposée par l'accusé est prouvé, s'il s'agit d'un meurtre, le tribunal criminel prononce ainsi qu'il est réglé par l'article 9 de la section Ire de la seconde partie du Code pénal.

S'il s'agit de tout autre délit, le tribunal réduit la peine établie par la loi à une punition correctionnelle qui, en aucun cas, ne peut excéder deux années d'emprisonnement.

Formule des divers actes relatifs à la procédure par jurés.

Nota. Ces formules sont exactement faites d'après la lettre de la loi; on ne doit donc pas se permettre d'en changer ou omettre les moindres dispositions, car chacune d'elles correspond à quelque article de la loi. Il a été impossible de spécifier tous les cas, toutes les circonstances qui peuvent caractériser un délit; c'est aux officiers de police, aux directeurs du jury et autres fonctionnaires publics chargés de la suite de la procédure du jury, à se bien pénétrer de l'esprit de la loi, de manière qu'ils puissent y conformer toutes les opérations dans les cas les plus difficiles, les plus minutieux et les moins prévus.

(Suivent les formules.)

———

3 BRUMAIRE an 4 (25 octobre 1795). — Décret portant que le comité des inspecteurs du Palais-National continuera ses fonctions jusqu'à la mise en activité des commissions qui seront établies pour le même objet par les deux conseils législatifs. (B. 60, 90.)

———

3 BRUMAIRE an 4 (25 octobre 1795). — Décret qui accorde des pensions à des veuves de citoyens morts en défendant la patrie. (B. 60, 101.)

———

3 BRUMAIRE an 4 (25 octobre 1795). — Décret portant que les membres actuels du comité des finances, section des assignats et monnaies, qui se trouvent ou se trouveront *réclus* à la lé-

gislation, continueront à surveiller la fabrication du papier-assignat, etc. (B. 60, 101.)

3 BRUMAIRE an 4 (25 octobre 1795). — Décret portant que les biens confisqués sur Talbot seront rendus à sa femme et à ses enfans. (B. 60, 101.)

3 BRUMAIRE an 4 (25 octobre 1795). — Décret qui rappelle de leur solde les militaires de tout grade qui ont défendu la représentation nationale dans les journées des 13 et 14 vendémiaire. (B. 60, 102.)

3 BRUMAIRE au 4 (25 octobre 1795). — Décret portant que la commission des Dix-Sept continuera à remplir la mission dont elle est chargée jusqu'à l'installation du Directoire exécutif. (B. 60, 102.)

3 BRUMAIRE an 4 (25 octobre 1795). — Décret qui renvoie au comité de salut public la proposition que les citoyens qui ont composé les bataillons de 89 à la journée du 13 vendémiaire soient armés de même que les citoyens connus par leur patriotisme. (B. 60, 102.)

3 BRUMAIRE an 4 (25 octobre 1795). — Décret portant que la manufacture que les citoyens Flessières et compagnie se proposent de transporter en France sera établie à Grenoble. (B. 60, 103.)

3 BRUMAIRE an 4 (25 octobre 1795). — Décret portant que chacun des comités de la Convention nationale fera choix, dans le jour, de deux commissaires pris dans son sein, et parmi ceux réélus au Corps-Législatif, lesquels demeureront chargés de la conservation des cartons, liasses, etc. (B. 60, 103.)

3 BRUMAIRE an 4 (25 octobre 1795). — Décret qui autorise le comité de sûreté générale à faire imprimer toutes les pièces formant la correspondance trouvée chez Lemaître. (B. 60, 104.)

3 BRUMAIRE an 4 (25 octobre 1795). — Décret qui renvoie aux comités de gouvernement la proposition de rendre aux citoyens du département des Landes les armes qui leur ont été enlevées, et transportées à la citadelle de Bayonne. (B. 60, 110.)

3 BRUMAIRE an 4 (25 octobre 1795). — Décret de renvoi aux comités de gouvernement d'une lettre de la veuve du représentant Buzot. (B 60, 219.)

3 BRUMAIRE an 4 (25 octobre 1795). — Décret qui charge ceux des secrétaires de la Convention nationale qui ont été nommés les premiers dans les dix dernières élections, d'enten-

dre la lecture des procès-verbaux de ses séances qui n'ont pas été lus. (B. 60, 220.)

3 BRUMAIRE an 4 (25 octobre 1795). — Décret qui autorise le conseil militaire séant section de la Butte-des-Moulins à citer devant lui les représentans Daunou et Périés, pour être entendus comme témoins. (B. 60, 220.)

3 BRUMAIRE an 4 (25 octobre 1795). — Décret portant que le rapport sur les colonies et les débats qui ont eu lieu sera imprimé et distribué au Corps-Législatif. (B. 60, 220.)

3 BRUMAIRE an 4 (25 octobre 1795). — Décret qui renvoie au comité de sûreté générale la proposition tendante à ce que le citoyen Yvert, qui s'est constitué prisonnier à Ostende, soit transféré à Chartres. (B. 60, 220.)

3 BRUMAIRE an 4 (25 octobre 1795). — Décret qui autorise le comité des secours à prononcer définitivement sur la demande en secours et indemnité formée par la famille Bonnière. (B. 60, 221.)

3 BRUMAIRE an 4 (25 octobre 1795). — Décrets qui accordent des secours. (B. 60, 221, 227, 230 et 231.)

3 BRUMAIRE an 4 (25 octobre 1795). — Décrets qui accordent plusieurs pensions, secours, indemnités ou gratifications. (B. 60, 221, 222, 228 et 230.)

3 BRUMAIRE an 4 (25 octobre 1795). — Décret qui renvoie au comité des secours pour statuer sur une pétition du représentant Mennan, etc. (B. 60, 221.)

3 BRUMAIRE an 4 (25 octobre 1795). — Décret relatif aux listes des membres qui sont dans le cas d'élire ou d'être réélus pour compléter le Corps-Législatif. (B. 60, 223.)

3 BRUMAIRE an 4 (25 octobre 1795). — Décret qui approuve et confirme les arrêtés rendus par le comité de salut public les 11 prairial et 17 messidor an 2, et le 18 vendémiaire an 3, relativement à la forge dite la Foudroyante, etc. (B. 60, 223.)

3 BRUMAIRE an 4 (25 octobre 1795). — Décret relatif à la comptabilité du citoyen Baudin. (B. 60, 224.)

3 BRUMAIRE an 4 (23 octobre 1795). — Décret portant nomination de conservateurs à la Bibliothèque nationale. (B. 60, 224.)

3 BRUMAIRE an 4 (25 octobre 1795). — Décret qui renvoie le citoyen Gauthier à se pourvoir

devant les tribunaux contre le citoyen Auguste, pour la restitution de deux lingots qu'il a remis à l'affinage. (B. 60, 225.)

3 BRUMAIRE an 4 (25 octobre 1795). — Décret qui autorise le citoyen Didot jeune à continuer l'impression des listes générales des émigrés. (B. 60, 225.)

3 BRUMAIRE an 4 (25 octobre 1795). — Décret portant que les maisons et enclos des Carmélites, à Paris, seront vendus au citoyen Barthélemy. (B. 60, 226.)

3 BRUMAIRE an 4 (25 octobre 1795). — Décrets qui déclarent quittes de leurs gestions les citoyens Laborde père et fils, et Delespinasse. (B. 60, 226 et 227.)

3 BRUMAIRE an 4 (25 octobre 1795.) — Décret portant que les dispositions de la loi du 2 thermidor, ne sont point applicables aux fermiers dont les baux sont postérieurs à la publication de la loi du 3 nivose. (B. 60, 228.)

3 BRUMAIRE an 4 (25 octobre 1795). — Décret qui met en liberté Léger-Félicité Santhonax. (B. 60, 229.)

3 BRUMAIRE an 4 (25 octobre 1795). — Décret portant que les enfans corses dont les parens se trouvent ruinés par la contre-révolution opérée dans cette île, participeront au bienfait de la loi du 20 prairial de l'an 3. (B. 60, 230.)

3 BRUMAIRE an 4 (25 octobre 1795). — Décret sur les costumes des législateurs et des fonctionnaires publics. (1, Bull. 202, n° 1208; B. 60, 107.)

3 BRUMAIRE an 4 (25 octobre 1795). — Décret qui ordonne l'impression d'un rapport du représentant Barras, sur les événemens des 11, 12, 13 et 14 vendémiaire. (B. 60, 110.)

4 BRUMAIRE an 4 (26 octobre 1795). — Décret portant établissement d'une taxe extraordinaire de guerre. (1, Bull. 199, n° 1195; B. 60, 241.)

Art. 1er. Il sera payé une taxe extraordinaire de guerre de vingt livres en assignats, par chaque vingt sous de contribution foncière, dans l'intérieur de la République où la contribution foncière est établie.

2. Il sera payé une taxe de guerre, dans les mêmes proportions, dans les pays réunis où la contribution foncière n'est pas encore établie, ainsi que dans les pays conquis; le Directoire sera chargé de prendre les mesures nécessaires pour la répartition et la rentrée de cette taxe dans ces pays.

3. Cette taxe, dans l'intérieur de la Répu-

blique, sera payée provisoirement sur le pied du dernier rôle fait : on n'aura aucun égard aux demandes en dégrèvement, sauf à en faire état dans la suite, si la réclamation en définitif se trouve fondée.

4. Elle sera payée pareillement dans les pays réunis ou conquis, d'après la répartition qui sera faite par le Directoire exécutif, sans égard aux demandes en dégrèvement, sauf à en faire état en définitif si la réclamation se trouve fondée.

5. Cette taxe sera payée en plein par les propriétaires ou usufruitiers qui habitent et cultivent par eux-mêmes.

6. Si les propriétés rurales sont affermées en denrées, les fermiers supporteront la moitié de cette taxe, et les propriétaires ou usufruitiers l'autre moitié. Le fermier fera l'avance de toute la contribution, sauf la retenue sur les fermages dus au propriétaire.

7. Dans les départemens où les biens sont cultivés par des colons partiaires, closiers et métayers, ceux-ci supporteront la taxe, en raison de la portion des fruits qu'ils perçoivent.

8. Si les propriétés rurales sont affermées en assignats, dont le fermier ne paie, suivant la dernière loi, que moitié en denrées, le fermier supportera les trois quarts de la taxe; le propriétaire ne supportera que le quart restant. Le fermier fera l'avance de la totalité de la taxe, sauf à retenir sur les fermages le quart avancé pour le propriétaire.

9. L'imposition pour les maisons de ville ne sera que de dix livres par vingt sous, payables moitié par les locataires, si elles sont affermées, et l'autre par le propriétaire ou usufruitier, chacun pour la partie qu'ils occupent; et le propriétaire sera tenu d'en faire l'avance. Néanmoins les locations de cent cinquante livres et au-dessous sont exemptes de la taxe de guerre, dans les villes au-dessus de cinquante mille âmes.

10. En cas de difficulté entre les propriétaires, usufruitiers, fermiers et locataires, les directoires de département les termineront dans les vingt-quatre heures.

11. La taxe sera payée dans deux décades à compter de la publication de la loi, entre les mains d'un officier municipal désigné par chaque commune.

12. Chaque commune fera verser ce qui lui sera rentré, entre les mains du receveur des impositions, au plus tard dans la décade suivante : ledit receveur enverra, jour par jour, à la Trésorerie nationale, le bordereau des sommes versées, et la Trésorerie est chargée de prendre les mesures les plus promptes pour le versement, dans le Trésor public, des sommes nécessaires pour le service.

13. Chaque citoyen qui, devant acquitter ou avancer la taxe, ne l'aurait pas fait dans

vingt jours à dater de la publication de la loi, paiera par chaque jour de retard un trentième de plus, à compter de l'expiration des vingt jours ; et, au bout de trente jours à dater de la publication de la loi, l'agent national sera tenu de faire saisir les meubles, denrées et autres effets mobiliers, excepté les objets aratoires appartenant au refusant, et fera vendre sur les lieux, sans formalité et sans frais, après une seule publication et affiche trois jours avant la vente, jusqu'à la concurrence du dû, y compris le trentième par chaque jour de retard, jusqu'à parfait paiement.

14. Les officiers municipaux, et les vingt plus fortement imposés de la commune, résidant dans l'endroit en retard, sont solidairement responsables de toute négligence dans le recouvrement, et seront, en ce cas, solidairement tenus de payer pour ceux en retard d'acquitter ou d'avancer la contribution, y compris le trentième en sus par chaque jour de retard.

15. Si, parmi les officiers municipaux de la commune et les vingt plus fortement imposés, il y en avait qui fussent eux-mêmes en retard d'acquitter la taxe, ils seront en outre mis pour six mois en état d'arrestation.

16. Les officiers municipaux ou les préposés désignés pour recevoir la taxe, qui seraient en retard de verser les sommes perçues, ès-mains du receveur des impositions, dans la décade après la perception, seront mis en état d'arrestation pour six mois ; et tant eux que les autres officiers municipaux, et les huit plus fortement imposés, seront tenus solidairement d'acquitter ce qui a été perçu, avec le trentième en sus par chaque jour de retard, à compter de celui où devait se faire le versement, sauf leur recours contre les contribuables.

17. Les administrations de département sont chargées et responsables de l'exécution de la présente loi, et le Directoire exécutif est pareillement chargé de prendre toutes les mesures nécessaires pour qu'elle n'éprouve aucun retard.

Les dispositions de la présente loi s'étendent aussi aux fermiers des biens nationaux, pour la moitié des impositions correspondantes à celles qu'ils exploitent.

18. La contribution de guerre portera aussi sur les patentes, en raison décuple.

19. Elle sera de vingt fois la valeur sur les domestiques, chevaux et voitures.

4 BRUMAIRE an 4 (26 octobre 1795). — Décret relatif au mode d'élection des présidens des tribunaux civils des départemens, et à la durée de leurs fonctions. (1, Bull. 201, n° 1206 ; B. 60, 246.)

La Convention nationale, sur le rapport de sa commission des Onze, décrète que les présidens des tribunaux civils de département seront élus par chaque section, et que leurs fonctions continueront jusqu'au renouvellement des sections.

4 BRUMAIRE an 4 (26 octobre 1795). — Décret qui ordonne une rectification dans celui du 19 vendémiaire, concernant l'organisation des autorités administratives et judiciaires. (1, Bull. 201, n° 1205 ; B. 60, 246.)

La Convention nationale décrète que l'article 38 de la loi du 19 vendémiaire dernier, concernant l'organisation des autorités administratives et judiciaires, sera établi et exécuté ainsi qu'il est ci-après rapporté : « Dans un mois à compter du « jour de l'installation du Directoire exé- « cutif, seront nommés les membres du « bureau central pour les cantons de Bor- « deaux, de Lyon, de Marseille et de Paris. »

4 BRUMAIRE an 4 (26 octobre 1795). — Décret relatif au traitement des haut-jurés, des membres du tribunal de cassation, des juges des tribunaux civils, des commissaires du Directoire exécutif, etc. (1, Bull. 202, n° 1210 ; B. 60, 438.)

Art. 1er. Le traitement des haut-jurés et des membres du tribunal de cassation sera le même que celui fixé pour les membres du Corps-Législatif.

2. Le traitement des juges des tribunaux civils sera le même que celui fixé pour les administrateurs de département.

3. Le traitement des commissaires du Directoire exécutif près les tribunaux civils sera le même que celui fixé pour les commissaires près les administrations de département.

4. Le traitement du président du tribunal criminel sera d'un tiers en sus, et le traitement de l'accusateur public de moitié en sus de celui fixé pour les juges du tribunal civil.

5. Le traitement des juges-de-paix sera de mille myriagrammes de froment dans les arrondissemens de justice de paix au-dessus de trente mille habitans, et de huit cents myriagrammes dans tous les autres sans préjudice des vacations qui leur sont attribuées par les lois.

6. Le traitement du commissaire du Directoire exécutif près le tribunal correctionnel sera le même que celui fixé pour les juges des tribunaux civils.

Les traitemens des fonctionnaires publics, fixés en myriagrammes de froment, ne seront point payés en nature ; mais le prix du myriagramme de froment servira de règle pour évaluer lesdits traitemens.

4 BRUMAIRE an 4 (26 octobre 1795). — Décret

qui comprend dans les dispositions de celui du 7 vendémiaire les achats de foin, de paille et avoine pour la subsistance des chevaux des armées. (1, Bull. 202, n° 1211; B. 60, 232.)

Art. 1er. Les achats de foin, de paille et avoine pour la subsistance des chevaux des armées, sont compris dans les dispositions de la loi du 7 vendémiaire.

2. Les directeurs des fourrages dans les divisions militaires, en conséquence des pouvoirs qui leur seront donnés par l'administration de ce service, visés par la commission de l'organisation et du mouvement des armées de terre, pourront commettre des préposés aux achats pour un ou plusieurs des départemens de leur arrondissement.

3. Ces pouvoirs et commissions seront enregistrés par des administrations de département, et toute protection sera donnée aux personnes qui en seront pourvues et aux opérations qu'elles auront faites.

4. Les préposés porteurs de ces commissions pourront les déléguer à des sous-ordres, en divisant leur arrondissement par cantons ou communes, selon que l'exigeraient les localités, de manière qu'il ne puisse y avoir deux préposés dans le même canton : ces préposés délégués feront reconnaître leurs pouvoirs par les communes où ils opéreront, et ils y seront enregistrés et visés.

5. Les pouvoirs pour achats de foin, de paille et avoine ne porteront point de quantités limitées, et dureront le temps d'une récolte à l'autre, à moins de révocation notifiée aux communes.

6. Tous les pouvoirs précédemment donnés pour achats de fourrages par la ci-devant commission d'approvisionnemens et ses agens, ou par quelque autre autorité que ce soit, sont supprimés du jour de la proclamation du présent décret; et toute personne qui sera surprise achetant, en vertu desdits pouvoirs ou d'une délégation d'eux, et qui ne pourra justifier de ceux prescrits aux articles ci-dessus, encourra la confiscation des fourrages qu'elle aura achetés ou emmagasinés, lesquels seront versés dans les magasins militaires.

7. Les particuliers consommateurs de fourrages pour l'exploitation de quelques parties de service public, les maîtres de postes, directeurs de messageries, aubergistes, ou chefs d'usines, ateliers ou manufactures, se pourvoiront d'un permis de leur municipalité pour faire leurs achats, et ce permis indiquera les quantités qu'ils auront déclarées et qui auront été reconnues nécessaires à leur consommation ; les quantités successivement achetées y seront enregistrées, et le permis n'aura plus d'effet dès que la totalité sera remplie. Toutes autres personnes qui auront acheté sans ce

permis, ou l'auront excédé, encourront la confiscation portée par l'article 6.

———

4 BRUMAIRE an 4 (26 octobre 1795). — Décret qui réunit à la France le ci-devant duché de Bouillon et ses dépendances. (1 , Bull. 202, n° 1212; B. 60, 239.)

La commune de Bouillon et son territoire, ainsi que les communes qui en dépendent, et qui formaient ci-devant le duché du même nom , sont réunis au territoire de la République française, et seront répartis entre les départemens de l'Ourte, des Forêts et des Ardennes.

Les représentans du peuple envoyés dans les départemens réunis par la loi du 9 vendémiaire dernier, sont chargés de l'exécution du présent décret.

———

4 BRUMAIRE an 4 (26 octobre 1795). — Décret qui autorise les cultivateurs à se pourvoir de grains pour le renouvellement des semences. (1 , Bull. 202, n° 1214 ; B. 60, 233.)

Les cultivateurs sont autorisés à se pourvoir de grains pour renouveler leurs semences, et non pour d'autres causes, partout où ils le croiront en trouver de propres à leur terrain. A cet effet, ils se muniront d'un bon ou permis de l'administration de leur département, qui ne pourra le leur accorder qu'après en avoir suffisamment reconnu et constaté l'urgente nécessité ; ce permis contiendra la quantité des grains qui leur seront nécessaires pour leurs semences : avant l'enlèvement des grains, ce permis sera visé par la municipalité du lieu de l'achat.

Lorsque les grains ainsi achetés seront arrivés au lieu de leur destination, les cultivateurs se présenteront devant la municipalité, pour obtenir une décharge des grains dont l'achat leur aura été permis.

Ils seront tenus de reproduire cette décharge à la municipalité du lieu où les achats auront été faits, dans les délais par elles fixés ; et, lorsqu'ils seront en contravention à ces dispositions, ils encourront les peines prononcées par l'article 2 de la loi du 7 vendémiaire, présent mois, contre ceux qui achètent des grains hors des marchés.

La même faculté de se pourvoir de grains hors des marchés est accordée aux hospices civils, en se conformant aux dispositions ci-dessus.

———

4 BRUMAIRE an 4 (26 octobre 1795). — Décret additionnel à celui du 2e jour complémentaire, qui établit un nouveau mode pour le jugement des délits militaires. (1 , Bull. 202, n° 1215 ; B. 68, 243.)

Voy. lois du 17 GERMINAL an 4, du 13 BRUMAIRE an 5.

Art. 1er. Les généraux, les chefs de brigade et les chefs de bataillon ou d'escadron, ne seront plus soumis à l'avenir au jugement des conseils de discipline, et toute faute de leur part contre la discipline sera punie par l'officier de tout grade supérieur.

2. Celui qui aura infligé la peine pour fait de discipline sera tenu d'en rendre compte à l'officier supérieur sous les ordres duquel il est employé, qui, en cas de réclamation de la part de celui qui aura été puni, pourra juger si la peine a été infligée avec justice; en conséquence, il aura le droit de l'atténuer ou de l'augmenter, si le cas l'exige, et de punir l'officier qui aurait abusé de son pouvoir.

3. Le ministre de la guerre sera toujours, de droit, juge de toutes réclamations des militaires pour cause de punition; il aura le droit soit d'atténuer ou d'augmenter la peine, et de punir l'officier qui l'aurait infligée injustement.

4. Le ministre de la guerre aura le droit de punir le général en chef pour fait de discipline, en en rendant compte sur-le-champ au Directoire exécutif, qui prononcera définitivement sur l'objet de la punition.

5. Tout délit commis par un des officiers supérieurs désignés en l'article 1ᵉʳ sera jugé par des conseils militaires formés conformément aux dispositions contenues aux articles ci-après, et le général en chef et le ministre auront le droit de faire mettre provisoirement en état d'arrestation ceux qui en seront prévenus, en en rendant compte sur-le-champ au Directoire exécutif: ils auront le même droit pour tous les autres militaires de tout grade prévenus de quelque délit.

6. Pour juger un chef de bataillon ou d'escadron, le conseil militaire sera composé d'un officier-général, d'un chef de brigade, de deux chefs de bataillon ou d'escadron, de deux capitaines, de deux lieutenans et d'un sous-lieutenant.

7. Pour juger un chef de brigade, le conseil militaire sera formé d'un officier-général, de deux chefs de brigade, de deux chefs de bataillon ou d'escadron, de deux capitaines et de deux lieutenans.

8. Pour juger un général de brigade, le conseil militaire sera composé d'un général de division ou commandant en chef, de deux généraux de brigade, de deux chefs de brigade, de deux chefs de bataillon, d'un capitaine du génie et d'un capitaine d'artillerie.

9. Pour juger un général de division, le conseil militaire sera formé d'un général commandant ou ayant commandé en chef, de deux généraux de division, de deux généraux de brigade, de deux chefs de brigade, d'un chef de bataillon du génie et d'un chef de bataillon d'artillerie.

10. Pour juger un général en chef, le conseil militaire sera composé d'un général commandant ou ayant commandé en chef, de trois généraux de division, de trois généraux de brigade, d'un chef de brigade du génie et d'un chef de brigade d'artillerie : à défaut de général commandant ou ayant commandé en chef, le plus ancien de grade des trois généraux de division présidera, et il sera nommé de plus un chef de brigade d'infanterie ou de cavalerie.

11. Ces conseils nommeront leur secrétaire, et le prendront dans le grade qu'ils jugeront convenable.

12. Le général en chef, et à son défaut le général de division, nommera les officiers qui devront composer les conseils militaires pour juger les chefs de brigade ou les chefs de bataillon ou d'escadron ; et le comité de salut public, ou le ministre de la guerre, lorsqu'il sera en activité, nommera les officiers qui devront composer les conseils militaires pour juger les généraux de tous grades, en en rendant compte au Directoire exécutif.

13. Les officiers qui devront remplir les fonctions de rapporteur dans les affaires concernant les officiers supérieurs, seront nommés, pour les chefs de brigade et les chefs de bataillon ou d'escadron, par le général en chef, et, à son défaut, par le général de division ; et, pour les généraux, ils seront nommés par le comité de salut public, ou par le ministre de la guerre, quand il sera en activité. Ils seront toujours pris dans les grades désignés en l'article 1ᵉʳ.

14. Les prévenus dans les grades désignés en l'article 1ᵉʳ auront le droit de se choisir un défenseur officieux, et de le prendre dans tel grade militaire qu'ils jugeront convenable.

15. Tous citoyens complices des militaires seront jugés par les conseils militaires comme ils l'étaient par les tribunaux militaires.

16. Toutes les dispositions prescrites par la loi du deuxième jour complémentaire, qui ne sont pas contraires à celles contenues dans la présente loi, sont également applicables aux conseils militaires qui devront juger les officiers supérieurs.

17. En conséquence, il est dérogé à tout ce qui serait contraire aux dispositions contenues dans les présens articles additionnels, dont l'insertion au Bulletin tiendra lieu de promulgation.

---

4 BRUMAIRE au 4 (26 octobre 1795). — Décret qui détermine un mode pour se pourvoir contre des jugemens d'arbitres, rendus en dernier ressort par suite d'arrêtés de représentans du peuple. (1, Bull. 203, n° 1220; B. 60, 235.)

La Convention nationale décrète que toutes parties qui ont réclamé, soit à la Convention nationale, soit au tribunal de cassation, contre des jugemens d'arbitres rendus en dernier ressort, par suite d'arrêtés de représentans du peuple portant établissement d'arbitrages forcés, seront admises à se pourvoir contre lesdits jugemens par la voie de l'appel devant le tribunal civil de département du domicile du défendeur originaire, dans le délai d'un mois à compter du jour de la publication de la présente loi.

4 BRUMAIRE an 4 (26 octobre 1795). — Décret contenant abolition de la peine de mort à dater du jour de la publication de la paix générale, et des procédures pour faits purement relatifs à la révolution (1). (B. 60, 236.)

Voy. lois du 7 FRIMAIRE an 4, du 4 FRIMAIRE an 5, du 8 NIVOSE an 10.

Art. 1ᵉʳ. A dater du jour de la publication de la paix générale, la peine de mort sera abolie dans la République française.

2. La place de la Révolution portera désormais le nom de *place de la Concorde ;* la rue qui conduit à cette place portera le nom de *rue de la Révolution.*

3. La Convention abolit, à compter de ce jour, tout décret d'accusation ou d'arrestation, mandat d'arrêt mis ou non à exécution, toutes procédures, poursuites et jugemens portant sur des faits purement relatifs à la révolution. Tous détenus à l'occasion de ces mêmes événemens seront immédiatement élargis, s'il n'existe point contre eux des charges relatives à la conspiration du 13 vendémiaire dernier (2).

4. Les délits commis pendant la Révolution, et prévus par le Code pénal, seront punis de la peine qui s'y trouve prononcée contre chacun d'eux.

5. Dans toute accusation mixte, où il s'agirait à la fois de faits relatifs à la révolution et de délits prévus par le Code pénal, l'instruction et le jugement ne porteront que sur ces délits seuls.

6. Tous ceux qui sont ou seront accusés de dilapidations de la fortune publique, concussions, taxes et levées de deniers arbitraires, retenue de tout ou partie au profit de ceux qui les auront imposées, ou de tout autre fait semblable survenu pendant le cours et à l'occasion de la révolution, pourront être poursuivis, soit au nom de la nation, soit par les citoyens qui prouveront qu'ils ont été lésés ; mais les poursuites se feront seulement par action civile, et à fin de restitution, sans aucune autre peine.

7. Le Directoire exécutif pourra différer la publication de la présente loi dans les départemens insurgés ou présentement agités par des troubles, à la charge de rendre compte au Corps-Législatif tant du nombre des départemens où la publication sera suspendue que du moment où elle y sera faite, aussitôt que les circonstances le permettront.

8. Sont formellement exceptés de l'amnistie :

1° Ceux qui ont été condamnés par contumace pour les faits de la conspiration de vendémiaire ;

2° Ceux à l'égard desquels il y a une instruction commencée ou des preuves acquises relativement à la même conspiration, ou contre lesquels il en sera acquis par la suite ;

3° Les prêtres déportés ou sujets à la déportation ;

4° Les fabricateurs de faux assignats ou de fausse monnaie ;

5° Les émigrés rentrés ou non sur le territoire de la République.

9. Il n'est dérogé par la présente loi à aucune des dispositions de celle du 3 de ce mois.

4 BRUMAIRE an 4 (26 octobre 1795). — Décret portant qu'il sera fait mention honorable, au procès-verbal, du travail du citoyen Bellesme, ingénieur-géographe. (B. 60, 231.)

4 BRUMAIRE an 4 (26 octobre 1795). — Décret portant que les poinçons, matrices et caractères en langues étrangères, déposés à l'imprimerie de l'agence des lois, en seront distraits pour être exclusivement employés aux sciences et aux arts. (B. 60, 234.)

4 BRUMAIRE an 4 (26 octobre 1795). — Décret portant que tout scellé ou séquestre apposé sur les biens meubles ou immeubles du citoyen Desroches seront levés. (B. 60, 234.)

4 BRUMAIRE an 4 (26 octobre 1795). — Décret qui renvoie au pouvoir exécutif le projet d'un nouveau ballon à direction, etc. (B. 60, 234.)

4 BRUMAIRE an 4 (24 octobre 1795). — Décret qui surseoit à l'exécution d'un jugement rendu par le tribunal de paix du canton de Thierry, contre le citoyen Tarou. (B. 60, 234.)

---

(1) La loi qui abolit la peine de mort à dater du jour de la publication de la paix générale ne sera exécutée que lorsque son exécution aura été précisément ordonnée.

Lettre du ministre de la justice Abrial aux commissaires du Gouvernement près les tribunaux criminels et à leurs substituts près les tribunaux d'arrondissement (6 brumaire an 10, S. 3, 2, 1).

Cette loi n'a pas été insérée au Bulletin.

(2) Celui qui a été injurié par des imputations de faits révolutionnaires peut poursuivre la réparation de ces injures (22 messidor an 12 ; Cass. S. 4, 2, 157).

4 BRUMAIRE an 4 (26 octobre 1795). — Décret qui accorde la somme de quinze cents livres à la citoyenne veuve Lacrolle. (B. 60 , 235.)

4 BRUMAIRE an 4 (26 octobre 1795). — Décret portant que les procès-verbaux arriérés seront rédigés par les rédacteurs des deux conseils législatifs, etc. (B. 60 , 238.)

4 BRUMAIRE an 4 (26 octobre 1795). — Décret portant que les présidens des tribunaux civils de département seront élus par chaque section, et que leurs fonctions continueront jusqu'au renouvellement des sections. (B. 60 , 235.)

4 BRUMAIRE an 4 (26 octobre 1795). — Décret relatif aux citoyens Chardon, Vanieville et Rocher. (B. 60 , 236.)

4 BRUMAIRE an 4 (26 octobre 1795). — Décret d'ordre du jour sur l'époque de renouvellement du premier membre du Directoire exécutif. (1, Bull. 201 , 1207 ; B. 60 , 236.)

4 BRUMAIRE an 4 (26 octobre 1795). — Décret qui rétablit dans la commune de Vaour le chef-lieu de canton de Vaour, fixé à Prenne par décret du 20 thermidor. (B. 60 , 236.)

4 BRUMAIRE an 4 (26 octobre 1795). — Décret qui adjoint le représentant Barras aux représentans Delmas, Goupilleau et Laporte, chargés de la direction de l'armée de l'intérieur. (B. 60 , 240.)

4 BRUMAIRE an 4 (26 octobre 1795). — Décret portant que le nommé Besse ne pourra être inquiété, recherché ni poursuivi, etc. (B. 60, 238.)

4 BRUMAIRE an 4 (26 octobre 1795). — Décret qui autorise le comité des finances à arrêter dans le jour et modifier le projet de décret...

présenté comme additionnel à ceux d'organisation de la régie d'enregistrement des 27 mai 1791 , et 14 août 1793. (B. 60, 240.)

4 BRUMAIRE an 4 (26 octobre 1795). — Décret d'ordre du jour motivé, relatif aux poursuites contre les auteurs des troubles contre-révolutionnaires manifestés dans le département de la Haute-Loire. (B. 60, 240.)

4 BRUMAIRE an 4 (26 octobre 1795). — Décret qui prononce des peines contre les officiers de santé et autres employés aux hôpitaux militaires , qui quitteraient leur poste sans congé ou permission. (1, Bull. 202, n° 1213 ; B. 60, 240.)

4 BRUMAIRE an 4 (26 octobre 1795). — Décret relatif au tableau de répartition de population entre les départemens, pour déterminer le nombre de députés qui appartient à chacun d'eux. (1, Bull. 203, n° 1219 ; B. 60, 231.)

4 BRUMAIRE an 4 (26 octobre 1795). — Décret qui autorise la commune de Saint-Hippolyte à faire un emprunt. (B. 60, 246.)

4 BRUMAIRE an 4 (26 octobre 1795). — Décret relatif aux passeports à délivrer aux députés non réélus. (B. 60, 247.)

4 BRUMAIRE an 4 (26 octobre 1795). — Décret de mention honorable d'un don fait par le citoyen Palloy, d'une somme de trois mille livres pour les veuves de ceux qui sont morts dans les journées des 12 , 13 et 14 vendémiaire, etc. (B. 60, 247.)

4 BRUMAIRE an 4 (26 octobre 1795). — Décret portant que le conseil militaire, chargé de juger l'affaire de Lemaître et complices continuera l'instruction jusqu'à jugement définitif. (B. 60, 247.)

FIN DU TOME HUITIÈME.